아랍어
문법
학습의
길잡이

종합 아랍어 문법
01 어형과 품사편

이병학 지음

종합 아랍어 문법 1 어형과 품사편

1판 1쇄 인쇄 2014년 6월 5일
2판 1쇄 인쇄 2018년 3월 12일
2판 1쇄 발행 2018년 3월 22일

지은이 이병학
펴낸이 서덕일
펴낸곳 문예림

출판등록 1962.7.12 (제406-1962-1호)
주소 경기도 파주시 회동길 366 (10881)
전화 (02)499-1281~2 **팩스** (02)499-1283
전자우편 info@moonyelim.com
홈페이지 www.moonyelim.com

이 책은 저작권법에 의해 보호를 받는 저작물이므로 무단 복제·전재·발췌할 수 없습니다.
잘못된 책은 구입하신 곳에서 교환해 드립니다.

ISBN 978-89-7482-807-3 (13790)

값 34,800원

개정판 서문

더욱 쉬워지고 정확해지고 풍부해졌습니다. 이제는 여러분도 할 수 있습니다!!

아랍어 격언에 '아랍어는 바다이다(اللُّغَةُ الْعَرَبِيَّةُ بَحْرٌ)'라는 말이 있다. 정말 아랍어는 넓고 풍부하다. 공부하면 할수록 그 방대함을 실감한다.

필자는 '종합 아랍어 문법' 초판을 낸 뒤 아랍어 연구를 계속하였다. 교정할 것도 보였고 추가할 것도 눈에 들어왔다. 오랜 기간 심혈을 기울여 작업했음에도 불구하고 연구하면 할수록 새로운 것을 발견하였다.
아랍어 문법의 처음부터 끝까지 다시 연구를 진행했다. 아랍어 원서를 다시 보며 쟁점이 되는 내용을 현지의 아랍어 교사와 토론하였다. 그리고 필자가 운영하는 '이병학 아랍어 교실'에서 그 내용을 직접 가르치며 정리하고 다듬었다.

개정판에서는 해설이 더 쉬워졌고 주제가 보강되었으며 예문도 더 많이 추가되었다. 번역과 해설에 있었던 한글 오자와 탈자도 교정하였다. 어형론과 구문론에서 독창적인 연구도 계속되어 다른 문법책에서 볼 수 없는 특징적인 설명이나 도표도 늘었다.

많은 아랍어 학도들이 초판 책으로 공부하고 있다는 이야기를 듣는다. 책을 사용한 사람들로부터 좋은 교재를 만들어주어서 고맙다는 인사도 접한다. 필자가 운영하는 아랍어 교실에서 배운 학생들이 "아랍어 문장이 읽힌다", "구문이 보인다", "큰 도움이 된다"라는 말을 한다. 그동안의 노력의 결실이라 여겨져 뿌듯하고 감사하는 마음이다.

필자가 이집트에 온 지 어언 20년이 지났다. 아랍어 알파벳 하나 모르고 이곳에 와서 좌충우돌 언어를 배우던 때가 엊그제 같다. 그러던 사람이 구어체 아랍어(암미야)와 문어체 아랍어(푸스하)를 연구하여 여러 책을 내었고, 마침내 아랍어 문법 전체를 종합 정리한 책의 개정판까지 내게 되었다. 주님의 인도하심(إِرْشَادُ الله)에 감사드린다.

그동안 공부한 것을 생각하면 이제 제법 높은 산에 오른듯 한데 위를 쳐다보면 아직 갈 길이 멀다. 아랍어 분야에서의 학문의 길은 참 멀고 험하다. 겸손히 그 길을 달려가리라 다짐한다.

'종합 아랍어 문법'으로 인해 한국인의 아랍어 학습에 새 지평이 열렸다고 확신한다. 여러분도 도전해 보라! 아랍어를 통해 남들이 경험하지 못한 새로운 세상을 경험할 것이다.

개정판 작업을 도와준 친구 **Mukhtar** 와 **Mustafa** 와 **Peter** 와 **Krolos** 에게 감사하고, 몇 가지 중요한 용어 번역을 조언해 주신 **공일주** 교수님께 감사드린다. 늘 정성껏 뒷바라지 해 주는 사랑하는 **아내**에게 감사한다.

2018년 2월   카이로 마디에서   저자 이병학

서문

슈크란 릴레(شُكْرًا لله)!! ('하나님께 감사를!!' 이란 표현)

부족한 사람이 '종합 아랍어 문법'을 저술하게 되어 우리 주님께 무한한 영광과 감사를 드린다. 17년 전 이집트에 처음 올 때 아랍어에 대해 일자무식이었던 사람이 현대 표준 아랍어(Modern Standard Arabic, 이후 MSA로 표기) 문법을 종합 정리한 책을 내게 되다니... 아무리 생각해도 신기할 따름이다.

필자는 이집트 사람을 섬기기 위해 이 땅에 왔다. 섬기기 위해서는 그들과 의사소통해야 했고 그들의 언어를 배워야 했다. 먼저는 그들의 모국어인 구어체 아랍어(암미야)를 배웠다. 길거리에서 가게에서 찻집에서 닥치는 대로 단어와 문장을 습득하였다. 그들과 친구가 되어 가깝게 대화하며 교정과 암기를 반복하였다. 개인교수와 공부하기도 하고 영어로 된 교재들을 활용하기도 하였다. 그렇게 부단히 노력한 결과 2005년에 '이집트 구어체 아랍어 사전(이병학, 여종연 공저)'을 내게 되었고, 2007년엔 구어체(암미야) 회화와 문법이 정리된 '이집트 구어체 아랍어 회화 사전(이병학, 여종연 공저)'을 집필할 수 있었다.

필자는 처음 아랍어 공부를 시작할 때부터 목표를 높게 잡았다. 생활회화 정도를 구사하는 것이 아니라, 아랍어를 통해 글을 읽고, 교양 있는 사람들의 용어로 대화와 토론을 하며, 아랍어로 글을 쓰는 단계까지 목표로 삼았다. 아랍어는 한국인이 구사하기에 가장 어려운 언어 중 하나이기에 그 과정이 결코 쉽지 않았다. 그래도 우보천리(牛步千里)의 자세로 묵묵하게 고개를 숙이기로 작정하였다.

구어체 아랍어(암미야)를 어느 정도 구사할 무렵 현대 표준 아랍어(MSA) 공부를 병행하기 시작했다. 알렉산드리아 대학에서 기본적인 현대 표준 아랍어(MSA)를 공부하였다. 나중에는 카이로에 있는 다르 콤보니(Dar Comboni)에서 아랍어 문법의 체계를 잡을 수 있었다. 그 이후에도 개인교수와 함께 계속해서 공부하고 연구하였다. 그 결과 2011년 '아랍어 신문, 당신도 읽을 수 있다' 와 '시사.미디어 아랍어 소사전' 을 집필할 수 있었다.

이 두 책을 집필한 이후까지도 필자가 현대 표준 아랍어(MSA) 문법에 대한 책을 낼 수 있다고는 생각하지 못했다. 방대하고 난해한 푸스하(문어체 아랍어) 문법을 필자가 어떻게 정리할 수 있단 말인가? 그것은 불가능한 일처럼 느껴졌다.

그러던 어느 날 아랍어 신문 읽기에 대한 강의를 준비하며 생각이 달라졌다. 필자가 신문 읽기를 위한 아랍어 구문론 강의안을 만든 이후 '이와 같은 방식으로 아랍어 문법 전체를 정리할 수 있겠구나!' 하는 생각을 하게 되었다. 그래서 본격적으로 아랍어 문법을 정리하는 작업을 시작하였고 3년 가까운 산고의 시간을 보낸 이후 드디어 책이 완성되었다.

이 책 내용의 근간은 필자가 공부한 다르 콤보니 학교의 문법 교재 'الطريق إلى اللغة العربية' 1권과 2권, 그리고 아랍 권에서 대중적으로 사용하고 있는 문법책인 'ملخّص قواعد اللغة العربية'(저자 فؤاد نعمة)이다. 전자는 외국인이 아랍어 문법을 쉽게 공부하도록 예문과 해설이 좋은 책이다. 특히 아랍 사람을 위한 문법책이 아니라 외국인을 위한 문법책으로, 외국인이 아랍어 문법의 구조와 특징을 아랍어 원어 문법 용어와 해설을 통해 공부할 수 있게 한 교재이다. 후자는 아랍 사람을 위한 문법 교재로 이집트 현지인들에게 대표적인 문법책 중의 하나이다. 설명과 예문이 지나치게 간결한 면이 있긴 하지만 아랍어 문법의 구성 전체를 한눈에 보며 내용을 공부하기에 좋은 교재이다. 필자의 책의 골격은 이 두 책에서 비롯되었다. 또한 이 책 제Ⅱ권의 '여러 가지 접속사에 대해'에 기록된 예들은 'The Connectors in Modern Standard Arabic'을 많이 참고하였다. 이 세 책 이외에도 집필 시에 참고하며 내용을 인용한 원서들이 많이 있는데 참고도서 목록에 기록되어 있다.

필자가 아랍어 문법 용어들을 한국어로 번역하고 한글로 설명함에 있어 주로 참고한 한글 책들은 '아랍어의 이해'(공일주, 문예림), '종합 아랍어'(이두선·이규철, 송산출판사)와 '완벽 아랍어'(송경숙, 삼지사)이다. 또한 '종합 아랍어'와 '완벽 아랍어'에 나와 있는 예문 중 일부도 가져와서 사용하였다.

그 외도 알파벳과 음가, 동사변화 부분을 작업하며 '기초 아랍어'(아랍어 교재 편찬 위원회, 단국대학교 출판부)와 '알기 쉬운 아랍어 기초 문법'(김종도, 명지출판사) 등의 책을 참고 및 인용하였고, 단어의 각주는 '현대아한사전'(이종택, 중동글방)의 내용을 주로 인용하였다.

온고지신(溫故知新)이라 하지 않던가! 이러한 책들을 집필한 선배 연구자들이 있었기에 필자같이 부족한 사람이 아랍어 문법책을 내게 되었다. 선배분들께 심심한 감사를 드린다.

위의 책들과 함께 필자에게 가장 중요한 공헌을 한 사람은 필자의 친구이자 아랍어 교사인 **Mukhtar Sayed**이다. 그는 필자가 공부한 '다르 콤보니' 학교의 아랍어 교사이었고, 몇 년 전부터는 Cairo American University 의 외국인을 위한 아랍어 교육 센터에서 강사를 하고 있다. 필자는 이 책 대부분의 내용을 그와 함께 작업하였다. 필자가 공부하며 정리하는 대부분의 문법 내용에 대해 그와 의견을 나누며 일일이 묻고 확인하였다. 이 책의 많은 예문 가운데 상당수가 그에 의해 작성되었고 전체 아랍어 문장들의 철자 교정이 그에 의해 이루어졌다. 지면을 통해 그에게 심심한 감사를 드린다.

또한 필자의 문서 사역을 돕고 있는 **Peter Wisa**에게도 감사한다. 그는 현대 표준 아랍어(MSA)를 잘 이해하는 이집트 젊은이이다. 그는 여러 가지 예문 작성을 도왔고 필자가 정리하는 문장들의 현대적 사용 여부에 대한 확인 작업에 도움을 주었으며, 책 전체를 교정하는 일도 도왔다.

책 집필에 도움을 준 한국 분들도 있다. 이 책 교정 작업을 함께 해 주신 **박요한, 문에스더, 최웅근, 이연숙** 님께 감사를 드린다. 특별히 전체 내용을 정독하며 한글 부분을 교정해 주신 **이연숙** 님께 큰 감사를 드린다. 또한 아랍어 용어 번역과 서문 내용에 대해 조언해 주신 **공일주** 박사님께 심심한 감사를 드린다. 방대한 책의 출판을 기꺼이 허락해 주시고 책 편집에 대해 조언을 해 주신 **서덕일** 사장님께도 감사를 드린다.

오늘도 머나먼 이국땅에 살고 있는 자식들을 위해 불철주야 기도로 지원하고 계시는 **부모님**께 지면을 빌어 감사와 사랑을 드린다. 마지막으로 필자가 작업에 파묻혀 있는 동안 묵묵하게 뒷바라지를 해 준 사랑하는 **아내**와, 아빠 역할을 제대로 못 해줬음에도 불구하고 어여쁘게 자라난 세 딸 **하영, 하빝, 하나**에게 감사와 사랑의 마음을 전한다.

2014 년 4 월 카이로 마디에서　　　　　　　　　　　　　　　저자 이병학 (egyptlee7@gmail.com)

이 책의 특징

필자는 그동안 아랍어 문장의 원리를 깨닫고 정리하기 위해 부단히 노력해 왔다. 여러 아랍어 원서들과 시중에 나와 있는 문법책들 그리고 아랍어 교사 등을 통해 흩어져 있던 아랍어의 원리들을 정리할 수 있었다. 수없이 질문하고 찾고 연구함을 통해 기존의 문법책에서 다루고 있지 않는 내용 까지도 이해하기 쉽게 정리할 수 있었다. 이 책은 다음과 같은 특징들이 있다.

1. 책의 구성과 문법적인 설명이 전통적인 아랍어 문법 방식으로 되어 있다.

전통적으로 아랍어 문법은 두 분야로 구성되어 있다. 즉 아랍어 단어들의 형태를 다루는 어형론(الصَّرْف, Morphology) 부분과, 아랍어 문장들의 구조를 다루는 구문론(النَّحْو, Syntax) 부분이 그것이다. 전자가 어근과 패턴을 중심으로 낱말의 구조를 다룬다면 후자는 문장에 사용된 단어들의 기능과 격변화 그리고 그 의미를 중심으로 문장의 구조를 다룬다고 할 수 있다.

또한 아랍어의 품사는 세 가지이다. 명사, 동사, 불변사가 그것이다. 필자는 이러한 아랍어 문법의 두 분야와 세 가지 품사에 착안하여 제Ⅰ권에서는 어형과 품사를 다루고 제Ⅱ권에서는 구문을 다룬다.

이 책은 그 구성뿐만 아니라 용어의 사용과 설명 방식이 아랍 현지의 강단에서 가르치는 그대로이다. 문법 용어들에 대해 한글 용어와 함께 원어 표기를 충실히 하였고, 격변화 등에 대해서도 원어로 표기 하였으며, 문법 설명도 원어적인 원래의 의미를 우선적으로 설명하려고 노력하였다.

2. 아랍어 문법 대부분의 주제를 다루고 있다.

이 책은 아랍어 원서 문법책에서 다루고 있는 대부분의 문법 내용들 폭넓게 다루고 있다. 복잡한 문법내용을 일목요연하게 정리하고 있기에 아랍어 문법의 숲 전체를 조망하며 구체적인 내용을 하나하나 공부할 수 있다. 아랍어를 공부하다 질문이 생길 때나 취약한 부분을 발견하였을 때 목차에서 그것을 찾아 공부하기에 좋은 종합 참고서이다.

3 초급부터 고급까지를 다루고 있다.

이 책은 아랍어 알파벳을 배우는 사람부터 고급 아랍어 구사자까지 아랍어 공부에 필요한 모든 내용을 수록하고 있다. 제Ⅰ권의 시작 부분은 초보자를 고려하여 아주 자세하게 설명을 하였고 갈수록 난이도가 높아지게 하였다. 처음부터 끝까지 일관성 있게 저술되어 있기에 기초를 배우더라도 아랍어 전체의 숲을 보아가며 공부할 수 있는 책이다. 아랍어를 어느 정도 공부한 학도들의 경우 문법 전체를 처음부터 다시 정리할 수 있고, 본인이 모르는 부분이나 어려운 부분들을 공부할 수 있다.

4. 예문이 아주 풍부하다.

효과적인 언어 학습은 문법 설명을 읽어서 되는 것이 아니라 적합한 예문들을 통해 문법을 이해하고 다른 문장에서 그것을 적용하므로 가능한 것이다. 따라서 문법 교육에 있어 적합한 예문들을 다양하게 제시하는 것은 아주 중요하다. 이 책에서는 수많은 어휘와 예문들이 용법에 따라,

변화형태에 따라, 그 격변화에 따라 기록되어 있다. 한두 개의 예문이 아니라 적어도 5~6배수 이상의 복수 응용 예문을 제시하여 다양한 상황에서의 문법적인 활용이 가능하도록 하였다. 뿐만 아니라 모든 예문을 일일이 한글로 번역하여 문장의 정확한 의미를 파악하도록 하였다.

5. 해설이 자세하다.

문법은 언어에 대한 체계를 세운 것이다. 그 체계의 이면에는 원리가 있기 마련이다. 규칙적인 것이든 불규칙적인 것이든 원칙은 있기 마련이다. 원리를 알면 문법 체계가 보이고 체계를 알게 되면 정복이 가까운 것이다. 대부분의 경우 긴 해설보다 적확한 예문을 먼저 제시하고 그것과 더불어 자세한 설명을 시도하였다.

6. 예리한 비교와 분석이 많다.

이 책에는 유사점이 있는 내용이나 이해하기 어려운 내용을 비교하고 분석하는 수많은 도표가 있다. 비교를 통해 정확함과 예리함에 이른다. 수많은 비교 예문, 분석 예문, 그리고 문장전환 예문들이 크게 도움 될 것이다.

7. 모음부호를 충실히 표기하였다.

아랍어 문법은 모음부호의 예술이라 할 수 있다. 아랍어를 배우는 외국인의 입장에서 모음부호는 잠수부의 생명줄과 같이 절대적인 것이며 초보 운전자의 주행 내비게이션(navigation)과 같이 유용한 것이다. 아랍어의 모든 문법적인 내용이 모음부호에 표기되기에 아랍어 학습자는 모음부호를 익혀 사용할 수 있어야 한다. 이 책의 모든 아랍어 예문에는 모음부호가 표기되어 있다.

8. 고전 아랍어와 구어체 아랍어(암미야)에 대해서도 배려하고 있다.

아랍어는 크게 문어체 아랍어(푸스하)와 구어체 아랍어(암미야)로 나눌 수 있고, 다르게는 고전 아랍어(Classical Arabic)와 현대 표준 아랍어(MSA) 그리고 구어체 아랍어(암미야)로도 나눌 수 있다. (이 책 Ⅰ권 서문 부분에 있는 '아랍어의 양층 현상에 대해'를 보라.) 이 책은 현대 표준 아랍어(MSA)의 문법을 다룬 책이다. 그러나 필요한 경우 고전 아랍어와 구어체 아랍어(암미야)에 대한 설명도 첨가하여 종합적인 아랍어 이해가 가능하도록 하였다.

9. 도표와 컬러를 사용하였다.

이 책은 도표를 중심으로 내용을 편집하였다. 아랍어 문자는 한글 문자와 표기 방식이 다르기 때문에 도표로 표기될 때 눈에 잘 들어온다. 셀 수 없이 많은 예문들이 모두 도표에 정리되어 있다. 또한 격변화 등 문법적인 세밀한 차이늘을 다른 색깔로 표기하여 그 변화의 핵심을 한눈에 파악하게 하였다. 복잡한 변화들의 핵심을 단번에 파악할 수 있다.

10. 어려운 단어에 대한 각주를 기록하였다.

이 책 Ⅰ권 초반부에는 아랍어 입문자들의 수준을 고려해 어려운 단어에 대한 각주를 기록하였다. 제Ⅱ권에서도 간혹 각주를 기록한 것을 볼 수 있다.

일러두기

1. 이 책의 내용은 아랍어의 양층 현상인 '푸스하(الفُصْحَى)' 와 '암미야(العَامِّيَّةُ)' 가운데서 '푸스하(الفُصْحَى)' 분야이며, 그 가운데서도 '현대 표준 아랍어(Modern Standard Arabic)'의 문법 내용을 다룬다. (아랍어의 양층 현상에 대해서는 이 책 서두에서 자세히 설명하고 있다.)
2. 이 책에서 '푸스하(الفُصْحَى)'는 '푸스하' 혹은 '푸스하(문어체 아랍어)'로 표기하며, '암미야(العَامِّيَّةُ)'는 '암미야' 혹은 '암미야(구어체 아랍어)로 표기하도록 한다.
또한 '푸스하(الفُصْحَى)'의 경우 사용되는 분야에 따라 '고전 아랍어(Classical Arabic)', '현대 표준 아랍어(MSA)'로 구분하여 표기하기도 한다.
3. 이 책에서 문법 용어의 사용과 그 설명을 원어 문법책 방식 그대로 하기 위해 노력하였다. 아랍어 문법 용어들을 한국어로 번역할 때 기존에 번역되어 있는 것들을 존중하여 그대로 사용하되, 일부 적합하지 않다고 생각하는 것들은 각주에 설명을 첨가하였고, 아직 번역되지 않은 용어들은 필자가 원어의 의미를 최대한 살려서 번역하였다. 또한 번역된 문법 용어 바로 옆에는 아랍어 원어 문법 용어를 표기하였다.
4. 이 책에서 아랍어 문장들을 번역할 때 의역보다는 문법에 충실한 직역을 하도록 노력하였다. 또한 직역하는 데 어려움이 있는 문장들의 경우 그 밑에 영어 번역을 추가하였다.
5. 아랍어 용어 가운데 'الله'는 이슬람과 기독교의 신에 대한 용어이다. 두 종교에서 같은 용어를 사용하고 있지만 무슬림들과 기독교인들이 가지고 있는 'الله'에 대한 신의 속성(attribute)은 다르다. 따라서 이 책에서는 꾸란의 구절을 번역할 때는 이 용어를 '알라신'으로 번역하였고, 성경의 구절을 번역할 때는 '하나님'으로 번역하였다.
6. 이 책은 현대 표준 아랍어(MSA) 문법을 다루고 있지만, 간혹 암미야(구어체 아랍어)에 대한 정보가 포함되어 있다. 특히 '(ع)' 기호를 사용할 경우 이집트 암미야(이집트 구어체 아랍어)에 대한 예문 혹은 설명을 추가한 것이다.
7. 이 책의 내용이 방대하여 내용 교정에 어려움이 있었고 시간도 오래 걸렸다. 최선을 다하여 교정하였음에도 불구하고 모음부호 표기나 문장들의 한글 의미 번역 등에서 정확하지 않은 부분이 발견될 수 있다. 그런 부분이 있을 경우 그 책임은 모두 저자에게 있으며, 앞으로 교정해 나갈 것임을 밝힌다.
8. 이 책 각주의 명사나 형용사, 그리고 동사의 표기 방식은 다음과 같다.

설명	각주 표기
명사의 복수 - مَدَارِسُ , 명사의 단수 - مَدْرَسَةٌ	학교 - مَدْرَسَةٌ/مَدَارِسُ
형용사의 복수 - أَحْرَارٌ , 형용사의 단수 - حُرٌّ	자유로운 - حُرٌّ/أَحْرَارٌ
각주 표기	(..에게 ..을) 주다(to give) - أَعْطَى / يُعْطِي ه ، أَوْ هـ لـ - إِعْطَاءٌ
설명	미완료형 3인칭 남성 단수 - يُعْطِي , 완료형 3인칭 남성 단수 - أَعْطَى 동명사 단어 - إِعْطَاءٌ , '혹은(or)' - أَوْ , 사물 목적어 - هـ , 사람 목적어 - ه

이 책을 효과적으로 사용하기 위한 제안

아랍어 입문자의 경우

• 이 책 제 1 부 '알파벳과 발음' 부분부터 차근차근 공부하도록 하자.
• 알파벳 발음에 대해 눈으로만 익히지 말고 듣고 발음해야 한다. 정확한 음가를 파악하여 그대로 발음하는 것은 아랍어의 기초를 다지기 위해 정말 중요한 작업이다. 정확한 발음을 위해서는 정확하게 발음하는 선생이나 현지인의 도움이 필요하다. 요즘은 인터넷 구글 번역기(Google Translate) 등에서 아랍어 철자와 단어에 대해 원어민의 발음을 직접 들을 수 있다.
• 알파벳과 함께 모음부호를 꼭 익혀서 사용하도록 하자. 제 2 과의 '아랍어의 모음과 모음부호' 부분을 주의 깊게 공부하라. 앞으로의 어휘 공부를 위해 단어의 구성 부분도 이해가 필요하다.
• 제 5 과 '함자(الْهَمْزَة)에 대해' 부분과 제 13 과와 제 14 과의 '명사 격변화의 예외적인 규칙들'은 입문자에게 어려운 내용이다. 특히 제 5 과의 '함자(الْهَمْزَة)에 대해'는 입문자가 이해하기 힘든 내용이다. 따라서 처음에는 이해되는 부분 중심으로 공부하거나 이 과들을 뛰어넘는 것이 좋다. 그러나 중요한 내용이므로 나중에 반드시 다시 공부해야 한다.
• 제 15 과 '인칭대명사', 제 19 과 '능동분사', 제 22 과 '수동분사', 제 24 과 '동명사' 등에서 입문자에게 어려운 문법 내용이 있다. 그러한 내용들은 대부분 제Ⅰ권과 제Ⅱ권에서 다시 다루는 내용들이므로 처음에는 주요 개념을 파악하고 다음 기회에 그 내용을 공부하면 된다.
• 제 17 과 '아랍어 숫자 읽기와 셈법에 대해' 부분에서 처음에는 아랍어 기수와 서수의 숫자를 익히고, 그다음에 그 숫자로 개수를 세는 법을 익히는 것이 좋다. 개수를 세는 법 가운데 처음에는 '셈할 대상(الْمَعْدُود)이 비한정 명사인 경우'만 공부하고 넘어가도록 하자.
• 제 29 과의 '약동사 변화' 부분에서 처음부터 변화 규칙 자체에 시간을 많이 소비할 필요가 없다. 처음에는 강동사 변화 중심으로 동사를 공부하고, 약동사 변화의 경우 그 개념만 파악한 뒤 이 책 뒤에 나오는 약동사 변화 도표를 자주 활용하자. 약동사 변화의 세부적인 규칙은 아랍어 문장에 대해 어느 정도 자신감을 가진 뒤에 이해하는 것이 효과적인 학습이 될 것이다.
• 필자가 카이로에서 실시하는 아랍어 교실에서 가르치는 순서는 대략 다음과 같다.
1, 2, 3, 4, 6, 7, 8, 9, 10, 11, 12, 26, 27, 15, 16, 17, 18, 13, 14, 28, 29, 30, 19, 20, 21, 22, 23, 24, 25, 31, 32, 33, 34, 35, 5

중급 이상 학도의 경우

• 제Ⅰ권의 경우 자신이 모르거나 취약한 부분만을 공부할 수 있다.
• 제Ⅰ권에서 함자 부분, 명사 격변화의 예외적 규칙(막수르 명사, 만꾸스 명사, 맘두드 명사, 2 격 명사, 다섯 명사), 약동사 변화 등에서 취약한 부분을 주의하여 공부하도록 하자.
• 중급 학습자의 경우 처음부터 이 책 제Ⅱ권으로 아랍어 구문 공부를 시작할 수 있다. 그럴 경우 격변화(الْإِعْرَاب)에 대한 기본적인 내용을 확실히 파악하고 있어야 한다. 뿐만 아니라 제Ⅰ권의 함자 부분과, 명사 격변화의 예외적 규칙 부분, 그리고 능동분사, 수동분사, 유사형용사, 과장형용사, 동명사, 첨가동사와 약동사 변화 등에 대한 선행학습이 되어 있어야 한다.

참고도서

아랍어 도서 및 인터넷 사이트

الطريق إلى اللغة العربية السنة الأولى والسنة الثانية، دار كومبوني للدراسات العربية القاهرة
ملخَّص قواعد اللغة العربية، فؤاد نعمة
النحو الواضح في قواعد اللغة العربية 1 & 2، علي الجارم ومصطفى أمين
سَهْلَوَيْه في قواعد العربية للأجانب، أحمد خورشيد
النحو الكافي، أيمن أمين عبد الغني
النحو الأساسي، د. محمد حماسة عبد اللطيف
الموجز في قواعد اللغة العربية، سعيد أفغاني
شرح ابن عقيل، علي ألفية ابن مالك
دروس في اللغة العربية   http://www.schoolarabia.net
اللغة العربية، د. مسعد محمد زياد   http://www.drmosad.com
موضوع   http://www.mawdoo3.com
أدوات الربط، أحمد طاهر حسنين وناريمان نائلي الوراقي
معجم الإعراب والإملاء، د. إميل بديع يعقوب
معجم قواعد اللغة العربية في جداول ولوحات، د. جورج متري عبد المسيح
معجم التصريف المرئي للفعل العربي
معجم الأسماء، إيمان بقاعي
قواعد اللغة العربية، عارف أحمد الحجاوى
المعجم العربي الأساسي، لاروس

영어 도서

Elementary Modern Standard Arabic, University of Michigan, 1975
Modern Standard Arabic Grammar, Azza Hassanein, The American University in Cairo Press
A Dictionary of Egyptian Arabic, El-Said Badawi & Martin Hinds, Librairie Du Liban
The Arabic Alphabet, Nicholas Awde & Putros Samano, the American University in Cairo Press
Wikipedia Encyclopedia   http://en.wikipedia.org/wiki/Arabic_language

한글 도서

아랍어의 이해, 공일주, 문예림, 2011
종합 아랍어, 이두선.이규철, 1998
완벽 아랍어, 송경숙, 삼지사, 1999
아랍어 문법 – 통사편, 이두선, 2005, 한국 외국어 대학교 출판부
알기쉬운 아랍어 기초 문법, 김종도, 2009
기초 아랍어, 아랍어 교재 편찬 위원회, 단국대학교 출판부
아랍어 신문 당신도 읽을 수 있다, 이병학, 문예림, 2011
이집트 구어체 아랍어 회화사전, 이병학, 문예림, 2007
시시.미디어 아랍어 소사전, 이병학, 문예림, 2011
아랍어 양층 언어 현상에 대한 재고찰(논문), 윤은경

종합 아랍어 문법 제I권 - 어형과 품사편 -   목차

개정판 서문	3
서문	4
이 책의 특징	6
일러두기	8
이 책을 효과적으로 사용하기 위한 제안	9
참고도서	10
목차	11
아랍어는 어떤 언어인가?	20
아랍어의 양층 언어 현상에 대해 - 푸스하(الفُصْحَى)와 암미야(العَامِّيَّة)의 구분	22

제 1 부 알파벳과 발음(الحُرُوفُ الأَبْجَدِيَّةُ وَنُطْقُها) 27

제 1 과 아랍어 알파벳(الحُرُوفُ الأَبْجَدِيَّة)과 자음	29
1. 아랍어 알파벳과 자음 음가	30
2. 테마부타 (تَاءٌ مَرْبُوطَةٌ)에 대해	32
3. 아랍어 알파벳 쓰기	33
제 2 과 아랍어의 모음(الحَرَكَة)과 모음부호(التَّشْكِيل)	39
1. 단모음(الحَرَكَةُ القَصِيرَةُ)	41
2. 장모음(الحَرَكَةُ الطَّوِيلَةُ)	43
3. 수쿤(السكُون) - 모음음가 없음 기호	47
4. 중복 자음(샤다, الشَّدَّة)	49
5. 탄윈(التَّنْوِين)	50
6. 문장 끝에서의 발음 변화	52
7. 아랍어 철자 표기와 실제 발음이 다른 경우	54
8. 알파벳과 모음 연습표	56
제 3 과 음절과 악센트	59
1. 아랍어 음절에 대해	60
1) 단음절과 장음절	60
2) 개음절과 폐음절	61
2. 아랍어 악센트(النَّبْر)에 대해	62
제 4 과 아랍어 단어의 구성에 대해	67
1. 아랍어 단어의 형태 – 어근(root, الجِذْر)과 파생어	68
2. 단어의 패턴(pattern, الوَزْن)에 대해	70
3. 아랍어 사전에 대해	71
4. 어근 순서 배열 사전 찾는 법	72
제 5 과 함자(ءْ)에 대해	73
1. 단절함자(هَمْزَةُ القَطْع)에 대해	75
심화학습 – 단어 중간에 오는 함자의 받침 결정 원리	80
심화학습 – 겹친 알리프(أَلِفُ المَدّ)의 사용에 대해	86
2. 연결함자(هَمْزَةُ الوَصْل)에 대해	87
심화학습 – 여러가지 알리프(أَنْوَاعُ الأَلِف)	94

제 2부 아랍어 품사 I. 명사(الاسْمُ) ... 97
- 심화학습 - 아랍어 문법의 구성과 아랍어의 품사 ... 99
- 심화학습 - 아랍어 명사에 대해 ... 100

제 6 과 명사의 성(性) ... 101
1. 명사의 성(性)을 구별하는 원칙 ... 102
2. 예외적인 경우 ... 108

제 7 과 명사의 수(數) ... 111
1. 단수(الْمُفْرَدُ) ... 112
2. 쌍수(الْمُثَنَّى) ... 112
3. 복수(الْجَمْعُ) ... 114
   1) 규칙 복수(جَمْعُ السَّالِمِ) ... 114
   2) 불규칙 복수(جَمْعُ التَّكْسِيرِ) ... 119
4. 종류명사(اسْمُ الْجِنْسِ)에 대해 ... 125
5. 군집명사(اسْمُ الْجَمْعِ)에 대해 ... 129

제 8 과 아랍어의 관사 & 한정명사(الْمَعْرِفَةُ)와 비한정 명사(النَّكِرَةُ) ... 131
1. 아랍어의 정관사 'الـ' - 한정명사 접두어(أَدَاةُ التَّعْرِيفِ) ... 132
2. 한정명사(الْمَعْرِفَةُ)와 비한정 명사(النَّكِرَةُ)의 개념 ... 133
3. 여러가지 한정명사(الْمَعْرِفَةُ)의 종류 ... 134
4. 정관사(한정명사 접두어) 'الـ'의 발음 ... 135
   1) 정관사 'ال'의 알리프(l)의 발음 ... 135
   2) 정관사 'الـ'의 'ـل'(لَامْ) 발음 - 달문자(الْحُرُوفُ الْقَمَرِيَّةُ)와 해문자(الْحُرُوفُ الشَّمْسِيَّةُ) ... 135
5. 문장에서 정관사(한정명사 접두어) الـ 의 의미 ... 138
6. 국가명이나 지명에 الـ 이 붙는 경우 ... 140

제 9 과 형용사 ... 141
1. 형용사 변화와 기본적인 형용사 단어 익히기 ... 143
   1) 형용사의 규칙 변화 ... 143
   2) 형용사의 불규칙 변화 ... 144
   3) 기본적인 형용사 단어 익히기 ... 145
2. 형용사의 용법 - 수식용법과 서술용법 ... 148
3. 형용사의 수식용법에 대해 ... 149
   1) 수식용법으로 사용된 형용사의 일치 ... 150
   ** 불규칙 변화 형용사 패턴 ... 154
   2) 형용사 일치의 예외 - 여성 명사를 수식하는 남성 형태의 형용사 ... 155
4. 여성 단수와 복수 형태가 독특한 패턴의 형용사 ... 156
   1) 색깔과 신체 결함에 대한 형용사 ... 156
   2) فَعْلَانُ 패턴의 형용사 ... 158
5. 더 많은 형용사 단어 익히기 ... 159
   1) 추가 단어들 ... 159
   2) 맛(Taste)에 대한 형용사 ... 163
   3) 사람의 상태(States) 및 감정(Emotions) ... 164
   4) 사람의 성격(Personality) ... 167
   5) 연고형용사에서 온 색깔 형용사 ... 170

제 10 과 아랍어의 기본적인 문장에 대해 ... 171
1. 유사문장(شِبْهُ الْجُمْلَةِ) ... 172
   1) 유사문장의 종류 ... 172
   2) 유사문장을 이용해 문장 만들기 ... 175

  2. 문장(الْجُمْلَةُ) ... 177
    1) 명사문(الْجُمْلَةُ الْإِسْمِيَّةُ) ... 177
    2) 동사문(الْجُمْلَةُ الْفِعْلِيَّةُ) ... 185
제 11 과 명사의 격변화(إِعْرَابُ الْاِسْمِ) ... 189
  1. 단수명사의 격변화(مُفْرَدٌ) ... 191
  2. 쌍수명사의 격변화(مُثَنَّى) ... 196
  3. 복수명사의 격변화(جَمْعٌ) ... 200
  4. '명사 + 형용사' 구(句)의 격변화 ... 208
제 12 과 연결형(الْإِضَافَةُ)에 대해 I ... 215
  1. 연결형(الْإِضَافَةُ)의 개념 ... 216
  2. 연결형(الْإِضَافَةُ)의 다양한 의미 ... 219
  3. 구성에 따른 연결형(الْإِضَافَةُ)의 종류 ... 221
  4. 문장에서 연결형(الْإِضَافَةُ)의 기능과 격변화 ... 223
  5. 연결형(الْإِضَافَةُ)의 격변화에서 주의할 점 I - 전연결어에 쌍수명사 혹은 남성규칙복수 명사가 올 경우 ... 225
  6. 연결형(الْإِضَافَةُ)의 격변화에서 주의할 점 II - 후연결어에 1인칭 단수 소유격 접미 인칭대명사 'ي'가 올 경우 ... 230
제 13 과 명사 격변화의 예외적 규칙 I ... 237
  심화학습 – 격변화(الْمُعْرَبُ) 단어와 불격변화(الْمَبْنِيُّ) 단어 ... 238
  1. 막수르 명사(الْاِسْمُ الْمَقْصُورُ) ... 239
    1) 막수르 명사(الْاِسْمُ الْمَقْصُورُ)의 종류 ... 240
    2) 막수르 명사(الْاِسْمُ الْمَقْصُورُ)의 격변화 ... 243
    3) 막수르 명사에서 주의할 점 ... 245
  2. 만꾸스 명사(الْاِسْمُ الْمَنْقُوصُ) ... 249
    1) 만꾸스 명사(الْاِسْمُ الْمَنْقُوصُ)의 종류 ... 250
    2) 만꾸스 명사(الْاِسْمُ الْمَنْقُوصُ)의 격변화 ... 251
    3) 만꾸스 명사에서 주의할 점 ... 253
  3. 맘두드 명사(الْاِسْمُ الْمَمْدُودُ) ... 257
    1) 맘두드 명사(الْاِسْمُ الْمَمْدُودُ)의 종류 ... 257
    2) 맘두드 명사(الْاِسْمُ الْمَمْدُودُ)의 격변화 ... 260
    3) 맘두드 명사(الْاِسْمُ الْمَمْدُودُ)에서 주의할 점 ... 261
제 14 과 명사 격변화의 예외적 규칙 II - 2 격 명사(الْمَمْنُوعُ مِنَ الصَّرْفِ)와 다섯 명사(الْأَسْمَاءُ الْخَمْسَةُ) ... 263
  1. 2 격 명사(الْمَمْنُوعُ مِنَ الصَّرْفِ) ... 264
    1) 2 격 명사(الْمَمْنُوعُ مِنَ الصَّرْفِ)의 정의 ... 264
    2) 2 격 명사(الْمَمْنُوعُ مِنَ الصَّرْفِ)의 종류 ... 265
    3) 2 격 명사(الْمَمْنُوعُ مِنَ الصَّرْفِ)의 격변화 ... 272
    4) 2 격 명사(الْمَمْنُوعُ مِنَ الصَّرْفِ)의 주의할 점 ... 273
  2. 다섯 명사(الْأَسْمَاءُ الْخَمْسَةُ) ... 275
    1) 다섯 명사(الْأَسْمَاءُ الْخَمْسَةُ)란? ... 275
    2) 문장에서의 격변화 예들 ... 276
    3) 다섯 명사(الْأَسْمَاءُ الْخَمْسَةُ)의 주의할 점 ... 277
제 15 과 인칭대명사(الضَّمِيرُ) ... 281
  ** 인칭대명사의 구분 ... 282

1. 독립 인칭대명사 (الضَّمَائِرُ الْمُنْفَصِلَةُ)	283
1) 주격 독립 인칭대명사 (ضَمَائِرُ الرَّفْعِ الْمُنْفَصِلَةُ)	283
2) 목적격 독립 인칭대명사 (ضَمَائِرُ النَّصْبِ الْمُنْفَصِلَةُ)	284
** 목적격 독립 인칭대명사 (ضَمَائِرُ النَّصْبِ الْمُنْفَصِلَةُ)의 용법	285
2. 접미 인칭대명사 (الضَّمَائِرُ الْمُتَّصِلَةُ : ضَمَائِرُ الرَّفْعِ وَضَمَائِرُ النَّصْبِ وَالْجَرِّ)	289
1) 소유격 접미 인칭대명사 (ضَمَائِرُ الْجَرِّ الْمُتَّصِلَةُ)	290
(1) 명사의 접미어로 사용되는 경우	290
(2) 전치사의 접미어로 사용되는 경우	292
2) 목적격 접미 인칭대명사 (ضَمَائِرُ النَّصْبِ الْمُتَّصِلَةُ)	294
(1) 동사의 목적어로 사용되는 경우	295
(2) 무효화 불변사 (إِنَّ وَأَخَوَاتُهَا)의 의미상 주어로 사용되는 경우	299
3) 주격 접미 인칭대명사 (ضَمَائِرُ الرَّفْعِ الْمُتَّصِلَةُ)	301
3. 분리의 인칭대명사 (ضَمِيرُ الْفَصْلِ)	303
4. 강조의 인칭대명사 (ضَمِيرُ التَّوْكِيدِ)	307
5. 연결의 인칭대명사 (ضَمِيرُ الرَّبْطِ)	309
6. 가인칭대명사 (ضَمِيرُ الشَّأْنِ)	311
제16과 지시대명사 (اسْمُ الْإِشَارَةِ) & 의문대명사 (اسْمُ الْاِسْتِفْهَامِ) & 관계대명사 (الْاِسْمُ الْمَوْصُولُ)	313
1. 지시대명사 (اسْمُ الْإِشَارَةِ)	314
1) 지시대명사의 형태	314
2) 지시대명사의 격변화	315
3) 대용어 (الْبَدَل) 구(句)에 사용되는 지시대명사 – '지시대명사 + الـ 보통명사' 구(句)의 격변화	317
4) '원거리 지시대명사 + 2인칭 접미 인칭대명사' 용법	319
2. 의문대명사 (اسْمُ الْاِسْتِفْهَامِ)	320
3. 관계대명사 (الْاِسْمُ الْمَوْصُولُ)	322
1) 관계대명사란?	322
2) 관계대명사의 종류	323
3) 관계대명사 문장의 구성요소	324
4) 관계대명사 الَّذِي 의 변화	325
5) 관계대명사 مَنْ 과 مَا 에 대해	327
제17과 아랍어 숫자 읽기와 셈법에 대해 & 시간·연도 보는 법	329
A. 아랍어 기수 (الْعَدَدُ الْأَصْلِيُّ)에 대해	330
1. 아랍어 숫자 (الْعَدَدُ)	331
2. 아랍어 숫자로 개수를 세는 법	337
1) 셈할 대상 (الْمَعْدُودُ)이 비한정형태 (نَكِرَةٌ)인 경우	337
2) 셈할 대상 (الْمَعْدُودُ)이 한정형태 (مَعْرِفَةٌ)인 경우	348
3. 셈할 대상 (الْمَعْدُودُ) 뒤에 수식어가 올 경우	353
1) 셈할 대상이 비한정형태 (نَكِرَةٌ)인 경우	353
2) 셈할 대상이 한정형태 (مَعْرِفَةٌ)인 경우	354
** 수사 أَحَدٌ 의 용법	356
** عَشَرَةً 인가? عَشْرَةً 인가?	357
심화학습 – 한눈에 보는 아랍어 기수 셈법	358
B. 아랍어 서수 (الْعَدَدُ التَّرْتِيبِيُّ)에 대해	362
1. 서수의 형태에 대해	362

2. 서수의 용법에 대해 365
　　** 서수 숫자의 복수형에 대해 370
　　** أُوَّلُ와 آخِرُ의 복수형과 그 의미 371
　　** 서수가 부사적인 의미로 사용되는 경우 371
　　** 횟수를 나타내는 단어들에 대해 371
　　심화학습 – 한눈에 보는 아랍어 서수 셈법 372
C. 시간, 요일, 달, 연도 374
　1. 시간 كَمِ السَّاعَةُ الآنَ؟ 374
　2. 요일 مَا الْيَوْمُ مِنَ الأُسْبُوعِ؟ 376
　3. 달(月) مَا الْيَوْمُ مِنَ الشَّهْرِ؟ 376
　4. 연도 읽는 법 377
D. 분수, 백분율 표시 방법 378
　1. 분수에 대해 378
　2. 백분율 378
　3. 중복을 나타내는 숫자 379
제 18 과 연고형용사(النَّسَبُ) 381
　1. 연고형용사의 형태 382
　　** 연고형용사가 수식어로 사용된 예들 386
　2. 주제별 주요 연고형용사 388
　　** 연고형용사가 수식어로 사용된 예들 393
　3. 연고형용사의 문장에서의 기능 398
제 19 과 능동분사(اسْمُ الْفَاعِلِ) 401
　심화학습 – 파생명사(الاسْمُ الْمُشْتَقُّ)와 불완전 파생명사(الاسْمُ الْجَامِدُ)에 대해 402
　1. 능동분사(اسْمُ الْفَاعِلِ)의 형태 405
　2. 기본적인 능동분사(اسْمُ الْفَاعِلِ) 문장과 그 의미 418
　3. 능동분사(اسْمُ الْفَاعِلِ)가 술어로 사용될 때 주어와 술어의 일치 420
　4. 능동분사(اسْمُ الْفَاعِلِ)의 문장에서의 기능 421
　5. 능동분사인가? 보통명사인가? 424
　6. 능동분사의 동사적 용법(اسْمُ الْفَاعِلِ الْعَامِلُ عَمَلَ فِعْلِهِ)에 대해 426
　7. 능동분사(اسْمُ الْفَاعِلِ) 문장의 문장전환 427
　8. 능동분사(اسْمُ الْفَاعِلِ) 예문들 431
　** 능동분사 문장전환 연습 444
제 20 과 유사형용사(الصِّفَةُ الْمُشَبَّهَةُ) 445
　1. 유사형용사(الصِّفَةُ الْمُشَبَّهَةُ)의 형태 446
　2. 유사형용사(الصِّفَةُ الْمُشَبَّهَةُ)의 문장에서의 기능 451
　3. 유사형용사의 의미로 사용되는 능동분사와 수동분사 – 상태를 묘사하는 능동분사와 수동분사 ... 454
제 21 과 과장형용사(صِيغَةُ الْمُبَالَغَةِ) 457
　1. 과장형용사(صِيغَةُ الْمُبَالَغَةِ)의 형태 458
　2. 과장형용사(صِيغَةُ الْمُبَالَغَةِ)의 의미 460
　3. 과장형용사(صِيغَةُ الْمُبَالَغَةِ)의 문장에서의 기능 461
　4. 과장형용사의 동사적 용법(صِيغَةُ الْمُبَالَغَةِ الْعَامِلَةُ عَمَلَ فِعْلِهَا)에 대해 463
　5. 과장형용사 문장의 문장 전환 464
제 22 과 수동분사(اسْمُ الْمَفْعُولِ) 467
　1. 수동분사(اسْمُ الْمَفْعُولِ)의 형태 468

2. 기본적인 수동분사(اسْمُ الْمَفْعُولِ) 문장과 그 의미 ... 478
　　3. 수동분사(اسْمُ الْمَفْعُولِ)의 문장에서의 기능 ... 479
　　4. 수동분사의 동사적 용법(اسْمُ الْمَفْعُولِ الْعَامِلُ عَمَلَ فِعْلِهِ)에 대해 ... 482
　　5. 보통명사화된 수동분사 단어들 ... 483
　　6. 잠재적인 능력의 의미를 가진 수동분사 ... 484
　　7. 성수(性數)불변 수동분사 문장에 대해 – '수동분사 + 유사문장' 문장에 대해 ... 485
　　8. 수동분사(اسْمُ الْمَفْعُولِ) 문장의 문장 전환 ... 500
　　9. 수동분사(اسْمُ الْمَفْعُولِ) 예문들 ... 504
제 23 과 시간명사 & 장소명사, 도구명사, 작아짐 명사 ... 513
　　1. 시간 명사(اسْمُ الزَّمَانِ)와 장소 명사(اسْمُ الْمَكَانِ) ... 514
　　　　1) 시간명사와 장소명사의 의미 ... 514
　　　　2) 시간명사와 장소명사의 형태 ... 515
　　　　3) 시간명사와 장소명사가 사용된 문장의 예들 ... 519
　　　　4) 시간명사와 장소명사의 문장 전환 ... 520
　　2. 도구명사(اسْمُ الْآلَةِ) ... 521
　　3. 작아짐 명사(اسْمُ التَّصْغِيرِ) ... 523
　　4. 심화학습 – 아랍어 명사의 용법 정리 ... 526
제 24 과 동명사(الْمَصْدَرُ) ... 527
　　1. 동명사(الْمَصْدَرُ)의 형태 ... 529
　　2. 동명사(الْمَصْدَرُ)의 문장에서의 기능 ... 545
　　3. 여러가지 동명사의 종류 ... 559
　　　　1) 풀어쓴 동명사(الْمَصْدَرُ الْمُؤَوَّلُ) ... 559
　　　　2) 'م' 시작 동명사(الْمَصْدَرُ الْمِيمِيُّ) ... 560
　　　　3) 합성동명사(الْمَصْدَرُ الصِّنَاعِيُّ) ... 561
　　　　4) 한차례 동명사(혹은 한차례 명사)(مَصْدَرُ الْمَرَّةِ) ... 562
　　　　5) 자세 동명사(혹은 자세명사)(مَصْدَرُ الْهَيْئَةِ) ... 568
　　4. 동명사의 참고사항들 ... 571
　　5. 신문 제목에서 동명사가 사용된 예들 ... 574
　　6. 동명사 예문들 ... 575
　　심화학습 – 사람의 성별ㆍ성장단계별 용어 ... 590
제 25 과 우선급 명사(اسْمُ التَّفْضِيلِ)에 대해 ... 591
　　1. 우선급 명사(اسْمُ التَّفْضِيلِ)의 형태 ... 592
　　2. 비교급 문장 만들기 ... 599
　　3. 우선급 명사(اسْمُ التَّفْضِيلِ)의 여성형과 복수형 ... 600
　　4. 최상급 문장 만들기 ... 601
　　5. 우선급 명사의 문장에서의 기능 ... 603

제 3 부 아랍어 품사 II 동사(الْفِعْلُ) ... 607
　　심화학습 – 아랍어 동사에 대해 ... 609
　　심화학습 – 동사의 구분 ... 610
제 26 과 동사의 인칭변화(تَصْرِيفُ الْأَفْعَالِ) 익히기 ... 615
　　1. 강동사 완료형(الْفِعْلُ الْمَاضِي, 과거 시제)의 인칭변화 ... 616
　　　　** 완료형 동사의 중간모음 형태에 따른 강동사의 변화 ... 619
　　2. 강동사 미완료형(الْفِعْلُ الْمُضَارِعُ, 현재 시제)의 인칭변화 – 미완료형 직설법(مَرْفُوع) 변화 ... 623
　　　　** 미완료형 동사의 중간모음 형태에 따른 강동사의 변화 ... 625

    3. 미래 시제(الْفِعْلُ الْمُسْتَقْبَلُ)의 인칭변화 631
제 27 과 동사의 일치 633
  1. 동사의 일치에 대해 634
    1) 명사문(الْجُمْلَةُ الاسْمِيَّةُ)의 경우 634
    2) 동사문(الْجُمْلَةُ الْفِعْلِيَّةُ)의 경우 637
  2. 그외 여러가지 동사의 일치에 관한 사항들 642
  3. 비인칭 동사(Impersonal Verb)가 사용되는 경우의 동사의 일치 647
제 28 과 동사의 격변화(إعْرَابُ الْفِعْلِ) – 동사의 서법 변화 649
  1. 동사 격변화(إعْرَابُ الْفِعْلِ)의 정의 650
  2. 동사의 격변화(إعْرَابُ الْفِعْلِ) 651
    1) 직설법(مَرْفُوعٌ) 변화 651
    2) 접속법(مَنْصُوبٌ) 변화 652
      (1) 접속법을 이끄는 불변사들 653
    3) 단축법(مَجْزُومٌ) 변화 658
      (1) 단축법을 이끄는 불변사들 659
    ** 아랍어 동사의 격변화(الإعْرَابُ) 요약 662
  3. 명령형(فِعْلُ الأَمْرِ)에 대해 663
    ** 아랍어 동사 변화 정리 673
    ** 구분의 알리프 ' ا '(الأَلِفُ الْفَارِقَةُ)의 탈락에 대해 674
제 29 과 첨가동사(الْفِعْلُ الْمَزِيدُ)에 대해 675
  1. II 형 동사 패턴 – فَعَّلَ/يُفَعِّلُ   동명사 패턴 – تَفْعِيلٌ 혹은 تَفْعِلَةٌ 677
    1) 사역의 의미(التَّعْدِيَةُ) 677
    2) 힘을 가함(الْقُوَّةُ) 혹은 횟수의 많음(الْكَثْرَةُ)하는 의미 678
    3) 적용의 의미 679
    4) 그외 주요 II 형 단어들 680
  2. III 형 동사 패턴 – فَاعَلَ/يُفَاعِلُ   동명사 패턴 – مُفَاعَلَةٌ 혹은 فِعَالٌ ... 681
    1) 상호동작(동작을 함께 함)(الْمُشَارَكَةُ) 681
    2) 동작을 계속함(الْمُتَابَعَةُ) 682
    3) 그외 주요 III 형 단어들 683
  3. IV 형 동사 패턴 – أَفْعَلَ/يُفْعِلُ   동명사의 패턴 – إفْعَالٌ 혹은 إفَالَةٌ 684
    1) 사역의 의미(التَّعْدِيَةُ) 684
    2) 귀의(歸依)하는 의미(الدُّخُولُ فِي عَقِيدَةٍ) 688
    3) 그외 주요 IV 형 단어들 688
  4. V 형 동사 패턴 – تَفَعَّلَ/يَتَفَعَّلُ   동명사 패턴 – تَفَعُّلٌ 689
    1) 동작의 영향이나 결과를 받음(الْمُطَاوَعَةُ) 689
    2) 그외 주요 V 형 단어들 691
  5. VI 형 동사 패턴 – تَفَاعَلَ/يَتَفَاعَلُ   동명사의 패턴 – تَفَاعُلٌ 692
    1) 상호동작(الْمُشَارَكَةُ) 692
    2) 계속됨(الْمُتَابَعَةُ) 694
    3) 하는 체함(التَّظَاهُرُ) 695
    4) 그외 주요 VI 형 단어들 696
  6. VII 형 동사의 패턴 – انْفَعَلَ/يَنْفَعِلُ   동명사의 패턴 – انْفِعَالٌ 697
    1) 동작의 영향이나 결과를 받음(الْمُطَاوَعَةُ) 697

7. Ⅷ형 동사 패턴 - اِفْتَعَلَ/يَفْتَعِلُ   동명사 패턴 - اِفْتِعَالٌ 699
    1) 계획된 의도 (وُجُودُ النِّيَّةِ قَبْلَ الْفِعْلِ) 699
    2) 동작의 영향이나 결과를 받음 (الْمُطَاوَعَةُ) 700
    3) 상호동작 (الْمُشَارَكَةُ) 701
    4) 그 외 주요 Ⅷ형 동사들 701
    5) 'ت' 자음 동화에 대해서 702
8. Ⅸ형 동사 패턴 - اِفْعَلَّ/يَفْعَلُّ   동명사 패턴 - اِفْعِلَالٌ 703
    1) 색깔의 바뀜 703
    2) 결함을 갖게 됨 (الْإِعَاقَةُ) 704
9. Ⅹ형 동사 패턴 - اِسْتَفْعَلَ/يَسْتَفْعِلُ   동명사 패턴 - اِسْتِفْعَالٌ 혹은 اِسْتِفَالَةٌ 패턴 705
    1) 동작을 요구함 (الطَّلَبُ) 705
    2) 생각 혹은 견해 (الِاعْتِقَادُ أَوِ الرَّأْيُ) 706
    3) 동작의 영향이나 결과를 받음 (الْمُطَاوَعَةُ) 705
    4) 획득 (الْحُصُولُ)의 의미 708
    5) 임명 708
    6) 그 외 Ⅹ형 단어들 709
  ** 한눈에 보는 첨가동사 الْأَفْعَالُ الْمَزِيدَةُ 709
  ** 동사에 따른 예문들 710

제30과 4자음 원형동사와 그 첨가동사 형태 723
  1. 4자음 원형동사 (الْفِعْلُ الْمُجَرَّدُ الرُّبَاعِيُّ) 패턴 - فَعْلَلَ/يُفَعْلِلُ   동명사 패턴 - فَعْلَلَةٌ 혹은 فِعْلَالٌ 724
  2. 4자음 첨가동사 (الْفِعْلُ الْمَزِيدُ الرُّبَاعِيُّ) 727
    1) 4자음 첨가동사 Ⅰ형 패턴 - تَفَعْلَلَ/يَتَفَعْلَلُ 패턴   동명사 패턴 - تَفَعْلُلٌ 727
    2) 4자음 첨가동사 Ⅱ형 패턴 - اِفْعَلَلَّ/يَفْعَلِلُّ 패턴   동명사 패턴 - اِفْعِلْلَالٌ 728

제31과 약동사 변화 (الْفِعْلُ الْمُعْتَلُّ) 729
  1. 동사의 구조에 따른 구분 (الْفِعْلُ بِالنَّظَرِ إِلَى بِنْيَتِهِ) 729
  2. 강동사 (الْفِعْلُ الصَّحِيحُ) 변화 731
    1) 정상동사 (الْفِعْلُ السَّالِمُ)의 변화 731
    2) 함자동사 (الْفِعْلُ الْمَهْمُوزُ)의 변화 731
    3) 중복자음 동사 (الْفِعْلُ الْمُضَعَّفُ) 변화 735
  ** 심화학습 - 약동사 변화 (الْفِعْلُ الْمُعْتَلُّ)의 음운 규칙에 대해 737
  3. 약동사 (الْفِعْلُ الْمُعْتَلُّ) 변화 740
    1) 수약동사 (الْفِعْلُ الْمِثَالُ)의 변화 740
    2) 간약동사 (الْفِعْلُ الْأَجْوَفُ)의 변화 741
    3) 말약동사 (الْفِعْلُ النَّاقِصُ)의 변화 750
    4) 이중약동사 (الْفِعْلُ اللَّفِيفُ)의 변화 758
    5) 함자 약동사의 변화 765
  4. 첨가동사 (الْأَفْعَالُ الْمَزِيدَةُ)의 약동사 변화 772
    1) 끝자음에 중복자음이 오는 첨가동사의 변화 772
    2) 중간자음에 약자음이 오는 첨가동사의 변화 774
    3) 끝자음에 약자음이 오는 첨가동사의 변화 780

제32과 수동태 (الْمَبْنِيُّ الْمَجْهُولُ)에 대해 Ⅰ 783
  1. 수동형 동사 (فِعْلٌ مَبْنِيٌّ لِلْمَجْهُولِ)의 형태 784
  2. 수동태 문장 만들기 795

  3. 수동태 동사들의 예문들   797
제 33 과 동사의 강세형(نُونُ التَّوكِيدِ)에 대해   805
  1. 동사의 강세형의 형태   806
  2. 동사의 강세형의 사용원칙   807

제 4 부 아랍어 품사 III 불변사(الحَرفُ)   809
제 34 과 불변사(الحَرفُ)에 대해   811
  1. 명사와 함께 사용되는 불변사   812
  2. 동사와 함께 사용되는 불변사   816
  3. 명사와도 사용되고 동사와도 사용되는 불변사   820
제 35 과 동사성 명사(اِسْمُ الفِعلِ)에 대해   823
  ** 인칭변화를 하는 동사성 명사   825
  ** 당위성 혹은 의미(need to, have to)를 나타내는 동사성 명사 عَلَى   825

제 5 부 부록 – 동사 변화표   827
  한눈에 보는 10 형식 변화표   الأفعَالُ المَزِيدَةُ   869

  كلمات الشكر   870

아랍어는 어떤 언어인가?

아랍어는 세계 6대 공식 언어로서 오늘날 3억 이상의 인구가 생활언어로 사용하고 있다. 아랍어를 공용 언어로 채택하고 있는 나라는 아랍 연맹에 속한 22개 나라를 포함한 세계 27개 나라이다. 세계 인구의 ¼ 정도가 무슬림이라고 가정할 때 71억 세계 인구 가운데 약 18억 명이 그들의 종교 언어로서 아랍어를 사용한다고 할 수 있다. 이러한 종교언어로서의 사용인구만을 고려할 경우 아랍어는 세계에서 영어 다음으로 가장 많은 인구가 사용하는 언어가 될 것이다.

아랍어를 공용어로 사용하는 나라들 (출처 - 위키피디아 백과사전)

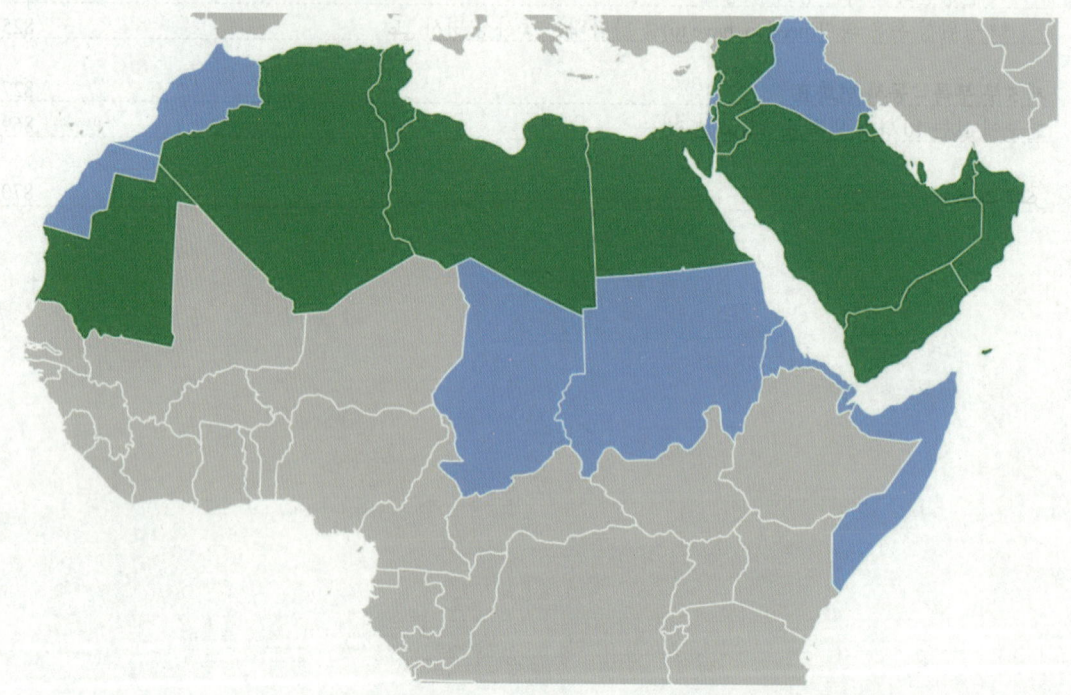

(초록색 – 아랍어가 유일한 공용어인 나라. 하늘색 – 아랍어가 여러 공용어들 중의 하나인 나라)

역사가 오래된 언어이다.

아랍어는 셈족(Semitic) 계통의 언어로서 히브리어(Hebrew) 그리고 아람어(Aramaic)와 언어적인 조상이 같다. 아랍어는 히브리어와 함께 오른쪽에서 왼쪽으로 기록하는 독특한 문자체계를 가지고 있다. 아랍어는 이러한 셈족 언어들과 주위의 페니키아어 그리고 우가리트어 등과 영향을 주고받으며 발전하였고, 이슬람 종교의 발생 이전에 아랍 반도를 중심으로 널리 사용되고 있었다. 그러다가 무함마드가 아랍어로 꾸란을 계시받은 이후 경전의 언어가 되면서 생활과 문화적인 언어 차원을 넘어 이슬람 종교의 언어가 되었다. 그 이후 이슬람이 중동과 서아시아 북아프리카 그리고 남유럽으로 팽창하면서 정치, 경제, 사회, 역사, 철학, 과학, 예술 등의 분야에서 지역과 시대의 벽을 뛰어넘는 문명의 언어가 되었다.

인류의 지혜를 간직한 언어이다.
유럽이 중세 시대를 지날 때 아랍어는 이 광범위한 지역의 학문과 문화와 생활 그리고 종교의 언어로 자리를 잡았다. 그 뒤 오랜 역사를 거쳐 오며 이 넓은 지역들의 공식 언어로 사용될 뿐만 아니라, 이 지역들의 학문과 문화와 예술 그리고 종교에 대한 내용을 통합하는 역할을 하였다. 유럽의 많은 서적이 아랍어로 번역되어 중동과 오리엔탈 지역에 소개되었고, 아랍어로 기록된 이 지역의 과학과 의학, 상업 그리고 예술적인 내용이 동양과 서양에 소개되기도 하였다. 이처럼 아랍어를 통해 문명 간의 교류가 이루어졌고 축적된 인류의 지혜가 계승 발전되었다.

표현이 풍부하며 문학적인 깊이가 있는 언어이다.
아랍어는 축적된 문명적 경험에서 나오는 어휘와 표현들이 풍부하다. 광범위한 지역과 다양한 시대의 색다른 문화에서 나오는 속담과 격언이 수없이 많다. 또한 이슬람 종교의 영향 등으로 수사학과 화술 그리고 설교 등이 발달된 언어이기도 하다. 이슬람 이전부터 시가 널리 발달하여 오늘날까지 시적인 표현들을 즐겨 사용하며, 우리가 아는 '천일야화' 등 이야기나 소설, 연극 등의 문학이 일찍부터 발전하였다. 현대에도 이집트의 나기브 마흐푸즈가 1988년 노벨 문학상을 받는 등 아랍어는 문학적인 깊이가 있다.

우리에게 기회의 언어이다.
이렇게 아랍어가 광범위하게 사용되고 언어학적으로 가치가 있음에도 불구하고 한국인에게는 여전히 어려운 언어이다. 한국어와 음운 구조가 많이 달라 발음이 힘들고, 문장 구조나 문법 체계가 생소하여 학습이 힘들며, 푸스하와 암미야의 양층 언어 현상 등으로 접근이 힘든 것이 사실이다. 게다가 아랍어에 대한 깊이 있는 연구서나 체계적인 학습서도 시중에 많지 않다. 그래서인지 아랍어를 능통하게 구사하는 사람들이 많지 않고, 이로 인해 중동 특수가 생길 경우 아랍어 전문 인력의 품귀현상이 일어나기도 한다.

위기는 곧 기회이다. 아랍어가 쉬운 언어는 아니지만 투자 가치는 크다. 이 지역은 인류 문명 발생지 가운데 두 개가 이곳에 위치할 정도로 문화와 관광의 중심지이며, 정치적으로 세계에서 가장 뜨거운 감자라고 하는 지역이다. 경제적으로는 오일 달러가 풍부한 매력적인 소비시장이며 거대 인구가 잠자고 있는 잠재 시장이기도 하다. 또한 대부분의 나라들이 개발도상국들로서 선진국의 도움을 필요로 하는 지역이며, 한국인에 대한 호감도가 커서 우리의 경제 발전 경험과 뛰어난 한류 문화 등을 소개하며 이들을 섬길 기회의 땅이기도 하다.

아랍어를 배움으로 우리는 중동과 북아프리카의 27개 나라에 있는 3억의 인구와 교통하며 친구가 될 수 있다. 이 지역의 사람들은 손님 대접하는 것을 좋아하고, 어려움에 처한 자를 돕는 것을 미덕으로 생각하며, 의리와 정절을 지키고, 친구와 사귀는 것을 좋아한다. 아랍어를 배움으로 우리는 아랍 나라들과 대한민국을 잇는 가교가 될 뿐만 아니라 이들을 위해 봉사하는 수많은 기회를 가질 수 있을 것이다. 여러분에게 하나님의 축복이 넘치길 기원한다.

아랍어의 양층 언어 현상에 대해 – 푸스하(الفُصْحَى)와 암미야(الْعَامِيَّةُ)의 구분

아랍어를 공부하는 사람이 부딪히는 어려운 현실 중의 하나가 아랍어의 양층 언어 현상(Arabic Diglossia)이다. 아랍어의 양층 언어 현상이란 한 사회에서 개인이 사용하는 아랍어가 장소나 상황 혹은 사용하는 매체에 따라, 개인의 교육 정도나 직업 혹은 취향에 따라 푸스하(الفُصْحَى)와 암미야(الْعَامِيَّةُ)로 구분되는 현상을 말한다. 사람들은 장소나 상황 혹은 개인의 취향에 따라 암미야와 푸스하를 바꾸어 가며 사용하기도 하는데 이것도 양층 언어 현상의 특징이다.

아랍어는 크게 푸스하(الفُصْحَى)와 암미야(الْعَامِيَّةُ)로 양분된다. [1] 또한 푸스하(الفُصْحَى)는 고전 아랍어(Classical Arabic, فُصْحَى التُّرَاث)와 현대 표준 아랍어(Modern Standard Arabic, فُصْحَى الْعَصْر)로 구분된다. [2]

푸스하(الفُصْحَى)			암미야(الْعَامِيَّةُ)
고전 아랍어 (Classical Arabic, فُصْحَى التُّرَاث)	현대 표준 아랍어 (فُصْحَى الْعَصْر Modern Standard Arabic)		암미야(الْعَامِيَّةُ) (Colloquial Arabic)
	현대 문학 아랍어 (Modern Literary Arabic, لُغَةُ الْأَدَبِ الْحَدِيثِ)	미디어 아랍어 (Media Arabic, عَرَبِيَّةُ وَسَائِلِ الْإِعْلَامِ)	
꾸란, 하디스, 고대 문학 등이 해당됨. 이슬람 이전 시대 부터 압바스 왕조 몰락 전후 까지의 아랍어를 포괄함	시(Poetry, الشِّعْر)와 산문(Prose, النَّثْر)에 사용되는 분야. 산문 에는 이야기, 소설, 편지글, 연극대본, 연설문 등이 있음.	학교 교과서와 사회 과학, 자 연 과학, 기술 분야의 각종 전 문 서적 등에 사용되는 분야	가정과 찻집, 시장과 거리, 일터 등에서 일반인들의 일 상대화에 사용되는 언어. 방송 드라마, 연극, 영화, 노 래는 암미야로 된 것이 많고 방송 토크쇼, 인터뷰 등에서 는 암미야와 현대 표준 아랍 어가 혼용되고 있음.
	아랍어 문법과 함 께 수사학(الْبَلَاغَة) 을 공부해야 함	아랍어 문법(قَوَاعِدُ اللُّغَةِ الْعَرَبِيَّةِ)을 공 부해야 함.	
	글(written)로써 구사되는 경우가 많지만 방송 뉴스나 대담, 정치인들의 연설, 종교인들의 설교 등에서 말 (spoken)로써도 구사됨.		인터넷 챗팅이나 댓글, SMS, 상업광고 표지판, 어린이들 을 위한 이야기 책에서 글 (written)로써도 구사됨.
	격식체 아랍어(Formal)		비격식체 아랍어(Informal)

[1] 흔히 푸스하(الفُصْحَى)를 '문어체 아랍어(Written Arabic)'로 암미야(الْعَامِيَّةُ)를 '구어체 아랍어(Spoken Arabic)'로 말하곤 하는데 이는 푸스하와 암미야에 대한 특징을 가장 간략하게 표현한 용어일 수는 있지만 정확한 표현이라고는 할 수 없다. 그 이유는 위의 도표에서도 설명하듯이 푸스하 말(spoken)로써 구사되는 경우도 많으며, 현대에는 암미야가 글(written)로써 구사되는 경우도 많기 때문이다.
이와같이 '푸스하(الفُصْحَى)'와 '암미야(الْعَامِيَّةُ)'의 의미와 상황을 정확하게 표현하는 한글 단어를 찾는 것이 쉽지 않다. 위의 표에 따르면 '푸스하'를 '격식체 아랍어'로 '암미야'를 '비격식체 아랍어'로 번역하는 것도 가능하다. 이 책에서는 일반적으로 많이 사용되는 용어를 고려하여 '푸스하' 혹은 '문어체 아랍어'와, '암미야' 혹은 '구어체 아랍어'로 표기하였다.
[2] 푸스하(الفُصْحَى)가 고전 아랍어(Classical Arabic)와 현대 표준 아랍어(Modern Standard Arabic)로 나누어지기 때문에 아랍어를 고전 아랍어와 현대 표준 아랍어 그리고 암미야(구어체 아랍어, Colloquial Arabic)로 구분하여 '삼층 언어 현상(Triglossia)'으로 설명하기도 한다.

고전 아랍어(فُصْحَى التُّرَاث)는 꾸란과 하디스 그리고 고전문학에서 사용된 것으로, 이슬람 이전 시대부터 압바시야 왕조의 몰락(1258) 전후까지의 이슬람 서적들과 고대 시, 고대 산문 등에 사용되던 아랍어를 말한다.

현대 표준 아랍어(MSA)는 현대 문학 아랍어와 미디어 아랍어로 구분할 수 있다.

현대 문학 아랍어(Modern Literary Arabic, لُغَةُ الأَدَبِ الْحَدِيث)는 시(Poetry, الشِّعْرُ)와 산문(Prose, النَّثْرُ)으로 대표되는 문학을 위한 분야와 학교 교과서나 사회 과학, 자연 과학, 기술 등의 각종 전문 서적, 공문 등에서 사용하는 분야로 세분할 수 있다. 학교 교과서나 각종 전문 서적 등은 아랍어 문법(قَوَاعِدُ اللُّغَةِ الْعَرَبِيَّة)을 공부해야 이해와 사용이 가능하고, 시와 산문(산문에는 이야기, 소설, 편지글, 연극 대본, 연설문 등이 포함된다.)으로 대표되는 현대 문학 아랍어는 아랍어 문법(قَوَاعِدُ اللُّغَةِ الْعَرَبِيَّة)과 함께 수사학(الْبَلَاغَة)을 공부해야 사용이 가능하다.

미디어 아랍어(Media Arabic)는 신문이나 방송, 잡지 등의 미디어 부분에서 사용되는 아랍어 분야로서 현대 표준 아랍어(MSA) 분야 가운데서 일반인들의 일상생활에 가장 많이 사용되는 분야이다. 역시 아랍어 문법(قَوَاعِدُ اللُّغَةِ الْعَرَبِيَّة)을 공부해야 사용이 가능하다.

이러한 현대 표준 아랍어(MSA)는 글(written)로써 구사되는 경우가 많지만 방송 뉴스나 전문가들의 대담, 정치인들의 연설, 종교인들의 설교 등에서 말로써(spoken)도 구사된다.

우리는 이 책에서 현대 표준 아랍어(MSA) 문법을 공부하지만 암미야(구어체 아랍어, الْعَامِّيَّة)에 대해서도 이해할 필요가 있다. 왜냐하면 현대 아랍인들의 언어생활에서 암미야를 제외하고 푸스하만 가지고는 언어생활이 불가능하기 때문이다.

암미야(구어체 아랍어, الْعَامِّيَّة)는 가정에서 가족 간에, 찻집에서 친구 간에, 시장에서 거래할 경우, 거리에서 사람을 만날 경우 등 일반인들의 일상대화에 널리 사용되는 언어이다. 방송 드라마나 연극, 영화, 코미디 그리고 노래는 대부분 암미야를 주된 언어로 사용하며 방송 토크쇼와 인터뷰, 대담 등에서도 암미야와 푸스하가 혼용되어 사용된다. 푸스하가 학교에 들어간 이후 학습에 의해 배워지는 언어라면, 암미야는 태어나면서부터 부모로부터 배우는 가장 자연스럽고 유창하게 구사할 수 있는 모국어이다.[1]

암미야가 주로 말로써 표현되는(spoken) 언어이지만 인터넷과 스마트 폰이 대중화된 이후 아랍 젊은이들이 인터넷 채팅과 댓글, 그리고 SMS 등에서 암미야로 글(written)을 적는 문화가 광범위하게 퍼져 있다. 또한 상업광고 표지판과 어린이들과 젊은이들을 위한 이야기책 등에서 암미야로 글을 적는 사람들이 늘어나는 추세다.

푸스하(الْفُصْحَى)는 정치인들의 회담이나 연설, 전문가들의 대담, 종교인들의 설교 등의 공식적인 자리에서 사용되는 언어이기에 격식체(Formal) 아랍어라고 하며, 암미야(الْعَامِّيَّة)는 가정과 시장,

---

[1] El-Said Badawi 는 그의 A Dictionary of Egyptian Arabic 에서 암미야를 문맹자들의 암미야(عَامِّيَّةُ الأُمِّيِّين), 글을 해독하는 사람들의 암미야(عَامِّيَّةُ الْمُتَنَوِّرِين), 지식인들의 암미야(عَامِّيَّةُ الْمُثَقَّفِين)로 구분한다.

찻집 등에서 가족이나 친구 간의 격이 없는 대화에 사용되는 언어이므로 비격식체(Informal) 아랍어라고 한다.[1]

푸스하는 아랍어를 사용하는 아랍 나라들 모두에서 표준화되어 있다. 때문에 푸스하를 공부한 사람의 경우 아랍 나라 어디를 가든지 그 나라의 기록된 푸스하를 이해할 수 있으며, 여러 아랍 나라의 위성방송에서 푸스하로 방영되는 프로그램들을 이해할 수 있고, 푸스하를 말로 구사하는 사람들끼리는 말이 통한다.

그러나 암미야는 나라마다 다르고 지방에 따라서도 다를 수 있으며 심지어 사회 계층이나 직업에 따라서도 다를 수 있다. 이집트 암미야와 걸프만 나라들의 암미야가 다르고, 레바논과 시리아 등의 레반트 암미야(Levantine Arabic)와 모로코와 알제리 그리고 튀니지의 데리자(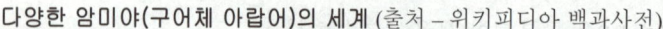) 암미야가 다르다.[2]

다양한 암미야(구어체 아랍어)의 세계 (출처 – 위키피디아 백과사전)

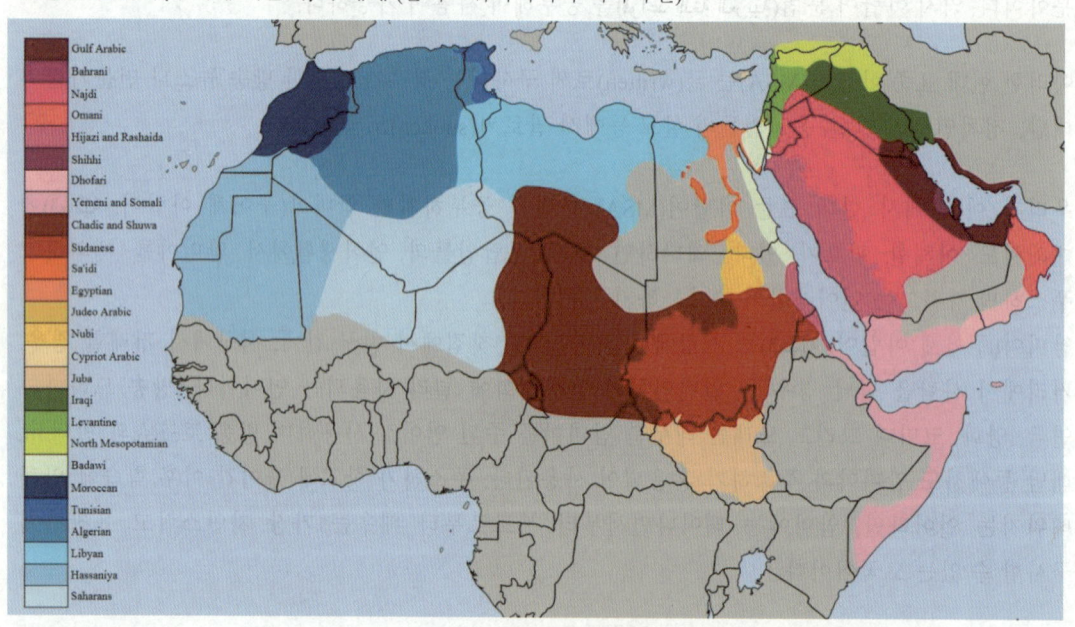

암미야가 나라들마다 다르다고 해서 다른 나라 사람들의 암미야를 전혀 알아듣지 못하는 것은 아니다. 예를 들어 이집트 암미야의 경우 다른 아랍 나라들에서 널리 이해되는데 그것은 이집트의

---

[1] 아랍권의 지식인들은 가정이나 거리 등의 비공식적인 자리에서는 암미야를 사용하고, 방송이나 회담, 연설 등의 공식적인 자리에서는 현대 표준 아랍어(MSA)를 사용하거나 아니면 지식인들의 암미야(عامية المثقفين)를 사용하곤 한다. 즉 어떤 개인이 사용하는 언어가 푸스하와 암미야 중의 하나로 고정되는 것이 아니라 장소나 상황에 따라 암미야와 푸스하를 바꾸어 가며 말하는 것이다. 그러나 문맹인들이나 교육 수준이 낮은 사람들은 주로 암미야만 사용한다.

[2] 위키피디아(Wikipedia) 백과사전에서는 아랍 세계의 주요 암미야 언어 그룹을 6개로 구분하고 있다. 즉 모로코와 알제리와 튀니지 그리고 리비아 등의 마그립 그룹(Maghrebi group), 수단과 차드 등의 수단 그룹(Sudanese group), 이집트와 이집트 남부의 이집트 그룹(Egyptian group), 걸프와 아라비아 반도 나라들의 아라비아 반도 그룹(Arabian Peninsula group), 이라크 등지의 메소포타미아 그룹(Mesopotamian group), 레바논과 시리아 그리고 요르단 그리고 팔레스타인의 레반트 그룹(Levantine group)으로 구분하고 있다.

영화와 드라마들이 다른 아랍 나라에 많이 소개되어 다른 아랍 나라 사람들이 이집트 암미야의 어휘와 악센트를 알고 있기 때문이다. 최근에는 위성방송과 인터넷, 소셜 네트워크 등의 발달로 인해 각 나라의 암미야가 다른 나라들에 이전보다 더 많이 소개되고 더 많이 이해되는 것이 사실이다.

이와같이 현대 아랍어는 아랍 국가들의 언어를 푸스하로 통일시키려는 경향보다 각 나라 암미야들의 다양성이 인정되는 방향으로 나아가고 있다. 그 예로서 인터넷의 댓글이나 SMS, 채팅 등에서 젊은이들이 사용하기 쉬운 암미야로 대부분의 글이 표현되고 의사소통이 이루어지는 것을 보면 알 수 있다.

그러나 아랍의 젊은이들이 암미야를 광범위하게 사용하고 있다고 해서 푸스하의 비중이 줄어드는 것은 아니다. 푸스하는 여전히 꾸란의 언어로서 그들의 종교적인 언어이며, 공적인 모임에서 사용되는 공식적인 언어이고, 여러 전문 서적들 등에서 중요한 정보와 지식을 얻을 수 있는 필수적인 언어이다. 아무리 암미야를 좋아하는 젊은이들도 학교에 가면 배워서 시험을 치러야 하는 것이 푸스하이고, 고급정보와 좋은 직장을 구하기 위해, 또는 사회적 지위와 품위 유지를 위해 필요한 것이 푸스하이다.

따라서 아랍 나라들의 언어생활에서 푸스하는 푸스하대로 중요하고 암미야는 암미야대로 중요하다는 결론을 내릴 수 있다. 이 양층 언어 현상은 일시적인 현상이 아니라 이전에도 그랬고 앞으로도 지속해서 남아있을 아랍어의 독특한 특징이다. 따라서 아랍어를 공부하는 외국인의 경우 푸스하와 암미야 모두에 대해 관심을 가지고 두 언어를 균형 있게 습득하기 위해 노력해야 할 것이다.

언어는 학문을 위한 도구이기 이전에 생활을 위한 도구이다. 따라서 아랍어 교육에서 푸스하만 강조될 것이 아니라 암미야도 동일하게 강조되어야 한다. '두 언어 가운데 무엇부터 먼저할 것인가?' 라고 질문할 경우 필자는 암미야를 먼저 해야 한다고 생각한다. 아랍 현지인들이 어려서부터 가정에서 자연스럽게 암미야를 습득한 뒤에 학교에 가서 푸스하를 공부하듯, 우리도 할 수만 있다면 암미야를 먼저 공부하고 얼마의 시간 이후에 푸스하를 병행해서 공부하는 것이 의사소통을 위해서, 언어공부 자체의 효율성을 위해서 낫다고 본다.

아랍 국가에서 생활할 필요가 없는 학습자가 학문적인 목적으로 아랍어를 공부할 경우 푸스하만 해도 문제가 없을 것이다. 또한 아랍 나라를 방문하지 못하고 한국에서 아랍어를 공부하는 경우도 푸스하를 먼저 해야 할 것이다. 그러나 특정 아랍 국가에 거주하거나 방문 혹은 유학하는 경우 그 나라나 그 지역의 암미야도 관심을 가지고 배울 것을 권한다. 푸스하와 암미야의 균형잡힌 학습이 필요하다.

이집트 농부가 대추야자를 수확하고 있다.

제1부 알파벳과 발음 (الْحُرُوفُ الأَبْجَدِيَةُ ونُطْقُها)

천리길도 한 걸음부터이다. 아랍어 공부를 시작하며 알파벳을 익히고 그 음가를 파악하는 것은 필수적이다. 제1부는 본격적으로 아랍어를 공부하기 위해 필요한 아랍어의 자음과 모음, 악센트, 단어의 구성 등 기본적인 내용을 다루고 있다. 제 5 과 '함자에 대해' 부분은 난이도가 있는 부분이기에 입문자의 경우 나중에 공부하도록 하자.

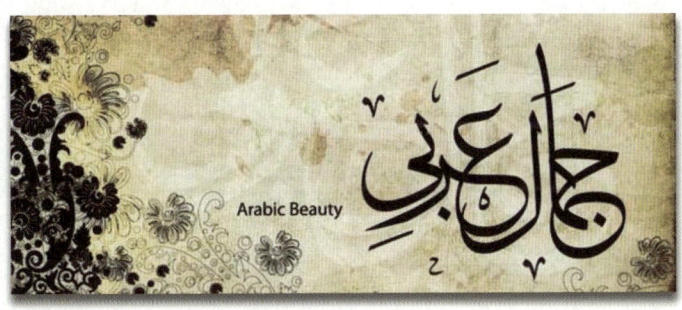

모로코의 수도 라바트 풍경

제1과 아랍어 알파벳(الْحُرُوفُ الْأَبْجَدِيَّةُ)과 자음

1. 아랍어 알파벳과 자음 음가
2. 테마부타 (التَّاءُ الْمَرْبُوطَةُ)에 대해
3. 아랍어 알파벳 쓰기

제 1 과 아랍어 알파벳(الْحُرُوفُ الْأَبْجَدِيَّةُ)과 자음

1. 아랍어 알파벳과 자음 음가

아랍어 알파벳은 28 개이며 모두가 자음이다. 아랍어 알파벳 가운데 'ا', 'و', 'ي' 는 다른 단모음과 함께 사용되어 장모음이 되기도 하지만 기본적으로 아랍어 알파벳은 모두 자음이다.

명칭		독립형 (분리형)	연결형			발음	발음힌트
			어두형	어중형	어미형		
hamza	هَمْزَة	ء	ا에 함자가 붙은 모양들	أ , إ , ؤ , ئـ		ʼ	'아' 발음을 목젖 아래에서 발음하되 소리를 끊어주어야 함. 성문폐쇄음(glottal stop)
ʼalif	أَلِف	ا	ا ..	ا..	ا..	ʼ, ā	ا이 자음일 경우 함자(hamza) 발음, ا이 장모음에 사용될 경우 ā
bāʼ	بَاء	ب	بـ..	ـبـ..	ـب..	b	영어의 b
tāʼ	تَاء	ت	تـ..	ـتـ..	ـت..	t	영어의 t
thāʼ	ثَاء	ث	ثـ..	ـثـ..	ـث..	th	영어 think 의 th (θ)
jīm	جِيم	ج	جـ..	ـجـ..	ـج..	j	영어의 j
ḥāʼ	حَاء	ح	حـ..	ـحـ..	ـح..	ḥ	인후 무성음. 창문을 닦을 때 입에서 내는 '하'소리
khāʼ	خَاء	خ	خـ..	ـخـ..	ـخ..	kh	가래를 뱉을 때 내는 '카' 소리, 목젖이 떨리도록 내는 소리
dāl	دَال	د	د ..	ـد ..	ـد..	d	영어의 d
dhāl	ذَال	ذ	ذ ..	ـذ ..	ـذ..	dh	영어 that 의 th (ð)
rāʼ	رَاء	ر	ر ..	ـر ..	ـر..	r	영어의 r 과 비슷하지만 혀를 2-3배 더 많이 굴려 내는 소리
zāʼ	زَاء	ز	ز ..	ـز ..	ـز..	z	영어의 z. 윗니와 아랫니 그리고 혀끝 사이의 마찰음
sīn	سِين	س	سـ..	ـسـ..	ـس..	s	영어의 s 를 혀끝에서 발음. 윗니와 아랫니 그리고 혀끝 사이의 마찰음
shīn	شِين	ش	شـ..	ـشـ..	ـش..	sh	영어의 sh (ʃ)
ṣād	صَاد	ص	صـ..	ـصـ..	ـص..	ṣ	'ㅅ' 발음을 입천정 중간 부위에서 발음하되 굵고 무겁게 발음
ḍād	ضَاد	ض	ضـ..	ـضـ..	ـض..	ḍ	'ㄷ' 발음을 입천정 중간 부위에서 발음하되 굵고 무겁게 발음
ṭāʼ	طَاء	ط	طـ..	ـطـ..	ـط..	ṭ	'ㄸ' 발음을 입천정 중간 부위에서 발음하되 굵고 무겁게 발음
ẓāʼ	ظَاء	ظ	ظـ..	ـظـ..	ـظ..	ẓ	'ㅉ' 발음을 입천정 중간 부위에서 발음하되 굵고 무겁게 발음

제1과 아랍어 알파벳과 자음

'ayn	عَين	ع	...ع	...ع...	ع...	'	'아' 발음을 목젖 부위로부터 소리냄. 울림소리. 목젖이 약간 떨림
ghayn	غَين	غ	...غ	...غ...	غ...	gh	가글링을 할 때 내는 '가' 소리. 울림소리. 목젖이 많이 떨림
fā'	فَاء	ف	...ف	...ف...	ف...	f	영어의 f
qāf	قَاف	ق	...ق	...ق...	ق...	q	'까'를 목젖 부위에서 내는 소리
kāf	كَاف	ك	...ك	...ك...	ك...	k	영어의 k
lām	لَام	ل	...ل	...ل...	ل...	l	영어의 l
mīm	مِيم	م	...م	...م...	م...	m	영어의 m
nūn	نُون	ن	...ن	...ن...	ن...	n	영어의 n
hā'	هَاء	ه	...ه	...ه...	ه...	h	영어의 h
wāw	وَاو	و	...و	...و...	و...	w, ū, aw	자음일 경우 w, 장모음에 사용될 경우 ū, 앞에 파트하(a모음)가 올 경우 aw
yā'	يَاء	ي	...ي	...ي...	ي...	y, ī, ay	자음일 경우 y, 장모음에 사용될 경우 ī, 앞에 파트하(a모음)가 올 경우 ay

→ 아랍어 알파벳은 28 개이다. 위에서 맨 먼저 기록된 함자(ء)는 제외하고, 두 번째 기록된 'ا' 부터 끝글자 'ي' 까지가 알파벳 28 개이다.

→ 위의 첫 번째 글자 함자(ء)는 두 번째 글자 알리프(ا)와 밀접한 관련이 있다. 종종 이 두 글자를 합친 글자 'أ' 를 알파벳의 첫 글자 ''alif' 라 하기도 한다. 때문에 'ا'와 'أ' 는 혼용되는 경향이 있다. 'أ'를 '알리프 위의 함자(هَمْزَة عَلَى أَلِف)' 라 한다.

→ 위의 두 번째 글자 알리프(ا)는 첫 번째 글자 함자(ء)의 받침글자로 사용되어 단절함자(هَمْزَة الْقَطْع)인 'أ', 'إ', 'ا'에서 사용되거나, 연결함자(هَمْزَة الْوَصْل)인 'ا' 에서 사용되며, 또한 단모음 파트하(a 모음) 뒤에 올 경우 장모음으로도 사용된다. 단절함자와 연결함자에 대한 내용은 이 책 제 5 과 '함자에 대해'에서 배운다.

→ 28 개 알파벳 중에서 'ا'와 'و'와 'ي' 세 자음을 '약자음(حُرُوف الْعِلَّة)'이라 부르는데 이는 단어 가운데에서 사용될 때 자음 음가를 가지지 않고 탈락되거나 변형되는 경우가 많기 때문이다. 이 세 자음을 제외한 나머지 25 개 자음은 '강자음(الْحُرُوف الصَّحِيحَة)'이라 불린다.

→ 'ل' 다음에 'ا'이 오면 표기 모양이 'لا' 으로 바뀐다. 이것을 람 알리프(lām 'alif لَام أَلِف)라 한다.

→ 아랍어 알파벳을 확실하게 암기하자. 눈으로만 익힐 것이 아니라 정확하게 기록할 수 있어야 하고 또한 정확하게 발음할 수 있어야 한다. 기록방법은 이 과의 '아랍어 알파벳 쓰기' 부분에서 그림으로 설명하고 있다.

→정확한 발음을 위해서는 현지인이 발음하는 것을 수없이 많이 듣고, 많이 연습하며, 많이 교정받아야 한다. 인터넷의 구글 번역기(Google Translate)가 알파벳 발음도 지원하는데 위의 '발음힌트'에서 설명하는 발음 포인트를 유념하며 각각의 발음을 많이 듣고 많이 따라 해 보자.

종합 아랍어 문법 │

** 아랍어 자음 음가와 한국어 자음 음가의 비교[1]

①	한국어 자음 체계에 들어 있는 아랍어 자음 (8자음)	ت , س , ك , ل , م , ي , ه , و
②	한국어 자음 체계에 있으나 조금 다르게 발음하는 아랍어 자음(6 자음)	ب , ج , د , ر , ش , ن
③	한국어 자음 체계에 없는 아랍어 자음 (14 자음)	ث , ح , خ , ذ , ز , ص , ض , ط , ظ , ع , غ , ف , ق , ء

→ 위의 표에서처럼 아랍어의 자음 14 개가 우리 말에 없는 음가들이다.(위의 ③의 알파벳들) 이 발음들은 알파벳 도표에 나와 있는 발음 기호만 보고는 정확하게 발음하기 어렵다. 이것들은 현지인들이 소리 내는 모습을 보고 들으면서 음가의 포인트를 정확히 파악해야 하고, 그대로 발음하기 위해 부단한 노력을 해야 정확하게 발음할 수 있다. 이러한 음가들은 구강이나 호흡기에서 발음되는 위치를 파악하는 것이 중요하고, 떨림의 유무(유성음인가? 혹은 무성음인가?)나 마찰음의 유무 등을 파악해서 그대로 발음해야 정확한 발음을 할 수 있다. 앞 페이지의 '발음힌트' 부분을 참고하라.

2. 테마부타 (التَّاءُ المَرْبُوطَةُ)에 대해

아랍어 알파벳 28 자음에 포함되지는 않지만 알파벳 자음과 연관있는 테마부타(تَاءُ مَرْبُوطَةٌ)라는 것이 있다. 이것은 알파벳 자음 'ت'에 붙은 두 개의 점과 알파벳 자음 'ه'가 결합한 'ة' 꼴을 말한다. 이 '테마부타'는 항상 단어의 끝 자음으로 사용되며, 주로 명사나 형용사의 성(性)이 여성일 때 사용되고, 음가는 'ت' 즉 't'음을 가지고 있다. 아래의 단어들에서 마지막 철자로 사용된 테마부타를 살펴보고 그 음가를 발음해 보자.

여학생 (ṭālibatun)	طَالِبَةٌ	자동차 (sayyāratun)	سَيَّارَةٌ
학교 (madrasatun)	مَدْرَسَةٌ	그림 (ṣūratun)	صُورَةٌ
여자(woman) ('imra'atun)	امْرَأَةٌ	도서관, 책장, 서점 (maktabatun)	مَكْتَبَةٌ

---

[1] 공일주 '아랍어의 이해' p60

3. 아랍어 알파벳 쓰기

아랍어 글자는 오른쪽에서 왼쪽으로 기록한다. 아랍어 알파벳 쓰기 방식은 단어에서 알파벳의 위치에 따라 독립형(혹은 분리형)과 어두형, 어중형, 어미형으로 나뉜다. '어두형'은 알파벳이 단어의 맨 앞 철자로 사용될 경우이고, '어중형'은 알파벳이 단어의 중간 철자로 사용될 경우이며, '어미형'은 알파벳이 단어의 맨 끝 철자로 사용될 경우를 말한다. '독립형'은 알파벳이 따로 독립되어 사용될 경우를 말하는 것으로 알파벳 표기와 그 모양이 같고, '분리형'은 알파벳이 다른 알파벳과 분리되어서 사용될 경우를 말하는 것으로 독립형과 분리형은 그 모양이 같다. 이와같이 아랍어 알파벳은 단어에서 사용되는 위치에 따라 모양이 조금씩 달라진다.

아랍어 단어들은 보통 자음들을 이어서 기록한다. 그러나 알파벳 가운데 ا, د, ذ, ر, ز, و 는 뒤에 오는 자음과 떨어져서 기록한다. 아래의 표에서 이 6 개 문자의 어두형을 보면 자음의 꼬리가 이어져 있지 않고 떨어져 있는 것을 볼 수 있는데 이는 단어의 자음을 기록할 때 그 뒤에 오는 자음과 분리하여 기록하기 때문이다. 예 : كِتَابٌ (책), مَدْرَسَةٌ (학교), زَوْجَةٌ (아내), وَلَدٌ (아들, 소년)등. 이와같이 분리하지 않고 이어서 기록하는 자음들을 연결문자(الْحُرُوفُ الْمُتَّصِلَةُ)라 하고, 분리해서 기록하는 자음들을 분리문자(الْحُرُوفُ الْمُنْفَصِلَةُ)라고 한다.

아래 표는 아랍어 알파벳을 쓰는 모양과 방향이 표기된 도표이다. 아래의 예들에 표기된 필체는 손으로 쓸 때 많이 사용하는 필체로서 인쇄된 책의 서체와는 모양이 다를 수 있다. 아래의 알파벳 표기와 예로 든 단어를 여러 번 기록하여 알파벳의 형태를 익히도록 하자.

알파벳	형태	손으로 쓰는 방법	예	의미
ا	독립형 분리형	ا ا ا	اسْمٌ	이름
	어두형	위의 독립형과 같음	ابْنٌ	아들
	어중형	ـا ـا ـا	بَابٌ	문
	어미형	위의 어중형과 같음	أَنَا	나는
ب	독립형 분리형	ب ب ب ب	كِتَابٌ	책
	어두형	بـ بـ بـ بـ	بِنْتٌ	딸; 소녀
	어중형	ـبـ ـبـ ـبـ	لَبَنٌ	요구르트; 우유
	어미형	ـب ـب ـب	عِنَبٌ	포도
ت	독립형 분리형	ت ت ت	بَنَاتٌ	딸들

	형태	쓰기 연습	예시	뜻
	어두형	ت ت ت ت...	تَعْلِيمٌ	교육
	어중형	...ت ...ت...	مَكْتَبٌ	책상, 사무실
	어미형	ت ت ت...	بَيْتٌ	집
ث	독립형/분리형	ث ث ث ث	تُرَاثٌ	유산
	어두형	ث ث ث ث...	ثَمَنٌ	가격, 가치
	어중형	...ث ...ث...	مَثَلٌ	속담
	어미형	ش ش ش...	حَدِيثٌ	대화; 현대의
ج	독립형/분리형	ج ج ج ج	مَوْجٌ	파도
	어두형	ج ج ج...	جَرِيدَةٌ	신문
	어중형	ج ج ج...	شَجَرَةٌ	나무
	어미형	ج ج ج	ثَلْجٌ	얼음, 눈
ح	독립형/분리형	ح ح ح ح	مَسْرَحٌ	극장
	어두형	ح ح ح...	حُبٌّ	사랑
	어중형	ح ح ح...	لَحْمَةٌ	육고기
	어미형	ح ح ح	مِلْحٌ	소금
خ	독립형/분리형	خ خ خ خ	أَخٌ	형제
	어두형	خ خ خ...	خِدْمَةٌ	봉사
	어중형	...خ ...خ...	ثَخِينٌ	뚱뚱한
	어미형	خ خ خ	تَارِيخٌ	역사
د	독립형/분리형	د د د د	بَرْدٌ	추위, 추움
	어두형	위의 독립형과 같음	دَرْسٌ	수업 (lesson)

ذ	어중형	ـسـد ـلدـ ـسـد	مُدَرِّسٌ	교사
	어미형	위의 어중형과 같음	أَسَدٌ	사자
	독립형 분리형	ذ ذ ذ	ذَهَبٌ	금
	어두형	위의 독립형과 같음	ذَاكِرَةٌ	기억, 기억력
	어중형	ـذ ـذـ ـذـ	لَذِيذٌ	맛있는
	어미형	위의 어중형과 같음	أُسْتَاذٌ	교수
ر	독립형 분리형	ر ر ر	مُدَرِّبٌ	코치 (coach)
	어두형	위의 독립형과 같음	رَسْمٌ	그림
	어중형	ـر ـرـ ـرـ	مُخْرِجٌ	영화감독
	어미형	위의 어중형과 같음	مُدِيرٌ	사장, 교장 (director)
ز	독립형 분리형	ز ز ز	فَوْزٌ	승리
	어두형	위의 독립형과 같음	زُجَاجٌ	유리
	어중형	ـز ـزـ ـزـ	جَزِيرَةٌ	섬
	어미형	위의 어중형과 같음	عَزِيزٌ	귀중한 (precious)
س	독립형 분리형	س س س	حَارِسٌ	경비원
	어두형	سـ سـ سـ	سَيْفٌ	검 (sword)
	어중형	ـسـ ـسـ ـسـ	كَسُولٌ	게으른
	어미형	ـس ـس ـس	رَئِيسٌ	대통령
ش	독립형 분리형	ش ش ش	كَرِشٌ	똥배
	어두형	شـ شـ شـ	شَمْسٌ	태양
	어중형	ـشـ ـشـ ـشـ	شِيشَةٌ	물담배

	어미형	ش ش ش ش	جَيْشٌ	군대
ص	독립형 분리형	ص ص ص ص ص ص	خَاصٌّ	특별한 (special)
	어두형	صـ صـ صـ صـ	صَدْرٌ	가슴
	어중형	ـصـ ـصـ ـصـ ـصـ	اقْتِصَادٌ	경제
	어미형	ـص ـص ـص ـص	رَخِيصٌ	값싼
ض	독립형 분리형	ض ض ض ض ض ض	أَرْضٌ	땅
	어두형	ضـ ضـ ضـ ضـ	ضَيْفٌ	손님
	어중형	ـضـ ـضـ ـضـ ـضـ	فِضَّةٌ	은 (silver)
	어미형	ـض ـض ـض ـض	بَيْضٌ	달걀
ط	독립형 분리형	ط ط ط ط	مَضْبُوطٌ	정확한
	어두형	طـ طـ طـ طـ	طِفْلٌ	아기
	어중형	ـطـ ـطـ ـطـ ـطـ	بَطَاطِسُ	감자
	어미형	ـط ـط ـط ـط	ضَغْطٌ	압력
ظ	독립형 분리형	ظ ظ ظ ظ	مَحْظُوظٌ	행운의
	어두형	ظـ ظـ ظـ ظـ	ظَرْفٌ	봉투
	어중형	ـظـ ـظـ ـظـ ـظـ	نَظِيفٌ	깨끗한
	어미형	ـظ ـظ ـظ ـظ	حَافِظٌ	유지하는, 보호하는
ع	독립형 분리형	ع ع ع ع	شَارِعٌ	거리
	어두형	عـ عـ عـ عـ	عَيْنٌ	눈 (eye)
	어중형	ـعـ ـعـ ـعـ ـعـ	ضَعِيفٌ	약한
	어미형	ـع ـع ـع ـع	رَفِيعٌ	고귀한 ; 가는(thin)

غ	독립형 분리형	غ غ غ غ	دِمَاغٌ	뇌
	어두형	غـ غـ غـ غـ	غَازٌ	가스
	어중형	ـغـ ـغـ ـغـ	مُغَنٍّ	가수
	어미형	ـغ ـغ ـغ	صَمْغٌ	껌; 본드
ف	독립형 분리형	ف ف ف ف	خَوْفٌ	두려움
	어두형	فـ فـ فـ فـ	فَاهٌ	입
	어중형	ـفـ ـفـ ـفـ	تُفَّاحٌ	사과
	어미형	ـف ـف ـف	خَفِيفٌ	가벼운
ق	독립형 분리형	ق ق ق ق	صُنْدُوقٌ	상자
	어두형	قـ قـ قـ قـ	قَدِيمٌ	오래된
	어중형	ـقـ ـقـ ـقـ	نُقْطَةٌ	점, 포인트
	어미형	ـق ـق ـق	طَبَقٌ	접시
ك	독립형 분리형	ك ك ك ك	هُنَاكَ	저기에 (there)
	어두형	كـ كـ كـ كـ	كِتَابٌ	책
	어중형	ـكـ ـكـ ـكـ	مَكَانٌ	장소
	어미형	ـك ـك ـك	بَنْكٌ	은행
ل	독립형 분리형	ل ل ل ل	مَشْغُولٌ	바쁜; 차지한
	어두형	لـ لـ لـ لـ	لُعْبَةٌ	게임, 장난감
	어중형	ـلـ ـلـ ـلـ	فُلُوسٌ	돈
	어미형	ـل ـل ـل	مَعْمَلٌ	공장; 실험실
م	독립형 분리형	م م م م	تَمَامٌ	완벽함

	어두형		مَدْرَسَةٌ	학교
	어중형		مُمْتَازٌ	우수한 (excellent)
	어미형		طَعْمٌ	맛
ن	독립형 분리형		حَيَوَانٌ	동물
	어두형		نَوْمٌ	잠
	어중형		مَجْنُونٌ	미친
	어미형		سِجْنٌ	감옥
ه	독립형 분리형		اتِّجَاهٌ	방향
	어두형		هُنَا	여기에 (here)
	어중형		نَهْرٌ	강
	어중형			
	어미형		شَبِيهٌ	닮은
و	독립형 분리형		عَدُوٌّ	원수
	어두형	위의 독립형과 같음	وَلَدٌ	아들 ; 소년
	어중형		أَسْوَدُ	검은
	어미형	위의 어중형과 같음	نُمُوٌّ	성장
ي	독립형 분리형		قَوِيٌّ	강한
	어두형		يَافِطَةٌ	간판
	어중형		قَلِيلٌ	적은 (little)
	어미형		حَقِيقِيٌّ	진실한, 사실의

제 2 과 아랍어의 모음(اَلْحَرَكَةُ)과 모음부호(اَلتَّشْكِيلُ)

1. 단모음(اَلْحَرَكَةُ الْقَصِيرَةُ)
2. 장모음(اَلْحَرَكَةُ الطَّوِيلَةُ)
3. 수쿤 (اَلسُّكُونُ) - 모음음가 없음 기호
4. 중복자음(샷다, اَلشَّدَّةُ)
5. 탄원(اَلتَّنْوِينُ)
6. 문장 끝에서의 발음변화
7. 아랍어 철자 표기와 실제 발음이 다른 경우
8. 알파벳과 모음 연습표

제 2 과 아랍어의 모음(اَلْحَرَكَة)과 모음부호(اَلتَّشْكِيل)

아랍어 알파벳 28개는 모두 자음이다. 특정한 모음부호가 붙었을 때 장모음으로 변하는 세 개의 자음(ا , و , ي)이 있긴 하지만 기본적으로 아랍어 알파벳은 모두 자음이다. 아랍 사람들은 자음만으로 구성된 이 알파벳으로 문장을 기록한다. 실제로 그들은 자음만으로 문장을 기록하고 그것으로 음절을 발음한다. 어떻게 그것이 가능한지 신기할 때가 많다.

아랍 사람들이 자음만으로도 읽기와 쓰기가 가능한 비결은 무엇일까? 그것은 이들이 자음만으로 표기된 단어를 보고도 그 단어가 발음될 때 필요한 모음을 유추해서 읽는 것이 습관화되어 있기 때문이다. 그들은 단어에 모음을 따로 표기하지 않아도 각각의 자음이 발음될 때 사용되는 모음 음가를 알고 있고, 따라서 그 유추된 모음 음가와 함께 글을 읽는 것이다.

그러나 아랍어를 처음 배우는 외국인은 알파벳 자음만으로 문장 읽기가 불가능하다. 이런 경우를 위해서 아랍 사람들은 모음과 관련된 부호인 '모음부호(اَلتَّشْكِيل)'란 것을 만들어 내었다. '모음부호(اَلتَّشْكِيل)'는 아랍어 문장을 정확하게 읽고 발음하며 효과적으로 공부하기 위해서 만들어진 여러 가지 부호이다. 모음부호는 아랍어 학습자에게 문장 읽기가 가능하게 할 뿐만 아니라 문법적인 내용을 파악하여 문장에서의 단어의 기능과 의미를 정확하게 알게하는 신비의 열쇠와 같은 것이다. 때문에 현대 표준 아랍어(MSA)를 공부하는 사람이라면 이 모음부호를 반드시 숙지하고 있어야 하고 사용할 수 있어야 한다.

아랍어의 모음부호는 아래와 같이 6가지이다. 아래 도표의 '표기' 부분에서 밑줄은 여러 가지 글자에서의 자음(알파벳)을 의미하고 그 위나 아래에 붙은 기호들이 모음부호이다. 앞으로 이 모음부호들의 모양과 명칭 그리고 그 용법과 의미를 잘 익히도록 하자.

아랍어의 모음부호(اَلتَّشْكِيل)				
		이름	설명	표기
①	단모음	파트하 فَتْحَة	'a' 음가 기호	َ
②		카스라 كَسْرَة	'i' 음가 기호	ِ
③		담마 ضَمَّة	'u' 음가 기호	ُ
④		수쿤 سُكُون	모음음가 없음 기호	ْ
⑤		샷다 شَدَّة	중복자음 기호	ّ
⑥		탄윈 تَنْوِين	비한정명사 끝자음에 추가되는 نُون ('n') 음가	ً , ٍ , ٌ

1. 단모음 (اَلْحَرَكَةُ الْقَصِيرَةُ)

아랍어 모음에는 단모음과 장모음이 있다. 먼저 단모음을 공부하자. 아랍어 단모음은 파트하와 카스라 그리고 담마 세 가지이다.

이름	표기	음가	발음 예		
파트하 فَتْحَةٌ	ـَ	a	낙타 jamalun جَمَلٌ	펜 qalamun قَلَمٌ
카스라 كَسْرَةٌ	ـِ	i	피부 jildun جِلْدٌ	잉크 ḥibrun حِبْرٌ
담마 ضَمَّةٌ	ـُ	u (혹은 o)	책들 kutubun or kotobun كُتُبٌ	도시들 mudunun or modonun مُدُنٌ

→ 위의 담마의 경우 음가를 'u' 혹은 'o' 라고 표기했다. 아랍 사람들은 담마를 발음할 때 담마와 연결된 다른 자음의 영향으로 때론 'u'로 발음하기도 하고, 때론 'o'로 발음하기도 하며, 때론 그 중간 발음이 되기도 한다. 아랍어 음운 표기로서는 '담마'라는 하나의 단모음이지만 그것이 발음될 때에는 이렇게 다르게 발음이 된다. 따라서 이 책에서는 편의상 대부분의 담마를 'u'로 표기하되 'o' 발음이 분명한 경우 'o'로 표기하도록 한다.

→ 위의 카스라의 경우도 그 음가가 영어의 'i'로만 발음되는 것이 아니다. 아랍 사람들은 단어에 따라 '카스라'를 우리말 모음의 'ㅣ'와 'ㅔ'의 중간 정도의 모음으로 발음하기도 한다. 그러나 이 책에서는 편의상 모든 카스라 발음을 'i'로 표기한다.

→ 아랍어 단모음 명칭인 '파트하', '카스라', '담마'는 처음에는 생소하겠지만 그대로 익히도록 하자. 아랍어 문법의 기본적인 용어들은 그대로 익히는 것이 앞으로의 공부에 도움이 된다.

다음 단어들을 읽어보라.

아래의 단어들에서 제시하고 있는 파트하와 카스라 그리고 담마 단모음에 주의하면서 아래의 단어들을 읽어보라. (아래의 영어식 발음기호 표기는 발음을 돕기 위해 표기한 것이다. 정확한 발음을 위해 아랍어 문자 부분을 보고 읽는 연습을 하자.)

a. 파트하(فَتْحَةٌ) 단모음 – 영어의 'a' 음가

jabalun جَبَلٌ	waladun وَلَدٌ	baytun بَيْتٌ	baqarun بَقَرٌ	ḥaqqun حَقٌّ
산	아들 ; 소년	집(house)	소(cow)	권리(right)

b. 카스라(كَسْرَةٌ) 단모음 – 영어의 'i' 음가

thiqatun ثِقَةٌ	manzilun مَنْزِلٌ	finjānun فِنْجَانٌ	bintun بِنْتٌ	rijlun رِجْلٌ
신뢰	집	컵	딸 ; 소녀	발(foot)

c. 담마(ضَمَّة) 단모음 – 영어의 'u' 혹은 'o'음가

أُمٌّ 'ommun	أُذُنٌ 'odhonun	مُنَى mona	فُنْدُقٌ fonduqun	رَجُلٌ rajulun
어머니	귀	모나(여자 이름)	호텔	남자

다음을 연습해 보자

1과에서 배운 아랍어 알파벳에 이 과에서 배우는 단모음을 붙여서 발음해 보자.

파트하 فَتْحَة	أَ	بَ	تَ	ثَ	جَ	حَ	خَ	دَ	ذَ
	رَ	زَ	سَ	شَ	صَ	ضَ	طَ	ظَ	عَ
	غَ	فَ	قَ	كَ	لَ	مَ	نَ	هَ	وَ	يَ

카스라 كَسْرَة	إِ	بِ	تِ	ثِ	جِ	حِ	خِ	دِ	ذِ
	رِ	زِ	سِ	شِ	صِ	ضِ	طِ	ظِ	عِ
	غِ	فِ	قِ	كِ	لِ	مِ	نِ	هِ	وِ	يِ

담마 ضَمَّة	أُ	بُ	تُ	ثُ	جُ	حُ	خُ	دُ	ذُ
	رُ	زُ	سُ	شُ	صُ	ضُ	طُ	ظُ	عُ
	غُ	فُ	قُ	كُ	لُ	مُ	نُ	هُ	وُ	يُ

2. 장모음(اَلْحَرَكَةُ الطَّوِيلَةُ)

장모음이란 길게 발음되는 모음이다. 아랍어의 장모음은 파트하(a) 뒤에 ا 자음이 올 때, 카스라(i) 뒤에 ي 자음이 올 때, 그리고 담마(u) 뒤에 و 자음이 올 때 각각의 단모음이 장모음으로 발음된다.

아랍어의 장모음은 일반적인 현대 표준 아랍어(MSA)에서 대개 단모음의 두 배 정도 길이로 발음된다. 그러나 설교나 시 낭송, 노래 등에서는 아주 길게 발음되기도 한다.

	표기	음가	발음 예	
파트하(فَتْحَة) 장모음 (مَدٌّ بِالْأَلِف)	ـَا	ā	책 kitābun كِتَابٌ	아빠, 교황 bābā بَابَا
담마(ضَمَّة) 장모음 (مَدٌّ بِالْوَاو)	ـُو	ū	시장(市場) sūqun سُوقٌ	수업들(lessons) durūsun دُرُوسٌ
카스라(كَسْرَة) 장모음 (مَدٌّ بِالْيَاء)	ـِي	ī	종교 dīnun دِينٌ	주머니 kīsun كِيسٌ

다음 단어들을 읽어보라

아래의 단어에 표기되어 있는 장모음에 유의하며 각각의 장모음을 길게 발음해 보라.

파트하(فَتْحَة) 장모음

ṭālibun طَالِبٌ	shāri'un شَارِعٌ	sā'atun سَاعَةٌ	shāshatun شَاشَةٌ	muḥāsibun مُحَاسِبٌ
학생	거리	시계 ; 시간	화면, 모니터 (screen)	회계사

카스라(كَسْرَة) 장모음

mudīrun مُدِيرٌ	ra'īsun رَئِيسٌ	kharīṭatun خَرِيطَةٌ	ḥadīqatun حَدِيقَةٌ	kanīsatun كَنِيسَةٌ
경영자, 사장, 교장	대통령	지도	공원	교회

담마(ضَمَّة) 장모음

ṣūratun صُورَةٌ	tūnusu تُونُسُ *	nuqūdun نُقُودٌ	doktūrun دُكْتُورٌ	kharūfun خَرُوفٌ
그림	튀니시	돈	의사 ; 박사	양(sheep)

→위의 تُونُسُ 에 탄윈이 붙지 않은 이유는 2격 명사(مَمْنُوعٌ مِنَ الصَّرْفِ)이기 때문이다. 2격 명사에 대해서는 나중에 배운다.

다음을 연습해 보자

아랍어 알파벳에 다음과 같이 장모음을 붙여서 발음해 보자.

파트하 장모음	آ	بَا	تَا	ثَا	جَا	حَا	خَا	دَا	ذَا
	رَا	زَا	سَا	شَا	صَا	ضَا	طَا	ظَا	عَا
	غَا	فَا	قَا	كَا	لَا	مَا	نَا	هَا	وَا	يَا

담마 장모음	أُو	بُو	تُو	ثُو	جُو	حُو	خُو	دُو	ذُو
	رُو	زُو	سُو	شُو	صُو	ضُو	طُو	ظُو	عُو
	غُو	فُو	قُو	كُو	لُو	مُو	نُو	هُو	وُو	يُو

카스라 장모음	إِي	بِي	تِي	ثِي	جِي	حِي	خِي	دِي	ذِي
	رِي	زِي	سِي	شِي	صِي	ضِي	طِي	ظِي	عِي
	غِي	فِي	قِي	كِي	لِي	مِي	نِي	هِي	وِي	يِي

** 아랍어에 이중모음이 있는가?

이중모음이란 모음이 두 개 겹쳐서 올 때를 말한다. 아랍어 단어 가운데 파트하 단모음 뒤에 و 가 오거나 파트하 단모음 뒤에 ي 가 올 경우 그 발음이 마치 이중모음처럼 들려진다. 즉 아래의 단어와 같이 파트하 단모음 뒤에 و 가 오거나, 파트하 단모음 뒤에 ي 가 올 때 그 발음이 각각 aw 와 ay 가 되는데 이 발음이 우리말로 아우(au)와 아이(ai)로 들려지기에 이것을 이중모음으로 생각하는 것이다. 그러나 이 경우는 각각 파트하 단모음 뒤에 자음 w 가 와서 aw 가 되었고, 파트하 단모음 뒤에 자음 y 가 와서 ay 가 된 것으로 이중모음이 아니다.

	표기	음가	발음 예	
파트하 + و	ـَوْ	aw	소리 ṣawtun صَوْتٌ (ṣautun이 아니라 ṣawtun이다.)	색깔 lawnun لَوْنٌ (launun이 아니라 lawnun이다.)
파트하 + ي	ـَيْ	ay	집 baytun بَيْتٌ (baitun이 아니라 baytun이다.)	눈 'aynun عَيْنٌ ('ainun이 아니라 'aynun이다.)

→ 위의 صَوْتٌ 의 صُوتٌ(ṣūtun)으로 발음된다면 여기서 و 는 담마 장모음으로 사용된 경우이다. 그러나 위에서는 صَوْتٌ(ṣawtun)이기에 장모음이 아니다.

→ 위의 صَوْتٌ 의 발음이 ṣautun 이 아니라 ṣawtun 이다. 그러나 우리말 발음으로는 둘의 구분이 거의 없다.

** 파트하 장모음 발음, '아-' 인가 '애-'인가? - 강세화 자음과 비강세화 자음의 발음에 대해

아랍어의 파트하 모음은 어떤 경우는 'α'로 발음되고 어떤 경우는 'a'로 발음된다. 'α'와 'a'는 우리나라 사람이 그 차이를 구분하기 쉽지 않다. 두 경우 모두 '아'로 들리기에 이 책에서 파트하 모음은 'a'로 통일하여 표기하고 있다. 그런데 이 파트하 모음이 장모음 'ㅣ'과 결합될 경우 그 발음이 장모음 '아-'와 장모음 '애-'로 명확하게 구분된다. 다음을 보자.

A. 장모음 '아-'로 발음되는 경우		B. 장모음 '애-'로 발음되는 경우	
(딸-리분 O) (땔-리분 ×) 의미 : 학생	ṭālibun طَالِبٌ	(배-분 O) (바-분 ×) 의미 : 문	bābun بَابٌ

위의 두 단어에 파트하 장모음(ﺎ, ā)이 사용되었다. 파트하 장모음 표기는 동일하지만 전자의 발음은 한글의 'α, 아'를 길게 발음한 것이되어 '딸-리분'이 되고, 후자의 발음은 한글의 'a, 애'를 길게 발음한 것이 되어 '배-분'이 된다. 그 이유는 무엇일까?

1. 강세화 자음과 비강세화 자음

위의 A와 B 발음의 차이는 강세화 자음과 비강세화 자음의 영향에 따른 것이다. 즉 A 방식의 경우 그 앞의 자음이 입천정에서 소리나거나 목젖이 열리면서 소리나서 굵고 웅장한 소리가 나는 경우이다. 이 자음에 파트하가 붙을 경우 그 파트하 발음이 그 앞 자음의 영향으로 'α'로 굵게 발음된다. 이렇게 소리내는 것을 **강세화**(التَّفْخِيم, at-tafkhīm)라 한다. 이러한 강세화 현상을 취하는 자음은 아래의 표에서와 같이 7개의 자음이다. 이에비해 B 방식으로 발음되는 경우는 강세화 자음이 아닌 일반 자음들로서 이 자음들에 파트하가 붙을 경우 그 파트하 발음이 'a'로 가늘게 발음된다. 이렇게 소리내는 것을 **비강세화**(التَّرْقِيق, at-tarqīq)라 한다.

A. 강세화(التَّفْخِيم) 자음 - 'α'로 발음되는 경우	B. 비강세화(التَّرْقِيق) 자음 - 'a'로 발음되는 경우
خ , ص , ض , ط , ظ , غ , ق 이 7개의 자음을 강세화 자음이라 한다. 그 뒤에 파트하 단모음이 올 경우 'α'로 발음된다.	그 외의 다른 자음을 비강세화 자음이라 한다. 그 뒤에 파트하 단모음이 올 경우 'a'로 발음된다.

아래 단어에 사용된 강세화 자음(빨간색)과 그 뒤의 파트하 단모음(파란색)에 유의해서 발음해 보자.

خَدَمَ	ضَبَطَ	طَلَبٌ	قَلَمٌ
khαdama (khadama) 섬기다	ḍαbaṭa (ḍabaṭa) 체포하다	ṭαlabun (ṭalabun) 요청	qαlamun (qalamun) 펜

외국인이 파트하 단모음 'α'와 'a'를 구분하는 것은 어렵다. 따라서 이 책에서는 위의 괄호안에서와 같이 강세화 자음 혹은 비강세화 자음 뒤에 파트하 단모음이 오는 경우 모두 'a'로 표기하였다.

2. 파트하 장모음의 발음 - 자음 뒤에 파트하 장모음(ﺎ, ā)이 사용되는 경우
A. '아-'로 발음되는 경우(강세화 التَّفْخِيم) - 7개의 강세화 자음에 파트하 장모음이 온 경우 '아-'로 발음

خَادِمٌ	صَادِقٌ	ضَابِطٌ	طَالِبٌ
khādimun 종	ṣādiqun 친구	ḍābiṭun 장교	ṭālibun 학생

ظَالِمٌ	غَاضِبٌ	قَائِدٌ
ẓālimun 폭군	ghāḍibun 화난	qā'idun 리더

** ر 는 비강세음화 자음이지만 파트하 모음을 만나면 '아-'로 발음한다.

رَاسِلٌ	رَاتِبٌ
rāsilun	rātibun

B. '애-'로 발음되는 경우(비강세화 – التَّرقيق) – 비강세화 자음에 파트하 장모음이 온 경우 '애-'로 발음

آمِنٌ	بَارِدٌ	تَاجٌ	ثَالِثٌ
'āminun 안전한	bāridun 차가운	tājun 왕관	thālithun 셋째의
جَامِعٌ	حَاجَةٌ	دَارِسٌ	ذَاتٌ
jāmi'un 모스크	ḥājatun 필요	dārisun 공부하는	dhātun 자신
زَائِدٌ	سَامِعٌ	شَارِعٌ	عَادَةٌ
zā'idun 추가의	sāmi'un 듣는	shāri'un 거리	'ādatun 습관
فَاتِحٌ	كَاتِبٌ	مَاسِكٌ	نَادِرٌ
fātiḥun 여는	kātibun 작가	māsikun 잡고있는	nādirun 드문
هَامِشٌ	وَاجِبٌ	يَابِسٌ	
hāmishun 가장자리	wājibun 숙제	yābisun 마른	

** ل 의 경우 – ل 뒤에 파트하 장모음이 올 경우 비강세화 자음이기에 '애-'로 발음된다.

لَازِمٌ	لَابِسٌ
lāzimun 반드시	lābisun 입고있는

그러나 'الله'(하나님, 알라신)란 단어의 경우 조심할 것이 있다. 'الله' 단어에는 데거(dagger) 알리프가 포함되어 있다.('اللاه'와 같은 발음이 된다.이 책 '함자에 대해'의 '심화학습 – 여러 가지 알리프' 부분에서 공부한다.) 그래서 'الله'란 단어 이전에 파트하 모음 혹은 담마 모음이 올 경우 '아-'로 발음하고, 'الله'란 단어 이전에 카스라 모음이 올 경우 '애-'로 발음한다.

A.와 같이 '아-'로 발음되는 경우 (التَّفخيم) – 'الله' 단어 이전에 파트하 모음 혹은 담마 모음이 올 경우

الله 이전에 파트하 모음이 온 경우			الله 이전에 담마 모음이 온 경우
اللهُ	وَاللهِ !	تَاللهِ !	يَعْلَمُ اللهُ.
'allāhu 알라신	wallāhi 알라신께 맹세코	tallāhi 알라신께 맹세코	ya'lamu-llāhu 알라신은 아신다

B.와 같이 '애-'로 발음되는 경우 (التَّرقيق) – 'الله' 단어 이전에 카스라 모음이 올 경우 '애-'로 발음

بِاللهِ !	بِسْمِ اللهِ
billāhi 알라신께 맹세코	bismillāhi 알라신의 이름으로

3. 수쿤 (السُكُون) - 모음음가 없음 기호

아랍어로 수쿤(سُكون)이란 말은 '조용함, 고요함'이란 뜻이다. 아랍어 문법에서 수쿤(سُكون)은 어떤 자음 글자가 모음음가를 가지고 있지 않을 때 붙이는 작은 동그라미 부호이다. '모음음가 없음 기호'라고 번역할 수 있다.

수쿤은 단어의 중간과 단어의 끝에 올 수 있는데 각각의 경우를 살펴보도록 하자.

1) 수쿤이 어중에 왔을 때

수쿤이 단어의 중간자음에 붙었을 때는 음절의 원리에 있어 폐음절에 해당된다. (다음과에서 음절에 대해서 다룬다.) 폐음절이란 우리말에 받침자를 발음하는 것과 같은 원리로서, 수쿤이 붙은 자음을 앞 음절의 받침자로 발음하면 된다.

	표기	음가	발음 예		
수쿤(سُكون)	ْ	모음음가 없음	개 kalbun كَلْبٌ	딸 bintun بِنْتٌ	군대 jundun جُنْدٌ

위의 예에서 수쿤이 붙은 자음(파란색 자음)을 폐음절 즉 그 앞 음절의 받침자로 발음해 보라. 그러면 발음이 'kalbun', 'bintun', 'jundun' 이 된다. 이와같이 단어의 중간에 온 수쿤들은 앞 음절과 연결시켜 앞 음절의 받침자로 발음하면 발음이 가능하다. 단어 중간에 표기된 수쿤 발음은 이렇게 발음하면 된다. 아래를 발음해 보자.

شَمْسٌ	فِنْجَانٌ	فُنْدُقٌ	مَكْتَبٌ	مُهَنْدِسٌ
태양 shamsun	컵 finjānun	호텔 funduqun	책상,사무실 maktabun	기술자 muhandisun

수쿤 발음을 폐음절의 받침글자를 발음하듯 발음한다는 것을 기억하며 아래를 발음해 보라.

سِجْنٌ	صَخْرٌ	حِكْمَةٌ	عِلْمٌ	حُلْمٌ
감옥 sijnun	바위 ṣakhrun	지혜 ḥikmatun	과학 ; 지식 'ilmun	꿈 ḥulmun

한국인의 경우 위의 수쿤에 모음 'ㅡ'을 붙여서 발음하는 경향이 있다. 즉 위의 단어들을 각각 '시즈눈', '사크룬', '히크마툰' 로 발음하는 경향이 있다. 이렇게 발음할 경우 그 수쿤은 폐음절의 받침글자로 발음된 것이 아니라 새로운 한 음절인 '즈', '크', '크'로 발음되는 결과가 되며, 이는 수쿤의 올바른 발음이 아니다. 때문에 우리는 어중에 온 수쿤 발음을 반드시 앞에 있는 음절의 받침발음(폐음절)으로 발음해야 한다. 즉 위의 각 단어의 발음을 '시즈눈'이 아닌 'sijnun'으로, '사크룬'이 아닌 'ṣakhrun'으로, '히크마툰'이 아닌 'ḥikmatun'으로 발음해야 한다. 즉 파란색으로 표기된 부분을 한 개의 폐음절이 되도록 발음해야 함을 명심하자.

2) 수쿤이 어미에 왔을 때

수쿤이 단어의 어미에 오는 경우는 동사의 미완료형 단축법이나 명령형 동사에서 많이 사용된다. (* 동사에 붙는 쑤쿤 기호를 جَزْمَة 라 하며, 동사에 수쿤이 붙는 경우를 مَجْزُوم 이라 한다. 동사의 미완료형 단축법과 명령형에 대해서는 나중에 동사 부분에서 공부한다) 아래의 예들을 보라.

اُكْتُبْ	اُدْرُسْ	اِذْهَبْ	اِرْجِعْ	اِضْرِبْ
기록하라 'uktob	공부하라 'udrus	가라 'idhhab	돌아가라 'irji'	때려라 'iḍrib

또한 문장을 읽을 때 문장 마지막 단어의 끝자음을 대개 수쿤으로 처리하여 읽는다.(이 과의 '문장 끝에서의 발음변화' 부분을 보라) 또한 구어체 아랍어(암미야)에서는 대개 단어의 끝자음에 탄원을 붙이지 않기 때문에 문장 마지막 단어가 아니더라도 그 끝자음을 대부분 수쿤으로 읽는다.

두 개의 수쿤이 연이어서 오게 되는 경우 (아래의 단어가 문장 끝단어로 사용된 경우 혹은 구어체 아랍어에서)				
كَلْبْ	بِنْتْ	جُنْدْ	فَصْلْ	مِصْرْ
개 kalb	딸; 소녀 bint	군대 jund	교실 faṣl	이집트 miṣr

위의 경우 마지막 자음에 수쿤이 붙었기에 이 마지막 자음을 발음할 모음이 없게 된다. 어떤 자음에 모음이 없다면 한글 음운구조로는 발음이 불가능하다. 그런데 아랍 사람들은 이 발음을 한다.
때문에 모음이 없다고 이 발음을 포기할 것이 아니라 시도해야 한다. 이 발음은 모음을 붙이지 않은 채 그 자음의 음가만 살짝 발음하면 된다. 마치 알파벳 음가를 모음 없이 자음만 따로 떼어서 발음하듯 글자 마지막에 온 자음을 발음하면 되는 것이다.
이러한 발음을 가능하게 하는 요령이 있다. 그것은 우리말 모음 'ㅡ'를 ¼ 정도 살짝 소리 내는 것이다. 예를 들어 위의 첫 단어의 음가는 'kalb'인데 끝의 'b'의 발음을 하기 어려우므로 여기에 'ㅡ' 모음을 ¼ 만 가미하는 것이다. 이때 'ㅡ' 모음을 있는 듯 없는 듯 짧게 발음해야 한다. 'ㅡ'음가를 길게(혹은 완전하게) 발음하게 되면 그것은 수쿤이 아니라 다른 한 음절이 되어 버린다.

다음을 연습해 보자

다음은 아랍어 알파벳 글자들 위에 붙은 수쿤에 대해 발음 연습을 하기 위해 고안된 것이다. 첫 음절을 بَ 음절로 고정하고 그 뒤에 알파벳과 수쿤을 덧붙였다. 다음의 발음들을 시도해 보자.

어미에 온 수쿤 연습										
بَأْ	بَبْ	بَتْ	بَثْ	بَجْ	بَحْ	بَخْ	بَدْ	بَذْ	بَرْ	
بَزْ	بَسْ	بَشْ	بَصْ	بَضْ	بَطْ	بَظْ	بَعْ	بَغْ	بَفْ	
بَقْ	بَكْ	بَلْ	بَمْ	بَنْ	بَهْ	بَوْ	بَيْ			

→ 위의 첫 자음을 ت, ث, ج ... 등의 다른 자음으로 교체하여 발음하는 것도 연습해 보자.

4. 중복자음(샷다, الشَدَّة)

중복자음(샷다, شَدَّة)은 동일한 자음 두 개가 연이어서 올 때 그 자음을 겹쳐서 표기한다는 기호이다. 아래에서 중복자음이 표기된 단어들을 보고 어떤 자음이 중복되는지 확인하라.
중복자음을 발음할 때는 첫 번째 자음은 앞의 음절에 붙여서 폐음절로 발음하고, 두 번째 자음은 그 뒤 음절의 첫 자음으로 발음한다.

	표기	음가	발음 예		
중복자음 (الشَدَّة)	ّ	자음음가 두번	암고양이 qiṭṭatun قِطَّةٌ	거주자들 sukkānun سُكَّانٌ	교사 mudarrisun مُدَرِّسٌ

위의 낱말들에 붙은 중복자음을 발음하면 다음과 같이 된다. qiṭ-ṭatun 와 suk-kānun, mudar-risun 중복자음의 첫 번째 자음은 앞 음절의 받침 자음이 되고, 두 번째 자음은 다음 음절의 첫 자음이 된다.
아래의 표에서 중복자음이 있는 경우의 발음과 없는 경우의 발음을 비교하면서 연습해보라.

		중복자음이 있는 경우의 발음		중복자음이 없는 경우의 발음		
①	암고양이	qiṭ-ṭatun قِطَّةٌ	qiṭatun قِطَةٌ	qiṭi قِطِي	qiṭutun قِطُةٌ
②	거주자들	suk-kānun سُكَّانٌ	sukānun سُكَانٌ	sukīnun سُكِينٌ	sukūnun سُكُونٌ
③	교사	mudar-risun مُدَرِّسٌ	mudarasun مُدَرَسٌ	mudarisun مُدَرِسٌ	mudarusun مُدَرُسٌ
④	칠판	sab-būratun سَبُّورَةٌ	sabāratun سَبَارَةٌ	sabīratun سَبِيرَةٌ	sabūratun سَبُورَةٌ
⑤	배움	taʿal-lumun تَعَلَّمٌ	taʿalamun تَعَلَمٌ	taʿalimun تَعَلِمٌ	taʿalumun تَعَلُمٌ

다음 중복자음이 있는 단어들을 읽어보라.

sayyāratun سَيَّارَةٌ	sammāʿtun سَمَّاعَةٌ	mumarriḍatun مُمَرِّضَةٌ	maḥabbatun مَحَبَّةٌ	ḥurriyyatun حُرِّيَّةٌ
자동차	스피커	간호사	사랑	자유

ḥaqqun حَقٌّ	muwazzatun مُوَظَّفٌ	shaffafun شَفَّافٌ	ṭullābun طُلَّابٌ	marratun مَرَّةٌ
권리	직원	투명한	학생들	한 번(one time)

muʿallimun مُعَلِّمٌ	kuttābun كُتَّابٌ	ʿaduwwun عَدُوٌّ	jayyidun جَيِّدٌ	khuṭṭatun خُطَّةٌ
교사	작가들	원수	좋은	계획

5. 탄윈(التَّنْوِين)

탄윈은 비한정 명사 끝에 격변화의 표시로 추가되는 نُون(영어의 'n' 발음) 음가를 말하는 것으로 그 표기는 담마와 파트하와 카스라의 기호를 겹치게 기록한다. 즉 주격 비한정 명사에 붙는 주격 탄윈은 담마에 'n'이 붙어 ' ٌ '로 표기되고, 목적격 비한정 명사에 붙는 목적격 탄윈은 파트하에 'n'이 붙어 ' ً '로 표기되며, 소유격 비한정 명사에 붙는 소유격 탄윈은 카스라에 'n'이 붙어 ' ٍ '로 표기된다. 아래를 보자.

(주격과 목적격 그리고 소유격에 대해서는 앞으로 배울 명사의 격변화에서 자세히 다룬다. 그리고 명사에는 비한정 명사와 한정 명사가 있는데 여기에 대해서도 앞으로 배운다.)

	표기	음가	발음 예			
주격 탄윈 탄윈 담마 (تَنْوِينُ الضَّمَّةِ)	ٌ	u + n = un (담마 + n)	한 낙타는 jamalun	جَمَلٌ	한 잉크는 ḥibrun	حِبْرٌ
목적격 탄윈 탄윈 파트하 (تَنْوِينُ الفَتْحَةِ)	ً	a + n = an (파트하 + n)	한 낙타를 jamalan	جَمَلاً	한 잉크를 ḥibran	حِبْرًا
소유격 탄윈 탄윈 카스라 (تَنْوِينُ الكَسْرَةِ)	ٍ	i + n = in (카스라 + n)	한 낙타에 대해... jamalin	عَنْ جَمَلٍ	한 잉크에 대해... ḥibrin	عَنْ حِبْرٍ

→ 위의 목적격 탄윈의 경우 원래의 목적격 탄윈 기호인 ' ً ' 뒤에 'ا'이 하나 더 붙었다. (جَمَلاً, حِبْرًا) 이것은 비한정 명사 단어가 목적격으로 사용될 때 붙는 것이다.

→ 주격을 취하는 가장 쉬운 예는 명사가 주어로 사용되는 경우이고, 목적격을 취하는 가장 쉬운 예는 명사가 목적어로 사용되는 경우이다.

→ 위의 소유격 탄윈의 예에서 사용된 عَنْ 은 전치사로서 '..에 대해서, about'의 의미이다. 전치사 뒤에 오는 명사는 반드시 소유격을 취한다.

1) 주격 탄윈의 예

한 집은	baytun	بَيْتٌ	한 사자는	'asadun	أَسَدٌ
한 책은	kitābun	كِتَابٌ	한 남자는	rajulun	رَجُلٌ
한 다리(bridge)는	jisrun	جِسْرٌ	한 교사는	mudarrisun	مُدَرِّسٌ

2) 목적격 탄윈의 예 – 목적격 탄윈은 'ا'을 첨가한다.

위의 탄윈 표기에서 주격과 소유격은 탄윈 기호만을 붙인다. 그러나 목적격 탄윈의 경우 탄윈 기호에 'ا'를 추가한다. (목적격을 취하는 가장 쉬운 예는 명사가 목적어로 사용될 때이다. 더 구체적인 내용은 이 책 '명사의 격변화' 부분에서 공부하라.)

한 집을	baytan	بَيْتًا	한 사자를	'asadan	أَسَدًا
한 책을	kitāban	كِتَابًا	한 남자를	rajulan	رَجُلًا
한 다리(bridge)를	jisran	جِسْرًا	한 교사를	mudarrisan	مُدَرِّسًا

** 목적격 탄윈에 'ا'이 붙지 않는 경우

비한정 명사(혹은 형용사)의 목적격에 'ا'이 사용되지 않는 경우가 있다. 아래와 같이 비한정 명사의 어미에 'ة'(테마부타)나 'ى'(알리프 막수라), 혹은 'اء'(알리프 맘두다) 가 오게 되면 그 목적격 탄윈에 'ا'이 첨가되지 않고 파트하 탄윈만 붙는다. 아래의 예들에서 'ا'이 붙지 않은 것을 확인하라.

a. 'ة'(테마부타 تَاءٌ مَرْبُوطَةٌ)로 끝나는 단어

한 학교를 (madrasatan)	مَدْرَسَةً (مَدْرَسَةاً ×)	한 자동차를 (sayyāratan)	سَيَّارَةً (سَيَّارَةاً ×)
한 그림을 (ṣūratan)	صُورَةً (صُورَةاً ×)	한 도서관을 (maktabatan)	مَكْتَبَةً (مَكْتَبَةاً ×)

b. 'ى'(알리프 막수라 أَلِفٌ مَقْصُورَةٌ)로 끝나는 단어

한 젊은 남자를	فَتًى (فَتًىا ×)	한 건물을	مَبْنًى (مَبْنًىا ×)

c. 'اء'(알리프 맘두다 أَلِفٌ مَمْدُودَةٌ)로 끝나는 단어

한 하늘을	سَمَاءً (سَمَاءًا ×)	한 외투를	رِدَاءً (رِدَاءًا ×)

→ 비한정 목적격에 'ا'이 사용되지 않는 경우에 대해서는 이 책 '명사 격변화의 예외적 규칙 I'의 '막수르 명사'와 '맘두드 명사' 부분에 나와있다.

3) 소유격 탄윈의 예

한 집으로부터	مِنْ بَيْتٍ min baytin	한 사자로부터	مِنْ أَسَدٍ min 'asadin
한 책으로부터	مِنْ كِتَابٍ min kitābin	한 남자로부터	مِنْ رَجُلٍ min rajulin
한 다리로부터	مِنْ جِسْرٍ min jisrin	한 교사로부터	مِنْ مُدَرِّسٍ min mudarrisin

→ 위의 예에서 사용된 مِنْ 은 '...으로부터, from'의 의미를 가진 전치사이다. 전치사 뒤에 오는 명사는 항상 소유격을 취한다.

탄윈은 앞으로 명사의 격변화에서 중요하게 다룰 것이다.
한편 이집트 구어체 아랍어(암미야)에서는 대개 탄윈이 사용되지 않는다. 그러나 목적격 단어들의 경우 탄윈이 사용되는 단어들도 있다. (예: أَحْيَانًا 때때로, جِدًّا 아주)

6. 문장 끝에서의 발음변화

지금까지 여러 가지 모음부호를 공부했다. 일반적으로 문장을 읽을 때 모음부호가 표기된 그대로 읽어준다. 여기에 예외가 있는데 다음과 같은 경우이다. (** 입문자의 경우 나중에 공부해도 된다.)

1) 문장 끝 단어의 어미 모음은 발음하지 않는다

문장 끝 단어의 어미(마지막 자음)에 단모음이 붙거나 탄윈이 붙을 때 그 단모음과 탄윈은 발음하지 않고 수쿤으로 처리한다. 이는 문장이 끝남과 더불어 문장을 읽는 것을 멈추고 쉬기 위해서이다.

(1) 문장 어미의 단모음은 발음하지 않는다.

문장 끝에 온 주격, 목적격, 그리고 소유격 단모음은 발음하지 않는다. 아래의 괄호 안의 단어들 표기처럼 어미 모음을 수쿤으로 처리한다.

그 교사가 왔다. (주어. 주격. 담마 단모음이 사용되었지만 문장 끝이라 수쿤으로 읽음) (jā'a-lmudarris)	جَاءَ¹ الْمُدَرِّسُ. (الْمُدَرِّسْ)
나는 그 학생과 이야기했다. (목적어. 목적격. 파트하 단모음이 사용됨. 수쿤으로 읽음) (kallamtu-ṭṭālib)	كَلَّمْتُ² الطَّالِبَ. (الطَّالِبْ)
그녀는 가정주부이다. (소유격 명사. 소유격. 카스라 단모음이 사용됨. 수쿤으로 읽음) (hiya rabbatu-lmanzil)	هِيَ رَبَّةُ الْمَنْزِلِ. (الْمَنْزِلْ)

(2) 문장 어미의 주격 탄윈과 소유격 탄윈은 발음하지 않는다.

아래와 같이 주격의 파트하 탄윈과 소유격의 카스라 탄윈은 발음하지 않는다. 아래의 괄호 안의 단어들 표기처럼 어미 모음을 수쿤으로 읽는다.

한 아기가 잠을 잔다. (주어. 주격. 담마 탄윈이 사용됨. 수쿤으로 읽음) (yanāmu ṭifl)	يَنَامُ³ طِفْلٌ. (طِفْلْ)
나는 한 남자와 인사를 나눴다. (소유격 명사. 소유격. 카스라 탄윈이 사용됨. 수쿤으로 읽음) (sallamtu 'ala rajul)	سَلَّمْتُ⁴ عَلَى رَجُلٍ. (رَجُلْ)

** 그러나 문장 어미의 목적격 탄윈은 원래의 음가대로 발음한다.

문장 끝에 목적격으로 사용된 비한정 명사가 올 경우 파트하 탄윈이 오게 된다. 이 경우 ا을 첨가하여 기록하며 탄윈을 발음해 주어야 한다.

나는 한 사자를 보았다. (ra'aytu 'asadan)	رَأَيْتُ⁵ أَسَدًا.
그 선생님은 한 학생을 때렸다. (ḍaraba-lmudarrisu ṭāliban)	ضَرَبَ⁶ الْمُدَرِّسُ طَالِبًا.

---

¹ 오다(to come) جَاءَ/يَجِيءُ ه أو إِلَى ه – مَجِيءٌ جَاءَ/يَجِيءُ..에게 오다..
² كَلَّمَ/يُكَلِّمُ ه – تَكْلِيمٌ..에게 말하다..
³ 잠자다, 잠을 자다 نَامَ/يَنَامُ – نَوْمٌ
⁴ سَلَّمَ/يُسَلِّمُ عَلَى ه – تَسْلِيمٌ...와 인사를 나누다...
⁵ رَأَى/يَرَى ه – رُؤْيَةٌ ..을 보다(to see) ; 여기다, 간주하다..
⁶ ضَرَبَ/يَضْرِبُ ه أو ه – ضَرْبٌ ..을 때리다, 치다..

** 만꾸스 명사(الاسْمُ الْمَنْقُوصُ)에 탄윈이 붙은 경우

a. 만꾸스 명사[1]에 주격 탄윈과 소유격 탄윈이 붙은경우 카스라 단모음 혹은 수쿤으로 발음한다.

주격이나 소유격 형태의 비한정 꼴 만꾸스 명사가 문장의 맨 마지막에 온 경우 만꾸스 명사(الاسْمُ الْمَنْقُوصُ)의 마지막 어근인 ي 음가를 살려 카스라 단모음으로 발음해 주거나 아니면 수쿤으로 발음한다. 아래의 괄호 안에 표기한 대로 발음한다.

그것에 의미들이 있다. (주격) (fīhi maʻāni or fīhi maʻān)	فِيهِ مَعَانٍ. (مَعَانِ أَو مَعَانْ)
나에게 한 변호사가 있다. (주격) (ʻindi muḥāmi or ʻindi muḥām)	عِنْدِي مُحَامٍ. (مُحَامِ أَو مُحَامْ)
나는 노래들을 청취했다. (소유격) (ʼistamaʻtu ʼila ʼaghāni or ʼistamaʻtu ʼila ʼaghān)	اسْتَمَعْتُ[2] إِلَى أَغَانٍ. (أَغَانِ أَوْ أَغَانْ)

b. 목적격으로 사용된 만꾸스 명사는 원래의 음가대로 발음한다.

다음의 قَاضٍ(الْقَاضِي) 명사는 만꾸스 명사이다. 만꾸스 명사의 목적격은 일반적인 격변화를 하므로 문장의 어미에 붙은 목적격 탄윈을 원래의 음가대로 발음한다.

나는 한 판사를 보았다. (raʼaytu qāḍiyan)	رَأَيْتُ[3] قَاضِيًا.

→만꾸스 명사에 대해서는 이 책 '명사 격변화의 예외적 규칙 I'에서 공부한다.

2) 문장 끝 단어에 붙는 테마부타(تَاءٌ مَرْبُوطَةٌ)는 'h'로 발음된다.

테마부타는 알파벳 자음 ت 의 두 개의 점과 알파벳 자음 ه(هَاءٌ)가 결합한 'ة' 꼴을 말한다. 문장 끝에 오는 테마부타의 경우 't' 음가와 탄윈은 발음되지 않으며 ه(هَاءٌ)에서 온 'h' 음가로 발음된다.

그 학교는 새 것이다. (ʼalmadrasatu jadīdah)	الْمَدْرَسَةُ جَدِيدَةْ. (= الْمَدْرَسَةُ جَدِيدَةٌ)
그 젊은 여자는 아름답다. (ʼalfatātu jamīlah)	الْفَتَاةُ جَمِيلَةْ. (= الْفَتَاةُ جَمِيلَةٌ)
그 바람은 세다. (ʼarrīḥu shadīdah)	الرِّيحُ شَدِيدَةْ. (= الرِّيحُ شَدِيدَةٌ)
그 집에 한 여인이 있다. (fi-lbayti mraʼah)	فِي الْبَيْتِ امْرَأَةْ. (= فِي الْبَيْتِ امْرَأَةٌ)

문장 끝단어에 탄윈 파트하나 탄윈 카스라가 오는 경우도 'h'로 발음한다.

나는 한 젊은 여자를 보았다. (raʼaytu fatāh)	رَأَيْتُ فَتَاةْ.

3) 문장의 중간에서 읽기를 멈출 때

긴 문장을 읽다가 문장 중간에서 멈추는 경우나 중간에서 쉬는 경우도 그 어미에 붙은 모음을 발음하지 않는다. 문장 중간에서 멈추었을 경우 몇 단어를 뒤로 돌아가서 다시 읽으면 된다. 읽다가 멈추는 경우도 위에서 배운 '문장 끝에서의 발음 변화'의 원칙대로 발음해 주면 된다.

---

[1] 만꾸스 명사란 한정형태의 끝자음이 중복자음이 없는 ' ي '로 끝나는 단어를 말한다. 위의 만꾸스 명사 단어들은 비한정형태의 명사들이기에 ي 가 탈락하였다. مَعَانٍ(الْمَعَانِي), مُحَامٍ(الْمُحَامِي), أَغَانٍ(الْأَغَانِي) → '명사 격변화의 예외적 규칙'

[2] اسْتَمَعَ/يَسْتَمِعُ إِلَى – اسْتِمَاعٌ (to listen to) 를 주의깊게 듣다 ; 청취하다..

[3] رَأَى/يَرَى هـ – رُؤْيَةٌ, رُؤْيَا (to see)을 보다..

7. 아랍어 철자 표기와 실제 발음이 다른 경우

아래는 표기된 아랍어 철자의 원래 음가대로 발음되지 않는 경우이다. (** 이 부분은 입문자의 경우 나중에 공부해도 된다.)

1) 실제 표기와는 달리 파트하 장모음(a 장모음 즉 ā)으로 발음되는 단어들

알리프의 종류 가운데 '데거(dagger) 알리프ٌ مُضْمَرَة)'라는 것이 있다. 이 알리프의 모양은 'ٰ'이며, 그 음가는 장모음 파트하(ـَـ)의 음가를 가지고 있다. (자세한 설명은 이 책 '함자(الْهَمْزَة)에 대해' 부분에 기록하고 있는 '여러 가지 알리프' 부분을 참고하라)

아래 단어들은 원래 그 철자 가운데 '데거 알리프'가 있었던 단어들이다. 즉 아래의 원래의 표기 부분에 '데거 알리프'가 표기되어 있었는데 오늘날에는 그것을 현대식 표기 부분의 파란색 글자처럼 단모음 파트하로 바꾸어서 표기한다. 오늘날 표기는 단모음 파트하로 바뀌었지만 그 음가는 예전의 장모음 파트하가 그대로 남아 있어 아래의 파란색 부분을 장모음으로 길게 발음한다.

의미	원래의 표기	현대식 표기
그러나	لٰكِنْ	لَكِنْ
이것은(this, 남성)	هٰذَا	هَذَا
이것은(this, 여성)	هٰذِهِ	هَذِهِ
알라, 하나님	اَللّٰه	الله

2) 발음과 관계없는 알리프(ا)가 쓰여지는 곳

아래의 목적격 탄윈에 붙는 'ا'는 아무 음가를 가지고 있지 않다.

한 책을	kitāban	كِتَابًا	한 집을	baytan	بَيْتًا
한 펜을	qalaman	قَلَمًا	하루를	yawman	يَوْمًا

아래 동사 단어들의 맨 끝자음 'ا'는 장모음으로 발음되지 않는다. (괄호 안은 실제 발음)

그들이 기록했다.	كَتَبُوا (كَتَبُو)	그들이 앉았다.	جَلَسُوا (جَلَسُو)
그들이 가지 않았다.	لَمْ يَذْهَبُوا (يَذْهَبُو)	(당신들은) 돌아가지 마시오.	لاَ تَرْجِعُوا (تَرْجِعُو)

3) 파트하(فَتْحَةٌ) 장모음이 단모음으로 발음되는 경우

아래의 أَنَا, هُمَا, هَذَا, دُنْيَا, مَعْنَى 단어에는 파트하(فَتْحَةٌ) 장모음이 사용되었다. ('ا + ــَ ' 혹은 ' ى + ــَ ')
이 단어 뒤에 연결함자(هَمْزَةُ الْوَصْلِ)가 올 경우 이 파트하 장모음이 파트하 단모음으로 발음된다.

파트하(فَتْحَةٌ) 장모음이 붙은 단어		예문	
나는	أَنَا	나는 그 남자이다. ('ana-rrajul)	أَنَا الرَّجُلُ.
그들 둘은	هُمَا	그들 둘은 그 남자들이다. (homa-rrajulān)	هُمَا الرَّجُلَانِ.
이것은	هَذَا	이 집은 좋다. (hadha-lbaytu jayyid)	هَذَا الْبَيْتُ جَيِّدٌ.
세상(world)	دُنْيَا	그는 꿈들의 세상(꿈속)에서 산다. (donya-l'aḥlām)	يَعِيشُ فِي دُنْيَا الْأَحْلَامِ.
의미	مَعْنَى	그 문장의 의미는 분명하다. (ma'na-lzumlati wāḍiḥ)	مَعْنَى الْجُمْلَةِ وَاضِحٌ.

→ 연결함자(هَمْزَةُ الْوَصْلِ)에 대해서는 '함자에 대해' 부분에서 공부한다. '연결함자의 음가 변화' 부분
→ 위의 دُنْيَا 와 مَعْنَى 는 막수르 명사(الاسْمُ الْمَقْصُورُ)이다. 막수르 명사에 위의 규칙이 적용된다. 막수르 명사에 대해서는 이 책 '명사 격변화의 예외적 규칙 I'에서 공부한다.

4) 카스라(كَسْرَةٌ) 장모음이 단모음으로 발음되는 경우

아래 단어는 카스라(كَسْرَةٌ) 장모음이 사용된 단어이다. 이 단어 뒤에 연결함자(هَمْزَةُ الْوَصْلِ)가 올 경우 이 카스라 장모음이 카스라 단모음으로 발음된다.

카스라(كَسْرَةٌ) 장모음이 붙은 단어		예문	
안에(in)	فِي	그는 교실에 있다. (howa fi-lfaṣl)	هُوَ فِي الْفَصْلِ.
그 판사	الْقَاضِي	그 정의로운 판사가 왔다. (jā'a-lqāḍi-l'ādil)	جَاءَ الْقَاضِي الْعَادِلُ.

→ 위의 الْقَاضِي 는 만꾸스 명사(الاسْمُ الْمَنْقُوصُ)이다. 만꾸스 명사에 위의 규칙이 적용된다. 만꾸스 명사에 대해서는 이 책 '명사 격변화의 예외적 규칙 I'에서 공부한다.

8. 알파벳과 모음 연습표

다음은 아랍어 알파벳에 단모음 혹은 장모음이 결합되는 여러 가지 경우의 발음을 연습하게 하는 표이다. 아래를 보고 하나하나 천천히 읽고 연습해 보자.

알파벳	단모음 (حركة قصيرة)			장모음 (حركة طويلة)			모음 없음 (수쿤)
	파트하(a)	카스라(i)	담마(u)	파트하(ā)	카스라(ī)	담마(ū)	
ا	أَ	إِ, اِ	أُ, اُ	آ	إِي	أُو	بَأْ
ب	بَ	بِ	بُ	بَا	بِي	بُو	بَبْ
ت	تَ	تِ	تُ	تَا	تِي	تُو	بَتْ
ث	ثَ	ثِ	ثُ	ثَا	ثِي	ثُو	بَثْ
ج	جَ	جِ	جُ	جَا	جِي	جُو	بَجْ
ح	حَ	حِ	حُ	حَا	حِي	حُو	بَحْ
خ	خَ	خِ	خُ	خَا	خِي	خُو	بَخْ
د	دَ	دِ	دُ	دَا	دِي	دُو	بَدْ
ذ	ذَ	ذِ	ذُ	ذَا	ذِي	ذُو	بَذْ
ر	رَ	رِ	رُ	رَا	رِي	رُو	بَرْ
ز	زَ	زِ	زُ	زَا	زِي	زُو	بَزْ
س	سَ	سِ	سُ	سَا	سِي	سُو	بَسْ
ش	شَ	شِ	شُ	شَا	شِي	شُو	بَشْ
ص	صَ	صِ	صُ	صَا	صِي	صُو	بَصْ
ض	ضَ	ضِ	ضُ	ضَا	ضِي	ضُو	بَضْ
ط	طَ	طِ	طُ	طَا	طِي	طُو	بَطْ
ظ	ظَ	ظِ	ظُ	ظَا	ظِي	ظُو	بَظْ
ع	عَ	عِ	عُ	عَا	عِي	عُو	بَعْ
غ	غَ	غِ	غُ	غَا	غِي	غُو	بَغْ
ف	فَ	فِ	فُ	فَا	فِي	فُو	بَفْ

ق	قَ	قِ	قُ	قَا	قِي	قُو	بَقْ
ك	كَ	كِ	كُ	كَا	كِي	كُو	بَكْ
ل	لَ	لِ	لُ	لَا	لِي	لُو	بَلْ
م	مَ	مِ	مُ	مَا	مِي	مُو	بَمْ
ن	نَ	نِ	نُ	نَا	نِي	نُو	بَنْ
ه	هَ	هِ	هُ	هَا	هِي	هُو	بَهْ
و	وَ	وِ	وُ	وَا	وِي	وُو	بَوْ
ي	يَ	يِ	يُ	يَا	يِي	يُو	بَيْ
ء	أَ, ءَ	ئِ, إِ	ئُ, أُ, ؤُ	آ	إِي	أُو	بَأْ

→ 위의 알파벳 가운데 단모음 알리프의 경우 함자가 붙지 않는 ا의 경우와, 함자가 붙은 أ의 경우 두 가지를 기록하고 있다. ا 위에 파트하가 붙는 경우는 없지만 함자가 붙은 أ에 파트하가 붙은 أَ 꼴은 흔하다. 또한 ا 위에 파트하가 붙는 경우는 없지만 카스라나 담마가 붙는 경우는 종종 있다. (동사의 명령형 등에서 카스라나 담마가 붙는다.)
→위의 장모음 알리프의 آ는 'ا+أ'이 합쳐지거나 혹은 'أ+ا'가 합쳐져서 آ가 된 것이다. 이것을 겹친 알리프(ألف المَدّ)라고 한다. 이 책 '함자에 대해' 부분의 '심화학습 – 겹친 알리프의 사용에 대해' 부분을 보라.

갈라베이야를 입은 이집트 사람들

제 3 과 음절과 악센트

1. 아랍어 음절에 대해
2. 아랍어 악센트(النَّبْر)에 대해

제3과 음절과 악센트

1. 아랍어 음절에 대해

음절(音節)은 말소리의 기본단위로서 자음과 모음이 합쳐져서 이루어진다. 아랍어의 음절에는 두 가지 구분이 있다. 먼저는 단음절과 장음절의 구분이 있고, 다음은 개음절과 폐음절의 구분이 있다.

1) 단음절과 장음절

아랍어의 음절을 단음절과 장음절로 나눌 수 있다.

(1) 단음절

하나의 자음이 하나의 단모음(اَلْحَرَكَةُ الْقَصِيرَةُ)과 결합할 때 단음절이 된다. 즉 자음 하나가 단모음인 파트하(a)나 카스라(i)나 담마(u) 중의 하나와 결합될 때 단음절이 되는 것이다. 아래는 단음절로 구성된 단어들이다.

a. 파트하 단모음이 있는 단음절

아래의 단어에서 파란색으로 표기된 부분은 자음에 파트하 단모음이 붙은 단음절이다.

| 파트하 단모음 | (َ) | 그가 공부하다
da-ra-sa | دَرَسَ | 생선
sa-ma-ka-tun | سَمَكَةٌ |

b. 카스라 단모음이 있는 단음절

아래의 단어에서 파란색으로 표기된 부분은 자음에 카스라 단모음이 붙은 단음절이다.

| 카스라 단모음 | (ِ) | 그가 이해하다
fa-hi-ma | فَهِمَ | 상품들(goods)
si-la-'un | سِلَعٌ |

c. 담마 단모음이 있는 단음절

아래의 단어에서 파란색으로 표기된 부분은 자음에 담마 단모음이 붙은 단음절이다.

| 담마 단모음 | (ُ) | 그것이 많아지다
ka-thu-ra | كَثُرَ | 책들 ku-tu-bun | كُتُبٌ |

(2) 장음절

하나의 자음이 하나의 장모음(اَلْحَرَكَةُ الطَّوِيلَةُ)과 결합할 때 장음절이 된다. 앞에서 공부한대로 아랍어에서 장모음은 파트하 뒤에 'ا'이 올 때, 카스라 뒤에 'ي'가 올 때, 담마 뒤에 'و'가 올 때 각각의 단모음이 장모음이 된다.

a. 파트하 장모음이 있는 장음절

아래의 단어에서 파란색으로 표기된 부분은 자음에 파트하 장모음이 붙은 장음절이다.

| 파트하 장모음 | (ـَا) | 책
ki-tā-bun | كِتَابٌ | 작가
kā-ti-bun | كَاتِبٌ |

b. 카스라 장모음이 있는 장음절
아래의 단어에서 파란색으로 표기된 부분은 자음에 카스라 장모음이 붙은 장음절이다.

| 카스라 장모음 | (ـِي) | 아름다운
ja-mī-lun | جَمِيل | 교회
ka-nī-sa-tun | كَنِيسَة |

c. 담마 장모음이 있는 장음절
아래의 단어에서 파란색으로 표기된 부분은 자음에 담마 장모음이 붙은 장음절이다.

| 담마 장모음 | (ـُو) | 그림
ṣū-ra-tun | صُورَة | 돈, 현금
nu-qū-dun | نُقُود |

2) 개음절과 폐음절

아랍어의 음절을 개음절과 폐음절로도 나눌 수 있다. 개음절이란 '자음 + 모음'으로 음절이 구성되는 경우이고, 폐음절이란 '자음 + 모음 + 자음'으로 음절이 구성되어 뒤의 자음이 받침글자로 사용되는 경우를 말한다.

(1) 개음절
아래 동사들은 전체 음절이 모두 개음절(모음 + 자음)로 구성되어 있다.

| 그가 공부하다
da-ra-sa | دَرَسَ | 그것이 많아지다
ka-thu-ra | كَثُرَ |
| 그가 이해하다
fa-hi-ma | فَهِمَ | 그가 기록하다
ka-ta-ba | كَتَبَ |

아래의 단어들은 마지막 탄윈을 제외하고 모두 개음절로 구성되어 있다.

| 생선
sa-ma-ka-tun | سَمَكَة | 책들 ku-tu-bun | كُتُب |
| 상품들(goods)
si-la-'un | سِلَع | 아들 wa-la-dun | وَلَد |

(2) 폐음절
단모음 뒤에 온 자음 위에 수쿤(سُكُون)이 올 때(자음 + 모음 + 자음이 될 때) 그 음절은 폐음절이 된다.
아래에서 파란색으로 표기된 부분이 폐음절인 부분이다.

태양 sham-sun	شَمْس	기술자 mu-han-di-sun	مُهَنْدِس
지혜 ḥik-ma-tun	حِكْمَة	컵 fin-jān-nun	فِنْجَان
꿈 ḥul-mun	حُلْم	호텔 fun-du-qun	فُنْدُق

중복자음이 올 경우 그 중복자음이 받침 글자로 붙는 음절은 폐음절이 된다.

| 설탕
suk-ka-run | سُكَّر | 은(Silver)
fiḍ-ḍa-tun | فِضَّة |
| 교사
mu-'al-li-mun | مُعَلِّم | 간호사
mu-mar-ri-ḍa-tun | مُمَرِّضَة |

2. 아랍어 악센트(النَّبْر)에 대해

악센트는 단어를 발음할 때의 음의 고저나 강세를 의미한다. 아랍 사람들이 단어나 문장을 발음하는 것을 들어보면 특정 음절에 악센트가 있는 것을 쉽게 발견한다. 이렇게 아랍어에 악센트가 있음에도 불구하고 전통적인 아랍어 문법에서는 악센트에 대해서 다루지 않는다. 그 이유는 아랍인들의 경우 자신들의 언어이기 때문에 악센트의 규칙을 말하지 않아도 발음하는 데 아무 어려움이 없기 때문이다. 또한 아랍 나라마다 그 나라 구어체 아랍어(암미야)의 영향으로 악센트가 다르게 발음되는 부분이 있기 때문이다.

그럼에도 불구하고 아랍 나라 전체에서 통용되는 일반적인 악센트 규칙들을 발견할 수 있는데 여기에 그 내용을 정리한다. 아랍어 악센트 원칙을 알고 있으면 아랍어 단어의 발음이 훨씬 쉬워진다.

1) 두 개의 음절을 가진 단어에서 악센트는 끝에서 두 번째 음절에 붙는다.

탄원을 포함한 음절 수가 두 개일 경우 표기된 것과 같이 끝에서 두 번째 음절(즉 시작 음절)에 악센트가 붙는다.

집 (baytun)	بَيْتٌ	개 (kalbun)	كَلْبٌ
강 (nahrun)	نَهْرٌ	달(month)	شَهْرٌ
태양	شَمْسٌ	바다	بَحْرٌ

2) 하나의 장모음이 있는 단어에서 악센트는 그 장모음에 붙는다.

책	كِتَابٌ	작가	كَاتِبٌ
사랑하는 자	حَبِيبٌ	교회	كَنِيسَةٌ
그림	صُورَةٌ	사도	رَسُولٌ
소식들	أَخْبَارٌ	이름들	أَسْمَاءٌ
학교들	مَدَارِسُ*	친구들	أَصْدِقَاءُ*
여선생님들	مُدَرِّسَاتٌ	여간호사들	مُمَرِّضَاتٌ

→위에서 * 표시가 된 단어들은 2 격 명사(مَمْنُوعٌ مِنَ الصَّرْفِ)들이다. 2 격 명사에 대해서는 나중에 공부한다.

3) 한 단어에 두 개 이상의 장모음이 있으면 악센트는 끝 장모음에 붙는다.

사전	قَامُوسٌ	열쇠들	مَفَاتِيحُ*
주소들	عَنَاوِينُ*	참새들	عَصَافِيرُ*
동물들	حَيَوَانَاتٌ	약속들	مَوَاعِيدُ*

→위에서 * 표시가 된 단어들은 2 격 명사(مَمْنُوعٌ مِنَ الصَّرْفِ)들이다. 2 격 명사에 대해서는 나중에 공부한다.

제3과 음절과 악센트

4) 단어 끝에 중복 자음이 오면 그 중복자음 바로 앞에 악센트가 붙는다.

중요한 (muhimmun)	مُهِمٌّ	더 적은	أَقَلُّ
그가 사랑한다	يُحِبُّ	..으로 간주되다	يُعَدُّ
걸상	كُرْسِيٌّ	외국인의	أَجْنَبِيٌّ

5) 세 음절로 이루어진 단어의 경우 일반적으로 끝에서 세 번째 음절에 악센트가 붙는다.

탄원을 포함한 음절이 세 음절로 이루어진 단어의 경우 일반적으로 끝에서 세 번째 음절(즉 시작 음절)에 악센트가 있다.

펜 (qalamun)	قَلَمٌ	나라 (baladun)	بَلَدٌ
남자	رَجُلٌ	책들	كُتُبٌ
신뢰	ثِقَةٌ	일백(100)	مِئَةٌ

달들(months)	أَشْهُرٌ	바다들	أَبْحُرٌ
더 큰	أَكْبَرُ *	더 작은	أَصْغَرُ *

→ 위에서 * 표시가 된 단어들은 2격 명사(مَمْنُوعٌ مِنَ الصَّرْفِ)들이다.

한 번의 때림	ضَرْبَةٌ	장난감	لُعْبَةٌ
방	غُرْفَةٌ	경험	خِبْرَةٌ

그가 기록했다.	كَتَبَ	그가 크게되었다.	كَبُرَ
그가 마셨다.	شَرِبَ	그가 태어났다.	وُلِدَ
그녀가 기록했다.	كَتَبَتْ	그녀가 크게되었다.	كَبُرَتْ

** 그러나 아래의 단어들은 아랍 나라와 지역에 따라 끝에서 두번째 음절에 악센트가 붙기도 하고 세 번째 음절에 악센트가 붙기도 한다.

책상 ; 사무실	مَكْتَبٌ	공장	مَصْنَعٌ
놀이터(playground)	مَلْعَبٌ	식당	مَطْعَمٌ

6) 네 음절 이상으로 이루어진 단어의 경우 일반적으로 끝에서 세 번째 음절에 악센트가 붙는다.

탄윈을 포함한 음절 수가 네 음절 이상으로 이루어진 단어의 경우 끝에서 세 번째 음절에 악센트가 붙곤 한다. 특히 이집트 사람들은 끝에서 세 번째 음절에 악센트를 붙인다.

도서관, 책장	مَكْتَبَةٌ	문제(problem)	مُشْكِلَةٌ
학교	مَدْرَسَةٌ	번역	تَرْجَمَةٌ
질문들	أَسْئِلَةٌ	지갑	مَحْفَظَةٌ
회의(conference)	مُؤْتَمَرٌ	사회(society)	مُجْتَمَعٌ
..을 듣는	مُسْتَمِعٌ	다른	مُخْتَلِفٌ

다른 아랍 나라 사람들이나 이집트의 시골 사람들은 위의 단어들을 다음과 같이 끝에서 네 번째 음절에 악센트를 붙여 발음하기도 한다.

문제	مُشْكِلَةٌ	회의(conference)	مُؤْتَمَرٌ

아래의 단어들은 끝에서 두번째 음절 혹은 세번째 음절에 악센트가 붙는다.

기술자(engineer)	مُهَنْدِسٌ	번역가, 통역가	مُتَرْجِمٌ
사용하는(m.)	مُسْتَخْدِمٌ	미래	مُسْتَقْبَلٌ

7) 네 음절 이상으로 이루어진 단어에서 탄윈을 제외한 음절이 CvCvCvC 의 형태로 구성된 단어의 경우 끝에서 네번째 음절에 악센트가 온다. (C – 자음, v – 모음)

탄윈을 제외한 음절이 '자음 + 모음 + 자음 + 모음 + 자음 + 모음 + 자음' 의 형태로 구성된 단어의 경우 끝에서 네번째 음절에 악센트가 온다. 주로 테마부타로 끝나는 단어가 이 형태이다.

한 물고기 (samakatun)	سَمَكَةٌ	바퀴 ('ajalatun)	عَجَلَةٌ
소파 (kanabatun)	كَنَبَةٌ	다른(f.) (mukhtalifatun)	مُخْتَلِفَةٌ
존경받는(f.)	مُحْتَرَمَةٌ	청취하는(f.)	مُسْتَمِعَةٌ

8) 중복자음이 단어 중간에 오는 경우 중복자음이 있는 음절 혹은 그 앞 음절에 악센트가 온다.

교사	مُدَرِّسٌ	역, 정류장	مَحَطَّةٌ
씨(Mr)	سَيِّدٌ	사랑	مَحَبَّةٌ

가르치다	عَلَّمَ / يُعَلِّمُ	사진을 찍다, 그리다	صَوَّرَ / يُصَوِّرُ
결정하다	قَرَّرَ / يُقَرِّرُ	확대하다	كَبَّرَ / يُكَبِّرُ

카이로 거리의 아가씨들.

제 4 과 아랍어 단어의 구성에 대해

1. 아랍어 단어의 형태 – 어근(root, الْجِذْرُ)과 파생 단어들
2. 단어의 패턴(pattern, الْوَزْنُ)에 대해
3. 아랍어 사전에 대해
4. 어근 순서 배열 사전 찾는 법

제 4 과 아랍어 단어의 구성에 대해

1. 아랍어 단어의 형태 – 어근(root, الْجِذْر)과 파생어

아랍어 단어는 어근을 중심으로 파생되고 발전한다. 여기서 어근(root)이란 세 개의 자음으로 구성된 단어의 기본 단위를 말한다. 예를 들어 'ك', 'ت', 'ب' 자음 세 개가 모이면 ك - ت - ب 라는 어근(root)이 되는데, 이 단어의 원형동사의 의미가 '글을 쓰다'이다. 그래서 어근의 의미를 '글을 쓰다'와 관련 있는 것으로 추론한다. 이 어근에 다른 자음과 모음이 붙어서 추론된 어근의 의미와 연관성이 있는 다른 단어를 파생하는 것이다.[1]

아래의 표를 보자. 여기에서 'ك', 'ت', 'ب'란 어근에 다른 자음과 모음들이 붙어서 여러 가지 다른 단어가 파생된 것을 보여주고 있다. 이 때 이 단어들의 의미가 모두 글을 쓰는 것과 연관되어 있는 것을 확인하라. 이와 같이 여러 파생어의 근간이 되는 세 자음을 어근(root, جِذْر)이라 하고, 어근에서 파생된 단어를 파생어(كَلِمَة مُشْتَقَّة)라 한다. 어근은 주로 세 자음으로 구성되지만 간혹 어근이 네 자음인 경우도 있고, 아주 드물게 다섯 자음인 경우도 있다.

어근(원형동사)의 의미	어근(root, جِذْر)	의미	파생어(كَلِمَة مُشْتَقَّة)
글을 쓰다	ك - ت - ب	그가 글을 쓰다 (원형동사)	كَتَبَ
		책	كِتَابٌ
		사무실	مَكْتَبٌ
		도서관	مَكْتَبَةٌ
		작가	كَاتِبٌ
		기록된	مَكْتُوبٌ
		쓰기(writing)	كِتَابَةٌ
		경전적인, 경전의	كِتَابِيّ
		소책자	كُتَيِّبٌ
		꾸란 학교	كُتَّابٌ *

→ 위에서 빨간색으로 표시된 자음이 어근 자음(root, جِذْر)이고, 파란색으로 표시된 자음은 어근 자음에 추가되어 특정한 의미를 가지게 하는 첨가자음(حُرُوف الزِّيَادَة)이다. 아랍어 알파벳 자음 가운데 어근과 함께 첨가자음(حُرُوف الزِّيَادَة)으로 사용되는 자음은 س , ء , ل , ت , م , و , ن , ي , ه , ا 인데 이를 통틀어 'سَأَلْتُمُونِيهَا'로 암기하면 쉽게 암기할 수 있다. (단 테마부타(ة)는 ت로 간주한다.)

→위의 *표가 있는 단어의 파란색 표기에 중복자음이 붙어있다. 즉 한 개의 ت 는 어근에서 온 것이고 다른 ت 는 첨가된 자음이다.

---

[1] 어근은 파생어의 근간이 되는 세 자음 혹은 네 자음을 말한다(이 책 '심화학습 – 동사의 구분'의 '조합에 따른 구분'을 참고하라). 어근의 의미가 사전에 기록되어 있지는 않다. 어근의 의미는 원형동사나 다른 파생어를 보고 추론한다.

제4과 아랍어 단어의 구성에 대해

다른 예를 살펴보자. 'د', 'ر', 'س' 라는 자음 세 개가 모이면 د - ر - س 라는 어근(root) 단어가 되며 그 의미는 '공부하다' 이다. 이 어근에서 파생되는 여러 파생어는 아래와 같다.

어근(원형동사)의 의미	어근(root, جِذْر)	의미	파생어(كَلِمَة مُشْتَقَّة)
공부하다	د - ر - س	그가 공부하다, 연구하다 (원형동사)	دَرَسَ
		공부하는, 공부하는 자	دَارِسٌ
		공부된, 연구된	مَدْرُوسٌ
		공부, 공부함	دِرَاسَةٌ
		학교	مَدْرَسَةٌ
		학교의, 학습용의	مَدْرَسِيٌّ
		공부, 레슨(lesson)	دَرْسٌ
		그가 가르치다	دَرَّسَ *
		교사	مُدَرِّسٌ *
		가르침	تَدْرِيسٌ

→ 위의 표에서도 빨간색 자음은 어근(جِذْر)이고, 파란색 자음은 첨가자음(حُرُوف الزِّيَادَة)이다. → * 표시가 된 단어의 파란색 표기에 중복자음이 붙어있다. 즉 한 개의 ر는 어근에서 온 것이고 다른 ر는 첨가된 자음이다.

이와 같이 아랍어 낱말의 대부분은 어근에서 파생된다. 즉 불변사(حَرْف)를 제외한 모든 명사(اِسْم)와 동사(فِعْل)들은 어근이 있으며, 그 어근에서 여러 다른 단어들로 파생된다. (** 아주 소수의 명사 가운데 어근이 없는 것이 있다. 예 : مَا, مَنْ)

아랍어의 어근은 대부분 3 개의 자음으로 이루어져 있다. 4 개의 자음으로 구성된 어근과 5 개의 자음으로 구성된 어근도 있는데, 5 개의 자음으로 구성된 어근은 아주 드물다.
(어근 4 개의 예 : ت - ر - ج - م)의 의미, '번역하다' تَرْجَمَ, 어근 5 개의 예 : عَنْكَبُوتٌ '거미')

어근에서 파생된 여러 단어를 살펴보면 일정한 형태의 통일성을 발견하게 되는데 이러한 통일성을 가진 단어의 형태(유형)를 패턴(pattern, الْوَزْن)이리 한다.

아랍어 단어는 어근을 근간으로 파생되기 때문에 아랍어 어휘를 익힐 때 어근 중심의 학습이 매우 중요하다. 새로운 단어를 암기할 때 어근이 어디에서 왔는지를 생각하고 그 의미를 기억하며, 그 어근에서 파생된 다른 단어들과 함께 단어를 암기해 가는 것이 매우 효과적이다. 이러한 어근 중심의 공부를 위해서 어근 배열 순서 사전을 사용할 필요가 있다.

2. 단어의 패턴(pattern, الْوَزْنْ)에 대해

아랍어 단어는 어근에 특정한 자음이나 모음이 첨가되어 의미의 연관성을 가진 다른 단어로 파생된다. 이렇게 파생된 단어를 살펴보면 일정한 형태의 통일성을 발견하게 된다. 이러한 단어의 통일된 형태나 틀을 패턴(pattern, الْوَزْنْ)이라고 한다.[1]

아랍어 단어의 패턴을 이야기할 때 기준으로 삼는 것이 'ف' 와 'ع' 그리고 'ل' 세 자음이다. 이 세 자음은 말하고자 하는 단어의 어근을 의미한다. 그리고 이 세 어근 자음의 앞뒤에 어떤 다른 자음과 모음이 오는지를 보며 단어의 패턴을 말하는 것이다. 아래는 가장 기본적인 단어의 패턴이다.

فَعَلَ 패턴 (원형동사의 패턴)

그가 기록했다	كَتَبَ	그가 공부했다	دَرَسَ
그가 열었다	فَتَحَ	그가 갔다	ذَهَبَ

فَاعِلٌ 패턴 (능동분사 패턴)

작가 ; 기록하고 있는	كَاتِبٌ	공부하는	دَارِسٌ
병따개 ; 열리는	فَاتِحٌ	가고있는	ذَاهِبٌ

مَفْعُولٌ 패턴 (수동분사 패턴)

기록된	مَكْتُوبٌ	알려진	مَعْلُومٌ
열려있는	مَفْتُوحٌ	만들어진	مَعْمُولٌ

مَفْعَلٌ 패턴 (시간 명사와 장소명사 패턴)

책상 ; 사무실	مَكْتَبٌ	식당	مَطْعَمٌ
실험실	مَعْمَلٌ	학과 ; 이론	مَذْهَبٌ

مَفْعَلَةٌ 패턴 (변형된 장소명사 패턴)

학교	مَدْرَسَةٌ	법원	مَحْكَمَةٌ

→위에서 파란색으로 표기된 자음이 어근에 추가된 첨가자음(حُرُوفُ الزِّيَادَةِ)이다.

→ 일반적으로 아랍어 낱말은 어근의 의미(혹은 원형동사의 의미)와 패턴의 문법적인 의미가 결합되어 새로운 의미를 만들어낸다.

→ 이외에도 여러 가지 패턴이 있다. 앞으로 여러 가지 명사와 동사에 대한 새로운 문법을 이야기 할때면 항상 패턴을 이야기할 것이다. 때문에 패턴에 대한 개념을 잊지 않도록 하자.

---

[1] 이 책 Ⅰ권의 부제목이 '어형과 품사편'이다. 여기서 '어형'이란 아랍어 단어들의 패턴을 다른 말로 표현한 것이다. 즉 우리는 이 책 Ⅰ권을 통해 품사에 따른 아랍어 단어의 여러 가지 형태와 그 의미에 초점을 맞추어 공부한다.

3. 아랍어 사전에 대해

외래어 공부에서 사전 사용은 필수적이다. 사전을 잘 사용하고 자주 사용하는 사람일수록 외래어를 잘하게 된다.

아랍어처럼 사전 사용이 중요한 언어도 없을 것 같다. 아랍어 어휘가 어근을 중심으로 발전하였는데, 그 어근과 함께 파생된 여러 어휘를 함께 파악하며 그 의미를 공부할 수 있는 수단이 사전이기 때문이다.

때문에 아랍어 사전 사용을 고구마 캐는 일에 비유할 수 있다. 좋은 사전을 효과적으로 사용하는 것은 고구마를 캘 때 하나하나 따로 캐는 것이 아니라 고구마의 원줄기를 찾아 그것을 잡아당기는 것과 같다. 특별히 좋은 어근 순서 배열 사전을 사용하는 것은 고구마 줄기를 당기듯 여러 어휘를 한꺼번에 공부하는 방법이 된다.

아랍어 사전의 종류

아랍어 사전에는 어근 순서 배열 사전과 알파벳 순서 배열 사전 두 가지가 있다. 어근 순서 배열 사전은 아랍어 단어의 어근을 중심으로 단어를 배열하고 있는 사전이다. 예를 들어 مَدْرَسَةٌ 란 단어를 사전에서 찾으려면 알파벳 'م'이 있는 곳에서 단어를 찾을 것이 아니라 이 단어의 어근인 د-ر-س 의 첫 글자 'د'을 먼저 찾고 그 다음 ر를 찾으며, 그리고 마지막으로 س을 찾아야 하는 것이다.

이러한 어근 순서 배열 사전의 장점은 어떤 단어를 찾을 때 같은 어근에서 파생된 여러 동사들과 여러 파생 단어들(분사형, 동명사형, 첨가동사형, 분사형, 시간명사, 장소명사 등)도 함께 볼 수 있고 함께 익힐 수 있다는 것이다. 수록된 단어들이 문법 사항에 따른 파생형 중심으로 기록되어 있기 때문에 아랍어 문법을 아는 사람일수록 더 많은 단어를 더 쉽게 공부할 수 있는 장점이 있다. 그러므로 그 사용법을 익혀서 반드시 사용하도록 하자.

어근 순서 배열 사전으로 현재 시중에 나와있는 것은 HansWehr 사전(아랍어 – 영어)과 현대아한사전(아랍어 – 한국어, 이종택), 실용 아한사전(아랍어 – 한국어, 이두선. 최영길)이 있고, 어근 순서 배열 사전의 '아랍어 – 아랍어' 사전으로는 종류가 많이 있지만 그 중에 الْمُعْجَمُ الْعَرَبِيُّ الأَسَاسِيُّ 가 외국인에게 추천할 만하다.

몇 년 전부터는 인터넷 온라인에 좋은 '아랍어 – 아랍어' 사전이 등장하여 아랍어 학습자에게 유익을 주고 있다. 온라인 사전은 단어를 빠르게 찾을 수 있고 각종 아랍어 사전의 내용이 모두 수록되어 있기 때문에 아주 유익하다. '아랍어 – 아랍어' 사전을 처음 사용하기에는 어려움이 많겠지만 아랍어를 능숙하게 사용하기 위한 가장 좋은 비결이므로 꼭 익숙해지도록 하자. 필자가 추천하는 온라인 사전은 الْمَعَانِي 이다. (www.almaany.com)

아랍어 알파벳 순서 배열 사전으로 추천할 만한 것은 AL-MAWRID(아랍어 – 영어, 영어 – 아랍어)이다. 이 사전은 스마트 폰 어플리케이션으로도 나와있다.

사전을 잘 사용하여 성공적인 아랍어 학습자가 되자.

4. 어근 순서 배열 사전 찾는 법

어근 순서 배열 사전을 찾을 때 필요한 요령을 두 가지로 나누어 설명한다.

1) 단어의 패턴을 파악하여 그 가운데 어근을 찾는다

단어를 구성한 자음 가운데 어근이 무엇인지 알기 위해서는 그 단어의 패턴이 무엇인지를 파악하는 것이 중요하다. 패턴을 알면 곧바로 어근이 무엇인지 알 수 있기 때문이다.

예를 들어 مَكْتَب 이란 단어를 사전에서 찾을 때 이 단어의 패턴 مَفْعَل 을 생각할 수 있다면 곧바로 이 단어의 어근인 ك-ت-ب 를 떠올릴 수 있다. 이처럼 단어들을 사전에서 찾을 때 단어의 패턴을 생각하고 그 가운데 어근이 어떤 것인지를 파악하는 것이 관건이다.

동사의 경우 يَدْرُس 란 단어를 사전에서 찾을 경우 이 단어가 동사의 미완료형인 것을 파악하는 것이 중요하다. 미완료 형인 يَفْعُل 패턴임을 알게 되면, 그 다음에 그 어근이 د-ر-س 임을 알 수 있다.

첨가동사의 경우 첨가동사의 10가지 패턴을 익히는 것이 아주 효과적이다. 예를 들어 يَجْتَمِع 단어를 찾고자 한다면 이 단어가 첨가동사(Ⅷ 형식 동사) يَفْتَعِل 패턴에서 온 것임을 파악해야 하고, 그 다음에 그 어근이 ج-م-ع 임을 파악하게 된다. 첨가동사에 대해서는 이 책 동사부분의 '첨가동사(الْفِعْلُ الْمَزِيدُ)에 대해' 부분에서 공부하도록 하라.

아랍어 문법을 공부하면 여러 가지 용법에 따른 다양한 패턴들을 공부하게 된다. 예를 들어 능동분사, 수동분사, 유사형용사, 과장형용사, 동명사, 시간명사, 장소명사, 한차례 명사, 명사의 여러 가지 패턴, 복수의 여러 가지 패턴 등을 공부하게 된다. 따라서 아랍어 문법을 공부하면 할수록 패턴에 익숙하게 되고 그에 따라 사전 찾기가 쉽게 된다. 이 책 제Ⅰ권에서 이러한 패턴을 공부한다.

2) 단어들 가운데 약자음(حَرْفُ الْعِلَّةِ)이 있을 경우

아랍어에서 약자음은 ا, و, ي 세 자음이다. 이 약자음 가운데 하나가 단어 가운데 포함되어 있으면 찾는 것이 어려워진다. 이럴 때는 당황하지 말고 단어에 사용된 약자음으로 먼저 사전을 찾고, 그래도 찾아지지 않을 경우 위의 세 가지 약자음을 하나씩 대입하면서 찾아보면 된다.

예를 들어 동사 'قَالَتْ' 단어를 사전에서 찾을 경우 이 단어가 동사란 것과 그것이 완료형이란 것을 안다면 문제는 수월해진다. 그렇다면 ت 는 동사의 3인칭 여성꼴에서 온 것으로 어근과는 상관이 없다는 것을 알 수 있다. 자, 그러면 어근이 ق-ا-ل 일까? 이 단어의 미완료형이 يَقُول 이므로 이 단어는 ق-و-ل 에서 찾아보면 된다. 그런데 قَالَ 동사의 미완료형을 모른다면 어떻게 해야 하나? 그 때는 당황할 필요 없이 ق-ا-ل 로 찾아본 뒤에 ق-ي-ل 로 찾아보고, 그래도 없으면 ق-و-ل 로 찾아보면 된다. (약자음 세 가지 경우를 하나씩 찾아 보는 것이다.)

다른 예로 'يَصِل' 단어를 사전에서 찾아보자. 쉽지 않은 경우이다. 그러나 앞에 붙은 ي 가 미완료형 3인칭 단수에서 온 것임을 안 다면 수월해진다. ص-ل 두 자음 밖에 없다는 말은 약자음 하나가 탈락하였음을 알 수 있고, 그렇다면 약자음 ا, و, ي 를 하나씩 대입시켜 보는 것이다. 먼저는 첫 자음에 대입해 보고, 그 다음으로 중간 자음에 대입해 보면 된다. 그러다 보면 و-ص-ل 란 어근에 도달하게 되어 사전에서 찾을 수 있는 것이다. (약자음 동사에 대해서는 이 책 동사편에서 다룬다.)

제 5 과 함자(الْهَمْزَة)에 대해

1. 단절함자(هَمْزَةُ الْقَطْعِ)에 대해
   심화학습 – 단어 중간에 오는 함자의 받침 결정 원리
   심화학습 – 겹친 알리프(أَلِف الْمَدّ)의 사용에 대해
2. 연결함자(هَمْزَةُ الْوَصْلِ)에 대해
   심화학습 – 여러 가지 알리프(أَنْوَاعُ الأَلِفِ)

이 과의 내용이 알파벳 표기 및 발음과 관련된 것이라 이 과를 '알파벳과 발음' 부분에 배치하였다. 이 내용은 처음 아랍어를 공부하는 사람에게 어려운 내용이다. 따라서 입문자의 경우 단절함자와 연결함자의 개요만 공부하고 나중에 다시 공부하도록 하자.

제 5과 함자(الهَمْزَة)에 대해

함자(hamza)란 아랍어의 성문 폐쇄음(glottal stop) 음가를 말하는 것으로, 받침자음 없이 표기되는 형태인 'ء'가 대표적인 표기형태이다. 성문 폐쇄음이란 한글의 '아' 발음을 목젖 아래에서 발음하되 소리를 끊어주듯 내는 소리이다. 이러한 함자 음가는 단모음인 파트하(a 발음)나 담마(u 발음), 혹은 카스라(i 발음)와 결합하여 발음되거나, 단모음없이 수쿤과 결합하여 발음되기도 한다. 이때 함자 음가가 결합하는 단모음에 따라 함자의 표기 형태가 달라지는데, 이 표기 형태의 변화에 대해서 공부하는 것이 이번과 학습의 주요한 목표이다.

함자는 크게 단절함자(هَمْزَة القَطْع)와 연결함자(هَمْزَة الوَصْل) 두 가지로 구분된다. 함자의 표기형태가 여러 가지 있지만 모두 이 두 가지 범주 안에 포함된다. 이에 대해서 살펴보자.

	단절함자 (هَمْزَة القَطْع)	연결함자 (هَمْزَة الوَصْل)
정의	단어의 여러 위치에서 성문 폐쇄음 (glottal stop)으로 발음되는 'ء', 'ئـ', 'ؤ', 'إ', 'أ' 글자	단어의 첫 자음으로 사용되는 알리프 'ا' 글자
모양 (함자의 표기형태)	ء , ئـ , ؤ , إ , أ	ا
음가	항상 성문 폐쇄음(glottal stop)으로 발음	문장 첫 단어에 사용될 경우 성문 폐쇄음(glottal stop)으로 발음하나 문장 중간에 온 단어에 사용될 경우 발음되지 않음
함자가 사용된 예	땅 أَرْضٌ 만일(조건사 if) إِنْ 질문 سُؤَالٌ 우물 بِئْرٌ 어떤 것(thing) شَيْءٌ	책 الْكِتَابُ (정관사 الـ) 관계대명사 that الَّذِي (너는) 들어라 اسْمَعْ (명령형) 그것이 부서졌다 انْكَسَرَ (첨가동사 VII형) 아들 ابْنٌ (7가지 명사)
이슈	단어에 함자 음가가 사용될 때 위의 다섯 가지 함자의 표기형태 가운데 어떤 것을 사용하는가?	함자 음가가 발음되는 경우와 발음되지 않는 경우의 구분

이러한 단절함자와 연결함자를 공부하자.

1. 단절함자(هَمْزَةُ الْقَطْع)에 대해

단절함자는 낱말의 어떤 위치에 오든지 원래의 음가 즉 성문 폐쇄음(glottal stop)으로 발음하는 함자이다. 단절함자는 다른 받침 자음과 함께 표기되어 'أ', 'إ', 'ؤ', 'ئـ', 'ء' 중 하나의 형태를 취한다. 즉 단절함자는 약자음(حَرْفُ الْعِلَّةِ)이라 부르는 'ا'과 'و'와 'ي' 자음을 받침으로 사용하는데, 이 함자 음가가 알리프(ا)와 함께 사용되면 'أ'(هَمْزَةٌ عَلَى أَلِفٍ)나 'إ'(هَمْزَةٌ تَحْتَ أَلِفٍ)로 표기되고, 와우(و)와 함께 사용되면 'ؤ'(هَمْزَةٌ عَلَى وَاوٍ)로 표기되며, 예(ي)와 함께 사용되면 'ئـ'(هَمْزَةٌ عَلَى يَاءٍ)로 표기되고, 다른 자음 받침이 없는 곳(수쿤의 발음이 온 경우)에 사용되면 'ء'(هَمْزَةٌ عَلَى السَّطْرِ)가 된다.

단절함자의 표기 형태				
받침 자음(약자음)	ا	و	ي	없음
단절함자 표기	أ إ	ؤ	ئـ	ء
명칭	هَمْزَةٌ عَلَى أَلِفٍ هَمْزَةٌ تَحْتَ أَلِفٍ	هَمْزَةٌ عَلَى وَاوٍ	هَمْزَةٌ عَلَى يَاءٍ (أَوْ نَبْرَةٍ)	هَمْزَةٌ عَلَى السَّطْرِ

단절함자는 단어의 첫번째 자음에 붙는 경우가 있고, 단어의 중간 자음에 붙는 경우가 있으며, 단어의 어미(끝자음)에 붙는 경우가 있다. 각각의 경우를 공부해 보자.

1) 단절함자가 단어의 첫 자음에 붙는 경우

단절함자가 단어의 첫번째 자음에 올 때는 'ا' 위나 아래에 함자가 붙어서 'أ' 혹은 'إ'로 표기된다. (첫번째 자음에 단절함자가 و나 ئـ 형태로 오는 경우는 없다.)

(1) Ⅳ 형 동사의 완료형과 명령형과 그 동명사형 (Ⅳ 형 동사에 대해서는 이 책 '첨가동사에 대해'를 보라)

존경을 표하다	'ikrāmun - 'akrim - 'akrama	إِكْرَامٌ – أَكْرِمْ – أَكْرَمَ
무슬림이 되다 ; 넘겨주다	'islāmun - 'aslim - 'aslama	إِسْلَامٌ – أَسْلِمْ – أَسْلَمَ
정죄하다, 비난하나	'idānatun - 'adin - 'adāna	إِدَانَةٌ – أَدِنْ – أَدَانَ
돌려주다	'i'ādatun - 'a'id - 'a'āda	إِعَادَةٌ – أَعِدْ – أَعَادَ

→ 오른쪽 부터 각각 완료형, 명령형, 동명사형에 대한 예들이다.

(2) 불변사(حَرْفٌ)의 첫 자음이 알리프 'ا'일 때

that 절을 이끎(풀어쓴 동명사)	أَنْ	that절을 이끎(풀어쓴 동명사)	أَنَّ
혹은 (or, 대등접속사)	أَوْ	참으로(indeed), 문장을 강조	إِنَّ
만일(조건의 불변사)	إِنْ	..에(to, 전치사)	إِلَى

(3) 명사의 첫 자음에 사용됨

고유명사(اسْمُ الْعَلَمِ)나 근원명사(اسْمُ الذَّاتِ) 등의 명사 첫 자음에 함자가 올 경우 ' أَ ' 혹은 ' إِ '가 사용된다.

아흐마드	أَحْمَدُ	땅	أَرْضٌ
아버지	أَبٌ	어머니	أُمٌّ
명령, 문제	أَمْرٌ	어제	أَمْسِ
스타일	أُسْلُوبٌ	사자들 (أَسَدٌ/ أُسُودٌ، أُسْدٌ)	أَسْوَدٌ
이맘(imam)	إِمَامٌ	손가락 (إِصْبَعٌ/ أَصَابِعُ)	إِصْبَعٌ

→ 근원명사에 대해서는 이 책 제 I 권 '심화학습 – 파생명사와 불완전 파생명사에 대해' 부분에서 공부하라.

→ 그러나 اثْنَتَانِ , اثْنَانِ , امْرُؤٌ , امْرَأَةٌ , ابْنَةٌ , ابْنٌ , اسْمٌ 의 7 가지 명사는 첫 자음에 단절함자가 오지 않고 연결함자가 온다. 연결함자 부분에서 공부하라. 즉 이 7 가지 명사 외의 다른 명사 단어(보통명사나 고유명사)의 경우 첫 자음에 단절함자가 사용된다.

→ 첨가동사(الْأَفْعَالُ الْمَزِيدَةُ)의 VII형, VIII형, IX형, X형 동사의 완료형과 명령형과 동명사형(예 : اسْتَمَعَ – اسْتَمِعْ – اسْتِمَاعٌ) 단어의 첫 자음에 단절함자가 오지 않고 연결함자가 온다. 연결함자 부분에서 공부하라.

(4) 함자가 두 개 이어서 올 경우 - 겹친 알리프(أَلِفُ الْمَدِّ)를 사용한다.

첫 자음에 أَ 와 ا 이 이어서 오든지, أَ 와 أَ 가 이어서 올 경우 겹친 알리프인 ' آ '를 사용한다.

내가 먹는다	آكُلُ	그가 믿었다(to believe)	آمَنَ بِـ

자세한 내용은 곧 배우는 '심화학습 – 겹친 알리프(أَلِفُ الْمَدِّ)의 사용에 대해'를 보라.

2) 단절함자가 단어의 중간 자음에 붙는 경우

단절함자가 단어의 중간에 오는 경우 받침자음(약자음)을 모두 사용하여 'أ', 'و', 'ئـ', 'ء' 형태의 함자를 취할 수 있다('ﺍ' 꼴은 사용되지 않는다). 아래에서 각각의 함자의 표기 형태를 예들을 통해서 먼저 살펴본다. 그리고 이러한 함자 받침이 어떻게 결정되는지에 대한 결정 원리를 나중에 공부하도록 한다. 이 함자 받침의 결정 원리를 공부하면 아래의 각각의 형태는 자연스럽게 이해된다. (아래의 함자 기록 순서는 함자의 강도에 따라 강한 함자를 먼저 다루고 약한 함자를 나중에 다룬다.)

(* 원하는 경우 '심화학습 – 단어 중간에 오는 함자의 받침 결정 원리'를 먼저 공부하고 아래를 공부해도 된다.)

(1) 함자가 يـ 위에 붙는 경우 - (هَمْزَةٌ عَلَى يَاءٍ أَوْ نَبْرَةٍ) ئـ 로 표기

a. 카스라가 붙은 ئـ 앞에 장모음 파트하가 온 경우

| 비행기 | طَائِرَةٌ | 범죄들 | جَرَائِمُ |

b. 파트하가 붙은 ئـ 앞에 카스라가 온 경우

| 일백(100) | مِئَةٌ | 그룹 | فِئَةٌ |

c. 파트하가 붙은 ئـ 앞에 장모음 카스라가 사용된 경우

| 환경 | بِيئَةٌ | 당신의 건강을 위하여 | هَنِيئًا مَرِيئًا |

d. 소쿤이 붙은 ئـ 앞에 카스라가 온 경우

| 우물 | بِئْرٌ | 쥐들 | فِئْرَانٌ |

e. و 가 두 개 이어서 표기되어 앞의 것이 ئـ 로 바뀐 경우

아래 단어의 원래 맞는 표기는 ①의 مَسْوُولٌ 과 مَشْوُومٌ 그리고 شُوُونٌ 이다. 그러니 و 가 두 개 이어서 옴으로 인해('و + و'의 형태) 먼저 사용된 و 를 ئـ 로 바꾸어 사용하기도 한다. 현재는 ①과 ②의 두 가지 방식 모두 사용되지만 ①의 형태가 함자의 원칙에 맞는 표기이다.

의미	설명	① 원칙에 맞는 표기	② 변형된 표기
책임있는, 책임지는 ; 책임자	함자의 받침 결정원리에 따르면 담마가 수쿤보다 강하기에 함자 받침이 و 가 되어야 함.	مَسْوُولٌ	مَسْئُولٌ
불운한, 재수없는		مَشْوُومٌ	مَشْئُومٌ
문제들, 이슈들		شُوُونٌ	شُئُونٌ

(2) 함자가 و 위에 붙는 경우 – (هَمْزَة عَلَى وَاو) وَ로 표기

a. 담마가 붙은 وُ 앞에 파트하가 온 경우

| 이것들은 | هَؤُلَاءِ | 굳세다, 용감하다 | بَؤُسَ / يَبْؤُسُ |

b. 담마가 붙은 وُ 앞에 장모음 파트하가 온 경우

| 그의 똑똑함 | ذَكَاؤُهُ | 그것의(/그녀의) 겨울 | شِتَاؤُهَا |

c. 파트하가 붙은 وَ 앞에 담마 가 온 경우

| 질문 | سُؤَال | 심장 ; 마음 | فُؤَادٌ |
| 대통령들 | رُؤَسَاءُ | 불행한 사람들 (بَئِيس) | بُؤَسَاءُ |

d. 수쿤이 붙은 وْ 앞에 담마가 온 경우

| 신자 | مُؤْمِنٌ | 회의(conference) | مُؤْتَمَرٌ |

(3) 함자가 ا에 붙는 경우 – (هَمْزَة عَلَى أَلِف) أَ로 표기

a. 파트하가 붙은 أَ 앞에 파트하 가 온 경우

| 놀람, 놀라움(surprise) | مُفَاجَأَة | 질문하다 | سَأَلَ / يَسْأَلُ |
| 여자 | امْرَأَة | | |

b. 파트하가 붙은 أَ 앞에 수쿤이 온 경우

| 문제, 이슈 | مَسْأَلَةٌ | 용감함 | جُرْأَة |
| 놀람, 놀라움(surprise) | فَجْأَةً | | |

c. 수쿤이 붙은 أْ 앞에 파트하가 온 경우

| 머리 | رَأْسٌ | 늦음 | تَأْخِيرٌ |

(4) 받침글자 없이 함자가 사용되는 경우(هَمْزَة عَلَى السَّطْرِ) - ء 로 표기

a. ء 앞에 장모음 파트하가 온 경우

자격, 능력	كَفَاءَة	좋은 징조로 여기다 ; 낙관적이 되다	تَفَاءَل / يَتَفَاءَل
용감함	جَرَاءَة	서로 묻다 ; 의아해하다 (to wonder)	تَسَاءَل / يَتَسَاءَل

b. ء 앞에 장모음 담마가 온 경우

기사도, 남자다움	مُرُوءَة	예언(prophecy)(نُبُوَّة =)	نُبُوءَة

c. و 가 두 개 이어서 표기되어 앞의 것이 ء 로 바뀐 경우

아래 단어의 원래 맞는 표기는 ①의 표기이다. 그러나 و 가 두 개 이어서 옴으로 인해('وْ + ُ') 먼저 사용된 وْ 를 ء 로 바꾸어 사용하게 되었다. 현재는 ①과 ②의 두 가지 방식 모두 사용되긴 하지만 ①의 형태가 함자의 원칙에 맞는 표기이다.

의미	설명	① 원칙에 맞는 표기	② 변형된 표기
너희들은 시작하라.	함자의 받침 결정원리에 따르면 담마가 파트하 보다 강하기에 함자의 받침자가 و 가 되어야 함.	اِبْدَوُوا	اِبْدَءُوا (أَوْ اِبْدَأُوا)
그들이 읽는다.		يَقْرَوُونَ	يَقْرَءُونَ (أَوْ يَقْرَأُونَ)

** و 가 두 개 이어서 표기되는 경우가 앞에도 있었다. 즉 아래의 ①의 경우와 같이 مَسْؤُولٌ 이 되어야 하는데 مَسْئُولٌ 로 변형되는 경우도 있었고, ②의 경우와 같이 اِبْدَوُوا 가 되어야 하는데 اِبْدَءُوا 로 되는 경우도 있었다. 이처럼 어떤 경우는 ئ 로 변형되고 어떤 경우는 ء 로 변형되는 이유는 무엇일까?

①	책임이 있는 ; 책임자	مَسْؤُولٌ	مَسْئُولٌ
②	너희들은 시작하라.	اِبْدَوُوا	اِبْدَءُوا (أَوِ اِبْدَأُوا)

위의 ①은 함자 앞에 온 자음이 연결문자(الْحُرُوفُ الْمُتَّصِلَةُ)인 경우(여기서는 س)이고, ②는 함자 앞에 온 자음이 분리문자(الْحُرُوفُ الْمُنْفَصِلَةُ)인 경우(여기서는 د)이다. 함자 앞에 온 자음이 연결문자(الْحُرُوفُ الْمُتَّصِلَةُ)인 경우 변형된 표기에서 ئ 로 표기되었고, 분리문자(الْحُرُوفُ الْمُنْفَصِلَةُ)인 경우 변형된 표기에서 함자가 ء 로 표기되었다. 연결문자와 분리문자에 대해선 '아랍어 알파벳 쓰기' 참고하라.

(5) 겹친 알리프(أَلِفُ الْمَدِّ)가 될 경우

알리프와 함자가 함께 사용되어 알리프 표기가 'آ' 되는 경우를 겹친 알리프(أَلِفُ مَدٍّ)라 한다. 자세한 내용은 나중에 공부하게 된다.

꾸란	قُرْآنٌ	그가 그녀를 보았다.	رَآهَا

심화학습 - 단어 중간에 오는 함자의 받침 결정 원리

단절함자가 단어의 중간에 오는 경우 받침자음(약자음 ا 과 و 와 ي, 그리고 수쿤)을 모두 사용하여 'ء','ئـ','ؤ','أ' 형태의 함자 형태 모두를 취할 수 있다고 하였다. 그렇다면 이 4가지 함자 표기 형태 가운데 언제 어떤 형태의 함자를 사용할까? 함자가 특정 받침 자음을 취하는 원리가 있을까? 그 원리를 어중에 사용된 함자 앞에 단모음이 사용된 경우와 어중에 사용된 함자 앞에 장모음이 사용된 경우로 나누어서 살펴보자.

1) 어중에 사용된 함자 앞에 단모음(혹은 수쿤)이 사용된 경우

그 원리는 다음과 같다. 단어의 중간에 사용된 함자가 단모음을 갖고 있고 함자 앞에 장모음이 오지 않았을 경우 함자 자신이 갖고 있는 단모음과 함자 바로 앞 자음에 붙은 단모음의 강약을 비교하여 강한 단모음이 취하는 받침자음을 사용한다.

아래는 아랍어 단모음의 강약과 각각의 받침자음을 나타낸 도표이다. 즉 카스라(i 모음)가 가장 강하고, 그 다음이 담마(u 모음)이며, 그 다음이 파트하(a 모음)이고, 마지막이 수쿤(모음 없음 기호)이 가장 약하다. 또한 그 밑에 있는 ئـ , ؤ , أ , ء 는 앞뒤의 두 개의 단모음을 비교해서 강한 모음이 결정되었을 때 함자가 취하는 받침(단절함자)의 모양이다.

단어 중간에 오는 함자의 받침 결정 원리	
단모음의 강약과 각각의 함자의 모양(왼쪽부터 강한 모음 순서)	카스라 (ِ) > 담마 (ُ) > 파트하 (َ) > 수쿤 (ْ) ئـ > ؤ > أ > ء

이제 함자에 붙은 단모음(혹은 수쿤)과 그 앞 자음에 붙은 단모음(혹은 수쿤)을 비교하여 함자 받침을 결정하는 예들을 살펴보자. 아래에서 A 는 함자 앞 자음에 붙은 단모음을 말하고, B 는 함자에 붙은 단모음을 말한다.

(1) 함자가 ـيـ 위에 붙는 경우 - (هَمْزَةٌ عَلَى يَاءٍ أَوْ نَبْرَةٍ) - ـئـ 로 표기

① 'A-카스라 B-파트하'일 경우 → 두 모음 가운데 더 강한 모음이 카스라이므로 ـئـ 를 사용

일백(100)	مِئَةٌ	그룹	فِئَةٌ
(친밀한) 관계(rapport); 하모니(harmony)	وِئَامٌ	슬픔, 우울함	اكْتِئَابٌ

② 'A-파트하 B-카스라'일 경우 → 두 모음 가운데 더 강한 모음이 카스라이므로 ـئـ 를 사용

절망하다	يَئِسَ/يَيْأَسُ	지루하게 되다 (to be bored)	سَئِمَ/يَسْأَمُ

③ 'A-카스라 B-수쿤'일 경우 → 두 모음부호 가운데 더 강한 것이 카스라이므로 ـئـ 를 사용

우물	بِئْرٌ	(모스크의) 미나렛	مِئْذَنَةٌ
쥐들(فَأْر)	فِئْرَانٌ		

제5과 함자에 대해

(2) 함자가 و 위에 붙는 경우 - (هَمْزَة عَلَى وَاو) - ؤ 로 표기

① 'A-담마 B-파트하'일 경우 → 두 모음 가운데 더 강한 모음이 담마이므로 ؤ 를 사용

질문	سُؤَالٌ	심장 ; 마음	فُؤَادٌ
역사가	مُؤَرِّخٌ	대통령들 (رَئِيسٌ)	رُؤَسَاءُ
연기하다. (to postpone)	أَجَّلَ/ يُؤَجِّلُ هـ	수행하다. (to perform)	أَدَّى/ يُؤَدِّي هـ، إِلَى

② 'A-파트하 B-담마'일 경우 → 두 모음 가운데 더 강한 모음이 담마이므로 ؤ 를 사용

이것들은	هَؤُلَاءِ	굳세다, 용감하다	بَؤُسَ
(전쟁)식량, 군량 ; 탄약 등	مَؤُونَةٌ	그들이 피난처를 다 ; 그들이 의지하다 (لَجَأَ/ يَلْجَأُ إِلَى)	لَجَؤُوا إِلَى

③ 'A-담마 B-수쿤'일 경우 → 두 모음부호 가운데 더 강한 것이 담마이므로 ؤ 를 사용

신자	مُؤْمِنٌ	비굴, 비열	لُؤْمٌ
빛남	تَلَأْلُؤٌ	공평, 균형 (equivalence)	تَكَافُؤٌ

④ 'A-수쿤 B-담마'일 경우 → 두 모음부호 가운데 더 강한 것이 담마이므로 ؤ 를 사용

종속된, 통치.통제를 받는	مَرْؤُوسٌ	희망이 없는, 절망적인	مَيْؤُوسٌ (أَوْ مَيْنُوسٌ) مِنْهُ

(3) 함자가 ا 에 붙는 경우 - (هَمْزَة عَلَى أَلِف) - أ 로 표기

① 'A-수쿤 B-파트하'일 경우 → 두 모음부호 가운데 더 강한 것이 파트하 이므로 أ 를 사용

문제, 이슈	مَسْأَلَةٌ	놀람, 놀라움 (surprise)	فَجْأَةٌ
보는 곳, 광경	مَرْأَى	그가 멀다 (to be far) (نَأَى/ يَنْأَى)	يَنْأَى
위의 원칙에 따르면 이 هَيْأَةٌ 가 아니라 هَيْئَةٌ 로 표기되어야 하나 꾸란에서 هَيْئَةٌ 로 기록하고 있음. 논란이 되는 단어.		형식, 양식 ; 조직, 기구, 기관	هَيْئَةٌ *

② 'A-파트하 B-수쿤'일 경우 → 두 모음부호 가운데 더 강한 것이 파트하 이므로 أ 를 사용

머리 (head)	رَأْسٌ	유리잔 (glass)	كَأْسٌ
도끼	فَأْسٌ	자비 (mercy)	رَأْفَةٌ
신뢰할만한 (trustworthy)	مَأْمُونٌ	친한 (familiar)	مَأْلُوفٌ
명령하다	أَمَرَ/ يَأْمُرُهُ	취하다, 가지다 (to take)	أَخَذَ/ يَأْخُذُ هـ

2) 어중에 사용된 함자 앞에 장모음이 사용된 경우

어중에 사용된 함자 앞에 장모음 ا이나 장모음 و 혹은 장모음 ي가 사용되는 경우이다. 이 경우는 앞에서 배운 함자의 받침 결정 원리가 적용되지 않는 경우가 많다. 각각의 표기를 익히도록 하자.

a. 함자 앞에 장모음 ا가 사용된 경우

a-1 담마 모음을 가진 함자 앞에 장모음 ا이 올 경우 – ؤ 로 표기 (هَمْزَةٌ عَلَى وَاوٍ)

의아해하며 질문함 (تَسَاءَلَ/ يَتَسَاءَلُ)	تَسَاؤُلٌ	낭만적임 (تَفَاعَلَ/ يَتَفَاعَلُ)	تَفَاؤُلٌ
비관적임	تَشَاؤُمٌ	당신의 음식물은 ; 당신의 식사요법.다이어트는 (غِذَاءٌ)	غِذَاؤُكَ *
그의 총명함이 (주격) (ذَكِي/ يَذْكَى - ذَكَاءٌ)	ذَكَاؤُهُ *	그의 수행/ 수행력이 (주격) (أَدَّى/ يُؤَدِّي هـ – أَدَاءٌ)	أَدَاؤُهُ *
그것의/ 그녀의 시작이 (주격의 경우)-(اِبْتِدَاءٌ)	اِبْتِدَاؤُهَا *	그것의/ 그녀의 끝마침이 (주격의 경우)-(اِنْتِهَاءٌ)	اِنْتِهَاؤُهَا *
그들이 왔다. (جَاءَ/ يَجِيءُ)	جَاؤُوا (أَوْ جَاءُوا)	그들이 빛을 비추었다. (أَضَاءَ/ يُضِيءُ هـ)	أَضَاؤُوا (أَوْ أَضَاءُوا)

→위의 * 표가 있는 단어들은 그 뒤에 소유격 접미 인칭대명사가 붙어서 주격으로 사용되는 경우이다. 예를들어 غِذَاؤُكَ 와 ذَكَاؤُهُ, أَدَاؤُهُ 는 주격일 경우이다. 이 단어들이 목적격일 경우는 각각 غِذَاءَكَ 와 ذَكَاءَهُ, أَدَاءَهُ 가 되며, 소유격일 경우는 각각 غِذَائِكَ 와 ذَكَائِهِ, أَدَائِهِ 가 된다.

a-2 파트하 모음을 가진 함자 앞에 장모음 ا이 올 경우 – ء 로 표기 (هَمْزَةٌ عَلَى السَّطْرِ)

읽기	قِرَاءَةٌ	빛을 비춤	إِضَاءَةٌ
무죄, 결백	بَرَاءَةٌ	자격, 능력	كَفَاءَةٌ
그의 뒤	وَرَاءَهُ	당신의 친구들을 (목적격의 경우)-(أَصْدِقَاءٌ)	أَصْدِقَاءَكَ *
좋은 징조로 여기다 ; 낙관적이 되다	تَفَاءَلَ/ يَتَفَاءَلُ	서로 묻다 ;의아해하다 (to wonder)	تَسَاءَلَ/ يَتَسَاءَلُ
그들의 원수들을 (목적격의 경우)-(أَعْدَاءٌ)	أَعْدَاءَهُمْ *	그것의 공기를 (목적격의 경우)-(هَوَاءٌ)	هَوَاءَهَا *

→위의 * 표가 있는 단어들은 그 뒤에 소유격 접미 인칭대명사가 붙어서 목적격으로 사용되는 경우이다.

a-3 카스라 모음을 가진 함자앞에 장모음 ا이 올 경우 - ئ 로 표기 (هَمْزَةٌ عَلَى يَاءٍ)

질문하는 (سَأَلَ/ يَسْأَلُ عَنْ – سُؤَالٌ)	سَائِلٌ	기대는, 기울어진 (مَالَ/ يَمِيلُ – مَيْلٌ)	مَائِلٌ
말하는 (قَالَ/ يَقُولُ هـ – قَوْلٌ)	قَائِلٌ	존재하는 (كَانَ/ يَكُونُ – كَوْنٌ)	كَائِنٌ
당신의 아들들과 함께 (소유격의 경우)-(أَبْنَاءٌ)	مَعَ أَبْنَائِكَ	그의 친구들과 함께 (소유격의 경우)	مَعَ أَصْدِقَائِهِ

제5과 함자에 대해

** 다음의 예문을 보자.

다음 예문에서 '‏ذَكَاءٌ‎ + 소유격 접미 인칭대명사'가 문장에서 격변화할 때 함자의 받침 형태 변화를 확인하라.

그의 총명함이 크다. (주격(مَرْفُوعٌ)인 경우)		‏ذَكَاؤُهُ كَبِيرٌ.‎
나는 그녀의 총명함을 좋아한다. (목적격(مَنْصُوبٌ)인 경우)		‏أُحِبُّ ذَكَاءَهَا.‎
당신의 총명함으로 그 문제(matter)를 풀어라. (소유격(مَجْرُورٌ)인 경우)-(حَلَّ/يَحُلُّ ه)		‏حُلَّ الْمَسْأَلَةَ بِذَكَائِكَ.‎

** 다음은 이러한 어중에 사용된 함자가 문장에서 사용된 예들이다. 아래의 괄호 안은 사람들이 자주 범하는 실수이다.

그의 총명함이 크다.	‏ذَكَاؤُهُ كَبِيرٌ. (ذَكَائُهُ ×)‎
그 팀은 수행능력이 좋다.	‏الْفَرِيقُ أَدَاؤُهُ جَيِّدٌ. (أَدَاءُهُ ×)‎
무함마드는 그의 아들들에게 한 선물을 주었다.	‏أَعْطَى مُحَمَّدٌ هَدِيَّةً لِأَبْنَائِهِ. (لِأَبْنَاءِهِ ×)‎

b. 함자 앞에 장모음 ‏و‎ 가 사용된 경우

남자다움, 기사도	‏مُرُوءَةٌ‎	예언(prophecy)(=‏نُبُوَّةٌ‎)	‏نُبُوءَةٌ‎
그의 조용함은 (주격)(‏هُدُوءٌ‎)	‏هُدُوؤُهُ (أَوْ هُدُوءُهُ)‎	그의 세정(기도전의)은 (주격)(‏وُضُوءٌ‎)	‏وُضُوؤُهُ (أَوْ وُضُوءُهُ)‎
그의 세정(기도전의)에 대 해 (소유격)	‏عَنْ وُضُوئِهِ‎	그가 그를 슬프게 한다 (‏سَاءَ/يَسُوءُ‎)	‏يَسُوؤُهُ (أَوْ يَسُوءُهُ)‎

** 위의 단어의 격변화

그의 조용함을 (목적격)	‏هُدُوءَهُ‎	그의 세정(기도전의)을 (목적격)	‏وُضُوءَهُ‎
그의 조용함에 대해 (소유격)	‏عَنْ هُدُوئِهِ‎	그의 세정(기도전의)에 대 해 (소유격)	‏عَنْ وُضُوئِهِ‎

c. 함자 앞에 장모음 ‏ي‎ 가 사용된 경우

a-2 파트하 모음을 가진 함자 앞에 ‏ـيـ‎ 장모음이 올 경우 – ‏ئـ‎ 로 표기 (‏هَمْزَةٌ عَلَى يَاءٍ أَوْ نَبْرَةٌ‎)

죄	‏خَطِيئَةٌ‎	뜻, 의지(will)	‏مَشِيئَةٌ‎
환경	‏بِيئَةٌ‎	용감한(‏جَرِيءٌ‎)의 쌍수(dual)	‏جَرِيئَانِ‎
그들 둘이 온다 (‏جَاءَ/يَجِيءُ‎)	‏يَجِيئَانِ‎	그들 둘이 나쁘게 행동한다 (‏أَسَاءَ/يُسِيءُ ه - إِسَاءَةٌ‎)	‏يُسِيئَانِ‎
그들이 온다 (‏جَاءَ/يَجِيءُ‎)	‏يَجِيئُونَ‎	그들이 빛을 비춘다 (‏أَضَاءَ/يُضِيءُ ه‎)	‏يُضِيئُونَ‎

3) 단절함자가 단어의 끝자음에 붙는 경우

(1) 함자 앞 자음에 단모음이 올 경우

단절함자가 단어의 끝자음에 올 경우 함자 앞 자음에 붙은 모음에 따라 함자의 모양이 결정된다. 즉 앞선 자음이 파트하 모음을 가졌으면 ا 위에 함자가 붙고, 앞선 자음이 카스라 모음을 가졌으면 ـئ 위에 함자가 붙으며, 앞선 자음이 담마 모음을 가졌으면 و 위에 붙고, 앞선 자음이 수쿤이면 함자가 받침 없이 사용된다.

a. 어미에 أ 가 붙는 경우 – هَمْزَةٌ عَلَى أَلِفٍ
어미자음 바로 앞 자음에 붙은 모음이 파트하(a 모음)인 경우이다.

소식, 뉴스(news)	نَبَأً	더 나쁜(worse)	أَسْوَأُ
실수, 과오, 착오, 오류	خَطَأٌ	시작하다(to begin)	بَدَأَ / يَبْدَأُ
피난처, 고아원	مَلْجَأٌ	읽다(to read)	قَرَأَ / يَقْرَأُ
시작(beginning)	مُبْتَدَأٌ	은폐지, 은닉처 ; 피난처	مَخْبَأٌ

** 위의 단어들이 문장에서 사용된 예들이다. 괄호안은 쉽게 범하는 실수들이다.

그 소년은 한 먼 고아원에 있다. (소유격)	الصَّبِيُّ فِي مَلْجَأٍ بَعِيدٍ. (مَلْجَإٍ ×)
나는 한 기쁜 소식에 기뻐했다. (소유격)	سَعِدْتُ بِنَبَأٍ سَارٍّ. (نَبَإٍ ×)

b. 어미에 ئ 가 붙는 경우 - هَمْزَةٌ عَلَى يَاءٍ
어미자음 바로 앞 자음에 붙은 모음이 카스라(i 모음)인 경우이다.

해변, 해안	شَاطِئٌ	나쁜(bad)	سَيِّئٌ
떠 오르는	نَاشِئٌ	읽혀지다 (수동형)	قُرِئَ / يُقْرَأُ
시작되다(수동형)	بُدِئَ / يَبْدَأُ	피난처들, 고아원들	مَلْجَأٌ / مَلَاجِئُ
결함, 흠집, 불리한 점	مَسَاءَةٌ / مَسَاوِئُ	은폐지, 은닉처 ; 피난처	مَخْبَأٌ / مَخَابِئُ

c. 어미에 ؤ 가 붙는 경우 – هَمْزَةٌ عَلَى وَاوٍ
어미자음 바로 앞 자음에 붙은 모음이 담마(u 모음)인 경우이다.

남자	امْرُؤٌ	…할 대담성을 보이다	جَرُؤَ / يَجْرُؤُ
느리다, 꾸물거리다	بَطُؤَ / يَبْطُؤُ	남자답다	مَرُؤَ / يَمْرُؤُ
느림, 지연됨	تَبَاطُؤٌ	공모, 결탁	تَوَاطُؤٌ
진주(pearls)	لُؤْلُؤٌ	동등, 평등	تَكَافُؤٌ

제5과 함자에 대해

d. 어미에 ء가 붙는 경우 - همْزَةٌ عَلَى السَّطْرِ

어미자음 바로 앞 자음에 수쿤이 온 경우 함자는 받침을 갖지 않는 'ء'(همْزَةٌ عَلَى السَّطْرِ) 형태를 취한다.

어떤 것(thing)	شَيْء	부분(part)	جُزْء
시작	بَدْء	채움(filling)	مِلْء
짐, 부담(burden)	عِبْء	따뜻함	دِفْء

(2) 함자 앞 자음에 장모음이 오는 경우 – همْزَةٌ عَلَى السَّطْرِ

함자 앞 자음에 장모음이 오면 함자는 받침을 갖지 않는 'ء'(همْزَةٌ عَلَى السَّطْرِ) 형태를 취한다.

물(water)	مَاء	건설	بِنَاء
하늘	سَمَاء	사막	صَحْرَاء
고요함,조용함	هُدُوء	나쁨, 악함	سُوء
피난처. 은신처를 찾음 ; 의지하는 것	لُجُوء (إلى)	기도전의 세정	وُضُوء
옴(coming)	مَجِيء	느린(slow)	بَطِيء
무죄의	بَرِيء	빛을 비추다	أَضَاءَ / يُضِيءُ ـ هـ

→위의 경우들도 함자 바로 앞에 온 약자음(ا, و, ي) 위에 수쿤이 있다고 본다. 따라서 위의 d.와 같은 경우가 된다.

** 함자가 문장에서 사용된 예들

다음은 위의 함자들이 문장에서 사용된 예들이다. 괄호 안은 쉽게 범하는 실수들이다.

나는 당신을 위한 위대한 것을 가지고 있다. (나에게 당신을 위한 위대한 것이 있다.)	عِنْدِي شَيْءٌ عَظِيمٌ لَكَ. (شَيْئٌ ×)
당신의 말은 나쁘다. (어미자음 바로 앞 자음에 카스라가 옴)	كَلَامُكَ سَيِّئٌ. (سَيِّءٌ ×)

** 어미에 'ء'(همْزَةٌ عَلَى السَّطْرِ)이 붙는 단어가 비한정 목적격으로 사용될 때와 쌍수로 사용될 때

다음은 어미에 ء가 붙는 단어들이 비한정 형태의 목적격과 쌍수로 사용될 때의 표기방식이다.
(연결문자와 분리문자에 대해선 '아랍어 알파벳 쓰기' 참고하라.) هَنِيئًا مَرِيئًا - '당신의 건강을 위하여'

비한정 목적격	①	함자 앞 자음이 연결문자(الْحُرُوفُ الْمُتَّصِلَةُ)인 경우 - ئـ (همْزَةٌ عَلَى يَاء)	شَيْئًا، بَطِيئًا، بُطْئًا، مِلْئًا، عِبْئًا، هَنِيئًا مَرِيئًا...
	②	함자 앞 자음이 분리문자(الْحُرُوفُ الْمُنْفَصِلَةُ)인 경우 - ءًا (همْزَةٌ عَلَى السَّطْرِ)	بَدْءًا، جُزْءًا، سُوءًا، هُدُوءًا، بُرْءًا، رُزْءًا...
쌍수 (مُثَنَّى)	①	함자 앞 자음이 연결문자(الْحُرُوفُ الْمُتَّصِلَةُ)인 경우 - ئـ (همْزَةٌ عَلَى يَاء)	شَيْئَانِ، بُطْئَانِ، عِبْئَانِ، دِفْئَانِ، نَشْئَانِ...
	②	함자 앞 자음이 분리문자(الْحُرُوفُ الْمُنْفَصِلَةُ)인 경우 - ءان (همْزَةٌ عَلَى السَّطْرِ)	بَدْءَانِ، جُزْءَانِ، رُزْءَانِ...

심화학습 – 겹친 알리프(أَلِف المَدّ)의 사용에 대해

겹친 알리프(أَلِف المَدّ)란 알리프가 두 개 겹칠 때 사용되는 'آ' 형태를 말한다. 여기에서 알리프 위에 붙은 갈매기 모양의 기호를 مَدَّة 라고 한다. 이렇게 겹친 알리프가 표기되는 경우는 두 가지인데 먼저는 أ과 ا이 만날 때이고 다음은 أ과 أ이 만날 때 이다. 아래에서 آ가 사용된 예들을 보라.

겹친 알리프 (أَلِف مَدّ) آ 가 표기되는 두 가지 경우			
← أَ + أَ ← 의 경우		← ا + أَ ← 의 경우	

1) 명사에서

아담 (사람 이름)(أَدَمُ + أَ)	آدَمُ	꾸란 (أَن + قُرَأَ)	قُرْآنٌ
거울	مِرْآةٌ	결점(defect) ; 반대, 비판(objection)	مَأْخَذٌ/ مَآخِذُ
미안한 (능동분사) (سِفٌ + ا + أَ)	آسِفٌ	목마른 (فَعْلَان 패턴 유사형용사)	ظَمْآنٌ

2) 복수에서

보상들 (ات + ا ،مُكَافَأَةٌ)	مُكَافَآتٌ	설치들, 기초들 (ات + ا ،مُنْشَأَةٌ)	مُنْشَآتٌ

3) 쌍수에서

두 피난처들 (ان + مَلْجَأٌ)	مَلْجَآنِ	두 원리들 (ان + مَبْدَأٌ)	مَبْدَآنِ

4) 동사에서

내가 먹는다. (هـ يَأْكُلُ/أَكَلَ)(أَكُلُ + أَ)	آكُلُ	내가 취한다. (هـ يَأْخُذُ/أَخَذَ)(أَخُذُ + أَ)	آخُذُ
..를 믿다(IV 형동사)	آمَنَ/ يُؤْمِنُ بـ	그가 그녀를 보았다. (هـ يَرَى/رَأَى)(هَا + ا + رَأَ)	رَآهَا
그들 둘이 시작한다. (هـ يَبْدَأُ/بَدَأَ)(ان + يَبْدَأُ)	يَبْدَآنِ	그들 두 사람이 그 책을 읽었다. (هـ يَقْرَأُ/قَرَأَ)(ا + قَرَأَ)	قَرَآ الْكِتَابَ.

5) 의문문에서 – 의문불변사 أ과 그 뒤에 ا이 결합할 때

그 아기가 여기에 있니? (الطِّفْلُ + أَ)	آلطِّفْلُ هُنَا؟	그것이 깨졌니? (انْكَسَرَ + أَ)	آنْكَسَرَ؟

** 한편 함자 두 개가 다음과 같이 배열될 경우 겹친 알리프가 아니라 다른 알리프로 표기된다.

← أُ + أَ ← 의 순서로 배열될 경우 أُو 가 되며 (예 : أُوكَلُ 내가 먹혀지다, 수동태 1 인칭 단수)

← إِ + أَ ← 의 순서로 배열될 경우 أَي 가 된다. (예 : إِيمَانٌ 믿음 (×) إِئْمَانٌ)

← أَ + أَ ← 의 순서로 배열되는 예 (أَأَصْلِبُ مَلِكَكُمْ؟ 내가 당신들의 왕을 십자가에 못박니? 요 19:15)

2. 연결함자(هَمْزَةُ الْوَصْلِ)에 대해

이제 연결함자를 공부하자. 연결함자(هَمْزَةُ الْوَصْلِ)는 지금까지 배운 'أَ', 'إِ', 'ؤ', 'ئ', 'ء'로 표시되는 함자가 아니라 단어의 첫 자음으로 오는 알리프 'ا'를 말한다. 이러한 연결함자가 사용되는 경우는 5 가지인데 1) 정관사 الـ 에서, 2) 관계대명사 الَّذِي 와 그 변화형에서, 3) 원형동사의 명령형에서, 4) 첨가동사 가운데 Ⅶ형, Ⅷ형, Ⅸ형, Ⅹ형 동사의 완료형, 명령형, 동명사형에서, 5) 7 개의 특정한 명사들에서 나타난다. 여기에 대한 예를 아래 1)에서 들고 있다.

이러한 연결함자의 발음은 두 가지로 나누어진다. 연결함자가 문장의 맨 첫 단어로 사용될 경우 함자의 원래 음가인 성문 폐쇄음(glottal stop)을 발음하고, 연결함자가 문장 중간에 온 단어에 사용될 경우에는 함자가 발음되지 않는다.

1) 연결함자가 문장 맨 첫 글자에 사용될 경우

다음의 5 가지 경우에 사용된 'ا'는 연결함자이다. 이 연결함자가 문장 맨 첫 단어의 첫 자음으로 사용될 경우 그것을 함자 음가(즉 성문 폐쇄음)로 발음해야 한다.

(1) 정관사 الـ 꼴에서

아래와 같이 정관사 الـ 이 붙은 단어의 첫 글자 'ا'는 연결함자이다.

그 책 ('alkitābu)	الْكِتَابُ	그 집 ('albaytu)	الْبَيْتُ
그 소년 ('aṣṣabiyyu)	الصَّبِيُّ	그 젊은 여자 ('alfatātu)	الْفَتَاةُ
그 레슨(lesson)('addarsu)	الدَّرْسُ	그 자동차 ('assayyāratu)	السَّيَّارَةُ
그 남자 ('arrajulu)	الرَّجُلُ	그 그림 ('aṣṣuratu)	الصُّورَةُ

(2) 관계대명사 الَّذِي 와 그 변화형에서

아랍어의 관계대명사 الَّذِي 는 선행사의 성과 수와 격에 따라 اللَّائِي, الَّذِينَ, اللَّتَيْنِ, الَّذَيْنِ, اللَّتَانِ, اللَّذَانِ, الَّتِي 등으로 변화한다. 이 الَّذِي 와 그 변화형에 첫 자음으로 사용된 'ا'는 연결함자이다. (관계대명사에 대해서는 이 책 제Ⅰ권 '지시대명사 & 의문대명사 & 관계대명사' 부분을 보라.)

아래는 관계대명사 الَّذِي 가 문장의 맨 처음에 온 경우이다. 이 경우 'ا'는 함자 발음을 해야 한다.

이 편지를 기록한 사람은 (바로) 내 친구이다. ('alladhi kataba hādhihi ...)	الَّذِي كَتَبَ هَذِهِ الرِّسَالَةَ هُوَ صَدِيقِي.
책상 위에 있는 것이 내 책이다. ('alladhi 'ala-lmaktabi kitābi)	الَّذِي عَلَى الْمَكْتَبِ كِتَابِي.

그러나 관계대명사가 문장의 중간에 올 경우 'ا'는 함자 발음을 하지 않는다.

종합 아랍어 문법 |

(3) 원형동사의 명령형에서
원형동사의 명령형에서 첫 자음으로 사용된 'ا'는 연결함자이다.

a. 동사의 어근 중간 자음이 파트하나 카스라인 경우
이때 연결함자에는 카스라 단모음이 붙으며 함자 발음을 해 주어야 한다.

들어라 ('isma‘)	اِسْمَعْ	때려라 ('iḍrib)	اِضْرِبْ
열어라 ('iftaḥ)	اِفْتَحْ	가라 ('idhhab)	اِذْهَبْ
돌아가라 ('irji‘)	اِرْجِعْ	내려가라 ('inzil)	اِنْزِلْ
부수어라 ('iksir)	اِكْسِرْ	던져라 ('irmi)	اِرْمِ[1]

b. 동사의 어근 중간 자음이 담마인 경우
이 때 연결함자에는 담마 단모음이 붙으며 함자 발음을 해 주어야 한다.

기록하라 ('uktub)	اُكْتُبْ	감사하라 ('ushkur)	اُشْكُرْ
공부하라 ('udrus)	اُدْرُسْ	들어가라 ('udkhul)	اُدْخُلْ

→동사의 명령형에 대해서는 이 책 동사부분에서 공부하라.

(4) 첨가동사(اَلْأَفْعَالُ الْمَزِيدَةُ)의 Ⅶ형, Ⅷ형, Ⅸ형, Ⅹ형 동사의 완료형, 명령형, 동명사형에서
(아래 표에서 오른쪽부터 완료형, 명령형, 동명사형 순서이다.)

Ⅶ형	부서지다	'inkisārun – 'inkasir – 'inkasara	اِنْكَسَرَ – اِنْكَسِرْ – اِنْكِسَارٌ
	뒤집어지다	'inqilābun – 'inqalib – 'inqalaba	اِنْقَلَبَ – اِنْقَلِبْ – اِنْقِلَابٌ
Ⅷ형	경청하다	'istimā‘un – 'istami‘ – 'istama‘a	اِسْتَمَعَ – اِسْتَمِعْ – اِسْتِمَاعٌ
	참가하다	'ishtirākun – 'ishtarik – 'ishtaraka	اِشْتَرَكَ – اِشْتَرِكْ – اِشْتِرَاكٌ
Ⅹ형	영접하다	'istiqbālun – 'istaqbil – 'istaqbala	اِسْتَقْبَلَ – اِسْتَقْبِلْ – اِسْتِقْبَالٌ
	사용하다	'isti‘mālun – 'ista‘mil – 'ista‘mala	اِسْتَعْمَلَ – اِسْتَعْمِلْ – اِسْتِعْمَالٌ

→ 위의 경우는 단어가 문장에서 사용된 것이 아니라 문장과 상관없이 한 단어씩 기록한 것이다. 이럴 때도 단어를 읽을 때는 문장의 맨 처음에 기록된 것처럼 함자 발음을 해야 한다. 또한 위의 단어가 문장의 첫 단어로 사용되었을 경우에도 함자 발음을 한다.

→ 첨가 동사에 대해서는 이책 동사부분 '첨가동사에 대해' 에서 다루고 있다.

---

[1] رَمَى/ يَرْمِي هـ – رَمْيٌ أو رِمَايَةٌ ..을 던지다

(5) 다음 7개의 명사에서

명사의 첫 자음에 함자가 올 경우 일반적 표기는 'أ' 혹은 'إ'이 사용되는 것을 앞에서 공부하였다. 그러나 아래 7개의 단어들의 경우 그 첫 자음에 연결함자가 사용된다. 각 단어가 문장의 첫 단어로 사용될 경우 함자 발음을 하고, 문장의 중간에 사용될 경우 함자 발음을 하지 않는다.

아들 ('ibnun)	اِبْنٌ	딸 ('ibnatun)	اِبْنَةٌ
남자 ('imru'un)	اِمْرُؤٌ	여자 ('imra'atun)	اِمْرَأَةٌ
둘(two) ('ithnāni)	اِثْنَانِ / اِثْنَيْنِ *	둘(f. two) ('ithnatāni)	اِثْنَتَانِ / اِثْنَتَيْنِ *
이름 ('ismun)	اِسْمٌ		

→ 위의 * 표시된 اِثْنَيْنِ 와 اِثْنَتَيْنِ 는 목적격과 소유격 표기이다.   → 고전 아랍어에서는 اِسْتُ (항문) 등 첫 자음이 연결함자로 사용되는 단어가 더 있지만 현대표준아랍어에서는 거의 사용되지 않는다.

2) 연결함자가 문장의 중간 글자에 사용될 경우

위의 5가지 종류의 연결함자가 문장의 중간에 온 단어의 첫 글자로 사용되면 함자의 발음(성문폐쇄음)은 생략되고 연결함자 앞에 온 단어의 모음을 그대로 받아서 뒤의 단어와 연결하여 발음한다. 아래 예문에서 연결함자가 문장의 중간에 온 경우를 보고 그 발음이 어떻게 되는지 시도해 보라. 아래에서 파란색으로 표기된 연결함자 'ا' 위에 모음부호가 따로 표기되지 않은 것을 확인하라. 그리고 아래의 영어 발음기호 표기에서 함자 음가가 표기되지 않았음을 확인하라.

그가 하나님의 이름을 찬양하였다. (اِسْم 의 'ا'이 문장 중간에 왔다.) dhakara-sma-llahi	ذَكَرَ[1] اسْمَ اللهِ.
경청하여 기록하라.(명령형) (اِكْتُبْ 의 'ا'이 문장 중간에 왔다.) 'istami' waktub	اِسْتَمِعْ[2] وَاكْتُبْ.
나는 그 남자와 그의 아들에게 감사했다. (اِبْنَهُ 의 'ا'이 문장 중간에 왔다.) shakartu-rrajula wabnahu	شَكَرْتُ[3] الرَّجُلَ وَابْنَهُ.
나는 그 책과 그 사전을 구입했다. (اَلْقَامُوسُ 과 اَلْكِتَاب 의 'ا'이 문장 중간에 왔다.) 'ishtaraytu-lkitāba walqamuusa	اِشْتَرَيْتُ[4] الْكِتَابَ وَالْقَامُوسَ.
내가 만난 그 학생은 친절하다. (اَلَّذِي 의 'ا' 이 문장 중간에 왔다.) 'attalibu-lladhi qābaltuhu tayyibun	الطَّالِبُ الَّذِي قَابَلْتُهُ[5] طَيِّبٌ.
나는 그녀의 아름다움이 나를 매혹시킨 그 여학생을 보았다. (اَلطَّالِبَة 와 اَلَّتِي 의 'ا'이 문장 중간에 옴) ra'aytu-ttalibata-llati jadhabani jamāluha	رَأَيْتُ الطَّالِبَةَ الَّتِي جَذَبَنِي[6] جَمَالُهَا.

---

[1] ذَكَرَ / يَذْكُرُ ه - ذِكْرٌ ..을 언급하다, 지적하다 ; 상기하다, 회상하다 ; 보도하다   알라신을 찬양하다 ذَكَرَ الله
[2] اِسْتَمَعَ / يَسْتَمِعُ إِلَى - اِسْتِمَاعٌ ..을 듣다, 청취하다
[3] شَكَرَ / يَشْكُرُ ه - شُكْرٌ ..에게 감사하다
[4] اِشْتَرَى / يَشْتَرِي ه - اِشْتِرَاءٌ ..을 구입하다
[5] قَابَلَ / يُقَابِلُ ه - مُقَابَلَةٌ ..를 만나다, 조우하다
[6] جَذَبَ / يَجْذِبُ ه أَوْ ه - جَذْبٌ ..을 끌다, 잡아당기다 ; 매혹시키다

3) 연결함자의 음가 변화

(1) 연결함자 앞에 장모음이 오는 경우

연결함자 앞에 장모음이 오는 경우 그 장모음을 단모음으로 발음한다.

عَلَى الْمَكْتَبِ	فِي الْبَيْتِ
그 책상위에 ('alā-lmaktabi → 'ala-lmaktabi) (ى 는 알리프 막수라로서 장모음 알리프의 음가)	그 집 안에 (fī-lbayti → fi-lbayti)
نَمَا الطِّفْلُ.	يَدْعُو¹ الطَّالِبَ إِلَى الْحَفْلَةِ.
그 아기는 자랐다. (namā-ṭṭiflu → nama-ṭṭiflu)	그는 그 학생을 그 파티에 초대한다. (yad'ū-ṭṭāliba 'ilā-lḥaflati → yad'u-ṭṭāliba 'ila-lḥaflati)

(2) 연결함자 앞에 오는 단어의 끝자음에 수쿤이 오는 경우 – 수쿤의 대용모음 첨가에 대해

아랍어 정관사 الـ 이 문장 가운데 오면 연결함자가 되어 그 알리프 'ا' 발음을 하지 않는다고 배웠다. 그런데 종종 이 الـ 앞에 오는 단어의 끝자음에 수쿤이 붙는 경우를 만나게 된다. 이 경우 الـ 의 'ل' 위에도 수쿤이고 الـ 앞에 오는 단어의 끝자음에도 수쿤이 붙어 두 수쿤이 충돌하게 된다.

مِنْ الْبَيْتِ ← مِنَ الْبَيْتِ
그 집으로부터 (min-lbayti → mina-lbayti)
عَنْ الْكِتَابِ ← عَنِ الْكِتَابِ
그 책에 대해 ('an-lkitaabi → 'ani-lkitaabi)

아랍어 음운규칙에서 수쿤이 연속적으로 표기되는 것은 불가능하다. 만일 이어지는 자음 위에 수쿤이 연속적으로 표기될 경우 모음 없는 자음 세 개가 연이어 나열되기 때문이다.

이런 문제를 해결하기 위해 대용모음을 첨가한다. 즉 정관사 الـ 바로 앞에 오는 자음에 붙은 수쿤을 발음이 가장 쉬운 모음으로 바꾸어 주는 것이다. 즉 위의 مِنْ الْبَيْتِ 에서는 ن 바로 앞의 م 에 카스라가 왔기 때문에 ن 의 수쿤을 파트하로 바꾸어 주고, عَنْ الْكِتَابِ 에서는 ن 바로 앞의 ع 에 파트하가 왔기 때문에 ن 의 수쿤을 카스라로 바꾸어 준다. 이러한 수쿤의 대용모음은 파트하를 취하는 경우와 카스라를 취하는 경우, 그리고 담마를 취하는 경우 세 가지가 있다. 여기에 대해 자세히 알아보자.

a. 수쿤의 대용모음으로 파트하를 취하는 경우 – مِنْ 의 경우

전치사 مِنْ 의 경우 수쿤 바로 앞에 오는 모음이 카스라이다. 이 경우 수쿤의 대용모음으로 파트하를 사용한다.

그 대통령으로부터 (min-rra'īsi → mina-rra'īsi)	مِنْ الرَّئِيسِ ← مِنَ الرَّئِيسِ
	جَاءَ مِنْ الْمَدْرَسَةِ. ← جَاءَ مِنَ الْمَدْرَسَةِ.
	그는 그 학교로부터 왔다. (jā'a min-lmadrasati → jā'a mina-lmadrasati)

---

¹ دَعَا/ يَدْعُو ه إِلَى هـ – دَعْوَةٌ ..을 ..에 초대하다, 초청하다

b. 수쿤의 대용모음으로 카스라를 취하는 경우

b-1. 수쿤 앞에 파트하가 온 경우

수쿤 바로 앞에 오는 모음이 파트하일 경우 수쿤의 대용모음으로 카스라를 붙인다. 전치사 عَنْ 과 대등접속사(حَرْفُ الْعَطْفِ) 가운데 أَمْ, بَلْ, أَوْ 과 조건접속사 لَوْ, 의문대명사 مَنْ 등이 이에 해당된다.

سَمِعْتُ عَنْ الْقِصَّةِ. ← سَمِعْتُ عَنِ الْقِصَّةِ.
나는 그 이야기에 대해 들었다. (sami'tu 'an-lqiṣṣati → sami'tu 'ani-lqiṣṣati)
قَدْ اجْتَمَعَ. ← قَدِ اجْتَمَعَ.[1]
그는 모였다. (qad 'ijtama'a → qadi-jtama'a)
مَنْ اسْتَخْدَمَ هٰذَا الْقَلَمَ؟ ← مَنِ اسْتَخْدَمَ[2] هٰذَا الْقَلَمَ؟
누가 이 펜을 사용했느냐? (man 'istakhdama → mani-stakhdama)

→ 다른 예로 لَوْ 와 أَوْ 와 أَمْ 뒤에 연결함자가 오면 각각 أَمِ, أَوِ, لَوِ 로 변화한다.

** 또한 동사의 완료형 3인칭 여성 단수의 경우 수쿤의 대용모음으로 카스라를 취한다.

دَرَسَتْ الطَّالِبَةُ اللُّغَةَ الْعَرَبِيَّةَ. ← دَرَسَتِ الطَّالِبَةُ اللُّغَةَ الْعَرَبِيَّةَ.
그 여학생은 아랍어를 공부했다. (darasat-ṭṭālibatu-lloghata-l'arabiyyata → darasati-ṭṭālibatu-lloghata-l'arabiyyata)
أَشْرَقَتْ الشَّمْسُ ← أَشْرَقَتِ[3] الشَّمْسُ.
태양이 떠올랐다. ('ashraqat-shshamsu → 'ashraqati-shshamsu)

** 또한 전연결어로 사용된 쌍수 명사가 목적격이나 소유격으로 사용될 경우 수쿤의 대용모음으로 카스라를 취한다.

قَرَأْتُ قِصَّتَيْ الْكَاتِبِ. ← قَرَأْتُ قِصَّتَيِ الْكَاتِبِ.
나는 그 저자의 두 이야기를 읽었다. (qara'tu qiṣṣatay-lkātibi → qara'tu qiṣṣatayi-lkātibi)
نَظَرْتُ إِلَى طَالِبَيْ الْجَامِعَةِ. ← نَظَرْتُ[4] إِلَى طَالِبَيِ الْجَامِعَةِ.
나는 그 두 대학생을 쳐다보았다. (naẓartu 'ila ṭālibay-ljāmi'ati → naẓartu 'ila ṭālibayi-ljāmi'ati)

b-2. 수쿤 앞에 카스라가 온 경우 – لَكِنْ 의 경우

대등접속사 لَكِنْ 의 경우 수쿤대신에 취하는 대용모음이 항상 카스라이다.

وَلَكِنْ اسْمُ الْمَدِينَةِ الْقَاهِرَةُ. ← وَلَكِنِ اسْمُ الْمَدِينَةِ الْقَاهِرَةُ.
그러나 그 도시의 이름은 카이로이다. walakin-smu-lmadīnati-lqāhiratu → walakini-smu-lmadīnati-lqāhiratu

---

[1] اِجْتَمَعَ/ يَجْتَمِعُ – اِجْتِمَاعٌ 모이다, 모여들다
[2] اِسْتَخْدَمَ/ يَسْتَخْدِمُ هـ 또는 ه – اِسْتِخْدَامٌ ..을 사용하다
[3] أَشْرَقَ/ يُشْرِقُ – (해가) 떠오르다 أَشْرَقَتْ/ تُشْرِقُ الشَّمْسُ 해가 떠오르다
[4] نَظَرَ/ يَنْظُرُ إِلَى – نَظَرٌ (to look at) ..을 쳐다보다

b-3. 수쿤 앞의 모음과 상관없이 항상 카스라인 경우 - 동사의 단축법 혹은 명령형 형태에서

동사의 단축법 혹은 명령형 형태의 수쿤이 대용모음을 취해야 할 경우 항상 카스라를 취한다.

لَمْ أَشْرَبُ الْعَصِيرَ. ← لَمْ أَشْرَبْ الْعَصِيرَ.
나는 쥬스를 마시지 않았다. (lam ʾashrab-l'aṣīra → lam ʾashrabi-l'aṣīra)
لَمْ نَضْرِبُ الْأَطْفَالَ. ← لَمْ نَضْرِبْ الْأَطْفَالَ. (لَمْ نَضْرِبَ الْأَطْفَالَ ×)
우리는 그 아이들을 때리지 않았다. (lam naḍrib-l'aṭfāla → lam naḍribi-l'aṭfāla)
اِكْسِرِ الزُّجَاجَ. ← اِكْسِرْ الزُّجَاجَ. (اِكْسِرَ الزُّجَاجَ ×)
그 유리를 깨어라. (ʾiksir-zzujāja → ʾiksiri-zzujāja)
اُكْتُبِ الْوَاجِبَ. ← اُكْتُبْ الْوَاجِبَ. (اُكْتُبَ الْوَاجِبَ ×)
당신은 숙제를 기록하라. (ʾuktub-lwājiba → ʾuktubi-lwājiba)

이렇게 단축법이나 명령형 형태의 수쿤의 대용모음을 카스라로 고정하는 이유는 접속법 표기기호인 파트하나 주격 표기기호인 담마와의 혼돈을 막기 위해서이다. 아래 예문을 비교하자.

단축법에서	접속법에서
나는 쥬스를 마시지 않았다. لَمْ أَشْرُبِ الْعَصِيرَ.	나는 쥬스를 마시지 않을것이다. لَنْ أَشْرَبَ الْعَصِيرَ.

c. 수쿤의 대용모음으로 담마를 취하는 경우

수쿤 바로 앞에 오는 모음이 담마일 경우 담마 대용모음을 붙인다.

أُولَئِكَ هُمُ الْمِصْرِيُّونَ. ← أُولَئِكَ هُمْ الْمِصْرِيُّونَ.
저들은(those) 이집트 사람들이다. (hom-lmiṣriyyūna → homu-lmiṣriyyūna)
أُولَئِكَ - 저것들, 저 사람들(those), ذَلِكَ - 저것, 저 사람(that)
أَنْتُمُ الْآنَ فِي الْمَدْرَسَةِ. ← أَنْتُمْ الْآنَ فِي الْمَدْرَسَةِ.
너희들은 지금 학교에 있다. (ʾantum-l'āna → ʾantumu-l'āna)
هَلْ كَتَبْتُمُ الدَّرْسَ؟ ← هَلْ كَتَبْتُمْ الدَّرْسَ؟
당신들은 그 단원을 기록했습니까? (hal katabtum-ddarsa → hal katabtumu-ddarsa)

→ 이와같이 주격 독립 인칭대명사 أَنْتُمْ, هُمْ 과 (ضَمَائِرُ الرَّفْعِ الْمُنْفَصِلَةُ), 목적격 접미 인칭대명사 (ضَمَائِرُ) ـكُمْ , ـهُمْ (혹은 ـهِمْ) 과 소유격 접미 인칭대명사 (ضَمَائِرُ الْجَرِّ الْمُتَّصِلَةُ), 완료형 동사의 남성복수 접미사 ـتُمْ 그리고 전치사 مُذْ 뒤에 연결함자가 오면 그 수쿤의 대용모음으로 담마를 붙인다.

عَلَيْهِمُ اللَّعْنَةُ. ← عَلَيْهِمْ اللَّعْنَةُ.
그들에게 저주가 있기를… (ʿalayhim-lla'natu → ʿalayhimu-lla'natu)
خَرَجُوا مِنْ بَيْتِهِمُ الْجَدِيدِ. ← خَرَجُوا مِنْ بَيْتِهِمْ الْجَدِيدِ.
그들은 그들의 새로운 집으로 부터 밖으로 나갔다. (kharaju min baytihim-ljadīdi → kharaju min baytihimu-ljadīdi)

→ 종교서적이나 문학서적 가운데는 위의 표기를 عَلَيْهِمِ اللَّعْنَةُ 과 مِنْ بَيْتِهِمِ الْجَدِيدِ 로 하는 경우도 있다.

(3) 첫 자음이 연결함자인 단어에 정관사 الـ 이 붙을 경우

첫 자음이 연결함자인 단어 앞에 정관사 الـ 이 올 경우 그 구조는 ' ْ + ا + الـَ '이 된다. 여기서 연결함자는 발음이 되지 않으므로 수쿤 두 개가 겹쳐지는 결과가 된다. 아랍어 음운규칙상 수쿤 두 개가 겹쳐지는 것이 불가능하므로 정관사에 붙은 لـ 의 수쿤을 카스라로 바꾸어 ' لِـ '로 발음한다.

그가 그 모임에 참석했다. (اجْتِمَاع + الـ) ḥaḍara alijtimāʿa → ḥaḍara lijtimāʿa	حَضَرَ الِاجْتِمَاعَ.
그녀는 그 모임에 참석했다. (اجْتِمَاع + الـ) ḥaḍarat alijtimāʿa → ḥaḍarat lijtimāʿa	حَضَرَتْ الِاجْتِمَاعَ.
그 영접이 친절했다. (اسْتِقْبَال + الـ) kāna alistiqbālu ṭayyiban → kāna listiqbālu ṭayyiban	كَانَ الِاسْتِقْبَالُ[1] طَيِّبًا.
그 시험들 이후에 내 아버지는 내가 여행하는 것을 허락할 것이다. (امْتِحَانَات + الـ)	بَعْدَ الِامْتِحَانَاتِ سَيَسْمَحُ[2] لِي أَبِي بِالسَّفَرِ.
나는 나의 여자 동료에게 그 시험들에 대해서 물었다. (امْتِحَانَات + الـ)	سَأَلْتُ زَمِيلَتِي عَنْ الِامْتِحَانَاتِ.

4) 탈락되는 연결함자
다음은 연결함자의 철자가 습관적으로 탈락하는 경우이다.

(1) 꾸란의 표현 가운데

알라신의 이름으로	بِاسْمِ اللهِ (×)	بِسْمِ اللهِ (o)

(2) 혈족관계를 나타내는 인명에서

칼리드의 아들 자이드	زَيْدٌ ابْنُ خَالِدٍ (×)	زَيْدُ بْنُ خَالِدٍ (o)
알리의 아들 후세인	حُسَيْنٌ ابْنُ عَلِيٍّ (×)	حُسَيْنُ بْنُ عَلِيٍّ (o)

→ 만일 زَيْدٌ ابْنُ خَالِدٍ 이라고 하면 '자이드는 칼리드의 아들이다'의 의미가 된다.

(3) 정관사 الـ 에 전치사 لـِ 나 لـَ 가 접두될 때

그 집을 위해	لِـ + الْبَيْتِ ← لِلْبَيْتِ
그 남자를 위해	لِـ + الرَّجُلِ ← لِلرَّجُلِ
하나님을 위해 (여기서는 الـ 이 생략됨)	لِـ + الله ← لله
참으로 삶은 더 어렵게 되었다. (강조의 لَامُ الاِبْتِدَاء 혹은 لَامُ التَّوْكِيد)	لَلْحَيَاةُ أَصْبَحَتْ أَصْعَبَ.

---

[1] اِسْتَقْبَلَ/ يَسْتَقْبِلُ هـ – اِسْتِقْبَالٌ ..을 맞이하다, 영접하다, 접견하다

[2] سَمَحَ/ يَسْمَحُ لـ هـ بـ – سَمَاحٌ ..에게 ..을 허락하다, 승인.허용하다

심화학습 - 여러 가지 알리프 (أَنْوَاعُ الأَلِف)

이 과에서 함자의 여러 가지 표기 형태를 공부하였다. 함자와 관련하여 아랍어 알파벳 첫 글자인 알리프의 종류를 살펴볼 필요가 있다. 아랍어의 첫 알파벳이 알리프 'ا' (알리프)인데 이것이 'ء' (함자)와 함께 사용되는 경우(아래의 ①②③④가 해당)가 많기 때문에 그 모양이 혼동되는 경향이 있다. 또한 이름은 '알리프'인데 그 표기에 'ا' 모양이 없는 경우도 있다(아래의 ⑤⑥가 해당). 이 모두를 합하여 아래의 여섯가지로 알리프를 정리할 수 있다.

여러 가지 알리프 (أَنْوَاعُ الأَلِف)		
알리프 종류	알리프 모양	설명
① 알리프	ا	알파벳의 첫 글자 연결함자(هَمْزَةُ الوَصْلِ)와 장모음 ā 에 사용 (←ا+ َ)
② 함자의 받침 글자로 사용된 알리프	أ	알파벳의 첫 글자 알리프(ا)를 받침으로 하여 함자(ء)가 그 위에 붙은 꼴을 알리프 위의 함자(هَمْزَةٌ عَلَى أَلِفٍ) 라 한다. 단절함자(القَطْع)에서 사용. 아랍어 알파벳의 첫 글자를 أ로 보기도 함.
③	إ	알파벳의 첫 글자 알리프(ا) 아래에 함자가 붙은 꼴을 알리프 아래의 함자(هَمْزَةُ تَحْتَ أَلِفٍ) 라고 한다. 단절함자(هَمْزَةُ القَطْعِ)에 사용.
④ 겹친 알리프 (أَلِفْ مَدْ)	آ	알리프 두 개가 겹칠 때 (즉←ا+أ 혹은←أ+أ 꼴이 될 때) 사용하는 위에 갈매기가 붙은 알리프
⑤ 알리프 막수라 (أَلِفْ مَقْصُورَةْ)	ى	막수르 명사의 끝에 사용되는 ى 로서 그 앞에 파트하 단모음이 와서 ' ى + َ ' 형태를 이루며 그 음가는 장모음 알리프(ا َ)와 똑같다. (유연하게 구부러진다는 의미에서 أَلِفْ لَيِّنَة 이라 하기도 한다.)
⑥ 데거(dagger) 알리프 (أَلِفْ مُضْمَرَةْ)	ٰ	dagger란 '단도'란 의미의 영어로서 이 알리프 모양이 단도를 닮은데서 유래된 이름이다. 이 부호는 장모음 알리프(ا َ)의 음가를 가지고 있으며, 어떤 자음에 이 부호가 붙으면 그 앞의 파트하를 길게 발음한다. 이 부호는 꾸란에서 사용되는 것으로 현대 표준 아랍어에서는 사용되지 않는다.

① 알리프 (ا)

a. 연결함자(هَمْزَةُ الوَصْلِ)에서 사용   알리프에 함자가 없는 꼴로서 단어의 처음에만 사용된다.

경청하다	اِسْتَمَعَ / يَسْتَمِعُ	들어라 (명령형)	اِسْمَعْ
아들	اِبْنٌ	그 책	الْكِتَابُ

b. 장모음 ā 에 사용 (←ا+ َ)

파트하 단모음이 붙은 자음 뒤에 알리프(ا)가 오면 그 자음에 붙은 단모음을 길게 발음한다. 이런 경우는 단어의 중간 혹은 끝에만 오고 단어의 어두에 오는 경우는 없다.

저자	كَاتِبٌ	책	كِتَابٌ
세계	دُنْيَا	미국	أَمْرِيكَا

제5과 함자에 대해

② 함자의 받침글자로 사용되어 أ (هَمْزَة عَلَى أَلِف) 가 됨

알리프 위에 함자가 붙어 단절함자(هَمْزَة الْقَطْع)로 사용되는 경우로서 단어의 처음, 단어의 중간, 단어의 끝에 사용된다.

땅	أَرْضٌ	(원래 자리 등에) 돌려놓다	أَعَادَ/ يُعِيدُ هـ إِلَى
문제, 이슈	مَسْأَلَةٌ	그가 질문했다.	سَأَلَ/ يَسْأَلُ
소식, 뉴스(news)	نَبَأٌ	피난처, 고아원	مَلْجَأٌ

③ 함자의 받침글자로 사용되어 إ (هَمْزَة تَحْتَ أَلِف) 가 됨

알리프 아래에 함자가 붙어 단절함자(هَمْزَة الْقَطْع)로 사용되는 경우로서 단어의 첫 자음으로 사용된다.

만일(조건의 불변사)	إِنْ	..에(전치사 to)	إِلَى

④ 겹친 알리프(أَلِف مَدّ)

알리프 두 개가 겹칠 때 (즉 ا+أ 혹은 أ+ا 꼴이 될 때) 사용하는 알리프 위에 갈매기가 붙은 모양

아담	آدَمُ	꾸란	قُرْآنٌ

⑤ 알리프 막수라(أَلِف مَقْصُورَة)

단어의 마지막 철자에 오는 'ى'로서 아랍어 알파벳의 마지막 글자 'ي'와는 구분되는 것이다. 그 앞에 파트하 단모음이 와서 ' َ + ى '형태를 이루며 그 음가는 장모음 알리프와 같다. 이러한 단어들을 막수르 명사(الاسْم الْمَقْصُور)라 하며, 앞으로 공부하게 된다.

건물	مَبْنَى	기억, 추억	ذِكْرَى

⑥ 데거(dagger) 알리프(أَلِف مُضْمَرَة)

dagger 란 '단도'란 의미의 영어로서 이 알리프 모양이 단도를 닮은데서 유래된 이름이다. 이 부호(ٰ)는 장모음으로 사용된 알리프(ا)와 음가가 동일하며, 따라서 어떤 자음에 이 부호가 붙으면 그 앞의 파트하를 길게 발음한다. 이 부호는 주로 꾸란에서 많이 사용된다.

수유자(owner) مَالِك	مَلِك	알라신의 성품 중의 하나 الرَّحْمَٰن	الرَّحْمَٰن
عَالَم 의 복수 الْعَالَمِين	الْعَالَمِين	알라신 ; 하나님 ('allāh)	الله

→ 위의 예들은 꾸란 수라 1장 개경장에 나오는 단어들이다.

한편 현대 표준 아랍어에서 هَذَا, هَذِهِ, لَكِنْ, ذَلِكَ 등은 원래 데거 알리프가 있었는데 현재는 그것이 생략되어 사용되는 경우이다. 때문에 이 단어들을 발음할 때 데거 알리프가 있었던 자리를 장모음으로 길게 발음해 준다.

의미	기록되는 형태	실제발음	의미	기록되는 형태	실제발음
이것은(m.)	هَذَا	هَاذَا	그러나	لَكِنْ	لاَكِنْ
이것은(f.)	هَذِهِ	هَاذِهِ	그것은	ذَلِكَ	ذَالِكَ

제 2 부 아랍어 품사 Ⅰ 명사(الاسْمُ)

아랍어에는 세 가지 품사가 있다. 명사(اسْمٌ), 동사(فِعْلٌ), 불변사(حَرْفٌ)가 그것이다. 제 2 부에서는 이 세 가지 품사 가운데 가장 내용이 많고 문법 학습의 기초가 되는 명사(اسْمٌ)를 공부한다. 즉 여러 가지 명사 단어를 익히고, 종류에 따른 패턴을 익히며, 각 명사 단어의 문장에서의 기능을 배운다

혁명 이후 이집트 군의 탱크에 앉은 아기들

심화학습 - 아랍어 문법의 구성과 아랍어의 품사

아랍어 문법은 두 분야로 구성되어 있다. 먼저는 단어의 어근과 패턴을 중심으로 단어의 형태와 그 의미를 다루는 어형론(الصَّرْف, Morphology) 부분과, 격변화(الإعْرَاب)에 기초하여 문장에 사용된 단어의 기능과 문장의 구조와 의미를 다루는 구문론(النَّحْو, Syntax) 부분이 있다. 전자가 단어의 형태를 다룬다면 후자는 문장의 구조를 다룬다.

아랍어 문법에서 말하는 아랍어의 품사는 세 가지이다. 즉 명사(اسْمٌ)와 동사(فِعْلٌ) 그리고 불변사(حَرْفٌ)가 그것이다.

아랍어 단어(كَلِمَة)의 품사		
명사(اسْمٌ)	동사(فِعْلٌ)	불변사(حَرْفٌ)

그렇다면 우리가 생각하는 형용사, 대명사, 전치사, 부사 등등은 아랍어에서 품사가 아니란 말인가? 아랍어 문법에도 이러한 용어들이 있고 거기에 대한 용법이 있다. 그러나 이러한 것들은 위의 아랍어 세 품사에 포함된 하위 개념이다. 예를 들어 형용사와 인칭 대명사, 지시대명사, 부사 등은 아랍어 문법에서 명사에 속한다. 그러나 전치사는 아랍어 문법에서 불변사에 속한다. 이처럼 아랍어 문법에서 품사에 대한 개념이나 분류가 다르다.

필자는 이 책을 집필하며 이러한 아랍어 문법의 두 분야와 단어의 세 품사에 착안하였다. 즉 이 책 제Ⅰ권에서는 아랍어의 품사를 근간으로 아랍어의 어형론(الصَّرْف, 낱말의 패턴과 그 의미)을 중점적으로 공부해 나가며, 제Ⅱ권에서는 구문론(النَّحْو)을 중점적으로 공부하려 한다.

지금부터는 아랍어 품사의 순서에 따라 명사를 먼저 공부하고 그다음 동사, 그리고 마지막으로 불변사를 공부한다. 명사 부분에서는 여러 가지 명사의 종류에 따라 그 패턴을 익히고, 또한 각 명사 단어의 문장에서의 기능을 배운다. 동사 부분에서는 여러 가지 동사의 종류와 그 인칭변화, 시제 변화, 격변화, 약동사 변화 등을 공부한다. 불변사 부분에서는 여러 가지 불변사의 용법을 공부하되 이 책 제Ⅱ권에서 자세히 다루는 부분은 제Ⅰ권에서 간단히 다룬다.

심화학습 – 아랍어 명사(اِسْمٌ)에 대해

'명사'란 사물의 이름을 나타내는 단어를 말한다. 고유한 속성을 가진 특정한 사람이나 특정한 물건에 쓰이는 이름인가 혹은 일반적인 사물에 두루 쓰이는 이름인가에 따라 고유명사와 보통명사로 나뉘기도 한다. 아랍어에도 이와 같은 개념의 고유명사(عَلَمٌ اِسْمٌ)가 있으며 또한 수많은 보통명사가 존재한다.

아랍어 문법에서 명사의 종류는 다양하며 우리가 '명사'라고 생각하지 않는 여러 품사도 '명사(اِسْمٌ)'에 포함된다. 즉 인칭대명사, 지시대명사, 유사형용사(الصِّفَةُ الْمُشَبَّهَةُ), 과장 형용사(صِيغَةُ الْمُبَالَغَةِ), 능동분사, 수동분사, 연고 형용사(النَّسَبُ), 시간명사, 장소명사, 한차례 명사, 동명사, 관계대명사(الاِسْمُ الْمَوْصُولُ), 의문대명사(اِسْمُ الاِسْتِفْهَامِ) 등이 모두 '명사(اِسْمٌ)'의 영역에 포함된다. 아랍어 문법에서의 명사의 개념에 의하면 형용사도 명사이고, 분사도 명사이며, 동명사도 명사이다. 따라서 우리는 아랍어 문법을 효과적으로 공부하기 위해 기존에 우리가 가지고 있는 '명사'의 개념을 버리고 아랍어 문법에서의 '명사(اِسْمٌ)' 개념에 빨리 익숙해 져야 할 것이다.

아랍어 문장에서 이러한 명사(اِسْمٌ)가 가질 수 있는 기능은 여러 가지다. 앞으로 이 책 제Ⅰ권과 제Ⅱ권을 통해 자세히 공부하겠지만, 그 기능을 나열해 보면 명사문의 주어(الْمُبْتَدَأُ), 동사문의 주어(الْفَاعِلُ), 명사문의 술어(الْخَبَرُ), 목적어(الْمَفْعُولُ بِهِ), 소유격 명사(الاِسْمُ الْمَجْرُورُ), 연결형의 전연결어(الْمُضَافُ)와 후연결어(الْمُضَافُ إِلَيْهِ), 수식어(النَّعْتُ) 등이 일반적인 기능이고, 그 외에도 목적격이 붙는 각종 목적어(부사, 상태목적어, 명시어, 동반목적어, 절대목적어, 이유목적어) 등이 있다. 앞으로 이러한 많은 기능을 각각의 명사의 종류에 따라 하나씩 공부해 나갈 것이다.

아랍어에서의 보통명사와 명사의 성(性). 수(數). 격(格)

보통명사는 일반 사물이나 사람을 지칭하는 여러 단어를 말한다. (예를들어 '학교', '교사', '학생', '책', '펜', '책상' ...) 아랍어 문법에서 '보통명사'란 용어가 따로 있는 것은 아니지만 이러한 보통명사 단어들이 가장 일반적이고 많이 사용되는 단어이다.

아랍어를 처음 배우는 사람의 입장에서 이 보통명사 단어들은 기본적인 문법을 연마할 수 있는 좋은 수단이 된다. 따라서 이 책에서 보통명사를 먼저 다루고, 그 단어를 사용하여 기본적인 문법을 설명해 가도록 한다. 다음 과에 나오는 보통명사 단어들을 잘 익히도록 하자.

아랍어 보통명사를 공부할 때 명사의 '성'과 '수'와 '격'에 대해서 반드시 알아야 한다. 이는 가장 기본적인 아랍어 문법 내용이다. 명사의 '성(性)'이란 해당하는 명사가 남성인가? 여성인가? 에 대한 것이고, '수(數)'란 그 명사가 단수인가? 쌍수인가? 복수인가? 에 대한 것이며, '격(格)'이란 해당하는 명사가 주격인가? 소유격인가? 목적격인가? 에 대한 것이다.

제 6 과 명사의 성(性)

1. 명사의 성을 구별하는 원칙
2. 예외적인 경우

제 6과 명사의 성(性)

아랍어 명사의 성에는 남성과 여성이 있다. 모든 아랍어의 명사는 남성(مُذَكَّر)과 여성(مُؤَنَّث)으로 구분되며, 일부 명사는 남성과 여성 양쪽 다 쓰이기도 한다. 명사가 남성임을 나타내는 특별한 어미(단어의 끝자음)의 형태는 없고 여성이 아닌 명사는 모두 남성이다. 그러나 명사가 여성임을 나타내는 특별한 어미(단어의 끝자음)의 형태가 있는데 아래에서 공부하게 될 것이다.

1. 명사의 성(性)을 구별하는 원칙

명사의 성을 구별하는 원칙
1. 일반적으로 명사의 끝자음이 테마부타 ' ة '(تَاءْ مَرْبُوطَة) 로 끝나는 단어는 여성이고 그렇지 않은 단어는 남성이다. (극히 일부 단어들 가운데 ' ة ' 가 붙어있지만 남성인 단어들이 있다.)
2. 생명체의 성이 명확히 구분되는 명사(animate)는 원래의 자연성을 따른다. 예를 들어 '아버지'를 뜻하는 ' أَبْ ' 은 남성이고, '어머니' 를 뜻하는 ' أُمْ ' 은 여성이다.

위의 원칙을 아래의 예를 통해서 확인하고 익히도록 하자. 아래의 명사들은 가장 기본적인 단어들이므로 명사의 성과 함께 단어의 의미를 반드시 암기하자.

1) 사물을 나타내는 명사의 성(性)

아래에서 남성명사는 ' ة '(تَاءْ مَرْبُوطَة) 가 붙지 않았고, 여성명사는 끝자음에 ' ة ' 가 붙었다. 일반적으로 ' ة '가 붙지 않은 명사는 남성명사로 보면 되고, ' ة ' 가 붙은 명사는 대부분 여성명사로 보면 된다.

남성명사 (الاِسْمُ الْمُذَكَّرُ)		여성명사 (الاِسْمُ الْمُؤَنَّثُ)	
집	بَيْتٌ	그림	صُورَةٌ
펜	قَلَمٌ	시계 ; 시간	سَاعَةٌ
문	بَابٌ	방	غُرْفَةٌ
책	كِتَابٌ	학교	مَدْرَسَةٌ
사전	قَامُوسٌ	편지	رِسَالَةٌ
책상 ; 사무실	مَكْتَبٌ	공책	كُرَّاسَةٌ
걸상	كُرْسِيٌّ	도서관 ; 책장	مَكْتَبَةٌ
텔레비전	تِلِفِزْيُونٌ (أَوْ تِلْفَازٌ)	모니터	شَاشَةٌ

제6과 명사의 성

전화	تِلِفُون (أَوْ هَاتِف)	지도	خَرِيطَة
돈	نُقُود	지갑	مَحْفَظَة
선반(shelf), (책장등의) 칸	رَف	스피커	سَمَّاعَة
컵	فِنْجَان	테이블	طَاوِلَة
부엌	مَطْبَخ	기계	آلَة
열쇠	مِفْتَاح	꽃	زَهْرَة
거리	شَارِع	장미	وَرْدَة
집(house)	مَنْزِل	나무 한 그루	شَجَرَة
공장	مَصْنَع	자동차	سَيَّارَة
호텔	فُنْدُق	비행기	طَائِرَة
시장(market)	سُوق	대학	جَامِعَة
모스크	جَامِع	교회	كَنِيسَة
동물	حَيَوَان	공원	حَدِيقَة

→ 위의 단어 이외에도 수없이 많은 사물을 지칭하는 단어들이 있다. 앞으로 아랍어를 공부하면서 새로운 단어를 만날 때마다 그것들을 성과 함께 익혀 나가도록 하자.

2) 사람을 나타내는 명사의 성(性)

일반적으로 사람을 나타내는 명사는 기본형이 남성명사이고, 거기에 'ة '(تَاء مَرْبُوطَة)를 붙여 여성명사를 만든다.

남성명사 (الاسْمُ الْمُذَكَّر)		여성명사 (الاسْمُ الْمُؤَنَّث)	
소년(boy)	صَبِيّ	소녀(girl)	صَبِيَّة
젊은이(young man)	شَابّ	여자 젊은이 (young woman)	شَابَّة
남자 친구	صَدِيق	여자 친구	صَدِيقَة
남학생	طَالِب	여학생	طَالِبَة
남자 교사, 남자 선생님	مُدَرِّس	여자 교사, 여자 선생님	مُدَرِّسَة
남자 교수	أُسْتَاذ	여자 교수	أُسْتَاذَة

남자 작가	كَاتِبٌ	여자 작가	كَاتِبَةٌ
할아버지	جَدٌّ	할머니	جَدَّةٌ
소유자, 주인(owner)	صَاحِبٌ	여자 소유자, 여자 주인	صَاحِبَةٌ
남자 의사	دُكْتُورٌ	여자 의사	دُكْتُورَةٌ
남자 간호사	مُمَرِّضٌ	여자 간호사	مُمَرِّضَةٌ
남자 경영자, 사장, 교장	مُدِيرٌ	여자 경영자	مُدِيرَةٌ
남자 기술자(engineer)	مُهَنْدِسٌ	여자 기술자(engineer)	مُهَنْدِسَةٌ
남자 비서	سِكْرِتيرٌ	여자 비서	سِكْرِتيرَةٌ
남자 회계사	مُحَاسِبٌ	여자 회계사	مُحَاسِبَةٌ
남자 변호사	مُحَامٍ (الْمُحَامِي)	여자 변호사	مُحَامِيَةٌ
남자 판사	قَاضٍ (الْقَاضِي)	여자 판사	قَاضِيَةٌ
남자 언론인, 남자 기자	صُحُفِيٌّ أَوْ صَحَفِيٌّ	여자 언론인, 여자 기자	صُحُفِيَّةٌ أَوْ صَحَفِيَّةٌ
남자 특파원	مُرَاسِلٌ	여자 특파원	مُرَاسِلَةٌ
남자 아나운서	مُذِيعٌ	여자 아나운서	مُذِيعَةٌ
남자 스튜어디스	مُضِيفٌ	여자 스튜어디스	مُضِيفَةٌ
남자 대통령	رَئِيسٌ	여자 대통령	رَئِيسَةٌ
남자 장관	وَزِيرٌ	여자 장관	وَزِيرَةٌ
남자 대사	سَفِيرٌ	여자 대사	سَفِيرَةٌ
남자 운동선수	لَاعِبٌ	여자 운동선수	لَاعِبَةٌ
남자 예술가	فَنَّانٌ	여자 예술가	فَنَّانَةٌ
남자 화가	رَسَّامٌ	여자 화가	رَسَّامَةٌ
남자 가수	مُغَنٍّ (الْمُغَنِّي)	여자 가수	مُغَنِّيَةٌ
남자 요리사	طَبَّاخٌ	여자 요리사	طَبَّاخَةٌ
남자 운전수	سَائِقٌ	여자 운전수	سَائِقَةٌ
남자 배우	مُمَثِّلٌ	여자 배우	مُمَثِّلَةٌ

** 동물의 경우

동물에 대한 단어의 경우 위의 사람에 대한 단어와는 달리 남성형과 여성형을 다른 단어로 사용하는 것이 일반적이다. 구어체 아랍어(암미야)에서는 남성형 동물 명사에 'ة'(تَاءٌ مَرْبُوطَةٌ)를 붙여 여성형 동물 명사로 사용하곤 하지만 문어체 아랍어(푸스하)의 경우 남성형과 여성형의 낱말이 다른 경우가 종종 있다.

아래를 보면 동물에 대한 남성형 명사와 여성형 명사의 단어가 전혀 다른 것을 볼 수 있다. 또한 아래에서 종류명사는 그 종류 전체를 말하는 명사로서 아래 동물의 남성형 명사나 여성형 명사와는 구분되는 명사이다. (종류명사에 대해서는 곧 공부하게 된다.) 아랍어 입문자의 경우 아래의 단어 가운데 남성형과 종류명사만 익히고 나머지는 다음 기회에 익혀도 된다.

의미	남성형 명사(مُذَكَّرٌ)	여성형 명사(مُؤَنَّثٌ)	종류명사(اسْمُ الْجِنْسِ)
소	ثَوْرٌ/ ثِيرَانٌ	بَقَرَةٌ/ ـاتٌ	بَقَرٌ
양	خَرُوفٌ/ خِرْفَانٌ، خِرَافٌ	نَعْجَةٌ/ ـاتٌ، نِعَاجٌ	غَنَمٌ
낙타	جَمَلٌ/ جِمَالٌ	نَاقَةٌ/ ـاتٌ، نُوقٌ، أَنْوَاقٌ	إِبِلٌ
당나귀	حِمَارٌ/ حَمِيرٌ، حَمَائِرُ، حُمُرٌ	أَتَانٌ/ أُتُنٌ، آتُنٌ	
말	حِصَانٌ/ أَحْصِنَةٌ	فَرَسٌ/ أَفْرَاسٌ*	خَيْلٌ
사자	أَسَدٌ/ أُسُودٌ أَوْ أُسْدٌ أَوْ آسَادٌ	لَبُؤَةٌ/ ـاتٌ	

→ 위의 * 가 된 فَرَسٌ/ أَفْرَاسٌ 는 숫말에도 사용한다.

3) 추상명사 (اسْمٌ مَعْنًى)

아래의 단어들은 추상명사이다. 앞에서 배운 명사의 성(性)의 원칙대로 끝자음에 'ة'(تَاءٌ مَرْبُوطَةٌ)가 없는 추상명사는 남성으로 취급되고, 끝자음에 'ة'가 붙으면 여성명사로 취급된다.

	남성명사(الاسْمُ الْمُذَكَّرُ)		여성명사(الاسْمُ الْمُؤَنَّثُ)
꿈	حُلْمٌ	신뢰	ثِقَةٌ
소망(hope)	أَمَلٌ	지혜	حِكْمَةٌ
인내	صَبْرٌ	사랑	مَحَبَّةٌ
존경	احْتِرَامٌ	용감함	شَجَاعَةٌ
평화	سَلَامٌ	안전(safety)	سَلَامَةٌ
관대함	كَرَمٌ	자유	حُرِّيَّةٌ
권리(right)	حَقٌّ	도움(help)	مُسَاعَدَةٌ
보안(security)	أَمْنٌ	기도(prayer)	صَلَاةٌ

4) 여자의 이름

모든 여자 이름은 여성이다. 아래 단어들은 아랍 나라에서 많이 사용되는 여자의 이름이다. 아래 단어들의 형태만 보아서는 'ة' (تَاءُ مَرْبُوطَةٌ)가 없기 때문에 남성이라고 생각할 수 있다. 그러나 여자의 이름이기 때문에 모두 다 여성이다.

마리얌	مَرْيَمُ	하내	هَنَاءُ
쑤아드	سُعَادُ	하낸	حَنَانُ
아맬	آمَالُ	호다	هُدَى
모나	مُنَى		

→위의 단어들은 모두 2 격 명사(مَمْنُوعٌ مِنَ الصَّرْفِ)이다. 성이 여성인 고유명사들은 모두 2 격명사이다. 2 격 명사에 대해서는 곧 배울예정. →위의 단어들 가운데 هُدَى 와 مُنَى 는 막수르 명사(الاِسْمُ الْمَقْصُورُ)이다. 곧 배울예정.
→위의 여자의 이름과 마찬가지로 아랍어의 남자 이름은 모두 남성이다.

5) 생명체의 성이 명확히 구분되는 명사(animate)들은 원래의 자연성을 따른다.

아래의 단어들은 그 의미 자체에 성이 구분되어 있다. 이런 단어들은 그 원래의 성을 따른다.

남성명사(الاِسْمُ الْمُذَكَّرُ)		여성명사(الاِسْمُ الْمُؤَنَّثُ)	
아들(son) ; 소년(boy)	وَلَدٌ	딸(daughter) ; 소녀(girl)	بِنْتٌ
소년(boy)	صَبِيٌّ	소녀(girl)	صَبِيَّةٌ
젊은 남자, 총각, 남자 청소년	فَتًى	젊은 여자, 처녀, 여자 청소년	فَتَاةٌ
아버지	أَبٌ	어머니	أُمٌّ
남자	رَجُلٌ	여자	اِمْرَأَةٌ
남편	زَوْجٌ	부인	زَوْجَةٌ
신랑	عَرِيسٌ	신부	عَرُوسٌ

6) 대부분의 지명과 국가명은 여성(f.مُؤَنَّثٌ)으로 취급한다.

아래의 명사들은 모두 여성명사이다.

이집트	مِصْرُ *	리비아	لِيبِيَا
한국	كُورِيَا	튀니지	تُونُسُ *
미국	أَمْرِيكَا	베이루트	بَيْرُوتُ *
시리아	سُورِيَّةٌ، سُورِيَّا	워싱턴	وَاشِنْطُنُ

→위의 단어들 가운데 마지막 자음이 ا 인 명사들은 막수르 명사이고, 마지막 자음에 탄원이 표기되지 않는 단어(* 표시)들은 2 격 명사이다.

제6과 명사의 성

7) 신체의 부위 중 짝으로 되어 있는 것은 여성명사(f. مُؤَنَّث)이다.

눈	عَيْنٌ	손	يَدٌ
귀	أُذُنٌ	다리	رِجْلٌ
어깨	كَتِفٌ	팔 (arm)	ذِرَاعٌ
손가락	إِصْبَعٌ	발(foot)	قَدَمٌ

8) 'ـَ + ا ء' (أَلِفٌ مَمْدُودَةٌ) 혹은 'ـَ + ى' (أَلِفٌ مَقْصُورَةٌ)로 끝나는 명사들 가운데 일부는 여성(f. مُؤَنَّث)이다.

어미 자음이 명사의 어근에서 온 것이 아닌 'ـَ + ى' (أَلِفٌ مَقْصُورَةٌ)나, 여성형 표지로 'ـَ + ا ء' (أَلِفٌ مَمْدُودَةٌ) 가 사용된 단어의 경우 여성(f. مُؤَنَّث) 명사이다.

기억	(ذ – ك – ر)	ذِكْرَى	세상	(د – ن – و)	دُنْيَا

→ 위의 단어들은 막수르 명사(الاِسْمُ الْمَقْصُورُ)이다. 이 책 '명사 격변화의 예외적 규칙'에서 공부한다.
→ 위에서 괄호는 단어의 어근을 표시한 것이다. 위의 단어들의 어미 자음 ى 는 어근에서 온 것이 아니다. ذِكْرَى의 어근은 ذ – ك – ر 이고 دُنْيَا의 어근은 د – ن – و 이다.

사막	صَحْرَاءُ	나무나 오아시스가 없는 모래만 있는 사막	جَرْدَاءُ

→ 위의 단어들은 맘두드 명사(الاِسْمُ الْمَمْدُودُ)이다. 이 책 '명사 격변화의 예외적 규칙'에서 공부한다.

** 그러나 아래의 단어들처럼 막수르 명사 가운데서 어미의 자음 ى 가 어근에서 온 단어는 남성명사(m.)이다. 막수르 명사 가운데 남성인 단어가 더 많다.

병원	(ش – ف – ي)	مُسْتَشْفًى	건물	(ب – ن – ي)	مَبْنًى
의미	(ع – ن – ي)	مَعْنًى	수로(watercourse)	(ج – ر – ي)	مَجْرًى

** 또한 맘두드 명사(الاِسْمُ الْمَمْدُودُ)의 대부분은 남성명사이다. 아래의 단어들은 남성(m.)이다.

행복	هَنَاءٌ	설치	إِنْشَاءٌ
건축	بِنَاءٌ	똑똑한, 머리가 좋음	ذَكَاءٌ

2. 예외적인 경우

아래는 위에서 설명한 명사의 성의 원칙에서 벗어나는 내용이다.

1) (تَاءُ مَرْبُوطَةٌ) 'ة' 가 붙지 않은 여성명사(مُؤَنَّثٌ .f)

아래의 단어들은 끝자음에 'ة' 가 붙지 않았지만 여성(مُؤَنَّثٌ)으로 취급되는 명사이다. 특정한 이유없이 습관적으로 여성으로 사용된다.

땅	أَرْضٌ	전쟁	حَرْبٌ
해 (sun)	شَمْسٌ	집	دَارٌ
바람	رِيحٌ	지팡이, 막대기	عَصًا
혼, 정신(soul) ; 자신(self)	نَفْسٌ	불 (fire)	نَارٌ *
활	قَوْسٌ *	술	خَمْرٌ *
도끼	فَأْسٌ *	우물	بِئْرٌ *
면도칼	مُوسَى *	유리잔(glass)	كَأْسٌ *

→ 위의 * 가 있는 단어는 여성명사이지만 남성으로도 사용가능한 단어이다.
→ 위의 عَصًا 은 막수르 명사(الاسْمُ الْمَقْصُورُ)로서 주격의 원래 형태가 이런 모양이다.

2) 남성(مُذَكَّرٌ .m)으로 취급되는 국가명은 아래와 같다

대부분의 국가명이 여성으로 취급되지만 아래의 국가명은 남성으로 취급된다.

레바논	لُبْنَانُ	이라크	الْعِرَاقُ
요르단	الْأُرْدُنُ	수단	السُّودَانُ
모로코	الْمَغْرِبُ	쿠웨이트	الْكُوَيْتُ

3) 어미에 (تَاءُ مَرْبُوطَةٌ) 'ة' 가 붙었지만 남성(مُذَكَّرٌ)인 명사

칼리프(Caliph); 후계자	خَلِيفَةُ	무아위야 (남자이름)	مُعَاوِيَةُ
함자 (남자이름)	حَمْزَةُ	하마다 (남자이름)	حَمَادَةُ
딸하 (남자이름)	طَلْحَةُ		

→ 위의 단어들 가운데 끝자음에 탄윈이 붙지 않은 단어는 2 격명사이다.

또한 어미가 ت(تَاءٌ مَفْتُوحَةٌ)로 끝나는 아래와 같은 단어도 남성이다. (아래 단어들은 2 격 명사이다.)

메드하트 (남자 이름)	مِدْحَتُ	딸아트 (남자 이름)	طَلْعَتُ
잇자트 (남자이름)	عِزَّتُ	리프아트 (남자 이름)	رِفْعَتُ

4) 남성(مُذَكَّرٌ)과 여성(مُؤَنَّثٌ) 공통으로 사용되는 명사

아래는 특정한 이유없이 남성과 여성 양쪽 다 쓰이는 단어이다.

길	طَرِيقٌ	시장	سُوقٌ
상태	حَالٌ	혀	لِسَانٌ
영(spirit)	رُوحٌ	하늘	سَمَاءٌ
파라다이스	فِرْدَوْسٌ	칼	سِكِّينٌ
암말	فَرَسٌ	간(liver)	كَبِدٌ

** 실제적 여성명사(مُؤَنَّثٌ حَقِيقِيٌّ)와 비유적 여성명사(مُؤَنَّثٌ مَجَازِيٌّ)의 개념

모든 여성명사는 아래와 같이 실제적 여성명사와 비유적 여성명사 두 가지 종류로 나뉜다. 실제적 여성명사는 아이나 새끼 혹은 알을 낳는 사람이나 동물 혹은 새에 대한 명사들을 말한다. 이에 비해 비유적 여성명사는 형태는 남성 꼴이지만 여성으로 취급되는 명사들과, 'ة'로 끝나는 명사의 대부분을 말한다.

실제적 여성명사(مُؤَنَّثٌ حَقِيقِيٌّ)의 예	
오른쪽부터 어머니, 누이, 여자, 젊은 여자(처녀), 참새, 암당나귀 …	أُمٌّ ، أُخْتٌ ، اِمْرَأَةٌ ، فَتَاةٌ ، عُصْفُورَةٌ ، أَتَانٌ …

비유적 여성명사(مُؤَنَّثٌ مَجَازِيٌّ)		
①	형태는 남성 꼴이지만 여성으로 취급되는 명사 (오른쪽부터 전쟁, 태양, 땅, 집, 눈, 손)	حَرْبٌ، شَمْسٌ، أَرْضٌ، دَارٌ، نَارٌ، عَيْنٌ، يَدٌ …
②	테마부타(ة) 로 끝나는 명사의 대부분 (오른쪽부터 공부, 자동차, 시계, 공, 그림)	دِرَاسَةٌ، سَيَّارَةٌ، سَاعَةٌ، كُرَةٌ، صُورَةٌ …

실제적 여성명사와 비유적 여성명사가 문장에서 사용될 때 그 문장 동사의 일치의 원리가 다르다. 여기에 대해서는 이 책 '동사의 일치' 부분에서 공부하도록 하자.

사우디의 여인들

제 7 과 명사의 수(數)

1. 단수(اَلْمُفْرَدُ)
2. 쌍수(اَلْمُثَنَّى)
3. 복수(اَلْجَمْعُ)
4. 종류명사(اِسْمُ الْجِنْسِ)에 대해
5. 군집명사(اِسْمُ الْجَمْعِ)에 대해

제 7과 명사의 수(數)

아랍어의 수에는 단수, 쌍수, 복수가 있다. 단수는 숫자가 한 개인 것을 말하고, 쌍수는 숫자가 두 개인 것을 말하며, 복수는 숫자가 셋 이상을 말한다. 아랍어의 쌍수는 단수 형태로부터 규칙적인 변화를 하며, 복수는 단수 형태에서 규칙적으로 변화하는 규칙 복수와 불규칙적으로 변화하는 불규칙 복수로 나뉜다. 규칙 복수는 다시 남성 규칙 복수와 여성 규칙 복수로 나뉜다.
아래 도표에 나오는 낱말들의 단수와 쌍수와 복수를 숫자의 변화와 단어의 어미의 변화에 유의하며 살펴보자.

	단수(مُفْرَد)	쌍수(مُثَنَّى)	복수(جَمْع)
책	كِتَابٌ	كِتَابَانِ	كُتُبٌ
교사	مُدَرِّسٌ	مُدَرِّسَانِ	مُدَرِّسُونَ
자동차	سَيَّارَةٌ	سَيَّارَتَانِ	سَيَّارَاتٌ

→ 위에서 명사들의 단수와 쌍수와 복수의 꼴이 같지 않다는 것을 알 수 있다.
→ 여기서는 주격의 경우만을 다룬다. 단어가 문장에서 목적격과 소유격으로 사용될 때에는 그 꼴이 달라진다. 목적격과 소유격에서의 쌍수와 복수의 변화는 '명사의 격변화' 에서 공부하라.

1. 단수(الْمُفْرَد)

사전에서 명사를 기록할 때 단수 형태를 기록한다. 단수 형태는 명사의 수를 학습함에 기본이 된다. 우리는 앞과의 '명사의 성(性)' 부분에서 많은 단수명사들을 다루었다. 그것들을 잘 익히자.

2. 쌍수(الْمُثَنَّى)

1) 일반적인 쌍수꼴 – 쌍수 접미어 'انِ'을 붙임

명사의 쌍수꼴은 단수명사에 쌍수 접미어 'ـَانِ' 을 붙여서 만든다.

의미	단수(مُفْرَد)	쌍수(مُثَنَّى)
책 두 권	كِتَابٌ	كِتَابَانِ
문 두 짝	بَابٌ	بَابَانِ
펜 두 개	قَلَمٌ	قَلَمَانِ
책상 두 개 ; 사무실 두 곳	مَكْتَبٌ	مَكْتَبَانِ
두 아들	وَلَدٌ	وَلَدَانِ
두 학생	طَالِبٌ	طَالِبَانِ
두 교사	مُدَرِّسٌ	مُدَرِّسَانِ

2) 'ة'가 붙은 여성명사의 경우 – 어미가 'تَانِ'꼴이 됨

단수명사의 끝이 테마부타 'ة'로 끝나는 여성명사의 경우 그 쌍수 꼴은 단수명사 끝의 'ة'를 'ت'로 바꾼 뒤 쌍수 접미어 'انِ'을 붙여 'تَانِ'꼴이 된다.

의미	단수(مُفْرَدٌ)	쌍수(مُثَنًّى)
그림 두 점	صُورَةٌ	صُورَتَانِ
두 시계	سَاعَةٌ	سَاعَتَانِ
두 대의 자동차	سَيَّارَةٌ	سَيَّارَتَانِ
방 두 개	غُرْفَةٌ	غُرْفَتَانِ
두 학교	مَدْرَسَةٌ	مَدْرَسَتَانِ
두 여학생	طَالِبَةٌ	طَالِبَتَانِ
두 여자 교사	مُعَلِّمَةٌ	مُعَلِّمَتَانِ

** 쌍수에 대한 연습

명사의 성 부분에서 다룬 여러 단수명사들을 쌍수명사로 만들어 보자.

3. 복수(الْجَمْعُ)

사물의 숫자가 3 개 이상이거나 사람이 세 사람 이상일 때에 복수를 사용한다. 명사의 복수는 단수에서 복수로 변화하는 규칙이 있는 규칙 복수와 변화의 규칙이 없는 불규칙 복수로 나뉘는데, 규칙 복수는 다시 남성 규칙 복수와 여성 규칙 복수로 나뉜다.

1) 규칙 복수(جَمْعُ السَّالِمِ)

(1) 남성 규칙 복수명사 (جَمْعُ الْمُذَكَّرِ السَّالِمِ) – 남성규칙 복수 접미어 'ـُونَ'를 붙인다.

남성명사 가운데 규칙 복수명사는 단수명사에 복수꼴 접미어 'ـُونَ'을 붙여서 만든다.

의미	단수(مُفْرَدٌ)	복수(جَمْعٌ)
교사들	مُدَرِّسٌ	مُدَرِّسُونَ
기술자(engineer)들	مُهَنْدِسٌ	مُهَنْدِسُونَ
선수(player)들	لَاعِبٌ	لَاعِبُونَ
직원들	مُوَظَّفٌ	مُوَظَّفُونَ
디렉터들, 사장들, 교장들	مُدِيرٌ	مُدِيرُونَ

그외 복수 단어들의 예(단수와 복수를 기록하였다. 파란색 표기가 규칙 복수)

배우	مُمَثِّلٌ/ مُمَثِّلُونَ	판매인	بَائِعٌ/ بَائِعُونَ أَوْ بَاعَةٌ
변호사	مُحَامٍ/ مُحَامُونَ	구입하는 사람	مُشْتَرٍ/ مُشْتَرُونَ
판사	قَاضٍ/ قَاضُونَ أَوْ قُضَاةٌ	이해하는 사람	فَاهِمٌ/ فَاهِمُونَ
문지기	بَوَّابٌ/ بَوَّابُونَ	먹는 사람	آكِلٌ/ آكِلُونَ
운전수	سَائِقٌ/ سَائِقُونَ أَوْ سُوَّاقٌ	잠자는 사람	نَائِمٌ/ نَائِمُونَ
무슬림	مُسْلِمٌ/ مُسْلِمُونَ	듣는 사람	سَامِعٌ/ سَامِعُونَ
이집트 사람	مِصْرِيٌّ/ مِصْرِيُّونَ *	한국 사람	كُورِيٌّ/ كُورِيُّونَ *
정치인	سِيَاسِيٌّ/ سِيَاسِيُّونَ *	음악인	مُوسِيقِيٌّ/ مُوسِيقِيُّونَ *
기독교인	مَسِيحِيٌّ/ مَسِيحِيُّونَ *	이슬람주의자	إِسْلَامِيٌّ/ إِسْلَامِيُّونَ *

➔ بَائِعٌ 와 سَائِقٌ 명사의 복수는 규칙 복수 형태도 있고 불규칙 복수 형태도 있다. 각각 بَاعَةٌ 과 سُوَّاقٌ 이 불규칙 복수 형태다이다.

➔ 위의 *표가 있는 단어들은 연고형용사(النَّسَبُ) 형태의 단어들이다. 사람을 의미하는 모든 연고형용사의 남성 복수형은 규칙변화 형태를 취한다. 나중에 공부하게 된다.

➔ 위의 예에서 보듯이 남성 규칙 복수 형태를 취하는 단어는 사람에 대한 단어이다.

** 남성 규칙 복수 형태를 취하는 명사의 유형들

앞에서 남성명사 규칙 복수 ـونَ 을 취하는 경우를 보았다. 이러한 남성 규칙변화를 하는 특정한 유형이 있을까? 아래와 같이 사람을 나타내는 능동분사와 수동분사, 사람의 직업을 나타내는 فَعَّال 패턴의 명사(과장형용사), 그리고 사람을 나타내는 연고형용사는 대개 남성 규칙 복수 형태를 취한다.

이러한 남성 규칙 복수명사는 모두 사람에 대한 명사이다. 즉 남성명사의 규칙 복수는 사람에 해당하는 단어들에만 있고 사물에 해당되는 단어들에는 없다.

(아래의 능동분사와 수동분사, 과장형용사와 연고형용사에 대해서는 아직 다루지 않았으므로 나중에 이해하도록 하고 지금은 여기에 나오는 단어들을 익히는데 집중하자.)

a. 사람을 나타내는 분사형
사람을 나타내는 능동분사와 수동분사는 규칙변화를 하는 경우가 많다.

a-1. 능동분사 형태에서 온 명사들
아래와 같이 첨가동사의 능동분사의 의미가 사람을 나타내는 명사인 경우 대개 규칙변화를 한다.

교사	مُدَرِّسٌ/ مُدَرِّسُونَ	배우	مُمَثِّلٌ/ مُمَثِّلُونَ
기술자(engineer)	مُهَنْدِسٌ/ مُهَنْدِسُونَ	조수, 돕는 사람	مُسَاعِدٌ/ مُسَاعِدُونَ
가이드(관광 등)	مُرْشِدٌ/ مُرْشِدُونَ	변호사	مُحَامٍ/ مُحَامُونَ

아래는 원형동사의 능동분사의 의미가 사람을 나타내는 명사의 경우이다.

선수(player)	لاَعِبٌ/ لاَعِبُونَ	이해하는 사람	فَاهِمٌ/ فَاهِمُونَ

→ 원형동사의 능동분사의 경우 규칙변화와 불규칙 변화가 모두가 존재하는 경우가 많다. (예 : كَاتِبٌ ـونَ أَوْ كُتَّابٌ (작가), أَوْ كَتَبَةٌ, سَائِحٌ ـونَ أَوْ سُيَّاحٌ (관광객), تَاجِرٌ تُجَّارٌ (상인), قَائِدٌ ـونَ أَوْ قَادَةٌ أَوْ قُوَّادٌ (지도자))

→ '원형동사'와 '첨가동사'에 대해서는 이 책 동사부분에서 공부한다. 여기서는 단어만 익히고 넘어가도 된다.

a-2. 수동분사 형태에서 온 명사들
아래와 같이 수동분사의 의미가 사람을 나타내는 명사인 경우 대개 규칙변화를 한다.

책임자	مَسْؤُولٌ/ مَسْؤُولُونَ	팬(fan)	مُعْجَبٌ/ مُعْجَبُونَ (بِـ)
직원(employee)	مُوَظَّفٌ/ مُوَظَّفُونَ	조언자, 상담자 ; 판사	مُسْتَشَارٌ/ مُسْتَشَارُونَ

b. 사람의 직업을 나타내는 فَعَّال 패턴의 명사들

목수	نَجَّارٌ/ نَجَّارُونَ	요리사	طَبَّاخٌ/ طَبَّاخُونَ
문지기	بَوَّابٌ/ بَوَّابُونَ	식료품 상인	بَقَّالٌ/ بَقَّالُونَ

→ 위의 فَعَّال 패턴은 과장형용사(صِيغَةُ الْمُبَالَغَةِ) 패턴이다. 이 책 과장형용사 부분에서 공부하도록 하자.

* 여기에서 다루는 능동분사나 수동분사 그리고 직업을 나타내는 과장형용사(صِيغَةُ الْمُبَالَغَةِ) 단어들은 동사에서 파생된 파생명사(الاسْمُ الْمُشْتَقُّ)이다. 그러나 다음에 나오는 연고형용사는 파생명사가 아니다. 파생명사에 대해서는 이 책 '심화학습 – 파생명사(الاسْمُ الْمُشْتَقُّ)와 불완전 파생명사(الاسْمُ الْجَامِدُ)에 대해' 부분을 참고하라.

c. 사람을 나타내는 연고형용사(النَّسَبُ)의 경우

연고형용사는 고유명사 혹은 보통명사 뒤에 'ـ + يّ'가 붙어서 그 고유명사나 보통명사의 성향이나 소속의 의미를 나타내는 단어를 말한다. (이 책 '연고형용사' 부분에서 공부할 수 있다.) 사람을 나타내는 연고형용사의 복수형은 규칙변화한다.

이집트 사람	مِصْرِيٌّ/ مِصْرِيُّونَ	요르단 사람	أُرْدُنِيٌّ/ أُرْدُنِيُّونَ
중국 사람	صِينِيٌّ/ صِينِيُّونَ	정치인	سِيَاسِيٌّ/ سِيَاسِيُّونَ
문화계 인사	ثَقَافِيٌّ/ ثَقَافِيُّونَ	경제인	اقْتِصَادِيٌّ/ اقْتِصَادِيُّونَ
기독교인	مَسِيحِيٌّ/ مَسِيحِيُّونَ	이슬람주의자	إِسْلَامِيٌّ/ إِسْلَامِيُّونَ

(2) 여성 규칙 복수명사(جَمْعُ الْمُؤَنَّثِ السَّالِمِ) – 어미에 'ـَات'가 붙는다.

여성명사 가운데 규칙 복수명사는 단수명사가 'ة'로 끝나는 경우이다. 이 경우 마지막 자음 'ة'를 빼고 여성명사 규칙 복수 접미어 'ـَات'를 붙여서 만든다. 아래는 여성명사가 규칙 복수를 취하는 경우들과 그 예들이다.

a. 여성형 사람 보통명사의 경우

보통명사 가운데 사람을 나타내는 단어의 여성형은 대개 그 어미가 'ة'로 끝난다. 이 경우 'ة'를 탈락 시키고 'ـَات'를 붙여서 여성명사 규칙 복수를 만든다.

의미	단수(مُفْرَدٌ)	복수(جَمْعٌ)
여학생들	طَالِبَةٌ	طَالِبَاتٌ
여자 교사들	مُدَرِّسَةٌ	مُدَرِّسَاتٌ
여자 교사들	مُعَلِّمَةٌ	مُعَلِّمَاتٌ
여자 직원들	مُوَظَّفَةٌ	مُوَظَّفَاتٌ
여자 기술자(engineer)들	مُهَنْدِسَةٌ	مُهَنْدِسَاتٌ
여자 간호사들	مُمَرِّضَةٌ	مُمَرِّضَاتٌ

b. 끝자음이 ة 로 끝난 사물 보통명사의 경우

끝자음이 ة 로 끝나는 사물명사는 여성명사이다. 이 경우 복수 형태는 'ة'를 탈락 시키고 'ـات'를 붙인다.

의미	단수(مُفْرَد)	복수(جَمْع)
시간들 ; 시계들	سَاعَةٌ	سَاعَاتٌ
공책들	كُرَّاسَةٌ	كُرَّاسَاتٌ
칠판들	سَبُّورَةٌ	سَبُّورَاتٌ
지갑들	مَحْفَظَةٌ	مَحْفَظَاتٌ
도서관들 ; 책장들	مَكْتَبَةٌ	مَكْتَبَاتٌ
자동차들	سَيَّارَةٌ	سَيَّارَاتٌ

다른 예들

의미	단어	의미	단어
비행기	طَائِرَةٌ/ ات	단어(word)	كَلِمَةٌ/ ـات
종이	وَرَقَةٌ/ ـات	가족	عَائِلَةٌ/ ـات
테이블	طَاوِلَةٌ/ ـات	소파	كَنَبَةٌ/ ـات
대학	جَامِعَةٌ/ ـات	공부	دِرَاسَةٌ/ ـات
강의	مُحَاضَرَةٌ/ ات	학위, 증명서	شَهَادَةٌ/ ات
회사	شَرِكَةٌ/ ـات	언어	لُغَةٌ/ ـات
대사관	سِفَارَةٌ/ ات	방문	زِيَارَةٌ/ ات
해(year)	سَنَةٌ/ سَنَوَاتٌ *	정부	حُكُومَةٌ/ ـات

→ 위의 سَنَةٌ 의 경우 그 복수 형태에 و 가 붙고 ـات 가 그 뒤에 붙었다.

c. 맘두드 명사(اسْمٌ مَمْدُودٌ)의 경우

맘두드 명사란 어미가 'ـاء'로 끝나는 명사를 말한다. 아래와 같이 맘두드 명사의 복수가 규칙 복수 형태를 취하기도 한다. 이 때 맘두드 명사의 ء 가 و 로 바뀐 뒤 그 다음에 ـات 를 붙인다. 맘두드 명사에 대해서는 곧 공부하게 된다. (아래의 * 표 단어들은 새깐 형용사의 여성형 형태이다.)

의미	단어	의미	단어
사막	صَحْرَاءُ/ صَحْرَاوَاتٌ	푸른(f.) ; 채소 *	خَضْرَاءُ/ خَضْرَاوَاتٌ *
붉은 (f.)	حَمْرَاءُ/ حَمْرَاوَاتٌ *	검은(f.)	سَوْدَاءُ/ سَوْدَاوَاتٌ *

→ صَحْرَاءُ 는 불규칙 복수로 صَحَارَى 도 사용한다. → 색깔 형용사에 대해서는 이 책 '형용사' 부분을 보라.
→ '채소'란 의미의 단어를 사용할 때 단수 형태인 خَضْرَاءُ 를 사용하지 않고 복수 형태인 خَضْرَاوَاتٌ 를 주로 사용한다.

d. 단수 형태가 여성형태가 아니지만 복수 형태가 ـَات 의 형태를 취하는 명사들

공항	مَطَارٌ / مَطَارَاتٌ	동물	حَيَوَانٌ / حَيَوَانَاتٌ
부동산	عَقَارٌ / عَقَارَاتٌ	다툼, 싸움	صِرَاعٌ / صِرَاعَاتٌ

e. 외래어의 복수

아래와 같이 외래어에서 온 사물명사들은 대개 복수형을 ـَات 꼴로 취한다.

텔레비전	تِلِفِزْيُونٌ / ـَات	컴퓨터	كُمْبِيُوتَرٌ / كُمْبِيُوتَرَاتٌ
버스	أُوتُوبِيسٌ / أُوتُوبِيسَاتٌ	라디오	رَادِيُو / ـَات
버스	بَاصٌ / ـَات	전화	تِلِيفُونٌ / ـَات

f. 동명사의 복수

동명사가 보통명사로 사용되어 복수형을 가질 때는 대개 ـَات 꼴을 취한다.

** فَعْلَة 혹은 فُعْلَة 패턴 복수의 모음 변화

فَعْلَة 패턴이나 فُعْلَة 패턴의 단어는 대개 여성 규칙 복수를 취한다. 이 경우 복수형이 되면서 발음을 쉽게 하고자 수쿤이 탈락하고 파트하와 담마로 대용모음이 사용되는 경우가 있다. 다음을 보자.

a. 수쿤이 파트하로 변하는 경우 – فَعْلَة 패턴의 단어

첫 자음에 파트하가 붙어있어 그 뒤의 수쿤이 파트하로 동화되었다.

한 번 때림	ضَرْبَةٌ / ضَرَبَاتٌ	한 번 앉음; 세션	جَلْسَةٌ / جَلَسَاتٌ
한 번 웃음	ضَحْكَةٌ / ضَحَكَاتٌ	걸음(step), 한 걸음	خَطْوَةٌ / خَطَوَاتٌ

b. 수쿤이 담마로 변하는 경우 - فُعْلَة 패턴의 단어

첫 자음에 담마가 붙어있어 그 뒤의 수쿤이 담마로 동화되었다.

방(room)	حُجْرَةٌ / حُجُرَاتٌ	의심; 불확실	شُبْهَةٌ / شُبُهَاتٌ
걸음(step), 한 걸음	خُطْوَةٌ / خُطُوَاتٌ	발코니, 테라스	شُرْفَةٌ / شُرُفَاتٌ

→위의 수쿤이 대용모음으로 변화하는 현상은 경우에 따라 대용모음을 사용하지 않고 원래의 수쿤으로 사용하기도 한다.

제7과 명사의 수

2) 불규칙 복수 (جَمْعُ التَّكْسِيرِ)

불규칙 복수는 명사가 단수에서 복수로 변화할 때 규칙이 없이 여러 가지 형태로 변화하는 것을 말한다. 이러한 단어들은 규칙이 따로 없으므로 사전을 찾으면서 하나하나 외울 수밖에 없다.

아래는 불규칙으로 변화하는 복수명사들을 그 패턴별로 정리한 것이다. 아래의 여러 패턴은 효과적인 암기를 위한 참고사항이며 패턴 자체를 외울 필요는 없다. 더 중요한 것은 각각의 단어를 익힐 때 그것의 단수형과 복수형 자체를 익히는 것이다. 아래의 단어들은 많이 사용되는 것이므로 꼭 익히도록 하자.

아래의 20) 패턴부터 26) 패턴까지는 그 복수가 2격 명사(مَمْنُوعٌ مِنَ الصَّرْفِ)이다. 2격 명사에 대해서는 이 책 '명사 격변화의 예외적 규칙 Ⅱ'에서 공부하자.

(1) فُعَلٌ 패턴

그림	صُورَةٌ/ صُوَرٌ	방	غُرْفَةٌ/ غُرَفٌ أَوْ ـَاتٌ
나라	دَوْلَةٌ/ دُوَلٌ	장난감	لُعْبَةٌ/ لُعَبٌ
문장(sentence)	جُمْلَةٌ/ جُمَلٌ	상자, 갑, 통	عُلْبَةٌ/ عُلَبٌ
돔, 둥근천장	قُبَّةٌ/ قُبَبٌ		

(2) فُعُلٌ 패턴

책	كِتَابٌ/ كُتُبٌ	도시	مَدِينَةٌ/ مُدُنٌ
길	طَرِيقٌ/ طُرُقٌ	배(ship)	سَفِينَةٌ/ سُفُنٌ

(3) فِعَلٌ 패턴

직업	مِهْنَةٌ/ مِهَنٌ	한 조각, 한 부분	قِطْعَةٌ/ قِطَعٌ
전기, 일대기	سِيرَةٌ/ سِيَرٌ	연못	بِرْكَةٌ/ بِرَكٌ

(4) فَعِيلٌ 패턴

당나귀	حِمَارٌ/ حَمِيرٌ	노예	عَبْدٌ/ عَبِيدٌ

(5) فِعَالٌ 패턴

남자	رَجُلٌ/ رِجَالٌ	나라	بَلَدٌ/ بِلَادٌ أَوْ بُلْدَانٌ
개	كَلْبٌ/ كِلَابٌ	산	جَبَلٌ/ جِبَالٌ
낙타	جَمَلٌ/ جِمَالٌ	딸(daughter); 소녀(girl)	بِنْتٌ/ بَنَاتٌ *

→ 위의 بَنَاتٌ의 경우 فَعَالٌ 패턴이다.

(6) فَعَال 패턴

복수 형태가 만꾸스 명사(اسْمٌ مَنْقُوصٌ) 형태이다.

땅(land)	أَرْضٌ/ أَرَاضٍ	방향, 면 (side)	نَاحِيَةٌ/ نَوَاحٍ
초(second)	ثَانِيَةٌ/ ثَوَانٍ	가축	مَاشِيَةٌ/ مَوَاشٍ
처녀	عَذْرَاءُ/ عَذَارٍ أَوْ عَذَارَى	여자 노예, 여종	جَارِيَةٌ/ جَوَارٍ
의자, 걸상	كُرْسِيٌّ/ كَرَاسٍ أَوْ كَرَاسِيُّ	밤(night)	لَيْلَةٌ/ لَيْلَاتٌ أَوْ لَيَالٍ

(7) فُعُول 패턴

집	بَيْتٌ/ بُيُوتٌ	교실	فَصْلٌ/ فُصُولٌ
레슨(lesson), 공부	دَرْسٌ/ دُرُوسٌ	마음; 심장	قَلْبٌ/ قُلُوبٌ
학문, 과학	عِلْمٌ/ عُلُومٌ	군대	جُنْدِيٌّ/ جُنُودٌ
은행	بَنْكٌ/ بُنُوكٌ	본문, 스크립트(text)	نَصٌّ/ نُصُوصٌ
약속(promise)	وَعْدٌ/ وُعُودٌ	왕(king)	مَلِكٌ/ مُلُوكٌ
자음, 글자(letter)	حَرْفٌ/ حُرُوفٌ	검(sword)	سَيْفٌ/ سُيُوفٌ

(8) فُعَّال 패턴

단수가 능동분사형태이다.

학생	طَالِبٌ/ طُلَّابٌ	여행자	سَائِحٌ/ سُيَّاحٌ
작가	كَاتِبٌ/ كَتَبَةٌ، كُتَّابٌ	방문객	زَائِرٌ/ زُوَّارٌ
거주인	سَاكِنٌ/ سُكَّانٌ	상인	تَاجِرٌ/ تُجَّارٌ

(9) فُعَاة 패턴

단수가 만꾸스 명사(اسْمٌ مَنْقُوصٌ) 형태의 능동분사형태이다.

판사	قَاضٍ/ قُضَاةٌ	통치자; 지사	وَالٍ/ وُلَاةٌ
초대자	دَاعٍ/ دُعَاةٌ	보병	مَاشٍ/ مُشَاةٌ

(10) فَعَلَة 패턴

단수가 능동분사형태이다.

학생	طَالِبٌ/ طُلَّابٌ أَوْ طَلَبَةٌ	저자, 서기	كَاتِبٌ/ كَتَبَةٌ، كُتَّابٌ
요술장이, 점장이	سَاحِرٌ/ سَحَرَةٌ	반역하는; 반역자	خَائِنٌ/ خَوَّانٌ أَوْ خَوَنَةٌ

제7과 명사의 수

(11) فِعْلَة 패턴

형제, 형, 오빠, 남동생; 동지	أَخٌ / إِخْوَةٌ أَوْ إِخْوَانٌ	소년 ; 종, 심부름꾼	غُلَامٌ / غِلْمَةٌ أَوْ غِلْمَانٌ
소년(boy)	صَبِيٌّ / صِبْيَانٌ أَوْ صِبْيَةٌ	여자(woman)	امْرَأَةٌ / نِسَاءٌ أَوْ نِسْوَةٌ

(12) أَفْعُلٌ 패턴 (فُعُولٌ 패턴으로 변할 수도 있다.)

달(month)	شَهْرٌ / شُهُورٌ أَوْ أَشْهُرٌ	바다	بَحْرٌ / بِحَارٌ أَوْ أَبْحُرٌ أَوْ بُحُورٌ
강	نَهْرٌ / أَنْهَارٌ أَوْ أَنْهُرٌ	다리(leg)	رِجْلٌ / أَرْجُلٌ
주식	سَهْمٌ / أَسْهُمٌ	정신(soul), 자신(self)	نَفْسٌ / نُفُوسٌ أَوْ أَنْفُسٌ

(13) أَفْعَالٌ 패턴

아들(son) ; 소년(boy)	وَلَدٌ / أَوْلَادٌ	사람(person)	شَخْصٌ / أَشْخَاصٌ
펜	قَلَمٌ / أَقْلَامٌ	색깔	لَوْنٌ / أَلْوَانٌ
아이(child)	طِفْلٌ / أَطْفَالٌ	소유주 ; 친구	صَاحِبٌ / أَصْحَابٌ
모양(shape)	شَكْلٌ / أَشْكَالٌ	수(number)	عَدَدٌ / أَعْدَادٌ
뉴스, 소식	خَبَرٌ / أَخْبَارٌ	시간	وَقْتٌ / أَوْقَاتٌ
일(work)	عَمَلٌ / أَعْمَالٌ	사물 ; 어떤 것(thing)	شَيْءٌ / أَشْيَاءُ
판자, 게시판	لَوْحٌ / أَلْوَاحٌ	아들(son)	ابْنٌ / أَبْنَاءٌ أَوْ بَنُونَ
영화	فِيلْمٌ / أَفْلَامٌ	이름	اسْمٌ / أَسْمَاءٌ
문(door)	بَابٌ / أَبْوَابٌ	비(rain)	مَطَرٌ / أَمْطَارٌ
생각, 아이디어	فِكْرَةٌ / أَفْكَارٌ	날(day)	يَوْمٌ / أَيَّامٌ
유적, 유물	أَثَرٌ / آثَارٌ	소망, 희망	أَمَلٌ / آمَالٌ

(14) أَفْعِلَة 패턴

질문	سُؤَالٌ / أَسْئِلَةٌ	천, 옷감	قُمَاشٌ / أَقْمِشَةٌ
음식	طَعَامٌ / أَطْعِمَةٌ	건물	بِنَاءٌ / أَبْنِيَةٌ
말(horse)	حِصَانٌ / أَحْصِنَةٌ	뇌(brain)	دِمَاغٌ / أَدْمِغَةٌ

패턴 أَفَاعِلُ (15)

복수가 2격 명사(مَمْنُوعٌ مِنَ الصَّرْفِ)이다.

큰 ; 성인 ; 나이 많은 사람	كَبِيرٌ/ كِبَارٌ أَوْ أَكَابِرُ	손(hand)	يَدٌ/ أَيَادٍ

패턴 فَعَالَى (16)

복수 형태가 막수르 명사(اسْمٌ مَقْصُورٌ)형태이며, 2격 명사(مَمْنُوعٌ مِنَ الصَّرْفِ)이다.

선물	هَدِيَّةٌ/ هَدَايَا	양떼	رَعِيَّةٌ/ رَعَايَا

패턴 فِعْلاَنٌ (17)

형제, 형, 오빠, 남동생 ; 동지	أَخٌ/ إِخْوَةٌ أَوْ إِخْوَانٌ	불	نَارٌ/ نِيرَانٌ
이웃	جَارٌ/ جِيرَانٌ	막대기(stick)	عُودٌ/ عِيدَانٌ

패턴 فُعْلاَنٌ (18)

나라	بَلَدٌ/ بِلاَدٌ أَوْ بُلْدَانٌ	젊은이(youth)	شَابٌّ/ شَبَابٌ أَوْ شُبَّانٌ
기사(horseman)	فَارِسٌ/ فُرْسَانٌ	막대기	قَضِيبٌ/ قُضْبَانٌ

패턴 فَعَالِلَةٌ (19)

교수	أُسْتَاذٌ/ أَسَاتِذَةٌ	박사	دُكْتُورٌ/ دَكَاتِرَةٌ
학생, 제자	تِلْمِيذٌ/ تَلاَمِيذُ أَوْ تَلاَمِذَةٌ	약사	صَيْدَلِيٌّ/ صَيَادِلَةٌ
부동산 중개인	سِمْسَارٌ/ سَمَاسِرَةٌ		

패턴 مَفَاعِلُ (20)

복수가 2격 명사(مَمْنُوعٌ مِنَ الصَّرْفِ)이다.

학교	مَدْرَسَةٌ/ مَدَارِسُ	학원	مَعْهَدٌ/ مَعَاهِدُ
사무실 ; 책상	مَكْتَبٌ/ مَكَاتِبُ	거주지	مَسْكَنٌ/ مَسَاكِنُ
식당	مَطْعَمٌ/ مَطَاعِمُ	극장(연극을 위한)	مَسْرَحٌ/ مَسَارِحُ
박물관	مَتْحَفٌ/ مَتَاحِفُ	약속시간(appointment)	مَوْعِدٌ/ مَوَاعِدُ
공장	مَصْنَعٌ/ مَصَانِعُ	운동장	مَلْعَبٌ/ مَلاَعِبُ
집, 가정집	مَنْزِلٌ/ مَنَازِلُ	입구(entrance)	مَدْخَلٌ/ مَدَاخِلُ

(21) فَوَاعِلُ 패턴
복수가 2격 명사(مَمْنُوعٌ مِنَ الصَّرْفِ)이다.

거리	شَارِعٌ/ شَوَارِعُ	규칙	قَاعِدَةٌ/ قَوَاعِدُ
해안	سَاحِلٌ/ سَوَاحِلُ	본질, 정수	جَوْهَرٌ/ جَوَاهِرُ
별, 행성	كَوْكَبٌ/ كَوَاكِبُ	증기선(steamer)	بَاخِرَةٌ/ بَوَاخِرُ

(22) فَوَاعِيلُ 패턴
복수가 2격 명사(مَمْنُوعٌ مِنَ الصَّرْفِ)이다.

날짜 ; 역사	تَارِيخٌ/ تَوَارِيخُ	약속시간(appointment)	مِيعَادٌ/ مَوَاعِيدُ

(23) فَعَائِلُ 패턴
복수가 2격 명사(مَمْنُوعٌ مِنَ الصَّرْفِ)이다.

직업	وَظِيفَةٌ/ وَظَائِفُ	신문	جَرِيدَةٌ/ جَرَائِدُ
편지, 메시지	رِسَالَةٌ/ رَسَائِلُ	섬(island)	جَزِيرَةٌ/ جَزَائِرُ أَوْ جُزُرٌ
놀라운 일, 기적	عَجِيبَةٌ/ عَجَائِبُ	자연(nature)	طَبِيعَةٌ/ طَبَائِعُ
양심 ; 인칭대명사	ضَمِيرٌ/ ضَمَائِرُ	노인	عَجُوزٌ/ عَجَائِزُ

(24) فَعَالِيلُ 패턴
주로 단수형에서 세 번째 자음에 알리프 장모음이 올 때 이 형태를 취한다. 복수가 2격 명사이다.

창문	شُبَّاكٌ/ شَبَابِيكُ	주소, 제목	عُنْوَانٌ/ عَنَاوِينُ
상자, 함	صُنْدُوقٌ/ صَنَادِيقُ	배럴(barrel)	بِرْمِيلٌ/ بَرَامِيلُ
잔, 컵	فِنْجَانٌ/ فَنَاجِينُ	의자, 걸상	كُرْسِيٌّ/ كَرَاسٍ أَوْ كَرَاسِيُّ

(25) أَفْعِلَاءُ 패턴
주로 فَعِيل 패턴의 명사나 유사형용사(صِفَةٌ مُشَبَّهَةٌ)가 사람을 의미할 때 갖는 복수형이다. 복수가 맘두드 명사(الِاسْمُ الْمَمْدُودُ)이면서 2격 명사이다.

친구	صَدِيقٌ/ أَصْدِقَاءُ	부자	غَنِيٌّ/ أَغْنِيَاءُ
의사	طَبِيبٌ/ أَطِبَّاءُ	가까운 ; 친척	قَرِيبٌ/ أَقْرِبَاءُ
선지자, 예언자	نَبِيٌّ/ أَنْبِيَاءُ	어리석은 ; 어리석은 사람	غَبِيٌّ/ أَغْبِيَاءُ
사랑하는 ; 사랑하는 이	حَبِيبٌ/ أَحِبَّاءُ أَوْ أَحْبَابٌ	총명한, 똑똑한 ; 총명한 자	ذَكِيٌّ/ أَذْكِيَاءُ

(26) فُعَلَاءُ 패턴

주로 فَعِيل 패턴의 명사나 유사형용사(صِفَةٌ مُشَبَّهَةٌ)가 사람을 의미할 때 갖는 복수형이다. 복수가 맘두드 명사(الاسْمُ الْمَمْدُودُ)이면서 2격 명사(مَمْنُوعٌ مِنَ الصَّرْفِ)이다. 이 책 제 I 권 '격변화의 예외적 규칙 II'에서 공부하라.

장관	وَزِيرٌ/ وُزَرَاءُ	대사(ambassador)	سَفِيرٌ/ سُفَرَاءُ
왕자	أَمِيرٌ/ أُمَرَاءُ	가난한 ; 가난한 사람	فَقِيرٌ/ فُقَرَاءُ
관대한 ; 관대한 사람	كَرِيمٌ/ كُرَمَاءُ	대통령	رَئِيسٌ/ رُؤَسَاءُ
약한 ; 약한 사람	ضَعِيفٌ/ ضُعَفَاءُ	지혜로운 ; 지혜로운 자	حَكِيمٌ/ حُكَمَاءُ
경험이 많은 ; 전문가	خَبِيرٌ/ خُبَرَاءُ	행복한 ; 행복한 자	سَعِيدٌ/ سُعَدَاءُ
시인	شَاعِرٌ/ شُعَرَاءُ	과학자	عَالِمٌ/ عُلَمَاءُ

** 그외 주의해야 할 불규칙 복수

아들(son)	ابْنٌ/ أَبْنَاءُ أَوْ بَنُونَ	딸(daughter) ; 소녀(girl)	بِنْتٌ أَوْ ابْنَةٌ/ بَنَاتٌ
아버지	أَبٌ/ آبَاءُ	자매, 언니, 누나, 여동생	أُخْتٌ/ أَخَوَاتٌ
인간	إِنْسَانٌ/ أَنَاسِيُّ *	어머니	أُمٌّ/ أُمَّهَاتٌ أَوْ أُمَّاتٌ
입(mouth)	فَمٌ/ أَفْوَاهٌ	씨, 님, 신사(Mr)	سَيِّدٌ/ سَادَةٌ
입술	شَفَةٌ/ شِفَاهٌ أَوْ شَفَوَاتٌ أَوْ شَفَائِفُ	여자(woman)	امْرَأَةٌ/ نِسَاءٌ أَوْ نِسْوَةٌ أَوْ نِسْوَانٌ
외국인 ; 외국인의	أَجْنَبِيٌّ/ أَجَانِبُ	물(water)	مَاءٌ/ مِيَاهٌ أَوْ أَمْوَاهٌ

→ * 표의 경우 إِنْسَان의 복수를 نَاسٌ 혹은 أُنَاسٌ 이라고 하는 경우도 있다. 그러나 그 복수는 أَنَاسِيُّ 이다. نَاسٌ (혹은 أُنَاسٌ)은 군집명사(اسْمُ الْجَمْعِ)로 보는 것이 타당하다.

4. 종류명사(اسْمُ الْجِنْسِ)에 대해

아랍어의 명사는 그 숫자에 따라 단수와 쌍수, 그리고 복수로 나누임을 공부하였다. 그런데 아랍어 명사 가운데 지금까지 배운 수의 개념과는 약간 다른 방식의 단어들이 있다. 종류명사와 군집명사가 그것이다.

종류명사란 어떤 종류 전체를 말하는 단어로서 '셀 수 있는 종류명사(اسْمُ الْجِنْسِ الْجَمْعِيُّ)'와 '셀 수 없는 종류명사(اسْمُ الْجِنْسِ الْإِفْرَادِيُّ)'가 있다. 영어 문법에서 같은 종류의 사람이나 물건이 모여 하나의 집합체를 이루는 명사를 '집합명사'라 하는데 아랍어의 종류명사도 이와 비슷한 면이 있다.

이 과에서 아랍어의 종류명사가 문장에서 어떻게 사용되는지에 대한 예가 나온다. 아직 아랍어 문장에 대해서 본격적으로 공부하지 않았기 때문에 아랍어 입문자의 경우 내용이 어려울 수 있다. 그럴 경우 단어들 중심으로 공부하고 넘어가도록 하자.

1) 종류명사의 구분
(1) 셀 수 있는 종류명사(اسْمُ الْجِنْسِ الْجَمْعِيُّ)

셀 수 있는 종류명사는 종류명사 가운데 셀 수 있는 명사를 말하는 것으로서, 숫자를 셀 때 사용하는 형태와 종류 전체를 말할 때 사용하는 형태가 약간 다르다. 예를들어 '종이 한 장'을 말할 때는 وَرَقَةٌ 라 하고 '종이 여러 장'을 이야기할 땐 أَوْرَاقٌ 라고 한다. 이에 비해 일반적인 '종이' 종류 전체를 이야기할 땐 وَرَقٌ 를 사용한다. 다른 예로는 셀 수 있는 '하룻밤'을 말할 때는 لَيْلَةٌ 이라 하고, '여러 밤'을 말할 때는 لَيَالٍ 이라고 하며, 낮의 반대 개념으로서 일반적인 밤을 말할 때는 لَيْلٌ 라고 한다. 여기에서 وَرَقٌ 이나 لَيْلٌ 처럼 사물의 일반적인 종류 전체를 말하되 보통명사로서 그 단어의 단수와 복수꼴이 따로 있는 단어를 '셀 수 있는 종류명사(اسْمُ الْجِنْسِ الْجَمْعِيُّ)'라 한다.

'셀 수 있는 종류명사'에 'ة'를 붙이면 종류명사가 보통명사로 변화한다. 'ة'가 붙은 꼴이 보통명사의 단수가 되고, 그 복수는 'اتَ'를 붙여 규칙 복수가 된다.

종류명사 (اسْمُ الْجِنْسِ) 종류 전체를 말할 때 사용		보통명사의 단수와 복수 – 개수를 셀 때 사용			
				단수(مُفْرَدٌ)	복수(جَمْعٌ)
사과	تُفَّاحٌ	사과 한 개		تُفَّاحَةٌ	تُفَّاحَاتٌ
장미	وَرْدٌ	장미 한 송이		وَرْدَةٌ	وَرْدَاتٌ
바나나	مَوْزٌ	바나나 한 개		مَوْزَةٌ	مَوْزَاتٌ
대추야자	بَلَحٌ	대추야자 한 개		بَلَحَةٌ	بَلَحَاتٌ
레몬	لَيْمُونٌ	레몬 한 개		لَيْمُونَةٌ	لَيْمُونَاتٌ
나무	شَجَرٌ	나무 한 그루		شَجَرَةٌ	شَجَرَاتٌ

꿀벌	نَحْلٌ	꿀벌 한 마리	نَحْلَةٌ	نَحْلَاتٌ
파리	ذُبَابٌ	파리 한 마리	ذُبَابَةٌ	ذُبَابَاتٌ
비둘기	حَمَامٌ	비둘기 한 마리	حَمَامَةٌ	حَمَامَاتٌ
소	بَقَرٌ	소 한마리	بَقَرَةٌ	بَقَرَاتٌ
양	غَنَمٌ	양 한 마리	غَنَمَةٌ	غَنَمَاتٌ
밀	قَمْحٌ	밀 한 톨	قَمْحَةٌ	قَمْحَاتٌ
달걀	بَيْضٌ	계란 한 개	بَيْضَةٌ	بَيْضَاتٌ
종이	وَرَقٌ	종이 한 장	وَرَقَةٌ	أَوْرَاقٌ
모래	رَمْلٌ	모래 한 알	رَمْلَةٌ	رِمَالٌ
유리	زُجَاجٌ	유리 글래스, 유리병	زُجَاجَةٌ	زُجَاجَاتٌ
밤 (낮의 반대 개념)	لَيْلٌ	하룻 밤	لَيْلَةٌ	لَيْلَاتٌ أَوْ لَيَالٍ
말 (talk, speech)	كَلَامٌ	단어(word)	كَلِمَةٌ	كَلِمَاتٌ

** 종류명사의 다른 종류

종류명사가 가운데는 아래와 같이 종류명사 형태와 보통명사의 단수 형태가 같은 단어도 있다.

종류명사 (اسْمُ الْجِنْسِ)	보통명사의 단수와 복수 – 숫자를 셀 때 사용		
종류 전체를 말할 때 사용		단수(مُفْرَدٌ)	복수(جَمْعٌ)
돌	حَجَرٌ	돌 하나	حَجَرٌ	حِجَارَةٌ، أَحْجَارٌ

(2) 셀 수 없는 종류명사 (اسْمُ الْجِنْسِ الْإِفْرَادِيُّ)

셀 수 없는 종류명사는 '설탕'이나 '소금' 등 그 내용물을 셀 수 없는 단어를 말한다. 다음의 단어들은 사물의 종류 전체를 말하는 종류명사(اسْمُ الْجِنْسِ)이지만 셀 수 없는 명사이기에 보통명사로 사용되는 단수형과 복수형이 따로 존재하지 않는 종류명사이다.

종류명사 (اسْمُ الْجِنْسِ)			
설탕	سُكَّرٌ	소금	مِلْحٌ
밀가루	دَقِيقٌ	요구르트 ; 우유	لَبَنٌ
기름	زَيْتٌ	꿀	عَسَلٌ
물	مَاءٌ	홍차	شَايٌّ

2) 문장에서 종류명사의 사용

(** 아직 문장을 다루지 않았다. 따라서 입문자들의 경우 아래 문장들을 나중에 공부해도 된다.)
종류명사의 의미는 종류 전체를 말하지만 이 단어가 문장에서 사용될 때에는 단수로 취급한다
종류명사는 문장에서 남성단수로 취급한다.

①	카이로에는 나무가 적다. (나무란 종류 전체)	الشَّجَرُ فِي الْقَاهِرَةِ قَلِيلٌ.
②	겨울의 밤은 길다. (밤이란 속성 전체, 낮의 반대)	لَيْلُ الشِّتَاءِ طَوِيلٌ.
③	대추야자는 여름에 많아진다.(대추야자란 종류 전체)	الْبَلَحُ يَكْثُرُ[1] فِي الصَّيْفِ.

그러나 종류명사가 보통명사로 사용될 때에는 일반 다른 명사들처럼 수의 변화를 한다. 아래의 문장들은 위의 예에서 사용된 종류명사가 보통명사로 사용된 예들이다. 각각의 경우 단수로 사용된 경우와 복수로 사용된 경우를 확인하라.

①	이 나무는 열매를 잘 맺힌다. (특정한 한 나무를 말함, 여성단수)	هَذِهِ الشَّجَرَةُ مُثْمِرَةٌ.
	나의 집 정원에 있는 그 나무들은 아름답다. (특정한 나무들, 사물복수. 여성단수취급)	الشَّجَرَاتُ فِي حَدِيقَةِ بَيْتِي جَمِيلَةٌ.
②	오늘 저녁은 춥다. (특정한 한 밤을 말함, 여성단수)	هَذِهِ اللَّيْلَةُ بَارِدَةٌ.
	겨울의 밤들은 길다. (특정한 밤들, nights, 사물복수. 여성단수취급)	لَيَالِي الشِّتَاءِ طَوِيلَةٌ.
③	이 대추야자는 신선하다. (특정한 한 대추야자를 말함, 여성단수)	هَذِهِ الْبَلَحَةُ طَازَجَةٌ.
	이 대추야자들은 맛이 좋다. (특정한 대추야자들, 사물복수. 여성단수취급)	هَذِهِ الْبَلَحَاتُ حُلْوَةٌ.

** 보통명사와 종류명사의 차이

아래의 ①은 종류의 특징을 말하는 종류명사이다.(اسْمُ الْجِنْسِ) 이에반해 ②는 보통명사로서 개수를 말한다. 이처럼 종류명사는 전체 종류의 특징을 말할 때 사용한다.

①	레바논 사과는 이집트에서 유명하다. (레바논 사과 종류 전체)	التُّفَّاحُ اللُّبْنَانِيُّ مَشْهُورٌ فِي مِصْرَ.
②	나는 세 개의 사과를 샀다. (보통의 사과 세 개)	اشْتَرَيْتُ[2] ثَلَاثَ تُفَّاحَاتٍ.
①	이집트의 과일 나무는 (뛰어난) 특징이 있다. (과일 나무 종류 전체)	شَجَرُ الْفَاكِهَةِ فِي مِصْرَ مُمَيَّزٌ.
②	나는 내 집 앞에 두 그루의 나무를 심었다. (보통의 나무 두 그루)	زَرَعْتُ[3] شَجَرَتَيْنِ أَمَامَ بَيْتِي.

---

[1] كَثُرَ/ يَكْثُرُ – كَثْرَةً 늘다, 증가하다

[2] اِشْتَرَى/يَشْتَرِي هـ – اِشْتِرَاءً ..을 사다, 구입하다

[3] زَرَعَ/ يَزْرَعُ هـ – زَرْعً ..을 심다, 씨를 뿌리다 ; 재배하다

3) 단수형이 연고형용사(النَّسَب) 형태인 종류명사

아래의 단어들은 종류 전체를 의미하는 종류명사로서 그 단수형이 종류명사에서 만들어진 연고형용사(النَّسَب) 형태의 단어들이다(빨간색 표기가 종류명사이고 파란색 표기가 연고형용사이다). 예를 들어 عَرَب 은 '아랍 사람들'이란 의미인데, 이 단어의 연고형용사(النَّسَب) 형태인 عَرَبِيّ 이라고 하면 '한 아랍 사람'이라는 의미가 된다. 연고형용사에 대해서는 곧 배운다.

종류명사 (اسْمُ الْجِنْس)		단수형 (연고형용사 형태)	
아랍 사람들	عَرَب	한 아랍 사람 ; 아랍의	عَرَبِيٌّ
베두인들	بَدْوٌ	한 베두인 ; 베두인의	بَدَوِيٌّ/ ـونَ
영국 사람들	إِنْجِلِيز	한 영국인 ; 영국의	إِنْجِلِيزِيٌّ/ ـونَ
동로마 사람들 (지금의 그리스)	رُومٌ	동로마의	رُومِيٌّ/ ـونَ
터키 사람들	تُرْكٌ	한 터키인 ; 터키의	تُرْكِيٌّ/ أَتْرَاكٌ
군인들(soldiers 육.해.공 전체)	جُنْدٌ	한 군인 (육.해.공 전체)	جُنْدِيٌّ/ جُنُودٌ
군인들(soldiers 주로 육군)	عَسْكَرٌ	한 군인 (주로 육군)	عَسْكَرِيٌّ/ ـونَ أَوْ عَسَاكِرُ

→ 이 단어들의 복수를 사용할 경우 أَتْرَاك, رُومِيُّونَ, إِنْجِلِيزِيُّونَ, بَدَوِيُّونَ 을 사용하거나 각각의 종류명사를 복수의 의미로 사용한다. 그러나 عَرَبِيّ 의 경우 복수의 의미로 عَرَب 을 사용한다.

문장의 예

단수형이 연고형용사인 종류명사는 문장에서 복수로 취급된다. (그 단수형 명사는 당연히 단수로 취급된다.)

베두인들은 사막에서 산다. (복수취급) (عَاشَ/ يَعِيشُ)	الْبَدْوُ يَعِيشُونَ فِي الصَّحْرَاءِ.
터키 사람들은 아주 많이 발전(한 사람들)하였다. (복수취급)	التُّرْكُ تَطَوَّرُوا كَثِيرًا.
영국 사람들은 축구의 주인(종주국)이다. (복수취급)	الْإِنْجِلِيزُ أَهْلُ كُرَةِ الْقَدَمِ.
군인들은 아무것도 두려워하지 않는다. (복수취급)	الْجُنْدُ لَا يَخَافُونَ[1] شَيْئًا.
베두인은 사막에서 산다. (단수취급) (일반적인 의미)	الْبَدَوِيُّ يَعِيشُ فِي الصَّحْرَاءِ.
터키 사람은 물담배를 많이 피운다. (단수취급) (일반적인 의미)	التُّرْكِيُّ يُدَخِّنُ[2] الشِّيشَةَ كَثِيرًا.
영국 사람은 축구를 좋아한다. (단수취급) (일반적인 의미) (أَحَبَّ/ يُحِبُّ ه أو ه)	الْإِنْجِلِيزِيُّ يُحِبُّ كُرَةَ الْقَدَمِ.

---

[1] خَافَ/ يَخَافُ هـ أَوْ مِنْ هـ - خَوْفٌ ..을 무서워하다, 두려워하다

[2] دَخَّنَ/ يُدَخِّنُ هـ - تَدْخِينٌ ..을 피우다, (담배를) 피우다

5. 군집명사(اسْمُ الْجَمْعِ)에 대해

군집명사는 사람이나 사물이 모여서 군집을 이룬 것을 나타내는 명사이다. 군집명사는 그 개체 하나로서의 단수 꼴이 없으며 형태는 단수 꼴이지만 그 의미가 많은 무리를 나타낸다. 군집명사는 기본적으로 복수로 취급되지만 단수로 취급되는 경우도 있다.

1) 복수로 취급되는 군집명사

군집명사(اسْمُ الْجَمْعِ)			
인간	بَشَرٌ	친척, 일가 ; 사람	أَهْلٌ
민족, 사람	قَوْمٌ	사람	نَاسٌ أَوْ أُنَاسٌ*
여자들	نِسَاءٌ*		

→ * 표의 경우 نَاسٌ 나 أُنَاسٌ 의 단수꼴을 إِنْسَانٌ 이라고 하는 경우도 있고, نِسَاءٌ 의 단수꼴을 اِمْرَأَةٌ 이라 하기도 한다. 그러나 엄밀한 의미에서는 동일한 어근이 아니므로 단수가 아니며, 따라서 نَاسٌ (혹은 أُنَاسٌ) 과 نِسَاءٌ 을 군집명사로 보는 것이 타당하다 하겠다.

문장의 예
위의 군집명사들은 복수로 취급한다.

그 여자들은 관대하다. (술어에 여성복수꼴이 사용됨)	النِّسَاءُ كَرِيمَاتٌ.
이집트 사람들은 친절하다. (술어에 남성복수꼴이 사용됨)	أَهْلُ مِصْرَ¹ طَيِّبُونَ.
많은 사람들이 와서 그 전시회에 참석했다. (كَثِيرُونَ 이 نَاسٌ 의 수식어)	جَاءَ نَاسٌ كَثِيرُونَ وَحَضَرُوا الْمَعْرِضَ.*
يَجِبُ² أَنْ يَعِيشَ الْبَشَرُ فِي سَلَامٍ وَيُسَاعِدُوا³ بَعْضُهُمْ بَعْضًا⁴.*	
인간은 반드시 평화롭게 살아야 하며 서로서로 도와야 한다.	

→ 위의 *표가 있는 문장에서 주어가 (الْبَشَرُ) 과 نَاسٌ كَثِيرُونَ 가 동사 جَاءَ 와 (يَعِيشُ) 뒤에 올 경우 주어가 복수라고 하더라도 동사는 단수로 취급한다. 이 책 '동사의 일치' 부분을 참고하라.

---

¹ 2격 명사이다.
² يَجِبُ أَنْ ... ...해야 한다.
³ سَاعَدَ / يُسَاعِدُ ه – مُسَاعَدَةً ..을 돕다
⁴ بَعْضُنَا بَعْضًا (그들) 서로서로 بَعْضُهُمْ بَعْضًا (우리) 서로서로

2) 단수로 취급되는 군집명사

아래의 شَعْبٌ 과 جَيْشٌ 는 군집명사이지만 그 복수 단어가 따로 있기에 문장에서 단수로 취급된다.

국민, 백성	شَعْبٌ / شُعُوبٌ	군대(army)	جَيْشٌ / جُيُوشٌ

단수로 취급되는 단어
아래에서 شَعْبٌ 과 جَيْشٌ 은 단수로 취급되었다.

이집트 국민은 위대하다	شَعْبُ مِصْرَ عَظِيمٌ.
국민이 정권을 무너뜨렸다.	الشَّعْبُ أَسْقَطَ[1] النِّظَامَ.
군대는 백성을 돕는다.	يُسَاعِدُ الْجَيْشُ شَعْبَهُ.
이집트 군대는 강해서 그 국경을 방어한다.	جَيْشُ مِصْرَ قَوِيٌّ، يُدَافِعُ[2] عَنْ حُدُودِهَا[3].

** 한편 위 단어의 복수 형태는 사물복수로 간주되어 여성 단수로 취급된다.

아랍 사람들은 그들의 방언들이 다르다.	الشُّعُوبُ الْعَرَبِيَّةُ لَهَجَاتُهَا[4] مُخْتَلِفَةٌ.
아시아 사람들은 아주 발전되었다.	شُعُوبُ آسْيَا تَطَوَّرَتْ[5] كَثِيرًا.
많은 군대들이 전쟁에 참여하였다.	اِشْتَرَكَتْ[6] جُيُوشٌ كَثِيرَةٌ فِي الْحَرْبِ.
유럽 군대들은 연합되어 있다.	الْجُيُوشُ الْأُورُبِّيَّةُ مُتَّحِدَةٌ[7].

---

[1] أَسْقَطَ / يُسْقِطُ هـ - إِسْقَاطٌ ..을 떨구다, 떨어뜨리다 ; 전복하다, 무너뜨리다
[2] دَافَعَ / يُدَافِعُ عَنْ ... - مُدَافَعَةٌ أَوْ دِفَاعٌ ..를 지키다, 방어.보호하다
[3] حَدٌّ / حُدُودٌ 한계, 한도   حُدُودٌ 국경
[4] لَهْجَةٌ / لَهَجَاتٌ 방언, 사투리
[5] تَطَوَّرَ / يَتَطَوَّرُ – تَطَوُّرٌ 발전하다, 발달하다 ; 진화.진보되다
[6] اِشْتَرَكَ / يَشْتَرِكُ فِي – اِشْتِرَاكٌ ..에 참가하다
[7] اِتَّحَدَ / يَتَّحِدُ – اِتِّحَادٌ مُتَّحِدٌ 하나가 되다, 단결하다, 일치되다, 연합하다   مُتَّحِدٌ 하나가 된, 단결된, 연합된

제 8 과 아랍어의 관사, 한정명사(اَلْمَعْرِفَة)와 비한정 명사(اَلنَّكِرَة)

1. 아랍어의 정관사 'ال' – 한정명사 접두어(أَدَاةُ التَّعْرِيفِ)
2. 한정명사(اَلْمَعْرِفَة)와 비한정 명사(اَلنَّكِرَة)의 개념
3. 여러가지 한정명사(مَعْرِفَة)의 종류
4. 정관사(한정명사 접두어) 'ال' 의 발음
5. 문장에서 정관사(한정명사 접두어) 'ال'의 의미
6. 국가명이나 지명에 ال 이 붙는 경우

제 8 과 아랍어의 관사, 한정명사(اَلْمَعْرِفَة)와 비한정 명사(اَلنَّكِرَة)

'관사(Article)'는 명사 앞에 놓여서 그 명사에 대해 제한 혹은 한정의 의미를 부여하는 낱말을 말한다. 영어의 경우 the 를 '정관사'라 하고, a 나 an 는 '부정관사'라 한다. 아랍어에도 이러한 관사의 개념이 있지만 그 용어와 용법이 영어와 다른 점이 많다.

1. 아랍어의 정관사 'الـ' - 한정명사 접두어(أَدَاةُ التَّعْرِيفِ)

아랍어에서 관사의 용도로 사용되는 것은 'الـ' 이다. 이 'الـ' 은 아랍어 보통명사 앞에 접두어로 붙어서 그 명사를 특정하게 한정시키는 역할을 한다. 즉 단수명사나 복수명사 앞에 붙어서 영어의 정관사 the 와 같은 의미를 부여할 수 있다. 아래의 예를 보면 كِتَاب 란 단어에 'الـ'이 붙어 اَلْكِتَابُ 가 될 경우 일반적으로 그 의미가 '그 책'이 되며, 그 의미는 대상을 특정하게 한정하는 의미가 된다.

아랍어 보통명사		정관사 'الـ'이 사용된 경우	
('الـ'이 붙지 않은 단어는 **부정관사적인 의미**)		('الـ'이 붙은 단어는 **정관사적인 의미**)	
한 책 (a book)	كِتَابٌ	그 책 (the book)	اَلْكِتَابُ
한 자동차 (a car)	سَيَّارَةٌ	그 자동차 (the car)	اَلسَّيَّارَةُ

위의 예에서 관사의 용도로 사용되는 'الـ'이 붙었을 경우 그 의미는 영어의 정관사 the 와 같은 의미가 된다. 그렇다면 아랍어에서 영어의 '부정관사'와 같은 의미로 사용되는 것이 있을까?

아랍어에서 영어의 '부정관사'적인 의미로 사용되는 낱말은 없다. 그렇다면 아랍어에서 부정관사적인 의미를 어떻게 만들까?

아랍어에서는 단지 보통명사에 정관사 접두어 'الـ'을 붙이지 않으면 부정관사적인 의미가 된다. 위의 예에서 'الـ'이 붙지 않은 보통명사 자체가 '한 책', '한 자동차'의 의미로 사용된 것을 확인하라.

이처럼 아랍어에서의 관사의 개념은 영어의 그것과 다른 부분이 있다. 뿐만 아니라 아랍어 문법에서 관사에 대한 용어도 '정관사'와 '부정관사' 대신에 '한정명사'(مَعْرِفَةٌ)와 '비한정 명사'(نَكِرَةٌ)를 사용한다.

일반적으로 'الـ'을 '정관사'로 번역하곤 하는데 아랍어 문법에서는 이것을 'أَدَاةُ التَّعْرِيفِ'라고 한다. 이 용어를 용법을 고려하여 바르게 번역하면 '한정명사 접두어(أَدَاةُ التَّعْرِيفِ)' 라고 할 수 있다.[1]

이제 아랍어의 관사의 개념인 '한정명사'(مَعْرِفَةٌ)와 '비한정 명사'(نَكِرَةٌ)에 대해 설명하고자 한다.

---

[1] 아랍어의 'الـ'은 영어의 정관사적인 의미로도 사용되지만 다른 의미로도 사용된다. 따라서 '정관사'라는 번역보다 아랍어 문법에서 일컫는 표현대로 '한정명사화 도구'(أَدَاةُ التَّعْرِيفِ) 혹은 '한정명사 접두어'로 번역하는 것이 바람직하다고 하겠다. 그러나 이 책 제I권에서는 독자들의 혼동을 막기 위해 'الـ' 을 주로 '정관사'로 사용하도록 한다. 이 책 제II권에서 이 'الـ'의 용법을 '한정명사 접두어의 용법에 대해' 부분에서 자세히 다루고 있다.

2. 한정명사(الْمَعْرِفَة)와 비한정 명사(النَّكِرَة)의 개념

'한정명사(الْمَعْرِفَة)'란 대상의 한정이 된 명사를 말하고, '비한정 명사(النَّكِرَة)'란 대상의 한정이 되지 않은 명사를 말한다. 가장 일반적인 '한정명사'는 보통명사에 정관사(한정명사 접두어) 'الـ'이 붙었을 때이며 그 대표적인 의미는 영어의 정관사 의미와 같다고 하겠다. 이에 비해 '비한정 명사(النَّكِرَة)'는 정관사(한정명사 접두어) 'الـ'이 붙지 않은 보통명사를 말하며 그 의미는 영어의 부정관사의 경우와 같다고 하겠다. 아래의 예를 보자.

비한정 명사(النَّكِرَة)		한정명사(الْمَعْرِفَة)	
'الـ'이 붙지 않음. **부정관사적인 의미**		'الـ'이 붙은. **정관사적인 의미**	
한 소년	صَبِيٌّ	그 소년	الصَّبِيُّ
한 채의 집	بَيْتٌ	그 집	الْبَيْتُ
한 개의 펜	قَلَمٌ	그 펜	الْقَلَمُ
한 권의 책	كِتَابٌ	그 책	الْكِتَابُ
한 남자교사	مُدَرِّسٌ	그 남자교사	الْمُدَرِّسُ
한 학생	طَالِبٌ	그 학생	الطَّالِبُ
한 여자교사	مُدَرِّسَةٌ	그 여자교사	الْمُدَرِّسَةُ
한 학교	مَدْرَسَةٌ	그 학교	الْمَدْرَسَةُ
한 여학생	طَالِبَةٌ	그 여학생	الطَّالِبَةُ
한 시계	سَاعَةٌ	그 시계	السَّاعَةُ
한 그림	صُورَةٌ	그 그림	الصُّورَةُ
한 자동차	سَيَّارَةٌ	그 자동차	السَّيَّارَةُ

→ 위 도표에서처럼 한정명사 접두어 'الـ'은 대상의 한정이 없는 비한정 명사(النَّكِرَة)를 대상의 한정이 있는 한정명사(الْمَعْرِفَة)로 만드는 역할을 한다.

보통명사의 한정명사와 비한정 명사
보통명사에 'الـ'이 붙으면 대상의 한정이 있는 '한정명사(الْمَعْرِفَة)'가 되고 'الـ'이 붙지 않으면 대상의 한정이 없는 '비한정 명사(النَّكِرَة)'가 된다.

3. 여러가지 한정명사(اَلْمَعْرِفَة)의 종류

한편 한정명사(اَلْمَعْرِفَة)는 보통명사에 정관사(한정명사 접두어) 'الـ'을 붙이는 경우만 있는 것이 아니라 그 이외에도 여러가지가 있다. 즉 아랍어의 한정명사는 고유명사와 인칭대명사 등과 같이 단어 자체가 이미 특정한 대상을 가리켜 의미의 한정이 되어있는 명사들을 모두 포함한다. 아래에서 여러가지 한정명사의 종류를 살펴보자.

먼저는 보통명사에 정관사(한정명사 접두어) 'الـ'을 붙인 경우 명사의 대상이 특정하게 한정되었기에 한정명사가 된다. 또한 고유명사는 특정 사람이나 사물의 이름을 말하는 것이므로 한정명사가 된다. 그 외에도 인칭대명사, 지시대명사, 관계대명사, 한정형태의 연결형(اَلْإِضَافَة)도 어떤 특정한 사람이나 사물에 대해 지정되어 있는 것이므로 한정명사가 된다.

아래는 한정명사의 종류를 도표로 나타내었다. 각각의 문법적인 내용은 앞으로 공부하게 될 것이므로 지금은 참고로 알아두자.

한정명사의 종류	한정명사의 예들
보통명사에 الـ 이 붙었을 경우 (오른쪽부터 '그 남자', '그 사자', '그 강', '그 도시')	اَلرَّجُلُ، اَلْأَسَدُ، اَلنَّهْرُ، اَلْمَدِينَةُ ...
고유명사 (اِسْمُ عَلَم) (오른쪽부터 '무함마드', '싸미르', '카이로', '이집트')	مُحَمَّدٌ، سَمِيرٌ، اَلْقَاهِرَةُ *، مِصْرُ ...
인칭대명사 (오른쪽부터 '나는', '당신은', '그는', '그녀는', '그들은')	أَنَا، أَنْتَ، هُوَ، هِيَ، هُمْ ...
지시대명사 (오른쪽부터 '이것은(m.)', '이것은(f.)', '이것들은')	هَذَا، هَذِهِ، هَؤُلَاءِ ...
관계대명사 (오른쪽부터 남성단수형, 여성단수형, 남성복수형)	اَلَّذِي، اَلَّتِي، اَلَّذِينَ ...
한정형태의 연결형(اَلْإِضَافَة) (오른쪽부터 '그 학생의 책', '그 남자의 집', '내 자동차')	كِتَابُ الطَّالِبِ، بَيْتُ الرَّجُلِ، سَيَّارَتِي ...

➜ 위의 * 표가 붙은 اَلْقَاهِرَة 단어의 경우 고유명사에 الـ 이 붙은 경우이다. 간혹 나라 이름이나 수도 이름 등에서 이런 단어들이 있다.

앞으로 이 책에서 '정관사'와 '부정관사'의 표현보다 '한정명사(اَلْمَعْرِفَة)'와 '비한정 명사(اَلنَّكِرَة)'로 주로 사용한다. 또한 '한정명사(اَلْمَعْرِفَة)'를 '한정형태의 명사'라고 하기도 하고, '비한정 명사(اَلنَّكِرَة)'를 '비한정 형태의 명사'라 표현한 경우도 있다.

4. 정관사(한정명사 접두어) 'الـ'의 발음

1) 정관사 'الـ'의 알리프(ا)발음

정관사(한정명사 접두어) 'الـ' 의 알리프(ا)발음은 이 책 제 5 과 '함자에 대해서' 부분의 연결함자(هَمْزَةُ الْوَصْلِ)의 발음 규칙 부분에서 공부하였다. 즉 정관사 الـ 이 붙은 단어로 문장을 시작하거나 이 단어 앞에서 읽기를 쉬었다가 이 단어로 읽기를 다시 시작할 경우 이 'ا'을 원래의 함자 음가인 성문 폐쇄음(glottal stop)으로 발음해야 한다.

'al-kitābu 그 책은	الْكِتَابُ
'al-baytu 그 집은	الْبَيْتُ

그러나 만일 정관사 الـ 이 붙은 단어가 문장의 중간에 와서 그 앞에 있는 다른 단어에 이어서 읽을 경우 연결함자(هَمْزَةُ الْوَصْلِ)의 발음 규칙에 따라 'ا'를 발음하지 않고(즉 함자 발음 'a 없이) 앞 단어에 이어서 발음한다.

fawqa-lkitābi 그 책 위에	فَوْقَ الْكِتَابِ
fi-lbayti 그 집 안에	فِي الْبَيْتِ

→ 위의 فِي الْبَيْتِ 에서 فِي 의 장모음 'ي' 은 단모음으로 변한다.
→ 정관사 الـ 이 붙은 단어들의 발음에 대한 더 자세한 설명은 이 책 제 5 과의 함자 발음 규칙 부분에서 공부하라.

2) 정관사 'الـ' 의 'لـ' (لَام) 발음 - 달문자(الْحُرُوفُ الْقَمَرِيَّةُ)와 해문자(الْحُرُوفُ الشَّمْسِيَّةُ)

정관사 'الـ' 의 'لـ'(لَام)발음 부분은 그 뒤에 오는 단어의 첫 음가에 따라서 두 종류로 나뉜다. 먼저는 일반적인 경우로 원래의 'لـ' (لَام) 발음 음가를 그대로 발음하는 경우와, 두 번째는 لـ 뒤에 오는 명사의 첫 자음 음가의 영향을 받아 'لـ' (لَام) 발음 음가를 달리 발음하는 경우로 나뉜다. 전자의 경우를 '달문자'라 하고 후자의 경우를 '해문자'라 한다.

(1) 달문자(الْحُرُوفُ الْقَمَرِيَّةُ)의 발음

'달문자(الْحُرُوفُ الْقَمَرِيَّةُ)'란 아랍어로 '달(moon)'의 의미를 가진 قَمَر 라는 단어에 정관사 الـ 이 붙었을 경우와 같은 형태의 발음을 하는 철자들을 말한다. 즉 قَمَر 에 정관사 الـ 이 붙으면 이것은 원래의 الـ 발음 음가와 같이 ' 'al ' 로 발음하게 된다. 이처럼 원래의 'لـ' (لَام) 발음 음가를 그대로 발음하는 철자들을 달문자(الْحُرُوفُ الْقَمَرِيَّةُ)라고 한다.

'al-qamaru 그 달	الْقَمَرُ

이런 달문자의 발음을 하는 철자들은 다음과 같다.

달문자의 종류(اَلْحُرُوفُ الْقَمَرِيَّةُ)
أ , ب , ج , ح , خ , غ , ع , ف , ق , ك , م , ه , و , ي ←

달문자(اَلْحُرُوفُ الْقَمَرِيَّةُ)가 사용된 단어의 예를 보자.

그 아버지 'al-'abu	اَلْأَبُ	그 문 'al-bābu	اَلْبَابُ
그 이웃 'al-jāru	اَلْجَارُ	그 사고 'al-ḥādithatu	اَلْحَادِثَةُ
그 빵 'al-khobzu	اَلْخُبْزُ	그 눈 'al-'aynu	اَلْعَيْنُ
그 방 'al-ghorfatu	اَلْغُرْفَةُ	그 팀 'al-farīqu	اَلْفَرِيقُ
그 궁전 'al-qaṣru	اَلْقَصْرُ	그 단어 'al-kalimatu	اَلْكَلِمَةُ
그 사무실 'al-maktabu	اَلْمَكْتَبُ	그 이민 'al-hijratu	اَلْهِجْرَةُ
그 숙제 'al-wājibu	اَلْوَاجِبُ	그 손 'al-yadu	اَلْيَدُ

(2) 해문자(اَلْحُرُوفُ الشَّمْسِيَّةُ)의 발음

해문자(اَلْحُرُوفُ الشَّمْسِيَّةُ)란 아랍어의 '해(sun)'에 해당되는 شَمْس 라는 단어에 정관사 اَلـ 이 붙었을 경우와 같이 발음 동화현상이 일어나는 철자들을 말한다. شَمْس 에 اَلـ 이 붙으면 이 اَلـ 은 원래의 발음인 'al'로 발음이 되는 것이 아니라 'ش'의 영향을 받아 'ash'로 바뀐다. (그래서 아랍어로는 اَلشَّمْسُ 로 표기되고 그 발음은 'ash-shamsu 가 된다.)
다시 말해 해문자들이 정관사 اَلـ 과 만났을 경우 ـل 의 음가는 그 뒤에 오는 해문자의 음가로 바뀌어 같은 자음 두 개가 반복 표기되며(중복자음이 됨), 그 모음부호가 ـل 에 붙는 수쿤은 사라지고 대신 중복자음 위에 원래의 단어에 붙는 파트하를 그대로 표기해 준다.

اَلشَّمْسُ (× اَلْشَمْسُ)	'ash-shamsu 그 해

→ 위에서 ش (sh) 음가가 두 개가 된 것을 확인하라.

이런 해문자의 발음을 하는 철자들은 다음과 같다.

해문자의 종류(اَلْحُرُوفُ الشَّمْسِيَّةُ)
← ت , ث , د , ذ , ر , ز , س , ش , ص , ض , ط , ظ , ل , ن

해문자가 사용된 단어들의 예를 보자.

해문자의 자음들이 정관사 ال 이 붙은 단어의 첫 자음으로 올 경우 이 첫 자음의 음가에 동화되어 ''a + 첫 자음'으로 발음된다.

그 상인 'at-tājiru	التَّاجِرُ	그 수소(bull) 'ath-thawru	الثَّوْرُ
그 레슨(lesson) 'ad-darsu	الدَّرْسُ	그 늑대 'adh-dhi'bu	الذِّئْبُ
그 남자 'ar-rajulu	الرَّجُلُ	그 방문 'az-ziyāratu	الزِّيَارَةُ
그 자동차 'as-sayyāratu	السَّيَّارَةُ	그 거리 'ash-shāri'u	الشَّارِعُ
그 그림 'aṣ-ṣuuratu	الصُّورَةُ	그 손님 'aḍ-ḍayfu	الضَّيْفُ
그 학생 'aṭ-ṭālibu	الطَّالِبُ	그 오후 'aẓ-ẓohru	الظُّهْرُ
그 놀이 'al-lu'batu	اللُّعْبَةُ	그 강 'an-nahru	النَّهْرُ

→ 위의 해문자들의 발음 특징은 대부분 치음(齒音)이거나 설음(舌音, 혀소리)으로서 입술 가까운 곳에서 소리난다는 것이다. 즉 정관사 ال 이 치음이나 혹은 설음과 만날 때 그 발음을 더 쉽게 하기 위해 이러한 발음순화 현상이 일어난다 하겠다.

→ 해문자의 종류를 하나하나 암기하기는 쉽지 않다. 이 자음들의 소리 위치가 주로 입술에서 가까운 곳(치음(齒音)과 설음(舌音))이라는 것을 기억하고, 그곳에서 소리 나는 자음들을 ال 과 함께 발음할 경우에 위의 해문자 형태의 발음(중복자음 발음)을 한다고 생각하면 된다.

→ 입술에서 가까운 곳에서 발음되더라도 아래와 같은 단어들(순음(脣音) - 입술소리 등)의 경우 달문자로 발음된다.

그 문 'al-bābu	الْبَابُ	그 사무실 'al-maktabu	الْمَكْتَبُ
그 팀 'al-farīqu	الْفَرِيقُ	그 손 'al-yadu	الْيَدُ

5. 문장에서 정관사(한정명사 접두어) اﻟ 의 의미

(** 아직 문장을 다루지 않았다. 따라서 입문자의 경우 아래 문장들을 나중에 공부해도 된다.)
보통명사에 정관사 'اﻟ'이 붙으면 한정명사가 되는 것을 배웠다. 보통명사에 اﻟ 이 붙었을 경우 일반적으로는 '그(the)'의 의미가 된다. 즉 رَجُلٌ 이 '한 남자'의 의미라면 اَلرَّجُلُ 은 '그 남자'가 되는 것이다.

그 남자는 마음씨가 좋다.	اَلرَّجُلُ طَيِّبٌ.
나는 그 젊은 여자를 보았다.	رَأَيْتُ الْفَتَاةَ.
나는 그 선생님께 인사했다.	سَلَّمْتُ عَلَى الْمُدَرِّسِ.
이 사전은 아주 유익하다.	هَذَا الْقَامُوسُ مُفِيدٌ جِدًّا.

위의 'اﻟ'의 용법은 영어의 정관사 the 의 용법과 같다고 하겠다. 아랍어의 'اﻟ'은 이것 이외에도 여러 가지 용법이 있는데 그 자세한 내용은 이 책 제Ⅱ권의 '한정명사 접두어 اﻟ 의 용법에 대해' 부분에서 다루고 있다. 이 과에서는 앞으로 제Ⅰ권의 내용들을 공부하기 위해 'اﻟ'의 용법 가운데 대표적인 것들을 공부하도록 한다.

일반적으로 'اﻟ'은 정관사적인 의미로 사용되어 문장에서 '그(the)'로 번역되지만 다음의 경우들은 '그 (the)'로 번역되지 않는다.

1) 사람이나 사물의 일반적인 종류나 진리를 말하는 경우 - '일반화의 اﻟ'

아래 문장의 예에서처럼 '남자는 여자 앞에서 약하다' 라고 할 때 여기서 사용된 '남자'와 '여자'는 어떤 특정한 '그 남자'와 '그 여자'가 아니라 남자 전체와 여자 전체를 가리킨다. 이와 같이 사람 혹은 사물 보통명사가 일반화된 종류를 나타낼 때 اﻟ 이 사용되며, 이때의 اﻟ 는 '그(the)'로 번역되지 않는다. 일반적인 사실, 사회의 일반적인 현상, 속담과 격언 등을 이야기할 때 주로 사용된다.

남자는 여자 앞에서 약하다.	اَلرَّجُلُ ضَعِيفٌ أَمَامَ الْمَرْأَةِ.
학생들은 공휴일을 기대한다.	اَلطُّلَّابُ يَتَوَقَّعُونَ[1] الْإِجَازَةَ.
올리브는 당신의 건강을 위해 좋다.	اَلزَّيْتُونُ جَيِّدٌ لِصِحَّتِكَ.
설탕은 비싸다	اَلسُّكَّرُ غَالٍ.
인간은 말하는 동물이다.	اَلْإِنْسَانُ حَيَوَانٌ نَاطِقٌ.

---

[1] تَوَقَّعَ – تَوَقَّعَ هـ / يَتَوَقَّعُ ..을 기대하다

2) 추상명사(اسْمُ مَعْنًى)의 경우
추상명사에 사용된 الـ 은 '그(the)'로 번역하지 않는다.

인내는 아름답다.	الصَّبْرُ جَمِيلٌ.
사랑은 없어지지 않는다.	الْمَحَبَّةُ لَا تَزُولُ[1].
진실은 거짓보다 강하다.	الْحَقِيقَةُ أَقْوَى[2] مِنَ الْكَذِبِ.
정직이 최선의 정책이다.	الصِّدْقُ هُوَ أَفْضَلُ[3] سِيَاسَةٍ.

3) 동작이나 상태를 의미하는 동명사의 경우
동작이나 상태를 의미하는 동명사가 원래의 동명사 의미로 사용될 때 '그(the)' 로 번역하지 않는다.

나는 책 읽기를 좋아한다.	أُحِبُّ الْقِرَاءَةَ.
우리는 공부 이후에 축구를 했다.	لَعِبْنَا[4] كُرَةَ الْقَدَمِ بَعْدَ الدِّرَاسَةِ.
자격증을 취득하는 것은 어렵다.	الْحُصُولُ[5] عَلَى الشَّهَادَةِ صَعْبٌ.
카이로의 거리들을 걷는 것은 어렵다.	الْمَشْيُ فِي شَوَارِعِ الْقَاهِرَةِ صَعْبٌ.

위의 2)와 3)의 경우를 1)의 '일반화의 الـ'과 같은 의미로 볼 수도 있다. 그러나 아래에서처럼 형태는 동명사이지만 보통명사로 사용될 경우 '그(the)'의 의미가 살아난다. 동명사에 대해서는 이 책 '동명사' 부분에서 공부하도록 하자.

그 모임은 모레(the day after tomorrow)이다.	الِاجْتِمَاعُ بَعْدَ غَدٍ.
그 리포트는 좋았다.	كَانَ التَّقْرِيرُ جَيِّدًا.

** 이 책에서 الـ 의 번역을 종종 괄호를 사용하여 '(그)' 라고 하고 있다. 이 경우는 관사 الـ 의 번역을 화자와 청자가 알고 있는 특정한 사물로 보아 '그'라고 번역해도 되고, 일반적인 사물 혹은 일반적인 종류로 보아 '그'를 번역하지 않아도 되는 경우이다.

싸미르는 (그) 집에 있다.	سَمِيرٌ فِي الْمَنْزِلِ.
그 펜은 (그) 책상 위에 있다.	الْقَلَمُ عَلَى الْمَكْتَبِ.

---

[1] زَالَ/ يَزُولُ - زَوَالٌ 없어지다, 사라지다   مَا زَالَ/ لَا يَزَالُ 아직도 ..하다(still)
[2] قَوِيٌّ 강한(strong)   أَقْوَى 더 강한(비교급)   أَقْوَى مِنْ ..보다 더 강한
[3] أَفْضَلُ ..보다 더 나은   أَفْضَلُ سِيَاسَةٍ 가장좋은 정책
[4] لَعِبَ/ يَلْعَبُ (ب) – لَعِبَ/ يَلْعَبُ هـ 놀다, ..을 가지고 놀다 ; (게임 등을) 경기하다 ; (악기 등을) 연주하다
[5] حَصَلَ/ يَحْصُلُ عَلَى – حُصُولٌ عَلَى ..을 획득하다, 달성하다

6. 국가명이나 지명에 الـ이 붙는 경우

아랍어의 국가명이나 지명 가운데 어떤 지명에는 아래와 같이 정관사 الـ이 붙어 있다. 이는 아랍 사람들이 습관적으로 지명에 الـ를 붙이는 경우이므로 나올 때마다 따로 익혀두어야 하며, 이때의 정관사 الـ는 '그(the)'로 번역하지 않는다.

1) الـ이 붙은 국가명

모로코	الْمَغْرِبُ	예멘	الْيَمَنُ
바레인	الْبَحْرَيْنِ	요르단	الأُرْدُنُ
아랍에메레이트	الإِمَارَاتُ	이라크	الْعِرَاقُ
알제리	الْجَزَائِرُ	쿠웨이트	الْكُوَيْتُ
수단	السُّودَانُ	사우디아라비아	السَّعُودِيَّةُ

→ الـ이 붙지 않은 국가명도 많이 있다. 예: تُونُسُ, لِيبِيَا, لُبْنَانُ, مِصْرُ 등

2) الـ이 붙은 지명

카이로	الْقَاهِرَةُ *	리야드 (사우디 아라비아의 수도)	الرِّيَاضُ
알렉산드리아	الإِسْكَنْدَرِيَّةُ	카르툼 (수단의 수도)	الْخُرْطُومُ
예루살렘	الْقُدْسُ	리바트 (모로코의 수도)	الرِّبَاطُ
도하 (카타르의 수도)	الدَّوْحَةُ	마나마 (바레인의 수도)	الْمَنَامَةُ

→ 위의 단어들이 الـ 없이 사용되는 경우도 있다. 예: قَاهِرَةُ الْمُعِزِّ 알무잇즈의 카이로 (여기서 알무잇즈는 카이로를 건설한 사람 이름이다.)

제 9 과 형용사(الصِّفَة)

1. 형용사 변화와 기본적인 형용사 단어 익히기
2. 형용사의 용법 – 수식용법과 서술용법
3. 형용사의 수식용법에 대해
4. 여성단수와 복수형태가 독특한 패턴의 형용사들
5. 더 많은 형용사 단어 익히기

제 9과 형용사(الصِّفَة)

형용사(الصِّفَةُ)는 사물의 성질이나 상태를 묘사할 때 사용하는 단어이다. 묘사하기를 좋아하는 아랍 사람들이기에 아랍어에 수많은 형용사가 존재한다. 그래서 형용사 어휘를 익히고 그 용법을 파악하는 일은 중요하다.

영어 문법에서 형용사는 두 가지 용법으로 사용된다. 형용사의 '수식용법'과 '서술용법'이 그것이다. 수식용법이란 형용사가 다른 명사를 수식하는 경우를 말한다. 즉 '큰 집', '쉬운 책', '아름다운 소녀' 등과 같이 다른 명사를 수식하는 것이 형용사이다. 서술용법이란 형용사가 문장에서 술어(보어)로 사용되는 경우를 말한다. 즉 '그 집은 크다', '그 책은 쉽다', '그 소녀는 아름답다' 등의 문장에서 술어로 사용된 것이 형용사이다.

아랍어 형용사는 영어의 이러한 용법과 개념은 동일하지만 그 어순에 차이점이 있다. 즉 아랍어 형용사도 수식용법과 서술용법으로 나눌 수 있다. 수식용법의 형용사는 영어나 한글과 달리 명사 뒤에 위치하여 앞에 위치한 명사를 수식한다. 이러한 수식용법의 형용사를 '수식어(نَعْتٌ)'라고 한다. 서술용법의 형용사는 영어와 같이 문장의 술어(혹은 보어)로 사용되어 주어를 서술한다. 이러한 서술용법의 형용사를 '술어(خَبَرٌ)'라고 한다. 이렇게 아랍어의 형용사는 그 사용되는 기능에 따라 '수식어'와 '술어'로 구분된다.

이러한 아랍어 형용사 단어는 그 용법에 따라 수식어(نَعْتٌ)와 술어(خَبَرٌ)로 칭해지지만, 품사를 구분할 때는 그것을 '명사(اِسْمٌ)'라 한다. 즉 형용사는 아랍어의 세 가지 품사인 명사(الاِسْمُ), 동사(الفِعْلُ), 불변사(الحَرْفُ) 가운데 '명사'에 속하는 것이다. 아랍어를 처음 배우는 사람의 경우 '형용사가 어떻게 명사가 되느냐?'고 하겠지만 아랍어 품사의 범주에서 '형용사는 명사(الاِسْمُ)'라는 것을 명심하도록 하자.

아랍어에서 형용사로 사용되는 단어들의 유형(pattern)은 유사형용사(الصِّفَةُ المُشَبَّهَةُ), 과장형용사(صِيغَةُ المُبَالَغَةِ), 능동분사(اِسْمُ الفَاعِلِ), 수동분사(اِسْمُ المَفْعُولِ), 연고형용사(النَّسَبُ) 등이 있다. 즉 이런 유형의 단어들이 형용사의 두 가지 대표적인 기능인 '수식어(النَّعْتُ)와 술어(الخَبَرُ)로 사용되는 것이다.

이 책에서 형용사가 수식용법으로 사용될 경우 '수식어(نَعْتٌ)'로 표시하고, 술어로 사용될 경우 '술어(خَبَرٌ)'로 표시한다.[1]

이 과에서 기본적인 형용사 단어들의 의미와 그 변화형을 익히고 그 용법을 공부하고자 한다.

---

[1] صِفَةٌ 와 نَعْتٌ 가 혼동되는 것이 사실이다. صِفَةٌ 은 아랍어 문법의 어형론(الصَّرْفُ)에서 주로 사용하는 용어로 우리말 '형용사'라 할 수 있고, نَعْتٌ 은 구문론(النَّحْوُ)에서 격변화(الإِعْرَابُ)를 다룰 때 주로 사용하는 용어로 '수식어'라 할 수 있다. 형용사(صِفَةٌ)는 문장에서 술어(خَبَرٌ)로 사용될 수 있지만, 술어(خَبَرٌ)로 사용된 형용사를 수식어(نَعْتٌ)라고 말하지는 않는다. (예 : هُوَ جَمِيلٌ 에서 جَمِيلٌ 은 문장에서 술어(خَبَرٌ)로 사용되었다. 여기서 'جَمِيلٌ' 한 단어의 형태를 '형용사(صِفَةٌ)' 혹은 유사형용사(صِفَةٌ مُشَبَّهَةٌ)라고 하는 반면 نَعْتٌ 라 하지는 않는다.)

1. 형용사 변화와 기본적인 형용사 단어 익히기

아랍어 형용사도 명사와 같이 성과 수의 변화를 한다. 아래에서 형용사의 규칙변화와 불규칙 변화 형태를 익히도록 하자.

1) 형용사의 규칙변화

다음은 기본적인 형용사 단어들의 규칙적인 변화 형태를 보여주는 도표이다.

형용사의 규칙 변화				
의미	남성 단수(مُذ)	여성 단수(مُؤ)	남성 사람 복수	여성 사람 복수
많은	كَثِيرٌ	كَثِيرَةٌ	ـُونَ	ـَاتٌ
적은	قَلِيلٌ	قَلِيلَةٌ	ـُونَ	ـَاتٌ
좋은(good), 훌륭한	جَيِّدٌ	جَيِّدَةٌ	ـُونَ	ـَاتٌ
나쁜(bad)	سَيِّئٌ	سَيِّئَةٌ	ـُونَ	ـَاتٌ
먼	بَعِيدٌ	بَعِيدَةٌ	ـُونَ	ـَاتٌ
가까운	قَرِيبٌ	قَرِيبَةٌ	ـُونَ	ـَاتٌ

→위의 도표에서 보는 것처럼 규칙변화하는 형용사는 남성 단수와 여성 단수, 남성 사람 복수와 여성 사람 복수에서 규칙성을 찾을 수 있다.

→형용사의 기본형은 남성 단수이다. 따라서 대부분의 형용사 단어를 익힐때 남성 단수 형태를 익히도록 하자.

→남성 단수 형태에 ة(테마부타) 가 붙으면 여성 단수 형태가 된다.

→남성 단수 단어의 어미에 ـُونَ 형태가 붙으면 남성 사람 복수 형태가 된다.

→남성 단수 단어의 어미에 ـَاتٌ 이 붙으면 여성 사람 복수가 된다.

2) 형용사의 불규칙 변화

아랍어 문법에서 형용사는 명사이기 때문에 다른 명사 단어처럼 규칙 변화할 수도 있고 불규칙 변화를 할 수도 있다. 다음은 기본적인 형용사 단어들의 불규칙 변화를 보여주는 도표이다.

의미	남성 단수(مذ)	여성 단수(مؤ)	남성 사람 복수	여성 사람 복수	사물 복수
많은	كَثِيرٌ	كَثِيرَةٌ	ـُونَ، كِثَارٌ	ـَاتٌ، كِثَارٌ	
적은	قَلِيلٌ	قَلِيلَةٌ	ـُونَ، أَقِلَّاءُ، قُلَّلٌ، قَلَائِلٌ	ـَاتٌ، قَلَائِلٌ	قَلَائِلٌ
큰 (big, 크기가) ; 나이가 많은	كَبِيرٌ	كَبِيرَةٌ	كِبَارٌ، كُبَرَاءُ	ـَاتٌ، كِبَارٌ	كَبَائِرٌ
작은 ; 나이가 적은	صَغِيرٌ	صَغِيرَةٌ	صِغَارٌ	ـَاتٌ، صِغَارٌ	صَغَائِرٌ
긴	طَوِيلٌ	طَوِيلَةٌ	طِوَالٌ	ـَاتٌ، طِوَالٌ	
짧은	قَصِيرٌ	قَصِيرَةٌ	قِصَارٌ، قُصَرَاءُ	ـَاتٌ، قِصَارٌ، قَصَائِرٌ	قَصَائِرٌ

→위의 도표에서 보는 것처럼 아랍어의 형용사는 남성 사람 복수와, 여성 사람 복수, 그리고 사물 복수 꼴에서 불규칙 변화하는 경우가 많다. (파란색 표시)
→복수형에 불규칙 변화가 있는 형용사도 그 여성 단수형태는 ة (테마부타)만 붙는다. 즉 대부분 형용사의 여성단수 형태는 규칙변화이다.
→형용사의 불규칙 변화에 많이 사용되는 패턴은 فَعْلَى ، فَعَالَى ، فُعْلَانٌ ، فُعَّلٌ ، فَعَائِلٌ ، فُعَلَاءُ ، فِعَالٌ 이다.
→복수형에 불규칙 변화가 있는 형용사의 많은 수는 규칙변화(ـُونَ 와 ـَاتٌ) 꼴도 함께 사용할 수 있다.

** 형용사를 익힐 때 남성 단수 형태를 먼저 익히도록 하자. 여성 단수의 경우 규칙변화가 대부분이기에 따로 외울 필요가 없다. 복수의 경우 규칙변화형인 ـُونَ 과 ـَاتٌ 의 형태를 중심으로 익히도록 하자. 불규칙 변화의 경우 나중에 익혀도 된다.

3) 기본적인 형용사 단어 익히기

다음의 형용사 단어들은 기본적인 형용사 단어들로서 반대 개념을 기준으로 배열되어 있다. 아래의 단어를 익힐 때 그 반대말과 함께 익히면 형용사의 의미를 정확하게 파악하는데 많은 도움이 된다. 아래의 남성형을 중심으로 단어들을 익히자. 여성단수의 경우 대부분 규칙변화하기 때문에 암기할 필요가 없다. 복수의 경우는 규칙복수 중심으로 공부하자. 또한 각각의 형용사가 사람에게 사용되는지 혹은 사물에게 사용되는지도 염두에 두자.

의미	남성 단수 (مذ)	여성 단수 (مؤ)	남성 사람 복수	여성 사람 복수	사물 복수
많은 (양이)	كَثِيرٌ	كَثِيرَةٌ	ـونَ، كِثَارٌ	ـاتٌ، كِثَارٌ	
적은 (양이)	قَلِيلٌ	قَلِيلَةٌ	ـونَ، أَقِلَّاءُ، قُلُلٌ، قَلَائِلُ	ـاتٌ، قَلَائِلُ	قَلَائِلُ
큰 (big, 크기가) ; 나이가 많은	كَبِيرٌ	كَبِيرَةٌ	ـونَ، كِبَارٌ، كُبَرَاءُ	ـاتٌ، كِبَارٌ	كَبَائِرُ
거대한(huge), 아주 큰	ضَخْمٌ	ضَخْمَةٌ	ضِخَامٌ	ـاتٌ، ضِخَامٌ	
작은 (크기가) ; 나이가 적은	صَغِيرٌ	صَغِيرَةٌ	صِغَارٌ	ـاتٌ، صِغَارٌ	صَغَائِرُ
긴	طَوِيلٌ	طَوِيلَةٌ	طِوَالٌ	ـاتٌ، طِوَالٌ	
짧은	قَصِيرٌ	قَصِيرَةٌ	قِصَارٌ، قُصَرَاءُ	ـاتٌ، قِصَارٌ، قَصَائِرُ	قَصَائِرُ
먼	بَعِيدٌ	بَعِيدَةٌ	ـونَ، بُعَدَاءُ، بِعَادٌ، بُعُدٌ	ـاتٌ، بِعَادٌ	
가까운	قَرِيبٌ	قَرِيبَةٌ	ـونَ، أَقْرِبَاءُ، قَرَابَى	ـاتٌ، قَرَائِبُ	قَرَائِبُ
빠른	سَرِيعٌ	سَرِيعَةٌ	سِرَاعٌ	ـاتٌ، سِرَاعٌ	
느린	بَطِيءٌ	بَطِيئَةٌ	ـونَ، بِطَاءٌ	ـاتٌ، بِطَاءٌ	
새로운(new)	جَدِيدٌ	جَدِيدَةٌ	جُدُدٌ، جُدَدٌ، أَجِدَّةٌ	ـاتٌ	
오래된(old) ; 고대의(ancient)	قَدِيمٌ	قَدِيمَةٌ	قُدَمَاءُ، قُدَامَى	ـاتٌ، قَدَائِمُ	قَدَائِمُ
현대의(modern)	حَدِيثٌ	حَدِيثَةٌ	حِدَاثٌ، حُدَثَاءُ	ـاتٌ، حِدَاثٌ	
무거운	ثَقِيلٌ	ثَقِيلَةٌ	ثُقَلَاءُ، ثِقَالٌ	ـاتٌ، ثِقَالٌ	
가벼운	خَفِيفٌ	خَفِيفَةٌ	خِفَافٌ، أَخْفَاءُ	ـاتٌ، خِفَافٌ	
쉬운	سَهْلٌ	سَهْلَةٌ			
어려운	صَعْبٌ	صَعْبَةٌ			صِعَابٌ
높은	عَالٍ (الْعَالِي)	عَالِيَةٌ	ـونَ	ـاتٌ، عَوَالٍ (الْعَوَالِي)	

뜻	남성 단수	여성 단수	남성 복수	여성 복수	복수
높은 (고도 등이)	مُرْتَفِعٌ	مُرْتَفِعَةٌ	ـونَ	ـاتٌ	
낮은	مُنْخَفِضٌ	مُنْخَفِضَةٌ	ـونَ	ـاتٌ	
넓은 (면적이)	وَاسِعٌ	وَاسِعَةٌ	ـونَ	ـاتٌ	
넓은 (폭이)	عَرِيضٌ	عَرِيضَةٌ	عِرَاضٌ	ـاتٌ، عِرَاضٌ	عَرَائِضُ
좁은, 비좁은	ضَيِّقٌ	ضَيِّقَةٌ	ـونَ	ـاتٌ	
강한	قَوِيٌّ	قَوِيَّةٌ	أَقْوِيَاءُ	ـاتٌ	
엄격한 ; 강한	شَدِيدٌ	شَدِيدَةٌ	شِدَادٌ / أَشِدَّاءُ	ـاتٌ، شِدَادٌ، شَدَائِدُ	شَدَائِدُ
약한	ضَعِيفٌ	ضَعِيفَةٌ	ضِعَافٌ، ضُعَفَاءُ	ـاتٌ، ضِعَافٌ	
비싼(expensive)	غَالٍ (الْغَالِي)	غَالِيَةٌ	غُلَاةٌ	ـاتٌ، غَوَالٍ (الْغَوَالِي)	
가치있는(valuable), 귀한(precious)	ثَمِينٌ	ثَمِينَةٌ	أَثْمَانٌ	ـاتٌ	
값싼(cheap)	رَخِيصٌ	رَخِيصَةٌ	رِخَاصٌ	ـاتٌ، رِخَاصٌ، رَخَائِصُ	رَخَائِصُ
부자의	غَنِيٌّ	غَنِيَّةٌ	أَغْنِيَاءُ	ـاتٌ	
가난한	فَقِيرٌ	فَقِيرَةٌ	فُقَرَاءُ	ـاتٌ	
깨끗한	نَظِيفٌ	نَظِيفَةٌ	ـونَ، نُظَفَاءُ	ـاتٌ	
더러운	قَذِرٌ	قَذِرَةٌ	أَقْذَارٌ	ـاتٌ	
더러운	وَسِخٌ	وَسِخَةٌ	أَوْسَاخٌ	ـاتٌ	
이성적인, 현명한 (사람)	عَاقِلٌ	عَاقِلَةٌ	ـونَ، عُقَلَاءُ	ـاتٌ، عَوَاقِلُ	
미친(사람)	مَجْنُونٌ	مَجْنُونَةٌ	مَجَانِينُ	ـاتٌ	
이치에 맞는, 합리적인(사물)	مَعْقُولٌ	مَعْقُولَةٌ			
이치에 맞지 않는 (사물)	غَيْرُ مَعْقُولٍ	غَيْرُ مَعْقُولَةٍ			
아름다운 ; 미녀의	جَمِيلٌ	جَمِيلَةٌ	جُمَلَاءُ	ـاتٌ، جَمَائِلُ	
추한	قَبِيحٌ	قَبِيحَةٌ	قِبَاحٌ، قُبْحَى	ـاتٌ، قِبَاحٌ، قَبَائِحُ	
미남의	وَسِيمٌ	وَسِيمَةٌ	وِسَامٌ، وُسَمَاءُ	ـاتٌ، وِسَامٌ	
뜨거운 (온도, 사람)	سَاخِنٌ	سَاخِنَةٌ	سُخَانٌ	ـاتٌ	
	سُخْنٌ	سُخْنَةٌ			

146

제9과 형용사

의미	남성단수	여성단수	남성복수	여성복수	기타
따뜻한 (온도, 사람)	دَافِئٌ، دَفِيءٌ	دَافِئَةٌ، دَفِيئَةٌ	دِفَاءٌ، دِفَاءٌ	ـَاتٌ، دِفَاءٌ، دِفَاءٌ	
미지근한 (온도, 사람)	فَاتِرٌ	فَاتِرَةٌ	ـُونَ	ـَاتٌ	
차가운 (온도, 날씨, 사람)	بَارِدٌ	بَارِدَةٌ	ـُونَ	ـَاتٌ	
날씨가 더운	حَارٌّ	حَارَّةٌ			
날씨가 적당한; 사람이 온건한	مُعْتَدِلٌ	مُعْتَدِلَةٌ	ـُونَ	ـَاتٌ	
좋은(good), 훌륭한(사람, 사물)	جَيِّدٌ	جَيِّدَةٌ	ـُونَ، جِيَادٌ	ـَاتٌ، جِيَادٌ، جَيَائِدُ	
나쁜(bad, 사람, 사물)	سَيِّئٌ	سَيِّئَةٌ	ـُونَ	ـَاتٌ	
좋은(good, 주로 사물)	حَسَنٌ	حَسَنَةٌ	حِسَانٌ	ـَاتٌ، حِسَانٌ	
나쁜(주로 사물)	رَدِيءٌ	رَدِيئَةٌ	ـُونَ، أَرْدِيَاءُ، أَرْدِئَاءُ	ـَاتٌ	
좋은(pleasant, nice, sweet)(사물, 음식)	حُلْوٌ	حُلْوَةٌ	ـُونَ	ـَاتٌ	
좋은; 올바른; 선한, 의로운	صَالِحٌ	صَالِحَةٌ	ـُونَ، صُلَحَاءُ، صِلَاحٌ، صَوَالِحُ	ـَاتٌ	
옳은, 정확한	صَحِيحٌ	صَحِيحَةٌ	ـُونَ، أَصِحَّاءُ، صِحَاحٌ	ـَاتٌ، صَحَائِحُ	
틀린	خَاطِئٌ	خَاطِئَةٌ	ـُونَ، خَطَأَةٌ، خَوَاطِئُ	ـَاتٌ	
젊은(young)	شَابٌّ	شَابَّةٌ	شَبَابٌ، شُبَّانٌ	ـَاتٌ، شَوَابُّ	
나이 많은, 늙은, 장로의 (남자)	شَيْخٌ		شُيُوخٌ		
나이 많은, 늙은 (남자도 가능)		عَجُوزٌ		عَجَائِزُ	
중요한 (important)	مُهِمٌّ	مُهِمَّةٌ	ـُونَ	ـَاتٌ	
중요한 (important)	هَامٌّ	هَامَّةٌ	ـُونَ	ـَاتٌ	هَوَامُّ
유명한 (famous)	مَشْهُورٌ	مَشْهُورَةٌ	ـُونَ	ـَاتٌ	
유명한 (famous)	شَهِيرٌ	شَهِيرَةٌ	ـُونَ	ـَاتٌ	
(공간을) 차지한 (occupied); 바쁜	مَشْغُولٌ (ب)	مَشْغُولَةٌ	ـُونَ	ـَاتٌ	
빈, 비어있는	فَارِغٌ	فَارِغَةٌ	ـُونَ	ـَاتٌ	
다른 (different)	مُخْتَلِفٌ	مُخْتَلِفَةٌ	ـُونَ	ـَاتٌ	
비슷한 (similar)	مُتَشَابِهٌ	مُتَشَابِهَةٌ	ـُونَ	ـَاتٌ	

2. 형용사의 용법 – 수식용법과 서술용법

앞에서 아랍어 형용사의 기본적인 개념에 대해서 설명을 하였고, 기본적인 형용사 단어들을 공부하였다. 여기서는 아랍어 형용사의 수식용법과 서술용법의 기본적인 개념을 예들을 통해 파악하고, 수식용법에 사용된 수식어(اَلنَّعْتُ)의 일치에 대해서 공부한다.

1) 수식 용법

아랍어에서 수식용법으로 사용된 형용사를 수식어(نَعْتٌ)라 한다. 수식어는 수식하는 명사 뒤에 온다. 아래의 예에서 두 단어는 각각 문장이 아닌 구(句)를 이루고 있다. 이때 이 구(句)의 어순은 피수식어(مَنْعُوتٌ)로 사용된 명사가 먼저 오고 그 뒤에 수식어가 와서 '명사 + 형용사'의 순서가 된다.
또한 이때 수식어로 사용된 형용사는 그 앞의 피수식어와 성(性)과 수(數)와 격(格) 그리고 한정형태가 일치해야 한다.
이처럼 수식용법에 사용된 형용사(صِفَةٌ)를 아랍어에서 نَعْتٌ 라고 하며, 그 어순은 '명사 + 형용사' 즉 '피수식어 + 수식어'의 순서이다.

한 큰 집	بَيْتٌ كَبِيرٌ b + a
한 쉬운 책	كِتَابٌ سَهْلٌ b + a

a – 피수식어(اَلْمَنْعُوتُ)   b – 수식어(اَلنَّعْتُ)

2) 서술 용법

아래의 예에서 서술 용법으로 사용된 아래의 두 단어는 각각 문장을 이룬다(명사문). 즉 앞에 오는 명사가 주어(مُبْتَدَأٌ)가 되고 뒤의 형용사는 술어(خَبَرٌ)가 된다. 이때 주어와 술어는 성(性)과 수(數)와 격(格)이 일치해야 한다. 또한 일반적으로 주어는 한정형태가 오며 술어는 비한정 형태가 온다.

그 집은 크다.	اَلْبَيْتُ كَبِيرٌ. b + a
그 책은 쉽다.	اَلْكِتَابُ سَهْلٌ. b + a

a – 주어(اَلْمُبْتَدَأُ)   b – 술어(اَلْخَبَرُ)

→ 위의 예에서 각각의 문장들은 두 단어로 구성되었다. 명사가 주어(مُبْتَدَأٌ)로 사용되었고 형용사가 술어(خَبَرٌ)로 사용되었다. 아랍어의 명사문은 영어와 달리 be 동사가 없어도 가능하다.
→ 앞의 수식용법에 사용된 형용사를 수식어(نَعْتٌ)라고 하고, 서술용법에 사용된 형용사를 술어(خَبَرٌ)라 한다.
→ 위의 주어와 술어는 그 격변화가 모두 주격(مَرْفُوعٌ)이다. 주격의 격변화 기호는 담마(u 모음)이다.
→ 위의 주어와 술어의 격변화와 서술용법의 형용사가 사용된 문장에 대해서는 이 책 '아랍어의 기본적인 문장에 대해서'의 명사문 편에서 자세하게 다룬다. 이 과에서는 형용사의 수식용법에 대해서 자세히 공부한다.
→ 위의 수식용법과 서술용법에 나와 있는 예들은 모두 같은 단어들이다. 같은 단어들의 조합이 어떤 경우에는 구(句)가 되고 어떤 경우에는 문장이 된다는 것을 확인하고, 각각의 경우들을 비교하라.

3. 형용사의 수식용법에 대해

형용사의 수식용법이란 문장에 사용된 형용사가 그 앞에 오는 명사를 수식하여 '명사 + 형용사'의 순서를 이룬 때를 말하는 것으로 형용사의 가장 일반적인 용법이다. 우리말에서 '큰 집', '쉬운 책', '아름다운 소녀', '비싼 자동차' 등의 용법을 말한다. 여기서 주의할 것은 단어들의 어순이다. 우리말과 달리 아랍어의 수식하는 단어(수식어)는 수식받는 명사(피수식어) 뒤에 온다는 것을 명심하자. 아래의 예를 보자.

피수식어가 비한정 형태일 경우

한 큰 집	بَيْتٌ كَبِيرٌ b + a
한 쉬운 책	كِتَابٌ سَهْلٌ b + a
a – 피수식어 (اَلْمَنْعُوتُ)	b – 수식어 (اَلنَّعْتُ)

피수식어가 한정형태일 경우

그 큰 집	اَلْبَيْتُ الْكَبِيرُ b + a
그 쉬운 책	اَلْكِتَابُ السَّهْلُ b + a
a – 피수식어 (اَلْمَنْعُوتُ)	b – 수식어 (اَلنَّعْتُ)

→ 위의 예들에서 수식어가 뒤에 와서 앞에 오는 피수식어를 수식하는 것을 확인하라.
→ 앞의 명사가 비한정 형태이면 뒤의 수식어도 비한정 형태고이고, 앞의 명사가 한정형태이면 뒤의 수식어도 한정형태이다. 위에서 بَيْت 와 كِتَاب 에 정관사 اَلـ 이 붙을 경우 한정형태가 되고, 이 경우 뒤에 오는 수식어도 اَلـ 을 붙여 한정형태로 만들어 주어야 한다.

다른 예들

	피수식어가 비한정 형태		피수식어가 한정형태
한 총명한 소년	صَبِيٌّ ذَكِيٌّ	그 총명한 소년	اَلصَّبِيُّ الذَّكِيُّ
한 유용한 책	كِتَابٌ مُفِيدٌ	그 유용한 책	اَلْكِتَابُ الْمُفِيدُ
한 어려운 시험	اِمْتِحَانٌ صَعْبٌ	그 어려운 시험	اَلاِمْتِحَانُ الصَّعْبُ
맛있는 음식	أَكْلٌ لَذِيذٌ	그 맛있는 음식	اَلأَكْلُ اللَّذِيذُ
쓴 맛	طَعْمٌ مُرٌّ	그 쓴 맛	اَلطَّعْمُ الْمُرُّ
한 용감한 남자	رَجُلٌ شُجَاعٌ	그 용감한 남자	اَلرَّجُلُ الشُّجَاعُ

한 아름다운 소녀	صَبِيَّةٌ جَمِيلَةٌ	그 아름다운 소녀	الصَّبِيَّةُ الْجَمِيلَةُ
한 비싼 자동차	سَيَّارَةٌ غَالِيَةٌ	그 비싼 자동차	السَّيَّارَةُ الْغَالِيَةُ
한 착한 여자	امْرَأَةٌ طَيِّبَةٌ	그 착한 여자	الْمَرْأَةُ[1] الطَّيِّبَةُ

1) 수식용법으로 사용된 형용사의 일치

수식용법으로 사용된 형용사는 수식받는 명사(피수식어, مَنْعُوت)의 성(性)과 수(數)와 격(格) 그리고 한정형태의 지배를 받는다. 즉 수식하는 형용사와 그 앞에 오는 명사(피수식어)는 그 성과 수와 격 그리고 한정형태까지 일치해야 한다.

(1) 피수식어가 단수명사일 경우

a. 피수식어가 남성 단수명사일 경우

아래의 예들에서 피수식어(الْمَنْعُوت)로 사용된 명사가 남성 단수명사이다. 이 경우 명사를 수식하는 수식어도 남성 단수꼴을 취한다. 한정형태도 피수식어로 사용된 명사가 비한정꼴이면 뒤의 수식어도 비한정꼴이고 앞의 명사가 한정꼴이면 뒤의 수식어도 한정 꼴이다.(아래 예들에서 괄호안에 든 예들). 한편 아래의 예들의 격변화는 모두 주격이다. (목적격과 소유격에 대해서는 이 책 '명사의 격변화(إِعْرَابُ الاِسْمِ)' 부분의 '명사 + 형용사' 구(句)의 격변화 부분에서 다룬다.)

한 큰 집 (그 큰 집)	بَيْتٌ كَبِيرٌ (الْبَيْتُ الْكَبِيرُ)
한 쉬운 책 (그 쉬운 책)	كِتَابٌ سَهْلٌ (الْكِتَابُ السَّهْلُ)
한 관대한 남자 (그 관대한 남자)	رَجُلٌ كَرِيمٌ (الرَّجُلُ الْكَرِيمُ)
한 넓은 도로 (그 넓은 도로)	شَارِعٌ وَاسِعٌ (الشَّارِعُ الْوَاسِعُ)

b. 피수식어가 여성 단수명사일 경우

아래의 예들에서 피수식어(الْمَنْعُوت)로 사용된 명사가 여성 단수명사이다. 이 경우 명사를 수식하는 수식어도 여성 단수꼴을 취한다. 즉 수식하는 수식어에 여성형 접미어 ة를 붙인다. (형용사 여성형). (괄호안에 든 예들은 한정형태의 경우이다.)

한 큰 딸 (그 큰 딸)	بِنْتٌ كَبِيرَةٌ (الْبِنْتُ الْكَبِيرَةُ)
한 쉬운 언어 (그 쉬운 언어)	لُغَةٌ سَهْلَةٌ (اللُّغَةُ السَّهْلَةُ)
한 총명한 여학생 (그 총명한 여학생)	طَالِبَةٌ ذَكِيَّةٌ (الطَّالِبَةُ الذَّكِيَّةُ)
한 비싼 자동차 (그 비싼 자동차)	سَيَّارَةٌ غَالِيَةٌ (السَّيَّارَةُ الْغَالِيَةُ)

---

[1] امْرَأَةٌ 단어는 الـ 이 붙으면 الْمَرْأَةُ 가 된다.

(2) 피수식어가 쌍수일 경우
a. 피수식어가 남성 쌍수
아래의 예들에서 피수식어(الْمَنْعُوت)로 사용된 명사가 남성 쌍수명사이다. 이 경우 수식하는 수식어도 명사의 남성 쌍수꼴 접미어 ان 을 첨가한다. (괄호안에 든 예들은 한정형태의 경우이다.)

두 큰 집 (그 두 큰 집)	بَيْتَانِ كَبِيرَانِ (الْبَيْتَانِ الْكَبِيرَانِ)
두 쉬운 책 (그 두 쉬운 책)	كِتَابَانِ سَهْلَانِ (الْكِتَابَانِ السَّهْلَانِ)
두 관대한 남자 (그 두 관대한 남자)	رَجُلَانِ كَرِيمَانِ (الرَّجُلَانِ الْكَرِيمَانِ)
두 넓은 도로 (그 두 넓은 도로)	شَارِعَانِ وَاسِعَانِ (الشَّارِعَانِ الْوَاسِعَانِ)

b. 피수식어가 여성 쌍수
아래의 예들에서 피수식어(الْمَنْعُوت)로 사용된 명사가 여성 쌍수명사이다. 이 경우 수식하는 수식어도 명사의 여성 쌍수꼴 접미어를 붙이는 요령과 같이 여성 단수꼴 접미어 ة를 ت로 바꾸고 그 뒤에 ان 을 첨가한다. (괄호안에 든 예들은 한정형태의 경우이다.)

두 큰 딸 (그 두 큰 딸)	بِنْتَانِ كَبِيرَتَانِ (الْبِنْتَانِ الْكَبِيرَتَانِ)
두 쉬운 언어 (그 두 쉬운 언어)	لُغَتَانِ سَهْلَتَانِ (اللُّغَتَانِ السَّهْلَتَانِ)
두 총명한 여학생 (그 두 총명한 여학생)	طَالِبَتَانِ ذَكِيَّتَانِ (الطَّالِبَتَانِ الذَّكِيَّتَانِ)
두 아름다운 그림 (그 두 아름다운 그림)	صُورَتَانِ جَمِيلَتَانِ (الصُّورَتَانِ الْجَمِيلَتَانِ)

(3) 피수식어가 복수일 경우
피수식어(الْمَنْعُوت)로 사용된 명사가 복수일 경우는 그 명사가 사람인 경우와 사물인 경우를 구분하여 수식어를 사용하여야 한다. 즉 피수식어로 사용된 명사가 사람 지칭 복수일 경우 그 뒤에 오는 수식어도 복수꼴을 사용한다. 그러나 피수식어로 사용된 명사가 사물 지칭 복수일 경우 이 복수명사를 여성 단수로 취급하여 그 뒤에 오는 수식어에 여성 단수꼴 ة를 붙인다.

a. 피수식어가 사람 지칭 복수(الْجَمْعُ الْعَاقِلُ)일 경우
아래의 예들에서 피수식어(الْمَنْعُوت)로 사용된 명사가 사람을 지칭하는 복수임을 확인하고 그 뒤에 오는 수식어가 복수형태로 사용된 것을 확인하라.

a-1 남성 복수
형용사의 복수형이 규칙변화일 경우 ون 을 붙이고, 형용사의 복수형이 불규칙으로 변화할 경우 그 불규칙 변화형을 사용한다.

많은 선생님들 (그 많은 선생님들)	مُدَرِّسُونَ كَثِيرُونَ (الْمُدَرِّسُونَ الْكَثِيرُونَ)
열심히 노력하는 학생들 (그 열심히 노력하는 학생들)	طُلَّابٌ مُجْتَهِدُونَ (الطُّلَّابُ الْمُجْتَهِدُونَ)
총명한 아이들 (그 총명한 아이들)	أَطْفَالٌ أَذْكِيَاءُ* (الْأَطْفَالُ الْأَذْكِيَاءُ)
관대한 남자들 (그 관대한 남자들)	رِجَالٌ كِرَامٌ (الرِّجَالُ الْكِرَامُ)

→ 위의 أَذْكِيَاءُ 는 2격 명사 (الْمَمْنُوعُ مِنَ الصَّرْفِ)이다.

a-2 여성 복수

여성 복수명사를 수식하는 수식어들은 대개 여성 규칙복수 형태인 ت 을 붙여서 명사를 수식한다. 간혹 여성형 형용사의 복수가 규칙변화 형태와 함께 불규칙 형태를 가진 경우도 있다.

큰 여자 선생님들 (그 큰 여자 선생님들)* 혹은 나이 많은	مُدَرِّسَاتٌ كَبِيرَاتٌ (الْمُدَرِّسَاتُ الْكَبِيرَاتُ)
열심히 노력하는 여학생들 (그 열심히 노력하는 여학생들)	طَالِبَاتٌ مُجْتَهِدَاتٌ (الطَّالِبَاتُ الْمُجْتَهِدَاتُ)
총명한 딸들 (그 총명한 딸들)	بَنَاتٌ ذَكِيَّاتٌ (الْبَنَاتُ الذَّكِيَّاتُ)
아름다운 부인들 (그 아름다운 부인들)	سَيِّدَاتٌ جَمِيلَاتٌ (السَّيِّدَاتُ الْجَمِيلَاتُ)

** 여성형 형용사의 복수형이 불규칙인 경우의 예

아래는 흔하지 않은 경우로써 형용사의 여성 복수가 불규칙인 경우이다.

자유로운 딸들 (그 자유로운 딸들)	بَنَاتٌ حَرَائِرُ[1] (الْبَنَاتُ الْحَرَائِرُ)
오래된 도시들 (그 오래된 도시들)	مُدُنٌ قَدَائِمُ (الْمُدُنُ الْقَدَائِمُ)
늙은 부인들 (그 늙은 부인들)	سَيِّدَاتٌ عَجَائِزُ (السَّيِّدَاتُ الْعَجَائِزُ)

---

[1] حُرٌّ/ أَحْرَارٌ 자유로운 حُرَّةٌ/ حَرَائِرُ 자유로운(여성형)

제9과 형용사

b. 피수식어가 사물 지칭 복수(الْجَمْعُ غَيْرُ الْعَاقِلِ)일 경우

피수식어로 사용된 명사가 사물 지칭 복수일 경우 이 복수명사를 여성 단수로 취급하여 그 뒤에 오는 수식어에 여성 단수꼴 ة 를 붙인다. 일반적으로 아랍어 명사의 사물 복수는 여성 단수로 취급한다.

규칙적으로 변화하는 사물 지칭 복수명사

쉬운 언어들 (그 쉬운 언어들)	لُغَاتٌ سَهْلَةٌ (اللُّغَاتُ السَّهْلَةُ)
비싼 자동차들 (그 비싼 자동차들)	سَيَّارَاتٌ غَالِيَةٌ (السَّيَّارَاتُ الْغَالِيَةُ)
다가오는 해(year)들 (그 다가오는 해들)	سَنَوَاتٌ قَادِمَةٌ (السَّنَوَاتُ الْقَادِمَةُ)

불규칙적으로 변화하는 사물 지칭 복수명사

큰 책들 (그 큰 책들)	كُتُبٌ كَبِيرَةٌ (الْكُتُبُ الْكَبِيرَةُ)
많은 질문들 (그 많은 질문들)	أَسْئِلَةٌ كَثِيرَةٌ (الأَسْئِلَةُ الْكَثِيرَةُ)
유익한 수업(lesson)들 (그 유익한 수업들)	دُرُوسٌ مُفِيدَةٌ (الدُّرُوسُ الْمُفِيدَةُ)

** 고전 아랍어(Classical Arabic)에서는 아래와 같이 피수식어가 사물 복수인 경우 그 수식어에 여성 복수를 사용하는 경우가 있다. ('الْمُوجَزُ فِي قَوَاعِدِ اللُّغَةِ الْعَرَبِيَّةِ' 참조) 아래의 꾸란 구절들을 참고하라. 그러나 현대 표준 아랍어에서는 이렇게 사용하지 않고 사물복수는 여성단수로 간주한다.

순례는 제정된 월들에 있다. (꾸란 2:197)	الْحَجُّ أَشْهُرٌ[1] مَعْلُومَاتٌ.
지정된 날들에 알라신을 기억하라. (꾸란 2:203)	وَاذْكُرُوا اللَّهَ فِي أَيَّامٍ[2] مَعْدُودَاتٍ.

[1] شَهْرٌ/ أَشْهُرٌ أَوْ شُهُورٌ 달(month)
[2] يَوْمٌ/ أَيَّامٌ 날(day)

**불규칙 변화 형용사 패턴

앞의 '피수식어가 사람 지칭 복수(اَلْجَمْعُ الْعَاقِلُ)일 경우'의 예에서 رِجَالٌ كِرَامٌ 와 أَطْفَالٌ أَذْكِيَاءُ 가 있었다. 여기서 أَذْكِيَاءُ 와 كِرَامٌ 은 형용사의 불규칙 복수 형태이다. 아랍어 문법에서 형용사 단어들은 곧 명사이므로 명사가 불규칙으로도 변화하듯 형용사 단어들도 불규칙으로 변하는 것들이 있다. 이러한 단어들은 그때그때 숙지할 수밖에 없다. 아래에서 형용사의 몇 가지 불규칙 패턴들을 보도록 하자.

a. فِعَالٌ 패턴

큰	كَبِيرٌ / كِبَارٌ	긴	طَوِيلٌ / طِوَالٌ
어려운	صَعْبٌ / صِعَابٌ	관대한	كَرِيمٌ / كِرَامٌ

b. فُعُلٌ 패턴

새로운	جَدِيدٌ / جُدُدٌ	참을성 있는, 인내하는	صَبُورٌ / صُبُرٌ

c. فُعْلَانٌ 패턴

용감한	شُجَاعٌ / شُجْعَانٌ	젊은	شَابٌّ / شَبَابٌ أَوْ شُبَّانٌ

d. فَعَالَى 패턴

게으른	كَسْلَانُ / كَسَالَى	임신한	حُبْلَى / حَبَالَى

e. فَعْلَى 패턴

수동의 의미를 갖는 فَعِيلٌ 형의 복수로 사용된다.

살해된	قَتِيلٌ / قَتْلَى	죽은	مَيِّتٌ / مَوْتَى
부상당한	جَرِيحٌ / جَرْحَى	병든, 아픈	مَرِيضٌ / مَرْضَى

2) 형용사 일치의 예외 - 여성명사를 수식하는 남성 형태의 형용사

여성명사를 수식하는 형용사는 여성 형태를 취해야 한다. 그런데 아래의 단어들은 남성 형태이지만 여성명사를 수식한다. 아래의 단어들은 모두 여성의 상태를 묘사하는 형용사이기에 여성형 형태인 ة를 붙이지 않고 남성 형태로서 여성명사를 수식하는 경우이다.

임신한	حَامِلٌ	젖을 먹이는, 젖먹이 엄마, 유모	مُرْضِعٌ
이혼당한	طَالِقٌ	불임의	عَاقِرٌ
월경하는	حَائِضٌ	여성의 나이가 많은, 여성이 늙은(old)	عَجُوزٌ

→ 위의 طَالِقٌ 는 현대에 مُطَلَّقَةٌ 으로 많이 사용된다. (امْرَأَةٌ طَالِقٌ = امْرَأَةٌ مُطَلَّقَةٌ 이혼녀, رَجُلٌ مُطَلَّقٌ 이혼남)
→ 위의 عَجُوزٌ 은 나이 많은 여성에 대한 형용사이지만 오늘날에는 나이많은 남성에 대해서도 사용한다. 예) رَجُلٌ عَجُوزٌ 이 때의 의미는 شَيْخٌ 과 같다.

예문들

나는 임신한 한 여성을 보았다.	رَأَيْتُ امْرَأَةً حَامِلاً.
여자는 출산 이후 젖을 먹이는 유모가 된다.	الْمَرْأَةُ بَعْدَ الْوِلَادَةِ[1] تُصْبِحُ[2] مُرْضِعًا.
월경하는 여자는 대개 신경질적이다.	الْمَرْأَةُ الْحَائِضُ عَادَةً عَصَبِيَّةٌ.

---

[1] وَلَدَتْ / تَلِدُ ه – وِلَادَةً وِلَادَةٌ (아이)를 낳다 아이를 낳음, 출산

[2] أَصْبَحَ / يُصْبِحُ (to become) ..이 되다

4. 여성단수와 복수형태가 독특한 패턴의 형용사

1) 색깔과 신체 결함에 대한 형용사

색깔이나 신체의 결함을 표현하는 형용사는 대개 أَفْعَل 패턴을 취한다. 이 패턴을 취하는 단어의 경우 아래와 같이 여성 단수와 남성 복수, 그리고 여성 복수에 특별한 패턴을 취한다. 여성 복수의 경우 여성 단수에 붙은 ء 가 و 로 바뀐 뒤 ت 를 붙인다. 이 때 남성 단수와 여성 단수는 2격 명사이다.

(1) 색깔 형용사

의미	남성 단수	여성 단수	남성 복수	여성 복수
패턴 (الْوَزْن)	أَفْعَل	فَعْلَاءُ	فُعْلٌ	فَعْلَاوَاتٌ
검은	أَسْوَدُ	سَوْدَاءُ	سُودٌ	سَوْدَاوَاتٌ
흰	أَبْيَضُ	بَيْضَاءُ	بِيضٌ*	بَيْضَاوَاتٌ
붉은	أَحْمَرُ	حَمْرَاءُ	حُمْرٌ	حَمْرَاوَاتٌ
초록의	أَخْضَرُ	خَضْرَاءُ	خُضْرٌ	خَضْرَاوَاتٌ
노란	أَصْفَرُ	صَفْرَاءُ	صُفْرٌ	صَفْرَاوَاتٌ
푸른	أَزْرَقُ	زَرْقَاءُ	زُرْقٌ	زَرْقَاوَاتٌ
회색의	أَشْهَبُ	شَهْبَاءُ	شُهْبٌ	شَهْبَاوَاتٌ
(피부 등이) 갈색인	أَسْمَرُ	سَمْرَاءُ	سُمْرٌ	سَمْرَاوَاتٌ
(머리카락 등이) 금발의(blond)	أَشْقَرُ	شَقْرَاءُ	شُقْرٌ	شَقْرَاوَاتٌ
(머리카락 등이) 하얀, 백발의	أَشْيَبُ	شَيْبَاءُ	شُيَّابٌ، شِيبٌ	شَيْبَاوَاتٌ، شِيبٌ
아이 라이너 등이 군청색의, 검은색의	أَكْحَلُ	كَحْلَاءُ	كُحْلٌ	كَحْلَاوَاتٌ

→ أَبْيَضُ 의 복수형은 음운규칙에 따라 بُيْضٌ 이 بِيضٌ 이 되었다. 이는 ي 의 영향으로 ي 발음을 길게 하기 위해 그 앞에 카스라가 온다.

위의 단어들이 사용된 예들

나는 빨간색 펜으로 글을 적는 것을 좋아한다. (أَحْمَرَ 는 2격 명사이다.)	أُحِبُّ الْكِتَابَةَ بِقَلَمٍ أَحْمَرَ.
나에게 노란색 장미꽃 한송이가 있다. (صَفْرَاءُ 는 2격 명사이다.)	مَعِي وَرْدَةٌ صَفْرَاءُ.
아메리칸 인디언이 미국에 살았다.	كَانَ الْهُنُودُ الْحُمْرُ يَعِيشُونَ فِي أَمْرِيكَا.
몇몇 나라들에는 흑인들과 백인들의 인종차별이 있다.	فِي بَعْضِ الْبِلَادِ هُنَاكَ تَمْيِيزٌ بَيْنَ السُّودِ وَالْبِيضِ.

(2) 신체 결함의 형용사

의미	남성 단수	여성 단수	남성 복수	여성 복수
패턴 (الْوَزْن)	أَفْعَلُ	فَعْلَاءُ	فُعْلٌ	فَعْلَاوَاتٌ
눈먼, 장님의 ; 시각장애인	أَعْمَى	عَمْيَاءُ	عُمْيٌ	عَمْيَاوَاتٌ
귀머거리의 ; 청각장애인	أَصَمُّ	صَمَّاءُ	صُمٌّ	صَمَّاوَاتٌ
벙어리의 ; 언어장애인	أَبْكَمُ	بَكْمَاءُ	بُكْمٌ	بَكْمَاوَاتٌ
벙어리의 ; 언어장애인	أَخْرَسُ	خَرْسَاءُ	خُرْسٌ	خَرْسَاوَاتٌ
다리를 저는, 절름발이의	أَعْرَجُ	عَرْجَاءُ	عُرْجٌ	عَرْجَاوَاتٌ
곱추의	أَحْدَبُ	حَدْبَاءُ	حُدْبٌ	حَدْبَاوَاتٌ
나병환자의	أَبْرَصُ	بَرْصَاءُ	بُرْصٌ	بَرْصَاوَاتٌ
애꾸눈의	أَعْوَرُ	عَوْرَاءُ	عُورٌ	عَوْرَاوَاتٌ
사시안의, 사팔뜨기의	أَحْوَلُ	حَوْلَاءُ	حُولٌ	حَوْلَاوَاتٌ

이외에도 أَكْمَهُ (눈먼, 장님의), أَطْرَشُ (귀머거리의), أَعْشَى (야맹증의) 등의 단어들이 있다.

위의 단어들이 사용된 예들

우리는 그 시각 장애인을 도와야 한다.	يَجِبُ أَنْ نُسَاعِدَ الْأَعْمَى.
다리를 저는 그 여자는 잘 걷지 못한다. (سَارَ/يَسِيرُ - سَيْرٌ)	الْعَرْجَاءُ لَا تَسِيرُ جَيِّدًا.
사시안을 가진 사람들은 보는 것에 문제들이 있다.	الْحُولُ عِنْدَهُمْ مَشَاكِلُ فِي الرُّؤْيَةِ.

** 색깔 형용사와 신체결함 형용사의 쌍수형

색깔 형용사와 신체결함 형용사의 쌍수형은 남성인 경우 أَفْعَلَانِ 패턴이 되고, 여성인 경우 فَعْلَاوَانِ 패턴이 된다. 여기서 여성 쌍수의 경우 ء 가 و 로 바뀌는 것에 주의해야 한다.

의미	남성 (مُذَكَّرٌ)		여성 (مُؤَنَّثٌ)	
	단수	쌍수	단수	쌍수
검은	أَسْوَدُ	أَسْوَدَانِ	سَوْدَاءُ	سَوْدَاوَانِ
흰	أَبْيَضُ	أَبْيَضَانِ	بَيْضَاءُ	بَيْضَاوَانِ
붉은	أَحْمَرُ	أَحْمَرَانِ	حَمْرَاءُ	حَمْرَاوَانِ
눈먼, 장님의 ; 시각장애인	أَعْمَى	أَعْمَيَانِ	عَمْيَاءُ	عَمْيَاوَانِ
절름발이의	أَعْرَجُ	أَعْرَجَانِ	عَرْجَاءُ	عَرْجَاوَانِ

2) فَعْلَانُ 패턴의 형용사

아래의 단어들은 일시적 상태를 나타내는 فَعِلَ 동사에서 파생되는 유사형용사(الصِّفَةُ الْمُشَبَّهَةُ)이다. 이 패턴의 경우 여성단수가 فَعْلَى 패턴이며, 복수형은 فَعَالَى 패턴을 취한다. 현대 표준 아랍어에서는 남성형에 ة 를 붙여서 فَعْلَانَة 을 여성 단수형으로 사용하기도 하고, ون- 를 붙여 규칙복수형으로 사용하기도 한다.

한편 아래의 단어들은 2격 명사(مَمْنُوعٌ مِنَ الصَّرْفِ)이다. 2격 명사에 대해서는 곧 공부하게 된다.

의미	남성 단수	여성 단수	남성 복수	여성복수
목마른	عَطْشَانُ	عَطْشَانَةٌ أَوْ عَطْشَى	ـُونَ أَوْ عَطَاشَى	ـَاتُ
술취한	سَكْرَانُ	سَكْرَانَةٌ أَوْ سَكْرَى	ـُونَ أَوْ سَكَارَى	ـَاتُ
피곤한	تَعْبَانُ	تَعْبَانَةٌ أَوْ تَعْبَى	ـُونَ أَوْ تَعَابَى	ـَاتُ
졸리는	نَعْسَانُ	نَعْسَانَةٌ أَوْ نَعْسَى	ـُونَ أَوْ نَعَاسَى	ـَاتُ
화난	غَضْبَانُ	غَضْبَانَةٌ أَوْ غَضْبَى	ـُونَ أَوْ غَضَابَى	ـَاتُ
배고픈	جَوْعَانُ	جَوْعَانَةٌ أَوْ جَوْعَى	ـُونَ أَوْ جَوَاعَى	ـَاتُ
배부른	شَبْعَانُ	شَبْعَانَةٌ أَوْ شَبْعَى	ـُونَ أَوْ شَبَاعَى	ـَاتُ
질투하는	غَيْرَانُ	غَيْرَانَةٌ أَوْ غَيْرَى	ـُونَ أَوْ غَيَارَى	ـَاتُ
후회하는	نَدْمَانُ	نَدْمَانَةٌ أَوْ نَدْمَى	ـُونَ أَوْ نَدَامَى	ـَاتُ
부끄러워하는	خَجْلَانُ	خَجْلَانَةٌ أَوْ خَجْلَى	ـُونَ أَوْ خَجَالَى	ـَاتُ
추운 (사람이)	بَرْدَانُ	بَرْدَانَةٌ أَوْ بَرْدَى	ـُونَ أَوْ بَرَادَى	ـَاتُ
더운 (사람이)	حَرَّانُ	حَرَّانَةٌ أَوْ حَرَّى	ـُونَ أَوْ حَرَارَى	ـَاتُ
기쁜	فَرْحَانُ	فَرْحَانَةٌ أَوْ فَرْحَى	ـُونَ أَوْ فَرَاحَى	ـَاتُ
게으른	كَسْلَانُ	كَسْلَانَةٌ أَوْ كَسْلَى	ـُونَ أَوْ كَسَالَى	ـَاتُ

→위의 단어들 가운데, 여성 단수나 남성 복수 혹은 여성 복수의 꼴이 불규칙으로 변하는 경우도 있다. (예 : عَطْشَانُ/عِطَاشٌ) 자세한 불규칙 형태는 이 과의 '더 많은 형용사 단어 익히기'에서 확인할 수 있다.

5. 더 많은 형용사 단어 익히기

아래의 단어들은 추가로 익혀야 할 것이다. 이것들도 앞의 기본적인 형용사 단어들과 마찬가지로 비슷한 말 혹은 반대말을 기준으로 배열되어 있으므로 그 의미를 생각하면서 익히면 효과적이다. 또한 각각의 형용사가 사람을 수식하는지 혹은 사물을 수식하는지도 염두에 두자. 처음에는 남성단수와 여성단수 중심으로 단어를 익히고, 복수의 경우 처음에는 규칙복수 중심으로 공부한 뒤 나중에 불규칙 복수를 익히자.

** 앞에서 배운 기본적인 형용사들과 아래의 도표에서 우리는 형용사의 여러 가지 패턴을 볼 수 있다. 이 패턴은 이 책에서 앞으로 배울 유사형용사(الصِّفَةُ الْمُشَبَّهَةُ), 과장형용사(صِيغَةُ الْمُبَالَغَةِ), 능동분사(اسْمُ الْفَاعِلِ), 수동분사(اسْمُ الْمَفْعُولِ), 연고형용사(النَّسَبُ)이다. 즉 이 단어들은 문장에서 수식하는 기능과 서술하는 기능으로 사용되는 형용사이지만 이 단어들의 패턴은 유사형용사(الصِّفَةُ الْمُشَبَّهَةُ), 과장형용사(صِيغَةُ الْمُبَالَغَةِ), 능동분사(اسْمُ الْفَاعِلِ), 수동분사(اسْمُ الْمَفْعُولِ), 연고형용사(النَّسَبُ) 중의 하나이다. 단어의 의미를 익힐 때도 아래 단어들의 패턴과 그 어근을 확인한 뒤 어근의 의미를 중심으로 어휘를 익히는 것이 효과적인 어휘학습에 도움이 된다.

1) 추가 단어들

의미	남성 단수(مذ)	여성 단수(مؤ)	남성 사람 복수	여성 사람 복수	사물 복수
위대한(great)	عَظِيمٌ	عَظِيمَةٌ	عِظَامٌ، عُظَمَاءُ	ـَاتٌ، عَظَائِمُ	عَظَائِمُ
훌륭한(wonderful), 놀랄만한	رَائِعٌ	رَائِعَةٌ	ـُونَ، رُوَّعٌ	ـَاتٌ، رَوَائِعُ	رَوَائِعُ
훌륭한(wonderful), 놀랄만한	بَدِيعٌ	بَدِيعَةٌ	ـُونَ	ـَاتٌ، بَدَائِعُ	بَدَائِعُ
유익한, 유용한	مُفِيدٌ	مُفِيدَةٌ	ـُونَ	ـَاتٌ	
유익한, 이익을 주는	نَافِعٌ	نَافِعَةٌ	ـُونَ	ـَاتٌ	نَوَافِعُ
해로운 (harmful)	مُضِرٌّ	مُضِرَّةٌ	ـُونَ	ـَاتٌ	
해로운 (harmful)	ضَارٌّ	ضَارَّةٌ	ـُونَ	ـَاتٌ	
해로운 (harmful)	مُؤْذٍ (الْمُؤْذِي)	مُؤْذِيَةٌ	ـُونَ	ـَاتٌ	
좋은 ; 의로운, 선한	صَالِحٌ	صَالِحَةٌ	ـُونَ، صُلَحَاءُ، صِلاَحٌ، صَلَحَةٌ	ـَاتٌ	
효과적인 (effective)	فَعَّالٌ	فَعَّالَةٌ	ـُونَ	ـَاتٌ	
실용적인 (practical)	عَمَلِيٌّ	عَمَلِيَّةٌ	ـُونَ	ـَاتٌ	
효력없는 (invalid)	بَاطِلٌ	بَاطِلَةٌ	بُطَّلٌ، أَبَاطِيلُ	ـَاتٌ، بَوَاطِلُ	
평화적인 (peaceful)	سِلْمِيٌّ	سِلْمِيَّةٌ	ـُونَ	ـَاتٌ	
폭력적인, 난폭한	عَنِيفٌ	عَنِيفَةٌ	ـُونَ، عُنُفٌ	ـَاتٌ	

뜻	남성단수	여성단수	남성복수	여성복수	기타복수
독특한(unique)	فَرِيدٌ	فَرِيدَةٌ	ـُونَ	ـَاتٌ، فَرَائِدُ	فَرَائِدُ
뛰어난, 특징있는	مُمَيَّزٌ	مُمَيَّزَةٌ	ـُونَ	ـَاتٌ	
특징적인, 구별되는	مُتَمَيِّزٌ	مُتَمَيِّزَةٌ	ـُونَ	ـَاتٌ	
알고 있는; 과학자	عَالِمٌ	عَالِمَةٌ	ـُونَ، عُلَمَاءُ	ـَاتٌ	
알고 있는	عَارِفٌ	عَارِفَةٌ	ـُونَ	ـَاتٌ	
모르는, 무지한, 몽매한	جَاهِلٌ	جَاهِلَةٌ	ـُونَ، جُهَّالٌ، جُهَلَاءُ، جَهَلَةٌ، جُهَّلٌ	ـَاتٌ، جَوَاهِلُ	
배운, 배운자	مُتَعَلِّمٌ	مُتَعَلِّمَةٌ	ـُونَ	ـَاتٌ	
문맹의, 문맹인	أُمِّيٌّ	أُمِّيَّةٌ	ـُونَ	ـَاتٌ	
교양있는	مُثَقَّفٌ	مُثَقَّفَةٌ	ـُونَ	ـَاتٌ	
야만의, 야만적인	هَمَجِيٌّ	هَمَجِيَّةٌ	ـُونَ، هَمَجٌ	ـَاتٌ	
정의로운, 공정한	عَادِلٌ	عَادِلَةٌ	ـُونَ، عُدُولٌ	ـَاتٌ	
불의한, 불공정한	ظَالِمٌ	ظَالِمَةٌ	ـُونَ، ظَلَمَةٌ، ظَلَّامٌ	ـَاتٌ	
부드러운(사물);부드러운(여성), 유약한(남성)	نَاعِمٌ	نَاعِمَةٌ	ـُونَ	ـَاتٌ، نَوَاعِمُ	
부드러운 (사람, 주로 여성)	رَقِيقٌ	رَقِيقَةٌ	أَرِقَّاءُ	ـَاتٌ، رَقَائِقُ	
부드러운(사물)	أَمْلَسُ	مَلْسَاءُ	مُلْسٌ	مَلْسَوَاتٌ	
부드러운, 유연한 (주로 사물)	لَيِّنٌ	لَيِّنَةٌ	ـُونَ، أَلْيِنَاءُ	ـَاتٌ	
부드러운, 연한 (가죽, 고깃살, 빵)	طَرِيٌّ	طَرِيَّةٌ	طِرَاءٌ	ـَاتٌ، طِرَاءٌ	
거친 (사물, 사람)	خَشِنٌ	خَشِنَةٌ	خُشْنٌ، خُشُنٌ، أَخْشَانٌ، خِشَانٌ	ـَاتٌ، خِشَانٌ	
질긴(가죽, 고깃살 등)	نَاشِفٌ	نَاشِفَةٌ		ـَاتٌ	
신선한(fresh)	طَازَجٌ	طَازَجَةٌ			
습기있는 (humid)	رَطْبٌ	رَطْبَةٌ	رُطْبٌ، رُطُبٌ	ـَاتٌ	رُطْبٌ، رُطُبٌ
젖은(wet)	مُبْتَلٌّ	مُبْتَلَّةٌ	ـُونَ	ـَاتٌ	
메마른(dry)	جَافٌ	جَافَّةٌ	ـُونَ	ـَاتٌ	
두꺼운 (thick)(사물)	سَمِيكٌ	سَمِيكَةٌ			

뜻					
두꺼운 (thick)(사물)	غَلِيظٌ	غَلِيظَةٌ	غِلَاظٌ	ـَاتٌ	
가는(thin)(사물, 사람)	رَفِيعٌ	رَفِيعَةٌ	ـُونَ	ـَاتٌ	
가는(thin)(종이, 옷감 등)	رَقِيقٌ	رَقِيقَةٌ	رِقَاقٌ	ـَاتٌ، رَقَائِقُ	
가는, 섬세한; 정밀한, 정확한	دَقِيقٌ	دَقِيقَةٌ	ـُونَ، أَدِقَّاءُ، أَدِقَّةٌ، دِقَاقٌ	ـَاتٌ، دِقَاقٌ	دَقَائِقُ
가득찬	مَلِيءٌ	مَلِيئَةٌ	ـُونَ، مِلَاءٌ	ـَاتٌ، مِلَاءٌ	
	مُمْتَلِئٌ	مُمْتَلِئَةٌ	ـُونَ	ـَاتٌ	
	مَمْلُوءٌ	مَمْلُوءَةٌ	ـُونَ	ـَاتٌ	
	مَلآنُ	مَلآنَةٌ، مَلْأَى	مِلَاءٌ	ـَاتٌ، مِلَاءٌ	
비어있는, 텅빈	خَالٍ (الْخَالِي)	خَالِيَةٌ	ـُونَ، خَوَالٍ (الْخَوَالِي)	ـَاتٌ، خَوَالٍ (الْخَوَالِي)	أَخْلَاءٌ
비어있는, 차지하지 않은	فَارِغٌ	فَارِغَةٌ	ـُونَ	ـَاتٌ	
명확한, 분명한	وَاضِحٌ	وَاضِحَةٌ	ـُونَ	ـَاتٌ، أَوَاضِحُ	
애매한, 모호한	غَامِضٌ	غَامِضَةٌ	ـُونَ	ـَاتٌ، غَوَامِضُ	
맑은	نَقِيٌّ	نَقِيَّةٌ	ـُونَ، أَنْقِيَاءُ	ـَاتٌ	
탁한, 흐린	عَكِرٌ	عَكِرَةٌ			
다가오는(coming, 시간, 년도 등)	قَادِمٌ	قَادِمَةٌ	ـُونَ، قُدُومٌ	ـَاتٌ، قَوَادِمُ	
지나간(past, 시간, 년도 등)	مَاضٍ (الْمَاضِي)	مَاضِيَةٌ	ـُونَ	ـَاتٌ، مَوَاضٍ (الْمَوَاضِي)	
다음의(next, following)	مُقْبِلٌ	مُقْبِلَةٌ	ـُونَ	ـَاتٌ	
이전의 (previous)	سَابِقٌ	سَابِقَةٌ	ـُونَ، سُبَّاقٌ	ـَاتٌ، سَوَابِقُ	
빛나는(shining)	لَامِعٌ	لَامِعَةٌ	ـُونَ، لُمَّعٌ	ـَاتٌ، لَوَامِعُ	لُمَّعٌ
희미한(faint)	خَافِتٌ	خَافِتَةٌ	ـُونَ	ـَاتٌ، خَوَافِتُ	خَوَافِتُ
흥미로운(interesting, 사물, 사람이)	مُمْتِعٌ	مُمْتِعَةٌ	ـُونَ	ـَاتٌ	
지루한 (사물, 사람이)	مُمِلٌّ	مُمِلَّةٌ	ـُونَ	ـَاتٌ	
편안하게 하는 (comfortable, 사물이)	مُرِيحٌ	مُرِيحَةٌ	ـُونَ	ـَاتٌ	
피곤하게 하는 (사물이)	مُتْعِبٌ	مُتْعِبَةٌ	ـُونَ	ـَاتٌ	
피곤하게 하는 (사물이)	مُرْهِقٌ	مُرْهِقَةٌ	ـُونَ	ـَاتٌ	

의미	남성단수	여성단수	남성복수	여성복수	
고통을 주는 (사물이)	أَلِيمٌ	أَلِيمَةٌ	ـُونَ	ـَاتٌ	
	مُؤْلِمٌ	مُؤْلِمَةٌ	ـُونَ	ـَاتٌ	
고통을 주는 (사물이)	مُوجِعٌ	مُوجِعَةٌ	ـُونَ	ـَاتٌ	
슬프게 하는 (상황이)	مُحْزِنٌ	مُحْزِنَةٌ	ـُونَ	ـَاتٌ	
기쁘게 하는 (상황이)	مُفْرِحٌ	مُفْرِحَةٌ	ـُونَ	ـَاتٌ	
	مُسِرٌّ	مُسِرَّةٌ	ـُونَ	ـَاتٌ	
	مُبْهِجٌ	مُبْهِجَةٌ	ـُونَ	ـَاتٌ	
괴롭게 하는, 근심시키는	مُزْعِجٌ	مُزْعِجَةٌ	ـُونَ	ـَاتٌ	
	مُضَايِقٌ	مُضَايِقَةٌ	ـُونَ	ـَاتٌ	
공포감을 주는(사물이)	مُرْعِبٌ	مُرْعِبَةٌ	ـُونَ	ـَاتٌ	
추한(ugly), 보기흉한	قَبِيحٌ	قَبِيحَةٌ	قِبَاحٌ، قَبْحَى	ـَاتٌ، قَبَائِحُ	
위험한	خَطِيرٌ	خَطِيرَةٌ	ـُونَ، خُطُرٌ	ـَاتٌ	
	خَطِرٌ	خَطِرَةٌ	ـُونَ	ـَاتٌ	
무사한, 정상의	سَلِيمٌ	سَلِيمَةٌ	سُلْمَاءُ	سَلِيمَاتٌ	
	سَالِمٌ	سَالِمَةٌ	ـُونَ	ـَاتٌ	
안전한	آمِنٌ	آمِنَةٌ	ـُونَ	ـَاتٌ	
특별한 ; 사적인	خَاصٌّ	خَاصَّةٌ	خَوَاصٌّ		
보통의	عَادِيٌّ	عَادِيَّةٌ	ـُونَ	ـَاتٌ	
공적인, 공공의	عَامٌّ	عَامَّةٌ			
원하는, 바라는 (주로 사물이)	مَرْغُوبٌ فِيهِ	مَرْغُوبٌ فِيهَا	مَرْغُوبٌ فِيهِمْ	مَرْغُوبٌ فِيهِنَّ	

2) 맛(Taste)에 대한 형용사

의미	남성 단수(مذ)	여성 단수(مؤ)	남성 사람 복수	여성 사람 복수	사물 복수
맛있는	لَذِيذٌ	لَذِيذَةٌ			لِذَاذٌ، لُذٌّ
구미를 돋구는, 먹고싶은	شَهِيٌّ	شَهِيَّةٌ			
구역질나는	مُقْرِفٌ	مُقْرِفَةٌ	ـُونَ	ـَاتٌ	
단	حُلْوٌ	حُلْوَةٌ			
쓴	مُرٌّ	مُرَّةٌ	أَمْرَارٌ	ـَاتٌ، مَرَائِرُ	مَرَائِرُ
짠(음식이, 바닷물이)	مَالِحٌ	مَالِحَةٌ			
소금기가 있는 (음식에, salty)	مُمَلَّحٌ	مُمَلَّحَةٌ			
싱거운	عَادِمٌ (ع)				
매운	حَارٌّ	حَارَّةٌ			
신	حَامِضٌ	حَامِضَةٌ			
신	مُزٌّ	مُزَّةٌ			
신	لَاذِعٌ	لَاذِعَةٌ	ـُونَ	ـَاتٌ، لَوَاذِعُ	لَوَاذِعُ
상한	فَاسِدٌ	فَاسِدَةٌ	ـُونَ، فَسْدَى	ـَاتٌ	
상한	عَفِنٌ	عَفِنَةٌ	ـُونَ	ـَاتٌ	
영양가 많은	مُغَذٍّ (الْمُغَذِّي)	مُغَذِّيَةٌ	ـُونَ	ـَاتٌ	
지방질이 많은, 영영가 많은	دَسِمٌ	دَسِمَةٌ			دُسْمٌ، دُسُمٌ

→ 남성 복수와 여성 복수가 있는 형용사 단어들은 사람에게도 사용되는 것이다.

3) 사람의 상태(States) 및 감정(Emotions)

의미	남성 단수(مذ)	여성 단수(مؤ)	남성 사람 복수	여성 사람 복수
배고픈	جَائِعٌ	جَائِعَةٌ	ـُونَ، جِيَاعٌ، جُوَّعٌ، جُيَّعٌ	ـَاتٌ، جِيَاعٌ، جَوَائِعُ
	جَوْعَانُ	جَوْعَى أَوْ جَوْعَانَةٌ	ـُونَ، جَوْعَى، جُوَّعٌ، جِيَاعٌ	ـَاتٌ، جَوْعَى، جُوَّعٌ، جِيَاعٌ
배부른	شَبْعَانُ	شَبْعَى أَوْ شَبْعَانَةٌ	ـُونَ، شِبَاعٌ، شَبَاعَى	ـَاتٌ، شِبَاعٌ، شَبَاعَى
목마른	عَطْشَانُ	عَطْشَى أَوْ عَطْشَانَةٌ	ـُونَ، عَطْشَى، عِطَاشٌ، عَطَاشٌ	ـَاتٌ، عَطْشَى، عِطَاشٌ، عَطَاشٌ
목마른	عَطِشٌ	عَطِشَةٌ	ـُونَ	ـَاتٌ
졸리는	نَعْسَانُ	نَعْسَى أَوْ نَعْسَانَةٌ	ـُونَ، نِعَاسٌ	ـَاتٌ، نِعَاسٌ
잠자는	نَائِمٌ	نَائِمَةٌ	ـُونَ، نِيَامٌ، نُوَّمٌ، نُوَّامٌ	ـَاتٌ، نِيَامٌ
깨어있는	صَاحٍ (الصَّاحِي)	صَاحِيَةٌ	ـُونَ، صُحَاةٌ	ـَاتٌ، صُوَّاحٌ (الصَّوَاحِي)
밤 늦게 까지 깨어있는, 밤샘을 하는	سَهْرَانُ	سَهْرَى أَوْ سَهْرَانَةٌ	ـُونَ، سَهَارَى	ـَاتٌ، سَهَارَى
깨어있는	مُسْتَيْقِظٌ	مُسْتَيْقِظَةٌ	ـُونَ	ـَاتٌ
깨어있는	يَقِظٌ	يَقِظَةٌ	أَيْقَاظٌ	ـَاتٌ، يَقَاظَى
더운(사람이)	حَرَّانُ	حَرَّى أَوْ حَرَّانَةٌ	ـُونَ، حِرَارٌ	ـَاتٌ، حِرَارٌ
추운(사람이)	بَرْدَانُ	بَرْدَى أَوْ بَرْدَانَةٌ	ـُونَ	ـَاتٌ
편안함을 느끼는 (at ease, 예. 편안한 의자에서)	مُرْتَاحٌ	مُرْتَاحَةٌ	ـُونَ	ـَاتٌ
안심되는, 안심하는	مُطْمَئِنٌّ	مُطْمَئِنَّةٌ	ـُونَ	ـَاتٌ
피곤한, 지친	تَعْبَانُ	تَعْبَى أَوْ تَعْبَانَةٌ	ـُونَ	ـَاتٌ
	تَعِبٌ	تَعِبَةٌ	ـُونَ	ـَاتٌ
	مُتْعَبٌ	مُتْعَبَةٌ	ـُونَ	ـَاتٌ
피곤한, 지친	مُرْهَقٌ	مُرْهَقَةٌ	ـُونَ	ـَاتٌ
피곤한, 지친	مُجْهَدٌ	مُجْهَدَةٌ	ـُونَ	ـَاتٌ
아파하는, 고통스러워하는	مُتَأَلِّمٌ	مُتَأَلِّمَةٌ	ـُونَ	ـَاتٌ
아파하는, 고통스러워하는	مَوْجُوعٌ	مَوْجُوعَةٌ	ـُونَ	ـَاتٌ
병든	مَرِيضٌ	مَرِيضَةٌ	مَرْضَى، مِرَاضٌ	ـَاتٌ، مَرَاضَى
행복한, 기쁜	سَعِيدٌ	سَعِيدَةٌ	ـُونَ، سُعَدَاءُ	ـَاتٌ

제9과 형용사

의미	남성단수	여성단수	남성복수	여성복수
기쁜	فَرْحَانُ	فَرْحَى أَوْ فَرْحَانَةٌ	ـونَ، فَرْحَى، فَرَاحَى	ـاتٌ، فَرْحَى، فَرَاحَى
기쁜	فَرِحٌ	فَرِحَةٌ	ـونَ	ـاتٌ
기쁜	مَسْرُورٌ	مَسْرُورَةٌ	ـونَ	ـاتٌ
(아주) 기뻐하는	مُبْتَهِجٌ	مُبْتَهِجَةٌ	ـونَ	ـاتٌ
웃는, 미소짓는	مُبْتَسِمٌ	مُبْتَسِمَةٌ	ـونَ	ـاتٌ
슬픈	حَزِينٌ	حَزِينَةٌ	حُزَنَاءُ، حَزَانَى	ـاتٌ، حَزَانَى
우울한, 침울한	مُكْتَئِبٌ	مُكْتَئِبَةٌ	ـونَ	ـاتٌ
우는, 울고 있는	بَاكٍ (الْبَاكِي)	بَاكِيَةٌ	ـونَ، بُكَاةٌ، بُكِيٌّ	ـاتٌ، بَوَاكٍ (الْبَوَاكِي)
신경질적인	عَصَبِيٌّ	عَصَبِيَّةٌ	ـونَ	ـاتٌ
짜증난, 화난	مُتَضَايِقٌ	مُتَضَايِقَةٌ	ـونَ	ـاتٌ
화난, 분노한	غَضْبَانُ	غَضْبَى أَوْ غَضْبَانَةٌ	ـونَ، غِضَابٌ، غَضْبَى، غَضَابَى	ـاتٌ، غِضَابٌ، غَضْبَى، غَضَابَى
화난, 분노한	غَاضِبٌ	غَاضِبَةٌ	ـونَ	ـاتٌ
화난, 분노한	مُغْتَاظٌ	مُغْتَاظَةٌ	ـونَ	ـاتٌ
화난, 분노한	مُحْنَقٌ	مُحْنَقَةٌ	ـونَ	ـاتٌ
염려하는	قَلِقٌ	قَلِقَةٌ	ـونَ	ـاتٌ
염려하는	مَهْمُومٌ	مَهْمُومَةٌ	ـونَ	ـاتٌ
두려워하는	خَائِفٌ مِنْ	خَائِفَةٌ	ـونَ، خُوَّفٌ، خِيَّفٌ	ـاتٌ
걱정하는 (예: 어머니가 딸을)	خَائِفٌ عَلَى	خَائِفَةٌ	ـونَ، خُوَّفٌ، خِيَّفٌ	ـاتٌ
공포를 느낀, 아주 두려워하는	مَرْعُوبٌ	مَرْعُوبَةٌ	ـونَ	ـاتٌ
후회하는	نَادِمٌ	نَادِمَةٌ	ـونَ، نُدَّامٌ	ـاتٌ، نَوَادِمُ
주저하는, 머뭇거리는	مُتَرَدِّدٌ	مُتَرَدِّدَةٌ	ـونَ	ـاتٌ
실망한, 좌절한	مُحْبَطٌ	مُحْبَطَةٌ	ـونَ	ـاتٌ
질투하는	غَيْرَانُ عَلَى	غَيْرَى أَوْ غَيْرَانَةٌ	ـونَ، غَيَارَى، غِيَارَى	ـاتٌ، غَيَارَى، غِيَارَى
질투하는	غَيُورٌ	غَيُورَةٌ	ـونَ، غُيُرٌ	ـاتٌ، غُيُرٌ
부러워하는	غَيْرَانُ مِنْ	غَيْرَى أَوْ غَيْرَانَةٌ	ـونَ، غَيَارَى، غِيَارَى	ـاتٌ، غَيَارَى، غِيَارَى

시기하는	حَاسِدٌ	حَاسِدَةٌ	ـُونَ، حُسَّادٌ، حُسَّدٌ، حَسَدَةٌ	ـَاتٌ، حَوَاسِدُ
술취한	سَكْرَانُ	سَكْرَى أَوْ سَكْرَانَةٌ	ـُونَ، سَكْرَى، سَكَارَى، سُكَارَى	ـَاتٌ، سَكْرَى، سَكَارَى، سُكَارَى
지루한(사람, 사물)	مُمِلٌّ	مُمِلَّةٌ	ـُونَ	ـَاتٌ
지루해하는, 따분해하는	مُضْجَرٌ	مُضْجَرَةٌ	ـُونَ	ـَاتٌ
	ضَجِرٌ	ضَجِرَةٌ	ـُونَ	ـَاتٌ
기대하는	مُشْتَاقٌ	مُشْتَاقَةٌ	ـُونَ	ـَاتٌ
	مُتَشَوِّقٌ	مُتَشَوِّقَةٌ	ـُونَ	ـَاتٌ
바라는, 원하는	رَاغِبٌ (في)	رَاغِبَةٌ	ـُونَ	ـَاتٌ
감동을 받은	مُتَأَثِّرٌ	مُتَأَثِّرَةٌ	ـُونَ	ـَاتٌ
자랑스러워하는	فَخُورٌ بـ	فَخُورَةٌ	ـُونَ، فُخْرٌ	ـَاتٌ
	مُفْتَخِرٌ بـ	مُفْتَخِرَةٌ	ـُونَ	ـَاتٌ
뚱뚱한	سَمِينٌ	سَمِينَةٌ	سِمَانٌ	ـَاتٌ، سِمَانٌ
뚱뚱한	ثَخِينٌ	ثَخِينَةٌ	ثُخَنَاءُ	ـَاتٌ
우아한, 날씬한	رَشِيقٌ	رَشِيقَةٌ	ـُونَ، رُشَقَاءُ	ـَاتٌ، رِشَاقٌ
야윈	رَفِيعٌ	رَفِيعَةٌ	ـُونَ	ـَاتٌ
야윈	نَحِيفٌ	نَحِيفَةٌ	نِحَافٌ، نُحَفَاءُ	ـَاتٌ، نِحَافٌ
아주 야윈(thin)	نَحِيلٌ	نَحِيلَةٌ	نَحْلَى	ـَاتٌ
추한(ugly), 보기 아주 흉한	قَبِيحٌ	قَبِيحَةٌ	قِبَاحٌ، قَبْحَى	ـَاتٌ، قَبَائِحُ

→ 위의 * 표가 있는 단어들은 사물을 묘사하는 형용사이다.

4) 사람의 성격 (Personality)

의미	남성 단수(مذ)	여성 단수(مؤ)	남성 사람 복수	여성 사람 복수
낙관적인, 낙천적인(optimistic)	مُتَفَائِلٌ	مُتَفَائِلَةٌ	ـُونَ	ـَاتٌ
비관적인(pessimistic)	مُتَشَائِمٌ	مُتَشَائِمَةٌ	ـُونَ	ـَاتٌ
외향적인	اجْتِمَاعِيٌّ	اجْتِمَاعِيَّةٌ	ـُونَ	ـَاتٌ
내성적인	انْطِوَائِيٌّ	انْطِوَائِيَّةٌ	ـُونَ	ـَاتٌ
마음씨 좋은, 착한, 친절한	طَيِّبٌ	طَيِّبَةٌ	ـُونَ	ـَاتٌ
악한	شِرِّيرٌ	شِرِّيرَةٌ	ـُونَ، أَشْرَارٌ، أَشِرَّاءُ	ـَاتٌ
관대한	كَرِيمٌ	كَرِيمَةٌ	كِرَامٌ، كُرَمَاءُ	ـَاتٌ، كَرَائِمُ
인색한, 구두쇠의	بَخِيلٌ	بَخِيلَةٌ	بُخَلَاءُ	ـَاتٌ، بُخَلَاءُ
지혜로운	حَكِيمٌ	حَكِيمَةٌ	حُكَمَاءُ	ـَاتٌ، حُكَمَاءُ
미련한	أَحْمَقُ *	حَمْقَاءُ	حُمْقٌ، حَمْقَى	حَمْقَاوَاتٌ
총명한, 똑똑한	ذَكِيٌّ	ذَكِيَّةٌ	أَذْكِيَاءُ	ـَاتٌ، أَذْكِيَاءُ
어리석은, 멍청한, 바보의	غَبِيٌّ	غَبِيَّةٌ	أَغْبِيَاءُ	ـَاتٌ، أَغْبِيَاءُ
이해력이 있는, (discerning)	نَبِيهٌ	نَبِيهَةٌ	نُبَهَاءُ	ـَاتٌ، نُبَهَاءُ
이해력이 있는, (discerning)	نَبِهٌ	نَبِهَةٌ	أَنْبَاهٌ، نِبَهَاءُ	ـَاتٌ، نِبَهَاءُ
미련한, 아둔한; 바보의	أَبْلَهُ *	بَلْهَاءُ	بُلْهٌ	بَلْهَاوَاتٌ
미련한, 아둔한; 바보의	أَهْبَلُ *	هَبْلَاءُ	هُبْلٌ	هَبْلَاوَاتٌ
바보의, 천치의	عَبِيطٌ	عَبِيطَةٌ	عُبَطَاءُ، عِيَاطٌ، عُبْطٌ	ـَاتٌ، عِيَاطٌ
이해력이 늦는, 둔한	بَلِيدٌ	بَلِيدَةٌ	بُلَدَاءُ	ـَاتٌ
솜씨 좋은, 기술이 좋은, 재능있는	مَاهِرٌ	مَاهِرَةٌ	ـُونَ، مَهَرَةٌ	ـَاتٌ، مُهَّرٌ
솜씨 좋은, 재능 있는; 우수한	بَارِعٌ	بَارِعَةٌ	ـُونَ، بُرَعَاءُ	ـَاتٌ، بَوَارِعُ
부지런한, 근면한	مُجْتَهِدٌ	مُجْتَهِدَةٌ	ـُونَ	ـَاتٌ
부지런한, 근면한	مُجِدٌّ	مُجِدَّةٌ	ـُونَ	ـَاتٌ
게으른	كَسْلَانُ	كَسْلَانَةٌ أَوْ كَسْلَى	ـُونَ، كَسْلَى، كَسَالَى، كُسَالَى	ـَاتٌ، كَسْلَى، كَسَالَى، كُسَالَى
게으른	كَسِلٌ	كَسِلَةٌ	كَسْلَى، كَسَالَى، كُسَالَى	ـَاتٌ، كَسْلَى، كَسَالَى، كُسَالَى

뜻	남성 단수	여성 단수	남성 복수	여성 복수
아주 겁이 많은	كَسُولٌ	كَسُولَةٌ	ـُونَ	ـَاتٌ
활동적인(active), 적극적인	نَشِيطٌ	نَشِيطَةٌ	ـُونَ، نِشَاطٌ، نُشَطَاءُ	ـَاتٌ، نِشَاطٌ
느릿느릿 움직이는	خَامِلٌ	خَامِلَةٌ	ـُونَ، خَمَلَةٌ، خُمْلٌ، خُمَّلٌ	ـَاتٌ، خَوَامِلُ
용감한	شُجَاعٌ	شُجَاعَةٌ	شُجْعَانٌ، شِجْعَانٌ، شُجَعَاءُ، شِجَاعٌ	ـَاتٌ، شِجَاعٌ، شِجْعَانٌ، شُجْعٌ
겁이 많은	خَوَّافٌ	خَوَّافَةٌ	ـُونَ	ـَاتٌ
비겁한(coward)	جَبَانٌ	جَبَانَةٌ	جُبَنَاءُ	ـَاتٌ، جُبَنَاءُ
수줍어 하는, 부끄러움이 많은	خَجْلَانُ	خَجْلَى أَوْ خَجْلَانَةٌ	ـُونَ، خَجْلَى، خَجَالَى	ـَاتٌ، خَجْلَى، خَجَالَى
	خَجَّالٌ	خَجَّلَةٌ	ـُونَ	ـَاتٌ
부끄러움이 아주 많은	خَجُولٌ	خَجُولَةٌ	ـُونَ، خُجُلٌ	ـَاتٌ، خُجُلٌ
편안하게 하는 (다른 사람을)	مُرِيحٌ	مُرِيحَةٌ	ـُونَ	ـَاتٌ
피곤하게 하는 (다른 사람을)	مُتْعِبٌ	مُتْعِبَةٌ	ـُونَ	ـَاتٌ
난처하게 만드는	مُرْبِكٌ	مُرْبِكَةٌ	ـُونَ	ـَاتٌ
슬프게 만드는	مُحْزِنٌ	مُحْزِنَةٌ	ـُونَ	ـَاتٌ
유머러스한	ظَرِيفٌ	ظَرِيفَةٌ	ـُونَ، ظُرَفَاءُ، ظِرَافٌ، ظُرْفٌ	ـَاتٌ، ظَرَائِفُ
따분한	مُمِلٌّ	مُمِلَّةٌ	ـُونَ	ـَاتٌ
예민한, 센스티브한	حَسَّاسٌ	حَسَّاسَةٌ	ـُونَ	ـَاتٌ
예민하지 않은, 부주의한	لَا مُبَالٍ	لَا مُبَالِيَةٌ	ـُونَ	ـَاتٌ
주의를 기울이지 않는 (일시적)	غَافِلٌ	غَافِلَةٌ	ـُونَ، غُفَّلٌ، غُفُولٌ	ـَاتٌ
주의를 기울이지 않는 (일시적)	سَاهٍ (السَّاهِي)	سَاهِيَةٌ	ـُونَ، سُوَاهٍ (السَّوَاهِي)	ـَاتٌ، سُوَاهٍ (السَّوَاهِي)
사랑받는	مَحْبُوبٌ	مَحْبُوبَةٌ	ـُونَ	ـَاتٌ
미움받는	مَكْرُوهٌ	مَكْرُوهَةٌ	ـُونَ	ـَاتٌ
불쾌한, 증오스러운, 징그러운	كَرِيهٌ	كَرِيهَةٌ	ـُونَ	ـَاتٌ، كَرَائِهُ
	بَغِيضٌ	بَغِيضَةٌ	ـُونَ، بُغَضَاءُ	ـَاتٌ
천박한, 천대받는	حَقِيرٌ	حَقِيرَةٌ	حِقَارٌ، حُقَرَاءُ	ـَاتٌ
	ذَلِيلٌ	ذَلِيلَةٌ	أَذِلَّاءُ، أَذِلَّةٌ، ذِلَالٌ	ـَاتٌ

제9과 형용사

	مَهِينٌ	مَهِينَةٌ	ـُونَ، مُهَنَاءُ	ـَاتٌ
참을성 있는, 인내하는	صَابِرٌ	صَابِرَةٌ	ـُونَ	ـَاتٌ
	صَبُورٌ	صَبُورَةٌ	ـُونَ، صُبُرٌ	ـَاتٌ، صُبُرٌ
관용하는, 참을성있는	مُتَسَامِحٌ	مُتَسَامِحَةٌ	ـُونَ	ـَاتٌ
서두르는	مُتَعَجِّلٌ	مُتَعَجِّلَةٌ	ـُونَ	ـَاتٌ
말에 거짓이 없는, 진실된	صَادِقٌ	صَادِقَةٌ	ـُونَ، صُدُقٌ	ـَاتٌ، صَوَادِقُ
거짓말하는	كَاذِبٌ	كَاذِبَةٌ	ـُونَ، كَذَبَةٌ، كُذَّابٌ، كُذَّبٌ	ـَاتٌ، كَوَاذِبُ
신실한, 정직한	مُخْلِصٌ	مُخْلِصَةٌ	ـُونَ	ـَاتٌ
정직한, 충성스러운	أَمِينٌ	أَمِينَةٌ	أُمَنَاءُ	ـَاتٌ
배신하는, 반역하는	خَائِنٌ	خَائِنَةٌ	ـُونَ، خَانَةٌ، خَوَنَةٌ، خُوَّانٌ	ـَاتٌ، خَوَنَةٌ
호감가는(nice)	لَطِيفٌ	لَطِيفَةٌ	ـُونَ، لِطَافٌ أَوْ لُطَفَاءُ	ـَاتٌ، لِطَافٌ
귀한(precious, dear)	عَزِيزٌ	عَزِيزَةٌ	أَعِزَّاءُ، أَعِزَّةٌ، عِزَازٌ	ـَاتٌ، عِزَازٌ
고상한, 숭고한, 높은(지위 등)	سَامٍ (السَّامِي)	سَامِيَةٌ	ـُونَ، سُمَاةٌ	ـَاتٌ، سَوَامٍ (السَّوَامِي)
고상한, 높은	رَاقٍ (الرَّاقِي)	رَاقِيَةٌ	ـُونَ، رُقَاةٌ	ـَاتٌ، رَوَاقٍ (الرَّوَاقِي)
고귀한, 높은(지위 등)	رَفِيعٌ	رَفِيعَةٌ	رُفَعَاءُ	ـَاتٌ
고귀한, 귀족적인(noble)	نَبِيلٌ	نَبِيلَةٌ	نُبَلَاءُ، نِبَالٌ	ـَاتٌ، نَبَائِلُ
아주 높은, 고귀한(lofty, honorable)	جَلِيلٌ	جَلِيلَةٌ	أَجِلَّاءُ، أَجِلَّةٌ، جِلَّةٌ	ـَاتٌ، جَلَائِلُ
영예로운	شَرِيفٌ	شَرِيفَةٌ	شُرَفَاءُ، أَشْرَافٌ	ـَاتٌ، شَرَائِفُ
저명한(notable), 중요한 인물	وَجِيهٌ	وَجِيهَةٌ	وُجَهَاءُ	ـَاتٌ
선한, 의로운	صَالِحٌ	صَالِحَةٌ	ـُونَ، صُلَحَاءُ، صُلَّاحٌ، صَوَالِحُ	ـَاتٌ
죄를 지은, 죄인의	خَاطِئٌ	خَاطِئَةٌ	ـُونَ، خَطَأَةٌ، خَوَاطِئُ	ـَاتٌ

→ 앞의 *가 붙은 أَهْبَلُ، أَبْلَهُ، أَحْمَقُ 의 경우 앞에서 색깔이나 신체의 결함을 표현하는 단어들과 같이 그 패턴이 أَفْعَلُ 인 형용사이다. 따라서 여성 단수형과 복수형이 그 패턴의 규칙을 따른다.

5) 연고형용사에서 온 색깔 형용사

우리는 앞에서 색깔 형용사와 그 변화형태를 공부했다. 여기서는 그것에 추가되는 색깔 형용사를 공부한다.

아래의 색깔 형용사 단어들은 그 형태가 연고형용사(النَّسَب) 형태이다. 연고형용사란 어떤 사람이나 사물이 어떤 것에 속해 있거나 그것에 속해 있는 성향을 나타내는 형용사를 말한다. 즉 بُرْتُقَال 은 '오렌지'인데, 거기에 연고형용사를 만드는 접미어 ي 가 추가되어 بُرْتُقَالِي 가 되면 '오렌지의, 오렌지색의' 라는 의미의 단어가 된다.

색깔 형용사의 의미	명사	색깔 형용사	색깔 형용사의 의미	명사	색깔 형용사
오렌지색의	بُرْتُقَال	بُرْتُقَالِيّ	커피색의, 갈색의	بُنّ	بُنِّيّ
우유빛의, 하늘색의	لَبَن	لَبَنِيّ	밀색의, 짙은 갈색의	قَمْح	قَمْحِيّ
하늘색의	سَمَاء	سَمَاوِيّ	꿀색의, 연한 갈색의	عَسَل	عَسَلِيّ
콜(kohl) 색깔의, 군청색의	كُحْل	كُحْلِيّ	재색의, 회색의	رَمَاد	رَمَادِيّ
가지색의	بَاذِنْجَان	بَاذِنْجَانِيّ	연필심 색깔의, 회색의	رَصَاص	رَصَاصِيّ
제비꽃 색깔의, 보라색의	بَنَفْسَج	بَنَفْسَجِيّ	포도주 색깔의, 와인색의	نَبِيذ	نَبِيذِيّ
카네이션 색깔의, 분홍의	قَرَنْفُل	قَرَنْفُلِيّ	오일 색깔의, 연한녹색의	زَيْت	زَيْتِيّ

→ 연고형용사에 대한 자세한 내용은 이 책 '연고형용사' 부분에서 공부한다.
→ 위의 색깔 형용사들은 여성형과 복수형이 규칙적으로 변화한다.
(한편 이집트 구어체 아랍어(암미야)에서는 이 단어들의 여성형과 복수형에 변화가 없이 남성 단수형을 여성형과 복수형에 그대로 사용한다.)

예문들

나는 군청색 바지를 입는다. (남성단수)	أَرْتَدِي[1] بَنْطَلُونًا كُحْلِيًّا.
나는 그 보라색 장미를 좋아한다. (여성단수)	أُحِبُّ الْوَرْدَةَ الْبَنَفْسَجِيَّةَ.
이집트 사람들은 (피부색이) 짙은 갈색이다. (복수)	الْمِصْرِيُّونَ قَمْحِيُّونَ.

[1] اِرْتَدَى/يَرْتَدِي هـ – اِرْتِدَاءٌ (옷을) 입다

제 10 과 아랍어의 기본적인 문장에 대해

1. 유사문장(شِبْهُ الْجُمْلَةِ)
2. 문장(الْجُمْلَةُ)
   1) 명사문(الْجُمْلَةُ الاسْمِيَّةُ)
   2) 동사문(الْجُمْلَةُ الْفِعْلِيَّةُ)

제 10 과 아랍어의 기본적인 문장에 대해

아랍어 문법 공부의 목표는 아랍어 문장을 정확하게 이해하고 사용할 수 있는 것이다. 이 책 제 Ⅰ권에서 아랍어 어형(단어의 형태)에 초점을 맞추고 있지만 우리의 최종적인 관심은 문장이다. 지금까지 우리는 기본적인 명사 단어들(형용사 포함)에 대해 공부하였다. 여기서는 앞으로 제 Ⅰ권에 나오는 여러 예문을 이해하기 위해 유사문장(شِبْهُ الْجُمْلَةِ)과 문장(الْجُمْلَةُ)의 기본적인 것을 공부하고자 한다. 본격적인 문장에 대한 공부는 제 Ⅱ권에서 하게 된다.

아래 도표는 **아랍어 문장의 세 가지 구성요소**를 보여준다. 즉 '단어(كَلِمَةٌ)'와 '유사문장(شِبْهُ جُمْلَةٍ)'과 '문장(جُمْلَةٌ)'이다. 아랍어 문장에서 여러 단어가 사용되고, 유사문장이 사용될 수 있으며, 단어와 유사문장이 결합하여 다양한 의미의 문장이 된다. 또한 아랍어 문장은 명사문과 동사문으로 나뉜다.

① 단어(كَلِمَةٌ) – 아랍어 단어는 명사와 동사와 불변사 세 가지 품사로 나뉜다.		
명사(اسْمٌ)	동사(فِعْلٌ)	불변사(حَرْفٌ)
② 유사문장(شِبْهُ جُمْلَةٍ) – 아랍어에는 문장과 유사한 유사문장이 있다.			
전치사 + 소유격 명사 (حَرْفُ جَرٍّ + اسْمٌ مَجْرُورٌ)		부사 + 후연결어 (ظَرْفٌ + مُضَافٌ إِلَيْهِ)	
③ 문장(جُمْلَةٌ) – 아랍어 문장은 명사문과 동사문으로 나뉜다.			
명사문(جُمْلَةٌ اسْمِيَّةٌ)		동사문(جُمْلَةٌ فِعْلِيَّةٌ)	

1. 유사문장(شِبْهُ الْجُمْلَةِ)

유사문장(شِبْهُ الْجُمْلَةِ)은 문장과 유사하지만(특별히 명사문과 비슷함) 문장은 아니라는 의미에서 붙여진 이름이다.

1) 유사문장의 종류

유사문장의 종류는 두 가지로 나뉜다. 먼저는 전치사 뒤에 명사가 오는 형태이고, 두 번째는 시간의 부사 혹은 장소의 부사 뒤에 명사가 오는 형태이다. 유사문장은 문장이 아니기에 형태적으로 구(句, phrase)가 된다.

(1) 전치사(حَرْفُ الْجَرِّ) 뒤에 명사가 오는 형태

아래에서 전치사 مِنْ 뒤에 명사가 왔다. 이처럼 전치사 뒤에 명사가 올 때 유사문장(شِبْهُ الْجُمْلَةِ)이 된다. 이때 전치사 뒤에 오는 명사를 소유격 명사(الِاسْمُ الْمَجْرُورُ)라 하며 반드시 소유격 형태를 취한다. (아래 예문들에서 파란색으로 표시된 부분이 소유격 표시인 카스라(i 모음)이다.) (소유격에 대해서는 다음과인 '명사의 격변화(الْإِعْرَابُ)'에서 자세히 공부한다.)

그 학교로부터(from)	مِنَ الْمَدْرَسَةِ
	b + a
a – 전치사 (حَرْفُ الْجَرِّ) b – 소유격 명사 (الِاسْمُ الْمَجْرُورُ)	

아래의 다른 예들을 보자. (아래에서 소유격 명사에 붙은 소유격 기호 카스라(i 모음)를 염두에 두라)

그 집으로(to)	إِلَى الْبَيْتِ
그 집 안에(in)	فِي الْمَنْزِلِ
그 책으로, 그 책과 함께(by or with)	بِالْكِتَابِ
그 책상 위에(on)	عَلَى الْمَكْتَبِ
그 질문에 대해(about)	عَنِ السُّؤَالِ
그 선생님과 같이(like)	كَالْمُدَرِّسِ
그 친구를 위해(for) (전치사 لِ 뒤에 정관사 الـ 이 올 경우 لِلـ 으로 표기)	لِلصَّدِيقِ [1]
오늘까지(until)	حَتَّى الْيَوْمِ

** 전치사(حُرُوفُ الْجَرِّ)의 종류

위에 나온 전치사를 다시 한 번 정리한다. 아래는 아랍어의 대표적인 전치사와 그 의미이다. 자세한 전치사의 용법과 의미에 대해서는 이 책 제Ⅱ권 '여러가지 소유격에 대해' 부분에서 공부하도록 하라.

..안에(in)	فِي	..에게(to)	إِلَى
...으로부터(from)	مِنْ	...으로(by) ; ..에(in) ; ..와 함께(with)	بِ
..위에(on)	عَلَى	..에 대해(about)	عَنْ
..처럼, ..로서(as, like)	كَ	..을위해(for), ..에게(to)	لِ
..할 때 까지(until)	حَتَّى		

(2) 부사(الظَّرْفُ) 뒤에 명사가 오는 형태

아랍어의 부사에는 시간의 부사(ظَرْفُ الزَّمَانِ)와 장소의 부사(ظَرْفُ الْمَكَانِ) 두 종류가 있다.
아래의 بَعْدَ 는 시간의 부사이고 فَوْقَ 는 장소의 부사이다. 이와같이 시간의 부사 뒤에 명사가 오거나, 혹은 장소의 부사 뒤에 명사가 올 때 유사문장(شِبْهُ الْجُمْلَةِ)이 된다. 이때 시간의 부사나 장소의 부사 단어 자체는 아랍어 품사적으로 명사이며, 그 격변화는 항상 목적격을 취한다. 또한 시간과 장소의 부사 뒤에 오는 명사를 후연결어(الْمُضَافُ إِلَيْهِ)라 하며 후연결어는 반드시 소유격을 취한다. (부사에 대한 자세한 공부는 제Ⅱ권에 나와 있다.)
(다음 예문에서 파란색으로 칠해진 부분이 소유격 표시인 카스라(i 모음)이다. 또한 بَعْدَ 와 فَوْقَ 가 끝 자음에 목적격 기호인 파트하를 취한 것도 확인하자.)

---

[1] لِلصَّدِيقِ = لِـ + الصَّدِيقِ

그 레슨(lesson) 이후에	بَعْدَ الدَّرْسِ
	b + a
a – 시간의 부사 (ظَرْفُ الزَّمَانِ)　b – 후연결어 (الْمُضَافُ إِلَيْهِ)	

그 나무 위에	فَوْقَ الشَّجَرَةِ
	b + a
a – 장소의 부사 (ظَرْفُ الْمَكَانِ)　b – 후연결어 (الْمُضَافُ إِلَيْهِ)	

아래의 다른 예들을 보자.

오후 이전에	قَبْلَ الظُّهْرِ
그 음식(을 먹은) 이후에	بَعْدَ الأَكْلِ
그 사다리(계단) 위에	فَوْقَ السُّلَّمِ
그 책상 아래에	تَحْتَ الْمَكْتَبِ
그 집 앞에	أَمَامَ الْبَيْتِ
그 건물 뒤에	خَلْفَ الْعِمَارَةِ
그 선생님과 함께	مَعَ الْمُدَرِّسِ

→ 위의 예들에서 소유격 명사에 소유격 기호인 카스라(i 모음)가 온 것과 시간 혹은 장소의 부사어에 목적격 기호인 파트하가 온 것을 확인하자. 시간 혹은 장소의 부사어는 아랍어 품사적으로 명사인 것을 기억하자.

→ 위에서 مَعَ (...와 함께, with)가 장소의 부사임을 기억하자. 영어에서는 with 가 전치사이고, 아랍어 학습서 가운데 مَعَ 를 전치사로 소개하는 경우가 있지만 아랍어 문법에서는 장소의 부사로 설명한다.

** 많이 사용되는 부사들

아래는 많이 사용되는 부사들이다. 부사에 대한 자세한 내용은 이 책 제Ⅱ권의 여러 가지 목적격 부분의 '시간의 부사와 장소의 부사' 편에서 공부할 수 있다.

...이전에(before) (시간 혹은 장소의 부사)	قَبْلَ	...이후에(after) (시간 혹은 장소의 부사)	بَعْدَ
...사이에(between) (장소의 부사)	بَيْنَ	...에(at, by, near) (장소의 부사)	عِنْدَ
...위에	فَوْقَ	...아래에	تَحْتَ
...앞에	أَمَامَ	...뒤에	خَلْفَ
...뒤에	وَرَاءَ	... 옆에(beside)	جَانِبَ
...중간에	وَسْطَ	...에(at, near)	لَدَى
...와 함께(with)	مَعَ	...향하여(toward)	نَحْوَ

2) 유사문장을 이용해 문장 만들기

지금까지 배운 유사 문장(شِبْهُ الْجُمْلَةِ)들을 사용하여 다양한 문장을 만들 수 있다. 앞의 유사문장들은 앞으로 배울 명사문과 동사문에서 다양하게 활용된다. 앞으로 자세히 공부하게 되겠지만 여기에서는 위에서 나온 유사문장들이 명사문과 동사문에서 어떻게 사용되는지 간단히 확인하도록 하라.

(1) 명사문
아래는 명사문에 전치사구(句) 혹은 부사구가 유사문장으로 온 경우이다.

a. 전치사구(전치사 + 명사)가 사용된 경우

싸미르는 (그) 집에 있다.	سَمِيرٌ فِي الْمَنْزِلِ.
그 펜은 (그) 책상 위에 있다.	الْقَلَمُ عَلَى الْمَكْتَبِ.

b. 부사구(부사 + 명사)가 사용된 경우

그 참새는 (그) 나무 위에 있다.	الْعُصْفُورُ فَوْقَ الشَّجَرَةِ.
그 자동차는 (그) 집 앞에 있다.	السَّيَّارَةُ أَمَامَ الْبَيْتِ.

→ 위 명사문의 주어에 주격 기호인 담마(u 모음)가 파란색으로 표기되어 있고, 유사문장의 소유격 명사에 소유격 기호인 카스라(i 모음)가 파란색으로 표기된 것을 확인하라. 자세한 내용은 나중에 다시 공부한다.

→ 위의 번역에서 '(그)' 라고 표시한 것은 관사 ﺍﻟ 의 번역을 특정한 사물로 보아 '그'라고 번역해도 되고, 화자와 청자가 알고 있는 일반적인 사물로 보아 '그'를 번역하지 않아도 되는 경우이다.

(2) 동사문
아래는 동사문에 전치사구(句) 혹은 부사구가 유사문장으로 온 경우이다.

a. 전치사구(전치사 + 명사)가 사용된 경우
아래 문장에서 전치사는 동사의 의미를 보조한다.

나는 한 아파트에 살고 있다. (비한정 형태의 소유격 명사)	أَعِيشُ[1] فِي شِقَّةٍ.
그는 (그) 집으로 돌아갔다.(돌아왔다.)	رَجَعَ[2] إِلَى الْبَيْتِ.
나는 (그) 선생님께 인사했다.	سَلَّمْتُ[3] عَلَى الْمُدَرِّسِ.

→위의 첫 번째 문장에서 비한정 형태의 소유격 명사가 왔다. 이와같이 유사문장의 소유격 명사는 비한정 명사도 사용될 수 있다.

---

[1] عَاشَ/ يَعِيشُ (فِي، مَعَ) – مَعِيشَةً أَوْ عَيْشٌ 살다(to live)

[2] رَجَعَ/ يَرْجِعُ إِلَى – رُجُوعٌ 돌아가다, 돌아오다

[3] سَلَّمَ/ يُسَلِّمُ عَلَى ..에게 인사하다

b. 부사구(부사 + 명사)가 사용된 경우
아래의 시간의 부사구나 장소의 부사구는 문장에서 시간과 장소의 의미를 나타내어 동사의 의미를 보조한다.

나는 잠자기 전에 책 한 권을 읽는다.	أَقْرَأُ[1] كِتَابًا قَبْلَ النَّوْمِ.
그 택시는 (그) 문 앞에서 멈추었다.	وَقَفَ[2] التَّاكْسِيُ أَمَامَ الْبَابِ.
그 암고양이는 (그) 자동차 아래에서 자고 있다.	تَنَامُ[3] الْقِطَّةُ تَحْتَ السَّيَّارَةِ.

→ 위의 예문에서 كِتَابًا 은 비한정 형태의 목적어로 사용되어 그 어미에 목적격 기호인 탄윈 파트하가 붙었다.
→ 위의 예문에서 التَّاكْسِيُ 와 الْقِطَّةُ 는 주어로 사용되어 그 어미에 주격 기호인 담마(u 모음)가 붙었다.

---

[1] قَرَأَ/ يَقْرَأُ ــ قِرَاءَةٌ …을 읽다
[2] وَقَفَ/ يَقِفُ ــ وُقُوفٌ 멎다, 서다, 정지되다 ; 일어서다, 일어나다
[3] نَامَ/ يَنَامُ ــ نَوْمٌ 자다, 잠자다

2. 문장(الْجُمْلَة)

아랍어 문장은 크게 명사문(الْجُمْلَة الاسْمِيَّة)과 동사문(الْجُمْلَة الْفِعْلِيَّة)으로 나뉜다. 간단히 말해 명사문은 명사로 시작되는 문장이고 동사문은 동사로 시작되는 문장이다.

1) 명사문(الْجُمْلَة الاسْمِيَّة)

명사문은 아랍어 문장의 독특한 특징이라 할 수 있다. 명사문은 우리말과 문장 구조가 많이 다르기 때문에 처음에는 많이 생소할 것이다. 그러나 아주 많이 사용되는 것이기에 꼭 익혀야 한다.

(1) 명사문의 이해

간단히 말해서 명사문은 명사로 시작되는 문장이다. 나중에 명사가 아닌 유사문장으로 시작되는 명사문도 공부하겠지만 여기서는 명사문은 명사로 문장이 시작된다고 이해하도록 하자.

그 선생님은 친절하다.	الْمُدَرِّسُ طَيِّبٌ. 　　　b ＋ a
a – 주어 (مُبْتَدَأ)　　b – 술어 (خَبَر)	

→ 위의 예에서 명사문은 주어(مُبْتَدَأ)와 술어(خَبَر)로 구성됨을 볼 수 있다. 명사문에서 주어와 술어는 주격을 취한다. 위에서 끝자음에 주격 기호인 담마가 파란색으로 표기되었다.

명사문(الْجُمْلَة الاسْمِيَّة)의 두 가지 기둥은 다음과 같다.

A. 주어(الْمُبْتَدَأ) – 화자가 정의하거나 설명하고자 하는 주체(주로 한정형태가 오지만 비한정형태가 올 수도 있다.)

B. 술어(الْخَبَر) – 주어로 사용된 명사를 정의하거나 설명하는 내용

이와같이 명사문은 주어와 술어로 구성된 문장이다. 이때 명사문의 주어와 술어는 항상 주격을 취한다. 격변화에 대해서는 앞으로 자세하게 다룬다.

명사문 (الْجُمْلَة الاسْمِيَّة)	← 술어 (الْخَبَر) ＋ 주어 (الْمُبْتَدَأ) ← 　　　　B　　　　　　　A 의미 : A는 B이다.	

예문들

그 집은 크다.	الْبَيْتُ كَبِيرٌ.
그 책은 쉽다.	الْكِتَابُ سَهْلٌ.
이것은 책이다.	هَذَا كِتَابٌ.
그는 학생이다.	هُوَ طَالِبٌ.

→ 위의 문장들 모두가 주어와 술어로 구성된 문장이다.

명사문의 구성요건

1. 반드시 주어(مُبْتَدَأ)와 술어(خَبَر)로 구성된다.
2. 주어와 술어는 성·수·격의 일치를 이루며, 둘 다 항상 주격을 취한다.
3. 일반적으로 주어(مُبْتَدَأ)는 한정명사가 사용된다. 한정명사란 ال이 붙은 보통명사, 고유명사, 인칭대명사, 지시대명사, 한정형태의 연결형 등을 말하며, 이런 것들이 명사문의 주어로 사용될 수 있다. (그러나 비한정형태의 명사가 명사문의 주어로 사용되는 경우도 있는데 이에 대해서는 나중에 공부한다.)
4. 술어(خَبَر)에는 명사 단어(형용사, 보통명사, 고유명사, 연결형), 유사문장, 명사문, 동사문이 올 수 있다. 술어에 사용된 단어는 비한정 형태가 더 많이 사용되지만 한정형태도 사용된다.

(2) 명사문의 형태
a. 명사문의 주어(الْمُبْتَدَأ)의 종류

일반적으로 주어(مُبْتَدَأ)는 한정명사가 사용된다. 한정명사란 '아랍어의 관사와 한정명사 & 비한정명사' 부분에서 공부한 대로, ال이 붙은 보통명사, 고유명사, 인칭대명사, 지시대명사, 한정형태의 연결형을 말하며, 이런 것들이 명사문의 주어로 사용될 수 있다. 아래의 예들에서 주어와 술어가 어떻게 성·수·격의 일치를 이루는지, 어떻게 주격을 취하는지를 확인하라.

a-1 ال이 붙은 보통명사

그 남자는 유명하다.	الرَّجُلُ مَشْهُورٌ.
그 자동차는 비싸다.	السَّيَّارَةُ غَالِيَةٌ.
그 사전은 아주 좋다.	الْقَامُوسُ جَيِّدٌ جِدًّا.

a-2 고유명사(اسْمُ الْعَلَمِ)

무함마드는 선생이다.	مُحَمَّدٌ مُدَرِّسٌ.
싸미르는 의사이다.	سَمِيرٌ طَبِيبٌ.
카이로는 크다.	الْقَاهِرَةُ كَبِيرَةٌ.

a-3 인칭대명사(الضَّمِيرُ)

그는 총명하다.	هُوَ ذَكِيٌّ.
그녀는 학생이다.	هِيَ طَالِبَةٌ.
그들은 선생님들이다.	هُمْ مُدَرِّسُونَ.

→ 인칭대명사에 대해서는 이 책 '인칭대명사' 부분에서 공부하라.

a-4 지시대명사 (اسْمُ الْإِشَارَةِ)

이것은 책이다.	هٰذَا كِتَابٌ.
이것은(f.) 작다.	هٰذِهِ صَغِيرَةٌ.

→ 지시대명사에 대해서는 이 책 '지시대명사' 부분에서 공부하라.

a-5 한정형태의 연결형 (الْإِضَافَةُ)

그 젊은 여자의 (그) 책은 크다.	كِتَابُ الْفَتَاةِ كَبِيرٌ.
그 집의 (그) 문은 작다.	بَابُ الْبَيْتِ صَغِيرٌ.
그 친구의 (그) 사진은 아름답다.	صُورَةُ الصَّدِيقِ جَمِيلَةٌ.

→ 위의 예들은 후연결어가 한정명사인 연결형이다. 연결형에 대해서는 곧 공부하게 된다.

위의 예들은 명사문의 주어에 한 단어가 사용된 경우이다.(연결형의 경우 두 단어이다) 아랍어 명사문의 주어에는 한 단어뿐만 아니라 구(句)와 문장도 사용된다. 이에 대해서는 이 책 Ⅱ권 '명사문에 대해'에서 공부하도록 하자.

b. 명사문의 술어(الْخَبَرُ)의 종류

명사문의 술어(خَبَرٌ)에는 형용사, 보통명사, 고유명사, 유사문장, 연결형, 명사문, 동사문 등이 올 수 있다. 술어에는 한정형태와 비한정 형태 모두 사용되지만 비한정 형태가 더 일반적이다.

b-1 명사단어

b-1-1 형용사

그 집은 넓다.	الْبَيْتُ وَاسِعٌ.
그 책은 유용하다.	الْكِتَابُ مُفِيدٌ.
그 여자는 유명하다.	الْمَرْأَةُ مَشْهُورَةٌ.

b-1-2 보통명사

이것은 책상(혹은 사무실)이다.	هٰذَا مَكْتَبٌ.
그녀는 교수(f.)이다.	هِيَ أُسْتَاذَةٌ.
무함마드는 기술자(engineer)이다.	مُحَمَّدٌ مُهَنْدِسٌ.

b-1-3 고유명사

이 사람은(혹은 이분은) 마흐무드이다.	هٰذَا مَحْمُودٌ.
이 사람은(f.)(혹은 이분은) 싸미라이다. (سَمِيرَةُ 는 여성의 이름. 여성의 이름은 2격 명사)	هٰذِهِ سَمِيرَةُ.

b-1-4 연결형 (الْإِضَافَةُ)

그는 그 센터의 디렉터(원장)이다. (He is the director of the center)	هُوَ مُدِيرُ الْمَرْكَزِ.
그 학생은 그 선생의 친구이다. (The student is the friend of the teacher.)	الطَّالِبُ صَدِيقُ الْمُدَرِّسِ.

b-2 유사문장 (شِبْهُ الْجُمْلَةِ)

b-2-1 전치사구(전치사 + 명사)가 사용된 문장

그 가방은 (그) 집에 있다.	الْحَقِيبَةُ فِي الْبَيْتِ.
그 지갑은 (그) 책상 위에 있다.	الْمِحْفَظَةُ عَلَى الْمَكْتَبِ.

b-2-2 부사구(부사 + 명사)가 사용된 문장

그 참새는 (그) 나무 위에 있다.	الْعُصْفُورُ فَوْقَ الشَّجَرَةِ.
그 자동차는 (그) 집 앞에 있다.	السَّيَّارَةُ أَمَامَ الْبَيْتِ.

b-3 문장 (الْجُمْلَةُ)

b-3-1 동사문 (الْجُمْلَةُ الْفِعْلِيَّةُ)

아래 문장에서 빨간색으로 표기된 부분이 명사문의 술어로 사용된 동사문이다. 자세한 설명은 이 책 제Ⅱ권 '명사문에 대해' 부분에서 하도록 한다.

그 학생은 (그) 단원(lesson)을 기록했다.	الطَّالِبُ كَتَبَ[1] الدَّرْسَ.
무함마드는 아랍어를 공부(전공)한다.	مُحَمَّدٌ يَدْرُسُ[2] اللُّغَةَ الْعَرَبِيَّةَ.
그 자동차는 빨리 간다.	السَّيَّارَةُ تَسِيرُ[3] بِسُرْعَةٍ.

b-3-2 명사문 (الْجُمْلَةُ الْاسْمِيَّةُ)

아래 문장에서 빨간색으로 표기된 부분이 명사문의 술어로 사용된 명사문이다. 즉 명사문의 술어에 또 다른 명사문이 사용된 형태이다. 여기에 대한 자세한 설명은 이 책 제Ⅱ권 '명사문에 대해' 부분에서 하도록 한다.

그 선생은 나이가 많다.	الْمُدَرِّسُ سِنُّهُ كَبِيرٌ.
저는 이름이 싸미르입니다.	أَنَا اسْمِي سَمِيرٌ.
이것의 가격은 싸다.	هَذَا سِعْرُهُ رَخِيصٌ.

---

[1] كَتَبَ/ يَكْتُبُ ـهـ ـ كِتَابَةً ..을 적다, 기록하다

[2] دَرَسَ/ يَدْرُسُ ـهـ ـ دَرْسً، دِرَاسَةً ; 공부하다, 학습하다 ; 연구하다

[3] سَارَ/ يَسِيرُ ـ سَيْرً ; 걷다(to walk) ; 가다(to go)

(3) 명사문의 일치

명사문의 주어(مُبْتَدَأ)와 술어(خَبَر)는 성과 수와 격이 일치해야 하며, 그 격은 주격을 취한다. 앞으로 격변화에 대해서 더 자세히 공부할 것이기 때문에 여기서는 명사문의 주어와 술어의 성과 수가 어떻게 일치하는지를 간단히 살펴보자.

a. 주어가 단수명사일 경우

a-1 주어가 남성 단수명사일 경우

아래의 예들에서 주어로 사용된 명사가 남성 단수명사이다. 따라서 명사문이 되기 위해서 술어로 사용된 형용사(혹은 명사)도 남성 단수꼴이 와야 한다.

형용사가 술어로 온 문장

그 학생은 총명하다.	الطَّالِبُ ذَكِيٌّ.
그 기술자는 유명하다.	الْمُهَنْدِسُ مَشْهُورٌ.
그 책은 작다.	الْكِتَابُ صَغِيرٌ.
그 집은 크다.	الْبَيْتُ كَبِيرٌ.

명사가 술어로 온 문장

그는 학생이다. (주어가 남성 단수)	هُوَ طَالِبٌ.
이것은 책이다. (주어가 남성 단수)	هَذَا كِتَابٌ.

a-2 주어가 여성 단수명사일 경우

아래의 예들에서 주어로 사용된 명사가 여성 단수명사이다. 따라서 명사문이 되기 위해서는 술어로 사용된 형용사(혹은 명사)도 여성 단수꼴이 와야 한다.

형용사가 술어로 온 문장

그 젊은 여자는 아름답다. (주어가 여성 단수)	الْفَتَاةُ جَمِيلَةٌ.
그 여학생은 부지런하다. (주어가 여성 단수)	الطَّالِبَةُ مُجْتَهِدَةٌ.
그 자동차는 비싸다. (주어가 여성 단수)	السَّيَّارَةُ غَالِيَةٌ.
그 방은 넓다. (주어가 여성 단수)	الْغُرْفَةُ وَاسِعَةٌ.

명사가 술어로 온 문장

그녀는 학생이다. (주어가 여성명사)	هِيَ طَالِبَةٌ.
이것은 그림이다. (주어가 여성명사)	هَذِهِ صُورَةٌ.

b. 주어가 쌍수 명사일 경우

b-1 주어가 남성 쌍수 명사일 경우

아래의 예들에서 주어로 사용된 명사가 남성 쌍수 명사이다. 따라서 명사문이 되기 위해서 술어로 사용된 형용사(혹은 명사)도 남성 쌍수꼴이 와야 한다.

형용사가 술어로 온 문장

그 두 학생은 총명하다.	.الطَّالِبَانِ ذَكِيَّانِ
그 두 기술자는 유명하다.	.الْمُهَنْدِسَانِ مَشْهُورَانِ
그 두 책은 작다.	.الْكِتَابَانِ صَغِيرَانِ
그 두 집은 크다.	.الْبَيْتَانِ كَبِيرَانِ

명사가 술어로 온 문장

그들 둘은 학생이다. (주어가 2인칭 쌍수)	.هُمَا طَالِبَانِ
이것 둘은 책이다. (주어가 지시대명사 '이것 둘은')	.هَذَانِ[1] كِتَابَانِ

b-2 주어가 여성 쌍수 명사일 경우

아래의 예들에서 주어로 사용된 명사가 여성 쌍수 명사이다. 따라서 명사문이 되기 위해서 술어로 사용된 형용사(혹은 명사)도 여성 쌍수꼴이 와야 한다. (아래 문장에서 사용된 형용사들은 원래 여성형 형용사 꼴에 ة가 붙어 있었다. 그 ة를 ت로 바꾼뒤에 ـَانِ를 갖다 붙이면 쌍수 형태가 된다.)
(예 : جَمِيلَتَانِ ← جَمِيلَةٌ)

형용사가 술어로 온 문장

그 두 젊은 여자는 아름답다.	.الْفَتَاتَانِ[2] جَمِيلَتَانِ
그 두 여학생은 부지런하다.	.الطَّالِبَتَانِ مُجْتَهِدَتَانِ
그 두 자동차는 비싸다.	.السَّيَّارَتَانِ غَالِيَتَانِ
그 두 방은 넓다.	.الْغُرْفَتَانِ وَاسِعَتَانِ

명사가 술어로 온 문장

그녀 둘은(f.) 여학생이다.	.هُمَا طَالِبَتَانِ
이것 둘은 그림이다.	.هَاتَانِ[3] صُورَتَانِ

---

[1] هَذَا 이것은   هَذَانِ 이것 둘은(dual)

[2] فَتَاةٌ/فَتَيَاتٌ 젊은 여자   فَتَاتَانِ 두 젊은 여자(dual)

[3] هَذَا 이것은   هَذَانِ 이것 둘은(m. dual)   هَاتَانِ 이것 둘은(f. dual)

c. 주어가 복수명사일 경우

c-1 주어가 사람 지칭 복수명사일 경우
아래의 예들에서 주어로 사용된 명사가 남성 복수명사이다. 따라서 명사문이 되기 위해서 술어로 사용된 형용사(혹은 명사)도 복수꼴이 와야 한다.

형용사가 술어로 온 문장

그 학생들은 총명하다. (ذَكِيٌّ/ أَذْكِيَاءُ)	الطُّلَّابُ أَذْكِيَاءُ.
그 기술자들은 유명하다.	الْمُهَنْدِسُونَ مَشْهُورُونَ.
그 선생님들은 바쁘다.	الْمُدَرِّسُونَ مَشْغُولُونَ.
그 아이들은 행복하다. (سَعِيدٌ/ سُعَدَاءُ)	الأَطْفَالُ سُعَدَاءُ.

명사가 술어로 온 문장

그들은 학생들이다. (주어가 남성복수)	هُمْ طُلَّابٌ.
이들은 아이들이다. (주어가 남성복수)	هَؤُلَاءِ[1] أَطْفَالٌ.
그녀들은 여학생들이다. (주어가 여성복수)	هُنَّ طَالِبَاتٌ.
이들은 딸들이다. (주어가 여성복수)	هَؤُلَاءِ بَنَاتٌ.

c-2 주어가 사물 지칭 복수명사일 경우
앞에서 아랍어 명사의 사물 복수는 여성 단수로 취급한다는 사실을 배웠다. 형용사가 술어로 사용된 경우에도 마찬가지이다. 주어가 사물 지칭 복수일 경우 술어는 여성 단수로 취급한다.

그 책들은 작다.	الْكُتُبُ صَغِيرَةٌ.
그 집들은 크다.	الْبُيُوتُ كَبِيرَةٌ.
그 자동차들은 비싸다.	السَّيَّارَاتُ غَالِيَةٌ.
그 방들은 넓다. (غُرْفَةٌ/ غُرَفٌ)	الْغُرَفُ وَاسِعَةٌ.

** 사물 지칭 복수명사를 지시대명사로 받을 경우
사물 지칭 복수명사를 지시대명사로 받을 경우도 같은 원리를 적용하여 여성 단수 꼴인 هَذِهِ 를 사용한다.

이것들은 책들이다.	هَذِهِ كُتُبٌ.
이것들은 그림들이다.	هَذِهِ صُوَرٌ.

---

[1] 이것은 هَذَا 이것 둘은(m. dual) هَذَانِ 이것 둘은(f. dual) هَاتَانِ 이 사람들은(pl 남성복수, 여성복수.) هَؤُلَاءِ

(4) 술어로 사용된 유사문장이 주어보다 먼저 오는 명사문 (الْخَبَرُ الْمُقَدَّمُ)

지금까지는 문장에서 주어가 먼저 오고 술어가 나중에 오는 명사문을 배웠다. 여기에서는 앞으로의 공부를 위해 주어와 술어가 도치되는 문장을 공부한다. 즉 술어로 사용된 유사문장이 먼저 오고 그 뒤에 주어인 비한정 명사가 올 경우 이것은 명사문이 되며, 그 의미는 '..이 있다(there is)' 혹은 '..을 가지고 있다(to have)'가 된다(이 책에서 '..이 있다'의 의미를 가진 문장을 존재문이라 하고, '..을 가지고 있다'의 의미를 가진 문장을 소유문이라 한다). 이 경우 기억할 것은 문장 어순이 술어로 사용된 유사문장이 주어보다 먼저 와야 한다는 것과, 주어로 사용된 명사가 비한정 명사이어야 한다는 것이다.

	그 교실에 한 학생이 있다. (There is a student in the class.)	طَالِبٌ فِى الْفَصْلِ. a + b
	a – 주어 (مُبْتَدَأٌ) b – 술어 (خَبَرٌ)	

→ 위의 예문에서 유사문장이 먼저 오고 그 뒤에 주어로 사용된 비한정 형태의 보통명사가 나중에 왔다.
→ 소유격 명사로 사용된 الْفَصْلِ 에는 소유격이 왔고, 주어로 사용된 طَالِبٌ 에는 비한정 형태이고, 주격이 왔다.

다음 문장들을 보자.

d-1 전치사가 이끄는 유사문장이 술어로 사용된 문장

그 책상 위에 펜들이 있다. (There are pens on the desk.)	عَلَى الْمَكْتَبِ أَقْلَامٌ.
그 학교에는 많은 교사들이 있다. (There are many teachers in the school.)	فِى الْمَدْرَسَةِ مُدَرِّسُونَ كَثِيرُونَ.
이집트는 위대한 역사를 가지고 있다. (Egypt has a great history.)(소유의 의미를 가진 소유문이다.)	لِمِصْرَ تَارِيخٌ عَظِيمٌ.

→ 위의 문장에서 لِمِصْرَ 도 유사문장이다. لِ + مِصْرَ 형태로서 لِ 은 전치사이며 مِصْرَ 가 소유격 명사(اِسْمٌ مَجْرُورٌ)이다. مِصْرَ 단어의 경우 소유격 형태가 파트하(a 모음)으로 올 수 있는데 이를 2격 명사라 한다.

d-2 부사가 이끄는 유사문장이 술어로 사용된 문장

그 집 앞에 사람들이 있다. (There are people in front of the house.)	أَمَامَ الْبَيْتِ أُنَاسٌ.
그 테이블 위에 한 컵이 있다. (There is a cup on the table.)	فَوْقَ الطَّاوِلَةِ فِنْجَانٌ.
나에게 돈이 있다. (I have money with me.)	مَعِي نُقُودٌ.
그녀는 비싼 자동차가 있다. (She has an expensive car.)	عِنْدَهَا سَيَّارَةٌ غَالِيَةٌ.

→ 위의 문장에서 مَعَ 와 عِنْدَ 는 전치사가 아니라 부사이다.(이 책 제Ⅱ권의 '여러가지 목적격에 대해 I - 시간의 부사(ظَرْفُ زَمَانٍ)와 장소의 부사(ظَرْفُ مَكَانٍ)' 부분에서 확인하라) 부사 뒤에 오는 명사는 연결형의 후연결어(مُضَافٌ إِلَيْهِ)가 된다. مَعِي 의 ي 와 عِنْدَهَا 의 هَا 는 부사 뒤에 후연결어로 붙은 접미 인칭대명사이다. 때문에 مَعِي 와 عِنْدَهَا 는 '부사 + 후연결어' 구조의 유사문장이다.

** 존재문과 소유문에 대한 본격적인 공부는 이 책 제Ⅱ권 '존재문장과 소유문장에 대해'를 보라.

2) 동사문(الْجُمْلَةُ الْفِعْلِيَّةُ)

동사문이란 문장의 첫 단어가 동사로 시작하는 문장을 말한다. 동사는 사람이나 사물이 행하는 동작이나 상태를 묘사하며 시제에 대한 정보가 포함된 단어를 말한다. 동사문에 사용되는 동사는 시제의 변화가 있고 또한 인칭에 따른 변화가 있다. 이 변화에 대해서는 이 책 동사 부분에서 자세하게 다루고 있으므로 여기서는 동사문의 일반적인 형태에 관해 설명하고자 한다.
(동사문에 대한 이해를 위해 이 책의 '동사의 인칭변화 익히기' 부분과 '동사의 일치' 부분을 먼저 공부한 뒤 아래를 공부하는 것이 효과적이다.)
동사문의 종류는 크게 두 가지이다. 즉 동사문이 목적어를 취하지 않는 자동사(فِعْلٌ لَازِمٌ)로 이루어진 문장과 동사문이 목적어를 취하는 타동사(فِعْلٌ مُتَعَدٍّ)로 이루어진 문장이 그것이다.
또한 동사문에는 반드시 주어가 사용되는데 동사문의 주어를 فَاعِلٌ 이라 하며(명사문의 주어는 مُبْتَدَأٌ 라 한다) 항상 주격을 취한다. 동사문에 목적어를 사용할 경우 그 목적어를 مَفْعُولٌ بِهِ 라고 하며 항상 목적격을 취한다.

(1) 동사문의 종류

a. 자동사(فِعْلٌ لَازِمٌ)가 사용된 동사문

자동사가 사용된 동사문의 어순은 아래와 같다.

| 동사문(الْجُمْلَةُ الْفِعْلِيَّةُ) - 자동사문 | ← | 주어(الْفَاعِلُ) + 동사(الْفِعْلُ) | ← |

자동사란 목적어를 가지지 않는 동사를 말한다. 아래의 نَامَ 동사는 자동사이다.
아래의 예문에서 الطِّفْلُ 는 주어로 사용되어 그 어미에 주격인 담마(u 모음)가 붙었다. 동사문의 주어는 항상 주격을 취한다.

그 아기가 잠을 잤다. (الطِّفْلُ 이 주어이기에 주격이 왔다.) a – 동사(فِعْلٌ) b – 주어(فَاعِلٌ)	نَامَ¹ الطِّفْلُ. b + a

다른 예들

그 선생님이 오신다.	يَأْتِي² الْمُدَرِّسُ.
무함마드가 기뻐한다.	يَفْرَحُ³ مُحَمَّدٌ.
내 친구가 왔다.	جَاءَ⁴ صَدِيقِي.

---

[1] نَامَ / يَنَامُ – نَوْمٌ 자다, 잠자다
[2] أَتَى / يَأْتِي (إِلَى) – إِتْيَانٌ ..에게 오다 (to come)
[3] فَرِحَ / يَفْرَحُ (ب) – فَرَحٌ 기뻐하다, 즐거워하다
[4] جَاءَ / يَجِيءُ (إِلَى، ب) – مَجِيءٌ 오다 (to come), ..에게 오다

b. 타동사(فِعْلٌ مُتَعَدٍّ)가 사용된 동사문

타동사가 사용된 동사문의 어순은 다음과 같다.

동사문 – الْجُمْلَةُ الْفِعْلِيَّةُ	타동사문 ← 목적어 + (الْمَفْعُولُ بِهِ) + 주어 (الْفَاعِلُ) + 동사 (الْفِعْلُ) ←

타동사는 목적어를 가지는 동사를 말한다. 아래의 كَتَبَ 는 목적어를 취하는 동사이다. 아래 문장에서 رِسَالَة 는 목적어로 사용되었고 때문에 목적격 기호인 파트하 탄윈이 붙었다.

무함마드는 한 편지를 적었다. (مُحَمَّدٌ 에 주격이 붙었고, 목적어인 رِسَالَة 에 목적격이 붙었다.)	كَتَبَ مُحَمَّدٌ رِسَالَةً. c + b + a
	a – 동사 (فِعْلٌ) b – 주어 (فَاعِلٌ) c – 목적어 (مَفْعُولٌ بِهِ)

다른 예들

싸미라는 아랍어를 공부했다.	دَرَسَتْ سَمِيرَةُ اللُّغَةَ الْعَرَبِيَّةَ.
그 교수는 그 학생들에게 이야기했다.	كَلَّمَ[1] الْأُسْتَاذُ الطُّلَّابَ.
그 소년은 한 숙제를 했다.	كَتَبَ الصَّبِيُّ وَاجِبًا.

→타동사 가운데는 목적어를 두 개 가지는 동사들이 있다. 이에 대해서는 이 책 제Ⅱ권 '동사문에 대해' 부분에서 공부하도록 하라.

---

[1] كَلَّمَ / يُكَلِّمُ ه – تَكْلِيمٌ .. ~에게 말하다   كَلَّمَ / يُكَلِّمُ ه بِالتِّلِيفُونِ 전화로 이야기하다

(2) 동사문에 유사문장(شِبْهُ الجُمْلَةِ)이 사용되는 경우

자동사가 사용된 동사문이나 타동사가 사용된 동사문에 유사문장이 함께 사용되는 경우들이 흔하다. 앞의 유사문장 부분에서 다루었지만 다시 한번 정리한다.

a. 전치사(حَرْفُ جَرٍّ)가 이끄는 유사문장이 사용되는 동사문

동사문에 사용된 유사문장에 전치사구가 오는 경우이다. 이때 전치사 뒤에는 소유격 명사가 오며 소유격을 취한다.

(그) 대통령은 카이로로 돌아왔다. (전치사 إِلَى 뒤에 소유격 명사(اِسْمٌ مَجْرُورٌ)가 왔다.)	رَجَعَ¹ الرَّئِيسُ إِلَى الْقَاهِرَةِ. c + b + a
a – 동사(فِعْلٌ) b – 주어(فَاعِلٌ) c – 유사문장(شِبْهُ جُمْلَةٍ)	

예들

그 학생은 알렉산드리아에 갔다.	ذَهَبَ² الطَّالِبُ إِلَى الْإِسْكَنْدَرِيَّةِ.
내 친구는 학교로부터 왔다.	جَاءَ صَدِيقِي مِنَ الْمَدْرَسَةِ.
모나는 카이로에 살았다.	عَاشَتْ³ مُنَى فِي الْقَاهِرَةِ.

→ 위의 문장에서 각각의 동사들이 어떤 특정 전치사를 취하는지에 대해서는 동사를 공부할 때 함께 익혀야 한다. 대개 동사들은 특정 전치사와 함께 사용될 때 특정한 의미를 가진다. 특히 자동사의 경우 '동사 + 전치사' 구(句)의 형태가 많으며 이런 경우 그것을 숙어로 간주하여 동사와 함께 전치사도 함께 익혀야 한다.

예를들어 위의 ذَهَبَ/يَذْهَبُ إِلَى 는 '동사 + 전치사' 형태로 사용되어 '..에 가다(to go to)'의 의미로 사용된다. 따라서 '..에 가다(to go to)'의 의미를 익힐때 반드시 전치사 إِلَى 와 함께 동사를 익혀야 한다. 이와같은 '동사 + 전치사' 관용구에 대해서는 이 책 제Ⅱ권 '여러가지 소유격(الْمَجْرُورَاتُ)에 대해' 부분에서 공부하도록 하라.

---

[1] رَجَعَ/ يَرْجِعُ (إِلَى) – رُجُوعٌ (..에게로) 돌아가다, 돌아오다

[2] ذَهَبَ/ يَذْهَبُ إِلَى – ذَهَابٌ (to go) 가다, ..에 가다

[3] عَاشَ/ يَعِيشُ (فِي، مَعَ) – مَعِيشَةٌ (to live) 살다

b. 부사(ظَرْفُ مَكان, ظَرْفُ زَمان)가 이끄는 유사문장이 사용되는 동사문

동사문에 사용된 유사문장에 시간의 부사구나 장소의 부사구가 오는 경우이다. 이때 부사는 목적격을 취하며 부사 뒤의 후연결어는 소유격을 취한다.

그 택시는 그 건물 앞에서 멈추었다. (부사 أَمَامَ 뒤에 후연결어(مُضَافٌ إِلَيْهِ)가 왔다.)	وَقَفَ[1] التَّاكْسِي أَمَامَ الْعِمَارَةِ. c + b + a
	a – 동사(فِعْل) b – 주어(فَاعِل) c – 유사문장(شِبْهُ جُمْلَةٍ)

예들

그는 그의 친구 집에서 잤다.	نَامَ عِنْدَ صَدِيقِهِ.
나는 그 학교 뒤에서 축구를 했다.	لَعِبْتُ[2] كُرَةَ الْقَدَمِ خَلْفَ الْمَدْرَسَةِ.
나는 잠자기 전에 책 한 권을 읽는다.	أَقْرَأُ[3] كِتَابًا قَبْلَ النَّوْمِ.

** 동사는 주어의 인칭과 수에 따라 변화한다. 동사의 인칭과 수의 변화는 이 책 동사부분에서 공부하도록 하라. 앞으로 동사가 들어간 문장이 종종 나오므로 이 책의 동사 부분에서 설명하는 동사의 기본적인 변화를 공부하고 다시 돌아와서 공부하는 것도 좋은 방법이다.

---

[1] وَقَفَ/ يَقِفُ – وُقُوفٌ ; 멎다, 서다, 정지되다 ; 일어서다, 일어나다
[2] لَعِبَ/ يَلْعَبُ – لَعِبٌ) 놀다, ..을 가지고 놀다 لَعِبَ/ يَلْعَبُ (ب) – (게임 등을) 경기하다 ; (악기 등을) 연주하다
[3] قَرَأَ/ يَقْرَأُ – قِرَاءَةٌ ...을 읽다

제 11 과 명사의 격변화 (إِعْرَابُ الاسْمِ)

1. 단수명사의 격변화(مُفْرَدٌ)
2. 쌍수명사의 격변화(مُثَنَّى)
3. 복수명사의 격변화(جَمْعٌ)
4. '명사 + 형용사' 구(句)의 격변화

제 11 과 명사의 격변화 (إِعْرَابُ الاسْمِ)

아랍어 문장에서 사용된 단어의 기능에 따라 단어의 어미 모음 혹은 어미 자음이 변화하는 것을 격변화(الإِعْرَابُ)라 한다.[1] 또한 기능의 변화에 따라 어미 모음 혹은 어미 자음이 변화하는 단어를 '격변화(مُعْرَبٌ) 단어'라고 하고, 어미 모음 혹은 어미 자음이 변화하지 않는 단어를 '불격변화(مَبْنِيٌّ) 단어'라고 한다. 아랍어의 품사 세 가지 가운데 대부분의 명사(اسْمٌ)와 동사의 미완료형(الْفِعْلُ الْمُضَارِعُ)은 격변화를 하는 '격변화 단어'이고, 불변사(حَرْفٌ)와 동사의 완료형(الْفِعْلُ الْمَاضِي)은 격변화를 하지 않는 '불격변화 단어'이다.[2]

격변화는 아랍어 문법의 핵심적인 부분이므로 지금부터 하나하나 잘 익힐 필요가 있다.

아랍어 명사의 주요 문장 기능과 그 격변화

아랍어 명사의 격변화는 명사가 문장에서 수행하는 기능(역할)을 표시하는 기호이다. 즉 아랍어 명사는 문장에서 주어로 사용되기도 하고, 목적어로 사용되기도 하며, 전치사와 함께 유사문장(전치사구)을 이루거나, 다른 명사와 함께 연결형으로 사용되는 등 여러 가지 기능을 수행할 수 있다. 그런데 그 명사가 문장에서 주어로 사용되었을 경우 주격(رَفْعٌ)을 표시하고, 목적어로 사용되었을 경우 목적격(نَصْبٌ)을 표시하며, 전치사 뒤에 사용된 소유격 명사 혹은 연결형의 후연결어로 왔을 경우 소유격(جَرٌّ)을 표시하는 것이다. (* 문장에 사용된 단어의 격변화를 이야기할 때는 주격을 مَرْفُوعٌ, 목적격을 مَنْصُوبٌ, 소유격을 مَجْرُورٌ 이라고 표현한다.)

아랍어 명사의 주요 문장 기능과 그 격변화		
주격 (مَرْفُوعٌ)	목적격 (مَنْصُوبٌ)	소유격 (مَجْرُورٌ)
명사문의 주어 (الْمُبْتَدَأُ) 명사문의 술어 (الْخَبَرُ) 동사문의 주어 (الْفَاعِلُ)	목적어 (الْمَفْعُولُ بِهِ)	전치사 뒤의 소유격 명사 (الاسْمُ الْمَجْرُورُ) 후연결어 (الْمُضَافُ إِلَيْهِ)

위의 도표는 아랍어 명사의 기능 가운데 가장 대표적인 것과 그 격변화를 정리한 것이다. 이외에도 격변화를 일으키는 여러가지 다른 기능이 있으며, 앞으로 하나씩 공부하게 될 것이다.

이렇게 아랍어 명사의 기능이 다양하지만 그 명사의 격변화는 세 가지밖에 없다. 즉 주격(مَرْفُوعٌ)과 목적격(مَنْصُوبٌ)과 소유격(مَجْرُورٌ)이 그것이다. 이때 주격과 목적격과 소유격의 격변화 기호는 사용되는 명사 단어의 어미(끝자음)에 표기된다.

이 과에서는 명사 단어의 어미(끝자음)에 표기되는 주격과 목적격, 그리고 소유격의 변화 형태에 대해서 공부하려 한다. 격변화를 체계적으로 다루기 위해 단수명사 격변화와 쌍수 명사 격변화, 그리고 복수명사 격변화 세 단계로 나누어서 공부하며, 그 뒤에 '명사 + 형용사'구(句)의 격변화를 공부하도록 한다.

---

[1] 아랍어에서 'الإِعْرَابُ'는 두 가지 의미를 가진다. 먼저는 문장에서 사용된 단어의 기능을 파악하는 것이고, 다음으로는 그 기능에 따라 사용된 그 단어의 격변화를 파악하는 것이다. 따라서 아랍어의 격변화를 다룰 때 문장에서의 단어의 기능과 그 격변화를 동시에 생각하여야 한다.

[2] 명사 가운데서도 불격변화하는 단어가 있고, 동사의 미완료형 가운데서도 불격변화하는 경우가 있다.

1. 단수명사(اسْمٌ مُفْرَدٌ)의 격변화

단수명사의 격변화는 아래의 표에서처럼 모음부호로 표시된다. 즉 명사가 한정명사일 경우 주격은 담마(- u), 목적격은 파트하(- a), 소유격은 카스라(- i)로 표시한다. 또한 명사가 비한정 명사일 경우 주격은 탄윈 담마(- un)로 표시하고, 목적격은 탄윈 파트하(- an)로 표시하며, 소유격은 탄윈 카스라(- in)로 표시한다.

단수명사의 격변화 기호		주격 (مَرْفُوعٌ)	목적격 (مَنْصُوبٌ)	소유격 (مَجْرُورٌ)
한정명사 (الْمَعْرِفَةُ)	표식 모음 부호	ُ	َ	ِ
	발음 음가	- u	- a	- i
	표식 용어	담마(ضَمَّةٌ)	파트하(فَتْحَةٌ)	카스라(كَسْرَةٌ)
비한정명사 (النَّكِرَةُ)	표식 모음 부호	ٌ	ـًا or ً *	ٍ
	발음 음가	- un (담마 + n)	- an (파트하 + n)	- in (카스라 + n)
	표식 용어	탄윈 담마(تَنْوِينُ الضَّمِّ)	탄윈 파트하(تَنْوِينُ الْفَتْحِ)	탄윈 카스라(تَنْوِينُ الْكَسْرِ)

➔ * 비한정 명사가 목적격인 경우 어미에 'ا'를 붙이는데, 만일 어미에 'ة', 'اء', 'ى'가 오면 'ا'을 붙이지 않는다.

1) 단수명사의 주격 (مَرْفُوعٌ)

주격은 명사문의 주어(مُبْتَدَأٌ)와 동사문의 주어(فَاعِلٌ), 그리고 명사문의 술어(خَبَرٌ)에 붙는 격이다. 주격으로 사용된 명사가 한정명사일 경우 담마(- u)를 붙이고, 비한정 명사일 경우 탄윈 담마(- un)를 붙인다. 아래의 예를 보자.

(1) 주격 단어의 예

비한정 명사 (النَّكِرَةُ)		한정명사 (الْمَعْرِفَةُ)	
한 책이	كِتَابٌ	그 책은	الْكِتَابُ
한 교사가	مُدَرِّسٌ	그 교사는	الْمُدَرِّسُ
한 학생이	طَالِبٌ	그 학생은	الطَّالِبُ
한 펜이	قَلَمٌ	그 펜은	الْقَلَمُ
한 편지가	رِسَالَةٌ	그 편지는	الرِّسَالَةُ
한 교실이	فَصْلٌ	그 교실은	الْفَصْلُ
한 학교가	مَدْرَسَةٌ	그 학교는	الْمَدْرَسَةُ

(2) 문장에서의 예
a. 한정 명사가 주어로 사용된 경우

그 책은 유용하다. (명사문의 주어)	الْكِتَابُ مُفِيدٌ.
그 학생은 총명하다. (명사문의 주어)	الطَّالِبُ ذَكِيٌّ.
그 교사가 왔다. (동사문의 주어)	جَاءَ الْمُدَرِّسُ.

→위 문장에서 الْكِتَابُ 와 الطَّالِبُ 는 명사문의 주어(مُبْتَدَأٌ)이고, الْمُدَرِّسُ 는 동사문의 주어(فَاعِلٌ)로 사용되었다. 이 경우 모두 주격이 온다. 주격 기호로 사용된 담마(u 모음)를 확인하라. 한편 위 문장에서 명사문의 술어로 사용된 مُفِيدٌ 과 ذَكِيٌّ 도 주격이다.

b. 비한정 명사가 주어로 사용된 경우

나에게 한 책이 있다. (명사문의 주어)	مَعِي كِتَابٌ.
그 교실에 한 학생이 있다. (명사문의 주어)	فِي الْفَصْلِ طَالِبٌ.
한 교사가 왔다. (동사문의 주어)	جَاءَ مُدَرِّسٌ.

→ كِتَابٌ 과 طَالِبٌ 은 명사문의 주어(مُبْتَدَأٌ)로 사용되었고, مُدَرِّسٌ 은 동사문의 주어(فَاعِلٌ)로 사용되었다. 첫번째와 두번째 문장에서 فِي الْفَصْلِ 와 مَعِي 은 명사문의 술어이며, 주어가 나중에 온 명사문이다.

2) 단수명사의 목적격 (مَنْصُوبٌ)

목적격은 문장의 목적어로 사용되는 명사에 붙는 격이다. 목적격으로 사용된 명사가 한정명사일 경우 파트하(- a)를 사용하고, 비한정명사일 경우 탄윈 파트하(- an)를 사용한다. 여기서 유의할 것은 비한정 명사에 목적격이 붙을 경우 ا을 첨가한다는 사실이다. 아래의 예들을 보자.

(1) 목적격 단어들의 예

비한정 명사 (النَّكِرَةُ)		한정명사 (الْمَعْرِفَةُ)	
한 책을	كِتَابًا (كِتَابَّ ×)	그 책을	الْكِتَابَ
한 교사를	مُدَرِّسًا (مُدَرِّسَ ×)	그 교사를	الْمُدَرِّسَ
한 학생을	طَالِبًا (طَالِبَ ×)	그 학생을	الطَّالِبَ
한 펜을	قَلَمًا (قَلَمَ ×)	그 펜을	الْقَلَمَ
한 편지를	رِسَالَةً (رِسَالَةًا ×)*	그 편지를	الرِّسَالَةَ
한 교실을	فَصْلًا (فَصْلَ ×)	그 교실을	الْفَصْلَ
한 학교를	مَدْرَسَةً (مَدْرَسَةًا ×)*	그 학교를	الْمَدْرَسَةَ

→위의 * 의 경우 비한정 명사의 목적격에 붙는 ا이 붙지 않았다.

비한정 명사에 목적격이 붙을 경우 어미에 ا를 붙이는 것이 보통이다. 그러나 어미에 اء, ة, ى 가 오게 되면 ا이 붙지 않는다. 아래의 예를 보자.

비한정 명사(النَّكِرَة)		한정명사(الْمَعْرِفَة)	
한 외투를	رِدَاءً (رِدَاءًا ×)	그 외투를	الرِّدَاءَ
한 학교를	مَدْرَسَةً (مَدْرَسَةًا ×)	그 학교를	الْمَدْرَسَةَ
한 건물을	مَبْنًى (مَبْنًىا ×)	그 건물을	الْمَبْنَى

→ 위에서처럼 اء 가 사용된 명사를 맘두드 명사(الاسْمُ الْمَمْدُود)라 한다. 이 책 '명사 격변화의 예외적 규칙 I'에서 공부한다.

→ 위에서처럼 ى 가 사용된 명사를 막수르 명사(الاسْمُ الْمَقْصُور)라 한다. 이 책 '명사 격변화의 예외적 규칙 I'에서 공부한다.

(2) 문장에서의 예들
아래 문장들에서 목적어로 사용된 명사가 어떤 것인지, 그 명사의 격변화 기호는 무엇인지 확인하도록 하라.

a. 한정 명사가 목적어로 사용된 경우

나는 그 선생님과 이야기를 나누었다. (동사문의 목적어)	كَلَّمْتُ الْمُدَرِّسَ.
그는 그 여학생을 보았다. (동사문의 목적어)	رَأَى[1] الطَّالِبَةَ.
그는 그 편지를 썼다. (동사문의 목적어)	كَتَبَ الرِّسَالَةَ.

b. 비한정 명사가 목적어로 사용된 경우

나는 한 선생님과 이야기를 나누었다. (동사문의 목적어)	كَلَّمْتُ مُدَرِّسًا.
나는 한 여학생을 보았다. (동사문의 목적어)	رَأَيْتُ طَالِبَةً.
나는 한 편지를 썼다. (동사문의 목적어)	كَتَبْتُ رِسَالَةً.

---

[1] رَأَى/يَرَى هـ - رُؤْيَةٌ ..을 보다(to see) ; 여기다, 간주하다

| 종합 아랍어 문법 |

3) 단수명사의 소유격(مَجْرُورٌ)

소유격은 전치사 뒤에 오는 소유격 명사(الاسْمُ الْمَجْرُورُ)와 연결형(الإِضَافَةُ)에서 후연결어(الْمُضَافُ إِلَيْهِ)로 사용되는 명사에 붙는 기호이다. (연결형에 대해서는 다음 과에서 공부한다.) 소유격으로 사용된 명사가 한정명사일 경우 카스라(- i)를 붙이고, 비한정명사일 경우 탄윈 카스라(- in)를 붙인다.

아래는 전치사 مِنْ 이나 فِي 혹은 عَنْ 뒤에 온 소유격 명사의 예와 연결형에서의 후연결형의 예이다. 문장에서 전치사와 함께 사용되는 명사를 소유격 명사(اسْمٌ مَجْرُورٌ)라 하며, 그 격변화는 소유격을 취한다. 또한 연결형의 후연결어도 소유격을 취한다.

(1) 소유격 단어들의 예
a. 소유격 명사(الاسْمُ الْمَجْرُورُ)에서

비한정 형태 소유격 명사		한정형태 소유격 명사	
한 책으로부터	مِنْ كِتَابٍ	그 책으로부터	مِنَ الْكِتَابِ
한 학생으로부터	مِنْ طَالِبٍ	그 학생으로부터	مِنَ الطَّالِبِ
한 교실에서	فِي فَصْلٍ	그 교실에서	فِي الْفَصْلِ
한 시험에 대해	عَنِ امْتِحَانٍ	그 시험에 대해	عَنِ الامْتِحَانِ

b. 후연결어(الْمُضَافُ إِلَيْهِ)에서

비한정 형태 연결형		한정형태 연결형	
한 소년의 (한) 책	كِتَابُ صَبِيٍّ	그 소년의 (그) 책	كِتَابُ الصَّبِيِّ
한 남자의 (한) 집	بَيْتُ رَجُلٍ	그 남자의 (그) 집	بَيْتُ الرَّجُلِ
한 교사의 (한) 펜	قَلَمُ مُدَرِّسٍ	그 교사의 (그) 펜	قَلَمُ الْمُدَرِّسِ
한 학생의 (한) 편지	رِسَالَةُ طَالِبٍ	그 학생의 (그) 편지	رِسَالَةُ الطَّالِبِ

(2) 문장에서의 예들
a. 소유격 명사(الاسْمُ الْمَجْرُورُ)의 경우

아래 문장에서 전치사 뒤에 온 소유격 명사에 소유격 기호가 붙었다.

나는 그 책으로부터 한 문장을 적었다. (한정형태)	كَتَبْتُ جُمْلَةً مِنَ الْكِتَابِ.
나는 한 책으로부터 한 문장을 적었다. (비한정형태)	كَتَبْتُ جُمْلَةً مِنْ كِتَابٍ.
나는 그 학생으로부터 한 펜을 취했다. (한정형태)	أَخَذْتُ[1] قَلَمًا مِنَ الطَّالِبِ.
나는 한 학생으로부터 한 펜을 취했다. (비한정형태)	أَخَذْتُ قَلَمًا مِنْ طَالِبٍ.

---

[1] أَخَذَ / يَأْخُذُ هـ – أَخْذٌ ..을 취하다, 가져가다 (to take)

그 학생은 그 교실에 있다. (한정형태)	الطَّالِبُ فِي الْفَصْلِ.
그 학생은 한 교실에 있다. (비한정형태)	الطَّالِبُ فِي فَصْلٍ.
나는 그 시험에 대해서 물었다. (한정형태)	سَأَلْتُ[1] عَنِ الْاِمْتِحَانِ.
나는 한 시험에 대해 물었다. (비한정형태)	سَأَلْتُ عَنِ امْتِحَانٍ.

b. 후연결어(الْمُضَافُ إِلَيْهِ)의 경우

연결형에서 후연결어로 온 단어에 소유격이 온다. 연결형에 대해서는 곧 공부하게 된다.

그 학생의 (그) 책은 크다. (한정형태)	كِتَابُ الطَّالِبِ كَبِيرٌ.
이것은 한 학생의 (한) 책이다. (비한정형태)	هَذَا كِتَابُ طَالِبٍ.
나는 그 남자의 (그) 집에 들어갔다. (한정형태)	دَخَلْتُ[2] بَيْتَ الرَّجُلِ.
나는 한 남자의 (한) 집에 들어갔다. (비한정형태)	دَخَلْتُ بَيْتَ رَجُلٍ.
나는 그 선생님의 (그) 펜에 대해 물었다. (한정형태)	سَأَلْتُ عَنْ قَلَمِ الْمُدَرِّسِ.
나는 한 선생님의 (한) 펜에 대해 물었다. (비한정형태)	سَأَلْتُ عَنْ قَلَمِ مُدَرِّسٍ.

한편 아래의 문장에 사용된 أَمَامَ와 قَبْلَ 는 각각 장소의 부사와 시간의 부사이다. 장소의 부사와 시간의 부사 뒤에는 명사가 오며, 그 명사를 후연결어(مُضَافٌ إِلَيْهِ)라 한다. 왜냐하면 '부사 + 후연결어'는 연결형 구조이기 때문이다. 따라서 후연결어에는 아래처럼 소유격 기호가 붙는다. (또한 '장소의 부사(혹은 시간의 부사) + 후연결어' 조합을 유사문장이라 한다.)

그 학교는 그 법원 앞에 있다.	الْمَدْرَسَةُ أَمَامَ الْمَحْكَمَةِ.
그 모임은 10시 이전에 있다.	الاِجْتِمَاعُ قَبْلَ السَّاعَةِ الْعَاشِرَةِ.

→ 부사에 대해서는 이 책 제Ⅱ권 '여러 가지 목적격에 대해 Ⅰ – 시간의 부사와 장소의 부사' 부분에서 공부한다.

---

[1] سَأَلَ/يَسْأَلُ هـ عَنْ هـ – سُؤَالٌ ..에게 ..에 관해 묻다, 질문하다

[2] دَخَلَ/يَدْخُلُ هـ – دُخُولٌ ..에 들어가다 (to enter)

2. 쌍수명사의 격변화(مُثَنَّى)

쌍수 명사의 격변화는 명사 어미에 아래와 같은 접미어를 표기한다. 즉 쌍수 명사의 주격은 ـَانِ 를 표기하고, 쌍수 명사의 목적격은 ـَيْنِ 를 표기하며, 쌍수 명사의 소유격도 ـَيْنِ 를 표기한다. 한정명사와 비한정명사의 격변화 꼴이 동일하다.

쌍수(Dual) 명사 격변화(남성과 여성) 기호			
	주격(مَرْفُوعٌ)	목적격(مَنْصُوبٌ)	소유격(مَجْرُورٌ)
비한정명사(النَّكِرَةُ)	ـَانِ	ـَيْنِ	ـَيْنِ
한정명사(الْمَعْرِفَةُ)	ـَانِ	ـَيْنِ	ـَيْنِ

일반적인 쌍수 명사 격변화는 위의 도표와 같다. 단지 한 가지 유의할 것은 어미가 ة 인 여성형 단어들의 경우 그 ة 를 ت 로 바꾼 뒤에 위의 격변화 기호를 붙여준다는 것이다.

1) 쌍수명사의 주격(مَرْفُوعٌ)

(1) 단어들의 예

아래의 단어들이 명사문의 주어(مُبْتَدَأٌ)나 동사문의 주어(فَاعِلٌ) 그리고 명사문의 술어(خَبَرٌ)로 사용되면 아래와 같은 격변화 기호가 붙는다.

비한정 명사(النَّكِرَةُ)		한정명사(الْمَعْرِفَةُ)	
두 책은	كِتَابَانِ	그 두 책은	الْكِتَابَانِ
두 교사는	مُدَرِّسَانِ	그 두 교사는	الْمُدَرِّسَانِ
두 학생은	طَالِبَانِ	그 두 학생은	الطَّالِبَانِ
두 편지는	رِسَالَتَانِ*	그 두 편지는	الرِّسَالَتَانِ*
두 학교는	مَدْرَسَتَانِ*	그 두 학교는	الْمَدْرَسَتَانِ*

* 표시된 단어들은 원래 단수의 끝자음에 ة 가 있는 단어들이다. مَدْرَسَةٌ 과 رِسَالَةٌ 이와같이 ة 로 끝나는 여성형 단어들은 그 ة 를 ت 로 바꾼뒤에 ـَانِ 를 붙인다. (예 : رِسَالَةٌ ← رِسَالَتَانِ)

(2) 문장들에서의 예

a. 한정 명사가 문장의 주어(명사문의 주어 혹은 동사문의 주어)로 사용된 경우

그 두 책은 유용하다. (명사문의 주어와 술어)	الْكِتَابَانِ مُفِيدَانِ.
그 두 교사는 총명하다. (명사문의 주어와 술어)	الْمُدَرِّسَانِ ذَكِيَّانِ.
그 두 학교는 크다. (명사문의 주어와 술어)	الْمَدْرَسَتَانِ كَبِيرَتَانِ.
그 두 교사가 왔다. (동사문의 주어)	جَاءَ الْمُدَرِّسَانِ.

제Ⅱ과 명사의 격변화

→ 위의 첫 두 문장에서 주어로 사용된 الْكِتَابَانِ 과 الْمُدَرِّسَانِ 과 술어로 사용된 مُفِيدَانِ 과 ذَكِيَّانِ 도 남성 쌍수 주격이다. 세 번째 문장에서 الْمَدْرَسَتَانِ 은 여성 쌍수 주격이기에 كَبِيرَتَانِ 은 여성 쌍수 주격꼴이 왔다.

b. 비한정 명사가 문장의 주어(명사문의 주어 혹은 동사문의 주어)로 사용된 경우

그 학교에 두 학생이 있다. (명사문의 주어)	فِي الْمَدْرَسَةِ طَالِبَانِ.
그 서점에 책 두 권이 있다. (명사문의 주어)	هُنَاكَ كِتَابَانِ فِي الْمَكْتَبَةِ.
그 테이블 위에 두 편지가 있다. (명사문의 주어)	عَلَى الطَّاوِلَةِ رِسَالَتَانِ.
두 교사가 왔다. (동사문의 주어)	جَاءَ مُدَرِّسَانِ.

→ 위의 첫 세 문장은 술어가 먼저 오고 주어가 나중에 온 명사문이다.
→ 두 번째 문장은 هُنَاكَ 로 시작하여 그 의미가 '...이 있다(there is)'의 의미를 갖는 문장이다. كِتَابَانِ 이 주어로 사용되었다. 이 문장에 대해서는 이 책 제Ⅱ권의 '존재를 의미하는 문장' 부분에서 공부하라.
→ 위의 마지막 문장은 동사문이다. 동사문의 주어(فَاعِل)가 쌍수인데 동사는 3인칭 남성 단수꼴이 사용되었다. 동사문의 동사는 동사문의 주어와 성이 일치해야 하고 수는 항상 단수형태로 사용한다. 자세한 내용은 이 책 동사편에서 '동사의 일치' 부분에서 공부하라.

2) 쌍수명사의 목적격(مَنْصُوبٌ)

(1) 단어들의 예

아래의 단어들이 문장에서 목적어로 사용되면 아래와 같은 격변화 기호가 붙는다.

비한정 명사(النَّكِرَةُ)		한정명사(الْمَعْرِفَةُ)	
두 책을	كِتَابَيْنِ	그 두 책을	الْكِتَابَيْنِ
두 교사를	مُدَرِّسَيْنِ	그 두 교사를	الْمُدَرِّسَيْنِ
두 학생을	طَالِبَيْنِ	그 두 학생을	الطَّالِبَيْنِ
두 편지를	رِسَالَتَيْنِ*	그 두 편지를	الرِّسَالَتَيْنِ*
두 학교를	مَدْرَسَتَيْنِ*	그 두 학교를	الْمَدْرَسَتَيْنِ*

→* 표시된 단어들은 원래 끝자음에 ة 가 있다. 끝자음이 ة 로 끝나는 단어는 그 ة 를 ت 로 바꾼뒤에 ـَيْنِ 를 붙인다.

(2) 문장에서의 예들

a. 한정 명사가 문장의 목적어로 사용된 경우

그는 그 책 두 권을 읽었다.	قَرَأَ الْكِتَابَيْنِ.
그는 그 두 교사를 보았다.	رَأَى الْمُدَرِّسَيْنِ.
나는 그 두 편지를 썼다.	كَتَبْتُ الرِّسَالَتَيْنِ.

b. 비한정 명사가 문장의 목적어로 사용된 경우

그는 책 두 권을 읽었다.	قَرَأَ كِتَابَيْنِ.
그는 두 교사를 보았다.	رَأى مُدَرِّسَيْنِ.
나는 두 편지를 썼다.	كَتَبْتُ رِسَالَتَيْنِ.

3) 쌍수명사의 소유격 (مَجْرُور)

소유격은 전치사 뒤에 오는 소유격 명사(الاسْمُ الْمَجْرُورُ)와 연결형(الإضَافَةُ)에서 후연결어(الْمُضَافُ إِلَيْهِ)로 사용되는 명사에 붙는 기호이다. 연결형에 대해서는 다음 과에서 자세히 공부한다.

(1) 단어들의 예

a. 소유격 명사(الاسْمُ الْمَجْرُورُ)에서

비한정 명사 (النَّكِرَةُ)		한정명사 (الْمَعْرِفَةُ)	
두 책으로부터	مِنْ كِتَابَيْنِ	그 두 책으로부터	مِنَ الْكِتَابَيْنِ
두 학생으로부터	مِنْ طَالِبَيْنِ	그 두 학생으로부터	مِنَ الطَّالِبَيْنِ
두 의자 위에	عَلَى كُرْسِيَّيْنِ	그 두 의자 위에	عَلَى الْكُرْسِيَّيْنِ
두 편지로부터	مِنْ رِسَالَتَيْنِ *	그 두 편지로부터	مِنَ الرِّسَالَتَيْنِ *
두 학교로부터	مِنْ مَدْرَسَتَيْنِ *	그 두 학교로부터	مِنَ الْمَدْرَسَتَيْنِ *

→ 위의 예들에서 소유격 기호인 ـَيْنِ 가 붙었다.
→ * 표시된 단어들은 원래 끝자음에 ة 가 있다. مَدْرَسَةٌ, رِسَالَةٌ

b. 후연결어(الْمُضَافُ إِلَيْهِ)에서

비한정 형태 연결형		한정형태 연결형	
두 남자의 (한) 집	بَيْتُ رَجُلَيْنِ	그 두 남자의 (그) 집	بَيْتُ الرَّجُلَيْنِ
두 교사의 (한) 펜	قَلَمُ مُدَرِّسَيْنِ	그 두 교사의 (그) 펜	قَلَمُ الْمُدَرِّسَيْنِ
두 학생의 (한) 편지	رِسَالَةُ طَالِبَيْنِ	그 두 학생의 (그) 편지	رِسَالَةُ الطَّالِبَيْنِ
두 여학생의 (한) 책	كِتَابُ طَالِبَتَيْنِ *	그 두 여학생의 (그) 책	كِتَابُ الطَّالِبَتَيْنِ *

→ * 표시된 단어는 원래 끝자음에 ة 가 있다. طَالِبَةٌ

제II과 명사의 격변화

(2) 문장에서의 예들

a. 소유격 명사(الاسْمُ الْمَجْرُورُ)의 경우

나는 그 두 책으로부터 한 문장을 적었다. (한정형태)	كَتَبْتُ جُمْلَةً مِنَ الْكِتَابَيْنِ.
나는 두 책으로부터 한 문장을 적었다. (비한정형태)	كَتَبْتُ جُمْلَةً مِنْ كِتَابَيْنِ.
나는 그 두 학생으로부터 한 펜을 취했다. (한정형태)	أَخَذْتُ قَلَمًا مِنَ الطَّالِبَيْنِ.
나는 두 학생으로부터 한 펜을 취했다. (비한정형태)	أَخَذْتُ قَلَمًا مِنْ طَالِبَيْنِ.
그는 그 두 의자에 앉았다. (한정형태)	جَلَسَ[1] عَلَى الْكُرْسِيَّيْنِ.
그는 두 의자에 앉았다. (비한정형태)	جَلَسَ عَلَى كُرْسِيَّيْنِ.

b. 후연결어(الْمُضَافُ إِلَيْهِ)의 경우

나는 그 두 남자의 (그) 집에 들어갔다. (한정형태)	دَخَلْتُ بَيْتَ الرَّجُلَيْنِ.
나는 두 남자의 (한) 집에 들어갔다. (비한정형태)	دَخَلْتُ بَيْتَ رَجُلَيْنِ.
나는 그 두 선생님의 (그) 펜에 대해 물었다. (한정형태)	سَأَلْتُ عَنْ قَلَمِ الْمُدَرِّسَيْنِ.
나는 두 선생님의 (한) 펜에 대해 물었다. (비한정형태)	سَأَلْتُ عَنْ قَلَمِ مُدَرِّسَيْنِ.
그 두 여학생의 (그) 책은 크다. (한정형태)	كِتَابُ الطَّالِبَتَيْنِ كَبِيرٌ.
이것은 두 여학생의 (한) 책이다. (비한정형태)	هَذَا كِتَابُ طَالِبَتَيْنِ.

---

[1] جَلَسَ / يَجْلِسُ (عَلَى، إِلَى) – جُلُوسٌ ..에 앉다

3. 복수명사의 격변화(جَمْعٌ)

복수명사의 격변화는 규칙변화 남성 복수의 경우 접미어로 격변화를 표기하며, 규칙변화 여성 복수와 불규칙변화의 경우 모음부호로 격변화를 표기한다. 즉 규칙변화 남성 복수명사의 주격은 ـُونَ 로 표기하고, 목적격과 소유격은 ـِينَ 로 표기한다. 규칙변화 여성 복수명사의 경우 주격과 소유격은 단수명사의 격변화와 동일한 모음부호를 표기하고, 목적격은 파트하가 아니라 카스라를 표기한다. 즉 규칙변화 여성 복수의 비한정 목적격은 ـَاتٍ 를 사용하며 한정형태의 목적격은 ـَاتِ 를 표기한다. 또한 불규칙변화 복수명사는 단수명사의 격변화와 동일한 모음부호로 격변화를 표기한다.

a. 규칙변화 남성 복수(Plural) 명사 격변화(جَمْعُ الْمُذَكَّرِ السَّالِمِ) 기호

비한정명사와 한정명사의 각각의 격변화 꼴이 같다.

규칙변화 남성 복수(Plural) 명사 격변화(جَمْعُ الْمُذَكَّرِ السَّالِمِ) 기호			
	주격 (مَرْفُوعٌ)	목적격 (مَنْصُوبٌ)	소유격 (مَجْرُورٌ)
비한정명사(النَّكِرَةُ)	ـُونَ	ـِينَ	ـِينَ
한정명사(الْمَعْرِفَةُ)	ـُونَ	ـِينَ	ـِينَ

b. 규칙변화 여성 복수(Plural) 명사 격변화(جَمْعُ الْمُؤَنَّثِ السَّالِمِ) 기호

마지막 철자 ـَات 는 규칙변화 여성 복수의 어미이다. 단수명사의 격변화와 동일하게 모음부호를 표기하되, 목적격에서 파트하가 사용되지 않고 비한정명사의 경우 탄윈 카스라가 와서 ـَاتٍ 이 되며, 한정명사의 경우 일반적인 카스라가 와서 ـَاتِ 가 된다.

규칙변화 여성 복수(Plural) 명사 격변화(جَمْعُ الْمُؤَنَّثِ السَّالِمِ) 기호			
	주격 (مَرْفُوعٌ)	목적격 (مَنْصُوبٌ)	소유격 (مَجْرُورٌ)
비한정명사(النَّكِرَةُ)	ـَاتٌ	ـَاتٍ	ـَاتٍ
한정명사(الْمَعْرِفَةُ)	ـَاتُ	ـَاتِ	ـَاتِ

c. 불규칙변화 복수명사들의 격변화(جَمْعُ التَّكْسِيرِ) 기호

불규칙적으로 변화하는 복수명사는 단수명사의 격변화와 같다.

불규칙변화 복수명사들의 격변화 기호			
	주격 (مَرْفُوعٌ)	목적격 (مَنْصُوبٌ)	소유격 (مَجْرُورٌ)
비한정명사(النَّكِرَةُ)	ـٌ	* ـًا or ـً	ـٍ
한정명사(الْمَعْرِفَةُ)	ـُ	ـَ	ـِ

→ * 에서 비한정 명사가 목적격인 경우 어미에 'ا'를 붙이는데, 만일 어미에 'ة', 'اء', 'ى'가 오면 'ا'을 붙이지 않는다.

제II과 명사의 격변화

1) 복수명사의 주격 (مَرْفُوعٌ)
위의 기호들에서 주격의 기호들에 주의하며 아래의 예들을 보자.

(1) 단어들의 예
a. 규칙변화 남성 복수명사의 주격 예

비한정 명사(النَّكِرَةُ)		한정명사(الْمَعْرِفَةُ)	
교사들은	مُدَرِّسُونَ	그 교사들은	الْمُدَرِّسُونَ
기술자(engineer)들은	مُهَنْدِسُونَ	그 기술자(engineer)들은	الْمُهَنْدِسُونَ
교장(혹은 사장)들은	مُدِيرُونَ	그 교장(혹은 사장)들은	الْمُدِيرُونَ
직원들은	مُوَظَّفُونَ	그 직원들은	الْمُوَظَّفُونَ

b. 규칙변화 여성 복수명사의 주격 예

비한정 명사(النَّكِرَةُ)		한정명사(الْمَعْرِفَةُ)	
여학생들은	طَالِبَاتٌ	그 여학생들은	الطَّالِبَاتُ
여교사들은	مُدَرِّسَاتٌ	그 여교사들은	الْمُدَرِّسَاتُ
자동차들은	سَيَّارَاتٌ	그 자동차들은	السَّيَّارَاتُ
시계들은	سَاعَاتٌ	그 시계들은	السَّاعَاتُ

c. 불규칙변화 복수명사의 주격 예

비한정 명사(النَّكِرَةُ)		한정명사(الْمَعْرِفَةُ)	
책들은	كُتُبٌ	그 책들은	الْكُتُبُ
학생들은	طُلَّابٌ	그 학생들은	الطُّلَّابُ
펜들은	أَقْلَامٌ	그 펜들은	الْأَقْلَامُ
편지들은	رَسَائِلُ*	그 편지들은	الرَّسَائِلُ

* 위의 رَسَائِلُ은 불규칙 복수명사로서 탄윈이 붙지 않는 2 격 명사 (الْمَمْنُوعُ مِنَ الصَّرْفِ)이다.

(2) 문장에서의 예들
a. 한정명사가 문장의 주어로 사용된 경우

a-1 규칙변화 남성 복수

그 교사들은 부지런하다. (주어와 술어가 남성 복수 형태이다.)	الْمُدَرِّسُونَ مُجْتَهِدُونَ.
그 기술자(engineer)들은 활동적이다. (주어와 술어가 남성 복수 형태이다.)	الْمُهَنْدِسُونَ نَشِيطُونَ.
그 교사들이 왔다. (동사문의 주어가 남성 복수 형태이다.)	جَاءَ الْمُدَرِّسُونَ.

→ 세 번째 문장은 동사문이다. 동사문의 주어(فَاعِل)가 남성 복수인데 동사는 3인칭 남성 단수이다. 동사문의 동사는 동사문의 주어와 성이 일치해야 하고 수는 항상 단수형태로 사용한다. '동사의 일치' 부분에서 공부하라.

a-2 규칙변화 여성 복수

그 여교사들은 부지런하다. (주어와 술어가 여성 복수 형태이다.)	الْمُدَرِّسَاتُ مُجْتَهِدَاتٌ.
그 자동차들은 비싸다. (주어가 여성 복수이고, 술어는 여성 단수 형태이다.)	السَّيَّارَاتُ غَالِيَةٌ.
그 여학생들이 왔다. (동사문의 주어가 여성 복수형태이다.)	جَاءَتِ الطَّالِبَاتُ.

→ 첫번째 문장은 주어가 사람 여성 복수명사이다. 따라서 술어에 여성 복수 형태가 왔다.

→ 두 번째 문장은 주어가 사물복수명사이다. 명사문 문장에서 주어가 사물을 지칭하는 여성 복수일 경우 술어는 여성 단수형태를 취한다.

→ 세 번째 문장은 동사문이다. 동사문의 주어가 여성 복수인데 동사는 3인칭 여성 단수꼴이 왔다. 동사문의 동사는 동사문의 주어와 성이 일치해야 하고 수는 항상 단수 형태로 사용한다. '동사의 일치' 부분을 참고하라.

a-3 불규칙변화 복수명사

그 학생들은 무식하다. (주어가 불규칙 남성 복수명사이고, 술어는 규칙 남성 복수 형태이다.)	الطُّلَّابُ جَاهِلُونَ.
그 책들은 흥미롭다.(주어가 불규칙 남성복수명사이고, 술어는 여성 단수 형태이다.)	الْكُتُبُ مُمْتِعَةٌ.
그 편지들이 나에게 도착했다. (동사문. 주어가 불규칙 복수. 동사는 여성 단수 취급)	وَصَلَتْ إِلَيَّ الرَّسَائِلُ.

→ 불규칙변화 명사의 격변화는 단수명사의 격변화와 꼴이 같다. 두 번째 문장의 주어는 사물 불규칙 복수.

→ 두 번째 문장에서 주어가 사물을 지칭하는 여성 복수일 경우 그 술어는 여성 단수로 취급한다.

b. 비한정 명사가 문장의 주어로 사용된 경우

b-1 규칙변화 남성 복수

그 학교에 교사들이 있다. (주어가 남성 규칙 복수이다.)	فِي الْمَدْرَسَةِ مُدَرِّسُونَ.
그 법원에 변호사들이 있다. (주어가 남성 규칙 복수이다.)	فِي الْمَحْكَمَةِ مُحَامُونَ.
교사들이 왔다. (동사문의 주어가 남성 복수형태이다.)	جَاءَ مُدَرِّسُونَ.

b-2 규칙변화 여성 복수

그 대학교에 여교사들이 있다. (주어가 여성 규칙 복수이다.)	فِي الْجَامِعَةِ مُدَرِّسَاتٌ.
그 시장에 부인(여자)들이 있다. (주어가 여성 규칙 복수이다.)	فِي السُّوقِ سَيِّدَاتٌ.[1]
여학생들이 왔다. (동사문의 주어가 여성 복수형태이다.)	جَاءَتْ طَالِبَاتٌ.

---

[1] سَيِّدَةٌ/سَيِّدَاتٌ 부인, 여사　سَيِّدٌ/سَادَةٌ أَوْ أَسْيَادٌ 미스터, 선생, 씨

b-3 불규칙변화 복수명사

그 책상 위에 펜들이 있다. (주어가 불규칙 복수이다.)	عَلَى الْمَكْتَبِ أَقْلَامٌ.
그 공부에 대해 질문들이 있다. (주어가 불규칙 복수이다.)	عَنِ الدِّرَاسَةِ أَسْئِلَةٌ[1].
편지들이 나에게 도착했다. (동사문. 주어가 불규칙 복수. 동사는 여성 단수 취급)	وَصَلَتْ إِلَيَّ رَسَائِلُ.*

→ * 표가 있는 رَسَائِلُ 에 탄윈 표시가 되지 않은 것은 이 명사가 2격 명사 (الْمَمْنُوعُ مِنَ الصَّرْفِ)이기 때문이다. 2격 명사에 대해서는 곧 공부하게 된다.

2) 복수명사의 목적격 (مَنْصُوبٌ)

규칙변화 남성 복수의 경우 목적격 격변화 기호로 ـِينَ 가 붙고, 규칙변화 여성 복수의 경우 비한정 명사에는 탄윈 카스라가 붙어서 ـَاتٍ 이 되고 한정명사에는 일반적인 카스라가 붙어서 ـَاتِ 가 된다. 또한 불규칙변화 복수의 경우 단수명사와 같은 격변화 기호가 붙는다.

(1) 단어들의 예
a. 규칙변화 남성 복수명사의 목적격 예

비한정 명사 (النَّكِرَةُ)		한정명사 (الْمَعْرِفَةُ)	
교사들을	مُدَرِّسِينَ	그 교사들을	الْمُدَرِّسِينَ
기술자(engineer)들을	مُهَنْدِسِينَ	그 기술자들을	الْمُهَنْدِسِينَ
사장(혹은 교장)들을	مُدِيرِينَ	그 사장(혹은 교장)들을	الْمُدِيرِينَ
직원들을	مُوَظَّفِينَ	그 직원들을	الْمُوَظَّفِينَ

b. 규칙변화 여성 복수명사의 목적격 예

비한정 명사 (النَّكِرَةُ)		한정명사 (الْمَعْرِفَةُ)	
여학생들을	طَالِبَاتٍ	그 여학생들을	الطَّالِبَاتِ
여교사들을	مُدَرِّسَاتٍ	그 여교사들을	الْمُدَرِّسَاتِ
자동차들을	سَيَّارَاتٍ	그 자동차들을	السَّيَّارَاتِ
시계들을	سَاعَاتٍ	그 시계들을	السَّاعَاتِ

→ 규칙변화 여성 복수의 경우 그 목적격 격변화에 카스라가 오는 것을 유의하자.

---

[1] سُؤَالٌ / أَسْئِلَةٌ 질문

c. 불규칙변화 복수명사들의 목적격 예

비한정 명사(النَّكِرَة)		한정명사(المَعْرِفَة)	
책들을	كُتُبًا	그 책들을	الْكُتُبَ
학생들을	طُلَّابًا	그 학생들을	الطُّلَّابَ
펜들을	أَقْلَامًا	그 펜들을	الْأَقْلَامَ
편지들을	رَسَائِلَ*	그 편지들을	الرَّسَائِلَ

(2) 문장에서의 예들

a. 한정명사가 문장의 목적어로 사용된 경우

나는 그 변호사들을 보았다. (목적어가 규칙변화 남성 복수이다)	رَأَيْتُ الْمُحَامِينَ.*
나는 그 교사들을 만났다. (목적어가 규칙변화 남성 복수이다)	قَابَلْتُ[1] الْمُدَرِّسِينَ.
나는 그 여교사들과 이야기했다. (목적어가 규칙변화 여성 복수이다)	كَلَّمْتُ الْمُدَرِّسَاتِ.
그는 그 여기술자(engineer)들을 방문했다. (목적어가 규칙변화 여성 복수이다)	زَارَ[2] الْمُهَنْدِسَاتِ.
나는 그 편지들을 썼다. (목적어가 불규칙변화 복수이다)	كَتَبْتُ الرَّسَائِلَ.
무함마드는 그 친구들을 때렸다. (목적어가 불규칙변화 복수이다)	ضَرَبَ[3] مُحَمَّدٌ الْأَصْدِقَاءَ.

→위의 الْمُحَامِينَ 는 만꾸스 명사(مُحَامٍ(الْمُحَامِي)) (الاسْمُ الْمَنْقُوص)이다. 여기에 대해 곧 공부하게 된다.

b. 비한정명사가 문장의 목적어로 사용된 경우

나는 거리에서 교사들을 보았다. (목적어가 규칙변화 남성 복수이다)	رَأَيْتُ مُدَرِّسِينَ فِي الشَّارِعِ.
싸미르는 배우들을 만났다. (목적어가 규칙변화 남성 복수이다.)	قَابَلَ سَمِيرٌ مُمَثِّلِينَ.
무함마드는 여자 변호사들을 보았다. (목적어가 규칙변화 여성 복수이다)	رَأَى مُحَمَّدٌ مُحَامِيَاتٍ.
그는 여자 직원들을 방문했다. (목적어가 규칙변화 여성 복수이다)	زَارَ مُوَظَّفَاتٍ.
나는 혁명에 대해서 소식들을 들었다. (목적어가 불규칙변화 복수이다)	سَمِعْتُ[4] أَخْبَارًا عَنِ الثَّوْرَةِ.
나는 대통령에게 편지들을 썼다. (목적어가 불규칙변화 복수이다)	كَتَبْتُ رَسَائِلَ لِلرَّئِيسِ.

\→위의 문장에서 رَسَائِلاً 이 되지 않고 رَسَائِلَ 가 된 것은 رِسَالَة 의 복수형 رَسَائِل 이 2 격 명사이기 때문이다.

---

[1] قَابَلَ/ يُقَابِلُ ه – مُقَابَلَةً ..를 만나다

[2] زَارَ/ يَزُورُ ه – زِيَارَةً إِلَى ..를 방문하다.. زِيَارَةٌ ..를 방문함

[3] ضَرَبَ/ يَضْرِبُ ه أَوْ هـ – ضَرْبٌ ..을 때리다, 치다

[4] سَمِعَ/ يَسْمَعُ هـ – سَمْعٌ أَوْ سَمَاعٌ ..을 듣다

3) 복수명사의 소유격(الْمَجْرُورُ)

규칙변화 남성 복수명사와 규칙변화 여성 복수명사는 그 목적격과 소유격 꼴이 동일하다. 즉 규칙변화 남성 복수의 경우 소유격 격변화 기호로 ـِينَ 가 붙고, 규칙변화 여성 복수의 경우 비한정 명사에는 탄윈 카스라가 붙어서 ـَاتٍ 이 되고 한정명사에는 일반적인 카스라가 붙어서 ـَاتِ 가 된다. 또한 불규칙변화 복수의 경우 단수명사와 같은 격변화 기호가 붙는다.

(1) 단어들의 예
a. 규칙변화 남성 복수명사의 소유격 예
a-1 소유격 명사(الاسْمُ الْمَجْرُورُ)에서

비한정 명사 (النَّكِرَةُ)		한정명사 (الْمَعْرِفَةُ)	
교사들로부터	مِنْ مُدَرِّسِينَ	그 교사들로부터	مِنَ الْمُدَرِّسِينَ
기술자(engineer)들로부터	مِنْ مُهَنْدِسِينَ	그 기술자(engineer)들로부터	مِنَ الْمُهَنْدِسِينَ
직원들로부터	مِنْ مُوَظَّفِينَ	그 직원들로부터	مِنَ الْمُوَظَّفِينَ

a-2 후연결어(الْمُضَافُ إِلَيْهِ)에서

비한정 명사 (النَّكِرَةُ)		한정명사 (الْمَعْرِفَةُ)	
교사들의 (한) 펜	قَلَمُ مُدَرِّسِينَ	그 교사들의 (그) 펜	قَلَمُ الْمُدَرِّسِينَ
기술자(engineer)들의 (한) 책	كِتَابُ مُهَنْدِسِينَ	그 기술자(engineer)들의 (그) 책	كِتَابُ الْمُهَنْدِسِينَ
직원들의 (한) 자동차	سَيَّارَةُ مُوَظَّفِينَ	그 직원들의 (그) 자동차	سَيَّارَةُ الْمُوَظَّفِينَ

b. 규칙변화 여성 복수명사의 소유격 예
b-1 소유격 명사(الاسْمُ الْمَجْرُورُ)에서

비한정 명사 (النَّكِرَةُ)		한정명사 (الْمَعْرِفَةُ)	
여학생들으로부터	مِنْ طَالِبَاتٍ	그 여학생들으로부터	مِنَ الطَّالِبَاتِ
여교사들로부터	مِنْ مُدَرِّسَاتٍ	그 여교사들로부터	مِنَ الْمُدَرِّسَاتِ
여직원들로부터	مِنْ مُوَظَّفَاتٍ	그 여직원들로부터	مِنَ الْمُوَظَّفَاتِ

b-2 후연결어(الْمُضَافُ إِلَيْهِ)에서

비한정 명사 (النَّكِرَةُ)		한정명사 (الْمَعْرِفَةُ)	
여학생들의 (한) 펜	قَلَمُ طَالِبَاتٍ	그 여학생들의 (그) 펜	قَلَمُ الطَّالِبَاتِ
여교사들의 (한) 책	كِتَابُ مُدَرِّسَاتٍ	그 여교사들의 (그) 책	كِتَابُ الْمُدَرِّسَاتِ
여직원들의 (한) 자동차	سَيَّارَةُ مُوَظَّفَاتٍ	그 여직원들의 (그) 자동차	سَيَّارَةُ الْمُوَظَّفَاتِ

c. 불규칙변화 복수명사들의 소유격 예
c-1 소유격 명사(اَلْاِسْمُ الْمَجْرُورُ)에서

비한정 명사(اَلنَّكِرَةُ)		한정명사(اَلْمَعْرِفَةُ)	
책들에 대해	عَنْ كُتُبٍ	그 책들에 대해	عَنِ الْكُتُبِ
학생들로부터	مِنْ طُلَّابٍ	그 학생들로부터	مِنَ الطُّلَّابِ
펜들로, 그 펜들을 가지고(with)	بِأَقْلَامٍ	그 펜들로, 그 펜들을 가지고(with)	بِالْأَقْلَامِ

c-2 후연결어(اَلْمُضَافُ إِلَيْهِ)에서

비한정 명사(اَلنَّكِرَةُ)		한정명사(اَلْمَعْرِفَةُ)	
학생들의 (한) 책	كِتَابُ طُلَّابٍ	그 학생들의 (그) 책	كِتَابُ الطُّلَّابِ
아기(혹은 아이)들의 (한) 집	بَيْتُ أَطْفَالٍ	그 아기(혹은 아이)들의 (그) 집	بَيْتُ الْأَطْفَالِ
남자들의 (한) 펜	قَلَمُ رِجَالٍ	그 남자들의 (그) 펜	قَلَمُ الرِّجَالِ

(2) 문장에서의 예들
a. 규칙변화 남성 복수명사의 소유격 예
a-1 소유격 명사(اَلْاِسْمُ الْمَجْرُورُ)에서

나는 그 직원들과 인사를 나누었다. (소유격 명사가 규칙변화 남성 복수이다.)	سَلَّمْتُ¹ عَلَى الْمُوَظَّفِينَ.
나는 직원들과 인사를 나누었다. (소유격 명사가 규칙변화 남성 복수이다.)	سَلَّمْتُ عَلَى مُوَظَّفِينَ.
나는 그 기술자들로 부터 그 소식을 들었다. (소유격 명사가 규칙변화 남성 복수이다.)	سَمِعْتُ الْخَبَرَ مِنَ الْمُهَنْدِسِينَ.
나는 기술자들로 부터 그 소식을 들었다. (소유격 명사가 규칙변화 남성 복수이다.)	سَمِعْتُ الْخَبَرَ عَنْ مُهَنْدِسِينَ.

a-2 후연결어(اَلْمُضَافُ إِلَيْهِ)에서

그 기술자(engineer)들의 (그) 책은 유용하다. (한정형태)	كِتَابُ الْمُهَنْدِسِينَ مُفِيدٌ.
이것은 기술자(engineer)들의 (한) 책이다. (비한정형태)	هَذَا كِتَابُ مُهَنْدِسِينَ.
나는 그 선생님들의 (그) 펜에 대해 물었다. (한정형태)	سَأَلْتُ عَنْ قَلَمِ الْمُدَرِّسِينَ.
나는 선생님들의 (한) 펜에 대해 물었다. (비한정형태)	سَأَلْتُ عَنْ قَلَمِ مُدَرِّسِينَ.

---

¹ سَلَّمَ / يُسَلِّمُ عَلَى هـ – تَسْلِيمٌ ...와 인사를 나누다

제Ⅱ과 명사의 격변화

b. 규칙변화 여성 복수명사의 소유격 예

b-1 소유격 명사(الاسْمُ الْمَجْرُورُ)에서

나는 그 글자를 그 칠판들 위에 기록했다. (소유격 명사가 규칙변화 여성 복수이다.)	كَتَبْتُ الْكَلِمَةَ عَلَى السَّبُّورَاتِ.
나는 그 여자 직원들에게 전화했다. (소유격 명사가 규칙변화 여성 복수이다.)	اتَّصَلْتُ[1] بِالْمُوَظَّفَاتِ.
나는 그 소식을 여자 교사들로부터 들었다. (소유격 명사가 규칙변화 여성 복수이다.)	سَمِعْتُ الْخَبَرَ مِنْ مُدَرِّسَاتٍ.
나는 여자 직원들에게 전화했다. (소유격 명사가 규칙변화 여성 복수이다.)	اتَّصَلْتُ بِمُوَظَّفَاتٍ.

b-2 후연결어(الْمُضَافُ إِلَيْهِ)에서

그 여교사들의 (그) 책은 유용하다.	كِتَابُ الْمُدَرِّسَاتِ مُفِيدٌ.
이것은 여교사들의 (한) 책이다.	هَذَا كِتَابُ مُدَرِّسَاتٍ.
나는 그 여자직원들의 (그) 자동차를 탔다.	رَكِبْتُ[2] سَيَّارَةَ الْمُوَظَّفَاتِ.
나는 여자직원들의 (한) 자동차를 탔다.	رَكِبْتُ سَيَّارَةَ مُوَظَّفَاتٍ.

c. 불규칙변화 복수명사들의 소유격 예

c-1 소유격 명사(الاسْمُ الْمَجْرُورُ)에서

싸미르는 그 책들에 대해 물었다. (소유격 명사가 불규칙변화 복수이다.)	سَأَلَ سَمِيرٌ عَنِ الْكُتُبِ.
싸미르는 책들에 대해 물었다. (소유격 명사가 불규칙변화 복수이다.)	سَأَلَ سَمِيرٌ عَنْ كُتُبٍ.
나는 그 아기들(혹은 아이들)처럼 놀았다. (소유격 명사가 불규칙변화 복수이다.)	لَعِبْتُ[3] كَالأَطْفَالِ.
나는 아기들(혹은 아이들)처럼 놀았다. (소유격 명사가 불규칙변화 복수이다.)	لَعِبْتُ كَأَطْفَالٍ.

c-2 후연결어(الْمُضَافُ إِلَيْهِ)에서

그 학생들의 (그) 책은 유용하다.	كِتَابُ الطُّلَّابِ مُفِيدٌ.
이것은 학생들의 (한) 책이다.	هَذَا كِتَابُ طُلَّابٍ.
나는 그 남자들의 (그) 집에 들어갔다.	دَخَلْتُ بَيْتَ الرِّجَالِ.
나는 남자들의 (한) 집에 들어갔다.	دَخَلْتُ بَيْتَ رِجَالٍ.

---

[1] اِتَّصَلَ/ يَتَّصِلُ بِـ - اِتِّصَالٌ ; 연결되다 ; 전화하다

[2] رَكِبَ/ يَرْكَبُ هـ - رُكُوبٌ ; (차량)을 타다, 승차하다

[3] لَعِبَ/ يَلْعَبُ (هـ) - لَعِبٌ أَوْ لَعْبٌ ; 놀다(to play)

4. '명사 + 형용사' 구(句)의 격변화

우리는 제 9과 '형용사' 부분에서 문장에서 수식용법으로 사용된 '명사 + 형용사' 구(句)에 대해서 공부하였다. 이때 수식어(نَعْت)로 사용된 형용사는 그 앞에 피수식어(مَنْعُوت)로 사용된 명사의 성과 수와 격 그리고 한정형태의 지배를 받는다고 배웠다. (즉 성.수.격. 한정형태가 일치해야 한다.)

여기서는 앞에서 배운 '명사 + 형용사' 구(句)가 조합된 한 단위로서 어떻게 격변화를 하는지에 대해 공부한다. 즉 '명사 + 형용사' 구(句)가 문장에서 주격으로 사용되는 경우와 목적격으로 사용되는 경우, 그리고 소유격으로 사용되는 경우를 공부한다.

형용사 수(數)의 변화에 대해서는 이 책 제 9과 '형용사' 부분에서 공부하도록 하라.

그 새로운 교사는 총명하다. (الْجَدِيدُ 가 그 앞의 الْمُدَرِّسُ 를 수식한다. الْمُدَرِّسُ الْجَدِيدُ 가 한 단위를 이루어 주어구가 된다.) a - 주어(مُبْتَدَأ) b - 술어(خَبَر)	الْمُدَرِّسُ الْجَدِيدُ ذَكِيٌّ. b + a
나는 한 새로운 교사를 보았다. (جَدِيدًا 이 그 앞의 مُدَرِّسًا 을 수식한다. مُدَرِّسًا جَدِيدًا 이 한 단위를 이루어 목적어구가 된다.) a - 동사(فِعْل) b - 목적어(مَفْعُول بِهِ)	رَأَيْتُ مُدَرِّسًا جَدِيدًا. b + a
나는 한 새로운 교사와 인사를 나눴다. (جَدِيدٍ 이 그 앞의 مُدَرِّسٍ 을 수식한다. مُدَرِّسٍ جَدِيدٍ 이 한 단위를 이루어 소유격 명사구가 된다.) a - 동사(فِعْل) b - 전치사(حَرْف جَرّ) c - 소유격 명사(اسْم مَجْرُور)	سَلَّمْتُ عَلَى مُدَرِّسٍ جَدِيدٍ. c + b + a

1) '명사 + 형용사' 구(句)가 주격(مَرْفُوع)으로 사용될 때

아래 예들에서 먼저 기록된 두 문장은 피수식어가 사람인 경우이고, 나중에 기록된 두 문장은 피수식어가 사물인 경우이다.

(1) '명사 + 형용사' 구(句)가 문장의 주어(الْمُبْتَدَأ)로 사용될 때
a. 단수(مُفْرَد)
a-1 남성명사

그 활동적인 기술자(engineer)는 기술이 좋다.	الْمُهَنْدِسُ النَّشِيطُ مَاهِرٌ.
그 뚱뚱한 교사는 유머러스하다.	الْمُدَرِّسُ السَّمِينُ ظَرِيفٌ.
그 오래된 책은 가치가 있다.	الْكِتَابُ الْقَدِيمُ ثَمِينٌ.
그 높은 건물은 비싸다.	الْمَبْنَى الْعَالِي غَالٍ.*

→마지막 문장에서 الْمَبْنَى 는 막수르 명사이고, الْعَالِي 와 غَالٍ 은 만꾸스 명사이다. 이 책 명사 격변화의 예외 부분에서 공부하라.

a-2 여성명사

그 큰 여자(혹은 딸)는 아름답다.	الْبِنْتُ الْكَبِيرَةُ جَمِيلَةٌ.
그 작은 여자 변호사는 이성적이다.	الْمُحَامِيَةُ الصَّغِيرَةُ عَاقِلَةٌ.
그 새로운 자동차는 빠르다.	السَّيَّارَةُ الْحَدِيثَةُ سَرِيعَةٌ.
그 작은 지도는 유용하다.	الْخَرِيطَةُ الصَّغِيرَةُ مُفِيدَةٌ.

b. 쌍수 (مُثَنَّى)

b-1 남성명사

그 두 활동적인 기술자(engineer)는 기술이 좋다.	الْمُهَنْدِسَانِ النَّشِيطَانِ مَاهِرَانِ.
그 두 뚱뚱한 교사는 유머러스하다.	الْمُدَرِّسَانِ السَّمِينَانِ ظَرِيفَانِ.
그 두 오래된 책은 가치가 있다.	الْكِتَابَانِ الْقَدِيمَانِ ثَمِينَانِ.
그 두 높은 빌딩은 비싸다.	الْمَبْنِيَانِ الْعَالِيَانِ غَالِيَانِ.

b-2 여성명사

그 두 큰 여자는 아름답다.	الْبِنْتَانِ الْكَبِيرَتَانِ جَمِيلَتَانِ.
그 두 작은 여자 변호사는 이성적이다.	الْمُحَامِيَتَانِ الصَّغِيرَتَانِ عَاقِلَتَانِ.
그 두 새로운 자동차는 빠르다.	السَّيَّارَتَانِ الْحَدِيثَتَانِ سَرِيعَتَانِ.
그 두 작은 지도는 유용하다.	الْخَرِيطَتَانِ الصَّغِيرَتَانِ مُفِيدَتَانِ.

c. 복수 (جَمْعٌ)

아래에 사람지칭 복수명사와 사물지칭 복수명사 두 가지의 예가 있다. 사람을 지칭하는 복수명사의 경우 뒤에 오는 형용사도 복수형을 사용하지만, 사물을 지칭하는 복수명사의 경우 뒤에 오는 형용사는 단수를 사용한다.

c-1 남성명사

그 활동적인 기술자들은 기술이 좋다.	الْمُهَنْدِسُونَ النَّشِيطُونَ مَاهِرُونَ.
그 뚱뚱한 교사들은 유머러스하다.	الْمُدَرِّسُونَ السَّمِينُونَ ظَرِيفُونَ.
그 오래된 책들은 가치있다.	الْكُتُبُ الْقَدِيمَةُ ثَمِينَةٌ.
그 높은 건물들은 비싸다. (مَبْنًى/ مَبَانٍ (الْمَبَانِي))	الْمَبَانِي الْعَالِيَةُ غَالِيَةٌ.*

→ مَبَانٍ(الْمَبَانِي) 는 만꾸스 명사이다.

c-2 여성명사

그 큰 여자들은 아름답다.	الْبَنَاتُ الْكَبِيرَاتُ جَمِيلَاتٌ.
그 작은 여자 변호사들은 이성적이다.	الْمُحَامِيَاتُ الصَّغِيرَاتُ عَاقِلَاتٌ.
그 새로운 자동차들은 빠르다.	السَّيَّارَاتُ الْحَدِيثَةُ سَرِيعَةٌ.
그 작은 지도들은 유용하다.	الْخَرَائِطُ الصَّغِيرَةُ مُفِيدَةٌ.

→ 지금까지 예들은 수식용법으로 사용된 형용사가 한정명사를 수식하는 경우이다. 수식용법으로 사용된 형용사가 비한정명사를 수식하는 경우도 있다.

(2) '명사 + 형용사' 구(句)가 문장에서 술어(الْخَبَر)로 사용될 때

a. 단수(مُفْرَد)
a-1 남성명사

이 사람은 정직한 남자이다.	هَذَا رَجُلٌ صَادِقٌ.
싸미르는 부지런한 학생이다.	سَمِيرٌ طَالِبٌ مُجْتَهِدٌ.

a-2 여성명사

그녀는 아름다운 젊은 여자이다.	هِيَ فَتَاةٌ جَمِيلَةٌ.
이것(f.)은 가치있는 그림이다.	هَذِهِ صُورَةٌ ثَمِينَةٌ.

b. 쌍수(مُثَنَّى)
b-1 남성명사

무함마드와 마흐무드는 부지런한 학생이다.	مُحَمَّدٌ وَمَحْمُودٌ طَالِبَانِ مُجْتَهِدَانِ.
이것 둘은 아주 좋은 책이다.	هَذَانِ كِتَابَانِ مُمْتَازَانِ.

b-2 여성명사

그들 두 사람은(f.) 아름다운 여교사이다.	هُمَا مُدَرِّسَتَانِ جَمِيلَتَانِ.
이것 둘(f.)은 가치있는 두 그림이다.	هَاتَانِ صُورَتَانِ ثَمِينَتَانِ.

c. 복수(جَمْع)
c-1 남성명사

무함마드와 마흐무드와 싸미르는 부지런한 학생들이다.	مُحَمَّدٌ وَمَحْمُودٌ وَسَمِيرٌ طُلَّابٌ مُجْتَهِدُونَ.
그들은 좋은 선생님들이다.	هُمْ مُدَرِّسُونَ جَيِّدُونَ.

c-2 여성명사

그녀들은 부지런한 선생님들이다.	هُنَّ مُدَرِّسَاتٌ مُجْتَهِدَاتٌ.
이것들은 아름다운 그림들이다.	هَذِهِ* صُوَرٌ جَمِيلَةٌ.

→ * 문장은 술어(صُوَر)가 사물복수이기에 주어로 사용된 지시대명사는 여성 단수 형태인 هَذِهِ 꼴이 사용됨.
→ 위의 (2) 에서 술어로 사용된 '명사 + 형용사' 구는 모두 비한정 형태로 사용되었다.

2) '명사 + 형용사' 구(句)가 목적격(مَنْصُوب)으로 사용될 때

'명사 + 형용사' 구가 문장에서 목적어로 사용되어 목적격을 취한 경우이다.

a. 단수(مُفْرَد)
a-1 남성명사

나는 한 활동적인 교사를 보았다. (비한정형태)	رَأَيْتُ مُدَرِّسًا نَشِيطًا.
나는 그 활동적인 교사를 보았다. (한정형태)	رَأَيْتُ الْمُدَرِّسَ النَّشِيطَ.
나는 한 새로운 학생과 이야기했다. (비한정형태)	كَلَّمْتُ طَالِبًا جَدِيدًا.
나는 그 새로운 학생과 이야기했다. (한정형태)	كَلَّمْتُ الطَّالِبَ الْجَدِيدَ.
나는 한 오래된 책을 읽었다. (비한정형태)	قَرَأْتُ كِتَابًا قَدِيمًا.
나는 한 흥미로운 프로그램을 시청했다. (비한정형태)	شَاهَدْتُ[1] بَرْنَامَجًا مُمْتِعًا.

a-2 여성명사

나는 한 활동적인 여교사를 보았다. (비한정형태)	رَأَيْتُ مُدَرِّسَةً نَشِيطَةً.
나는 그 활동적인 여교사를 보았다. (한정형태)	رَأَيْتُ الْمُدَرِّسَةَ النَّشِيطَةَ.
나는 한 새로운 여학생과 이야기했다. (비한정형태)	كَلَّمْتُ طَالِبَةً جَدِيدَةً.
나는 그 새로운 여학생과 이야기했다. (한정형태)	كَلَّمْتُ الطَّالِبَةَ الْجَدِيدَةَ.
나는 그 중요한 단어를 기록했다. (한정형태)	كَتَبْتُ الْكَلِمَةَ الْهَامَّةَ.
그는 한 편안한 자동차를 탔다. (비한정형태)	رَكِبَ سَيَّارَةً مُرِيحَةً.

---

[1] شَاهَدَ / يُشَاهِدُ ـهـ ـ مُشَاهَدَةٌ ..을 보다, 시청하다(to watch)

b. 쌍수 (مُثَنَّى)
b-1 남성명사

나는 두 활동적인 교사를 보았다. (비한정형태)	رَأَيْتُ مُدَرِّسَيْنِ نَشِيطَيْنِ.
나는 그 두 새로운 학생과 이야기했다. (한정형태)	كَلَّمْتُ الطَّالِبَيْنِ الْجَدِيدَيْنِ.
나는 두 오래된 책을 읽었다. (비한정형태)	قَرَأْتُ كِتَابَيْنِ قَدِيمَيْنِ.
나는 두 흥미로운 프로그램을 시청했다. (비한정형태)	شَاهَدْتُ بَرْنَامَجَيْنِ مُمْتِعَيْنِ.

b-2 여성명사

나는 두 활동적인 여교사를 보았다. (비한정형태)	رَأَيْتُ مُدَرِّسَتَيْنِ نَشِيطَتَيْنِ.
나는 그 두 새로운 여학생과 이야기했다. (한정형태)	كَلَّمْتُ الطَّالِبَتَيْنِ الْجَدِيدَتَيْنِ.
나는 그 두 중요한 단어를 기록했다. (한정형태)	كَتَبْتُ الْكَلِمَتَيْنِ الْهَامَّتَيْنِ.
그는 두 편안한 자동차를 탔다. (비한정형태)	رَكِبَ سَيَّارَتَيْنِ مُرِيحَتَيْنِ.

c. 복수 (جَمْعٌ)
c-1 남성명사

나는 활동적인 교사들을 보았다. (비한정형태)	رَأَيْتُ مُدَرِّسِينَ نَشِيطِينَ.[1]
나는 그 활동적인 교사들을 보았다. (한정형태)	رَأَيْتُ الْمُدَرِّسِينَ النَّشِيطِينَ.
나는 새로운 학생들과 이야기했다. (비한정형태)	كَلَّمْتُ طُلَّابًا جُدُدًا.[2]
나는 그 새로운 학생들과 이야기했다. (한정형태)	كَلَّمْتُ الطُّلَّابَ الْجُدُدَ.
나는 오래된 책들을 읽었다. (비한정형태)	قَرَأْتُ كُتُبًا قَدِيمَةً.
나는 흥미로운 프로그램들을 시청했다. (비한정형태)	شَاهَدْتُ بَرَامِجَ[3] مُمْتِعَةً.

→ 위의 마지막 두 문장은 목적어로 사용된 '명사 + 형용사' 구의 명사가 사물복수인 경우이다. 사물지칭 복수명사를 수식하는 형용사는 여성 단수꼴을 취한다. 위의 문장에서 여성 단수형 형용사가 온 것을 확인하라.

c-2 여성명사

나는 활동적인 여교사들을 보았다. (비한정형태)	رَأَيْتُ مُدَرِّسَاتٍ نَشِيطَاتٍ.
나는 그 새로운 여학생들과 이야기했다. (한정형태)	كَلَّمْتُ الطَّالِبَاتِ الْجَدِيدَاتِ.

---

[1] نَشِيطٌ/ ـونَ أَوْ نُشَطَاءُ   활동적인

[2] جَدِيدٌ/ جُدُدٌ   새로운

[3] بَرْنَامِجٌ/ بَرَامِجُ   프로그램(program), 순서

나는 그 중요한 단어들을 기록했다. (한정형태)	كَتَبْتُ الْكَلِمَاتِ الْهَامَّةَ.
그는 편안한 자동차들을 탔다. (비한정형태)	رَكِبَ سَيَّارَاتٍ مُرِيحَةً.

→위의 마지막 두 문장은 목적어로 사용된 '명사 + 형용사' 구의 명사가 사물복수인 경우이다. 사물지칭 복수명사를 수식하는 형용사는 여성 단수꼴을 취한다. 위의 문장에서 여성 단수형 형용사가 온 것을 확인하라. الْكَلِمَاتِ 와 سَيَّارَاتِ 이 목적어이기에 목적격이고 따라서 그 뒤의 수식어인 형용사도 목적격이 와야 한다.

3) '명사 + 형용사' 구(句)가 소유격(مَجْرُور)으로 사용될 때

'명사 + 형용사' 구(句) 가 전치사 뒤에 와서 소유격 명사구로 사용되거나 후연결어로 사용되는 경우이다.

a. 단수
a-1 남성명사

나는 한 미남 학생과 인사를 나눴다. (비한정형태)	سَلَّمْتُ عَلَى طَالِبٍ وَسِيمٍ.
나는 그 미남 학생과 인사를 나눴다. (한정형태)	سَلَّمْتُ عَلَى الطَّالِبِ الْوَسِيمِ.
나는 한 가까운 친구에게 한 편지를 썼다. (비한정형태)	كَتَبْتُ رِسَالَةً إِلَى صَدِيقٍ قَرِيبٍ.
나는 그 가까운 친구에게 한 편지를 썼다. (한정형태)	كَتَبْتُ رِسَالَةً إِلَى الصَّدِيقِ الْقَرِيبِ.

a-2 여성명사

나는 한 미녀 여학생과 인사를 나누었다. (비한정형태)	سَلَّمْتُ عَلَى طَالِبَةٍ جَمِيلَةٍ.
나는 그 미녀 여학생과 인사를 나누었다. (한정형태)	سَلَّمْتُ عَلَى الطَّالِبَةِ الْجَمِيلَةِ.
나는 한 가까운 여자친구에게 한 편지를 썼다. (비한정형태)	كَتَبْتُ رِسَالَةً إِلَى صَدِيقَةٍ قَرِيبَةٍ.
나는 그 가까운 여자친구에게 한 편지를 썼다. (한정형태)	كَتَبْتُ رِسَالَةً إِلَى الصَّدِيقَةِ الْقَرِيبَةِ.

b. 쌍수
b-1 남성명사

나는 두 미남 학생과 인사를 나누었다. (비한정형태)	سَلَّمْتُ عَلَى طَالِبَيْنِ وَسِيمَيْنِ.
나는 그 두 미남 학생과 인사를 나누었다. (한정형태)	سَلَّمْتُ عَلَى الطَّالِبَيْنِ الْوَسِيمَيْنِ.
나는 두 가까운 친구에게 한 편지를 썼다. (비한정형태)	كَتَبْتُ رِسَالَةً إِلَى صَدِيقَيْنِ قَرِيبَيْنِ.
나는 그 두 가까운 친구에게 한 편지를 썼다. (한정형태)	كَتَبْتُ رِسَالَةً إِلَى الصَّدِيقَيْنِ الْقَرِيبَيْنِ.

b-2 여성명사

나는 두 미녀 여학생과 인사를 나누었다. (비한정형태)	سَلَّمْتُ عَلَى طَالِبَتَيْنِ جَمِيلَتَيْنِ.
나는 그 두 미녀 여학생과 인사를 나누었다. (한정형태)	سَلَّمْتُ عَلَى الطَّالِبَتَيْنِ الْجَمِيلَتَيْنِ.
나는 두 가까운 여자친구에게 한 편지를 썼다. (비한정형태)	كَتَبْتُ رِسَالَةً إِلَى صَدِيقَتَيْنِ قَرِيبَتَيْنِ.
나는 그 두 가까운 여자친구에게 한 편지를 썼다. (한정형태)	كَتَبْتُ رِسَالَةً إِلَى الصَّدِيقَتَيْنِ الْقَرِيبَتَيْنِ.

c. 복수
c-1 남성명사

나는 미남 학생들과 인사를 나누었다. (비한정형태)	سَلَّمْتُ عَلَى طُلَّابٍ وُسَمَاءِ.*¹
나는 그 미남 학생들과 인사를 나누었다. (한정형태)	سَلَّمْتُ عَلَى الطُّلَّابِ الْوُسَمَاءِ.
나는 가까운 친구들에게 한 편지를 썼다. (비한정형태)	كَتَبْتُ رِسَالَةً إِلَى أَصْدِقَاءَ أَقْرِبَاءَ.*²
나는 그 가까운 친구들에게 한 편지를 썼다. (한정형태)	كَتَبْتُ رِسَالَةً إِلَى الْأَصْدِقَاءِ الْأَقْرِبَاءِ.

➔ 위의 * 표가 된 أَقْرِبَاء 와 أَصْدِقَاء 와 وُسَمَاء 는 2격 명사(مَمْنُوعٌ مِنَ الصَّرْفِ)이다. 2격 명사는 탄윈을 사용하지 않고 소유격 격변화 기호가 파트하가 된다.

c-2 여성명사

나는 미녀 여학생들과 인사를 나누었다. (비한정형태)	سَلَّمْتُ عَلَى طَالِبَاتٍ جَمِيلَاتٍ.
나는 그 미녀 여학생들과 인사를 나누었다. (한정형태)	سَلَّمْتُ عَلَى الطَّالِبَاتِ الْجَمِيلَاتِ.
나는 가까운 여자 친구들에게 한 편지를 썼다. (비한정형태)	كَتَبْتُ رِسَالَةً إِلَى صَدِيقَاتٍ قَرِيبَاتٍ.
나는 그 가까운 여자 친구들에게 한 편지를 썼다. (한정형태)	كَتَبْتُ رِسَالَةً إِلَى الصَّدِيقَاتِ الْقَرِيبَاتِ.

[1] وَسِيمٌ/ وُسَمَاءُ 미남의
[2] قَرِيبٌ/ أَقْرِبَاءُ 가까운

제12과 연결형(الإضافة)에 대해 Ⅰ

1. 연결형(الإضافة)의 개념
2. 연결형(الإضافة)의 다양한 의미
3. 구성에 따른 연결형(الإضافة)의 종류
4. 문장에서 연결형(الإضافة)의 기능과 격변화
5. 연결형(الإضافة) 격변화에서 주의할 점 Ⅰ
6. 연결형(الإضافة) 격변화에서 주의할 점 Ⅱ

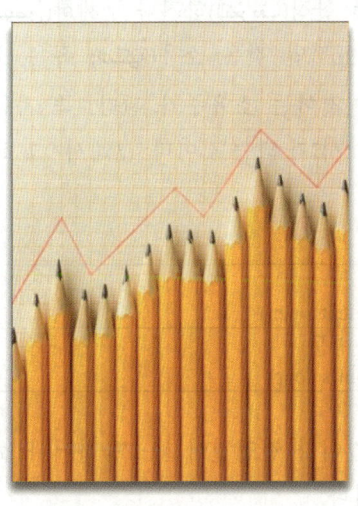

제 12 과 연결형(الْإِضَافَة)에 대해 Ⅰ

연결형은 아랍어 구문의 독특한 특징 중 하나이며 아주 흔하게 사용되는 것이다. 연결형의 다양한 의미와 여러 가지 조합 형태를 이 책 제Ⅰ권과 제Ⅱ권에서 나누어 공부하고자 한다.

1. 연결형(الْإِضَافَة)의 개념

1) 연결형(الْإِضَافَة)의 정의

연결형(الْإِضَافَة)이란 두 개의 명사가 앞뒤로 연결되어 한 단위의 글자로 결합된 것으로, 뒤의 단어가 앞의 단어를 한정(التَّعْرِيف)하거나 구체화(التَّخْصِيص)하는 의미를 가지게 되는 경우를 말한다.

그 교사의 (그) 자동차 (the teacher's car, the car of the teacher) (b – 후연결어 الْمُضَاف إِلَيْهِ) (a – 전연결어 الْمُضَاف)	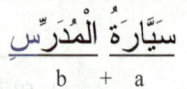 b + a

위에서 먼저 사용된 명사 a 를 전연결어(الْمُضَاف, 혹은 연결형의 제 1 요소)라고 하며, 뒤에 사용된 명사 b 를 후연결어(الْمُضَاف إِلَيْهِ, 혹은 연결형의 제 2 요소) 라고 한다. 이 때 후연결어는 전연결어의 의미를 한정(التَّعْرِيف)하는데 위의 예에서 후연결어로 사용된 '그 교사'가 전연결어로 사용된 '자동차'를 한정하여 '그 교사의 (그) 자동차'란 의미가 된다. ('그 교사의 그 자동차' 혹은 '그 교사의 자동차' 둘 다 가능) 전연결어는 문장에서 사용된 기능에 따라 격이 다르게 변화하지만, 후연결어는 항상 소유격을 취한다.

2) 연결형(الْإِضَافَة)의 의미

연결형은 후연결어가 전연결어를 한정(التَّعْرِيف)하거나 구체화(التَّخْصِيص)하는 의미를 가진다. 그러한 연결형의 의미 가운데 가장 대표적인 것은 소유(الْمِلْكِيَّة) 혹은 소속(الْاِخْتِصَاص)의 의미이다. 위의 예에서 전연결어는 소유물, 후연결어는 소유주가 된다. 즉 자동차는 자동차인데, 그 소유주가 누구인가 할 때 그 소유주는 '그 교사'가 되는 것이다. 그래서 '그 교사의 (그) 자동차'가 되는 것이다.

아래의 예를 보자.

그 학생의 (그) 펜 (the pen of the student, the student's pen)	قَلَمُ الطَّالِبِ
그 방의 (그) 문 (혹은 그 방문) (the door of the room, the room's door)	بَابُ الْغُرْفَةِ

위의 예에서도 그 의미는 후연결어가 전연결어를 소유하거나 소속을 말하는 의미이다. 즉 '그 학생의 펜', '그 방의 문'의 의미이다.
또한 위의 예들에서 말하고자 하는 것은 '그 교사'가 아니라 그 교사의 '자동차'이며, '그 학생'이 아니라 그 학생의 '펜'이고, '그 방'이 아니라 그 방의 '문'이다. 이와같이 후연결어는 전연결어의 의미를 한정(التَّعْرِيف)하거나 구체화(التَّخْصِيص)한다. 즉 연결형 구조에서 전연결어가 의미의 중심이 되고, 후연결어는 전연결어의 의미를 한정하거나 구체화하는 역할을 한다.

3) 연결형(الإضافة)의 격변화

연결형은 한 단위의 명사구로서 격변화를 한다. 즉 전연결어(아래 단어 a 부분)는 이 명사구가 문장에서 사용되는 기능에 따라 격변화를 하고, 후연결어(아래 단어 b 부분)는 항상 소유격을 취한다. 즉 이 명사구가 문장에서 주어로 사용되면 전연결어에 주격이 오고, 목적어로 사용되면 전연결어에 목적격이 오며, 전치사 뒤에 와서 소유격 명사가 될 경우 전연결어에 소유격이 온다. **전연결어는 이렇게 이 명사구의 문장에서의 기능에 따라 격이 달라지지만, 후연결어는 항상 소유격을 취한다.** 아래의 예에서 후연결어에 온 소유격을 확인하라.

그 소년의 (그) 책은 쉽다. (b – 후연결어 المُضَافُ إِلَيْهِ) (a – 전연결어 المُضَافُ)	كِتَابُ الْوَلَدِ سَهْلٌ. b + a
나는 그 소녀의 (그) 그림을 보았다. (b – 후연결어 المُضَافُ إِلَيْهِ) (a – 전연결어 المُضَافُ)	رَأَيْتُ صُورَةَ الْبِنْتِ. b + a

→위의 첫번째 예의 연결형은 주격으로 사용되어 전연결어에 담마(u 모음)가 왔고, 두번째 예의 연결형은 목적격으로 사용되어 전연결어에 파트하(a 모음)이 왔다.

4) 연결형(الإضافة)의 한정형태

지금까지는 후연결어에 ـل 이 붙은 한정형태 연결형의 예들을 보았다. 그러나 연결형에는 아래와 같이 후연결어에 ـل 이 붙지 않은 비한정 형태의 연결형도 사용될 수 있다.

한 학생의 (한) 펜 (a pen of a student, a student's pen)	قَلَمُ طَالِبٍ
한 방의 (한) 문 (a door of a room, a room door)	بَابُ غُرْفَةٍ

이와같이 후연결어에 정관사 ـل 이 붙었을 경우 연결형 전체가 한정형태가 되고, 후연결어에 정관사가 없이 탄윈 형태가 오면 연결형 전체가 비한정 형태가 된다. 아래에서 한정형태 연결형과 비한정 형태 연결형의 의미의 차이를 구분하라.

한정형태의 연결형		비한정 형태의 연결형	
그 교사의 (그) 자동차 (the car of the teacher)	سَيَّارَةُ الْمُدَرِّسِ	한 교사의 (한) 자동차 (a car of a teacher)	سَيَّارَةُ مُدَرِّسٍ
그 학생의 (그) 책	كِتَابُ الطَّالِبِ	한 학생의 (한) 책	كِتَابُ طَالِبٍ
그 소녀의 (그) 그림	صُورَةُ الصَّبِيَّةِ	한 소녀의 (한) 그림	صُورَةُ صَبِيَّةٍ
(그) 역사교사	مُدَرِّسُ التَّارِيخِ	한 역사교사	مُدَرِّسُ تَارِيخٍ
(그) 정부직원	مُوَظَّفُ الْحُكُومَةِ	한 정부직원	مُوَظَّفُ حُكُومَةٍ

→ 비한정 형태의 연결형의 자세한 의미에 대해서는 이 책 제Ⅱ권의 '연결형에 대해 Ⅱ'에서 공부하라.

5) 연결형(الإضافة) 단어의 예

아래는 책, 자동차, 펜, 공, 옷, 사진, 계좌 란 단어로 소유의 의미를 가진 연결형을 만들어 본 것이다. 이와 같은 방법으로 수없이 많은 소유 의미의 연결형 조합을 만들 수 있다.

그 학생의 (그) 책	كِتَابُ الطَّالِبِ	그 교사의 (그) 책	كِتَابُ الْمُدَرِّسِ
그 학생의 (그) 자동차	سَيَّارَةُ الطَّالِبِ	그 교사의 (그) 자동차	سَيَّارَةُ الْمُدَرِّسِ
그 소년의 (그) 펜	قَلَمُ الصَّبِيِّ	그 소녀의 (그) 펜	قَلَمُ الصَّبِيَّةِ
그 소년의 (그) 공	كُرَةُ الصَّبِيِّ	그 소녀의 (그) 공	كُرَةُ الصَّبِيَّةِ
그 친구의 (그) 옷	مَلَابِسُ الصَّدِيقِ	그 교수의 (그) 옷	مَلَابِسُ الْأُسْتَاذِ
그 친구의 (그) 사진	صُورَةُ الصَّدِيقِ	그 교수의 (그) 사진	صُورَةُ الْأُسْتَاذِ
싸미르의 (그) 은행 계좌, 싸미르의 받을 (그) 돈	حِسَابُ سَمِيرٍ *	무함마드의 (그) 은행 계좌, 무함마드의 받을 (그)돈	حِسَابُ مُحَمَّدٍ *

→ * 표의 예와 같이 후연결어에 사람이 오는 것도 가능하다. 사람이 올 경우 한정형태의 연결형이 된다. سَمِير과 مُحَمَّد은 사람 이름으로 고유명사이다. 그러나 그 마지막 자음 위의 모음부호에는 탄윈이 붙는다. 이 책 '명사 격변화의 예외적 규칙 II' 부분에서 '고유명사로서 일반적인 명사의 격변화를 하는 단어들' 부분을 보라.

연결형(الإضافة) 핵심 정리

1. 연결형은 두 개의 명사가 전연결어(الْمُضَاف)와 후연결어(الْمُضَاف إِلَيْه)로 구성된 것이다.
2. 연결형은 후연결어가 전연결어를 한정(التَّعْرِيف) 혹은 구체화(التَّخْصِيص)하는 의미로서 소유나 소속, 정체성, 성분, 도량단위 등의 다양한 의미를 가진다.
3. 후연결형은 항상 소유격을 취하고 전연결어는 연결형 조합이 문장에서 사용된 기능에 따라 격변화를 달리한다. 문장에서 연결형 단위 전체가 한 조합으로 사용된다.
4. 일반적인 연결형에서 전연결어는 항상 비한정 형태(ال이 붙지 않은 형태)로 사용되고, 후연결어는 한정형태(ال이 붙거나 고유명사가 오는 경우)와 비한정 형태(ال이 붙지 않은 형태) 둘 다 사용될 수 있다. 후연결어가 한정형태이면 연결형 전체가 한정의 의미를 가지고, 후연결어가 비한정 형태이면 연결형 전체가 비한정의 의미를 가진다.
   (비한정 형태의 연결형은 후연결어에 ال이 붙지 않은 경우이고, 한정형태의 연결형은 후연결어에 ال이 붙거나 후연결어에 고유명사가 온 경우를 말한다.)
   ** 이 책 제II권의 '연결형에 대해 III'에서 연결형의 두 종류를 공부하는데 거기에서 전연결어에 ال이 붙는 특이한 경우를 공부한다.
5. 전연결어가 쌍수로 사용되거나 남성 규칙복수로 사용될 경우 쌍수나 남성 규칙복수에 붙는 ن이 탈락한다.

2. 연결형(الإضافة)의 다양한 의미

연결형의 가장 일반적인 의미는 소유나 소속의 의미이다. 앞에서 다룬 예들이 그런 예들이다. 여기서는 소유나 소속의 의미와 함께 연결형의 다양한 의미를 살펴보도록 한다.

1) 소유(الْمِلْكِيَّة), **혹은 소속** ((الاخْتِصَاص)) (아래의 * 단어는 한정되지 않았을 경우 비한정 형태로 사용될 수 있다.)

그 학생의 (그) 책	كِتَابُ الطَّالِبِ *	그 남자의 (그) 집	بَيْتُ الرَّجُلِ *
그 아이들의 (그) 돈	نُقُودُ الأَطْفَالِ *	사장실, 실장실, 교장실	مَكْتَبُ الْمُدِيرِ *
여성전용 객실	عَرَبَةُ السَّيِّدَاتِ	무함마드의 자동차	سَيَّارَةُ مُحَمَّدٍ

아래는 소속의 의미로서 후연결어에 지명이 온 경우이다. '그 지명에 속한 어떤 것'

수에즈 운하	قَنَاةُ السُّوَيْسِ	예루살렘 도시	مَدِينَةُ الْقُدْسِ
알아즈하르 터널(카이로의 한 터널)	نَفَقُ الأَزْهَرِ	수에즈 다리(수에즈 근처의 다리)	جِسْرُ السُّوَيْسِ

2) 정체성 (아래 단어가 한정형태로 사용될 때 후연결어에 ال 을 사용하여 한정형태로 사용할 수 있다.)

사업가, 실업인 (business man)	رَجُلُ أَعْمَالٍ	경찰 장교	ضَابِطُ شُرْطَةٍ
주부(house wife)	رَبَّةُ مَنْزِلٍ	수학교사	مُدَرِّسُ رِيَاضِيَّاتٍ
대학생	طَالِبُ جَامِعَةٍ	편집장	رَئِيسُ تَحْرِيرٍ
사생아	ابْنُ حَرَامٍ	위선적인 사람 (문자적으로 두 혀를 가진 자)	أَبُو لِسَانَيْنِ

3) 성분 - 후연결어에 재료나 성분을 나타내는 낱말이 온다. (성분의 의미로 사용되는 경우 대개 비한정 형태로 사용된다. 하지만 한정이 된 경우 (예: '그 은목걸이') 한정형태로 사용된다. '철길'은 한정형 사용)

은목걸이	سِلْسِلَةُ فِضَّةٍ	금반지	خَاتَمُ ذَهَبٍ
철길(railway)	سِكَّةُ الْحَدِيدِ	나무의자	كُرْسِيُّ خَشَبٍ

4) 도량단위 (الْمِقْيَاس) - 전연결어에 도량단위를 나타내는 낱말이 온다. (이 경우 항상 비한정 형태로 사용된다.)

물 1리터	لِتْرُ مَاءٍ	바나나 1킬로	كِيلُو مَوْزٍ
옷감 1미터	مِتْرُ قُمَاشٍ	밀 1톤	طُنُّ قَمْحٍ

아래는 도량단위의 기준이 전연결어로 사용된 물건일 경우이다. (이 경우 항상 비한정 형태로 사용된다.)

홍차 한 잔 (a cup of tea)	كُوبُ شَايٍ	커피 한 컵 (a cup of coffee)	فِنْجَانُ قَهْوَةٍ
설탕 한 스푼	مِلْعَقَةُ سُكَّرٍ	쌀 한 접시	طَبَقُ أَرْزٍ

5) 용기(الإِنَاء) – 도량단위가 아니라 용기 자체를 말할 때이다. (이 경우 한정이 될 경우 후연결어에 الـ 사용한다)

한 찻잔 (a tea cup)	كُوبُ شَايٍ	한 커피잔 (a coffee cup)	فِنْجَانُ قَهْوَةٍ
한 설탕스푼	مِلْعَقَةُ سُكَّرٍ	한 맥주잔	كَأْسُ بِيرَةٍ

6) 행위자 - 전연결어에 동명사가 오며, 후연결어가 전연결어의 동작을 행하는 주체가 된다.

그 승객의 기다림	انْتِظَارُ الرَّاكِبِ *	(그) 대통령의 도착	وُصُولُ الرَّئِيسِ *
그 아이의 잠	نَوْمُ الطِّفْلِ *	(그) 장관의 출발	مُغَادَرَةُ الْوَزِيرِ *
그 운전수의 위반	مُخَالَفَةُ السَّائِقِ	그 예술가의 창조	إِبْدَاعُ الْفَنَّانِ

→위의 * 가 붙은 단어들의 전연결어는 자동사에서 온 동명사이고, 나머지는 타동사에서 온 동명사이다.
→위의 단어들이 경우에 따라 비한정 형태로 사용되면 비한정의 의미가 된다.

7) 대상 - 전연결어에 동명사가 오며, 후연결어가 전연결어 동작의 대상(의미상 목적어)이 된다.

레슨들을 이해함	فَهْمُ دُرُوسٍ	(한) 전화를 사용함	اسْتِخْدَامُ هَاتِفٍ
(한) 노래를 들음	سَمَاعُ أُغْنِيَةٍ	아이들을 보호함	حِمَايَةُ أَطْفَالٍ
(한) 피아노를 연주함	عَزْفُ بِيَانُو	(한) 노인을 도와 줌	مُسَاعَدَةُ عَجُوزٍ
(한) 도시를 방문함	زِيَارَةُ مَدِينَةٍ	(한) 머리를 때림	ضَرْبُ رَأْسٍ
입학	دُخُولُ الْمَدْرَسَةِ *	등산	طُلُوعُ الْجَبَلِ *

→위의 단어들의 전연결어는 모두 타동사에서 온 동명사이다. →위의 단어들은 후연결어에 الـ 을 사용하여 한정형태로 사용할 수 있다. 그 경우 한정의 의미가 된다. →위의 * 문장에서 دُخُولُ مَدْرَسَةٍ 이 되면 여러 학교중에서 '한 학교에 들어감'의 의미가 되고, طُلُوعُ جَبَلٍ 이 되면 여러 산 중에서 '한 산에 올라감'의 의미가 된다.

8) 목적 - 후연결어에 목적을 나타내는 동명사가 오며, 그 후연결어가 전연결어를 사용하는 목적이 된다.

구급차	سَيَّارَةُ إِسْعَافٍ	구명보트	زَوْرَقُ إِنْقَاذٍ
교통(경찰) 오토바이	دَرَّاجَةُ مُرُورٍ	서커스 밧줄	حَبْلُ سَيْرٍ

→ 위의 단어들은 후연결어에 الـ 을 사용하여 한정형태로 사용할 수 있다.

9) 부분

몇몇 영화들	بَعْضُ الْأَفْلَامِ	일천 페이지	أَلْفُ صَفْحَةٍ *
어떤 아이(any boy)	أَيُّ صَبِيٍّ *	매일(every day, 부사)	كُلَّ يَوْمٍ *

→위의 * 단어들은 비한정 형태로 사용된다.

10) 인용 - 후연결어에 인용하는 부분이 온다.

개경장(꾸란의)	سُورَةُ "الْفَاتِحَةُ"	'무타납비'의 시	شِعْرُ "الْمُتَنَبِّي"
'천일야화' 책	كِتَابُ "أَلْفُ لَيْلَةٍ وَلَيْلَةٍ"	'지하드'라는 낱말	لَفْظُ "الْجِهَادُ"

3. 구성에 따른 연결형(الإضافة)의 종류

1) 보통명사가 전연결어와 후연결어로 사용된 경우

가장 일반적인 형태의 연결형이다. 이 경우 후연결어에 정관사 الـ 이 오면 한정형태 연결형이 되고, الـ 이 없으면 비한정 형태의 연결형이 된다.

그 학생의 (그) 책	كِتَابُ الطَّالِبِ	그 학생의 (그) 자동차	سَيَّارَةُ الطَّالِبِ
그 교사의 (그) 책	كِتَابُ الْمُدَرِّسِ	그 교사의 (그) 자동차	سَيَّارَةُ الْمُدَرِّسِ
그 교장의 (그) 책	كِتَابُ الْمُدِيرِ	그 교장의 (그) 자동차	سَيَّارَةُ الْمُدِيرِ

2) 후연결어에 고유명사가 사용된 경우

후연결형에 고유명사가 사용된다. 고유명사는 한정형 명사이기에 후연결어에 고유명사가 오면 연결형 전체는 한정형태가 된다.

무함마드의 자동차	سَيَّارَةُ مُحَمَّدٍ	카이로 대학	جَامِعَةُ الْقَاهِرَةِ
마리얌의 책	كِتَابُ مَرْيَمَ *	아스완 도시	مَدِينَةُ أَسْوَانَ *
하나님의 말씀	كَلِمَةُ الله	이집트 대통령	رَئِيسُ مِصْرَ *

→ 위의 * 표시 단어들은 2 격 명사들이기에 소유격 기호로 파트하가 왔다.

3) 후연결어에 접미 인칭대명사가 사용된 경우

아래 단어들의 구조를 보면 '명사 + 소유격 접미 인칭대명사'의 형태로 되어있는 것을 발견할 수 있다. 이럴 경우 연결형 조합이 된다. 즉 후연결어인 소유격 접미 인칭대명사가 전연결어의 의미를 구체화하는 역할을 한다. (예 : '엄마'는 엄마인데 '나의 엄마', '책'은 책인데 '나의 책' 등의 의미를 가진다.) 이와같이 후연결어에 접미 인칭대명사가 온 연결형은 모두 한정형태의 연결어가 된다.

나의 엄마	أُمِّي	그녀의 책	كِتَابُهَا
그의 형제(주격)	أَخُوهُ	그의 자동차	سَيَّارَتُهُ

아래는 장소의 부사 뒤에 접미 인칭대명사가 온 형태이다. 아랍어 문법에서 부사의 품사는 명사이다. 따라서 접미 인칭대명사가 후연결어가 될 수 있다.

내 앞에	أَمَامِي	그것(f.)의 위에	فَوْقَهَا
그녀의 뒤에	خَلْفَهَا	그의 아래에	تَحْتَهُ

→ 명사 뒤에 오는 접미 인칭대명사에 대해서는 이 책 '인칭대명사' 부분을 참조하라.

→ 부사에 대해서는 이 책 제Ⅱ권 '여러가지 목적격에 대해 Ⅰ'에서 나온다.

4) 전연결어로 시간의 부사나 장소의 부사가 사용된 경우

여기서는 전연결어에 주목해서 보자. 두 명사가 조합되어 연결형 구조가 되었는데, 전연결어로 사용된 낱말이 시간의 부사(ظَرْفُ زَمَانٍ)나 혹은 장소의 부사(ظَرْفُ مَكَانٍ)가 사용된 경우이다. 아랍어 문법에서 부사는 명사이며 항상 목적격을 취한다. 부사 단어가 명사이므로 그 뒤에 후연결어가 올 수 있다.

금요일	يَوْمَ الْجُمُعَةِ	그 나무 위	فَوْقَ الشَّجَرَةِ
오늘 저녁	مَسَاءَ الْيَوْمِ	그 집 앞	أَمَامَ الْبَيْتِ

→ 시간의 부사와 장소의 부사에 대해서는 이 책 제Ⅱ권 '여러가지 목적격에 대해 Ⅰ' 부분에서 공부하자.

4. 문장에서 연결형(الإضافة)의 기능과 격변화

문장에서 연결형을 사용해 보자. 연결형은 두 명사가 조합되어 한 단위의 글자가 되는 것이라 했다. 이 연결형 조합은 문장에서 일반 명사와 똑같은 기능을 한다. 즉 연결형 조합은 문장에서 명사문의 주어, 동사문의 주어, 명사문의 술어, 목적어, 소유격 명사 등으로 사용된다. 따라서 연결형 조합은 문장에서의 기능에 따라 때로는 주격(주어 혹은 술어 등으로 사용될 때)이 붙고, 때로는 목적격(목적어 등으로 사용될 때)이 붙으며, 때로는 소유격(소유격 명사 등으로 사용될 때)이 붙는다.

연결형 조합에서 격변화 기호는 항상 전연결어(المُضَاف)에 붙는다. 다시 말해 주격, 목적격, 소유격 기호가 전연결어에 붙는다는 의미이다. 그러나 후연결어(المُضَاف إِلَيْه)는 문장에서 어떤 기능으로 사용되든지 항상 소유격을 취한다.

1) 연결형 조합이 주격으로 사용된 경우

아래 문장들은 연결형 조합이 명사문의 주어, 명사문의 술어 그리고 동사문의 주어로 사용된 경우들이다. 이 경우들에서 연결형 조합은 그 격변화가 주격이 됨을 기억하라.

(1) 연결형 조합이 명사문의 주어(المُبْتَدَأ)로

그 소년의 책은 크다.	كِتَابُ الصَّبِيِّ كَبِيرٌ.
그 학생의 그림은 훌륭하다.	صُورَةُ الطَّالِبِ مُمْتَازَةٌ.

→ 위의 문장에서 술어로 사용된 형용사는 전연결어의 성과 수와 일치함을 확인하라. 연결형 구조에서 전연결어가 의미의 중심임을 기억하라.

(2) 연결형 조합이 명사문의 술어(الخَبَر)로

이것은 무함마드의 집이다.	هَذَا بَيْتُ مُحَمَّدٍ.
이 여자는 내 친삼촌의 딸이다.	هَذِهِ بِنْتُ عَمِّي.

(3) 연결형 조합이 동사문의 주어(الفَاعِل)로

그 사업가는 중국으로 떠났다(여행했다).	سَافَرَ رَجُلُ الأَعْمَالِ إِلَى الصِّينِ.
내 형(남동생)은 아랍어를 공부했다(혹은 전공했다).	دَرَسَ أَخِي اللُّغَةَ العَرَبِيَّةَ.

→ 위의 두 번째 문장에서 أَخِي 는 인칭대명사가 후연결어로 사용된 연결형 조합이다.

2) 연결형 조합이 목적격으로 사용된 경우

아래 문장에서 연결형 조합은 문장의 목적어로 사용되었다. 전연결어의 격변화가 목적격이 왔음을 확인하라.

우리는 그 역사책을 공부했다.	دَرَسْنَا كِتَابَ التَّارِيخِ.
나는 그 학생의 그림을 보았다.	رَأَيْتُ صُورَةَ الطَّالِبِ.
나는 커피 한 컵을 주문했다. (후연결어가 비한정 형태다이다.)	طَلَبْتُ فِنْجَانَ قَهْوَةٍ.
나는 우유 한 잔을 마셨다. (후연결어가 비한정 형태다이다.)	شَرِبْتُ كُوبَ لَبَنٍ.

→ 위의 세 번째와 네 번째 문장은 후연결어가 비한정 형태이다. 비한정 형태의 연결형에 대한 더 자세한 공부는 이 책 제Ⅱ권 '연결형에 대해 Ⅱ' 부분에서 공부하라.

3) 연결형 조합이 소유격으로 사용된 경우

아래 문장에서 연결형 조합은 전치사 뒤에 와서 소유격 명사로 사용되거나 부사 뒤에 와서 후연결어로 사용되었다. 따라서 전연결어의 격변화가 소유격이 왔음을 확인하라.

(1) 전치사가 이끄는 유사문장에 온 경우 (الاسْمُ الْمَجْرُورُ)

나는 나의 친구의 집에 갔다.	ذَهَبْتُ إِلَى بَيْتِ صَدِيقِي.
나는 그 교사의 펜으로 기록했다.	كَتَبْتُ بِقَلَمِ الْمُدَرِّسِ.

(2) 부사가 이끄는 유사문장에 온 경우 (الْمُضَافُ إِلَيْهِ)

무함마드는 교장실 앞에 서 있다.	مُحَمَّدٌ وَاقِفٌ أَمَامَ مَكْتَبِ الْمُدِيرِ.
나는 그 비서의 테이블 아래에서 돈을 발견했다.	وَجَدْتُ نُقُودًا تَحْتَ طَاوِلَةِ السِّكْرِتِيرِ.

5. 연결형(الإضافة)의 격변화에서 주의할 점 I - 전연결어에 쌍수명사 혹은 남성 규칙복수 명사가 올 경우

연결형 구문에서 주의해야 할 것이 있다. 그것은 바로 쌍수명사나 규칙변화 남성 복수명사가 전연결어(مضاف إليه)로 사용될 때 전연결어에 붙는 نِ 이 탈락되는 현상이다.

1) 전연결어에 쌍수명사가 올 경우

남성 쌍수와 여성 쌍수명사가 전연결어로 올 경우 그 전연결어에 붙는 쌍수 표식 접미어 نِ 이 탈락된다.

(1) 주격일 때

남성 쌍수

한 학생의 두 책은	كِتَابَانِ طَالِبٍ (×)	كِتَابَا طَالِبٍ (O)
그 회사의 두 사장(디렉터)은	مُدِيرَانِ الشَّرِكَةِ (×)	مُدِيرَا الشَّرِكَةِ (O)

여성 쌍수

한 교사의 두 자동차는	سَيَّارَتَانِ مُدَرِّسٍ (×)	سَيَّارَتَا مُدَرِّسٍ (O)
그 두 여자 과학교사는	مُدَرِّسَتَانِ الْعُلُومِ (×)	مُدَرِّسَتَا الْعُلُومِ (O)

→위의 예들에서 전연결어 어미에 붙어 있는 쌍수 표식 접미어인 نِ 을 탈락시킴을 명심하자.

(2) 목적격일 때

아래의 예들은 문장에서 목적어로 사용되어 목적격을 취할 경우의 변화 모습이다.

남성 쌍수

한 학생의 두 책을	كِتَابَيْنِ طَالِبٍ (×)	كِتَابَيْ طَالِبٍ (O)
그 회사의 두 사장(디렉터)을	مُدِيرَيْنِ الشَّرِكَةِ (×)	مُدِيرَي الشَّرِكَةِ (O) *

→위의 مُدِيرَي الشَّرِكَةِ 에서 원래는 مُدِيرَيْ 가 되어야 하지만 그 뒤의 الشَّرِكَةِ 의 لـ 에 수쿤이 있기에 수쿤 두 개가 연이어 오게 되어 ي 에 카스라가 붙은 것이다. * 표가 붙은 다음 문장들에서도 마찬가지 경우이다.

여성 쌍수

한 교사의 두 자동차를	سَيَّارَتَيْنِ مُدَرِّسٍ (×)	سَيَّارَتَيْ مُدَرِّسٍ (O)
그 두 여자 과학교사를	مُدَرِّسَتَيْنِ الْعُلُومِ (×)	مُدَرِّسَتَيْ الْعُلُومِ (O) *

(3) 소유격일 때

아래의 예들은 문장에서 전치사 مِنْ 이 사용되어 소유격을 취할 경우의 변화 모습이다.

남성 쌍수

한 학생의 두 책으로부터	مِنْ كِتَابَيْنِ طَالِبٍ (×)	مِنْ كِتَابَيْ طَالِبٍ (O)
그 회사의 두 사장(디렉터)으로부터	مِنْ مُدِيرَيْنِ الشَّرِكَةِ (×)	مِنْ مُدِيرَي الشَّرِكَةِ (O) *

여성 쌍수

한 교사의 두 자동차로부터	مِنْ سَيَّارَتَيْنِ مُدَرِّسٍ (×)	مِنْ سَيَّارَتَيْ مُدَرِّسٍ (o)	
그 두 여자 과학교사로부터	مِنْ مُدَرِّسَتَيْنِ الْعُلُومِ (×)	مِنْ مُدَرِّسَتَيِ الْعُلُومِ (o) *	

2) 전연결어에 규칙변화 남성 복수명사가 올 경우

규칙변화 남성 복수명사가 전연결어로 올 경우 그 전연결어에 붙는 규칙변화 남성 복수 표식 접미어 ن이 탈락된다.

(1) 주격일 때

한 회사의 직원들은	مُوَظَّفُونَ شَرِكَةٍ (×)	مُوَظَّفُو شَرِكَةٍ (o)
그 과학교사들은	مُدَرِّسُونَ الْعُلُومِ (×)	مُدَرِّسُو الْعُلُومِ (o)

(2) 목적격일 때

아래의 예들은 문장에서 목적어로 사용되어 목적격을 취할 경우의 변화 모습이다.

한 회사의 직원들을	مُوَظَّفِينَ شَرِكَةٍ (×)	مُوَظَّفِي شَرِكَةٍ (o)
그 과학교사들을	مُدَرِّسِينَ الْعُلُومِ (×)	مُدَرِّسِي الْعُلُومِ (o)

(3) 소유격일 때

아래의 예들은 문장에서 전치사 مِنْ이 사용되어 소유격을 취할 경우의 변화 모습이다.

한 회사의 직원들로부터	مِنْ مُوَظَّفِينَ شَرِكَةٍ (×)	مِنْ مُوَظَّفِي شَرِكَةٍ (o)
그 과학교사들로부터	مِنْ مُدَرِّسِينَ الْعُلُومِ (×)	مِنْ مُدَرِّسِي الْعُلُومِ (o)

** 규칙변화 여성 복수명사의 경우

위의 경우들은 전연결어에 규칙변화 남성 복수명사가 오는 경우들이었다. 다음과 같이 전연결어에 규칙변화 여성 복수명사가 올 경우 탈락되는 자음이 없다.

한 회사의 여자직원들은	مُوَظَّفَاتُ شَرِكَةٍ (o)	한 학교의 여자 교사들은	مُدَرِّسَاتُ مَدْرَسَةٍ (o)
그 대학의 여학생들은	طَالِبَاتُ الْجَامِعَةِ (o)	그 공장의 여자 기술자들은	مُهَنْدِسَاتُ الْمَصْنَعِ (o)

** 후연결어에 쌍수나 복수명사가 올 경우

아래와 같이 후연결어에 쌍수나 복수명사가 올 경우도 탈락되는 자음이 없다.

후연결어가 쌍수명사		후연결어가 복수명사	
두 소녀의 그림 (예: 두 소녀가 한 그림을 그렸을 경우 등)	صُورَةُ صَبِيَّتَيْنِ (o)	교사들의 책(예: 다수의 교사들이 한 책을 저술했을 경우 등)	كِتَابُ مُدَرِّسِينَ (o)
그 두 학생의 펜	قَلَمُ الطَّالِبَيْنِ (o)	그 직원들의 자동차	سَيَّارَةُ الْمُوَظَّفِينَ (o)

3) 문장에서의 예

아래는 쌍수명사나 규칙변화 남성 복수명사가 전연결어로 사용되는 구절이 문장에서 실제로 사용된 경우이다.

(1) 주격일때

a. 남성 쌍수

	틀린 표기 (×)	맞는 표기 (O)
그 학교의 두 남자교사는 똑똑하다.	مُدَرِّسَانِ الْمَدْرَسَةِ ذَكِيَّانِ.	مُدَرِّسَا الْمَدْرَسَةِ ذَكِيَّانِ.
그 두 과학책은 유용하다.	كِتَابَانِ الْعُلُومِ مُفِيدَانِ.	كِتَابَا الْعُلُومِ مُفِيدَانِ.
그 회사의 두 사장(디렉터)은 일한다.	مُدِيرَانِ الشَّرِكَةِ يَعْمَلَانِ.	مُدِيرَا الشَّرِكَةِ يَعْمَلَانِ.[1]

b. 여성 쌍수

	틀린 표기 (×)	맞는 표기 (O)
그 학교의 두 여자교사는 똑똑하다.	مُدَرِّسَتَانِ الْمَدْرَسَةِ ذَكِيَّتَانِ.	مُدَرِّسَتَا الْمَدْرَسَةِ ذَكِيَّتَانِ.
그 두 구급차는 비싸다.	سَيَّارَتَانِ الْإِسْعَافِ غَالِيَتَانِ.	سَيَّارَتَا الْإِسْعَافِ غَالِيَتَانِ.
그 회사의 두 여자 사장(디렉터)은 일한다.	مُدِيرَتَانِ الشَّرِكَةِ تَعْمَلَانِ.	مُدِيرَتَا الشَّرِكَةِ تَعْمَلَانِ.

c. 규칙변화 남성 복수

	틀린 표기 (×)	맞는 표기 (O)
그 학교의 교사들은 똑똑하다.	مُدَرِّسُونَ الْمَدْرَسَةِ أَذْكِيَاءُ.	مُدَرِّسُو الْمَدْرَسَةِ أَذْكِيَاءُ.[2]
그 자동차들의 운전수들은 기술이 좋다.	سَائِقُونَ السَّيَّارَاتِ مَاهِرُونَ.	سَائِقُو السَّيَّارَاتِ مَاهِرُونَ.
그 회사의 사장(디렉터)들은 일한다.	مُدِيرُونَ الشَّرِكَةِ يَعْمَلُونَ.	مُدِيرُو الشَّرِكَةِ يَعْمَلُونَ.

---

[1] عَمِلَ/ يَعْمَلُ هـ – عَمَلٌ ; 일하다 ; 행하다

[2] ذَكِيٌّ/ أَذْكِيَاءُ 총명한, 머리가 좋은

(2) 목적격일 때

아래 문장들은 연결형 조합이 목적어로 사용되어 목적격이 붙은 경우들이다.

a. 남성 쌍수

	틀린 표기 (×)	맞는 표기 (O)
우리는 그 두 과학책을 공부했다.	دَرَسْنَا كِتَابَيْنِ الْعُلُومِ.	دَرَسْنَا كِتَابَيِ الْعُلُومِ.
그는 그 저자의 두 논설을 읽었다.	قَرَأَ مَقَالَيْنِ الْكَاتِبِ.	قَرَأَ مَقَالَيِ[1] الْكَاتِبِ.
나는 그 회사의 두 사장(디렉터)을 보았다.	رَأَيْتُ مُدِيرَيْنِ الشَّرِكَةِ.	رَأَيْتُ مُدِيرَيِ الشَّرِكَةِ.

b. 여성 쌍수

	틀린 표기 (×)	맞는 표기 (O)
그는 두 사랑 이야기를 읽었다.	قَرَأَ قِصَّتَيْنِ حُبٍّ.	قَرَأَ قِصَّتَيْ حُبٍّ.
우리는 2인분 저녁 식사를 했다.	أَكَلْنَا وَجْبَتَيْنِ عَشَاءٍ.	أَكَلْنَا وَجْبَتَيْ[2] عَشَاءٍ.
나는 그 두 구급차를 보았다.	رَأَيْتُ سَيَّارَتَيْنِ الْإِسْعَافِ.	رَأَيْتُ سَيَّارَتَيِ الْإِسْعَافِ.
나는 그 두 여대생을 보았다.	رَأَيْتُ طَالِبَتَيْنِ الْجَامِعَةِ.	رَأَيْتُ طَالِبَتَيِ الْجَامِعَةِ.

c. 규칙변화 남성 복수

	틀린 표기 (×)	맞는 표기 (O)
우리는 그 회사의 종업원들을 보았다.	رَأَيْنَا مُوَظَّفِينَ الشَّرِكَةِ.	رَأَيْنَا مُوَظَّفِي الشَّرِكَةِ.
나는 그 수학 교사들에게 말했다.	كَلَّمْتُ مُدَرِّسِينَ الرِّيَاضِيَّاتِ.	كَلَّمْتُ مُدَرِّسِي الرِّيَاضِيَّاتِ.
그는 그 공장의 기술자(engineer)들을 방문했다.	زَارَ مُهَنْدِسِينَ الْمَصْنَعِ.	زَارَ مُهَنْدِسِي الْمَصْنَعِ.

---

[1] مَقَالٌ/ ـاتٌ 논문, 논단 ; 기사

[2] وَجْبَةٌ/ وَجَبَاتٌ 끼니, 한끼 식사(meal)

(3) 소유격일 때
아래 문장들은 연결형 조합이 문장의 소유격 명사 자리에 와서 소유격이 붙은 경우들이다.

a. 남성 쌍수

	틀린 표기 (X)	맞는 표기 (O)
나는 한 학생의 두 펜으로 그 글자를 기록했다.	كَتَبْتُ الْكَلِمَةَ بِقَلَمَيْنِ طَالِبٍ.	كَتَبْتُ الْكَلِمَةَ بِقَلَمَيْ طَالِبٍ.
그는 그 소식을 그 회사의 두 사장(디렉터)으로부터 들었다.	سَمِعَ الْخَبَرَ مِنْ مُدِيرَيْنِ الشَّرِكَةِ.	سَمِعَ الْخَبَرَ مِنْ مُدِيرَيِ الشَّرِكَةِ.
우리는 그 두 문법 책에 대해서 물었다.	سَأَلْنَا عَنْ كِتَابَيْنِ الْقَوَاعِدِ.	سَأَلْنَا عَنْ كِتَابَيِ الْقَوَاعِدِ.[1]
나는 그 두 파일럿과 인사를 나누었다.	سَلَّمْتُ عَلَى قَائِدَيْنِ الطَّائِرَةِ.	سَلَّمْتُ عَلَى قَائِدَيِ الطَّائِرَةِ.

b. 여성 쌍수

	틀린 표기 (X)	맞는 표기 (O)
나는 그 두 여자 문법 교사와 인사했다.	سَلَّمْتُ عَلَى مُدَرِّسَتَيْنِ الْقَوَاعِدِ.	سَلَّمْتُ عَلَى مُدَرِّسَتَيِ الْقَوَاعِدِ.
그는 그 회사의 두 여자 디렉터로 부터 그 소식을 들었다.	سَمِعَ الْخَبَرَ مِنْ مُدِيرَتَيْنِ الشَّرِكَةِ.	سَمِعَ الْخَبَرَ مِنْ مُدِيرَتَيِ الشَّرِكَةِ.
우리는 그 클럽의 두 여자 선수에 대해서 물었다.	سَأَلْنَا عَنْ لَاعِبَتَيْنِ النَّادِي.	سَأَلْنَا عَنْ لَاعِبَتَيِ النَّادِي.
나는 그 두 여자 파일럿과 인사를 나누었다.	سَلَّمْتُ عَلَى قَائِدَتَيْنِ الطَّائِرَةِ.	سَلَّمْتُ عَلَى قَائِدَتَيِ الطَّائِرَةِ.

c. 규칙변화 남성 복수

	틀린 표기 (X)	맞는 표기 (O)
나는 그 수학교사들에 대해서 들었다.	سَمِعْتُ عَنْ مُدَرِّسِينَ الرِّيَاضِيَّاتِ.	سَمِعْتُ عَنْ مُدَرِّسِي الرِّيَاضِيَّاتِ.
우리는 그 프로젝트의 기술자들과 인사했다.	سَلَّمْنَا عَلَى مُهَنْدِسِينَ الْمَشْرُوعِ.	سَلَّمْنَا عَلَى مُهَنْدِسِي الْمَشْرُوعِ.
나는 그 클럽의 선수들에게 전화했다.	اتَّصَلْتُ بِلَاعِبِينَ النَّادِي.	اتَّصَلْتُ بِلَاعِبِي النَّادِي.
나는 그 회사의 직원들에 대해 물었다.	سَأَلْتُ عَنْ مُوَظَّفِينَ الشَّرِكَةِ.	سَأَلْتُ عَنْ مُوَظَّفِي الشَّرِكَةِ.

---

[1] قَاعِدَةٌ/قَوَاعِدُ 문법, 어법   قَوَاعِدُ اللُّغَةِ 기지, 근거지 ; 규칙, 규정, 원칙

6. 연결형의 격변화에서 주의할 점 Ⅱ - 후연결어에 1인칭 단수 소유격 접미 인칭대명사 'ي'가 올 경우

연결형으로 사용된 명사의 후연결어로 1인칭 단수 소유격 접미 인칭대명사 'ي'(يَاء الْمُتَكَلِّمْ)가 사용될 경우 주의해야 할 부분이 있다. (아랍어 문법에서 이를 الْمُضَافُ إِلَى يَاء الْمُتَكَلِّم 이라 한다.) 그것은 전연결어로 막수르 명사가 올 경우, 만꾸스 명사가 올 경우, 쌍수명사가 올 경우, 남성 규칙 복수명사가 올 경우 소유격 접미 인칭대명사 'ي'(يَاء الْمُتَكَلِّمْ)의 결합 형태가 약간씩 달라지는 부분이 있기 때문이다. 이 내용은 이 책 '인칭대명사'의 '접미 인칭대명사'를 공부한 뒤에 공부하자.

1) 전연결어가 단수명사일 경우

(1) '일반적인 단수명사 + ي' 인 경우

의미	주격 (مَرْفُوع)	목적격 (مَنْصُوب)	소유격 (مَجْرُور)
나의 책	ـي + كِتَابٌ	ـي + كِتَابًا	ـي + كِتَابٍ
	كِتَابِي		
나의 시계	ـي + سَاعَةٌ	ـي + سَاعَةً	ـي + سَاعَةٍ
	سَاعَتِي		

(2) '막수르 명사(الاسْمُ الْمَقْصُور) + ي' 인 경우

막수르 명사 뒤에 접미 인칭대명사가 오면 알리프 막수라 ى 는 ا으로 바뀐다.

의미	주격 (مَرْفُوع)	목적격 (مَنْصُوب)	소유격 (مَجْرُور)
나의 건물	ـي + مَبْنًى	ـي + مَبْنًى	ـي + مَبْنًى
	مَبْنَايَ		
나의 지팡이	ـي + عَصًا	ـي + عَصًا	ـي + عَصًا
	عَصَايَ		

(3) '만꾸스 명사(الاسْمُ الْمَنْقُوص) + ي' 인 경우

만꾸스 명사 뒤에 접미 인칭대명사가 올 경우 연결형 구조가 되기에 어근의 마지막 자음 ي가 살아난다. 여기에 접미 인칭대명사 ي가 붙기에 ي가 중복되게 되고 따라서 يّ 가 된다.

의미	주격 (مَرْفُوع)	목적격 (مَنْصُوب)	소유격 (مَجْرُور)
나의 변호사	ـي + مُحَامٍ	ـي + مُحَامِيًا	ـي + مُحَامٍ
	مُحَامِيَّ		
나의 가수	ـي + مُغَنٍّ	ـي + مُغَنِّيًا	ـي + مُغَنٍّ
	مُغَنِّيَّ		

문장에서의 예
주격 (مَرْفُوعٌ) 자리에서

이것은 나의 책이다.	هَذَا كِتَابِي.
나의 시계는 비싸다.	سَاعَتِي غَالِيَةٌ.
나의 지팡이는 길다.	عَصَايَ طَوِيلَةٌ.
나의 변호사는 매우 영리하다.	مُحَامِيَّ مَاهِرٌ جِدًّا.

목적격 (مَنْصُوبٌ) 자리에서

나는 나의 책을 읽었다.	قَرَأْتُ كِتَابِي.
나는 나의 변호사와 이야기했다.	كَلَّمْتُ مُحَامِيَّ.

소유격 (مَجْرُورٌ) 자리에서

나는 나의 시계를 처다보았다.	نَظَرْتُ إِلَى سَاعَتِي.
나의 건물에서 한 모임이 있다.	هُنَاكَ اجْتِمَاعٌ فِي مَبْنَايَ.

2) 전연결어가 쌍수명사일 경우

전연결어에 쌍수명사가 오고 후연결어에 1인칭 단수 접미 인칭대명사 'ي (يَاءُ الْمُتَكَلِّم)'가 올 경우 그 변화에 주의할 필요가 있다. 즉 전연결어로 사용된 단어의 쌍수명사 접미어 ن 이 탈락한다.

(1) '일반적인 쌍수명사 + ي' 인 경우
일반적인 쌍수명사 뒤에 1인칭 단수 접미 인칭대명사 'ي'가 오는 경우

의미	주격 (مَرْفُوعٌ)	목적격 (مَنْصُوبٌ) & 소유격 (مَجْرُورٌ)
나의 두 선생님	مُدَرِّسَانِ + ي	مُدَرِّسَيْنِ + ي
	مُدَرِّسَايَ	مُدَرِّسَيَّ
나의 두 손	يَدَانِ + ي	يَدَيْنِ + ي
	يَدَايَ	يَدَيَّ

→ 주격의 경우 전연결어에 붙는 ن 이 탈락하였고, 목적격과 소유격의 경우 전연결어에 붙는 ن 이 탈락하고 난 뒤 ي 가 두 개 이어서 오게되므로 샷다가 붙은 ي 의 형태가 되었다.

(2) 'ي + (الاسْمُ الْمَقْصُورُ)' 인 경우

막수르 명사(الاسْمُ الْمَقْصُورُ)의 쌍수 뒤에 1인칭 단수 접미 인칭대명사 'ي'가 오는 경우

의미	주격 (مَرْفُوعٌ)	목적격 (مَنْصُوبٌ) & 소유격 (مَجْرُورٌ)
나의 두 건물	ي ‌ + مَبْنَيَانِ	ي ‌ + مَبْنَيَيْنِ
	مَبْنَيَايَ	مَبْنَيَّ
나의 두 젊은이	ي ‌ + فَتَيَانِ	ي ‌ + فَتَيَيْنِ
	فَتَيَايَ	فَتَيَّ

(3) 'ي + (الاسْمُ الْمَنْقُوصُ)' 인 경우

만꾸스 명사(الاسْمُ الْمَنْقُوصُ)의 쌍수 뒤에 1인칭 단수 접미 인칭대명사 'ي'가 올 경우

의미	주격 (مَرْفُوعٌ)	목적격 (مَنْصُوبٌ) & 소유격 (مَجْرُورٌ)
나의 두 변호사	ي ‌ + مُحَامِيَانِ	ي ‌ + مُحَامِيَيْنِ
	مُحَامِيَايَ	مُحَامِيَّ
나의 두 판사	ي ‌ + قَاضِيَانِ	ي ‌ + قَاضِيَيْنِ
	قَاضِيَايَ	قَاضِيَّ

문장에서의 예
주격 (مَرْفُوعٌ) 자리에서

나의 두 친구는 학생이다. (ي + صَدِيقَانِ)	صَدِيقَايَ طَالِبَانِ.
나의 두 자동차는 비싸다. (ي + سَيَّارَتَانِ)	سَيَّارَتَايَ غَالِيَتَانِ.
나의 두 손은 깨끗하다. (ي + يَدَانِ)	يَدَايَ نَظِيفَتَانِ.
나의 두 건물은 높다. (ي + مَبْنَيَانِ)	مَبْنَيَايَ مُرْتَفِعَانِ.
나의 두 변호사는 영리하다. (ي + مُحَامِيَانِ)	مُحَامِيَايَ مَاهِرَانِ.

목적격 (مَنْصُوبٌ) 자리에서

나는 나의 두 손을 들어올렸다. (ي + يَدَيْنِ)	رَفَعْتُ يَدَيَّ.
나는 나의 두 여자 동료에게 그 시험에 대해서 물었다. (ي + زَمِيلَتَيْنِ)	سَأَلْتُ زَمِيلَتَيَّ عَنِ الِامْتِحَانِ.
나는 나의 두 변호사와 이야기했다. (ي + مُحَامِيَيْنِ)	كَلَّمْتُ مُحَامِيَّ.

소유격(مَجْرُور) 자리에서

나는 두 새로운 펜으로 글을 적었다. (قَلَمَيْن + ي)	أَكْتُبُ بِقَلَمَيَّ الْجَدِيدَيْنِ.
나는 나의 두 친구와 함께 여행을 떠났다. (صَدِيقَيْن + ي)	سَافَرْتُ مَعَ صَدِيقَيَّ.
나는 나의 두 아들에게 학교에 갈 것을 요청했다. (وَلَدَيْن + ي)	طَلَبْتُ مِنْ وَلَدَيَّ الذَّهَابَ إِلَى الْمَدْرَسَةِ.
나는 나의 두 지팡이로 걷는다. (막수르 명사) (عَصَوَيْن + ي)	أَمْشِي بِعَصَوَيَّ.

3) 전연결어가 남성 규칙 복수명사일 경우

전연결어에 남성 규칙 복수명사(جَمْعُ الْمُذَكَّرِ السَّالِمُ)가 오고 후연결어에 1인칭 단수 접미 인칭대명사 ي(يَاءُ الْمُتَكَلِّم)가 붙을 경우 그 변화에 불규칙적인 요소가 있다. 즉 '남성 규칙 복수명사 + ي' 가 주격으로 사용될 경우 규칙복수 표지기호인 و 가 ي 로 바뀌고 그 앞의 모음부호인 담마가 카스라로 바뀐다. 그러나 목적격과 소유격으로 사용될 경우는 쌍수에서의 경우와 비슷하다.

(1) '일반 남성 규칙 복수명사 + ي' 인 경우

이와같이 '남성 규칙 복수명사 + ي'는 주격 자리 혹은 목적격 자리 혹은 소유격 자리에 그 형태가 같다.

의미	주격 (مَرْفُوع)	목적격 (مَنْصُوب) & 소유격 (مَجْرُور)
나의 선생님들	مُدَرِّسُونَ + ي (مُدَرِّسُويَ ×)	مُدَرِّسِينَ + ي
	مُدَرِّسِيَّ	
나의 도우미들	مُسَاعِدُونَ + ي (مُسَاعِدُويَ ×)	مُسَاعِدِينَ + ي
	مُسَاعِدِيَّ	

(2) '막수르 명사 (الاسْمُ الْمَقْصُور) + ي' 의 경우

막수르 명사(الاسْمُ الْمَقْصُور) 가운데 남성 규칙 복수 형태를 취하는 예가 مُصْطَفَى 란 단어이다. 이 단어의 경우 남성 규칙 복수 주격 어미의 و 와 목적격과 소유격 어미의 ي 위에 수쿤을 취하는 것이 특징이다. 이 단어의 변화를 확인하자.

의미	주격 (مَرْفُوع)	목적격 (مَنْصُوب) & 소유격 (مَجْرُور)
나의 선택된 사람들	مُصْطَفَوْنَ + ي (مُصْطَفَوْيَ×)	مُصْطَفَيْنَ + ي
	مُصْطَفَيَّ	

(3) '만꾸스 명사(الاسْمُ الْمَنْقُوصُ) + ي' 의 경우

만꾸스 명사(الاسْمُ الْمَنْقُوصُ) 가운데 남성 규칙복수 형태를 취하는 단어들의 예를 보자.

의미	주격(مَرْفُوعٌ)	목적격(مَنْصُوبٌ) & 소유격(مَجْرُورٌ)
나의 변호사들	مُحَامُونَ + ـي (مُحَامُويَ ×)	مُحَامِينَ + ـي
	مُحَامِيَّ	
나의 가수들	مُغَنُّونَ + ـي (مُغَنُّويَ ×)	مُغَنِّينَ + ـي
	مُغَنِّيَّ	

문장에서의 예

주격(مَرْفُوعٌ) 자리에서

'남성 규칙 복수명사 + ي' 가 주격으로 사용될 경우 규칙복수 표지기호인 و 가 ي 로 바뀌고 그 앞의 모음부호인 담마가 카스라로 바뀐다.

나의 선생님들은 똑똑하다. (مُدَرِّسُونَ + ي)	مُدَرِّسِيَّ أَذْكِيَاءُ. (مُدَرِّسُويَ ×)
나의 변호사들은 천재들이다. (عَبْقَرِيّ/عَبَاقِرَة)(مُحَامُونَ + ي)	مُحَامِيَّ عَبَاقِرَة. (مُحَامُويَ ×)
나의 도우미들은 열심히 일을 한다. (مُسَاعِدُونَ + ي)	مُسَاعِدِيَّ يَعْمَلُونَ بِاجْتِهَادٍ. (مُسَاعِدُويَ ×)
나의 직원들은 일찍 출근한다. (مُوَظَّفُونَ + ي)	يَحْضُرُ مُوَظَّفِيَّ مُبَكِّرًا. (مُوَظَّفُويَ ×)

목적격(مَنْصُوبٌ) 자리에서

전연결어에 붙는 ن 이 탈락하고 난 뒤 ي 가 두 개 이어서 오게되므로 샷다가 붙은 يّ 의 형태가 된다. 이 때 يّ 바로 앞 모음은 원래의 규칙 복수명사에 있었던 카스라가 그대로 남는 것을 확인하라.

나는 나의 선생님들에게 감사했다. (مُعَلِّمِينَ + ي)	شَكَرْتُ مُعَلِّمِيَّ.
나는 나의 운전수들을 보았다. (سَائِقِينَ + ي)	رَأَيْتُ سَائِقِيَّ.[1]
나는 나의 변호사들과 이야기했다. (مُحَامِينَ + ي)	كَلَّمْتُ مُحَامِيَّ.

소유격(مَجْرُورٌ) 자리에서

나는 나의 직원들과 인사했다. (مُوَظَّفِينَ + ي)	سَلَّمْتُ عَلَى مُوَظَّفِيَّ.
나는 나의 선생님들에 대해 기뻐한다. (مُدَرِّسِينَ + ي)	سَعِدْتُ بِمُدَرِّسِيَّ.
나는 나의 선택된 사람들을 환영했다. (مُصْطَفَيْنَ + ي)	رَحَّبْتُ بِمُصْطَفَيَّ.

---

[1] سَائِقٌ/ سَائِقُون أَوْ سُوَّاقٌ أَوْ سَاقَةٌ 운전수

4) 전연결어가 불규칙 복수명사일 경우

(1) '일반 불규칙 복수명사 + ي' 인 경우
이 경우는 'ي'가 일반적인 단수명사와 결합하는 경우와 동일하다.

의미	주격 (مَرْفُوعٌ)	목적격 (مَنْصُوبٌ)	소유격 (مَجْرُورٌ)
나의 책들	كُتُبٌ + ي	كُتُبًا + ي	كُتُبٍ + ي
	كُتُبِي		
나의 사진들	صُوَرٌ + ي	صُوَرًا + ي	صُوَرٍ + ي
	صُوَرِي		

(2) '막수르 명사(الاِسْمُ الْمَقْصُورُ) + ي' 의 경우

의미	주격 (مَرْفُوعٌ)	목적격 (مَنْصُوبٌ)	소유격 (مَجْرُورٌ)
나의 걸음(step)들	خُطًى + ي	خُطًى + ي	خُطًى + ي
	خُطَايَ		
나의 선물들	هَدَايَا + ي	هَدَايَا + ي	هَدَايَا + ي
	هَدَايَايَ		

(3) '만꾸스 명사(الاِسْمُ الْمَنْقُوصُ) + ي' 의 경우

의미	주격 (مَرْفُوعٌ)	목적격 (مَنْصُوبٌ)	소유격 (مَجْرُورٌ)
나의 노래들	أَغَانٍ + ي	أَغَانِيَ + ي	أَغَانٍ + ي
	أَغَانِيَّ		
나의 걸상들	كَرَاسٍ + ي	كَرَاسِيَ + ي	كَرَاسٍ + ي
	كَرَاسِيَّ		

문장에서의 예들
주격(مَرْفُوعٌ) 자리에서

이것은 나의 책들이다.	هَذِهِ كُتُبِي.
나의 그림들은 아름답다.	صُوَرِي جَمِيلَةٌ.
나의 선물들은 많다. (막수르 명사)	هَدَايَايَ كَثِيرَةٌ.
나의 노래들은 유명하다. (만꾸스 명사)	أَغَانِيَّ مَشْهُورَةٌ.

목적격(مَنْصُوب)과 소유격(مَجْرُور) 자리에서

나는 나의 그림들을 그렸다.	رَسَمْتُ صُوَرِي.
그는 나의 노래들을 좋아한다.	يُحِبُّ أَغَانِيَّ.
나의 주님! 나의 길들을 인도하소서.	يَا رَبِّي، قُدْ[1] خُطَايَ.
나의 죄들을 용서해 주세요.	اِغْفِرْ خَطَايَايَ[2].

5) 전연결어가 여성 규칙 복수명사일 경우

여성 규칙 복수명사에는 막수르 명사와 만꾸스 명사가 없다. 따라서 불규칙적인 요소가 없고 일반적인 변화를 한다.

의미	주격(مَرْفُوع)	목적격(مَنْصُوب) & 소유격(مَجْرُور)
나의 여자 학생들	طَالِبَاتٌ + ي	طَالِبَاتٍ + ي
	طَالِبَاتِي	
나의 시계들	سَاعَاتٌ + ي	سَاعَاتٍ + ي
	سَاعَاتِي	

문장에서의 예들
주격(مَرْفُوع) 자리에서

나의 여학생들은 똑똑하다.	طَالِبَاتِي ذَكِيَّاتٌ.
이것들은 내 시계들이다.	هَذِهِ سَاعَاتِي.

목적격(مَنْصُوب)과 소유격(مَجْرُور) 자리에서

나는 나의 여선생님들과 이야기했다.	كَلَّمْتُ مُدَرِّسَاتِي.
나는 나의 직원들과 인사했다.	سَلَّمْتُ عَلَى مُوَظَّفَاتِي.

---

[1] قَادَ/ يَقُودُ ه أَوْ هـ - قِيَادَةً، قَوْدٌ ..을 인도하다 ; 운전하다
[2] خَطِيئَةٌ/ خَطَايَا 죄

제13과 명사 격변화의 예외적 규칙 I

심화학습 – 격변화 단어와 불격변화 단어
1. 막수르 명사(الاسْمُ الْمَقْصُورُ)
2. 만꾸스 명사(الاسْمُ الْمَنْقُوصِ)
3. 맘두드 명사(الاسْمُ الْمَمْدُودُ)

제 13 과와 제 14 과는 제 11 과에서 배운 명사의 격변화의 예외에 해당되는 내용으로 난이도가 있다. 입문자의 경우 어려울 수 있으므로 나중에 공부하는 것도 가능하다. 중요한 내용이므로 꼭 익혀두도록 하자.

심화학습 - 격변화(الْمُعْرَبُ) 단어와 불격변화(الْمَبْنِيُّ) 단어

모든 아랍어 단어는 격변화를 하는 '격변화 단어(الْمُعْرَبُ)'와 격변화를 하지 않는 '불격변화 단어(الْمَبْنِيُّ)'로 구분된다. '격변화 단어'는 문장에서 사용되는 기능에 따라 어미 모음 혹은 어미 자음에 변화가 있는 단어를 말하며, '불격변화 단어'는 격변화가 없거나 표기되지 않는 단어로서 어미 모음이나 자음에 변화가 없는 단어이다. 격변화 단어는 명사 대부분과 미완료형 동사들이고, 불격변화 단어는 불변사들과 완료형 동사들 그리고 미완료형 동사의 أَنْتُنَّ 와 هُنَّ 에 해당되는 동사들 그리고 일부 명사들이다.

한편 격변화 하는 명사들을 구분하면 비한정 형태에 탄윈을 붙이는 명사(مَصْرُوفٌ)와 비한정 형태에 탄윈을 붙이지 않는 명사(مَمْنُوعٌ مِنَ الصَّرْفِ 2격 명사)로 구분할 수 있다. 전자의 경우 일반 보통명사와 막수르 명사, 만꾸스 명사, 맘두드 명사로 구분할 수 있다. 후자의 경우를 흔히 '2격 명사'라 한다.

단어의 구분			설명
격변화(الْمُعْرَبُ) 단어	명사(الاسْمُ)	비한정 형태에 탄윈을 붙이는 명사(مَصْرُوفٌ)	일반 보통명사	주격(مَرْفُوعٌ)과 목적격(مَنْصُوبٌ)과 소유격(مَجْرُورٌ)으로 격변화하며 그 격변화 기호가 각각 담마, 파트하, 카스라인 명사들. 대부분의 명사들이 여기에 속함
			막수르 명사 (الاسْمُ الْمَقْصُورُ)	단어의 끝 철자가 'ى' 혹은 'ا'인 명사들. 주격과 목적격과 소유격으로 격변화를 하지만 그 격변화가 표기되지 않으며, 단지 격변화하는 것으로 추정함. (مُقَدَّرَةٌ) 막수르 명사 가운데 일부는 2격 명사이다.
			만꾸스 명사 (الاسْمُ الْمَنْقُوصُ)	한정형태의 끝 철자가 중복자음(غَيْرُ مُشَدَّدَةٍ) 없는 'ي'로 끝나는 명사들. 주격과 소유격에서 그 격변화가 표기되지 않고, 목적격에서만 격변화 기호가 표기됨. 주격과 소유격에서는 격변화하는 것으로 추정함. (مُقَدَّرَةٌ)
			맘두드 명사 (الاسْمُ الْمَمْدُودُ)	맨끝 자음이 'اء'로 끝나는 명사들. 목적격 탄윈이 붙을 때 'اء'뒤에 'ا'을 붙이지 않음('اءً'꼴이 됨). 맘두드 명사 가운데 일부는 2격 명사이다.
		비한정 형태에 탄윈을 붙이지 않는 명사 (غَيْرُ مَصْرُوفٍ)(مَمْنُوعٌ مِنَ الصَّرْفِ) '2격 명사'라 한다		비한정 형태에 탄윈을 붙이지 않고, 그 소유격 격변화 기호를 파트하(a)로 사용하는 단어. 소유격과 목적격의 형태가 파트하(a)로 동일하여 '2격 명사'라 하지만 실제는 주격, 목적격, 소유격 격변화를 한다.
	동사의 미완료형 (الْفِعْلُ الْمُضَارِعُ)			동사의 미완료형은 동사 앞에 온 불변사에 따라 직설법(مَرْفُوعٌ)과 접속법(مَنْصُوبٌ), 단축법(مَجْزُومٌ)의 격변화를 한다. **그러나 2인칭 여성 복수 أَنْتُنَّ 와 3인칭 여성 복수 هُنَّ에 해당되는 미완료형 동사들은 불격변화이고, 강조를 위해 미완료형 어미에 'ن'(نُونُ التَّأْكِيدِ)를 붙이는 경우도 불격변화이다.
불격변화(الْمَبْنِيُّ) 단어	불변사(الْحَرْفُ)			모든 불변사는 불격변화 단어이다.
	동사의 완료형 (الْفِعْلُ الْمَاضِي)			모든 완료형 동사는 불격변화 단어이다.
	명사 가운데 일부 (بَعْضُ الْأَسْمَاءِ)			명사 가운데 인칭대명사(الضَّمَائِرُ), 지시대명사(쌍수는 제외), 관계대명사(쌍수는 제외), 조건사(أَسْمَاءُ الشَّرْطِ), 다수의 부사(بَعْضُ الظُّرُوفِ)들은 불격변화 단어이다.

제 13 과 명사 격변화의 예외적 규칙 I

명사의 격변화는 단어가 문장에서 수행하는 기능을 표시하는 기호로서 주격과 목적격 그리고 소유격이 있다고 배웠다. 우리는 지난 제 11 과에서 이 세 격변화의 기호들이 문장에서 어떻게 표시되는지 자세히 공부하였다. 이번 과에서는 그 격변화 기호의 예외적인 내용을 공부한다. 즉 특정한 형태의 명사가 사용될 경우 이 세 가지 격변화의 기호가 달라지는데 그 내용을 공부한다.

1. 막수르 명사(الاسْمُ الْمَقْصُورُ)

명사나 형용사 단어 가운데 끝자음이 'ﻰ' 혹은 'ﺎ' 로 끝나는 것이 있는데 이런 명사를 막수르 명사라 한다. 막수르 명사에 사용된 'ﻰ'는 아랍어 알파벳의 마지막 글자 'ﻲ' 와는 구분되는 다른 자음이다. 또한 막수르 명사에 사용된 'ﺎ'는 단어의 중간에서 장모음으로 사용되는 'ﺎ' 과는 구분되는 것으로 그것이 단어의 끝자음에 오는 경우만을 막수르 명사라 한다. 이러한 막수르 명사에 사용된 두 자음 'ﻰ' 와 'ﺎ' 를 '알리프 막수라'(أَلِفٌ مَقْصُورَةٌ)라고 하며, 그 음가는 장모음 알리프 'ا + َ ' 이다. (음가가 장모음이기 때문에 아랍어 알파벳에는 존재하지 않는다.) 막수르 명사에 사용된 'ﻰ' 와 'ﺎ' 는 단어의 어근에서부터 존재하거나, 혹은 어근에서 변형된 자음이다.

아래에서 이 두 가지 막수르 명사의 예를 보자.

막수르 명사(الاسْمُ الْمَقْصُورُ)의 형태			
의미	비한정 형태	한정형태	어근
건물	مَبْنًى	الْمَبْنَى	ب - ن - ي
지팡이	عَصًا	الْعَصَا	ع - ص - و

이러한 막수르 명사 단어들은 어떤 격변화의 예외가 있을까? 일반적인 명사들은 주격과 목적격 소유격 격변화에 각각 담마, 파트하, 카스라 격변화 기호가 붙는다. 그러나 막수르 명사는 주격과 목적격 그리고 소유격에 다른 아무런 격변화 기호가 붙지 않으며, 알리프 막수라 자음('ﻰ', 'ﺎ') 바로 앞에 파트하 혹은 파트하 탄윈만 붙는다. 아래의 مَبْنًى ('건물'이란 의미)단어의 예를 보자.

막수르 명사(الاسْمُ الْمَقْصُورُ)의 격변화			
	주격 (مَرْفُوعٌ)	목적격 (مَنْصُوبٌ)	소유격 (مَجْرُورٌ)
비한정 형태	مَبْنًى	مَبْنًى	مَبْنًى
한정 형태	الْمَبْنَى	الْمَبْنَى	الْمَبْنَى

막수르 명사에 다른 격변화 모음(파트하, 담마, 카스라)이 붙지 않는 이유는 'ﻰ, 알리프 막수라' 음가가 장모음 알리프로 강하게 발음되어 다른 모음을 발음하는 것이 불가능하기 때문이다. 여기에서 이 'ﻰ'를 'أَلِفٌ مَقْصُورَةٌ'라고 부르는 이유를 살필 수 있다. 막수르 명사의 알리프 막수라가

주격과 목적격과 소유격의 격변화 모음부호를 제한시켜 모음부호의 변화를 없게 만들기에 '제한된'의 의미인 'مَقْصُور'를 사용하여 'أَلِف مَقْصُورَة'라고 하는 것이다.

한편 막수르 명사의 격변화에서 격변화 기호는 붙지 않지만 문장에서 격변화가 없는 것이 아니다. 단지 격변화가 표기되지 않을 뿐이며 격변화를 하는 것으로 추정(مُقَدَّرة)한다.

** 막수르 명사의 발음 – 막수르 명사의 음가는 장모음 알리프 'ا + َ '라고 했다. 앞의 도표에서 비한정 형태 단어의 경우 탄윈의 영향으로 탄윈을 발음해 준 뒤 그 뒤의 'ى , 알리프 막수라'는 따로 발음하지 않는다. 그러나 아래의 한정형태의 경우 'ى '를 장모음 알리프 'ا + َ '로 발음한다.

1) 막수르 명사(الاسم المقصور)의 종류

막수르 명사는 비한정 꼴에서 탄윈이 붙는 단어들과 탄윈이 붙지 않는 단어들로 나눌 수 있다. 아래의 (1)의 경우들은 비한정 꼴에서 탄윈이 붙는 단어들이고, (2)와 (3)의 경우들은 비한정 꼴에서 탄윈이 붙지 않는 단어들이다.

(1) 단어의 마지막 자음 'ى '나 'ا '이 어근에서 온 막수르 명사들 (أَلِف لازِمَة 혹은 أَلِف أَصْلِيَّة)

아래의 단어들은 그 마지막 자음에 'ى '나 'ا '이 사용되었기에 막수르 명사이다. 이 단어들에 사용된 'ى '나 'ا '은 그 단어의 어근에서부터 왔다. 즉 어근의 마지막 철자가 'ي '나 'و '인 단어들이 음운규칙에 의해 파트하 장모음으로 변화하면서 'ى '나 'ا '이 붙게 되는 경우이다. 이 경우들은 비한정 명사에서 탄윈이 붙는다. (탄윈이 붙기에 2 격 명사가 아니다.)

이와같이 'ى '나 'ا '가 원래의 어근에서 왔기에 아랍어 문법에서 이 경우의 'ى '나 'ا '를 أَلِف أَصْلِيَّة 혹은 أَلِف لازِمَة 라고 하기도 한다. 또한 'ى '를 '유연하게 구부러진다'는 의미에서 أَلِف لَيِّنَة 라 하기도 한다.

a. 단수명사의 끝자음이 'ى '인 단어들

아래의 단어들은 끝자음이 모두 'ى '로 끝나는 것들이다. 이 알리프 막수라(ى)는 각각의 단어들의 어근의 끝자음인 ي 나 و 에서 왔다. 아래의 괄호 안에 들어 있는 세 자음이 각 단어들의 어근들이다.

건물 (ب-ن-ي)	مَبْنًى	의미 (meaning)(ع-ن-ي)	مَعْنًى
병원 (ش-ف-ي)	مُسْتَشْفًى	젊은 남자, 총각 (ف-ت-و)	فَتًى
카페, 다방 (ق-ه-و)	مَقْهًى	수로(waterway)(ج-ر-ي)	مَجْرًى
내용(content)(ح-و-ي)	مُحْتَوًى	선발된, 선택된 ; 무스타파(사람 이름)(ص-ف-و)	مُصْطَفًى
바른 안내 (ه-د-ي)	هُدًى	통로 (م-ش-ي)	مَمْشًى
유흥장, 나이트 클럽 (ل-ه-و)	مَلْهًى	목장, 초원 (ر-ع-ي)	مَرْعًى
노력 (س-ع-ي)	مَسْعًى	손해, 손상 ; 상처(ا-ذ-ي)	أَذًى

→위의 단어들의 어근 끝자음 ي 나 و 는 약자음으로서 음운변화를 일으켜 ى 로 변화하였다.

b. 복수명사의 끝자음이 'ى'인 단어들

| 촌, 마을 (ق – ر – ي) | قَرْيَةٌ/ قُرًى | 한 걸음(step)(خ – ط – و) | خُطْوَةٌ/ خُطًى |

c. 단수명사의 끝자음이 ا인 단어들

| 지팡이 (ع – ص – و) | عَصًا | 목덜미 (ق – ف – و) | قَفًا |
| 만족 (ر – ض – و) | رِضًا أَوْ رِضًى | 더 높은 (ع – ل – و) | عُلًا |

(2) 단어의 마지막 자음 'ى' 나 'ا'이 어근에서 오지 않은 막수르 명사들 (لَيْسَتْ أَلِفًا أَصْلِيَّةً)

아래의 단어들은 그 마지막 자음에 'ى' 나 'ا'이 사용되었기에 막수르 명사이다. 그러나 이 마지막 자음 'ى' 나 'ا'은 그 단어의 어근에서 온 것이 아니다. 이 경우 비한정 형태에 탄윈이 붙지 않으며, **2 격 명사**(مَمْنُوعٌ مِنَ الصَّرْفِ)로 격변화를 한다. 2 격 명사에 대해서는 다음과에서 공부한다.

a. 단어의 마지막 자음이 ى 인 단어들

| 기억, 추억 (ذ – ك – ر) | ذِكْرَى | 좋은 소식 (ب – ش – ر) | بُشْرَى |
| 밀담 (ن – ج – و) | نَجْوَى | 위안, 위로 (س – ل – و) | سَلْوَى |

→ نَجْوَى 와 سَلْوَى 의 어근 마지막 자음이 و 이지만 이 و 는 ى 앞에 표기되었다. 따라서 마지막 ى 는 어근에서 온 것이 아니다.

b. 단어의 마지막 자음이 ا인 단어들

| 세계(world) (د – ن – و) | دُنْيَا | 분노, 노한 감정 (ح – م – ي) | حَمِيَّا |

→ 위의 دُنْيَا 의 어근은 د – ن – و 이고 이 어근 마지막 철자 و 가 دُنْيَا 의 ي 에 남아있다. 때문에 마지막 철자 ا 은 어근 ي 에서 온 것이 아니다.

외국어 지명들

미국	أَمْرِيكَا	시리아	سُورِيَّا
리비아	لِيبِيَّا	영국	بَرِيطَانِيَا
프랑스	فَرَنْسَا	한국	كُورِيَا

c. فَعَالَى 패턴의 불규칙 복수

사막들 (ص – ح – ر)	صَحْرَاءُ / صَحَارَى	뇌물들 (ر – ش – و)	رَشْوَةٌ / رَشَاوَى
불평들 (ش – ك – و)	شَكْوَى / شَكَاوَى	선물들 (ه – د – ى)	هَدِيَّةٌ / هَدَايَا
죄들 (خ – ط – أ)	خَطِيئَةٌ / خَطَايَا	كَتِيبَةٌ 보다 적은 군대 그룹 단위, 중대 (س – ر – ي)	سَرِيَّةٌ / سَرَايَا

→ 위 단어들의 마지막 철자 ى 와 ا 도 어근에서 온 것이 아니다.

(3) 우선급 명사(اسْمُ التَّفْضِيل, 형용사의 비교급) 혹은 여성형에서

아래와 같이 형용사의 우선급(비교급) 단어의 마지막 자음에 'ى' 이 오는 단어와 فَعْلَانُ 패턴 형용사의 여성형태가 فَعْلَى 패턴이 되는 경우도 막수르 명사이다. 이 단어들은 모두 2 격 명사(مَمْنُوعٌ مِنَ الصَّرْفِ)이다. (2 격 명사는 다음 단원에서 공부한다.)

a. 우선급 패턴(비교급 패턴)인 أَفْعَل 꼴의 마지막 철자 ' ـَ ' 자리에 ى 가 온 단어들

أَفْعَل 패턴의 명사나 أَفْعَل 패턴의 형용사 가운데 그 마지막 자음이 약자음(حَرْفُ الْعِلَّة)에서 온 경우, 혹은 여성형 형용사가 فَعْلَى 패턴을 가지고 있을 경우 그 단어는 막수르 명사이다. 이 때 أَفْعَل 패턴의 단어들은 모두 2 격 명사이다. (우선급 명사에 대해서는 이 책 '우선급 명사에 대해'에서 공부하라)

أَفْعَل 패턴의 명사

소경(blind)	أَعْمَى	다른(another)	أُخْرَى[1]

أَفْعَل 패턴의 우선급 명사(اسْمُ التَّفْضِيل, 남성 비교급 형용사)

어근 마지막 자음에 약자음(و 혹은 ي, حَرْفُ الْعِلَّة)이 있는 단어의 우선급 명사는 막수르 명사이다.

더 달콤한, 더 나은 (حَلُوٌ/ يَحْلُو - حَلَاوَةٌ)	أَحْلَى	더 총명한, 더 머리가 좋은 (ذَكِيٌّ/ يَذْكَى - ذَكَاءٌ)	أَذْكَى
더 강한, 더 힘센 (قَوِيَ/ يَقْوَى - قُوَّةٌ)	أَقْوَى	더 맑은 (نَقِيَ/ يَنْقَى - نَقَاءٌ، نَقَاوَةٌ)	أَنْقَى

فَعْلَى 패턴의 우선급 명사(اسْمُ التَّفْضِيل, 여성 비교급 형용사)

더 큰 (أَكْبَرُ의 여성형)	كُبْرَى	더 작은 (أَصْغَرُ의 여성형)	صُغْرَى
더 아름다운 (أَجْمَلُ의 여성형)	جُمْلَى	더 높은 (أَعْلَى의 여성형)	عُلْيَا

b. فَعْلَانُ 패턴 형용사의 여성형태가 فَعْلَى 패턴이 되는 경우

아래의 여성형 단어는 막수르 명사이다. 마찬가지로 2 격 명사이다.

의미	남성형	여성형	의미	남성형	여성형
목마른	عَطْشَانُ	عَطْشَى	게으른	كَسْلَانُ	كَسْلَى
배고픈	جَوْعَانُ	جَوْعَى	배부른	شَبْعَانُ	شَبْعَى
기쁜	فَرْحَانُ	فَرْحَى	화난	غَضْبَانُ	غَضْبَى
질투하는	غَيْرَانُ	غَيْرَى	피곤한	تَعْبَانُ	تَعْبَى
졸리는	نَعْسَانُ	نَعْسَى	추운	بَرْدَانُ	بَرْدَى

---

[1] آخَرُ/ أُخْرَى (f) (another) 다른, 또다른

2) 막수르 명사(الاسْمُ المَقْصُورُ)의 격변화

막수르 명사는 주격과 목적격 그리고 소유격에 다른 아무런 격변화 모음부호가 붙지 않고, 마지막 철자인 ى 와 ا 이 어근에서 온 비한정 명사의 경우 그 바로 이전 자음에 파트하 탄윈만 붙는다. 아래의 مَعْنًى ('의미'란 의미)단어의 경우를 보자.

مَعْنًى ('의미') 단어의 경우

	주격 (مَرْفُوعٌ)	목적격 (مَنْصُوبٌ)	소유격 (مَجْرُورٌ)
비한정 형태	مَعْنًى	مَعْنًى	مَعْنًى
한정 형태	الْمَعْنَى	الْمَعْنَى	الْمَعْنَى

이처럼 막수르 명사가 문장에서 사용될 때에 격에 따른 격변화 부호를 붙이지는 않지만 문장에서 주어나 목적어 혹은 소유격 명사 등의 기능은 감당하기에 격변화를 하지 않는 것이 아니라 각각의 격변화가 있는 것으로 추정(مُقَدَّرَةٌ)한다.

아래에서 مَعْنًى 단어가 문장에서 사용된 예들을 보자.

주격의 예

비한정 형태	이것은 아름다운 의미이다. (مَعْنًى 이 술어로 사용되었다.)	هَذَا مَعْنًى جَمِيلٌ.
한정 형태	그 문장의 의미는 분명하지 않다. (مَعْنَى الْجُمْلَةِ 가 주어로 사용되었다.)	مَعْنَى الْجُمْلَةِ لَيْسَ وَاضِحًا.

→ 위에서 مَعْنًى 과 مَعْنَى 가 각각 술어와 주어로 사용되었기에 모두다 주격이다. 때문에 مَعْنًى 과 مَعْنَى 의 마지막 철자 'ى'에 담마가 있는 것으로 추정한다. (الضَّمَّةُ الْمُقَدَّرَةُ)

목적격의 예

비한정 형태	그는 아름다운 의미를 말했다.	قَالَ مَعْنًى جَمِيلاً.
한정 형태	나는 그 의미를 이해했다.	فَهِمْتُ الْمَعْنَى.

→ 위에서 مَعْنًى 과 الْمَعْنَى 가 목적어로 사용되었기에 모두다 목적격이다. 때문에 مَعْنًى 과 الْمَعْنَى 의 마지막 철자 'ى'에 파트하가 있는 것으로 추정한다. (الْفَتْحَةُ الْمُقَدَّرَةُ)

소유격의 예

비한정 형태	그는 아름다운 의미를 가진 한 시를 말했다.	قَالَ شِعْرًا بِمَعْنًى جَمِيلٍ.
한정 형태	그 시 귀절의 내용은 그것의 단어들의 의미보다 더 크다.	مُحْتَوَى الْقَصِيدَةِ أَكْبَرُ مِنْ مَعْنَى كَلِمَاتِهَا.

→ 위에서 مَعْنًى 과 مَعْنَى 가 전치사 뒤에서 소유격 명사로 사용되었기에 소유격이다. 때문에 مَعْنًى 과 مَعْنَى 의 마지막 철자 'ى'에 카스라가 있는 것으로 추정한다. (الْكَسْرَةُ الْمُقَدَّرَةُ)

다른 예들

لِي ذِكْرَى حَزِينَةٌ.	나는 한 슬픈 기억을 갖고 있다. (ذِكْرَى가 주어로 사용. 술어가 주어 앞에 온 문장. 비한정 형태 주격)
ذِكْرَى الْمَاضِي بِلاَ فَائِدَةٍ.	과거를 기억하는 것은 헛된 것이다. (ذِكْرَى가 주어로 사용. 한정형태 주격)
نَسِيتُ ذِكْرَى الْمَاضِي.	나는 과거의 기억을 잊었다. (ذِكْرَى가 목적어로 사용. 목적격)
حَزِنْتُ مِنْ ذِكْرَى الْمَاضِي.	과거를 기억하고 나는 슬펐다. (ذِكْرَى가 소유격 명사로 사용. 소유격)
أَمَامَ بَيْتِي مُسْتَشْفًى كَبِيرٌ.	나의 집 앞에 큰 병원이 있다. (주어. 술어가 주어 앞에 온 문장. 비한정 형태 주격)
هذَا الْمَبْنَى يَتَكَوَّنُ مِنْ خَمْسَةِ طَوَابِقَ.[1]	이 건물은 5층으로 구성되어 있다. (주어. الْمَبْنَى가 대용어(الْبَدَل). 한정형태 주격)
فِي لِيبْيَا صَحَارَى كَثِيرَةٌ.	리비아에 많은 사막들이 있다. (لِيبْيَا와 صَحَارَى는 주격이다.)
رَأَيْتُ فَتًى وَسِيمًا.	나는 한 미남 청년을 보았다. (فَتًى은 목적어. 비한정 형태 목적격)
أَعْطَانِي أَبِي هَدَايَا غَالِيَةً.	내 아버지는 나에게 비싼 선물들을 주셨다. (هَدَايَا 목적격)
الإِسْكَنْدَرِيَّةُ مِنْ كُبْرَى مُدُنِ مِصْرَ.	알렉산드리아는 이집트의 가장 큰 도시들 가운데 하나이다. (كُبْرَى는 소유격 명사. 비한정 형태 소유격)
ذَهَبْنَا إِلَى مَلْهًى كَبِيرٍ.	우리는 한 큰 나이트 클럽에 갔다. (مَلْهًى 소유격)

---

[1] طَابِقٌ / طَوَابِقُ 층(floor)

3) 막수르 명사에서 주의할 점

(1) 막수르 명사 뒤에 접미 인칭대명사가 오는 경우

막수르 명사에 접미 인칭대명사가 붙으면 알리프 막수르 ى가 ا로 변한다. (접미 인칭대명사에 대해서는 곧 공부한다.)

막수르 명사 (اسْمٌ مَقْصُورٌ)		접미 인칭대명사가 붙은 경우	
젊은 남자, 총각	فَتًى	그의 젊은 남자	فَتَاهُ
의미	مَعْنًى	그것의 의미	مَعْنَاهَا
건물	مَبْنًى	그들의 건물	مَبْنَاهُمْ

문장에서의 예

그것의 의미는 아름답다. (주격)	مَعْنَاهَا جَمِيلٌ. (مَعْنًى + هَا)
우리의 마을들에는 많은 아기(어린이)들이 있다. (주격)	قُرَانَا[1] فِيهَا أَطْفَالٌ كَثِيرُونَ. (قُرًى + نَا)
그들은 그들의 건물들을 팔았다. (목적격)	بَاعُوا مَبْنَاهُمْ. (مَبْنًى + هُمْ)
나는 그를(그것을) 기억하고 슬펐다. (소유격)	حَزِنْتُ مِنْ ذِكْرَاهُ. (ذِكْرَى + هُ)

** 동사의 마지막 자음이 알리프 막수라 ى로 끝나는 경우도 그 뒤에 접미 인칭대명사가 올 경우 ى가 ا으로 바뀐다.

무함마드는 그것(f.)을 던졌다.	مُحَمَّدٌ رَمَاهَا. (رَمَى + هَا)
우리 주님이 당신을 보호했다.	رَبُّنَا حَمَاكَ. (حَمَى + كَ)

** 막수르 명사 뒤에 1인칭 단수 소유격 접미 인칭대명사 'ي'가 올 경우

'막수르 명사 (الاسْمُ الْمَقْصُورُ)' 뒤에 후연결어에 1인칭 단수 소유격 접미 인칭대명사 'ي'가 올 경우 알리프 막수라 ى는 ا으로 바뀌고 그 뒤에 ي를 붙인다.

의미	주격 (مَرْفُوع)	목적격 (مَنْصُوب)	소유격 (مَجْرُور)
나의 건물	مَبْنًى + ي	مَبْنًى + ي	مَبْنًى + ي
	مَبْنَايَ		
나의 지팡이	عَصًا + ي	عَصًا + ي	عَصًا + ي
	عَصَايَ		

---

[1] قَرْيَةٌ / قُرًى 마을, 부락, 농촌

(2) 수동분사가 막수르 명사인 경우의 여성 형태

수동분사(اسْمُ الْمَفْعُولِ)가 막수르 명사가 되는 단어가 있다. (*첨가동사의 끝자음이 약자음으로 끝나는 동사의 수동분사가 그렇다.) 이 단어가 여성 형태가 될 경우 알리프 막수르 ى가 ا로 변한다.

(اسْمٌ مَقْصُورٌ) 막수르 명사		막수르 명사의 여성 형태	
주어진(given ; granted)	مُعْطًى	주어진(f.)(given ; granted)	مُعْطَاةٌ
(선물로) 주어진, 선사된 (presented, donated)	مُهْدًى	(선물로) 주어진, 선사된 (f.)(presented, donated)	مُهْدَاةٌ
(모임 등이) 열려진 ; (사건 등이) 진행된	مُجْرًى	(모임 등이) 열려진 ; (사건 등이) 진행된	مُجْرَاةٌ
면제된 ; 면직된	مُعْفًى مِنْ	면제된(f.) ; 면직된(f.)	مُعْفَاةٌ مِنْ

문장에서의 예들

그 인터뷰들이 사장실에서 진행되었다. (주격, 술어)	الْمُقَابَلَاتُ مُجْرَاةٌ فِي مَكْتَبِ الْمُدِيرِ.
그 여학생은 합격한 이유로 아름다운 선물이 선사되었다. (주격, 술어) (نَجَحَ/يَنْجَحُ)	الطَّالِبَةُ مُهْدَاةٌ جَائِزَةً جَمِيلَةً لِأَنَّهَا نَجَحَتْ. *
나는 관세가 면제된 그 자동차를 쳐다보았다. (소유격, 수식어)	نَظَرْتُ إِلَى السَّيَّارَةِ الْمُعْفَاةِ مِنَ الرُّسُومِ الْجُمْرُكِيَّةِ.
우리는 그 프로젝트의 책임이 주어진 그 여자 기술자(engineer)를 만났다. (목적격, 수식어)(قَابَلَ/يُقَابِلُ)	قَابَلْنَا الْمُهَنْدِسَةَ الْمُعْطَاةَ مَسْؤُولِيَّةَ الْمَشْرُوعِ. *

→ 위의 * 예문들에 사용된 수동분사는 동사적 용법으로 사용된 것이다. 이 책 Ⅱ권 '동명사와 파생명사의 동사적 용법에 대해' 가운데 '수동분사의 동사적 용법' 부분에서 공부할 수 있다.

(3) 막수르 명사의 쌍수

a. 3 자음으로 구성된 단어의 경우 쌍수형 접미사 앞에 원래의 어근자가 살아난다.

	막수르 명사	어근	쌍수 주격	쌍수 목적격.소유격
막대기, 지팡이	عَصًا	ع - ص - و	عَصَوَانِ	عَصَوَيْنِ
목덜미	قَفًا	ق - ف - و	قَفَوَانِ	قَفَوَيْنِ

** فَتًى 의 경우는 쌍수꼴 어간에 어근 꼴이 아닌 ي도 가능하다.

	막수르 명사	어근	쌍수 주격	쌍수 목적격.소유격
젊은 남자	فَتًى	ف - ت - و	فَتَوَانِ	فَتَوَيْنِ
			فَتَيَانِ	فَتَيَيْنِ

b. 4자음 이상으로 구성된 경우 어근에 관계없이 쌍수형 접미사 앞에 ي 가 붙는다.

	막수르 명사	어근	쌍수 주격	쌍수 목적격,소유격
의미(meaning)	مَعْنًى	ع - ن - ي	مَعْنَيَانِ	مَعْنَيَيْنِ
건물	مَبْنًى	ب - ن - ي	مَبْنَيَانِ	مَبْنَيَيْنِ
병원	مُسْتَشْفًى	ش - ف - ي	مُسْتَشْفَيَانِ	مُسْتَشْفَيَيْنِ
카페, 다방	مَقْهًى	ق - ه - و	مَقْهَيَانِ	مَقْهَيَيْنِ
유흥장, 나이트 클럽	مَلْهًى	ل - ه - و	مَلْهَيَانِ	مَلْهَيَيْنِ
기억	ذِكْرَى	ذ - ك - ر	ذِكْرَيَانِ	ذِكْرَيَيْنِ
좋은 소식	بُشْرَى	ب - ش - ر	بُشْرَيَانِ	بُشْرَيَيْنِ

→ 위의 مَقْهًى 와 مَلْهًى 의 경우는 어근 끝자음이 و 인 단어의 경우이고, ذِكْرَى 와 بُشْرَى 는 단어의 마지막 자음 ى 가 어근에서 오지 않은 경우이다.

문장에서의 예들

이 지역에는 두 개의 큰 병원이 있다. (주격)	فِي هَذِهِ الْمِنْطَقَةِ مُسْتَشْفَيَانِ كَبِيرَانِ.
그 문장은 두 개의 모순되는 의미들이 있다. (주격)	الْجُمْلَةُ فِيهَا مَعْنَيَانِ مُتَنَاقِضَانِ.
나는 내 삶에서 두가지 특별한 기억을 아주 좋아한다. (목적격)	أُحِبُّ فِي حَيَاتِي ذِكْرَيَيْنِ خَاصَّتَيْنِ جِدًّا.
	أَذْهَبُ إِلَى مَقَاهٍ كَثِيرَةٍ لَكِنَّنِي أُفَضِّلُ مَقْهَيَيْنِ فَقَطْ.
나는 카페들에 자주 가지만 단지 두 카페를 선호한다. (목적격)	
그 두 집 앞에 한 공원이 있다. (소유격)	هُنَاكَ حَدِيقَةٌ عَامَّةٌ أَمَامَ الْمَبْنَيَيْنِ.
나는 그 두 소년을 위해 그 단원을 설명했다. (소유격)	شَرَحْتُ الدَّرْسَ لِلْفَتَيَيْنِ (أَوْ لِلْفَتَيَيْنِ).

(4) 규칙 변화하는 남성 복수의 경우

막수르 명사 가운데 규칙 변화하는 남성 복수는 ن 이전에 수쿤이 살아나며 목적격과 소유격의 경우 복수 접미어 ـِينَ 의 카스라가 오지 않는다.

	막수르 명사	어근	복수 주격	복수 목적격,소유격
선발된, 선택된	مُصْطَفًى	(ص - ف - و)	مُصْطَفَوْنَ	مُصْطَفَيْنَ
불평을 듣는(다른 사람으로부터)(complained of)	مُشْتَكًى مِنْ أَوْ عَلى	ش - ك - و	مُشْتَكَوْنَ مِنْ أَوْ عَلَى	مُشْتَكَيْنَ مِنْ أَوْ عَلَى
건강하게 회복된	مُعَافًى	ع - ف - و	مُعَافَوْنَ	مُعَافَيْنَ
면제된 ; 면직된	مُعْفًى مِنْ	ع - ف - و	مُعْفَوْنَ مِنْ	مُعْفَيْنَ مِنْ

문장에서의 예들

선지자들은 사람들 사이에서 선택된 사람들이다. (주격)	الأَنْبِيَاءُ مُصْطَفَوْنَ مِنْ بَيْنِ النَّاسِ.
그 건강이 회복된 사람들은 병원에서 나갔다. (주격)	خَرَجَ الْمُعَافَوْنَ مِنَ الْمُسْتَشْفَى.
나는 사람들로부터 불평을 듣는 (사람들이 불평을 하는) 그 사람들을 처벌했다. (목적격)	عَاقَبْتُ الْمُشْتَكَيْنِ مِنْهُمْ.
그 장교는 복무에서 면제된 그 사람들을 불렀다. (소유격)	نَادَى الضَّابِطُ عَلَى الْمُعْفَيْنِ مِنَ الْخِدْمَةِ.

(5) 규칙 변화하는 여성 복수의 경우

막수르 명사 가운데 규칙적으로 변화하는 여성복수 명사의 경우 앞의 쌍수의 변화 원리와 동일하다. 즉 아래와 같이 복수형 접미사 앞에 원래의 어근자가 살아난다.

	막수르 명사	어근	복수 주격	복수 목적격.소유격
병원	مُسْتَشْفَى	ش - ف - ي	مُسْتَشْفَيَاتٌ	مُسْتَشْفَيَاتٍ
안내	هُدًى	ه - د - ي	هُدَيَاتٌ	هُدَيَاتٍ
지팡이	عَصًا	ع - ص - و	عَصَوَاتٌ *	عَصَوَاتٍ *

→ 위의 첫 두 단어는 어근의 ي 가 살아났고, 세번째 단어의 경우 어근의 و 가 살아났다.

문장에서의 예들

나는 많은 병원들에 들어갔다.	دَخَلْتُ فِي مُسْتَشْفَيَاتٍ كَثِيرَةٍ.
나이많은 사람들은 그들을 돕기 위해 지팡이들을 사용한다.	يَسْتَخْدِمُ الْكِبَارُ الْعَصَوَاتِ لِتُسَاعِدَهُمْ.

** 마지막 자음 ى 가 어근에서 오지 않은 경우 복수꼴의 어간에 ي 가 붙는다.

	막수르 명사	어근	복수 주격	복수 목적격.소유격
기억, 추억	ذِكْرَى	ذ - ك - ر	ذِكْرَيَاتٌ	ذِكْرَيَاتٍ
라드와 (사람 이름)	رَضْوَى	ر - ض - و	رَضْوَيَاتٌ	رَضْوَيَاتٍ
라일라 (사람 이름)	لَيْلَى	ل - ي - ل	لَيْلَيَاتٌ	لَيْلَيَاتٍ

문장에서의 예들

나는 과거의 기억들에 대한 향수가 있다.	عِنْدِي حَنِينٌ لِذِكْرَيَاتِ الْمَاضِي.
라드와라는 이름의 여자들이 그들의 가정의 의무들(가사)을 끝내었다. (أَنْهَى/يُنْهِي)	أَنْهَتْ رَضْوَيَاتٌ وَاجِبَاتِهِنَّ الْمَنْزِلِيَّةَ.

2. 만꾸스 명사 (الاسْمُ الْمَنْقُوصُ)

명사나 형용사 단어 가운데 그 한정형태의 끝자음이 중복자음(غَيْرُ مُشَدَّدَةٍ) 없는 'ـِي'로 끝나며 그 바로 앞에 카스라(i 모음)가 붙는 것들이 있는데 이런 명사를 만꾸스 명사라 한다. 이 만꾸스 명사에 사용된 'ي'는 어근(جِذْرٌ)에서 부터 존재하는 것이며, 이것이 어근에서 부터 왔기 때문에 이 'ي'를 'يَاءٌ لَازِمَةٌ' 혹은 'يَاءٌ أَصْلِيَّةٌ' 라고 한다. 만꾸스 명사의 'ـِي'와 막수르 명사의 'ـَى'는 다른 자음이다.

아래의 만꾸스 명사의 예를 보자.
만꾸스 명사는 아래에서처럼 비한정 형태에서 어근의 마지막 자음인 'ي'가 탈락하고 대신에 그 앞 자음에 카스라 탄윈이 붙으며(이 때의 탄윈은 탈락한 'ي' 자음 대신에 붙은 것이다), 한정형태에서는 어근의 마지막 자음인 'ي'가 그대로 표기된다.

만꾸스 명사(الاسْمُ الْمَنْقُوصُ)의 형태			
의미	비한정 형태	한정형태	어근
변호사	مُحَامٍ	الْمُحَامِي	ح - م - ي
판사	قَاضٍ	الْقَاضِي	ق - ض - ي

우리는 앞에서 일반적인 명사들의 격변화를 배웠고, 또한 막수르 명사의 격변화도 배웠다. 그렇다면 만꾸스 명사는 어떤 격변화의 예외가 있을까?
만꾸스 명사의 격변화는 주격과 소유격 변화에서는 격변화 기호가 붙지 않고 목적격에서만 격변화 기호가 붙는다. 아래를 보자.

만꾸스 명사(الاسْمُ الْمَنْقُوصُ)의 격변화			
	주격 (مَرْفُوعٌ)	목적격 (مَنْصُوبٌ)	소유격 (مَجْرُورٌ)
비한정 형태	مُحَامٍ	مُحَامِيًا	مُحَامٍ
한정 형태	الْمُحَامِي	الْمُحَامِيَ	الْمُحَامِي

→ 위에서 비한정과 한정형태의 주격과 소유격에는 아무런 격변화 기호가 붙지 않았지만 목적격에는 비한정과 한정형태에 목적격 기호인 파트하(혹은 탄윈 파트하)가 붙었다.

만꾸스 명사의 이름을 الاسْمُ الْمَنْقُوصُ 라 하는 것은 이 명사가 주격과 소유격에서 아무런 격변화 모음을 취하지 않기에 '결여된' 라는 의미의 مَنْقُوصٌ 라는 단어가 사용되었다.
만꾸스 명사의 주격과 소유격도 막수르 명사와 마찬가지로 격변화 기호는 붙지 않지만 이 단어들이 격변화를 하지 않는 것이 아니라 격변화를 하는 것으로 추정(مُقَدَّرَةٌ)한다.

다음에서 만꾸스 명사의 종류에 대해서 먼저 다루고 격변화에 대해서 자세히 다루도록 한다.

1) 만꾸스 명사(الاسْمُ الْمَنْقُوص)의 종류

만꾸스 명사의 종류는 크게 두 가지이다. 어근 끝자음이 약자음인 동사(말약동사)에서 파생된 능동분사 형태의 단어와, 불규칙 복수 명사 가운데 그 한정형태의 끝자음이 'ي' 인 단어이다. 두 경우 모두 그 한정형태의 끝자음 'ي'는 단어의 어근에서 왔다. (*)('يَاءٌ لَازِمَةٌ' 혹은 'يَاءٌ أَصْلِيَّةٌ')(* 는 예외)

(1) 능동분사 패턴의 단어들 - 3 자음 원형동사의 능동분사 فَاعِل과 첨가동사의 능동분사

아래는 어근 끝자음이 약자음(و 혹은 ي)인 동사(말약동사)의 능동분사 패턴의 단어들이다.

의미	비한정 형태	한정형태	의미	비한정 형태	한정형태
판사 ; 판정하는 (قَضَى(ق - ض - ي))	قَاضٍ	الْقَاضِي	골짜기, 와디 (وَدَى(و - د - ي))	وَادٍ	الْوَادِي
던지는 사람 ; 던지는 (رَمَى(ر - م - ي))	رَامٍ	الرَّامِي	초청하는 사람 ; 초청하는 (دَعَا(د - ع - و))	دَاعٍ	الدَّاعِي
목자 ; 돌보는 (رَعَى(ر - ع - ي))	رَاعٍ	الرَّاعِي	가이드, 리더 ; 인도하는 (هَدَى(ه - د - ي))	هَادٍ	الْهَادِي
두번째의 (ثَنَى(ث - ن - ي))	ثَانٍ	الثَّانِي	높은 (عَلَا(ع - ل - و))	عَالٍ	الْعَالِي
고귀한 (سَمَا(س - م - و))	سَامٍ	السَّامِي	뜨거운, 매운 ; 지키는 자 (حَمِيَ، حَمَى(ح - م - ي))	حَامٍ	الْحَامِي
걷고 있는 (مَشَى(م - ش - ي))	مَاشٍ	الْمَاشِي	충분한 (كَفَى(ك - ف - ي))	كَافٍ	الْكَافِي
자라는, 성장하는 (نَمَا، نَمَى(ن - م - و))	نَامٍ	النَّامِي	잊은 (نَسِيَ(ن - س - ي))	نَاسٍ	النَّاسِي

첨가동사에서 온 능동분사

의미	비한정 형태	한정형태	의미	비한정 형태	한정형태
변호사 ; 변호하는 (حَامَى(ح - م - ي))	مُحَامٍ	الْمُحَامِي	가수 ; 노래하는 (غَنَّى(غ - ن - ي))	مُغَنٍّ	الْمُغَنِّي
동일한, 동등한 (سَاوَى(س - و - ي))	مُسَاوٍ	الْمُسَاوِي	..을 주는 (أَعْطَى(ع - ط - ي))	مُعْطٍ	الْمُعْطِي

→ 이 책 제 I 권 '능동분사' 단원의 '능동분사의 형태 - 말약동사' 부분을 보면 많은 만꾸스 명사들이 나온다.

(2) 불규칙 복수 명사 가운데서 - 그 복수형이 불규칙으로서 한정형태의 끝자음이 'ي'인 단어들

의미	복수 비한정 형태	복수 한정형태	의미	복수 비한정 형태	복수 한정형태
노래/أُغْنِيَةٌ	أَغَانٍ	الْأَغَانِي	찻집, 다방/مَقْهًى	مَقَاهٍ	الْمَقَاهِي
의미/مَعْنًى	مَعَانٍ	الْمَعَانِي	방향, 면(side)/نَاحِيَةٌ	نَوَاحٍ	النَّوَاحِي
건물/مَبْنًى	مَبَانٍ	الْمَبَانِي	가축/مَاشِيَةٌ	مَوَاشٍ	الْمَوَاشِي
초(second)/ثَانِيَةٌ	ثَوَانٍ	الثَّوَانِي	여자노예, 여종/جَارِيَةٌ	جَوَارٍ	الْجَوَارِي
목장/مَرْعًى	مَرَاعٍ	الْمَرَاعِي	노력/مَسْعًى	مَسَاعٍ	الْمَسَاعِي
땅(land)/أَرْضٌ	* أَرَاضٍ	* الْأَرَاضِي	밤/لَيْلَةٌ	* لَيَالٍ	* اللَّيَالِي
처녀/عَذْرَاءُ	* عَذَارٍ	* الْعَذَارِي	의자/كُرْسِيٌّ	* كَرَاسٍ	* الْكَرَاسِي

→ 위의 불규칙 복수 단어들은 만꾸스 명사일 뿐만 아니라 2 격 명사(الْمَمْنُوعُ مِنَ الصَّرْفِ)이다.

** 만꾸스 명사가 아닌 경우들

끝자음에 ي 가 있어도 그 자음에 중복자음(شَدَّة)이 있는 경우는 만꾸스 명사가 아니다. 즉 عَادِيٌّ, رَسْمِيٌّ, رِيَاضِيٌّ, مِصْرِيٌّ, وَاقِعِيٌّ 등의 연고형용사(النَّسَب)들은 만꾸스 명사가 아니다.

또한 جَرْيٌ, مَشْيٌ, رَأْيٌ 과 같은 단어들은 비한정 형태의 끝자음에 'ي' 가 있지만 만꾸스 명사가 아닌 경우들이다. (جَرْيٌ, مَشْيٌ, رَأْيٌ 단어들은 능동분사가 아니라 동명사들이다.) 사전을 찾을 경우 만꾸스 명사는 그 단수가 비한정으로 표기될 경우 끝의 ي 가 탈락되어 표기되나 위의 رَأْيٌ 등의 단어들은 끝의 ي 가 그대로 표기되어 있다.

2) 만꾸스 명사(الاسْمُ الْمَنْقُوص)의 격변화

만꾸스 명사는 주격과 소유격에서 격변화 기호가 붙지 않고 목적격에서만 격변화 기호가 붙는다. 주격과 소유격의 비한정 형태에서는 ي 가 탈락하면서 그 앞 자음에 ' ٍ ' 가 붙으며, 주격과 소유격의 한정형태에서는 'ـِي' 가 살아난다. 그러나 목적격에서는 규칙적으로 변화하여 파트하 기호를 붙인다.

قَاضٍ ('판사'의 의미) 단어의 경우

	주격 (مَرْفُوع)	목적격 (مَنْصُوب)	소유격 (مَجْرُور)
비한정 형태	قَاضٍ	قَاضِيًا	قَاضٍ
한정 형태	الْقَاضِي	الْقَاضِيَ	الْقَاضِي

→위의 비한정 형태의 주격과 소유격에 격변화 부호를 붙이지 않았지만 각각의 격변화가 있는 것으로 추정(مُقَدَّرَة)한다.

문장에서의 예

주격의 예
주격의 격변화는 붙이지 않는다.

비한정 형태	그는 지혜로운 판사이다.	هُوَ قَاضٍ حَكِيمٌ.
한정 형태	그 판사가 법원에 왔다.	جَاءَ الْقَاضِي إِلَى الْمَحْكَمَةِ.

목적격의 예
아래와 같이 목적격에서는 격변화 기호를 붙인다.

비한정 형태	나는 거리에서 한 판사를 보았다.	رَأَيْتُ قَاضِيًا فِي الشَّارِعِ.
한정 형태	나는 법원에서 그 판사를 만났다.	قَابَلْتُ الْقَاضِيَ فِي الْمَحْكَمَةِ.

소유격의 예
소유격의 격변화는 붙이지 않는다.

비한정 형태	나는 법원에서 한 판사와 인사를 나누었다.	سَلَّمْتُ عَلَى قَاضٍ فِي الْمَحْكَمَةِ.
한정형태	나는 그 판사를 쳐다보았다.	نَظَرْتُ[1] إِلَى الْقَاضِي.

다른 예문들

이 사람은 솜씨좋은 변호사이다. (주격, 술어)	هَذَا مُحَامٍ مَاهِرٌ.
그 높은 빌딩은 비싸다. (주격, العالي 는 주어를 수식하는 수식어, غال 는 술어)	الْمَبْنَى الْعَالِي غَالٍ.
그 홀에 한 귀한 가수가 있다. (주격, مُغنٍ 은 주어, راقٍ 은 주어를 수식하는 수식어)	فِي الْقَاعَةِ مُغَنٍّ رَاقٍ.

나는 한 심부름하는 소년을 보았다. (목적격, 목적어)	رَأَيْتُ سَاعِيًا.
그는 그의 한 손을 높이 들었다. (목적격, 부동족 목적어 혹은 상태목적어)	رَفَعَ يَدَهُ عَالِيًا.
나는 많은 노래들을 적었다. (목적격, 목적어)	كَتَبْتُ أَغَانِيَ كَثِيرَةً. *
나는 많은 밤들을 지새웠다. (목적격, 목적어)	سَهِرْتُ لَيَالِيَ عَدِيدَةً. *

→ 위의 أغاني 와 ليالي 는 목적어로 사용되어 파트하가 붙었지만 2격 명사이기에 탄윈이 사용되지 않았다.

나는 한 건축가(건물을 짓는 사람)와 이야기했다. (소유격, 후연결어)	تَكَلَّمْتُ مَعَ بَانٍ.
나는 한 골짜기를 걸었다. (소유격, 소유격 명사)	سِرْتُ فِي وَادٍ.
나는 많은 카페들에 갔다. (소유격, 소유격 명사)	ذَهَبْتُ إِلَى مَقَاهٍ[2] كَثِيرَةٍ.
그 학생은 2과의 단어들을 공부했다. (소유격, 후연결어를 수식하는 수식어)	ذَاكَرَ الطُّلَّابُ كَلِمَاتِ الدَّرْسِ الثَّانِي.

** 위의 예문들에 사용된 다음 단어들도 만꾸스 명사이다. 모두 능동분사 형태이다.

의미	비한정 형태	한정형태	의미	비한정 형태	한정형태
높은(high)	عَالٍ	الْعَالِي	비싼	غَالٍ	الْغَالِي
배달하는, 사환, 배달부 ; 비방자	سَاعٍ	السَّاعِي	짓는 ; 짓는 사람(builder)	بَانٍ	الْبَانِي
계곡(valley), 골짜기	وَادٍ	الْوَادِي	높은, 고상한, 고귀한 (رَقِيَ/يَرْقَى)	رَاقٍ	الرَّاقِي

[1] نَظَرَ/يَنْظُرُ إِلَى هـ – نَظَرٌ 보다(to look at)

[2] مَقْهًى/مَقَاهٍ (الْمَقَاهِي) 카페, 다방

3) 만꾸스 명사에서 주의할 점

만꾸스 명사(اَلْاِسْمُ الْمَنْقُوصُ)는 아래의 경우들에 유의할 점이 있다. 만꾸스 명사가 여성형태와 쌍수 형태, 여성 규칙변화 형태, 그리고 전연결어로 사용되는 경우는 어근의 마지막 자음 'ي'(يَاءٌ أَصْلِيَّةٌ)가 표기된다. 그러나 만꾸스 명사가 남성 규칙변화 형태로 사용되는 경우는 어근의 마지막 자음 'ي'(يَاءٌ أَصْلِيَّةٌ)가 탈락한다.

(1) 만꾸스 명사가 여성형태로 사용될 때

만꾸스 명사가 여성형태로 사용될 경우 어근의 마지막 자음 'ي'(يَاءٌ أَصْلِيَّةٌ)가 표기된 뒤 여성형 접미어가 붙는다. 이 경우 주격, 목적격, 소유격의 격변화 기호가 정상적으로 붙는다.

그 법원에 한 여자 판사가 있다. (주격)	فِي الْمَحْكَمَةِ قَاضِيَةٌ.
나는 거리에서 한 여자 판사를 보았다. (목적격)	رَأَيْتُ قَاضِيَةً فِي الشَّارِعِ.
나는 법원에서 그 여자 판사와 인사를 나누었다. (소유격)	سَلَّمْتُ عَلَى الْقَاضِيَةِ فِي الْمَحْكَمَةِ.

(2) 만꾸스 명사가 쌍수 형태로 사용될 때

만꾸스 명사가 쌍수 형태로 사용될 경우 어근의 마지막 자음 'ي'(يَاءٌ أَصْلِيَّةٌ)가 표기된 뒤 쌍수형 접미어가 붙는다. 이 경우 주격, 목적격, 소유격의 쌍수 격변화 기호가 정상적으로 붙는다.

그 법원에 두 변호사가 있다. (주격)	فِي الْمَحْكَمَةِ مُحَامِيَانِ.
나는 거리에서 두 변호사를 보았다. (목적격)	رَأَيْتُ مُحَامِيَيْنِ فِي الشَّارِعِ.
나는 법원에서 그 두 변호사와 인사를 나누었다. (소유격)	سَلَّمْتُ عَلَى الْمُحَامِيَيْنِ فِي الْمَحْكَمَةِ.

(3) 만꾸스 명사가 복수 형태로 사용될 때

능동분사의 패턴을 가진 만꾸스 명사들은 그 복수형이 규칙변화를 한다.

a. 남성 규칙 복수일 경우

만꾸스 명사가 남성 규칙 복수일 경우 주격, 목적격, 소유격에서 어근의 마지막 자음 'ي'(يَاءٌ أَصْلِيَّةٌ)가 탈락한다. 그뒤 주격에서는 ـُونَ 을 붙이고 목적격과 소유격 꼴에서는 ـِينَ 를 붙인다.

예들

판사들	قَاضُونَ	던지고 있는(pl) ; 던지는 사람들	رَامُونَ
가수들	مُغَنُّونَ	초청하는(pl) ; 초청하는 사람들	دَاعُونَ

그 법원에 변호사들이 있다. (주격)	فِي الْمَحْكَمَةِ مُحَامُونَ.
나는 거리에서 변호사들을 보았다. (목적격)	رَأَيْتُ مُحَامِينَ فِي الشَّارِعِ.
나는 법원에서 그 변호사들과 인사를 나누었다. (소유격)	سَلَّمْتُ عَلَى الْمُحَامِينَ فِي الْمَحْكَمَةِ.
그들은 거리를 걷고 있다. (주격)	هُمْ مَاشُونَ فِي الشَّارِعِ.

b. 여성 규칙 복수일 경우

만꾸스 명사가 여성 규칙 복수일 경우 마지막 자음 'ي'(يَاءُ أَصْلِيَّةٌ)가 표기된 뒤 여성 규칙변화 접미어가 붙는다. 이 경우 주격, 목적격, 소유격의 격변화 기호가 정상적으로 붙는다.

그 법원에 여자 판사들이 있다. (주격)	فِي الْمَحْكَمَةِ قَاضِيَاتٌ.
나는 거리에서 여자 판사들을 보았다. (목적격)	رَأَيْتُ قَاضِيَاتٍ فِي الشَّارِعِ.
나는 법원에서 그 여자 판사들과 인사를 나누었다. (소유격)	سَلَّمْتُ عَلَى الْقَاضِيَاتِ فِي الْمَحْكَمَةِ.

(4) 만꾸스 명사가 전연결어(الْمُضَافُ)로 사용될 때

만꾸스 명사가 연결형(الْإِضَافَةُ) 형태의 전연결어로 사용될 경우 어근의 마지막 자음 'ي'(يَاءُ أَصْلِيَّةٌ)가 표기된다. 이는 전연결어로 오는 명사의 경우 한정형태로 취급되기 때문인데, 한정형태의 만꾸스 명사에 'ي'가 붙는 원리와 동일하다. (후연결어가 비한정인 연결형도 마찬가지이다.)

a. 단수(مُفْرَدٌ)일 경우

어근의 마지막 자음 'ي'(يَاءُ أَصْلِيَّةٌ)가 표기된 뒤 만꾸스 명사의 격변화 원칙대로 목적격에만 격변화 기호를 붙인다.

그는 한 회사의 변호사이다. (주격인 경우)	هُوَ مُحَامِي شَرِكَةٍ.
아버지는 그의 아이들의 보호자이다. (주격인 경우)	الْأَبُ حَامِي أَطْفَالِهِ.
무함마드는 한 학교의 걸상들을 훔쳤다. (목적격. 파트하 표기가 되었다.)	سَرَقَ[1] مُحَمَّدٌ كَرَاسِيَ مَدْرَسَةٍ.
이집트 사람들은 움무 칼숨의 노래들을 좋아한다. (목적격. 파트하 표기가 되었다.)	يُحِبُّ الْمِصْرِيُّونَ أَغَانِيَ أُمِّ كُلْثُومٍ.
나는 왕들의 계곡에 갔다. (소유격인 경우)	ذَهَبْتُ إِلَى وَادِي الْمُلُوكِ.
사람들은 그 민중 가수를 환영했다. (소유격인 경우)	رَحَّبَ[2] النَّاسُ بِمُغَنِّي الْأُغْنِيَةِ الشَّعْبِيَّةِ.

---

[1] سَرَقَ / يَسْرِقُ هـ ‒ سَرِقَةٌ ..을 훔치다, 도둑질하다

[2] رَحَّبَ / يُرَحِّبُ بـ ه ‒ تَرْحِيبٌ ..를 환영하다

b. 쌍수(مُثَنَّى)일 경우
만꾸스 명사의 쌍수가 전연결어로 사용된 일반적인 격변화와 같다. 즉 전연결어의 ن이 탈락한다.

그들 둘은 그 회사의 변호사이다.(주격인 경우)	هُمَا مُحَامِيَا الشَّرِكَةِ.
부모는 그들의 아이들의 보호자이다. (주격인 경우)	الْوَالِدَانِ حَامِيَا أَطْفَالِهِمَا.
나는 그 회사의 두 변호사와 이야기했다. (목적격인 경우)	كَلَّمْتُ مُحَامِيَي الشَّرِكَةِ.*
나는 그 돌을 던진 두 사람을 때렸다. (목적격인 경우)	ضَرَبْتُ رَامِيَي الْحَجَرِ.*
나는 그 법원의 두 판사를 쳐다보았다. (소유인 경우)	نَظَرْتُ إِلَى قَاضِيَي الْمَحْكَمَةِ.*
사람들은 그 두 민중 가수를 환영했다. (소유격인 경우)	رَحَّبَ النَّاسُ بِمُغَنِّيَي الْأُغْنِيَةِ الشَّعْبِيَّةِ.*

→ * 는 مُحَامِيَي الشَّرِكَةِ , رَامِيَي الْحَجَرِ , قَاضِيَي الْمَحْكَمَةِ , مُغَنِّيَي الْأُغْنِيَةِ 꼴의 수쿤이 카스라로 바뀌었다.

c. 남성 규칙 복수(جَمْعُ الْمُذَكَّرِ السَّالِمِ)일 경우
남성 규칙복수 명사가 전연결어로 사용된 일반적인 격변화와 같다. 즉 규칙 복수의 ن이 탈락한다.

그들은 그 회사의 변호사들이다.(주격인 경우)	هُمْ مُحَامُو الشَّرِكَةِ.
교사는 학생들의 보호자들이다. (주격인 경우)	الْمُدَرِّسُونَ حَامُو طُلَّابِهِمْ.
나는 그 회사의 변호사들과 이야기했다. (목적격인 경우)	كَلَّمْتُ مُحَامِي الشَّرِكَةِ.
나는 그 돌을 던진 사람들을 때렸다. (목적격인 경우)	ضَرَبْتُ رَامِي الْحَجَرِ.
나는 그 법원의 판사들을 쳐다보았다. (소유인 경우)	نَظَرْتُ إِلَى قَاضِي الْمَحْكَمَةِ.
사람들은 그 민중 가수들을 환영했다. (소유인 경우)	رَحَّبَ النَّاسُ بِمُغَنِّي الْأُغْنِيَةِ الشَّعْبِيَّةِ.

→위의 남성 규칙 복수의 목적격과 소유격의 경우 앞의 단수일 경우와 그 모양이 같아지는데, 그 의미의 차이는 문맥에서 파악해야 한다.

d. 접미 인칭대명사가 붙는 경우
한편 만꾸스 명사에 접미 인칭대명사가 붙는 경우도 만꾸스 명사가 전연결어로 사용되는 것과 마찬가지로 전연결어에 어근의 마지막 자음 'ي'가 표기된다.(접미 인칭대명사에 대해서는 곧 공부한다.)

민꾸스 명사(الاسْمُ الْمَنْقُوصُ)		접미 인칭대명사가 붙은 경우	
변호사	مُحَامٍ	그의 변호사	مُحَامِيهِ*
건물들	مَبَانٍ	그녀의 건물들	مَبَانِيهَا
걸상들	كَرَاسٍ	그들의 걸상들	كَرَاسِيهِمْ*

* 의 경우 접미인칭대명사 앞에 카스라가 왔기에 그 뒤의 접미인칭대명사에 카스라가 붙는다.

** 만꾸스 명사 뒤에 1인칭 단수 소유격 접미 인칭대명사 'ي'가 올 경우

만꾸스 명사 뒤에 접미 인칭대명사가 올 경우 연결형 구조가 되기에 어근의 마지막 자음 ي 가 살아난다. 여기에 1인칭 단수 소유격 접미 인칭대명사 ي 가 붙기에 ي 가 중복되게 되고 따라서 ـيّ 가 된다.

의미	주격 (مَرْفوعٌ)	목적격 (مَنْصوبٌ)	소유격 (مَجْرورٌ)
나의 변호사	مُحَامٍ + ـي	مُحَامِيًا + ـي	مُحَامٍ + ـي
	مُحَامِيَّ		
나의 가수	مُغَنٍّ + ـي	مُغَنِّيًا + ـي	مُغَنٍّ + ـي
		مُغَنِّيَّ	

(5) 만꾸스 명사가 동사적 용법으로 사용될 때

앞으로 능동분사와 수동분사 그리고 동명사 등이 동사적 용법(اسْمُ الْفَاعِلِ الْعَامِلُ عَمَلَ فِعْلِهِ)으로 사용된 경우를 공부할 것이다. 아래와 같이 حَامٍ, دَاعٍ, رَامٍ 단어를 동사적 용법으로 사용하면 아래와 같은 문장이 된다. 이 경우 두 단어는 연결형에서 사용된 것이 아니라 동사적 용법으로 사용된 것이므로 비한정 형태로 사용된다. 동사적 용법에 대해서는 이 책의 '능동분사' 부분이나 이 책 제Ⅱ권 '파생명사의 동사적 용법에 대해'에서 공부하도록 하라.

그 아버지는 그의 아이들을 보호하고 있다.	الْأَبُ حَامٍ أَطْفَالَهُ.
그는 그의 친구를 점심에 초대한다.	هُوَ دَاعٍ صَدِيقَهُ إِلَى الْغَدَاءِ.
그는 그 원수에게 활을 쏜다.	هُوَ رَامٍ سَهْمًا عَلَى الْعَدُوِّ.

** 아래 문장을 비교하라.

그 아버지는 그의 아이들을 보호하고 있다. (동사적 용법 문장)	الْأَبُ حَامٍ أَطْفَالَهُ.
아버지는 그의 아이들의 보호자이다. (연결형 문장)	الْأَبُ حَامِي أَطْفَالِهِ.

→ 위의 동사적 용법 문장과 연결형 문장에서 만꾸스 명사의 표기가 다르다. 자세한 내용은 이 책 제Ⅱ권 '파생명사의 동사적 용법에 대해'에서 공부하도록 하라.

3. 맘두드 명사 (الاسْمُ الْمَمْدُودُ)

명사나 형용사 단어 가운데 맨끝 자음이 함자로 끝나고 바로 그 앞에 알리프 'ا'가 오는 명사를 맘두드 명사라 한다. 다시말해 어미가 'اء'로 끝나는 단어를 말한다.(أَلِفٌ مَمْدُودَةٌ "أَلِفٌ" 혹은 "أَلِفٌ زَائِدَةٌ بَعْدَهَا هَمْزَةٌ") 이러한 명사를 맘두드 명사라 하는 이유는 원래의 어근 사이에 알리프 'ا'가 들어가 발음이 길게 연장되었기 때문에 '늘어난'의 의미인 'مَمْدُودٌ'란 용어를 사용한다.

아래의 맘두드 명사의 예를 보라.

맘두드 명사의 형태			
의미	비한정 형태	한정형태	어근
행복	هَنَاءٌ	الْهَنَاءُ	ه - ن - أ
건축	بِنَاءٌ	الْبِنَاءُ	ب - ن - ي
친구들	أَصْدِقَاءُ*	الْأَصْدِقَاءُ	ص - د - ق

➔ * 위의 أَصْدِقَاءُ는 2격 명사이다. 이처럼 맘두드 명사는 2격 명사도 있고, 일반적인 격변화를 하는 명사도 있다.
➔ 예를들어 شَيْءٌ은 맘두드 명사가 아니다. 왜냐하면 단어의 어미가 'اء'가 아니기 때문이다.

맘두드 명사의 종류를 먼저 살펴보고 나중에 격변화를 공부하도록 하자.

1) 맘두드 명사(الاسْمُ الْمَمْدُودُ)의 종류

맘두드 명사는 함자의 종류에 따라 아래 네 가지 종류가 있다.

맘두드 명사(الاسْمُ الْمَمْدُودُ)의 종류
1) 본래 어근에 함자가 있는 단어들 (الْهَمْزَةُ تَكُونُ أَصْلِيَّةً)
2) 본래 어근 끝자음이 و 혹은 ي이었는데 그것이 함자로 바뀐 경우 (الْهَمْزَةُ تَكُونُ مُنْقَلِبَةً عَنْ أَصْلٍ)
3) 복수형태에서 함자가 새롭게 첨가된 경우 (الْهَمْزَةُ تَكُونُ زِيَادَةً لِلْجَمْعِ)
4) 여성형 표지를 위하여 함자가 새롭게 첨가된 경우 (الْهَمْزَةُ تَكُونُ زِيَادَةً لِلتَّأْنِيثِ)

위의 1)과 2)는 원래 함자가 있었던 것으로 간주하고, 3)과 4)는 함자가 새롭게 첨가된 것으로 간주한다. 그래서 1)과 2)의 단어들은 일반적인 주격, 목적격 소유격의 격변화를 하지만 목적격 탄원에서 'ا'을 사용하지 않고, 3)과 4)의 단어들은 2격 명사(مَمْنُوعٌ مِنَ الصَّرْفِ)로 격변화를 한다.

(1) 본래 어근에 함자가 있는 단어들 (الْهَمْزَةُ تَكُونُ أَصْلِيَّةً)

본래 어근 끝자음에 함자가 있는 단어들이 파생되면서 끝자음이 'اء'꼴로 바뀐 경우이다.

행복 (ه-ن-أ)	هَنَاءٌ	설치 (ن-ش-أ)	إِنْشَاءٌ
..을 면한, 면제된; 죄없는, 무고한 (ب-ر-أ)	بَرَاءٌ (مِنْ)	병(disease) (د-و-أ)	دَاءٌ

(2) 본래 어근 끝자음이 و 혹은 ي 이었는데 함자로 바뀐 경우 (اَلْهَمْزَةُ تَكُونُ مُنْقَلِبَةً عَنْ أَصْلٍ)

본래 어근 끝자음이 و 혹은 ي 이었는데 그것이 파생되면서 끝자음이 'اء' 꼴로 바뀐 경우이다.

건축 ; 빌딩 (ب - ن - ي)	بِنَاءٌ	똑똑함, 머리가 좋음 (ذ - ك - و)	ذَكَاءٌ
하늘 (س - م - و)	سَمَاءٌ	외투 (ر - د - ي)	رِدَاءٌ
어리석음 (غ - ب - ي)	غَبَاءٌ	부끄러운, 염치없는 (ح - ي - ي)	حَيَاءٌ
간구 (د - ع - و)	دُعَاءٌ	면제 (ع - ف - و)	إِعْفَاءٌ
석공 ; 건설자, 짓는 사람 (ب - ن - ي)	بَنَّاءٌ	재판, 판결 ; 판결권 ; 판사직 ; 집행, 완수 (ق - ض - ي)	قَضَاءٌ
아들들 (ب - ن - ي)	اِبْنٌ/أَبْنَاءٌ	이름들 (س - م - و)	اِسْمٌ/أَسْمَاءٌ
구성원들, 멤버들 (ع - ض - و)	عُضْوٌ/أَعْضَاءٌ	살아있는(복수) (ح - ي - ي)	حَيٌّ/أَحْيَاءٌ

(3) 복수형태에서 함자가 첨가된 경우 (اَلْهَمْزَةُ تَكُونُ زِيَادَةً لِلْجَمْعِ)

본래 어근 끝자음에 함자가 없던 단어였는데 그것이 파생되면서 끝자음에 'اء' 꼴이 첨가된 경우이다. 이 단어들은 불규칙 복수이며 그 패턴이 فُعَلَاءُ 이거나 أَفْعِلَاءُ 이다(* 이 책 제Ⅰ권 '명사의 수'에서 확인하라). 이 경우의 단어들은 모두 2격 명사(مَمْنُوعٌ مِنَ الصَّرْفِ)이다.

지혜로운 ; 지혜로운 자 (ح - ك - م)	حَكِيمٌ/حُكَمَاءُ	대통령 (ر - أ - س)	رَئِيسٌ/رُؤَسَاءُ
장관 (و - ز - ر)	وَزِيرٌ/وُزَرَاءُ	과학자 (ع - ل - م)	عَالِمٌ/عُلَمَاءُ
시인 (ش - ع - ر)	شَاعِرٌ/شُعَرَاءُ	행복한 ; 행복한 자 (س - ع - د)	سَعِيدٌ/سُعَدَاءُ
전문가, 경험이 많은 자 (خ - ب - ر)	خَبِيرٌ/خُبَرَاءُ	대사(ambassador) (س - ف - ر)	سَفِيرٌ/سُفَرَاءُ
가난한 ; 가난한 자 (ف - ق - ر)	فَقِيرٌ/فُقَرَاءُ	왕자 (أ - م - ر)	أَمِيرٌ/أُمَرَاءُ
친구 (ص - د - ق)	صَدِيقٌ/أَصْدِقَاءُ	친척 (ق - ر - ب)	قَرِيبٌ/أَقْرِبَاءُ
의사 (ط - ب - ب)	طَبِيبٌ/أَطِبَّاءُ	어리석은 ; 어리석은 사람 (غ - ب - ي)	غَبِيٌّ/أَغْبِيَاءُ*
총명한 ; 총명한 자 (ذ - ك - و)	ذَكِيٌّ/أَذْكِيَاءُ*	부자의 ; 부자 (غ - ن - ي)	غَنِيٌّ/أَغْنِيَاءُ*
예언자 (ن - ب - أ)	نَبِيٌّ/أَنْبِيَاءُ**	물건, 사물(thing) ; 어떤 것 (ش - ي - ي)	شَيْءٌ/أَشْيَاءُ***

→ 위의 * 표 단어들의 경우 단수 단어의 끝자음이 'ي' (혹은 어근 마지막 자음이 و 혹은 ي)이지만 이 'ي'가 함자로 바뀐 것이 아니라 이 'ي'는 복수 단어의 중간 자음 'ي'에 사용되었다(예 : أَذْكِيَاءُ 의 파란색 표시 ي). 따라서 복수형의 끝자음인 함자는 첨가된 것이다.

→ 위의 ** 의 نَبِيّ 의 경우도 끝자음 'ي' (혹은 어근의 마지막 자음 أ)가 أَنْبِيَاءُ의 중간자음에 옴. 끝자음 함자는 첨가된 것이다.

→위의 ***의 شَيْءٌ 의 복수 أَشْيَاءُ 가 2 격 명사인 것은 일종의 예외이다. 어근 끝글자가 함자(أ ي ش)이기에 원래는 أَشْيَاءٌ 이 되어 탄윈을 사용해 주는 것이 원칙에 맞지만 실제 사용은 2 격 명사로 취급한다. 그 이유를 여러 학자들이 여러 가지로 설명한다. 꾸란에는 2 격 명사로 표기되어 있다.

** 아래의 네 단어의 복수형과 앞의 단어들을 비교하라.
 아래의 네 단어의 경우 복수 형태에서 함자가 첨가되었지만 이 복수형에 사용된 함자는 어근의 마지막 철자인 و 나 ي 에서 변형된 것(الْهَمْزَةُ تَكُونُ مُنْقَلِبَةً عَنْ أَصْلٍ)이다. 따라서 위의 3)의 예가 아니라 위의 2)의 경우에 속하며 2 격 명사(مَمْنُوعٌ مِنَ الصَّرْفِ)가 아니다.

아들 (ب – ن – ي)	ابْنٌ/ أَبْنَاءٌ	이름 (س – م – و)	اسْمٌ/ أَسْمَاءٌ
구성원, 멤버 (ع – ض – و)	عُضْوٌ/ أَعْضَاءٌ	살아있는 (ح – ي – ي)	حَيٌّ/ أَحْيَاءٌ

(4) 여성형 표지를 위하여 함자가 첨가된 경우 (الْهَمْزَةُ تَكُونُ زِيَادَةً لِلتَّأْنِيثِ)
 보통 색깔 형용사와 신체의 결함을 의미하는 형용사들의 여성형 단어는 그 어미에 'اء'가 온다. 이 때 어미에 붙은 'ء'는 어근에서 온 것이 아니라 첨가된 것이다.(مَخْتُومٌ بِأَلِفِ التَّأْنِيثِ الْمَمْدُودَةِ) 이 경우의 단어들은 모두 2 격 명사(مَمْنُوعٌ مِنَ الصَّرْفِ)이다.

a. 색깔 형용사

하얀	أَبْيَضُ/ بَيْضَاءُ	검은	أَسْوَدُ/ سَوْدَاءُ
붉은	أَحْمَرُ/ حَمْرَاءُ	초록의	أَخْضَرُ/ خَضْرَاءُ
노란	أَصْفَرُ/ صَفْرَاءُ	푸른	أَزْرَقُ/ زَرْقَاءُ
(피부 등이) 갈색인	أَسْمَرُ/ سَمْرَاءُ	금발에 푸른 눈을 가진	أَشْقَرُ/ شَقْرَاءُ
회색	أَشْهَبُ/ شَهْبَاءُ	(머리카락 등이) 하얀, 백발의	أَشْيَبُ/ شَيْبَاءُ
아이 라이너 등이 군청색의, 검은색의	أَكْحَلُ/ كَحْلَاءُ	사막	صَحْرَاءُ*

→위의 صَحْرَاءُ 는 여성명사이다. 다른 단어와 달리 명사이지만 어미에 사용된 اء 가 여성형 표지이다.

b. 신체결함 형용사

소경의 ; 시각장애인	أَعْمَى/ عَمْيَاءُ	절름발이의 ; 절름발이	أَعْرَجُ/ عَرْجَاءُ
귀머거리의 ; 청각장애인	أَصَمُّ/ صَمَّاءُ	귀머거리의 ; 청각장애인	أَطْرَشُ/ طَرْشَاءُ
벙어리의 ; 언어장애인	أَبْكَمُ/ بَكْمَاءُ	벙어리의 ; 언어장애인	أَخْرَسُ/ خَرْسَاءُ
사팔뜨기의 ; 사팔뜨기	أَحْوَلُ/ حَوْلَاءُ	곱추의 ; 곱추	أَحْدَبُ/ حَدْبَاءُ

2) 맘두드 명사(الاسْمُ الْمَمْدُود)의 격변화

앞의 (1)번과 (2)은 일반적인 주격, 목적격, 소유격 격변화를 하지만 **목적격 탄윈에서 'ا'을 사용하지 않는다.** (그 이유는 함자 앞과 뒤에 ا이 오게 되기 때문이다.)

(3)과 (4)번은 **2격 명사**(مَمْنُوعٌ مِنَ الصَّرْفِ)로 격변화한다. 즉 격변화 할 때 탄윈을 사용하지 않고 비한정 소유격 표기가 파트하(a 모음)로 바뀐다. 2격 명사에 대해서는 곧 공부하게 된다.

맘두드 명사의 격변화 (هَنَاء '행복', عُلَمَاء '과학자들' 단어의 경우)				
		주격(مَرْفُوعٌ)	목적격(مَنْصُوبٌ)	소유격(مَجْرُورٌ)
(1)과 (2)번의 경우	비한정 형태	هَنَاءٌ	هَنَاءً (هَنَاءًا ×)	هَنَاءٍ
	한정 형태	الْهَنَاءُ	الْهَنَاءَ	الْهَنَاءِ
(3)과 (4)번의 경우	비한정 형태	عُلَمَاءُ	عُلَمَاءَ (عُلَمَاءًا ×)	عُلَمَاءَ (عُلَمَاءٍ ×)
	한정 형태	الْعُلَمَاءُ	الْعُلَمَاءَ	الْعُلَمَاءِ

(1) 본래 어근에 함자가 있는 단어들 (الْهَمْزَةُ تَكُونُ أَصْلِيَّةً)

주격	한국에는 평화와 행복이 있다.	فِي كُورِيَا سَلَامٌ وَهَنَاءٌ.
목적격	우리 생애에서 우리는 평화와 행복을 소원한다.	نَتَمَنَّى[1] فِي حَيَاتِنَا سَلَامًا وَهَنَاءً.(هَنَاءًا ×)
소유격	우리는 여기에서 평화와 행복 가운데서 살고 있다.	نَعِيشُ فِي سَلَامٍ وَهَنَاءٍ هُنَا.

(2) 본래 어근 끝자음이 و 혹은 ي 이었는데 함자로 바뀐 경우 (الْهَمْزَةُ تَكُونُ مُنْقَلِبَةً عَنْ أَصْلٍ)

주격	그는 지적능력을 가지고 있다.	هُوَ عِنْدَهُ ذَكَاءٌ.
목적격	나는 당신에게서 지적능력을 본다.	أَرَى[2] ذَكَاءً فِيكَ. (ذَكَاءًا ×)
소유격	우리는 지적능력으로 공부한다.	نَدْرُسُ بِذَكَاءٍ.

(3) 복수형태에서 함자가 첨가된 경우 (الْهَمْزَةُ تَكُونُ زِيَادَةً لِلْجَمْعِ)

이 형태는 2격 명사(مَمْنُوعٌ مِنَ الصَّرْفِ)로 격변화한다.

주격	과학자들이 왔다.	جَاءَ عُلَمَاءُ. (عُلَمَاءٌ ×)
목적격	나는 그 대학에서 과학자들을 보았다.	رَأَيْتُ عُلَمَاءَ فِي الْجَامِعَةِ. (عُلَمَاءً ×)
소유격	나는 실험실에서 과학자들과 인사했다.	سَلَّمْتُ عَلَى عُلَمَاءَ فِي الْمَعْمَلِ. (عُلَمَاءٍ ×)

---

[1] تَمَنَّى/يَتَمَنَّى هـ - تَمَنٍّ(التَّمَنِّي) ..을 바라다, 희망하다
[2] رَأَى/يَرَى هـ أو هـ - رُؤْيَةٌ أَوْ رُؤْيَا ..을 보다

(4) 여성형 표지를 위하여 함자가 첨가된 경우 (الْهَمْزَةُ تَكُونُ زِيَادَةً لِلتَّأْنِيثِ)

이 형태는 2 격 명사(مَمْنُوعٌ مِنَ الصَّرْفِ)로 격변화한다.

주격	한 검은 자동차가 도착했다. (وَصَلَ/يَصِلُ هـ، إلَى) سَوْدَاء 가 수식어)	وَصَلَتْ سَيَّارَةٌ سَوْدَاءُ. (سَوْدَاءٍ ×)
목적격	나는 검은 고양이를 증오한다. (كَرِهَ/يَكْرَهُ هـ أو هـ) سَوْدَاء 가 수식어)	أَكْرَهُ قِطَّةً سَوْدَاءَ. (سَوْدَاءً ×)
소유격	검은 것이라고 전부 대추야자 열매인 것은 아니다.(아랍 속담) (سَوْدَاء 가 후연결어)	مَا كُلُّ سَوْدَاءَ تَمْرَةً.* (سَوْدَاءٍ ×)

다른 예문들

나는 여러 이름들을 기억하고 있다.	أَحْفَظُ أَسْمَاءَ كَثِيرَةً. (أَسْمَاءً ×)
나는 큰 건물을 건축했다.	بَنَيْتُ بِنَاءً كَبِيرًا. (بِنَاءًا ×)
아침 저녁으로 바람이 부드럽다.	يَكُونُ الْهَوَاءُ عَلِيلًا صَبَاحًا وَمَسَاءً.(مَسَاءًا ×)

3) 맘두드 명사(الاسْمُ الْمَمْدُودُ)에서 주의할 점

맘두드 명사가 쌍수 형태와 복수 형태를 취할 경우 그 어미 형태에 주의하여야 한다.

(1) 본래 어근에 함자가 있는 단어들 (الْهَمْزَةُ تَكُونُ أَصْلِيَّةً)

쌍수 형태와 복수 형태의 어미에 함자를 그대로 사용한다.

의미	단수(مُفْرَدٌ)	쌍수(مُثَنًّى)		복수(جَمْعٌ)	
		주격	목적격, 소유격	주격	목적격, 소유격
설치 (ن – ش – أ)	إِنْشَاءٌ	إِنْشَاءَانِ	إِنْشَاءَيْنِ	إِنْشَاءَاتٌ	إِنْشَاءَاتٍ
병(disease) (د – و – أ)	دَاءٌ	دَاءَانِ	دَاءَيْنِ	أَدْوَاءٌ*	أَدْوَاءٍ*

→ 위의 * 의 أَدْوَاء 은 دَاء 불규칙 복수형태이다. → 본래 어근에 함자가 있는 다른 단어들은 동명사가 많은데 이들은 쌍수와 복수 형태를 사용하지 않는다.

(2) 본래 어근 끝자음이 و 혹은 ي 이었는데 함자로 바뀐 경우 (الْهَمْزَةُ تَكُونُ مُنْقَلِبَةً عَنْ أَصْلٍ)

쌍수 형태와 복수 형태의 어미에 함자를 그대로 사용하는 경우와 어미의 함자를 و 로 바꾼 뒤 쌍수와 복수 이미를 붙이는 두 가지 경우 다 사용된다.

의미	단수(مُفْرَدٌ)	쌍수(مُثَنًّى)		복수(جَمْعٌ)	
		주격	목적격, 소유격	주격	목적격, 소유격
외투 (ر – د – ي)	رِدَاءٌ	رِدَاءَانِ	رِدَاءَيْنِ	رِدَاءَاتٌ	رِدَاءَاتٍ
		رِدَاوَانِ	رِدَاوَيْنِ	رِدَاوَاتٌ	رِدَاوَاتٍ

의미	단수	쌍수		복수	
하늘 (س - م - و)	سَمَاءٌ	سَمَاءَانِ سَمَاوَانِ	سَمَاءَيْنِ سَمَاوَيْنِ	سَمَاءَاتٌ سَمَاوَاتٌ	سَمَاءَاتٍ سَمَاوَاتٍ
석공 ; 건설자, 짓는 사람 (ب - ن - ي)	بَنَّاءٌ	بَنَّاءَانِ بَنَّاوَانِ	بَنَّاءَيْنِ بَنَّاوَيْنِ	بَنَّاؤُونَ بَنَّاوُونَ	بَنَّائِينَ بَنَّاوِينَ

→ 쌍수 형태와 복수 형태에 함자를 사용하는 경우보다 و 를 사용하는 경우들이 더 많다.

(3) 여성형 표지를 위하여 함자가 첨가된 경우 (الْهَمْزَةُ تَكُونُ زِيَادَةً لِلتَّأْنِيثِ)
쌍수 형태와 복수 형태의 어미에 있는 함자를 و 로 고친 뒤 쌍수와 복수 어미를 붙인다.

의미	단수 (مُفْرَد)	쌍수 (مُثَنَّى)		복수 (جَمْع)	
		주격	목적격, 소유격	주격	목적격, 소유격
사막	صَحْرَاءُ	صَحْرَاوَانِ	صَحْرَاوَيْنِ	صَحْرَاوَاتٌ	صَحْرَاوَاتٍ
하얀 (여성형태)	بَيْضَاءُ	بَيْضَاوَانِ	بَيْضَاوَيْنِ	بَيْضَاوَاتٌ	بَيْضَاوَاتٍ
	하얀 (여성 단수)	하얀 (여성 쌍수)		하얀 (여성 복수)	
붉은 (여성형태)	حَمْرَاءُ	حَمْرَاوَانِ	حَمْرَاوَيْنِ	حَمْرَاوَاتٌ	حَمْرَاوَاتٍ
	붉은(여성 단수)	붉은(여성 쌍수)		붉은(여성 복수)	
초록의 (여성형태)	خَضْرَاءُ	خَضْرَاوَانِ	خَضْرَاوَيْنِ	خَضْرَاوَاتٌ	خَضْرَاوَاتٍ
	초록의(여성단수)	초록의(여성 쌍수)		초록의(여성 복수)	
소경의 (여성형태)	عَمْيَاءُ	عَمْيَاوَانِ	عَمْيَاوَيْنِ	عَمْيَاوَاتٌ	عَمْيَاوَاتٍ
	여자 소경의	두 여자 소경의		여자 소경들의	

예문들

그 건설자들은 아침부터 일을 시작했다. (주격)	بَدَأَ الْبَنَّاؤُونَ (أَوْ الْبَنَّاوُونَ) الْعَمَلَ مُنْذُ الصَّبَاحِ.
나는 두 외투를 입었다. (목적격)	لَبِسْتُ رِدَاءَيْنِ (أَوْ رِدَاوَيْنِ).
나는 피부가 하얀 두 여자를 보았다. (목적격)	رَأَيْتُ بِنْتَيْنِ بَيْضَاوَيْنِ.
나는 두 여자 소경이 길을 건너는 것을 도왔다. (목적격)	سَاعَدْتُ الْعَمْيَاوَيْنِ لِعُبُورِ الشَّارِعِ.
하나님이 하늘들과 땅을 창조했다. (목적격)	خَلَقَ اللهُ السَّمَاوَاتِ وَالْأَرْضَ. (أَوْ السَّمَاءَاتِ)
나는 사막들을 여행하는 것을 좋아한다. (소유격)	أُحِبُّ السَّفَرَ إِلَى الصَّحْرَاوَاتِ.

제 14 과 명사 격변화의 예외적 규칙 Ⅱ

1. 2 격 명사(اَلْمَمْنُوعُ مِنَ الصَّرْفِ)
   (1) 2 격 명사의 정의
   (2) 2 격 명사의 종류
   (3) 2 격 명사 격변화
   (4) 2 격 명사의 주의할 점
2. 다섯 명사(اَلأَسْمَاءُ الْخَمْسَةُ)
   (1) 다섯 명사란?
   (2) 문장에서의 격변화 예들
   (3) 다섯 명사의 주의할 점

제 14과 명사 격변화의 예외적 규칙 II
2 격 명사 (الْمَمْنُوعُ مِنَ الصَّرْفِ)와 다섯 명사 (الأَسْمَاءُ الْخَمْسَةُ)

1. 2 격 명사 (الْمَمْنُوعُ مِنَ الصَّرْفِ)[1]

1) 2 격 명사 (الْمَمْنُوعُ مِنَ الصَّرْفِ)의 정의

아랍어 명사들 가운데 비한정 형태에 탄윈(تَنْوِين)을 사용하지 않고, 그 소유격 격변화에서 카스라가 아닌 파트하(a 모음)를 사용하는 단어가 있는데 이를 2 격 명사(الْمَمْنُوعُ مِنَ الصَّرْفِ)[2]라 한다. 아래에서 일반적인 격변화와 2 격 명사의 격변화의 차이를 보라.

일반적인 명사의 격변화

아래에서 주격과 목적격 그리고 소유격의 일반적인 격변화를 확인하라.

의미	주격 (مَرْفُوعٌ)	목적격 (مَنْصُوبٌ)	소유격 (مَجْرُورٌ)
책	كِتَابٌ	كِتَابًا	كِتَابٍ
선생	مُدَرِّسٌ	مُدَرِّسًا	مُدَرِّسٍ
무함마드 (고유명사)	مُحَمَّدٌ	مُحَمَّدًا	مُحَمَّدٍ

2 격 명사의 격변화

아래의 세 단어들은 2 격 명사이다. 아래에서 주격과 목적격과 소유격에 탄윈(تَنْوِين)이 사용되지 않은 것과 소유격의 모음부호가 파트하(a 모음)로 사용된 것을 확인하라.

의미	주격 (مَرْفُوعٌ)	목적격 (مَنْصُوبٌ)	소유격 (مَجْرُورٌ)
레바논 (고유명사)	لُبْنَانُ (لُبْنَانٌ ×)	لُبْنَانَ (لُبْنَانًا ×)	لُبْنَانَ (لُبْنَانٍ ×)
학교들	مَدَارِسُ (مَدَارِسٌ ×)	مَدَارِسَ (مَدَارِسًا ×)	مَدَارِسَ (مَدَارِسٍ ×)
아슈라프 (고유명사)	أَشْرَفُ (أَشْرَفٌ ×)	أَشْرَفَ (أَشْرَفًا ×)	أَشْرَفَ (أَشْرَفٍ ×)

---

[1] 아랍어 문법에서 'صَرْف'은 두 가지 의미로 사용된다. 먼저는 구문론(النَّحْو)과 함께 아랍어 문법의 양대 축을 이루는 어형론(Morphology)을 'الصَّرْف'라 한다. 'الصَّرْف'에서는 단어의 어근과 패턴을 중심으로 아랍어 단어의 형태와 그 의미를 다룬다. 두 번째는 명사 단어에 탄윈(تَنْوِين)을 붙이는 것을 'صَرْف'이라 한다.(*동사의 인칭변화는 주로 تَصْرِيف라 한다.) 이번 과의 아랍어 제목은 'الْمَمْنُوعُ مِنَ الصَّرْفِ'이다. 이번 과의 내용은 이 두 가지 가운데 후자의 경우이다. 즉 명사 단어에 탄윈(تَنْوِين) 사용을 금지하는 내용이다.

[2] 'الْمَمْنُوعُ مِنَ الصَّرْفِ'를 한국어로 '2 격 명사' 혹은 '쌍격 명사'로 번역하여 사용한다. 그런데 이 두 한글 번역은 아랍어 용어의 의미를 정확하게 반영하지 못하고 있다. '2 격 명사'란 소유격의 변화가 카스라가 아닌 파트하로 변화하는 것에 초점을 맞춘 번역이다. 즉 목적격의 변화와 소유격의 변화가 모두 파트하로 모양이 같아지기에 일반적인 격변화처럼 주격과 목적격과 소유격의 세 가지 변화가 아닌 '2격(두 가지 격)' 혹은 '쌍격' 변화로 본 것이다. 그러나 2 격 명사(الْمَمْنُوعُ مِنَ الصَّرْفِ) 단어라 하더라도 두 가지의 격변화가 아닌 세 가지 격변화 즉 주격과 목적격, 그리고 소유격의 격변화를 한다. 단지 소유격의 격변화 기호가 카스라가 아닌 파트하이기에 두 가지의 격변화로 보일 뿐이다.

2 격 명사가 사용된 예문

레바논은 작은 나라이다. (주격으로 사용될 경우)	لُبْنَانُ دَوْلَةٌ صَغِيرَةٌ. (لُبْنَانٌ ×)
나는 거리에서 아슈라프를 보았다. (목적격으로 사용될 경우)	رَأَيْتُ أَشْرَفَ فِي الشَّارِعِ. (أَشْرَفًا ×)
레바논에 많은 학교들이 있다. (لُبْنَانَ 는 소유격이고 مَدَارِسُ 는 주격으로 사용되었다.)	فِي لُبْنَانَ مَدَارِسُ كَثِيرَةٌ. (فِي لُبْنَانٍ مَدَارِسٌ كَثِيرَةٌ. ×)

→ 일반적인 아랍어 책과 신문에서는 모음부호가 표기되어 있지 않다. 따라서 그러한 책을 읽을 때 2 격 명사라 하더라도 주격과 소유격의 경우 표기상 차이점이 없다. 그러나 2 격 명사가 목적격으로 사용될 경우는 목적격 탄윈 'ً' 이 탈락하기 때문에 분명한 차이가 난다. (위의 예의 경우 أشرفًا 이 아니라 أشرف 로 표기되었다.)

2격 명사(الْمَمْنُوع مِنَ الصَّرْف)의 격변화 원칙

1. 비한정 형태에 탄윈을 붙이지 않는다. (주격, 목적격, 소유격 모두)
(고유명사 단어 가운데 2 격 명사의 경우 의미적으로 한정형태이지만 탄윈이 붙지 않는다.)
2. 그 소유격 격변화 기호가 카스라가 아니라 파트하이다.
3. 2 격 명사 단어에 الـ 이 붙거나 전연결어로 사용되면 원래의 일반적인 격변화를 한다.

2) 2 격 명사(الْمَمْنُوع مِنَ الصَّرْف)의 종류

2 격 명사는 세 가지 종류가 있다. 첫 번째는 고유명사 가운데 있으며, 두 번째는 보통명사의 불규칙 복수 가운데 있고, 세 번째는 형용사 가운데 있다.

(1) 고유명사(اسْمُ الْعَلَم) 가운데서

다음은 고유명사로서 의미적으로 한정형태이지만 탄윈이 붙지 않는 2 격 명사이다.

a. 여성 고유명사(الْعَلَمُ الْمُؤَنَّثُ)

일반적으로 모든 여성 고유명사(عَلَمٌ مُؤَنَّثٌ)는 2 격 명사이다. 여기에 예외가 되는 두 단어가 있는데 바로 هِنْدٌ 와 مِصْرُ 이다. 이 두 단어는 2 격 명사로도 사용되고 일반적인 명사로도 사용된다. 즉 مِصْرُ 와 مِصْرٌ 둘 다 가능하고, هِنْدُ 와 هِنْدٌ 도 둘 다 가능하다.

a-1. 여성의 이름
여자들의 이름은 모두 2 격 명사이다

마리아, 미리얌	مَرْيَمُ	카디쟈	خَدِيجَةُ
위다드	وِدَادُ	수아드	سُعَادُ
카리마	كَرِيمَةُ	자이납	زَيْنَبُ
파티마	فَاطِمَةُ	싸미라	سَمِيرَةُ

a-2. 여성 나라명, 지명
나라명과 지명은 여성형이 많은데 여성의 나라명과 지명은 모두 2격 명사이다.

튀니지	تُونُسُ	리비아	لِيبِيَا
시리아	سُورِيَّةُ، سُورِيَّا	미국	أَمْرِيكَا
베이루트	بَيْرُوتُ	다메섹	دِمَشْقُ
바그다드	بَغْدَادُ	메카	مَكَّةُ

세 자음으로 이루어졌고 중간 자음에 수쿤이 온 여성 국가명은 2격 명사로 사용하기도 하고 일반적인 명사로 사용하기도 한다.

이집트	مِصْرُ (أَوْ مِصْرٌ)	인도	هِنْدُ (أَوْ هِنْدٌ)

b. 여성형 꼬리인 ة를 가지고 있는 남성 고유명사 (يَنْتَهِي بِالتَّاءِ التَّأْنِيثِ)

아래는 여성형 꼬리인 ة(تَاءُ مَرْبُوطَةُ)를 가지고 있지만 남성인 고유명사이다. 이들은 모두 2격 명사이다.

함자 (남자이름)	حَمْزَةُ	무아위야 (남자이름)	مُعَاوِيَةُ
딸하 (남자이름)	طَلْحَةُ	하마다 (남자이름)	حَمَادَةُ

또한 어미가 ت(تَاءٌ مَفْتُوحَةٌ)로 끝나는 아래와 같은 단어도 남성이며 2격 명사이다.

메드하트 (남자 이름)	مِدْحَتُ	딸아트 (남자 이름)	طَلْعَتُ
잇자트 (남자이름)	عِزَّتُ	립아트 (남자 이름)	رِفْعَتُ

** 그러나 아래와 같이 여성형 꼬리가 있는 단어라도 ال과 함께 사용되면 2격 명사가 아니다.

카이로	الْقَاهِرَةُ	페윰(이집트의 도시 이름)	الْفَيُّومُ

c. 고전 외래어 고유명사 (الْعَلَمُ الْأَعْجَمِيُّ)

원래는 아랍어가 아닌 외래어였는데 아랍어 단어로 받아들여진 뒤 시간이 오래 지난 고유명사는 2격 명사이다.

아브라함	إِبْرَاهِيمُ	야곱	يَعْقُوبُ
람세스	رَمْسِيسُ	요셉	يُوسُفُ
이드리스(선지자 이름)	إِدْرِيسُ	소크라테스	سُقْرَاطُ
예수님	يَسُوعُ	이스마엘	إِسْمَاعِيلُ

** 그러나 고전 외래어 고유명사 가운데 세 자음으로 구성되고 중간 자음이 수쿤일 경우 2 격 명사가 아닌 일반적인 격변화를 한다. (수쿤이 실제로 기록은 되지 않지만 음운규칙적으로 수쿤이 있다고 본다.)

| 노아 (성경의 인물) | نُوحٌ | 롯 (성경의 인물) | لُوطٌ |

** 또한 현대에 소개된 신외래어 고유명사들은 2 격 명사로 취급하지 않는다. 이런 단어들은 단어의 끝자음에 격변화 기호를 붙이지 않는다. (مَبْنِيٌّ عَلَى الْحِكَايَةِ)

| 워싱턴 | وَاشِنْطُنْ | 나폴레옹 | نَابْلِيُونْ |
| 리차드 | رِيتْشَارْدْ | 미시간 | مِيشِغَانْ |

→ 위의 단어들과 같이 아직 아랍어화 되지 않은 외래어 단어들은 끝자음에 모음부호를 붙이지 않는다. (아랍어화 되지 않은 고유명사를 عَلَمٌ أَعْجَمِيٌّ 라 한다.)

** 아랍어화 된 외래어의 단수와 복수
아래의 단어들은 외래어에서 도입되었지만 아랍어화 된 كَلِمَاتٌ مُعَرَّبَةٌ 사물 보통명사들이다. 이들은 대개 복수형을 ـات 꼴로 취하며 2 격 명사의 격변화가 아닌 일반적인 명사의 격변화를 한다.

텔레비전	تِلِيفِزْيُونٌ/ ـاتٌ	전화	تِلِيفُونٌ/ ـاتٌ
버스	أُوتُوبِيسٌ/ ـاتٌ	버스	بَاصٌ/ ـاتٌ
라디오	رَادْيُو/ ـاتٌ		

d. 동사의 패턴(وَزْنُ الْفِعْلِ)을 가지고 있는 고유명사

아래의 고유명사들은 동사의 완료형인 أَفْعَلَ 패턴과 같거나 미완료형인 يَفْعِلُ 와 패턴이 같다. 이럴 경우 2 격 명사이다.

| 아흐마드 | أَحْمَدُ | 아슈라프 | أَشْرَفُ |
| 야지드(남자이름) | يَزِيدُ | 야스리브(도시이름) | يَثْرِبُ |

** 탄윈을 사용하는 고유명사
아랍어의 고유명사 가운데는 원래 아랍어 파생명사에서 고유명사로 발전한 경우들이 많다. 아래와 같은 단어들은 원래 아랍어의 파생명사이었기에 고유명사이지만 탄윈을 사용한다.

무함마드	مُحَمَّدٌ	자이드	زَيْدٌ
하산	حَسَنٌ	마흐무드	مَحْمُودٌ
싸미르	سَمِيرٌ	칼리드	خَالِدٌ
무크타르	مُخْتَارٌ	후세인	حُسَيْنٌ
알리	عَلِيٌّ	싸이드	سَعِيدٌ

e. 'فُعَل' 패턴을 가지고 있는 고유명사

오마르(사람 이름)	عُمَرُ	토성(Saturn)	زُحَلُ
고하(사람 이름)	جُحَا	사람 모양의 우상이름	هُبَلُ

f. 어미가 'ان'로 끝나는 고유명사

어미가 'ان'로 끝나는 고유명사 가운데 어미에 있는 ن 자음이 어근에서 오지 않고 추가된 고유명사는 2 격 명사이다. (이렇게 추가된 자음을 추가불변사 حَرْفٌ زَائِدٌ 이라고 한다.)

레바논(나라 이름)	لُبْنَانُ	아스완 (이집트 도시 이름)	أَسْوَانُ
술라이만 (솔로몬)	سُلَيْمَانُ	라마단 (이슬람력 이름, 사람 이름)	رَمَضَانُ
오스만 (사람 이름)	عُثْمَانُ	마르완 (사람 이름)	مَرْوَانُ
샤아밴 (이슬람력 이름, 사람 이름)	شَعْبَانُ	갓샌 (사람 이름)	غَسَّانُ

→ 그외 사람이름인 عَفَّانُ, عَدْنَانُ, عِمْرَانُ 등도 2 격 명사이다.

** 그러나 어미에 있는 ن 이 어근에서 온 고유명사는 2 격 명사가 아니다.

사람이름(ن이 원래 어근 에서 왔기에)(ح-س-ن)	حَسَّانٌ	값비싼 ثَمِينٌ 의 복수) (ث-م-ن)	أَثْمَانٌ

** 또한 فَعْلَانُ 패턴의 보통명사나 복수명사는 고유명사도 아니고 유사형용사도 아니기에 2 격 명사가 아니다. (나중에 나오는 '형용사 가운데서' 부분에서 فَعْلَانُ 패턴의 유사형용사는 2 격 명사이다.)

나라들	بُلْدَانٌ	기병대	فُرْسَانٌ
용서	غُفْرَانٌ		

g. 두 단어의 조합형(عَلَمٌ مُرَكَّبٌ تَرْكِيبًا مَزْجِيًّا)일 경우

두 단어가 조합되어 한 단어로 기록되는 단어를 عَلَمٌ مُرَكَّبٌ تَرْكِيبًا مَزْجِيًّا 이라 한다. 이 경우의 단어들은 2 격 명사이다.

포트사이드(Port Said) (이집트 도시 이름)	بُورْسَعِيدُ	시리아의 고대도시	حَضْرَمَوْتُ
레바논의 도시이름	بَعْلَبَكُّ	포트사이드에 있는 도시	بُورْفُؤَادُ
뉴욕	نِيُويُورْكُ		

** 두 단어의 조합형이지만 두 단어로 기록되는 경우를 عَلَمٌ مُرَكَّبٌ تَرْكِيبًا إِضَافِيًّا 이라 하는데 이 경우는 2 격 명사가 아니다. (예: عَبْدُ الله 사람이름 '압달라')

제14과 명사 격변화의 예외적 규칙 II

(2) 보통명사의 불규칙 복수 가운데서

a. 복수꼴의 어미가 'اء'로 끝나고 이것의 'ء'가 어근에서 온 것이 아닌 (اسْمٌ مَمْدُودٌ زِيَادَةٌ لِلْجَمْعِ) 불규칙 복수 명사들

앞 과에서 배운 맘두드 명사 (اسْمٌ مَمْدُودٌ) 가운데 복수형태에서 함자가 첨가된 경우 (الْهَمْزَةُ تَكُونُ زِيَادَةً لِلْجَمْعِ)의 단어는 2격 명사라고 했는데 바로 이 경우이다. (명사와 형용사 둘 다 마찬가지이다.)

شُعَرَاءُ	شَاعِرٌ / 시인	رُؤَسَاءُ	رَئِيسٌ / 대통령
خُبَرَاءُ	خَبِيرٌ / 전문가	أَصْدِقَاءُ	صَدِيقٌ / 친구
حُكَمَاءُ	حَكِيمٌ / 지혜로운 ; 지혜자	وُزَرَاءُ	وَزِيرٌ / 장관
أَذْكِيَاءُ	ذَكِيٌّ / 똑똑한 ; 총명한 사람	عُلَمَاءُ	عَالِمٌ / 과학자
سُعَدَاءُ	سَعِيدٌ / 행복한 ; 행복한 자	أَقْرِبَاءُ	قَرِيبٌ / 친척
أَشْيَاءُ *	شَيْءٌ / 물건, 사물(thing)	أَنْبِيَاءُ	نَبِيٌّ / 예언자, 선지자

→ 위의 شَيْءٌ의 복수 أَشْيَاءُ 는 일종의 예외이다. 앞 과의 맘두드 명사 부분의 설명을 보라.

b. 불규칙 복수의 패턴이 'فَعَالَى', 'فَعَالِيلُ', 'أَفَاعِيلُ', 'فَعَائِلُ', 'فَوَاعِلُ', 'مَفَاعِلُ', 'مَفَاعِيلُ'의 형태를 가진 명사 (صِيغَةُ مُنْتَهَى الْجُمُوعِ)

아래의 복수 단어들은 그 패턴이 아랍어에서 가장 흔한 불규칙 복수 패턴들 (صِيغَةُ مُنْتَهَى الْجُمُوعِ)이다. 이러한 패턴들의 공통점은 단어 중간에 'ا'이 있다는 것이다. 이렇게 복수형 단어 중간에 'ا'이 오고 그 뒤에 두 자음 혹은 세 자음이 남을 때 이 복수형태는 2격 명사가 된다. 이 책 제 7 과 '명사의 수(數)'의 '불규칙 복수(جَمْعُ التَّكْسِيرِ)' 부분으로 돌아가서 이에 대한 예들을 확인하라.

مَدَارِسُ	مَدْرَسَةٌ / 학교	كَنَائِسُ	كَنِيسَةٌ / 교회
مَفَاتِيحُ	مِفْتَاحٌ / 열쇠	رَسَائِلُ	رِسَالَةٌ / 편지, 메시지
مَسَاجِدُ	مَسْجِدٌ / 모스크	شَوَارِعُ	شَارِعٌ / 거리
مَصَابِيحُ	مِصْبَاحٌ / 등잔불	عَصَافِيرُ	عُصْفُورٌ / 참새
أَنَاشِيدُ	نَشِيدٌ / 노래(국가 등)	أَفَاضِلُ	أَفْضَلُ / 더 나은
مَدَائِنُ	مَدِينَةٌ / مُدُنٌ / 도시	يَتَامَى	يَتِيمٌ / 고아
خَنَازِيرُ	خِنْزِيرٌ / 돼지	دَرَاهِمُ	دِرْهَمٌ / 디르함
مَرَاحِلُ	مَرْحَلَةٌ / 단계, 국면	حَزَانَى	حَزِينٌ / 슬픈
مَبَانٍ	مَبْنًى / 건물	مَعَانٍ	مَعْنًى / 의미

** 불규칙 복수의 패턴이 أَفْعَالٌ 인 경우의 단어들은 2격 명사가 아닌 일반적인 격변화 명사이다.
(예 : أَبْوَابٌ, أَطْفَالٌ, أَلْوَانٌ, أَقْلَامٌ, أَشْخَاصٌ, أَوْلَادٌ 등)

(3) 형용사 가운데서

a. 'أَفْعَلُ' 패턴의 남성 형용사

동사의 패턴(وَزْنُ الْفِعْلِ)인 أَفْعَلَ 패턴을 가지고 있는 우선급(비교급) 단어나 색깔 명사, 그리고 آخَرُ 등의 단어는 2격 명사이다. (앞에서 동사의 패턴(وَزْنُ الْفِعْلِ)을 가지고 있는 고유명사도 2격 명사라 배웠다.)

더 나은(better)	أَفْضَلُ	더 큰	أَكْبَرُ
더 나은(better)	أَحْسَنُ	더 긴	أَطْوَلُ
더 많은	أَكْثَرُ	더 작은	أَصْغَرُ
더 아름다운	أَجْمَلُ	더 이전의	أَسْبَقُ
다른(another)	آخَرُ		
푸른색의	أَخْضَرُ	붉은색의	أَحْمَرُ
하얀색의	أَبْيَضُ	검은색의	أَسْوَدُ

b. 'فَعْلَاءُ' 패턴의 여성 형용사

보통 색깔 형용사와 신체의 결함을 의미하는 형용사의 여성형 어미에 'ـاء'가 온다. (اسْمٌ مَمْدُودٌ) 이 때 어미에 붙은 'ء'는 어근에서 온 것이 아니라 첨가된 것이다.(مَخْتُومٌ بِأَلِفِ التَّأْنِيثِ الْمَمْدُودَةِ) 따라서 2격 명사이다. 아래의 색깔 형용사와 신체결함 형용사의 남성형은 أَفْعَلَ 패턴의 2격 명사이고, 여성형은 فَعْلَاءُ 패턴의 2격 명사이다.

b-1 색깔 형용사

하얀	أَبْيَضُ/ بَيْضَاءُ	검은	أَسْوَدُ/ سَوْدَاءُ
붉은	أَحْمَرُ/ حَمْرَاءُ	초록의	أَخْضَرُ/ خَضْرَاءُ
노란	أَصْفَرُ/ صَفْرَاءُ	푸른	أَزْرَقُ/ زَرْقَاءُ
(피부 등이) 갈색인	أَسْمَرُ/ سَمْرَاءُ	(머리카락 등이) 금발의 (blond)	أَشْقَرُ/ شَقْرَاءُ
빛나는	أَزْهَرُ/ زَهْرَاءُ	아이 라이너 등이 군청색의, 검은색의	أَكْحَلُ/ كَحْلَاءُ

b-2 신체결함 형용사

소경의 ; 시각장애인	أَعْمَى/ عَمْيَاءُ	절름발이의 ; 절름발이	أَعْرَجُ/ عَرْجَاءُ
귀머거리의 ; 청각장애인	أَطْرَشُ/ طَرْشَاءُ	벙어리의 ; 언어장애인	أَخْرَسُ/ خَرْسَاءُ
사팔뜨기의 ; 사팔뜨기	أَحْوَلُ/ حَوْلَاءُ	귀머거리의 ; 청각장애인	أَصَمُّ/ صَمَّاءُ
곱추의 ; 곱추	أَحْدَبُ/ حَدْبَاءُ	야맹증의	أَعْشَى/ عَشْوَاءُ

c. 'فَعْلَانُ' 패턴의 유사형용사 (الصِّفَةُ الْمُشَبَّهَةُ)

아래의 대부분의 단어들은 일시적 상태를 나타내는 فَعِلَ 패턴의 동사에서 파생된 유사형용사이다.

목마른	عَطْشَانُ	추운 (사람이)	بَرْدَانُ *
술취한	سَكْرَانُ	더운 (사람이)	حَرَّانُ
화난	غَضْبَانُ	질투하는	غَيْرَانُ
배고픈	جَوْعَانُ	후회하는	نَدْمَانُ
배부른	شَبْعَانُ	부끄러워하는	خَجْلَانُ
피곤한	تَعْبَانُ	졸리는	نَعْسَانُ *
기쁜	فَرْحَانُ	게으른	كَسْلَانُ

→ 앞에서 고유명사 가운데서도 같은 패턴의 단어가 2 격 명사인 경우가 있었다. 앞에서 확인하라.
→ 위 단어들의 동사들은 대부분 فَعِلَ/يَفْعَلُ 패턴으로 변화한다. * 표시된 단어의 동사는 각각 بَرَدَ/يَبْرُدُ 와 نَعَسَ/يَنْعَسُ 이다.

d. 'فُعْلَى' 나 'فَعْلَى' 혹은 'فِعْلَى' 패턴의 여성 형용사 혹은 동명사 (مَخْتُومٌ بِأَلِفِ التَّأْنِيثِ الْمَقْصُورَةِ) (막수르명사)

فَعْلَانُ 패턴 형용사의 여성형태가 فَعْلَى 가 되는 경우 2 격 명사이다.

목마른 عَطْشَانُ/	عَطْشَى	배고픈 جَوْعَانُ/	جَوْعَى
게으른 كَسْلَانُ/	كَسْلَى	졸리는 نَعْسَانُ/	نَعْسَى
임신한; 임신부	حُبْلَى		

فُعْلَى 패턴의 우선급 명사 (اسْمُ التَّفْضِيلِ, 비교급 형용사)

더 큰 (أَكْبَرُ의 여성형)	كُبْرَى	더 높은 (أَعْلَى의 여성형)	عُلْيَا

فُعْلَى 나 فِعْلَى 혹은 패턴의 동명사 **이 단어들은 형용사가 아니라 동명사이다.

위안, 위로	سَلْوَى	좋은 소식	بُشْرَى
마음속 기도; 밀담	نَجْوَى	기억, 메모리	ذِكْرَى

e. فُعَلُ 패턴의 형용사 – 이 패턴의 형용사는 أَخَرُ 한 단어 밖에 없다.

다른(another)(آخَرُ의 여성형 أُخْرَى의 복수)	أُخَرُ

f. 숫자 1-10 가운데 فُعَالُ 패턴과 مَفْعَلُ 패턴

1 에서 10 까지의 숫자 가운데 فُعَالُ 패턴과 مَفْعَلُ 패턴의 숫자가 있다. 즉 أُحَادُ, ثُنَاءُ, ثُلَاثُ, رُبَاعُ.... عُشَارُ 와 مَوْحَدُ, مَثْنَى, مَثْلَثُ, مَرْبَعُ.... مَعْشَرُ 인데 이들은 2 격 명사이다(각각 1,2,3,4.... 10 의 의미). 이 숫자들은 꾸란에서 사용되며 현대표준아랍어(MSA)에서는 거의 사용되지 않는다.

3) 2격 명사(الْمَمْنُوعُ مِنَ الصَّرْفِ)의 격변화

2격 명사는 명사들 가운데 비한정 형태에 탄윈을 사용하지 않고, 그 소유격 격변화 기호가 카스라가 아니라 파트하이다. 이러한 내용을 아래의 예를 통해 확인하라.

주격(مَرْفُوع)에서

카이로에 좋은 학교들이 있다. (명사문의 주어)	فِي الْقَاهِرَةِ مَدَارِسُ جَيِّدَةٌ. (مَدَارِسٌ ×)
이집트에 지혜로운 장관들이 있다. (주어와 수식어)	فِي مِصْرَ وُزَرَاءُ حُكَمَاءُ. (وُزَرَاءٌ حُكَمَاءٌ ×)
대통령들이 그 컨프런스에 참석했다. (동사문의 주어)	حَضَرَ رُؤَسَاءُ الْمُؤْتَمَرِ. (رُؤَسَاءٌ ×)
아슈라프는 무함마드보다 낫다. (주어와 술어)	أَشْرَفُ أَفْضَلُ مِنْ مُحَمَّدٍ. (أَشْرَفٌ أَفْضَلٌ ×)

목적격(مَنْصُوب)에서

나는 내 친구에게 편지들을 썼다. (목적어)	كَتَبْتُ رَسَائِلَ لِصَدِيقِي. (رَسَائِلاً ×)
나는 국제 전시회에서 많은 전문가들과 이야기했다. (목적어)	كَلَّمْتُ خُبَرَاءَ كَثِيرِينَ فِي الْمَعْرِضِ الدَّوْلِيِّ.
그 거리에서의 신호는 붉은색이었다. (خَبَر كَانَ)	كَانَتِ الْإِشَارَةُ حَمْرَاءَ فِي الشَّارِعِ.*
나는 그 문제에 대해 아흐마드에게 말했다. (목적어)	كَلَّمْتُ أَحْمَدَ عَنِ الْمُشْكِلَةِ. (أَحْمَدًا ×)

→무효화 동사 كَانَ 가 사용된 명사문의 술어는 목적격을 취한다. 자세한 내용은 이 책 제Ⅱ권 '무효화 동사' 부분에서 공부하라.

소유격(مَجْرُور)에서

싸미르는 아흐마드보다 크다. (소유격 명사)	سَمِيرٌ أَكْبَرُ مِنْ أَحْمَدَ. (أَحْمَدٍ ×)
그 시위자들이 보조 도로(혹은 옆길)들에서 달렸다. (소유격 명사)	جَرَى¹ الْمُتَظَاهِرُونَ² فِي شَوَارِعَ جَانِبِيَّةٍ.
그는 참새들의 노래소리를 듣는다. (후연결어)	يَسْمَعُ تَغْرِيدَ³ عَصَافِيرَ. (عَصَافِيرٍ ×)
나는 많은 학교들에 갔다. (소유격 명사)	ذَهَبْتُ إِلَى مَدَارِسَ كَثِيرَةٍ. (مَدَارِسٍ ×)
아랍 혁명들은 다른 과정들을 거쳤다. (소유격 명사)	مَرَّتْ⁴ الثَّوْرَاتُ الْعَرَبِيَّةُ بِمَرَاحِلَ⁵ مُخْتَلِفَةٍ.

---

¹ جَرَى/يَجْرِي – جَرْيٌ : 뛰다, 달리다

² تَظَاهَرَ/يَتَظَاهَرُ – تَظَاهُرٌ – مُتَظَاهِرٌ : 시위하다

³ غَرَّدَ/يُغَرِّدُ – تَغْرِيدٌ : (새가) 지저귀다, 재재거리다

⁴ مَرَّ/يَمُرُّ – مُرُورٌ : ..을 지나가다, 지나치다, 통과하다 ; 겪고 있다.

⁵ مَرْحَلَةٌ/مَرَاحِلُ : 단계, 시기 ; 국면

제14과 명사 격변화의 예외적 규칙 II

(4) 2 격 명사(اَلْمَمْنُوعُ مِنَ الصَّرْفِ)의 주의할 점

2 격 명사에 ـل 이 붙거나 2 격 명사가 전연결어로 사용되면 소유격 격변화가 원래대로 카스라('i' 모음)로 온다.

(1) 2 격 명사에 정관사 ـل 이 붙어 한정이 될 경우

2 격 명사에 ـل 이 붙어 한정형이 되면 일반적인 명사의 격변화를 한다. 아래의 ①은 2 격 명사로서의 격변화 모습이고, ②는 정관사 ـل 이 붙어 일반적인 명사로 격변화하는 모습이다. 소유격 부분을 주의하여 보라.

	의미	주격(مَرْفُوعٌ)	목적격(مَنْصُوبٌ)	소유격(مَجْرُورٌ)
①	서신들	رَسَائِلُ	رَسَائِلَ	رَسَائِلَ
②	그 서신들	الرَّسَائِلُ	الرَّسَائِلَ	الرَّسَائِلِ

문장의 예		
①	나는 편지들에 대해서 물었다.	سَأَلْتُ عَنْ رَسَائِلَ.
②	나는 그 편지들에 대해서 물었다.	سَأَلْتُ عَنِ الرَّسَائِلِ.

다른 예들		
	우리들은 그 교회들에 갔다.	ذَهَبْنَا إِلَى الْكَنَائِسِ.
	나는 그 가장 좋은 나라로 여행을 떠났다.	سَافَرْتُ إِلَى الْبَلَدِ الْأَفْضَلِ.

(2) 2 격 명사가 전연결어로 사용될 때

아래와 같이 2 격 명사가 전연결어로 사용되면 소유격 격변화가 원래대로 카스라('i' 모음)로 온다. ①은 후연결어가 비한정 형태인 경우이고, ②는 후연결어가 한정형태인 경우이다.

	의미	주격(مَرْفُوعٌ)	목적격(مَنْصُوبٌ)	소유격(مَجْرُورٌ)
①	한 도시의 거리들	شَوَارِعُ مَدِينَةٍ	شَوَارِعَ مَدِينَةٍ	شَوَارِعِ مَدِينَةٍ
②	그 도시의 거리들	شَوَارِعُ الْمَدِينَةِ	شَوَارِعَ الْمَدِينَةِ	شَوَارِعِ الْمَدِينَةِ

①	그 시위자들은 한 도시의 거리들로 돌아왔다.	رَجَعَ الْمُتَظَاهِرُونَ إِلَى شَوَارِعِ مَدِينَةٍ.
②	그 시위자들은 그 도시의 거리들로 돌아왔다.	رَجَعَ الْمُتَظَاهِرُونَ إِلَى شَوَارِعِ الْمَدِينَةِ.

다른 예들		
	그들은 카이로의 학교들에서 공부했다.	دَرَسُوا فِي مَدَارِسِ الْقَاهِرَةِ.
	나는 그 가장 좋은 친구들과 함께 살고 있다.	أَعِيشُ مَعَ أَفْضَلِ الْأَصْدِقَاءِ.

** 그러나 2격 명사가 후연결어로 사용되는 경우는 2격 명사로 격변화를 한다.

아브라함의 땅은 넓다.	أَرْضُ إِبْرَاهِيمَ وَاسِعَةٌ.
나는 마리얌(마리아)의 오빠(남동생)을 만났다./ 이것은 오마르의 집이다.	قَابَلْتُ أَخَا مَرْيَمَ. / هَذَا بَيْتُ عُمَرَ.

(3) 2격 명사 뒤에 형용사가 올 때

2격 명사 뒤에 형용사가 와서 2격 명사를 수식할 경우 앞의 단어는 2격 명사로 격변화하고, 그뒤의 형용사는 문장에서의 기능에 따라 원래의 일반적인 격변화를 한다.

그 학교에는 친절한 친구들이 있다.	فِي الْمَدْرَسَةِ أَصْدِقَاءُ طَيِّبُونَ.
카이로에는 좋은 학교들이 있다.	فِي الْقَاهِرَةِ مَدَارِسُ جَيِّدَةٌ.
나는 국제 전시회에서 많은 전문가들과 이야기했다.	كَلَّمْتُ خُبَرَاءَ كَثِيرِينَ فِي الْمَعْرِضِ الدَّوْلِيِّ.
그 시위자들이 보조도로(옆길)들에서 달렸다.	جَرَى الْمُتَظَاهِرُونَ فِي شَوَارِعَ جَانِبِيَّةٍ.
아랍 혁명들은 다른 과정들을 거쳤다.	مَرَّتِ الثَّوْرَاتُ الْعَرَبِيَّةُ بِمَرَاحِلَ مُخْتَلِفَةٍ.

(4) 만꾸스 명사가 (الْمَمْنُوعُ مِنَ الصَّرْفِ)인 경우

복수형태가 만꾸스 명사(الاِسْمُ الْمَنْقُوصُ)인 단어들은 2격 명사인 것을 공부하였다. (예 : مَعَانٍ, لَيَالٍ, أَغَانٍ, مَقَاهٍ, مَبَانٍ, كَرَاسٍ 등). 이 단어들이 주격과 소유격에 사용될 경우 만꾸스 명사의 규칙대로 아무런 격변화 기호가 붙지 않는다.

몇몇의 단어들은 많은 의미를 가졌다.(주격) (مَعْنًى/مَعَانٍ)	لِبَعْضِ الْكَلِمَاتِ مَعَانٍ كَثِيرَةٌ.
레바논에는 넓은 목장들이 있다. (주격) (مَرْعًى/مَرَاعٍ)	فِي لُبْنَانَ مَرَاعٍ وَاسِعَةٌ.
그 중재자들이 중재를 섰다. (소유격) (وَسِيطٌ/وُسَطَاءُ)	قَامَ الْوُسَطَاءُ بِمَسَاعٍ¹ حَمِيدَةٍ.

그러나 목적격의 경우 일반적인 만꾸스 명사와 달리 탄원없는 파트하가 붙는데, 그 이유는 2격 명사에 탄원을 사용할 수 없기 때문이다.

나는 많은 노래들을 적었다. (أُغْنِيَةٌ/أَغَانٍ)	كَتَبْتُ أَغَانِيَ كَثِيرَةً. (أَغَانِيًا ×)
정부는 거대한 빌딩들을 지었다. (مَبْنًى/مَبَانٍ)	شَيَّدَتِ الْحُكُومَةُ مَبَانِيَ ضَخْمَةً. (مَبَانِيًا ×)

또한 이 종류의 명사들이 한정형태로 사용될 경우 원래의 만꾸스 명사 격변화로 변화한다.

نَجَحَتِ الْمَسَاعِي الْحَمِيدَةُ فِي التَّوْفِيقِ بَيْنَ الطَّرَفَيْنِ.

그 중재는 그 양쪽 사이를 화해시키는 것을 성공했다.

---

¹ مَسْعًى/مَسْعَى 노력(effort)   مَسَاعٍ حَمِيدَةٌ (분쟁의) 조정, 알선, 중재 (good efforts)

2. 다섯 명사(الأَسْمَاءُ الْخَمْسَةُ)

1) 다섯 명사(الأَسْمَاءُ الْخَمْسَةُ)란?

아랍어 단어가운데 전연결어로 사용될 때 독특한 격변화를 일으키는 다섯 단어가 있는데 이를 다섯 명사(الأَسْمَاءُ الْخَمْسَةُ)라 한다. 이 다섯 명사는 주격과 목적격과 소유격의 격변화(مَصْرُوفٌ)를 하지만 그 격변화가 다른 많은 명사와 달리 독특한 격변화를 하기에 '다섯 명사(الأَسْمَاءُ الْخَمْسَةُ)'라고 구분짓는다.

아래의 문장을 보자. 아래의 세 문장에서 'أَبٌ'(아버지) 라는 단어가 동시에 사용되었다.

그의 아버지는 마음씨가 좋다. (주격)	أَبُوهُ طَيِّبٌ.
무함마드는 그의 아버지를 사랑한다. (목적격)	مُحَمَّدٌ يُحِبُّ أَبَاهُ.
나는 그의 아버지와 인사했다.	سَلَّمْتُ عَلَى أَبِيهِ.

위의 첫 번째 문장에서 أَبُوهُ 는 주어(الْمُبْتَدَأ)이기에 주격으로 사용되었고(أَبُو + ه), 두 번째 문장에서 أَبَاهُ 는 목적어이기에 목적격으로 사용되었으며(أَبَا + ه), 세 번째 문장에서 أَبِيهِ 는 소유격 명사이기에 소유격으로 사용되었다. (세 단어에 공통적으로 붙은 ه 는 접미 인칭대명사가 후연결어로 온 것이다.). 여기에서 '그의 아버지'에 해당하는 단어의 주격과 목적격과 소유격 기호가 다른 명사와는 다른 것을 알 수 있다. 즉 주격과 목적격과 소유격의 격변화 기호가 각각 담마와 파트하, 그리고 카스라가 아닌 각각 أَبُو 와 أَبَا 그리고 أَبِي 로 격변화하였다. 이와같이 'أَبٌ'이라는 단어는 전연결어로 사용될 때 그 격변화 꼴이 다른 명사와 달리 주격에서 أَبُو, 목적격에서 أَبَا, 소유격에서 أَبِي 로 격변화를 하는 것이다. 이렇게 'أَبٌ' 와 같은 격변화를 일으키는 명사가 다섯 개 인데 이 단어들을 다섯 명사(الأَسْمَاءُ الْخَمْسَةُ)라 한다.

다섯 명사(الأَسْمَاءُ الْخَمْسَةُ)의 종류와 격변화

아래의 다섯 단어가 전연결어로 사용될 때 어떻게 격변화하는지를 보라. 다섯 가지 단어의 주격과 목적격과 소유격의 각각의 격변화의 형태는 동일하다.

	의미	단어	주격	목적격	소유격
①	아버지	أَبٌ	أَبُو	أَبَا	أَبِي
②	형제(brother)	أَخٌ	أَخُو	أَخَا	أَخِي
③	장인, 시아버지	حَمٌ	حَمُو	حَمَا	حَمِي
④	입(mouth)	فُو	فُو	فَا	فِي
⑤	..을 가진 ; ..을 가진자 ..을 소유한 ; 소유한자	ذُو	ذُو	ذَا	ذِي

2) 문장에서의 격변화 예들

(1) أَبٌ 의 경우

주격	그녀의 아버지는 레바논 출신이다.	أَبُوهَا مِنْ لُبْنَانَ.
목적격	나는 싸미라의 아버지에게 전화해서 그녀와의 결혼을 요청했다. (سَمِيرَة 는 2격 명사)	كَلَّمْتُ أَبَا سَمِيرَةَ وَطَلَبْتُ[1] يَدَهَا.
소유격	나는 그 소식을 무함마드의 아버지로부터 들었다.	سَمِعْتُ الْخَبَرَ مِنْ أَبِي مُحَمَّدٍ.

(2) أَخٌ 의 경우

주격	무함마드의 형(혹은 남동생)은 결혼하였다.	أَخُو مُحَمَّدٍ مُتَزَوِّجٌ.
목적격	나는 당신의 형(혹은 남동생)을 보았다.	شَاهَدْتُ[2] أَخَاكَ.
소유격	나는 그녀의 오빠(남동생)와 인사했다.	سَلَّمْتُ عَلَى أَخِيهَا.

(3) حَمٌ 의 경우

주격	그는 싸미르의 장인이다.	هُوَ حَمُو سَمِيرٍ.
목적격	그는 그의 장인이 앉아있는 것을 발견하였다.	وَجَدَ حَمَاهُ يَجْلِسُ.
소유격	마흐무드는 그의 장인과 함께 여행했다.	سَافَرَ مَحْمُودٌ مَعَ حَمِيهِ.

(4) فُو 의 경우

주격	그 아기의 입은 깨끗하지 않다.	فُو الطِّفْلِ لَيْسَ نَظِيفًا.
목적격	너의 손과 입을 씻어라.	اِغْسِلْ يَدَكَ وَفَاكَ.
소유격	나는 그녀의 입을 보았다.	نَظَرْتُ إِلَى فِيهَا.

(5) ذُو 의 경우

주격	당신은 마음이 큰(big mind) 사람이다. (ذُو 가 술어로 사용됨)	أَنْتَ ذُو عَقْلٍ كَبِيرٍ.
목적격	우리는 색깔이 빨간색인 대추야자를 샀다. (ذَا 가 수식어로 사용됨)	اِشْتَرَيْنَا بَلَحًا ذَا لَوْنٍ أَحْمَرَ.
소유격	우리는 돈을 가진 모든 사람을 환영한다. (ذِي 가 كُلّ의 후연결어로 사용됨)	نُرَحِّبُ[3] بِكُلِّ ذِي مَالٍ.

→ ذُو 의 더 자세한 용법에 대해서는 이 책 제Ⅱ권 '연결형에 대해 Ⅱ'에서 공부하도록 하라.

---

[1] طَلَبَ/ يَطْلُبُ يَدَ + هَا – طَلَبٌ (여자)와의 결혼을 요청하다, 청혼하다

[2] شَاهَدَ/ يُشَاهِدُ هـ – مُشَاهَدَةٌ ...을 보다(to see) ; ...을 시청하다(to watch)

[3] رَحَّبَ/ يُرَحِّبُ بـ ه – تَرْحِيبٌ ...를 환영하다

3) 다섯 명사의 주의할 점

(1) 다섯 명사 가운데 أبٌ, أخٌ, حَمٌ, فُو 에 1 인칭 접미 인칭대명사(مُضَافٌ إِلَى يَاء الْمُتَكَلِّم)가 올 경우

أبٌ, أخٌ, حَمٌ, فُو 에 1 인칭 소유격 접미 인칭대명사 ي 가 붙으면 '나의 아버지', '나의 형제' 등의 의미가 된다. 이 경우는 다섯 명사들이 전연결어로 사용되었지만 1인칭 접미 인칭대명사의 영향으로 다섯 명사의 격변화를 하지 않는다. 아래의 예문을 보자. (ذُو 는 1 인칭 접미 인칭대명사와 결합하여 사용되지 않는다.)

내 아버지는 관대하다. (أبٌ 에 1인칭 접미 인칭대명사가 붙어 أَبِي 가 됨. أَبْ + ي. 주격)	أَبِي كَرِيمٌ جِدًّا.
나는 거리에서 내 형을 보았다. (أَخٌ 에 1인칭 접미 인칭대명사가 붙어 أَخِي 가 됨. أَخْ + ي. 주격)	رَأَيْتُ أَخِي فِي الشَّارِعِ.
나는 내 장인과 인사를 나누었다. (حَمٌ 에 1인칭 접미 인칭대명사가 붙어 حَمِي 가 됨. حَمْ + ي. 소유격)	سَلَّمْتُ عَلَى حَمِي. *
내 입안에 음식이 없다. (فْ + ي) (앞의 فِي 는 '내 입'이 란 의미이고, 뒤의 فيه 는 '그 안에'의 의미이다.)(주격)	فِي (أَوْ فَمِي) لَيْسَ فِيهِ طَعَامٌ. **

→위의 문장들에서 다섯 명사가 사용된 문장의 기능에 따라 다섯 명사의 격변화가 있는 것으로 추정할 수 있다.

→위의 * 에서 حَمِي 가 소유격 자리에 사용되었으므로 다섯 명사의 소유격 변화의 ي 가 있는 것으로 추정한다. (الْعَلَامَةُ مُقَدَّرَةٌ)

→위의 ** 에서 'فِي'는 전치사 'فِي'와의 혼돈을 막기 위해 같은 '내 입'이란 의미의 'فَمِي'로 바꾸어 쓸 수도 있다.

**** 다음과 같은 문장도 가능하다.**

나는 내 아들의 입안에 음식을 넣었다. (첫번째 في 는 전치사 في 이고, 두번째 في 는 فو 의 소유격이다. 이 في 에는 1인칭 소유격 접미 인칭대명사가 붙지 않았다.)	وَضَعْتُ¹ الطَّعَامَ فِي فِي ابْنِي.

(2) 다섯 명사 가운데 حَمٌ, أَخٌ, أَبٌ 이 전연결어로 사용되지 않고 보통명사로 사용될 때에는 원래의 일반적인 격변화를 한다.

다섯 명사의 특별한 격변화는 이 단어들이 연결형의 전연결어로 사용될 때 발생한다. 아래의 أَبٌ, أَخٌ, حَمٌ 의 경우들은 연결형 구조가 아니므로 일반적인 격변화를 한다. 한편 ذُو 와 فُو 의 경우는 선연결어로만 사용되기 때문에 보통명사로는 사용되지 않는다.

a. حَمٌ, أَخٌ, أَبٌ 이 비한정 형태로 사용될 때

나의 선생님은 나에게 아버지이다.	مُدَرِّسِي أَبٌ لِي.
나는 나의 친구들 모두에게 형제이다.	أَنَا أَخٌ لِكُلِّ أَصْدِقَائِي.
내 친구는 장인이 되었다. (أَصْبَحَ 는 무효화 동사로서 술어 자리에 목적격이 온다.)	أَصْبَحَ² صَدِيقِي حَمًا.

---

¹ وَضَعَ/يَضَعُ هـ ‒ وَضْعٌ 놓다, 두다

² أَصْبَحَ/يُصْبِحُ ‒ إِصْبَاحٌ (to become) ..이 되다

b. حَم, أخ, أَب 에 الــ 이 붙을 때

(그) 아버지는 그의 아들을 사랑한다.	الأَبُ يُحِبُّ ابْنَهُ.
싸미르 형제는 그 학교의 교장이다. (سَمِير 와 الأخ 은 대용어 동격이다.)	الأَخُ سَمِيرٌ مُدِيرُ الْمَدْرَسَةِ.
(그) 장인은 그의 딸의 남편(사위)을 아주 엄하게 대한다.	الْحَمُ يُعَامِلُ¹ زَوْجَ ابْنَتِهِ بِشِدَّةٍ.

c. حَم, أخ, أَب 가 연결형의 후연결어로 사용될 때

아버지의 사랑은 크다.	مَحَبَّةُ الأَبِ كَبِيرَةٌ.
형제 싸미르의 능력은 크다. (الأخ سمير 는 대용어(البَدَل)구이다.)	قُدْرَةُ الأَخِ سَمِيرٍ كَبِيرَةٌ.

(3) 다섯 명사의 쌍수와 복수 변화

다섯 명사 단어들이 쌍수나 복수로 사용될 때는 원래의 일반적인 격변화를 한다.

		أَب	أَخ	حَم	فُو	ذُو
의미		아버지	형제	장인	입	..을 가진 ;..을 가진자(남성형태)
쌍수	주격	أَبَوَانِ	أَخَوَانِ	حَمَوَانِ	فَوَا ...	ذَوَا ...
	목적격/소유격	أَبَوَيْنِ	أَخَوَيْنِ	حَمَوَيْنِ	فَوَيْ ...	ذَوَيْ ...
복수	주격	آبَاءٌ	إِخْوَةٌ، إِخْوَانٌ	أَحْمَاءٌ	أَفْوَاهٌ	ذَوُو ...
	목적격/소유격					ذَوِي ...

➔ فَوَا, ذَوَا 등에 ن 이 없고 ' ... '로 표시한 이유는 이 단어들이 전연결어로만 사용되기 때문이다.

➔ ذُو 는 그 여성형태가 ذَاتُ 이다. ذُو/ذَاتُ 의 변화에 대해 다음 페이지를 보자.

쌍수와 복수가 사용된 예들

형제들은 하나로 연합해야 한다. (주격, 주어)	الإِخْوَةُ يَجِبُ² أَنْ يَكُونُوا مُتَّحِدِينَ.
그 두 소년의 두 입은 크다. (주격, 쌍수, 주어)	فَوَا الصَّبِيَّيْنِ كَبِيرَانِ.
나의 친구의 부모님이 그 파티에 참석했다. ('أَبَوَانِ + صَدِيقِي' 연결형 구조에서 ن 탈락)	حَضَرَ³ الْحَفْلَةَ أَبَوَا صَدِيقِي.

---

¹ عَامَلَ/ يُعَامِلُ هـ – مُعَامَلَةٌ ..를 대하다, 상대하다, 취급하다, 다루다 ; 거래.관계를 하다

² يَجِبُ أَنْ ... ..해야 한다.

³ حَضَرَ/ يَحْضُرُ هـ – حُضُورٌ   حَضَرَ/ يَحْضُرُ إِلَى .. 에 오다, 나타나다   .. 에 참석하다

제14과 명사 격변화의 예외적 규칙 II

나의 부모님은 마음이 따뜻하다. ('أَبَوَان + ي' 연결형 구조에서 ن 탈락)	أَبَوَايَ طَيِّبَا الْقَلْبِ.
당신의 두 형제는 친절함(호의)을 가진 사람이다. (ذَوَا + فَضْلٍ) (أَخَوَيْن + كَ) 연결형 구조(إِنَّ 는 무효화 불변사)	إِنَّ أَخَوَيْكَ ذَوَا فَضْلٍ.
그들 두 사람은 형제가 아니다. (목적격, 쌍수)	هُمَا لَيْسَا أَخَوَيْنِ.
아버지들의 회의가 열렸다. (آبَاء 는 أَب 의 복수)(소유격, 후연결어)	اِجْتَمَعَ¹ مَجْلِسُ الْآبَاءِ.
너희들은 너희들의 입들로 말한다. (소유격, 소유격 명사)	تَقُولُونَ بِأَفْوَاهِكُمْ.

(4) ذُو 의 여성형태와 쌍수 그리고 복수꼴은 아래와 같다.

앞에서 ذُو 의 주격과 목적격과 소유격 변화를 공부했다. ذُو 의 여성형(f.)은 ذَاتُ 이고, ذَاتُ 의 복수형은 ذَوَاتُ 이다. ذَاتُ 의 단수형, 쌍수형, 복수형은 일반적인 격변화를 한다. ذُو/ذَاتُ 는 항상 전연결어로 사용된다.

ذُو/ذَاتُ 의 변화

수(數)	격변화	남성(مُذَكَّر)	여성(مُؤَنَّث)
단수 (الْمُفْرَدُ)	주격(مَرْفُوعٌ)	ذُو ... *	ذَاتُ ...
	목적격(مَنْصُوبٌ)	ذَا ... *	ذَاتَ ...
	소유격(مَجْرُورٌ)	ذِي ... *	ذَاتِ ...
쌍수 (الْمُثَنَّى)	주격(مَرْفُوعٌ)	ذَوَا ...	ذَاتَا ... (أَوْ ذَوَاتَا ...)**
	목적격·소유격	ذَوَيْ ...	ذَاتَيْ ...
복수 (الْجَمْعُ)	주격(مَرْفُوعٌ)	ذَوُو ...	ذَوَاتُ ...
	목적격·소유격	ذَوِي ...	ذَوَاتِ ...

→ 위의 표에서 * 표시만 '다섯 명사(الْأَسْمَاءُ الْخَمْسَةُ)'의 변화이다. 그이외의 경우는 원래의 일반적인 격변화이다. 쌍수와 복수의 경우 형태의 변화도 확인하라.

→ 위의 ** 는 꾸란에 사용된 ذَاتُ 의 쌍수 꼴이다. (꾸란 55:48)

문장의 예들
ذُو 에 대한 예들

그는 현명함(이성)을 소유한 사람이다. (ذُو 가 주어, 주격, 단수)	هُوَ ذُو عَقْلٍ.
당신은 좋은 생각들을 가진 학생이다. (ذُو 가 수식어로 사용됨)	أَنْتَ طَالِبٌ ذُو أَفْكَارٍ جَيِّدَةٍ.

---

¹ اِجْتَمَعَ/يَجْتَمِعُ – اِجْتِمَاع (모임 등이) 열리다, 모이다

나는 재력이 있는 그 남자를 좋아한다. (목적격, 단수) (ذَا가 목적어를 수식하는 수식어이다.)		أُحِبُّ الرَّجُلَ ذَا الْمَالِ.
나는 힘있는 한 사람을 쳐다보았다. (소유격, 단수)		نَظَرْتُ إِلَى ذِي قُوَّةٍ.
그들 둘은 많은 지식의 소유자이다. (주격, 쌍수)		هُمَا ذَوَا عِلْمٍ كَبِيرٍ.
나는 그 많은 돈을 소유한 그 두 사람과 인사했다. (소유격, 쌍수))		سَلَّمْتُ عَلَى ذَوَي الْمَالِ الْكَثِيرِ.
그 아기들은 하얀 마음을 가진 사람들이다. (주격, 복수)		الْأَطْفَالُ ذَوُو قَلْبٍ أَبْيَضَ.
이집트 사람들은 뿌리깊은 문명의 소유자들이다. (주격, 복수)		الْمِصْرِيُّونَ ذَوُو حَضَارَةٍ عَرِيقَةٍ.
나는 많은 자동차들을 가진 사람들을 보았다. (목적격, 복수)		رَأَيْتُ ذَوِي السَّيَّارَاتِ الْعَدِيدَةِ.
تَخْتَلِفُ الرُّؤْيَةُ وَالْمَفْهُومُ لِذَوِي الاِحْتِيَاجَاتِ الْخَاصَّةِ عِنْدَ الْأَطِبَّاءِ. 의사들간에 장애인(특별한 필요들이 있는 사람)들에 대한 견해와 이해가 다르다. (소유격 복수)		

ذَاتْ 에 대한 예들

그녀는 강한 믿음의 소유자이다. (주격, 단수)		هِيَ ذَاتُ إِيمَانٍ قَوِيٍّ.
나는 지식을 소유한 그 젊은 여자를 보았다. (목적격, 단수) (ذَاتَ가 수식어이다.)		رَأَيْتُ الْفَتَاةَ ذَاتَ الْعِلْمِ.
나는 아름다움을 소유한 한 여자를 환영했다. (소유격, 단수)		رَحَّبْتُ بِذَاتِ جَمَالٍ.
그녀 둘은 널리 알려진 여학생이다. (주격, 쌍수) (ذَاتَا가 수식어이다.)		هُمَا طَالِبَتَانِ ذَاتَا شُهْرَةٍ وَاسِعَةٍ.
나는 윤리의식을 가진 두 여자와 이야기를 나누었다. (소유격, 쌍수)		تَكَلَّمْتُ مَعَ ذَاتَيْ خُلُقٍ.
그들은(f.) 아름다운 눈들을 가진 사람들이다. (주격, 복수)		هُنَّ ذَوَاتُ عُيُونٍ جَمِيلَةٍ.
나는 뿔들을 가진 그 동물들을 보았다. (목적격, 복수) (ذَوَاتَ가 수식어이다.)		شَاهَدْتُ الْحَيَوَانَاتِ ذَوَاتِ الْقُرُونِ[1]
말은 네 다리를 가진 것들 중의 하나이다. (소유격, 복수)		الْحِصَانُ مِنْ ذَوَاتِ الْأَرْبَعِ.

** ذُو 와 ذَاتْ 의 다양한 문장들을 이 책 제Ⅱ권의 '연결형에 대해 Ⅱ' 부분의 '전연결어로(مُضَافٌ) 사용되는 단어들' 부분에서 공부할 수 있다.

---

[1] قَرْنٌ/قُرُونٌ 뿔 قَرْنُ الْحَيَوَانِ 동물의 뿔

제15 과 인칭대명사 (الضَّمِير)

1. 독립 인칭대명사 (ضَمَائِرُ الرَّفْعِ الْمُنْفَصِلَةُ)
2. 접미 인칭대명사 (الضَّمَائِرُ الْمُتَّصِلَةُ : ضَمَائِرُ الرَّفْعِ وَضَمَائِرُ النَّصْبِ وَالْجَرِّ)
3. 분리의 인칭대명사 (ضَمِيرُ الْفَصْلِ)
4. 강조의 인칭대명사 (ضَمِيرُ التَّوْكِيدِ)
5. 연결의 인칭대명사 (الضَّمِيرُ الْعَائِدُ أَوْ ضَمِيرُ الرَّبْطِ)
6. 가인칭 대명사 (ضَمِيرُ الشَّأْنِ)

인칭대명사의 종류가 여러 가지이므로 입문자의 경우
독립 인칭대명사와 접미 인칭대명사를 먼저 공부하고
나머지는 나중에 공부해도 된다.

제15과 인칭대명사(الضَّمِير)

사람을 가리키는 대명사를 인칭대명사라 한다. 아랍어의 인칭대명사(الضَّمِير)는 아래와 같이 크게 여섯 가지로 나눌 수 있다.[1]

** 인칭대명사의 구분		
구분		설명
① 독립 인칭대명사 (الضَّمَائِرُ الْمُنْفَصِلَةُ) 다른 단어들과 떨어져서 사용됨	주격 독립 인칭대명사 (ضَمَائِرُ الرَّفْعِ الْمُنْفَصِلَةُ)	문장에서 다른 단어들과 떨어져서 사용되되 문장의 주어로 사용되는 인칭대명사이다.
	목적격 독립 인칭대명사 (ضَمَائِرُ النَّصْبِ الْمُنْفَصِلَةُ)	문장에서 다른 단어들과 떨어져서 사용되되 주로 문장의 목적어 역할을 하는 인칭대명사이다.
② 접미 인칭대명사 (الضَّمَائِرُ الْمُتَّصِلَةُ) 단어의 어미에 붙어서 사용됨	주격 접미 인칭대명사 (ضَمَائِرُ الرَّفْعِ الْمُتَّصِلَةُ)	동사의 완료형과 미완료형의 인칭변화 접미어 가운데 인칭대명사로 간주되는 어미 자음을 말한다.
	목적격 접미 인칭대명사 (ضَمَائِرُ النَّصْبِ الْمُتَّصِلَةُ)	동사의 접미어로 사용되어 동사의 목적어가 되거나, 무효화 불변사의 접미어로 사용되어 그 뒤에 오는 문장의 의미상 주어가 된다.
	소유격 접미 인칭대명사 (ضَمَائِرُ الْجَرِّ الْمُتَّصِلَةُ)	명사의 접미어로 사용되어 연결형을 이루어 그 명사의 소유관계를 밝히거나, 전치사의 접미어로 사용되어 전치사의 소유격 명사가 된다.
③ 분리의 인칭대명사 (ضَمِيرُ الْفَصْلِ)		문장에서 주어와 술어를 명확히 구분하기 위해 중간에 추가하는 인칭대명사이다. 추가대명사(الضَّمِيرُ الزَّائِدُ)라 하기도 한다.
④ 강조의 인칭대명사 (ضَمِيرُ التَّوْكِيدِ)		소유격 인칭대명사 뒤나 동사 뒤에 인칭대명사가 한 번 더 사용되어 그 앞의 인칭대명사를 강조하는 역할을 한다.
⑤ 연결의 인칭대명사 (الضَّمِيرُ الْعَائِدُ أَوْ ضَمِيرُ الرَّبْطِ)		관계대명사(الاسْمُ الْمَوْصُولُ) 문장의 관계종속문과 수식절(جُمْلَةُ النَّعْتِ) 등에서 앞에 사용된 선행사를 이어받아 그 선행사와 성.수.격을 일치시키는 인칭대명사이다.
⑥ 가인칭 대명사 (ضَمِيرُ الشَّأْنِ)		형태는 인칭대명사이지만 실제적인 역할은 인칭대명사의 역할이 아니다. 사람들의 주의를 끌거나 문장의 보조적인 역할을 한다.

→ 위의 독립 인칭대명사 가운데 주격 독립 인칭대명사와, 접미 인칭대명사 가운데 목적격 접미 인칭대명사와 소유격 접미 인칭대명사는 가장 기본적인 인칭대명사이다. 이에 대해서 먼저 익힌 뒤에 다른 인칭대명사들을 익히도록 하자.

---

[1] 아랍어의 인칭대명사(الضَّمِير)는 사람 뿐만 아니라 동물에게도 사용할 수 있다.

1. 독립 인칭대명사 (الضَّمَائِرُ المُنْفَصِلَةُ)

문장에서 다른 단어들과 떨어져서 사용되는 인칭대명사이다.

1) 주격 독립 인칭대명사 (ضَمَائِرُ الرَّفْعِ المُنْفَصِلَةُ)

문장에서 다른 단어들과 떨어져서 사용되되 문장의 주어(مُبْتَدَأ)로 사용되는 인칭대명사이다. 주어로 사용되기에 '주격'이며, 다른 단어들과 떨어져서 사용되기에 '독립'으로 번역하였다. 인칭대명사의 가장 대표적인 형태이므로 반드시 기억해야 한다. 아래의 도표에서 각 인칭의 성과 수에 따른 주격 독립 인칭대명사를 파악하도록 하라.

	단수		쌍수		복수	
3인칭	그는	هُوَ	그들 둘은 (m. f.)	هُمَا	그들은(m.)	هُمْ
	그녀는	هِيَ			그녀들은(f.)	هُنَّ
2인칭	너는(m.)	أَنْتَ	너희 둘은 (m. f.)	أَنْتُمَا	너희들은(m.)	أَنْتُمْ
	너는(f.)	أَنْتِ			너희들은(f.)	أَنْتُنَّ
1인칭	나는(m. f.)	أَنَا	우리 둘은 (m. f.)	نَحْنُ	우리들은 (m. f.)	نَحْنُ

→ 아랍어의 인칭대명사는 성과 수에 따라 세분되어 있다. 예를들어 2 인칭의 경우 상대방이 남성인가 혹은 여성인가에 따라 단어가 다르고, 호칭하려는 상대방의 숫자가 단수인가 쌍수인가 복수인가에 따라 인칭대명사가 달라진다. 단, 3 인칭 쌍수와 2 인칭 쌍수, 그리고 1 인칭 단수와 복수 인칭대명사는 남성과 여성의 형태가 같다.

→ 여성 복수는 여성들만 세 사람 이상 있을 때를 말한다. 여성이 아무리 많더라도 그 가운데 남성 한 사람이 포함되어 있으면 남성 복수가 된다.

주격 독립 인칭대명사가 사용된 문장의 예

아래는 주격 독립 인칭대명사가 사용된 명사문의 예이다. 문장에서 사용된 인칭대명사를 잘 살펴보고 인칭과 성과 수에 따라 주어(مُبْتَدَأ)와 술어(خَبَر)가 어떻게 일치하는지 파악하라.

	남성 단수	그는 학생이다.	هُوَ طَالِبٌ.
	여성 단수	그녀는 학생이다.	هِيَ طَالِبَةٌ.
3인칭	남성 쌍수	그들 두 사람(m.)은 학생이다.	هُمَا طَالِبَانِ.
	여성 쌍수	그들 두 사람(f.)은 학생이다.	هُمَا طَالِبَتَانِ.
	남성 복수	그들은(그 남자들은) 학생들이다.	هُمْ طُلَّابٌ.
	여성 복수	그들은(그 여자들은) 학생들이다.	هُنَّ طَالِبَاتٌ.

2인칭	남성 단수	너(m.)는 학생이다.	أَنْتَ طَالِبٌ.
	여성 단수	너(f.)는 학생이다.	أَنْتِ طَالِبَةٌ.
	남성 쌍수	너희 두 사람(m.)은 학생이다.	أَنْتُمَا طَالِبَانِ.
	여성 쌍수	너희 두 사람(f.)은 학생이다.	أَنْتُمَا طَالِبَتَانِ.
	남성 복수	너희들(m.)은 학생들이다.	أَنْتُمْ طُلَّابٌ.
	여성 복수	너희들(f.)은 학생들이다.	أَنْتُنَّ طَالِبَاتٌ.
1인칭	남성 단수	나(m.)는 학생이다.	أَنَا طَالِبٌ.
	여성 단수	나(f.)는 학생이다.	أَنَا طَالِبَةٌ.
	남성 쌍수	우리 둘(m.)은 학생이다.	نَحْنُ طَالِبَانِ.
	여성 쌍수	우리 둘(f.)은 학생이다.	نَحْنُ طَالِبَتَانِ.
	남성 복수	우리들(m.)은 학생들이다.	نَحْنُ طُلَّابٌ.
	여성 복수	우리들(f.)은 학생들이다.	نَحْنُ طَالِبَاتٌ.

2) 목적격 독립 인칭대명사 (ضَمَائِرُ النَّصْبِ الْمُنْفَصِلَةُ)

문장에서 다른 단어들과 떨어져서 사용되되 주로 문장의 목적어 역할을 하는 인칭대명사이다. 일반적으로 인칭대명사가 동사의 목적어로 사용될 경우 동사에 접미되어 사용된다. 그러나 목적격 독립 인칭대명사는 동사의 목적어로 사용되지만 동사와 떨어져 사용된다. 다른 문법책에서 이것을 '분리대명사'로 번역하는 경우도 있다.

목적격 독립 인칭대명사는 아래와 같이 'إِيَّا' 를 줄기로 사용하고 그 뒤에 접미 인칭대명사가 붙는 형태이지만 이 전체를 목적격 독립 인칭대명사라 한다. 이 인칭대명사는 아주 흔하게 사용되는 것은 아니지만 알아두어야 할 내용이다.

		단수		쌍수		복수	
3인칭	그를, 그에게	إِيَّاهُ		그들 두 남자에게, 를	إِيَّاهُمَا	그들에게, 을	إِيَّاهُمْ
	그녀를, 그녀에게	إِيَّاهَا		그들 두 여자에게, 를	إِيَّاهُمَا	그녀들에게, 을	إِيَّاهُنَّ
2인칭	너를, 너에게 (m.)	إِيَّاكَ		너희 두 남자에게, 를	إِيَّاكُمَا	너희 남자들에게, 을	إِيَّاكُمْ
	너를, 너에게 (f.)	إِيَّاكِ		너희 두 여자에게, 를	إِيَّاكُمَا	너희 여자들에게, 을	إِيَّاكُنَّ
1인칭	나를, 나에게	إِيَّايَ		우리 둘에게, 를	إِيَّانَا	우리들에게, 을	إِيَّانَا

** 목적격 독립 인칭대명사(ضَمَائِرُ النَّصْبِ الْمُنْفَصِلَةِ)의 용법
(1) 동사의 목적어가 وَ 에 의해 연결된 두 개의 인칭대명사일 때

동사의 목적어가 대등접속사 وَ 에 의해 연결된 두 개의 인칭대명사일 때 두 번째 것을 목적격 독립 인칭대명사로 사용한다. 즉 첫 번째 목적어는 동사의 목적격 접미 인칭대명사로 사용해 주고 두 번째 목적어는 وَ 뒤에 목적격 독립 인칭대명사를 사용한다.

그는 나와 그녀를 때렸다. (نِي 와 إِيَّاهَا 가 동사의 목적어)	ضَرَبَنِي وَإِيَّاهَا.
나는 너와 그들에게 말했다. (كَ 와 إِيَّاهُمْ 가 동사의 목적어)	كَلَّمْتُكَ وَإِيَّاهُمْ.
나는 그녀와 그를 보았다. (هَا 와 إِيَّاهُ 가 동사의 목적어)	رَأَيْتُهَا وَإِيَّاهُ.

(2) 수여동사의 제 2 목적어(직접목적어)로 사용된다.

동사 가운데 '..에게 ..을 주다'의 의미를 가진 수여동사가 있다. 이 동사는 아래와 같이 두 개의 목적어를 취하여 제 1 목적어(간접목적어)와 제 2 목적어(직접목적어)를 가진다. 이때 뒤에 오는 제 2 목적어가 보통명사가 아니라 인칭대명사일 경우 목적격 독립 인칭대명사를 사용한다. 수여동사에 대해서는 이 책 제Ⅱ권 '동사문에 대해'의 '2 개의 목적어를 취하는 동사' 부분에서 공부한다.

수여동사가 사용된 일반적인 문장

그는 그 가난한 사람에게 돈을 주었다.	أَعْطَى[1] الْفَقِيرَ نُقُودًا. b + a
그 교장(사장)은 나에게 상을 수여했다.	مَنَحَنِي[2] الْمُدِيرُ جَائِزَةً. b + a

a – 제1목적어(간접목적어) b – 제2목적어(직접목적어)

목적격 독립 인칭대명사가 사용된 문장

위의 수여동사 문장에서 제 2 목적어를 인칭대명사로 받고 싶을 때 목적격 독립 인칭대명사를 사용한다. (파란색 표기는 제 1 목적어(간접목적어)이고, 빨간색 표기는 제 2 목적어(직접목적어)이다.)

그는 그 가난한 사람에게 그것을 주었다.	أَعْطَى الْفَقِيرَ إِيَّاهَا.
그들 모두는 그에게 그것을 주었다.	أَعْطَاهُ كُلٌّ مِنْهُمْ إِيَّاهُ.
그 교장(사장)은 나에게 그것을 수여했다.	مَنَحَنِي الْمُدِيرُ إِيَّاهَا.
그는 그녀에게 그것을 가르쳤다.	عَلَّمَهَا إِيَّاهُ.

[1] أَعْطَى/ يُعْطِي ه هـ – إِعْطَاءً (to give) ..에게 ..을 주다
[2] مَنَحَ/ يَمْنَحُ ه هـ – مَنْحٌ (to grant) ..에게 ..을 주다

(3) 동사적 용법으로 사용된 동명사의 의미상 목적어가 대명사일 때

동명사의 동사적 용법(الْمَصْدَرُ الْعَامِلُ عَمَلَ فِعْلِهِ)이란 것이 있다. 동명사의 동사적 용법이란 문장에서 사용된 동명사가 자체의 의미상 주어와 목적어를 동시에 가지는 경우를 말한다. 이 동사적 용법에 대한 자세한 내용은 이 책 제Ⅰ권의 '동명사' 부분이나 이 책 제Ⅱ권 '파생명사의 동사적 용법에 대해' 부분에서 공부하게 될 것이다.

일반적인 문장

아래의 ① 문장은 무효화 불변사 أَنَّ 가 이끄는 풀어쓴 동명사 문장이다. 이 문장을 ② 문장으로 바꾸면 동사적 용법 문장이 된다. 즉 동명사 رَفْض 이 자체의 의미상 주어와 목적어를 가지게 된다. 동사적 용법으로 사용된 동명사의 의미상 목적어가 보통명사일 때는 그 명사를 그대로 목적어로 사용한다.

그들이 그녀의 초대를 거절한 것이 그녀를 화나게 했다. (② 문장에서 رَفْض 가 동사적 용법으로 사용된 동명사이며, دَعْوَتَهَا 가 동명사의 의미상 목적어이다.)	①	أَغْضَبَهَا[1] أَنَّهُمْ رَفَضُوا[2] دَعْوَتَهَا[3].
	②	أَغْضَبَهَا رَفْضُهُمْ دَعْوَتَهَا.

→ هُمْ 이 동명사 رَفْض 의 의미상 주어이고, دَعْوَتَهَا 가 동명사 رَفْض 의 의미상 목적어이다.

목적격 독립 인칭대명사가 사용된 문장

아래에서 동사적 용법으로 사용된 동명사의 의미상 목적어가 인칭대명사일 때 그 인칭대명사를 목적격 독립 인칭대명사로 사용해 준다.

그들이 그녀를 거절한 것이 그녀를 화나게 했다. (② 문장에서 إِيَّاهَا 가 동명사의 의미상 목적어 대신에 사용되었다.)	①	أَغْضَبَهَا أَنَّهُمْ رَفَضُوهَا.
	②	أَغْضَبَهَا رَفْضُهُمْ إِيَّاهَا.

→ هُمْ 이 동명사 رَفْض 의 의미상 주어이고, إِيَّاهَا 가 동명사 رَفْض 의 의미상 목적어이다.

다른 예문

나는 네가 아랍어를 공부하길(전공하길) 원한다.	أُرِيدُ[4] أَنْ تَدْرُسَ اللُّغَةَ الْعَرَبِيَّةَ.
나는 네가 그것을 공부하길(전공하길) 원한다. (밑줄 부분이 동사적 용법으로 사용된 동명사이다.)	أُرِيدُ دِرَاسَتَكَ إِيَّاهَا.
나는 내 아들이 그것을 놀이하길 선호한다.	أُفَضِّلُ لَعِبَ ابْنِي إِيَّاهُ.
그 교장은 학생들에게 그것 둘을 주는 것을 좋아한다.	يُحِبُّ الْمُدِيرُ مَنْحَ التَّلَامِيذِ إِيَّاهُمَا.

---

[1] أَغْضَبَ/ يُغْضِبُ ه – إِغْضَابٌ .. 를 화나게 하다..
[2] رَفَضَ/ يَرْفُضُ ه أو هـ – رَفْضٌ .. 을 거절.부결.거부하다..
[3] دَعَا/ يَدْعُو ه إِلَى ... – دَعْوَةٌ .. 을 ..에 초대.초청하다..
[4] أَرَادَ/ يُرِيدُ هـ – إِرَادَةٌ .. 을 원하다.. أَرَادَ/ يُرِيدُ أَنْ ... 을 하길 원하다..

** 한편 '동사 + 전치사' 숙어 형태에서 파생된 동명사는 '동명사 + 전치사'의 형태를 취한다. 이럴 경우 전치사 뒤에 온 동명사의 의미상 목적어는 전치사에 접미되어 사용되므로 목적격 독립 인칭대명사를 사용하지 않고 소유격 접미 인칭대명사(ضَمَائِرُ الْجَرِّ الْمُتَّصِلَةُ)를 사용한다.

| 그가 그것을 획득한 것이 우리를 기쁘게 했다. | سَرَّنَا¹ حُصُولُهُ عَلَيْهَا. |

(4) 동사의 직접목적어를 강조하기 위해

목적격 독립 인칭대명사가 동사의 직접목적어를 강조하기 위해 사용되는 경우이다.
아래의 예를 보자. 아래의 ①은 목적격 접미 인칭대명사 كَ 가 사용된 일반적인 문장이다. 이 문장의 목적어를 강조하기 위해 이 목적격 접미 인칭대명사를 목적격 독립 인칭대명사 إِيَّاكَ 로 바꿀 수 있다. 그래서 만들어진 문장이 ②문장이다. 이 경우 목적격 독립 인칭대명사는 항상 동사보다 먼저 와서 그 동사의 목적어에 대해서 강조하는 역할을 한다.

우리가 바로 당신을 사랑합니다. (إِيَّاكَ 가 동사보다 먼저 와서 주의를 집중시키는 역할을 한다.)	①	نُحِبُّكَ.
	②	إِيَّاكَ نُحِبُّ.

다른 예들

우리가 바로 당신을 예배하고 당신에게 도움을 요청합니다.(쿠란 구절)	إِيَّاكَ نَعْبُدُ² وَإِيَّاكَ نَسْتَعِينُ³.
내가 여호와께 바라는 한 가지 일 그것을 구하니 (성경 시편 27:4)	وَاحِدَةً سَأَلْتُ مِنَ الرَّبِّ وَإِيَّاهَا أَلْتَمِسُ⁴.
한 여자가 그녀의 남편에게 물었다. '당신은 누구를 사랑합니까?' 그가 그녀에게 말하길 '나는 바로 당신을 사랑합니다.'	سَأَلَتِ امْرَأَةٌ زَوْجَهَا : "مَنْ تُحِبُّ؟" فَأَجَابَهَا⁵ : "إِيَّاكِ أُحِبُّ"
주님! 제가 당신께 간구했으니, 당신의 얼굴을 내게서 숨기지 마시옵소서.	إِيَّاكَ دَعَوْتُ⁶ يَا رَبُّ، فَلَا تَحْجُبْ⁷ وَجْهَكَ عَنِّي.

목적격 독립 인칭대명사가 동사보다 먼저 와서 강조하는 이러한 구문은 주로 쿠란이나 성경 등의 종교 서적이나 시 등에서 많이 사용된다.

¹ سَرَّ/ يَسُرُّ ه – سُرُورٌ ..를 기쁘게 하다, 즐겁게 하다
² عَبَدَ/ يَعْبُدُ ه – عِبَادَةٌ ..를 예배하다, 숭배하다
³ اِسْتَعَانَ/ يَسْتَعِينُ ه (أَوْ بـ ه) – اِسْتِعَانَةٌ ..에게 도움. 구원을 청하다
⁴ اِلْتَمَسَ/ يَلْتَمِسُ هـ ... مِنْ – اِلْتِمَاسٌ ..로부터 ..을 구하다, 요청하다
⁵ أَجَابَ/ يُجِيبُ ه – إِجَابَةٌ ..에게 대답하다, 답변하다 ; 응답하다
⁶ دَعَا/ يَدْعُو ه إِلَى – دَعْوَةٌ ..에 초청하다 ..을 ... دَعَا/ يَدْعُو اللهَ 하나님께 간구하다, 기원하다
⁷ حَجَبَ/ يَحْجُبُ هـ عَنْ ه – حَجْبٌ ..에게 ..을 막다, ..이 ..을 못하도록 막다

(5) '..하지 않도록 조심하라'는 경고문 문장에서

목적격 독립 인칭대명사의 2인칭 뒤에 أَنْ 절이 오면 '...하지 않도록 조심하라'는 경고의 문장이 된다. 한편 إِيَّاكَ 뒤에 대등 접속사 وَ 가 오는 문장에 대해서는 이 책 제Ⅱ권 '기타 독특한 아랍어 문장들과 그 격변화'의 '목적격 독립 인칭대명사를 사용한 경고의 문장' 부분에서 공부하라.

조심해!, 주의해!	إِيَّاكَ.
그것을 말하지 않도록 조심해!	إِيَّاكَ أَنْ تَقُولَ ذَلِكَ.
너희들은 이유없이 말하지 않도록 조심해!	إِيَّاكُمْ أَنْ تَتَكَلَّمُوا بِدُونِ سَبَبٍ.
(당신(f.)은) 거짓말을 하지 마! (وَ 는 대등접속사이다.)	إِيَّاكِ وَالْكَذِبَ.
(당신(m.)은) 불을 조심해! (وَ 는 대등접속사이다.)	إِيَّاكَ وَالنَّارَ.

288

2. 접미 인칭대명사 (الضَّمَائِرُ الْمُتَّصِلَةُ : ضَمَائِرُ الرَّفْعِ وضَمَائِرُ النَّصْبِ وَالْجَرِّ)

접미 인칭대명사는 단어의 어미에 붙어서 사용되는 인칭대명사를 말한다. 접미 인칭대명사는 세 가지 종류가 있다.

먼저는 동사의 완료형과 미완료형 줄기에 붙는 주격 접미 인칭대명사(ضَمَائِرُ الرَّفْعِ الْمُتَّصِلَةُ)와, 동사와 무효화 불변사의 접미어로 사용되는 목적격 접미 인칭대명사(ضَمَائِرُ النَّصْبِ الْمُتَّصِلَةُ), 그리고 명사와 전치사의 접미어로 사용되는 소유격 접미 인칭대명사(ضَمَائِرُ الْجَرِّ الْمُتَّصِلَةُ)가 있다. 이 세 가지를 다루며 가장 쉬운 순서대로 소유격 접미 인칭대명사를 먼저 다루고, 목적격 접미 인칭대명사, 주격 접미 인칭대명사의 순서로 공부하도록 한다.

소유격 접미 인칭대명사는 명사의 접미어로 사용되어 그 명사의 소유주를 밝히거나, 전치사의 접미어로 사용되어 전치사의 소유격 명사의 역할을 한다. 목적격 접미 인칭대명사는 동사의 접미어로 사용되어 동사의 목적어가 되거나, 무효화 불변사의 접미어로 사용되어 불변사 뒤에 오는 문장의 의미상 주어가 된다. 주격 접미 인칭대명사는 동사의 완료형과 미완료형의 인칭변화 접미어 가운데 인칭대명사로 간주되는 줄기를 말한다.

위의 세 가지 접미 인칭대명사 가운데 소유격 접미 인칭대명사와 목적격 접미 인칭대명사의 형태는 대동소이하다. 두 접미 인칭대명사는 1인칭 단수 꼴에서만 형태가 다르며 다른 인칭과 수에서는 형태가 동일하다.

소유격과 목적격 인칭대명사(ضَمَائِرُ الْجَرِّ وَالنَّصْبِ الْمُتَّصِلَةُ) 변화 형태

	단수		쌍수		복수	
3인칭	그의(소유격) / 그를, 그에게(목적격)	ـهُ	그들 둘의(소유격) /에게, 를(목적격) (m. f.)	ـهُمَا	그들의/에게, 을	ـهُمْ
	그녀의 / 그녀를, 그녀에게	ـهَا			그녀들의/에게, 을	ـهُنَّ
2인칭	너의 / 너를, 너에게(m.)	ـكَ	너희 둘의/에게, 를(m. f.)	ـكُمَا	너희 남자들의/에게, 을	ـكُمْ
	너의 / 너를, 너에게(f.)	ـكِ			너희 여자들의/에게, 을	ـكُنَّ
1인칭	나의(소유격)/ 나를, 나에게(목적격) (m. f.)	명사/전치사 뒤에서(소유격) ـي / 동사뒤에서(목적격) ـنِي	우리 둘의(소유격) /에게, 를(목적격) (m. f.)	ـنَا	우리들의(소유격) / 에게, 을 (목적격)(m. f.)	ـنَا

→ 위의 1인칭 단수에서 소유격 접미 인칭대명사(명사와 전치사 뒤에 사용) ـي 와 목적격 접미 인칭대명사(동사와 무효화 불변사 뒤에 사용) ـنِي 가 다른것을 확인하라.

1) 소유격 접미 인칭대명사 (ضَمائِرُ الْجَرِّ الْمُتَّصِلَةِ)

(1) 명사의 접미어로 사용되는 경우

소유격 접미 인칭대명사는 명사의 접미어로 사용되어 앞의 명사의 소유주를 지정한다. 이때 '명사 + 접미 인칭대명사'는 연결형(الْإِضَافَةُ) 조합이 되며, 인칭대명사는 한정형태의 단어이므로 '명사 + 접미 인칭대명사' 조합은 후연결어가 한정형태인 연결형 조합이 된다. 접미 인칭대명사가 연결형의 후연결어로 사용된 경우이므로 이것이 '소유격' 접미 인칭대명사가 된다.

소유격 접미 인칭대명사(ضَمائِرُ الْجَرِّ الْمُتَّصِلَةِ) 변화 형태

		단수		쌍수		복수	
3인칭	그의, 그것의(m.)	ـهُ		그들 둘의 (m. f.)	ـهُمَا	그들의	ـهُمْ
	그녀의, 그것의(f.), 그것들의(사물복수)	ـهَا				그녀들의	ـهُنَّ
2인칭	너의(m.)	ـكَ		너희 둘의 (m. f.)	ـكُمَا	너희 남자들의	ـكُمْ
	너의(f.)	ـكِ				너희 여자들의	ـكُنَّ
1인칭	나의(m. f.)	ـي		우리 둘의 (m. f.)	ـنَا	우리들의 (m. f.)	ـنَا

아래는 كِتَاب 란 명사 단어를 예로 명사의 소유격 접미 인칭대명사 변화를 기록한 것이다.

인칭			의미	주격 자리에서	목적격 자리에서	소유격 자리에서
3인칭	남성 단수	هُوَ	그의 책	كِتَابُهُ	كِتَابَهُ	كِتَابِهِ *
	여성 단수	هِيَ	그녀의 책	كِتَابُهَا	كِتَابَهَا	كِتَابِهَا
	남녀 쌍수	هُمَا	그 둘의 책	كِتَابُهُمَا	كِتَابَهُمَا	كِتَابِهِمَا *
	남성 복수	هُمْ	그들의 책	كِتَابُهُمْ	كِتَابَهُمْ	كِتَابِهِمْ *
	여성 복수	هُنَّ	그녀들의 책	كِتَابُهُنَّ	كِتَابَهُنَّ	كِتَابِهِنَّ *
2인칭	남성 단수	أَنْتَ	너(m.)의 책	كِتَابُكَ	كِتَابَكَ	كِتَابِكَ
	여성 단수	أَنْتِ	너(f.)의 책	كِتَابُكِ	كِتَابَكِ	كِتَابِكِ
	남녀 쌍수	أَنْتُمَا	너희 둘의 책	كِتَابُكُمَا	كِتَابَكُمَا	كِتَابِكُمَا
	남성 복수	أَنْتُمْ	너희들(m.)의 책	كِتَابُكُمْ	كِتَابَكُمْ	كِتَابِكُمْ
	여성 복수	أَنْتُنَّ	너희들(f.)의 책	كِتَابُكُنَّ	كِتَابَكُنَّ	كِتَابِكُنَّ
1인칭	남녀 단수	أَنَا	나의 책	كِتَابِي	كِتَابِي	كِتَابِي
	남녀 쌍수·복수	نَحْنُ	우리들의 책	كِتَابُنَا	كِتَابَنَا	كِتَابِنَا

→ 앞의 '소유격 자리에서'의 접미 인칭대명사에서 * 표가 있는 모음 변화에 주의하라. (앞에 온 카스라의 영향으로 인칭대명사에도 카스라가 되었다. كِتَابِهِمْ 이 아닌 كِتَابُهُمْ, كِتَابِهِمَا 가 아닌 كِتَابُهُمَا, كِتَابِهِ 가 아닌 كِتَابُهُ 등)

→ 1인칭 단수의 경우 접미 인칭대명사로 ي 가 사용되는데, 이 때 ي 가 장모음화 되면서 그 앞의 자음에 카스라가 붙었다. 이 때문에 주격과 목적격 소유격의 모양이 똑같다. (مَبْنِيٌّ)

→앞의 단어들의 구조는 '명사 + 접미 인칭대명사'가 되어 연결형 구조가 된다. 아랍어 문법에서 '명사 + 접미 인칭대명사'의 조합은 한정형태의 연결형(الإِضَافَةُ) 조합이다. 예를 들어 연결형 조합인 كِتَابُ الطَّالِبِ (그 학생의 책)나 '명사 + 접미 인칭대명사'의 조합인 كِتَابُهُ(كِتَابٌ + ه)(그의 책)나 같은 연결형 조합이다.

문장에서의 사용

명사의 접미어로 사용된 접미 인칭대명사(ضَمَائِرُ الْجَرِّ الْمُتَّصِلَةِ)가 문장에서 어떻게 사용될까?
'명사 + 접미 인칭대명사'의 조합이 한정형태의 연결형 조합이 되어 문장에서 주격과 목적격 소유격으로 사용된다.

주격	그의 책이 그 책상 위에 있다. (كِتَابُهُ 가 주어로 왔다.)	كِتَابُهُ عَلَى الْمَكْتَبِ.
목적격	나는 그의 책을 읽었다. (كِتَابَهُ 가 목적어로 왔다.)	قَرَأْتُ كِتَابَهُ.
소유격	나는 그의 책에 대해서 물었다. (كِتَابِهِ 가 전치사 عَنْ 뒤에 와서 소유격 명사(اسْمٌ مَجْرُورٌ)가 되었다.)	سَأَلْتُ عَنْ كِتَابِهِ.

→ 주격과 목적격과 소유격이 문장에서 어떻게 사용되는지는 이 책 '명사의 격변화' 부분에서 공부하라.

다른 예들

a. 주격 자리에 사용된 문장

나의 자동차는 비싸다. (سَيَّارَة + ي)	سَيَّارَتِي غَالِيَةٌ.
그녀들의 휴일은 금요일부터이다. (إِجَازَة + هُنَّ)	إِجَازَتُهُنَّ مِنْ يَوْمِ الْجُمْعَةِ.
이것은 그들의 임금이다.	هَذَا هُوَ أَجْرُهُمْ.
그녀의 두 사장은 부지런하다. (مُدِيرَان + هَا)	مُدِيرَاهَا مُجْتَهِدَانِ. *
그의 학생들은 공부를 열심히 한다.	طُلَّابُهُ يَدْرُسُونَ جَيِّدًا.
그의 선생님들은 친절하다. (مُدَرِّسُونَ + ه)	مُدَرِّسُوهُ طَيِّبُونَ. *

→ 위의 * 표가 있는 مُدِيرَاهَا 는 연결형 조합에서 ن 이 탈락한 경우이다. (مُدِيرَان + هَا) 쌍수명사 뒤의 인칭대명사의 경우

→위의 * 표가 있는 مُدَرِّسُوهُ 는 연결형 조합에서 ن 이 탈락한 경우이다. (مُدَرِّسُونَ + ه) 규칙 복수명사 뒤의 인칭대명사의 경우

b. 목적격 자리에 사용된 문장

그는 그의 여자 친구를 방문했다.	زَارَ صَدِيقَتَهُ.
싸미라는 그녀의 친구(m.)에게 편지를 썼다.	كَتَبَتْ سَمِيرَةُ رِسَالَتَهَا إِلَى صَدِيقِهَا.
내가 학교에 갔을 때 나는 당신의 부모를 만났다.	قَابَلْتُ وَالِدَيْكَ عِنْدَمَا ذَهَبْتُ إِلَى الْمَدْرَسَةِ. *
싸미르와 무함마드는 그들(dual)의 아이들에게 키스했다.	قَبَّلَ سَمِيرٌ وَمُحَمَّدٌ أَوْلَادَهُمَا.

→ 위의 * 표가 있는 وَالِدَيْكَ 는 연결형 조합에서 نِ 이 탈락한 경우이다. (وَالِدَيْنِ + كَ)

c. 소유격 자리에 사용된 문장

그 사전은 그의 책상 위에 있다.	الْقَامُوسُ عَلَى مَكْتَبِهِ.
그 돈은 그 두 사람의 지갑 안에 있다.	النُّقُودُ فِي مَحْفَظَتِهِمَا.
나는 어제 내 친구 집에서 잤다. (نَامَ/يَنَامُ)	نِمْتُ أَمْسِ عِنْدَ صَدِيقِي.
나는 그녀의 두 남자친구와 인사를 나누었다.	سَلَّمْتُ عَلَى صَدِيقَيْهَا *.
나는 그들의 직원들과 이야기했다.	تَكَلَّمْتُ مَعَ مُوَظَّفِيهِمْ *.

→ 위의 * 표가 있는 صَدِيقَيْهَا 는 연결형 조합에서 نِ 이 탈락한 경우이다. (صَدِيقَيْنِ + هَا) 쌍수명사 뒤의 인칭대명사
→ 위의 * 표가 있는 مُوَظَّفِيهِمْ 은 연결형 조합에서 نِ 이 탈락한 경우이다. (مُوَظَّفِينَ + هُمْ) 규칙 복수명사 뒤의 인칭대명사

** 후연결어에 1인칭 단수 소유격 접미 인칭대명사 'ي'가 올 경우

연결형으로 사용된 명사의 후연결어로 1인칭 단수 소유격 접미 인칭대명사(يَاءُ الْمُتَكَلِّمِ)'ي'가 사용될 경우 주의해야 할 부분이 있다. (아랍어 문법에서 이를 الْمُضَافُ إِلَى يَاءِ الْمُتَكَلِّمِ 이라 한다.) 그것은 전연결어로 막수르 명사가 올 경우, 만꾸스 명사가 올 경우, 쌍수명사가 올 경우, 남성 규칙 복수명사가 올 경우 소유격 접미 인칭대명사 (يَاءُ الْمُتَكَلِّمِ)'ي'의 결합 형태가 약간씩 달라지는 부분이 있기 때문이다. 이 내용은 이 책 12과 '연결형에 대해 I'으로 돌아가서 공부하도록 하자.

(2) 전치사의 접미어로 사용되는 경우

전치사 뒤에 오는 명사를 소유격 명사(الِاسْمُ الْمَجْرُورُ)라 한다. 전치사 뒤에는 보통명사나 고유명사가 소유격 명사로 오는 경우도 있지만 인칭대명사가 소유격 명사로 오기도 한다. 이와같이 전치사 뒤에 인칭대명사가 와야 할 경우 아래와 같이 소유격 접미 인칭대명사를 접미시켜 준다.

전치사 뒤에 보통명사	전치사 뒤에 고유명사	전치사 뒤에 인칭대명사
مِنَ الْكِتَابِ	مِنْ مُحَمَّدٍ	مِنْهُ (مِنْ + هُ)
그 책으로 부터	무함마드로 부터	그로부터

아래는 여러가지 전치사의 소유격 접미 인칭대명사 변화 도표이다. 전치사의 접미어 변화는 기본적으로 명사의 접미어 변화와 동일하지만 모음부호가 달라지는 부분이 있어 주의가 요구된다.

제15과 인칭대명사

전치사에 붙는 소유격 접미 인칭대명사							
		بِ	فِي	إِلَى	عَلَى	مِنْ	عَنْ	لِ
의미		...와 함께 (by, with)	...안에 (in)	...에게 (to)	...위에 (on)	...로부터 (from)	...에 대해 (about)	...을 위해 (for, to)
3인칭	남성 단수	بِهِ*	فِيهِ*	إِلَيْهِ*	عَلَيْهِ*	مِنْهُ	عَنْهُ	لَهُ*
	여성 단수	بِهَا	فِيهَا	إِلَيْهَا	عَلَيْهَا	مِنْهَا	عَنْهَا	لَهَا*
	남녀 쌍수	بِهِمَا*	فِيهِمَا*	إِلَيْهِمَا*	عَلَيْهِمَا*	مِنْهُمَا	عَنْهُمَا	لَهُمَا*
	남성 복수	بِهِمْ*	فِيهِمْ*	إِلَيْهِمْ*	عَلَيْهِمْ*	مِنْهُمْ*	عَنْهُمْ*	لَهُمْ*
	여성 복수	بِهِنَّ*	فِيهِنَّ*	إِلَيْهِنَّ*	عَلَيْهِنَّ*	مِنْهُنَّ	عَنْهُنَّ	لَهُنَّ*
2인칭	남성 단수	بِكَ	فِيكَ	إِلَيْكَ	عَلَيْكَ	مِنْكَ	عَنْكَ	لَكَ*
	여성 단수	بِكِ	فِيكِ	إِلَيْكِ	عَلَيْكِ	مِنْكِ	عَنْكِ	لَكِ*
	남녀 쌍수	بِكُمَا	فِيكُمَا	إِلَيْكُمَا	عَلَيْكُمَا	مِنْكُمَا	عَنْكُمَا	لَكُمَا*
	남성 복수	بِكُمْ	فِيكُمْ	إِلَيْكُمْ	عَلَيْكُمْ	مِنْكُمْ	عَنْكُمْ	لَكُمْ*
	여성 복수	بِكُنَّ	فِيكُنَّ	إِلَيْكُنَّ	عَلَيْكُنَّ	مِنْكُنَّ	عَنْكُنَّ	لَكُنَّ*
1인칭	남여 단수	بِي	فِيَّ*	إِلَيَّ*	عَلَيَّ*	مِنِّي*	عَنِّي*	لِي
	남여 쌍수·복수	بِنَا	فِينَا	إِلَيْنَا	عَلَيْنَا	مِنَّا*	عَنَّا*	لَنَا*

→ 위의 전치사의 의미들은 가장 일반적인 의미만 기록하였다. 전치사의 자세한 의미와 용법은 이 책 제II권의 '여러가지 소유격에 대해' 부분에서 공부하라.

→ مَعَ , عِنْدَ , بَيْنَ , لَدَى 등은 전치사가 아니라 부사이다. 아랍어 문법에서 부사는 명사이다. 따라서 부사들은 다른 일반 명사들처럼 후연결어(소유격 명사가 아닌)로 소유격 접미 인칭대명사를 사용할 수 있다. (مَعَ , عِنْدَ , بَيْنَ 는 لِ 의 경우와 같이 변화하고, لَدَى 는 عَلَى 의 경우와 같이 변화한다.)

위의 표에서 모음부호가 달라지는 부분을 정리하면 다음과 같다. (* 표시된 부분)
1. 전치사 عَلَى , إِلَى , فِي , بِ 의 경우 3인칭의 남성 단수와 쌍수와 남성복수 그리고 여성복수에 ـِ , ـِمَا , ـِهِمْ , ـِهِنَّ 의 꼴을 취한다. 이는 바로 앞에 오는 카스라 단모음 혹은 카스라 장모음의 영향이다.
2. 전치사 إِلَى 와 عَلَى 는 1인칭 단수를 제외한 모든 인칭의 접미 인칭대명사 앞에서 각각 إِلَي 와 عَلَي 로 변화된다. إِلَيْهِ, عَلَيْكُمْ 등이 된다.
3. 전치사 لِ 에 접미 인칭대명사가 붙을 경우 لِ 은 لَ 꼴이 된다. (1인칭 단수만 예외이다.)
4. 전치사 عَلَى , إِلَى , فِي 의 경우 1인칭 단수 꼴에 샷다가 붙는다. (فِيَّ , إِلَيَّ , عَلَيَّ) 이는 전치사의 끝자음 ـِ 혹은 ـَى 에 1인칭 단수 접미어 ي 가 붙어 ي 가 중복되기 때문이다.
5. 전치사 مِنْ 과 عَنْ 이 1인칭 단수와 복수에서 사용될 때 ن 이 중복된다. (عَنَّا , عَنِّي , مِنَّا , مِنِّي)

2) 목적격 접미 인칭대명사 (ضَمَائِرُ النَّصْبِ الْمُتَّصِلَةُ)

동사의 접미어로 사용되어 동사의 목적어가 되거나, 무효화 불변사의 접미어로 사용되어 그 뒤에 오는 문장의 의미상 주어가 된다.

아래의 '동사의 목적어로 사용되는 문장'을 보자. '나는 거리에서 그를 보았다'라는 문장을 표현할 때 어떻게 할 수 있을까? ① 문장에서처럼 독립인칭대명사를 문장의 목적어로 사용하는 것은 아랍어 문장에서 불가능하다. 그래서 ②와같이 목적격 접미 인칭대명사를 사용하는 것이다.

아래의 '무효화 불변사 문장의 주어로 사용되는 경우'도 마찬가지 원리이다.

동사의 목적어로 사용되는 경우

나는 거리에서 그들을 보았다.	①	رَأَيْتُ هُمْ فِي الشَّارِعِ. (×)
	②	رَأَيْتُهُمْ فِي الشَّارِعِ. (o)

무효화 불변사 문장의 주어(اِسْمُ إِنَّ)로 사용되는 경우

참으로 그녀는 아름답다.	①	إِنَّ هَا جَمِيلَةٌ. (×)
	②	إِنَّهَا جَمِيلَةٌ. (o)

이와같이 목적격 접미 인칭대명사(ضَمَائِرُ النَّصْبِ الْمُتَّصِلَةُ)는 동사의 목적어로 사용되거나 무효화 불변사의 의미상 주어로 사용된다. (무효화 불변사에 대해서는 이 책 제Ⅱ권에서 자세히 공부한다.)

목적격 접미 인칭대명사 변화 형태

아래는 동사의 목적어로 사용되거나 무효화 불변사의 의미상 주어로 사용되는 목적격 접미 인칭대명사의 형태이다. 1인칭 단수형태 이외의 다른 모든 형태들은 소유격 접미 인칭대명사와 그 형태가 동일하다.

목적격 접미 인칭대명사 변화 형태 (ضَمَائِرُ النَّصْبِ الْمُتَّصِلَةُ)					
	단수		쌍수		복수	
3인칭	그를, 그것을 (m.), 그에게, 그것에게	ـهُ	그들 둘을, 그들 둘에게, 그것 둘에게 (m.)	ـهُمَا	그들을, 그들에게	ـهُمْ
	그녀를, 그것을 (f.), 그녀에게, 그것에게, 그것들을(사물 복수)	ـهَا	그녀 둘을, 그녀 둘에게, 그것 둘에게 (f.)		그녀들을, 그녀들에게	ـهُنَّ
2인칭	너를, 너에게 (m.)	ـكَ	너희 둘을, 너희 둘에게(m. f.)	ـكُمَا	너희 남자들을, 남자들에게	ـكُمْ
	너를, 너에게(f.)	ـكِ			너희 여자들을, 여자들에게	ـكُنَّ
1인칭	나를, 나에게 (m. f.)	ـنِي*	우리 둘을, 우리 둘에게(m. f.)	ـنَا	우리들을, 우리들에게 (m. f.)	ـنَا

→ 위의 표의 1 인칭 단수 형태를 주의하라. 소유격 접미 인칭대명사와 목적격 접미 인칭대명사의 차이가 여기에 있다. 여기에 붙은 ن 을 نُونُ الْوِقَايَة 라 한다.

→ 위의 표에 기록된 접미어의 의미는 이 접미어가 동사의 목적어로 사용될 때의 의미이다. 동사가 한 개의 목적어를 취할 때 그 목적어가 사람일 경우 '그를', '그들을' 등이 되고, 그 목적어가 사물일 경우 '그것을', '그것들을' 등으로 번역된다. 또한 동사가 두 개의 목적어를 취할 경우 목적격 접미 인칭대명사는 제 1 목적어로 사용되며 '그에게', '그들에게', '나에게' 등 '..에게'로 번역된다.

(1) 동사의 목적어로 사용되는 경우

목적격 접미 인칭대명사가 동사의 목적어로 사용되는 경우를 문장에서 살펴본다.

완료형

3인칭	남성단수	هُوَ	그는 그 학교에서 그를 만났다.	قَابَلَهُ[1] فِي الْمَدْرَسَةِ.
	여성단수	هِيَ	그는 그 학교에서 그녀를 만났다.	قَابَلَهَا فِي الْمَدْرَسَةِ.
	남녀쌍수	هُمَا	그는 그 학교에서 그들 둘을 만났다.	قَابَلَهُمَا فِي الْمَدْرَسَةِ.
	남성복수	هُمْ	그는 그 학교에서 그들을 만났다.	قَابَلَهُمْ فِي الْمَدْرَسَةِ.
	여성복수	هُنَّ	그는 그 학교에서 그녀들을 만났다.	قَابَلَهُنَّ فِي الْمَدْرَسَةِ.
2인칭	남성단수	أَنْتَ	그는 그 학교에서 너(m.)를 만났다.	قَابَلَكَ فِي الْمَدْرَسَةِ.
	여성단수	أَنْتِ	그는 그 학교에서 너(f.)를 만났다.	قَابَلَكِ فِي الْمَدْرَسَةِ.
	남녀쌍수	أَنْتُمَا	그는 그 학교에서 너희 둘을 만났다.	قَابَلَكُمَا فِي الْمَدْرَسَةِ.
	남성복수	أَنْتُمْ	그는 그 학교에서 너희들(m.)을 만났다.	قَابَلَكُمْ فِي الْمَدْرَسَةِ.
	여성복수	أَنْتُنَّ	그는 그 학교에서 너희들(f.)을 만났다.	قَابَلَكُنَّ فِي الْمَدْرَسَةِ.
1인칭	남녀단수	أَنَا	그는 그 학교에서 나를 만났다.	قَابَلَنِي فِي الْمَدْرَسَةِ.
	남녀쌍수·복수	نَحْنُ	그는 그 학교에서 우리들을 만났다.	قَابَلَنَا فِي الْمَدْرَسَةِ.

미완료형

3인칭	남성단수	هُوَ	그는 그 학교에서 그를 만난다.	يُقَابِلُهُ فِي الْمَدْرَسَةِ.
	여성단수	هِيَ	그는 그 학교에서 그녀를 만난다.	يُقَابِلُهَا فِي الْمَدْرَسَةِ.
	남녀쌍수	هُمَا	그는 그 학교에서 그들 둘을 만난다.	يُقَابِلُهُمَا فِي الْمَدْرَسَةِ.
	남성복수	هُمْ	그는 그 학교에서 그들을 만난다.	يُقَابِلُهُمْ فِي الْمَدْرَسَةِ.

---

[1] قَابَلَ/ يُقَابِلُ ه – مُقَابَلَةً ..를 만나다(to meet)

2인칭	여성복수	هُنَّ	그는 그 학교에서 그녀들을 만난다.	يُقَابِلُهُنَّ فِي الْمَدْرَسَةِ.
	남성단수	أَنْتَ	그는 그 학교에서 너(m.)를 만난다.	يُقَابِلُكَ فِي الْمَدْرَسَةِ.
	여성단수	أَنْتِ	그는 그 학교에서 너(f.)를 만난다.	يُقَابِلُكِ فِي الْمَدْرَسَةِ.
	남녀쌍수	أَنْتُمَا	그는 그 학교에서 너희 둘을 만난다.	يُقَابِلُكُمَا فِي الْمَدْرَسَةِ.
	남성복수	أَنْتُمْ	그는 그 학교에서 너희들(m.)을 만난다.	يُقَابِلُكُمْ فِي الْمَدْرَسَةِ.
	여성복수	أَنْتُنَّ	그는 그 학교에서 너희들(f.)을 만난다.	يُقَابِلُكُنَّ فِي الْمَدْرَسَةِ.
1인칭	남녀단수	أَنَا	그는 그 학교에서 나를 만난다.	يُقَابِلُنِي فِي الْمَدْرَسَةِ.
	남녀쌍수·복수	نَحْنُ	그는 그 학교에서 우리들을 만난다.	يُقَابِلُنَا فِي الْمَدْرَسَةِ.

문장에서의 사용

목적격 접미 인칭대명사 (ضَمَائِرُ النَّصْبِ الْمُتَّصِلَةُ)는 동사의 목적어로 사용된다.

그는 그녀를(혹은 그것을, 그것들을(사물복수)) 때렸다.	ضَرَبَهَا.
무함마드는 그를(혹은 그것을) 때린다. (목적격 접미인칭대명사 이후에 주어가 왔다.)	يَضْرِبُهُ مُحَمَّدٌ.
그는 그것을(혹은 그것들을(사물복수)) 열심히 공부한다.	يَدْرُسُهَا جَيِّدًا.
나는 어제 너에게 말했다.	كَلَّمْتُكَ أَمْسِ.
나는 그 두 사람(그 두 개, 두 가지)을 보았다.	رَأَيْتُهُمَا.
그가 나에게 한 선물을 주었다. (목적어가 두 개 사용된 문장. 제 1 목적어로 사용됨)	أَعْطَانِي[1] هَدِيَّةً. *
내 아버지는 그들에게 돈을 선사했다. (목적어가 두 개 사용된 문장. 제 1 목적어로 사용됨)	وَهَبَهُمْ[2] أَبِي مَالًا. *
그가 나에게 말했고 그 책에 대해서 물었다.	كَلَّمَنِي وَسَأَلَنِي عَنِ الْكِتَابِ.
그녀의(혹은 그것의) 아름다움이 나를 매혹하게 했다. (목적격 접미인칭대명사 이후에 주어가 왔다.)	جَذَبَنِي[3] جَمَالُهَا[4].
그 제품이 그녀를 감탄하게 한다. (그 제품이 그녀의 마음에 든다.)(목적격 접미인칭대명사 이후에 주어가 왔다.)	يُعْجِبُهَا[5] الْجِهَازُ.

---

[1] (أَعْطَى + نِي ← أَعْطَانِي) أَعْطَى/ يُعْطِي ه هـ - إِعْطَاءٌ (to give) ..을 ..에게 주다
[2] وَهَبَ/ يَهَبُ ه هـ - وَهْبٌ ..을 ..에게 선사하다
[3] جَذَبَ/ يَجْذِبُ ه أو هـ - جَذْبٌ ..을 끌다, 잡아당기다 ; 유혹하다. 매혹시키다
[4] جَمَالٌ 아름다움 جَمِيلٌ 아름다운
[5] أَعْجَبَ/ يُعْجِبُ ه - إِعْجَابٌ ..를 놀라게 하다, 감탄하게 하다

제15과 인칭대명사

그가 나에게 욕을 해서 나는 그를 때렸다. (대등접속사 ف 에 의해서 두 문장이 연결됨)	شَتَمَنِي¹ فَضَرَبْتُهُ².
나는 그것에 대해서(혹은 그것들에 대해서) 물은 이후 그것을(혹은 그것들을) 구입했다.	اِشْتَرَيْتُهَا³ بَعْدَ مَا سَأَلْتُ عَنْهَا.

→ 위에서 * 가 있는 문장은 목적어가 두 개 사용된 문장이다. 이 때 목적격 접미 인칭대명사는 동사 뒤에 와서 제1목적어로 사용되었다.

** 동사의 접미어로 사용된 목적격 접미 인칭대명사의 유의할 점

a. 3인칭 남성 복수 완료 동사에 목적격 접미 인칭대명사가 오면 동사의 접미어 ا가 탈락한다.

그들이 그에게 물었다.	سَأَلُوهُ. (سَأَلُواهُ ×)
그들이 그것을 기록했다.	كَتَبُوهَا. (كَتَبُواهَا ×)

b. 동사의 마지막 자음에 ى (أَلِفٌ مَقْصُورَةٌ 알리프 막수라)가 사용된 경우

동사의 마지막 자음에 ى (أَلِفٌ مَقْصُورَةٌ)가 사용된 단어(약동사)에 접미 인칭대명사가 붙으면 ى 가 ا 로 변한다.

동사		문장	
보호하다	حَمَى	그가 그녀를 보호했다.	حَمَاهَا.
짓다, 건설하다	بَنَى	그가 그것(m.)을 건설하였다.	بَنَاهُ.
던지다	رَمَى	그가 그들을 던졌다.	رَمَاهُمْ.
..에게 ..을 주다 (to give)	أَعْطَى	그가 나에게 한 선물을 주었다.	أَعْطَانِي هَدِيَّةً.

c. 목적격 접미 인칭대명사 앞에 카스라 모음이 왔을 때

앞에서 전치사에 붙은 소유격 접미 인칭대명사 앞에 카스라 모음이 오면 접미 인칭대명사의 모음이 카스라로 바뀌는 것을 보았다. (예 : بِهِ , بِهِمَا 등) 이와같은 현상은 목적격 접미 인칭대명사에서도 동일하게 일어난다. 즉 동사의 마지막 자음에 카스라 단모음 혹은 카스라 장모음이 오면 그 뒤의 목적격 접미 인칭대명사에도 카스라가 붙는다.

너(f.)는 그를 보았다.	أَنْتِ رَأَيْتِهِ.
그는 그 거리를 걷고 있고 나도 또한 그 거리를 걷고 있다.	هُوَ يَمْشِي الشَّارِعَ وَأَنَا أَمْشِيهِ أَيْضًا.

→ 위에서 빨간색으로 표기된 목적격 접미 인칭대명사 바로 앞에 카스라 혹은 장모음 카스라가 왔다.

---

¹ شَتَمَ – شَتَمَ/يَشْتِمُ ه ..를 욕하다
² فَ + ضَرَبْتُهُ) فَ 대등 접속사
³ اِشْتَرَى/يَشْتَرِي ه – اِشْتِرَاءٌ 사다, 구입하다

d. 동사의 주어(فَاعِل)가 동사의 목적어 뒤에 오는 문장

아래의 문장들은 동사의 목적어가 동사의 주어보다 먼저 온 구문이다. 동사의 주어가 주격 인칭대명사가 아닌 보통명사 혹은 고유명사이고 동사가 인칭대명사를 목적어로 취할 경우 목적어가 동사에 접미되기 때문에 목적어가 먼저 오고 주어가 그 뒤에 오게 된다. 이러한 문장들은 자주 등장하는 정상적인 구문이다. (왜냐하면 목적격 접미 인칭대명사는 항상 동사에 접미어로 붙어다녀야 하기 때문이다.)

무함마드는 그녀를(혹은 그것을) 때렸다.	ضَرَبَهَا مُحَمَّدٌ.
그녀의 아름다움이 나를 끌리게 했다.	جَذَبَنِي جَمَالُهَا.
그 제품이 그를 감탄하게 했다. (의역: 그 제품이 그의 마음에 들었다.)	أَعْجَبَهُ الْجِهَازُ.

반면에 동사의 주어(فَاعِل)가 보통명사 혹은 고유명사가 아니라 인칭대명사일 경우의 아래와 같은 문장이 된다. 이 경우 주어(فَاعِل)가 먼저 오고 그 뒤에 목적어가 오게 된다. (이 경우 인칭대명사가 동사에 감추어져 있거나(ضَمِير مُسْتَتِر) 주어가 주격 접미 인칭대명사(ضَمَائِرُ الرَّفْعِ الْمُتَّصِلَةُ)일 경우이다.)

그가 그녀를(혹은 그것을) 때렸다. (주어로 사용된 인칭대명사가 동사에 감추어져 있다)	ضَرَبَهَا.
그것이(그녀가) 그를 감탄하게 했다.(주어로 사용된 인칭대명사가 동사에 감추어져 있다) (의역: 그것이(그녀가) 그의 마음에 들었다.)	أَعْجَبَتْهُ.
그들이 나를 매혹시켰다. (주어로 사용된 인칭대명사는 주격 접미 인칭대명사로서 و이다)	جَذَبُونِي.

(2) 무효화 불변사(إِنَّ وَأَخَوَاتُهَا)의 의미상 주어로 사용되는 경우

이 책 제Ⅱ권에서 '무효화 불변사'를 배울 것이다. 무효화 불변사는 그 뒤에 반드시 명사문이 와야 하며 그 주어는 목적격을 취하고 술어는 주격을 취한다. 이 때 무효화 불변사 문장의 주어(اسْم) 부분에 인칭대명사가 올 경우 목적격 접미 인칭대명사를 취한다. 무효화 불변사의 주어는 목적격을 취하기 때문에 이 인칭대명사는 목적격으로 취급되어 '목적격 접미 인칭대명사'가 되는 것이다. 그러나 의미적으로는 이 인칭대명사가 명사문의 주어가 된다. 자세한 무효화 불변사에 대한 내용에 대해서는 이 책 제Ⅱ권에서 공부하도록 하라.

아래는 주요 무효화 불변사들의 목적격 접미 인칭대명사 꼴을 인칭별로 정리한 것이다.

무효화 불변사			إِنَّ	أَنَّ	لَكِنَّ	لَيْتَ	لَعَلَّ
의미			참으로 (indeed); 영어의 that 절	영어의 that 절	그러나, 하지만	..하면 좋을 텐데, ..했으면 좋았을 텐데 …(to wish)	아마도 (maybe); ..하길 바란다(to hope)
3인칭	남성 단수	هُوَ	إِنَّهُ	أَنَّهُ	لَكِنَّهُ	لَيْتَهُ	لَعَلَّهُ
	여성 단수	هِيَ	إِنَّهَا	أَنَّهَا	لَكِنَّهَا	لَيْتَهَا	لَعَلَّهَا
	남녀 쌍수	هُمَا	إِنَّهُمَا	أَنَّهُمَا	لَكِنَّهُمَا	لَيْتَهُمَا	لَعَلَّهُمَا
	남성 복수	هُمْ	إِنَّهُمْ	أَنَّهُمْ	لَكِنَّهُمْ	لَيْتَهُمْ	لَعَلَّهُمْ
	여성 복수	هُنَّ	إِنَّهُنَّ	أَنَّهُنَّ	لَكِنَّهُنَّ	لَيْتَهُنَّ	لَعَلَّهُنَّ
2인칭	남성 단수	أَنْتَ	إِنَّكَ	أَنَّكَ	لَكِنَّكَ	لَيْتَكَ	لَعَلَّكَ
	여성 단수	أَنْتِ	إِنَّكِ	أَنَّكِ	لَكِنَّكِ	لَيْتَكِ	لَعَلَّكِ
	남녀 쌍수	أَنْتُمَا	إِنَّكُمَا	أَنَّكُمَا	لَكِنَّكُمَا	لَيْتَكُمَا	لَعَلَّكُمَا
	남성 복수	أَنْتُمْ	إِنَّكُمْ	أَنَّكُمْ	لَكِنَّكُمْ	لَيْتَكُمْ	لَعَلَّكُمْ
	여성 복수	أَنْتُنَّ	إِنَّكُنَّ	أَنَّكُنَّ	لَكِنَّكُنَّ	لَيْتَكُنَّ	لَعَلَّكُنَّ
1인칭	남녀 단수	أَنَا	إِنَّنِي، إِنِّي*	أَنَّنِي، أَنِّي*	لَكِنَّنِي، لَكِنِّي*	لَيْتَنِي، لَيْتِي	لَعَلِّي، لَعَلِّي
	남녀 쌍수·복수	نَحْنُ	إِنَّنَا	أَنَّنَا	لَكِنَّنَا	لَيْتَنَا	لَعَلَّنَا

→ 무효화 불변사 إِنَّ , أَنَّ , لَكِنَّ 에 1인칭 단수 접미 인칭대명사 نِي 가 올 경우 위에서처럼 두 가지 형태가 가능하다. 즉 إِنِّي 혹은 إِنَّنِي , أَنِّي 혹은 أَنَّنِي , لَكِنِّي 혹은 لَكِنَّنِي 둘 다 가능하다.

→무효화 불변사 كَأَنَّ 는 أَنَّ 과 같이 변화한다. 그리고 종류부정의 의미로 사용되는 무효화 불변사 لَا 는 인칭접미어가 붙지 않는다.

종합 아랍어 문법 |

예문들

참으로 당신은 관대하다.	إِنَّكَ كَرِيمٌ.
참으로 그녀는(혹은 그것은 f.) 크다.	إِنَّهَا كَبِيرَةٌ.
나는 그녀가 미친 것을 안다.	أَعْرِفُ[1] أَنَّهَا مَجْنُونَةٌ.
나는 그들이 달콤한 것을 좋아하는 것을 이해한다.	أَفْهَمُ أَنَّهُمْ يُحِبُّونَ الْحَلْوَى.
그 책은 작지만 유용하다.	الْكِتَابُ صَغِيرٌ لَكِنَّهُ مُفِيدٌ.
그들은 강도들이지만 유머러스한 사람들이다.	هُمْ لُصُوصٌ لَكِنَّهُمْ ظُرَفَاءُ.
내가 카메라를 가지고 참석했다면 좋았을 것을 … (이미 참석하였기에 바뀌는 것이 불가능 할 경우)	لَيْتَنِي حَضَرْتُ وَمَعِي الْكَامِيرَا.
그녀가 여기에 있으면 좋을텐데. (I wish she would be here.)	لَيْتَهَا تَكُونُ هُنَا.
아마도 그들 둘은 학생일 것이다. or 그들 둘이 학생이길 … (가능한 소망)	لَعَلَّهُمَا طَالِبَانِ.
아마도 그녀는 집에 있을 것이다. or 그녀가 집에 있길 … (가능한 소망)	لَعَلَّهَا مَوْجُودَةٌ فِي الْبَيْتِ.

---

[1] عَرَفَ/ يَعْرِفُ هـ أو ه – مَعْرِفَةٌ (to know) …을 알다

300

3) 주격 접미 인칭대명사 (ضَمَائِرُ الرَّفْعِ الْمُتَّصِلَةُ)

동사의 완료형과 미완료형 변화를 보면 인칭에 따라 그 어미의 자음이 변화한다. 이 변화하는 어미 자음 가운데 인칭대명사로 간주되는 것이 있는데 이것이 바로 '주격 접미 인칭대명사'이다. (우리는 아직 아랍어 동사에 대해서 배우지 않았으므로 이 내용이 생소할 수 있다. 따라서 아래의 내용을 이 책 동사 부분의 '동사의 인칭변화 익히기'와 함께 공부하면 효과적이다.)

아래에서 빨간색으로 표기된 철자들이 주격 접미 인칭대명사들이며, 철자가 기록되지 않은 인칭들(هُوَ, هِيَ 의 완료형과 미완료형, أَنَا, نَحْنُ 의 미완료형)은 '인칭대명사가 표기되지 않고 감추어져 있다(ضَمِيرٌ مُسْتَتِرٌ)'고 말한다.

주격 접미 인칭대명사 (ضَمَائِرُ الرَّفْعِ الْمُتَّصِلَةُ) 변화 형태

인칭	3인칭						2인칭					1인칭	
	هُوَ	هِيَ	هُمَا	هُمَا	هُمْ	هُنَّ	أَنْتَ	أَنْتِ	أَنْتُمَا	أَنْتُمْ	أَنْتُنَّ	أَنَا	نَحْنُ
완료형	–	–	ـا	ـا	ـو	ـنَ	ـتَ	ـتِ	ـتُمَا	ـتُمْ	ـتُنَّ	ـتُ	ـنَا
미완료형	–	–	ـا	ـا	ـو	ـنَ	–	ـي	ـا	ـو	ـنَ	–	–

→ 외국인들을 위한 기존의 문법책에서는 동사의 어미 자음 변화를 인칭변화로만 다루고 그 어미 자음에 '인칭대명사'가 있다는 사실을 다루지 않는다. 따라서 기존의 문법책에 익숙한 독자들의 경우 이 접미어들이 인칭대명사라고 하는 내용에 놀랄 수도 있다. 그러나 아랍어 문법에서는 엄연히 이것들을 주격 접미 인칭대명사(ضَمَائِرُ الرَّفْعِ الْمُتَّصِلَةُ)라 한다는 것을 기억하자.

→ 위의 미완료형 인칭가운데 인칭대명사가 هُمَا, هُمْ, أَنْتِ, أَنْتُمَا, أَنْتُمْ 에 해당되는 동사를 다섯 동사(الْأَفْعَالُ الْخَمْسَةُ)라 한다. (위에서 회색으로 칠해 진 부분. 6개의 칸이지만 다섯 동사라 하는 것은 هُمَا 가 두 번 사용되었기 때문이다.) 이 다섯 동사의 인칭과 그 주격 접미 인칭대명사 꼴을 기억해 두면 동사의 격변화 표지를 구분하는데 도움이 된다.

→ (** 위의 내용을 아랍어 문법에서 주격 접미 인칭대명사로 말하고 있지만 다음 페이지의 동사의 인칭변화를 알고 있다면 이 내용을 따로 외울 필요는 없다.)

동사에서의 예

كَتَبَ 동사에서 주격 접미 인칭대명사를 살펴보자. 빨간색으로 표기된 부분이 주격 접미 인칭대명사이다.

			기록하다, 적다 كَتَبَ/يَكْتُبُ هـ			
			완료형		미완료형	
3인칭	남성단수	هُوَ	그가 기록했다.	كَتَبَ	그가 기록한다.	يَكْتُبُ
	여성단수	هِيَ	그녀가 기록했다.	كَتَبَتْ*	그녀가 기록한다.	تَكْتُبُ
	남성쌍수	هُمَا	그 두 사람(m.)이 기록했다.	كَتَبَا	그 두 사람(m.)이 기록한다.	يَكْتُبَانِ*
	여성쌍수	هُمَا	그 두 사람(f.)이 기록했다.	كَتَبَتَا*	그 두 사람(f.)이 기록한다.	تَكْتُبَانِ*
	남성복수	هُمْ	그들이 기록했다.	كَتَبُوا*	그들이 기록한다.	يَكْتُبُونَ*
	여성복수	هُنَّ	그녀들이 기록했다.	كَتَبْنَ	그녀들이 기록한다.	يَكْتُبْنَ
2인칭	남성단수	أَنْتَ	너(m.)가 기록했다.	كَتَبْتَ	너(m.)가 기록한다.	تَكْتُبُ
	여성단수	أَنْتِ	너(f.)가 기록했다.	كَتَبْتِ	너(f.)가 기록한다.	تَكْتُبِينَ*
	남녀쌍수	أَنْتُمَا	너희 두 사람이 기록했다.	كَتَبْتُمَا	너희 두 사람이 기록한다.	تَكْتُبَانِ*
	남성복수	أَنْتُمْ	너희들(m.)이 기록했다.	كَتَبْتُمْ	너희들(m.)이 기록한다.	تَكْتُبُونَ*
	여성복수	أَنْتُنَّ	너희들(f.)이 기록했다.	كَتَبْتُنَّ	너희들(f.)이 기록한다.	تَكْتُبْنَ
1인칭	남녀단수	أَنَا	내가 기록했다.	كَتَبْتُ	내가 기록한다.	أَكْتُبُ
	남녀쌍수복수	نَحْنُ	우리들이 기록했다.	كَتَبْنَا	우리들이 기록한다.	نَكْتُبُ

→ 완료형 3인칭 여성단수의 'ت'와 완료형 3인칭 여성 쌍수의 'ت'는 인칭대명사가 아니라 성이 여성임을 밝히는 여성형 표지 불변사이다.(تَاءُ التَّأْنِيثِ)

→ 완료형 3인칭 남성복수의 'ا'은 전연결어로 사용되는 명사의 규칙복수 꼴과의 구분을 위해서 사용되는 기호로서 구분의 알리프(الأَلِفُ الفَارِقَة)라 한다. 즉 전연결어로 사용되는 남성명사가 규칙복수 형태를 취할 경우 اللُّغَةَ العَرَبِيَّةَ مُدَرِّسُو 나 قَارِئُو الجَرِيدَةِ 와 같이 전연결어의 끝이 و 로 끝나는데, 이는 위 동사의 كَتَبُو 와 같이 완료형 3인칭 남성복수로 사용된 동사와 그 모양이 같아진다. 이러한 구분을 위해 'ا'를 사용하며, 그래서 كَتَبُوا 가 된다. 예: دَرَسُوا الرِّيَاضِيَّاتِ

→ 미완료형 변화에 접두된 모든 자음(ن, أ, ت, ي,)들은 미완료 표지 불변사(حُرُوفُ المُضَارَعَةِ)이다.

→ 미완료형 변화에서 3인칭 쌍수와 3인칭 남성복수, 2인칭 여성단수, 2인칭 쌍수와 2인칭 남성복수의 'ن'은 주격임을 표시하는 표지이다. (نُونُ الرَّفْعِ) 이 인칭들의 동사들을 '다섯 동사(الأَفْعَالُ الخَمْسَة)'라고 한다. (위에서 회색으로 칠해진 부분의 동사들. 3인칭 남성 쌍수(هُمَا)와 여성 쌍수(هُمَا)를 하나로 치면 다섯 가지이다.)

→ 완료형 3인칭 여성복수와 미완료형 3인칭 여성복수, 그리고 미완료형 2인칭 여성복수의 'ن'을 نُونُ النِّسْوَةِ 라 하며, 이를 주격 접미 인칭대명사로 간주한다. 완료형 2인칭 여성복수의 كَتَبْتُنَّ 의 경우 تُنَّ을 주격 접미 인칭대명사로 간주한다.

→ 위의 표에서 인칭대명사가 표기되지 않고 감추어져 있는(ضَمِيرٌ مُسْتَتِرٌ) 것은 완료형에서 3인칭 남성단수와 3인칭 여성단수이며, 미완료형에서는 3인칭 남성단수와 3인칭 여성단수, 2인칭 남성단수, 그리고 1인칭 단수와 복수 꼴이다.

3. 분리의 인칭대명사 (ضَمِيرُ الْفَصْلِ)

1) 분리의 인칭대명사 (ضَمِيرُ الْفَصْلِ)란?

분리의 인칭대명사는 문장에서 주어와 술어의 구분을 명확히 하기 위해 중간에 추가하는 인칭대명사를 말한다. 이 인칭대명사는 문장의 중간에 추가되기에 추가 인칭대명사 (الضَّمِيرُ الزَّائِدُ)라 부르기도 한다. 분리의 인칭대명사는 주어와 술어의 구분을 위해서 사용하며, 사용했을 때 특별한 의미의 차이는 없다.

아래의 ① ② ③ 문장을 비교해 보자. (a 는 주어(مُبْتَدَأٌ)이고, b 는 술어(خَبَرٌ)이다.)

①	이 사람은 남자이다. (This is a man.)	هَذَا رَجُلٌ. b + a
②	이 남자는 마음씨가 좋다. (This man is good-hearted.)	هَذَا الرَّجُلُ طَيِّبٌ. b + a
③	이 사람이 (바로) 그 남자이다. (This is the man.) (분리의 인칭대명사가 사용된 문장)	هَذَا هُوَ الرَّجُلُ. b + a

→ 위의 ①은 아랍어의 전형적인 명사문으로 주어와 술어로 구성된 문장이다. 주어에는 한정형태인 지시대명사가 왔고, 술어에는 비한정형태의 명사가 왔다. 술어에 비한정이 왔기에 주어와 술어의 구분에 문제가 없다.

→ ②는 هَذَا الرَّجُلُ 이 '지시대명사 + الـ 한정명사'의 형태가 되어 대용어(الْبَدَلُ) 동격 구(句)가 되며 이것이 문장의 주어가 된다. 그 뒤에 술어가 와서 명사문이 되었다. 이 문장도 술어에 비한정이 왔기에 주어와 술어의 구분에 문제가 없다. 대용어(الْبَدَلُ)에 대해서는 이 책 제Ⅰ권의 '지시대명사' 부분과 이 책 제Ⅱ권의 '후속어(التَّوَابِعُ)' 부분에서 공부하라.

→ ③은 분리의 인칭대명사 (ضَمِيرُ الْفَصْلِ) ' هُوَ '가 사용된 문장이다. 이 문장을 분리의 인칭대명사 없이 사용하면 ' هَذَا الرَّجُلُ '의 대용어(الْبَدَلُ) 조합이 되며, 문장이 아니라 구(句)가 된다. 따라서 '이 사람이 그 남자이다'라는 의미의 문장을 만들기 위해서는 분리의 대명사 ' هُوَ '를 사용하여 주어와 술어를 구분시켜 주어야 한다.

→ 분리의 인칭대명사는 대개 분리하는 양쪽 단어가 한정형태일 경우에 사용되며 간혹 문장에서 주어가 아주 길어질 경우 비한정형태의 술어 앞에 분리의 대명사가 오기도 한다.

→ 분리의 인칭대명사의 격변화는 '격변화를 위한 자리가 없다'고 한다. (لَا مَحَلَّ لَهُ مِنَ الْإِعْرَابِ)

2) 분리의 인칭대명사(ضَمِيرُ الْفَصْلِ)의 일치

분리의 인칭대명사는 주어와 술어를 분리해서 문장의 의미를 분명히 하는데 이 때 분리의 대명사는 주어의 성과 수에 일치하는 인칭대명사를 사용해야 한다.

이것이 (바로) 그 책이다.	هَذَا هُوَ الْكِتَابُ.
이것이 (바로) 그 이야기이다.	هَذِهِ هِيَ الْقِصَّةُ.
이들 둘(m.)이 (바로) 그 두 학생이다.	هَذَانِ هُمَا الطَّالِبَانِ.
이들 둘(f.)이 (바로) 그 두 여학생이다.	هَاتَانِ هُمَا الطَّالِبَتَانِ.
이들이 (바로) 그 학생들이다.	هَؤُلَاءِ هُمُ الطُّلَّابُ.

3) 분리의 인칭대명사(ضَمِيرُ الْفَصْلِ)의 사용

명사문을 해석하기 위해서는 주어와 술어를 정확하게 구분할 수 있어야 한다. 만일 주어와 술어의 구분이 애매하게 될 경우 분리의 인칭대명사를 사용한다. 아래에서 분리의 인칭대명사를 사용해야 할 경우와 그렇지 않을 경우를 구분하면서 공부해 보자.

(1) 분리의 인칭대명사를 사용해 주어야 할 경우

a. 주어가 지시대명사이고 술어가 ال 한정형태의 명사일 때

'지시대명사 + ال 한정명사'를 대용어 구(句)라 한다. 대용어 구(句)와의 혼동을 방지하기 위해 분리의 인칭대명사를 사용한다.

이 사람이 (바로) 그 학생이다.	هَذَا هُوَ الطَّالِبُ.
이 사람이 (바로) 그 여학생이다.	هَذِهِ هِيَ الطَّالِبَةُ.
이 사람들이 (바로) 그 학생들이다.	هَؤُلَاءِ هُمُ الطُّلَّابُ.

아래는 술어에 동명사가 사용되었다.

이것이 곧(오직) 관대함이다.	هَذَا هُوَ الْكَرَمُ.
이것이 곧 아름다움이다. (가장 이상적인 혹은 완벽한 아름다움이란 의미)	هَذَا هُوَ الْجَمَالُ.

b. 주어가 고유명사이고 술어가 ال 한정명사일 때

주어가 고유명사이고 술어에 ال 한정명사 혹은 그와 상이한 것이 왔을 때 분리의 인칭대명사를 사용한다.

무크타르가 (바로) 그 선생이다.	مُخْتَارٌ هُوَ الْمُدَرِّسُ.

싸미라가 (바로) 그 그 의사이다.	سَمِيرَةُ هِيَ الطَّبِيبَةُ.
알라신은 (바로) 모든 은혜의 신이다.	اللهُ هُوَ "إِلَهُ كُلِّ نِعْمَةٍ"

c. 술어에 ـل 한정형태의 우선급 명사가 오는 경우

아래는 술어에 형용사의 최상급이 온 문장이다. 자세한 것은 이 책 제Ⅰ권 '우선급 명사에 대해'와 제Ⅱ권 '비교급과 최상급 문장에 대해' 부분에서 공부할 수 있다.

(그) 사자가 가장 강한 동물이다.	الأَسَدُ هُوَ الأَقْوَى.
그 소녀가 가장 아름답다.	البِنْتُ هِيَ الجُمْلَى.

** 위의 a.b.c.의 경우 고전 아랍어(Classical Arabic) 등에서 분리의 인칭대명사를 사용하지 않은 문장도 사용한다. 이 책 제Ⅱ권 '명사문에 대해'에서 그 예들을 공부하라.

(2) 분리의 인칭대명사를 사용하는 것이 나은 경우

a. 술어에 연결형이 사용될 경우

술어에 연결형이 사용되었을 경우 사용해도 되고 사용하지 않아도 된다.

이 사람이 바로 내 아들이다. (اِبْن + ي)	هَذَا (هُوَ) اِبْنِي.
이 사람이 바로 내 학생이다. (طَالِب + ي)	هَذَا (هُوَ) طَالِبِي.
이것이 바로 그녀의 가방이다. (حَقِيبَة + هَا)	هَذِهِ (هِيَ) حَقِيبَتُهَا.
그 학생은 그 자동차의 주인이다.	الطَّبِيبُ (هُوَ) صَاحِبُ السَّيَّارَةِ.
코끼리는 숲속에서 가장 큰 동물이다.	الفِيلُ (هُوَ) أَكْبَرُ حَيَوَانٍ فِي الغَابَةِ.

b. 술어에 한정형태의 수식어가 붙은 경우

아래의 문장은 술어에 ـل 한정명사가 왔지만 그 뒤에 한정형태의 수식어를 가진 문장이다. 이 경우 분리의 인칭대명사가 없어도 가능하지만 사용하는 것이 낫다.

이 사람이 (바로) 그 우등생(우수한 학생)이다. (تَفَوَّقَ / يَتَفَوَّقُ عَلَى – تَفَوُّق – مُتَفَوِّق)	هَذَا هُوَ الطَّالِبُ المُتَفَوِّقُ.
이것이 (바로) 그 이집트 박물관이다.	هَذَا هُوَ المُتْحَفُ المِصْرِيُّ.
이 분이 (바로) 그 유명한 여배우이다.	هَذِهِ هِيَ المُمَثِّلَةُ المَشْهُورَةُ.
이들이 (바로) 그 새로운 학생들이다.	هَؤُلَاءِ هُمُ الطُّلَّابُ الجُدُدُ.
이들이 (바로) 그 아름다운 여자(혹은 딸)들이다.	هَؤُلَاءِ هُنَّ البَنَاتُ الجَمِيلَاتُ.

** 아래의 경우는 분리의 인칭대명사를 사용해도 되고 사용하지 않아도 된다.

이 책이 (바로) 내 친구이다.	هَذَا الْكِتَابُ هُوَ صَدِيقِي.

c. 주어가 길어서 주어와 술어의 구분이 힘든 경우

주어와 술어가 길어질 때 아래와 같이 분리의 인칭대명사를 사용한다. 없어도 가능은 하지만 현대 아랍어에서 주로 사용한다.

شُبَّاكُ تَسْجِيلِ الْخِطَابَاتِ هُوَ آخِرُ شُبَّاكٍ عَلَى الْيَسَارِ.
문서들을 등록하는 창구는 오른쪽으로 끝 창구이다.
قَالُوا إِنَّ فَاعِلَ[1] تِلْكَ الْمُشْكِلَاتِ هُوَ سَمِيرٌ وَلَيْسَ مُحَمَّدًا.
그 문제들을 만든 사람은 싸미르이지 무함마드가 아니라고 그들이 말했다.
الطَّالِبُ الَّذِي يَتَفَوَّقُ فِي دِرَاسَتِهِ هُوَ الْمُجْتَهِدُ.
공부에서 우등생인 그 학생이 바로 그 부지런한 자이다.
أَعْرِفُ أَنَّ الْبِنْتَ الَّتِي سَكَنَتْ بِجَانِبِي[2] هِيَ الطَّالِبَةُ الْجَدِيدَةُ.
나는 내 옆에서 살았던 그 여자가 그 새로운 여학생이라는 것을 알고 있다.

** 주어가 긴 문장의 경우 술어가 비한정으로 사용된 경우도 분리의 인칭대명사를 사용할 수 있다.

الطَّالِبُ الَّذِي يَتَفَوَّقُ فِي دِرَاسَتِهِ هُوَ مُجْتَهِدٌ.
공부에서 우수한 그 학생은 부지런하다. (위의 문장에서 비한정으로 사용된 مُجْتَهِدٌ 이 술어로 사용되었다.)

(3) 분리의 인칭대명사를 사용하지 않는 경우

주어가 인칭대명사이고 술어에 한정형태의 명사가 올 때 분리의 인칭대명사를 사용하지 않는다.

그는 무함마드이다.	هُوَ مُحَمَّدٌ.
그녀가 (바로) 그 어머니이다.	هِيَ الْأُمُّ.
당신은 (바로) 그 디렉터이다.	أَنْتَ الْمُدِيرُ.
당신들이 (바로) 그 선생님들이다.	أَنْتُمُ الْمُدَرِّسُونَ.
그는 (바로) 그 운전수이다.	هُوَ السَّائِقُ.
그는 아랍어 교사이다. (He is the Arabic language teacher.)	هُوَ مُدَرِّسُ اللُّغَةِ الْعَرَبِيَّةِ.

---

[1] فَعَلَ/ يَفْعَلُ ـهـ ـ فِعْلٌ ـ فَاعِلٌ ..을 하다(to do) ; 행동하다(to act)

[2] جَانِبٌ/ جَوَانِبُ 옆, 편, 측 بِجَانِبِي 내 옆에서, 나와 나란히 بِجَانِبِ ... 와 나란히, ...의 옆에 إِلَى جَانِبِ ... = بِجَانِبِ ...

4. 강조의 인칭대명사 (ضَمِيرُ التَّوكِيدِ)

인칭대명사가 후연결어로 사용된 소유격 인칭대명사 뒤나 주어(فَاعِل)가 동사 자체에 내포되어 있는 동사 뒤, 혹은 접미형 목적어가 사용된 동사 뒤, 혹은 전치사에 붙은 소유격 인칭대명사 뒤에 인칭대명사가 한 번 더 사용되어 그 앞의 인칭대명사를 강조하는 역할을 한다. (이는 아랍어의 강조 용법 가운데 문자적인 강조(التَّوكِيدُ اللَّفْظِيُّ) 용법 중의 하나이다. 이 책 제 Ⅱ권 '강조어에 대해' 부분을 보라.) 각각의 경우를 보자.

1) 후연결어로 사용된 소유격 인칭대명사를 강조

후연결어로 사용된 소유격 인칭대명사 뒤에 같은 인칭의 독립 인칭대명사를 한 번 더 사용해 줄 경우 강조의 인칭대명사가 된다. 이 경우 의미는 전연결어의 소유주를 분명히 하는 역할을 한다.

그의 책	كِتَابُهُ هُوَ
그녀의 가방	حَقِيبَتُهَا هِيَ
당신의 주소	عُنْوَانُكَ أَنْتَ
우리들의 집	بَيْتُنَا نَحْنُ

문장의 예

이것은 바로 **우리**의 의견이다.	هَذَا رَأْيُنَا نَحْنُ.
나는 **그**의 책을 가져왔다.	أَخَذْتُ كِتَابَهُ هُوَ.
이것은 바로 **그녀**의 가방이다.	هَذِهِ حَقِيبَتُهَا هِيَ.
내 자동차는 그 건물 앞에 있고 **당신들**의 자동차는 당신들 집 앞에 있다.	سَيَّارَتِي أَنَا أَمَامَ الْمَبْنَى وَسَيَّارَتُكُمْ أَنْتُمْ أَمَامَ بَيْتِكُمْ.

2) 동사의 주어를 강조

주어(فَاعِل)가 동사 자체에 내포되어 있는 동사 뒤에 동사의 주어와 같은 인칭의 독립 인칭대명사를 한 번 더 사용하여 동사의 행위자가 누구인지를 강조한다.

내가 그 숙제를 했다.	قُمْتُ أَنَا بِالْوَاجِبِ.
그녀가 돌아왔을 때 그가 여행을 떠났다.	سَافَرَ عِنْدَمَا رَجَعَتْ هِيَ.
우리들이 이 산을 올랐다. (صَعِدَ/ يَصْعَدُ – صُعُود)	صَعِدْنَا نَحْنُ هَذَا الْجَبَلَ.
내가 승리했다. (اِنْتَصَرَ/ يَنْتَصِرُ – اِنْتِصَار)	اِنْتَصَرْتُ أَنَا.

→ 위의 문장에서 빨간색으로 표기된 أَنَا 와 هِيَ 와 نَحْنُ 는 주어(فَاعِل)가 아니라 강조의 인칭대명사이다.

3) 동사의 목적어를 강조
동사의 목적어 뒤에 동사의 목적어와 같은 인칭의 독립 인칭대명사를 한 번 더 사용하여 목적어가 누구인지를 강조한다.

그는 **나를** 때렸다.	ضَرَبَنِي أَنَا.
나는 **그 사람을** 잘 대해주었다. (أَكْرَمَ/يُكْرِمُ)	أَكْرَمْتُهُ هُوَ.
내가 **그들을** 내쫓았다. (طَرَدَ/يَطْرُدُ)	طَرَدْتُهُمْ هُمْ.
아무도 **당신에게** 오지 않았다.	مَا جَاءَكَ أَنْتَ أَحَدٌ.

4) 전치사의 소유격 인칭대명사를 강조
전치사의 소유격 명사가 소유격 접미 인칭대명사인 문장에서 같은 인칭의 독립 인칭대명사를 한 번 더 사용하여 전치사의 목적어가 누구인지를 강조한다.

나는 **그녀에게** 인사했다.	سَلَّمْتُ عَلَيْهَا هِيَ.
이 펜은 **나의** 것이고 **당신의** 것은 아니다.	هَذَا الْقَلَمُ لِي أَنَا وَلَيْسَ لَكَ أَنْتَ.
당신들(f.)은 그녀와 함께 가지 말고 대신에 **그와** 함께 가라.	لَا تَذْهَبْنَ مَعَهَا بَلِ اذْهَبْنَ مَعَهُ هُوَ.

** 분리의 인칭대명사인가? 강조의 인칭대명사인가?
아래 문장에서 빨간 색깔의 단어는 강조의 의미가 포함된 분리의 인칭대명사(혹은 추가 인칭대명사)로 보기도 하고, 강조의 인칭대명사로 보기도 한다.

	동반목적어 문장	분리의 인칭대명사 문장
나와 내 형(남동생)이 (함께) 왔다.	جِئْتُ وَأَخِي.	جِئْتُ أَنَا وَأَخِي.

위의 문장을 .جِئْتُ أَنَا 라고만 표현하면 여기서 أَنَا 는 강조의 인칭대명사이다. 그러나 위의 분리의 인칭대명사 문장의 경우 그 뒤에 대등접속사 وَ 가 사용되었기에 여기서의 أَنَا 는 분리의 인칭대명사(ضَمِيرُ الْفَصْلِ الزَّائِدُ)이다.

다른 예들

나는 당신과 그 소년을 보았다.	رَأَيْتُكَ أَنْتَ وَالصَّبِيَّ.
나는 그에게와 그 선생님에게 갔다.	ذَهَبْتُ إِلَيْهِ هُوَ وَالْمُدَرِّسِ.

→ 한편 위의 첫번째 문장을 رَأَيْتُكَ وَالصَّبِيَّ. 라고 했을 때 وَ 는 동반접속사가 아니라 대등접속사가 된다. 자세한 내용은 이 책 제Ⅱ권 '동반목적어'에서 공부하도록 하라.

→위의 첫번째 문장을 رَأَيْتُكَ أَنْتَ. 라고 하면 이때의 أَنْتَ 는 강조의 인칭대명사이다.

5. 연결의 인칭대명사 (الضَّمِيرُ الْعَائِدُ أَوْ ضَمِيرُ الرَّبْطِ)

문장과 문장 사이의 특정 단어를 연결하는 인칭대명사를 연결의 인칭대명사라 한다. 연결의 인칭대명사는 선행명사 혹은 연결하는 명사와 성과 수가 반드시 일치해야 하며 문장에서 생략될 수 없는 필수적인 요소이다.

아랍어에서 연결의 인칭대명사가 사용되는 문장은 다음과 같다. 각각의 문장에서 빨간색 단어가 연결의 인칭대명사이며 파란색 단어가 그 연결의 인칭대명사가 가리키는 단어(선행명사)이다.

1) 관계대명사절 (جُمْلَةُ الصِّلَةِ)

관계대명사절에는 관계대명사가 사용되며 그 뒤에 오는 연결의 인칭대명사가 앞의 선행사와 성과 수가 일치해야 한다. (이 책 제Ⅰ권 '관계대명사'와, 제Ⅱ권 '관계대명사와 수식절에 대해'를 보라)

나는 얼굴이 아름다운 그 젊은 여자를 보았다.	رَأَيْتُ الْفَتَاةَ الَّتِي وَجْهُهَا جَمِيلٌ.
내가 만난 그 학생은 친절하다.	الطَّالِبُ الَّذِي قَابَلْتُهُ طَيِّبٌ.

→위 문장에 사용된 연결의 인칭대명사는 관계종속절에 사용되어 주절에 있는 선행명사를 가리킨다.

2) 수식절 (جُمْلَةُ النَّعْتِ)

수식절이란 비한정 명사 뒤에 와서 앞의 비한정 명사를 수식하는 절을 말한다. 이 문장에서 연결의 인칭대명사는 수식하는 명사의 성과 수가 일치해야 한다.

나는 얼굴이 아름다운 한 젊은 여자를 보았다.	رَأَيْتُ فَتَاةً وَجْهُهَا جَمِيلٌ.
그의 머리가 긴 한 선생이 왔다.	جَاءَ مُدَرِّسٌ شَعْرُهُ طَوِيلٌ.

3) 명사문의 술어에 문장이 왔을 경우

명사문의 술어에 문장이 오는 경우는 두 가지이다. 먼저는 명사문의 술어에 동사문이 오는 경우이고, 두번째는 명사문의 술어에 명사문이 오는 경우이다. 각각의 경우에 모두 연결의 인칭대명사가 사용된다. (명사문에 대한 자세한 공부는 이 책 제Ⅱ권 '명사문에 대해'를 보라)

a. 명사문의 술어에 동사문이 오는 경우

모나는 아랍어를 공부한다. (Mona studies Arabic.)	مُنَى تَدْرُسُ اللُّغَةَ الْعَرَبِيَّةَ.
그 선생들은 그들의 학생들을 아주 사랑한다.	الْمُدَرِّسُونَ يُحِبُّونَ طُلَّابَهُمْ جِدًّا.

→위의 첫 번째 문장의 경우 술어 부분에 사용된 동사 تَدْرُسُ 의 هِيَ가 연결의 인칭대명사(ضَمِيرٌ مُسْتَتِرٌ)이다. 두번째 문장의 경우 يُحِبُّونَ 의 و에 해당되는 هُمْ 이 연결의 인칭대명사이다.

b. 명사문의 술어에 명사문이 오는 경우

그 선생은 나이가 많다.	الْمُدَرِّسُ سِنُّهُ كَبِيرٌ.
그녀는 이름이 싸미라이다.	هِيَ اسْمُهَا سَمِيرَةُ.

→위에서 술어에 명사문이 왔고 그 명사문 주어의 후연결어가 연결의 인칭대명사로서 앞의 주어를 가리킨다.

4) 비인칭 수동태 동사가 사용된 문장

그 노래들은 들려졌다.	الْأَغَانِي اُسْتُمِعَ إِلَيْهَا.
그 사진이 찾아졌다.	الصُّورَةُ بُحِثَ عَنْهَا.

→ 위의 비인칭동사에 대해서는 이 책 제Ⅱ권 '수동태에 대해 Ⅱ' 부분에서 공부할 수 있다.

5) 비인칭 수동분사가 사용된 문장

그 그림이 마음에 든다.	الصُّورَةُ مَرْغُوبٌ فِيهَا.
여러분들은 내 집에 환영됩니다.(환영합니다.)	أَنْتُمْ مُرَحَّبٌ بِكُمْ فِي بَيْتِي.

→ 이 책 제Ⅰ권의 '수동분사'의 '성수불변 수동분사' 부분에서 공부하라.

6) 관계적 수식어 (نَعْتٌ سَبَبِيٌّ)

나는 말이 근사한 한 남자를 보았다. (I saw a man whose speech is good.)	رَأَيْتُ رَجُلًا حَسَنًا كَلَامُهُ.
이것은 거래들이 보장되는 한 가게이다. (This is a shop which its treatments are guaranteed.)	هَذَا مَحَلٌّ مَضْمُونَةٌ مُعَامَلَاتُهُ.

→ 이 책 제Ⅱ권의 '관계적 수식어에 대해'에서 공부하라.

7) 상태절(جُمْلَةُ الْحَالِ)에서

나는 그 소녀가 뛰어가는 것을 보았다.	رَأَيْتُ الصَّبِيَّةَ وَهِيَ تَجْرِي.
그 남자는 웃으며 그 문을 열었다.	فَتَحَ الرَّجُلُ الْبَابَ وَهُوَ يَضْحَكُ.

→ 이 책 제Ⅱ권의 '여러가지 목적격에 대해 Ⅱ- 상태목적어, 상태구, 상태절'에서 공부하라.

8) 대용어(الْبَدَلُ) 혹은 강조어(التَّوْكِيدُ) 구문에서

그 학생들 중의 일부(some of the students, 몇몇)가 참석했다. (بَعْضُهُمْ은 대용어이다.)	حَضَرَ الطُّلَّابُ بَعْضُهُمْ.
대학총장 본인이 왔다. (نَفْسُهُ는 강조어이다)	حَضَرَ رَئِيسُ الْجَامِعَةِ نَفْسُهُ.

→ 대용어와 강조어에 대해서는 이 책 제Ⅱ권에서 공부하라.

** 연결의 인칭대명사가 아닌 경우의 문장

한편 아래 문장들에 사용된 접미 인칭대명사는 연결의 인칭대명사가 아니라 앞에 오는 명사를 가리키는 일반 인칭대명사이다. 그 이유는 이 문장의 접미 인칭대명사가 앞에 오는 명사를 받긴 하지만, 이 인칭대명사를 생략해도 여전히 문장이 성립되기 때문이다. 그러나 위에서 공부했던 연결의 인칭대명사는 문장에서 생략할 수 없는 필수적인 요소이다.

무함마드는 그의 집에 있다. (인칭대명사 هـ는 앞의 مُحَمَّدٌ를 가리킴. مُحَمَّدٌ فِي بَيْتٍ도 문장이 성립된다.)	مُحَمَّدٌ فِي بَيْتِهِ.
모든 국가는 자신의 시를 가지고 있다. (Every nation has its poetry. لِكُلِّ أُمَّةٍ شِعْرٌ도 문장이 성립된다.)	لِكُلِّ أُمَّةٍ شِعْرُهَا.

6. 가인칭 대명사 (ضَمِيرُ الشَّأْنِ أَوْ ضَمِيرُ الْمَجْهُولِ)

가(假)인칭 대명사(ضَمِيرُ الشَّأْنِ أَوْ ضَمِيرُ الْقِصَّةِ أَوْ ضَمِيرُ الْمَجْهُولِ)는 특정하게 가리키는 사람이나 사물이 없이 문장에 사용되어 사람들의 주의를 끌거나 문장의 보조적인 역할을 하는 인칭대명사를 말한다. 형태는 인칭대명사이지만 실제적인 역할은 인칭대명사의 역할이 아니기에 가인칭 대명사라 한다. 가인칭 대명사는 크게 두 가지로 사용된다고 볼 수 있다. 먼저는 주의를 끌기 위해서 사용하는 경우와 두 번째는 무효화 불변사가 사용된 문장에서 보조적인 역할을 위해 사용된 경우이다.

1) 주의를 끌기 위해 사용된 경우

아래의 ①과 ② 문장의 의미는 같지만 ②는 가인칭 대명사가 사용된 문장이다.

①	(그) 문법책은 어렵다.	كِتَابُ الْقَوَاعِدِ صَعْبٌ.
②	(② 문장의 هُوَ 는 가인칭 대명사로 사용되어 사람들의 주의를 끄는 역할을 한다.)	هُوَ كِتَابُ الْقَوَاعِدِ صَعْبٌ.

이러한 가인칭 대명사는 소설 등의 문학작품에서 이야기를 진행하는 상황이나 구어체 아랍어(암미야)에서 화자가 말을 할 때 사람들의 주의를 끌기 위해 많이 사용한다.

다른 예문들

자이드는 빨리 걷는다.	هُوَ زَيْدٌ مُنْطَلِقٌ.
하나님은 한 분이라고 말하라.	قُلْ هُوَ اللهُ أَحَدٌ.

2) 문장의 보조적 역할 - 무효화 불변사(الْحُرُوفُ النَّاسِخَةُ)가 사용된 문장에서

무효화 불변사(الْحَرْفُ النَّاسِخُ)란 그 뒤에 오는 문장을 명사문으로 만드는 단어로서, 그 명사문의 주어가 목적격을 취하고 술어가 주격을 취하는 불변사이다(자세한 내용은 이 책 제Ⅱ권 '무효화 불변사에 대해' 부분을 보라). 무효화 불변사가 사용된 문장에 가인칭 대명사가 사용되는데, 이 경우를 두 가지로 나눌 수 있다. 먼저는 가인칭 대명사가 없어도 문장이 성립되는 경우와 가인칭 대명사가 있어야 문장이 성립되는 경우가 그것이다.

(1) 가인칭 대명사가 없어도 문장이 성립되는 경우

아래는 무효화 불변사 إِنَّ 가 사용된 문장에 가인칭 대명사가 사용된 경우이다. 이 경우는 괄호 안에서와 같이 가인칭 대명사가 없이도 같은 의미의 문장을 만들 수 있다.

의미	일반문장	가인칭 대명사 문장
날씨가 덥다.	إِنَّ الْجَوَّ حَارٌّ.	إِنَّهُ الْجَوُّ حَارٌّ.
정치적인 분쟁은 끝나지 않는다.	إِنَّ لَا يَنْتَهِي الْخِلَافُ السِّيَاسِيُّ.	إِنَّهُ لَا يَنْتَهِي الْخِلَافُ السِّيَاسِيُّ.
이집트의 자유는 혼돈의 상태이다.	إِنَّ الْحُرِّيَّةَ فِي مِصْرَ فَوْضَى.	إِنَّهَا الْحُرِّيَّةُ فِي مِصْرَ فَوْضَى.

** 아래의 가인칭 대명사 문장과 무효화 불변사 문장의 실제적 의미 차이는 없다.

①	참으로 오늘 날씨가 덥다. (가인칭 대명사가 사용된 문장)	إِنَّهُ الْجَوَّ حَارٌّ الْيَوْمَ.
②	참으로 오늘 날씨는 덥다.	إِنَّ الْجَوَّ حَارٌّ الْيَوْمَ.

(2) 가인칭 대명사가 있어야 문장이 성립되는 경우 – 비인칭 동사가 사용된 문장 [1]

비인칭 동사란 인칭변화 없이 3 인칭 남성 단수로만 사용되는 동사를 말한다. 다음은 비인칭 동사가 무효화 불변사 أَنَّ 가 이끄는 문장에 사용된 경우이다. 이 경우의 가인칭 대명사는 문장에서 생략될 수 없고 반드시 사용되어야 하는데 그 꼴은 3 인칭 남성단수 형태인 'هُ' 가 사용된다. (아래 파란색이 비인칭 동사)

이 문장에서 أَنَّ 는 무효화 불변사이기에 그 이후에는 명사문이 와야 하는데 명사문의 주어로 사용될 비인칭 동사의 주어가 따로 없으므로 가인칭 대명사를 명사문의 주어로 사용해 주어야 한다.

그들은 (다른 사람들이) 그들을 지배(통제)할 수 없다고 생각한다.	يَظُنُّونَ أَنَّهُ لَا يُمْكِنُ السَّيْطَرَةُ عَلَيْهِمْ.
그 학생은 그에게 흡연이 허락되지 않는 것을 이해한다.	يَفْهَمُ الطَّالِبُ أَنَّهُ لَا يَجُوزُ عَلَيْهِ التَّدْخِينُ.
당신은 이집트 사람들이 바뀌어야 한다고 생각하십니까?	هَلْ تَرَى أَنَّهُ يَجِبُ عَلَى الْمِصْرِيِّينَ أَنْ يَتَغَيَّرُوا!
무함마드는 기쁜데, 그 이유는 카이로에 결혼정보 사무실들이 있기 때문이다.	مُحَمَّدٌ سَعِيدٌ لِأَنَّهُ يُوجَدُ مَكَاتِبُ زَوَاجٍ فِي الْقَاهِرَةِ.
무크타르는 스페인으로 여행을 떠났는데 왜냐하면 이집트에 좋은 직장이 없기 때문이다	سَافَرَ مُخْتَارٌ إِلَى إِسْبَانِيَا لِأَنَّهُ لَيْسَ هُنَاكَ عَمَلٌ جَيِّدٌ فِي مِصْرَ.
이 학생은 시험에 낙방할 것입니다. 왜냐하면 게으른 사람들은 성공하지 못하기 때문입니다.(الْكَسَالَى 가 주어)	سَوْفَ يَرْسُبُ هَذَا الطَّالِبُ لِأَنَّهُ لَا يَنْجَحُ الْكَسَالَى.

→위의 예문들에서 가인칭 대명사로 사용된 هُ 는 그 앞의 주절에 사용된 선행명사를 받는 연결의 인칭대명사가 아니다. 따라서 가인칭 대명사이다.

→이러한 문장에 대한 자세한 설명과 예문을 이 책 제Ⅱ권 '무효화 불변사에 대해'에서도 볼 수 있다.

반면에 아래의 문장에 사용된 인칭대명사 هُ 는 그 앞의 سَمِير 을 받는 연결의 인칭대명사이다. 이 경우는 가인칭대명사가 아니다.

싸미르는 시험에 낙방했는데 왜냐하면 그가 공부하지 않았기 때문이다.	سَمِيرٌ رَسَبَ لِأَنَّهُ لَمْ يُذَاكِرْ.

---

[1] '비인칭 동사'는 인칭변화 없이 3 인칭 남성 단수로만 사용되는 동사이다. 이 책제Ⅰ권의 '수동분사' 단원의 '성수불변 수동분사 + 전치사 구(句)에 대해' 부분, 그리고 '동사의 일치' 단원에서 다루고 있으며, 제Ⅱ권의 '무효화 불변사에 대해'단원과 '풀어쓴 동명사에 대해' 단원, '수동태에 대해 Ⅱ' 단원에서도 다루고 있다.

제16 과 지시대명사 & 의문대명사 & 관계대명사

1. 지시대명사 (اسْمُ الإِشَارَةِ)
2. 의문대명사 (اسْمُ الاسْتِفْهَامِ)
3. 관계대명사 (الاسْمُ الْمَوْصُولُ)

제16과 지시대명사 (اِسْمُ الْإِشَارَةِ) & 의문대명사 (اِسْمُ الْاِسْتِفْهَامِ) & 관계대명사 (اَلْاِسْمُ الْمَوْصُولُ)

1. 지시대명사 (اِسْمُ الْإِشَارَةِ)

지시대명사는 어떤 사물이나 사람을 지시할 때 사용하는 대명사이다.

1) 지시대명사의 형태

아랍어의 지시대명사는 근거리 지시대명사와 원거리 지시대명사가 있다.

(1) 근거리 지시대명사 (اِسْمُ الْإِشَارَةِ لِلْقَرِيبِ)

근거리 지시대명사는 화자에게 가깝거나 그리 멀지 않는 것을 가리킬 때 사용한다.

	의미	남성		여성	
단수	이것(this, 사물 단수), 이 사람(this, 사람 단수)	هَذَا 이것(this, 사물), 이 사람(this, 사람 단수)		هَذِهِ 이것(사물 여성단수), 이 사람(사람 여성 단수) ; 이것들(사물 복수)	
쌍수	이 둘(사물 쌍수), 이 두 사람(사람 쌍수)	주격	هَذَانِ	주격	هَاتَانِ
		소유격, 목적격	هَذَيْنِ	소유격, 목적격	هَاتَيْنِ
복수	이 사람들(사람 복수)	هَؤُلَاءِ			

→ 위의 근거리 지시대명사에서 단수와 복수 지시대명사는 격변화가 없는 불격변화(مَبْنِيّ) 명사이며, 쌍수 지시대명사는 격변화를 하는 격변화(مُعْرَب) 명사이다.

→ 위의 هَذِهِ 는 사물 복수를 지칭할 때도 사용된다. 아랍어에서 사물 복수는 여성 단수로 취급된다.

→ 위의 근거리 지시대명사와 같은 지시대명사로 ذَا (m.), ذِي (f.)혹은 ذِهِ (f.)가 있는데 지금은 사용되지 않는다. 이집트 구어체 아랍어(암미야)에서 ذَا 와 ذِي 는 각각 دَا 와 دِي 로 변형되어 지시대명사로 사용된다.

(2) 원거리 지시대명사 (اِسْمُ الْإِشَارَةِ لِلْبَعِيدِ)

원거리 지시대명사는 멀리 있는 것을 가리킬 때 사용한다.

	의미	남성	여성
단수	저것(사물), 저 사람 (that)	ذَاكَ، ذَلِكَ 저것(사물), 저 사람(that)	تِلْكَ 저 사람(사람 여성 단수), 저것(사물 여성단수) ; 저것들(사물 복수)
복수	저것들, 저 사람들 (those)	أُولَئِكَ	

→ 위의 원거리 지시대명사도 근거리 지시대명사와 같이 단수와 복수 지시대명사는 격변화가 없는 불격변화(مَبْنِيّ) 단어이다.

→ 위의 원거리 지시대명사의 쌍수가 존재하긴 하지만 꾸란 등의 고전 아랍어에 사용되고 현대 표준 아랍어(MSA)에선 거의 사용되지 않는다. (쌍수 주격 - ذَانِكَ, تَانِكَ 쌍수 소유격과 목적격 – ذَيْنِكَ, تَيْنِكَ)

지시대명사가 사용된 예들

이 남자	هَذَا الرَّجُلُ	
이 여자	هَذِهِ الْمَرْأَةُ	
올 해에	فِي هَذِهِ السَّنَةِ	
이것은 새롭고, 저것은 오래되었다.	هَذَا حَدِيثٌ وَذَلِكَ قَدِيمٌ.	
이 학생은 부지런하다. (대용어 구에 지시 대명사가 사용되었다.)	هَذَا الطَّالِبُ مُجْتَهِدٌ.	
그 다음에	بَعْدَ ذَلِكَ	
그 해에	فِي تِلْكَ السَّنَةِ	
이것은 크고, 저것은 작다.	هَذَا كَبِيرٌ وَذَلِكَ صَغِيرٌ.	

2) 지시대명사의 격변화

단수와 복수꼴의 지시대명사는 불격변화(مَبْنِي) 명사이기에 격변화가 없다. 그러나 쌍수꼴의 지시대명사에서는 아래의 표에서와 같이 격변화(مُعْرَب)를 한다.

(1) 주격(مَرْفُوع)으로 사용된 경우

남성 단수	이것은 한 권의 책이다. (This is a book.) (남성, 단수, 주격)	هَذَا كِتَابٌ.
	이 사람은 똑똑한 학생이다.	هَذَا طَالِبٌ ذَكِيٌّ.
여성 단수	이것은 한 그림이다. (여성, 단수, 주격)	هَذِهِ صُورَةٌ.
	이 사람은 부지런한 여학생이다.	هَذِهِ طَالِبَةٌ مُجْتَهِدَةٌ.
남성 쌍수	이것 둘은(dual. m.) 유용한 두 책이다. (남성, 쌍수, 주격)	هَذَانِ كِتَابَانِ مُفِيدَانِ.
	이 두 사람은 똑똑한 두 학생이다	هَذَانِ طَالِبَانِ ذَكِيَّانِ.
여성 쌍수	이것 둘은(dual. f.) 비싼 두 그림이다. (여성, 쌍수, 주격)	هَاتَانِ صُورَتَانِ غَالِيَتَانِ.
	이 두 사람(f.)은 부지런한 두 여학생(f.)이다.	هَاتَانِ طَالِبَتَانِ مُجْتَهِدَتَانِ.
남성 복수	이들은 똑똑한 (남)학생들이다. (남성, 복수, 주격)	هَؤُلَاءِ طُلَّابٌ أَذْكِيَاءُ.
여성 복수	이들은 부지런한 여학생들이다.	هَؤُلَاءِ طَالِبَاتٌ مُجْتَهِدَاتٌ.
사물 복수	이것들은 유용한 책들이다. (사물복수)	هَذِهِ كُتُبٌ مُفِيدَةٌ.
	이것들은 값비싼 그림들이다. (사물복수)	هَذِهِ صُوَرٌ غَالِيَةٌ.

원거리 지시대명사	저 사람은 아름다운 젊은 여자이다.	تِلكَ فَتَاةٌ جَمِيلَةٌ.
	저들은(저 사람들은) 중국에서 왔다.	أُولَئِكَ أَتَوْا[1] مِنَ الصِّينِ.

(2) 목적격(مَنْصُوبٌ)으로 사용된 경우

나는 이것을 들었다.	سَمِعْتُ هَذَا.
나는 이 여학생의 말을 들었다.	سَمِعْتُ هَذِهِ الطَّالِبَةَ.
나는 저 사람(m.)(저것을) 보았다.	رَأَيْتُ ذَلِكَ.
나는 저 소녀를 보았다.	رَأَيْتُ تِلْكَ الصَّبِيَّةَ.
나는 이 두 가지를(m.) 취했다. (쌍수)	أَخَذْتُ هَذَيْنِ.
나는 이 두 가지를(f.)을 먹었다. (쌍수)	أَكَلْتُ هَاتَيْنِ.
나는 이 사람들과 이야기했다.	كَلَّمْتُ هَؤُلَاءِ.
나는 저 사람들을 이해했다.	فَهِمْتُ أُولَئِكَ.

(3) 소유격(مَجْرُورٌ)으로 사용된 경우

나는 이 사람(이것)에 대해 물었다.	سَأَلْتُ عَنْ هَذَا.
나는 저 사람에 대해 물었다.	سَأَلْتُ عَنْ ذَلِكَ الشَّخْصِ.
나는 이 두 가지(m.)로 한 편지를 적었다. (쌍수)	كَتَبْتُ رِسَالَةً بِهَذَيْنِ.
나는 이 두 여자와 이야기했다. (쌍수)	تَكَلَّمْتُ مَعَ هَاتَيْنِ.
나는 이 사람들을 환영했다.	رَحَّبْتُ بِهَؤُلَاءِ.
나는 저 사람들과 인사를 나누었다.	سَلَّمْتُ عَلَى أُولَئِكَ.

---

[1] أَتَى/يَأْتِي 오다 (to come)   هُمْ أَتَوْا

3) 대용어(اَلْبَدَل) 구(句)에 사용되는 지시대명사 – '지시대명사 + الـ 보통명사' 구(句)의 격변화

지시대명사 뒤에 온 단어에 الـ 이 붙어 '지시대명사 + الـ 보통명사'가 되는 경우가 있다. 지시대명사와 그 뒤의 الـ 보통명사가 한 단위가 되어 앞뒤의 단어가 성과 수와 격 그리고 한정형태의 일치를 이룰 때 이를 대용어(اَلْبَدَل) 구(句)라고 한다. 이때 '지시대명사 + الـ 보통명사' 꼴이 문장에서 격변화 할 때 그 격변화의 기호는 지시대명사 뒤에 오는 한정명사에 붙는다. (쌍수는 지시대명사도 격변화 한다.)

여기에 대한 자세한 내용은 이 책 제Ⅱ권 '후속어(اَلتَّوَابِع) Ⅱ - 대용어(اَلْبَدَل)에 대해 –'에 나와 있다.

아래의 대용어 구(句), 즉 '지시대명사 + الـ 보통명사' 구(句)를 보라. 지시대명사와 그 뒤의 보통명사는 한 단어로 사용되기에 이러한 구조에 익숙해져야 한다.

이 책	هَذَا الْكِتَابُ	이 그림	هَذِهِ الصُّورَةُ
이 수업(lesson)	هَذَا الدَّرْسُ	이 종이	هَذِهِ الْوَرَقَةُ
이 책상	هَذَا الْمَكْتَبُ	이 학교	هَذِهِ الْمَدْرَسَةُ
이 학생	هَذَا الطَّالِبُ	이 여학생	هَذِهِ الطَّالِبَةُ
저 젊은이	ذَلِكَ الشَّابُّ	저 숙녀	تِلْكَ الْآنِسَةُ
저 교사	ذَلِكَ الْمُدَرِّسُ	저 여교사	تِلْكَ الْمُدَرِّسَةُ
저 교수	ذَلِكَ الْأُسْتَاذُ	저 여교수	تِلْكَ الْأُسْتَاذَةُ

대용어 구(句)의 격변화 - ('지시대명사 + الـ 보통명사') 구(句)의 격변화

'지시대명사 + الـ 보통명사' 꼴이 문장에서의 기능에 따라 격변화할 때 지시대명사와 그 뒤의 명사의 격변화를 구분해야 한다. 지시대명사의 단수와 복수꼴은 불격변화이기에 격변화를 하지 않으며 쌍수꼴에서만 격변화를 한다. 그러나 그 뒤에 오는 ' الـ + 보통명사'는 문장에서 사용된 기능에 따라 격변화 한다.

(1) 주격(مَرْفُوع) - 대용어구가 주격 자리에 온 경우 (문장에서 주어(مُبْتَدَأ)로 사용되었다.)

이 남학생은 친절하다. (This student is kind.) (남성, 단수, 주격)	هَذَا الطَّالِبُ طَيِّبٌ.
이 여학생은 친절하다.(여성, 단수, 주격)	هَذِهِ الطَّالِبَةُ طَيِّبَةٌ.
이 두 남학생은 친절하다.(남성, 쌍수, 주격)	هَذَانِ الطَّالِبَانِ طَيِّبَانِ.
이 두 여학생은 친절하다. (여성, 쌍수, 주격)	هَاتَانِ الطَّالِبَتَانِ طَيِّبَتَانِ.
이 (남)학생들은 친절하다. (남성, 복수, 주격)	هَؤُلَاءِ الطُّلَّابُ طَيِّبُونَ.
이 여학생들은 친절하다. (여성, 복수, 주격)	هَؤُلَاءِ الطَّالِبَاتُ طَيِّبَاتٌ.

저 여 선생님은 한국에서 왔다.	جَاءَتْ تِلْكَ الْمُدَرِّسَةُ مِنْ كُورِيَا.
저 아이들은 잠을 잤다.	نَامَ أُولَئِكَ الْأَطْفَالُ.

(2) 목적격 (مَنْصُوبٌ) – 대용어구가 목적격 자리에 온 경우 (아래에서는 목적어로 사용되었다.)

우리는 이 남학생을 돕는다. (남성, 단수, 목적격)	نُسَاعِدُ هَذَا الطَّالِبَ.
우리는 이 여학생을 돕는다. (여성, 단수, 목적격)	نُسَاعِدُ هَذِهِ الطَّالِبَةَ.
우리는 이 두 남학생을 돕는다. (남성, 쌍수, 목적격)	نُسَاعِدُ هَذَيْنِ الطَّالِبَيْنِ.
우리는 이 두 여학생을 돕는다. (여성, 쌍수, 목적격)	نُسَاعِدُ هَاتَيْنِ الطَّالِبَتَيْنِ.
우리는 이 남학생들을 돕는다. (남성, 복수, 목적격)	نُسَاعِدُ هَؤُلَاءِ الطُّلَّابَ.
우리는 이 여학생들을 돕는다. (여성, 복수, 목적격)	نُسَاعِدُ هَؤُلَاءِ الطَّالِبَاتِ.
나는 저 그림을 보았다.	رَأَيْتُ تِلْكَ الصُّورَةَ.
나는 저 책들을 읽었다.	قَرَأْتُ تِلْكَ الْكُتُبَ.
나는 저 학생들을 도왔다.	سَاعَدْتُ أُولَئِكَ الطُّلَّابَ.

(3) 소유격 (مَجْرُورٌ) – 대용어구가 소유격 자리에 온 경우 (소유격 명사 혹은 후연결어로 사용되었다.)

나는 이 남학생을 쳐다보았다. (남성, 단수, 소유격)	نَظَرْتُ إِلَى هَذَا الطَّالِبِ.
나는 이 여학생을 쳐다보았다. (여성, 단수, 소유격)	نَظَرْتُ إِلَى هَذِهِ الطَّالِبَةِ.
나는 이 두 남학생을 쳐다보았다. (남성, 쌍수, 소유격)	نَظَرْتُ إِلَى هَذَيْنِ الطَّالِبَيْنِ.
나는 이 두 여학생을 쳐다보았다. (여성, 쌍수, 소유격)	نَظَرْتُ إِلَى هَاتَيْنِ الطَّالِبَتَيْنِ.
나는 이 남학생들을 쳐다보았다. (남성, 복수, 소유격)	نَظَرْتُ إِلَى هَؤُلَاءِ الطُّلَّابِ.
나는 이 여학생들을 쳐다보았다. (여성, 복수, 소유격)	نَظَرْتُ إِلَى هَؤُلَاءِ الطَّالِبَاتِ.
나는 이 두 남자와 이야기했다. (مَعَ 는 부사이므로 후연결어로 사용되었다.)	تَكَلَّمْتُ مَعَ هَذَيْنِ الرَّجُلَيْنِ.
나는 이 사람들에게 인사했다.	سَلَّمْتُ عَلَى هَؤُلَاءِ النَّاسِ.

4) '원거리 지시대명사 + 2인칭 접미 인칭대명사' 용법

원거리 지시대명사를 사용할 경우 상대방의 주의를 끌기 위해 원거리 지시대명사의 쌍수형과 복수형 뒤에 같은 성과 수의 2인칭 접미 인칭대명사를 사용하는 경우가 있다. 다음과 같은 경우들이다.

	2인칭 남성 단수	2인칭 여성 단수	2인칭 쌍수	2인칭 남성 복수	2인칭 여성 복수
남성	ذَلِكَ	ذَلِكِ	ذَلِكُمَا	ذَلِكُمْ	ذَلِكُنَّ
여성	تِلْكَ	تِلْكِ	تِلْكُمَا	تِلْكُمْ	تِلْكُنَّ

예문

아래의 예문에서와 같이 위의 지시대명사 형태들은 주어가 2인칭인 경우에만 사용한다. 상대방의 주의를 끌기 위해 사용하지만 그 의미는 일반 원거리 지시대명사의 의미와 동일하다.

너희들은 저 아름다운 나무를 보아라.	اُنْظُرُوا إِلَى تِلْكُمُ الشَّجَرَةِ الْجَمِيلَةِ.
너희 둘은 저 식당을 좋아하니?	هَلْ تُحِبَّانِ ذَلِكُمَا الْمَطْعَمَ؟
너희들(f.)은 그 문제를 이해해야 한다.	يَجِبُ أَنْ تَفْهَمْنَ تِلْكُنَّ الْمُشْكِلَةَ.

2. 의문대명사 (اسْمُ الاسْتِفْهَامِ)

의문대명사는 육하원칙(누가, 언제, 어디서, 무엇을, 어떻게, 왜)에 따라 질문을 할 때 사용하는 의문사이다. 의문대명사는 اسْمُ الاسْتِفْهَامِ 라는 아랍어 명칭에서 보듯 아랍어 문법에서 명사(اسْمٌ)이다. 아래의 의문대명사의 종류를 확인하고 익히도록 하자.

	의문대명사 (اسْمُ الاسْتِفْهَامِ)	
①	누가(who)	مَنْ
②	언제(when)	مَتَى
③	어디서(where)	أَيْنَ
④	무엇을(what)	مَا
⑤	무엇을(what)	مَاذَا
⑥	어떻게(how)	كَيْفَ
⑦	얼마나(how many or how much)	كَمْ
⑧	(뒤에 붙는 후연결어에 따라) 어떤 … (which, what kind of)	أَيّ (أَيَّة)
⑨	왜(why)	لِمَاذَا (لِـ + مَاذَا)
⑩	왜(why)	لِمَ (لِـ + مَا)

이러한 의문대명사는 의문문을 이끄는 역할을 한다. 즉 아래의 예문들에서와같이 대부분의 아랍어 의문문은 의문대명사로 문장을 시작한다. 그러나 문장의 필수적인 의미와 관련된 전치사를 의문대명사 앞에 위치시키기도 한다.

예문

당신은 누구입니까?	مَنْ أَنْتَ؟
누가 이 장난감을 샀습니까?	مَنِ اشْتَرَى هَذِهِ اللُّعْبَةَ؟
이 선물은 누구를 위한 것입니까?	لِمَنْ هَذِهِ الْهَدِيَّةُ؟
언제 그 시험이 있습니까?	مَتَى الامْتِحَانُ؟
나의 어머니가 언제 오셨습니까?	مَتَى جَاءَتْ أُمِّي؟
저의 책이 어디 있습니까?	أَيْنَ كِتَابِي؟
당신은 어디에 살고 있습니까?	أَيْنَ تَسْكُنُ؟

مَا اسْمُكَ؟	당신의 이름이 무엇입니까?	
مَا عُنْوَانُكَ؟	당신의 주소가 무엇입니까?	
بِمَا كَتَبْتَ هَذَا الْخَطَّ؟	당신은 이 필체를 무엇으로 기록했습니까?	
مَاذَا فَعَلْتَ أَمْسِ؟	당신은 어제 무엇을 하였습니까?	
مَاذَا تُرِيدُ يَا ابْنِي؟	내 아들아! 무엇을 원하니?	
كَيْفَ حَالُكَ؟	당신의 상태가 어떠합니까?	
كَيْفَ أَذْهَبُ إِلَى الْقَاهِرَةِ؟	제가 카이로에 어떻게 갑니까?	
كَمْ أَخًا لَكَ؟	당신에게 몇 명의 형제가 있습니까? (كَمْ 이 주어(مُبْتَدَأ)로 사용. أَخًا 은 명시목적어(التَّمْيِيز))	
كَمْ كِتَابًا قَرَأْتَ؟	당신은 몇 권의 책을 읽었습니까? (كَمْ 이 목적어로 사용. كِتَابًا 은 명시목적어(التَّمْيِيز))	
عَلَى كَمْ مُدَرِّسًا سَلَّمْتَ؟	당신은 얼마나 많은 학생과 인사를 나누었습니까? (كَمْ 이 소유격 명사(اسْمٌ مَجْرُورٌ)로 사용.)	
كَمْ مِتْرًا مَشَيْتَ؟	당신은 몇 미터를 걸었습니까? (كَمْ 이 장소의 부사(ظَرْفُ مَكَانٍ)로 사용)	
أَيُّ طَالِبٍ فِي الْفَصْلِ؟	어떤(which) 학생이 교실에 있습니까? (أَيُّ 가 명사문의 주어로 사용. 주격)	
أَيَّةَ مَادَّةٍ تُحِبُّ؟	당신은 어떤 과목을 좋아합니까? (أَيَّةَ 가 목적어로 사용됨. 목적격)	
بِأَيِّ اسْمٍ نُؤْمِنُ؟	우리는 어떤 이름을 믿습니까? (أَيِّ 가 소유격 명사로 사용. 소유격)	
أَيَّ (أَوْ أَيَّةَ) الْوَجَبَاتِ أَكَلْتَ؟	당신은 어떤 음식들을 먹었습니까? (أَيَّةَ 가 목적어로 사용됨. 목적격)	
لِمَاذَا الْمُدَرِّسُ هُنَا؟	그 선생님이 왜 여기에 있습니까?	
لِمَاذَا جِئْتَ مُتَأَخِّرًا؟	당신은 왜 늦게 왔습니까?	
لِمَ أَنْتَ حَزِينٌ؟	당신은 왜 슬픕니까?	
لِمَ لَا تُذَاكِرُ جَيِّدًا؟	당신은 왜 공부를 열심히 하지 않습니까?	

** 의문문 가운데는 위의 의문대명사와는 달리 의문불변사(حَرْفُ الاسْتِفْهَامِ)가 사용되는 것도 있다. 아래의 هَلْ 과 أ 가 그것이다. 의문문에 관한 자세한 내용은 이 책 제Ⅱ권에서 공부하도록 하라.

هَلْ أَنْتَ كُورِيٌّ؟	당신은 한국 사람입니까?
أَأَنْتَ جَائِعٌ؟	당신은 배가 고픕니까?

3. 관계대명사(الاسْمُ الْمَوْصُولُ)

1) 관계대명사(الاسْمُ الْمَوْصُولُ)란?

관계대명사는 연관된 두 문장을 연결하는 기능을 하는 대명사를 말한다. 아랍어의 관계대명사는 선행명사와 (ضَمِيرُ الرَّبْطِ) 관계종속절(جُمْلَةُ الصِّلَةِ) 중간에 사용되어 양쪽 문장을 연결하는 역할을 한다. 다음의 도표를 보자. 다음 a 와 b 는 연관된 두 개의 문장이고, 그것을 c 와 같이 관계대명사가 사용된 한 개의 문장으로 만들 수 있다. 이때 a 와 b 에 동일하게 사용된 명사가 c 에서 관계대명사 앞에 오게 되는데 이를 선행명사(혹은 선행사, 파란색 글자)라 한다. 선행명사 뒤에 관계대명사(빨간색 글자)가 오고, 그 뒤에 관계종속절(جُمْلَةُ الصِّلَةِ)이 온다(밑줄친 부분).

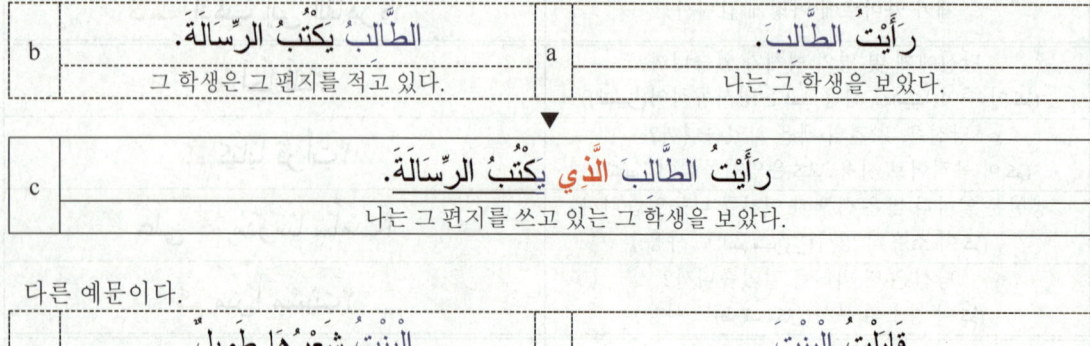

다른 예문이다.

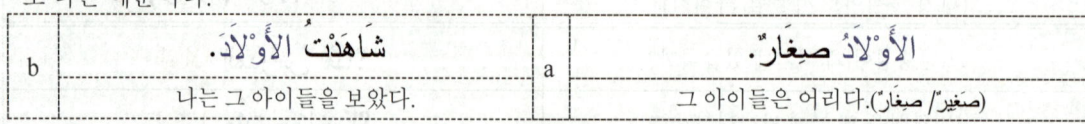

또 다른 예문이다.

b	شَاهَدْتُ الْأَوْلَادَ.	a	الْأَوْلَادُ صِغَارٌ.
	나는 그 아이들을 보았다.		그 아이들은 어리다. (صَغِيرٌ/ صِغَارٌ)

▼

c	الْأَوْلَادُ الَّذِينَ شَاهَدْتُهُمْ، صِغَارٌ.
	내가 본 그 아이들은 어리다.

→ 위의 예들에서 관계대명사를 확인하라(빨간색 글자). 그리고 앞뒤 두 문장에 공통으로 사용된 명사인 선행명사(혹은 선행사)를 확인하라(파란색 글자). 선행명사는 항상 관계대명사 앞에 오기에 선행명사라 한다. 선행명사 뒤에는 관계대명사가 오고, 그 뒤에는 관계종속절(جُمْلَةُ الصِّلَةِ)이 온다(밑줄친 부분). 또한 관계종속절에는 반드시 선행명사와 연결되는 연결의 인칭대명사(ضَمِيرُ الرَّبْطِ)가 사용된다(밑줄 친 관계종속절 부분에서 파란색 글자).

2) 관계대명사(الاسْمُ الْمَوْصُولُ)의 종류

아랍어의 관계대명사는 الَّذِي 와 مَنْ 그리고 مَا 세 가지이다.

아랍어 문법에서 관계대명사는 선행하는 사람이나 사물(즉 선행명사)을 받는 한정형태의 명사(اسْمٌ مَعْرِفَةٌ)이다.

관계 대명사	특징	성(性). 수(數). 격(格)의 변화			
				남성(m.)	여성(f.)
① الَّذِي	사람과 사물에 모두 사용된다. (복수형은 사람에게만 사용된다.) 옆의 표와 같이 남성과 여성의 구분이 있으며, 단수와 쌍수와 복수의 수(數)의 변화가 있다. 또한 쌍수의 경우 격(格)에 따른 격변화도 있다. 선행명사가 사용된다(명사적 용법 예외)	단수		الَّذِي	الَّتِي
		쌍수	주격 (مَرْفُوعٌ)	اللَّذَانِ	اللَّتَانِ
			소유격 & 목적격 (مَجْرُورٌ & مَنْصُوبٌ)	اللَّذَيْنِ	اللَّتَيْنِ
		복수		الَّذِينَ	اللَّاتِي، اللَّوَاتِي، اللَّائِي
② مَنْ	사람에 사용	مَنْ 성(性). 수(數). 격(格)의 변화가 없다. 선행명사가 사용되지 않는다. 동사는 단수나 복수형을 취한다.			
③ مَا	사물에 사용	مَا 성(性). 수(數). 격(格)의 변화가 없다. 선행명사가 사용되지 않는다. 동사는 단수형을 취한다.			

→ 관계대명사 الَّذِي 는 성(性)과 수(數)의 변화뿐만 아니라 쌍수의 경우 격(格)변화도 일으킨다. 즉 الَّذِي 의 격변화의 경우 그 단수와 복수 형태는 격변화를 하지 않는 불격변화(مَبْنِيٌّ) 명사이지만, 쌍수 형태는 격변화를 하는 격변화(مُعْرَبٌ) 명사이다. (격변화 단어 – 회색으로 칠해진 부분)

→ 그러나 관계대명사 مَنْ 과 مَا 의 경우 성(性)과 수(數) 그리고 격(格)의 변화가 없다.

→ 관계대명사의 더 상세한 내용은 이 책 제Ⅱ권 '관계대명사와 수식절에 대해' 부분에서 자세히 다루고 있다. 이 과에서는 관계대명사의 기본적인 내용을 다루도록 한다.

3) 관계대명사(الاسْمُ الْمَوْصُولُ) 문장의 구성요소

관계대명사 문장에는 4 가지 구성요소가 있다. 즉 관계대명사 구문은 '선행명사(혹은 선행사)'와, '관계대명사(اسْمٌ مَوْصُولٌ)', '관계종속절(جُمْلَةُ الصِّلَةِ)', 그리고 관계종속절 안에 포함되어 있는 '연결의 인칭대명사(ضَمِيرُ الرَّبْطِ)'로 이루어진다. 아래에서 관계대명사의 4 가지 요소에 대해서 파악하며 관계대명사의 용법을 익히도록 하자.

나는 그 편지를 쓰고 있는 그 학생을 보았다.	رَأَيْتُ الطَّالِبَ الَّذِي يَكْتُبُ الرِّسَالَةَ.
① الطَّالِبَ – 선행명사(혹은 선행사)	② الَّذِي – 관계대명사(اسْمٌ مَوْصُولٌ)
③ يَكْتُبُ الرِّسَالَةَ – 관계종속절(جُمْلَةُ الصِّلَةِ)	④ يَكْتُبُ 동사의 주어 – هُوَ – 연결의 인칭대명사(ضَمِيرُ الرَّبْطِ)

나는 머리카락이 긴 그 여자 아이(소녀)를 만났다.	قَابَلْتُ الْبِنْتَ الَّتِي شَعْرُهَا طَوِيلٌ.
① الْبِنْتَ – 선행명사(혹은 선행사)	② الَّتِي – 관계대명사(اسْمٌ مَوْصُولٌ)
③ شَعْرُهَا طَوِيلٌ – 관계종속절(جُمْلَةُ الصِّلَةِ)	④ هَا – 연결의 인칭대명사(ضَمِيرُ الرَّبْطِ)

내가 본 그 아이들은 어리다.	الْأَوْلَادُ الَّذِينَ شَاهَدْتُهُمْ، صِغَارٌ.
① الْأَوْلَادُ – 선행명사(혹은 선행사)	② الَّذِينَ – 관계대명사(اسْمٌ مَوْصُولٌ)
③ شَاهَدْتُهُمْ – 관계종속절(جُمْلَةُ الصِّلَةِ)	④ هُمْ – 연결의 인칭대명사(ضَمِيرُ الرَّبْطِ)

그는 그 시험에서 떨어진 그 학생이다	هُوَ الطَّالِبُ الَّذِي سَقَطَ فِي الْامْتِحَانِ.
① الطَّالِبُ – 선행명사(혹은 선행사)	② الَّذِي – 관계대명사(اسْمٌ مَوْصُولٌ)
③ سَقَطَ فِي الْامْتِحَانِ – 관계종속절(جُمْلَةُ الصِّلَةِ)	④ سَقَطَ 에 감추어진 주어 – هُوَ – 연결의 인칭대명사(ضَمِيرُ الرَّبْطِ)

미소가 아름다운 그 아기가 잠을 잤다.	نَامَتِ الطِّفْلَةُ الَّتِي ابْتِسَامَتُهَا جَمِيلَةٌ.
① الطِّفْلَةُ – 선행명사(혹은 선행사)	② الَّتِي – 관계대명사(اسْمٌ مَوْصُولٌ)
③ ابْتِسَامَتُهَا جَمِيلَةٌ – 관계종속절(جُمْلَةُ الصِّلَةِ)	④ هَا – 연결의 인칭대명사(ضَمِيرُ الرَّبْطِ)

→관계대명사 문장을 공부할 때 전체 문장이 동사문인지 혹은 명사문인지, 선행명사가 문장에서 어떤 기능을 하는지(명사문의 주어, 술어, 동사문의 주어, 목적어, 소유격 명사 등), 관계종속절은 동사문인지 혹은 명사문인지, 연결의 인칭대명사는 어디에 위치해 있는지 등을 파악할 수 있어야 그 정확한 의미를 파악할 수 있다. 또한 관계대명사 문장 가운데는 형용사적 용법이 있고 명사적 용법이 있다는 것도 공부해야 한다. 이러한 내용은 이 책 제Ⅱ권 '관계대명사와 수식절에 대해'에서 자세히 공부한다.

→위의 예들에서 선행명사는 항상 한정형태가 사용된다는 것을 확인하라. →위의 예들에서 연결의 인칭대명사는 반드시 그 앞의 선행명사와 성과 수가 일치해야 한다는 것을 확인하라.

→위의 예들에서 두 번째 예문과 다섯 번째 예문은 관계종속절이 명사문이다. 그외에는 모두 관계종속절이 동사문이다. 이처럼 관계종속절은 동사문 혹은 명사문 모두 가능하다.

제16과 지시대명사 ♣ 의문대명사 ♣ 관계대명사

4) 관계대명사 الَّذِي 의 변화

관계대명사 الَّذِي 는 선행사의 성(性)과 수(數)와 격(格)에 따라 변화한다. الَّذِي 는 성(性)과 수(數)에 따라 변화를 일으키고, 격(格)변화의 경우 쌍수는 격변화(مَعْرَب)를 하지만, 단수와 복수는 격변화를 하지 않는 불격변화(مَبْنِي)이다.

(1) الَّذِي 의 단수와 복수 형태의 변화

아래의 문장들에서 사용된 선행명사의 성과 수에 따라 관계대명사가 변화하는 것을 확인하라.

관계종속절이 동사문의 경우

나는 그 편지를 쓰고 있는 그 학생을 보았다.	رَأَيْتُ الطَّالِبَ الَّذِي يَكْتُبُ الرِّسَالَةَ.
나는 그 편지를 쓰고 있는 그 여학생을 보았다.	رَأَيْتُ الطَّالِبَةَ الَّتِي تَكْتُبُ الرِّسَالَةَ.
나는 그 편지를 쓰고 있는 그 학생들을 보았다.	رَأَيْتُ الطُّلَّابَ الَّذِينَ يَكْتُبُونَ الرِّسَالَةَ.
나는 그 편지를 쓰고 있는 그 학생들(f.)을 보았다.	رَأَيْتُ الطَّالِبَاتِ اللَّاتِي يَكْتُبْنَ الرِّسَالَةَ.

관계종속절이 명사문인 경우

나는 머리카락이 긴 그 남자 아이를 만났다.	قَابَلْتُ الْوَلَدَ الَّذِي شَعْرُهُ طَوِيلٌ.
나는 머리카락이 긴 그 여자 아이를 만났다.	قَابَلْتُ الْبِنْتَ الَّتِي شَعْرُهَا طَوِيلٌ.
나는 머리카락이 긴 그 남자 아이들을 만났다.	قَابَلْتُ الْأَوْلَادَ الَّذِينَ شَعْرُهُمْ طَوِيلٌ.
나는 머리카락이 긴 그 여자 아이들을 만났다.	قَابَلْتُ الْبَنَاتِ اللَّاتِي شَعْرُهُنَّ طَوِيلٌ.

→ 위의 문장들에 사용된 관계대명사들의 격변화는 불격변화(مَبْنِي)이다. 격변화의 형태변화가 없다는 말이다. 그러나 이 관계대명사들이 문장의 목적어로 사용된 선행명사 바로 뒤에 왔으므로 목적격 자리에 있다고 한다. (مَبْنِي عَلَى النَّصْبِ)

(2) الَّذِي 의 쌍수 형태의 변화

관계대명사 الَّذِي 의 경우 쌍수는 다음과 같이 성(性)과 수(數)에 따른 변화와 함께 격(格)변화도 일으킨다.

الَّذِي 의 쌍수 성(性). 격(格)의 변화	
남성(m.)	여성(f.)
주격(مَرْفُوع)	
اللَّذَانِ	اللَّتَانِ
소유격 & 목적격 (مَجْرُور & مَنْصُوب)	
اللَّذَيْنِ	اللَّتَيْنِ

예문들

a. 관계대명사가 주격

아래의 문장은 선행명사가 문장에서 술어로 사용된 문장이다. 따라서 관계대명사가 주격의 격변화를 하였다.

그들 둘은 그 편지를 쓴 그 학생이다.	هُمَا الطَّالِبَانِ اللَّذَانِ كَتَبَا الرِّسَالَةَ.
그들 둘(f.)은 그 편지를 쓴 그 여학생이다.	هُمَا الطَّالِبَتَانِ اللَّتَانِ كَتَبَتَا الرِّسَالَةَ.
나는 머리카락이 긴 그 두 남자 아이를 만났다.	هُمَا الْوَلَدَانِ اللَّذَانِ شَعْرُهُمَا طَوِيلٌ.
나는 머리카락이 긴 그 두 여자 아이를 만났다.	هُمَا الْبِنْتَانِ اللَّتَانِ شَعْرُهُمَا طَوِيلٌ.

b. 관계대명사가 목적격

아래의 문장은 선행명사가 문장에서 목적어로 사용된 문장이다. 따라서 관계대명사가 목적격의 격변화를 하였다.

나는 그 편지를 쓰고 있는 그 두 학생을 보았다.	رَأَيْتُ الطَّالِبَيْنِ اللَّذَيْنِ يَكْتُبَانِ الرِّسَالَةَ.
나는 그 편지를 쓰고 있는 그 두 여학생을 보았다.	رَأَيْتُ الطَّالِبَتَيْنِ اللَّتَيْنِ تَكْتُبَانِ الرِّسَالَةَ.
나는 머리카락이 긴 그 두 남자 아이를 만났다.	قَابَلْتُ الْوَلَدَيْنِ اللَّذَيْنِ شَعْرُهُمَا طَوِيلٌ.
나는 머리카락이 긴 그 두 여자 아이를 만났다.	قَابَلْتُ الْبِنْتَيْنِ اللَّتَيْنِ شَعْرُهُمَا طَوِيلٌ.

c. 관계대명사가 소유격

아래의 문장은 선행명사가 문장에서 소유격 명사로 사용된 문장이다. 따라서 관계대명사가 소유격의 격변화를 하였다.

나는 그 편지를 쓴 그 두 학생을 환영했다.	رَحَّبْتُ بِالطَّالِبَيْنِ اللَّذَيْنِ كَتَبَا الرِّسَالَةَ.
나는 그 편지를 쓴 그 두 여학생을 환영했다.	رَحَّبْتُ بِالطَّالِبَتَيْنِ اللَّتَيْنِ كَتَبَتَا الرِّسَالَةَ.
나는 머리카락이 긴 그 두 남자 아이를 만났다.	رَحَّبْتُ بِالْوَلَدَيْنِ اللَّذَيْنِ شَعْرُهُمَا طَوِيلٌ.
나는 머리카락이 긴 그 두 여자 아이를 만났다.	رَحَّبْتُ بِالْبِنْتَيْنِ اللَّتَيْنِ شَعْرُهُمَا طَوِيلٌ.

5) 관계대명사 مَنْ과 مَا에 대해

الَّذِي 와는 달리 관계대명사 مَنْ 과 مَا 는 성(性), 수(數), 격(格)의 변화가 없다. 또한 مَنْ 과 مَا 는 선행명사가 자체 안에 포함되어있기 때문에 선행명사가 따로 사용되지 않는다. 이처럼 선행명사가 관계대명사 자체안에 포함되어 있는 관계대명사의 용법을 관계대명사의 명사적 용법이라 한다. 관계대명사 مَنْ 과 مَا 에 대한 공부는 이 책 제Ⅱ권 '관계대명사와 수식절에 대해' 부분에서 자세히 공부하자.

나는 공부하는 사람을 좋아한다. (I love the one who studies.)	أُحِبُّ مَنْ يَدْرُسُ.
① مَنْ – 관계대명사 (اسْمٌ مَوْصُولٌ)　② يَدْرُسُ – 관계종속절 (جُمْلَةُ الصِّلَةِ) ③ يَدْرُسُ 동사의 주어 – هُوَ 연결의 인칭대명사 (ضَمِيرُ الرَّبْطِ)　مَنْ يَدْرُسُ 가 أُحِبُّ 의 목적절이다.	

네가 말하는 것은 중요하다. (What you say is important.)	مَا تَقُولُهُ مُهِمٌّ.
① مَا – 관계대명사 (اسْمٌ مَوْصُولٌ)　② تَقُولُهُ – 관계종속절 (جُمْلَةُ الصِّلَةِ) ③ تَقُولُهُ 동사의 목적어 ه – 연결의 인칭대명사 (ضَمِيرُ الرَّبْطِ) 이 문장은 명사문으로 مَا تَقُولُهُ 가 주어(الْمُبْتَدَأُ)이고, مُهِمٌّ 이 술어(الْخَبَرُ)이다.	

모로코 수도 라바트 근교에서

제17과 아랍어 숫자 읽기와 셈법에 대해 & 시간·연도 보는 법

A. 아랍어 기수(الْعَدَدُ الْأَصْلِيُّ)에 대해
  1. 아랍어 숫자(الْعَدَدُ)
  2. 아랍어 숫자로 개수를 세는 법
  3. 셈할 대상(الْمَعْدُودُ) 뒤에 수식어가 올 경우
  심화학습 - 한눈에 보는 아랍어 셈법
B. 아랍어 서수(الْعَدَدُ التَّرْتِيبِيُّ)에 대해
  1. 서수의 형태에 대해
  2. 서수의 용법에 대해
C. 시간, 요일, 달, 연도
  1. 시간
  2. 요일
  3. 달(月)
  4. 연도 읽는 법
D. 분수, 백분율 표시 방법
  1. 분수에 대해
  2. 백분율
  3. 중복을 나타내는 숫자

제 17과 아랍어 숫자 읽기와 셈법에 대해 & 시간·연도 보는 법

현대 표준 아랍어(MSA)에서 숫자를 읽고 셈하는 것이 그리 쉬운 것이 아니다. 구어체 아랍어(암미야)에서는 숫자 읽기와 셈하는 법을 단순화하여 사용하기 때문에 어려움이 없지만, 현대 표준 아랍어(MSA)의 숫자 읽기와 셈법은 복잡한 것이 사실이다. 그러나 원리를 따라 공부해 가면 불가능한 것은 아니다.[1]

아랍어 숫자(الْعَدَدُ)도 다른 언어와 마찬가지로 기수(الْعَدَدُ الْأَصْلِيُّ)와 서수(الْعَدَدُ التَّرْتِيبِيُّ)가 있다. 기수는 개수를 말할 때 사용하는 숫자라면, 서수는 차례나 순위 등을 말할 때 사용하는 숫자를 말한다. 우리는 이 책에서 기수를 먼저 배우고 나중에 서수를 배울 것이다.

한편 아랍어 숫자(الْعَدَدُ)는 품사적으로 명사(اسْمٌ)이다('숫자 명사' 혹은 '수사'라고도 한다).

A. 아랍어 기수(الْعَدَدُ الْأَصْلِيُّ)에 대해

아래는 아랍어 기수 사용의 예이다. 어떤 사물의 개수를 셀 때 단수와 쌍수, 그리고 복수로 구분할 수 있다. 단수와 쌍수에 대해서는 앞에서 공부하였다. 그렇다면 세 개 이상의 개수를 어떻게 셀까? 세 개 이상의 개수를 셀 때는 아래와 같이 숫자(الْعَدَدُ)와 함께 셈할 대상 명사(الْمَعْدُودُ)가 필요하다. 이때 숫자(الْعَدَدُ)가 먼저 사용되며 그 뒤에 셈할 대상 명사(الْمَعْدُودُ)가 온다. 또한 남성 사물을 셀 때와 여성 사물을 셀 때 숫자 자체의 표기가 달라진다.(아래의 빨간색 부분)
(아래의 a 부분이 숫자 명사(الْعَدَدُ, 혹은 수사)이고, b 부분이 셈할 대상 명사(الْمَعْدُودُ)이다.)

	남성 사물을 셈할 때 (셈할 대상이 남성 명사일 때)(لِلْمَعْدُودِ الْمُذَكَّرِ)		여성 사물을 셈할 때 (셈할 대상이 여성 명사일 때)(لِلْمَعْدُودِ الْمُؤَنَّثِ)	
단수	한 권의 책 (단수)	كِتَابٌ	한 명의 소녀	بِنْتٌ
쌍수	두 권의 책 (쌍수)	كِتَابَانِ	두 명의 소녀	بِنْتَانِ
복수 a - 숫자(الْعَدَدُ), b - 셈할 대상(الْمَعْدُودُ)	세 권의 책들	ثَلَاثَةُ كُتُبٍ b + a	세 명의 소녀들	ثَلَاثُ بَنَاتٍ b + a
	네 권의 책들	أَرْبَعَةُ كُتُبٍ b + a	네 명의 소녀들	أَرْبَعُ بَنَاتٍ b + a
	다섯 권의 책들	خَمْسَةُ كُتُبٍ b + a	다섯 명의 소녀들	خَمْسُ بَنَاتٍ b + a
	....		....	

이렇게 개수를 세기 위해서 먼저는 숫자 자체를 알아야 하고, 다음으로 숫자를 세는 법을 알아야 한다. 이 내용들을 하나씩 공부해 나가자.

---

[1] 숫자와 셈법은 생활 아랍어에서 가장 중요한 부분 중의 하나이다. 그러함에도 고전 아랍어(Classical Arabic)나 현대 표준 아랍어(MSA)의 셈법은 원칙과 고려사항이 너무 많아 어려운 것이 사실이다. 그래서 아랍 나라들에서 생활을 목적으로 아랍어를 배우는 사람들의 경우 그 나라 구어체 아랍어(암미야)의 셈법을 먼저 공부하는 것을 권한다. 여기에 대해서 공부할 수 있는 책으로 필자가 저술한 '이집트 구어체 아랍어 회화 사전(이병학.여종연 공저)'을 추천한다.

1. 아랍어 숫자(اَلْعَدَدُ)

효과적인 숫자 공부를 위해 먼저 숫자를 익히고 나중에 개수를 세는 법을 공부하도록 한다.

아랍어 숫자는 그 숫자 조합의 문법적인 형태에 따라 크게 다섯 가지로 구분할 수 있다. 먼저는 일자리 숫자들로서 숫자 1 에서 10 까지이고, 두 번째는 11 에서 19 까지의 숫자들로서 1 단위 숫자와 10 단위 숫자가 결합(مُرَكَّبٌ)되어 있는 숫자들이며, 세 번째는 21 이상 99 까지의 숫자들 가운데 10 의 배수 숫자들을 제외한 숫자들로서(21, 22, 23... 31, 32, 33... 41, 42, 42 ...) 1 단위 숫자와 10 단위 숫자가 대등 접속사(حَرْفُ الْعَطْفِ)로 연결된 숫자들이며, 네 번째는 20 이상의 10 의 배수 숫자들(أَلْفَاظُ الْعُقُودِ)이며(20, 30, 40, 50, ..., 100, 200, 300... 1000, 2000, 3000, ... 10000, 20000 ...), 다섯 번째는 101 이상의 10 의 배수가 아닌 숫자들이다.(101, 102, 103 ...109, 111, 112, 113...)

대부분의 아랍어 숫자(اَلْعَدَدُ)들은 남성 사물을 셈할 때와 여성 사물을 셈할 때 그 어미 자음이 다르다. 즉 숫자를 사용할 때도 남성형 꼴과 여성형 꼴을 구분해서 사용한다. 그러나 20 이상의 10 의 배수 숫자들은 남성형 꼴과 여성형 꼴의 차이가 없다.

1) 숫자 1 ~ 10 까지 (مُفْرَدٌ)

숫자 1 에서 10 까지의 숫자는 한 글자로 구성되어 있다. 효과적인 암기를 위해 아래의 '남성 사물을 셈할 때' 부분의 숫자를 먼저 익히도록 하자.

상용 숫자	아랍 숫자	남성 사물을 셈할 때 (셈할 대상이 남성 명사일 때) (لِلْمَعْدُودِ الْمُذَكَّرِ)	여성 사물을 셈할 때 (셈할 대상이 여성 명사일 때) (لِلْمَعْدُودِ الْمُؤَنَّثِ)
1	١	وَاحِدٌ	وَاحِدَةٌ
2	٢	اِثْنَانِ / اِثْنَيْنِ	اِثْنَتَانِ / اِثْنَتَيْنِ
3	٣	ثَلَاثَةٌ	ثَلَاثٌ
4	٤	أَرْبَعَةٌ	أَرْبَعٌ
5	٥	خَمْسَةٌ	خَمْسٌ
6	٦	سِتَّةٌ	سِتٌّ
7	٧	سَبْعَةٌ	سَبْعٌ
8	٨	ثَمَانِيَةٌ	ثَمَانٍ *
9	٩	تِسْعَةٌ	تِسْعٌ
10	١٠	عَشَرَةٌ *	عَشْرٌ *

➔ 남성 사물을 셈할 때 사용하는 숫자들은 셈할 대상(اَلْمَعْدُودُ)이 남성 명사일 때 사용하는 것이고, 여성 사물을 셈할 때 사용하는 숫자들은 셈할 대상(اَلْمَعْدُودُ)이 여성 명사일 때 사용하는 것이다.

➔ 숫자 1 과 2 는 셈할 대상(اَلْمَعْدُودُ)과 같은 성(性, sex)의 숫자(اَلْعَدَدُ)를 사용한다.

→ 3 이상 10 까지 숫자에서 셈할 대상이 남성명사일 때는 여성형 숫자(ة 가 있는 숫자)를 사용하고, 셈할 대상이 여성명사일 때는 남성형 숫자를 사용한다.

→ 이 숫자들은 모두 격변화(مُعْرَب)를 한다. 즉 위의 표기들은 주격일 때의 모습들이고 목적격과 소유격의 격변화는 달라진다.

→ 숫자 2 의 경우 격변화를 할 때 어미의 모양이 바뀐다. 위의 붉은색 표기가 목적격과 소유격에서의 변화형이다. (اثْنَانِ 와 اثْنَتَانِ 가 주격, اثْنَيْنِ 과 اثْنَتَيْنِ 가 목적격과 소유격 격변화 형태이다.)

→ ثَمَانٍ 은 만꾸스 명사(الاسْمُ الْمَنْقُوصُ)이다. ثَمَانِي سَاعَاتٍ 여덟 시간

→ عَشَرَةٌ 과 عَشَرٌ 은 11 이상의 숫자의 조합에서 각각 عَشْرَةَ 과 عَشَرَ 모양으로 사용되기도 한다.

2) 숫자 11 ~ 19 까지 (1 단위 숫자와 10 단위의 숫자가 결합(مُرَكَّب)되어 있는 숫자들)

숫자 11~19 까지는 1 단위 숫자를 먼저 사용하고, 그 뒤에 '10'에 해당되는 아랍어 عَشَرَ (혹은 عَشْرَةَ)를 그 뒤에 결합시켜(مُرَكَّب) 사용한다. 두 숫자가 결합되어 있기에 이 두 단위 숫자 모두가 탄윈없는 파트하 형태로 고정되는 불격변화 단어이다. (مَبْنِيٌّ عَلَى فَتْحِ الْجُزْأَيْنِ)(아래에서 파란색 부분)

상용 숫자	아랍 숫자	남성 사물을 셈할 때 (للْمَعْدُودِ الْمُذَكَّرِ)	여성 사물을 셈할 때 (للْمَعْدُودِ الْمُؤَنَّثِ)
11	١١	أَحَدَ عَشَرَ	إِحْدَى عَشْرَةَ
12	١٢	اثْنَا عَشَرَ / اثْنَيْ عَشَرَ	اثْنَتَا عَشْرَةَ / اثْنَتَيْ عَشْرَةَ
13	١٣	ثَلَاثَةَ عَشَرَ	ثَلَاثَ عَشْرَةَ
14	١٤	أَرْبَعَةَ عَشَرَ	أَرْبَعَ عَشْرَةَ
15	١٥	خَمْسَةَ عَشَرَ	خَمْسَ عَشْرَةَ
16	١٦	سِتَّةَ عَشَرَ	سِتَّ عَشْرَةَ
17	١٧	سَبْعَةَ عَشَرَ	سَبْعَ عَشْرَةَ
18	١٨	ثَمَانِيَةَ عَشَرَ	ثَمَانِيَ عَشْرَةَ
19	١٩	تِسْعَةَ عَشَرَ	تِسْعَ عَشْرَةَ

→ 숫자 11 과 12 는 셈할 대상(الْمَعْدُودُ)과 같은 성(性, sex)의 숫자(الْعَدَدُ)를 사용한다.

→ 13 이상 19 까지 숫자에서 1 단위 숫자들은(ثَلَاثَةَ, أَرْبَعَةَ, خَمْسَةَ ...) 모두 일자리 숫자 3-9 까지의 성의 원칙과 같다. 즉 셈할 대상이 남성명사일 때는 여성형 숫자(ة 가 있는 숫자)를 사용하고, 셈할 대상이 여성일 때는 남성형 숫자를 사용한다. 그러나 10 자리 숫자들(عَشَرَ 혹은 عَشْرَةَ)은 이와는 반대로 셈할 대상의 성과 일치한다.

→ 숫자(الْعَدَدُ) 12 을 제외한 11-19 의 숫자들은 격변화를 하지 않는 불격변화(مَبْنِيٌّ) 수사이다. (** 아랍어 숫자 가운데 11, 13-19 숫자를 제외한 다른 모든 숫자들은 격변화를 하며, 숫자 11 과 13-19 숫자들만 불격변화 한다.)

→ 숫자 12 의 경우 10 자리 숫자가 아닌 1 자리 숫자 부분만이 격변화를 한다. 위의 12 에서의 붉은색 표기는 목적격과 소유격으로 사용될 때 변화형이다.

3) 숫자 21~99 까지의 숫자들(대등 접속사 و(حَرْفُ الْعَطْفِ)로 연결되어 있는 숫자들)

숫자 21 이상 99 까지에서 10 의 배수 숫자(20, 30, 40...)를 제외한 숫자들이다. 이 숫자들에는 1 단위 숫자를 먼저 사용하고, 그 뒤에 대등 접속사 و 를 사용하며, 그 뒤에 10 단위 숫자를 사용한다. 이때 1 단위 숫자와 10 단위 숫자 사이에 대등 접속사 و 가 왔기 때문에 양쪽은 대등관계로 연결된다.

상용 숫자	아랍 숫자	남성 사물을 셈할 때 (셈할 대상이 남성 명사일 때) ((لِلْمَعْدُودِ الْمُذَكَّرِ))	여성 사물을 셈할 때 (셈할 대상이 여성 명사일 때) ((لِلْمَعْدُودِ الْمُؤَنَّثِ))
20	٢٠	عِشْرُونَ/ عِشْرِينَ	
21	٢١	وَاحِدٌ وَعِشْرُونَ (أَوْ أَحَدٌ وَعِشْرُونَ)	وَاحِدَةٌ وَعِشْرُونَ (أَوْ إِحْدَى وَعِشْرُونَ)
22	٢٢	اثْنَانِ وَعِشْرُونَ/ اثْنَيْنِ وَعِشْرِينَ	اثْنَتَانِ وَعِشْرُونَ/ اثْنَتَيْنِ وَعِشْرِينَ
23	٢٣	ثَلَاثَةٌ وَعِشْرُونَ	ثَلَاثٌ وَعِشْرُونَ
24	٢٤	أَرْبَعَةٌ وَعِشْرُونَ	أَرْبَعٌ وَعِشْرُونَ
25	٢٥	خَمْسَةٌ وَعِشْرُونَ	خَمْسٌ وَعِشْرُونَ
26	٢٦	سِتَّةٌ وَعِشْرُونَ	سِتٌّ وَعِشْرُونَ
27	٢٧	سَبْعَةٌ وَعِشْرُونَ	سَبْعٌ وَعِشْرُونَ
28	٢٨	ثَمَانِيَةٌ وَعِشْرُونَ	ثَمَانٍ وَعِشْرُونَ
29	٢٩	تِسْعَةٌ وَعِشْرُونَ	تِسْعٌ وَعِشْرُونَ
30	٣٠	ثَلَاثُونَ/ ثَلَاثِينَ	
31	٣١	وَاحِدٌ وَثَلَاثُونَ (أَوْ أَحَدٌ وَثَلَاثُونَ)	وَاحِدَةٌ وَثَلَاثُونَ (أَوْ إِحْدَى وَثَلَاثُونَ)
32	٣٢	اثْنَانِ وَثَلَاثُونَ / اثْنَيْنِ وَثَلَاثِينَ	اثْنَتَانِ وَثَلَاثُونَ / اثْنَتَيْنِ وَثَلَاثِينَ
33	٣٣	ثَلَاثَةٌ وَثَلَاثُونَ	ثَلَاثٌ وَثَلَاثُونَ
...	...	...	...
98	٩٨	ثَمَانِيَةٌ وَتِسْعُونَ	ثَمَانٍ وَتِسْعُونَ
99	٩٩	تِسْعَةٌ وَتِسْعُونَ	تِسْعٌ وَتِسْعُونَ

→ 20 이상 숫자 중 1 자리의 숫자들은 숫자 1 ~ 10 까지(مُفْرَد)의 성(性, sex)변화와 동일하게 변화한다. 즉 21, 22 와 31, 32 와 41, 42 ... 숫자들은 1 자리 숫자에서 숫자 1 과 2 처럼 셈할 대상(الْمَعْدُود)의 성(性)과 동일한 성(性)을 가진다. 그러나 23 이상 29 까지, 33 이상 39 까지 , 43 이상 49 까지 ... 숫자들은 1 자리 숫자 3 에서 9 까지의 숫자처럼 셈할 대상(الْمَعْدُود)의 성(性)과 반대의 성(性)을 가진다

→ 이 숫자들은 모두 격변화(مُعْرَب)를 한다. 즉 위의 검은색 글자들은 주격일 때의 모습들이고 목적격과 소유격의 변화는 달라진다. 위의 빨간색 표기 숫자들은 목적격과 소유격으로 사용될 때 변화형이다.

4) 20 이상의 10의 배수 숫자들 (أَلْفَاظُ الْعُقُودِ)

숫자 20 이상의 10의 배수 숫자들(20, 30, 40,..., 100)과 100 이상의 100의 배수 숫자들(200, 300, 400... 1000), 그리고 1000 이상의 1000의 배수 숫자들(2000, 3000, 4000...) 그리고 10000 이상 10000의 배수 숫자들(10000, 20000, 30000...) ... 숫자들을 말한다.

남성 사물 혹은 여성 사물을 셈할 때					
(셈할 대상(الْمَعْدُود)이 남성이거나 여성이거나 차이가 없음)					
상용 숫자	아랍 숫자	아랍어 표기	상용 숫자	아랍어 표기	
20	٢٠	عِشْرُونَ/ عِشْرِينَ	1,000	أَلْفٌ	
30	٣٠	ثَلَاثُونَ/ ثَلَاثِينَ	2,000	أَلْفَانِ/ أَلْفَيْنِ	
40	٤٠	أَرْبَعُونَ/ أَرْبَعِينَ	3,000	ثَلَاثَةُ آلَافٍ	
50	٥٠	خَمْسُونَ/ خَمْسِينَ	4,000	أَرْبَعَةُ آلَافٍ	
60	٦٠	سِتُّونَ/ سِتِّينَ	5,000	خَمْسَةُ آلَافٍ	
70	٧٠	سَبْعُونَ/ سَبْعِينَ	10,000	عَشَرَةُ آلَافٍ	
80	٨٠	ثَمَانُونَ/ ثَمَانِينَ	15,000	خَمْسَةَ عَشَرَ أَلْفًا	
90	٩٠	تِسْعُونَ/ تِسْعِينَ	30,000	ثَلَاثُونَ أَلْفًا/ ثَلَاثِينَ أَلْفًا	
100	١٠٠	مِئَةٌ أَوْ مِائَةٌ	수만	tens of thousands عَشَرَاتُ آلَافٍ	
200	٢٠٠	مِئَتَانِ/ مِئَتَيْنِ	50,000	خَمْسُونَ أَلْفًا/ خَمْسِينَ أَلْفًا	
300	٣٠٠	ثَلَاثُمِئَةٍ (أَوْ ثَلَاثُ مِئَةٍ)	십만	100,000 مِئَةُ أَلْفٍ	
400	٤٠٠	أَرْبَعُمِئَةٍ (أَوْ أَرْبَعُ مِئَةٍ)	수십만	hundreds of thousands مِئَاتُ آلَافٍ	
500	٥٠٠	خَمْسُمِئَةٍ (أَوْ خَمْسُ مِئَةٍ)	백만	million مَلْيُونٌ	
600	٦٠٠	سِتُّمِئَةٍ (أَوْ سِتُّ مِئَةٍ)	수백만	millions * مَلَايِينُ	
700	٧٠٠	سَبْعُمِئَةٍ (أَوْ سَبْعُ مِئَةٍ)	천만	10 million عَشَرَةُ مَلَايِينَ	
800	٨٠٠	ثَمَانِمِئَةٍ (أَوْ ثَمَانِي مِئَةٍ)	1억	100 million مِئَةُ مَلْيُونٍ	
900	٩٠٠	تِسْعُمِئَةٍ (أَوْ تِسْعُ مِئَةٍ)	10억	billion مِلْيَارٌ أَوْ بِلْيُونٌ	
수백 (hundreds)		مِئَاتٌ	100억	10 billion عَشَرَةُ مِلْيَارَاتٍ	
1,000	١٠٠٠	أَلْفٌ	1000억	100 billion مِئَةُ مِلْيَارٍ	
수천 (thousands)		آلَافٌ أَوْ أُلُوفٌ	1조	trillion تِرِيلْيُونٌ	

→ 이 숫자들은 셈할 대상 명사의 성(性, sex)에 따른 숫자 끝자음의 변화가 없다. 즉 사물을 셈할 때 남성과 여성에 대한 구분이 없이 위에 표기된 숫자를 동일하게 사용한다.

→ 위의 숫자들은 모두 격변화를 한다. 위의 빨간색으로 표기된 숫자들은 목적격과 소유격의 경우이다.

→ 30-90 까지의 숫자는 숫자 3-9 의 어근 형태에 규칙복수형 어미인 ون 이 붙어서 만들어졌다.

→ 300 에서 900 까지의 숫자는 두 숫자가 조합되어서 만들어졌다. 예를들어 ثَلَاثِمِئَة 는 مِئَة + ثَلَاث 가 조합된 것으로 연결형 형태와 같다고 보면 된다. 이 숫자들은 격변화를 할 때 다음과 같이 격변화 한다. 목적격(مَنْصُوبٌ) 변화는 ثَلَاثِمِئَةَ , أَرْبَعِمِئَةَ , خَمْسِمِئَةَ ... 이고, 소유격(مَجْرُورٌ) 변화는 ثَلَاثِمِئَةِ , أَرْبَعِمِئَةِ , خَمْسِمِئَةِ ... 이 된다. 위에 도표에서는 주격꼴이 기록되어 있다.

→ 위의 مَلَايِين 는 2 격 명사(مَمْنُوعٌ مِنَ الصَّرْفِ)이다.

5) 101 이상의 100 의 배수가 아닌 숫자

100 이상의 숫자 중에서 100 의 배수가 아닌 끝단위가 1, 2, 3...으로 나가는 숫자들을 말한다. 즉 101, 102, 103... 111, 112, 113... 121, 122, 123 ...같은 숫자들을 말한다. 이 숫자들은 단위 수에 따라 100 단위이면 100 이라는 مِئَة 을 사용해 주고, 그 뒤에 대등 접속사 وَ 를 사용해 주며, 그 뒤에 끝단위 숫자를 사용해 준다. 만일 이 숫자들이 1000 단위이면 1000 단위와 100 단위 사이, 그리고 100 단위와 10 단위 사이에 각각 대등 접속사 وَ 를 사용해 준다. 이때 마지막 1 자리 혹은 10 자리의 숫자들은 앞의 1), 2), 3)의 원칙들이 그대로 적용된다.

상용 숫자	아랍숫자	남성 사물을 셈할 때 ((لِلْمَعْدُودِ الْمُذَكَّرِ))	여성 사물을 셈할 때 ((لِلْمَعْدُودِ الْمُؤَنَّثِ))
101	١٠١	مِئَةٌ وَوَاحِدٌ	مِئَةٌ وَوَاحِدَةٌ
102	١٠٢	مِئَةٌ وَاثْنَانِ	مِئَةٌ وَاثْنَتَانِ
103	١٠٣	مِئَةٌ وَثَلَاثَةٌ	مِئَةٌ وَثَلَاثٌ
104	١٠٤	مِئَةٌ وَأَرْبَعَةٌ	مِئَةٌ وَأَرْبَعٌ
...	...	...	...
111	١١١	مِئَةٌ وَأَحَدَ عَشَرَ	مِئَةٌ وَإِحْدَى عَشْرَةَ
112	١١٢	مِئَةٌ وَاثْنَا عَشَرَ	مِئَةٌ وَاثْنَتَا عَشْرَةَ
113	١١٣	مِئَةٌ وَثَلَاثَةَ عَشَرَ	مِئَةٌ وَثَلَاثَ عَشْرَةَ
...	...	...	...
121	١٢١	مِئَةٌ وَوَاحِدٌ وَعِشْرُونَ (أَوْ مِئَةٌ وَأَحَدٌ وَعِشْرُونَ)	مِئَةٌ وَوَاحِدَةٌ وَعِشْرُونَ (أَوْ مِئَةٌ وَإِحْدَى وَعِشْرُونَ)

122	١٢٢	مِئَةٌ وَاثْنَانِ وَعِشْرُونَ	مِئَةٌ وَاثْنَتَانِ وَعِشْرُونَ
123	١٢٣	مِئَةٌ وَثَلَاثَةٌ وَعِشْرُونَ	مِئَةٌ وَثَلَاثٌ وَعِشْرُونَ
...	...	...	...
1001	١٠٠١	أَلْفٌ وَوَاحِدٌ	أَلْفٌ وَوَاحِدَةٌ
1002	١٠٠٢	أَلْفٌ وَاثْنَانِ	أَلْفٌ وَاثْنَتَانِ
1003	١٠٠٣	أَلْفٌ وَثَلَاثَةٌ	أَلْفٌ وَثَلَاثٌ
...	...	...	...
1011	١٠١١	أَلْفٌ وَأَحَدَ عَشَرَ	أَلْفٌ وَإِحْدَى عَشْرَةَ
1012	١٠١٢	أَلْفٌ وَاثْنَا عَشَرَ	أَلْفٌ وَاثْنَتَا عَشْرَةَ
1013	١٠١٣	أَلْفٌ وَثَلَاثَةَ عَشَرَ	أَلْفٌ وَثَلَاثَ عَشْرَةَ
...	...	...	...
1111	١١١١	أَلْفٌ وَمِئَةٌ وَأَحَدَ عَشَرَ	أَلْفٌ وَمِئَةٌ وَإِحْدَى عَشْرَةَ
1112	١١١٢	أَلْفٌ وَمِئَةٌ وَاثْنَا عَشَرَ	أَلْفٌ وَمِئَةٌ وَاثْنَتَا عَشْرَةَ
1113	١١١٣	أَلْفٌ وَمِئَةٌ وَثَلَاثَةَ عَشَرَ	أَلْفٌ وَمِئَةٌ وَثَلَاثَ عَشْرَةَ
...	...	...	...
1999	١٩٩٩	أَلْفٌ وَتِسْعُمِئَةٍ وَتِسْعَةٌ وَتِسْعُونَ	أَلْفٌ وَتِسْعُمِئَةٍ وَتِسْعٌ وَتِسْعُونَ
...	...	...	...

2. 아랍어 숫자로 개수를 세는 법

지금까지 우리는 숫자(الْعَدَد, 혹은 수사) 자체에 대해서 공부하였다. 이제 본격적으로 개수를 세는 방법을 배우도록 하자. 개수를 셀 때 셈할 대상 명사가 한정형태인 경우와 비한정 형태인 경우를 구분해야 한다. 두 가지 경우 가운데 일반적으로 많이 사용되는 경우는 셈할 대상이 비한정형태(نَكِرَةٌ)인 경우이다. 이에 대해서 구체적으로 먼저 공부하고, 그 다음에 셈할 대상이 한정형태(مَعْرِفَةٌ)인 경우를 공부한다.

1) 셈할 대상(الْمَعْدُود)이 비한정형태(نَكِرَةٌ)인 경우

다음은 셈할 대상 명사(الْمَعْدُود)가 비한정형태(نَكِرَةٌ)인 경우에 개수를 세는 방식을 요약한 것이다. 여러가지 개수를 세는 방식들 가운데 대표적인 방법이므로 이것을 잘 익히도록 하자.

	셈할 대상이 비한정형태(نَكِرَةٌ)인 경우의 개수를 세는 방식 요약		
a	개수 1개와 2개를 셀 때	셈하고자 하는 보통명사의 단수(1개 일 경우)와 쌍수형태(2개일 경우)를 사용한다. 개수를 강조할 경우 보통명사 뒤에 وَاحِدٌ, اثْنَانِ 를 수식어로 사용할 수 있다.	
b	개수 3~10 개를 셀 때	숫자를 먼저 사용하고 그 뒤에 셈할 대상을 복수형태로 사용한다. 이 때 숫자와 셈할 대상은 연결형 관계가 된다. 즉 셈할 대상 단어가 후연결어(مُضَافٌ إِلَيْهِ)가 되어 소유격을 취한다.	
c	개수 11~99 개까지를 셀 때	숫자를 먼저 사용하고 그 뒤에 셈할 대상을 단수형태로 사용한다. 이 때 셈할 대상이 명시목적어(التَّمْيِيز)가 되어 비한정 목적격을 취한다.	
d	개수 100개 이상을 셀 때	100의 배수를 셀 때 (100, 200, 300...)	셈할 대상을 단수형태로 사용하고, 셈할 대상을 후연결어로 간주하여 소유격 형태를 취한다.
		101 이상의 100의 배수가 아닌 숫자를 셀 때(101, 102, 103...)	숫자의 끝자리를 보고 그 끝자리에 해당되는 셈법을 적용한다.

a. 개수 1개와 2개를 셀 때

a-1 일반적인 경우
사물(혹은 사람)이 한 개 혹은 두 개인 경우를 셀 때에는 아래와 같이 각각 보통명사의 단수와 보통명사의 쌍수만으로 숫자를 셀 수 있다.

책 한 권	كِتَابٌ
책 두 권	كِتَابَانِ

한 딸(혹은 한 소녀)	بِنْتٌ
두 딸(혹은 두 소녀)	بِنْتَانِ

a-2 숫자의 개수를 강조할 경우
숫자 1~2의 개수를 강조하고 싶을 때 셈할 대상을 먼저 사용한 뒤에 숫자를 나중에 사용해 주면 된다. 이 때 셈할 대상(الْمَعْدُودُ) 뒤에 오는 숫자는 수식어로 사용되므로 성.수.격의 일치를 이루어야 한다.

책 한 권 ('한' 권을 강조)	كِتَابٌ وَاحِدٌ a + b	한 딸(혹은 한 소녀) ('한 사람' 임을 강조)	بِنْتٌ وَاحِدَةٌ a + b
책 두 권 ('두' 권을 강조)	كِتَابَانِ اثْنَانِ a + b	두 딸(혹은 두 소녀) ('두 사람' 임을 강조)	بِنْتَانِ اثْنَتَانِ a + b

a – 숫자(الْعَدَدُ), b – 셈할 대상(الْمَعْدُودُ)

→ 위의 وَاحِدٌ/وَاحِدَةٌ 는 능동분사 패턴이며 명사 뒤에서 앞의 명사를 수식한다.

숫자 한 개의 격변화

	남성 (책 한 권)	여성 (한 딸)
주격(مَرْفُوعٌ)	كِتَابٌ وَاحِدٌ	بِنْتٌ وَاحِدَةٌ
목적격(مَنْصُوبٌ)	كِتَابًا وَاحِدًا	بِنْتًا وَاحِدَةً
소유격(مَجْرُورٌ)	كِتَابٍ وَاحِدٍ	بِنْتٍ وَاحِدَةٍ

숫자 두 개의 격변화

	남성 (책 두 권)	여성 (두 딸)
주격(مَرْفُوعٌ)	كِتَابَانِ اثْنَانِ	بِنْتَانِ اثْنَتَانِ
목적격(مَنْصُوبٌ)	كِتَابَيْنِ اثْنَيْنِ	بِنْتَيْنِ اثْنَتَيْنِ
소유격(مَجْرُورٌ)	كِتَابَيْنِ اثْنَيْنِ	بِنْتَيْنِ اثْنَتَيْنِ

앞의 셈하는 숫자들의 격변화가 문장에서 사용된 예이다.

(مَرْفُوعٌ) 주격

교실에 한 소녀가 있다.	فِي الْفَصْلِ بِنْتٌ وَاحِدَةٌ.
책상 위에 책 두 권이 있다.	عَلَى الْمَكْتَبِ كِتَابَانِ اثْنَانِ.

(مَنْصُوبٌ) 목적격

나는 한 소녀를 보았다.	رَأَيْتُ بِنْتًا وَاحِدَةً.
나는 책 두 권을 읽었다.	قَرَأْتُ كِتَابَيْنِ اثْنَيْنِ.

(مَجْرُورٌ) 소유격

나는 한 소녀를 쳐다보았다.	نَظَرْتُ إِلَى بِنْتٍ وَاحِدَةٍ.
그는 책 두 권을 찾았었다.	بَحَثَ[1] عَنْ كِتَابَيْنِ اثْنَيْنِ.

b. 개수 3~10 개를 셀 때

▷ 숫자 3 에서 10 개까지를 셀 때 셈할 대상 단어를 항상 복수로 처리한다. 즉 숫자 1~2 에서 책 한 권은 كِتَابٌ, 책 두 권은 كِتَابَانِ 이었다면, 책 세 권 이상 열 권 까지는 كُتُبٌ 을 사용하여야 한다. 그래서 '책 세 권'을 셈할 경우 ثَلَاثَةُ كُتُبٍ 으로 셈을 한다.

▷ 숫자 3 에서 10 까지 셈할 대상(الْمَعْدُودُ)은 후연결어(مُضَافٌ إِلَيْهِ)로 취급하여 소유격을 붙인다. (아래의 كُتُبٍ 과 بَنَاتٍ 에 소유격 탄윈이 왔다.)

▷ 셈할 대상(الْمَعْدُودُ)이 아래의 ①에서 처럼 남성인 경우에는 숫자(الْعَدَدُ)는 여성형태를 취하고, ②에서 처럼 셈할 대상(الْمَعْدُودُ)이 여성인 경우에는 숫자(الْعَدَدُ)는 남성형태를 취한다.

①	세 권의 책들 (셈할 대상/كِتَابٌ/كُتُبٌ 가 남성이기에 숫자에 여성 형태 ة가 붙었다. كُتُبٌ 이 후연결어이다)	ثَلَاثَةُ كُتُبٍ b + a
②	세 소녀들 (셈할 대상/بِنْتٌ/بَنَاتٌ 가 여성이기에 숫자가 남성 형태를 취하였다. بَنَاتٌ 이 후연결어이다.)	ثَلَاثُ بَنَاتٍ b + a

a - 숫자(الْعَدَدُ), b – 셈할 대상(الْمَعْدُودُ)

---

[1] بَحَثَ – بَحَثَ عَنْ /يَبْحَثُ, 수색하다 (to search for)..을 찾다

아래는 숫자 3에서 10까지 셈을 하는 예들이다.

남성 사물을 셈할 때 (셈할 대상이 남성 명사일 때) (اَلْمَعْدُودِ الْمُذَكَّرِ)		여성 사물을 셈할 때 (셈할 대상이 여성 명사일 때) (اَلْمَعْدُودِ الْمُؤَنَّثِ)	
세 권의 책들	ثَلاَثَةُ كُتُبٍ	세 명의 소녀들	ثَلاَثُ بَنَاتٍ
네 명의 남자들	أَرْبَعَةُ رِجَالٍ	네 대의 자동차들	أَرْبَعُ سَيَّارَاتٍ
다섯 단원들	خَمْسَةُ دُرُوسٍ	다섯 개의 시계들	خَمْسُ سَاعَاتٍ
여섯 명의 아이들	سِتَّةُ أَطْفَالٍ	여섯 장의 종이들	سِتُّ أَوْرَاقٍ
일곱 명의 남자교사들	سَبْعَةُ مُدَرِّسِينَ	일곱 명의 여자교사들	سَبْعُ مُدَرِّسَاتٍ
여덟 개의 펜들	ثَمَانِيَةُ أَقْلاَمٍ	여덟 장의 사진들	ثَمَانِي صُوَرٍ
아홉 마리의 동물들	تِسْعَةُ حَيَوَانَاتٍ	아홉 개의 도시들	تِسْعُ مُدُنٍ
열 권의 사전들	عَشَرَةُ قَوَامِيسَ*	열 개의 학교들	عَشْرُ مَدَارِسَ*

→ 위에서 مَدَارِسَ 와 قَوَامِيسَ 는 2격 명사(مَمْنُوعٌ مِنَ الصَّرْفِ)이다.

숫자 3~10까지를 셈할 때의 격변화

	세 권의 책들	세 소녀들
주격 (مَرْفُوعٌ)	ثَلاَثَةُ كُتُبٍ	ثَلاَثُ بَنَاتٍ
목적격 (مَنْصُوبٌ)	ثَلاَثَةَ كُتُبٍ	ثَلاَثَ بَنَاتٍ
소유격 (مَجْرُورٌ)	ثَلاَثَةِ كُتُبٍ	ثَلاَثِ بَنَاتٍ

위의 셈하는 숫자들의 격변화가 문장에서 사용된 경우이다.

주격 (مَرْفُوعٌ)

책상 위에 책 세 권이 있다.	عَلَى الْمَكْتَبِ ثَلاَثَةُ كُتُبٍ.
교실에 세 소녀가 있다.	فِي الْفَصْلِ ثَلاَثُ بَنَاتٍ.

목적격 (مَنْصُوبٌ)

나는 책 세 권을 읽었다.	قَرَأْتُ ثَلاَثَةَ كُتُبٍ.
나는 세 소녀를 보았다.	رَأَيْتُ ثَلاَثَ بَنَاتٍ.

소유격 (مَجْرُورٌ)

그는 책 세 권을 찾았었다.	بَحَثَ عَنْ ثَلاَثَةِ كُتُبٍ.
나는 세 소녀를 쳐다보았다.	نَظَرْتُ إِلَى ثَلاَثِ بَنَاتٍ.

c. 개수 11~99 개까지를 셀 때

▷ 숫자 11 에서 99 개까지를 셀 때는 셈할 대상(اَلْمَعْدُودْ) 단어를 단수로 처리해야 한다. 즉 '책 11 권'을 셈할 경우 كِتَابًا أَحَدَ عَشَرَ 이 되는 것이다. 지금까지 셈법에서 셈할 대상 단어가 책 한권은 كِتَاب, 책 두 권은 كِتَابَانِ, 책 세 권 이상 열권 까지는 كُتُب, 11 권 이상은 다시 كِتَاب 을 사용한다.

▷ 숫자 11 에서 99 까지 셈할 대상(اَلْمَعْدُودْ) 단어는 명시목적어(اَلتَّمْيِيز)로 취급하여 항상 목적격을 붙인다. 여기서의 명시목적어는 셈할 대상이 몇개 인지를 명확히 하는 의미가 있다. (아래의 예에서 كِتَابًا 과 بِنْتًا 에 목적격이 왔고 또한 비한정이기에 탄원이 왔다.)

▷ 숫자 11 과 12 는 셈할 대상(اَلْمَعْدُودْ)과 같은 성(性, sex)의 숫자(اَلْعَدَدْ)를 사용한다.

▷ 13 이상 19 까지 숫자에서 1 자리 숫자들은(ثَلَاثَة, أَرْبَعَة, خَمْسَة ...) 모두 1 자리 숫자 3-9 까지의 성의 원칙과 같다. 즉 셈할 대상이 남성명사일 때는 여성형 숫자(ة 가 있는 숫자)를 사용하고, 셈할 대상이 여성일 때는 남성형 숫자를 사용한다. 그러나 함께 사용되는 숫자 10 은 (عَشَرَ 와 عَشْرَة)은 이와는 반대로 셈할 대상의 성과 일치한다.

▷ 20 이상 90 까지 10 의 배수 숫자(20, 30, 40 ...)들은 셈할 대상에 어떤 명사가 오더라도 성에 상관없이 사용한다.

▷ 20 이상 숫자 중 1 자리의 각각의 숫자들은 숫자 1~10 까지(مُفْرَد)의 성(性, sex)변화와 동일하게 변화한다. 즉 21, 22 와 31, 32 와 41, 42 ... 숫자들은 숫자 1 과 2 처럼 셈할 대상(اَلْمَعْدُودْ)의 성(性)과 동일한 성(性)을 가진다. 그러나 23 이상 29 까지, 33 이상 39 까지, 43 이상 49 까지 .... 숫자들은 1 자리 숫자 3 에서 9 까지의 숫자처럼 셈할 대상(اَلْمَعْدُودْ)의 성(性)과 반대의 성(性)을 가진다

①	11 권의 책들 (셈할 대상이 كِتَابًا 으로 목적격 탄원 표기가 된 것은 이 단어가 명시어로 간주되기 때문이다.)	أَحَدَ عَشَرَ كِتَابًا b + a
②	11 명의 소녀들 (셈할 대상이 بِنْتًا 으로 목적격 탄원 표기가 된 것은 이 단어가 명시어로 간주되기 때문이다.)	إِحْدَى عَشْرَةَ بِنْتًا b + a
	a - 숫자(اَلْعَدَدْ), b – 셈할 대상(اَلْمَعْدُودْ),	

아래는 11 에서 99 까지 셈을 하는 예들이다.

남성 사물을 셈할 때 (셈할 대상이 남성 명사일 때(لِلْمَعْدُودِ الْمُذَكَّرِ))		여성 사물을 셈할 때 (셈할 대상이 여성 명사일 때(لِلْمَعْدُودِ الْمُؤَنَّثِ))	
11권의 책들	أَحَدَ عَشَرَ كِتَابًا	11명의 소녀들	إِحْدَى عَشْرَةَ بِنْتًا
12명의 남자들	إِثْنَا عَشَرَ رَجُلًا	12대의 자동차들	إِثْنَتَا عَشْرَةَ سَيَّارَةً
13개의 레슨(lesson)들	ثَلَاثَةَ عَشَرَ دَرْسًا	13개의 시계들	ثَلَاثَ عَشْرَةَ سَاعَةً
14명의 소년들	أَرْبَعَةَ عَشَرَ صَبِيًّا	14장의 종이들	أَرْبَعَ عَشْرَةَ وَرَقَةً
20명의 남자교사들	عِشْرُونَ مُدَرِّسًا	20명의 여자교사들	عِشْرُونَ مُدَرِّسَةً

26개의 펜들	سِتَّةٌ وَعِشْرُونَ قَلَمًا	26장의 사진들	سِتٌّ وَعِشْرُونَ صُورَةً
30마리의 동물들	ثَلَاثُونَ حَيَوَانًا	30개의 도시들	ثَلَاثُونَ مَدِينَةً
77명의 남자 학생들	سَبْعَةٌ وَسَبْعُونَ طَالِبًا	77명의 여자 학생들	سَبْعٌ وَسَبْعُونَ طَالِبَةً
99권의 사전들	تِسْعَةٌ وَتِسْعُونَ قَامُوسًا	99개의 학교들	تِسْعٌ وَتِسْعُونَ مَدْرَسَةً

→ 10의 배수의 숫자들(20, 30, 40....)에는 셈할 대상(الْمَعْدُود)이 남성이든지 여성이든지 상관없이 숫자(الْعَدَد)의 모양에 변화가 없다. (위에서 파란색 글자들) 그러나 격변화는 있다.

격변화를 할 때

	26권의 책들	26명의 소녀들
주격 (مَرْفُوع)	سِتَّةٌ وَعِشْرُونَ كِتَابًا	سِتٌّ وَعِشْرُونَ بِنْتًا
목적격 (مَنْصُوب)	سِتَّةً وَعِشْرِينَ كِتَابًا	سِتًّا وَعِشْرِينَ بِنْتًا
소유격 (مَجْرُور)	سِتَّةٍ وَعِشْرِينَ كِتَابًا	سِتٍّ وَعِشْرِينَ بِنْتًا

위의 셈하는 숫자들의 격변화가 문장에서 사용된 경우이다.

주격 (مَرْفُوع)

책상 위에 책 26권이 있다.	عَلَى الْمَكْتَبِ سِتَّةٌ وَعِشْرُونَ كِتَابًا.
교실에 26명의 소녀가 있다.	فِي الْفَصْلِ سِتٌّ وَعِشْرُونَ بِنْتًا.

목적격 (مَنْصُوب)

나는 책 26권을 읽었다.	قَرَأْتُ سِتَّةً وَعِشْرِينَ كِتَابًا.
나는 26명의 소녀를 보았다.	رَأَيْتُ سِتًّا وَعِشْرِينَ بِنْتًا.

소유격 (مَجْرُور)

그는 책 26권을 찾았었다.	بَحَثَ عَنْ سِتَّةٍ وَعِشْرِينَ كِتَابًا.
나는 26명의 소녀를 쳐다보았다.	نَظَرْتُ إِلَى سِتٍّ وَعِشْرِينَ بِنْتًا.

** 개수 12 개를 제외한 11-19 개의 사물을 셈할 때

숫자 11 과 13-19 숫자들은 문장에서 불격변화 단어(مَبْنِيٌّ عَلَى فَتْحِ الْجُزْأَيْنِ)라고 하였다. 아래의 문장에서 이 숫자의 사물을 셈할 때 그 숫자에 격변화가 파트하로 고정된 것을 확인하라. (파란색깔) 숫자가 각각 주격 자리, 목적격 자리, 소유격 자리에 있지만 불격변화한다.

책상 위에 책 11 권이 있다. (숫자가 주격 자리)	عَلَى الْمَكْتَبِ أَحَدَ عَشَرَ كِتَابًا.
나는 책 11 권을 읽었다. (숫자가 목적격 자리)	قَرَأْتُ أَحَدَ عَشَرَ كِتَابًا.
그는 책 11 권을 찾았었다. (숫자가 소유격 자리)	بَحَثَ عَنْ أَحَدَ عَشَرَ كِتَابًا.
교실에 15명의 소녀가 있다. (숫자가 주격 자리)	فِي الْفَصْلِ خَمْسَ عَشْرَةَ بِنْتًا.
나는 15명의 소녀를 보았다. (숫자가 목적격 자리)	رَأَيْتُ خَمْسَ عَشْرَةَ بِنْتًا.
나는 15명의 소녀를 쳐다보았다. (숫자가 소유격 자리)	نَظَرْتُ إِلَى خَمْسَ عَشْرَةَ بِنْتًا.

** 개수가 12 개인 사물을 셈할 때

그러나 숫자가 12 개인 사물을 셈할 때는 아래와 같이 격변화 한다.

책상 위에 책 12 권이 있다. (주격인 경우)	عَلَى الْمَكْتَبِ اثْنَا عَشَرَ كِتَابًا.
나는 책 12 권을 읽었다. (목적격인 경우)	قَرَأْتُ اثْنَيْ عَشَرَ كِتَابًا.
그는 책 12 권을 찾았었다. (소유격인 경우)	بَحَثَ عَنِ اثْنَيْ عَشَرَ كِتَابًا.

d. 개수 100 개 이상을 셀 때

d-1 개수가 100 의 배수(100, 200, 300… 1,000, 1100, 1200, 1300 … 10,000 …)일 때

▷ 100 의 배수 숫자를 셀 때는 11~99 숫자 처럼 셈할대상(الْمَعْدُود)을 단수로 처리한다.
▷ 이 숫자들에는 셈할 대상(الْمَعْدُود)이 남성이든지 여성이든지 상관없이 숫자(الْعَدَد)의 모양에 변화가 없다.
▷ 이 숫자들의 셈할 대상(الْمَعْدُود)은 후연결어(مُضَافٌ إِلَيْهِ)로 간주되어 소유격 형태를 취한다. (كِتَابٍ 과 بِنْتٍ 에 소유격 탄윈이 왔다.)

①	100 권의 책들	مِئَةُ كِتَابٍ b + a
②	100 명의 소녀들	مِئَةُ بِنْتٍ b + a

a - 숫자(الْعَدَد), b – 셈할 대상(الْمَعْدُود)

아래는 100의 배수 숫자를 셈하는 예들이다.

100권의 책들	مِئَةُ كِتَابٍ	200명의 소녀들	مِئَتَا بِنْتٍ
400명의 남자들	أَرْبَعُمِئَةِ رَجُلٍ	500 페이지	خَمْسُمِئَةِ صَفْحَةٍ
천명의 소녀들	أَلْفُ بِنْتٍ	2천명의 여자 배우들	أَلْفَا مُمَثِّلَةٍ
3천명의 여학생들	ثَلَاثَةُ آلَافِ طَالِبَةٍ	만명의 남학생들	عَشْرَةُ آلَافِ طَالِبٍ
십만대의 자동차	مِئَةُ أَلْفِ سَيَّارَةٍ	백만명의 군인	مَلْيُونُ جُنْدِيٍّ

격변화를 할 때

	100 권의 책들	100 명의 소녀들
주격 (مَرْفُوعٌ)	مِئَةُ كِتَابٍ	مِئَةُ بِنْتٍ
목적격 (مَنْصُوبٌ)	مِئَةَ كِتَابٍ	مِئَةَ بِنْتٍ
소유격 (مَجْرُورٌ)	مِئَةِ كِتَابٍ	مِئَةِ بِنْتٍ

위의 숫자가 문장에서 격변화를 이룬 경우이다.

주격 (مَرْفُوعٌ)

책상 위에 책 100 권이 있다.	عَلَى الْمَكْتَبِ مِئَةُ كِتَابٍ.
교실에 200명의 소녀들이 있다.	فِي الْفَصْلِ مِئَتَا بِنْتٍ.
300명의 방문객이 왔다.	جَاءَ ثَلَاثُمِئَةِ زَائِرٍ.

목적격 (مَنْصُوبٌ)

나는 책 100 권을 읽었다.	قَرَأْتُ مِئَةَ كِتَابٍ.
나는 200 명의 소녀들을 보았다.	رَأَيْتُ مِئَتَيْ بِنْتٍ.
나는 300 통의 편지를 적었다.	كَتَبْتُ ثَلَاثَمِئَةِ رِسَالَةٍ.

소유격 (مَجْرُورٌ)

그는 책 100 권을 찾았었다.	بَحَثَ عَنْ مِئَةِ كِتَابٍ.
나는 200 명의 소녀들을 쳐다보았다.	نَظَرْتُ إِلَى مِئَتَيْ بِنْتٍ.
나는 300 명의 학생들과 이야기를 한다.	تَكَلَّمْتُ مَعَ ثَلَاثِمِئَةِ طَالِبٍ.

d-2 개수가 100의 배수가 아닐 때

▷ 숫자 101 이상의 숫자들 가운데 100의 배수가 아닌 숫자들은 숫자의 끝자리를 보고 그 끝자리에 해당되는 셈법을 적용하면 된다. 즉 101 과 102 는 숫자 끝자리가 1 과 2 이므로 100 자리 숫자와 1 자리 숫자를 나누어서 셈을 하고, 숫자 103-110 까지는 숫자의 끝자리가 3~10 숫자이므로 셈할 대상(الْمَعْدُود) 명사를 후연결어(مُضَاف إِلَيْهِ)로 취급하여 소유격을 취한다.

▷ 111 에서 199 까지는 숫자의 끝자리가 11 에서 99 숫자이므로 셈할 대상(الْمَعْدُود) 명사를 명시목적어(التَّمْيِيز)로 취급하여 목적격을 취한다.

이렇듯 아무리 큰 숫자라 하더라도 그 숫자의 끝자리를 보고 거기에 맞는 셈법을 적용한다.

	책들 (셈할 대상이 남성 명사일 때) (لِلْمَعْدُود الْمُذَكَّر)	소녀들 (셈할 대상이 여성 명사일 때) (لِلْمَعْدُود الْمُؤَنَّث)
101	مِئَةٌ كِتَابٍ وَكِتَابٌ	مِئَةُ بِنْتٍ وَبِنْتٌ
102	مِئَةُ كِتَابٍ وَكِتَابَانِ	مِئَةُ بِنْتٍ وَبِنْتَانِ
103	مِئَةٌ وَثَلَاثَةُ كُتُبٍ	مِئَةٌ وَثَلَاثُ بَنَاتٍ
104	مِئَةٌ وَأَرْبَعَةُ كُتُبٍ	مِئَةٌ وَأَرْبَعُ بَنَاتٍ
...	...	...
110	مِئَةٌ وَعَشَرَةُ كُتُبٍ	مِئَةٌ وَعَشْرُ بَنَاتٍ
111	مِئَةٌ وَأَحَدَ عَشَرَ كِتَابًا	مِئَةٌ وَإِحْدَى عَشْرَةَ بِنْتًا
112	مِئَةٌ وَاثْنَا عَشَرَ كِتَابًا	مِئَةٌ وَاثْنَتَا عَشْرَةَ بِنْتًا
...	...	...
120	مِئَةٌ وَعِشْرُونَ كِتَابًا	مِئَةٌ وَعِشْرُونَ بِنْتًا
121	مِئَةٌ وَوَاحِدٌ وَعِشْرُونَ كِتَابًا (أَوْ مِئَةٌ وَأَحَدٌ وَعِشْرُونَ كِتَابًا)	مِئَةٌ وَوَاحِدَةٌ وَعِشْرُونَ بِنْتًا (أَوْ مِئَةٌ وَإِحْدَى وَعِشْرُونَ بِنْتًا)
122	مِئَةٌ وَاثْنَانِ وَعِشْرُونَ كِتَابًا	مِئَةٌ وَاثْنَتَانِ وَعِشْرُونَ بِنْتًا
123	مِئَةٌ وَثَلَاثَةٌ وَعِشْرُونَ كِتَابًا	مِئَةٌ وَثَلَاثٌ وَعِشْرُونَ بِنْتًا
...	...	...

위의 숫자가 문장에서 격변화를 이룬 경우이다.

주격(مَرْفُوعٌ)

책상 위에 책 103 권이 있다. (셈할 대상이 후연결어로 사용됨)	عَلَى الْمَكْتَبِ مِئَةٌ وَثَلَاثَةُ كُتُبٍ.
교실에 103 명의 소녀들이 있다. (셈할 대상이 후연결어로 사용됨)	فِي الْفَصْلِ مِئَةٌ وَثَلَاثُ بَنَاتٍ.
책상 위에 책 112 권이 있다. (셈할 대상이 명시목적어로 사용됨)	عَلَى الْمَكْتَبِ مِئَةٌ وَاثْنَا عَشَرَ كِتَابًا.
교실에 112 명의 소녀들이 있다. (셈할 대상이 명시목적어로 사용됨)	فِي الْفَصْلِ مِئَةٌ وَاثْنَتَا عَشْرَةَ بِنْتًا.

목적격(مَنْصُوبٌ)

나는 책 103 권을 읽었다. (셈할 대상이 후연결어로 사용됨)	قَرَأْتُ مِئَةً وَثَلَاثَةَ كُتُبٍ.
나는 103 명의 소녀들을 보았다. (셈할 대상이 후연결어로 사용됨)	رَأَيْتُ مِئَةً وَثَلَاثَ بَنَاتٍ.
나는 책 112 권을 읽었다. (셈할 대상이 명시목적어로 사용됨)	قَرَأْتُ مِئَةً وَاثْنَيْ عَشَرَ كِتَابًا.
나는 112 명의 소녀들을 보았다. (셈할 대상이 명시목적어로 사용됨)	رَأَيْتُ مِئَةً وَاثْنَتَيْ عَشْرَةَ بِنْتًا.

소유격(مَجْرُورٌ)

그는 책 103 권을 찾았었다. (셈할 대상이 후연결어로 사용됨)	بَحَثَ عَنْ مِئَةٍ وَثَلَاثَةِ كُتُبٍ.
나는 103 명의 소녀들을 쳐다보았다. (셈할 대상이 후연결어로 사용됨)	نَظَرْتُ إِلَى مِئَةٍ وَثَلَاثِ بَنَاتٍ.
그는 책 112 권을 찾았었다. (셈할 대상이 명시목적어로 사용됨)	بَحَثَ عَنْ مِئَةٍ وَاثْنَيْ عَشَرَ كِتَابًا.
나는 112 명의 소녀들을 쳐다보았다. (셈할 대상이 명시목적어로 사용됨)	نَظَرْتُ إِلَى مِئَةٍ وَاثْنَتَيْ عَشْرَةَ بِنْتًا.

셈할 대상(الْمَعْدُود)이 먼저 오는 경우

지금까지 셈할 대상 명사(الْمَعْدُود)가 비한정이면서 숫자(الْعَدَد)가 먼저 오는 방법을 살펴보았다. 그런데 아래는 셈할 대상이 비한정이면서 숫자보다 셈할 대상 명사가 먼저 오는 경우이다. 이 방식은 거의 사용되지 않는 방법이며 고전 아랍어(Classical Arabic)에서 볼 수 있는 용법이다.

이 경우의 셈법은 두 가지이다. 먼저는 아래의 ①과 같이 뒤에 오는 숫자의 격변화만 수식어로 간주하여 앞의 셈할 대상 명사와 같이 격변화하고 성의 변화는 원래의 숫자 취급 원리에 따라 셈할 대상의 성과 반대되는 성을 취하는 경우이다. 두 번째는 아래의 ②와 같이 뒤에 오는 숫자의 격변화와 성의 변화 모두 수식어로 취급하여 앞에 오는 셈할 대상 명사와 성과 격 모두를 일치시키는 방법이다. 이 두 가지 방법 가운데 ①의 방법이 더 많이 사용된다.

또한 개수 3 이상의 숫자의 경우 숫자 앞에 사용되는 셈할 대상 명사는 항상 복수로 사용된다.

a. 개수가 3~10개 일 경우

나는 세 명의 아이들을 보았다.	①	رَأَيْتُ أَطْفَالاً ثَلَاثَةَ.
	②	رَأَيْتُ أَطْفَالاً ثَلَاثًا.
나는 세 명의 소녀들(딸)들을 보았다.	①	رَأَيْتُ بَنَاتٍ ثَلَاثًا.
	②	رَأَيْتُ بَنَاتٍ ثَلَاثَةَ.

b. 개수가 11-19 인 경우

나는 13개의 펜을 구입했다. (남성 사물인 경우)	اشْتَرَيْتُ أَقْلَامًا ثَلَاثَةَ عَشَرَ.
나는 13개의 시계를 구입했다. (여성 사물인 경우)	اشْتَرَيْتُ سَاعَاتٍ ثَلَاثَ عَشْرَةَ.

→ 숫자 11-19 까지는 위의 두 방식 가운데 ①의 방식으로만 사용된다.

c. 개수가 20 이상인 경우

나는 26권의 책을 읽었다.	①	قَرَأْتُ كُتُبًا سِتَّةَ وَعِشْرِينَ.
	②	قَرَأْتُ كُتُبًا سِتًّا وَعِشْرِينَ.
나는 26개의 소설을 읽었다.	①	قَرَأْتُ قِصَصًا سِتًّا وَعِشْرِينَ.
	②	قَرَأْتُ قِصَصًا سِتَّةً وَعِشْرِينَ.

2) 셈할 대상(الْمَعْدُود)이 한정형태(مَعْرِفَة)인 경우

앞에서 우리는 셈할 대상 명사(الْمَعْدُود)가 비한정형태인 경우를 공부했다. 그렇다면 셈할 대상 명사에 ـل 이 붙어 한정형태(مَعْرِفَة)가 될때 어떻게 숫자를 셀까?

이 방식도 두 가지 경우가 있다. 먼저는 숫자(الْعَدَد)가 먼저 오는 경우이고, 두 번째는 셈할 대상 명사(الْمَعْدُود)가 먼저 오는 경우이다. 전자는 앞에서 배운 셈할 대상 명사가 비한정 형태일 때 개수를 세는 법에서 숫자 단어에 ـل 을 붙이면 된다. 후자는 셈할 대상 명사가 ـل 한정형태를 취하고 그 뒤에 오는 숫자는 수식어가 된다.

(1) 숫자(الْعَدَد)가 먼저 오는 경우

a. 개수가 1~10 개의 숫자를 셀 때
앞에 오는 숫자는 문장에서 단어의 기능에 따라 격변화를 한다.

a-1 개수 1~2 개
개수가 1~2 개일 경우 숫자 1 과 2 이 셈할 대상 명사보다 먼저 표기되는 것은 불가능하다.

그 한 권의 책은 비싸다.	الْوَاحِدُ الْكِتَابُ غَالٍ. (×)
나는 그 두 그림을 보았다.	رَأَيْتُ الاثْنَتَيْنِ الصُّورَتَيْنِ. (×)

그 이유는 아랍어 숫자 1 과 2 의 경우 수식어로만 사용되기 때문이며 따라서 항상 셈할 대상 명사 뒤에 와야 한다.

그 한 권의 책은 비싸다. (주격)	الْكِتَابُ الْوَاحِدُ غَالٍ. (o)
나는 그 두 그림을 보았다. (목적격)	رَأَيْتُ الصُّورَتَيْنِ الاثْنَتَيْنِ. (o)

a-2 개수 3~10 개
숫자가 전연결어로, 셈할 대상 명사가 후연결어로 사용되며, 전연결어에 ـل 을 붙이는 방법이다.

그 세 사람의 남자가 왔다. (주격)	جَاءَ الثَّلَاثَةُ رِجَالٍ.
그 세 사람의 소녀들이 왔다.	جَاءَتِ الثَّلَاثُ بَنَاتٍ.
그 다섯명의 교수들은 훌륭하다.	الْخَمْسَةُ أَسَاتِذَةٍ مُمْتَازُونَ.
우리는 그 여덟개의 도시를 방문했다. (목적격)	زُرْنَا الثَّمَانِي مُدُنٍ.
나는 그 4개 주에 갔었다. (소유격)	ذَهَبْتُ إِلَى الْأَرْبَعِ وِلَايَاتٍ.

** 숫자가 전연결어로, 셈할 대상 명사가 후연결어로 사용되며, 후연결어에 ال 을 붙이는 방식이다. 고전 아랍어 방식으로 현대 아랍어에서는 사용되지 않는다.

그 세 사람의 남자가 왔다. (주격)	جَاءَ ثَلَاثَةُ الرِّجَالِ.
그 세 사람의 소녀들이 왔다.	جَاءَتِ ثَلَاثُ الْبَنَاتِ.
그 다섯명의 교수들은 훌륭하다.	خَمْسَةُ الْأَسَاتِذَةِ مُمْتَازُونَ.
우리는 그 여덟개의 도시를 방문했다. (목적격)	زُرْنَا ثَمَانِيَ الْمُدُنِ.
나는 그 4개 주에 갔었다. (소유격)	ذَهَبْتُ إِلَى أَرْبَعِ الْوِلَايَاتِ.

b. 개수가 11~99 개의 숫자를 셀 때

앞에오는 숫자 명사에 ال 을 붙이고 뒤에 오는 셈할 대상 명사는 명시목적어로 사용된다. 따라서 셈할 대상 명사는 비한정 단수 목적격을 취한다.

b-1 개수 11-19 개

앞에서 11-19 까지의 숫자는 한 단위로서 취급되며 불격변화 단어라는 것을 배웠다. 이 경우 1 자리 숫자에만 ال 을 붙인다.

그 12명의 제자들이 왔다. (주격)	جَاءَ الِاثْنَا عَشَرَ تِلْمِيذًا.
나는 그 19권의 책들을 읽었다. (목적격)	قَرَأْتُ التِّسْعَةَ عَشَرَ كِتَابًا.
나는 그 14개의 문제들에 대해 질문했다. (소유격)	سَأَلْتُ عَنِ الْأَرْبَعَ عَشْرَةَ مَسْأَلَةً.

b-2 개수 20, 30, 40 등의 10 의 배수

이 경우 숫자에 ال 을 붙인다.

그 20명의 남자가 왔다. (주격)	جَاءَ الْعِشْرُونَ رَجُلًا.
나는 그 20명의 소녀를 보았다. (목적격)	رَأَيْتُ الْعِشْرِينَ بِنْتًا.
나는 그 30권의 책을 읽었다. (목적격)	قَرَأْتُ الثَّلَاثِينَ كِتَابًا.

b-3 숫자가 و 로 연결되는 개수의 경우

이 경우 و 로 연결되는 양쪽 모두에 ال 을 붙인다.

그 27명의 학생들이 합격했다. (주격)	نَجَحَ[1] السَّبْعَةُ وَالْعِشْرُونَ طَالِبًا.
나는 그 29개의 주에 갔었다. (소유격)	ذَهَبْتُ إِلَى التِّسْعِ وَالْعِشْرِينَ وِلَايَةً.

---

[1] نَجَحَ/يَنْجَحُ فِي – نُجْحٌ أَوْ نَجَاحٌ ..에 성공하다

c. 개수 100 개 이상의 숫자를 셀 때
앞의 개수 3~10 의 요령과 같이 전연결어에 ـل 을 붙인다.

c-1 개수 100 개 이상 100 의 배수 숫자

그 100명의 학생들이 합격했다. (주격)	نَجَحَ الْمِئَةُ طَالِبٍ.
나는 내 손으로 그 200장의 그림을 그렸다. (목적격)	رَسَمْتُ الْمِئَتَيْ صُورَةٍ بِيَدِي.
나는 그 300개의 문제들에 대해 질문했다. (소유격)	سَأَلْتُ عَنِ الثَّلَاثِمِئَةِ مَسْأَلَةٍ.

** 아래는 후연결어에 ـل 을 붙이는 방식이다. 고전 아랍어에서 사용되는 방식으로 현대 아랍어에서는 사용되지 않는다.

그 100명의 학생들이 합격했다. (주격)	نَجَحَ مِئَةُ الطَّالِبِ.
나는 내 손으로 그 200장의 그림을 그렸다. (목적격)	رَسَمْتُ مِئَتَيْ الصُّورَةِ بِيَدِي.
나는 그 300개의 문제들에 대해 질문했다. (소유격)	سَأَلْتُ عَنْ ثَلَاثِمِئَةِ الْمَسْأَلَةِ.

c-2 개수 100 개 이상 100 의 배수가 아닌 숫자

나는 그 123명의 학생들과 인사를 나누었다. (소유격)	سَلَّمْتُ عَلَى الْمِئَةِ وَالثَّلَاثَةِ وَالْعِشْرِينَ طَالِبًا.
나는 그 123개의 자동차들을 고쳤다. (목적격)	أَصْلَحْتُ[1] الْمِئَةَ وَالثَّلَاثَ وَالْعِشْرِينَ سَيَّارَةً.

---

[1] أَصْلَحَ / يُصْلِحُ هـ – إِصْلَاحٌ ..을 개혁하다

(2) 셈할 대상(الْمَعْدُود)이 먼저 오는 경우

한정형태인 셈할 대상(الْمَعْدُود)이 숫자(الْعَدَد)보다 먼저 오는 경우 숫자는 앞의 셈할 대상을 수식하는 수식어(نَعْت) 용법으로 사용된다. 때문에 숫자에 붙는 격은 앞의 셈할 대상 명사와 동격을 이룬다. 그러나 숫자의 성 표기는 숫자의 단위에 따라 달라진다. 각각의 경우를 보자.

a. 개수가 1~10 개의 숫자를 셀 때

개수가 한 개 혹은 두 개의 경우는 숫자가 앞의 셈할 대상 명사와 같은 성을 취하고, 숫자가 3~10 인 경우 숫자가 앞의 셈할 대상 명사와 반대되는 성을 취한다. 숫자가 세 개 이상인 경우 숫자 앞에 사용되는 셈할 대상 명사는 항상 복수로 사용된다.

a-1 개수 1~2 개

그 한 권의 책은 비싸다. (주격)	الْكِتَابُ الْوَاحِدُ غَالٍ.
나는 그 두 그림을 보았다. (목적격)	رَأَيْتُ الصُّورَتَيْنِ الِاثْنَتَيْنِ.

a-2 개수 3~10 개

그 네 권의 책은 유용하다. (주격)	الْكُتُبُ الْأَرْبَعَةُ مُفِيدَةٌ.
우리는 여기에 위치한 그 여덟개의 도시들을 방문했다.[1] (목적격)	زُرْنَا الْمُدُنَ الثَّمَانِيَ هُنَا.
나는 그 10개의 주(州)들에 갔었다. (소유격)	ذَهَبْتُ إِلَى الْوِلَايَاتِ الْعَشْرِ.
이 네 가지 언어에서 비슷한 낱말들이 있다. (소유격)	فِي هَذِهِ اللُّغَاتِ الْأَرْبَعِ كَلِمَاتٌ مُتَشَابِهَةٌ.

b. 개수가 11~99 개의 숫자를 셀 때

숫자의 격변화는 앞에 오는 셈할 대상 명사와 동격을 취한다. 숫자의 성의 변화에 있어 숫자가 20 이상 10 의 배수일 때 숫자에 성의 변화가 표기되지 않는다. 그러나 나머지 숫자에 대해서는 앞에 오는 셈할 대상 명사의 성에 반대되는 성을 표기한다. 셈할 대상 명사는 항상 복수로 사용된다.

b-1 개수 11-19 개

11-19 까지의 숫자는 불격변화 단어라는 것을 배웠다. 따라서 1 자리 숫자에만 정관사 الـ 이 붙는 다.

이 14개의 언어에서 유사한 단어들이 있다. (소유격)	فِي هَذِهِ اللُّغَاتِ الْأَرْبَعَ عَشْرَةَ كَلِمَاتٌ مُتَشَابِهَةٌ.
우리는 우리의 열 다섯 명의 학생과 함께 이야기한다. (소유격)	نَتَكَلَّمُ مَعَ طُلَّابِنَا الْخَمْسَةَ عَشَرَ.

---

[1] زَارَ/ يَزُورُ هـ أَو ه – زِيَارَةٌ ..를 방문하다

b-2 개수 20-99 개

나는 그 20권의 책을 모두 읽었다. (목적격)	قَرَأْتُ الْكُتُبَ الْعِشْرِينَ كُلَّهَا.
그 다가오는 스물 네 시간에 나는 잠을 잘 것이다. (소유격)	فِي السَّاعَاتِ الْأَرْبَعِ وَالْعِشْرِينَ الْقَادِمَةِ سَأَنَامُ.
65명의 그의 학생은 똑똑하다. (주격)	طُلَّابُهُ الْخَمْسَةُ وَالسِّتُّونَ أَذْكِيَاءُ.

c. 개수 100개 이상의 숫자를 셀 때

숫자의 격변화는 앞의 셈할 대상 명사와 동격을 취한다. 숫자의 성의 변화는 셈할 대상 명사가 비한정형태인 경우의 성의 변화와 동일하다. 셈할 대상 명사는 항상 복수로 사용한다.

c-1 개수 100개 이상 100의 배수 숫자

나는 그 100개의 문제들에 대해 답했다. (목적격)	جَاوَبْتُ الْمَسَائِلَ الْمِئَةَ.
내 교실에 있는 그 2백명의 학생들이 합격했다. (주격)	نَجَحَ الطُّلَّابُ الْمِئَتَانِ فِي فَصْلِي.
나는 내 손으로 그 3백장의 그림을 그렸다. (목적격)	رَسَمْتُ[1] الصُّوَرَ الثَّلَاثَمِئَةَ بِيَدِي. *

→위의 الثَّلَاثَمِئَةَ 은 'ثَلَاثُ + مِئَةٌ'이 결합된 형태이기 때문에 한정형태로 사용될 경우에도 الثَّلَاثَمِئَةَ 으로 탄원이 표시된다.

c-2 개수 100개 이상 100의 배수가 아닌 숫자

나는 그 123명의 학생들과 인사를 나누었다. (소유격)	سَلَّمْتُ عَلَى الطُّلَّابِ الْمِئَةِ وَالثَّلَاثَةِ وَالْعِشْرِينَ.
나는 그 123대의 자동차들을 고쳤다. (목적격)	أَصْلَحْتُ السَّيَّارَاتِ الْمِئَةَ وَالثَّلَاثَ وَالْعِشْرِينَ.

---

[1] رَسَمَ - رَسْمٌ ـهـ يَرْسُمُ /رَسَمَ (to draw) 그리다..

3. 셈할 대상(الْمَعْدُود) 뒤에 수식어가 올 경우

셈할 대상 명사와 숫자가 조합되어 사용된 구(句) 이후에 이 구(句)를 수식하는 수식어(النَّعْت)가 오는 경우가 있다. 일반적으로 명사 뒤에 수식어가 오면 그 수식어는 앞의 명사의 성과 수 그리고 격의 지배를 받는다. 그러나 셈할 대상 명사와 숫자가 조합된 구(句) 이후에 수식어가 올 경우에 고려할 것이 있다. 이 경우를 공부하기 위해 셈할 대상 명사가 비한정 형태인 경우와 셈할 대상 명사가 한정형태인 경우를 나누어서 살펴본다.

1) 셈할 대상(الْمَعْدُود)이 비한정형태(نَكِرَة)인 경우

셈할 대상이 비한정형태인 구문에서 그 뒤에 오는 수식어는 앞의 셈할 대상 명사를 수식한다. 따라서 앞의 셈할 대상 명사의 성과 수 그리고 격의 지배를 받는다.

a. 개수가 1~2개 일 때

한 총명한 학생이 왔다.	جَاءَ طَالِبٌ وَاحِدٌ ذَكِيٌّ.
한 총명한 여학생이 왔다.	جَاءَتْ طَالِبَةٌ وَاحِدَةٌ ذَكِيَّةٌ.

b. 개수가 3~10 까지, 혹은 100 이상의 10의 배수일 때

셈할 대상이 비한정형태이면 그것을 수식하는 수식어도 비한정 형태를 사용한다. 셈할 대상 명사가 후연결어로 사용되며, 그 뒤에 오는 수식어는 셈할 대상 명사를 수식하기에 소유격을 취한다.

총명한 세 학생이 왔다. (수식어는 소유격)	جَاءَ ثَلَاثَةُ طُلَّابٍ أَذْكِيَاءَ.*
나는 4개의 작은 주에 갔었다. (수식어는 소유격)	ذَهَبْتُ إِلَى أَرْبَعِ وِلَايَاتٍ صَغِيرَةٍ.
우리는 그 부지런한 여덟 남자의 집을 방문했다.	زُرْنَا ثَمَانِيَةَ رِجَالٍ مُجْتَهِدِينَ.*
나는 100개의 쉬운 문제들에 대답했다.	جَاوَبْتُ مِئَةَ مَسْأَلَةٍ سَهْلَةٍ.

➔ 위의 أَذْكِيَاءُ 는 2격 명사이다. ذَكِيٌّ / أَذْكِيَاءُ   ➔ 위의 مُجْتَهِدِينَ 는 사람 복수 명사를 수식하는 경우이다.

c. 개수가 11~99 개의 숫자를 셀 때

개수가 11~99 개의 숫자를 셀 때는 셈할 대상인 명사를 명시목적어(التَّمْيِيز)로 목적격을 취한다는 것을 배웠다. 그 뒤에 오는 수식어는 앞의 명시 목적어를 수식하기에 함께 목적격을 취한다.

17명의 용감한 남자가 왔다. (수식어는 목적격)	جَاءَ سَبْعَةَ عَشَرَ رَجُلًا شُجَاعًا.
나는 29개의 작은 주에 갔었다. (수식어는 목적격)	ذَهَبْتُ إِلَى تِسْعٍ وَعِشْرِينَ وِلَايَةً صَغِيرَةً.
나는 14개의 쉬운 문제들에 대답했다.	جَاوَبْتُ أَرْبَعَ عَشْرَةَ مَسْأَلَةً سَهْلَةً.
우리는 여기에 위치한 40개의 집들을 방문했다.	زُرْنَا أَرْبَعِينَ بَيْتًا مَوْجُودًا هُنَا.

2) 셈할 대상(الْمَعْدُود)이 한정형태(مَعْرِفَة)인 경우

셈할 대상이 한정형태(مَعْرِفَة)인 경우 수식어가 수식하는 단어의 문장에서의 기능에 따라 수식어의 격변화가 달라진다.

(1) 숫자(الْعَدَد)가 먼저 오는 경우

수식어는 그 앞의 '숫자 + 셈할 대상 명사' 전체의 구(句)와 동격을 이룬다. 따라서 뒤에 오는 수식어는 الـ 한정 형태를 취하며, 격변화와 성의 변화는 그 앞의 '숫자 + 셈할 대상 명사' 전체 구(句)가 문장에서 사용되는 기능에 따라 변화한다.

a. 개수가 3~10 까지, 혹은 100 이상의 10의 배수일 때

숫자가 3~10이나 100 이상의 10의 배수일 경우 셈할 대상(الْمَعْدُود) 명사가 후연결어로 사용된다. 이 때 셈할 대상 명사 뒤에 오는 수식어는 그 앞의 '숫자 + 셈할 대상 명사' 전체의 구(句)와 동격을 이룬다.

그 일곱명의 우등생이 왔다. (수식어는 주격)	جَاءَ السَّبْعَةُ طُلَّابِ الْمُتَفَوِّقُونَ.
나는 그 4개의 작은 주에 갔었다. (수식어는 소유격)	ذَهَبْتُ إِلَى الْأَرْبَعِ وِلَايَاتِ الصَّغِيرَةِ.
우리는 그 부지런한 여덟 남자의 집을 방문했다. (수식어는 목적격)	زُرْنَا الثَّمَانِيَةَ رِجَالِ الْمُجْتَهِدِينَ.
나는 그 100개의 쉬운 문제들에 대해 대답했다. (수식어는 목적격)	جَاوَبْتُ الْمِئَةَ مَسْأَلَةٍ السَّهْلَةَ.

b. 개수 11~99 개의 숫자를 셀 때

숫자가 11~99 일 경우 셈할 대상(الْمَعْدُود) 명사가 명시목적어(التَّمْيِيز)로 사용된다. 따라서 아래의 예에서와 같이 '숫자 + 셈할 대상 명사'가 한정형태로 간주되지만 셈할 대상 명사의 경우 비한정 목적격 형태를 취한다.

그러나 그 뒤에 오는 수식어의 경우 '숫자 + 셈할 대상 명사'가 한정형태로 간주되기 때문에 그 수식어에 الـ 이 붙어야 하며, 그 격변화는 '숫자 + 셈할 대상 명사'가 문장에서 수행하는 기능에 따라 격변화한다.

b-1 개수 11-19 개

그 13명의 총명한 학생들이 왔다. (طَالِبًا 이 명시목적어로 사용되었지만 문장에서 원래의 역할은 جَاءَ 의 주어이다. 따라서 الْأَذْكِيَاءُ 가 주격을 취함)	جَاءَ الثَّلَاثَةَ عَشَرَ طَالِبًا الْأَذْكِيَاءُ.
나는 그 14개의 쉬운 문제들에 대해 대답했다. (مَسْأَلَةً 는 명시목적어로 사용되었지만 문장에서 جَاوَبْتُ 의 목적어로 사용되었다. 따라서 السَّهْلَةَ 가 목적격을 취함)	جَاوَبْتُ الْأَرْبَعَ عَشْرَةَ مَسْأَلَةً السَّهْلَةَ.

b-2 개수 20, 30, 40 등의 10의 배수

우리는 그 부지런한 40명 남자의 집을 방문했다. (رَجُلًا 은 명시목적어로 사용되었지만 문장에서 زرنا 의 목적어로 사용됨. 따라서 الْمُجْتَهِدِينَ 이 목적격)	زُرْنَا الْأَرْبَعِينَ رَجُلًا الْمُجْتَهِدِينَ.

b-3 숫자가 و로 연결되는 개수의 경우

나는 그 29개의 작은 주에 갔다. (وِلَايَة는 명시목적어로 사용되었지만 문장의 원래의 역할은 ذَهَبْتُ 뒤의 إِلَى의 소유격 명사임. 따라서 الصَّغِيرَة가 소유격을 취함)	ذَهَبْتُ إِلَى التِّسْعِ وَالْعِشْرِينَ وِلَايَةَ الصَّغِيرَةِ.

(2) 셈할 대상(الْمَعْدُود)이 먼저 오는 경우

셈할 대상이 한정형태인 구문에서 셈할 대상이 숫자 보다 먼저 사용되는 경우 그 뒤에 오는 수식어는 앞의 셈할 대상 명사를 수식한다. 따라서 수식어는 앞의 셈할 대상 명사의 격의 지배를 받는다.

a 개수가 1~10 까지, 혹은 100 이상의 10의 배수일 때

셈할 대상이 한정형태이므로 수식하는 수식어도 한정형태로 사용되며, 셈할 대상으로 사용된 명사가 취하는 문장에서의 기능에 따라 수식어도 격변화를 같이 한다.

그 한 총명한 학생이 왔다.	جَاءَ الطَّالِبُ الْوَاحِدُ الذَّكِيُّ.
그 한 총명한 여학생이 왔다.	جَاءَتِ الطَّالِبَةُ الْوَاحِدَةُ الذَّكِيَّةُ.
그 일곱명의 총명한 학생들이 왔다. (주격)	جَاءَ الطُّلَّابُ السَّبْعَةُ الْأَذْكِيَاءُ.
나는 그 4개의 작은 주에 갔다. (소유격) (الصَّغِيرَة는 사물 복수 수식)	ذَهَبْتُ إِلَى الْوِلَايَاتِ الْأَرْبَعِ الصَّغِيرَةِ.
나는 그 100개의 쉬운 문제들에 대해 대답했다. (목적격) (السَّهْلَة는 사물 복수 수식)	جَاوَبْتُ الْمَسَائِلَ الْمِئَةَ السَّهْلَةَ.
우리는 그 부지런한 여덟 남자의 집을 방문했다. (목적격)	زُرْنَا الرِّجَالَ الثَّمَانِيَةَ الْمُجْتَهِدِينَ.

b. 개수 11~99 개의 숫자를 셀 때

셈할 대상이 한정형태이므로 수식하는 수식어도 한정형태로 사용되며, 셈할 대상으로 사용된 명사가 취하는 문장에서의 기능에 따라 수식어도 격변화를 같이 한다.

나는 그 14개의 쉬운 문제들에 대해 대답했다. (목적격) (السَّهْلَة는 사물 복수 수식)	جَاوَبْتُ الْمَسَائِلَ الْأَرْبَعَ عَشْرَةَ السَّهْلَةَ.

그 26명의 총명한 학생들이 왔다. (주격)	جَاءَ الطُّلَّابُ السِّتَّةُ وَالْعِشْرُونَ الْأَذْكِيَاءُ.
나는 그 29개의 작은 주에 갔다. (소유격) (الصَّغِيرَة는 사물 복수 수식)	ذَهَبْتُ إِلَى الْوِلَايَاتِ التِّسْعِ وَالْعِشْرِينَ الصَّغِيرَةِ.

우리는 그 부지런한 40명의 남자를 방문했다. (목적격)	زُرْنَا الرِّجَالَ الْأَرْبَعِينَ الْمُجْتَهِدِينَ.

| 종합 아랍어 문법 |

** 수사 أحَدٌ 의 용법

숫자 '하나(one)'의 의미로 وَاحِدَةٌ/وَاحِدٌ 란 단어 외에 إِحْدَى/أَحَدُ 란 단어가 있다. 이 단어는 숫자 '하나(one)'의 의미로는 사용되지 않고 아래와 같은 용법으로 사용된다.

a. 주로 전연결어(مُضَافٌ)로 사용된다.

أَحَدٌ 는 주로 전연결어로 사용되어 '... 중의 한 사람'의 의미를 가진다.

그 장관들 중 한 사람	أَحَدُ الْوُزَرَاءِ
그 부인들 중 한 여자	إِحْدَى النِّسَاءِ
그들중의 한 사람이 말했다.	قَالَ أَحَدُهُمْ.
우리는 그 부인들 중 한 사람에게 말했다.	كَلَّمْنَا إِحْدَى النِّسَاءِ.
그들(f.)중의 한 사람이 말했다.	قَالَتْ إِحْدَاهُنَّ.

b. 부정어 뒤에서 '아무도 ..않다'의 의미로 사용된다.

나는 어느 누구도 발견하지 못했다.	لَمْ أَجِدْ[1] أَحَدًا.
나는 어느 누구도 알지 못했다.	مَا عَرَفْتُ أَحَدًا.
아무도 그 집에 없다.	لَا أَحَدَ فِي الْبَيْتِ.
한 사람도 나타나지 않았다.	لَمْ يَظْهَرْ[2] أَحَدٌ.

c. 숫자 11, 21, 31, 41 ...에서 사용될 수 있다.

11	١١	أَحَدَ عَشَرَ	إِحْدَى عَشْرَةَ
21	٢١	وَاحِدٌ وَعِشْرُونَ	وَاحِدَةٌ وَعِشْرُونَ (أَوْ إِحْدَى وَعِشْرُونَ)
31	٣١	وَاحِدٌ وَثَلَاثُونَ	وَاحِدَةٌ وَثَلَاثُونَ (أَوْ إِحْدَى وَثَلَاثُونَ)

---

[1] وَجَدَ – يَجِدُ هــ ..을 찾다, 발견하다 (to find)

[2] ظَهَرَ / يَظْهَرُ – ظُهُورٌ 나타나다, 출현하다

عَشْرَةً 인가? **عَشْرً** 인가?

아랍어 숫자 10에 대한 표기가 어떤 경우는 عَشْرَةً 과 عَشْرَ 으로 표기되고, 어떤 경우는 عَشْرُ 과 عَشْرَ 으로 표기된다. 어떤 경우에 ش 위에 파트하가 붙고 어떤 경우에 ش 위에 수쿤이 붙는지 그 원칙은 다음과 같다. 즉 셈할 대상 명사(الْمَعْدُود)가 남성 명사이면 ش 위에 파트하가 붙고, 여성이면 ش 위에 수쿤이 붙는다.

a. 셈할 대상 명사(الْمَعْدُود)가 남성일 경우

10권의 책	عَشْرَةُ كُتُبٍ
14권의 책	أَرْبَعَةَ عَشَرَ كِتَابًا

b. 셈할 대상 명사(الْمَعْدُود)가 여성일 경우

10대의 자동차	عَشْرُ سَيَّارَاتٍ
14대의 자동차	أَرْبَعَ عَشْرَةَ سَيَّارَةً

심화학습 - 한눈에 보는 아랍어 기수 셈법

1. 아래의 숫자는 모두 주격이다. 목적격과 소유격으로 사용될 때에는 변화하는 부분이 있다.
2. 아래에서 파란색 부분은 후연결어(مُضَافٌ إِلَيْهِ)로 사용된 경우이고, 빨간색 부분은 명시목적어(التَّمْيِيزُ)로 사용된 경우이다.

	셈할 대상(المَعْدُودُ)이 남성 명사 일 때 (책의 경우)	셈할 대상(المَعْدُودُ)이 여성 명사 일 때 (소녀 혹은 딸의 경우)
1	책 한 권 (كِتَابٌ وَاحِدٌ)	소녀 한 명 (혹은 딸 한 명) (بِنْتٌ وَاحِدَةٌ)
2	책 두 권 (كِتَابَانِ اثْنَانِ)	소녀 두 명 (혹은 딸 두 명) (بِنْتَانِ اثْنَتَانِ)
3	책 세 권 ثَلَاثَةُ كُتُبٍ	소녀 세 명 (혹은 딸 세 명) ثَلَاثُ بَنَاتٍ
4	책 네 권 أَرْبَعَةُ كُتُبٍ	소녀 네 명 (혹은 딸 네 명) أَرْبَعُ بَنَاتٍ
5	خَمْسَةُ كُتُبٍ	خَمْسُ بَنَاتٍ
6	سِتَّةُ كُتُبٍ	سِتُّ بَنَاتٍ
7	سَبْعَةُ كُتُبٍ	سَبْعُ بَنَاتٍ
8	ثَمَانِيَةُ كُتُبٍ	ثَمَانِي بَنَاتٍ
9	تِسْعَةُ كُتُبٍ	تِسْعُ بَنَاتٍ
10	عَشَرَةُ كُتُبٍ	عَشْرُ بَنَاتٍ
11	أَحَدَ عَشَرَ كِتَابًا	إِحْدَى عَشْرَةَ بِنْتًا
12	اثْنَا عَشَرَ كِتَابًا	اثْنَتَا عَشْرَةَ بِنْتًا
13	ثَلَاثَةَ عَشَرَ كِتَابًا	ثَلَاثَ عَشْرَةَ بِنْتًا
14	أَرْبَعَةَ عَشَرَ كِتَابًا	أَرْبَعَ عَشْرَةَ بِنْتًا
15	خَمْسَةَ عَشَرَ كِتَابًا	خَمْسَ عَشْرَةَ بِنْتًا
16	سِتَّةَ عَشَرَ كِتَابًا	سِتَّ عَشْرَةَ بِنْتًا
17	سَبْعَةَ عَشَرَ كِتَابًا	سَبْعَ عَشْرَةَ بِنْتًا
18	ثَمَانِيَةَ عَشَرَ كِتَابًا	ثَمَانِي عَشْرَةَ بِنْتًا
19	تِسْعَةَ عَشَرَ كِتَابًا	تِسْعَ عَشْرَةَ بِنْتًا
20	عِشْرُونَ كِتَابًا	عِشْرُونَ بِنْتًا

21	وَاحِدَةٌ وَعِشْرُونَ بِنْتًا / إِحْدَى وَعِشْرُونَ بِنْتًا	وَاحِدٌ وَعِشْرُونَ كِتَابًا / أَحَدٌ وَعِشْرُونَ كِتَابًا	
22	اثْنَتَانِ وَعِشْرُونَ بِنْتًا	اثْنَانِ وَعِشْرُونَ كِتَابًا	
23	ثَلَاثٌ وَعِشْرُونَ بِنْتًا	ثَلَاثَةٌ وَعِشْرُونَ كِتَابًا	
30	ثَلَاثُونَ بِنْتًا	ثَلَاثُونَ كِتَابًا	
40	أَرْبَعُونَ بِنْتًا	أَرْبَعُونَ كِتَابًا	
50	خَمْسُونَ بِنْتًا	خَمْسُونَ كِتَابًا	
60	سِتُّونَ بِنْتًا	سِتُّونَ كِتَابًا	
70	سَبْعُونَ بِنْتًا	سَبْعُونَ كِتَابًا	
80	ثَمَانُونَ بِنْتًا	ثَمَانُونَ كِتَابًا	
90	تِسْعُونَ بِنْتًا	تِسْعُونَ كِتَابًا	
98	ثَمَانٍ وَتِسْعُونَ بِنْتًا	ثَمَانِيَةٌ وَتِسْعُونَ كِتَابًا	
99	تِسْعٌ وَتِسْعُونَ بِنْتًا	تِسْعَةٌ وَتِسْعُونَ كِتَابًا	
100	مِئَةُ بِنْتٍ	مِئَةُ كِتَابٍ	
101	مِئَةُ بِنْتٍ وَبِنْتٌ	مِئَةُ كِتَابٍ وَكِتَابٌ	
102	مِئَةُ بِنْتٍ وَبِنْتَانِ	مِئَةُ كِتَابٍ وَكِتَابَانِ	
103	مِئَةٌ وَثَلَاثُ بَنَاتٍ	مِئَةٌ وَثَلَاثَةُ كُتُبٍ	
104	مِئَةٌ وَأَرْبَعُ بَنَاتٍ	مِئَةٌ وَأَرْبَعَةُ كُتُبٍ	
110	مِئَةٌ وَعَشْرُ بَنَاتٍ	مِئَةٌ وَعَشَرَةُ كُتُبٍ	
111	مِئَةٌ وَإِحْدَى عَشْرَةَ بِنْتًا	مِئَةٌ وَأَحَدَ عَشَرَ كِتَابًا	
112	مِئَةٌ وَاثْنَتَا عَشْرَةَ بِنْتًا	مِئَةٌ وَاثْنَا عَشَرَ كِتَابًا	
113	مِئَةٌ وَثَلَاثَ عَشْرَةَ بِنْتًا	مِئَةٌ وَثَلَاثَةَ عَشَرَ كِتَابًا	
120	مِئَةٌ وَعِشْرُونَ بِنْتًا	مِئَةٌ وَعِشْرُونَ كِتَابًا	
121	مِئَةٌ وَوَاحِدَةٌ وَعِشْرُونَ بِنْتًا (أَو مِئَةٌ وَإِحْدَى وَعِشْرُونَ بِنْتًا)	مِئَةٌ وَوَاحِدٌ وَعِشْرُونَ كِتَابًا	
122	مِئَةٌ وَاثْنَتَانِ وَعِشْرُونَ بِنْتًا	مِئَةٌ وَاثْنَانِ وَعِشْرُونَ كِتَابًا	
123	مِئَةٌ وَثَلَاثٌ وَعِشْرُونَ بِنْتًا	مِئَةٌ وَثَلَاثَةٌ وَعِشْرُونَ كِتَابًا	
130	مِئَةٌ وَثَلَاثُونَ بِنْتًا	مِئَةٌ وَثَلَاثُونَ كِتَابًا	

140	مِئَةٌ وَأَرْبَعُونَ كِتَابًا	مِئَةٌ وَأَرْبَعُونَ بِنْتًا
150	مِئَةٌ وَخَمْسُونَ كِتَابًا	مِئَةٌ وَخَمْسُونَ بِنْتًا
160	مِئَةٌ وَسِتُّونَ كِتَابًا	مِئَةٌ وَسِتُّونَ بِنْتًا
170	مِئَةٌ وَسَبْعُونَ كِتَابًا	مِئَةٌ وَسَبْعُونَ بِنْتًا
180	مِئَةٌ وَثَمَانُونَ كِتَابًا	مِئَةٌ وَثَمَانُونَ بِنْتًا
190	مِئَةٌ وَتِسْعُونَ كِتَابًا	مِئَةٌ وَتِسْعُونَ بِنْتًا
199	مِئَةٌ وَتِسْعَةٌ وَتِسْعُونَ كِتَابًا	مِئَةٌ وَتِسْعٌ وَتِسْعُونَ بِنْتًا
200	مِئَتَا كِتَابٍ	مِئَتَا بِنْتٍ
211	مِئَتَانِ وَأَحَدَ عَشَرَ كِتَابًا	مِئَتَانِ وَإِحْدَى عَشْرَةَ بِنْتًا
212	مِئَتَانِ وَاثْنَا عَشَرَ كِتَابًا	مِئَتَانِ وَاثْنَا عَشْرَةَ بِنْتًا
213	مِئَتَانِ وَثَلَاثَةَ عَشَرَ كِتَابًا	مِئَتَانِ وَثَلَاثَ عَشْرَةَ بِنْتًا
300	ثَلَاثُمِئَةِ كِتَابٍ	ثَلَاثُمِئَةِ بِنْتٍ
400	أَرْبَعُمِئَةِ كِتَابٍ	أَرْبَعُمِئَةِ بِنْتٍ
500	خَمْسُمِئَةِ كِتَابٍ	خَمْسُمِئَةِ بِنْتٍ
600	سِتُّمِئَةِ كِتَابٍ	سِتُّمِئَةِ بِنْتٍ
700	سَبْعُمِئَةِ كِتَابٍ	سَبْعُمِئَةِ بِنْتٍ
800	ثَمَانِمِئَةِ كِتَابٍ	ثَمَانِمِئَةِ بِنْتٍ
900	تِسْعُمِئَةِ كِتَابٍ	تِسْعُمِئَةِ بِنْتٍ
998	تِسْعُمِئَةٍ وَثَمَانِيَةٌ وَتِسْعُونَ كِتَابًا	تِسْعُمِئَةٍ وَثَمَانٍ وَتِسْعُونَ بِنْتًا
999	تِسْعُمِئَةٍ وَتِسْعَةٌ وَتِسْعُونَ كِتَابًا	تِسْعُمِئَةٍ وَتِسْعٌ وَتِسْعُونَ بِنْتًا
1000	أَلْفُ كِتَابٍ	أَلْفُ بِنْتٍ
1001	أَلْفُ كِتَابٍ وَكِتَابٌ	أَلْفُ بِنْتٍ وَبِنْتٌ
1002	أَلْفُ كِتَابٍ وَكِتَابَانِ	أَلْفُ بِنْتٍ وَبِنْتَانِ
1003	أَلْفٌ وَثَلَاثَةُ كُتُبٍ	أَلْفٌ وَثَلَاثُ بَنَاتٍ
1010	أَلْفٌ وَعَشَرَةُ كُتُبٍ	أَلْفٌ وَعَشْرُ بَنَاتٍ
1011	أَلْفٌ وَأَحَدَ عَشَرَ كِتَابًا	أَلْفٌ وَإِحْدَى عَشْرَةَ بِنْتًا
1012	أَلْفٌ وَاثْنَا عَشَرَ كِتَابًا	أَلْفٌ وَاثْنَتَا عَشْرَةَ بِنْتًا

1013	أَلْفٌ وَثَلاَثَةَ عَشَرَ كِتَابًا	أَلْفٌ وَثَلاَثَ عَشْرَةَ بِنْتًا
1100	أَلْفٌ وَمِئَةُ كِتَابٍ	أَلْفٌ وَمِئَةُ بِنْتٍ
1111	أَلْفٌ وَمِئَةٌ وَأَحَدَ عَشَرَ كِتَابًا	أَلْفٌ وَمِئَةٌ وَإِحْدَى عَشْرَةَ بِنْتًا
1943	أَلْفٌ وَتِسْعُمِئَةٍ وَثَلاَثَةٌ وَأَرْبَعُونَ كِتَابًا	أَلْفٌ وَتِسْعُمِئَةٍ وَثَلاَثٌ وَأَرْبَعُونَ بِنْتًا
1999	أَلْفٌ وَتِسْعُمِئَةٍ وَتِسْعَةٌ وَتِسْعُونَ كِتَابًا	أَلْفٌ وَتِسْعُمِئَةٍ وَتِسْعٌ وَتِسْعُونَ بِنْتًا
2000	أَلْفَا كِتَابٍ	أَلْفَا بِنْتٍ
2012	أَلْفَانِ وَاثْنَا عَشَرَ كِتَابًا	أَلْفَانِ وَاثْنَتَا عَشْرَةَ بِنْتًا
3333	ثَلاَثَةُ آلاَفٍ وَثَلاَثُمِئَةٍ وَثَلاَثُونَ كِتَابًا	ثَلاَثَةُ آلاَفٍ وَثَلاَثُمِئَةٍ وَثَلاَثُونَ بِنْتًا
9999	تِسْعَةُ آلاَفٍ وَتِسْعُمِئَةٍ وَتِسْعَةٌ وَتِسْعُونَ كِتَابًا	تِسْعَةُ آلاَفٍ وَتِسْعُمِئَةٍ وَتِسْعٌ وَتِسْعُونَ بِنْتًا
10000	عَشَرَةُ آلاَفِ كِتَابٍ	عَشَرَةُ آلاَفِ بِنْتٍ
20001	عِشْرُونَ أَلْفَ كِتَابٍ وَكِتَابٌ	عِشْرُونَ أَلْفَ بِنْتٍ وَبِنْتٌ
20012	عِشْرُونَ أَلْفًا وَاثْنَا عَشَرَ كِتَابًا	عِشْرُونَ أَلْفًا وَاثْنَتَا عَشْرَةَ بِنْتًا
20123	عِشْرُونَ أَلْفًا وَمِئَةٌ وَثَلاَثَةٌ وَعِشْرُونَ كِتَابًا	عِشْرُونَ أَلْفًا وَمِئَةٌ وَثَلاَثٌ وَعِشْرُونَ بِنْتًا
22222	اثْنَانِ وَعِشْرُونَ أَلْفًا وَمِئَتَانِ وَاثْنَانِ وَعِشْرُونَ كِتَابًا	اثْنَتَانِ وَعِشْرُونَ أَلْفًا وَمِئَتَانِ وَاثْنَتَانِ وَعِشْرُونَ بِنْتًا
88888	ثَمَانِيَةٌ وَثَمَانُونَ أَلْفًا وَثَمَانِيمِئَةٍ وَثَمَانُونَ كِتَابًا	ثَمَانِيَةٌ وَثَمَانُونَ أَلْفًا وَثَمَانِيمِئَةٍ وَثَمَانٍ وَثَمَانُونَ بِنْتًا
십만	مِئَةُ أَلْفِ كِتَابٍ	مِئَةُ أَلْفِ بِنْتٍ
백만	مَلْيُونُ كِتَابٍ	مَلْيُونُ بِنْتٍ

B. 아랍어 서수(الْعَدَدُ التَّرْتِيبِيّ)에 대해

기수가 개수를 말할 때 사용하는 숫자라면, 서수는 차례나 순위 등을 말할 때 사용하는 숫자이다.

1. 아랍어 서수의 형태에 대해

아랍어 서수 '첫 번째'를 제외한 '두 번째'에서 '열 번째' 까지의 서수는 아랍어 기수 숫자 2~10 의 فَاعِلٌ 패턴을 사용하여 서수를 만든다. 서수 '열한 번째' 부터 '열아홉 번째' 까지의 서수는 기수 숫자 11-19 와 비슷한 면이 있고, 서수 '스무 번째' 이상도 마찬가지이다.

1) 첫 번째 ~ 열 번째 까지

서수 '첫 번째'를 제외한 '두 번째'에서 '열 번째' 까지의 단수의 서수 숫자는 فَاعِلٌ 패턴을 취한다.

	남성(مُذَكَّر) 단수 ('수업'의 경우)	여성(مُؤَنَّث) 단수 ('편지'의 경우)	사람 복수 (جَمْع عَاقِل)	사물 복수 (جَمْع غَيْر عَاقِل)
첫 번째	الدَّرْسُ الْأَوَّلُ	الرِّسَالَةُ الْأُولَى	ـُونَ أَوْ أَوَائِلُ / ـَاتٌ أَوْ أَوَّلُ	أَوَائِلُ أَوْ أَوَّلُ
두 번째	الدَّرْسُ الثَّانِي	الرِّسَالَةُ الثَّانِيَةُ	ـَاتٌ / ـُونَ	ثَوَانٍ
세 번째	الدَّرْسُ الثَّالِثُ	الرِّسَالَةُ الثَّالِثَةُ	ـَاتٌ / ـُونَ	ثَوَالِثُ
네 번째	الدَّرْسُ الرَّابِعُ	الرِّسَالَةُ الرَّابِعَةُ	ـَاتٌ / ـُونَ	رَوَابِعُ
다섯 번째	الدَّرْسُ الْخَامِسُ	الرِّسَالَةُ الْخَامِسَةُ	ـَاتٌ / ـُونَ	خَوَامِسُ
여섯 번째	الدَّرْسُ السَّادِسُ	الرِّسَالَةُ السَّادِسَةُ	ـَاتٌ / ـُونَ	سَوَادِسُ
일곱 번째	الدَّرْسُ السَّابِعُ	الرِّسَالَةُ السَّابِعَةُ	ـَاتٌ / ـُونَ	سَوَابِعُ
여덟 번째	الدَّرْسُ الثَّامِنُ	الرِّسَالَةُ الثَّامِنَةُ	ـَاتٌ / ـُونَ	ثَوَامِنُ
아홉 번째	الدَّرْسُ التَّاسِعُ	الرِّسَالَةُ التَّاسِعَةُ	ـَاتٌ / ـُونَ	تَوَاسِعُ
열 번째	الدَّرْسُ الْعَاشِرُ	الرِّسَالَةُ الْعَاشِرَةُ	ـَاتٌ / ـُونَ	عَوَاشِرُ

→ 아랍어의 서수는 수식어로 취급되기에 앞의 명사의 성과 수의 지배를 받는다.

→ 앞에 오는 명사의 격변화에 따라 서수로 사용된 숫자도 격변화를 한다.

→ 위에서는 서수의 남성형태와 여성형태를 한정형 명사로 예를 들었다. 위의 서수들이 비한정 형태로 사용될 경우 دَرْسٌ أَوَّلُ , دَرْسٌ ثَانٍ , دَرْسٌ ثَالِثٌ ... , رِسَالَةٌ أُولَى , رِسَالَةٌ ثَانِيَةٌ , رِسَالَةٌ ثَالِثَةٌ ... 등이 된다. 이 때 أَوَّلُ 는 2 격 명사(مَمْنُوع مِنَ الصَّرْف)이다.

→ 위의 사물복수의 서수 형태인 أَوَائِلُ 는 فَوَاعِلُ 패턴을 취했다. 사람복수와 사물복수 형태 가운데 أَوَائِلُ 를 제외한 복수 형태의 숫자들은 많이 사용되지 않는다.

2) 열한 번째 ~ 열아홉 번째

아랍어의 서수 '열한번째' 부터 '열아홉번째' 까지는 아랍어의 기수 11-19 까지와 비슷하다. 즉 1 자리 숫자를 먼저 사용하고 그 뒤에 10 자리 숫자를 사용한다. 1 자리의 서수 숫자는 숫자 1~10 까지의 서수형 꼴을 사용하고, 10 자리 숫자의 서수형에는 '10'에 해당되는 아랍어 عَشَرَ 를 그 뒤에 결합시켜(مُرَكَّبٌ) 사용한다. 격변화 형태도 기수 11-19 와 같이 불격변화 형태이다. 즉 두 숫자의 어미 모음이 모두 파트하('a'모음)로 고정된다.(مَبْنِيٌّ عَلَى فَتْحِ الْجُزْأَيْنِ) (아래 도표에서 파란색 부분)

	남성(مُذَكَّرٌ) 형태 (수업의 경우)	여성(مُؤَنَّثٌ) 형태 (편지의 경우)
열한 번째	الدَّرْسُ الْحَادِيَ عَشَرَ	الرِّسَالَةُ الْحَادِيَةَ عَشْرَةَ
열두 번째	الدَّرْسُ الثَّانِيَ عَشَرَ	الرِّسَالَةُ الثَّانِيَةَ عَشْرَةَ
열세 번째	الدَّرْسُ الثَّالِثَ عَشَرَ	الرِّسَالَةُ الثَّالِثَةَ عَشْرَةَ
열네 번째	الدَّرْسُ الرَّابِعَ عَشَرَ	الرِّسَالَةُ الرَّابِعَةَ عَشْرَةَ
열다섯 번째	الدَّرْسُ الْخَامِسَ عَشَرَ	الرِّسَالَةُ الْخَامِسَةَ عَشْرَةَ
열여섯 번째	الدَّرْسُ السَّادِسَ عَشَرَ	الرِّسَالَةُ السَّادِسَةَ عَشْرَةَ
열일곱 번째	الدَّرْسُ السَّابِعَ عَشَرَ	الرِّسَالَةُ السَّابِعَةَ عَشْرَةَ
열여덟 번째	الدَّرْسُ الثَّامِنَ عَشَرَ	الرِّسَالَةُ الثَّامِنَةَ عَشْرَةَ
열아홉 번째	الدَّرْسُ التَّاسِعَ عَشَرَ	الرِّسَالَةُ التَّاسِعَةَ عَشْرَةَ

→ 앞에서 기수 숫자 12 의 경우 1 자리 숫자가 격변화 하는 것을 배웠다. 그러나 서수의 열두 번째의 경우 1 자리 숫자와 10 자리 숫자 둘 다 불격변화한다.

→ 여기서도 서수는 수식어로 취급되기에 앞의 명사의 성과 수의 지배를 받는다.

3) 스무 번째 부터 10의 배수 (서른 번째, 마흔 번째 ... 일백 번째, 이백 번째, 삼백 번째...)일 경우

이 때는 기수 숫자와 형태가 같다.

	남성(مُذَكَّرٌ) 형태 (수업의 경우)	여성(مُؤَنَّثٌ) 형태 (편지의 경우)
스무 번째	الدَّرْسُ الْعِشْرُونَ	الرِّسَالَةُ الْعِشْرُونَ
서른 번째	الدَّرْسُ الثَّلَاثُونَ	الرِّسَالَةُ الثَّلَاثُونَ
마흔 번째	الدَّرْسُ الْأَرْبَعُونَ	الرِّسَالَةُ الْأَرْبَعُونَ
일백 번째	الدَّرْسُ الْمِئَةُ	الرِّسَالَةُ الْمِئَةُ
이백 번째	الدَّرْسُ الْمِئَتَانِ	الرِّسَالَةُ الْمِئَتَانِ

삼백 번째	الدَّرْسُ الثَّلَاثُمِئَةِ *	الرِّسَالَةُ الثَّلَاثُمِئَةِ *
천 번째	الدَّرْسُ الأَلْفُ	الرِّسَالَةُ الأَلْفُ
이천 번째	الدَّرْسُ الأَلْفَانِ	الرِّسَالَةُ الأَلْفَانِ
삼천 번째	الدَّرْسُ الثَّلَاثَةُ آلَافٍ *	الرِّسَالَةُ الثَّلَاثَةُ آلَافٍ *

→ 스무 번째 이상의 서수들은 그 앞에 오는 명사의 격변화에 따라 서수로 사용된 숫자도 격변화를 한다.

→ 위의 * 표가 된 숫자들의 끝에 탄윈이 온 것에 유의하자.

4) 스물 한 번째부터

스물 한 번째 이후의 서수들(10의 배수 숫자를 제외한)도 아랍어 기수 21 이후의 숫자와 마찬가지로 1 자리 숫자를 먼저 사용하고 그 뒤에 대등 접속사 وَ 를 사용하며, 그 뒤에 10 자리 숫자를 사용한다. 1 자리의 서수는 숫자 1~10 의 서수와 동일하게 변화하며, 10 자리의 서수는 그 숫자에 해당되는 기수 숫자와 형태가 같다. 이때 1 자리 서수와 10 자리 서수는 대등관계 접속사 وَ 로 연결된다.

	남성(مُذَكَّر) 형태 (수업의 경우)	여성(مُؤَنَّث) 형태 (편지의 경우)
스물한 번째	الدَّرْسُ الْحَادِي وَالْعِشْرُونَ	الرِّسَالَةُ الْحَادِيَةُ وَالْعِشْرُونَ
스물두 번째	الدَّرْسُ الثَّانِي وَالْعِشْرُونَ	الرِّسَالَةُ الثَّانِيَةُ وَالْعِشْرُونَ
스물세 번째	الدَّرْسُ الثَّالِثُ وَالْعِشْرُونَ	الرِّسَالَةُ الثَّالِثَةُ وَالْعِشْرُونَ
스물네 번째	الدَّرْسُ الرَّابِعُ وَالْعِشْرُونَ	الرِّسَالَةُ الرَّابِعَةُ وَالْعِشْرُونَ
스물다섯 번째	الدَّرْسُ الْخَامِسُ وَالْعِشْرُونَ	الرِّسَالَةُ الْخَامِسَةُ وَالْعِشْرُونَ
스물여섯 번째	الدَّرْسُ السَّادِسُ وَالْعِشْرُونَ	الرِّسَالَةُ السَّادِسَةُ وَالْعِشْرُونَ
스물일곱 번째	الدَّرْسُ السَّابِعُ وَالْعِشْرُونَ	الرِّسَالَةُ السَّابِعَةُ وَالْعِشْرُونَ
스물여덟 번째	الدَّرْسُ الثَّامِنُ وَالْعِشْرُونَ	الرِّسَالَةُ الثَّامِنَةُ وَالْعِشْرُونَ
스물아홉 번째	الدَّرْسُ التَّاسِعُ وَالْعِشْرُونَ	الرِّسَالَةُ التَّاسِعَةُ وَالْعِشْرُونَ

→ 위의 일자리 서수의 경우 앞에 오는 명사의 성(性)과 일치한다. 그러나 10 자리 서수의 경우 기수 숫자 형태와 형태가 같다.

→ 이후의 서른한 번째 부터 서른아홉 번째 까지, 마흔한 번째 부터 마흔 아홉 번째 까지, 그리고 그 이후도 같은 원리로 만들어 주면 된다.

→ 서수 앞에 오는 명사의 격변화에 따라 서수로 사용된 숫자도 격변화를 한다.

2. 서수의 용법에 대해

서수를 사용하는 용법은 아래와 같이 두 가지가 있다. 먼저는 서수가 명사 뒤에 와서 명사를 수식하는 수식어로 사용되는 경우이고, 두 번째는 연결형 형태의 전연결어로 사용되는 경우이다.

1) 서수가 수식어로 사용되는 경우

아랍어 서수가 수식어로 사용되어 차례나 순위를 묘사한다. 이 때 서수는 수식어로 취급되기에 형용사의 일치 규칙을 따른다. 아래에서 아랍어 서수가 피수식어의 성과 수에 따라 어떻게 일치하는지 확인하라

첫째 날	الْيَوْمُ الْأَوَّلُ (يَوْمٌ أَوَّلُ *)
첫째 단원(lesson)	الدَّرْسُ الْأَوَّلُ (دَرْسٌ أَوَّلُ)
첫 번째 문장	الْجُمْلَةُ الْأُولَى (جُمْلَةٌ أُولَى)
두 번째 편지	الرِّسَالَةُ الثَّانِيَةُ (رِسَالَةٌ ثَانِيَةٌ)
세 번째 층, 3층	الدَّوْرُ الثَّالِثُ (دَوْرٌ ثَالِثٌ)
제 3 세계	الْعَالَمُ الثَّالِثُ
제 1차 세계 대전	الْحَرْبُ الْعَالَمِيَّةُ الْأُولَى
제 2차 세계 대전	الْحَرْبُ الْعَالَمِيَّةُ الثَّانِيَةُ

→ 위의 * 의 أَوَّلُ 는 2 격명사이다.   → 위의 괄호안은 비한정 형태이다.

문장의 예
아래의 문장들에서 아랍어 서수가 문장의 용법에 따라 격변화를 어떻게 하였는지 확인하라.

서수가 한정형태로 사용된 경우

공부하는 첫째 날이 항상 어렵다.	الْيَوْمُ الْأَوَّلُ فِي الدِّرَاسَةِ دَائِمًا صَعْبٌ.
나는 3층에 살고 있다.	أَسْكُنُ فِي الدَّوْرِ الثَّالِثِ.
세계는 2차 세계 대전으로 어려움을 겪었다.	الْعَالَمُ عَانَى[1] مِنَ الْحَرْبِ الْعَالَمِيَّةِ الثَّانِيَةِ.
우리는 21세기에 살고 있다.	نَعِيشُ فِي الْقَرْنِ الْحَادِي وَالْعِشْرِينَ.
28번째 경기가 시작되었다.	بَدَأَتِ[2] الْمُبَارَاةُ الثَّامِنَةُ وَالْعِشْرُونَ.

[1] عَانَى/ يُعَانِي مِنْ ... – مُعَانَاةٌ 고통을 겪다, 어려움을 당하다
[2] بَدَأَ/ يَبْدَأُ الشَّيْءَ أَوْ بَدَأَ/ يَبْدَأُ الشَّيْءُ – بَدْءٌ ..이 시작되다 혹은 ..을 시작하다

서수가 비한정형태로 사용된 경우

나는 문법을 첫번째 단원으로 공부했다.	ذَاكَرْتُ النَّحْوَ كَدَرْسٍ أَوَّلَ.
모든 편지들에서 인사말은 첫 문장이다.	التَّحِيَّةُ جُمْلَةٌ أُولَى فِي جَمِيعِ الْخِطَابَاتِ.

** 순서나 서열의 단위가 높을 경우

순서나 서열의 단위가 높아질 경우 아래의 ①번 처럼 일반적인 서수를 사용하기 보다 ② 처럼 رقم 이라는 명사를 사용하여 순서나 서열을 나타낸다. 이때 رقم 단어 뒤에 서수가 아니라 기수가 온다.

101번째 남자가 왔다.	①	جَاءَ الرَّجُلُ الْمِئَةُ وَالْوَاحِدُ.
	②	جَاءَ الرَّجُلُ رَقْمُ مِئَةٍ وَوَاحِدٍ.
102번째 여자를 보았다.	①	رَأَيْتُ الْمَرْأَةَ الْمِئَةَ وَالثَّانِيَةَ.
	②	رَأَيْتُ الْمَرْأَةَ رَقْمَ مِئَةٍ وَاثْنَيْنِ.
나는 103번째 집을 지났다.	①	مَرَرْتُ[1] عَلَى الْمَنْزِلِ الْمِئَةِ وَالثَّالِثِ.
	②	مَرَرْتُ عَلَى الْمَنْزِلِ رَقْمَ مِئَةٍ وَثَلَاثَةٍ.

---

[1] مَرَّ/ يَمُرُّ بِـ أَوْ عَلَى – مَرٌّ أَوْ مُرُورٌ ..을 지나가다, 통과하다

2) 서수가 전연결어(مُضَاف)로 사용되는 경우

아랍어 서수가 전연결어로 사용되는 경우이다. 이 경우 전연결어는 항상 남성형태를 취한다. 후연결어는 비한정 단수 명사가 사용되는 경우와 한정 복수 명사가 사용되는 경우 두 가지가 있다.

(1) 서수 뒤의 후연결어에 비한정 단수 명사가 올 경우

아래에서 아랍어 서수가 전연결어로 사용된 것과 후연결어에 비한정 단수 단어가 온 것을 확인하라.

첫째 날		أَوَّلُ يَوْمٍ
둘째 편지		ثَانِي رِسَالَةٍ
세 번째 층, 삼층		ثَالِثُ دَوْرٍ
네 번째 자동차		رَابِعُ سَيَّارَةٍ
다섯 번째 사람		خَامِسُ شَخْصٍ
여섯 번째 기회		سَادِسُ فُرْصَةٍ
일곱 번째 책		سَابِعُ كِتَابٍ
여덟 번째 회수		ثَامِنُ مَرَّةٍ
아홉 번째 레슨		تَاسِعُ دَرْسٍ
열 번째 대답		عَاشِرُ إِجَابَةٍ

문장의 예들

나는 여섯 번째 영화를 본다. (سَادِس 가 목적어로 사용됨)	أُشَاهِدُ سَادِسَ فِيلْمٍ.
나는 교실에 들어온 일곱 번째 학생과 이야기를 했다. (سَابِع 가 소유격 명사(اسْمٌ مَجْرُورٌ)로 사용됨)	تَكَلَّمْتُ مَعَ سَابِعِ طَالِبٍ دَخَلَ الْفَصْلَ.
우리는 부활절의 여덟 번째 축제에 참석했다. (ثَامِن 가 목적어로 사용됨)	حَضَرْنَا ثَامِنَ احْتِفَالٍ بِعِيدِ الْقِيَامَةِ.
هِيَ خَامِسُ امْرَأَةٍ كُورِيَّةٍ تَحْصُلُ عَلَى بُطُولَةٍ أُولِيمْبِيَّةٍ. 그녀는 올림픽에서 챔피언이 된 다섯 번째 한국 여인이다.	

열한 번째 이후의 경우 - 위와 같이 서수가 전연결어로 사용되는 경우는 첫 번째부터 열 번째까지만 사용한다. 열한 번째 이후는 서수가 수식어로 사용되는 용법을 사용한다.

열한 번째 수상자	الْفَائِزَةُ الْحَادِيَةَ عَشْرَةَ
열세 번째 연례 박람회	الْمَعْرِضُ السَّنَوِيُّ الثَّالِثَ عَشَرَ
그녀는 그 대결(레이스)에서 11번째 승리자이다.	هِيَ الْفَائِزَةُ الْحَادِيَةَ عَشْرَةَ فِي الْمُسَابَقَةِ.

(2) 서수 뒤의 후연결어에 한정형태 복수 명사가 올 경우

서수가 전연결어로 사용되는 두 번째 경우는 후연결어에 한정 형태의 복수 명사가 오는 경우이다. 아래의 ① 은 후연결어에 비한정 단수 명사가 왔고, ② 는 후연결어에 ـال 이 붙은 한정 복수 명사가 왔다. ①의 의미는 그것에 해당되는 것이 하나인 경우이고, ②는 하나인 경우이거나 혹은 여럿인 경우이다.

첫째 날 (②의 경우 '처음 날들(시기들)'도 가능)	①	أَوَّلُ يَوْمٍ
	②	أَوَّلُ الأَيَّامِ
두 번째 편지 (②의 경우 '두 번째 편지들'도 가능)	①	ثَانِي رِسَالَةٍ *
	②	ثَانِي الرَّسَائِلِ
세 번째 층, 3층	①	ثَالِثُ دَوْرٍ
	②	ثَالِثُ الأَدْوَارِ

→ 위의 *에서 رِسَالَة 가 여성명사이지만 전연결어로 사용된 ثَانِي 는 남성이다.

예문들

나는 두 번째 영화를 본다. (②의 경우 여러 영화관에서 동시 상영하는 두 번째 영화들일 경우의 의미도 가능)	①	أُشَاهِدُ ثَانِيَ فِيلْمٍ.
	②	أُشَاهِدُ ثَانِيَ الأَفْلَامِ.
나는 교실에 들어온 세 번째 학생과 이야기를 했다. (②의 경우 그룹으로 들어오는 학생들의 의미도 가능)	①	تَكَلَّمْتُ مَعَ ثَالِثِ طَالِبٍ دَخَلَ الْفَصْلَ.
	②	تَكَلَّمْتُ مَعَ ثَالِثِ الطُّلَّابِ الَّذِينَ دَخَلُوا الْفَصْلَ.
우리는 부활절에 네 번째 축제를 보았다. (②의 경우 여러 축제들이 한 꺼번에 열리는데 그 중에 네 번째 일 경우의 의미도 가능)	①	شَاهَدْنَا رَابِعَ احْتِفَالٍ بِعِيدِ الْقِيَامَةِ.
	②	شَاهَدْنَا رَابِعَ الاحْتِفَالَاتِ بِعِيدِ الْقِيَامَةِ.
아부 바크르는 이슬람에서 첫 번째 남자이다. (②의 경우 아부 바크르가 여러 남자들 가운데 첫 번째 사람들일 경우의 의미도 가능)	①	أَبُو بَكْرٍ أَوَّلُ رَجُلٍ فِي الإِسْلَامِ.
	②	أَبُو بَكْرٍ أَوَّلُ الرِّجَالِ فِي الإِسْلَامِ.

다음을 비교하자

이 날은 공부(학기)의 첫째 날이다.	①	هَذَا أَوَّلُ يَوْمٍ فِي الدِّرَاسَةِ.
공부(학기)의 처음 날들(즉 학기초)은 많은 복잡함이 있다.	②	أَوَّلُ الأَيَّامِ فِي الدِّرَاسَةِ فِيهَا ازْدِحَامٌ كَثِيرٌ.
이 날은(지금은) 공부의 처음 날들(즉 학기초) 이다. (비한정 형태)	③	هَذَا أَوَّلُ أَيَّامٍ فِي الدِّرَاسَةِ.

** 서수가 세 단어 연결형에 사용될 경우

아래처럼 서수가 세 단어 연결형에 사용되었을 경우 서수 뒤의 첫번째 후연결어는 복수꼴이 사용된다. 서수가 한정형태의 연결형에 사용될 경우 후연결어는 복수 명사가 사용되는데 세 단어 연결형의 경우 첫번째 후연결어에 복수 명사가 사용되는 것이다. 후연결어에 단수가 사용될 경우는 아래의 ③과 같이 전치사 في를 첨가한다.

일주일 가운데 3일째	①	O	ثَالِثُ أَيَّامِ الْأُسْبُوعِ
	②	×	ثَالِثُ يَوْمِ الْأُسْبُوعِ
	③	O	ثَالِثُ يَوْمٍ فِي الْأُسْبُوعِ
경기 골들 가운데 4번째 골	①	O	رَابِعُ أَهْدَافِ الْمُبَارَاةِ
	②	×	رَابِعُ هَدَفِ الْمُبَارَاةِ
	③	O	رَابِعُ هَدَفٍ فِي الْمُبَارَاةِ

** 서수의 성과 수의 일치

아래와 같이 문장의 술어(خَبَر)로 사용된 서수의 성과 수는 주어(مُبْتَدَأ)와 일치하여야 한다.

이 학생이 1등이다.	هَذَا الطَّالِبُ هُوَ الْأَوَّلُ.
이들 학생들이 1등이다. (1등 학생이 여럿인 경우)	هَؤُلَاءِ الطُّلَّابُ هُمُ الْأَوَائِلُ.
이 여학생이 1등이다.	هَذِهِ الطَّالِبَةُ هِيَ الْأُولَى.

→위의 문장을 هَذَا هُوَ الطَّالِبُ الْأَوَّلُ 로 바꿀 경우 그 의미는 '이 사람이 바로 그 1등인 학생이다.'의 의미이다. 한편 (×) هَذَا الطَّالِبُ أَوَّلُ 은 문장이 성립되지 못한다.

** 서수의 순위를 숫자로 표시할 경우

서수의 순위 단위가 높은 경우나 서수의 기록을 간단히 표시하기 위해서 다음과 같이 아라비아 숫자를 사용한다. 아랍어 신문에서 서수를 표현할 때 대부분 이러한 아라비아 숫자를 사용한다. 이 때 순위를 나타내는 단어로 رَقَم 이 사용된다.

이 남자는 51번째 순서(순위 등)이다.	هَذَا الرَّجُلُ رَقَم ٥١.
한국의 경제는 세계에서 12번째이나.	اقْتِصَادُ كُورِيَا رَقَم ١٢ فِي الْعَالَمِ.
이 남자는 51번째 순서(순위 등)이다.	هَذَا الرَّجُلُ الـ٥١.
이번은 13번째이다.	هَذِهِ الْمَرَّةُ هِيَ الـ١٣.
이것은 13번째이다.	هَذِهِ هِيَ الْمَرَّةُ الـ١٣.

** 서수 숫자의 복수형에 대해

앞의 '아랍어 서수의 형태 부분'의 '첫 번째~열 번째 까지' 도표에서 사람 복수와 사물 복수의 서수 꼴을 다루고 있다. 이렇게 서수 숫자의 복수형은 사람일 경우와 사물일 경우가 구분되지만 사물일 경우는 거의 사용하지 않는다. 아래는 사람에 대한 서수 숫자의 복수형이다.

사람에 대한 복수형 (جَمْعُ عَاقِلٍ)

	복수 형태		복수 형태
첫 번째	أَوَّلُونَ أَوْ أَوَائِلُ / أَوَّلَاتٌ أَوْ أُوَلٌ	두 번째	ثَانُونَ / ثَانِيَاتٌ
세 번째	ثَالِثُونَ / ثَالِثَاتٌ	네 번째	رَابِعُونَ / رَابِعَاتٌ
다섯 번째	خَامِسُونَ / خَامِسَاتٌ	여섯 번째	سَادِسُونَ / سَادِسَاتٌ
일곱 번째	سَابِعُونَ / سَابِعَاتٌ	여덟 번째	ثَامِنُونَ / ثَامِنَاتٌ
아홉 번째	تَاسِعُونَ / تَاسِعَاتٌ	열 번째	عَاشِرُونَ / عَاشِرَاتٌ

→사람에 대한 서수 숫자의 복수형은 위의 첫번째나 두번째 혹은 세번째 이외의 경우들은 거의 사용되지 않는다.

서수의 복수꼴이 사용된 문장의 예

이 학생은 일등한 사람들 중의 한 사람이다. (1등을 한 사람이 여러 사람일 경우)	هَذَا الطَّالِبُ مِنَ الأَوَائِلِ.
그들은 일등을 한 사람들이다.	هُمُ الأَوَائِلُ.
내 친구들은 내 다음에서 2등한 사람들이다.(자신이 1등을 했고 그의 친구들 여러사람이 2등을 한 경우)	أَصْدِقَائِي كَانُوا الثَّانِينَ بَعْدِي.
نَجِيب مَحْفُوظ كَانَ مِنَ الأَرْبَعَةِ الأَوَائِلِ الَّذِينَ حَصَلُوا عَلَى جَائِزَةِ نُوبِل.		
نَجِيب مَحْفُوظ كَانَ مِنْ أَوَّلِ الأَرْبَعَةِ الَّذِينَ حَصَلُوا عَلَى جَائِزَةِ نُوبِل.		
نَجِيب مَحْفُوظ كَانَ مِنْ أَوَّلِ أَرْبَعَةٍ حَصَلُوا عَلَى جَائِزَةِ نُوبِل.		
나기브 마흐푸즈는 노벨상을 수상한 첫 번째 4 사람중의 한 사람이었다.		

→위의 마지막 문장의 경우 노벨상을 수상한 4사람이 누구인지 모르는 경우이고, 네 번째와 다섯 번째 문장은 노벨상을 수상한 4사람 모두를 아는 경우이다.

** أَوَّل 과 آخِر 의 복수형과 그 의미

الأَوَّل 가 الآخِر 은 각각 '최초의' 와 '최후의' 의미로 사용된다. 이 단어들의 복수형은 아래와 같은 의미를 가진다.

단수형		복수형	
최초의	الأَوَّلُ	초기의(초순의)	الأَوَائِلُ
최후의	الآخِرُ	후기의(하순의)	الأَوَاخِرُ

19세기 초에	فِي أَوَائِلِ الْقَرْنِ التَّاسِعَ عَشَرَ
20기 말에	فِي أَوَاخِرِ الْقَرْنِ الْعِشْرِينَ

** 서수가 부사적인 의미로 사용되는 경우

서수가 부사적인 의미로 사용될 때는 서수의 비한정 형태 목적격을 취한다. 이때 목적격의 용법은 동사가 생략된 동족목적어(مَفْعُولٌ مُطْلَقٌ، وَفِعْلُهُ مَحْذُوفٌ)로 보는 사람도 있고, 명시목적어(التَّمْيِيز)로 보는 사람도 있다. 동족목적어와 명시목적어에 대한 용법은 이 책 제Ⅱ권에서 공부하도록 하자.

첫째로	أَوَّلًا	둘째로	ثَانِيًا
셋째로	ثَالِثًا	네째로	رَابِعًا

** 횟수를 나타내는 단어늘에 대해

'한 차례', '한 번', '두 차례', '두 번' 등 횟수를 나타내는 부사의 의미로 사용되는 단어들은 아래와 같이 사용되는데 이에 대한 문법적인 내용은 이 책 제Ⅱ권 동족목적어(الْمَفْعُولُ الْمُطْلَق) 부분의 부동족목적어(النَّائِبُ عَنِ الْمَفْعُولِ الْمُطْلَق)에서 공부하도록 하라.

한번	مَرَّةً	두번	مَرَّتَيْنِ
세번	ثَلَاثَ مَرَّاتٍ	네번	أَرْبَعَ مَرَّاتٍ

심화학습 - 한눈에 보는 아랍어 서수 셈법

아래는 '첫 번째 남자'에서부터 '마지막 남자'까지, 그리고 '첫 번째 여자'에서 부터 '마지막 여자'까지의 예이다. 아래에서 서수가 수식어로 사용되는 경우와 서수가 전연결어로 사용되는 경우를 비교하면서 살펴보라. 서수가 전연결어로 사용되는 경우는 첫 번째에서 열 번째 까지만이고 그 이후에는 사용하지 않음을 알 수 있다.

	남성 ('남자'의 경우)		여성 ('여자'의 경우)	
	서수가 수식어	서수가 전연결어	서수가 수식어	서수가 전연결어
첫 번째	اَلرَّجُلُ الْأَوَّلُ	أَوَّلُ رَجُلٍ	الْمَرْأَةُ الْأُولَى	أَوَّلُ امْرَأَةٍ
두 번째	اَلرَّجُلُ الثَّانِي (رَجُلٌ ثَانٍ)	ثَانِي رَجُلٍ	الْمَرْأَةُ الثَّانِيَةُ (امْرَأَةٌ ثَانِيَةٌ)	ثَانِي امْرَأَةٍ
세 번째	اَلرَّجُلُ الثَّالِثُ (رَجُلٌ ثَالِثٌ)	ثَالِثُ رَجُلٍ	الْمَرْأَةُ الثَّالِثَةُ (امْرَأَةٌ ثَالِثَةٌ)	ثَالِثُ امْرَأَةٍ
네 번째	اَلرَّجُلُ الرَّابِعُ (رَجُلٌ رَابِعٌ)	رَابِعُ رَجُلٍ	الْمَرْأَةُ الرَّابِعَةُ (امْرَأَةٌ رَابِعَةٌ)	رَابِعُ امْرَأَةٍ
다섯번째	اَلرَّجُلُ الْخَامِسُ (رَجُلٌ خَامِسٌ)	خَامِسُ رَجُلٍ	الْمَرْأَةُ الْخَامِسَةُ (امْرَأَةٌ خَامِسَةٌ)	خَامِسُ امْرَأَةٍ
여섯번째	اَلرَّجُلُ السَّادِسُ (رَجُلٌ سَادِسٌ)	سَادِسُ رَجُلٍ	الْمَرْأَةُ السَّادِسَةُ (امْرَأَةٌ سَادِسَةٌ)	سَادِسُ امْرَأَةٍ
일곱번째	اَلرَّجُلُ السَّابِعُ (رَجُلٌ سَابِعٌ)	سَابِعُ رَجُلٍ	الْمَرْأَةُ السَّابِعَةُ (امْرَأَةٌ سَابِعَةٌ)	سَابِعُ امْرَأَةٍ
여덟번째	اَلرَّجُلُ الثَّامِنُ (رَجُلٌ ثَامِنٌ)	ثَامِنُ رَجُلٍ	الْمَرْأَةُ الثَّامِنَةُ (امْرَأَةٌ ثَامِنَةٌ)	ثَامِنُ امْرَأَةٍ
아홉번째	اَلرَّجُلُ التَّاسِعُ (رَجُلٌ تَاسِعٌ)	تَاسِعُ رَجُلٍ	الْمَرْأَةُ التَّاسِعَةُ (امْرَأَةٌ تَاسِعَةٌ)	تَاسِعُ امْرَأَةٍ
열 번째	اَلرَّجُلُ الْعَاشِرُ (رَجُلٌ عَاشِرٌ)	عَاشِرُ رَجُلٍ	الْمَرْأَةُ الْعَاشِرَةُ (امْرَأَةٌ عَاشِرَةٌ)	عَاشِرُ امْرَأَةٍ
열한번째	اَلرَّجُلُ الْحَادِيَ عَشَرَ		الْمَرْأَةُ الْحَادِيَةَ عَشْرَةَ	
열두번째	اَلرَّجُلُ الثَّانِيَ عَشَرَ		الْمَرْأَةُ الثَّانِيَةَ عَشْرَةَ	
열세번째	اَلرَّجُلُ الثَّالِثَ عَشَرَ		الْمَرْأَةُ الثَّالِثَةَ عَشْرَةَ	
열네번째	اَلرَّجُلُ الرَّابِعَ عَشَرَ		الْمَرْأَةُ الرَّابِعَةَ عَشْرَةَ	
열다섯번째	اَلرَّجُلُ الْخَامِسَ عَشَرَ		الْمَرْأَةُ الْخَامِسَةَ عَشْرَةَ	
열여섯번째	اَلرَّجُلُ السَّادِسَ عَشَرَ		الْمَرْأَةُ السَّادِسَةَ عَشْرَةَ	
열일곱번째	اَلرَّجُلُ السَّابِعَ عَشَرَ		الْمَرْأَةُ السَّابِعَةَ عَشْرَةَ	
열여덟번째	اَلرَّجُلُ الثَّامِنَ عَشَرَ		الْمَرْأَةُ الثَّامِنَةَ عَشْرَةَ	

열아홉번째		الرَّجُلُ التَّاسِعَ عَشَرَ		الْمَرْأَةُ التَّاسِعَةَ عَشْرَةَ
스무번째		الرَّجُلُ الْعِشْرُونَ		الْمَرْأَةُ الْعِشْرُونَ
스물한번째		الرَّجُلُ الْحَادِي وَالْعِشْرُونَ		الْمَرْأَةُ الْحَادِيَةُ وَالْعِشْرُونَ
스물두번째		الرَّجُلُ الثَّانِي وَالْعِشْرُونَ		الْمَرْأَةُ الثَّانِيَةُ وَالْعِشْرُونَ
스물세번째		الرَّجُلُ الثَّالِثُ وَالْعِشْرُونَ		الْمَرْأَةُ الثَّالِثَةُ وَالْعِشْرُونَ
		....		....
마지막	الرَّجُلُ الأَخِيرُ	آخِرُ رَجُلٍ	الْمَرْأَةُ الأَخِيرَةُ	آخِرُ امْرَأَةٍ

C. 시간, 요일, 달, 연도

1. 시간 كَمِ السَّاعَةُ الآنَ؟

아랍어로 시간을 말할 때 숫자 읽기에서 배운 내용이 도움이 된다.

1. 시간의 정시를 표현할 때는 '1시'만 기수의 여성형(الْوَاحِدَةُ 의 경우)을 사용하고, 나머지는 모두 서수 형태(الثَّانِيَةُ, الثَّالِثَةُ, الرَّابِعَةُ....)를 사용한다.

2. 분단위를 표현할 때는 기수를 사용한다.

3. 15분과 20분 30분은 기수로 표현하는 것도 가능하지만 일상생활에서는 분수로 표현하는 것을 더 많이 사용한다. 즉 각각 نِصْفٌ, ثُلْثٌ, رُبْعٌ 형태를 사용한다.

1시	السَّاعَةُ الْوَاحِدَةُ	7시	السَّاعَةُ السَّابِعَةُ
2시	السَّاعَةُ الثَّانِيَةُ	8시	السَّاعَةُ الثَّامِنَةُ
3시	السَّاعَةُ الثَّالِثَةُ	9시	السَّاعَةُ التَّاسِعَةُ
4시	السَّاعَةُ الرَّابِعَةُ	10시	السَّاعَةُ الْعَاشِرَةُ
5시	السَّاعَةُ الْخَامِسَةُ	11시	السَّاعَةُ الْحَادِيَةَ عَشْرَةَ
6시	السَّاعَةُ السَّادِسَةُ	12시	السَّاعَةُ الثَّانِيَةَ عَشْرَةَ

5시 5분	السَّاعَةُ الْخَامِسَةُ وَخَمْسُ دَقَائِقَ
5시 10분	السَّاعَةُ الْخَامِسَةُ وَعَشْرُ دَقَائِقَ
5시 15분	السَّاعَةُ الْخَامِسَةُ وَالرُّبْعُ = السَّاعَةُ الْخَامِسَةُ وَخَمْسَ عَشْرَةَ دَقِيقَةً
5시 20분	السَّاعَةُ الْخَامِسَةُ وَالثُّلْثُ = السَّاعَةُ الْخَامِسَةُ وَعِشْرُونَ دَقِيقَةً
5시 25분	السَّاعَةُ الْخَامِسَةُ وَالنِّصْفُ إِلاَّ خَمْسَ دَقَائِقَ = السَّاعَةُ الْخَامِسَةُ وَخَمْسٌ وَعِشْرُونَ دَقِيقَةً
5시 30분 (5시 반)	السَّاعَةُ الْخَامِسَةُ وَالنِّصْفُ = السَّاعَةُ الْخَامِسَةُ وَثَلَاثُونَ دَقِيقَةً
5시 35분	السَّاعَةُ الْخَامِسَةُ وَالنِّصْفُ وَخَمْسُ دَقَائِقَ = السَّاعَةُ الْخَامِسَةُ وَخَمْسٌ وَثَلَاثُونَ دَقِيقَةً

5시 40분 (6시 20분전)	السَّاعَةُ السَّادِسَةُ إِلاَّ ثُلْثًا = السَّاعَةُ الْخَامِسَةُ وَأَرْبَعُونَ دَقِيقَةً	
5시 45분 (6시 15분 전)	السَّاعَةُ السَّادِسَةُ إِلاَّ رُبْعًا = السَّاعَةُ الْخَامِسَةُ وَخَمْسٌ وَأَرْبَعُونَ دَقِيقَةً	
5시 50분 (6시 10분전)	السَّاعَةُ السَّادِسَةُ إِلاَّ عَشْرَ دَقَائِقَ = السَّاعَةُ الْخَامِسَةُ وَخَمْسُونَ دَقِيقَةً	
5시 55분 (6시 5분전)	السَّاعَةُ السَّادِسَةُ إِلاَّ خَمْسَ دَقَائِقَ = السَّاعَةُ الْخَامِسَةُ وَخَمْسٌ وَخَمْسُونَ دَقِيقَةً	

지금 시간이 몇시 입니까?	كَمِ السَّاعَةُ الْآنَ؟	A
지금 시간은 오후 5시 입니다.	السَّاعَةُ الْآنَ الْخَامِسَةُ بَعْدَ الظُّهْرِ.	B

다음의 시간을 말해보라. كَمِ السَّاعَةُ الْآنَ؟
   12:5, 12:10, 12:15, 12:20, 12:25, 12:30, 12:35, 12:40, 12:45, 12:50, 12:55

시간을 나타내는 부사어

아침에	فِي الصَّبَاحِ، صَبَاحًا	오후에 (오후 3-5시 사이)	فِي الْعَصْرِ، عَصْرًا
정오에	عِنْدَ الظُّهْرِ، ظُهْرًا	낮에	فِي النَّهَارِ، نَهَارًا
오전에 (정오 이전)	قَبْلَ الظُّهْرِ	저녁에	فِي الْمَسَاءِ، مَسَاءً
오후에 (정오 이후)	بَعْدَ الظُّهْرِ	밤에	فِي اللَّيْلِ، لَيْلًا

→시간을 나타내는 부사어에 대해서는 이 책 제Ⅱ권의 '여러가지 목적격에 대해서' 부분의 부사 부분에서 자세히 공부할 수 있다.

2. 요일 (مَا الْيَوْمُ مِنَ الْأُسْبُوعِ؟)

일요일	يَوْمُ الْأَحَدِ	목요일	يَوْمُ الْخَمِيسِ
월요일	يَوْمُ الِاثْنَيْنِ	금요일	يَوْمُ الْجُمُعَةِ
화요일	يَوْمُ الثُّلَاثَاءِ	토요일	يَوْمُ السَّبْتِ
수요일	يَوْمُ الْأَرْبِعَاءِ		

3. 달(月) (مَا الْيَوْمُ مِنَ الشَّهْرِ؟)

월(月)	서기력 (السَّنَةُ الْمِيلَادِيَّةُ)		이슬람력 (السَّنَةُ الْهِجْرِيَّةُ)
	이집트, 리비아, 수단 등에서	레바논, 시리아, 이라크 등에서	
1월	يَنَايِرُ	كَانُونُ الثَّانِي	مُحَرَّمٌ
2월	فِبْرَايِرُ	شُبَاطُ	صَفَرٌ
3월	مَارِسُ	آذَارُ	رَبِيعُ الْأَوَّلِ
4월	أَبْرِيلُ	نِيسَانُ	رَبِيعُ الثَّانِي
5월	مَايُو	أَيَّارُ، نَوَّارُ	جُمَادَى الْأُولَى
6월	يُونْيُو أَوْ يُونِيَةُ	حَزِيرَانُ	جُمَادَى الْآخِرَةُ (الثَّانِيَةُ)
7월	يُولْيُو أَوْ يُولِيَةُ	تَمُّوزُ	رَجَبٌ
8월	أَغُسْطُسُ	آبُ	شَعْبَانُ
9월	سِبْتَمْبِرُ	أَيْلُولُ	رَمَضَانُ
10월	أُكْتُوبَرُ	تِشْرِينُ الْأَوَّلِ	شَوَّالٌ
11월	نُوفَمْبِرُ	تِشْرِينُ الثَّانِي	ذُو الْقِعْدَةِ
12월	دِيسَمْبِرُ	كَانُونُ الْأَوَّلِ	ذُو الْحِجَّةِ

날짜를 표현할 때에는 서수를 사용한다.

오늘이 몇일 입니까?	مَا الْيَوْمُ مِنَ الشَّهْرِ؟	A
오늘은 10월 8일입니다.	الْيَوْمُ هُوَ الثَّامِنُ مِنْ أُكْتُوبَرَ.	B

4. 연도 읽는 법
연도를 읽는 방법은 아래와 같이 두 가지이다.

(1) في عام ... 혹은 في سنة ...
سنة 혹은 عام 앞에 전치사 في를 사용하는 방법이다. سنة와 عام 뒤에는 숫자가 후연결어로 온다. 이때 سنة와 عام 의 성에 맞는 수사 형태를 사용한다.

2012년에	فِي سَنةِ أَلْفَيْنِ وَاثْنَتَيْ عَشْرَةَ
	فِي عَامِ أَلْفَيْنِ وَاثْنَيْ عَشَرَ
1975년에	فِي سَنةِ أَلْفٍ وَتِسْعِمِئةٍ وَخَمْسٍ وَسَبْعِينَ
	فِي عَامِ أَلْفٍ وَتِسْعِمِئةٍ وَخَمْسَةٍ وَسَبْعِينَ

(2) عام ... 혹은 سنة ...
سنة와 عام 을 시간의 부사로 활용하는 방법이다. 그 뒤의 숫자들이 연결형으로 연결된다. 시간의 부사로 사용되었기에 아래와 같이 목적격(파트하 표기)을 취하였다.

2012년에	سَنةَ أَلْفَيْنِ وَاثْنَتَيْ عَشْرَةَ
	عَامَ أَلْفَيْنِ وَاثْنَيْ عَشَرَ
1975년에	سَنةَ أَلْفٍ وَتِسْعِمِئةٍ وَخَمْسٍ وَسَبْعِينَ
	عَامَ أَلْفٍ وَتِسْعِمِئةٍ وَخَمْسَةٍ وَسَبْعِينَ

** 십년 단위의 년대를 말하는 경우

60년대	السَّنَوَاتُ السِّتِّينِيَّةُ = سَنَوَاتُ السِّتِّينَاتِ = السِّتِّينَاتُ = السِّتِّينِيَّاتُ
90년대	السَّنَوَاتُ التِّسْعِينِيَّةُ = سَنَوَاتُ التِّسْعِينَاتِ = التِّسْعِينَاتُ = التِّسْعِينِيَّاتُ

D. 분수, 백분율 표시 방법

1. 분수에 대해

1/2	نِصْفٌ	1/3	ثُلْثٌ (أَوْ ثُلُثٌ)
1/4	رُبْعٌ (أَوْ رُبُعٌ)	1/5	خُمْسٌ (أَوْ خُمُسٌ)
1/6	سُدْسٌ (أَوْ سُدُسٌ)	1/7	سُبْعٌ (أَوْ سُبُعٌ)
1/8	ثُمْنٌ (أَوْ ثُمُنٌ)	1/9	تُسْعٌ (أَوْ تُسُعٌ)
1/10	عُشْرٌ (عُشُرٌ)		

2/3	ثُلْثَانِ	3/4	ثَلَاثَةُ أَرْبَاعٍ
2/5	خُمْسَانِ	3/5	ثَلَاثَةُ أَخْمَاسٍ
4/5	أَرْبَعَةُ أَخْمَاسٍ	7/8	سَبْعَةُ أَثْمَانٍ

분모가 10 이상일 경우
분모가 10 이상일 때는 보통 전치사 مِنْ, عَلَى 를 사용한다.

1/19	وَاحِدٌ مِنْ (أَوْ عَلَى) تِسْعَةَ عَشَرَ
2/19	اثْنَانِ مِنْ (أَوْ عَلَى) تِسْعَةَ عَشَرَ
3/19	ثَلَاثَةٌ مِنْ (أَوْ عَلَى) تِسْعَةَ عَشَرَ
13/19	ثَلَاثَةَ عَشَرَ مِنْ (عَلَى) تِسْعَةَ عَشَرَ

2. 백분율

백분율(مِئَوِيَّةٌ)은 فِي الْمِئَةِ 혹은 بِالْمِئَةِ 로 표시한다.

20%	عِشْرُونَ فِي الْمِئَةِ
학생들 가운데 5%	خَمْسَةٌ بِالْمِئَةِ مِنَ الطُّلَّابِ
인구의 40%	أَرْبَعُونَ بِالْمِئَةِ مِنَ السُّكَّانِ

3. 중복을 나타내는 숫자

중복을 나타내는 숫자 형용사에는 فَعَالِيّ 패턴이 사용된다.

한쪽의, 일방의, 단성의	أُحَادِيٌّ	양자의, 쌍방의, 이중의	ثُنَائِيٌّ
3자의, 3중의	ثُلَاثِيٌّ	4자의, 4중의	رُبَاعِيٌّ
5자의, 5중의	خُمَاسِيٌّ	6자의, 6중의	سُدَاسِيٌّ
7자의, 7중의	سُبَاعِيٌّ	8자의, 8중의	ثُمَانِيٌّ

문장의 예

هَدَفُ الاجْتِمَاعُ تَعْزِيزُ الْعَلَاقَاتِ الثُّنَائِيَّةِ بَيْنَ الْبَلَدَيْنِ.
그 모임의 목표는 두 나라 간의 양자관계의 강화이다.
اشْتَرَكْتُ[1] فِي مُسَابَقَةِ الْخُمَاسِيِّ الْحَدِيثِ.
나는 근대 5종 경기에 참가했다.
كَانَ الْعُدْوَانُ الثُّلَاثِيُّ عَلَى مِصْرَ سَنَةَ ١٩٥٦.
이집트에 대해서 3국의 침략(혹은 3중 침략)이 1956년도에 있었다.
بَدَأَتْ حَرْبُ أَمْرِيكَا عَلَى الْعِرَاقِ بِهُجُومٍ رُبَاعِيٍّ.
이라크에 대한 미국의 전쟁이 4국의 공격(혹은 4중 공격)으로 시작되었다.

---

[1] اِشْتَرَكَ – اِشْتِرَاكٌ في يَشْتَرِكُ /اِشْتَرَكَ .. 에 참가하다

모로코의 고대도시 패즈에서

제 18 과 연고 형용사 (النَّسَب)

1. 연고 형용사의 형태
2. 주제별 주요 연고 형용사
3. 연고 형용사의 문장에서의 기능

제 18과 연고 형용사 (النَّسَب)

연고형용사(النَّسَب)란 사람이나 사물이 어떤 것에 속해 있는 것을 표현하거나, 속해 있는 것의 성질이나 성향, 용도 등을 나타내는 형용사이다. 연고형용사는 고유명사나 보통명사 혹은 동명사 단어에서 만들어 지며, 그 마지막 자음에 카스라를 붙인 뒤 중복자음(شَدَّة)이 있는 ي 를 붙인다. 즉 그 어미꼴이 'ـِ + ي ' 형태를 취한다. 이럴 때 그 의미는 사용된 고유명사나 보통명사 혹은 동명사의 소속이나 성질, 성향, 용도 등을 나타내는 형용사가 된다.

예를들어 아래에서 مِصْر (이집트)란 단어 뒤에 'ـِ + ي '가 붙어 مِصْرِيٌّ 이 되면 연고형용사가 된다. 이때 مِصْرِيٌّ 은 이집트에 속해 있는 사람이나 사물 혹은 이집트와 관련된 성향을 의미하여 '이집트의, 이집트인의, 이집트 출신의, 이집트에서 생산된' 등의 의미를 가진다. خَشَبٌ 는 '나무' 이지만 연고형용사인 خَشَبِيٌّ 은 나무로 만들어지거나 나무와 관련된 특징을 의미하여 '나무의, 나무로 만든, 목조의' 등의 의미를 가진다.

고유명사나 보통명사 혹은 동명사		연고형용사 (النَّسَب)	
이집트	مِصْرُ	이집트의, 이집트 사람의, 이집트에서 생산된	مِصْرِيٌّ
나무	خَشَبٌ	나무의, 나무로 만든, 목조의	خَشَبِيٌّ
교육	تَعْلِيمٌ	교육의, 교육용의	تَعْلِيمِيٌّ

연고형용사는 사람의 성향을 나타내기도 하고 사물의 성향을 나타내기도 하며, 두 가지 성향을 다 나타내기도 한다.

1. 연고 형용사의 형태

연고 형용사를 만드는 방법은 아래와 같다.

연고 형용사는 명사의 끝자음에 ي 를 붙이고 그 앞에 카스라(i) 모음을 붙여서 만든다. 여성형 연고형용사는 명사의 끝자음에 연고형 접미사 ي 를 붙이고 그 뒤에 여성형 접미사 ة 를 붙이면 된다. 또한 연고형용사의 복수형은 규칙변화 복수형과 같이 연고형용사에 ـُون 을 붙이면 된다. 아래와 같은 일반적인 연고 형용사 형태와 그외 여러 가지 다른 경우들을 살펴보자.

1) 일반적인 형태

명사		연고 형용사			
		의미	남성	여성	복수
과학, 지식	عِلْمٌ	과학적인, 지식의	عِلْمِيٌّ	عِلْمِيَّةٌ	عِلْمِيُّونَ
고국, 나라	وَطَنٌ	고국의, 나라의 ; 애국주의자의	وَطَنِيٌّ	وَطَنِيَّةٌ	وَطَنِيُّونَ
역사	تَارِيخٌ	역사의, 역사적인	تَارِيخِيٌّ	تَارِيخِيَّةٌ	تَارِيخِيُّونَ
나무	خَشَبٌ	나무의, 나무로 만든	خَشَبِيٌّ	خَشَبِيَّةٌ	خَشَبِيُّونَ

2) 정관사(한정명사 접두어) الـ 이 붙은 고유명사들

정관사가 붙은 고유명사들은 그 정관사를 탈락시킨다.

명사		연고 형용사			
		의미	남성	여성	복수
이라크	الْعِرَاقُ	이라크의, 이라크 사람의	عِرَاقِيٌّ	عِرَاقِيَّةٌ	عِرَاقِيُّونَ
요르단	الْأُرْدُنُّ	요르단의, 요르단 사람의	أُرْدُنِيٌّ	أُرْدُنِيَّةٌ	أُرْدُنِيُّونَ
수단	السُّودَانُ	수단의, 수단 사람의	سُودَانِيٌّ	سُودَانِيَّةٌ	سُودَانِيُّونَ
중국	الصِّينُ	중국의, 중국 사람의	صِينِيٌّ	صِينِيَّةٌ	صِينِيُّونَ
인도	الْهِنْدُ	인도의, 인도 사람의; 힌두의	هِنْدِيٌّ	هِنْدِيَّةٌ	هِنْدِيُّونَ

3) 여성형 꼬리 ة로 끝나는 단어들

여성형 꼬리 ة로 끝나는 단어들의 경우 이 ة를 탈락시키고 ي를 붙이거나, 혹은 ة를 탈락시키고 و를 첨가한뒤 ي를 붙인다.

명사		연고 형용사			
		의미	남성	여성	복수
사우디아라비아	السَّعُودِيَّةُ	사우디아라비아의	سَعُودِيٌّ	سَعُودِيَّةٌ	سَعُودِيُّونَ
카이로	الْقَاهِرَةُ	카이로의, 카이로 사람의	قَاهِرِيٌّ	قَاهِرِيَّةٌ	قَاهِرِيُّونَ
정치	سِيَاسَةٌ	정치적인	سِيَاسِيٌّ	سِيَاسِيَّةٌ	سِيَاسِيُّونَ
문화	ثَقَافَةٌ	문화적인	ثَقَافِيٌّ	ثَقَافِيَّةٌ	ثَقَافِيُّونَ

명사		연고 형용사			
		의미	남성	여성	복수
언어	لُغَةٌ	언어의, 언어적인	لُغَوِيٌّ	لُغَوِيَّةٌ	لُغَوِيُّونَ
공	كُرَةٌ	공의, 공으로 하는	كُرَوِيٌّ	كُرَوِيَّةٌ	كُرَوِيُّونَ
해(year)	سَنَةٌ	매년의, 일년의	سَنَوِيٌّ	سَنَوِيَّةٌ	سَنَوِيُّونَ
입술	شَفَةٌ *	입술의	شَفَوِيٌّ	شَفَوِيَّةٌ	شَفَوِيُّونَ
폐(lung)	رِئَةٌ	폐의	رِئَوِيٌّ	رِئَوِيَّةٌ	رِئَوِيُّونَ

생명, 삶	حَيَاةٌ	생명의, 살아있는; 필수적인	حَيَوِيٌّ	حَيَوِيَّةٌ	حَيَوِيُّونَ
씨, 알맹이; 핵	نَوَاةٌ	핵의	نَوَوِيٌّ	نَوَوِيَّةٌ	نَوَوِيُّونَ

→ 위의 شَفَةٌ의 경우 شَفَهِيٌّ 도 그 연고형용사이다.

4) 막수르 명사(اَلْاِسْمُ الْمَقْصُورُ)의 경우

끝자음에 장모음 'ا'(أَلِفُ الْمَدِّ)이 있는 명사들의 경우 네 가지 형태가 있는데, 먼저는 ا이 탈락되고 يّ를 붙이는 형태, 두번째는 ا를 탈락시키고 وِيّ를 붙이는 형태, 세번째는 ا를 그대로 두고 وِيّ를 붙이는 형태, 네번째는 마지막 자음이 ن로 끝나는 명사로서 ن를 탈락시키고 يّ를 붙이는 형태가 있다.

(1) ا이 탈락되고 يّ를 붙이는 형태

명사		연고 형용사			
		의미	남성	여성	복수
미국	أَمْرِيكَا	미국의, 미국 사람의	أَمْرِيكِيٌّ	أَمْرِيكِيَّةٌ	أَمْرِيكِيُّونَ
프랑스	فَرَنْسَا	프랑스의, 프랑스 사람의	فَرَنْسِيٌّ، فَرَنْسَاوِيٌّ	فَرَنْسِيَّةٌ، فَرَنْسَاوِيَّةٌ	فَرَنْسِيُّونَ، فَرَنْسَاوِيُّونَ
캐나다	كَنَدَا	캐나다의, 캐나다 사람의	كَنَدِيٌّ	كَنَدِيَّةٌ	كَنَدِيُّونَ

(2) ا를 탈락시키고 وِيّ를 붙이는 형태

명사		연고 형용사			
		의미	남성	여성	복수
세상	دُنْيَا	이 세상의	دُنْيَوِيٌّ	دُنْيَوِيَّةٌ	دُنْيَوِيُّونَ
높음, 고귀함	عُلاَ	높은, 고귀한, 위에 있는	عُلْوِيٌّ	عُلْوِيَّةٌ	عُلْوِيُّونَ

(3) ا를 그대로 두고 وِيّ를 붙이는 형태

명사		연고 형용사			
		의미	남성	여성	복수
딴따 (이집트 델타 지역의 도시 이름)	طَنْطَا	딴따의, 딴따 사람의	طَنْطَاوِيٌّ، طَنْطَوِيٌّ، طَنْطِيٌّ	طَنْطَاوِيَّةٌ، طَنْطَوِيَّةٌ، طَنْطِيَّةٌ	طَنْطَاوِيُّونَ، طَنْطَوِيُّونَ، طَنْطِيُّونَ
벤하 (이집트 델타 지역의 도시 이름)	بَنْهَا	벤하의, 벤하 사람의	بَنْهَاوِيٌّ، بَنْهَوِيٌّ، بَنْهِيٌّ	بَنْهَاوِيَّةٌ، بَنْهَوِيَّةٌ، بَنْهِيَّةٌ	بَنْهَاوِيُّونَ، بَنْهَوِيُّونَ، بَنْهِيُّونَ

(4) 마지막 자음이 ن로 끝나는 명사로서 ن를 탈락시키고 يّ를 붙이는 형태

명사		연고 형용사			
		의미	남성	여성	복수
한국	كُورِيَا	한국의, 한국 사람의	كُورِيٌّ	كُورِيَّةٌ	كُورِيُّونَ
리비아	لِيبِيَا	리비아의, 리비아 사람의	لِيبِيٌّ	لِيبِيَّةٌ	لِيبِيُّونَ
시리아	سُورِيَا	시리아의, 시리아 사람의	سُورِيٌّ	سُورِيَّةٌ	سُورِيُّونَ

5) 맘두드 명사(اَلْاِسْمُ الْمَمْدُودُ)의 경우

맘두드 명사란 어미가 'اء'로 끝나는 단어를 말한다. ("أَلِفٌ" زَائِدَةٌ بَعْدَهَا هَمْزَةٌ)

(1) 함자가 원래 어근에 존재하는 명사들 (اَلْهَمْزَةُ الْأَصْلِيَّةُ)

명사		연고 형용사			
		의미	남성	여성	복수
시작	اِبْتِدَاءٌ	초기의, 기초의, 초등학교의	اِبْتِدَائِيٌّ	اِبْتِدَائِيَّةٌ	اِبْتِدَائِيُّونَ
설치	إِنْشَاءٌ	구조적인, 건설의	إِنْشَائِيٌّ	إِنْشَائِيَّةٌ	إِنْشَائِيُّونَ
시작 بَدْءٌ	بَدَاءٌ	초기의, 원시적인	بَدَائِيٌّ، بِدَائِيٌّ	بَدَائِيَّةٌ	بَدَائِيُّونَ

(2) 함자가 원래 어근에 존재하는 것이 아니라 و 나 ي 에서 온 명사들 (اَلْهَمْزَةُ الْمُنْقَلِبَةُ عَنْ وَاوٍ أَوْ يَاءٍ)

함자가 어근 끝자음인 و 나 ي 에서 온 경우 그 함자를 그대로 사용하여 연고형용사를 만들거나, 그 함자를 و 로 바꾼뒤 그 뒤에 연고형용사 접미어 ي 를 붙이는 것도 가능하다.

명사		연고 형용사			
		의미	남성	여성	복수
하늘 (س-م-و)	سَمَاءٌ	하늘의, 신적인	سَمَائِيٌّ، سَمَاوِيٌّ	سَمَائِيَّةٌ، سَمَاوِيَّةٌ	سَمَائِيُّونَ، سَمَاوِيُّونَ
대속, 구속 (ف-د-ي)	فِدَاءٌ	대속하는, 구속하는	فِدَائِيٌّ، فِدَاوِيٌّ	فِدَائِيَّةٌ، فِدَاوِيَّةٌ	فِدَائِيُّونَ، فِدَاوِيُّونَ
건축 (ب-ن-ي)	بِنَاءٌ	건축의, 구조의; 건설적인	بِنَائِيٌّ	بِنَائِيَّةٌ	بِنَائِيُّونَ

(3) 함자가 여성형 꼴로 만들기 위해서 사용된 명사들 (اَلْهَمْزَةُ الزَّائِدَةُ لِلتَّأْنِيثِ)

함자가 단어를 여성형으로 만들기 위해서 사용된 단어들은 함자를 و 로 바꾼 뒤 연고형용사 접미어 ي 를 붙인다.

명사		연고 형용사			
		의미	남성	여성	복수
사막	صَحْرَاءُ	사막의	صَحْرَاوِيٌّ	صَحْرَاوِيَّةٌ	صَحْرَاوِيُّونَ
흰색	بَيْضَاءُ	흰색의	بَيْضَاوِيٌّ *	بَيْضَاوِيَّةٌ	بَيْضَاوِيُّونَ
빨간색	حَمْرَاءُ	빨간색의	حَمْرَاوِيٌّ	حَمْرَاوِيَّةٌ	حَمْرَاوِيُّونَ

→구어체 아랍어(암미야)에서 بَيْضَاوِي 는 '계란 모양의'의 의미로 사용되고, 현대 표준 아랍어(MSA)에서는 بَيْضِيّ 이 '계란 모양의'의 의미로 사용된다.

6) 자음이 두 개로 구성된 명사들의 경우

대부분의 아랍어 명사들은 세 자음 이상으로 구성되어 있고 그 어근의 경우도 세 자음으로 구성되어 있는 것이 대부분이다. 그런데 아래의 단어들은 두 개의 자음으로 구성되어 있고 그 어근도 두 개의 자음으로만 구성되어 있다. 이런 명사들의 연고 형용사는 그 뒤에 و를 첨가해 준 뒤 연고형용사 접미어 ِيّ를 붙인다.

명사		연고형용사			
		의미	남성	여성	복수
아버지	أَبٌ	아버지의, 부성의	أَبَوِيٌّ	أَبَوِيَّةٌ	أَبَوِيُّونَ
형제	أَخٌ	형제의	أَخَوِيٌّ	أَخَوِيَّةٌ	أَخَوِيُّونَ
피	دَمٌ	피의, 혈액의, 피투성이의	دَمَوِيٌّ	دَمَوِيَّةٌ	دَمَوِيُّونَ
손	يَدٌ	손의, 손으로 하는, 수공의	يَدَوِيٌّ	يَدَوِيَّةٌ	يَدَوِيُّونَ
입	فَمٌ	입의, 입으로 하는, 구강의	فَمَوِيٌّ	فَمَوِيَّةٌ	فَمَوِيُّونَ

** 연고형용사가 수식어로 사용된 예들

지금까지 나온 단어들이 수식어로 사용된 예들이다. 위의 연고형용사들이 어떤 표현들로 사용되는지 살펴보면서 단어들을 익히도록 하자.

1) 일반적인 형태

이집트의 땅, 이집트인의 땅	أَرْضٌ مِصْرِيَّةٌ	나무 기둥	عَمُودٌ خَشَبِيٌّ
교육적인 도구들	وَسَائِلُ تَعْلِيمِيَّةٌ	연구, 과학적인 연구	بَحْثٌ عِلْمِيٌّ
국가적인 노래, 국가를 위한 노래	أُغْنِيَةٌ وَطَنِيَّةٌ	역사적인 날	يَوْمٌ تَارِيخِيٌّ

2) 정관사 الـ이 붙은 고유명사들

이라크의 나무	شَجَرٌ عِرَاقِيٌّ	요르단 시민	مُوَاطِنٌ أُرْدُنِّيٌّ
수단 방언	لَهْجَةٌ سُودَانِيَّةٌ	중국의 프로젝트	مَشْرُوعٌ صِينِيٌّ
인도 작가	كَاتِبٌ هِنْدِيٌّ		

3) 여성형 꼬리 ة로 끝나는 단어들

사우디 산업, 사우디의 제작	صِناعَةٌ سَعودِيَّةٌ	카이로 남자	رَجُلٌ قَاهِرِيٌّ
정치적인 결정	قَرَارٌ سِيَاسِيٌّ	문화적인 포럼	مُنْتَدًى ثَقَافِيٌّ
언어적인 연구	بَحْثٌ لُغَوِيٌّ	연례축제	اِحْتِفَالٌ سَنَوِيٌّ
구두시험	اِمْتِحَانٌ شَفَوِيٌّ	폐의 감염	اِلْتِهَابٌ رِئَوِيٌّ
필수적인 작전, 필수적인 수술	عَمَلِيَّاتٌ حَيَوِيَّةٌ	원자로	مُفَاعِلٌ نَوَوِيٌّ

4) 막수르 명사의 경우

미국산 제품	جِهَازٌ أَمْرِيكِيٌّ	프랑스 국적	جِنْسِيَّةٌ فَرَنْسِيَّةٌ
캐나다 배우	مُمَثِّلٌ كَنَدِيٌّ	세상적인 문제들	أُمُورٌ دُنْيَوِيَّةٌ
높은 층, 고층	دَوْرٌ عُلْوِيٌّ	딴따산의 사탕, 딴따산의 단 과자	حَلْوَى طَنْطَوِيَّةٌ
벤하의 여행객	مُسَافِرٌ بَنْهَوِيٌّ	한국의 경제	اِقْتِصَادٌ كُورِيٌّ
리비아의 석유	نَفْطٌ لِيبِيٌّ	시리아의 대추야자	بَلَحٌ سُورِيٌّ

5) 맘두드 명사의 경우

초등학교	مَدْرَسَةٌ اِبْتِدَائِيَّةٌ	건설공사들	أَعْمَالٌ إِنْشَائِيَّةٌ
원시인(primitive human)	إِنْسَانٌ بَدَائِيٌّ	하늘의 메시지, 신적인 메시지	رِسَالَةٌ سَمَاوِيَّةٌ
대속의 제사, 희생제사	ذَبِيحَةٌ فِدَائِيَّةٌ	건설적인 활동	نَشَاطٌ بِنَائِيٌّ
사막 기후	مُنَاخٌ صَحْرَاوِيٌّ	하얀 테이블	طَاوِلَةٌ بَيْضَاوِيَّةٌ
빨간빛의 얼굴	وَجْهٌ حَمْرَاوِيٌّ		

6) 자음이 두 개로 구성된 명사들의 경우

아버지의 충고	نَصِيحَةٌ أَبَوِيَّةٌ	형제관계	عَلَاقَةٌ أَخَوِيَّةٌ
유혈사고	حَادِثَةٌ دَمَوِيَّةٌ	수공작업	عَمَلٌ يَدَوِيٌّ
구강 소리(oral sound)	صَوْتٌ فَمَوِيٌّ		

2. 주제별 주요 연고 형용사

아랍어에 수많은 고유명사, 보통명사, 동명사 단어들이 있다. 아랍 사람들은 어떤 사물이나 사람에 대해 그 소속이나 성질 혹은 성향 혹은 용도를 묘사하고자 할 필요가 있을 때 이러한 단어들의 연고형용사를 만들어 사용하곤 한다. 아래의 예문을 보자.

이 자동차는 한국산이다. (كُورِيَّةٌ 이 술어)	هَذِهِ السَّيَّارَةُ كُورِيَّةٌ.
그 교과서는 유용하다. (الْمَدْرَسِيُّ 가 수식어)	الْكِتَابُ الْمَدْرَسِيُّ مُفِيدٌ.

어떤 자동차가 한국에서 만들어진 제품임을 묘사할 때 '한국'이란 단어 كُورِيَا 에서 온 연고형용사 كُورِيٌّ 를 사용한다. 또한 어떤 책이 학교에서 사용하는 교과서임을 묘사할 때 '학교'란 단어 مَدْرَسَةٌ 에서 온 연고형용사 مَدْرَسِيٌّ 를 사용한다.

이와같이 연고형용사는 사람과 관련하여서는 '...사람의', '...태생의', '... 출신의'의 의미이고, 사물과 관련하여서는 '...의', '...의 성질을 가진', '...에서 생산된', '...적인', '...용도의' 등의 의미이다.

이와같은 연고형용사 단어들은 수없이 많은 것이 사실이다. 아래는 이러한 연고형용사 단어들을 주제별로 정리한 것이다. 아래에 기록된 연고형용사들은 그 옆에 기록된 명사에서 온 연고형용사이다. 각각의 연고형용사 단어를 그 여성형과 복수형도 고려하면서 암기하도록 하라.

1) 나라와 민족 관련

(1) 아랍나라들 (دُوَلُ الْعَرَبِ) 모든 아랍 나라에 대해 연고형용사가 있다.

의미	명사	연고형용사	의미	명사	연고형용사
레바논의	لُبْنَانُ	لُبْنَانِيٌّ	리비아의	لِيبِيَا	لِيبِيٌّ
모로코의	الْمَغْرِبُ	مَغْرِبِيٌّ	바레인의	الْبَحْرَيْنُ	بَحْرَيْنِيٌّ
사우디아라비아의	السَّعُودِيَّةُ	سَعُودِيٌّ	소말리아의	الصُّومَالُ	صُومَالِيٌّ
수단의	السُّودَانُ	سُودَانِيٌّ	시리아의	سُورِيًّا، سُورِيَّةُ	سُورِيٌّ
아랍에메레이트의	الْإِمَارَاتُ	إِمَارَاتِيٌّ	알제리의	الْجَزَائِرُ	جَزَائِرِيٌّ
예멘의	الْيَمَنُ	يَمَنِيٌّ	오만의	عُمَانُ	عُمَانِيٌّ
요르단의	الْأُرْدُنُّ	أُرْدُنِيٌّ	이라크의	الْعِرَاقُ	عِرَاقِيٌّ
이집트의	مِصْرُ	مِصْرِيٌّ	카타르의	قَطَرُ	قَطَرِيٌّ
쿠웨이트의	الْكُوَيْتُ	كُوَيْتِيٌّ	튀니지아의	تُونُسُ	تُونُسِيٌّ
팔레스틴의	فِلَسْطِينُ	فِلَسْطِينِيٌّ			

(2) 일반나라들 (الْبِلَاد)

거의 대부분의 나라 이름에 대한 연고형용사를 사용한다.

의미	명사	연고형용사	의미	명사	연고형용사
한국의	كُورِيَا	كُورِيٌّ	영국의	بَرِيطَانِيَا، إِنْجِلْتْرَا	بَرِيطَانِيٌّ، إِنْجِلِيزِيٌّ
일본의	الْيَابَانُ	يَابَانِيٌّ	독일의	أَلْمَانِيَا	أَلْمَانِيٌّ
중국의	الصِّينُ	صِينِيٌّ	프랑스의	فَرَنْسَا	فَرَنْسَاوِيٌّ، فَرَنْسِيٌّ
미국의	أَمْرِيكَا	أَمْرِيكِيٌّ، أَمْرِيكَانِيٌّ	인도의	الْهِنْدُ	هِنْدِيٌّ
아프리카의	إِفْرِيقِيَا	إِفْرِيقِيٌّ	이스라엘의	إِسْرَائِيلُ	إِسْرَائِيلِيٌّ
아시아의	آسِيَا	آسِيَوِيٌّ	유럽의	أُورُوبَّا	أُورُوبِّيٌّ

2) 도시 이름 관련 (الْمُدُن)

아랍 사람들이 살고 있는 모든 도시 이름에 대해 연고형용사를 사용할 수 있다.

의미	명사	연고형용사	의미	명사	연고형용사
카이로의	الْقَاهِرَةُ	قَاهِرِيٌّ	바그다드의	بَغْدَادُ	بَغْدَادِيٌّ
알렉산드리아의	الْإِسْكَنْدَرِيَّةُ	إِسْكَنْدَرِيٌّ، سَكَنْدَرِيٌّ	다메섹의	دِمَشْقُ	دِمَشْقِيٌّ
베이루트의	بَيْرُوتُ	بَيْرُوتِيٌّ	페윰의	الْفَيُّومُ	فَيُّومِيٌّ
런던의	لَنْدَنُ	لَنْدَنِيٌّ	워싱턴의	وَاشِنْطُنُ	وَاشِنْطُنِيٌّ

3) 재질 관련 (الْمَوَاد)

의미	명사	연고형용사	의미	명사	연고형용사
금의, 금으로 만든	ذَهَبٌ	ذَهَبِيٌّ	면의, 면으로 만든	قُطْنٌ	قُطْنِيٌّ
은의, 은으로 만든	فِضَّةٌ	فِضِّيٌّ	모직의, 모직으로 만든	صُوفٌ	صُوفِيٌّ
동의, 동으로 만든	بُرُونْزٌ	بُرُونْزِيٌّ	비단의, 비단으로 만든	حَرِيرٌ	حَرِيرِيٌّ
구리의, 놋의	نُحَاسٌ	نُحَاسِيٌّ	가죽의 ; 피부의	جِلْدٌ	جِلْدِيٌّ
철의, 철로 만든	حَدِيدٌ	حَدِيدِيٌّ	흙의	تُرَابٌ	تُرَابِيٌّ
플라스틱의	بْلَاسْتِيكُ	بْلَاسْتِيكِيٌّ	진흙의	طِينٌ	طِينِيٌّ
나무의, 나무로 만든	خَشَبٌ	خَشَبِيٌّ	모래의	رَمْلٌ	رَمْلِيٌّ

4) 장소 관련 (الْمَكَان)

의미	명사	연고형용사	의미	명사	연고형용사
학교의	مَدْرَسَةٌ	مَدْرَسِيٌّ	집의, 가정용의	مَنْزِلٌ	مَنْزِلِيٌّ
대학의	جَامِعَةٌ	جَامِعِيٌّ	사무용의	مَكْتَبٌ	مَكْتَبِيٌّ
실험실의	مَعْمَلٌ	مَعْمَلِيٌّ	공장의, 공장에서 생산된	مَصْنَعٌ	مَصْنَعِيٌّ
부엌용의	مَطْبَخٌ	مَطْبَخِيٌّ	교회의, 교회예식의	كَنِيسَةٌ	كَنْسِيٌّ
중심의, 센터의	مَرْكَزٌ	مَرْكَزِيٌّ	광장의	مَيْدَانٌ	مَيْدَانِيٌّ

5) 시간 관련 (الْوَقْت)

의미	명사	연고형용사	의미	명사	연고형용사
매일의	يَوْمٌ	يَوْمِيٌّ	일주일의	أُسْبُوعٌ	أُسْبُوعِيٌّ
매달의	شَهْرٌ	شَهْرِيٌّ	연간의	سَنَةٌ	سَنَوِيٌّ

6) 사람 관련

의미	명사	연고형용사	의미	명사	연고형용사
정신의	نَفْسٌ	نَفْسِيٌّ	영의, 영혼의	رُوحٌ	رُوحِيٌّ
육체의	جَسَدٌ	جَسَدِيٌّ	육체의	بَدَنٌ	بَدَنِيٌّ
피의, 혈액의, 피투성이의	دَمٌ	دَمَوِيٌّ	손의, 손으로 하는, 수공의	يَدٌ	يَدَوِيٌّ
입의, 입으로 하는	فَمٌ	فَمَوِيٌّ	배의, 복부의	بَطْنٌ	بَطْنِيٌّ
이성의, 이성적인	عَقْلٌ	عَقْلِيٌّ	뇌의	دِمَاغٌ	دِمَاغِيٌّ

7) 자연 & 계절 관련

의미	명사	연고형용사	의미	명사	연고형용사
산의	جَبَلٌ	جَبَلِيٌّ	봄의	رَبِيعٌ	رَبِيعِيٌّ
들의	حَقْلٌ	حَقْلِيٌّ	여름의	صَيْفٌ	صَيْفِيٌّ
바다의	بَحْرٌ	بَحْرِيٌّ	가을의	خَرِيفٌ	خَرِيفِيٌّ
육지의	بَرٌّ	بَرِّيٌّ	겨울의	شِتَاءٌ	شِتَائِيٌّ، شَتْوِيٌّ
하늘의	سَمَاءٌ	سَمَائِيٌّ، سَمَاوِيٌّ	계절의	فَصْلٌ	فَصْلِيٌّ
공기의, 공중의	جَوٌّ	جَوِّيٌّ	태양의, 양력의	شَمْسٌ	شَمْسِيٌّ

의미	명사	연고형용사	의미	명사	연고형용사
땅의,	أَرْضٌ	أَرْضِيٌّ	달의, 음력의	قَمَرٌ	قَمَرِيٌّ
자연의	طَبِيعَةٌ	طَبِيعِيٌّ	별의	نَجْمٌ	نَجْمِيٌّ
동물의, 동물성의	حَيَوَانٌ	حَيَوَانِيٌّ	행성의	كَوْكَبٌ	كَوْكَبِيٌّ
사람의	إِنْسَانٌ	إِنْسَانِيٌّ	우주의	كَوْنٌ	كَوْنِيٌّ
광물의, 무기물의	مَعْدِنٌ	مَعْدِنِيٌّ	물의	مَاءٌ	مَائِيٌّ
식물의, 식물성의; 채식의	نَبَاتٌ	نَبَاتِيٌّ	흙의, 진흙의	طِينٌ	طِينِيٌّ

8) 과목 & 직업 관련

의미	명사	연고형용사	의미	명사	연고형용사
언어의, 언어적인	اللُّغَةُ / اللُّغَاتُ	لُغَوِيٌّ	경제의, 경제적인	الاِقْتِصَادُ	اِقْتِصَادِيٌّ
문학의, 문학적인	الأَدَبُ / الآدَابُ	أَدَبِيٌّ	상업의, 상업적인	التِّجَارَةُ	تِجَارِيٌّ
역사의, 역사적인	التَّارِيخُ	تَارِيخِيٌّ	농업의, 농업적인	الزِّرَاعَةُ	زِرَاعِيٌّ
과학의, 과학적인	الْعِلْمُ	عِلْمِيٌّ	공업의, 공업적인, 산업의	الصِّنَاعَةُ	صِنَاعِيٌّ
정치의, 정치적인	السِّيَاسَةُ	سِيَاسِيٌّ	엔지니어링의	الْهَنْدَسَةُ	هَنْدَسِيٌّ
철학의, 철학적인	الْفَلْسَفَةُ	فَلْسَفِيٌّ	전기의	الْكَهْرَبَاءُ	كَهْرَبَائِيٌّ
법의, 법적인	الْقَانُونُ	قَانُونِيٌّ	화학의	الْكِيمْيَاءُ	كِيمْيَائِيٌّ
논리의, 논리적인	الْمَنْطِقُ	مَنْطِقِيٌّ	물리적인, 물리학의	الْفِيزْيَاءُ	فِيزْيَائِيٌّ
도덕의, 윤리의	الأَخْلَاقُ	أَخْلَاقِيٌّ	원자의, 원자력의	الذَّرَّةُ	ذَرِّيٌّ
사회의, 사회적인	الاِجْتِمَاعُ	اِجْتِمَاعِيٌّ	체육의	الرِّيَاضَةُ	رِيَاضِيٌّ
문화의, 문화적인	الثَّقَافَةُ	ثَقَافِيٌّ	수학의	الرِّيَاضِيَّاتُ	رِيَاضِيٌّ
신학의, 신학적인	اللَّاهُوتُ	لَاهُوتِيٌّ	음악의, 음악적인	الْمُوسِيقَى	مُوسِيقِيٌّ
의학의, 의학적인	الطِّبُّ	طِبِّيٌّ	예술의, 예술적인, 기술의	الْفَنُّ / الْفُنُونُ	فَنِّيٌّ

9) 종파 & 철학 관련

의미	명사	연고형용사	의미	명사	연고형용사
이슬람의	الْإِسْلَامُ	إِسْلَامِيٌّ	유대교의	الْيَهُودِيَّةُ	يَهُودِيٌّ
순니파의	السُّنَّةُ	سُنِّيٌّ	불교의	الْبُوذِيَّةُ	بُوذِيٌّ
쉬아파의	الشِّيعَةُ	شِيعِيٌّ	유교의	الْكُونْفُوشْيُوسِيَّةُ	كُونْفُوشْيُوسِيٌّ
수피파의	الصُّوفِيَّةُ	صُوفِيٌّ	힌두교의	الْهِنْدُوسِيَّةُ	هِنْدُوسِيٌّ
쌀라피파의	السَّلَفِيَّةُ	سَلَفِيٌّ	민주주의의	الدِّيمُقْرَاطِيَّةُ	دِيمُقْرَاطِيٌّ
바하이파의 (Bahai)	الْبَهَائِيَّةُ	بَهَائِيٌّ	자유주의의 (liberalism)	اللِّيبْرَالِيَّةُ	لِيبْرَالِيٌّ
드루즈파의 (Druze)	الدُّرْزِيَّةُ	دُرْزِيٌّ	공산주의의	الشُّيُوعِيَّةُ	شُيُوعِيٌّ
아흐마디파의 (Ahmadi)	الْأَحْمَدِيَّةُ	أَحْمَدِيٌّ	사회주의의	الِاشْتِرَاكِيَّةُ	اِشْتِرَاكِيٌّ
우상숭배의	الْوَثَنِيَّةُ	وَثَنِيٌّ	전제주의의	الِاسْتِبْدَادُ	اِسْتِبْدَادِيٌّ
기독교의	الْمَسِيحِيَّةُ	مَسِيحِيٌّ	자본주의의	الرَّأْسْمَالِيَّةُ	رَأْسْمَالِيٌّ
정교의	الْأُرْثُوذُكْسِيَّةُ	أُرْثُوذُكْسِيٌّ	인종주의의	الْعُنْصُرِيَّةُ	عُنْصُرِيٌّ
콥틱교의	الْقِبْطِيَّةُ	قِبْطِيٌّ	원리주의의	الْأُصُولِيَّةُ	أُصُولِيٌّ
카톨릭의	الْكَاثُولِيكِيَّةُ	كَاثُولِيكِيٌّ	좌익의	يَسَارٌ	يَسَارِيٌّ
개신교의, 복음주의의	الْإِنْجِيلِيَّةُ	إِنْجِيلِيٌّ	우익의	يَمِينٌ	يَمِينِيٌّ

10) 색깔 관련

아래는 보통명사의 색깔적인 성향을 연고형용사로 표현한 단어들이다.

의미	명사	연고형용사	의미	명사	연고형용사
오렌지색의	بُرْتُقَالٌ	بُرْتُقَالِيٌّ	커피색의, 갈색의	بُنٌّ	بُنِّيٌّ
하늘색의	لَبَنٌ	لَبَنِيٌّ	밀색의, 짙은 갈색의	قَمْحٌ	قَمْحِيٌّ
하늘색의	سَمَاءٌ	سَمَاوِيٌّ	꿀색의, 연한 갈색의	عَسَلٌ	عَسَلِيٌّ
군청색의	كُحْلٌ	كُحْلِيٌّ	회색의, 재색의	رَمَادٌ	رَمَادِيٌّ
가지색의	بَاذِنْجَانٌ	بَاذِنْجَانِيٌّ	회색의, 연필심 색깔의	رَصَاصٌ	رَصَاصِيٌّ
보라색의, 제비꽃 색깔의	بَنَفْسَجٌ	بَنَفْسَجِيٌّ	와인색의, 포도주 색깔의	نَبِيذٌ	نَبِيذِيٌّ
분홍의, 카네이션 색깔의	قَرَنْفُلٌ	قَرَنْفُلِيٌّ	연한녹색의, 오일 색깔의	زَيْتٌ	زَيْتِيٌّ

11) 동명사에서 온 연고형용사

의미	명사	연고형용사	의미	명사	연고형용사
교육의, 교육용의	تَعْلِيمٌ	تَعْلِيمِيٌّ	훈련의, 훈련용의	تَدْرِيبٌ	تَدْرِيبِيٌّ
시작의	بَدَائِيَّةٌ	بَدَائِيٌّ	끝의	نِهَائِيَّةٌ	نِهَائِيٌّ
초등의; 초보적인, 기초적인	اِبْتِدَاءٌ	اِبْتِدَائِيٌّ	창조적인	إِبْدَاعٌ	إِبْدَاعِيٌّ
의무적인; 강제적인	إِلْزَامٌ	إِلْزَامِيٌّ	강제적인; 의무적인	إِجْبَارٌ	إِجْبَارِيٌّ
선택의, 선택적인	اِخْتِيَارٌ	اِخْتِيَارِيٌّ	테러의, 테러분자의	إِرْهَابٌ	إِرْهَابِيٌّ

12) 숫자에서 온 연고형용사

의미	명사	연고형용사	의미	명사	연고형용사
백의	مِئَةٌ	مِئَوِيٌّ	천의, 천년의, 한 세기의	أَلْفٌ	أَلْفِيٌّ
백만의	مَلْيُونٌ	مَلْيُونِيٌّ			
한쪽의, 일방의, 단성의	وَاحِدٌ أَوْ أَحَدٌ	أَحَادِيٌّ	양자의, 쌍방의, 이중의	اِثْنَانِ	ثُنَائِيٌّ
3자의, 3중의	ثَلَاثَةٌ	ثُلَاثِيٌّ	4자의, 4중의	أَرْبَعَةٌ	رُبَاعِيٌّ
5자의, 5중의	خَمْسَةٌ	خُمَاسِيٌّ	6자의, 6중의	سِتَّةٌ	سُدَاسِيٌّ
7자의, 7중의	سَبْعَةٌ	سُبَاعِيٌّ	8자의, 8중의	ثَمَانِيَةٌ	ثُمَانِيٌّ

** 연고형용사가 수식어로 사용된 예들
1) 나라와 민족 관련
(1) 아랍나라들

레바논의 백향목	أَرْزٌ لُبْنَانِيٌّ	리비아의 사막들	وَاحَاتٌ لِيبِيَّةٌ
모로코산 가죽	جِلْدٌ مَغْرِبِيٌّ	바레인 화폐	عُمْلَةٌ بَحْرَيْنِيَّةٌ
사우디산 석유	بِتْرُولٌ سَعُودِيٌّ	소말리아 해적	قُرْصَانٌ صُومَالِيٌّ
수단산 수박	بَطِّيخٌ سُودَانِيٌّ	시리아산 사과	تُفَّاحٌ سُورِيٌّ
아랍 에메레이트산 단 음식들 (사탕 등)	حَلْوَيَاتٌ إِمَارَاتِيَّةٌ	알제리의 노래들	أَغَانٍ جَزَائِرِيَّةٌ
예멘산 터번	عِمَامَةٌ يَمَنِيَّةٌ	오만산 유향 (frankincense)	لُبَانٌ عُمَانِيٌّ
요르단 음식 한 상	صِينِيَّةٌ أُرْدُنِيَّةٌ	이라크의 음악	مُوسِيقَى عِرَاقِيَّةٌ

이집트산 면화	قُطْنٌ مِصْرِيٌّ	카타르 TV 채널	قَنَاةٌ قَطَرِيَّةٌ
쿠웨이트 디나	دِينَارٌ كُوَيْتِيٌّ	튀니지의 책들	كُتُبٌ تُونُسِيَّةٌ
팔레스타인산 올리브	زَيْتُونٌ فِلَسْطِينِيٌّ		

(2) 일반나라들

한국 문화	ثَقَافَةٌ كُورِيَّةٌ	영국 박물관	مَتْحَفٌ بَرِيطَانِيٌّ
일본 기술	تِقْنِيَّةٌ يَابَانِيَّةٌ	독일 시민	مُوَاطِنٌ أَلْمَانِيٌّ
중국 언어	لُغَةٌ صِينِيَّةٌ	프랑스 언론인	صَحَفِيٌّ فَرَنْسِيٌّ
미국 국적	جِنْسِيَّةٌ أَمْرِيكِيَّةٌ	인도 식당	مَطْعَمٌ هِنْدِيٌّ
아프리카 인종	عِرْقٌ إِفْرِيقِيٌّ	이스라엘의 침략	احْتِلَالٌ إِسْرَائِيلِيٌّ
아시아 대륙	القَارَّةُ الآسْيَوِيَّةُ	유럽 의회	المَجْلِسُ الأُورُوبِّيُّ

2) 도시 이름 관련

카이로의 정부기구 (Cairo Authority)	هَيْئَةٌ قَاهِرِيَّةٌ	바그다드 시민	مُوَاطِنٌ بَغْدَادِيٌّ
알렉산드리아 방언	لَهْجَةٌ سِكَنْدَرِيَّةٌ	다메섹의 유물들 (monuments)	آثَارٌ دِمَشْقِيَّةٌ
베이루트 액센트(혹은 방언)	لُكْنَةٌ بَيْرُوتِيَّةٌ	페윰의 닭	دَجَاجٌ فَيُومِيٌّ
런던의 기차	قِطَارٌ لَنْدَنِيٌّ	교통수단	مُوَاصَلَةٌ وَاشِنْطُنِيَّةٌ

3) 재질관련

금메달	مِيدَالِيَّةٌ ذَهَبِيَّةٌ	면제품 옷	مَلَابِسُ قُطْنِيَّةٌ
은잔(silver glass)	كَأْسٌ فِضِّيٌّ	모직 셔츠	قَمِيصٌ صُوفِيٌّ
청동 갑옷	دِرْعٌ بُرُونْزِيٌّ	비단 스카프, 비단 두건	وِشَاحٌ حَرِيرِيٌّ
구리 솥	طَنْجَرَةٌ نُحَاسِيَّةٌ	가죽 코트, 가죽 외투	مِعْطَفٌ جِلْدِيٌّ
철기둥	عَمُودٌ حَدِيدِيٌّ	흙바람	عَاصِفَةٌ تُرَابِيَّةٌ
플라스틱 상자	عُلْبَةٌ بِلَاسْتِيكِيَّةٌ	진흙 토양(mud soil)	تُرْبَةٌ طِينِيَّةٌ
나무 책상	مَكْتَبٌ خَشَبِيٌّ	모래 땅	أَرْضٌ رَمْلِيَّةٌ

4) 장소 관련

교복	زِيٌّ مَدْرَسِيٌّ	가사도구, 집도구	أَدَاةٌ مَنْزِلِيَّةٌ

대학생	طَالِبٌ جَامِعِيٌّ	사무용품들	لَوَازِمُ مَكْتَبِيَّةٌ
실험실 실험	تَجْرِبَةٌ مَعْمَلِيَّةٌ	공장용 도구들 (equipments)	مُعَدَّاتٌ مَصْنَعِيَّةٌ
부엌용품	أَدَوَاتٌ مَطْبَخِيَّةٌ	교회의 예식들	مَرَاسِمُ كَنَسِيَّةٌ
중앙집권통치	حُكْمٌ مَرْكَزِيٌّ	현장 연구, 필드 스터디	بَحْثٌ مَيْدَانِيٌّ

5) 시간 관련

매일의 습관	عَادَةٌ يَوْمِيَّةٌ	주간 논설	مَقَالٌ أُسْبُوعِيٌّ
월급	رَاتِبٌ شَهْرِيٌّ	연례 축제	اِحْتِفَالٌ سَنَوِيٌّ

6) 사람 관련

정신병들	أَمْرَاضٌ نَفْسِيَّةٌ	영적인 책	كِتَابٌ رُوحِيٌّ
육체적 훈련	تَمْرِينٌ جَسَدِيٌّ	신체적 훈련	تَدْرِيبٌ بَدَنِيٌّ
유혈전쟁	حَرْبٌ دَمَوِيَّةٌ	수작업	عَمَلٌ يَدَوِيٌّ
구강 건강	صِحَّةٌ فَمَوِيَّةٌ	복통	وَجَعٌ بَطْنِيٌّ
이성적인 사고	تَفْكِيرٌ عَقْلِيٌّ	뇌졸중	سَكْتَةٌ دِمَاغِيَّةٌ

7) 자연 & 계절 관련

산에 있는 사슴	أَيِّلٌ جَبَلِيٌّ	봄 날씨	جَوٌّ رَبِيعِيٌّ
농사를 위한 씨앗들	بُذُورٌ حَقْلِيَّةٌ	여름 시즌(season)	فَصْلٌ صَيْفِيٌّ
바다여행	رِحْلَةٌ بَحْرِيَّةٌ	가을 시즌	مَوْسِمٌ خَرِيفِيٌّ
육지 동물	حَيَوَانٌ بَرِّيٌّ	겨울 옷	لِبَاسٌ شَتْوِيٌّ
하늘 색	لَوْنٌ سَمَاوِيٌّ	계절적 변화	تَغَيُّرٌ فَصْلِيٌّ
공중발사 미사일	قَذِيفَةٌ جَوِّيَّةٌ	태양 광선	شُعَاعٌ شَمْسِيٌّ
땅의 흔들림	هَزَّةٌ أَرْضِيَّةٌ	달의 비춤, 달빛	ضَوْءٌ قَمَرِيٌّ
자연재해	كَارِثَةٌ طَبِيعِيَّةٌ	별의 반짝임	وَمِيضٌ نَجْمِيٌّ
동물적인 욕구	رَغْبَةٌ حَيَوَانِيَّةٌ	행성의 움직임들	حَرَكَاتٌ كَوْكَبِيَّةٌ
인간적인 감정	شُعُورٌ إِنْسَانِيٌّ	우주적인 현상	ظَاهِرَةٌ كَوْنِيَّةٌ
광천수	مِيَاهٌ مَعْدِنِيَّةٌ	샘(wellspring)	نَبْعٌ مَائِيٌّ

채식주의자	إِنْسَانٌ نَبَاتِيٌّ	진흙 땅	أَرْضٌ طِينِيَّةٌ

8) 과목 & 직업 관련

언어적인 정의	تَعْرِيفٌ لُغَوِيٌّ	경제 회의	مُؤْتَمَرٌ اقْتِصَادِيٌّ
문학 논단	مَقَالٌ أَدَبِيٌّ	상업 거래	صَفْقَةٌ تِجَارِيَّةٌ
역사적인 책	كِتَابٌ تَارِيخِيٌّ	농지	أَرْضٌ زِرَاعِيَّةٌ
학술적인 연구, 과학적인 공부	دِرَاسَةٌ عِلْمِيَّةٌ	공업국가	بَلَدٌ صِنَاعِيٌّ
정치적인 캠페인	حَمْلَةٌ سِيَاسِيَّةٌ	엔지니어링 도면	رَسْمٌ هَنْدَسِيٌّ
철학적인 격언(proverb)	مَقُولَةٌ فَلْسَفِيَّةٌ	전기 연결 도구	وَصَلَاتٌ كَهْرَبَائِيَّةٌ
법적인 서류	مُسْتَنَدٌ قَانُونِيٌّ	화학실험	تَجْرِبَةٌ كِيمِيَائِيَّةٌ
논리적인 말	كَلَامٌ مَنْطِقِيٌّ	물리적인 연구, 물리적인 공부	دِرَاسَةٌ فِيزِيَائِيَّةٌ
윤리적인 처신	سُلُوكٌ أَخْلَاقِيٌّ	원자폭탄	قَنْبَلَةٌ ذَرِّيَّةٌ
사회적인 활동	نَشَاطٌ اجْتِمَاعِيٌّ	체육적인 몸	جِسْمٌ رِيَاضِيٌّ
문화유산	تُرَاثٌ ثَقَافِيٌّ	수학적인 문제(이슈)	مَسْأَلَةٌ رِيَاضِيَّةٌ
신학적인 토론	مُنَاقَشَةٌ لَاهُوتِيَّةٌ	음악적인 귀	أُذُنٌ مُوسِيقِيَّةٌ
의학적인 도구들	مُعَدَّاتٌ طِبِّيَّةٌ	미술용 보더(board)	لَوْحَةٌ فَنِّيَّةٌ

9) 종파 & 철학 관련

이슬람 국가	أُمَّةٌ إِسْلَامِيَّةٌ	유대인 국민	شَعْبٌ يَهُودِيٌّ
순니파	طَائِفَةٌ سُنِّيَّةٌ	불교 의식(ceremonies), 불교 예식	مَرَاسِمُ بُوذِيَّةٌ
쉬아파	طَائِفَةٌ شِيعِيَّةٌ	유교 철학	فَلْسَفَةٌ كُونْفُوشْيُوسِيَّةٌ
수피종단	مَذْهَبٌ صُوفِيٌّ	힌두교 의식(ceremonies), 힌두교 예식	طُقُوسٌ هِنْدُوسِيَّةٌ
쌀라피파의 샤리아	شَرِيعَةٌ سَلَفِيَّةٌ	민주주의적인 삶	حَيَاةٌ دِيمُقْرَاطِيَّةٌ
바하이파 그룹	مَجْمُوعَةٌ بَهَائِيَّةٌ	자유주의적인 사상(thought)	فِكْرٌ لِيبْرَالِيٌّ
드루즈파의 그룹, 드루즈파의 커뮤니티	جَمَاعَةٌ دُرْزِيَّةٌ	공산주의 지도자	زَعِيمٌ شُيُوعِيٌّ
아흐마디파의 가르침	تَعْلِيمٌ أَحْمَدِيٌّ	사회주의적인 세대	جِيلٌ اشْتِرَاكِيٌّ
우상숭배의 나라	دَوْلَةٌ وَثَنِيَّةٌ	전체주의적인 정치	سِيَاسَةٌ اسْتِبْدَادِيَّةٌ

기독교	دِينٌ مَسِيحِيٌّ	자본주의 경제	اقْتِصَادٌ رَأْسْمَالِيٌّ
정교회 교단, 정교회 교파	طَائِفَةٌ أَرْثُوذَكْسِيَّةٌ	인종주의 사고방식	عَقْلِيَّةٌ عُنْصُرِيَّةٌ
콥틱의 역사	تَارِيخٌ قِبْطِيٌّ	원리주의 사상(thought)	فِكْرٌ أُصُولِيٌّ
카톨릭 교회	الْكَنِيسَةُ الْكَاثُولِيكِيَّةُ	좌익 정치인	سِيَاسِيٌّ يَسَارِيٌّ
복음주의 운동	الْحَرَكَةُ الْإِنْجِيلِيَّةُ	우익 정치인	سِيَاسِيٌّ يَمِينِيٌّ

10) 색깔 관련

오렌지색	لَوْنٌ بُرْتُقَالِيٌّ	커피색 머리카락	شَعْرٌ بُنِّيٌّ
하늘색 셔츠	قَمِيصٌ لَبَنِيٌّ	밀색의 피부	بَشَرَةٌ قَمْحِيَّةٌ
하늘색 코트	مِعْطَفٌ سَمَاوِيٌّ	꿀색 눈, 연한 갈색 눈	عَيْنٌ عَسَلِيَّةٌ
군청색 바지	بَنْطَلُونٌ كُحْلِيٌّ	회색 머리카락	شَعْرٌ رَمَادِيٌّ
가지색 드레스	لِبَاسٌ بَاذِنْجَانِيٌّ	회색 자동차	سَيَّارَةٌ رَصَاصِيَّةٌ
보랏빛 스커트	تَنُّورَةٌ بَنَفْسَجِيَّةٌ	붉은 피, 포도주 색깔의 피	دَمٌ نَبِيذِيٌّ
분홍빛 양말, 분홍빛 스타킹	جَوْرَبٌ قُرُنْفُلِيٌّ	오일색의 바지	سِرْوَالٌ زَيْتِيٌّ

11) 동명사에서 온 연고형용사

교육적 활동	أَنْشِطَةٌ تَعْلِيمِيَّةٌ	훈련을 위한 회기	دَوْرَةٌ تَدْرِيبِيَّةٌ
원시적인 방법	طَرِيقَةٌ بَدَائِيَّةٌ	마지막 경기	مُبَارَاةٌ نِهَائِيَّةٌ
기초법원	مَحْكَمَةٌ ابْتِدَائِيَّةٌ	창조적인 스타일	أُسْلُوبٌ إِبْدَاعِيٌّ
의무 복무 ; 의무 동원	تَجْنِيدٌ إِلْزَامِيٌّ	강제적인 의무	وَاجِبٌ إِجْبَارِيٌّ
선택적인 질문	سُؤَالٌ اخْتِيَارِيٌّ	테러 세포조직	خَلِيَّةٌ إِرْهَابِيَّةٌ

12) 숫자에서 온 연고형용사

섭씨	دَرَجَةٌ مِئَوِيَّةٌ	천년왕국(기독교 용어)	الْمُلْكُ الْأَلْفِيُّ
백만 단위의 숫자	رَقْمٌ مِلْيُونِيٌّ		
일방적인 사랑	حُبٌّ أُحَادِيٌّ	쌍방의 노력	جُهُودٌ ثُنَائِيَّةٌ
3중의 힘	قُوَّةٌ ثُلَاثِيَّةٌ	4자의 협력	تَعَاوُنٌ رُبَاعِيٌّ
5중의 하모니	ائْتِلَافٌ خُمَاسِيٌّ	6중의 모양	شَكْلٌ سُدَاسِيٌّ
7중의 연합	تَجَمُّعٌ سُبَاعِيٌّ	8중의 하나됨	اتِّحَادٌ ثُمَانِيٌّ

3. 연고형용사의 문장에서의 기능

연고형용사는 사물이나 사람의 성향에 대해 묘사하는 의미로 많이 사용되기 때문에 다른 명사를 수식하는 수식어(النَّعْت)나, 명사문의 주어(الْمُبْتَدأ)를 서술하는 술어(الْخَبَر)로 많이 사용된다. 이러한 특징 때문에 연고형용사를 형용사로만 기억하는 경우가 많다.

그러나 연고형용사는 아랍어 문법적으로 명사(اسم)이며, 따라서 문장에서 명사문의 주어, 술어, 동사문의 주어, 목적어, 소유격 명사, 연결형의 전.후연결어, 명시목적어(التَّمْيِيز), 부사(الظَّرْف)로도 사용된다. 반면에 연고형용사는 파생명사(الاسم الْمُشْتَق)가 아니기 때문에 상태목적어(الْحَال)로 사용되지 않고, 능동분사나 수동분사 등과 같은 동사적 용법으로도 사용되지 않는다.

여기서는 연고형용사가 문장에서 사용되는 여러가지 기능들을 종류별로 살펴본다. 각각의 연고형용사가 한정형태로 사용되었을 경우와 비한정으로 사용될 때의 의미의 차이를 구분하라.

1) 명사문의 주어 (الْمُبْتَدأ)

알렉산드리아 사람은 바다를 좋아한다.	الإِسْكَنْدَرِيُّ يُحِبُّ الْبَحْرَ.
내 교실에 두 미국 사람이 있다.	فِي فَصْلِي أَمْرِيكِيَّانِ.
이집트 사람들은 친절하다.	الْمِصْرِيُّونَ طَيِّبُونَ.
한국 사람들은 일을 거룩하게 여긴다.	الْكُورِيُّونَ يُقَدِّسُونَ[1] الْعَمَلَ.

2) 동사문의 주어 (الْفَاعِل)

한 한국 사람이 그 모임에 참석했다.	حَضَرَ كُورِيٌّ الاِجْتِمَاعَ.
리비아 사람들은 그들의 자유를 얻었다.	حَصَلَ اللِّيبِيُّونَ عَلَى حُرِّيَّتِهِمْ.
유럽 사람들은 겨울에 이집트를 방문한다.	يَزُورُ الأُورُوبِّيُّونَ مِصْرَ فِي الشِّتَاءِ.
자유주의자들과 이슬람주의자들이 선거에 참여했다.	شَارَكَ اللِّيبِرَالِيُّونَ وَالإِسْلَامِيُّونَ فِي الاِنْتِخَابَاتِ.

3) 명사문의 술어 (الْخَبَر)

나는 이집트 사람이다.	أَنَا مِصْرِيٌّ.
지금 날씨는 가을날씨이다.	الْجَوُّ الآنَ خَرِيفِيٌّ.
그녀는 활동적이다. 혹은 그녀는 스포츠 여성(sportswoman)이다.	هِيَ رِيَاضِيَّةٌ.
이 경기는 마지막 경기이다.	هَذِهِ الْمُبَارَاةُ نِهَائِيَّةٌ.
이 책은 이슬람적인 책이다.(주제 등이)	هَذَا الْكِتَابُ إِسْلَامِيٌّ.

---

[1] قَدَّسَ / يُقَدِّسُ هـ أَوْ ه – تَقْدِيس ...을 거룩하게생각하다 ; ...을 거룩하게 하다, 성스럽게하다

4) 목적어 (الْمَفْعُولُ بِهِ)

나는 한 카이로 사람과 친구가 되었다.	صَادَقْتُ¹ قَاهِرِيًّا.
아무도 인종주의자를 좋아하지 않는다. (종류부정문 ("لَا" النَّافِيَةُ لِلْجِنْسِ)이다.)	لَا أَحَدَ يُحِبُّ الْعُنْصُرِيَّ.
우리가 이집트에서 우리의 위기를 빠져나가기 위해서 무슬림들은 기독교인들을 도와야 한다.	يَجِبُ أَنْ يُعَاوِنَ² الْمُسْلِمُونَ الْمَسِيحِيِّينَ فِي مِصْرَ لِنَخْرُجَ مِنْ أَزْمَتِنَا.

5) 소유격명사 (الاسْمُ الْمَجْرُورُ)

나는 나의 교실에서 한 시리아 여자를 알게 되었다.	تَعَرَّفْتُ³ عَلَى سُورِيَّةٍ فِي فَصْلِي.
나는 그 두 한국 사람을 쳐다보았다.	نَظَرْتُ إِلَى الْكُورِيَّيْنِ.
당신은 그 유럽 사람들에 대해서 대화하는 것을 선호합니까?	هَلْ تُفَضِّلُ⁴ التَّحَدُّثَ عَنِ الْأُورُوبِّيِّينَ؟

6) 전연결어 (الْمُضَافُ)

이스라엘에 사는 유대인들은 세계의 유대인들과 다르다.	يَهُودِيُو إِسْرَائِيلَ مُخْتَلِفُونَ عَنْ يَهُودِيِّي الْعَالَمِ.
이집트 정당들의 정치인들은 경험이 없다.	سِيَاسِيُو الْأَحْزَابِ⁵ فِي مِصْرَ لَيْسَ عِنْدَهُمْ خِبْرَةٌ.
혁명 이후 세계는 국적이 이집트인 사람을 좋아한다. (형용사 연결형 (الْإِضَافَةُ الْوَصْفِيَّةُ)이다.)	مِصْرِيُّ الْجِنْسِيَّةِ يُحِبُّهُ الْعَالَمُ بَعْدَ الثَّوْرَةِ.

→위의 전연결어들은 문장에서 주어(مُبْتَدَأٌ)로 사용되었다. 난이도가 있는 문장들이다.

7) 후연결어 (الْمُضَافُ إِلَيْهِ)

달에 올라간 첫 미국인은 암스트롱이다.	أَوَّلُ أَمْرِيكِيٍّ صَعِدَ إِلَى الْقَمَرِ هُوَ آرْمْسْتْرُونْج.
나는 프랑스 사람들의 한 회사에서 일한다.	أَعْمَلُ⁶ فِي شَرِكَةِ فَرَنْسِيِّينَ.
나는 내 대학에서 몇몇의 아프리카 사람들을 알고 있다.	أَعْرِفُ بَعْضَ الْإِفْرِيقِيِّينَ فِي جَامِعَتِي.
나는 두 테러리스트들과 함께 이야기했다.	تَكَلَّمْتُ مَعَ إِرْهَابِيَّيْنِ. *

→위 * 문장에서 مَعَ 가 부사로 간주되기에, 그 뒤의 إِرْهَابِيَّيْنِ 가 후연결어가 된다.

---

¹ صَادَقَ/ يُصَادِقُ ه – مُصَادَقَةٌ ..를 사귀다, ..와 친구로 지내다
² عَاوَنَ/ يُعَاوِنُ ه – مُعَاوَنَةٌ ..를 돕다, 지원하다
³ تَعَرَّفَ/ يَتَعَرَّفُ بـ ... أَوْ عَلَى – تَعَرُّفٌ ..을 알게되다, 사귀다
⁴ فَضَّلَ/ يُفَضِّلُ ه – تَفْضِيلٌ ..를 더 좋아하다 (to prefer)
⁵ حِزْبٌ/ أَحْزَابٌ 당, 정당 (party)
⁶ عَمِلَ/ يَعْمَلُ – عَمَلٌ 일하다

8) 수식어 (النَّعْتُ)

연고형용사가 명사 바로 뒤에서 앞의 명사를 수식한다. 연고형용사는 수식어로 많이 사용된다.

이집트 백성들은 마음이 따뜻하다.	الشَّعْبُ الْمِصْرِيُّ طَيِّبٌ.
내 형은 면으로 된 한 셔츠를 샀다.	اشْتَرَى أَخِي قَمِيصًا قُطْنِيًّا.
나는 동물성 단백질을 먹는다.	آكُلُ الْبُرُوتِينَ الْحَيَوَانِيَّ.
나는 그 전기줄들을 연결했다.	أَوْصَلْتُ[1] الْأَسْلَاكَ الْكَهْرَبَائِيَّةَ.
나는 한 레바논 여자 친구와 함께 산다.	أَعِيشُ مَعَ صَدِيقَةٍ لُبْنَانِيَّةٍ.

9) 부동족 목적어 (النَّائِبُ عَنِ الْمَفْعُولِ الْمُطْلَقِ)

연고형용사가 부동족목적어(النَّائِبُ عَنِ الْمَفْعُولِ الْمُطْلَقِ)로 사용된 경우이다. 여기에 대한 자세한 내용은 이 책 제Ⅱ권의 '여러가지 목적격에 대해 Ⅲ 동족목적어' 부분에서 공부하라.

나는 전화로 그에게 이야기했다.	كَلَّمْتُهُ تِلِفُونِيًّا.
내 주민등록증이 자동적으로 갱신된다. (تَجَدُّدًا)	تَتَجَدَّدُ بِطَاقَتِي تِلْقَائِيًّا.
사우디 아라비아는 이집트를 재정적으로 도왔다. (مُسَاعَدَةً)	سَاعَدَتِ السَّعُودِيَّةُ مِصْرَ مَالِيًّا.
هَدَفُنَا تَنْمِيَةُ الْفَرْدِ اجْتِمَاعِيًّا وَحِرَفِيًّا وَبَدَنِيًّا وَعَقْلِيًّا وَرُوحِيًّا.	
우리의 목적은 개인을 사회적으로, 기술적으로, 육체적으로, 정신적으로, 영적으로 성장시키는 것이다.	

10) 부사 (ظَرْفُ زَمَانٍ , الْمَفْعُولُ فِيهِ)

시간을 나타내는 연고형용사가 문장에서 시간의 부사로 사용된다.

우리는 매일 대학에 가야 한다.	يَجِبُ أَنْ نَذْهَبَ إِلَى الْجَامِعَةِ يَوْمِيًّا.
나는 매주 영화관에서 영화를 본다.	أُشَاهِدُ فِيلْمًا فِي السِّينَمَا أُسْبُوعِيًّا.
그들은 매년 새로운 나라로 여행하는 것을 좋아한다.	يُحِبُّونَ أَنْ يُسَافِرُوا سَنَوِيًّا إِلَى بَلَدٍ جَدِيدٍ.
هَلْ تُرِيدُ أَنْ تَأْخُذَ أَجْرَكَ يَوْمِيًّا أَمْ أُسْبُوعِيًّا أَمْ شَهْرِيًّا؟	
당신은 임금을 매일 받길 원합니까? 아니면 매주 받길 원합니까? 아니면 매달 받길 원합니까?	

---

[1] أَوْصَلَ/ يُوصِلُ هـ .. 을 ...로 데리고 가다 إِيصَالٌ – إِلَى هـ أَوْ يُوصِلُ/ أَوْصَلَ هـ أَوْ (전기, 물, 소리, 빛 등)을 가설하다

제 19 과 능동분사 (اسْمُ الْفَاعِلِ)

심화학습 - 파생명사(الِاسْمُ الْمُشْتَقُّ)와
    불완전 파생명사(الِاسْمُ الْجَامِدُ)에 대해
1. 능동분사(اسْمُ الْفَاعِلِ)의 형태
2. 기본적인 능동분사(اسْمُ الْفَاعِلِ) 문장과 그 의미
3. 능동분사가 술어로 사용될 때 주어와 술어의 일치
4. 능동분사(اسْمُ الْفَاعِلِ)의 문장에서의 기능
5. 능동분사인가? 보통명사인가?
6. 능동분사의 동사적 용법(اسْمُ الْفَاعِلِ الْعَامِلُ عَمَلَ فِعْلِهِ)에 대해
7. 능동분사(اسْمُ الْفَاعِلِ) 문장의 문장전환
8. 능동분사(اسْمُ الْفَاعِلِ) 예문들

심화학습 - 파생명사(اَلاسْمُ الْمُشْتَقُّ)와 불완전 파생명사(اَلاسْمُ الْجَامِدُ)에 대해

능동분사를 공부하기에 앞서 아랍어 문법에서 명사를 그 구성에 따라 어떻게 구분하고 있는지 공부하도록 하자. 이 내용을 이해하고 있으면 앞으로 배우는 여러가지 명사 단어들의 형태와 용법을 이해하는데 많은 도움이 된다.

명사를 단어의 구성에 따라(اَلاسْمُ بِالنَّظَرِ إِلَى تَرْكِيبِهِ) 분류하면 크게 파생명사와 불완전 파생명사로 구분할 수 있다. 파생명사(اَلاسْمُ الْمُشْتَقُّ)는 어근에서 파생되어 어근과 의미의 연관성을 가진 단어로 파생된 명사를 말한다. 반면에 불완전 파생명사(اَلاسْمُ الْجَامِدُ)는 단어 자체가 어근이 되며 이 어근에서 파생된 동사와 파생명사가 없는 명사를 말하는 것으로 근원명사(اسْمُ الذَّاتِ)가 여기에 포함된다.
예를들어 '책상' 의 의미인 مَكْتَبٌ 란 명사는 ك - ت - ب 란 어근이 있고 그 어근에서 كَتَبَ 등의 동사와 مَكْتَبٌ, كِتَابٌ, مَكْتُوبٌ ...등의 여러 단어들이 파생되는 파생명사이다.
그러나 شَمْسٌ (태양)이나 نَهْرٌ (강) 혹은 رَجُلٌ (남자) 등의 근원명사는 이 단어 자체가 어근이 되며, 이 어근에서 파생된 의미의 연관성이 있는 동사와 다른 파생명사가 없는 불완전 파생명사이다.

아래의 도표에서 파생명사와 불완전 파생명사의 종류를 확인하라.

파생명사(اَلاسْمُ الْمُشْتَقُّ)	불완전 파생명사(اَلاسْمُ الْجَامِدُ)
1. 능동분사(اسْمُ الْفَاعِلِ) 2. 수동분사(اسْمُ الْمَفْعُولِ) 3. 유사형용사(اَلصِّفَةُ الْمُشَبَّهَةُ) 4. 과장형용사(صِيغَةُ الْمُبَالَغَةِ) 5. 우선급명사(اسْمُ التَّفْضِيلِ) 6. 시간명사(اسْمُ الزَّمَانِ) 7. 장소명사(اسْمُ الْمَكَانِ) 8. 도구명사(اسْمُ الْآلَةِ)	근원명사(اسْمُ الذَّاتِ)
동명사(اَلْمَصْدَرُ) 혹은 اسْمُ الْمَعْنَى	

위의 도표에서 동명사의 위치에 주목하라. 아랍어 문법학자에 따라 동명사를 의미명사(اسْمُ الْمَعْنَى)라고 하여 불완전 파생명사(اَلاسْمُ الْجَامِدُ)의 범주에 포함시키기도 한다.[1] 논란이 되는 부분이므로 필자는 동명사를 파생명사와 불완전 파생명사 중간에 위치시켰다.

---

[1] 동명사가 파생명사가 아니라 불완전 파생명사에 속한다는 이론은 우리에게 생소하다. 그러나 مُلَخَّص قواعد اللغة العربية 등의 문법서에서는 동명사가 동사와 파생명사의 근원이라고 밝히고 있다. 이러한 동명사가 동사의 근원인가? 혹은 동사가 동명사의 근원인가? 라는 이슈는 쿠파 학파와 바스라 학파에서부터 논쟁이 되어왔다. 쿠파 학파는 동사가 동명사와 다른 파생명사의 근원이라 주장한다(동사에서 동명사와 파생명사가 파생). 반면에 바스라 학파는 동명사가 동사와 다른 파생명사의 근원이라 주장한다(동명사에서 동사와 파생명사가 파생).

1) 파생명사(اَلْاِسْمُ الْمُشْتَقُّ)에 대해

파생명사란 단어의 어근(root)이 존재하며 이 어근에서 의미의 연관성이 있는 동사와 여러 가지 다른 명사로 파생되는 명사를 말한다. 이 파생명사는 어근 단어와 의미의 연관성이 있을 뿐만 아니라 그것이 어근에서 파생될 때 일정한 패턴의 공통점도 가지고 있다. 뿐만아니라 파생명사가 문장에서 사용될 때의 용법도 비슷한 점이 많다. 따라서 이 파생명사의 종류와 패턴 그리고 그 용법과 의미에 대해 공부하는 것은 아주 중요하다고 하겠다.

파생명사는 앞의 표에서처럼 능동분사, 수동분사, 유사 형용사(اَلصِّفَةُ الْمُشَبَّهَةُ), 과장 형용사(صِيغَةُ الْمُبَالَغَةِ), 우선급 명사(비교급과 최상급)(اِسْمُ التَّفْضِيلِ), 시간명사(اِسْمُ الزَّمَانِ), 장소명사(اِسْمُ الْمَكَانِ), 도구명사(اِسْمُ الْآلَةِ) 이다. 앞으로 능동분사부터 이러한 파생명사를 하나하나 공부하게 될 것이다.

한편 이전 과에서 배운 연고형용사(اَلنَّسَبُ)는 어근에서 파생된 것이 아니라 고유명사나 보통명사 혹은 동명사 뒤에 يّ 를 붙여서 만들어 준 것이기 때문에 파생명사(اَلْاِسْمُ الْمُشْتَقُّ)의 범주에 들어가지 않는다. 또한 근원명사(اِسْمُ الذَّاتِ)도 파생명사의 범주에 들어가지 않는다.

2) 불완전 파생명사(اَلْاِسْمُ الْجَامِدُ)에 대해 - 근원명사(اِسْمُ الذَّاتِ)에 대해

불완전 파생명사는 단어 자체가 어근이 되며 이 어근에서 파생된 동사와 파생명사가 없는 명사를 말한다. 불완전 파생명사에는 근원명사가 있으며, 학파에 따라서 동명사를 불완전 파생명사에 포함시키는 경우도 있다.

근원명사란 무엇일까? 아래의 شَمْسٌ (태양), نَهْرٌ (강), رَجُلٌ (남자) 등의 단어를 보자. 이 단어들은 문명이 발달하기 전 원시 아랍 사회가 일상생활에서 친숙하게 사용하던 것들이다. 이 단어들은 단어 자체가 어근이 되며 그 어근에서 의미의 연관성을 가진 다른 동사나 다른 명사로 파생되는 단어가 없거나 제한적으로 파생되는데, 이러한 단어를 근원명사라 한다. 앞에서 공부한 파생명사의 경우 그 복수형이 규칙복수가 많은데 근원명사의 경우 그 복수형이 모두 불규칙 복수형이다.

a. 사물의 이름

해	شَمْسٌ	달	قَمَرٌ
강	نَهْرٌ	바다	بَحْرٌ
집	بَيْتٌ	돌	حَجَرٌ
산	جَبَلٌ	나뭇가지	غُصْنٌ
땅	أَرْضٌ		

b. 동물의 이름

개	كَلْبٌ	코끼리	فِيلٌ
사자	أَسَدٌ	황소	ثَوْرٌ
고양이	قِطَّةٌ	말	حِصَانٌ

c. 신체부위

손	يَدٌ	눈	عَيْنٌ
머리	رَأْسٌ	코	أَنْفٌ
귀	أُذُنٌ		

d. 인간의 나이와 성에 대한 명사

| 남자 | رَجُلٌ | 딸 | بِنْتٌ |
| 아기, 어린이 | طِفْلٌ | 여자 | اِمْرَأَةٌ |

위의 근원명사들은 파생명사가 아니기에 의미의 연관성을 가진 동사가 없을 뿐만 아니라 능동분사, 유사형용사, 과장형용사, 수동분사, 시간명사, 장소명사 등의 파생형 단어가 없다.

** 예외적인 단어들 - 근원명사(اسْمُ الذَّاتِ)에서 제한적으로 파생된 단어의 예

다음 단어들과 같이 근원명사에서 제한적인 파생(불완전 파생)이 일어나는 단어들은 있을 수 있다.

근원명사(اسْمُ الذَّاتِ)		근원명사에서 파생된 명사(혹은 동명사 혹은 동사)	
사자	أَسَدٌ	사자가 많이 모이는 곳 (일종의 장소명사)	مَأْسَدَةٌ *
남자	رَجُلٌ	남성다움 (일종의 동명사)	رُجُولَةٌ *
고국	وَطَنٌ	애국심 (연고형용사의 변형)	وَطَنِيَّةٌ *
집	بَيْتٌ	밤을 보내다	بَاتَ / يَبَاتُ
바다	بَحْرٌ	배로 항해하다	أَبْحَرَ / يُبْحِرُ

→ 위의 * 단어들의 경우 동사나 능동분사, 수동분사 등의 파생형 단어들이 없다. 제한적 파생이다.

** 아래와 같이 근원명사에서 온 연고형용사는 파생명사가 아니다. (원래 연고형용사는 파생명사가 아니다.) 따라서 근원명사가 연고형용사가 되는 것은 문제가 없다고 하겠다.

근원명사(اسْمُ الذَّاتِ)		연고형용사(النَّسَبُ)	
해	شَمْسٌ	해의, 양력의, 태양력의	شَمْسِيٌّ
달	قَمَرٌ	달의, 음력의	قَمَرِيٌّ
강	نَهْرٌ	강의, 강에서 생산된	نَهْرِيٌّ
바다	بَحْرٌ	바다의, 바다에서 생산된	بَحْرِيٌّ

제 19 과 능동분사 (اسْمُ الْفَاعِلِ)

능동분사는 동사에서 파생되어 동작의 진행 혹은 상태의 계속을 의미('..하고 있는', '..하는')하거나, 동사의 동작을 수행하는 사람('..하는 사람')을 나타내는 파생명사이다. 3 자음 원형동사에 해당되는 능동분사는 فَاعِلٌ 패턴을 취한다. 아래의 능동분사의 기본 패턴과 그 의미를 보자.

의미 / 동사		능동분사 기본 패턴 فَاعِلٌ	
기록하다	كَتَبَ	기록하는	كَاتِبٌ
듣다	سَمِعَ	듣는	سَامِعٌ
앉다	جَلَسَ	앉아있는	جَالِسٌ

1. 능동분사(اسْمُ الْفَاعِلِ)의 형태

3 자음 원형동사(الْفِعْلُ الْمُجَرَّدُ الثُّلَاثِيّ)의 능동분사에서는 동사의 어근에서 파생된 فَاعِلٌ의 패턴을 취한다. 첨가동사(الْفِعْلُ الْمَزِيدُ)에서는 각 형태의 미완료형 동사에 접두된 미완료 표지 불변사(حَرْفُ الْمُضَارِعِ) ي 를 탈락시키고 그 자리에 مُ 를 붙여서 능동분사 꼴을 만든다.

فَعَلَ 패턴을 능동분사로 취하는 동사는 فَعَلَ 패턴과 فَعِلَ 패턴의 동사이며, فَعُلَ 패턴의 동사와 일부 فَعِلَ 패턴의 동사는 فَاعِلٌ 패턴이 아닌 유사형용사(الصِّفَةُ الْمُشَبَّهَةُ)라는 다른 패턴을 취하여 능동분사적인 의미를 구현한다. (유사형용사에 대해서는 다음 과에서 공부한다.)

(아래에서 '3 자음 원형동사'와 '첨가동사' 등의 용어와 아래에 나오는 '강동사', '함자동사', '약동사' 등의 용어는 동사의 종류에 대한 용어로서 이 책 동사 부분에서 자세히 다룬다. 능동분사 단어가 동사에서 파생되기 때문에 동사 분류의 기준으로 능동분사 단어들을 정리하였다.)

1) 3 자음 원형 동사(الْفِعْلُ الْمُجَرَّدُ الثُّلَاثِيّ)의 능동분사

아래에서 능동분사 단어들을 동사의 종류에 따라 구분하여 정리한다. 아래의 도표에 나오는 능동분사 단어들을 익힐 때 그 동사와 함께 단어를 익히는 것이 효과적이다.

(1) 강동사

① 정상동사 - (الْفِعْلُ السَّالِمُ) – 함자가 없고, 끝 자음에 중복자음(الشَّدَّةُ)이 오지 않으며, 약자음이 없는 동사

기록하다, 쓰다	كَتَبَ/ يَكْتُبُ هـ	기록하는 ; 저자	كَاتِبٌ
알다	عَرَفَ/ يَعْرِفُ هـ	알고 있는	عَارِفٌ
알다	عَلِمَ/ يَعْلَمُ هـ	알고있는 ; 과학자	عَالِمٌ
이해하다	فَهِمَ/ يَفْهَمُ هـ	이해하는	فَاهِمٌ
마시다	شَرِبَ/ يَشْرَبُ هـ	마시는	شَارِبٌ
열다	فَتَحَ/ يَفْتَحُ هـ	열고있는, 열린	فَاتِحٌ

뜻	동사	뜻	능동분사
들어가다, 들어오다	دَخَلَ / يَدْخُلُ هـ	들어가는, 안에 있는	دَاخِلٌ
..로 부터 나가다	خَرَجَ / يَخْرُجُ (مِنْ)	나가는, 나가고 있는	خَارِجٌ (مِنْ)
..에 가다(to go)	ذَهَبَ / يَذْهَبُ إِلَى	가는, 가고 있는	ذَاهِبٌ إِلَى
내려오다, 내려가다 ; 머물다	نَزَلَ / يَنْزِلُ هـ	내려가는	نَازِلٌ
올라가다	صَعِدَ / يَصْعَدُ هـ	올라가는	صَاعِدٌ
..을 타다(to ride)	رَكِبَ / يَرْكَبُ هـ	올라탄	رَاكِبٌ
공부하다	دَرَسَ / يَدْرُسُ هـ	공부하는	دَارِسٌ
앉다	جَلَسَ / يَجْلِسُ عَلَى، إِلَى، فِي	앉아있는	جَالِسٌ عَلَى، إِلَى، فِي
듣다	سَمِعَ / يَسْمَعُ هـ	듣고 있는	سَامِعٌ
다스리다 ; 판결하다	حَكَمَ / يَحْكُمُ ه أَوْ هـ	다스리는 ; 판결하는	حَاكِمٌ
행하다, ..을 하다	فَعَلَ / يَفْعَلُ هـ	행하는, 행하고 있는	فَاعِلٌ
..을 하다, 일하다, 행하다 ; 만들다	عَمِلَ / يَعْمَلُ هـ	행하는 ; 만드는	عَامِلٌ
..을 만들다, 제작.제조하다	صَنَعَ / يَصْنَعُ هـ	만드는, 제작하는	صَانِعٌ
(..에) 살다, 거주하다	سَكَنَ / يَسْكُنُ (فِي)	(..에) 살고 있는	سَاكِنٌ (فِي)
..을 언급하다 ; 기억하다, 회상하다	ذَكَرَ / يَذْكُرُ هـ	언급하는 ; 기억하는	ذَاكِرٌ
보다, 주시하다, 관찰하다	نَظَرَ / يَنْظُرُ إِلَى	보는, 주시하는	نَاظِرٌ
..을 지키다, 수호. 보호하다 ; 외우다, 암기하다	حَفِظَ / يَحْفَظُ هـ	지키는, 보호하는 ; 외우는	حَافِظٌ
..을 열다, 벗기다 ; 폭로. 공개하다 ; 진찰하다	كَشَفَ / يَكْشِفُ هـ، عَلَى	여는, 벗기는 ; 폭로하는	كَاشِفٌ
..을 숨기다, 감추다 ; (불을) 끄다 ; 소리를 낮추다	كَتَمَ / يَكْتُمُ هـ	숨기는, 감추는	كَاتِمٌ
..을 발표하다, 공포하다 ; 출판하다 ; 퍼뜨리다	نَشَرَ / يَنْشُرُ هـ	발표하는, 공포하는 ; 퍼뜨리는	نَاشِرٌ
..을 때리다, 치다	ضَرَبَ / يَضْرِبُ هـ	때리는	ضَارِبٌ
..을 밀다, 밀고나가다 ; 지불하다	دَفَعَ / يَدْفَعُ هـ	미는 ; 지불하는	دَافِعٌ
..을 나누다, 분할하다, 분배하다	قَسَمَ / يَقْسِمُ هـ	나누는, 분할하는	قَاسِمٌ
..을 잃다, 상실하다	فَقَدَ / يَفْقِدُ هـ	잃은, 상실한	فَاقِدٌ
..을 획득하다, 얻다, 달성하다	حَصَلَ / يَحْصُلُ عَلَى	획득한, 얻은	حَاصِلٌ عَلَى

제19과 능동분사

한국어 뜻	동사	능동분사 뜻	능동분사
참석.참가하다	حَضَرَ / يَحْضُرُ هـ	참석한	حَاضِرٌ
..을 가두다, 감금.투옥하다	سَجَنَ / يَسْجُنُ ه	가두는, 투옥하는	سَاجِنٌ
매다, 연결하다 ; (모임 등을) 열다	عَقَدَ / يَعْقِدُ هـ	매는, 연결하는 ; (모임 등을) 여는	عَاقِدٌ
..을 금지하다, 막다	مَنَعَ / يَمْنَعُ هـ	금지하는, 막는	مَانِعٌ
..을 의도하다, 목표로하다(to intend)	قَصَدَ / يَقْصِدُ هـ	의도하는	قَاصِدٌ
들다, 나르다(to carry), 운반하다 ; 지니다, 휴대하다	حَمَلَ / يَحْمِلُ هـ	들고있는, 나르는 ; 가지고 있는, 지니고 있는 ; 임신한	حَامِلٌ

→ 전치사를 취하는 동사의 경우('동사 + 전치사' 관용구) 능동분사에도 동일한 전치사를 사용한다.

② 함자동사 (الْفِعْلُ الْمَهْمُوزُ) – 함자가 첫 자음, 혹은 중간 자음, 혹은 끝자음에 있는 동사

a. 함자가 첫 자음에 오는 동사

먹다	أَكَلَ / يَأْكُلُ هـ	먹는	آكِلٌ
취하다(to take)	أَخَذَ / يَأْخُذُ هـ، (مِنْ)	취하는	آخِذٌ (مِنْ)
명령하다	أَمَرَ / يَأْمُرُ بـ	명령하는	آمِرٌ بـ
유감스럽게 생각하다	أَسِفَ / يَأْسَفُ عَلَى	유감스러운, 미안한	آسِفٌ عَلَى

b. 함자가 중간 자음에 오는 동사

묻다, 질문하다	سَأَلَ / يَسْأَلُ ه هـ	질문하는	سَائِلٌ
...에 싫증나다	سَئِمَ / يَسْأَمُ هـ، مِنْ	싫증난	سَائِمٌ (مِنْ)

c. 함자가 끝자음에 오는 동사

읽다	قَرَأَ / يَقْرَأُ هـ	읽고있는	قَارِئٌ
시작하다	بَدَأَ / يَبْدَأُ هـ	시작하는	بَادِئٌ

③ 중복자음 동사 (الْفِعْلُ الْمُضَعَّفُ) – 두번째 자음과 세번째 자음이 같은 동사. (그래서 끝자음에 샷다가 붙음)

지나가다(to pass)	مَرَّ / يَمُرُّ بـ أَوْ فِي	지나가는	مَارٌّ بـ أَوْ فِي
세다(to count)	عَدَّ / يَعُدُّ هـ	세는	عَادٌّ
당기다, 끌다	شَدَّ / يَشُدُّ هـ	당기는, 끄는	شَادٌّ
끌다(to pull)	جَرَّ / يَجُرُّ هـ	끄는	جَارٌّ
늘이다, 펼치다(to extend)	مَدَّ / يَمُدُّ إِلَى	늘이는, 펼치는	مَادٌّ إِلَى

막다(to plug up)	سَدَّ/ يَسُدُّ هـ	막는	سَادٌّ
대답하다	رَدَّ/ يَرُدُّ عَلَى	대답하는	رَادٌّ عَلَى
나타내다, 보여주다 ; 증명.실증하다	دَلَّ/ يَدُلُّ عَلَى	..을 나타내는 ; 증명하는	دَالٌّ عَلَى
..에 대해 의심하다	شَكَّ/ يَشُكُّ فِي أَوْ بِـ	의심하는	شَاكٌّ
..를 기쁘게 하다, 즐겁게 하다	سَرَّ/ يَسُرُّ ه	기쁘하는	سَارٌّ
특별하다 ; ..에 관련되다	خَصَّ/ يَخُصُّ (بِـ)	특별한 ; ..에 관련된	خَاصٌّ (بِـ)

(2) 약동사 (الْفِعْلُ الْمُعْتَلُّ)

① 수약동사 - (الْفِعْلُ الْمِثَالُ) - 첫 자음이 و 혹은 ي 인 동사

발견하다	وَجَدَ/ يَجِدُ هـ	발견하는	وَاجِدٌ
도착하다	وَصَلَ/ يَصِلُ هـ، إِلَى	도착하는	وَاصِلٌ إِلَى
약속하다	وَعَدَ/ يَعِدُ هـ، بِـ	약속한	وَاعِدٌ بِـ
(선물로) 주다	وَهَبَ/ يَهَبُ هـ، بِـ	(선물로) 준	وَاهِبٌ
(아이를) 낳다 (f.)	وَلَدَتْ/ تَلِدُ ه	(아이를) 낳는 (f.)	وَالِدَةٌ
멈추다 ; 서다	وَقَفَ/ يَقِفُ	멈춘 ; 서 있는	وَاقِفٌ
놓다(to put)	وَضَعَ/ يَضَعُ هـ	놓는	وَاضِعٌ
떨어지다 ; 발생하다	وَقَعَ/ يَقَعُ	떨어지는 ; 발생하는	وَاقِعٌ
신뢰하다	وَثِقَ/ يَثِقُ بِـ أَوْ مِنْ	신뢰하는	وَاثِقٌ بِـ أَوْ مِنْ
상속하다	وَرِثَ/ يَرِثُ هـ	상속하는	وَارِثٌ
절망하다	يَئِسَ/ يَيْأَسُ مِنْ	절망하는	يَائِسٌ مِنْ
(땅 등이) 마르다	يَبِسَ/ يَيْبَسُ أَوْ يَيْبِسُ	마른	يَابِسٌ

② 간약동사 - (الْفِعْلُ الْأَجْوَفُ) - 어근 중간자음이 و 혹은 ي 인 동사 - 능동분사의 중간자음이 모두 함자(ئـ)로 바뀜.

말하다	قَالَ/ يَقُولُ هـ لـ	말하는	قَائِلٌ لـ
...이다(to be) ; 존재하다	كَانَ/ يَكُونُ	존재하는	كَائِنٌ
일어나다, 서다	قَامَ/ يَقُومُ	일어서는, 일어서있는	قَائِمٌ
돌아가다, 돌아오다	عَادَ/ يَعُودُ إِلَى	돌아가는	عَائِدٌ إِلَى

408

제19과 능동분사

방문하다	زَارَ/ يَزُورُ هـ أوْ هـ	방문하는 ; 방문자	زَائِرٌ
인도하다	قَادَ/ يَقُودُ هـ	인도하는 ; 지도자	قَائِدٌ
죽다	مَاتَ/ يَمُوتُ	죽는, 죽은	مَائِتٌ
금식하다	صَامَ/ يَصُومُ	금식하는	صَائِمٌ
운전하다	سَاقَ/ يَسُوقُ هـ	운전하는 ; 운전자	سَائِقٌ
배회하다	طَافَ/ يَطُوفُ	배회하는	طَائِفٌ
..을 보존.보관하다	صَانَ/ يَصُونُ هـ	보존.보관하는	صَائِنٌ
..에 대하여 ...를 비난하다	لَامَ/ يَلُومُ هـ عَلَى	비난하는	لَائِمٌ عَلَى
사라지다 ; 그만두다	زَالَ/ يَزُولُ	사라지는	زَائِلٌ
팔다	بَاعَ/ يَبِيعُ هـ	팔고 있는	بَائِعٌ
..이 되다(to become)	صَارَ/ يَصِيرُ	..이 되는	صَائِرٌ
결석하다	غَابَ/ يَغِيبُ	결석한	غَائِبٌ
걷다	سَارَ/ يَسِيرُ	걷는	سَائِرٌ
날다	طَارَ/ يَطِيرُ	날고 있는	طَائِرٌ
잃다	ضَاعَ/ يَضِيعُ	잃은	ضَائِعٌ
살다	عَاشَ/ يَعِيشُ	살고 있는	عَائِشٌ
기대다	مَالَ/ يَمِيلُ إِلَى	기대는	مَائِلٌ إِلَى
외치다	صَاحَ/ يَصِيحُ	외치는	صَائِحٌ
묵다, 잠자다	بَاتَ/ يَبِيتُ	묵고 있는	بَائِتٌ
(말, 비밀 등이) 널리 알려지다, 퍼지다	شَاعَ/ يَشِيعُ	널리퍼진	شَائِعٌ
비난하다 ; 결함을 가지고 있다	عَابَ/ يَعِيبُ هـ أوْ هـ	비난하는 ; 결함을 가지고 있는	عَائِبٌ
잠자다	نَامَ/ يَنَامُ	잠자는	نَائِمٌ
두려워하다	خَافَ/ يَخَافُ مِنْ	두려워하는	خَائِفٌ مِنْ
얻다, 획득하다	نَالَ/ يَنَالُ هـ	얻은, 획득한	نَائِلٌ
겁먹다, 두려워하다	هَابَ/ يَهَابُ هـ	겁먹은, 두려워하는	هَائِبٌ

종합 아랍어 문법

③ 말약동사 (الْفِعْلُ النَّاقِصُ) – 어근 끝자음이 و 혹은 ي 인 동사

말약동사의 능동분사들은 만꾸스 명사이다. 따라서 한정형태가 되면 끝의 ي 가 살아난다. 예: الدَّاعِي

뜻	동사	능동분사 뜻	능동분사
초청하다; 촉구하다	دَعَا / يَدْعُو (إِلَى)	초청하는; 촉구하는	دَاعٍ (إِلَى)
소망하다	رَجَا / يَرْجُو ه	소망하는	رَاجٍ
접근하다, 가까이가다	دَنَا / يَدْنُو مِنْ، إِلَى	접근하는	دَانٍ مِنْ، إِلَى
불평하다	شَكَا / يَشْكُو مِنْ، إِلَى، لـ	불평하는	شَاكٍ مِنْ، إِلَى، لـ
자라다, 성장하다	نَمَا / يَنْمُو	자라는, 성장하는	نَامٍ
(위험 등에서) 도피하다; 구출되다	نَجَا / يَنْجُو مِنْ	도피하는; 구출되는	نَاجٍ مِنْ
비워지다	خَلَا / يَخْلُو	비워진	خَالٍ
용서하다	عَفَا / يَعْفُو عَنْ	용서하는	عَافٍ عَنْ
잊다	نَسِيَ / يَنْسَى ه	잊은	نَاسٍ
만족하다	رَضِيَ / يَرْضَى بـ، عَنْ	만족하는	رَاضٍ بـ، عَنْ
만나다; 발견하다; 받다	لَقِيَ / يَلْقَى ه	만나는; 발견하는; 받는	لَاقٍ
남다, 머무르다	بَقِيَ / يَبْقَى	남아있는, 머무르는	بَاقٍ
걷다	مَشَى / يَمْشِي	걷고 있는	مَاشٍ
짓다, 건축하다	بَنَى / يَبْنِي ه	건설하는	بَانٍ
안내하다	هَدَى / يَهْدِي ه إِلَى	안내하는	هَادٍ إِلَى
던지다	رَمَى / يَرْمِي ه	던지는	رَامٍ
지키다, 보호하다	حَمَى / يَحْمِي ه أَوْ ه	지키는, 보호하는	حَامٍ
..에게 ..을 선고.판결하다	قَضَى / يَقْضِي عَلَى ه بـ	판결하는; 판사	قَاضٍ عَلَى ه بـ
불순종하다	عَصَى / يَعْصِي ه	불순종하는	عَاصٍ
울다	بَكَى / يَبْكِي	울고 있는	بَاكٍ
뛰다	جَرَى / يَجْرِي	뛰는; 현재의	جَارٍ
이야기하다	حَكَى / يَحْكِي ه لـ	이야기하는	حَاكٍ لـ
의미하다; 걱정하다	عَنَى / يَعْنِي ه أَوْ ه	의미하는; 걱정하는	عَانٍ

2) 첨가동사(الفِعْلُ المَزِيدُ)의 능동분사

첨가동사의 능동분사는 각 형태의 미완료형 동사에 접두된 ي를 탈락시키고 그 자리에 مُـ (mu) 를 붙인 뒤, 끝에서 두번째 자음에 카스라 'i' 모음을 붙인다.(IX 형은 카스라가 붙지 않는다)

	الوَزْنُ 패턴	능동분사 패턴	능동분사 예	의미
II 형	فَعَّلَ / يُفَعِّلُ	مُفَعِّلٌ	مُدَرِّسٌ	가르치는 ; 교사
III 형	فَاعَلَ / يُفَاعِلُ	مُفَاعِلٌ	مُطَالِبٌ	요구하는
IV 형	أَفْعَلَ / يُفْعِلُ	مُفْعِلٌ	مُرْسِلٌ	보내는
V 형	تَفَعَّلَ / يَتَفَعَّلُ	مُتَفَعِّلٌ	مُتَكَلِّمٌ	말하는
VI 형	تَفَاعَلَ / يَتَفَاعَلُ	مُتَفَاعِلٌ	مُتَنَاوِلٌ	가지는, 먹고 있는
VII 형	انْفَعَلَ / يَنْفَعِلُ	مُنْفَعِلٌ	مُنْكَسِرٌ	부서지는
VIII 형	افْتَعَلَ / يَفْتَعِلُ	مُفْتَعِلٌ	مُحْتَرَمٌ	존경하는
IX 형	افْعَلَّ / يَفْعَلُّ	مُفْعَلٌّ	مُحْمَرٌّ	붉게되는
X 형	اسْتَفْعَلَ / يَسْتَفْعِلُ	مُسْتَفْعِلٌ	مُسْتَقْبِلٌ	영접하는

II 형 مُفَعِّلٌ 패턴

가르치다	عَلَّمَ / يُعَلِّمُ ه هـ	가르치는 ; 교사	مُعَلِّمٌ
가르치다	دَرَّسَ / يُدَرِّسُ ه	가르치는 ; 교사	مُدَرِّسٌ
잠재우다	نَوَّمَ / يُنَوِّمُ ه	잠재우는 ; 수면제	مُنَوِّمٌ
확대하다, 늘이다, 확장하다	كَبَّرَ / يُكَبِّرُ هـ	확대하는, 늘이는 ; 확성기	مُكَبِّرٌ
많이 모으다, 축적하다	جَمَّعَ / يُجَمِّعُ هـ	많이 모으는, 축적하는 ; 수집가	مُجَمِّعٌ
조직하다 (to organize)	نَظَّمَ / يُنَظِّمُ هـ	조직하는 ; 조직자	مُنَظِّمٌ
(환자를) 간호하다	مَرَّضَ / يُمَرِّضُ ه	간호하는 ; 간호사	مُمَرِّضٌ
임명하다, 지명하다	عَيَّنَ / يُعَيِّنُ ه	임명하는, 지명하는	مُعَيِّنٌ
..을 ..에 적용하다, 적응시키다	طَبَّقَ / يُطَبِّقُ هـ عَلَى	적용하는, 적응시키는	مُطَبِّقٌ عَلَى
제출하다, 제공하다	قَدَّمَ / يُقَدِّمُ ه هـ	제출하는	مُقَدِّمٌ
..에게 말하다	كَلَّمَ / يُكَلِّمُ ه	말하는	مُكَلِّمٌ

공로를 인정하다 ; 공경하다 ; 높이다	كَرَّمَ/ يُكَرِّمُ ه	공로를 인정하는 ; 공경하는 ; 높이는	مُكَرِّمٌ
..를 추천하다	رَشَّحَ/ يُرَشِّحُ ه	추천하는	مُرَشِّحٌ
..을 쫓아내다 ; 졸업시키다	خَرَّجَ/ يُخَرِّجُ هـ	쫓아내는 ; 졸업시키는	مُخَرِّجٌ
갚다, 지불하다 ; 쏘다, (공을) 슈팅하다	سَدَّدَ/ يُسَدِّدُ هـ	갚는, 지불하는	مُسَدِّدٌ
구성.조성.형성하다	كَوَّنَ/ يُكَوِّنُ هـ	구성하는, 조성하는, 형성하는	مُكَوِّنٌ

III 형 مُفَاعِلٌ 패턴

만나다	قَابَلَ/ يُقَابِلُ ه	만나는	مُقَابِلٌ
싸우다, 전투하다	قَاتَلَ/ يُقَاتِلُ ه أَوْ هـ	싸우는, 전투하는	مُقَاتِلٌ
..에 저항하다, 투쟁하다	قَاوَمَ/ يُقَاوِمُ ه	저항하는, 투쟁하는	مُقَاوِمٌ
...와 서신을 주고받다	رَاسَلَ/ يُرَاسِلُ ه	서신을 주고 받는 ; 통신원	مُرَاسِلٌ
보다, 시청하다	شَاهَدَ/ يُشَاهِدُ هـ	시청하는 ; 시청자	مُشَاهِدٌ
계속하다, 계속 수행하다 ; 주의를 기울이는	تَابَعَ/ يُتَابِعُ هـ	계속하는, 계속 수행하는 ; 주의를 기울이는	مُتَابِعٌ
동의하다, 찬성하다	وَافَقَ/ يُوَافِقُ ه عَلَى	동의하는, 찬성하는	مُوَافِقٌ عَلَى
요구하다	طَالَبَ/ يُطَالِبُ بِـ	요구하는	مُطَالِبٌ بِـ
돕다	سَاعَدَ/ يُسَاعِدُ ه	돕는 ; 돕는자, 조수	مُسَاعِدٌ
여행하다	سَافَرَ/ يُسَافِرُ	여행하는 ; 여행객	مُسَافِرٌ
..를 대하다, 상대하다, 거래하다, 다루다	عَامَلَ/ يُعَامِلُ ه	..를 대하는, 상대하는, 거래하는	مُعَامِلٌ
..를 놀라게 하다	فَاجَأَ/ يُفَاجِئُ ه	놀라게 하는	مُفَاجِئٌ

IV 형 مُفْعِلٌ 패턴

완성되게하다, 완성하다	أَكْمَلَ/ يُكْمِلُ هـ	완성하는	مُكْمِلٌ
내보내다, 나가게하다, 꺼내다	أَخْرَجَ/ يُخْرِجُ هـ	내보내는, 나가게 하는 ; 프로듀서	مُخْرِجٌ
넘겨주다 ; 항복하다 ; 무슬림이 되다	أَسْلَمَ/ يُسْلِمُ (هـ)	넘겨주는, 항복하는 ; 무슬림	مُسْلِمٌ
...에게 ...을 전하다, 알리다, 통지하다	أَخْبَرَ/ يُخْبِرُ ه هـ	전하는, 알리는 ; 리포터 ; 형사	مُخْبِرٌ
파트너가 되다 ; 다신교도가 되다	أَشْرَكَ/ يُشْرِكُ	파트너가 되는 ; 다신교도의	مُشْرِكٌ
해가 돋다	أَشْرَقَ/ يُشْرِقُ	해가 돋는	مُشْرِقٌ

보내다	أَرْسَلَ/ يُرْسِلُ ه أَوْ هـ	보내는	مُرْسِلٌ
서두르다	أَسْرَعَ/ يُسْرِعُ	서두르는	مُسْرِعٌ
오다, 다가가다, 가까와지다; 참석하다	أَقْبَلَ/ يُقْبِلُ	다가오는, 가까와지는; 다음의	مُقْبِلٌ
되돌리다; 다시하다	أَعَادَ/ يُعِيدُ هـ إِلَى	되돌리는	مُعِيدٌ
비난하다, 정죄하다	أَدَانَ/ يُدِينُ ه	비난하는, 정죄하는	مُدِينٌ
..을 나타내다, 노출시키다	أَظْهَرَ/ يُظْهِرُ هـ	나타내는, 노출시키는	مُظْهِرٌ
..을 일어서게 하다; 건립, 건설, 설립하다	أَقَامَ/ يُقِيمُ هـ	건립, 건설, 설립하는	مُقِيمٌ
(불행이)..에게 생기다; 부상을 입히다; 명중하다	أَصَابَ/ يُصِيبُ ه، هـ	(불행이) 생기게 하는; 부상을 입히는	مُصِيبٌ
..을 취소시키다	أَلْغَى/ يُلْغِي هـ	취소시키는	مُلْغٍ (الْمُلْغِي)
..에게 ..을 주다	أَعْطَى/ يُعْطِي ه هـ	주는	مُعْطٍ (الْمُعْطِي)

V 형 مُتَفَعِّلٌ 패턴

발전하다, 발달하다	تَطَوَّرَ/ يَتَطَوَّرُ	발전한	مُتَطَوِّرٌ
영향을 받다	تَأَثَّرَ/ يَتَأَثَّرُ	영향을 받은	مُتَأَثِّرٌ
앞서다, 앞서가다	تَقَدَّمَ/ يَتَقَدَّمُ	앞선, 앞서가는	مُتَقَدِّمٌ
...에 대해 이야기하다, 에게 말하다	تَكَلَّمَ/ يَتَكَلَّمُ فِي، عَنْ، مَعَ	말하는; 말하는 사람, 연사	مُتَكَلِّمٌ
배우다(to learn)	تَعَلَّمَ/ يَتَعَلَّمُ	배운; 배운 사람	مُتَعَلِّمٌ
...와 결혼하다	تَزَوَّجَ/ يَتَزَوَّجُ ه	결혼한	مُتَزَوِّجٌ
주저하다, 망설이다	تَرَدَّدَ/ يَتَرَدَّدُ فِي	주저하는, 망설이는	مُتَرَدِّدٌ فِي
..로 부터 그만두다, 물러서다, 하야하다	تَنَحَّى/ يَتَنَحَّى (عَنْ)	그만두는, 하야하는	مُتَنَحٍّ (الْمُتَنَحِّي) (عَنْ)
깊이 생각하다, 묵상하다	تَأَمَّلَ/ يَتَأَمَّلُ فِي	깊이 생각하는, 묵상하는	مُتَأَمِّلٌ فِي

VI 형 مُتَفَاعِلٌ 패턴

취하다, 가지다; 먹다	تَنَاوَلَ/ يَتَنَاوَلُ هـ	가지고 있는, 먹고 있는	مُتَنَاوِلٌ
함께 만나다, 서로 만나다	تَقَابَلَ/ يَتَقَابَلُ	함께 만나는, 서로 만나는	مُتَقَابِلٌ
서로 돕다, 협력하다	تَعَاوَنَ/ يَتَعَاوَنُ	서로 돕는, 협력하는	مُتَعَاوِنٌ

مُتَشَاوِرٌ	협의하는, 의논하는	تَشَاوَرَ/ يَتَشَاوَرُ	..와 ...에 대해 협의.의논 하다
مُتَوَاصِلٌ	계속되는 ; 서로 연결하는, 의사소통하는	تَوَاصَلَ/ يَتَوَاصَلُ	계속되다 ; 서로 연결하다, 의사소통하다

VII 형 مُنْفَعِلٌ 패턴

مُنْكَسِرٌ	부서진	انْكَسَرَ/ يَنْكَسِرُ	부서지다, 깨지다
مُنْفَتِحٌ	열리는 ; (머리가) 깨인	انْفَتَحَ/ يَنْفَتِحُ	열리다 ; (머리가) 깨이다
مُنْعَقِدٌ	체결된 ; 열린, 개최된	انْعَقَدَ/ يَنْعَقِدُ	체결되다 ; 열리다, 개최 되다
مُنْهَزِمٌ	패배한	انْهَزَمَ/ يَنْهَزِمُ	패배하다
مُنْقَلِبٌ	뒤집어진, 전복된	انْقَلَبَ/ يَنْقَلِبُ	뒤집히다, 전복되다 ; 변 화되다

VIII 형 مُفْتَعِلٌ 패턴

مُسْتَمِعٌ إِلَى	청취하는 ; 청취자	اسْتَمَعَ/ يَسْتَمِعُ إِلَى	듣다, 청취하다(to listen to)
مُنْتَخِبٌ	선거하는, 뽑는 ; 유권자	انْتَخَبَ/ يَنْتَخِبُ ه	선거하다, 선출하다
مُخْتَبِرٌ	시험하는, 실험하는	اخْتَبَرَ/ يَخْتَبِرُ ه، هـ	..을 해보다 ; 실험.시험하다
مُعْتَرِفٌ بِـ	인정하는 ; 고백하는	اعْتَرَفَ/ يَعْتَرِفُ بِـ	인정하다 ; 고백하다
مُجْتَمِعٌ	모이고 있는	اجْتَمَعَ/ يَجْتَمِعُ	모이다, 모여들다(to meet)
مُنْتَشِرٌ	(널리) 퍼진, 전파된	انْتَشَرَ/ يَنْتَشِرُ	퍼지다(소식, 소문 등이) ; 전파.보급되다
مُخْتَلِفٌ	다른	اخْتَلَفَ/ يَخْتَلِفُ	다르다(to differ from)
مُعْتَبِرٌ	여기고 있는, 간주하는	اعْتَبَرَ/ يَعْتَبِرُ هـ هـ	..을 ...으로 여기다, 간주하다, 고려하다
مُنْتَظِرٌ	기다리는	انْتَظَرَ/ يَنْتَظِرُ ه أو هـ	기다리다
مُشْتَرِكٌ فِي	참가하는	اشْتَرَكَ/ يَشْتَرِكُ فِي	..에 가입하다, 참가하다
مُحْتَرِمٌ	존경하는	احْتَرَمَ/ يَحْتَرِمُ	존경하다
مُعْتَمِدٌ (عَلَى)	기대하는, 의존하는 ; 비준하는	اعْتَمَدَ/ يَعْتَمِدُ عَلَى، هـ	..에 기대다 ;의존하다 ; 신뢰하다 ; ..을 비준하다
مُخْتَصِرٌ	단축하는, 축약하는	اخْتَصَرَ/ يَخْتَصِرُ	단축하다, 축약하다
مُفْتَتِحٌ	여는, 개막하는	افْتَتَحَ/ يَفْتَتِحُ هـ	(회의를) 열다, 개장.개막하다
مُخْتَطِفٌ	납치하는	اخْتَطَفَ/ يَخْتَطِفُ هـ	납치하다

체포하다	اِعْتَقَلَ / يَعْتَقِلُ هـ	체포하는	مُعْتَقِلٌ
..을 고발하다, 고소하다 ; 비난하다	اِتَّهَمَ / يَتَّهِمُ هـ بـ	고발.고소하는 ; 비난하는	مُتَّهِمٌ بـ
..을 받다, 수령하다	اِسْتَلَمَ / يَسْتَلِمُ هـ	수령하는, 받는	مُسْتَلِمٌ
암살하다	اِغْتَالَ / يَغْتَالُ هـ	암살하는	مُغْتَالٌ

IX형 مُفْعَلٌّ 패턴

붉게되다	اِحْمَرَّ / يَحْمَرُّ	붉게되는	مُحْمَرٌّ
노랗게되다	اِصْفَرَّ / يَصْفَرُّ	노랗게 되는	مُصْفَرٌّ

X형 مُسْتَفْعِلٌ 패턴

..에게 항복.투항하다	اِسْتَسْلَمَ / يَسْتَسْلِمُ لـ	항복하는, 투항하는	مُسْتَسْلِمٌ لـ
...에게 ..의 용서를 빌다	اِسْتَغْفَرَ / يَسْتَغْفِرُ هـ لـ	용서를 비는	مُسْتَغْفِرٌ لـ
..에게서 ...을 빌리다, 대여받다	اِسْتَعَارَ / يَسْتَعِيرُ هـ مِنْ	빌리는, 대여받은	مُسْتَعِيرٌ مِنْ
거주지를 정하다, 영주하다	اِسْتَوْطَنَ / يَسْتَوْطِنُ هـ	거주지를 정한 ; 거주민	مُسْتَوْطِنٌ
...을 사용.이용하다	اِسْتَعْمَلَ / يَسْتَعْمِلُ هـ، ه	사용하고 있는 ; 사용자	مُسْتَعْمِلٌ
이익.유익을 얻다	اِسْتَفَادَ / يَسْتَفِيدُ مِنْ	유익을 얻는	مُسْتَفِيدٌ مِنْ
...할 준비가 되다	اِسْتَعَدَّ / يَسْتَعِدُّ لـ	준비된	مُسْتَعِدٌّ لـ
...을 맞이하다, 영접하다	اِسْتَقْبَلَ / يَسْتَقْبِلُ هـ	영접하는	مُسْتَقْبِلٌ
사용.이용.고용하다	اِسْتَخْدَمَ / يَسْتَخْدِمُ هـ، ه	사용하고 있는 ; 사용자	مُسْتَخْدِمٌ
계속되나, 시속되다	اِسْتَمَرَّ / يَسْتَمِرُّ	계속되는	مُسْتَمِرٌّ
급하다, 서두르다	اِسْتَعْجَلَ / يَسْتَعْجِلُ	서두르는, 급한	مُسْتَعْجِلٌ
..에게 ..대하여 알아보자, 문의하다, 정보를 구하다	اِسْتَعْلَمَ / يَسْتَعْلِمُ هـ عَنْ	문의하는, 알아보는	مُسْتَعْلِمٌ عَنْ
..의 반환을 요구하다, 노로거두다, 회복.회수하다	اِسْتَرْجَعَ / يَسْتَرْجِعُ هـ	회복한, 회수한	مُسْتَرْجِعٌ
설명해 달라고 하다 ; 물어보다, 알아보다	اِسْتَفْسَرَ / يَسْتَفْسِرُ هـ	설명해달라고 하는 ; 물어 보는	مُسْتَفْسِرٌ
..을 얻어내다, 채취.축출 하다 ; 증류하다	اِسْتَخْرَجَ / يَسْتَخْرِجُ هـ	얻어내는, 채취.축출하는	مُسْتَخْرِجٌ
호출하다, 소환하다 ; 소 집하다(예:예비군)	اِسْتَدْعَى / يَسْتَدْعِي ه	호출하는, 소환.소집하는	مُسْتَدْعٍ (الْمُسْتَدْعِي)

3) 4자음 원형동사의 능동분사

번역하다, 통역하다	تَرْجَمَ / يُتَرْجِمُ هـ	번역하고 있는	مُتَرْجِمٌ
통제하다, 지배하다	سَيْطَرَ / يُسَيْطِرُ عَلَى	통제하는, 지배하는	مُسَيْطِرٌ عَلَى
(돌 등을) 굴리다	دَحْرَجَ / يُدَحْرِجُ هـ	(돌 등을) 굴리는	مُدَحْرِجٌ
세차게 흔들다, 흔들다	زَعْزَعَ / يُزَعْزِعُ هـ	세차게 흔드는	مُزَعْزِعٌ

** 첨가동사의 능동분사 가운데 약자음 혹은 중복자음이 있는 경우들

다음은 첨가동사의 능동분사 가운데 약자음이나 끝자음에 중복자음이 있는 단어들만 따로 모은 것이다. 일반적인 능동분사 형태와 차이나는 부분을 눈여겨 보라.

① 중복자음 동사 (اَلْفِعْلُ الْمُضَعَّفُ) – 어미 자음이 중복자음인 동사

IV..을 준비하다	أَعَدَّ/ يُعِدُّ هـ	준비하는	مُعِدٌّ
VII..에 가입하다	انْضَمَّ/ يَنْضَمُّ إِلَى	가입하는	مُنْضَمٌّ
VIII..을 차지하다, 점령하다	احْتَلَّ/ يَحْتَلُّ هـ أَوْ بـ	차지하고 있는, 점령하고 있는	مُحْتَلٌّ
X..을 좋아하다; 좋다고 여기다; ..보다 ..을 더 좋아하다	اسْتَحَبَّ/ يَسْتَحِبُّ هـ	좋아하는; 좋다고 여기는	مُسْتَحِبٌّ

② 간약동사 (اَلْفِعْلُ الْأَجْوَفُ)

IV..을 돌리다, 작동시키다; 관리.운영하다 (د-و-ر)	أَدَارَ/ يُدِيرُ هـ	작동시키는; 관리하는, 운영하는	مُدِيرٌ
VII..의 편을 들다 (ح-و-ز)	انْحَازَ/ يَنْحَازُ لـ أَوْ إِلَى	..의 편을 드는	مُنْحَازٌ
VIII..에 습관들다, 습관적으로 ..을 하다 (ع-و-د)	اعْتَادَ/ يَعْتَادُ هـ أَوْ عَلَى	습관적으로 ..을 하는, ..을 하곤하는(used to)	مُعْتَادٌ
X..에 대답하다, 응답하다	اسْتَجَابَ/ يَسْتَجِيبُ لـ	..에 대답하는, 응답하는	مُسْتَجِيبٌ

③ 말약동사 (اَلْفِعْلُ النَّاقِصُ)

II..을 강화하다, 증강시키다	قَوَّى/ يُقَوِّي ه أَوْ هـ	강화하는, 증강시킨	مُقَوٍّ
III..를 부르다; 호출하다	نَادَى/ يُنَادِي ه	..을 부르는; 호출하는	مُنَادٍ
IV..에게 ..을 주다	أَعْطَى/ يُعْطِي ه هـ	..을 주는	مُعْطٍ
V..을 희망하다, 바라다	تَمَنَّى/ يَتَمَنَّى هـ	희망하는, 바라는	مُتَمَنٍّ
VI..을 받다; (약을) 먹다; 종사하다	تَعَاطَى/ يَتَعَاطَى هـ	..을 받은; 먹은; 종사하는	مُتَعَاطٍ
VII..에 가입하다, 속하다	انْضَوَى/ يَنْضَوِي إِلَى	가입하는, 속한	مُنْضَوٍ
VIII..을 구입하다	اشْتَرَى/ يَشْتَرِي هـ	구입하는	مُشْتَرٍ
IX 붉게되다	احْمَرَّ/ يَحْمَرُّ	붉게 된	مُحْمَرٌّ
X..을 제외하다; 예외로하다	اسْتَثْنَى/ يَسْتَثْنِي هـ	제외한, 예외로 한	مُسْتَثْنٍ

2. 기본적인 능동분사 문장의 기능과 그 의미

앞에서 능동분사는 동작의 진행 혹은 상태의 계속을 의미('..하고 있는', '..하는')하거나, 동사의 동작을 수행하는 사람('..하는 사람')을 나타내는 파생명사라고 하였다. 그 내용을 살펴보도록 하자. 아래에서 미완료 동사가 사용된 문장과 능동분사가 술어로 사용된 문장의 의미는 동일하다. 단지 능동분사가 사용된 ②의 경우 그 시제가 현재가 될 수도 있고 과거나 미래가 될 수도 있다.

① 미완료형 동사 문장		② 능동분사가 술어로 사용된 문장	
그는 앉아 있다.	هُوَ يَجْلِسُ.	그는 앉아 있다.	هُوَ جَالِسٌ.
그녀는 듣는다.	هِيَ تَسْمَعُ.	그녀는 듣고 있다.	هِيَ سَامِعَةٌ.
그들은 잠잔다.	هُمْ يَنَامُونَ.	그들은 잠자고 있다.	هُمْ نَائِمُونَ.

1) 능동분사의 두 가지 기본적인 의미

(1) 동작의 진행이나 상태의 계속을 나타냄

이 때의 능동분사는 어떤 동작을 '...하고 있는', '...하는' 로 번역할 수 있다.

그는 카이로에 살고 있다.	هُوَ سَاكِنٌ فِي الْقَاهِرَةِ.
그들 둘은 거리를 걷고 있다. (3인칭 쌍수)	هُمَا مَاشِيَانِ فِي الشَّارِعِ.
그들은 그 의자들에 앉아있다. (3인칭 남성 복수)	هُمْ جَالِسُونَ عَلَى الْكَرَاسِي.

(2) 동작을 행하거나 상태를 계속하는 사람(간혹 사물)을 나타냄

이 때의 능동분사는 어떤 동작을 '...하고 있는 사람', '...하는 사람' 으로 번역할 수 있다.

교실에 앉아있는 그 사람은 내 친구이다.	الْجَالِسُ فِي الْفَصْلِ صَدِيقِي.
나는 일에 집중하는 자를 좋아한다.	أُحِبُّ الْمُرَكِّزَ فِي عَمَلِهِ.
거리에 걸어가는 그 사람은 내 형(남동생)이다.	الْمَاشِي فِي الشَّارِعِ أَخِي.
그 학교에는 한 방문하는 사람(방문자)이 있다.	فِي الْمَدْرَسَةِ زَائِرٌ.*

→위의 *은 능동분사가 비한정 형태로 사용되었다. 능동분사가 보통명사화된 의미라고 볼 수도 있다.

위와 같이 능동분사가 동작을 행하거나 상태를 계속하는 사람의 의미로 많이 사용되지만 간혹 동작을 행하는 사물의 의미로도 사용된다.

남아있는 것이 많지 않다.	الْبَاقِي لَيْسَ كَثِيرًا.
나는 한 일지(time organizer, diary)를 구입했다.	اشْتَرَيْتُ مُنَظِّمًا لِلْوَقْتِ.

→위의 사물의 의미로 사용된 두 단어는 능동분사이지만 보통명사화 된 단어라고 볼 수 있다.

2) 능동분사의 시제적인 의미

앞에서 능동분사가 술어로 사용될 경우 그 기본적인 의미가 '...하고 있는', '...하는'의 의미라고 했다. 이 경우 그 시제는 문맥에 따라 과거, 현재, 미래 모두가 가능하다. 능동분사는 문맥에 따라 과거나 현재 혹은 미래 시제 중 어느 것이든 가능하다.

그는 1년 전에 여행을 떠났다. (과거 시제)	هِيَ مُسَافِرَةٌ مُنْذُ سَنَةٍ.
그는 여행 중이다. (현재 시제)	هُوَ مُسَافِرٌ الآنَ.
그는 내일 여행을 떠날 것이다. (미래 시제)	هُوَ مُسَافِرٌ غَدًا.

그들 두 사람은 몇 분 전부터 거리에서 싸웠다(싸우고 있다). (과거 시제)	هُمَا مُتَشَاجِرَانِ فِي الشَّارِعِ مُنْذُ دَقَائِقَ.
그들 두 사람은 지금 거리에서 싸우고 있다. (현재 시제)	هُمَا مُتَشَاجِرَانِ فِي الشَّارِعِ الآنَ.
그들은 한 시간 뒤에 거리에서 싸울 것이다. (미래 시제)	هُمَا مُتَشَاجِرَانِ فِي الشَّارِعِ بَعْدَ سَاعَةٍ.

위의 예문에서 능동분사 مُسَافِرٌ 과 مُتَشَاجِرَانِ 의 시제는 함께 사용된 시간의 부사어에 따라 과거, 현재, 미래 모두를 의미할 수 있다. 따라서 정확한 문장의 시제는 함께 사용된 시간의 부사어 등을 통해 문맥에서 파악된다. 능동분사의 시제에 대해서는 이 책 제Ⅱ권의 '문장의 시제에 대해'에서 공부할 수 있다.

3. 능동분사(اسْمُ الْفَاعِل)가 술어로 사용될 때 주어와 술어의 일치

능동분사는 아랍어 품사적으로 명사이다. 능동분사가 명사문의 술어로 사용될 때 그 능동분사는 동사가 아닌 명사로서 변화한다. 즉 술어인 능동분사는 주어와 성과 수 그리고 격에서 일치해야 한다. 아래에서 술어로 사용된 능동분사가 어떻게 주어와 일치하는지 살펴보자.

			의미	주어와 술어의 일치
3인칭	남성단수	هُوَ	그는 앉아 있다.	هُوَ جَالِسٌ.
	여성단수	هِيَ	그녀는 앉아 있다.	هِيَ جَالِسَةٌ.
	남성쌍수	هُمَا	그들 둘(m.)은 앉아 있다.	هُمَا جَالِسَانِ.
	여성쌍수	هُمَا	그들 둘(f.)은 앉아 있다.	هُمَا جَالِسَتَانِ.
	남성복수	هُمْ	그들(m.)은 앉아 있다.	هُمْ جَالِسُونَ.
	여성복수	هُنَّ	그들(f.)은 앉아 있다.	هُنَّ جَالِسَاتٌ.
2인칭	남성단수	أَنْتَ	너(m.)는 앉아 있다.	أَنْتَ جَالِسٌ.
	여성단수	أَنْتِ	너(f.)는 앉아 있다.	أَنْتِ جَالِسَةٌ.
	남녀쌍수	أَنْتُمَا	너희 둘은 앉아 있다.	أَنْتُمَا جَالِسَانِ.
	남성복수	أَنْتُمْ	너희들(m.)은 앉아 있다.	أَنْتُمْ جَالِسُونَ.
	여성복수	أَنْتُنَّ	너희들(f.)은 앉아 있다.	أَنْتُنَّ جَالِسَاتٌ.
1인칭	남자단수	أَنَا	나(m.)는 앉아 있다.	أَنَا جَالِسٌ.
	여자단수	أَنَا	나(f.)는 앉아 있다.	أَنَا جَالِسَةٌ.
	남녀쌍수	نَحْنُ	우리 둘은 앉아 있다.	نَحْنُ جَالِسَانِ.
	남녀복수	نَحْنُ	우리들은 앉아 있다.	نَحْنُ جَالِسُونَ.

4. 능동분사(اسْمُ الْفَاعِلِ)의 문장에서의 기능

능동분사는 파생명사의 한 종류이므로 명사이다. 따라서 능동분사가 문장에서 사용될 때 아랍어 명사의 일반적인 역할을 수행한다. 즉 명사문의 주어(الْمُبْتَدَأُ), 동사문의 주어(الْفَاعِلُ)로, 명사문의 술어(الْخَبَرُ), 목적어(الْمَفْعُولُ بِهِ), 소유격 명사(الاسْمُ الْمَجْرُورُ), 연결형(الْمُضَافُ وَالْمُضَافُ إِلَيْهِ) 등에 사용된다. 또한 능동분사는 형용사적인 용법으로 사용되어 수식어(النَّعْتُ)로 사용된다. 뿐만 아니라 능동분사는 자체의 목적어를 취하는 동사적 용법(الْعَامِلُ عَمَلَ فِعْلِهِ)으로도 사용된다. (능동분사가 명사적 기능, 형용사적 기능, 동사적 기능 모두에 사용되는 것에 주목하라)

다음에서 능동분사가 문장에서 사용되는 여러 가지 기능을 종류별로 살펴본다. 각각의 능동분사의 의미가 동작의 진행이나 상태의 계속의 의미('...하고 있는', '...하는')인지, 아니면 그것을 진행하는 사람(혹은 사물)('...하고 있는 사람', '...하는 사람'(the one who ...)인지 구분하라. 또한 능동분사가 한정형태로 사용되었을 경우 그 의미가 특수적인지 아니면 일반적인지도 관심을 가질 필요가 있다. (이 책 제Ⅱ권 'الـ 의 용법에 대해'를 보라.)

1) 명사문의 주어(الْمُبْتَدَأُ)

그 교실에 앉아있는 그 사람은 내 친구이다.	الْجَالِسُ فِي الْفَصْلِ صَدِيقِي.
그 집을 나가는 그 여자는 아름답다.	الْخَارِجَةُ مِنَ الْبَيْتِ جَمِيلَةٌ.
그 창문에서 나를 쳐다보는 그 여자는 미친사람이다.	النَّاظِرَةُ إِلَيَّ مِنَ الشُّبَّاكِ مَجْنُونَةٌ.
이 시를 낭송하는 그 자는 훌륭하다. (능동분사의 동사적 용법)	الْقَارِئُ هَذَا الشِّعْرَ مُمْتَازٌ.
그 학교에는 한 방문하는 사람(방문자)이 있다.	فِي الْمَدْرَسَةِ زَائِرٌ.

2) 동사문의 주어(الْفَاعِلُ)

(그) 배고픈 자는 빨리 먹는다.	يَأْكُلُ الْجَائِعُ بِسُرْعَةٍ.
(그) 노력하는 자는 공부를 열심히 한다.	يُذَاكِرُ الْمُجْتَهِدُ كَثِيرًا.
(그) 여행에서 돌아온 그 자는 이집트에 도착했다.	وَصَلَ إِلَى مِصْرَ الْعَائِدُ مِنَ السَّفَرِ.
시험에 합격한 한 사람이 그 교실에 들어갔다.	دَخَلَ نَاجِحٌ فِي الامْتِحَانِ الْفَصْلَ.

3) 명사문의 술어(الْخَبَرُ)

그 교수는 그 대학으로 부터 나가고 있다.	الْأُسْتَاذُ خَارِجٌ مِنَ الْجَامِعَةِ.
우리는 집으로 돌아가고 있다.	نَحْنُ رَاجِعُونَ إِلَى الْبَيْتِ.
그녀들 두(f.) 사람은 그녀들의 선생님의 말을 경청하고 있다.	هُمَا مُسْتَمِعَتَانِ إِلَى مُدَرِّسِهِمَا.
그녀는 그녀의 아파트에서 내려오고 있다.	هِيَ نَازِلَةٌ مِنْ شَقَّتِهَا.

그는 그 단원을 알고 있다. (능동분사의 동사적 용법)		هُوَ عَالِمٌ الدَّرْسَ.
그는 영어를 공부하고 있다. (능동분사의 동사적 용법)		هُوَ دَارِسٌ اللُّغَةَ الإِنْجِلِيزِيَّةَ.
그는 한 말을 타고 있다. (능동분사의 동사적 용법)		هُوَ رَاكِبٌ حِصَانًا.
그녀는 한 아라비아 옷을 입고 있다. (능동분사의 동사적 용법)		هِيَ لَابِسَةٌ ثَوْبًا عَرَبِيًّا.

4) 목적어 (الْمَفْعُولُ بِهِ)

나는 일에 집중하는 자를 좋아한다.	أُحِبُّ الْمُرَكِّزَ فِي عَمَلِهِ.
그들은 그 강사를 이해했다.	فَهِمُوا الْمُتَكَلِّمَ.
그 사장은 그 결석한 자에게 결석의 이유에 대해 물었다.	سَأَلَ الْمُدِيرُ الْغَائِبَ عَنْ سَبَبِ غِيَابِهِ.
우리는 한 이집트인 교사를 만났다.	قَابَلْنَا مُعَلِّمًا مِصْرِيًّا.

5) 소유격 명사 (الاسْمُ الْمَجْرُورُ)

우리는 그 수상자와 인사를 나누었다.	سَلَّمْنَا عَلَى الْفَائِزِ بِالْجَائِزَةِ.
내 아버지는 나에게 나와 함께 걸었던 그 사람에 대해 물었다.	سَأَلَنِي أَبِي عَنِ الْمَاشِي مَعِي.
그녀는 그 훔친자로부터 그녀의 책을 취했다.	أَخَذَتْ¹ كِتَابَهَا مِنَ السَّارِقِ.
우리는 한 번역하는 사람을 알게 되었다.	تَعَرَّفْنَا عَلَى مُتَرْجِمٍ.

6) 전연결어 (الْمُضَافُ)

그 학생들의 (그) 충고자가 왔다. (동사문의 주어)	جَاءَ نَاصِحُ الطُّلَّابِ.
나는 그 집을 산 (그) 사람과 함께 말하고 있다. (후연결어)	أَتَكَلَّمُ مَعَ مُشْتَرِي الْبَيْتِ.
우리는 이성이 열려있어야 한다.(형용사 연결형 (الإِضَافَةُ الْوَصْفِيَّةُ)이다. 제II권 '후속어 I – 수식어에 대해'를 보라)	يَجِبُ أَنْ نَكُونَ مُنْفَتِحِي الْعَقْلِ.

→ '전열결어'는 아랍어 문법에서 문장을 분해할 때 단어의 기능으로 간주하지 않는다. 다시말해 위의 문장을 분해할 때 위의 전연결어의 기능을 위에 기록된 대로 '동사문의 주어', '후연결어' ... 라 말한다.

아래 문장들의 경우 능동분사에 접미 인칭대명사가 붙은 연결형(الإِضَافَةُ) 형태이다.

사람들은 그들을 돕는 사람을 존경한다. (목적어)	يَحْتَرِمُ² النَّاسُ مُسَاعِدَهُمْ.
나는 오늘 당신을 이해하지 못한다.(لَيْسَ의 술어)	لَسْتُ فَاهِمَكَ الْيَوْمَ.

---

¹ أَخَذَ/ يَأْخُذُ هـ – أَخْذٌ (to take) ..을 취하다, 가지다

² اِحْتَرَمَ/ يَحْتَرِمُ ه – اِحْتِرَامٌ ..를 존경하다

7) 후연결어 (الْمُضَافُ إِلَيْهِ)

나는 (그) 서두르는 자의 말을 이해하지 못한다.	لاَ أَفْهَمُ كَلاَمَ الْمُتَسَرِّعِ.
하나님은 불순종하는 자의 악들을 좋아하지 않으신다.	لاَ يُحِبُّ اللهُ شُرُورَ الْعَاصِي.
그 교수는 그에게 질문하는 사람들과 토론하는 것을 선호한다.	يُفَضِّلُ الْأُسْتَاذُ مُنَاقَشَةَ سَائِلِيهِ.
이것은 그 집을 구입하는 사람의 자동차이다.	هَذِهِ سَيَّارَةُ مُشْتَرِي الْبَيْتِ.

8) 수식어 (النَّعْتُ)

나는 잠자고 있는 한 아기를 보았다.	رَأَيْتُ طِفْلاً نَائِمًا.
나는 그녀의 아파트에서 내려오고 있는 한 여자를 보았다.	شَاهَدْتُ امْرَأَةً نَازِلَةً مِنْ شَقَّتِهَا.
그 집에 거주하는 그 남자는 부자이다.	الرَّجُلُ السَّاكِنُ فِي ذَلِكَ الْبَيْتِ غَنِيٌّ.
학사 학위를 취득한 그 여자는 똑똑하다.	الْمَرْأَةُ الْحَاصِلَةُ عَلَى الْبَكَالُورِيُوسِ ذَكِيَّةٌ.

아래는 '능동분사의 동사적 용법' 문장이다. (아래의 두 문장의 경우 فَاهِمًا 과 الشَّارِحَةَ 뒤에 능동분사 자체의 목적어가 사용되었다.) 여기에 대해 곧 다시 공부한다.

나는 그 문법 단원들을 이해하는 한 학생을 만났다.	قَابَلْتُ طَالِبًا فَاهِمًا دُرُوسَ النَّحْوِ.
나는 그 단원을 잘 설명하는 그 여선생님을 좋아한다.	أُحِبُّ الْمُدَرِّسَةَ الشَّارِحَةَ الدَّرْسَ جَيِّدًا.

9) 상태목적어 (الْحَالُ)

상태목적어는 문장에서 동사의 동작이 발생할 때 문장의 주어나 목적어의 상태를 나타내는 목적어를 말한다. 여기에 대해서 이 책 제Ⅱ권에서 공부한다.

그 아기는 웃으며 잠을 잤다.	نَامَ الطِّفْلُ ضَاحِكًا.
그 비행기는 무사히 돌아왔다.	عَادَتِ الطَّائِرَةُ سَالِمَةً.
나는 한 자동차를 타고 여행을 떠났다. (상태목적어가 자체 목적어를 가진 경우. 동사적 용법)	سَافَرْتُ رَاكِبًا سَيَّارَةً.

10) 관계적 수식어 (النَّعْتُ السَّبَبِيُّ)

수식하는 형용사가 그 앞에 오는 명사를 수식하는 것이 아니라 그 앞에 오는 명사와 관련이 있는 다른 명사(뒤에 오는 명사)를 수식할 때를 말한다. 여기에 대해서 이 책 제Ⅱ권에서 공부한다.

이 사람은 그의 아들이 대학에 들어가는 남자이다. (This is a man whose son is joining the university.)	هَذَا رَجُلٌ دَاخِلٌ ابْنُهُ الْجَامِعَةَ.
나는 이성이 발달된 학생들을 좋아한다. (I love students whose minds are developed.)	أُحِبُّ الطُّلاَّبَ الْمُتَطَوِّرَةَ عُقُولُهُمْ.
남자는 이성이 깨어있는(열려있는) 여자를 좋아한다.	يُحِبُّ الرَّجُلُ الْمَرْأَةَ الْمُنْفَتِحَ عَقْلُهَا.

5. 능동분사인가? 보통명사인가?

일상생활에서 능동분사 단어들이 많이 사용됨에 따라 능동분사가 보통명사로 고착화된 경우가 많이 있다. 아래의 능동분사를 비교해 보자.

아래의 ①은 원래의 능동분사의 의미로 사용된 예이다. 즉 كَاتِب 와 عَالِم 이 원래의 능동분사의 의미인 '..를 적고 있는'과 '..을 알고 있는'의 의미로 사용되었다. 이에 비해 아래의 ②는 보통명사화된 의미로 사용된 예이다. 즉 كَاتِب 과 عَالِم 이 각각 '작가'와 '과학자'의 의미로 사용되었다.

①	그는 그 시를 적고 있다.	هُوَ كَاتِبٌ الشِّعْرَ.
②	이 사람은 유명한 작가이다.	هَذَا كَاتِبٌ مَشْهُورٌ.

①	그 남자는 그 사실을 알고 있다.	الرَّجُلُ عَالِمٌ الْحَقِيقَةَ.
②	그 남자는 저명한 과학자이다.	الرَّجُلُ عَالِمٌ كَبِيرٌ.

→ 위의 ① 문장은 능동분사의 동사적 용법(اسْمُ الْفَاعِلِ الْعَامِلُ عَمَلَ فِعْلِهِ)이다. 즉 능동분사가 자체의 목적어를 가지고 있다. 여기에 대해서는 이 과에서 기본적인 내용을 설명하고, 이 책 제Ⅱ권 '파생명사의 동사적 용법에 대해', '연결형에 대해 Ⅲ'에서 자세히 공부한다.

보통명사화된 능동분사 단어들의 예

아래는 능동분사 형태의 단어가 보통명사로 사용되는 대표적인 단어들이다. 아래 단어들은 대부분 원래의 능동분사 용법대로 사용되기도 하고, 아래처럼 보통명사로도 사용되기도 한다.

작가	كَاتِبٌ/ كُتَّابٌ	관광객	سَائِحٌ/ سُيَّاحٌ
서기	كَاتِبٌ/ كَتَبَةٌ	상인	تَاجِرٌ/ تُجَّارٌ
학자, 과학자	عَالِمٌ/ عُلَمَاءُ	법관	قَاضٍ(الْقَاضِي)/ -ونَ، قُضَاةٌ
학생	طَالِبٌ/ طُلَّابٌ، طَلَبَةٌ	변호사	مُحَامٍ(الْمُحَامِي)/ -ونَ
운전수	سَائِقٌ/ -ونَ، سُوَّاقٌ	교사	مُدَرِّسٌ/ -ونَ
노동자	عَامِلٌ/ عُمَّالٌ	교사	مُعَلِّمٌ/ -ونَ
주민	سَاكِنٌ/ سُكَّانٌ	연구원	بَاحِثٌ/ -ونَ
통치자, 판사	حَاكِمٌ/ حُكَّامٌ	기술자(engineer)	مُهَنْدِسٌ/ -ونَ
승객	رَاكِبٌ/ -ونَ، رُكَّابٌ	경주자(racer, competitor)	مُتَسَابِقٌ/ -ونَ
살인자	قَاتِلٌ/ -ونَ	행인(walker)	سَائِرٌ/ -ونَ
범인, 범죄자	مُجْرِمٌ/ -ونَ	죄인	مُذْنِبٌ/ -ونَ

수면제	مُنَوِّمٌ	가이드(관광 등)	مُرْشِدٌ/ ـونَ
수집가	مُجَمِّعٌ/ ـونَ	확성기	مُكَبِّرٌ
통신원	مُرَاسِلٌ/ ـونَ	조직자 ; 일지(time organizer, diary)	مُنَظِّمٌ/ ـونَ
시청자	مُشَاهِدٌ/ ـونَ	간호사	مُمَرِّضَةٌ/ ـاتٌ
여행자	مُسَافِرٌ/ ـونَ	조수, 돕는 사람	مُسَاعِدٌ/ ـونَ
프로듀서	مُخْرِجٌ/ ـونَ	무슬림	مُسْلِمٌ/ ـونَ
리포터 ; 형사	مُخْبِرٌ/ ـونَ	다신교도	مُشْرِكٌ/ ـونَ
말하는 사람, 연사	مُتَكَلِّمٌ/ ـونَ	배운 사람	مُتَعَلِّمٌ/ ـونَ
유권자	مُنْتَخِبٌ/ ـونَ	청취자	مُسْتَمِعٌ/ ـونَ
사용자(user)	مُسْتَخْدِمٌ/ ـونَ	기사(horseman)	فَارِسٌ/ فَوَارِسُ، فُرْسَانٌ

** 능동분사가 보통명사화된 단어들은 사전에 그 의미가 분명하게 기록되어 있다. 그러나 능동분사 고유의 의미로 사용되는 단어들은 사전에 대부분 기록되지 않는다. 그렇더라도 당황할 필요가 없고 그 능동분사가 파생된 원형동사에서 능동분사 원래의 의미를 유추하면 된다.

보통명사화된 능동분사 문장들의 예
아래 문장에서 사용된 능동분사 꼴의 단어들은 능동분사 본래의 의미로 사용된 것이 아니라 보통명사로 사용된 경우들이다.

그 작가는 유명하다.	الكَاتِبُ مَشْهُورٌ.
그 과학자는 증거들을 찾고 있다.	يَبْحَثُ العَالَمُ عَنْ أَدِلَّةٍ[1].
그 판사가 왔다.	جَاءَ القَاضِي.
그 남자는 솜씨 좋은 일꾼이다.	الرَّجُلُ عَامِلٌ مَاهِرٌ.
그 선생님의 (그) 가르침이 내 마음에 들었다.	يُعْجِبُنِي تَعْلِيمُ المُدَرِّسِ.
그는 한 살인자를 체포했다.	قَبَضَ عَلَى قَاتِلٍ.

[1] دَلِيلٌ/ دَلَائِلُ أَوْ أَدِلَّةٌ 증거, 증거물

6. 능동분사의 동사적 용법(اسْمُ الْفَاعِلِ الْعَامِلُ عَمَلَ فِعْلِهِ)에 대해

파생명사 종류 중의 하나인 능동분사는 문장에서 주어, 술어, 목적어, 소유격 명사, 연결형, 수식어 등의 여러가지 기능으로 사용되는 것을 배웠다. 능동분사는 이러한 기능들과 더불어 동사적 용법(الْعَامِلُ عَمَلَ فِعْلِهِ)으로도 사용된다. 동사적 용법이란 문장에서 사용되는 능동분사나 동명사 혹은 수동분사가 동사처럼 사용되어 그 뒤에 자체의 주어 혹은 목적어를 가지는 용법을 말한다. 능동분사의 동사적 용법은 문장에서 술어나 목적어 혹은 수식어 등으로 사용된 능동분사 단어가 다른 일반 동사처럼 그 뒤에 자체적인 목적어를 취하는 경우를 말한다. 이 때의 능동분사는 목적어를 취하기 때문에 타동사에서 파생된 것이다.

아래의 예들을 보면 능동분사로 사용된 단어들이 자체의 목적어를 가지고 있다. 빨간색으로 표기된 단어들이 능동분사이고 파란색으로 표기된 단어들이 능동분사의 목적어이다.

이 시를 낭송하고 있는 그 사람은 훌륭하다. (주어)	الْقَارِئُ هَذَا الشِّعْرَ مُمْتَازٌ.
그는 그 단원을 알고 있다. (술어)	هُوَ عَالِمٌ الدَّرْسَ.
그는 영어를 공부하고 있다. (술어)	هُوَ دَارِسٌ اللُّغَةَ الْإِنْجِلِيزِيَّةَ.
나는 그 문법 단원들을 이해하는 한 학생을 만났다. (수식어)	قَابَلْتُ طَالِبًا فَاهِمًا دُرُوسَ النَّحْوِ.
나는 (그) 단원을 잘 설명하는 (그) 여교사를 좋아한다. (수식어)	أُحِبُّ الْمُدَرِّسَةَ الشَّارِحَةَ الدَّرْسَ جَيِّدًا.

→ 능동분사의 동사적 용법에 대한 자세한 내용은 이 책 제 II 권의 '파생명사의 동사적 용법(الْعَامِلُ عَمَلَ فِعْلِهِ)에 대해' 부분에서 공부하도록 하라.

7. 능동분사(اسْمُ الْفَاعِلِ) 문장의 문장전환

능동분사가 사용된 문장을 관계대명사절(الاسْمُ الْمَوْصُولُ) 혹은 수식절(جُمْلَةُ النَّعْتِ), 상태절 등으로 전환할 수 있다. 이렇게 문장을 전환해 보면 능동분사가 문장에서 사용된 의미가 더 명확해 지며 더 자유롭게 여러가지 문장을 구사할 수 있게 된다.

능동분사 문장을 전환할 때 사용된 능동분사가 한정형태일 경우 관계대명사 مَنْ 혹은 الَّذِي 를 사용하여 전환할 수 있다. 이 때의 의미는 '...하는 이(the one who...)'가 된다.

또한 비한정 형태로 사용된 능동분사가 문장에서 술어로 사용되었을 경우 능동분사를 동사로 바꿀 수 있다. 또한 비한정 형태로 사용된 능동분사가 수식어로 사용되었을 경우 그 뒤의 문장을 수식절(جُمْلَةُ النَّعْتِ)로 전환할 수 있고, 비한정 형태로 사용된 능동분사가 상태목적어로 사용되었을 경우 그 뒤의 문장을 상태절로 전환할 수 있다. 그러나 비한정 형태의 능동분사가 동사문의 주어나 목적어, 소유격 명사로 사용되었을 경우에는 이와같은 문장전환이 불가능하다. 관계대명사 문장과 수식절 문장에 대해서는 이 책 제Ⅱ권 '관계대명사와 수식절에 대하여'에서 자세히 다룬다.

1) 명사문의 주어(الْمُبْتَدَأُ)

능동분사 문장		관계대명사절 혹은 수식절	
①	الْجَالِسُ فِي الْفَصْلِ صَدِيقِي.	②	مَنْ جَلَسَ / يَجْلِسُ فِي الْفَصْلِ صَدِيقِي.
	그 교실에 앉아있는 그 사람은 내 친구이다.		
①	الْخَارِجَةُ مِنَ الْبَيْتِ جَمِيلَةٌ.	②	مَنْ خَرَجَتْ / تَخْرُجُ مِنَ الْبَيْتِ جَمِيلَةٌ.
	그 집을 나가는 그 여자는 아름답다.		
①	النَّاظِرَةُ إِلَيَّ مِنَ الشُّبَّاكِ مَجْنُونَةٌ.	②	مَنْ نَظَرَتْ / تَنْظُرُ إِلَيَّ مِنَ الشُّبَّاكِ مَجْنُونَةٌ.
	그 창문에서 나를 쳐다보는 그 여자는 미친 사람이다.		
①	الْقَارِئُ هَذَا الشِّعْرَ مُمْتَازٌ.	②	مَنْ قَرَأَ / يَقْرَأُ هَذَا الشِّعْرَ مُمْتَازٌ.
	이 시를 낭송하는 그 자는 훌륭하다.		
①	فِي الْمَدْرَسَةِ زَائِرٌ.	②	×
	그 학교에는 한 방문하는 사람(방문자)이 있다.		

2) 동사문의 주어(الْفَاعِلُ)

능동분사 문장		관계대명사절 혹은 수식절	
①	يَأْكُلُ الْجَائِعُ بِسُرْعَةٍ.	②	يَأْكُلُ مَنْ يَجُوعُ بِسُرْعَةٍ.
	배고픈 자는 빨리 먹는다.		
①	يُذَاكِرُ الْمُجْتَهِدُ كَثِيرًا.	②	يُذَاكِرُ مَنْ يَجْتَهِدُ كَثِيرًا.
	노력하는 자는 공부를 열심히 한다.		
①	وَصَلَ إِلَى مِصْرَ الْعَائِدُ مِنَ السَّفَرِ.	②	وَصَلَ إِلَى مِصْرَ مَنْ عَادَ مِنَ السَّفَرِ.
	(그) 여행에서 돌아온 그 자는 이집트에 도착했다.		
①	دَخَلَ نَاجِحٌ فِي الْامْتِحَانِ الْفَصْلَ.	②	×
	시험에 합격한 한 사람이 그 교실에 들어갔다.		

→ 능동분사를 문장으로 전환할 때 주절 동사의 시제에 따라 완료형 혹은 미완료형으로 시제를 일치시켜 준다.

3) 명사문의 술어 (الْخَبَرُ)

술어로 사용된 능동분사의 경우 능동분사를 동사로 바꾸어주면 된다.

①		②	
	الأُسْتَاذُ خَارِجٌ مِنَ الْجَامِعَةِ.		الأُسْتَاذُ يَخْرُجُ مِنَ الْجَامِعَةِ.
	그 교수는 그 대학으로 부터 나가고 있다.		
①	نَحْنُ رَاجِعُونَ إِلَى الْبَيْتِ.	②	نَحْنُ نَرْجِعُ إِلَى الْبَيْتِ.
	우리는 집으로 돌아가고 있다.		
①	هُمَا مُسْتَمِعَتَانِ إِلَى مُدَرِّسِهِمَا.	②	هُمَا تَسْتَمِعَانِ إِلَى مُدَرِّسِهِمَا.
	그들 두 사람(f.)은 그녀들의 선생님의 말을 경청하고 있다.		
①	هِيَ نَازِلَةٌ مِنْ شَقَّتِهَا.	②	هِيَ تَنْزِلُ مِنْ شَقَّتِهَا.
	그녀는 그녀의 아파트에서 내려오고 있다.		
①	هُوَ عَالِمٌ الدَّرْسَ.	②	هُوَ يَعْلَمُ الدَّرْسَ.
	그는 그 단원을 알고 있다.		
①	هُوَ دَارِسٌ اللُّغَةَ الْإِنْجِلِيزِيَّةَ.	②	هُوَ يَدْرُسُ اللُّغَةَ الْإِنْجِلِيزِيَّةَ.
	그는 영어를 공부하고 있다.		

4) 목적어 (الْمَفْعُولُ بِهِ)

①		②	
	أُحِبُّ الْمُرَكِّزَ فِي عَمَلِهِ.		أُحِبُّ مَنْ يُرَكِّزُ فِي عَمَلِهِ.
	나는 일에 집중하는 자를 좋아한다.		
①	فَهِمُوا الْمُتَكَلِّمَ.	②	فَهِمُوا مَنْ تَكَلَّمَ.
	그들은 그 강사를 이해했다.		
①	سَأَلَ الْمُدِيرُ الْغَائِبَ عَنْ سَبَبِ غِيَابِهِ.	②	سَأَلَ الْمُدِيرُ مَنْ غَابَ عَنْ سَبَبِ غِيَابِهِ.
	그 사장은 그 결석한 자에게 결석의 이유에 대해 물었다.		
①	قَابَلْنَا مُعَلِّمًا مِصْرِيًّا.	②	×
	우리는 한 이집트인 가르치는 자(교사)를 만났다.		

5) 소유격 명사 (الِاسْمُ الْمَجْرُورُ)

①		②	
	سَلَّمْنَا عَلَى الْفَائِزِ بِالْجَائِزَةِ.		سَلَّمْنَا عَلَى مَنْ فَازَ بِالْجَائِزَةِ.
	우리는 그 수상자와 인사를 나누었다.		
①	سَأَلَنِي أَبِي عَنِ الْمَاشِي مَعِي.	②	سَأَلَنِي أَبِي عَنْ مَنْ مَشَى مَعِي.
	내 아버지는 나에게 나와 함께 걸었던 그 사람에 대해 물었다.		
①	أَخَذَتْ كِتَابَهَا مِنَ السَّارِقِ.	②	أَخَذَتْ كِتَابَهَا مِنَ الَّذِي سَرَقَ.
	그녀는 그 훔친자로부터 그녀의 책을 취했다.		
①	تَعَرَّفْنَا عَلَى مُتَرْجِمٍ.	②	×
	우리는 한 번역하는 사람을 알게 되었다.		

6) 전연결어 (الْمُضَافُ)

	①		②	
	جَاءَ نَاصِحُ الطُّلَّابِ.		جَاءَ مَنْ يَنْصَحُ الطُّلَّابَ.	
	그 학생들의 (그) 충고자가 왔다.			
	أَتَكَلَّمُ مَعَ مُشْتَرِي الْبَيْتِ.		أَتَكَلَّمُ مَعَ مَنِ اشْتَرَى الْبَيْتَ.	
	나는 그 집을 산 (그) 사람과 함께 말하고 있다.			
	يَجِبُ أَنْ نَكُونَ مُنْفَتِحِي الْعَقْلِ.		×	
	우리는 이성이 열려있어야(깨어있어야) 한다. (형용사 연결형이다.)			
	يَحْتَرِمُ النَّاسُ مُسَاعِدَهُمْ.		يَحْتَرِمُ النَّاسُ مَنْ يُسَاعِدُهُمْ.	
	사람들은 그들을 돕는 사람을 존경한다.			

7) 후연결어 (الْمُضَافُ إِلَيْهِ)

	①		②	
	لَا أَفْهَمُ كَلَامَ الْمُتَسَرِّعِ.		لَا أَفْهَمُ كَلَامَ مَنْ يَتَسَرَّعُ.	
	나는 (그) 서두르는 자의 말을 이해하지 못한다.			
	لَا يُحِبُّ اللهُ شُرُورَ الْعَاصِي.		لَا يُحِبُّ اللهُ شُرُورَ مَنْ يَعْصِي.	
	하나님은 불순종 하는 자의 악들을 좋아하지 않으신다.			
	يُفَضِّلُ الْأُسْتَاذُ مُنَاقَشَةَ سَائِلِيهِ.		يُفَضِّلُ الْأُسْتَاذُ مُنَاقَشَةَ مَنْ يَسْأَلُونَهُ.	
	그 교수는 그에게 질문하는 사람들과 토론하는 것을 선호한다.			
	هَذِهِ سَيَّارَةُ مُشْتَرِي الْبَيْتِ.		هَذِهِ سَيَّارَةُ مَنْ يَشْتَرِي الْبَيْتَ.	
	이것은 그 집을 구입하는 사람의 자동차이다.			

→ 위의 ② 문장들에서 مَنْ 이 후연결어가 되고 그 이후는 관계종속절(جُمْلَةُ الصِّلَةِ)이 된다.

8) 수식어 (النَّعْتُ)로 사용됨

능동분사가 비한정형태이면 한정명사를 수식하는 수식절(جُمْلَةُ النَّعْتِ)로 만들어 준다.

	①		②	
	رَأَيْتُ طِفْلًا نَائِمًا.		رَأَيْتُ طِفْلًا يَنَامُ.	
	나는 한 잠자는 아기를 보았다.			
	شَاهَدْتُ امْرَأَةً نَازِلَةً مِنْ شَقَّتِهَا.		شَاهَدْتُ امْرَأَةً تَنْزِلُ مِنْ شَقَّتِهَا.	
	나는 그녀의 아파트에서 내려오고 있는 한 여자를 보았다.			
	الرَّجُلُ السَّاكِنُ فِي ذَلِكَ الْبَيْتِ غَنِيٌّ.		الرَّجُلُ الَّذِي يَسْكُنُ فِي ذَلِكَ الْبَيْتِ غَنِيٌّ.	
	그 집에 거주하는 그 남자는 부자이다.			
	الْمَرْأَةُ الْحَاصِلَةُ عَلَى الْبَكَالُورِيُوسِ ذَكِيَّةٌ.		الْمَرْأَةُ الَّتِي حَصَلَتْ عَلَى الْبَكَالُورِيُوسِ ذَكِيَّةٌ.	
	학사 학위를 소유하고 있는 그 여자는 똑똑하다.			
	قَابَلْتُ طَالِبًا فَاهِمًا دُرُوسَ النَّحْوِ.		قَابَلْتُ طَالِبًا يَفْهَمُ دُرُوسَ النَّحْوِ.	
	나는 그 문법 단원들을 이해하는 한 학생을 만났다.			
	أُحِبُّ الْمُدَرِّسَةَ الشَّارِحَةَ الدَّرْسَ جَيِّدًا.		أُحِبُّ الْمُدَرِّسَةَ الَّتِي تَشْرَحُ الدَّرْسَ جَيِّدًا.	
	나는 그 단원을 잘 설명하는 그 여선생님을 좋아한다.			

종합 아랍어 문법 |

9) 상태목적어 (الْحَال)

능동분사가 상태목적어로 사용된 문장을 전환할 때는 상태절(جُمْلَةُ الْحَال)문장으로 전환된다.

①	نَامَ الطِّفْلُ ضَاحِكًا.	②	نَامَ الطِّفْلُ يَضْحَكُ.
	그 아기는 웃으며 잠을 잤다.		
①	عَادَتِ الطَّائِرَةُ سَالِمَةً.	②	عَادَتِ الطَّائِرَةُ تَسْلَمُ.
	그 비행기는 무사히 돌아왔다.		
①	سَافَرْتُ رَاكِبًا سَيَّارَةً.	②	سَافَرْتُ أَرْكَبُ سَيَّارَةً.
	나는 한 자동차를 타고 여행을 떠났다.		

10) 관계적 수식어 (النَّعْتُ السَّبَبِيُّ)

①	هَذَا رَجُلٌ دَاخِلٌ ابْنُهُ الْجَامِعَةَ.	②	هَذَا رَجُلٌ سَوْفَ يَدْخُلُ ابْنُهُ الْجَامِعَةَ.
	이 사람은 그의 아들이 대학에 들어가는 남자이다. (This is a man whose son is going to join the university.)		
①	أُحِبُّ الطُّلَّابَ الْمُتَطَوِّرَةَ عُقُولُهُمْ.	②	أُحِبُّ الطُّلَّابَ الَّذِينَ تَطَوَّرَتْ / تَتَطَوَّرُ عُقُولُهُمْ.
	나는 이성이 발달된 학생들을 좋아한다. (I love students whose minds are developed.)		
①	يُحِبُّ الرَّجُلُ الْمَرْأَةَ الْمُتَفَتِّحَ عَقْلُهَا.	②	يُحِبُّ الرَّجُلُ الْمَرْأَةَ الَّتِي تَفَتَّحَ / يَتَفَتَّحُ عَقْلُهَا.
	남자는 이성이 깨어있는 여자를 좋아한다.		

8. 능동분사 (اسْمُ الْفَاعِل) 예문들

앞에서 우리는 여러 능동분사 단어들을 공부하였다. 능동분사는 아랍 사람들의 언어생활에서 많이 사용되므로 이 단어들의 형태 뿐만 아니라 그것이 문장에서 어떻게 사용되는지를 알아야 한다.

다음 예문들은 앞에 나오는 능동분사 단어들에 대한 예문들이다. 초보 학습자들의 경우 이 문장들이 어려울 수 있다. 그럴 경우 이 내용들을 나중에 공부해도 된다. * 표가 붙은 예문들은 능동분사가 동사적 용법으로 사용된 경우이다. 아래의 예문들에서 능동분사가 연결형의 전연결어로 사용된 경우와 동사적 용법으로 사용된 경우를 구분하면서 해석하도록 하라. 여기에 대한 자세한 설명은 이 책 제Ⅱ권 '파생명사의 동사적 용법에 대해' 과 '연결형에 대해 Ⅲ' 부분에서 볼 수 있다.

1) 3 자음 원형 동사(الْفِعْلُ الْمُجَرَّدُ الثُّلَاثِيّ)의 능동분사

(1) 강동사

① 정상동사 (الْفِعْلُ السَّالِمُ)

나는 그 뛰어난 시인의 (작품을) 읽는 것을 좋아한다.	أُحِبُّ الْقِرَاءَةَ لِكَاتِبِ الشِّعْرِ الْبَارِعِ.
나는 그 새로운 글을 쓰고 있다.	أَنَا كَاتِبُ الْمَقَالَةِ الْجَدِيدَةِ. *
하나님은 마음의 숨겨진 부분을 아시는 분이다.	اللهُ عَارِفُ خَبَايَا[1] الْقُلُوبِ. *
하나님은 미래를 아시는 분이다.	اللهُ عَالِمُ الْمُسْتَقْبَلِ.
(그) 선생님은 (그) 이해를 잘 하는 학생을 다른 학생들보다 더 좋아한다.	يُفَضِّلُ الْمُعَلِّمُ الطَّالِبَ الْفَاهِمَ عَنْ غَيْرِهِ.
내 아들은 그의 수업을 이해하고 있다.	ابْنِي فَاهِمٌ دَرْسَهُ. *
술을 마신 사람은 이성을 잃는다.	يَغِيبُ[2] شَارِبُ الْخَمْرِ عَنْ عَقْلِهِ.
하나님은 어려울 때 행복의 문들을 여는 자이다.	اللهُ فَاتِحُ أَبْوَابِ الْفَرَجِ وَقْتَ الضِّيقِ.
그 웨이터는 그 식당 문을 열고 있다.	النَّادِلُ فَاتِحٌ بَابَ الْمَطْعَمِ. *
그 자동차는 터널로 들어가고 있다.	السَّيَّارَةُ دَاخِلَةٌ إِلَى النَّفَقِ.
나는 잠을 자기 위에 내 방에 들어가고 있다.	أَنَا دَاخِلٌ غُرْفَتِي لِأَنَامَ. *
나의 형은 그의 집에서 나와 공원에 가고 있다.	أَخِي خَارِجٌ مِنْ بَيْتِهِ وَذَاهِبٌ إِلَى الْحَدِيقَةِ.
나는 내 약혼녀와 함께 한 영화를 보기 위해 가고 있다.	أَنَا ذَاهِبٌ مَعَ خَطِيبَتِي لِمُشَاهَدَةِ فِيلْمٍ.
내 아버지는 한 시간 뒤에 그의 비행기에서 내릴 것이다.	أَبِي نَازِلٌ مِنْ طَائِرَتِهِ بَعْدَ سَاعَةٍ.
나는 그 맨 마지막 층에 올라가고 있다.	أَنَا صَاعِدٌ إِلَى الدَّوْرِ الْأَخِيرِ.

---

[1] خَبِيئَةٌ / خَبَايَا 숨겨진 어떤 것 خَبَأَ / يَخْبَأُ – خَبْءٌ ..을 숨기다

[2] غَابَ / يَغِيبُ عَنْ – غَيْبٌ أَوْ غِيَابٌ ..에 부재중이다, 결석되다; (기억이) 나지 않다 غَابَ عَنْ ذَاكِرَتِهِ 망각하다, 잊다

لَمْ أَذْهَبْ لِلْعَمَلِ سَائِرًا بَلْ رَاكِبًا.	나는 걸어서 일을 하러 가지 않고 차를 타고 갔다. (상태목적어)
اصْطَدَمْتُ بِشَجَرَةٍ حِينَ كُنْتُ رَاكِبًا سَيَّارَتِي.*	내가 나의 자동차에 타고 있었을 때 내가 한 나무와 부딪혔다.
أَنَا دَارِسٌ عِلْمَ النَّفْسِ.	나는 심리학을 공부했다.
أَخِي جَالِسٌ فِي غُرْفَتِهِ.	내 형(남동생)은 그의 방에 앉아있다.
يَا سَامِعَ الآذَانِ لَبِّ¹ النِّدَاءَ!	아잔을 듣는 이여! 부름에 응답하라.
الرَّئِيسُ مُبَارَكٌ حَاكِمُ مِصْرَ.	무바락 대통령은 이집트의 통치자이다.
اللهُ لاَ يُحِبُّ فَاعِلَ الإِثْمِ.	하나님은 죄를 지은 자를 사랑하지 않으신다.
أُمِّي عَامِلَةٌ فَطِيرَةً بِالدَّقِيقِ.*	나의 어머니는 밀가루로 팬 케이크를 만들고 있다.
يَنَالُ صَانِعُو السَّلَامِ جَائِزَةَ نُوبِلَ.	평화를 만드는(화평케 하는) 사람들은 노벨상을 받는다.
سَاكِنُو الْمُدُنِ لَدَيْهِمْ سَيَّارَاتٌ كَثِيرَةٌ.	도시의 거주자들은 많은 자동차들을 가지고 있다.
اللهُ لاَ يَنْسَى ذَاكِرَهُ.	하나님은 그를 기억하는 자를 잊지 않으신다.
الطِّفْلَةُ نَاظِرَةٌ إِلَى أُمِّهَا.	그 여자아이는 그녀의 어머니를 보고 있다.
الصَّادِقُ حَافِظٌ لِكَلِمَتِهِ.	진실한 사람은 그의 말을 지킨다.
الصَّادِقُ حَافِظٌ كَلِمَتَهُ.*	진실한 사람은 그의 말을 지킨다.
اللهُ كَاشِفٌ نَوَايَا² الْبَشَرِ.	하나님은 사람의 의도들을 감찰하시는 분이다.
اللهُ كَاشِفٌ مَا فِي الْقُلُوبِ.*	하나님은 마음에 있는 것을 감찰하신다.
كَاتِمُ الأَسْرَارِ مُؤْتَمَنٌ.	비밀들을 지킨 자는 신뢰받는다.
يَكْسِبُ نَاشِرُو الْكُتُبِ أَمْوَالاً كَثِيرَةً.	책들을 출판한 사람들은 많은 돈을 번다.
ضَارِبُ الصِّغَارِ³ يُعَاقَبُ⁴ بِشِدَّةٍ.	나이 어린 사람들(작은 사람들)을 때린 사람은 심하게 벌을 받는다.
يُحِبُّ اللهُ دَافِعَ الزَّكَاةِ.	알라신은 자카(무슬림의 의무 중의 하나)를 내는 사람을 사랑한다.
إِنِّي دَافِعٌ أَمْوَالِي لِلدَّائِنِينَ.*	나는 나의 돈을 채권자에게 지불하고 있다.
الأَبُ قَاسِمٌ الطَّعَامَ بِالْعَدْلِ بَيْنَ ابْنَيْهِ.	그 아버지는 그의 두 아들 사이에 음식을 공정하게 나누었다.
الأَبُ قَاسِمٌ الطَّعَامَ بِالْعَدْلِ بَيْنَ ابْنَيْهِ.*	그 아버지는 그의 두 아들 사이에 공정하게 음식을 나누고 있다.

---

[1] لَبَّى / يُلَبِّي هـ ــ تَلْبِيَةٌ (요청 등에) 응답하다, 호응하다 ; (초청을) 수락하다

[2] نِيَّةٌ / نِيَّاتٌ أَوْ نَوَايَا , 목적 의도(intention)

[3] صَغِيرٌ / صِغَارٌ 작은

[4] عَاقَبَ / يُعَاقِبُ ه ــ مُعَاقَبَةٌ أَوْ عِقَابٌ ..를 벌하다 يُعَاقَبُ 수동태

제 19 과 능동분사

어떤 것을 잃어버린 자가 그것을 줄 수 없다.(아랍 속담)	فَاقِدُ الشَّيْءِ لَا يُعْطِيهِ.
내 아들은 박사학위를 가지고 있다.	ابْنِي حَاصِلٌ عَلَى شَهَادَةِ الدُّكْتُورَاه.
그 학생들은 그 강의에 참석하고 있다.	الطُّلَّابُ حَاضِرُونَ الْمُحَاضَرَةَ.
투옥시키는 사람은 투옥된 사람을 고문한다.	يُعَذِّبُ السَّاجِنُ الْمَسْجُونَ.
그 모임을 개최한 사람은 누구인가?	مَنْ هُوَ عَاقِدُ الْجَلْسَةِ؟
이슬람은 결혼 전에 성관계를 금지한다.	الإِسْلَامُ مَانِعُ الْجِنْسِ قَبْلَ الزَّوَاجِ.
그 아버지는 그의 딸이 밤에 바깥에 나가는 것을 금지하고 있다.	الْوَالِدُ مَانِعٌ ابْنَتَهُ مِنَ الْخُرُوجِ لَيْلاً.*
나는 의도적으로 그에게 가지 않았다.	لَمْ أَذْهَبْ إِلَيْهِ قَاصِدًا.
그 선생님은 책 한권을 들고 교실에 들어갔다. (상태목적어)	دَخَلَ الْمُدَرِّسُ الْفَصْلَ حَامِلاً كِتَابًا.

② 함자동사 (الْفِعْلُ الْمَهْمُوزُ)

사자는 육고기를 먹는 동물이다. (수식어)	الأَسَدُ حَيَوَانٌ آكِلٌ لِلُّحُومِ.
좀이 옷들을 먹고 있다. (술어)	الْعُثَّةُ آكِلَةٌ الْمَلَابِسَ.*
그 일군은 그의 월급을 늦게 수령했다.	الْعَامِلُ آخِذٌ رَاتِبَهُ مُتَأَخِّرًا.
군인은 그보다 계급이 높은 사람으로 부터 명령을 받는다.	الْجُنْدِيُّ آخِذٌ أَوَامِرَ مِمَّنْ يَعْلُوهُ¹ رُتْبَةً.*
나는 나의 수치스런 행동에 대해서 미안하다.	أَنَا آسِفٌ عَلَى سُلُوكِي الْمَشِينِ.²
그 선생님은 그에게 질문하는 자들에게 대답한다.	يُجِيبُ الْمُعَلِّمُ عَلَى سَائِلِيهِ.
싫증난 사람은 그를 즐겁게 할 사람이 필요하다.	السَّائِمُ يَحْتَاجُ مَنْ يُسَلِّيهِ.
나는 이 소설을 읽는 사람을 존경한다.	أَحْتَرِمُ قَارِئَ هَذِهِ الرِّوَايَةِ.
내 아버지는 시를 잘 읽고 있다.	أَبِي قَارِئٌ الشِّعْرَ جَيِّدًا.*
혁명들의 혜택이 그것을 시작한 사람들에게 돌아간다.	يَعُودُ الْفَضْلُ فِي الثَّوْرَاتِ لِبَادِئِيهَا.

③ 중복자음 동사 (الْفِعْلُ الْمُضَعَّفُ)

카이로에서 당신은 자동차 곁으로 걷지 마라.	فِي الْقَاهِرَةِ لَا تَكُنْ مَارًّا بِجِوَارِ السَّيَّارَاتِ.*
그 회계사는 그 돈을 잘 세고 있다.	الْمُحَاسِبُ عَادٌّ جَيِّدٌ لِلنُّقُودِ.
그 회계사는 그 돈을 잘 세고 있다.	الْمُحَاسِبُ عَادٌّ النُّقُودَ جَيِّدًا.*

---

¹ عَلَا/ يَعْلُو - عُلُوٌّ 높다, 높아지다

² مَشِينٌ = شَائِنٌ 수치스러운, 창피한 سُلُوكٌ مَشِينٌ = سُلُوكٌ مَعِيبٌ 수치스러운 행동

شَادُّ الْعَرَبَةِ بِالْحَبْلِ قَوِيٌّ.	그 차량을 밧줄로 끄는 사람은 강하다.
الْقِطَّةُ شَادَّةٌ الْخَيْطَ. *	그 고양이는 실을 당기고 있다.
أَعْطَيْتُ مَاءً لِجَارِّ سَيَّارَتِي.	나는 내 자동차를 끄는 사람에게 물을 주었다.
الْوِنْشُ جَارٌّ الْعَرَبَةَ. *	그 윈치(견인차, winch)는 그 차를 끌고 있다.
أَنَا مَادٌّ يَدِي لِلهِ حَتَّى يَسْمَعَنِي.	나는 하나님이 들으실때까지 하나님께 나의 손을 내밀었다.
شَرِكَاتُ الْبِتْرُولِ مَادَّةٌ أَنَابِيبَ عَبْرَ الصَّحْرَاءِ. *	그 석유 회사들은 사막을 건너 송유관을 늘이고 있다.
الصَّدَأُ كَانَ سَادًّا لِلْمَوَاسِيرِ.	그 녹이 그 파이프들을 막고 있었다. (مَاسُورَةٌ/مَوَاسِيرُ)
الْأَحْجَارُ سَادَّةٌ النَّفَقَ. *	그 돌들이 그 터널을 막고 있다.
الْمُتَّهَمُ رَادٌّ عَلَى خُصُومِهِ.	그 혐의자는 그의 상대들(opponents)에게 대답하고 있다.
الْكَلِمَاتُ دَالَّةٌ عَلَى مَعَانٍ عَمِيقَةٍ.	그 말들은 깊은 의미들을 나타낸다.
سَمِعْنَا خَبَرًا سَارًّا.	우리는 기쁜 소식을 들었다.
هَذِهِ مُنَاسَبَةٌ خَاصَّةٌ جِدًّا.	이것은 아주 특별한 행사(occasion)이다.

(2) 약동사 (الْفِعْلُ الْمُعْتَلُّ)

① 수약동사 (الْفِعْلُ الْمِثَالُ)

وَاجِدُ الْكُنُوزِ مَحْظُوظٌ.	보물들을 발견하는 사람은 운이 좋다. (كَنْزٌ/كُنُوزٌ)
الرَّجُلُ الْبَارُّ وَاجِدٌ نِعَمًا[1] كَثِيرَةً. *	그 의로운 남자는 많은 은혜들을 발견하고 있다.
الْقِطَارُ وَاصِلٌ إِلَيْنَا مُتَأَخِّرًا.	그 기차는 우리에게 늦게 도착할 것이다.
الْوَالِدُ وَاعِدٌ ابْنَهُ بِدَرَّاجَةٍ عِنْدَ نَجَاحِهِ.	그 아버지는 그의 아들에게 그가 합격할 경우 자전거를 약속하였다.
اللهُ وَاهِبُ الْإِنْسَانِ الْكَثِيرَ مِنَ الْعَطَايَا. *	하나님은 인간에게 많은 선물을 주시는 분이다. (الْكَثِيرَ 가 제2목적어)
زَوْجَتِي وَالِدَةُ ابْنَتِي الثَّانِيَةِ.	내 아내는 나의 둘째 딸을 낳았다.
الِابْنُ وَاقِفٌ بِجِوَارِ أَبِيهِ وَقْتَ الشِّدَّةِ.	아들은 어려울 때 아버지 곁에 선다. (아버지를 돕는다는 의미)
وَاضِعُ الْقِرْشِ عَلَى الْقِرْشِ بَخِيلٌ.	한 푼 위에 한 푼을 두는(모으는) 자는 구두쇠이다.
مَاتَ الْوَالِدُ وَاضِعًا أَمْوَالَهُ فِي الْبَنْكِ. *	그 아버지는 자신의 돈을 은행에 넣어 둔채로 사망하였다. (상태목적어)
الصَّخْرَةُ وَاقِعَةٌ مِنْ فَوْقِ الْجَبَلِ.	그 바위는 산 위에서 떨어진다.
أَنَا وَاثِقٌ فِي صَدِيقِي.	나는 나의 친구를 신뢰한다.
إِنِّي وَاثِقٌ مِنَ الْفَوْزِ عَلَى الْخُصُومِ.	나는 그 상대들(적들)을 이길 것을 확신한다.

[1] نِعْمَةٌ/نِعَمٌ : 은혜 ; 축복

제19과 능동분사

내 아버지가 할아버지의 합법적인 상속자이다.	أَبِي هُوَ الْوَارِثُ الشَّرْعِيُّ لِجَدِّي.
나는 나의 삼촌으로부터 많은 부를 상속받고 있다.	أَنَا وَارِثٌ ثَرْوَةً كُبْرَى مِنْ عَمِّي.*
남자는 많은 실패를 하였을 때 절망하게 된다.	يُصْبِحُ الْمَرْءُ[1] يَائِسًا حِينَ يَفْشَلُ كَثِيرًا.
땅은 가뭄의 영향으로 마르게 되었다.	بَاتَتِ الْأَرْضُ يَابِسَةً بِفِعْلِ الْجَفَافِ.

② 간약동사 (الْفِعْلُ الْأَجْوَفُ)

그 선생님은 그의 제자들에게 좋은 아침이라고 말한다.	الْمُدَرِّسُ قَائِلٌ صَبَاحَ الْخَيْرِ لِتَلَامِيذِهِ.
나의 사무실은 시내에 있다.	مَكْتَبِي كَائِنٌ فِي وَسَطِ الْمَدِينَةِ.
나는 커피를 준비하기위해 서 있다.	إِنِّي قَائِمٌ لِأُعِدَّ الْقَهْوَةَ.
나는 여러 해 이방생활 이후에 나의 조국으로 돌아간다.	إِنِّي عَائِدٌ لِبَلَدِي بَعْدَ سِنِينِ الْغُرْبَةِ.
이집트를 방문하는 사람은 스핑크스를 보는 것을 좋아한다.	يُحِبُّ زَائِرُ مِصْرَ أَنْ يَرَى أَبَا الْهَوْلِ.
그 여행자는 피라미드들을 방문하고 있다.	السَّائِحُ زَائِرٌ الْأَهْرَامَاتِ.*
관광 가이드는 여행자들 그룹을 안내하는 자이다.	الْمُرْشِدُ قَائِدُ مَجْمُوعَةِ السُّيَّاحِ.
앞 줄에 서 있는 군인은 확실하게 죽는다(죽을 것이다).	الْجُنْدِيُّ فِي الْمُقَدِّمَةِ مَائِتٌ[2] لَا مَحَالَةَ[3].
무슬림은 라마단 기간에 금식한다.	الْمُسْلِمُ صَائِمٌ رَمَضَانَ.
내 아내는 자전거들을 잘 운전하는 자이다. (My wife is a good driver of bicycles.)	زَوْجَتِي سَائِقَةُ دَرَّاجَاتٍ بَارِعَةٌ.
나의 친구는 나의 자동차를 운전하고 있다.	صَدِيقِي سَائِقٌ سَيَّارَتِي.*
그 성지순례자는 카바 주위를 돌고 있다.	الْحَاجُّ طَائِفٌ حَوْلَ الْكَعْبَةِ.
하나님은 그의 부모를 지킨 사람을 축복한다.	يُبَارِكُ الله صَائِنَ وَالِدَيْهِ.
내 아버지는 내가 늦은 것에 대해 나를 비난했다.	أَبِي لَائِمُنِي عَلَى تَأَخُّرِي.
세상에 있는 모든 것이 사라진다.	كُلُّ مَا فِي الْعَالَمِ زَائِلٌ.
나는 그 아파트를 파는 사람에게 그것을 팔지 말라고 충고했다.	أَوْصَيْتُ بَائِعَ الشَّقَّةِ أَلَّا يَبِيعَهَا.
내 형(남동생)은 그의 자동차를 싼 가격에 팔고 있다.	أَخِي بَائِعٌ سَيَّارَتَهُ بِثَمَنٍ بَخْسٍ.*
아들은 그 아버지와 같이 되고 있다.	الِابْنُ صَائِرٌ مِثْلَ أَبِيهِ.
그 아이는 학교에 결석하였다.	الطِّفْلُ غَائِبٌ عَنِ الْمَدْرَسَةِ.

---

[1] الْمَرْءُ – الرَّجُلُ 남자

[2] مَائِتٌ = مَيِّتٌ

[3] لَا مَحَالَةَ = لَا بُدَّ 확실하게

الْخَرُوفُ سَائِرٌ مَعَ بَقِيَّةِ الْقَطِيعِ.	그 양은 남은 무리들과 함께 걷고 있다.	
الْعُصْفُورُ طَائِرٌ فِي السَّمَاءِ.	그 참새는 하늘을 날고 있다.	
هُنَاكَ جُنَيْةٌ ضَائِعٌ مِنِّي.	내가 잃어버린 1파운드가 있다.	
كُنْتُ عَائِشًا فِي كُورِيَا.	나는 한국에 살았었다.	
فِي إِيطَالِيَا بُرْجٌ مَائِلٌ اسْمُهُ بِيزَا.	이탈리아에 이름이 피사인 한 기울어진 탑이 있다.	
الدِّيكُ صَائِحٌ فِي الْفَجْرِ.	수탉은 새벽에 외친다.	
الْكَلْبُ بَائِتٌ فِي الْحَدِيقَةِ.	그 개는 그 공원에서 (밤을) 지내고 있다.	
التِّكْنُولُوجِيَا شَائِعَةٌ فِي الْعَالَمِ.	기술들이 세상에 널리 퍼져 있다.	
الْكَذِبُ عَائِبٌ ابْنِي.	거짓말은 내 아들을 수치스럽게 했다.	
طِفْلَتِي الصَّغِيرَةُ نَائِمَةٌ.	나의 어린 딸아이는 잠을 자고 있다.	
الشَّبَابُ خَائِفُونَ مِنَ الْمُسْتَقْبَلِ.	젊은이들은 미래에 대해 두려워한다.	
صَانِعُ السَّلَامِ نَائِلٌ جَائِزَةِ نُوبِل.	그 화평케 한 사람이 노벨상을 받았다.	
الْعَبْدُ النَّقِيُّ هَائِبٌ رَبِّهِ.	경건한 노예는 그의 주인을 두려워하는 자이다.	

③ 말약동사 (الْفِعْلُ النَّاقِصُ)

الصَّالِحُ دَاعٍ لِلْحَقِّ.	의로운 사람은 진리를 외친다(촉구한다).	
إِنِّي رَاجٍ أَنْ يَتَعَطَّفَ عَلَيَّ الرَّبُّ.	나는 주님이 나를 불쌍히 여겨줄 것을 소망한다.	
الْعَادِلُ رَاجٍ الْخَيْرَ لِلْجَمِيعِ.*	정의로운 사람은 모든 사람을 위한 선을 소망하고 있다.	
أَخِي دَانٍ مِنَ الْوُصُولِ لِهَدَفِهِ.	내 형(남동생)은 그의 목표 도달에 가까와지고 있다.	
ابْنَتِي شَاكِيَةٌ لِي مِنْ أَخِيهَا.	나의 딸은 그녀의 오빠(남동생)에 대해서 나에게 불평한다.	
أَنَا شَاكٍ هَمِّي إِلَى اللهِ.*	나는 나의 걱정을 하나님께 불평하고 있다.	
تُحَاوِلُ الدُّوَلُ النَّامِيَةُ التَّطَوُّرَ.	개발도상국가들은 발전을 시도한다.	
صَدِيقِي نَاجٍ مِنَ الْغَرَقِ.	내 친구는 물에 빠진 것으로부터 구출되었다.	
لَا يُوجَدُ إِنْسَانٌ خَالٍ مِنَ الْعُيُوبِ.	결점들이 없는 사람은 존재하지 않는다.	
أَشْرَبُ اللَّبَنَ الْخَالِيَ مِنَ الدَّسَمِ.	나는 크림이 없는 그 우유를 마신다.	
الْمُحْسِنُ عَافٍ عَنِ الْمُسِيئِينَ إِلَيْهِ.	선을 행하는 사람은 그를 해치는 사람들을 용서한다.	
الْمُسَامِحُ نَاسٍ لِلْإِسَاءَاتِ.	용서하는 사람은 나쁜 행위들을 잊는다.	
الطِّفْلُ الْبَلِيدُ نَاسٍ دُرُوسَهُ.*	그 둔한 아이는 그가 공부한 것들을 잊었다(잊고있다).	

하나님은 선한 사람들을 기뻐하신다.	اللهُ راضٍ عَنِ الصَّالِحينَ.
신자는 그의 주님으로 부터 선을 발견하는 자이다.	المُؤْمِنُ لاقِي الْخَيْرِ مِنْ عِنْدِ رَبِّهِ.
이 세상 삶에서 계속해서 남아있는 사람은 아무도 없다.	لَيسَ هُناكَ أَحَدٌ باقٍ في هَذِهِ الْحَياةِ.
나는 내 학교에 도착할 때 까지 걷고 있다.	أنا ماشٍ حَتَّى أَصِلَ لِمَدْرَسَتي.
그 건물들을 짓는 사람들은 부자들이다.	بانُو الْعِماراتِ أَغْنِياءُ.
그 일꾼은 그 건물을 짓고 있다.	الْعامِلُ بانٍ الْعِمارةَ.*
하나님은 길을 잃은 사람들을 인도하시는 분이다.	اللهُ هادي الْمُضِلّينَ.
나는 그 기술 좋은 궁수를 만났다.	قابَلْتُ رامِي الأَسْهُمِ الْماهِرَ.
하나님은 우리를 보호하는 분이다.	اللهُ هُوَ حامينا.
하나님은 정의로 판결하시는 분이다.	اللهُ هُوَ الْقاضِي بِالْعَدْلِ.
그는 그의 지휘관의 명령들을 거역하였다.	كانَ عاصِيًا لِأَوامِرِ رَئيسِهِ.
그 아이는 돌아가신 그의 아버지로 인해 울고 있다.	الطِّفْلُ باكٍ عَلَى أَبيهِ الْمُتَوَفَّى.
나는 나의 집에 달려서 갔다. (상태목적어)	ذَهَبْتُ إِلَى مَنْزِلي جارِيًا.
작금의 경제적인 문제들은 고통스럽다.	الْمَشاكِلُ الاقْتِصادِيَّةُ الْجارِيَةُ مُزْعِجَةٌ.
그 할머니는 좋은 이야기들을 그녀의 아이들에게 이야기했다.	الْجَدَّةُ حاكِيةٌ قِصَصٍ جَيِّدةٍ لِأَطْفالِها.
때때로 나는 내가 의미하지 않는 말들을 말한다.	أَحْيانًا أَقولُ كَلِماتٍ لَسْتُ عانِيَها.

(2) 첨가동사(الْفِعْلُ الْمَزيدُ)의 능동분사

II형 مُفَعِّلٌ 패턴

그 사냥군은 그의 아들들에게 사냥을 가르쳤다.	الصَّيّادُ مُعَلِّمُ الصَّيْدِ لِأَبْنائِهِ.
그 사냥군은 그의 아들에게 사냥을 가르쳤다.	الصَّيّادُ مُدَرِّسُ الصَّيْدِ لِوَلَدِهِ.
그 교사는 그의 학생들에게 그 단원들을 가르치고 있다.	الْمُعَلِّمُ مُدَرِّسٌ الدُّروسَ لِطُلّابِهِ.*
나는 수면제를 섭취했다.	أَخَذْتُ حُبوبًا مُنَوِّمَةً.
나는 글자를 (크게 보기) 위해 한 돋보기 안경을 썼다.	ارْتَدَيْتُ نَظّارةً مُكَبِّرةً لِلْخَطِّ.
사교적인 사람은 그의 동료들을 모으는 사람이다.	الشَّخْصُ الاجْتِماعِيُّ مُجَمِّعُ رُفَقائِهِ.[1]
올림픽을 조직한 나라들은 이 행사로 인해 축제를 벌인다.	تَحْتَفِلُ الدُّوَلُ الْمُنَظِّمَةُ لِلْأَولِمْبِياد بِهَذِهِ الْمُناسَبَةِ.

[1] رَفيقٌ/ رُفَقاءُ أَوْ رِفاقٌ 동지, 벗, 동료

أَنَا مُمَرِّضُ الْمَرْضَى¹ مِنْ وَقْتٍ طَوِيلٍ.	나는 오래전부터 그 환자들을 돌보았다.
أُمِّي مُمَرِّضَةُ أَبِي.*	나의 어머니는 아버지를 간호하고 있다.
الْمُدِيرُ مُعَيِّنُ الْمُوَظَّفِينَ.	사장은 직원들을 임명하는 사람이다.
أَحْتَرِمُ مُطَبِّقَ الْقَانُونِ.	나는 법을 실행하는 사람을 존경한다.
الْعَامِلُ مُقَدِّمُ شَكْوَتِهِ لِمُدِيرِهِ.	그 일꾼은 그의 사장에게 불만을 제기했다.
الرَّجُلُ الصَّالِحُ مُكَلِّمُ النَّاسِ بِالْحَقِّ.	선한 남자는 사람들에게 진실하게 말하는 사람이다.
الِابْنُ الْبَارُّ مُكَرِّمُ وَالِدَيْهِ.	착한 아들은 그의 부모를 공경하는 자이다.
أَكْرَهُ مُرَشِّحَ الْفَاسِدِينَ.	나는 부패한 사람들을 추천하는 사람을 싫어한다.
لَسْتُ مُرَشِّحًا نَفْسِي فِي هَذِهِ الِانْتِخَابَاتِ.*	이번 선거에 나는 출마하지 않는다.
عَامِلُ الْمَنْجَمِ مُخْرِجُ الْمَعَادِنِ النَّفِيسَةِ.	광산 노동자는 귀한 금속들을 발굴하는 자이다.
الْقَوِيُّ مُخْرِجُ اللُّصُوصِ مِنْ بَيْتِهِ.*	그 강한 사람이 그의 집으로 부터 그 강도들을 쫓아내고 있다.
أَخِي مُسَدِّدُ دُيُونِي.	내 형은 나의 빚들을 갚았다. (혹은 내 형은 나의 빚들을 갚는 자이다.)
أَنَا مُسَدِّدٌ دُيُونِي.*	나는 빚들을 갚고 있다.
الْأَغْذِيَةُ² الْفَاسِدَةُ مُكَوِّنَةٌ لِلْفُطْرِيَّاتِ.	썩은 음식물은 세균을 구성하고 있다.
هِيَ مُكَوِّنَةٌ الْفَرِيقَ.*	그녀는 그 팀을 구성하고 있다.

III 형 패턴 مُفَاعِلٌ

الْمُؤْمِنُ مُقَابِلٌ مَشَاكِلَهُ بِرَحَابَةِ صَدْرٍ.	믿는 사람은 열린 마음으로 그의 문제들을 만나는 사람이다.
أَنَا مُقَابِلٌ خَطِيبَتِي الْيَوْمَ.*	나는 오늘 나의 약혼녀를 만날 것이다.
الْجُنْدِيُّ مُقَاتِلٌ بِطَبِيعَتِهِ.	군인은 본질적으로 전투한다.
أَنَا مُقَاتِلٌ أَعْدَائِي.*	나는 나의 원수들과 싸우고 있다.
الْوَطَنِيُّ مُقَاوِمُ الِاحْتِلَالِ.	애국자는 점령에 저항하는 자이다.
هُوَ مُرَاسِلُ الْجَرِيدَةِ.	그는 그 신문의 통신원이다.
أَخِي مُشَاهِدٌ دَائِمٌ لِلْأَفْلَامِ الرُّومَانْسِيَّةِ.	내 형(남동생)은 그 애정영화를 계속 보고 있다.
أَنَا مُشَاهِدٌ فِيلْمًا كُومِيدِيًّا.*	나는 코메디 영화를 보고 있다.
زَوْجَتِي مُتَابِعَةٌ جَيِّدَةٌ لِبَرَامِجِ¹ الْمَرْأَةِ.	내 아내는 여성 프로그램을 잘 계속해서 시청한다.

---

¹ مَرِيضٌ/مَرْضَى 환자

² غِذَاءٌ/أَغْذِيَةٌ 음식물, 식료품 ; 영양물

나는 매일의 뉴스에 주의를 기울이고 있다.	أَنَا مُتَابِعٌ الْأَخْبَارَ الْيَوْمِيَّةَ.*	
나는 내 여동생(누나)이 내 친구와 결혼하는 것에 대해 동의하지 않는다.	لَسْتُ مُوَافِقًا عَلَى زَوَاجِ أُخْتِي مِنْ صَدِيقِي.	
권리는 그것을 요구할 때 잃지 않는다.	لَا يَضِيعُ حَقٌّ هُنَاكَ مُطَالِبٌ بِهِ.	
늙은 사람들을 돕는 이는 하나님으로 부터 사랑받는다.	مُسَاعِدُ الْعَوَاجِزِ² مَحْبُوبٌ عِنْدَ الله.	
내 형(남동생)은 아버지가 걷는 것을 도와주고 있다.	أَخِي مُسَاعِدٌ أَبِي عَلَى الْمَشْيِ.*	
이집트 남쪽 지방을 여행하는 사람들이여 강도들을 조심하시오.	يَا مُسَافِرَ الصَّعِيدِ احْذَرْ مِنَ اللُّصُوصِ!	
나는 외국으로 여행하지 않는다.	لَسْتُ مُسَافِرًا خَارِجَ الْبِلَادِ.	
아이들을 대하는 사람들은 그들과 같이 단순하다.	مُعَامِلُ الْأَطْفَالِ بَسِيطٌ مِثْلَهُمْ.	
나는 어리석은 사람들과 상대하지 않는다.	لَسْتُ مُعَامِلًا السُّفَهَاءَ³.*	
내 여자 친구의 결혼은 나를 놀라게 했다.	زَوَاجُ صَدِيقَتِي كَانَ مُفَاجِئًا لِي.	

IV 형 مُفْعِلٌ 패턴

남편은 그의 아내를 완성하는 사람이다.	الزَّوْجُ مُكْمِلُ زَوْجَتِهِ.	
내 아들은 그의 숙제들을 푸는 것을 계속하고 있다.	ابْنِي مُكْمِلٌ حَلَّ وَاجِبَاتِهِ.*	
하나님은 진리를 빛으로 드러나게 하는 분이다.	الله مُخْرِجُ الْحَقِّ إِلَى النُّورِ.	
나는 나의 아파트로 부터 쓰레기를 밖으로 내고 있다.	أَنَا مُخْرِجٌ الْقُمَامَةَ مِنْ شَقَّتِي.*	
이 남자는 무슬림이다.	هَذَا الرَّجُلُ مُسْلِمٌ.	
진리를 전하는 사람은 선하다.	مُخْبِرُ الْحَقِّ صَالِحٌ.	
그 선한 사람은 진리를 전하고 있다.	الصَّالِحُ مُخْبِرٌ الْحَقَّ.*	
무신론자는 알라신에 대한 우상숭배이다.	الْمُلْحِدُ مُشْرِكٌ بِالله.	
태양이 하늘에서 빛나고 있다.	الشَّمْسُ مُشْرِقَةٌ فِي السَّمَاءِ.	
그 은행은 나의 잔고 내역서를 보내었다.	الْبَنْكُ مُرْسِلٌ خِطَابَ رَصِيدِي.	
나의 아들은 학교 버스를 향해 서두른다.	ابْنِي مُسْرِعٌ نَحْوَ حَافِلَةِ الْمَدْرَسَةِ.	
연말이 다가오고 있다.	نِهَايَةُ السَّنَةِ مُقْبِلَةٌ.	
나는 내가 빌린 것을 돌려준다.	أَنَا مُعِيدٌ مَا أَسْتَعِيرُهُ.*	

---

¹ بَرْنَامَجٌ / بَرَامِجُ 프로그램

² عَاجِزٌ / ـونَ أَوْ عَوَاجِزُ 늙은

³ سَفِيهٌ / سُفَهَاءُ 어리석은, 우둔한

나는 어떤 것에 대해서 아무도 비난하지 않는다.	لَسْتُ مُدِينًا أَحَدًا بِشَيْءٍ.*	
하나님 그분만이 진리를 드러내시는 분이다.	الله وَحْدَهُ مُظْهِرُ الْحَقِّ.	
혁명은 자유를 일으켜 세웠다.	الثَّوْرَةُ مُقِيمَةُ الْحُرِّيَّةِ.	
혁명은 자유를 일으켜 세우고 있다.	الثَّوْرَةُ مُقِيمَةٌ الْحُرِّيَّةَ.*	
사탄은 사람들이 재앙들을 당하게 하는 자이다. (مصيبة/مصائب)	الشَّيْطَانُ مُصِيبُ النَّاسِ بِالْمَصَائِبِ.	
그 선생님은 수업의 일부를 취소시켰다.	الْمُدَرِّسُ مُلْغِي جُزْءٍ مِنَ الدَّرْسِ.	
하나님은 많이 주는(헌금하는) 자를 높이신다.	اللهُ يُكْرِمُ الْمُعْطِيَ بِكَثْرَةٍ.	

V 형 مُتَفَعِّل 패턴

발전한 나라(선진국)들은 경제가 강하다.	الدُّوَلُ الْمُتَطَوِّرَةُ قَوِيَّةُ الِاقْتِصَادِ.	
확실히 나는 사고하는데 있어 나의 아버지의 방식에 영향을 받았다.	إِنِّي مُتَأَثِّرٌ بِطَرِيقَةِ أَبِي فِي التَّفْكِيرِ.	
성숙한 이성이 발달된 이성이다.	الْعُقُولُ النَّاضِجَةُ هِيَ الْعُقُولُ الْمُتَقَدِّمَةُ.	
그 연사는 능숙한 연사이다.	الْخَطِيبُ مُتَكَلِّمٌ مَاهِرٌ.	
배운 사람은 다른 사람의 권리들을 존중하는 것을 좋아한다.	يُحِبُّ الْمُتَعَلِّمُ احْتِرَامَ حُقُوقِ الْآخَرِينَ.	
내 형(남동생)은 그의 삼촌의 딸과 결혼했다.	أَخِي مُتَزَوِّجٌ مِنَ ابْنَةِ عَمِّهِ.	
나는 나의 결정들에 있어 주저하지 않는다.	لَسْتُ مُتَرَدِّدًا فِي قَرَارَاتِي.	
겸손한 사람은 높은 자리들에서 물러난다.	الْمُتَوَاضِعُ مُتَنَحٍّ عَنِ الْمَنَاصِبِ[1] الْعُلْيَا.	
예술가는 자연을 묵상한다.	الْفَنَّانُ مُتَأَمِّلٌ فِي الطَّبِيعَةِ.	
그 역사가들은 역사에 대해 아주 숙고하고 있다.	الْمُؤَرِّخُونَ[2] مُتَأَمِّلُونَ التَّارِيخَ جَيِّدًا.*	

VI 형 مُتَفَاعِل 패턴

사자는 육고기를 먹는 동물이다.(사자의 성질)	الْأَسَدُ مُتَنَاوِلُ اللُّحُومِ.	
그 사자는 육고기를 먹고 있다.(진행형)	الْأَسَدُ مُتَنَاوِلٌ اللُّحُومَ.*	
그들 두 사람은 우연히 만났다(만나고 있다, 만날 것이다).	هُمَا مُتَقَابِلَانِ صُدْفَةً.	
그 돕는 자들은 다른 사람들을 돕는 것을 좋아한다.	الْمُتَعَاوِنُونَ يُحِبُّ مُسَاعَدَةَ الْآخَرِينَ.	
이성적인 사람은 그가 결정함에 있어 그의 친구들과 협의한다.	الْعَاقِلُ مُتَشَاوِرٌ مَعَ أَصْدِقَائِهِ فِي قَرَارِهِ.	

---

[1] مَنْصِبٌ/مَنَاصِبُ 직위, 직책

[2] أَرَّخَ/يُؤَرِّخُ ـه ـ مُؤَرِّخٌ – تَأْرِيخٌ أَوْ تَارِيخٌ ..의 날짜를 기록하다 ; 역사를 쓰다

나는 서방 사회와 소통하지 않는다.	لَسْتُ مُتَوَاصِلًا مَعَ الْمُجْتَمَعِ الْغَرْبِيِّ.

VII형 مُنْفَعِلٌ 패턴

하나님은 마음이 상한 사람들을 사랑하신다.	يُحِبُّ اللهُ مُنْكَسِرِي الْقُلُوبِ.
서방은 열린 사회이다.	الْغَرْبُ مُجْتَمَعٌ مُنْفَتِحٌ.
개최된 회의의 세션들은 녹화(혹은 녹음)가 되었다.	جَلَسَاتُ الْمَجْلِسِ الْمُنْعَقِدَةِ يَتِمُّ تَسْجِيلُهَا.
그 패배한 군대가 파괴된 채로 돌아왔다.	عَادَ الْجَيْشُ الْمُنْهَزِمُ مَكْسُورًا.
그 견인차가 뒤집혀진 차를 들어올리기 위해 왔다.	جَاءَ الْوِنْشُ لِيَرْفَعَ الْعَرَبَةَ الْمُنْقَلِبَةَ.

VIII형 مُفْتَعِلٌ 패턴

그 가수는 그의 청취자들을 열정적으로 사랑한다.	يَعْشَقُ الْمُغَنِّي مُسْتَمِعِيهِ.
나는 로만틱한 노래들을 경청하고 있다.	أَنَا مُسْتَمِعُ الأَغَانِي الرُّومَانْسِيَّةَ.*
지금의 대통령을 뽑은 사람들은 자랑스러움을 느꼈다.	شَعَرَ مُنْتَخِبُو الرَّئِيسِ الْحَالِيِّ بِالْفَخْرِ.
나는 그의 실수들을 시인하는 사람을 존경한다.	أَحْتَرِمُ الْمُعْتَرِفَ بِأَخْطَائِهِ.
나와 내 친구들은 오늘 찻집에서 모일 것이다.	أَنَا وَأَصْدِقَائِي مُجْتَمِعُونَ فِي الْمَقْهَى الْيَوْمَ.
최신의 발명들이 세계에 널리 퍼져있다.	الاخْتِرَاعَاتُ الْحَدِيثَةُ مُنْتَشِرَةٌ فِي الْعَالَمِ.
나는 내 형(남동생)과 많이 다르지 않다.	لَسْتُ مُخْتَلِفًا عَنْ أَخِي كَثِيرًا.
나는 정치를 흥미롭다고 여기지 않는다.	لَسْتُ مُعْتَبِرًا السِّيَاسَةَ شَيِّقَةً.*
나는 너를 기다리고 있다.	أَنَا مُنْتَظِرُكَ.
나는 많은 사람들을 기다리지 않는다.	لَسْتُ مُنْتَظِرًا الْكَثِيرَ مِنَ النَّاسِ.*
내 형(남동생)은 그 달리기 경주에 참가하지 않는다.	أَخِي غَيْرُ مُشْتَرِكٍ فِي مُسَابَقَةِ الْعَدْوِ.
나는 다른 사람의 권리들을 존중하는 사람을 좋아한다.	أُحِبُّ مُحْتَرِمَ حُقُوقِ الْغَيْرِ.
나는 나 외에 다른 사람을 의존하지 않는다.	لَسْتُ مُعْتَمِدًا عَلَى أَحَدٍ غَيْرَ نَفْسِي.
기술좋은 운전수는 길들을 단축한다.(지름길로 빨리 간다는의미)	السَّائِقُ الْبَارِعُ مُخْتَصِرُ الطُّرُقِ.
그는 그의 긴 단원들을 축약하고 있다.	هُوَ مُخْتَصِرٌ دُرُوسَهُ الطَّوِيلَةَ.*
대통령은 공업 프로젝트들을 시작(개막)했다.	الرَّئِيسُ مُفْتَتِحٌ مَشَارِيعَ[1] الصِّنَاعَةِ.
산업부 장관은 오늘 새로운 한 공장 개막식을 할 것이다.	وَزِيرُ الصِّنَاعَةِ مُفْتَتِحٌ مَصْنَعًا جَدِيدًا الْيَوْمَ.*

---

[1] مَشْرُوعٌ/ـَاتٌ أَوْ مَشَارِيعُ 프로젝트, 계획

내 딸을 납치한 사람은 나에게 몸값을 흥정하였다.	سَاوَمَنِي¹ مُخْتَطِفُ ابْنَتِي.	
그 독재자는 그 정치인들을 체포했다.	الدِّكْتَاتُورُ مُعْتَقِلُ السِّيَاسِيِّينَ.	
경찰은 그 언론인을 체포하고 있다.	الشُّرْطَةُ مُعْتَقِلَةُ الصَّحَفِيَّ. *	
그 사장은 그 노동자들이 도둑질 했다고 고소했다.	الْمُدِيرُ مُتَّهِمُ الْعُمَّالِ بِالسَّرِقَةِ.	
나는 불량 상품은 수령받지 않는다.	لَسْتُ مُسْتَلِمًا بِضَاعَةً فَاسِدَةً. *	
그 암살자들은 정치인들을 종교의 이름으로 죽인다.	يَقْتُلُ الْمُغْتَالُونَ السِّيَاسِيِّينَ بِاسْمِ الدِّينِ.	

IX 형 مُفْعَلٌّ 패턴

그 부끄러워하는 자는 볼이 붉어졌다. (형용사 연결형)	الْخَجُولُ مُحْمَرُّ الْخُدُودِ.
그 환자는 얼굴이 노랗게 되었다. (형용사 연결형)	الْمَرِيضُ مُصْفَرُّ الْوَجْهِ.

X 형 مُسْتَفْعِلٌ 패턴

그 패배한 군대는 항복하였다.(항복한 상태)	الْجَيْشُ الْمَهْزُومُ مُسْتَسْلِمٌ.
그 죄인은 그의 주인에게 용서를 구하였다.	الْآثِمُ مُسْتَغْفِرٌ رَبَّهُ.
그 죄인은 그의 주인에게 용서를 빌고 있다.	الْآثِمُ مُسْتَغْفِرٌ رَبَّهُ. *
그 옷을 빌린 사람은 그가 가져온 것을 돌려주었다.	أَرْجَعَ مُسْتَعِيرُ الرِّدَاءِ مَا أَخَذَهُ.
나는 내 형(남동생)으로 부터 그 옷을 빌렸다.(빌린 상태)	أَنَا مُسْتَعِيرٌ الرِّدَاءَ مِنْ أَخِي. *
그 부족들은 그 숲속에 주거지를 마련하였다.	الْقَبَائِلُ² مُسْتَوْطِنَةٌ فِي الْأَدْغَالِ³.
검을 사용하는 사람은 직관이 빠르다	مُسْتَعْمِلُ السَّيْفِ سَرِيعُ الْبَدِيهَةِ.
내 여동생(누나)는 화장품(혹은 장식품)을 사용하고 있다.	أُخْتِي مُسْتَعْمِلَةُ الزِّينَةَ. *
나는 내 돈으로 부터 좋게 유익을 얻지 못한다.	لَسْتُ مُسْتَفِيدًا مِنْ أَمْوَالِي بِشَكْلٍ جَيِّدٍ.
나는 현재 결혼할 준비가 되어 있지 않다.	لَسْتُ مُسْتَعِدًّا لِلزَّوَاجِ الْآنَ.
내 형(남동생)은 새로운 사고들을 기쁨으로 받아들이고 있다.	أَخِي مُسْتَقْبِلُ الْأَفْكَارِ الْحَدِيثَةَ بِسَعَادَةٍ. *
이 세대는 컴퓨터를 사용하는 세대이다.	هَذَا الْجِيلُ مُسْتَخْدِمُ الْحَاسُوبِ.
내 아들은 컴퓨터 게임들을 사용하고 있다.	طِفْلِي مُسْتَخْدِمُ أَلْعَابِ⁴ الْحَاسُوبِ. *

---

¹ سَاوَمَ/يُسَاوِمُ ه - مُسَاوَمَةٌ 몸값을 흥정하다, 협상하다

² قَبِيلَةٌ/ قَبَائِلُ 부족(tribe)

³ دَغَلٌّ/ أَدْغَالٌ أَوْ دِغَالٌ 숲속, 정글

⁴ لَعْبٌ أَوْ لَعِبٌ/ أَلْعَابٌ 게임, 놀이

제19과 능동분사

나는 여전히 체육 실습을 계속하고 있다.	مَازِلْتُ مُسْتَمِرًّا فِي مُمَارَسَةِ الرِّيَاضَةِ.
서두르는 사람은 좋은 결과들을 성취할 수 없다.	الْمُسْتَعْجِلُ لاَ يُحَقِّقُ نَتَائِجَ جَيِّدَةً.
그 조사관(형사)는 그 혐의자로 부터 정보를 캐묻는다.	الْمُحَقِّقُ مُسْتَعْلِمٌ عَنِ الْمُتَّهَمِ.
도둑맞은 그의 돈을 회수한 그 사람은 기뻐했다.	فَرِحَ مُسْتَرْجِعُ مَالِهِ الْمَسْرُوقِ.
나는 내 질문들에 대해 설명을 요청하는 사람을 좋아한다.	أُحِبُّ الْمُسْتَفْسِرَ عَنْ أَسْئِلَتِي.[1]
광부는 땅속에 있는 것을 채취하는 사람이다.	الْحَفَّارُ مُسْتَخْرِجٌ مَا فِي بَاطِنِ الْأَرْضِ.
그 기술자(engineer)는 그 광산으로 부터 금속들을 채취하고 있다.	الْمُهَنْدِسُ مُسْتَخْرِجٌ الْمَعَادِنَ مِنَ الْمَنْجَمِ. *
그 법원은 그 증인들을 소환하였다.	الْمَحْكَمَةُ مُسْتَدْعِيَةُ الشُّهُودِ.[2]

(3) 4자음 동사의 능동분사

내 형(남동생)은 이 책의 번역자이다.	أَخِي مُتَرْجِمٌ هَذَا الْكِتَابِ.
증오심은 앙심을 품은 사람을 지배한다.	الْكَرَاهِيَةُ مُسَيْطِرَةٌ عَلَى الْحُقُودِ.
그 아이는 공원에서 그 공을 굴렸다.	الطِّفْلُ مُدَحْرِجٌ الْكُرَةَ فِي الْحَدِيقَةِ.
그 시위들은 나라의 안정을 흔들었다.	الْمُظَاهَرَاتُ مُزَعْزِعَةٌ اِسْتِقْرَارَ الْبَلَدِ.

** 첨가동사의 능동분사 가운데 약자음 혹은 중복자음이 있는 경우들

① 중복자음 동사 (الْفِعْلُ الْمُضَعَّفُ)

내 형(남동생)은 생일 잔치를 위해 많은 것을 준비했다.	أَخِي مُعِدٌّ أَشْيَاءَ كَثِيرَةٍ لِحَفْلَةِ عِيدِ الْمِيلَادِ.
우리는 알와싸뜨 당에 가입해 있다.	نَحْنُ مُنْضَمُّونَ إِلَى حِزْبِ الْوَسَطِ.
내가 사랑하는 사람(f.)은 나의 이성을 점령하고 있다.	حَبِيبَتِي مُحْتَلَّةٌ عَقْلِي. *
아이는 모든 사탕을 좋아한다.	الطِّفْلُ مُسْتَحِبٌّ كُلَّ الْحَلْوَى. *

② 간약동사 (الْفِعْلُ الْأَجْوَفُ)

그 새로운 사람이 회사를 잘 운영하고 있다.	الشَّخْصُ الْجَدِيدُ مُدِيرٌ الشَّرِكَةَ بِشَكْلٍ مُمْتَازٍ. *
젊은이들은 자유주의 후보자에게 편을 든다.	الشَّبَابُ مُنْحَازُونَ إِلَى الْمُرَشَّحِ اللِّيبِرَالِيِّ.
그녀는 매일 밖에 나가곤 한다.	هِيَ مُعْتَادَةٌ عَلَى الْخُرُوجِ كُلَّ يَوْمٍ.

---

[1] سُؤَالٌ/ أَسْئِلَةٌ 질문

[2] شَاهِدٌ/ شُهُودٌ 증인, 목격자

اللهُ مُسْتَجِيبٌ مَنْ يَدْعُوهُ بِصِدْقٍ. *	하나님은 진실로 그에게 구하는 사람에게 응답하신다.

③ 말약동사 (الْفِعْلُ النَّاقِصُ)

مُنَاقَشَتُنَا مُقَوِّيَةٌ لِعَلَاقَتِنَا.	우리의 논쟁은 우리의 관계를 강하게 한다.
الْأَبُ مُنَادٍ عَلَى ابْنِهِ.	그 아버지는 그의 아들을 부른다.
الْكَرِيمُ مُعْطٍ الْفَقِيرَ طَعَامًا. *	그 관대한 사람은 그 가난한 사람에게 음식을 준다.
أَنَا مُتَمَنٍّ زَوْجَةً ذَاتَ عَقْلٍ كَبِيرٍ. *	나는 마음(이성)이 넓은 아내를 희망한다.
الْيَائِسُونَ مُتَعَاطُونَ الْمُخَدِّرَاتِ. *	절망한 사람들은 마약을 복용한다.
هُوَ مُنْضَوٍ إِلَى نَادِي الشِّطْرَنْجِ.	그는 장기 클럽에 가입해 있다.
أَنَا مُشْتَرٍ مَحْمُولًا جَدِيدًا. *	나는 새로운 전화기를 살 것이다. I will buy (I am buying) a new phone.
وَجْهُهَا مُحْمَرٌّ مِنَ الْخَجَلِ.	그녀의 얼굴은 부끄러움으로 발갛게 되었다.
الْقَانُونُ الْجَدِيدُ مُسْتَثْنٍ الشَّبَابَ تَحْتَ عِشْرِينَ عَامًا. * 새로운 법은 20년 동안 젊은이들을 예외로 하고 있다.	

** 능동분사 문장전환 연습

지금까지 공부한 능동분사 예문들에 사용된 능동분사를 아래와 같이 동사가 사용된 문장으로 전환해 보자. 이러한 문장전환 연습이 아랍어 실력 향상에 많은 도움이 된다.

능동분사 사용 문장	동사 사용 문장
أَنَا كَاتِبٌ الْمَقَالَةَ الْجَدِيدَةَ.	أَنَا أَكْتُبُ الْمَقَالَةَ الْجَدِيدَةَ.
나는 그 새로운 글을 쓰고 있다.	
اللهُ عَارِفٌ خَبَايَا الْقُلُوبِ.	اللهُ يَعْرِفُ خَبَايَا الْقُلُوبِ.
하나님은 마음의 숨겨진 부분을 아시는 분이다.	
اللهُ عَالِمٌ الْمُسْتَقْبَلَ.	اللهُ يَعْلَمُ الْمُسْتَقْبَلَ.
하나님은 미래를 아시는 분이다.	
ابْنِي فَاهِمٌ دَرْسَهُ.	ابْنِي يَفْهَمُ دَرْسَهُ.
내 아들은 그의 수업을 이해하고 있다.	
يُفَضِّلُ الْمُعَلِّمُ الطَّالِبَ الْفَاهِمَ عَنْ غَيْرِهِ.	يُفَضِّلُ الْمُعَلِّمُ الطَّالِبَ الَّذِي يَفْهَمُ عَنْ غَيْرِهِ.
그 선생님은 그 이해를 잘 하는 학생을 다른 학생들보다 더 좋아한다. (فَضَّلَ / يُفَضِّلُ عَنْ)	

제 20 과 유사형용사 (الصِّفَةُ الْمُشَبَّهَةُ)

1. 유사 형용사(الصِّفَةُ الْمُشَبَّهَةُ)의 형태
2. 유사 형용사(الصِّفَةُ الْمُشَبَّهَةُ)의 문장에서의 기능
3. 유사형용사의 의미로 사용되는 능동분사와 수동분사

제 20 과 유사형용사(الصِّفَةُ الْمُشَبَّهَةُ)

능동분사의 패턴은 فَاعِل 이며, 자동사와 타동사 모두에서 파생된다. 그런데 자동사에서 파생된 단어 가운데 فَاعِل 의 패턴을 취하지 않으면서도 능동분사의 의미와 기능으로 사용되는 단어가 있는데 이를 유사형용사라 한다. 즉 فَعَلَ 패턴의 자동사에서 파생된 فَعِيل, فَعَل, فُعْل, فَعَال, فَعَّال, فُعَل 패턴의 단어와, 일부 فَعِلَ 패턴의 자동사에서 파생된 فَعِل, أَفْعَل, فَعْلان 패턴의 단어, 그리고 극소수의 فَعُلَ 패턴의 자동사에서 파생된 فَعِيل 패턴의 단어가 능동분사의 의미와 기능으로 사용되는데 이러한 단어를 유사형용사(الصِّفَةُ الْمُشَبَّهَةُ)라 한다.

'유사형용사(الصِّفَةُ الْمُشَبَّهَةُ)'라는 용어의 '유사'의 의미는 능동분사와 의미와 기능이 유사하다는 의미이다.(الصِّفَةُ الْمُشَبَّهَةُ بِاسْمِ الْفَاعِلِ). 또한 '형용사'란 용어를 사용하는 것은 유사형용사 단어가 형용사의 의미와 기능으로 많이 사용되기 때문이다. 실제로 유사형용사는 다른 명사를 수식하거나(형용사의 수식용법) 명사문에서 술어(형용사의 서술용법)로 많이 사용된다. 유사형용사는 타동사에서 파생되지 않고 상태를 묘사하는 자동사에서 파생되며, 따라서 동작이 아닌 상태를 묘사한다.

언급한 대로 유사형용사의 패턴은 하나가 아니라 여러 가지인데 그것을 이 과에서 유형별로 정리한다.

** 어떤 동사가 فَاعِل 패턴의 능동분사를 사용할 경우 그 동사의 유사형용사 형태의 단어는 대개 따로 존재하지 않는다. 즉 유사형용사 형태로 사용되는 단어는 대부분 فَاعِل 패턴의 능동분사가 없다고 보면 된다.

** 아랍어에서 상태를 묘사하는 자동사의 경우 능동분사 패턴으로서 그 형용사적인 의미와 기능을 하는 단어들도 있지만, 능동분사 패턴의 단어가 사용되지 않고 유사형용사 패턴으로서 형용사적인 의미와 기능을 하는 단어들이 많이 있다.

** 아래에서 유사형용사 단어들의 의미 옆에 그 단어의 어근 동사와 동명사를 함께 기록하였다.
(←동명사 – 미완료형 동사 /완료형동사←) 유사형용사와 함께 익혀두면 크게 도움이 된다.

1. 유사 형용사(الصِّفَةُ الْمُشَبَّهَةُ)의 형태

1) فَعَلَ 패턴의 동사에서 파생된 유사형용사

아래의 유사형용사 단어들은 그 어근 동사가 فَعَلَ 패턴의 자동사들이다. 예들들어 유사형용사 كَثِيرٌ 는 '많게되다, 많다'의 의미를 가진 자동사 كَثُرَ 에서 온 것으로 فَاعِل 패턴의 능동분사 꼴인 كَاثِرٌ 을 사용하지 않고 كَثِيرٌ 이라는 유사형용사를 능동분사적인 의미와 기능으로 사용한다.

(1) فَعِيلٌ 패턴

많은	(كَثُرَ/ يَكْثُرُ - كَثْرٌ)	كَثِيرٌ	적은	(قَلَّ/ يَقِلُّ - قِلَّةٌ)	قَلِيلٌ *
새로운	(جَدَّ/ يَجِدُّ - جِدٌّ)	جَدِيدٌ *	오래된	(قَدُمَ/ يَقْدُمُ - قِدَمٌ)	قَدِيمٌ
큰	(كَبُرَ/ يَكْبُرُ - كِبَرٌ)	كَبِيرٌ	작은	(صَغُرَ/ يَصْغُرُ - صِغَرٌ)	صَغِيرٌ

제 20 과 유사형용사

긴 (ط و ل)(طَالَ/يَطُولُ – طُولٌ)	طَوِيلٌ *	짧은 (قَصُرَ/يَقْصُرُ – قِصَرٌ)	قَصِيرٌ
먼 (بَعُدَ/يَبْعُدُ – بُعْدٌ)	بَعِيدٌ	가까운 (قَرُبَ/يَقْرُبُ – قُرْبٌ، قُرْبَةٌ)	قَرِيبٌ
뚱뚱한, 두꺼운 (ثَخُنَ/يَثْخُنُ – ثِخَنٌ، ثُخُونَةٌ)	ثَخِينٌ	가는 ; 고귀한 (رَفُعَ/يَرْفُعُ – رِفْعَةٌ)	رَفِيعٌ
무거운 (ثَقُلَ/يَثْقُلُ – ثِقَلٌ، ثَقَالَةٌ)	ثَقِيلٌ	가벼운 (خَفَّ/يَخِفُّ – خِفَّةٌ)	خَفِيفٌ *
가는, 섬세한 (دَقَّ/يَدِقُّ – دِقَّةٌ)	دَقِيقٌ *	가는, 부드러운 (رَقَّ/يَرِقُّ – رِقَّةٌ، رِقٌّ)	رَقِيقٌ *
우아한, 날씬한 (رَشُقَ/يَرْشُقُ – رَشَاقَةٌ)	رَشِيقٌ	깨끗한 (نَظُفَ/يَنْظُفُ – نَظَافَةٌ)	نَظِيفٌ
친절한, 귀여운 (لَطُفَ/يَلْطُفُ – لُطْفٌ، لَطَافَةٌ)	لَطِيفٌ	아름다운 (جَمُلَ/يَجْمُلُ – جَمَالٌ)	جَمِيلٌ
약한 (ضَعُفَ/يَضْعُفُ – ضَعْفٌ، ضُعْفٌ)	ضَعِيفٌ	가난한 (فَقُرَ/يَفْقُرُ – فَقْرٌ)	فَقِيرٌ
값싼 (رَخُصَ/يَرْخُصُ – رُخْصٌ)	رَخِيصٌ	유머스런, 말에 재치가 있는 (ظَرُفَ/يَظْرُفُ – ظَرْفٌ، ظَرَافَةٌ)	ظَرِيفٌ
비굴한, 비열한, 교활한 (لَؤُمَ/يَلْؤُمُ – لُؤْمٌ)	لَئِيمٌ	구두쇠의 (بَخِلَ/يَبْخَلُ – بُخْلٌ)	بَخِيلٌ
관대한 (كَرُمَ/يَكْرُمُ – كَرَمٌ، كَرَامَةٌ)	كَرِيمٌ	영예로운 (شَرُفَ/يَشْرُفُ – شَرَفٌ، شَرَافَةٌ)	شَرِيفٌ
위대한 (عَظُمَ/يَعْظُمُ – عِظَمٌ، عَظَامَةٌ)	عَظِيمٌ	강한, 센 (شَدَّ/يَشُدُّ – شَدٌّ)	شَدِيدٌ *
용감한, 대담한 (جَرُؤَ/يَجْرُؤُ عَلَى – جُرْأَةٌ، جَرَاءَةٌ)	جَرِيءٌ	무죄의, 결백한 (بَرِئَ/يَبْرَأُ – بَرَاءَةٌ)	بَرِيءٌ
넓은 (عَرُضَ/يَعْرُضُ – عَرْضٌ)	عَرِيضٌ	경험많은 ; 전문가 (خَبُرَ/يَخْبُرُ بِـ – خِبْرَةٌ)	خَبِيرٌ
추악한, 악질적인 (خَبُثَ/يَخْبُثُ – خُبْثٌ)	خَبِيثٌ	온유한, 온순한 (وَدُعَ/يَوْدُعُ – وَدَاعَةٌ، دَعَةٌ)	وَدِيعٌ
구미가 돋는, 맛있는 (شَهُوَ/يَشْهُو – شَهَاوَةٌ)	شَهِيٌّ **	부드러운 (لَانَ/يَلِينُ – لِينٌ، لُيُونَةٌ)	لَيِّنٌ ***

→위의 * 표 단어들은 그 어근 동시기 중복자음동사 혹은 약자음 동사이다.
→위의 ** 표가 있는 شَهِيٌّ 은 فَعِيل 패턴의 ل 자리에 ي 가 와서 ي 중복자음이 된 단어이다.
→위의 *** 표가 있는 لَيِّنٌ 은 فَعِيل 패턴의 ع 자리에 ي 가 와서 ي 중복자음이 된 단어이다.

§§ فَعَلَ 패턴의 동사에서 파생된 فَعِيل 패턴의 유사형용사

행복한 (سَعَدَ/يَسْعَدُ – سَعَادَةٌ)	سَعِيدٌ	온전한, 무사한, 안전한 (سَلِمَ/يَسْلَمُ – سَلَامٌ، سَلَامَةٌ)	سَلِيمٌ
슬픈 (حَزَنَ/يَحْزُنُ – حُزْنٌ، حَزَنٌ)	حَزِينٌ	아픈 (مَرِضَ/يَمْرَضُ – مَرَضٌ)	مَرِيضٌ
신기한 (عَجَبَ/يَعْجَبُ – عَجَبٌ)	عَجِيبٌ	강한, 힘센 (قَوِيَ/يَقْوَى – قُوَّةٌ)	قَوِيٌّ *

부자의 (غَنِيَ/يَغْنَى - غِنًى، غَنَاءٌ)	غَنِيٌّ *	멍청한 (غَبِيَ/يَغْبَى - غَبَاوَةٌ، غَبَاءٌ)	غَبِيٌّ *
맑은 (نَقِيَ/يَنْقَى - نَقَاءٌ، نَقَاوَةٌ)	نَقِيٌّ *	총명한, 머리가 좋은 (ذَكِيَ/يَذْكَى - ذَكَاءٌ)	ذَكِيٌّ *
부드러운(주로 사물이) (طَرِيَ/يَطْرَى - طَرَاوَةٌ)	طَرِيٌّ *		

→ 위의 * 표 단어들은 فَعِيلٌ 패턴의 ل 자리에 ي 가 와서 ي 중복자음이 된 단어들이다.

(2) فَعْلٌ 패턴

어려운 (صَعُبَ/يَصْعُبُ - صُعُوبَةٌ)	صَعْبٌ	쉬운 (سَهُلَ/يَسْهُلُ - سُهُولَةٌ)	سَهْلٌ
관대한, 도량이 넓은 (شَهُمَ/يَشْهُمُ - شَهَامَةٌ)	شَهْمٌ	단, 달콤한 (عَذُبَ/يَعْذُبُ - عُذُوبَةٌ)	عَذْبٌ
거대한 (ضَخُمَ/يَضْخُمُ - ضَخَامَةٌ)	ضَخْمٌ	풍족한 (جَزُلَ/يَجْزُلُ - جَزَالَةٌ)	جَزْلٌ

(3) فُعَالٌ 패턴

용감한 (شَجُعَ/يَشْجُعُ - شَجَاعَةٌ)	شُجَاعٌ	용감한, 고귀한 (ه م م)	هُمَامٌ
단 (물이 단) (فَرُتَ/يَفْرُتُ - فُرُوتَةٌ)	فُرَاتٌ	순수한, 깨끗한 (صَرُحَ/يَصْرُحُ - صَرَاحَةٌ، صُرُوحَةٌ)	صُرَاحٌ

(4) فَعَالٌ 패턴

비겁한 (جَبُنَ/يَجْبُنُ - جُبْنٌ)	جَبَانٌ	여인이 정숙한 (حَصُنَتْ/تَحْصُنُ - حَصَانَةٌ)	حَصَانٌ

(5) فَعَلٌ 패턴

좋은 ; 아름다운 (حَسُنَ/يَحْسُنُ - حُسْنٌ)	حَسَنٌ	영웅의, 영웅적인 (بَطُلَ/يَبْطُلُ - بُطُولَةٌ)	بَطَلٌ

(6) فُعْلٌ 패턴

단 ; 예쁜 ; 좋은 (حَلَا أو حَلُوَ/يَحْلُو - حَلَاوَةٌ)	حُلْوٌ	쓴 (مَرَّ/يَمُرُّ - مَرَارَةٌ)	مُرٌّ *
견고한 (صَلُبَ/يَصْلُبُ - صَلَابَةٌ)	صُلْبٌ	자유로운 (حَرَّ/يَحَرُّ - حُرِّيَّةٌ)	حُرٌّ *

→ 위의 * 표 단어들은 فُعْلٌ 패턴의 ع 과 ل 자리에 중복자음이 온 경우이다.

2) فَعِلَ 패턴의 동사에서 파생된 유사형용사

아래의 유사형용사 단어들은 그 어근 동사가 فَعِلَ 형태의 자동사들이다. 예들들어 유사형용사 فَرِحٌ 은 '기쁘게 되다, 기쁘다'의 의미를 가진 자동사 فَرِحَ 에서 파생된 것으로 فَاعِلٌ 패턴의 능동분사 꼴인 فَارِحٌ 을 사용하지 않고 فَرِحٌ 이라는 유사형용사를 사용하는 것이다. 아래의 대부분의 단어들이 이와 같은 경우이다.

(1) فَعِلٌ 패턴

기쁜 (فَرِحَ/ يَفْرَحُ – فَرَحٌ)	فَرِحٌ	염려하는 (قَلِقَ/ يَقْلَقُ – قَلَقٌ)	قَلِقٌ
성가신 (شَرِسَ/ يَشْرَسُ – شَرَاسَةٌ)	شَرِسٌ	온화한 (سَلِسَ/ يَسْلَسُ – سَلَاسَةٌ)	سَلِسٌ
기쁜, 즐거운 (مَرِحَ/ يَمْرَحُ – مَرَحٌ)	مَرِحٌ	슬픈 (حَزِنَ/ يَحْزَنُ – حُزْنٌ, حَزَنٌ –حَزِينٌ)	حَزِنٌ *
게으른 (كَسِلَ/ يَكْسَلُ – كَسَلٌ – كَسْلَانُ)	كَسِلٌ *	부끄러워하는 (خَجِلَ/ يَخْجَلُ – خَجَلٌ – خَجْلَانٌ)	خَجِلٌ *
썩은, 부패한 (عَفِنَ/ يَعْفَنُ – عَفَنٌ – عُفُونَةٌ)	عَفِنٌ	깨어있는 (يَقِظَ/ يَيْقَظُ – يَقَظٌ, يَقَاظَةٌ)	يَقِظٌ
거친(rough) (خَشُنَ/ يَخْشُنُ – خُشُونَةٌ)	خَشِنٌ **		

→위의 * 표가 있는 단어들의 경우 유사형용사로 사용되는 다른 패턴의 단어를 기록하고 있다. 각각 حَزِينٌ, كَسْلَانُ, خَجْلَانُ 를 동명사 옆에 기록하고 있다.

→위의 ** 표가 있는 단어는 فَعُلَ 패턴에서 파생되었다.

(2) أَفْعَلُ 패턴
이 패턴의 단어들은 색깔에 대한 단어와 신체결함에 대한 단어가 대부분이며, 모두 2격 명사이다 (여성형 패턴은 فَعْلَاءُ 패턴이고, 복수형 패턴은 فُعْلٌ 이다. (예: أَحْمَرُ – حَمْرَاءُ – حُمْرٌ)

빨간색의 (حَمِرَ/ يَحْمَرُ – حُمْرَةٌ, حَمَرٌ)	أَحْمَرُ	초록색의 (خَضِرَ/ يَخْضَرُ – خُضْرَةٌ)	أَخْضَرُ
푸른색의 (زَرِقَ/ يَزْرَقُ – زُرْقَةٌ, زَرَقٌ)	أَزْرَقُ	피부 등이 갈색의(brown) (سَمِرَ/ يَسْمَرُ – سُمْرَةٌ)	أَسْمَرُ
검은 (سَوِدَ/ يَسْوَدُ – سَوَادٌ, سَوَدٌ)	أَسْوَدُ	노란 (صَفِرَ/ يَصْفَرُ – صُفْرَةٌ)	أَصْفَرُ
흰 (ب ي ض – بَيَاضٌ)	أَبْيَضُ	회색의 (شَهِبَ/ يَشْهَبُ – شَهَبٌ, شُهْبَةٌ)	أَشْهَبُ
백발의 (شَابَ – يَشِيبُ – شَيْبٌ – شَائِبٌ)	أَشْيَبُ *	(머리카락 등) 금발의(blond) (شَقِرَ/ يَشْقَرُ – شُقْرَةٌ, شَقَرٌ)	أَشْقَرُ
아이 라이너 등이 군청색의, 검은색의 (كَحِلَ/ يَكْحَلُ – كَحَلٌ)	أَكْحَلُ		
눈먼, 장님의 ; 시각장애인 (عَمِيَ/ يَعْمَى – عَمًى)	أَعْمَى	야맹증의 (عَشِيَ/ يَعْشَى –عَشَاوَةٌ, عَشًا)	أَعْشَى
다리를 저는, 절름발이의 (عَرِجَ/ يَعْرَجُ – عَرَجٌ, عَرَجَانٌ)	أَعْرَجُ	벙어리의 ; 언어장애인 (خَرِسَ/ يَخْرَسُ – خَرَسٌ)	أَخْرَسُ

사시안의, 사팔뜨기의 (حَوِلَ/ يَحْوَلُ - حَوَلٌ)	أَحْوَلُ	귀머거리의 ; 청각장애인 (طَرِشَ/ يَطْرَشُ - طَرَشٌ)	أَطْرَشُ
곱추의 (حَدِبَ/ يَحْدَبُ - حَدَبٌ)	أَحْدَبُ	귀머거리의 ; 청각장애인 (صَمَّ/ يَصَمُّ - صَمَمٌ)	أَصَمُّ *
애꾸눈의 (عَوِرَ/ يَعْوَرُ - عَوَرٌ)	أَعْوَرُ	벙어리의 ; 언어장애인 (بَكِمَ/ يَبْكَمُ - بَكَمٌ)	أَبْكَمُ

→ 위의 * 표 단어들은 그 어근 동사가 فَعِلَ/ يَفْعَلُ 패턴이 아닌 경우이다.

(3) فَعْلَانُ 패턴 (아래 단어들은 그 여성형이 فَعْلَى 패턴이고 복수형이 فَعَالَى 패턴이다.
(예: عَطْشَانُ - عَطْشَى - عَطَاشَى) 모두 2격 명사(مَمْنُوعٌ مِنَ الصَّرْفِ)이다.)

목마른 ※ (عَطِشَ - يَعْطَشُ - عَطَشٌ - عَاطِشٌ)	عَطْشَانُ	배고픈 ※ (جَاعَ/ يَجُوعُ - جُوعٌ، مَجَاعَةٌ - جَائِعٌ)	جَوْعَانُ *
화난 ※ (غَضِبَ/ يَغْضَبُ - غَضَبٌ - غَاضِبٌ)	غَضْبَانُ	목마른 ※ (ظَمِئَ/ يَظْمَأُ - ظَمَأٌ - ظَامِئٌ)	ظَمْآنُ
술취한 (سَكِرَ/ يَسْكَرُ - سَكَرٌ - سَكْرَانُ)	سَكْرَانُ	피곤한 (تَعِبَ/ يَتْعَبُ - تَعَبٌ - تَعِبٌ)	تَعْبَانُ
배부른 (شَبِعَ/ يَشْبَعُ - شِبَعٌ)	شَبْعَانُ	졸리는 ※ (نَعَسَ/ يَنْعَسُ - نَعَسٌ - نَاعِسٌ)	نَعْسَانُ *
추운 (사람이) ※ (بَرَدَ/ يَبْرُدُ - بَرْدٌ - بَارِدٌ)	بَرْدَانُ *	더운 (사람이) (حَرَّ/ يَحَرُّ - حَرٌّ - حَرَارَةٌ)	حَرَّانُ *
후회하는 ※ (نَدِمَ/ يَنْدَمُ - نَدَمٌ - نَدَامَةٌ - نَادِمٌ)	نَدْمَانُ	질투하는 (غَارَ/ يَغَارُ مِنْ أَوْ عَلَى - غَيْرَةٌ)	غَيْرَانُ *
부끄러워하는 (خَجِلَ/ يَخْجَلُ - خَجَلٌ - خَجِلٌ)	خَجْلَانُ	관개된, 물이 대진 (رَوِيَ/ يَرْوَى - رَيٌّ، رِيٌّ)	رَيَّانُ
게으른 (كَسِلَ/ يَكْسَلُ - كَسَلٌ - كَسِلٌ)	كَسْلَانُ	기쁜 ※ (فَرِحَ/ يَفْرَحُ - فَرَحٌ - فَرِحٌ - فَارِحٌ)	فَرْحَانُ

→ 위의 * 표 단어들은 그 어근 동사가 فَعِلَ/ يَفْعَلُ 패턴이 아닌 경우이다.
→ 위의 ※ 표 단어들은 فَاعِلٌ 패턴의 능동분사형이 있는 단어. فَعْلَانُ 패턴의 유사형용사를 더 많이 사용함.

3) فَعَلَ 패턴의 동사에서 파생된 유사형용사

아래의 유사형용사들은 그 어근 동사가 فَعَلَ 형태의 자동사들이다. 자동사들 가운데 فَعَلَ 형태의 자동사는 아주 드물다. فَاعِلٌ 패턴의 능동분사를 사용하지 않고 아래와 같이 فَيْعِلٌ 의 패턴을 사용하는 단어들이다.

(1) فَيْعِلٌ 패턴

좋은 ; 친절한 (طَابَ/ يَطِيبُ - طِيبَةٌ، طِيبٌ)	طَيِّبٌ	가치있는(valuable) (قَامَ/ يَقُومُ بِ - قَوْمٌ، قِيَامٌ - قَوْمَةٌ - قَائِمٌ)	قَيِّمٌ
좋은(good, well) (جَادَ/ يَجُودُ - جَوْدَةٌ)	جَيِّدٌ	나쁜(bad) (سَاءَ/ يَسُوءُ - سُوءٌ)	سَيِّئٌ
흥미로운(interesting) (شَاقَ/ يَشُوقُ إِلَى - شَوْقٌ - شَائِقٌ)	شَيِّقٌ	좁은, 비좁은 (ضَاقَ/ يَضِيقُ - ضِيقٌ، ضَيِّقٌ)	ضَيِّقٌ

→ 위의 단어들의 패턴은 فَعَّلٌ 이 아니라 فَيْعِلٌ 로 본다.

2. 유사 형용사의 문장에서의 기능

유사형용사의 특징은 문장에서 형용사적인 기능으로 많이 사용된다는 것이다. 즉 어떤 명사를 수식하는 수식어(النَّعْتُ)로 사용되거나 명사문의 술어(الْخَبَرُ)로 사용되는 것이 그것이다.(명사문의 술어를 명사적인 기능이라 하는 것이 아랍어 문법에 더 맞다.)

뿐만 아니라 유사형용사는 파생명사의 한 종류이므로 품사적으로 명사이다. 따라서 유사형용사는 아랍어 명사의 일반적인 역할들을 모두 수행할 수 있다. 즉 명사문의 주어(الْمُبْتَدَأُ), 동사문의 주어(الْفَاعِلُ), 명사문의 술어(الْخَبَرُ), 목적어(الْمَفْعُولُ بِهِ), 소유격 명사(الاسْمُ الْمَجْرُورُ), 연결형(الْمُضَافُ وَالْمُضَافُ إِلَيْهِ) 등의 기능으로 사용된다.

유사형용사는 앞에서 배운 능동분사나 앞으로 배울 과장 형용사와 문장에서의 기능이 흡사하다. 그러나 유사형용사는 자동사에서 파생되었기에 유사형용사 자신이 자체의 목적어를 취하는 동사적 용법(الْعَامِلُ عَمَلَ فِعْلِهِ)으로는 사용되지 않고, 자체의 주어를 취하는 동사적 용법으로는 사용될 수 있다.

아래에서 유사형용사가 문장에서 사용되는 여러가지 기능들을 종류별로 살펴본다. 각각의 유사형용사가 형용사적인 의미(술어 혹은 수식어)인지 혹은 그 형용사에 해당되는 사람인지를 구분하라. 또한 유사형용사가 한정형태로 사용되었을 경우 그 의미가 특수적인지 아니면 일반적인지를 구분하는 것도 관심을 가질 필요가 있다. 이 주제에 대해서는 이 책 제Ⅱ권 'الـ 의 용법에 대해' 부분에서 자세히 다루고 있다.

1) 명사문의 주어(الْمُبْتَدَأُ)

가난한 자는 슬프다.	الْفَقِيرُ حَزِينٌ.
관대한 사람은 사랑받는 사람이다.	الْكَرِيمُ شَخْصٌ مَحْبُوبٌ.
강한 자는 남을 돕는 사람이다.	الْقَوِيُّ هُوَ مَنْ يُسَاعِدُ غَيْرَهُ.
오늘날 약한 자가 세상에서 설 공간이 없다.	الضَّعِيفُ لَيْسَ لَهُ مَكَانٌ فِي الدُّنْيَا الْيَوْمَ.
나의 교실에 한 용감한 자가 있다.	فِي فَصْلِي شُجَاعٌ.

2) 동사문의 주어(الْفَاعِلُ)

이 집에 한 겁장이가 산다.	يَعِيشُ فِي هَذَا الْبَيْتِ جَبَانٌ.
그 슬픈 사람과 그 기쁜 사람이 함께 살고 있다. (혹은 슬픈 사람과 기쁜 사람이 함께 살고 있다.)	يَسْكُنُ الْحَزِينُ وَالسَّعِيدُ مَعَ بَعْضِهِمَا.

3) 명사문의 술어(الْخَبَرُ)

내 친구는 용감하다.	صَدِيقِي شُجَاعٌ جِدًّا.
이 젊은 여자는 아름답다.	هَذِهِ الْفَتَاةُ جَمِيلَةٌ.

هُوَ صَغِيرٌ عَلَى الْعَمَلِ.	그는 일하기에는 어리다.	
قِرَاءَةُ اللُّغَةِ الْعَرَبِيَّةِ صَعْبَةٌ.	아랍어 읽기는 어렵다.	
أَنَا غَضْبَانُ لِأَنَّكَ سَكْرَانُ.	당신이 취해서 나는 화가 난다.	
هَذَا الْمُهَنْدِسُ خَبِيرٌ.	이 기술자(engineer)는 경험이 많은 자이다.	
عَادَةً أَكُونُ قَلِقًا لَيْلَةَ الْامْتِحَانِ.	나는 보통 시험 전날밤에는 염려를 한다.	

4) 목적어 (الْمَفْعُولُ بِهِ)

يَكْرَهُ مُحَمَّدٌ الْغَنِيَّ.	무함마드는 부자를 증오한다. (كَرِهَ / يَكْرَهُ أَوْ هـ - كُرْهٌ)
أَخْتَارُ دَائِمًا الصَّعْبَ فِي حَيَاتِي.	나는 내 삶에서 항상 어려운 것을 선택한다. (اِخْتَارَ / يَخْتَارُ)
يَجِبُ أَنْ نُسَاعِدَ الْفُقَرَاءَ.	우리는 가난한 사람들을 도와야 한다. (فَقِيرٌ / فُقَرَاءُ)
سَاعَدْتُ ضَعِيفًا فِي عَمَلِهِ.	나는 한 약한 사람이 일하고 있을 때 그를 도왔다.

5) 소유격명사 (الْاسْمُ الْمَجْرُورُ)

أَعْطَيْتُ الْجَائِزَةَ لِلطَّيِّبِ.	나는 그 상을 그 마음씨 좋은 사람에게 주었다.
أَخَذْتُ كِتَابِي مِنَ الشَّهْمِ.	나는 내 책을 그 남을 돕는 사람으로 부터 가져왔다.
تَكَلَّمْنَا عَنِ السُّعَدَاءِ.	우리는 행복한 사람들에 대해서 이야기했다. (سَعِيدٌ의 복수는 سُعَدَاءُ)
تَعَرَّفْتُ عَلَى غَنِيٍّ فِي فَصْلِي.	나는 내 교실에서 한 부자를 알게 되었다.

6) 전연결어 (الْمُضَافُ)

قَلِيلُ الْاحْتِرَامِ لَا يُحِبُّهُ النَّاسُ.	존경함이 부족한(예의가 없는) 사람은 사람들이 그를 좋아하지 않는다. (명사문의 주어)
أُحِبُّ قَدِيمَ الْآثَارِ.	나는 유물이 오래된 것을 좋아한다. (목적어)
زَرْقَاءُ الْعَيْنَيْنِ يَعْشَقُهَا الرِّجَالُ.	두 눈이 푸른 여자는 남자들이 열렬하게 사랑한다. (زَرْقَاءُ는 أَزْرَقُ의 여성형이다.) (명사문의 주어)

→ '전연결어'는 아랍어 문법에서 문장을 분해할 때 단어의 기능으로 간주하지 않는다. 다시 말해 위의 문장을 분해할 때 위의 전연결어의 기능을 위에 기록된 대로 '명사문의 주어', '목적어' … 라 말한다.
→ 위의 세 문장에 사용된 전연결어들은 형용사 연결형(الْإِضَافَةُ الْوَصْفِيَّةُ)이다. 이 책 제II권에서 공부한다.

حَضَرَ بَطَلُ الْفِيلْمِ إِلَى السِّينِمَا.	그 필름의 (그) 주인공이 영화관에 나타났다. (동사문의 주어)
جَاءَ إِلَى الْاجْتِمَاعِ كَبِيرُ الْعَائِلَةِ.	그 가족의 수장이 그 모임에 참석했다. (동사문의 주어)

→ 위의 두 문장에 사용된 유사형용사들은 보통명사적인 의미로 해석이 된다.

7) 후연결어 (الْمُضَافُ إِلَيْهِ)

슬픈자의 삶은 아주 느리다.	حَيَاةُ الْحَزِينِ بَطِيئَةٌ جِدًّا.
사람들은 약한 사람의 권리를 취하고 있다.	يَأْخُذُ النَّاسُ حَقَّ الضَّعِيفِ.
나는 염려하는 자와 함께 일하는 것을 선호하지 않는다.	لَا أُفَضِّلُ الْعَمَلَ مَعَ الْقَلِقِ.

8) 수식어 (النَّعْتُ)

유사형용사는 문장에서 수식어로 많이 사용된다.

그 새로운 사장은 부지런한다.	الْمُدِيرُ الْجَدِيدُ مُجْتَهِدٌ.
나는 용감한 남자를 좋아한다.	أُحِبُّ الرَّجُلَ الشُّجَاعَ.
나는 한 관대한 친구가 있다.	عِنْدِي صَدِيقٌ كَرِيمٌ.
이 사람은 그 용감한 남자(주인)이다.	هَذَا هُوَ السَّيِّدُ الْهُمَامُ.
그는 어마어마한 액수를 획득했다.	حَصَلَ عَلَى مَبَالِغَ ضَخْمَةٍ.
이 사람들은 경험이 많은 교사들이다.	هَؤُلَاءِ مُدَرِّسُونَ خَبِيرُونَ.

9) 상태목적어 (الْحَالُ)

그 아기는 행복하게 잠을 잤다.	نَامَ الطِّفْلُ سَعِيدًا.
그 학생은 슬퍼하며 교실에 들어갔다.	دَخَلَ الطَّالِبُ الْفَصْلَ حَزِينًا.
그 남자는 술 취한채로 그의 집에 돌아갔다.	رَجَعَ الرَّجُلُ إِلَى بَيْتِهِ سَكْرَانَ.[1]

→ 상태목적어에 대해서는 이 책 제Ⅱ권 '상태목적어(الْحَالُ), 상태구, 상태절에 대해' 부분에서 공부하라.

10) 관계적 수식어 (نَعْتٌ سَبَبِيٌّ)

이 사람은 말이 근사한 남자이다. (This is a man whose speech is good.)	هَذَا رَجُلٌ حَسَنٌ كَلَامُهُ.
이 사람은 그녀의 아들이 관대한 여자이다. (This is a woman whose son is generous.)	هَذِهِ امْرَأَةٌ كَرِيمٌ ابْنُهَا.
나는 머리카락이 긴 한 소녀를 보았다. (I saw a girl whose hair is long.) شَعْرٌ 과 طَوِيلٌ 가 성이 일치한다.)	رَأَيْتُ بِنْتًا طَوِيلًا شَعْرُهَا.

→ 관계적 수식어에 대해서는 이 책 제Ⅱ권의 '관계적 수식어에 대해'에서 공부하라.

** 앞과의 능동분사들은 그 능동분사 형태의 문장을 관계대명사절 혹은 수식절로 문장을 전환하는 것이 가능하였다. 그러나 유사형용사의 경우 동작이 아닌 상태적인 의미로 사용되기 때문에 대부분 그것이 불가능하거나 그렇게 사용하지 않는다.

---

[1] سَكْرَانُ 2격 명사이다.

3. 유사형용사의 의미로 사용되는 능동분사와 수동분사 - 상태를 묘사하는 능동분사와 수동분사

유사형용사는 상태를 묘사한다. 동작이 아닌 상태를 묘사하는 자동사에서 파생되었기에 상태를 나타내는 의미가 된다. 이에 반해 지난 과에서 배운 능동분사와 앞으로 배울 수동분사는 동작에 대한 묘사나 상태에 대한 묘사 둘 다 가능하다. 따라서 만일 능동분사나 수동분사가 상태를 묘사하는 자동사에서 파생된 경우 그것은 유사형용사와 같은 의미가 된다고 볼 수 있다.

아래 문장들에서 사용된 능동분사(فَاعِل 패턴)와 수동분사(مَفْعُول 패턴)들을 주목하라. 아래의 문장들에 사용된 능동분사나 수동분사는 상태를 묘사하는 자동사에서 파생된 단어들이며, 문장에서 유사형용사적인 의미로 사용되고 있다.

한편 연고형용사(النَّسَب)도 유사형용사의 의미로 사용되는 경우도 있다.

1) 유사형용사적인 의미를 가진 능동분사(혹은 수동분사)가 술어로 사용된 경우

아래의 문장에서 사용된 능동분사 혹은 수동분사는 문장의 술어로 사용된 경우로서 주어의 상태를 묘사하는 의미이다 따라서 유사형용사적인 의미로 볼 수 있다.

나의 친구는 나에게 화가나 있다.		صَدِيقِي غَاضِبٌ مِنِّي.
그녀는 배가 고프다.		هِيَ جَائِعَةٌ.
그는 2시간 이전부터 잠자고 있다.		هُوَ نَائِمٌ مُنْذُ سَاعَتَيْنِ.
그 선생님은 미쳤다. (수동분사이다.)		الْمُدَرِّسُ مَجْنُونٌ.
그녀는 그 홀에 있다.		هِيَ مَوْجُودَةٌ فِي الْقَاعَةِ.

2) 유사형용사적인 의미를 가진 능동분사(혹은 수동분사)가 수식어로 사용된 경우

아래의 문장에서 사용된 능동분사 혹은 수동분사도 형태는 능동분사와 수동분사이지만 의미적으로는 유사형용사와 같은 의미이다.

나는 한 중요한 이슈를 가지고 있다.		عِنْدِي أَمْرٌ هَامٌّ.
나는 (그) 거리에서 한 화난 사람을 만났다.		قَابَلْتُ شَخْصًا غَاضِبًا فِي الشَّارِعِ.
이 사람은 세계적으로 유명한 선수이다. (수동분사이다.)		هَذَا لَاعِبٌ مَشْهُورٌ فِي كُلِّ الْعَالَمِ.

이와같이 능동분사와 수동분사의 형태를 가지고 있지만 의미적으로 유사형용사와 같은 의미를 가진 단어들이 있는데 바로 다음과 같은 단어들이다.

제 20 과 유사형용사

3) 유사형용사의 의미를 가진 능동분사와 수동분사 단어들
a. 유사형용사의 의미를 가진 능동분사 단어들

아래의 단어들은 자동사에서 파생된 능동분사이며, 상태를 묘사하는 의미이다. 이와같은 경우 유사형용사적인 의미로 사용된다.

진실한 (صَدَقَ/يَصْدُقُ - صِدْقٌ)	صَادِقٌ	화난 (غَضِبَ/يَغْضَبُ - غَضَبٌ)	غَاضِبٌ
배고픈 (جَاعَ/يَجُوعُ - جُوعٌ)	جَائِعٌ	온전한, 무사한, 안전한, 정상적인 (سَلِمَ/يَسْلَمُ - سَلَامٌ، سَلَامَةٌ)	سَالِمٌ
무서워하는 (خَافَ/يَخُوفُ - خَوْفٌ، مَخَافَةٌ)	خَائِفٌ	잠자는 (نَامَ/يَنَامُ - نَوْمٌ)	نَائِمٌ
높은 (عَلَا/يَعْلُو - عُلُوٌّ)	عَالٍ (الْعَالِي)	거주하는 (سَكَنَ/يَسْكُنُ - سَكَنٌ)	سَاكِنٌ
중요한 (هَمَّ/يَهُمُّ - هَمٌّ)	هَامٌّ	비싼 (غَلَا/يَغْلُو - غَلَاءٌ)	غَالٍ (الْغَالِي)
추운 (بَرَدَ/يَبْرُدُ - بَرْدٌ)	بَارِدٌ	더운 (حَرَّ/يَحَرُّ - حَرَارَةٌ)	حَارٌّ
솜씨좋은 (مَهَرَ/يَمْهُرُ - مَهَارَةٌ)	مَاهِرٌ	따뜻한 (دَفِئَ/يَدْفَأُ - دِفْءٌ، دَفَاءَةٌ، دِفْءٌ)	دَافِئٌ
견고한, 확실한 (ثَبَتَ/يَثْبُتُ - ثَبَاتٌ)	ثَابِتٌ	재능있는, 솜씨좋은 (بَرَعَ/يَبْرَعُ - بَرَاعَةٌ، بُرُوعٌ)	بَارِعٌ
확신하는, 신뢰하는 (وَثِقَ/يَثِقُ بِ أَوْ فِي - ثِقَةٌ)	وَاثِقٌ	고귀한 ; 의로운 (فَضُلَ/يَفْضُلُ - فَضْلٌ)	فَاضِلٌ
부드러운 (نَعُمَ/يَنْعُمُ - نُعُومَةٌ)	نَاعِمٌ	넓은 ; 풍부한 (وَسِعَ/يَسَعُ - سَعَةٌ)	وَاسِعٌ

b. 유사형용사의 의미를 가진 수동분사 단어들

유명한 (شَهُرَ/يَشْهُرُ - شُهْرَةٌ)	مَشْهُورٌ	미친 (جُنَّ/يُجَنُّ - جُنُونٌ)	مَجْنُونٌ
책임지는 (سُئِلَ/يُسْأَلُ - سُؤَالٌ)	مَسْؤُولٌ (أَوْ مَسْئُولٌ)	..에 있는(available);존재하는(existing) (وُجِدَ/يُوجَدُ - وُجُودٌ)	مَوْجُودٌ

→위의 도표에 기록된 동사들은 수동형 형태의 동사이다. →수동분사에 대해서는 곧 공부한다.

** 첨가동사 가운데 유사형용사적인 의미를 가진 단어들

다른(different) (اخْتَلَفَ/يَخْتَلِفُ عَنْ - اخْتِلَافٌ)	مُخْتَلِفٌ	(생각 등이) 열린 (انْفَتَحَ/يَنْفَتِحُ - انْفِتَاحٌ)	مُنْفَتِحٌ
겸손한 (تَوَاضَعَ/يَتَوَاضَعُ - تَوَاضُعٌ)	مُتَوَاضِعٌ	온건한 (اعْتَدَلَ/يَعْتَدِلُ - اعْتِدَالٌ)	مُعْتَدِلٌ

** 이러한 유사형용사적인 의미를 가진 능동분사 혹은 수동분사 꼴의 단어들은 그 숫자가 많다.

c. 유사형용사의 의미로 사용되는 연고형용사

연고형용사는 파생명사가 아니다. 그러나 연고형용사가 형용사 연결형(الإضَافَةُ الْوَصْفِيَّةُ)으로 사용될 때 유사형용사적인 기능과 의미로 사용된다(يَعْمَلُ الْمَنْسُوبُ عَمَلَ الصِّفَةِ الْمُشَبَّهَةِ).

다음과 같은 경우들이다. 자세한 내용은 이 책 제Ⅱ권 '연결형에 대해 Ⅱ' 혹은 '연결형에 대해 Ⅲ'에서 공부할 수 있다.

교육을 이집트에서 받은	مِصْرِيُّ التَّعْلِيمِ	태생(혹은 혈통)이 레바논 계의	لُبْنَانِيُّ الْأَصْلِ
국적이 한국인	كُورِيُّ الْجِنْسِيَّةِ	원산지가 중국인, 태생이 중국인	صِينِيُّ الْمَنْشَأِ

위의 예들은 연고형용사가 형용사 연결형(الإضَافَةُ الْوَصْفِيَّةُ) 조합에 사용된 경우이다. 이 경우 연고형용사는 유사형용사와 같은 기능과 의미로 사용된다.

제 21 과 과장형용사(صِيغَةُ الْمُبَالَغَةِ)

1. 과장형용사(صِيغَةُ الْمُبَالَغَةِ)의 형태
2. 과장형용사(صِيغَةُ الْمُبَالَغَةِ)의 의미
3. 과장형용사의 문장에서의 기능
4. 과장형용사의 동사적 용법(صِيغَةُ الْمُبَالَغَةِ الْعَامِلَةُ عَمَلَ فِعْلِهَا)에 대해
5. 과장형용사 문장의 문장전환

제 21 과 과장형용사(صِيغَةُ الْمُبَالَغَةِ)

과장형용사는 능동분사로 사용되는 단어의 의미를 더 강하게 표현할 때 사용하는 파생명사이다. 예를 들어 '거짓말하다'의 의미를 가진 كَذَبَ 동사의 능동분사인 كَاذِبٌ 는 '거짓말을 하는'의 의미인 것에 비해, 이 동사의 과장형용사인 كَذَّابٌ 은 '거짓말을 많이 하는, 거짓말쟁이의' 의미가 된다. 이와같이 과장형용사는 동사의 성질이 계속되어 정도가 세어지거나 횟수가 많아지는 의미의 형용사를 말한다. 앞 과에서 어떤 동사의 능동분사가 فَاعِلٌ 패턴을 취하였을 경우 그 동사의 유사형용사 형태의 단어는 대개 따로 존재하지 않는다고 배웠다. 이에 비해 과장형용사는 대부분 فَاعِلٌ 패턴의 능동분사가 있는 단어들이다. 이때 과장형용사는 فَاعِلٌ 패턴의 능동분사 단어보다 그 의미의 정도가 강하다.

과장형용사의 패턴을 유형별로 정리하면 아래와 같다.

1. 과장형용사(صِيغَةُ الْمُبَالَغَةِ)의 형태

1) فَعَّالٌ 패턴

의미	단어	의미	단어
거짓말쟁이의 (كَذَبَ/ يَكْذِبُ- كَذِبٌ، كِذْبٌ- كَاذِبٌ)	كَذَّابٌ	(매우) 많이 때리는 (ضَرَبَ/ يَضْرِبُ- ضَرْبٌ- ضَارِبٌ)	ضَرَّابٌ
(매우) 겁이 많은 (خَافَ/ يَخَافُ مِنْ- خَوْفٌ- خَائِفٌ)	خَوَّافٌ	(매우) 많이 못하게 막는 (مَنَعَ/ يَمْنَعُ- مَنْعٌ- مَانِعٌ)	مَنَّاعٌ
(매우) 매력적인 (جَذَبَ/ يَجْذِبُ هـ- جَذْبٌ- جَاذِبٌ)	جَذَّابٌ	(매우) 갈망하는 (تَاقَ/ يَتُوقُ إِلَى- تَوْقٌ- تَائِقٌ)	تَوَّاقٌ
많이 비방(고자질)하는, (نَمَّ/ يَنِمُّ- نَمٌّ- نَامٌّ)	نَمَّامٌ	(매우) 의심이 많은 (شَكَّ/ يَشُكُّ فِي- شَكٌّ- شَاكٌّ)	شَكَّاكٌ
많이 아는 (알라신의 이름) (عَلِمَ/ يَعْلَمُ هـ،(ب)- عِلْمٌ- عَالِمٌ)	عَلَّامٌ	자애로움이 많은, 동정심이 많은 (حَنَّ/ يَحِنُّ عَلَى- حَنَانٌ- حَانٌّ)	حَنَّانٌ
많이 용서하는(알라신의 이름) (تَابَ/ يَتُوبُ- تَوْبَةٌ- تَائِبٌ)	تَوَّابٌ	많이 용서하는(알라신의 이름) (غَفَرَ/ يَغْفِرُ ه- غَفْرٌ،غُفْرَانٌ- غَافِرٌ)	غَفَّارٌ
줄곧 서있는; 준비된 (قَامَ/ يَقُومُ إِلَى، بـ- قَوْمٌ، قِيَامٌ- قَائِمٌ)	قَوَّامٌ	험담을 많이 하는 (هَمَزَ/ يَهْمِزُ ه- هَمْزٌ- هَامِزٌ)	هَمَّازٌ
효과적인, 효력있는; 영향력있는 (فَعَلَ/ يَفْعَلُ هـ- فِعْلٌ- فَاعِلٌ)	فَعَّالٌ	설치하다; 협잡꾼, 사기꾼 (نَصَبَ/ يَنْصِبُ هـ أَوْ عَلَى- نَصْبٌ)	نَصَّابٌ

위와 같은 패턴의 단어들 가운데 보통명사화된 단어들이 있다. 아래의 단어들은 그 자체에 과장형용사적인 의미가 있으며 주로 전문 기술직업을 이르는 단어들이다.

의미	단어	의미	단어
베이커(baker) (خَبَزَ/ يَخْبِزُ هـ- خَبْزٌ- خَابِزٌ)	خَبَّازٌ	방직공(weaver) (نَسَجَ/ يَنْسُجُ هـ- نَسْجٌ- نَاسِجٌ)	نَسَّاجٌ
재봉사 (خَاطَ/ يَخِيطُ هـ- خَيْطٌ،خِيَاطَةٌ- خَائِطٌ)	خَيَّاطٌ	방앗간 주인, 방앗간 일군(miller) (طَحَنَ/ يَطْحَنُ هـ- طَحْنٌ- طَاحِنٌ)	طَحَّانٌ
목수 (نَجَرَ/ يَنْجُرُ هـ- نَجْرٌ- نَاجِرٌ)	نَجَّارٌ	주자, 달리기 선수(runner) (عَدَا/ يَعْدُو- عَدْوٌ- عَادٍ)	عَدَّاءٌ
광부(digger) (حَفَرَ/ يَحْقِرُ هـ- حَفْرٌ- حَافِرٌ)	حَفَّارٌ	땜장이(tinker) (رَصَّ/ يَرُصُّ هـ- رَصٌّ- رَاصٌّ)	رَصَّاصٌ

→ 예를들어 خَبَّازٌ 는 'خَبْزٌ 즉 빵을 많이 만드는 사람'이라는 과장형용사적인 의미를 기본으로 보통명사화 되었다.

2) مِفْعَال 패턴

철철 흐르는, 많이 쏟아지는 (دَرَّ/ يَدُرُّ - دَرٌّ - دَارٌّ)	مِدْرَار	(매우) 기뻐하는 (فَرِحَ/ يَفْرَحُ بـ - فَرَحٌ، فَرَحَانٌ)	مِفْرَاح
많은 도움이 되는 (أَعَانَ/ يُعِينُ ه - إِعَانَةٌ، عَوْنٌ - مُعِينٌ)	مِعْوَان	허튼(실없는)소리를 많이 하는 (هَذَرَ/ يَهْذُرُ - هَذْرٌ - هَاذِرٌ)	مِهْذَار
많이 주는, 관대한 (أَعْطَى/ يُعْطِي ه - إِعْطَاءٌ - مُعْطٍ)	مِعْطَاء	용감무쌍한 (قَدِمَ/ يَقْدُمُ - قَدَمٌ - قَادِمٌ)	مِقْدَام

3) فَعُول 패턴

(매우) 감사하는 (شَكَرَ/ يَشْكُرُ ه - شُكْرٌ - شَاكِرٌ)	شَكُور	(매우) 오래참는(알라신의 이름) (صَبَرَ/ يَصْبِرُ عَلَى - صَبْرٌ - صَابِرٌ)	صَبُور
원한에 사무친 (حَقَدَ/ يَحْقِدُ عَلَى - حَقْدٌ - حَاقِدٌ)	حَقُود	많이 용서하는(알라신의 이름) (غَفَرَ/ يَغْفِرُ ه - غَفْرٌ، غُفْرَانٌ - غَافِرٌ)	غَفُور
(매우) 진실된 (صَدَقَ/ يَصْدُقُ ه - صِدْقٌ - صَادِقٌ)	صَدُوق	거짓말을 아주 많이 하는 (كَذَبَ/ يَكْذِبُ - كَذِبٌ، كِذْبٌ - كَاذِبٌ)	كَذُوب
(매우) 시기하는 (حَسَدَ/ يَحْسُدُ ه عَلَى - حَسَدٌ - حَاسِدٌ)	حَسُود	(매우) 게으른 (كَسِلَ/ يَكْسَلُ - كَسَلٌ - كَسْلَانٌ)*	كَسُول
(매우) 염려하는 (قَلِقَ/ يَقْلَقُ - قَلَقٌ - قَلِقٌ)*	قَلُوق	(매우) 무지한 (جَهِلَ/ يَجْهَلُ ه - جَهْلٌ - جَاهِلٌ)	جَهُول
자비가 많은(알라신의 이름) (رَأَفَ/ يَرْأَفُ بـ - رَأْفَةٌ - رَائِفٌ)	رَؤُوف	(매우) 부끄러운 (خَجِلَ/ يَخْجَلُ - خَجَلٌ - خَجِلٌ، خَجْلَانٌ)*	خَجُول
자애로움이 많은, 동정심이 많은 (حَنَّ/ يَحِنُّ عَلَى - حَنَانٌ - حَانٌّ)	حَنُون	많이 먹는, 게걸들린 (أَكَلَ/ يَأْكُلُ ه - أَكْلٌ - آكِلٌ)	أَكُول
동정심이 많은, 인정이 많은 (شَفِقَ/ يَشْفِقُ عَلَى - شَفَقٌ، شَفَقَةٌ)*	شَفُوق	자애로움이 많은, 동정심이 많은 (عَطَفَ/ يَعْطِفُ عَلَى - عَطْفٌ - عَاطِفٌ)	عَطُوف

→ 위에서 * 표가 있는 단어들은 فَاعِل 패턴의 능동분사가 사용되지 않는 단어들이다.

4) فَعِيل 패턴

많은 것을 아는(알라신의 이름) (عَلِمَ/ يَعْلَمُ (بـ) - عِلْمٌ - عَالِمٌ)	عَلِيم	능력많은, 능한(알라신의 이름) (قَدَرَ/ يَقْدِرُ عَلَى - قُدْرَةٌ - قَادِرٌ)	قَدِير
자비가 많은(알라신의 이름) (رَحِمَ/ يَرْحَمُ ه - رَحْمَةٌ - رَاحِمٌ)	رَحِيم	많은 것을 듣는(알라신의 이름) (سَمِعَ/ يَسْمَعُ ه - سَمَاعٌ - سَامِعٌ)	سَمِيع
많이 용서하는,(매우) 너그러운 (غَفَرَ/ يَغْفِرُ هـ لَهُ - غُفْرَانٌ - غَافِرٌ)	غَفِير	이해를 잘 하는 (فَهِمَ/ يَفْهَمُ ه أَوْ ه - فَهْمٌ - فَاهِمٌ)	فَهِيم

→ فَعِيل 패턴은 유사형용사에도 존재한다. فَعِيل 패턴의 유사형용사 단어들은 모두 자동사에서 왔다. 반면에 같은 패턴의 과장형용사 단어들은 타동사에서 왔으며, 능동분사 فَاعِل 패턴으로도 사용된다. → 아랍어 사전에서는 위의 단어들을 유사형용사(صِفَةٌ مُشَبَّهَةٌ)로 소개하곤 하지만 مُلَخَّصُ قَوَاعِدِ اللُّغَةِ العَرَبِيَّةِ 에서는 과장형용사로 소개한다.

5) فِعِّيل 패턴

취하기를 자주하는, 술고래 (سَكِرَ/ يَسْكَرُ - سُكْرٌ، سَكَرٌ - سَاكِرٌ، سَكْرَانٌ/سَكِرٌ)	سِكِّير	(매우) 진실된 (صَدَقَ/ يَصْدُقُ ه - صِدْقٌ - صَادِقٌ)	صِدِّيق
많이 마시는(물 등) (شَرِبَ/ يَشْرَبُ هـ - شُرْبٌ - شَارِبٌ)	شِرِّيب	(매우) 잘 보호하는 (سَتَرَ/ يَسْتُرُ ه - سَتْرٌ - سَاتِرٌ)	سِتِّير

(매우) 많이 이해하는 (فَهِمَ/ يَفْهَمُ هـ - فَهْمٌ - فَاهِمٌ)	فَهِيمٌ	(매우) 많이 먹는 (أَكَلَ/ يَأْكُلُ هـ - أَكْلٌ - آكِلٌ)	إِكِّيلٌ
(매우) 많이 듣는 (سَمِعَ/ يَسْمَعُ هـ - سَمَاعٌ - سَامِعٌ)	سِمِّيعٌ		

→ 위의 단어들은 이집트 구어체 아랍어(암미야)에서 فِعِّيل 패턴으로 사용된다.

6) فَعِلٌ 패턴

문법책에 따라 فَعِلٌ 패턴을 과장형용사에 소개하고 있는 경우도 있는데, 아랍어 사전들에서는 아래의 단어들을 유사형용사로 소개하고 있다.

잘 이해하는 (فَهِمَ/ يَفْهَمُ هـ - فَهْمٌ - فَاهِمٌ)	فَهِمٌ	영민한, 이해력이 빠른 (فَطِنَ/ يَفْطَنُ - فِطْنَةٌ، فَطْنٌ-فَاطِنٌ)	فَطِنٌ
조심하는 (حَذِرَ/ يَحْذَرُ - حَذَرٌ - حَاذِرٌ)	حَذِرٌ		

→ ملخَّص قَواعِد اللغة العربية 에서는 قَلِقٌ (걱정하는), يَقِظٌ (깨어있는) 을 과장형용사로 소개한다. 그러나 아랍어 사전에서는 이 단어들을 유사형용사로 소개한다.

2. 과장형용사의 의미

과장형용사는 동사의 성질이 계속되어 정도가 세어지거나 많아지는 의미를 가진다고 하였다. 아래에서 유사형용사와 과장형용사, 능동분사와 과장형용사의 비교를 통해 그 의미 차이를 발견하도록 하라.

유사 형용사와 과장 형용사의 의미 차이

①	이 아이는 걱정한다. (유사형용사로 사용되었을 때)	هَذَا الطِّفْلُ قَلِقٌ.
②	이 아이는 걱정을 많이 한다. (과장형용사로 사용되었을 때)	هَذَا الطِّفْلُ قَلُوقٌ.

①	싸미르는 기뻐하는 사람이다. (유사형용사)	سَمِيرٌ شَخْصٌ فَرِحٌ.
②	싸미르는 아주 기뻐하는 사람이다. (과장형용사)	سَمِيرٌ شَخْصٌ مِفْرَاحٌ.

능동분사와 과장 형용사의 의미 차이

①	당신은 거짓말을 하고 있다. (능동분사)	أَنْتَ كَاذِبٌ.
②	당신은 거짓말을 많이 한다.(/거짓말쟁이이다). (과장형용사)	أَنْتَ كَذَّابٌ.

①	그는 꾸란을 듣고 있다. (능동분사)	هُوَ سَامِعٌ لِلْقُرْآنِ.
②	그는 꾸란을 많이 듣는다. (과장형용사)	هُوَ سَمِيعٌ لِلْقُرْآنِ.

3. 과장형용사의 문장에서의 기능

과장형용사도 파생명사의 한 종류이다. 따라서 과장형용사가 문장에서 사용될 때 능동분사나 유사형용사처럼 아랍어 명사의 기능을 모두 수행한다. 즉 명사문의 주어(الْمُبْتَدَأُ), 동사문의 주어(الْفَاعِلُ), 명사문의 술어(الْخَبَرُ), 목적어(الْمَفْعُولُ بِهِ), 소유격 명사(الاسْمُ الْمَجْرُورُ), 연결형(الْمُضَافُ وَالْمُضَافُ إِلَيْهِ) 등의 기능으로 사용된다. 또한 과장형용사는 형용사적인 용법으로 사용되어 수식어(النَّعْتُ)로 사용된다. 뿐만 아니라 과장형용사는 자체의 목적어를 취하는 동사적 용법(الْعَامِلُ عَمَلَ فِعْلِهِ)으로도 사용될 수 있다. (과장형용사가 명사적 기능, 형용사적 기능, 동사적 기능 모두에 사용되는 것에 주목하라)

아래에서 과장형용사가 문장에서 사용되는 여러 가지 기능을 종류별로 살펴본다. 각각의 과장형용사가 형용사적인 의미(술어 혹은 수식어)인지 혹은 그 형용사에 해당되는 사람인지를 구분하라.

1) 명사문의 주어(الْمُبْتَدَأُ)

거짓말쟁이(거짓말을 많이 하는 자)는 사람들이 좋아하지 않는다.	الْكَذَّابُ لاَ يُحِبُّهُ النَّاسُ.
술고래(술을 많이 마시는 사람)는 현실속에 살지 않는다.	السِّكِّيرُ لاَ يَعِيشُ فِي الْوَاقِعِ.
조심하는 사람은 그의 문제들이 적다.	الْحَذِرُ مُشْكِلاَتُهُ قَلِيلَةٌ.
(매우) 진실된 한 사람이 나와 함께 있다.	مَعِي صِدِّيقٌ.

2) 동사문의 주어(الْفَاعِلُ)

그 많이 게으른 자가 왔다.	جَاءَ الْكَسُولُ.
오래참는 자는 좋은 삶을 산다.	يَعِيشُ الصَّبُورُ حَيَاةً جَيِّدَةً.
원한에 사무친 사람은 자신보다 나은 자를 증오한다.	يَكْرَهُ الْحَقُودُ الْأَفْضَلَ مِنْهُ.
한 술고래가 그 공원에서 잠을 잔다.	يَنَامُ سِكِّيرٌ فِي الْحَدِيقَةِ.

3) 명사문의 술어(الْخَبَرُ)

당신은 거짓말을 아주 많이 한다. (혹은 당신은 거짓말쟁이이다.)	أَنْتَ كَذَّابٌ.
나는 홍차를 많이 마시는 사람이다.	أَنَا شَرِيبُ شَايٍ.
그녀는 그녀의 일에서 영민하다.	هِيَ فَطِنَةٌ فِي عَمَلِهَا.
참으로 하나님은 보호자이시다.	إِنَّ اللهَ سِتِّيرٌ.
하나님은 모든 것을 아신다.	اللهُ عَلِيمٌ بِكُلِّ شَيْءٍ.

4) 목적어 (اَلْمَفْعُولُ بِهِ)

나는 그 많이 염려하는 사람이(the people who) 안심하도록 돕는다.	أُسَاعِدُ الْقَلُوقَ عَلَى أَنْ يَطْمَئِنَّ.
사람들은 진실된 사람을 좋아한다.	يُحِبُّ النَّاسُ الصَّدُوقَ.
그들은 허튼소리를 많이 하는 자를 좋아하지 않는다.	لَا يُحِبُّونَ الْمِهْذَارَ.
나는 그 식당에서 한 많이 먹는 자를 보았다.	رَأَيْتُ إِكِّيلًا فِي الْمَطْعَمِ.

5) 소유격 명사 (اَلِاسْمُ الْمَجْرُورُ)

당신은 거짓말쟁이들 처럼 말한다.	أَنْتَ تَتَكَلَّمُ كَالْكَذَّابِينَ.
나는 이해를 잘 하고 있는 사람에게 듣는 것을 좋아한다.	أُحِبُّ الِاسْتِمَاعَ إِلَى الْفَهِمِ.
나는 그 진실한 사람으로 부터 내가 필요한 것을 구입한다.	أَشْتَرِي احْتِيَاجَاتِي مِنَ الصَّدُوقِ.
나는 한 커피를 많이 마시는 사람을 알게 되었다.	تَعَرَّفْتُ عَلَى شِرِّيبِ قَهْوَةٍ.

6) 전연결어 (اَلْمُضَافُ)

하나님은 참으로 기도를 들으시는 분이다. (إِنَّ 의 술어)	إِنَّ اللهَ سَمِيعُ الدُّعَاءِ.
술을 많이 마시는 사람은 미친 사람이다. (명사문의 주어)	شِرِّيبُ الْخَمْرِ مَجْنُونٌ.
내 친구는 새로와짐에 대해 조심스러워 하는 사람이었다. (كَانَ 의 술어)	كَانَ صَدِيقِي حَذِرَ التَّجْدِيدِ.

→ '전연결어'는 아랍어 문법에서 문장을 분해할 때 단어의 기능으로 간주하지 않는다. 다시말해 위의 문장을 분해할 때 위의 전연결어의 기능을 위에 기록된 대로 'إِنَّ 의 술어', '명사문의 주어' … 라 말한다.

→ 위의 세 문장에 사용된 전연결어들은 형용사 연결형(اَلْإِضَافَةُ الْوَصْفِيَّةُ)이다. 이 책 제II권에서 공부한다.

7) 후연결어 (اَلْمُضَافُ إِلَيْهِ)

진실된 자의 집은 복되다.	بَيْتُ الصِّدِّيقِ مُبَارَكٌ.
(그) 영민한 자의 말은 이해가 된다.	كَلَامُ الْفَطِنِ مَفْهُومٌ.
나는 거짓말쟁이의 논쟁을 선호하지 않는다.	لَا أُفَضِّلُ مُنَاقَشَةَ الْكَذُوبِ.

8) 수식어 (اَلنَّعْتُ)

이분은 감사를 많이하는 여자이다.	هَذِهِ امْرَأَةٌ شَكُورَةٌ.
나는 한 많이 시기하는 사람을 안다.	أَعْرِفُ شَخْصًا حَسُودًا.
나는 오래참는 사람을 좋아한다.	أُحِبُّ الشَّخْصَ الصَّبُورَ.

9) 관계적 수식어 (النَّعْتُ السَّبَبِيُّ)

그는 그의 말을 아주 조심하는 남자이다.	هُوَ رَجُلٌ حَذِرٌ كَلَامَهُ.
이 여자는 그녀의 눈이 시기하는 여자이다.	هَذِهِ امْرَأَةٌ حَسُودَةٌ عَيْنُهَا.
나는 아주 염려하는 그 남자를 안심시켰다.	طَمْأَنْتُ[1] الرَّجُلَ الْقَلُوقَ بَالُهُ.

→관계적 수식어에 대해서는 이 책 제Ⅱ권 '관계적 수식어에 대해' 부분에서 공부하라.

** 과장형용사가 상태목적어로 사용되는 경우는 거의 없다. 그 이유는 과장형용사는 정도가 세어지거나 많아지는 것이 계속될 때, 즉 계속적인 성질을 표현하는 반면, 상태목적어는 동사의 동작이 진행되는 순간의 상태를 표현하는 것이기 때문이다.

4. 과장형용사의 동사적 용법(صِيغَةُ الْمُبَالَغَةِ الْعَامِلَةُ عَمَلَ فِعْلِهَا)에 대해

과장형용사도 동사적용법으로 사용될 수 있다. 동사적용법이란 능동분사, 수동분사, 과장형용사 등이 동사처럼 사용되어 그 뒤에 자체의 목적어 혹은 주어가 오는 경우를 말한다. 과장형용사는 그 뒤에 자체의 목적어를 취할 수 있다. 아래의 예들을 보자.

그는 꾸란을 많이 듣고 있다. / 많이 들을 것이다.	هُوَ سَمِيعٌ الْقُرْآنَ.
이 아이는 우유를 많이 마시고 있다./많이 마실 것이다.	هَذَا الطِّفْلُ شِرِّيبٌ اللَّبَنَ.
나는 나의 문법 공부를 잘 이해한다. / 이해할 것이다.	أَنَا فَهِمٌ دُرُوسَ الْقَوَاعِدِ.

→ 동사적 용법에 대한 자세한 내용은 이 책 제Ⅱ권의 '파생명사의 동사적 용법에 대해' 부분에서 공부하도록 하라.

---

[1] طَمْأَنَ/ يُطَمْئِنُ ه – طَمْأَنَةٌ ...를 안심시키다, 진정·안정시키다

5. 과장형용사 문장의 문장 전환

앞에서 능동분사는 그 능동분사 형태의 문장을 관계대명사절 혹은 수식절로 문장전환이 가능하였고, 유사형용사는 대부분이 불가능하였다. 과장형용사의 경우 같은 어근에서 파생된 능동분사 단어가 존재하며, 그 능동분사의 경우 관계대명사절이나 수식절로 문장전환이 가능하기에 과장형용사 단어도 대부분 문장전환을 할 수 있다. 과장형용사의 문장 전환도 그 원리는 능동분사의 경우와 동일하다.

아래의 ①은 관계대명사절이나 수식절 문장이며 ②는 كَثِيرٌ 를 사용한 형용사 연결형(الْإِضَافَةُ الْوَصْفِيَّةُ) 문장이다. 형용사 연결형에 대해서는 이 책 제Ⅱ권의 '연결형에 대해 Ⅱ' 부분에서 공부하라.

1) 명사문의 주어 (الْمُبْتَدَأُ)

과장 형용사 문장		전환된 문장
الْكَذَّابُ لَا يُحِبُّهُ النَّاسُ.	①	مَنْ يَكْذِبُ كَثِيرًا لَا يُحِبُّهُ النَّاسُ.
거짓말쟁이(거짓말을 많이 하는 자)는 사람들이 좋아하지 않는다.	②	كَثِيرُ الْكَذِبِ لَا يُحِبُّهُ النَّاسُ.
السِّكِّيرُ لَا يَعِيشُ فِي الْوَاقِعِ.	①	مَنْ يَسْكَرُ كَثِيرًا لَا يَعِيشُ فِي الْوَاقِعِ.
술고래(술을 많이 마시는 사람)는 현실속에 살지 않는다.	②	كَثِيرُ السُّكْرِ لَا يَعِيشُ فِي الْوَاقِعِ.
الْحَذِرُ مُشْكِلَاتُهُ قَلِيلَةٌ.	①	مَنْ يَحْذَرُ كَثِيرًا مُشْكِلَاتُهُ قَلِيلَةٌ.
조심하는 사람은 그의 문제들이 적다.	②	كَثِيرُ الْحَذَرِ مُشْكِلَاتُهُ قَلِيلَةٌ.

2) 동사문의 주어 (الْفَاعِلُ)

과장 형용사 문장		전환된 문장
جَاءَ الْكَسُولُ.	①	جَاءَ مَنْ يَكْسَلُ كَثِيرًا.
그 많이 게으른 자가 왔다.	②	جَاءَ كَثِيرُ الْكَسَلِ.
يَعِيشُ الصَّبُورُ حَيَاةً جَيِّدَةً.	①	يَعِيشُ مَنْ يَصْبِرُ كَثِيرًا حَيَاةً جَيِّدَةً.
오래참는 자는 좋은 삶을 산다.	②	يَعِيشُ كَثِيرُ الصَّبْرِ حَيَاةً جَيِّدَةً.
يَكْرَهُ الْحَقُودُ الْأَفْضَلَ مِنْهُ.	①	يَكْرَهُ مَنْ يَحْقِدُ كَثِيرًا الْأَفْضَلَ مِنْهُ.
원한에 사무친 사람은 자신보다 나은 자를 증오한다.	②	يَكْرَهُ كَثِيرُ الْحِقْدِ الْأَفْضَلَ مِنْهُ.
يَنَامُ سِكِّيرٌ فِي الْحَدِيقَةِ.	①	يَنَامُ شَخْصٌ يَسْكَرُ كَثِيرًا فِي الْحَدِيقَةِ.
한 술고래가 그 공원에서 잠을 잔다.	②	يَنَامُ شَخْصٌ كَثِيرُ السُّكْرِ فِي الْحَدِيقَةِ.

3) 명사문의 술어 (الْخَبَر)

أَنْتَ كَذَّابٌ.	①	أَنْتَ تَكْذِبُ كَثِيرًا.	
당신은 거짓말을 아주 많이 한다.	②	أَنْتَ كَثِيرُ الْكَذِبِ.	
أَنَا شِرِّيبُ شَايٍ.	①	أَنَا أَشْرَبُ شَايًا كَثِيرًا.	
나는 홍차를 많이 마시는 사람이다.	②	أَنَا كَثِيرُ شُرْبِ الشَّايِ.	

4) 목적어 (الْمَفْعُول بِهِ)

أُسَاعِدُ الْقَلُوقَ عَلَى أَنْ يَطْمَئِنَّ.	①	أُسَاعِدُ مَنْ يَقْلَقُ كَثِيرًا عَلَى أَنْ يَطْمَئِنَّ.	
나는 (그) 많이 염려하는 사람이 안심하도록 돕는다.	②	أُسَاعِدُ كَثِيرَ الْقَلَقِ عَلَى أَنْ يَطْمَئِنَّ.	
يُحِبُّ النَّاسُ الصَّدُوقَ.	①	يُحِبُّ النَّاسُ مَنْ يَصْدُقُ كَثِيرًا.	
사람들은 진실된 사람을 좋아한다.	②	يُحِبُّ النَّاسُ كَثِيرَ الصِّدْقِ.	
وَلَا يُحِبُّونَ الْمِهْذَارَ.	①	وَلَا يُحِبُّونَ مَنْ يَهْذُرُ كَثِيرًا.	
그들은 허튼소리를 많이 하는 자를 좋아하지 않는다.	②	وَلَا يُحِبُّونَ كَثِيرَ الْهَذْرِ.	
رَأَيْتُ أَكِيلًا فِي الْمَطْعَمِ.	①	رَأَيْتُ شَخْصًا يَأْكُلُ كَثِيرًا فِي الْمَطْعَمِ.	
나는 그 식당에서 한 많이 먹는 자를 보았다.	②	رَأَيْتُ شَخْصًا كَثِيرَ الْأَكْلِ فِي الْمَطْعَمِ.	

5) 소유격 명사 (الاسْمُ الْمَجْرُور)

أَنْتَ تَتَكَلَّمُ كَالْكَذَّابِينَ.	①	أَنْتَ تَتَكَلَّمُ كَمَنْ يَكْذِبُ كَثِيرًا.	
당신은 거짓말쟁이들 처럼 말한다.	②	أَنْتَ تَتَكَلَّمُ كَكَثِيرِ الْكَذِبِ.	
أُحِبُّ الاسْتِمَاعَ إِلَى الْفَهِمِ.	①	أُحِبُّ الاسْتِمَاعَ إِلَى مَنْ يَفْهَمُ كَثِيرًا.	
나는 이해를 잘 하고 있는 사람에게 듣는 것을 좋아한다.	②	أُحِبُّ الاسْتِمَاعَ إِلَى كَثِيرِ الْفَهْمِ.	
أَشْتَرِي احْتِيَاجَاتِي مِنَ الصَّدُوقِ.	①	أَشْتَرِي احْتِيَاجَاتِي مِنْ مَنْ يَصْدُقُ كَثِيرًا.	
나는 그 진실한 사람으로 부터 내가 필요한 것을 구입한다.	②	أَشْتَرِي احْتِيَاجَاتِي مِنْ كَثِيرِ الصِّدْقِ.	
تَعَرَّفْتُ عَلَى شِرِّيبِ قَهْوَةٍ.	①	تَعَرَّفْتُ عَلَى شَخْصٍ يَشْرَبُ قَهْوَةً كَثِيرًا.	
나는 한 커피를 많이 마시는 사람을 알게 되었다.	②	تَعَرَّفْتُ عَلَى شَخْصٍ كَثِيرِ شُرْبِ الْقَهْوَةِ.	

6) 전연결어 (الْمُضَافُ)

إِنَّ اللهَ سَمِيعُ الدُّعَاءِ.	①	×	
하나님은 참으로 기도를 들으시는 분이다. (신의 성품에 관련된 내용이기에 전환하지 않는다.)	②	×	
شَرِيبُ الْخَمْرِ مَجْنُونٌ.	①	مَنْ يَشْرَبُ الْخَمْرَ كَثِيرًا مَجْنُونٌ.	
술을 많이 마시는 사람은 미친 사람이다.	②	كَثِيرُ شُرْبِ الْخَمْرِ مَجْنُونٌ.	
كَانَ صَدِيقِي حَذِرَ التَّجْدِيدِ.	①	كَانَ صَدِيقِي يَحْذَرُ التَّجْدِيدَ كَثِيرًا.	
내 친구는 새로와짐에 대해 조심스러워 하는 사람이다.	②	كَانَ صَدِيقِي كَثِيرَ حَذَرِ التَّجْدِيدِ.	

7) 후연결어 (الْمُضَافُ إِلَيْهِ)

بَيْتُ الصِّدِّيقِ مُبَارَكٌ.	①	بَيْتُ مَنْ يَصْدُقُ كَثِيرًا مُبَارَكٌ.	
진실된 자의 집은 복되다.	②	بَيْتُ كَثِيرِ الصِّدْقِ مُبَارَكٌ.	
كَلَامُ الْفَطِنِ مَفْهُومٌ.	①	كَلَامُ مَنْ يَفْطِنُ كَثِيرًا مَفْهُومٌ.	
(그) 영민한 자의 말은 이해가 된다.	②	كَلَامُ كَثِيرِ الْفِطْنَةِ مَفْهُومٌ.	
لَا أُفَضِّلُ مُنَاقَشَةَ الْكَذُوبِ.	①	لَا أُفَضِّلُ مُنَاقَشَةَ مَنْ يَكْذِبُ كَثِيرًا.	
나는 거짓말쟁이의 논쟁을 선호하지 않는다.	②	لَا أُفَضِّلُ مُنَاقَشَةَ كَثِيرِ الْكَذِبِ.	

8) 수식어 (النَّعْتُ)

هَذِهِ امْرَأَةٌ شَكُورَةٌ.	①	هَذِهِ امْرَأَةٌ تَشْكُرُ كَثِيرًا.	
이분은 감사를 많이 하는 여자이다.	②	هَذِهِ امْرَأَةٌ كَثِيرَةُ الشُّكْرِ.	
أَعْرِفُ شَخْصًا حَسُودًا.	①	أَعْرِفُ شَخْصًا يَحْسُدُ كَثِيرًا.	
나는 한 많이 시기하는 사람을 안다.	②	أَعْرِفُ شَخْصًا كَثِيرَ الْحَسَدِ.	
أُحِبُّ الشَّخْصَ الصَّبُورَ.	①	أُحِبُّ الشَّخْصَ الَّذِي يَصْبِرُ كَثِيرًا.	
나는 오래참는 사람을 좋아한다.	②	أُحِبُّ الشَّخْصَ الْكَثِيرَ الصَّبْرِ.	

제 22 과 수동분사 (اسْمُ الْمَفْعُول)

1. 수동분사(اسْمُ الْمَفْعُول)의 형태
2. 기본적인 수동분사 문장과 그 의미
3. 수동분사(اسْمُ الْمَفْعُول)의 문장에서의 기능
4. 수동분사의 동사적 용법(اسْمُ الْمَفْعُولِ الْعَامِلُ عَمَلَ فِعْلِهِ)에 대해
5. 보통명사화된 수동분사 단어들
6. 잠재적인 능력의 의미를 가진 수동분사
7. 성수(性數)불변 수동분사 문장에 대해
8. 수동분사(اسْمُ الْمَفْعُول) 문장의 문장전환
9. 수동분사(اسْمُ الْمَفْعُول) 예문들

수동분사는 수동태(الْمَبْنِيُّ لِلْمَجْهُولِ)와 밀접한 관련을 가진다. 이 책 동사 부분의 '수동태에 대해 I' 부분과 함께 이 과를 공부하는 것이 효과적이다.

제 22 과 수동분사 (اسْمُ الْمَفْعُول)

수동분사는 동사에서 파생되어 동사의 동작이 피동적으로 진행되고 있거나 진행된 경우를 나타내는 파생명사이다. 그 의미는 '...되어지는(되어진)' 혹은 '...행해지는(행해진)'이거나, 피동적으로 수행한 사람을 나타내어 '...되어지는 사람' 혹은 '...행해지는 사람'이 된다.
3 자음 원형동사에 해당되는 수동분사는 مَفْعُول 패턴을 취한다. 아래에서 패턴과 의미를 보자.

능동형 동사		수동형 동사		수동분사 기본 패턴 مَفْعُول	
기록하다	كَتَبَ	기록되다	كُتِبَ	기록된	مَكْتُوبٌ
듣다	سَمِعَ	들려지다	سُمِعَ	들려지는	مَسْمُوعٌ

1. 수동분사(اسْمُ الْمَفْعُول)의 형태

3 자음 원형동사(الْفِعْلُ الْمُجَرَّدُ الثُّلَاثِيّ)에서는 동사의 어근에서 파생된 مَفْعُول 패턴을 취한다.[1] 첨가동사(الْفِعْلُ الْمَزِيد)에서는 각 형태의 미완료형 동사에 접두된 미완료 표지 불변사 ي(حَرْفُ الْمُضَارِع)를 탈락시키고, 그 자리에 مـ를 붙인 뒤, 끝에서 두번째 자음에 파트하 'a' 모음을 붙여 만든다.

이론적으로 모든 아랍어 동사를 수동분사 형태로 만들 수 있다. 그러나 모든 수동분사가 문장에서 실제로 사용되는 것은 아니다. 일반적으로 타동사에서 파생된 수동분사가 주로 사용되며, 자동사의 경우는 전치사와 함께 사용되거나 부사와 함께 사용되는 경우가 있다.

아래에서 수동분사 단어들을 동사의 종류에 따라 구분하여 정리한다. 이 동사의 구분(정상동사, 함자동사, 수약동사, 간약동사, 말약동사 등)에 대해서는 이 책 '아랍어 품사 II 동사에 대해' 부분에서 공부하도록 하라.

1) 3 자음 원형동사(الْفِعْلُ الْمُجَرَّدُ الثُّلَاثِيّ)의 수동분사

(1) 강동사

① 정상동사 (الْفِعْلُ السَّالِم) 함자가 없고, 끝 자음에 중복자음(الشَّدَّة)이 오지 않으며, 약자음이 없는 동사

기록하다, 쓰다	كَتَبَ / يَكْتُبُ هـ	기록되어 있는, 기록된	مَكْتُوبٌ
알다 (to know)	عَرَفَ / يَعْرِفُ هـ	알려져있는, 알려진	مَعْرُوفٌ
알다 (to know of)	عَلِمَ / يَعْلَمُ هـ	알려져있는, 알려진	مَعْلُومٌ
이해하다	فَهِمَ / يَفْهَمُ هـ	이해되어지는	مَفْهُومٌ
마시다	شَرِبَ / يَشْرَبُ هـ	마셔진 ; 음료	مَشْرُوبٌ

---

[1] 간약동사와 말약동의 경우 수동분사의 모양이 달라지기도 한다. 간약동사 가운데는 مَعِيب, مَشِيد, مَبِيع 과 같이 변화하는 경우도 있고, 말약동사 가운데는 مَبْنِيّ, مَرْضِيّ, مَنْسِيّ 과 같이 변화하는 경우도 있다. 뒤의 예들을 보라.

제22 과 수동분사

열다	فَتَحَ / يَفْتَحُ هـ	열려져있는, 열려진	مَفْتُوحٌ
공부하다	دَرَسَ / يَدْرُسُ هـ	연구되어진, 검토된	مَدْرُوسٌ
듣다	سَمِعَ / يَسْمَعُ هـ	들려지는	مَسْمُوعٌ
다스리다 ; 판결하다	حَكَمَ / يَحْكُمُ هـ، عَلَى	판결된, 선고된	مَحْكُومٌ عَلَى
..을 하다, 일하다, 행하다 ; 만들다	عَمِلَ / يَعْمَلُ هـ	만들어진 ; 행해진	مَعْمُولٌ
..을 만들다, 제작.제조하다	صَنَعَ / يَصْنَعُ هـ	만들어진, 제조된	مَصْنُوعٌ
(..에) 살다, 거주하다	سَكَنَ / يَسْكُنُ فِي، بِـ	살고 있는	مَسْكُونٌ فِي أَوْ بِـ
..을 언급하다 ; 기억하다, 회상하다	ذَكَرَ / يَذْكُرُ هـ	언급되는 ; 기억되는	مَذْكُورٌ
보다, 주시하다, 관찰하다	نَظَرَ / يَنْظُرُ إِلَى	보여지는, 나타나는	مَنْظُورٌ إِلَى
..을 지키다, 수호.보호하다 ; 외우다, 암기하다	حَفِظَ / يَحْفَظُ هـ	보호된 ; 암기된	مَحْفُوظٌ
..을 열다, 걷다, 벗기다 ; 폭로하다, 공개하다	كَشَفَ / يَكْشِفُ هـ	걷어진, 벗기어진 ; 폭로된, 공개된	مَكْشُوفٌ
..을 숨기다, 감추다 ; (불을) 끄다 ; 소리를 낮추다	كَتَمَ / يَكْتُمُ هـ	숨겨진, 감추어진 ; 소리를 막은	مَكْتُومٌ
..을 발표하다, 공포하다 ; 출판하다 ; 퍼뜨리다	نَشَرَ / يَنْشُرُ هـ	발표된 ; 출판된 ; 퍼뜨려진	مَنْشُورٌ
..을 때리다, 치다	ضَرَبَ / يَضْرِبُ هـ	얻어 맞은, 때려진	مَضْرُوبٌ
..을 밀다, 밀고나가다 ; 지불하다	دَفَعَ / يَدْفَعُ هـ	밀려진 ; 지불된	مَدْفُوعٌ
..을 나누다, 분할하다, 분배하다	قَسَمَ / يَقْسِمُ هـ	나누어진, 분할된	مَقْسُومٌ
..을 잃다, 상실하다	فَقَدَ / يَفْقِدُ هـ	잃은, 분실된	مَفْقُودٌ
..을 획득하다, 얻다, 달성하다	حَصَلَ / يَحْصُلُ عَلَى	획득된, 얻어진	مَحْصُولٌ عَلَى
..을 가두다, 감금.투옥하다	سَجَنَ / يَسْجُنُ هـ	가두어진, 투옥된	مَسْجُونٌ
매다, 연결하다 ; (모임 등을) 열다	عَقَدَ / يَعْقِدُ هـ	매여진, 풀기 어려운 ; (모임 등이) 열린	مَعْقُودٌ
..을 금지하다, 막다	مَنَعَ / يَمْنَعُ هـ مِنْ	금지된	مَمْنُوعٌ مِنْ
..을 의도하다. 목표로하다 (to intend)	قَصَدَ / يَقْصِدُ هـ	의도된, 의도적인	مَقْصُودٌ
들다, 나르다(to carry), 운반하다 ; 지니다, 휴대하다	حَمَلَ / يَحْمِلُ هـ	실린, 실은 ; 운반되는 ; 짐 ; 용량	مَحْمُولٌ

→ 이외에도 정상동사에서 파생된 수많은 수동분사가 있다.
→ 전치사를 취하는 동사의 경우('동사 + 전치사' 관용구) 수동분사에도 동일한 전치사를 사용한다.

② 함자동사 (الْفِعْلُ الْمَهْمُوزُ) 함자가 첫 자음, 혹은 중간 자음, 혹은 끝자음에 있는 동사

a. 함자가 첫 자음에 오는 동사

먹다	أَكَلَ/ يَأْكُلُ هـ	먹혀지는	مَأْكُولٌ
취하다(to take)	أَخَذَ/ يَأْخُذُ هـ، (مِنْ)	취해진, 뽑혀진	مَأْخُوذٌ (مِنْ)
명령하다	أَمَرَ/ يَأْمُرُ بـِ	명하여진, 명령을 받은	مَأْمُورٌ بـِ
유감스럽게 생각하다	أَسِفَ/ يَأْسَفُ عَلَى	유감스러운	مَأْسُوفٌ عَلَى

b. 함자가 중간 자음에 오는 동사

묻다, 질문하다	سَأَلَ/ يَسْأَلُ ه هـ	질문을 받는; 책임을 맡은, 책임있는; 책임자	مَسْؤُولٌ (أَوْ مَسْئُولٌ) (مِنْ أَوْ عَنْ)

c. 함자가 끝자음에 오는 동사

읽다	قَرَأَ/ يَقْرَأُ هـ	읽혀지는	مَقْرُوءٌ
시작하다	بَدَأَ/ يَبْدَأُ هـ	시작된	مَبْدُوءٌ

③ 중복자음 동사 (الْفِعْلُ الْمُضَعَّفُ)

두번째 자음과 세번째 자음이 같은 자음인 동사.

미치다	جُنَّ/ يُجَنُّ *	미친	مَجْنُونٌ **
세다(to count)	عَدَّ/ يَعُدُّ هـ	세어진, 셈이된(counted)	مَعْدُودٌ
당기다, 끌다(to tighten)	شَدَّ/ يَشُدُّ هـ	당겨진, 끌여진	مَشْدُودٌ
끌다(to pull)	جَرَّ/ يَجُرُّ هـ	끌려가는	مَجْرُورٌ
늘이다(to extend)	مَدَّ/ يَمُدُّ إِلَى	늘여진	مَمْدُودٌ (إِلَى)
막다(to plug up)	سَدَّ/ يَسُدُّ هـ	막혀진	مَسْدُودٌ
대답하다	رَدَّ/ يَرُدُّ عَلَى	대답된	مَرْدُودٌ عَلَى
..에 대해 의심하다	شَكَّ/ يَشُكُّ فِي أَوْ بـ	의심되는	مَشْكُوكٌ فِيهِ
..를 기쁘게 하다, 즐겁게 하다	سَرَّ/ يَسُرُّ ه	기쁜, 즐거운	مَسْرُورٌ **

→ 위의 * جُنَّ/ يُجَنُّ 는 수동형 형태로만 사용되는 동사이다.
→ 위의 ** مَجْنُونٌ 와 مَسْرُورٌ 형태는 수동분사이지만 의미는 유사형용사(الصِّفَةُ الْمُشَبَّهَةُ)의 의미이다.

(2) 약동사 (الْفِعْلُ الْمُعْتَلُّ)

① 수약동사 (الْفِعْلُ الْمِثَالُ) - 첫 자음이 و 혹은 ي 인 동사

발견하다	وَجَدَ/ يَجِدُ هـ	발견된 ; 존재하는	مَوْجُودٌ
도착하다	وَصَلَ/ يَصِلُ هـ، إِلَى	도착된	مَوْصُولٌ إِلَى
약속하다	وَعَدَ/ يَعِدُ هـ، بِـ	약속된	مَوْعُودٌ بِـ
(선물로) 주다	وَهَبَ/ يَهَبُ هـ، بِـ	주어진, (재능 등이) 주어진	مَوْهُوبٌ بِـ
(아이를) 낳다	وَلَدَتْ/ تَلِدُ ه	태어난	مَوْلُودٌ
멈추다 ; 서다	وَقَفَ/ يَقِفُ	멈춘	مَوْقُوفٌ
놓다(to put)	وَضَعَ/ يَضَعُ هـ	놓여져있는	مَوْضُوعٌ
신뢰하다	وَثِقَ/ يَثِقُ بِـ	신뢰받는	مَوْثُوقٌ بِـ أَوْ فِي
상속하다	وَرِثَ/ يَرِثُ هـ	상속받은, (조상 등으로부터) 물려받은	مَوْرُوثٌ
절망하다	يَئِسَ/ يَيْأَسُ مِنْ	절망적인	مَيْؤُوسٌ مِنْ

② 간약동사 (الْفِعْلُ الْأَجْوَفُ) - 어근 중간자음이 و 혹은 ي 인 동사

a. 어근 중간 자음이 و 인 동사 (괄호안이 어근 세 자음이다.)

말하다 (ق و ل)	قَالَ/ يَقُولُ هـ لِـ	말이 되어지는	مَقُولٌ لِـ
인도하다 (ق و د)	قَادَ/ يَقُودُ ه	인도되는	مَقُودٌ
운전하다, 끌려가다 (س و ق)	سَاقَ/ يَسُوقُ هـ	운전되는, 끌려가는	مَسُوقٌ
보존.보관하다 (ص و ن)	صَانَ/ يَصُونُ هـ	보존된, 보관된	مَصُونٌ
..에 대하여 ..를 비난하다 (ل و م)	لَامَ/ يَلُومُ ه عَلَى	비난받는	مَلُومٌ عَلَى
두려워하다 (خ و ف)	خَافَ/ يَخَافُ مِنْ	경외스러운(fearful)	مَخُوفٌ مِنْ

b. 어근 중간 자음이 ي 인 동사 (괄호안이 어근 세 자음이다.)

팔다 (ب ي ع)	بَاعَ/ يَبِيعُ هـ	팔려진 ; 판매	مَبِيعٌ
짓다, 세우다 (ش ي د)	شَادَ/ يَشِيدُ هـ	지어진, 세워진	مَشِيدٌ
비난하다;결함이 있다 (ع ي ب)	عَابَ/ يَعِيبُ ه أَوْ هـ	결함이 있는, 흠집이 있는, 수치스러운	مَعِيبٌ
..에게 ..을 빚지다 (د ي ن)	دَانَ/ يَدِينُ لَهُ بِهَا	빚진 ; 채무자	مَدِينٌ
겁먹다, 두려워하다 (ه ي ب)	هَابَ/ يَهَابُ هـ	굉장한(awesome) ; 두려워하는(fearful)	مَهِيبٌ

③ 말약동사 (الْفِعْلُ النَّاقِصُ) – 어근 끝자음이 و 혹은 ي 인 동사

말약동사의 수동분사 형태는 그 끝자음에 중복자음이 붙는다.

a. 어근 끝자음이 و 인 동사 (괄호안이 어근 세 자음이다.)

초청하다(د ع و)	دَعَا/ يَدْعُو (إِلَى)	초청된	مَدْعُوٌّ (إِلَى)
소망하다(ر ج و)	رَجَا/ يَرْجُو ه مِنْ	소망이 될만한	مَرْجُوٌّ مِنْ
접근하다, 가까이가다(د ن و)	دَنَا/ يَدْنُو مِنْ، إِلَى	접근된	مَدْنُوٌّ مِنْ، إِلَى
불평하다(ش ك و)	شَكَا/ يَشْكُو مِنْ، إِلَى، لِـ	불평된	مَشْكُوٌّ مِنْ، إِلَى، لِـ
용서하다(ع ف و)	عَفَا/ يَعْفُو (عَنْ)	면제된, 석방된, 사면된	مَعْفُوٌّ (عَنْ)

b. 어근 끝자음이 ي 인 동사 (괄호안이 어근 세 자음이다.)

잊다(ن س ي)	نَسِيَ/ يَنْسَى ه	잊혀진	مَنْسِيٌّ
만족하다(ر ض ي)	رَضِيَ/ يَرْضَى بِـ، عَنْ	만족되는	مَرْضِيٌّ بِـ، عَنْ
짓다, 건축하다(ب ن ي)	بَنَى/ يَبْنِي ه	지어진	مَبْنِيٌّ بِـ، عَلَى
안내하다(ه د ي)	هَدَى/ يَهْدِي ه إِلَى	안내된	مَهْدِيٌّ إِلَى أَوْ بِـ
던지다(ر م ي)	رَمَى/ يَرْمِي ه	던져진	مَرْمِيٌّ
지키다, 보호하다(ح م ي)	حَمَى/ يَحْمِي ه أَوْ هـ	지켜진, 보호된	مَحْمِيٌّ بِـ
(시간을) 보내다(ق ض ي)	قَضَى/ يَقْضِي (وَقْتًا)	(시간이) 지난, (시간을) 보낸	مَقْضِيٌّ
불순종하다(ع ص ي)	عَصَى/ يَعْصِي ه	거역을 당하는(부모나 신 등이)	مَعْصِيٌّ مِنْ
울다(ب ك ي)	بَكَى/ يَبْكِي	울게 되는(죽은 사람이 주어)	مَبْكِيٌّ
이야기하다(ح ك ي)	حَكَى/ يَحْكِي ه لِـ	이야기된, 스토리텔링된	مَحْكِيٌّ لِـ
의미하다; 걱정하다(ع ن ي)	عَنَى/ يَعْنِي ه أَوْ هـ	의미를 가진 ; 관심을 가진, 관계된	مَعْنِيٌّ بِـ

** 한편 다음과 같은 몇몇 유사형용사 단어들은 수동분사의 의미를 가진다.

상처난, 다친	مَجْرُوحٌ 의 의미	جَرِيحٌ
피살된	مَقْتُولٌ 의 의미	قَتِيلٌ
군청색 아이 라이너가 칠해진	مَكْحُولٌ 의 의미(여성의 군청색 아이 라이너를 كُحْلٌ 이라고 함)	كَحِيلٌ

(2) 첨가동사(الْفِعْلُ الْمَزِيدُ)의 수동분사

첨가동사의 수동분사는 각 형태의 미완료형 동사에 접두된 미완료 표지 불변사(حَرْفُ الْمُضَارِعِ)ي를 탈락시키고 그 자리에 مُ를 붙인 뒤, 끝에서 두번째 자음에 파트하 'a' 모음을 붙여 만든다.

	الْوَزْنُ 패턴	수동분사 패턴	수동분사 예	의미
II 형	فَعَّلَ/يُفَعِّلُ	مُفَعَّلٌ	مُقَدَّمٌ	제출된
III 형	فَاعَلَ/يُفَاعِلُ	مُفَاعَلٌ	مُطَالَبٌ	요구된
IV 형	أَفْعَلَ/يُفْعِلُ	مُفْعَلٌ	مُرْسَلٌ	보내어진
V 형	تَفَعَّلَ/يَتَفَعَّلُ	مُتَفَعَّلٌ		드묾
VI 형	تَفَاعَلَ/يَتَفَاعَلُ	مُتَفَاعَلٌ		드묾
VII 형	انْفَعَلَ/يَنْفَعِلُ	مُنْفَعَلٌ		사용안됨
VIII 형	افْتَعَلَ/يَفْتَعِلُ	مُفْتَعَلٌ	مُحْتَرَمٌ	존경되는 ; 존경할 만한
IX 형	افْعَلَّ/يَفْعَلُّ	مُفْعَلٌّ		사용안됨
X 형	اسْتَفْعَلَ/يَسْتَفْعِلُ	مُسْتَفْعَلٌ	مُسْتَخْدَمٌ	사용되어진

II 형 مُفَعَّلٌ 패턴

의미		수동분사 의미	수동분사
설치하다 ; 조립하다 ; 태우다	رَكَّبَ/يُرَكِّبُ هـ	설치된 ; 조립된 ; 조제된	مُرَكَّبٌ
가르치다(to teach)	دَرَّسَ/يُدَرِّسُ هـ	가르쳐진	مُدَرَّسٌ
분쇄하다, 산산이 부수다, 박살내다	كَسَّرَ/يُكَسِّرُ هـ	부서진, 박살난	مُكَسَّرٌ
잘게 썰다, 조각내다	قَطَّعَ/يُقَطِّعُ هـ	(잘게) 조각난	مُقَطَّعٌ
많이 모으다, 축적하다	جَمَّعَ/يُجَمِّعُ هـ	모아진, 축적된	مُجَمَّعٌ
이름을 짓다, 이름을 붙이다	سَمَّى/يُسَمِّي هـ	이름지어진, ...라 불리어지는	مُسَمَّى
천막을 치다, 야영을 하다	خَيَّمَ/يُخَيِّمُ	천막을 친, 야영을 한 ; 캠프	مُخَيَّمٌ
조직하다	نَظَّمَ/يُنَظِّمُ هـ	조직된	مُنَظَّمٌ
..을 제한.한정하다, 규정.지정하다	حَدَّدَ/يُحَدِّدُ هـ	한정된	مُحَدَّدٌ
결정하다	قَرَّرَ/يُقَرِّرُ هـ	결정된	مُقَرَّرٌ
임명하다, 지명하다	عَيَّنَ/يُعَيِّنُ هـ	임명된, 지명된 ; 지명자 ; 특별한	مُعَيَّنٌ

..을 ..에 적용하다	طَبَّقَ / يُطَبِّقُ هـ عَلَى	적용되는	مُطَبَّقٌ عَلَى
제공하다, 제출하다	قَدَّمَ / يُقَدِّمُ هـ	제공된, 제출된	مُقَدَّمٌ
공로를 인정하다	كَرَّمَ / يُكَرِّمُ ه	공로를 인정받는(being honored)	مُكَرَّمٌ
..를 추천하다	رَشَّحَ / يُرَشِّحُ ه	추천된, 출마한	مُرَشَّحٌ
..을 쫓아내다; 졸업시키다	خَرَّجَ / يُخَرِّجُ هـ	쫓겨난	مُخَرَّجٌ
갚다, 지불하다; 쏘다, (공을) 슈팅하다	سَدَّدَ / يُسَدِّدُ هـ	빚이 지불된	مُسَدَّدٌ
구성.조성.형성하다	كَوَّنَ / يُكَوِّنُ هـ	구성된, 조성된, 형성된	مُكَوَّنٌ

III형 مُفَاعِلٌ 패턴

시청하다, 관찰하다, 구경하다	شَاهَدَ / يُشَاهِدُ هـ	보여진, 시청된	مُشَاهَدٌ
(지속적으로) 요구하다	طَالَبَ / يُطَالِبُ بـ	(무엇을 하도록) 요구된	مُطَالَبٌ
...와 만나다	قَابَلَ / يُقَابِلُ ه	만나진	مُقَابَلٌ
...와 싸우다, 전투하다	قَاتَلَ / يُقَاتِلُ ه	침략을 당한, 싸워진	مُقَاتَلٌ
..를 대하다, 상대하다, 다루다	عَامَلَ / يُعَامِلُ ه	취급되는, 거래되는	مُعَامَلٌ
..에 동의하다, 찬동하다	وَافَقَ / يُوَافِقُ عَلَى	동의된, 합의된(사물이)	مُوَافَقٌ عَلَى

IV형 مُفْعَلٌ 패턴 (아래의 단어 가운데 مُفَال 형태의 단어도 مُفْعَل 패턴으로 본다.)

보내다(to send)	أَرْسَلَ / يُرْسِلُ هـ	보내어진; 수신자	مُرْسَلٌ (إِلَيْهِ)
영예롭게 하다(to honor), 공경하다	أَكْرَمَ / يُكْرِمُ ه	존경되는, 칭찬받는	مُكْرَمٌ
...을 마음에 들게하다, ...을 기쁘게 하다	أَعْجَبَ / يُعْجِبُ ه	마음에 드는; 팬(fan)	مُعْجَبٌ (بِـ)
되돌리다; 다시하다	أَعَادَ / يُعِيدُ هـ إِلَى	반복되는	مُعَادٌ إِلَى
비난하다, 정죄하다	أَدَانَ / يُدِينُ ه	비난된, 정죄된	مُدَانٌ
..을 나타내다, 노출시키다	أَظْهَرَ / يُظْهِرُ هـ	보여지는	مُظْهَرٌ
..을 일어서게 하다; 건립, 건설.설립하다	أَقَامَ / يُقِيمُ هـ	일어난; 세워지는	مُقَامٌ
(불행이) ..에게 생기다; 부상을 입히다; 명중하다	أَصَابَ / يُصِيبُ ه، هـ	부상당한; ..(병)에 걸린	مُصَابٌ
..을 취소시키다	أَلْغَى / يُلْغِي هـ	취소된	مُلْغًى

مُعْطَى	주어지는, 주어진	أَعْطَى/ يُعْطِي ه ه	..에게 ..을 주다

V 형 مُتَفَعَّل 패턴 - 사용이 드묾
VI 형 مُتَفَاعَل 패턴 - 사용이 드묾
VII 형 مُنْفَعَل 패턴 - 사용되지 않음
VIII 형 مُفْتَعَل 패턴

مُسْتَمِع إلى	들려지는	اسْتَمَعَ/ يَسْتَمِعُ إلى	청취하다, 듣다
مُخْتَتَم	끝마친, 마감된, 종료된	اخْتَتَمَ/ يَخْتَتِمُ هـ	끝내다, 끝마치다, 마감짓다
مُنْتَخَب	선출된, 뽑힌 ; 대표팀	انْتَخَبَ/ يَنْتَخِبُ ه	선거하다, 선출하다
مُخْتَبَر	시험이 된, 테스트가 된	اخْتَبَرَ/ يَخْتَبِرُ ه، هـ	..을 해보다 ; 실험.시험하다
مُجْتَمَع	모여지는 ; 사회(society)	اجْتَمَعَ/ يَجْتَمِعُ	모이다, 모여들다(to meet)
مُخْتَلَف فيه أَوْ عَلَيْه	논쟁의 소지가 있는(이슈가 주어가 됨)	اخْتَلَفَ/ يَخْتَلِفُ عَنْ، في	다르다(to differ from)
مُعْتَبَر	여겨지는	اعْتَبَرَ/ يَعْتَبِرُ ه هـ	..을 ..으로 여기다, 간주하다, 고려하다
مُنْتَظَر	기다려지는, 기대되는(expected)	انْتَظَرَ/ يَنْتَظِرُ ه أَوْ هـ	기다리다(to wait for)
مُشْتَرَك في	공동의, 연합의, 공통적인	اشْتَرَكَ/ يَشْتَرِكُ في	..에 가입하다, 참가하다
مُحْتَرَم	존경되는 ; 존경할만한	احْتَرَمَ/ يَحْتَرِمُ ه، هـ	존경하다, 존중하다
مُعْتَمَد (عَلَيْه)	의존하는 ; 신뢰를 받는 ; 비준받은, 공인된	اعْتَمَدَ/ يَعْتَمِدُ عَلَى، هـ	..에 기대다 ; 의존하다 ; 신뢰하다 ; ..을 비준하다
مُخْتَصَر	단축된, 축약된 ; 요약, 개요, 요지	اخْتَصَرَ/ يَخْتَصِرُ هـ	단축하다, 축약하다
مُفْتَتَح	(모임 등이) 열리는, 개장한, 개막한	افْتَتَحَ/ يَفْتَتِحُ هـ	(회의를) 열다, 개장.개막하다
مُخْتَطَف	납치된	اخْتَطَفَ/ يَخْتَطِفُ هـ	납치하다
مُعْتَقَل	체포된	اعْتَقَلَ/ يَعْتَقِلُ ه	체포하다
مُتَّهَم بـ	비난받는 ; 고소된	اتَّهَمَ/ يَتَّهِمُ ه بـ	..을 고발하다, 고소하다 ; 비난하다
مُسْتَلَم	수령된	اسْتَلَمَ/ يَسْتَلِمُ هـ	..을 받다, 수령하다
مُغْتَال	암살당한	اغْتَالَ/ يَغْتَالُ ه	암살하다

IX 형 مُفْعَلٌ 사용되지 않음

X 형 مُسْتَفْعَلٌ 패턴

..에게 ...에 대해 조언.상담을 구하다	اسْتَشَارَ/ يَسْتَشِيرُ ه في	조언자, 상담자 ; 판사	مُسْتَشَارٌ في
좋다고.옳다고.알맞다고 생각하다 ; 찬성.승인하다	اسْتَحْسَنَ/ يَسْتَحْسِنُ ه	그런대로 괜찮은 ; 만족스런, 적절한	مُسْتَحْسَنٌ
...을 사용.이용하다	اسْتَعْمَلَ/ يَسْتَعْمِلُ ه	사용되는 ; 중고의	مُسْتَعْمَلٌ
이익. 유익을 얻다	اسْتَفَادَ/ يَسْتَفِيدُ مِنْ	유익된	مُسْتَفَادٌ مِنْ
...을 맞이하다, 영접하다	اسْتَقْبَلَ/ يَسْتَقْبِلُ ه	영접되는 ; 미래	مُسْتَقْبَلٌ
고용하다 ; 사용.이용하다	اسْتَخْدَمَ/ يَسْتَخْدِمُ ه ، ه	사용되어진	مُسْتَخْدَمٌ
노예로 삼다	اسْتَعْبَدَ/ يَسْتَعْبِدُ ه	노예화 된, 예속된	مُسْتَعْبَدٌ
..에게 ..에 대하여 알아보자, 문의하다, 정보를 구하다	اسْتَعْلَمَ/ يَسْتَعْلِمُ ه عَنْ	질문을 받는, 정보를 구하는	مُسْتَعْلَمٌ عَنْ
..의 반환을 요구하다, 도로거두다, 회복.회수하다	اسْتَرْجَعَ/ يَسْتَرْجِعُ ه	반환되어진, 회복된	مُسْتَرْجَعٌ
설명해 달라고 하다 ; 물어보다, 알아보다	اسْتَفْسَرَ/ يَسْتَفْسِرُ ه عَنْ	질문을 받는	مُسْتَفْسَرٌ عَنْ
..을 얻어내다, 채취.축출하다 ; 증류하다	اسْتَخْرَجَ/ يَسْتَخْرِجُ ه	꺼내진, 채취된	مُسْتَخْرَجٌ
호출하다, 소환하다 ; 소집하다(예:예비군)	اسْتَدْعَى/ يَسْتَدْعِي ه	소환된, 소집된	مُسْتَدْعَى

(3) 4 자음 원형동사의 수동분사

번역하다, 통역하다	تَرْجَمَ/ يُتَرْجِمُ ه	번역되어진	مُتَرْجَمٌ
(돌 등을) 굴리다	دَحْرَجَ/ يُدَحْرِجُ ه	굴려진	مُدَحْرَجٌ

** 첨가동사의 수동분사 가운데 약자음 혹은 중복자음이 있는 경우들

다음은 첨가동사의 수동분사 가운데 약자음이나 끝자음에 중복자음이 있는 단어들만 따로 모은 것이다. 일반적인 수동분사 형태와 차이나는 부분을 눈여겨 보라.

① 중복자음 동사 (الْفِعْلُ الْمُضَعَّفُ) – 어미 자음이 중복자음인 동사

IV ..을 준비하다	أَعَدَّ/ يُعِدُّ هـ	준비된	مُعَدٌّ
VII ..에 가입하다	اِنْضَمَّ/ يَنْضَمُّ إِلَى	가입된	مُنْضَمٌّ إِلَى
VIII ..을 차지하다, 점령하다	اِحْتَلَّ/ يَحْتَلُّ هـ أَوْ بِـ	점령된, 빼앗긴	مُحْتَلٌّ
X ..을 좋아하다; 좋다고 여기다; ..보다 ..을 더 좋아하다	اِسْتَحَبَّ/ يَسْتَحِبُّ هـ	선호하는, 바람직한, 추천할만한	مُسْتَحَبٌّ

② 간약동사 (الْفِعْلُ الْأَجْوَفُ) – 어근 중간자음이 و 혹은 ي 인 동사

IV ..을 돌리다, 작동시키다; 관리.운영하다 (د-و-ر)	أَدَارَ/ يُدِيرُ هـ	작동되는; 관리되는, 운영되는	مُدَارٌ
VII ..의 편을 들다 (ح-و-ز)	اِنْحَازَ/ يَنْحَازُ لِـ أَوْ إِلَى	편견의, 일방적인	مُنْحَازٌ لِـ أَوْ إِلَى
VIII ..에 습관들다, 습관적으로 ..을 하다 (ع-و-د)	اِعْتَادَ/ يَعْتَادُ هـ أَوْ عَلَى	습관이된, 익숙해진	مُعْتَادٌ هـ أَوْ عَلَى
X ..에 대답하다, 응답하다	اِسْتَجَابَ/ يَسْتَجِيبُ لِـ	대답이 된, 응답된	مُسْتَجَابٌ لِـ

③ 말약동사 (الْفِعْلُ النَّاقِصُ) – 어근 끝자음이 ي 혹은 و 인 동사

II ..을 강화하다, 증강시키다	قَوَّى/ يُقَوِّي ه أَوْ هـ	강화된, 증강된	مُقَوًّى
III ..를 부르다; 호출하다	نَادَى/ يُنَادِي ه	불려지는	مُنَادًى
IV ..에게 ..을 주다	أَعْطَى/ يُعْطِي ه هـ	주어진	مُعْطًى
V ..을 희망하다, 바라다	تَمَنَّى/ يَتَمَنَّى هـ	바라지는, 기대되는	مُتَمَنًّى
VI (약을) 먹다, 쓰다; 종사하다	تَعَاطَى/ يَتَعَاطَى هـ	(약 등이) 주어지는, 복용되는	مُتَعَاطًى
VII ..에 가입하다, 속하다 (클럽 등에)	اِنْضَوَى/ يَنْضَوِي إِلَى	(클럽 등이 사람들에 의해) 가입되는 (to be joind to)	مُنْضَوًى إِلَى
VIII ..을 구입하다	اِشْتَرَى/ يَشْتَرِي هـ	구입되어지는	مُشْتَرًى
X ..을 제외하다; 예외로하다	اِسْتَثْنَى/ يَسْتَثْنِي هـ	제외되는, 예외가 된	مُسْتَثْنًى

2. 기본적인 수동분사(اسْمُ الْمَفْعُول) 문장과 그 의미

수동분사는 동사에서 파생되어 동사의 동작이 피동적으로 수행된 결과('...되어지는', '... 이행해지는')를 나타내거나 피동적으로 수행한 사람('..되어진 사람')을 나타내는 파생명사이다. 아래의 예에서 처럼 수동분사가 술어로 사용된 문장은 수동태 문장과 그 의미가 흡사하며 시제적인 의미의 차이가 있다.

수동태 문장		수동분사가 술어로 사용된 문장	
그 이야기는 기록되었다.	كُتِبَتِ الْقِصَّةُ.	그 이야기는 기록되어 있다.	الْقِصَّةُ مَكْتُوبَةٌ. 술어 + 주어
그 대화는 들려졌다.	سُمِعَ الْحَدِيثُ.	그 대화는 들려진다.	الْحَدِيثُ مَسْمُوعٌ.

수동분사의 두 가지 기본적인 의미

(1) 동작이 피동적으로 수행된 결과

아래에서 아랍어의 능동태(الْمَبْنِيُّ لِلْمَعْلُوم) 문장이 수동태(الْمَبْنِيُّ لِلْمَجْهُول) 문장으로 전환되고, 그것이 수동분사 문장으로 전환되는 것을 살펴보자. (아래의 ①②③을 차례로 살펴보자.)

아래 문장에서 수동분사는 동작이 피동적으로 수행된 결과가 되어 '...되어지는', '... 이행해지는'의 의미를 가진다.

① 능동태 문장 (الْمَبْنِيُّ لِلْمَعْلُوم)	② 수동태 문장 (الْمَبْنِيُّ لِلْمَجْهُول)	③ 수동분사 문장 (اسْمُ الْمَفْعُول)
كَتَبَ الْمُدَرِّسُ الْقِصَّةَ.	كُتِبَتِ الْقِصَّةُ. ← الْقِصَّةُ كُتِبَتْ.	الْقِصَّةُ مَكْتُوبَةٌ.
그 선생님이 그 이야기를 기록하였다.	그 이야기는 기록되었다.	그 이야기는 기록되어 있다.
سَمِعْتُ الْحَدِيثَ.	سُمِعَ الْحَدِيثُ. ← الْحَدِيثُ سُمِعَ.	الْحَدِيثُ مَسْمُوعٌ.
나는 그 대화를 들었다.	그 대화는 들려졌다.	그 대화는 들려진다.

→ 위 ②의 수동태 문장과 ③의 수동분사 문장은 시제적인 차이는 있지만 기본적인 의미가 같다. 수동태 문장에서는 수동형 동사가 사용되었고 수동분사 문장에서는 수동분사가 술어(خَبَر)로 사용되었다.

→수동태 문장에 대한 자세한 내용은 이 책 제Ⅰ권과 제Ⅱ권의 '수동태에 대해'에서 공부하자.

(2) 동작이 피동적으로 수행되는 사람

이 때의 수동분사는 동작을 피동적으로 수행한 사람이 되어 '..된 사람', '..받는 사람'의 의미를 가진다.

그 사랑받는 사람이 그 학교에 왔다.	وَصَلَ الْمَحْبُوبُ إِلَى الْمَدْرَسَةِ.
사람들은 존경받는 사람을 좋아한다.	يُحِبُّ النَّاسُ الْمُحْتَرَمَ.

3. 수동분사의 문장에서의 기능

수동분사는 파생명사의 한 종류이므로 명사이다. 따라서 수동분사가 문장에서 사용될 때 아랍어 명사의 역할을 수행한다. 즉 명사문의 주어(الْمُبْتَدَأ), 동사문의 주어(الْفَاعِل)로, 명사문의 술어(الْخَبَر), 목적어(الْمَفْعُول بِهِ), 소유격 명사(الاسْم الْمَجْرُور), 연결형(الْمُضَاف وَالْمُضَاف إِلَيْهِ) 등에 사용된다. 또한 수동분사는 형용사적인 용법으로 사용되어 수식어(النَّعْت)로 사용된다. 뿐만 아니라 수동분사는 수동태의 주어(نَائِب الْفَاعِل)를 취하는 동사적 용법(الْعَامِل عَمَل فِعْلِهِ)으로도 사용된다. (수동분사가 명사적 기능, 형용사적 기능, 동사적 기능 모두에 사용되는 것에 주목하라)

다음에서 수동분사가 문장에서 사용되는 여러 가지 기능을 종류별로 살펴본다. 각각의 수동분사의 의미가 동작이 피동적으로 수행된 결과('...되어지는', '... 이 행해지는')의 의미인지, 동작을 피동적으로 수행한 사람('..된 사람', '..받는 사람')의 의미인지를 구분하라.

또한 수동분사가 한정형태로 사용되었을 경우 그 의미가 특수적인지 아니면 일반적인지를 구분하는 것도 관심을 가질 필요가 있다. (이 책 제Ⅱ권 'الـ 의 용법에 대해' 를 보라)

또한 수동분사가 술어로 사용될 경우 현재로 많이 해석되지만 문장에 따라 과거로 해석되기도 한다. 정확한 시제는 문맥(context)에서 결정된다.

1) 명사문의 주어 (الْمُبْتَدَأ)

내 가족을 책임지고 있는 자는 나의 엄마이다.	الْمَسْؤُولُ عَنْ أُسْرَتِي أُمِّي. *
권리가 빼앗겨진 사람은 약하다. (동사적 용법)	الْمَسْرُوقُ حَقُّهُ ضَعِيفٌ.
말이 잘 이해되는 사람은 토론을 하기 용이하다(토론을 쉽게 한다). (동사적 용법)	الْمَفْهُومُ كَلَامُهُ يُسَهِّلُ الْمُنَاقَشَاتِ.

→ * 표가 있는 مَسْؤُول 단어는 유사형용사의 의미를 가진 수동분사이다. 앞의 '유사형용사' 단원에서 공부하라.

2) 동사문의 주어 (الْفَاعِل)

노래에 재능이 있는 그 자가 왔다.	جَاءَ الْمَوْهُوبُ بِالْغِنَاءِ.
그 학교를 청소하도록 명령받은 그 사람이 결석했다.	غَابَ الْمَأْمُورُ بِتَنْظِيفِ الْمَدْرَسَةِ.
땅에 넘어진 그 자가 일어났다. (أَلْقَى/ يُلْقِي هـ)	قَامَ الْمُلْقَى عَلَى الْأَرْضِ.
한 사랑받는 사람이 그 학교에 왔다.	وَصَلَ مَحْبُوبٌ إِلَى الْمَدْرَسَةِ.

3) 술어 (الْخَبَر)

이 학생은 사랑받고 있다.	هَذَا الطَّالِبُ مَحْبُوبٌ.
그 소식이 전해졌다.	الْخَبَرُ مَنْقُولٌ.
당신은 다른 사람으로 부터 불평을 받고 있다.(다른 사람이 당신에게 불평한다.)(성수(性數)불변 수동분사 문장)	أَنْتَ مَشْكُوٌّ مِنْكَ.
내 친구들은 그 파티에 초대되었다.	أَصْدِقَائِي مَدْعُوُّونَ إِلَى الْحَفْلَةِ.

나의 여자 선생님의 설명은 이해가 된다. (My teacher's explanation is understood.)	مُدَرِّسَتِي مَفْهُومٌ شَرْحُهَا. *	
그는 그의 목소리가 사랑을 받는 사람이다. (He is the one whose voice is loved.)	هُوَ الْمَحْبُوبُ صَوْتُهُ. *	
이 본문의 말은 설명되어진다.	هَذَا النَّصُّ مَشْرُوحٌ كَلاَمُهُ. *	

→ 위의 * 문장은 수동분사가 동사적 용법으로 사용되는 경우(اسْمُ الْمَفْعُولِ الْعَامِلِ عَمَلَ فِعْلِهِ)이다.

4) 목적어 (الْمَفْعُولُ بِهِ)

사람들은 존경받는 사람을 좋아한다.	يُحِبُّ النَّاسُ الْمُحْتَرَمَ.
나는 어떤 것도 중고를 사지 않는다.	لاَ أَشْتَرِي الْمُسْتَعْمَلَ مِنْ أَيِّ شَيْءٍ.
그 판사는 유죄로 정죄된 그 사람을 감옥에 가두었다.	سَجَنَ الْقَاضِي الْمُدَانَ.
나는 한 상을 수여받는 한 사람을 만났다.	قَابَلْتُ مَمْنُوحًا جَائِزَةً.

5) 소유격 명사 (الاسْمُ الْمَجْرُورُ)

질문을 받은 사람은 빨리 대답을 해야 한다.	يَجِبُ عَلَى الْمَسْؤُولِ أَنْ يُجِيبَ بِسُرْعَةٍ.
그 사장은 새로운 일에 받아들여진(채용된) 그 사람들과 인사를 나누었다. (accepted)	سَلَّمَ الْمُدِيرُ عَلَى الْمَقْبُولِينَ فِي الْعَمَلِ الْجَدِيدِ.
우리는 우리의 회사에서 필요한 한 사람을 환영했다.	رَحَّبْنَا بِمَطْلُوبٍ فِي شَرِكَتِنَا.
كَانَتِ الْحُرِّيَّةُ مِنَ الْمَنْسِيَّاتِ فِي الْمُجْتَمَعِ الْمِصْرِيِّ. 자유는 이집트 사회의 잊혀진 것들 중의 하나였다. (여기서는 مَنْسِيٌّ/مَنْسِيَّاتٌ 이 보통명사로 사용되었다.)	

6) 전연결어 (الْمُضَافُ)

역사에 알려진 곳은 방문을 받는다. (다른 사람이 많이 방문한다) (명사문의 주어)	مَعْرُوفُ التَّارِيخِ مَزُورٌ.
마음이 열린 여자는 부드러운 사람이다. (명사문의 주어)	مَفْتُوحَةُ الْقَلْبِ إِنْسَانَةٌ رَقِيقَةٌ.
좋은 목소리가 들려지는 여자는 사랑받는다. (명사문의 주어)	مَسْمُوعَةُ الصَّوْتِ الْجَمِيلِ مَحْبُوبَةٌ.

→ 위의 مَزُورٌ 과 مَحْبُوبَةٌ 도 수동분사이다. → 위에서 세 문장에 사용된 연결형은 모두 형용사 연결형이다.

→ '전열결어'는 아랍어 문법에서 문장을 분해할 때 단어의 기능으로 간주하지 않는다. 다시말해 위의 문장을 분해할 때 위의 전연결어의 기능을 위에 기록된 대로 '명사문의 주어'... 라 말한다.

7) 후연결어 (الْمُضَافُ إِلَيْهِ)

묶여진(결박된) 사람의 자유는 상실되었다.	حُرِّيَّةُ الْمُقَيَّدِ مَفْقُودَةٌ.
어떤 것에 대해 약속을 받은 사람의 생각은 그것에 정신이 팔린다.	عَقْلُ الْمَوْعُودِ بِشَيْءٍ مَشْغُولٌ بِهِ.
기뻐하는 자의 삶은 성공적이다.	حَيَاةُ الْمَسْرُورِ نَاجِحَةٌ.

8) 수식어 (اَلنَّعْتُ)

나는 최근에 지어진 한 집을 샀다.	اشْتَرَيْتُ بَيْتًا مَبْنِيًّا مُؤَخَّرًا.
(그) 교양있는(교육을 잘 받은) 여성은 내 마음에 든다.	تُعْجِبُنِي الْمَرْأَةُ الْمُثَقَّفَةُ.
지금 상영된 그 필름은 터무니없다.(ridiculous)	الْفِيلْمُ الْمُشَاهَدُ الْآنَ سَخِيفٌ.
알아흐람지에 실린 그 논단은 사실이다.	الْمَقَالَةُ الْمَنْشُورَةُ فِي الْأَهْرَامِ صَحِيحَةٌ.
(사람들이) 찾고 있는 그 책들의 이름이 무엇이니? ('수동분사 + 전치사' 구문)(성수불변 수동분사 문장)	مَا أَسْمَاءُ الْكُتُبِ الْمَبْحُوثِ عَنْهَا؟

9) 상태목적어 (اَلْحَالُ)

나는 그 컵을 깨진 상태로 샀다. (컵을 샀을 때 그 컵이 깨진 상태)	اشْتَرَيْتُ الْكُوبَ مَكْسُورًا.
우리는 두들겨 맞은 상태로 그 학교에서 돌아왔다.	عُدْنَا مِنَ الْمَدْرَسَةِ مَضْرُوبِينَ.
그녀는 어제 시험으로 인해 고민하며 잠을 잤다.	نَامَتْ أَمْسِ مَشْغُولَةً بِالْامْتِحَانَاتِ.
나는 땅바닥에 던져져(쓰러져) 있는 상태인 내 친구를 발견했다.	وَجَدْتُ صَدِيقِي مُلْقًى عَلَى الْأَرْضِ.

10) 관계적 수식어 (اَلنَّعْتُ السَّبَبِيُّ)

이것은 그 집들이 색칠되어 있는 거리이다.	هَذَا شَارِعٌ مُلَوَّنَةٌ بُيُوتُهُ.
우리는 역사가 알려진 나라들을 방문했다.	زُرْنَا بِلَادًا مَعْرُوفًا تَارِيخُهَا.
이 분은 그의 소설책들이 많이 팔린 작가이다.	هَذَا كَاتِبٌ مَبِيعَةٌ قِصَصُهُ كَثِيرًا.

→관계적 수식어에 대해서는 이 책 Ⅱ '관계적 수식어' 편에서 공부하라.

** 목적어를 두 개 가지는 타동사가 수동분사로 변형된 문장의 예들

아래의 예들에서 수동분사는 술어로 사용되었다. 그러나 그 뒤의 단어에 목적격이 사용되었다. 이 문장을 분석해 보자.

그 부지런한 자는 한 상을 수여받았다.	الْمُجِدُّ مَمْنُوحٌ جَائِزَةً.
그 가난한 사람은 한 옷을 받았다.	الْفَقِيرُ مُعْطًى ثَوْبًا.
(그) 책은 친구로 삼아졌다.	الْكِتَابُ مُتَّخَذٌ صَدِيقًا.

앞의 문장들은 다음과 같이 두 개의 목적어를 가지는 수여동사 혹은 전환동사에서 온 것들이다. 수여동사와 전환동사에 대해서는 이 책 Ⅱ권 '동사문에 대해'에서 공부하도록 하자.

① 능동태 문장 (الْمَبْنِيُّ لِلْمَعْلُومِ)		② 수동태 문장 (الْمَبْنِيُّ لِلْمَجْهُولِ)	③ 수동분사 문장
مَنَحَ الْمُدِيرُ الْمُجِدَّ جَائِزَةً.	A	مُنِحَ الْمُجِدُّ جَائِزَةً.	الْمُجِدُّ مَمْنُوحٌ جَائِزَةً.
	B	الْمُجِدُّ مُنِحَ جَائِزَةً.	
그 교장(사장)은 그 부지런한 자에게 한 상을 수여했다.		그 부지런한 자는 한 상을 수여받았다.	
أَعْطَيْتُ الْفَقِيرَ ثَوْبًا.	A	أُعْطِيَ الْفَقِيرُ ثَوْبًا.	الْفَقِيرُ مُعْطًى ثَوْبًا.
	B	الْفَقِيرُ أُعْطِيَ ثَوْبًا.	
나는 그 가난한 사람에게 한 옷을 주었다.		그 가난한 사람은 한 옷을 받았다.	
اتَّخَذْتُ الْكِتَابَ صَدِيقًا.	A	اتُّخِذَ الْكِتَابُ صَدِيقًا.	الْكِتَابُ مُتَّخَذٌ صَدِيقًا.
	B	الْكِتَابُ اتُّخِذَ صَدِيقًا.	
나는 (그) 책을 친구로 삼았다.		(그) 책은 친구로 삼아졌다.	

4. 수동분사의 동사적 용법(اسْمُ الْمَفْعُولِ الْعَامِلُ عَمَلَ فِعْلِهِ)에 대해

앞에서 능동분사와 과장형용사가 동사적 용법으로 사용되는 경우를 간략하게 공부했다. 능동분사나 과장형용사의 동사적 용법이란 문장의 주어나 술어 혹은 목적어 등으로 사용된 능동분사나 과장형용사가 자체의 목적어를 취하는 경우이었다.

여기에 비해 수동분사의 동사적 용법은 문장에 사용된 수동분사가 자체의 목적어가 아닌 자체의 주어(نَائِبُ الْفَاعِلِ)를 따로 취하는 경우이다. 아래의 예문을 참고하고, 자세한 내용은 이 책 제Ⅱ권 '파생명사의 동사적 용법에 대해' 부분에서 공부하도록 하자.

그 선생님의 목소리가 들려진다. (The teacher's voice is heard.)	الْمُدَرِّسُ مَسْمُوعٌ صَوْتُهُ.
그의 권리를 빼앗긴 사람은 약하다. (The one whose right is stolen is weak.)	الْمَسْرُوقُ حَقُّهُ ضَعِيفٌ.
나는 대화가 사랑받는 그 사람을 만났다. (I met the one whose conversation was beloved.)	قَابَلْتُ الْمَحْبُوبَ حَدِيثُهُ.
그의 말이 이해되는 그 학생은 유명하다.	الطَّالِبُ الْمَفْهُومُ كَلَامُهُ مَشْهُورٌ.
그 기사(horseman)는 그의 다리가 부러진채로 도착했다. مَكْسُورَةً 이 상태목적어(الْحَالِ)로 사용되었다.)	وَصَلَ الْفَارِسُ مَكْسُورَةً قَدَمُهُ.

5. 보통명사화 된 수동분사 단어들

수동분사 형태의 단어가 많이 사용됨에 따라 보통명사화된 것이 있다. 아래의 수동분사 단어들은 보통명사화되어 사용되는 단어들이다.

단어의 예들
아래는 많이 사용되는 단어들의 예이다. 실제는 이보다 많은 단어들이 있다.

책임자	مَسْؤُولٌ / ـونَ	음료	مَشْرُوبٌ / ـاتٌ
정보	مَعْلُومَةٌ / ـاتٌ	음식	مَأْكُولَاتٌ
판매, 세일즈	مَبِيعَاتٌ	캠프	مُخَيَّمٌ / ـاتٌ
조직	مُنَظَّمَةٌ / ـاتٌ	대표팀	مُنْتَخَبٌ / ـاتٌ
팬	مُعْجَبٌ / ـونَ (بـ)	개요, 요지	مُخْتَصَرٌ
사회	مُجْتَمَعٌ / ـاتٌ	미래	مُسْتَقْبَلٌ
조언자, 상담자 ; 판사	مُسْتَشَارٌ / ـونَ	수신자	مُرْسَلٌ إِلَيْهِ
병원	مُسْتَشْفَى / ـاتٌ	직원	مُوَظَّفٌ / ـونَ
모바일 기기 ; 짐	مَحْمُولٌ		

문장의 예들
아래의 ①은 수동분사가 원래의 의미로 사용된 경우이고, ②는 같은 단어가 보통명사로 사용된 경우이다.

①	이 배우는 세계에서 잘 알려져있다.	هَذَا الْمُمَثِّلُ مَعْلُومٌ جِدًّا فِي الْعَالَمِ.
②	이것은 중요한 정보이다.	هَذِهِ مَعْلُومَةٌ مُهِمَّةٌ.
①	당신은 내 집에서 사랑으로 영접을 받는다.	أَنْتَ مُسْتَقْبَلٌ بِالْحُبِّ فِي بَيْتِي.
②	우리가 미래를 위해 계획하는 것은 중요하다.	مِنَ الْمُهِمِّ أَنْ نُخَطِّطَ لِلْمُسْتَقْبَلِ.
①	내가 집에 돌아와서 내 음식이 먹겨졌고 내 홍차가 마셔진 것을 발견했다. (상태목적어)	رَجَعْتُ إِلَى الْبَيْتِ وَجَدْتُ طَعَامِي مَأْكُولًا وَشَايِي مَشْرُوبًا.
②	맛있는 음식들과 음료들이 이 식당에 있다.	فِي هَذَا الْمَطْعَمِ مَأْكُولَاتٌ وَمَشْرُوبَاتٌ لَذِيذَةٌ.
①	내 방은 잘 정돈되어 있다.	غُرْفَتِي مُنَظَّمَةٌ جِدًّا.
②	인권 단체들이 아주 많아졌다.	مُنَظَّمَاتُ حُقُوقِ الْإِنْسَانِ أَصْبَحَتْ كَثِيرَةً جِدًّا.

①	أُوبَامَا كَانَ مُنْتَخَبًا (أَوِ انْتُخِبَ) فِي ٢٠٠٨.	오바마는 2008년 선출되었다.
②	الْمُنْتَخَبُ الْمِصْرِيُّ لِكُرَةِ الْقَدَمِ فَازَ بِكَأْسِ إِفْرِيقِيَا.	
	이집트 축구 국가대표팀은 아프리카 컵을 획득했다.	

6. 잠재적인 능력의 의미를 가진 수동분사

수동분사 가운데 아래와 같이 잠재적인 능력의 의미가 있는 단어가 있다. 그 의미는 문맥속에서 파악된다.

읽혀지는 ; 읽을 만한 (readable)	مَقْرُوءٌ	들리는 ; 들을 수 있는 (listenable)	مَسْمُوعٌ
먹혀지는 ; 먹을 수 있는 (edible)	مَأْكُولٌ	운반할 수 있는 (carryable)	مَحْمُولٌ
허용되어지는 ; 허용할만한 (permissible)	مَسْمُوحٌ بِهِ	가지고 싶어하는, 사귀고 싶어하는(desirable)	مَرْغُوبٌ فِيهِ
존경받는 ; 존경할만한 (respectful)	مُحْتَرَمٌ	마셔지는 ; 마실 수 있는	مَشْرُوبٌ
사랑받는 ; 사랑받을 수 있는	مَحْبُوبٌ	이해되는 ; 이해할 수 있는	مَفْهُومٌ

예문들

아래의 ①은 수동분사가 원래의 일반적인 의미로 사용된 것이고, ②는 수동분사가 잠재적인 능력의 의미로 사용된 것이다.

①	أَلَّفْتُ كِتَابًا بِاللُّغَةِ الْعَرَبِيَّةِ مَقْرُوءًا فِي الْمَدَارِسِ. (= يُقْرَأُ)	
	나는 학교들에서 읽혀지는 아랍어로 된 한 책을 저술했다.	
②	أَلَّفْتُ كِتَابًا سَهْلًا بِاللُّغَةِ الْعَرَبِيَّةِ مَقْرُوءًا فِي كُلِّ مَكَانٍ. (= يُمْكِنُ قِرَاءَتُهُ)	
	나는 모든 장소에서 읽혀질 수 있는 아랍어로 된 한 쉬운 책을 저술했다.	

①	عِنْدَمَا رَجَعْتُ مِنَ الْمَدْرَسَةِ وَجَدْتُ مَا طَبَخَتْ زَوْجَتِي مَأْكُولًا. (= أُكِلَ)	
	내가 학교에서 돌아왔을 때 나는 내 아내가 요리한 것이 먹어졌음을 알았다.(먹어서 없음)(상태목적어)	
②	الرَّجُلُ يَطْبُخُ طَعَامًا لَذِيذًا، وَلِذَلِكَ كُلُّ مَا يَطْبُخُ مَأْكُولٌ. (= يُمْكِنُ أَكْلُهُ)	
	그 남자는 맛있는 음식을 요리한다. 그래서 그가 요리하는 모든 것은 먹을 수 있다.	

①	أَنَا مُتْعَبٌ، وَلِذَلِكَ حَقِيبَتِي مَحْمُولَةٌ. (= حُمِلَتْ)	
	나는 피곤하다. 그래서 내 가방은 짊어지어졌다.	
②	حَقِيبَتِي خَفِيفَةٌ لِأَنَّ الْكُتُبَ فِيهَا قَلِيلَةٌ، وَلِذَلِكَ فَهِيَ مَحْمُولَةٌ. (= يُمْكِنُ حَمْلُهَا)	
	내 가방은 그 안에 든 책이 적어서 가볍다. 그래서 그것은 가지고 다닐만 하다.	

7. 성수(性數)불변 수동분사 문장에 대해 - '수동분사 + 유사문장' 문장에 대해

이 부분은 난이도가 있는 내용이다. 이 내용을 이해하기 위해서는 이 책 제Ⅱ권의 '여러가지 소유격에 대해' 부분에 있는 '동사와 함께 사용되는 전치사'에 대한 내용과, 이 책 제Ⅱ권의 '수동태에 대해' 부분에 있는 '수동태 문장의 비인칭 동사(Impersonal Verb) 용법' 부분과 함께 공부하라. (내용이 어렵게 느껴질 경우 나중에 공부해도 된다.)

수동분사를 문장에서 사용할 때 그것이 타동사에서 왔는지 혹은 자동사에서 왔는지를 구분해야 한다. 그것이 타동사에서 온 일반적인 수동분사의 경우에는 지금까지 공부한대로 하면 된다. 즉 아래 예문과 같이 수동분사가 술어로 왔을 경우 주어의 성과 수에 따라 일치시켜 주면 된다

일반적인 수동분사 + 유사문장	
그 편지(메시지)는 그 펜으로 적혀져 있다.	الرِّسَالَةُ مَكْتُوبَةٌ بِالْقَلَمِ. (مُبْتَدَأ) + 주어 (خَبَر) + 술어
그 돈들은 은행에서 지불되었다. (النُّقُود가 사물복수)	النُّقُودُ مَصْرُوفَةٌ مِنَ الْبِنْكِ.

위의 예문에서 주어와 술어의 성과 수가 일치한다. 수동분사 뒤에 전치사가 있긴 하지만 이 때의 전치사는 반드시 사용해야 하는 필수적인 전치사는 아니다. 왜냐하면 여기에서 사용된 수동분사 مَكْتُوب 과 مَصْرُوف 은 각각 كَتَبَ 와 صَرَفَ 란 타동사에서 왔고 이 동사는 전치사가 필수적인 동사가 아니다. 위의 문장에서 전치사는 부수적으로 사용된 것이다. 이에 비해 아래의 문장을 보자.

자동사에서 온 수동분사 + 유사문장		
① 수동분사 + 전치사	여러분들은 내 집에 환영됩니다. (여러분들을 환영합니다.) (رَحَّبَ/يُرَحِّبُ بـ)	أَنْتُمْ مُرَحَّبٌ بِكُمْ فِي بَيْتِي. (الْمُبْتَدَأ) + 주어 (الْخَبَر) + 술어
② 수동분사 + 부사	그 등대는 (어떤 사람 혹은 사물) 앞에 서 있어 진다.	الْمَنَارَةُ مَوْقُوفٌ أَمَامَهَا.

위의 예문에서 주어 أَنْتُمْ 과 مُرَحَّبٌ 이 일치하지 않고, 주어 الْمَنَارَة 와 مَوْقُوفٌ 이 일치하지 않는다. 어떻게 이것이 가능할까? 이것이 가능한 이유는 이 문장에서 사용된 수동분사 مُرَحَّبٌ 와 مَوْقُوفٌ 이 각각 رَحَّبَ 와 وَقَفَ 란 자동사에서 왔다는 데 있다. رَحَّبَ 란 동사는 전치사 ب 와 늘 함께 사용되는 자동사이며, وَقَفَ 는 그 자체가 자동사로서 그 뒤에 장소의 부사 أَمَامَ 가 함께 사용될 수 있다. 이 경우 주어는 각각 전치사 ب 뒤에 오는 كُمْ 과, 부사 أَمَامَ 뒤에 오는 هَا 와 일치해야 한다. 이러한 문장에 사용된 수동분사는 주어의 성과 수에 상관없이 항상 남성 단수 형태를 취한다.

위의 ①과 같이 자동사에서 파생된 수동분사 뒤에 전치사가 오거나, 위의 ②와 같이 자동사에서 파생된 수동분사 뒤에 부사가 와서 '수동분사 + 유사문장'이 되고, 그 수동분사가 주어의 성과 수에 상관없이 항상 남성 단수 형태를 취하게 될 때 이 문장을 성수(性數)불변 수동분사 문장이라 한다.
위의 ① 문장은 종종 사용되며 ② 문장은 현대 표준 아랍어(MSA)에서 거의 사용되지 않는다. 다음에서 '일반적인 수동분사' 문장과 '성수(性數)불변 수동분사' 문장을 구분해서 공부하자.

1) 일반적인 수동분사 문장

일반적인 '수동분사 + 유사문장'은 그 수동분사가 타동사에서 온 경우이다. '수동분사 + 전치사'의 예와 '수동분사 + 부사'의 두 가지 경우를 살펴보자.[1]

(1) 일반적인 수동분사 문장의 이해

a. '수동분사 + 전치사'의 경우

① 능동태 문장(الْمَبْنِيُّ لِلْمَعْلُومِ)		② 수동태 문장(الْمَبْنِيُّ لِلْمَجْهُولِ)	③ 수동분사 문장
كَتَبْتُ الْكَلِمَاتِ عَلَى الْوَرَقَةِ.	A	كُتِبَتِ الْكَلِمَاتُ عَلَى الْوَرَقَةِ.	الْكَلِمَاتُ مَكْتُوبَةٌ عَلَى الْوَرَقَةِ.
	B	الْكَلِمَاتُ كُتِبَتْ عَلَى الْوَرَقَةِ.	술어 + 주어
나는 그 글자들을 그 종이 위에 기록했다.		그 글자들은 그 종이 위에 기록되었다.	
كَتَبْتُ الْكَلِمَاتِ بِالْقَلَمِ.	A	كُتِبَتِ الْكَلِمَاتُ بِالْقَلَمِ.	الْكَلِمَاتُ مَكْتُوبَةٌ بِالْقَلَمِ.
	B	الْكَلِمَاتُ كُتِبَتْ بِالْقَلَمِ.	술어 + 주어
나는 그 글자들을 그 펜으로 기록했다.		그 글자들은 그 펜으로 기록되었다.	
كَتَبْتُ الْخِطَابَ إِلَى أَبِي.	A	كُتِبَ الْخِطَابُ إِلَى أَبِي.	الْخِطَابُ مَكْتُوبٌ إِلَى أَبِي.
	B	الْخِطَابُ كُتِبَ إِلَى أَبِي.	술어 + 주어
나는 그 편지를 나의 아버지께 기록했다.		그 편지는 나의 아버지께 기록되었다.(기록되어 보내졌다.)	

→위의 ① 능동태 문장에 사용된 كَتَبَ 는 타동사로서 목적어를 취한다. 그 뒤에 전치사 عَلَى 와 بِ 그리고 إِلَى 가 사용되었지만 이 전치사는 필수적인 전치사가 아니라 부가적인 전치사이다. 이 전치사와 그 뒤의 소유격 명사는 생략해도 문장이 가능하기에 부가적 전치사라 한다. →위의 ① 문장을 수동태 문장으로 바꾼 것이 ②의 A 이다. ①과 ②의 A 는 동사문이다. 이 A 문장을 명사문으로 바꾸면 B 가 된다. ③의 수동분사 문장은 ②의 B 문장에 사용된 동사를 수동분사로 바꾸어준 것이다. →이 때 ① ② ③ 문장에서 같은 전치사가 동일하게 사용되었다.
→ ③ 수동분사 문장에서 수동분사는 술어로 사용되었으며 그 주어의 성과 수는 일치한다.

b. '수동분사 + 부사'의 경우

① 능동태 문장(الْمَبْنِيُّ لِلْمَعْلُومِ)		② 수동태 문장(الْمَبْنِيُّ لِلْمَجْهُولِ)	③ 수동분사 문장
يَقْرَأُ الْكُتُبَ قَبْلَ النَّوْمِ.	A	تُقْرَأُ الْكُتُبُ قَبْلَ النَّوْمِ.	الْكُتُبُ مَقْرُوءَةٌ قَبْلَ النَّوْمِ.
	B	الْكُتُبُ تُقْرَأُ قَبْلَ النَّوْمِ.	술어 + 주어
그는 그 책들을 잠자기 전에 읽는다.		그 책들은 잠자기 전에 읽힌다.	

→위의 ① 문장을 수동태 문장으로 바꾼 것이 ②의 A 이다. ①과 ②의 A 는 동사문이다. 이 A 문장을 명사문으로 바꾸면 B 가 된다. ③의 수동분사 문장은 ②의 B 문장에 사용된 동사를 수동분사로 바꾸어준 것이다.
→위의 ③ 수동분사 문장에서 수동분사는 술어로 사용되었으며 주어와 성과 수의 일치를 보인다

---

[1] 이 책 제Ⅱ권의 '여러가지 소유격에 대해' 부분에서 전치사의 종류를 살펴보면 동사와 함께 사용되는 전치사가 부가적으로 사용되는 경우(حَرْفُ الْجَرِّ الْإِضَافِيِّ)와 필수적으로 사용되는 경우(حَرْفُ الْجَرِّ الْأَسَاسِيِّ)가 있음을 알 수 있다. (여기에서 '동사 + 부가적 전치사'의 경우는 동사가 타동사인 경우이고, '동사 + 필수적 전치사'의 경우는 대부분 동사가 자동사인 경우이다.) '일반적인 수동분사' 문장으로 사용된 '수동분사 + 전치사'의 경우는 전치사가 부가적으로 사용되는 경우이다.

이와같이 일반적인 수동분사 문장으로 사용된 '수동분사 + 유사문장(전치사 혹은 부사)' 문장의 경우 일반적인 주어와 술어의 일치 원리를 따른다.

(2) 일반적인 수동분사 단어의 예들

아래는 일반적인 주어와 술어의 일치 원리를 따르는 '수동분사 + 전치사'의 예들이다. 아래의 수동분사들은 모두가 타동사에서 온 것들이다. 이와같이 일반적인 수동분사 문장에 사용되는 수동분사는 타동사에서 파생된다.

원래의 동사		수동분사 + 전치사	
..을 쓰다, 기록하다 ; ..에게 편지를 쓰다	كَتَبَ / يَكْتُبُ هـ (عَلَى، بـِ، إِلَى، عَنْ)	(..위에, ..으로, ..에게) 기록된	مَكْتُوبٌ (عَلَى، بـِ، إِلَى، عَنْ)
..을 제조하다, 만들다	صَنَعَ / يَصْنَعُ هـ (فِي أَوْ مِنْ)	(..에서) 제조된	مَصْنُوعٌ (فِي أَوْ مِنْ)
..을 취하다, 가지다	أَخَذَ / يَأْخُذُ هـ (مِنْ)	(..으로 부터) 취해진, 빼앗긴	مَأْخُوذٌ (مِنْ ﻫ أَوْ هـ)
..을 이해하다	فَهِمَ / يَفْهَمُ هـ أَوْ ه (مِنْ)	(..으로 부터) 이해되는	مَفْهُومٌ (مِنْ ﻫ أَوْ هـ)
..을 요구,요청하다	طَلَبَ / يَطْلُبُ هـ (مِنْ)	(..으로 부터) 요청된	مَطْلُوبٌ (مِنْ ﻫ)
..을 구입하다	اشْتَرَى / يَشْتَرِي هـ (مِنْ، بـِ)	(..에서) 구입된	مُشْتَرَى (مِنْ أَوْ بـِ)
..을 시청하다, 보다	شَاهَدَ / يُشَاهِدُ هـ (فِي أَوْ مَعَ)	(..에서) 시청되는	مُشَاهَدٌ (فِي هـ)
..를 ..으로 처벌하다, 징벌하다	عَاقَبَ / يُعَاقِبُ ه (بـِ)	(..으로) 처벌되는	مُعَاقَبٌ (بـِ)
..을 들다, 올리다	رَفَعَ / يَرْفَعُ هـ (إِلَى)	(어떤 장소에) 올려진	مَرْفُوعٌ (إِلَى هـ)

** 한편 아래의 수동분사들은 타동사에서 온 것들이라 볼 수 있는데, 수동분사로 파생된 이후 그 의미가 달라진 경우이다.

..에게 ..에 관해 묻다	سَأَلَ / يَسْأَلُ ه (عَنْ)	책임지는, ..에게 책임이 있는 ; 질문을 받은	مَسْؤُولٌ (عَنْ أَوْ مِنْ)
..에게 ..을 주다, 선사하다	وَهَبَ / يَهَبُ ه هـ	..의 재능을 가진	مَوْهُوبٌ بـِ هـ أَوْ فِي

(3) 예문들

a. '수동분사 + 전치사' 예문

아래는 앞에서 나온 여러 낱말들이 문장에서 사용된 예들이다.

그 편지(메시지)는 당신에게 쓰여진 것이다.	الرِّسَالَةُ مَكْتُوبَةٌ إِلَيْكَ.
이 전자제품은 한국에서 생산되었다.	هَذَا الْجِهَازُ مَصْنُوعٌ فِي كُورِيَا.
그 책은 그로부터 취해졌다.	الْكِتَابُ مَأْخُوذٌ مِنْهُ.

그 단원에서 이해되는 것은 적은 부분이다.	الْمَفْهُومُ مِنَ الدَّرْسِ جُزْءٌ صَغِيرٌ.	
그 숙제들은 당신들로 부터 요구되어진다.	الْوَاجِبَاتُ مَطْلُوبَةٌ مِنْكُمْ.	
그 소설들은 그 서점으로 부터 구입된다.	الْقِصَصُ مُشْتَرَاةٌ مِنَ الْمَكْتَبَةِ.	
그 펜은 2 파운드에 구입된다.	الْقَلَمُ مُشْتَرًى بِجُنَيْهَيْنِ.	
그들은 그 경기장에서 목격된다.	هُمْ مُشَاهَدُونَ فِي الْمَلْعَبِ.	
너희들은(f.) 그 클럽에 가지 못한다는 처벌을 받았다.	أَنْتُنَّ مُعَاقَبَاتٌ بِعَدَمِ الذَّهَابِ إِلَى النَّادِي.	
그 책들은 한 가장 높은 선반에 올려져 있다.	الْكُتُبُ مَرْفُوعَةٌ إِلَى أَعْلَى رَفٍّ.	
부모들은 그들의 아이들에 대해 책임을 진다.	الْوَالِدَانِ مَسْؤُولَانِ عَنْ أَوْلَادِهِمَا.	
아이들은 그들의 아버지의 책임이다.	الْأَوْلَادُ مَسْؤُولُونَ مِنْ أَبِيهِمْ.	
당신(f.)은 글 쓰는 것에 재능이 있다.	أَنْتِ مَوْهُوبَةٌ بِالْكِتَابَةِ.	

** '수동분사 + 전치사' 구(句)의 수동분사가 타동사에서 파생된 경우 그 수동분사는 주어의 성과 수와 일치한다. 또한 전치사 뒤에 소유격 명사로 인칭대명사가 왔을 경우 그것은 연결의 인칭대명사가 아니라 일반 접미 인칭 대명사이다. 아래를 보자.

그 돈은 그로부터 취해졌다.	النُّقُودُ مَأْخُوذَةٌ مِنْهُ. (الْمُبْتَدَأُ) + (الْخَبَرُ) 주어 + 술어	
그 사진은 그 도서관에서 취해졌다.	الصُّورَةُ مَأْخُوذَةٌ مِنَ الْمَكْتَبَةِ.	

→ 위의 첫번째 문장의 مِنْ 의 인칭대명사 هـ 는 소유격 접미 인칭대명사(ضَمَائِرُ الْجَرِّ الْمُتَّصِلَةُ)이다.

b. '수동분사 + 부사' 예문

그 공은 그 빌딩 근처에서 놀아진다.	الْكُرَةُ مَلْعُوبَةٌ جِوَارَ الْمَبْنَى.	
그 음식은 그 테이블 위에서 먹혀진다.	الطَّعَامُ مَأْكُولٌ فَوْقَ الطَّاوِلَةِ.	
그 쥬스는 사람들 가운데 많이 마셔진다.	الْعَصِيرُ مَشْرُوبٌ بَيْنَ النَّاسِ كَثِيرًا.	
그 나무는 그 학교 앞에 심기어졌다.	الشَّجَرَةُ مَزْرُوعَةٌ أَمَامَ الْمَدْرَسَةِ.	
그 연설들은 그 경기장 주위로는 들려지지 않는다.	الْخِطَابَاتُ لَيْسَتْ مَسْمُوعَةً حَوْلَ الْمَلْعَبِ.	

→ 위의 예문들에 사용된 수동분사는 타동사에서 온 것으로 그 뒤에 부사가 왔다. 이러한 문장은 일반적인 문장으로 쉽게 이해할 수 있다.

2) 성수(性數)불변 수동분사 문장

'성수(性數)불변 수동분사'란 의미는 '수동분사 + 유사문장'의 형태로 사용되는 수동분사가 주어의 성(性)과 수(數)에 상관없이 남성 단수로만 사용되기에 붙여진 이름이다.[1]

(1) 성수불변 수동분사 문장의 이해

성수불변 수동분사 문장은 '수동분사 + 유사문장'에 사용된 수동분사가 대부분 자동사에서 온 경우이다. '수동분사 + 전치사'의 예와 '수동분사 + 부사'의 두 가지 경우를 살펴보자.

a. '수동분사 + 전치사'의 경우 [2]   다음의 ③ 문장이 성수불변 수동분사 문장이다.

① 능동태 문장 (اَلْمَبْنِيُّ لِلْمَعْلُومِ)		② 수동태 문장 (اَلْمَبْنِيُّ لِلْمَجْهُولِ)	③ 성수불변 수동분사 문장
أَرَحِّبُ بِالرَّئِيسَةِ.	A	يُرَحَّبُ بِالرَّئِيسَةِ.	اَلرَّئِيسَةُ مُرَحَّبٌ بِهَا.
	B	اَلرَّئِيسَةُ يُرَحَّبُ بِهَا.	
나는 (그) 대통령을 환영한다.		(그) 대통령은 환영을 받는다.	

→위의 ① 능동태 문장에서 رَحَّبَ/يُرَحِّبُ 동사는 자동사로서 بِ 라는 전치사와 필수적으로 함께 사용되어 진다. 이 능동태 문장이 ②의 수동태 문장으로 바뀌면서 A는 동사문 형태의 수동태 문장으로 바뀌었고, B는 그것이 명사문 형태의 수동태 문장으로 바뀐 경우이다. 동사문 형태의 수동태 문장에서 전치사의 소유격 명사인 اَلرَّئِيسَةُ 는 수동태 문장의 주어(نَائِبُ الْفَاعِلِ)가 된다. (이 책 제Ⅱ권의 '수동태에 대해 Ⅱ'의 '수동태 문장의 비인칭 동사(Impersonal Verb) 용법' 부분을 참고하라.)

→위의 ② B의 명사문 형태의 수동태 문장을 보자. 이 문장을 이해하기 위한 세가지 단계가 있다.
먼저, 수동태 문장의 주어(نَائِبُ الْفَاعِلِ)가 명사문의 주어가 되기 위해 문장 처음에 사용된다.
다음으로, '자동사 + 필수 전치사' 구문이 수동태 문장이 될 경우 동사는 비인칭 동사로 사용된다. 따라서 동사는 주어의 수와 성과 상관없이 يُرَحَّبُ 가 사용된다.
세번째, 전치사 뒤의 소유격 명사 자리에 있던 اَلرَّئِيسَةُ 가 앞으로 옮겨가서 주어가 되어, اَلرَّئِيسَةُ يُرَحَّبُ بِهَا. 가 된다. 여기서 전치사 بِ 뒤에는 앞의 اَلرَّئِيسَةَ 를 가리키는 연결의 인칭대명사(ضَمِيرُ الرَّبْطِ) هَا 가 붙어서 بِهَا 가 된다. 연결의 인칭대명사는 반드시 자신이 가리키는 명사와 성과 수가 일치하여야 한다.

→여기까지 이해되었으면 그 다음 ③의 성수불변 수동분사 문장은 쉽게 이해할 수 있다. 즉 성수불변 수동분사 문장은 위의 ② B 문장의 수동태 동사를 수동분사로 전환한 것이다.

→여기서 주어인 اَلرَّئِيسَةُ 는 연결의 인칭대명사인 بِهَا 의 هَا 와 성과 수가 일치하고, 술어로 사용된 مُرَحَّبٌ 과 일치하지 않는다. مُرَحَّبٌ 은 성수불변 수동분사로서 항상 남성 단수 형태를 취하는 것이다.

→이러한 내용들을 이해하기 위해 이 책 제Ⅱ권의 '수동태에 대해' 부분에 있는 '수동태 문장의 비인칭 동사(Impersonal Verb) 용법'을 공부하자.

---

[1] 수동태 문장에서 '비인칭 동사(Impersonal Verb)'란 용법이 있다. '비인칭 동사'는 동사가 인칭변화가 없이 3인칭 남성 단수로만 사용되는 용법이다. (비인칭 동사 용법에 대해서는 이 책 제Ⅰ권의 '동사의 일치' 단원에서, 제Ⅱ권의 '풀어쓴 동명사에 대해' 단원과 '수동태에 대해 Ⅱ' 단원에서 다루고 있다.) 성수불변 수동분사의 용법은 이 비인칭 동사 용법과 그 원리가 동일하다. 단지 성수불변 수동분사의 경우 인칭이 아닌 성과 수가 남성 단수로만 사용된다는 점이 다르다.

[2] '성수불변 수동분사' 문장으로 사용된 '수동분사 + 전치사'의 경우는 이 책 제Ⅱ권의 '여러가지 소유격에 대해' 부분의 전치사의 종류에서 동사와 함께 사용되는 전치사가 필수적으로 사용되는 경우(حَرْفُ الْجَرِّ الْأَسَاسِيِّ)와 관련이 있다. 즉 성수불변 수동분사 용법으로 사용되는 '수동분사 + 전치사'의 경우는 그 수동분사가 자동사에서 파생된 경우이다. 이것은 '자동사 + 필수적 전치사' 문장의 동사가 수동분사로 바뀐 경우이다.

b. '수동분사 + 부사'의 경우   다음의 ③ 문장이 성수불변 수동분사 문장이다.

① 능동태 문장 (الْمَبْنِيُّ لِلْمَعْلُومِ)	② 수동태 문장 (الْمَبْنِيُّ لِلْمَجْهُولِ)	③ 성수불변 수동분사 문장
يَقِفُ أَمَامَ الْمَنَارَةِ.	A يُوقَفُ أَمَامَ الْمَنَارَةِ. B الْمَنَارَةُ يُوقَفُ أَمَامَهَا.	الْمَنَارَةُ مَوْقُوفٌ أَمَامَهَا.
그가 그 등대 앞에 서 있다.	그 등대는 (어떤 사람 혹은 사물) 앞에 서 있다.	

→위의 ① 능동태 문장에서 وَقَفَ/يَقِفُ 동사는 자동사이다. ①의 능동태 문장에서 ②의 수동태 문장으로 바뀌면서 A는 동사문 형태의 수동태 문장으로, B는 그것이 명사문 형태의 수동태 문장으로 바뀐 경우이다.

→위의 ③문장의 주어인 الْمَنَارَةُ 는 연결의 인칭대명사인 أَمَامَهَا 의 ها 와 성과 수가 일치하고, 술어로 사용된 مَوْقُوفٌ 과 일치하지 않는다. مَوْقُوفٌ 은 성수불변 수동분사로서 항상 남성 단수 형태를 취하는 것이다.

→수동분사 뒤에 오는 부사는 문장에서 필요로 하는 의미에 따라 여러가지 다른 부사가 사용되어 질 수 있다.

성수(性數)불변 수동분사 용법 정리

1. 성수불변 수동분사 단어는 문장의 주어의 성과 수에 상관없이 항상 남성 단수 형태를 취한다.
2. 성수불변 수동분사 단어는 그 뒤에 전치사 혹은 부사가 와서 '수동분사 + 전치사' 혹은 '수동분사 + 부사'의 조합이 된다.
3. 이 전치사와 부사에는 항상 연결의 인칭대명사(ضَمِيرُ الرَّبْطِ)가 접미된다.

** 성수불변 '수동분사 + 부사' 문장은 아랍어 문법책에서 소개하고 있지만 현대 표준 아랍어(MSA)에서는 거의 사용되지 않는다.

---

(2) 성수불변 수동분사 단어와 예문들

a. 성수불변 '수동분사 + 전치사'의 경우

아래의 수동분사들은 모두 '자동사 + 필수적 전치사' 형태의 단어들이 수동분사로 전환된 경우들이다. 아래의 동사들과 그 가운데 사용된 전치사를 확인하고, 그것이 수동분사와 함께 문장에서 어떻게 사용되는지 확인하도록 하자.

	자동사 + 필수적 전치사		수동분사 + 전치사
..를 환영하다	رَحَّبَ/يُرَحِّبُ بِـ ه	환영되는	مُرَحَّبٌ بِـ ه
..에게 ..을 허락.승락.허용하다	سَمَحَ/يَسْمَحُ لِـ ه بِـ ه	허락되는, 허용되는	مَسْمُوحٌ لِـ ه بِـ ه
가지고 싶어하다 ; 사귀고 싶어하다 (to desire)	رَغِبَ/يَرْغَبُ فِي ، ه *	가지고 싶어하는 ; 사귀고 싶어하는 (desirable)	مَرْغُوبٌ فِي ه أَوْ ه
..을 몹시 싫어하다 (to detest)	رَغِبَ/يَرْغَبُ عَنْ ه أَوْ ه	몹시 싫어하는	مَرْغُوبٌ عَنْ ه أَوْ ه
..에 대해 동의하다, 찬동하다	وَافَقَ/يُوَافِقُ عَلَى ، ه *	합의된	مُوَافَقٌ عَلَى ه
신임하다, 신뢰하다	وَثِقَ/يَثِقُ بِـ ه أَوْ ه	신뢰받는	مَوْثُوقٌ بِـ ه أَوْ ه
..에게 선고하다, 언도하다	حَكَمَ/يَحْكُمُ عَلَى ه	선고받은, 선고받은 사람	مَحْكُومٌ عَلَى ه

제 22 과 수동분사

한국어 뜻	동사	한국어 뜻	수동분사
..에게 해를 끼치다, 죄를 짓다	جَنَى/ يَجْنِي عَلَى ه	피해자(victim, 범죄의), 피해를 본	مَجْنِيٌّ عَلَى ه
..에 대해 유감스럽게 생각하다, 애석해 하다	أَسِفَ/ يَأْسَفُ عَلَى ه أو ه	유감스러운, 섭섭한, 애석한	مَأْسُوفٌ عَلَى ه أو ه
절망하다	يَئِسَ/ يَيْأَسُ مِنْ ، هـ *	절망적인	مَيْئُوسٌ مِنْ ه أو ه
채택하다, 승락하다 ; 가지다, 취하다	أَخَذَ/ يَأْخُذُ بِـ ، هـ *	채택된(의견, 생각 등이)	مَأْخُوذٌ بِـ هـ
청취하다, 듣다	اِسْتَمَعَ/ يَسْتَمِعُ إِلَى ه أو ه	청취되는, 많이 듣는	مُسْتَمَعٌ إِلَى ه أو ه
..을 찾다, 수색.검색하다 ; 연구하다	بَحَثَ/ يَبْحَثُ عَنْ ، هـ *	찾아지는, 검색되는	مَبْحُوثٌ عَنْ هـ
획득하다, 달성하다, 얻다	حَصَلَ/ يَحْصُلُ عَلَى هـ	얻어진, 획득된	مَحْصُولٌ عَلَى ه
..에게 화를 내다, 성내다	غَضِبَ/ يَغْضَبُ عَلَى ه ، مِن	화를 당하는, 진노받는	مَغْضُوبٌ عَلَى ه ، مِن
..을 보다, 쳐다보다	نَظَرَ/ يَنْظُرُ إِلَى ، هـ *	보여지는	مَنْظُورٌ إِلَى ه
..을 깊이 고려하다, 숙고하다	نَظَرَ/ يَنْظُرُ فِي هـ	깊이 고려되는, 숙고되는	مَنْظُورٌ فِي ه
..에 의지하다, 의존하다 ; 채택하다	اِعْتَمَدَ/ يَعْتَمِدُ عَلَى ، هـ *	의존되는	مُعْتَمَدٌ عَلَى ه
만족하다 (ر ض ي)	رَضِيَ/ يَرْضَى بِـ ، عَنْ	만족되는	مَرْضِيٌّ بِـ ، عَنْ
..로 향하다	اِتَّجَهَ/ يَتَّجِهُ إِلَى	..로 향해지는	مُتَّجَةٌ إِلَى
...로 부터 영향을 받다	تَأَثَّرَ/ يَتَأَثَّرُ بِـ	영향을 받는	مُتَأَثِّرٌ بِـ
..를 용서하다, 사면하다 ; ..을 지워없애다	عَفَا/ يَعْفُو عَنْ ، هـ *	면제된, 사면된	مَعْفُوٌّ عَنْ ه
..와 함께 축하하다, 축제를 벌이다	اِحْتَفَلَ/ يَحْتَفِلُ بِـ ه	축하되는, 축제를 벌이는	مُحْتَفَلٌ بِـ ه
..에게 화내다, 성내다	سَخِطَ/ يَسْخَطُ عَلَى	화를 당하는, 진노받는	مَسْخُوطٌ عَلَى ه
..와 함께 가다	ذَهَبَ/ يَذْهَبُ بِـ	..와 함께 가게 되는	مَذْهُوبٌ بِـ ه

→ 위의 سَمِعَ/يَسْمَعُ 의 경우 전치사를 두 개 취할 수 있다. 따라서 수동분사도 전치사를 두 개 취하였다.

→ 위의 * 표가 있는 단어들은 동사가 필수적인 전치사를 취하는 경우도 있고, 전치사 없이 목적어를 직접 취하는 경우도 있다. 이러한 동사들은 필수적인 전치사를 취했을 경우 그 수동분사에서도 동일한 전치사를 사용해 주지만, 전치사 없이 목적어만을 취했을 경우 그 수동분사는 전치사를 사용할 필요가 없다.

예문들

아래는 앞에서 나온 여러 낱말들이 문장에서 사용된 예들이다.

당신들은 내 집에 환영됩니다.(환영합니다.)	أَنْتُمْ مُرَحَّبٌ بِكُمْ فِي بَيْتِي.
여기에 들어오는 것이 그들에게 허락되지 않는다.	لَيْسَ مَسْمُوحًا لَهُمْ بِالدُّخُولِ (أَوِ الدُّخُولُ) هُنَا.

هَذَا الْكَلَامُ لَيْسَ مَرْغُوبًا فِيهِ.	이 말은 이야기하고 싶어하지 않는다.	
الْكَذِبُ مَرْغُوبٌ عَنْهُ.	거짓말은 몹시 싫어함을 받는다.	
هَذِهِ هِيَ الْمَشَارِيعُ الْمُوَافَقُ عَلَيْهَا.	이것이 합의(동의)된 그 프로젝트들이다.	
هَؤُلَاءِ الْأَشْخَاصُ مَوْثُوقٌ بِهِمْ.	이 사람들은 신뢰받는 사람들이다.	
الْمُجْرِمُونَ مَحْكُومٌ عَلَيْهِمْ بِالْإِعْدَامِ.	그 범죄자들은 사형을 선고받았다.	
الْمَجْنِيُّ عَلَيْهِ مَظْلُومٌ.	(그) (형사상) 피해자는 억울하다.	
رَحِيلُ الْبَغِيضِ غَيْرُ مَأْسُوفٍ عَلَيْهِ.	증오스런 사람이 떠나는 것은 섭섭하지 않다.	
الْفَاشِلُ مَيْئُوسٌ مِنْهُ.	실패자는 절망적이다.	
شَهَادَةُ الصَّادِقِ مَأْخُوذٌ بِهَا.	진실한 사람의 증언은 채택되어진다.	
الْأَغَانِي مُسْتَمَعٌ إِلَيْهَا.	(그) 노래들은 들려진다.	
الْكِتَابُ الْجَدِيدُ مَبْحُوثٌ عَنْهُ فِي الْبَيْتِ.	그 새로운 책은 그 집에서 찾아지고 있다.	
الدَّرَجَاتُ الْعَالِيَةُ مَحْصُولٌ عَلَيْهَا مِنَ الْمُجْتَهِدِينَ.	높은 점수들은 노력하는 자들에게 주어진다.	
الظَّالِمُ مَغْضُوبٌ عَلَيْهِ مِنَ الله.	억압하는 자는 하나님으로 부터 진노를 받는다.	
الْمَنَاظِرُ الْجَمِيلَةُ مَنْظُورٌ إِلَيْهَا.	(그) 아름다운 광경들은 보여진다.	
الْمُشْكِلَةُ مَنْظُورٌ فِيهَا.	(그) 문제는 숙고되어진다.	
هَذَا رَجُلٌ مُعْتَمَدٌ عَلَيْهِ.	이 분은 사람들이 의지하는 한 남자이다.	
الشَّخْصُ الْمَرْضِيُّ عَنْهُ مَحْبُوبٌ.	(사람들이, 혹은 하나님이) 만족하는 그 사람은 사랑받는다.	
الْمَكَانُ الْمُتَّجَهُ إِلَيْهِ بَعِيدٌ جِدًّا.	(사람들로부터) 향해지는 그 장소는 아주 멀다.	
الْكَاتِبُ الْمُتَأَثَّرُ بِهِ أُسْلُوبُهُ رَائِعٌ.	(사람들에게) 영향을 미치는 그 작가의 문체는 훌륭하다.	
الْمُذْنِبُ مَعْفُوٌّ عَنْهُ.	그 죄인은 용서를 받았다.	
النَّاجِحُ مُحْتَفَلٌ بِهِ.	합격자는 축제를 벌이고 있다.(사람들이 축하를 해줌)	
أَمَسْخُوطٌ عَلَيْهِ؟!	(다른 사람이) 그에게 분노하고 있니?! (= مَغْضُوبٌ عَلَيْهِ)	
الْوَلَدُ مَذْهُوبٌ بِهِ إِلَى الطَّبِيبِ.	그 소년은 의사에게 데려가 지고 있다. (다른 사람이 데리고 감)	

→ 위의 예들에서 수동분사의 성과 수는 남성 단수로 고정되며, 주어의 성과 수와 일치하는 것은 연결의 인칭대명사이다. → 전치사 뒤에 온 접미 인칭대명사가 연결의 인칭대명사로 사용된 것을 확인하라.

b. 성수불변 '수동분사 + 부사' 의 경우

성수불변 '수동분사 + 부사' 문장의 경우 자동사에서 온 수동분사 뒤에 부사가 오는 경우이다. 이 문장은 아랍어 문법책에서 소개하고 있지만 현대 표준 아랍어(MSA)에서는 거의 사용되지 않는다.

그 나무 아래에 (누가) 앉아져 있다. (그는 그 나무 아래에 앉아있다.)	الشَّجَرَةُ مَجْلُوسٌ تَحْتَهَا.
그 경기장 주위에 (사람이) 둘러싸여있다. (사람들은 그 경기장 주위에 모여있다.)	الْمَلْعَبُ مُلْتَفٌّ حَوْلَهُ.
그 학교를 향하여 뛰어진다. (그 학교를 향하여 사람들이 뛰는 모습)(나는 그 학교를 향하여 뛴다.)	الْمَدْرَسَةُ مَرْكُوضٌ نَحْوَهَا.
사람들은 중앙에서 걸어진다. (사람들이 다른 사람들 중앙에 가고 있음)(그는 사람들 중앙에서 걷는다.)	النَّاسُ مَمْشِيٌّ وَسْطَهُمْ.
그 아이들 가운데서 웃어진다. (그는 그 아이들 가운데서 웃는다.)	الْأَطْفَالُ مَضْحُوكٌ بَيْنَهُمْ.
그 나무들 뒤에서 춤이 추어진다. (누군가 춤을 춤) (내 딸은 그 나무들 뒤에서 춤을 춘다.)	الْأَشْجَارُ مَرْقُوصٌ خَلْفَهَا.
그 이맘 뒤에서 (사람들이) 절을 한다. (우리는 그 이맘 뒤에서 절을 한다.)	الْإِمَامُ مَسْجُودٌ وَرَاءَهُ.
그 두 건물들 앞에서 (누군가가) 놀아진다. (나는 그 두 건물들 앞에서 놀고 있다.)	الْمَنْزِلَانِ مَلْعُوبٌ أَمَامَهُمَا.*
그 나무가지 위에 (어떤 것이) 앉혀져있다. (그 참새는 그 나무가지 위에 앉아있다.)	الْغُصْنُ مَقْعُودٌ فَوْقَهُ.

→ * 에서 مَلْعُوبٌ 의 동사 لَعِبَ 는 자동사와 타동사 모두 가능하다. 위의 경우는 자동사에서 온 경우이다.

3) 성수불변 '수동분사 + 전치사' 구(句)의 문장에서의 기능

앞에서 공부한 성수불변 '수동분사 + 전치사' 구(句)가 문장에서 사용될 수 있는 기능은 세 가지이다. 주어(الْمُبْتَدَأ)와 술어(الْخَبَر) 그리고 수식어(النَّعْت)가 그것이다. 수식어부터 먼저 살펴본다.

(1) 수식어(النَّعْت)로 사용되는 경우

수식어로 사용된 수동분사는 피수식어의 성과 수가 변화함에도 불구하고 성과 수의 변화가 없이 남성 단수로 고정된다. 전치사에 뒤에는 앞의 피수식어를 받는 연결의 인칭대명사가 오며, 이 연결의 인칭대명사가 피수식어와 성과 수의 일치를 보인다.

그 환영받는 그 여학생은 이집트 사람이다. (الْمُرَحَّبُ بِهَا 가 앞의 الطَّالِبَة 를 수식하는 수식어이며, بِهَا 의 هَا 는 الطَّالِبَة 과 성과 수에서 일치한다.)	الطَّالِبَةُ الْمُرَحَّبُ بِهَا مِصْرِيَّةٌ. 주어(الْمُبْتَدَأ) + 술어(الْخَبَر)

위 문장의 능동태 문장과 수동태 문장, 그리고 수동분사 문장을 비교해 보자. 아래의 ①은 비인칭 수동태 동사가 사용된 문장이고 ②는 수동분사가 사용된 문장이다. (비인칭 수동태 동사는 이 책 제Ⅱ권의 '수동태에 대해 Ⅱ'에서 '수동태 문장의 비인칭 동사 용법' 부분을 보라.)

능동태 문장 (الْمَبْنِيُّ لِلْمَعْلُوم)		비인칭 수동태 문장 & 성수불변 수동분사 문장
الطَّالِبَةُ الَّتِي أَرْحَبُ بِهَا مِصْرِيَّةٌ.	①	الطَّالِبَةُ الَّتِي يُرَحَّبُ بِهَا مِصْرِيَّةٌ.
	②	الطَّالِبَةُ الْمُرَحَّبُ بِهَا مِصْرِيَّةٌ.
내가 환영하는 그 여학생은 이집트 사람이다.		그 환영받는 그 여학생은 이집트 사람이다.

다른 예문들

가지고 싶어하는 그 자동차는 비싸다. (피수식어가 주격)	السَّيَّارَةُ الْمَرْغُوبُ فِيهَا غَالِيَةٌ.
가지고 싶어하는 그 두 집은 비싸다. (피수식어가 주격)	الْبَيْتَانِ الْمَرْغُوبُ فِيهِمَا غَالِيَانِ.
환영받는 그 남자들은 이집트 사람들이다. (피수식어가 주격)	الرِّجَالُ الْمُرَحَّبُ بِهِمْ مِصْرِيُّونَ.
나는 약속되어진 그 상을 보았다. (피수식어가 목적격)	رَأَيْتُ الْجَائِزَةَ الْمَوْعُودَ بِهَا.
나는 그 신뢰받는 남자와 인사를 나누었다. (피수식어가 소유격)	سَلَّمْتُ عَلَى الرَّجُلِ الْمَوْثُوقِ بِهِ.
이 분은 사람들이 의지하는 남자이다. (피수식어가 비한정 형태)	هَذَا رَجُلٌ مُعْتَمَدٌ عَلَيْهِ.

(2) 술어(الْخَبَر)로 사용되는 경우

'수동분사 + 전치사구'가 문장의 술어로 사용된 경우이다. 이 때 전치사 뒤에 연결의 인칭대명사가 오고, 그것이 앞의 주어의 성과 수에서 일치한다.

그 선생님은 환영받는다. (مُرَحَّب 이 남성 단수. 또한 بِهِ의 هـ 는 연결의 인칭대명사로 앞의 선행사(الْمُعَلِّم)와 성과 수에서 일치)	الْمُعَلِّمُ مُرَحَّبٌ بِهِ. 주어 (الْمُبْتَدَأ) + 술어 (الْخَبَر)
그 여선생님은 환영받는다.	الْمُعَلِّمَةُ مُرَحَّبٌ بِهَا.
그 두 선생님은 환영받는다.	الْمُعَلِّمَانِ مُرَحَّبٌ بِهِمَا.
그 선생님들은 환영받는다.	الْمُعَلِّمُونَ مُرَحَّبٌ بِهِمْ.

(3) 주어(الْمُبْتَدَأ)로 사용되는 경우

'수동분사 + 전치사구'가 문장의 주어로 사용된 경우이다. 아래에서 주어로 사용된 الْمُرَحَّب 는 남성 단수로 고정되었다. 또한 전치사 뒤에 붙은 접미 인칭대명사는 연결의 인칭대명사로서 앞의 선행사(생략된 명사)와 성과 수에서 일치한다.

그 환영받는 그 남자는 미국에서 왔다. (= الشَّخْصُ الْمُرَحَّبُ بِهِ مِنْ أَمْرِيكَا.)	الْمُرَحَّبُ بِهِ مِنْ أَمْرِيكَا. 주어 (الْمُبْتَدَأ) + 술어 (الْخَبَر)

→ 위 문장에서 주어 앞에 الشَّخْص 나 الرَّجُل 혹은 الْمَرْأَة 같은 사람에 대한 명사가 생략되었다고 보면 이해가 쉽다. 그러면 뒤에 오는 الْمُرَحَّب بِهِ 는 앞의 생략된 명사를 수식하는 의미가 된다.

위 문장의 능동태 문장과 수동태 문장, 그리고 수동분사 문장을 비교해 보자.

능동태 문장 (الْمَبْنِيُّ الْمَعْلُوم)	수동태 문장 (الْمَبْنِيُّ الْمَعْلُوم)	성수불변 수동분사 문장
مَنْ أُرَحِّبُ بِهِ مِنْ أَمْرِيكَا.	مَنْ يُرَحَّبُ بِهِ مِنْ أَمْرِيكَا.	الْمُرَحَّبُ بِهِ مِنْ أَمْرِيكَا.
내가 환영하는 사람은 미국에서 왔다.	그 환영받는 사람은 미국에서 왔다.	

다른 예문들

그 환영받는 여자는 미국에서 왔다.	الْمُرَحَّبُ بِهَا مِنْ أَمْرِيكَا.
그 환영받는 두 사람은 미국에서 왔다.	الْمُرَحَّبُ بِهِمَا مِنْ أَمْرِيكَا.
그 환영받는 그들은 미국에서 왔다.	الْمُرَحَّبُ بِهِمْ مِنْ أَمْرِيكَا.

** 주의할 점

'수동분사 + 전치사' 구(句)에 사용된 연결의 인칭대명사가 2인칭과 1인칭일 경우

앞의 예들에서 보았듯이 '수동분사 + 전치사' 구에 사용된 연결의 인칭대명사는 대부분 3인칭의 경우들이다. 만일 이 연결의 인칭대명사가 2인칭과 1인칭일 경우 그것이 문장의 주어나 주어의 수식어로는 사용될 수 없다.

×	الْمُرَحَّبُ بِكَ مِصْرِيٌّ. (×)
×	الْمُرَحَّبُ بِكِ مِصْرِيَّةٌ. (×)
×	الْمُرَحَّبُ بِي مِصْرِيٌّ. (×)

그러나 주어가 2인칭이나 1인칭 인칭대명사인 문장에서 '수동분사 + 전치사'가 술어로 사용되었고 그 연결의 인칭대명사가 2인칭이나 1인칭 경우는 사용될 수 있다.

당신은 환영받는다.	أَنْتَ مُرَحَّبٌ بِكَ. (o)
당신(f.)은 환영받는다.	أَنْتِ مُرَحَّبٌ بِكِ. (o)
나는 환영받는다. (I am welcomed.)	أَنَا مُرَحَّبٌ بِي. (o)

뿐만 아니라 2인칭의 연결의 인칭대명사가 사용된 '수동분사 + 전치사'가 술어의 수식어로 올 경우도 가능하다.

당신은 환영받는 그 사람이다. ('수동분사 + 전치사' 구가 수식어로 사용됨)	أَنْتَ الشَّخْصُ الْمُرَحَّبُ بِكَ. (o)
당신은 환영받는 그 사람이다. ('수동분사 + 전치사' 구가 수식어로 사용됨)	أَنْتَ الشَّخْصُ الْمُرَحَّبُ بِهِ. (o)

다른 예

너는 알라신으로부터 진노를 받을 거니(진노를 받은 자니)? (다른 사람의 잘못된 행동을 경고할 때)	هَلْ أَنْتَ مَغْضُوبٌ عَلَيْكَ؟

4) 타동사에서 온 수동분사가 성수불변 수동분사 용법으로 사용되는 경우

지금까지 공부한 성수불변 수동분사들은 모두 자동사에서 온 수동분사가 사용된 경우들이었다. 그런데 동사들 가운데는 타동사이면서 전치사를 필수적으로 취하는 경우들이 있다.

(1) 동사가 타동사이지만 특정한 전치사를 반드시 동반하는 경우

아래의 وَعَدَ 동사는 목적어를 취하는 타동사이지만 그 뒤에 전치사 بِـ 를 취하는 동사이다. 이러한 동사가 수동분사로 파생될 경우 그 문장은 두 가지가 가능하다.

동사	수동분사
وَعَدَ / يَعِدُ a بِـ b a에게 b를 약속하다 (a는 사람, b는 사물) (동사가 목적어를 취하는 타동사이다.)	مَوْعُودٌ بِـ 약속받은, 약속된

위의 수동분사로 문장을 만들면 두 가지 문장이 가능하다.

①	그 아이들은 여행을 약속받았다. (مَوْعُودُونَ 은 주어 الأَطْفَالُ 의 성과 수와 일치한다.)	الأَطْفَالُ مَوْعُودُونَ بِالرِّحْلَةِ. (الْمُبْتَدَأُ) 주어 + (الْخَبَرُ) 술어
②	그 여행은 약속되어졌다. (مَوْعُودٌ 은 주어의 성과 수와 일치하지 않는 성수불변 수동분사이다.)	الرِّحْلَةُ مَوْعُودٌ بِهَا. (الْمُبْتَدَأُ) 주어 + (الْخَبَرُ) 술어

위의 ① 문장은 주어의 성과 수에 따라 수동분사의 성과 수가 일치하는데, ② 문장에서는 수동분사가 주어의 성과 수와 일치하지 않는다. 다시말해 ① 문장은 일반 수동분사 문장이고, ② 문장은 성수불변 수동분사 문장이다. 같은 مَوْعُود 라는 수동분사가 두 가지 다른 용법으로 사용되는 것이다. 그 이유는 무엇일까?

그 이유를 살피기 위해 위의 문장들을 능동태 문장에서 부터 차근차근 살펴보자. 위의 두 문장의 능동태 문장은 다음과 같다. 이 능동태 문장을 수동태 문장으로 전환할 때 두 가지 문장이 가능하다. 즉 먼저는 아래의 ①과 같이 제 1 목적어인 a를 수동태 문장의 주어(نَائِبُ الْفَاعِلِ)로 한 문장이고, ②는 의미상 제 2 목적어(전치사 뒤의 소유격 명사)인 b를 수동태 문장의 주어(نَائِبُ الْفَاعِلِ)로 한 문장이다. 아래 ①과 ② 문장이 각각 A → B → C 문장으로 전환되어 가는 과정을 살펴보자.

능동태 문장 (الْمَبْنِيُّ لِلْمَعْلُومِ)		수동태 문장 ①	수동태 문장 ②
وَعَدَتُ الأَطْفَالَ بِالرِّحْلَةِ. b a	A	وُعِدَ الأَطْفَالُ بِالرِّحْلَةِ.	وُعِدَ بِالرِّحْلَةِ (لِلْأَطْفَالِ). *
	B	الأَطْفَالُ وُعِدُوا بِالرِّحْلَةِ.	الرِّحْلَةُ وُعِدَ بِهَا.
	C	الأَطْفَالُ مَوْعُودُونَ بِالرِّحْلَةِ.	الرِّحْلَةُ مَوْعُودٌ بِهَا.
나는 그 아이들에게 여행을 약속했다.		그 아이들은 여행을 약속받았다.	그 여행은 약속되어졌다.

→ 위의 ①과 ② 문장에서 각각의 B문장은 각각의 A 문장을 명사문 형태로 바꾼 것이고, C 문장은 B 문장의 동사를 수동분사로 바꾼 문장이다. ①과 ② 의 C 가 수동분사 문장이다.

→ 위의 * 표가 있는 ②의 A 문장은 많이 사용되지 않고 그 아래의 ②의 B 문장이 많이 사용된다.

이와같이 타동사가 목적어 뒤에 필수적인 전치사를 취하는 경우 두 가지 형태의 수동분사 문장이 가능하다. 먼저는 일반적인 수동분사 문장으로 수동분사가 일반적인 성과 수의 일치 원칙을 따르는 경우이며, 두번째는 성수불변 수동분사 문장으로 전치사 뒤에 오는 연결의 인칭대명사가 성과 수의 일치 원칙을 따르는 경우이다.

그러나 이러한 용법으로 사용할 수 있는 동사는 많지 않으며 또한 이러한 용법의 경우라 하더라도 위의 ①과 같은 일반적인 수동분사 문장으로는 많이 사용되는 반면, 위의 ②와 같은 성수불변 수동분사 문장으로는 많이 사용되지 않는 것이 사실이다.

이러한 동사의 예를 살펴보자.

원래의 동사		수동분사 + 전치사	
A에게 B를 약속하다 (A는 사람, B는 사물)	وَعَدَ / يَعِدُ A بِ B	약속되어진	مَوْعُودٌ بِ ـهِ
B에게 A를 보내다(A와 B 둘 다 사람 혹은 사물)	أَرْسَلَ / يُرْسِلُ A إِلَى B	보내진 ; 수신자	مُرْسَلٌ إِلَى ه
A에게 B를 명령하다 (A는 사람, B는 사물)	أَمَرَ / يَأْمُرُ A بِ B	명하여진	مَأْمُورٌ بِ ـهِ
A가 B하는 것으로 부터 막다(A는 사람, B는 동명사)	مَنَعَ / يَمْنَعُ A مِنْ B	..가 금지된	مَمْنُوعٌ مِنْ ـهِ
A를 B로 명중시키다, 부상을 입히다(A는 사람, B는 사물)	أَصَابَ / يُصِيبُ A بِ B	명중당한 ; 부상당한 ; ..에 걸린(병 등)	مُصَابٌ بِ ـهِ

한편 아래의 동사는 동사가 일반 목적어 하나만을 취하는 것도 가능하고 목적어 뒤에 전치사를 취하는 것도 가능한 동사이다.

..을 용서하다	غَفَرَ / يَغْفِرُ ـهِ ،	고인 (사람) ; 용서받은	مَغْفُورٌ
B에게 A를 용서하다 (B는 사람, A는 죄 등의 사물)	غَفَرَ / يَغْفِرُ A لِ B		مَغْفُورٌ لَ ـهِ

(2) 예문들

나는 내 생일에 한 선물을 약속받았다. (일반 수동분사)	أَنَا مَوْعُودٌ بِهَدِيَّةٍ فِي عِيدِ مِيلَادِي.
보상이 약속되어진 사람은 행운이 있다. (일반 수동분사)	الْمَوْعُودُ بِالْمُكَافَأَةِ مَحْظُوظٌ.
나는 약속되어진 그 상을 보았다 (성수불변 수동분사)	رَأَيْتُ الْجَائِزَةَ الْمَوْعُودَ بِهَا.
그 편지는 그녀에게 보내졌다. (일반 수동분사)	الْخِطَابُ مُرْسَلٌ إِلَيْهَا.
내 여자 친구가 (그)수신자이다. (성수불변 수동분사)	صَدِيقَتِي هِيَ الْمُرْسَلُ إِلَيْهَا.
군인은 고국을 방어하는 것을 명받았다. (일반 수동분사)	الْجُنُودُ مَأْمُورُونَ بِالدِّفَاعِ عَنِ الْوَطَنِ.
조국을 보호하는 것은 명하여 진 것이다. (성수불변 수동분사)	حِمَايَةُ الْوَطَنِ مَأْمُورٌ بِهَا.

제22과 수동분사

그 학생들은 말하는 것이 금지되었다. (일반 수동분사)	الطُّلَّابُ مَمْنُوعُونَ مِنَ الْكَلَامِ.
실제로 사용되지는 않는다. (غَيْرُ مُسْتَخْدَمٍ) (성수불변 수동분사)	الْكَلَامُ مَمْنُوعٌ مِنْهُ. *
그 소녀는 총탄에 부상했다. (일반 수동분사)	الصَّبِيَّةُ مُصَابَةٌ بِرَصَاصَةٍ.
실제로 사용되지는 않는다. (غَيْرُ مُسْتَخْدَمٍ) (성수불변 수동분사)	الرَّصَاصَةُ مُصَابٌ بِهَا.

→ 위의 * 표가 있는 문장을 الْكَلَامُ مَمْنُوعٌ (말하는 것이 금지되어있다) 으로 바꾸면 일상적으로 사용하는 문장이 된다. 예) التَّدْخِينُ مَمْنُوعٌ (흡연은 금지되어 있다). الْمَرِيضُ مَمْنُوعٌ مِنَ التَّدْخِينِ (환자는 흡연이 금지되어 있다)

회개하는 자들의 죄들은 용서받았다. (일반 수동분사)	ذُنُوبُ التَّائِبِينَ مَغْفُورَةٌ.
회개하는 자들은 용서받았다. (성수불변 수동분사)	التَّائِبُونَ مَغْفُورٌ لَهُمْ.
그는 그 고인(용서받은 자, f.)의 집에 갔다. (성수불변 수동분사)	ذَهَبَ إِلَى بَيْتِ الْمَغْفُورِ لَهَا.

→ غَفَرَ/يَغْفِرُ 동사는 일반적인 타동사로도 사용되고, 전치사를 취하는 타동사로도 사용된다. 즉 사물을 목적어로 취하는 문장으로 사용되기도 하며, 사물 목적어 뒤에 전치사 ﻟ을 취하고 그 뒤에 사람이 오기도 한다. 따라서 사물이 목적어로 사용된 문장을 수동분사 문장으로 바꾸는 경우 수동분사 뒤에 전치사가 필요없는 일반 수동분사 문장이 되고, 전치사 뒤에 사람이 온 문장을 수동분사로 바꿀 경우 수동분사가 전치사 ﻟ을 취하고 그 뒤에 연결의 인칭대명사가 오는 성수불변 수동분사 문장으로 바뀐다.

→ 마지막 문장은 الْمَغْفُورِ لَهَا 앞에 사람에 대한 명사(예: الْمَرْأَةُ)가 생략되었다고 보면 이해가 쉽다.

** 다음을 비교하자.

아래의 ① 문장은 성수불변 수동분사 문장이고 ② 문장은 일반 수동분사 문장이다. 둘은 같은 의미이다. 이것이 가능한 이유는 원래의 동사가 전치사를 필수적으로 취하는 경우도 있고 전치사 없이 목적어를 취할 수도 있기 때문이다.

①	이 그림은 (사람들이) 가지고 싶어한다.	هَذِهِ الصُّورَةُ مَرْغُوبٌ فِيهَا.
②		هَذِهِ الصُّورَةُ مَرْغُوبَةٌ.
①	가난한 사람들은 세금을 면제받는다.	الْفُقَرَاءُ مَعْفُوٌّ عَنْهُمْ مِنَ الضَّرَائِبِ.
②		الْفُقَرَاءُ مَعْفُوُّونَ مِنَ الضَّرَائِبِ.

8. 수동분사(اسْمُ الْمَفْعُولِ) 문장의 문장전환

앞에서 능동분사와 과장형용사를 관계대명사절(الاسْمُ الْمَوْصُولُ) 혹은 수식절(جُمْلَةُ النَّعْتِ), 상태절 등으로 문장전환하는 것에 대해서 배웠다. 수동분사의 경우도 마찬가지이다.

수동분사 문장을 전환할 때 사용된 수동분사가 한정형태일 경우 관계대명사 مَنْ 혹은 الَّذِي 를 사용하여 전환할 수 있다. 이 때의 의미는 '...하는 이(the one who...)'가 된다.

또한 비한정 형태로 사용된 수동분사가 문장에서 술어로 사용되었을 경우 수동분사를 수동태 동사로 바꿀 수 있다. 그리고 비한정 형태로 사용된 수동분사가 수식어로 사용되었을 경우 그 뒤의 문장을 수식절(جُمْلَةُ النَّعْتِ)로 전환할 수 있고, 비한정 형태로 사용된 수동분사가 상태목적어로 사용되었을 경우에는 그 뒤의 문장을 상태절로 전환할 수 있다. 그러나 비한정 형태의 수동분사가 동사문의 주어나 목적어, 소유격 명사로 사용되었을 경우에는 이와같은 문장전환이 불가능하다.

1) 명사문의 주어(الْمُبْتَدَأُ)

①	الْمَسْرُوقُ حَقُّهُ ضَعِيفٌ.	②	مَنْ سُرِقَ/ يُسْرَقُ حَقُّهُ ضَعِيفٌ.
	권리가 빼앗겨진 사람은 약하다. (The one whose right is stolen is weak.)		
①	الْمَفْهُومُ كَلَامُهُ يُسَهِّلُ الْمُنَاقَشَاتِ.	②	مَنْ فُهِمَ/ يُفْهَمُ كَلَامُهُ يُسَهِّلُ الْمُنَاقَشَاتِ.
	말이 잘 이해되는 사람은 토론을 하기 용이하다.		

** 아래의 ①과 ② 문장은 그 의미가 다르다. 그 이유는 여기서 수동분사로 사용된 مَسْؤُولٌ 은 유사형용사적인 의미로서 '책임지는'의 의미를 가지고 있는 반면, سُئِلَ 는 '질문을 받다'의 의미이기 때문이다.

①	الْمَسْؤُولُ عَنْ أُسْرَتِي أُمِّي.	②	مَنْ سُئِلَ/ يُسْأَلُ عَنْ أُسْرَتِي أُمِّي.
	내 가족을 책임지고 있는 자는 나의 엄마이다.		내 가족에 대해 질문을 받는 사람은 나의 엄마이다.

2) 동사문의 주어(الْفَاعِلُ)

①	جَاءَ الْمَوْهُوبُ بِالْغِنَاءِ.	②	جَاءَ مَنْ وُهِبَ/ يُوهَبُ بِالْغِنَاءِ.
	노래에 재능이 있는 그 자가 왔다.		
①	غَابَ الْمَأْمُورُ بِتَنْظِيفِ الْمَدْرَسَةِ.	②	غَابَ مَنْ أُمِرَ/ يُؤْمَرُ بِتَنْظِيفِ الْمَدْرَسَةِ.
	그 학교를 청소하도록 명령받은 그 사람이 결석했다.		
①	قَامَ الْمُلْقَى عَلَى الْأَرْضِ.	②	قَامَ مَنْ أُلْقِيَ/ يُلْقَى عَلَى الْأَرْضِ.
	땅에 넘어진 그 자가 일어났다.		

3) 술어(الْخَبَرُ)

①	هَذَا الطَّالِبُ مَحْبُوبٌ.	②	هَذَا الطَّالِبُ يُحَبُّ.
	이 학생은 사랑받고 있다.		
①	أَنْتَ مَشْكُوٌّ مِنْكَ.	②	أَنْتَ يُشْكَى مِنْكَ.
	당신은 다른 사람으로 부터 불평을 받고 있다.(다른 사람이 당신에게 불평한다.)		

제 22 과 수동분사

①	أَصْدِقَائِي مَدْعُوُّونَ إِلَى الْحَفْلَةِ.	②	أَصْدِقَائِي دُعُوا إِلَى الْحَفْلَةِ.
	내 친구들은 그 파티에 초대되었다.		

①	مُدَرِّسَتِي مَفْهُومٌ شَرْحُهَا.	②	مُدَرِّسَتِي يُفْهَمُ شَرْحُهَا.
	나의 여자 선생님의 설명은 이해가 된다.		

①	هُوَ الْمَحْبُوبُ صَوْتُهُ.	②	هُوَ الَّذِي يُحَبُّ صَوْتُهُ.
	그는 그의 목소리가 사랑을 받는 사람이다. (He is the one whose voice is loved.)		

①	هَذَا النَّصُّ مَشْرُوحٌ كَلَامُهُ.	②	هَذَا النَّصُّ شُرِحَ كَلَامُهُ.
	이 본문의 말은 설명되어진다.		

4) 목적어 (الْمَفْعُولُ بِهِ)

①	يُحِبُّ النَّاسُ الْمُحْتَرَمَ.	②	يُحِبُّ النَّاسُ مَنِ احْتُرِمَ/ يُحْتَرَمُ.
	사람들은 존경받는 사람을 좋아한다.		

①	لَا أَشْتَرِي الْمُسْتَعْمَلَ مِنْ أَيِّ شَيْءٍ.	②	لَا أَشْتَرِي مَا اسْتُعْمِلَ مِنْ أَيِّ شَيْءٍ.*
	나는 어떤 것도 중고를 사지 않는다.		

①	سَجَنَ الْقَاضِي الْمُدَانَ.	②	سَجَنَ الْقَاضِي مَنْ أُدِينَ.
	그 판사는 유죄로 정되된 그 사람을 감옥에 가두었다.		

→위의 두번째 문장은 선행명사가 감추어져있는 사물이다. 때문에 관계대명사 مَا 가 사용되었다.

5) 소유격 명사 (الاسْمُ الْمَجْرُورُ)

①	يَجِبُ عَلَى الْمَسْؤُولِ أَنْ يُجِيبَ بِسُرْعَةٍ.	②	يَجِبُ عَلَى مَنْ سُئِلَ أَنْ يُجِيبَ بِسُرْعَةٍ.
	질문을 받은 사람은 빨리 대답을 해야 한다.		

①	سَلَّمَ الْمُدِيرُ عَلَى الْمَقْبُولِينَ فِي الْعَمَلِ الْجَدِيدِ.	②	سَلَّمَ الْمُدِيرُ عَلَى مَنْ قُبِلُوا فِي الْعَمَلِ الْجَدِيدِ.
	그 사장은 새로운 일에 받아들여진(채용된) 그 사람들과 인사를 나누었다.		

①	كَانَتِ الْحُرِّيَّةُ مِنَ الْمَنْسِيَّاتِ فِي الْمُجْتَمَعِ الْمِصْرِيِّ.
②	كَانَتِ الْحُرِّيَّةُ مِنْ مَا نُسِيَ فِي الْمُجْتَمَعِ الْمِصْرِيِّ.*
	자유는 이집트 사회의 잊혀진 것들 중의 하나였다.

→위의 마지막 문장은 선행명사가 감추어져있는 사물이다. 때문에 관계대명사 مَا 가 사용되었다.

6) 전연결어 (الْمُضَافُ)

①	مَعْرُوفُ التَّارِيخِ مَزُورٌ.	②	مَا عُرِفَ تَارِيخُهُ مَزُورٌ.*
	역사에 알려진 곳은 방문을 받는다. (다른 사람이 많이 방문한다)		

①	مَفْتُوحَةُ الْقَلْبِ إِنْسَانَةٌ رَقِيقَةٌ.	②	مَنْ فُتِحَ قَلْبُهَا إِنْسَانَةٌ رَقِيقَةٌ.
	마음이 열린 여자는 부드러운 사람이다.		

①	مَسْمُوعَةُ الصَّوْتِ الْجَمِيلِ مَحْبُوبَةٌ.	②	مَنْ سُمِعَ صَوْتُهَا الْجَمِيلُ مَحْبُوبَةٌ.
	좋은 목소리가 들려지는 여자는 사랑받는다.		

→위에서 후연결어로 사용된 낱말을 수동태 문장의 주어(نَائِبُ الْفَاعِلِ)로 바꾸기 위해 접미인칭대명사를 사용함.

7) 후연결어 (الْمُضَافُ إِلَيْهِ)

①	حُرِّيَّةُ الْمُقَيَّدِ مَفْقُودَةٌ.	②	حُرِّيَّةُ مَنْ قُيِّدَ مَفْقُودَةٌ.
	묶여진(결박된) 사람의 자유는 상실되었다.		
①	عَقْلُ الْمَوْعُودِ بِشَيْءٍ مَشْغُولٌ بِهِ.	②	عَقْلُ مَنْ وُعِدَ بِشَيْءٍ مَشْغُولٌ بِهِ.
	어떤 것에 대해 약속을 받은 사람의 마음은 그것에 정신이 팔린다.		
①	حَيَاةُ الْمَسْرُورِ نَاجِحَةٌ.	②	حَيَاةُ مَنْ سُرَّ نَاجِحَةٌ.
	기뻐하는 자의 삶은 성공적이다.		

8) 수식어 (النَّعْتُ)

①	اشْتَرَيْتُ بَيْتًا مَبْنِيًّا مُؤَخَّرًا.	②	اشْتَرَيْتُ بَيْتًا بُنِيَ مُؤَخَّرًا.
	나는 최근에 지어진 한 집을 샀다.		
①	تُعْجِبُنِي الْمَرْأَةُ الْمُثَقَّفَةُ.	②	تُعْجِبُنِي الْمَرْأَةُ الَّتِي ثُقِّفَتْ.
	(그) 교양있는(교육을 잘 받은) 여성은 내 마음에 든다.		
①	الْفِيلْمُ الْمُشَاهَدُ الْآنَ سَخِيفٌ.	②	الْفِيلْمُ الَّذِي يُشَاهَدُ الْآنَ سَخِيفٌ.
	지금 상영된 그 필름은 터무니없다.(ridiculous)		
①	الْمَقَالَةُ الْمَنْشُورَةُ فِي الْأَهْرَامِ صَحِيحَةٌ.	②	الْمَقَالَةُ الَّتِي نُشِرَتْ فِي الْأَهْرَامِ صَحِيحَةٌ.
	알아흐람지에 실린 그 논단은 사실이다.		
①	مَا أَسْمَاءُ الْكُتُبِ الْمَبْحُوثِ عَنْهَا؟	②	مَا أَسْمَاءُ الْكُتُبِ الَّتِي بُحِثَ عَنْهَا؟
	(사람들이) 찾고 있는 그 책들의 이름이 무엇이니?		

→ 마지막 문장은 수동분사 뒤에 전치사가 온 문장으로 '성수불변 수동분사'라 한다.

9) 상태목적어 (الْحَالُ)

①	اشْتَرَيْتُ الْكُوبَ مَكْسُورًا.	②	اشْتَرَيْتُ الْكُوبَ وَقَدْ كُسِرَ.
	나는 그 컵을 깨진 상태로 샀다. (컵을 샀을 때 그 컵이 깨진 상태)		
①	عُدْنَا مِنَ الْمَدْرَسَةِ مَضْرُوبِينَ.	②	عُدْنَا مِنَ الْمَدْرَسَةِ وَقَدْ ضُرِبْنَا.
	우리는 두들겨 맞은 상태로 그 학교에서 돌아왔다.		
①	وَجَدْتُ صَدِيقِي مُلْقًى عَلَى الْأَرْضِ.	②	وَجَدْتُ صَدِيقِي وَقَدْ أُلْقِيَ عَلَى الْأَرْضِ.
	나는 땅바닥에 던져져(쓰러져) 있는 상태인 내 친구를 발견했다.		
①	نَامَتْ أَمْسِ مَشْغُولَةً بِالِامْتِحَانَاتِ.	②	نَامَتْ أَمْسِ تُشْغَلُ بِالِامْتِحَانَاتِ.
	그녀는 어제 시험으로 인해 고민하며 잠을 잤다. (잠을 잘 때 고민을 함)		

→ 첫 세 문장에서 사용된 상태목적어는 주절의 동작이 일어났을 때 상태절의 동작이 이미 일어난 상태의 상태문이고, 마지막 네번째 문장의 상태목적어는 주절의 동작이 일어날 때 상태절의 동작도 동시적으로 일어나는 상태를 묘사하였다.

제22과 수동분사

10) 관계적 수식어 (النَّعْتُ السَّبَبِيُّ)

관계적 수식어 문장은 아래와 같이 수동태 동사가 사용된 수식절(جُمْلَةُ النَّعْتِ)문장으로 전환할 수 있다.

①	هَذَا شَارِعٌ مُلَوَّنَةٌ بُيُوتُهُ.	②	هَذَا شَارِعٌ لُوِّنَتْ بُيُوتُهُ.
	이것은 그 집들이 색칠되어 있는 거리이다.		
①	زُرْنَا بِلَادًا مَعْرُوفًا تَارِيخُهَا.	②	زُرْنَا بِلَادًا يُعْرَفُ تَارِيخُهَا.
	우리는 역사가 알려진 나라들을 방문했다.		
①	هَذَا كَاتِبٌ مَبِيعَةٌ قِصَصُهُ كَثِيرًا.	②	هَذَا كَاتِبٌ بِيعَتْ قِصَصُهُ كَثِيرًا.
	이분은 그의 소설책들이 많이 팔린 작가이다.		

9. 수동분사(اسْمُ الْمَفْعُولِ) 예문들

앞에서 수동분사의 여러 단어들의 예를 공부했다. 우리는 단어들의 형태를 익힐 뿐만 아니라 그 단어들이 문장에서 어떻게 사용되며 어떤 의미로 사용되는지를 공부해야 한다. 이론적으로 모든 동사의 수동분사 형태를 만들 수 있지만 실생활에서 그것들이 모두 사용되는 것은 아니다. 아래 예들은 대부분이 실생활에서 사용되는 문장들이다.

수동분사가 술어로 사용될 경우 그 시제가 현재로 해석되는 경우도 있고 과거로 해석되는 경우도 있다. 시제가 과거로 해석되는 경우 과거에 일어난 일에 대한 상태가 현재까지 미치는 경우라고 하겠다. 수동분사의 의미와 함께 수동분사와 함께 사용된 전치사에 대해서도 유념하면서 공부하자.

1) 3 자음 원형동사(الْفِعْلُ الْمُجَرَّدُ الثُّلَاثِيُّ)의 수동분사

(1) 강동사

① 정상동사(الْفِعْلُ السَّالِمُ)

هَذَا الدَّرْسُ مَكْتُوبٌ فِي كُرَّاسَتِي.	이 단원은 나의 공책에 기록되어 있다.
هَذِهِ الْأُغْنِيَةُ مَعْرُوفَةٌ جِدًّا.	이 노래는 많이 알려져있다.
أَلْقَى الرَّئِيسُ بَيَانًا بِالتِّلْفَازِ لِيَكُونَ مَعْلُومًا عِنْدَ الْجَمِيعِ.	대통령은 모든 사람에게 알려지도록 하기 위해 텔레비전으로 한 성명을 발표했다.
الدَّرْسُ مَفْهُومٌ عِنْدَ الْمُجْتَهِدِينَ.	수업은 노력하는 사람들에게 이해된다.
رَجَعْتُ إِلَى الْبَيْتِ وَوَجَدْتُ شَايِي مَشْرُوبًا.	내가 집에 돌아와서 나의 홍차가 마셔진 것을 발견했다.
صَارَ الْبَابُ مَفْتُوحًا بِفِعْلِ الْهَوَاءِ.	그 문은 바람의 작용에 의해 열려지게 되었다.
الْمَنْهَجُ الْمَدْرُوسُ يُفِيدُ الطُّلَّابَ.	연구되어진 커리큘럼은 학생들에게 유익하다. (학생들을 유익하게 한다.)
الْكِتَابُ الْمُقَدَّسُ الْمَسْمُوعُ مُفِيدٌ.	들려지는 성경은 유익하다.
الْقَاتِلُ مَحْكُومٌ عَلَيْهِ بِالْإِعْدَامِ.	그 살인자는 사형이 선고되었다. (성수불변 수동분사 문장)
هَذَا الطَّعَامُ مَعْمُولٌ بِأَيْدٍ لُبْنَانِيَّةٍ.	이 음식은 한 레바논 여자의 손으로 만들어졌다.
الْأَجْهِزَةُ[1] الْمُتَطَوِّرَةُ مَصْنُوعَةٌ فِي كُورِيَا.	(그) 발달된 전자제품들은 한국에서 생산되었다.
الْبَيْتُ مَسْكُونٌ بِالْأَشْبَاحِ.	그 집에 귀신이 살고 있다. (شَبَحٌ/أَشْبَاحٌ)
السِّحْرُ مَذْكُورٌ فِي الْقُرْآنِ.	주술은 꾸란에 언급되어 있다.
السُّحُبُ مَنْظُورَةٌ فِي السَّمَاءِ.	구름들이 하늘에 나타났다. (سَحَابَةٌ/سُحُبٌ)
الْأَسْمَاكُ مَحْفُوظَةٌ فِي الثَّلَّاجَةِ.	그 생선들은 냉장고에 보관되어 있다.
الدَّرْسُ مَحْفُوظٌ فِي ذِهْنِ الطَّالِبِ.	그 단원은 학생의 머리에 암기되어 있다.

---

[1] جِهَازٌ/أَجْهِزَةٌ 장비, 설비, 제품

제 22 과 수동분사

정치인들의 거짓말은 모든 사람에게 폭로된다.	كَذِبُ السِّيَاسِيِّينَ مَكْشُوفٌ عِنْدَ الْجَمِيعِ.
모호한 사람의 비밀들은 그의 마음에 감추어져있다.	أَسْرَارُ الْغَامِضِ مَكْتُومَةٌ فِي قَلْبِهِ.
사고 소식은 신문들에 보도된다.	أَخْبَارُ الْحَادِثَةِ مَنْشُورَةٌ فِي الْجَرَائِدِ.
불순종하는 아이는 그의 아버지로 부터 매를 맞는다.	الطِّفْلُ الْعَاصِي مَضْرُوبٌ مِنْ أَبِيهِ.
그 월급은 그 직원에게 지불되었다.	الرَّاتِبُ الشَّهْرِيُّ مَدْفُوعٌ لِلْمُوَظَّفِ.
그 씨감자는 둘로 나누어졌다.	حَبَّةُ الْبَطَاطِس مَقْسُومَةٌ لِنِصْفَيْنِ.
내 아들은 5일동안 실종되었다.	ابْنِي مَفْقُودٌ مُنْذُ خَمْسَةِ أَيَّامٍ.
높은 점수들은 노력하는 자들에게 주어진다. (성수불변 수동분사 문장)	الدَّرَجَاتُ الْعَالِيَةُ مَحْصُولٌ عَلَيْهَا مِنَ الْمُجْتَهِدِينَ.
죄를 저지른 이후 나는 투옥되었다.	صِرْتُ مَسْجُونًا بَعْدَ ارْتِكَابِ الْجَرِيمَةِ.
그 로프줄들이 풀기 어렵게 매여져있다.	الْحِبَالُ[1] مَعْقُودَةٌ بِشَكْلٍ يَصْعُبُ فَكُّهُ.
그 위원회가 아침 6시에 열린다. (열렸다.)	اللَّجْنَةُ مَعْقُودَةٌ فِي السَّادِسَةِ صَبَاحًا.
그 영화는 상영이 금지되어 있다.	الْفِيلْمُ مَمْنُوعٌ مِنَ الْعَرْضِ.
이 행동으로 부터 의미되는 바가 무엇이냐?	مَا الْمَقْصُودُ مِنْ هَذَا الْعَمَلِ؟
이 모바일 전화는 아주 좋다.	هَذَا التِّلِيفُونُ الْمَحْمُولُ جَيِّدٌ جِدًّا.

② 함자동사 (الْفِعْلُ الْمَهْمُوزُ)

이 음식은 사람들에게 먹혀진다.(먹혀졌다.)	هَذَا الطَّعَامُ مَأْكُولٌ مِنَ النَّاسِ.
(그) 이야기는 현실에서 채택된다.(채택되었다.)	الْقِصَّةُ مَأْخُوذَةٌ مِنَ الْوَاقِعِ.
군인은 적들을 죽이라고 명령을 받는다.	الْجُنْدِيُّ مَأْمُورٌ بِقَتْلِ الْأَعْدَاءِ.
내 아버지의 건강 상태가 유감스럽다. (아주 좋지 않아서) (성수불변 수동분사 문장)	حَالَةُ أَبِي الصِّحِّيَّةُ مَأْسُوفٌ عَلَيْهَا.
작은 아이는 그의 부모에게 책임이있다.	الطِّفْلُ الصَّغِيرُ مَسْؤُولٌ مِنْ وَالِدَيْهِ.
부모는 그들의 아이를 책임진다.	الْوَالِدَانِ مَسْؤُولَانِ عَنْ طِفْلِهِمَا.
이 신문은 읽혀진다.(구독이 많다는 말)	هَذِهِ الْجَرِيدَةُ مَقْرُوءَةٌ.
그 언어 수업들이 한 달 전부터 시작되었나.	دُرُوسُ اللُّغَةِ مَبْدُوءَةٌ مُنْذُ شَهْرٍ.

[1] 로프(rope) حَبْلٌ / حِبَالٌ أَوْ أَحْبَالٌ

③ 중복자음 동사 (اَلْفِعْلُ الْمُضَعَّفُ)

그는 축구에 미쳐있다. (유사형용사의 의미로 사용되었다.)	هُوَ مَجْنُونٌ بِكُرَةِ الْقَدَمِ.
(그) 돈들은 (그) 기계들에 의해 세어진다.(세어졌다.)	الْأَمْوَالُ مَعْدُودَةٌ بِالْمَاكِينَاتِ.
그 밧줄은 그 끝까지 당겨진다. (당겨져있다.)	الْحَبْلُ مَشْدُودٌ حَتَّى نِهَايَةِ طَرَفِهِ.
그 트럭이 주차장으로 끌려간다.	الشَّاحِنَةُ مَجْرُورَةٌ إِلَى الْمَرْآبِ.
그 전선이 콘센트까지 늘여졌다.	السِّلْكُ مَمْدُودٌ حَتَّى الْقَابِسِ.
그 길은 (그) 사고로 인해 막혀졌다.	الطَّرِيقُ مَسْدُودٌ بِسَبَبِ الْحَادِثَةِ.
허황된 거짓말들은 대답되어진다. (성수불변 수동분사 문장)	الْأَكَاذِيبُ[1] الْبَاطِلَةُ مَرْدُودٌ عَلَيْهَا.
그 소녀는 그 선물로 인해 기쁘다. (유사형용사의 의미로 사용되었다.)	الْبِنْتُ مَسْرُورَةٌ بِالْهَدِيَّةِ.

(2) 약동사 (اَلْفِعْلُ الْمُعْتَلُّ)

① 수약동사 (اَلْفِعْلُ الْمِثَالُ)

나는 지금 집에 있다.	أَنَا مَوْجُودٌ فِي الْبَيْتِ الْآنَ.
그 물은 농지들에 도착되었다.	الْمِيَاهُ مَوْصُولَةٌ إِلَى الْأَرَاضِي الزِّرَاعِيَّةِ.
내 아들은 그가 합격할 경우 자전거가(를 주기로) 약속되어 있다.	ابْنِي مَوْعُودٌ بِدَرَّاجَةٍ إِنْ نَجَحَ.
내 아들은 고운 목소리의 재능이 있다.	ابْنِي مَوْهُوبٌ بِصَوْتِهِ الْعَذْبِ.
나는 이집트에서 태어났다.	أَنَا مَوْلُودٌ بِمِصْرَ.
그 회사는 불량품으로 인해 그 활동을 멈추었다.	الشَّرِكَةُ مَوْقُوفَةٌ عَنْ نَشَاطِهَا بِسَبَبِ الْغِشِّ فِي مُنْتَجَاتِهَا.
그 음식은 그 테이블 위에 놓여져있다.	الطَّعَامُ مَوْضُوعٌ عَلَى الطَّاوِلَةِ.
경험을 소유한 사람은 신뢰를 받는다. (성수불변 수동분사 문장)	الشَّخْصُ ذُو الْخِبْرَةِ مَوْثُوقٌ بِهِ.
물려받은 문화는 (다음) 세대들을 위해 중요하다. (جِيلٌ / أَجْيَالٌ)	الثَّقَافَةُ الْمَوْرُوثَةُ مُهِمَّةٌ لِلْأَجْيَالِ.
그 나라의 개혁은 절망적인 사안이다. (성수불변 수동분사 문장)	إِصْلَاحُ الْبَلَدِ أَمْرٌ مَيْؤُوسٌ مِنْهُ.

② 간약동사 (اَلْفِعْلُ الْأَجْوَفُ)

이 진술은 이전부터 말해졌다.	هَذَا التَّصْرِيحُ مَقُولٌ مِنْ قَبْلُ.
(그) 관광객들은 피라미드를 방문하도록 인도된다.	السُّيَّاحُ[2] مَقُودُونَ لِزِيَارَةِ الْأَهْرَامِ.

---

[1] أُكْذُوبَةٌ / أَكَاذِيبُ 거짓말

[2] سَائِحٌ / سُيَّاحٌ 여행가, 관광객

제 22 과 수동분사

그 송아지는 도살을 위해 끌려가진다.	الْعِجْلُ مَسُوقٌ لِلذَّبْحِ.
(그) 도시(마을)는 거기에 사는 사람들에 의해 보존된다.	الْبَلْدَةُ مَصُونَةٌ مِنْ أَهْلِهَا.
(그) 성추행범은 사회로 부터 그가 한 것에 대해 비난을 받는다.	الْمُتَحَرِّشُ مَلُومٌ مِنَ الْمُجْتَمَعِ عَلَى مَا يَفْعَلُ.
하나님은 경건한 사람에게 경외스러운(fearful) 분이다. (성수불변 수동분사 문장)	الله مَخُوفٌ مِنْهُ عِنْدَ التَّقِيِّ.
판매된 상품은 반환되지 않는다. (رَدَّ / يَرُدُّ هـ إِلَى هـ - رَدٌّ)	الْبِضَاعَةُ الْمَبِيعَةُ لَا تُرَدُّ.
그 대통령 궁은 100년 전에 지어졌다.	قَصْرُ الرِّئَاسَةِ مَشِيدٌ مُنْذُ مِئَةِ سَنَةٍ.
무지는 우리 사회에서 수치스러운 것이다.	الْجَهْلُ مَعِيبٌ فِي مُجْتَمَعِنَا.
그는 일천 디르함을 빚졌다.	هُوَ مَدِينٌ بِأَلْفِ دِرْهَمٍ.
알라신은 신자들에게 위대한(majestic) 분이다.	الله مَهِيبٌ بَيْنَ الْمُؤْمِنِينَ.

③ 말약동사 (الْفِعْلُ النَّاقِصُ)

내 형(동생)은 그 결혼식에 초대되었다.	أَخِي مَدْعُوٌّ إِلَى حَفْلِ الزِّفَافِ.
내 아내는 요리에 소망이 없다. (성수불변 수동분사 문장)	زَوْجَتِي لَيْسَتْ مَرْجُوًّا مِنْهَا فِي الطَّهْوِ.
혁명 이후에 자유가 사람들에게 가까워졌다. (성수불변 수동분사 문장)	الْحُرِّيَّةُ مَدْنُوٌّ مِنْهَا بَعْدَ الثَّوْرَةِ.
하나님은 (사람들이) 불평을 호소하는 대상이다. (성수불변 수동분사 문장)	الله هُوَ الْمَشْكُوُّ إِلَيْهِ.
가난한 사람들은 세금들을 면제받는다. (두번째 문장이 성수불변 수동분사 문장이다.)	الْفُقَرَاءُ مَعْفُوُّونَ مِنَ الضَّرَائِبِ. = الْفُقَرَاءُ مَعْفُوٌّ عَنْهُمْ مِنَ الضَّرَائِبِ.
불쌍한 사람은 사람들로 부터 잊혀진다.	الْمِسْكِينُ مَنْسِيٌّ مِنَ النَّاسِ.
의로운 사람은 그의 주님으로 부터 만족된다. (그의 주님이 그를 기뻐한다는 의미) (성수불변 수동분사 문장)	الصَّالِحُ مَرْضِيٌّ عَنْهُ مِنْ رَبِّهِ.
집은 강한 기초 위에 지어진다.	الْبَيْتُ مَبْنِيٌّ بِأَسَاسٍ مَتِينٍ.
신자는 하나님의 길로 안내된다.(is guided)	الْمُؤْمِنُ مَهْدِيٌّ إِلَى طَرِيقِ الله.
그 돌은 그 공격자들(aggressor)을 향해 던져졌다.	الْحِجَارَةُ مَرْمِيَّةٌ تُجَاهَ الْمُعْتَدِينَ.
나라는 그 아들들(그 백성들)의 힘으로 지켜진다.	الْوَطَنُ مَحْمِيٌّ بِقُوَّةِ أَبْنَائِهِ.
오락을 하면서 보내진 시간동안 나는 즐거웠다.	سَعِدْتُ بِالْوَقْتِ الْمَقْضِيِّ فِي التَّسْلِيَةِ.
어리석은 아버지는 그의 아들들로부터 거역을 당한다.	الْأَبُ السَّخِيفُ مَعْصِيٌّ مِنْ أَبْنَائِهِ.
그 고인은 그의 가족으로부터 통곡되어진다.(사망자의 가족은 그 사망자로 인해 통곡한다.) (성수불변 수동분사 문장)	الْمَيْتُ مَبْكِيٌّ عَلَيْهِ مِنْ أُسْرَتِهِ.
흥미롭게 이야기 되는 (그) 이야기는 재미있다.	الْقِصَّةُ الْمَحْكِيَّةُ بِشَكْلٍ شَيِّقٍ مُسَلِّيَةٌ.

الإِصْلاَحِيُّونَ مَعْنِيُّونَ بِإِصْلاَحِ السِّيَاسَةِ.	개혁가들은 정치적 개혁에 관심을 가진다.

(2) 첨가동사(الفِعْلُ المَزِيدُ)의 수동분사

II형 مُفَعَّلٌ 패턴

هذَا الدَّوَاءُ مُرَكَّبٌ مِنْ عِدَّةِ عَنَاصِرَ[1].	이 약은 여러 요소들로 조제된 것이다.
المَنْهَجُ المُدَرَّسُ بِشَكْلٍ عِلْمِيٍّ يُفِيدُ الطُّلاَّبَ.	과학적으로 가르쳐지는 커리큘럼은 학생들을 유익하게 한다. (학생들에게 유익하다)
الزُّجَاجُ المُكَسَّرُ يُصِيبُ الأَقْدَامَ.	잘게 부서진 유리는 발들을 상하게 한다.
يَأْكُلُ الأَطْفَالُ اللَّحْمَ المُقَطَّعَ.	그 아이들은 조각난 고기를 먹고 있다.
أُحِبُّ القِصَصَ[2] المُجَمَّعَةَ فِي كِتَابٍ وَاحِدٍ.	나는 한 책에 모아진 그 이야기들을 좋아한다.
حَفِيدُهُ مُسَمًّى عَلَى اسْمِهِ.	그의 손자는 그의 이름으로 불리어진다.(할아버지와 손자의 이름이 같은 경우)
وَاحَةُ سِيوَةَ مُخَيَّمٌ فِيهَا كَثِيرًا.	시와 오아시스(이집트의 지명)는 많이 야영을 하는 곳이다. (성수불변 수동분사 문장)
مَا أَحْلَى الحَفَلاَتِ المُنَظَّمَةَ!	잘 조직된 파티들이 얼마나 훌륭한지!
لاَ أَقْرَأُ مَوَاضِيعَ[3] عَامَّةً بَلْ مُحَدَّدَةً.	나는 일반적인 주제들에 대해 독서하지 않고 한정된 주제들에 대해 독서한다.
المَنَاهِجُ[4] المُقَرَّرَةُ تَحْتَاجُ لِتَطْوِيرٍ.	그 결정된 커리큘럼들은 개발이 필요하다.
المُوَظَّفُ المُعَيَّنُ حَدِيثًا مُجْتَهِدٌ.	최근에 임명된 그 직원은 부지런하다.
قَانُونُ مَنْعِ تَعَدُّدِ الزَّوْجَاتِ مُطَبَّقٌ فِي أُورُوبَّا.	일부다처제를 금하는 그 법이 유럽에서 적용되었다.
هذَا الطَّلَبُ مُقَدَّمٌ مِنَ المُوَظَّفِ الجَدِيدِ.	이 요구는 그 새로운 직원으로 부터 제출되었다.
هذَا المُوَظَّفُ مُكَرَّمٌ مِنْ مُدِيرِهِ.	이 직원은 그의 사장으로 부터 공로를 인정받는다.
أَلْقَى الرَّئِيسُ المُرَشَّحُ خِطَابًا.	그 대통령 출마자가 연설을 했다.
الطُّلاَّبُ المُزْعِجُونَ مُخْرَجُونَ مِنَ الفَصْلِ.	말썽을 일으키는 학생들은 교실에서 쫓겨난다.
أَصْبَحَ دَيْنِي مُسَدَّدًا بَعْدَمَا دَفَعَهُ أَخِي.	내 형이 나의 빚을 지불한 뒤에 내 빚은 갚아졌다.
هذِهِ السَّيَّارَةُ مُكَوَّنَةٌ مِنْ عِدَّةِ أَجْزَاءٍ.	이 자동차는 여러 부분으로 구성되어 있다.

---

[1] عُنْصُرٌ / عَنَاصِرُ 분자, 성분, 요소
[2] قِصَّةٌ / قِصَصٌ 이야기 ; 소설
[3] مَوْضُوعٌ / ـَاتٌ أَو مَوَاضِيعُ 주제, 제목 مَوْضِعٌ / مَوَاضِعُ 장소, 곳
[4] مَنْهَجٌ / مَنَاهِجُ 프로그램, 교과과정, 커리큘럼

III형 مُفَاعَل 패턴

그 영화가 저녁에 상영된다.	الْفِيلْمُ مُشَاهَدٌ فِي الْمَسَاءِ.
계속해서 요구되는 권리는 잃지 않는다. (성수불변 수동분사 문장)	الْحَقُّ الْمُطَالَبُ بِهِ بِاسْتِمْرَارٍ لَا يَضِيعُ.
부패한 사람은 모든 장소에서 싸워진다. (우리는 모든 장소에서 부패한 사람과 싸운다.)	الْفَاسِدُ مُقَاتَلٌ فِي كُلِّ مَكَانٍ.
진실한 사람은 잘 대우를 받는다.	الصَّادِقُ مُعَامَلٌ بِطَرِيقَةٍ جَيِّدَةٍ.

IV형 مُفْعَل 패턴

이 편지는 외국에서 나에게 보내어졌다.	هَذَا الْخِطَابُ مُرْسَلٌ إِلَيَّ مِنَ الْخَارِجِ.
자애로운 아버지는 그의 자녀들로부터 공경을 받는다.	الْأَبُ الْحَنُونُ مُكْرَمٌ مِنْ أَبْنَائِهِ.
정말로 나는 내 친구의 여동생이 마음에 든다.	إِنِّي مُعْجَبٌ بِأُخْتِ صَدِيقِي.
나는 메시의 팬이다.(바르셀로나 팀의 축구 선수)	أَنَا مُعْجَبٌ بِمِيسِّي.
나는 반복해서 방영되는 영화를 싫어한다.	أَكْرَهُ الْأَفْلَامَ الْمُعَادَةَ.
그 법원은 그 혐의자를 죄가 있다고 보았다.	رَأَتِ الْمَحْكَمَةُ الْمُتَّهَمَ مُدَانًا.
민주주의가 보편화 되면 진리가 나타나게 된다.	يُصْبِحُ الْحَقُّ مُظْهَرًا إِنْ عَمَّتِ¹ الدِّيمُقْرَاطِيَّةُ.
그리스도는 죽음에서 부활하셨다.	الْمَسِيحُ مُقَامٌ مِنَ الْأَمْوَاتِ.
그 남자는 암에 걸렸다.	الرَّجُلُ مُصَابٌ بِالسَّرَطَانِ.
그 단원의 이 부분이 생략되었다.	هَذَا الْجُزْءُ مِنَ الدَّرْسِ مُلْغًى.
진정한 선은 하나님으로 부터 주어진다.	الْخَيْرُ الْحَقِيقِيُّ مُعْطًى مِنَ اللهِ.

VIII형 مُفْتَعَل 패턴

그 모임(session)은 회의록에 서명함으로 종료되었다.	الْجَلْسَةُ مُخْتَتَمَةٌ بِتَوْقِيعِ الْمَحْضَرِ.
이 사람이 그 선출된 대통령이다.	هَذَا هُوَ الرَّئِيسُ الْمُنْتَخَبُ.
위험한 물질들은 보건부에서 검사가 된다.	الْمَوَادُّ² الْخَطِرَةُ مُخْتَبَرَةٌ فِي وِزَارَةِ الصِّحَّةِ.
새로운 헌법에 대해서 사람들의 의견이 다르다. (성수불변 수동분사 문장)	الدُّسْتُورُ الْجَدِيدُ مُخْتَلَفٌ عَلَيْهِ.
종교적인 의견에 대해 사람들의 생각이 다르다. (성수불변 수동분사 문장)	هُنَاكَ آرَاءٌ دِينِيَّةٌ مُخْتَلَفٌ فِيهَا.
내 친구는 가장 총명한 학생중의 한명으로 여겨진다.	صَدِيقِي مُعْتَبَرٌ مِنْ أَذْكَى الطُّلَّابِ.

---

¹ عَمَّ / يَعُمُّ – عُمُومٌ 일반화되다, 보편화되다, 널리퍼지다, 만연하다

² مَادَّةٌ / مَوَادُّ 물질, 재료 ; 조항, 조(법령, 조약 등)

내년은 기다리는 월드컵 축구의 해이다.	الْعَامُ الْقَادِمُ هُوَ عَامُ كَأْسِ الْعَالَمِ الْمُنْتَظَرِ.	
여러 나라들 사이에 연합한 정치적인 동의들이 있다.	هُنَاكَ اتِّفَاقِيَّاتٌ سِيَاسِيَّةٌ مُشْتَرَكَةٌ بَيْنَ الدُّوَلِ.	
자애로운 아버지는 그의 자녀들로 부터 존경을 받는다.	الْأَبُ الْحَنُونُ مُحْتَرَمٌ بَيْنَ أَبْنَائِهِ.	
부지런한 직원은 그 회사에서 신뢰를 받는다. (성수불변 수동분사 문장)	الْمُوَظَّفُ الْمُجْتَهِدُ مُعْتَمَدٌ عَلَيْهِ فِي الشَّرِكَةِ.	
새롭게 졸업한 변호사들은 협회로 부터 비준된다.	الْمُحَامُونَ الْمُتَخَرِّجُونَ حَدِيثًا مُعْتَمَدُونَ مِنَ النِّقَابَةِ.	
가장 좋은 말은 요약되고 유익한 말이다.(아랍 속담)	خَيْرُ الْكَلَامِ الْمُخْتَصَرُ الْمُفِيدُ.	
어제 문을 연 공장에서 불이 났다.	شَبَّ حَرِيقٌ بِالْمَصْنَعِ الْمُفْتَتَحِ الْبَارِحَةَ.	
그 장관의 아들이 이틀동안 납치되었다.	ابْنُ الْوَزِيرِ مُخْتَطَفٌ مُنْذُ يَوْمَيْنِ.	
내 아버지는 그가 정치에 종사함으로 인해 체포되었다.	أَبِي مُعْتَقَلٌ بِسَبَبِ اشْتِغَالِهِ بِالسِّيَاسَةِ.	
그 공장의 경비원은 그 회사의 주인(owner)을 살해했다고 기소되었다.	حَارِسُ الْمَصْنَعِ مُتَّهَمٌ بِقَتْلِ صَاحِبِ الشَّرِكَةِ.	
그 수령된 상품들은 그 비용이 모두 지불되었다.	الْبِضَاعَةُ الْمُسْتَلَمَةُ خَالِصَةُ الثَّمَنِ.	
그 암살된 대통령은 그의 나라를 사랑하였다.	الرَّئِيسُ الْمُغْتَالُ كَانَ يُحِبُّ بَلَدَهُ.	

X형 مُسْتَفْعَلٌ 패턴

지혜로운 사람은 모든 면에서 조언을 받는다.	الْحَكِيمُ مُسْتَشَارٌ فِي كُلِّ شَيْءٍ.	
시험을 치기 전에 공부를 하는 것이 낫다.	مِنَ الْمُسْتَحْسَنِ الْمُذَاكَرَةُ قَبْلَ الِامْتِحَانِ.	
수술에 사용된 도구들의 소독이 실시된다.	يَتِمُّ تَعْقِيمُ الْأَدَوَاتِ الْمُسْتَعْمَلَةِ فِي الْجِرَاحَةِ.	
역사책을 읽는 것은 유익되다. (성수불변 수동분사 문장)	قِرَاءَةُ التَّارِيخِ مُسْتَفَادٌ مِنْهَا.	
약품들은 선한 방법으로 혹은 악한 방법으로 사용된다. (عَقَّارٌ/ عَقَاقِيرُ)	الْعَقَاقِيرُ مُسْتَخْدَمَةٌ بِطَرِيقَةٍ جَيِّدَةٍ أَوْ سَيِّئَةٍ.	
진정한 노예는 그의 습관에 노예화된 사람이다.	الْعَبْدُ الْحَقِيقِيُّ هُوَ الْمُسْتَعْبَدُ بِعَادَاتِهِ.	
이 사람이 경찰서에서 찾고 있는 그 피의자이다. (성수불변 수동분사 문장)	هَذَا هُوَ الْمُتَّهَمُ الْمُسْتَعْلَمُ عَنْهُ فِي قِسْمِ الشُّرْطَةِ.	
그 도둑맞은 것들이 그 강도로부터 돌아왔다.	الْمَسْرُوقَاتُ مُسْتَرْجَعَةٌ مِنَ اللِّصِّ.	
이 질문은 그 학생들로 부터 해설(설명)이 요청된 것이다. (성수불변 수동분사 문장)	هَذَا السُّؤَالُ مُسْتَفْسَرٌ عَنْهُ مِنَ الطُّلَّابِ.	
광물들은 땅속으로부터 채취된다. (مَعْدِنٌ/ مَعَادِنُ)	الْمَعَادِنُ مُسْتَخْرَجَةٌ مِنْ بَاطِنِ الْأَرْضِ.	
그 소환된 사람이 법정에 서기 위해 왔다. (مَثَلَ/ يَمْثُلُ أَمَامَ الْمَحْكَمَةِ 법정에 서다)	جَاءَ الْمُسْتَدْعَى لِيَمْثُلَ أَمَامَ الْمَحْكَمَةِ.	

제22 과 수동분사

3) 4 자음 동사의 수동분사

이 책은 그 원래의 언어에서 번역된 책이다.	هَذَا الْكِتَابُ مُتَرْجَمٌ مِنْ لُغَتِهِ الْأَصْلِيَّةِ.
그 제자들은 예수님의 무덤의 그 돌이 굴려진 것을 발견했다.	وَجَدَ التَّلَامِيذُ حَجَرَ قَبْرِ يَسُوعَ مُدَحْرَجًا.

** 첨가동사의 수동분사 가운데 약자음 혹은 중복자음이 있는 경우들

① 중복자음 동사 (الْفِعْلُ الْمُضَعَّفُ)

그 음식은 잘 준비되었다.	الطَّعَامُ مُعَدٌّ جَيِّدًا.
이 사람은 우리 팀에 합류한 새로운 선수이다.	هَذَا لَاعِبٌ جَدِيدٌ مُنْضَمٌّ إِلَى فَرِيقِنَا.
많은 나라들이 지배를 받고 있다.	كَثِيرٌ مِنَ الْبِلَادِ مُحْتَلَّةٌ.
가난한 사람을 돕는 것은 바람직한 것이다. (is a loved thing)	مُسَاعَدَةُ الْفُقَرَاءِ أَمْرٌ مُسْتَحَبٌّ.

② 간약동사 (الْفِعْلُ الْأَجْوَفُ)

그 회사는 잘 운영된다.	الشَّرِكَةُ مُدَارَةٌ بِشَكْلٍ مُمْتَازٍ.
그 소녀는 그녀의 아버지 보다 그녀의 어머니에게 편향되어 있다.	الْبِنْتُ مُنْحَازَةٌ إِلَى أُمِّهَا أَكْثَرَ مِنْ أَبِيهَا.
우리는 어려운 삶에 익숙해진다.	نَحْنُ مُعْتَادُونَ عَلَى الْحَيَاةِ الصَّعْبَةِ.
여행자의 기도는 응답되어 진다.	دُعَاءُ الْمُسَافِرِ مُسْتَجَابٌ.

③ 말약동사 (الْفِعْلُ النَّاقِصُ)

믿음은 선을 행함으로 강화되어진다.	الْإِيمَانُ مُقَوًّى بِعَمَلِ الْخَيْرِ.
접수자가 창문에서 불리어진다.	الْمُتَقَدِّمُ لِلتَّأْشِيرَةِ مُنَادًى عَلَيْهِ فِي الشُّبَّاكِ.
그 우등생(우수한 학생)은 상을 받았다. (능동태 문장0에 두 개의 목적어가 있었던 문장)	الْمُتَفَوِّقَةُ مُعْطَاةٌ جَائِزَةً.
많은 돈을 받는 것은 모든 사람으로부터 기대되어지는 것이다.	الْحُصُولُ عَلَى أَمْوَالٍ كَثِيرَةٍ شَيْءٌ مُتَمَنًّى مِنْ كُلِّ النَّاسِ.
그 약은 매일 세 번 복용된다.	الدَّوَاءُ مُتَعَاطًى ثَلَاثَ مَرَّاتٍ كُلَّ يَوْمٍ.
ㄱ 클럽은 (사람들에 의해) 가입되어진다. (사람들이 그 클럽에 가입한다.)	النَّادِي مُنْضَوًى إِلَيْهِ.
값비싼 것은 두바이에서 구입되어진다.	الْأَشْيَاءُ الثَّمِينَةُ مُشْتَرَاةٌ مِنْ دُبَيْ.
다섯 살 이하의 아동들은 돈을 지불하는 것에 예외이다.	الْأَطْفَالُ تَحْتَ سِنِّ الْخَامِسَةِ مُسْتَثْنَوْنَ مِنَ الدَّفْعِ.

사우디 아라비아의 한 모스크

제 23 과 시간 명사 & 장소 명사, 도구 명사, 작아짐 명사

1. 시간 명사(اسْمُ الزَّمَانِ)와 장소 명사(اسْمُ الْمَكَانِ)
2. 도구명사(اسْمُ الآلَةِ)
3. 작아짐 명사(اسْمُ التَّصْغِيرِ)

심화학습 – 아랍어 명사의 용법 정리

제 23 과 시간 명사 & 장소 명사, 도구 명사, 작아짐 명사

이번 과에서 공부하는 시간명사, 장소명사, 도구명사, 작아짐 명사 모두는 어근에서 파생되어 어근과 의미의 연관성을 가지는 파생명사(الْاِسْمُ الْمُشْتَقُّ)이다. 각각의 단어들이 어떤 패턴을 취하는지와 그 의미의 연관성이 어떠한지를 공부하도록 하자.

1. 시간 명사 (اسْمُ الزَّمَانِ)와 장소 명사 (اسْمُ الْمَكَانِ)

1) 시간명사와 장소명사의 의미

시간 명사와 장소 명사는 동사의 동작이 일어나는 시간과 장소를 나타내는 파생명사(اسْمٌ مُشْتَقٌّ)이다. 아래의 문장을 보자. مَذْهَبٌ 와 مَلْعَبٌ 이 ① 문장에서는 시간을 가리키는 의미로 사용되었고, ② 문장에서는 장소를 가리키는 의미로 사용되었다. 이와같이 مَفْعَلٌ 이나 مَفْعِلٌ 패턴의 단어가 시간이나 장소의 의미를 나타낼 때 이를 각각 시간명사(اسْمُ الزَّمَانِ)와 장소명사(اسْمُ الْمَكَانِ)라 한다.

①	아침은 싸미르가 가는 시간이다. (시간명사로 사용된 경우)	الصَّبَاحُ مَذْهَبُ سَمِيرٍ. (= وَقْتُ ذَهَابٍ)
②	카이로는 싸미르가 가는 곳이다. (장소명사로 사용된 경우)	الْقَاهِرَةُ مَذْهَبُ سَمِيرٍ. (= مَكَانُ ذَهَابٍ)

①		السَّاعَةُ الْعَاشِرَةُ صَبَاحًا مَلْعَبُ الْأَطْفَالِ. (= وَقْتُ لَعِبٍ)
	아침 10시는 그 아이들이 노는 시간이다. (시간명사로 사용된 경우)	
②	그 공원은 그 아이들의 노는 장소이다. (장소명사로 사용된 경우)	الْحَدِيقَةُ مَلْعَبُ الْأَطْفَالِ. (= مَكَانُ لَعِبٍ)

①	나는 해가뜨는 시간에 나의 직장으로 간다. (시간명사로 사용) (부사로 사용되어 목적격)	أَذْهَبُ إِلَى عَمَلِي مَشْرِقَ الشَّمْسِ. (=وَقْتَ الشُّرُوقِ)
②	나는 해가 뜨는 곳(실제로는 아라비아 반도의 동쪽 나라들)으로 여행을 갔다.(장소명사로 사용된 경우)	سَافَرْتُ إِلَى الْمَشْرِقِ. (= مَكَانُ الشُّرُوقِ)

→ 위의 예들은 시간명사와 장소명사의 용법을 설명한 것이다. 실제 사용에 있어서는 장소명사로 많이 사용된다.

**보통명사로 사용되는 시간명사와 장소명사

위의 예문에 사용된 مَشْرِقٌ ,مَلْعَبٌ ,مَذْهَبٌ 는 원래 시간명사와 장소명사이다. 그런데 이 단어들이 실제 사용될 때에는 다음의 보통명사로 더 많이 사용된다. 보통명사로 사용된 مَذْهَبٌ 의 의미는 '학파', '종파' 등이고, مَلْعَبٌ 은 '경기장'의 의미이며, مَشْرِقٌ 은 '동쪽', '동방'의 의미이다. 이렇듯 시간명사와 장소명사는 그 사용횟수가 많아짐에 따라 보통명사로 사용되는 경우들이 많다.

이집트에서 순니파는 쉬아파 보다 더 유명하다. (학파, 종파(school)의 의미)	الْمَذْهَبُ السُّنِّيُّ أَشْهَرُ مِنَ الشِّيعِيِّ فِي مِصْرَ.
우리 도시에 한 큰 경기장(놀이터)이 있다. (경기장(playground) 혹은 놀이터의 의미)	فِي مَدِينَتِنَا مَلْعَبٌ كَبِيرٌ.
'마슈리끄'는 아랍 반도의 동쪽에 있는 나라들이다. (아라비아 반도의 동쪽 나라들을 말한다.)	الْمَشْرِقُ هُوَ الْبِلَادُ فِي شَرْقِيِّ الْجَزِيرَةِ الْعَرَبِيَّةِ.

2) 시간명사와 장소명사의 형태

시간명사와 장소명사는 다른 파생명사와 같이 동사의 어근에서 파생된다. 아래는 시간명사와 장소명사를 동사의 종류별로 구분한 것이다. 대부분의 단어들에서 보통명사로 가장 많이 사용되며, 그 다음이 장소명사적인 의미로 사용된다. 시간명사적인 의미로 사용되는 경우는 많지 않다. (파란색으로 표기된 부분이 보통명사로 사용된 경우의 의미이며 실제 사용이 가장 많은 경우이다)

(1) 3자음 원형동사

동사 어근에서 파생되며 미완료 동사의 둘째 자음(ـ를 제외한 둘째 자음)에 파트하나 담마가 오면 مَفْعَل 의 패턴을 취하고, 미완료 동사의 둘째 자음에 카스라가 오면 مَفْعِل 의 패턴을 취한다.

a. مَفْعَل 패턴

동사		시간 혹은 장소 명사	
가다	ذَهَبَ / يَذْهَبُ إِلَى	가는 곳, 가는 시간 ; 학파, 신앙노선	مَذْهَبٌ
놀다	لَعِبَ / يَلْعَبُ مَعَ	노는 곳, 노는 시간 ; 운동장, 놀이터	مَلْعَبٌ
마시다	شَرِبَ / يَشْرَبُ ـهـ	마시는 곳, 마시는 시간	مَشْرَبٌ
만들다, 생산하다	صَنَعَ / يَصْنَعُ ـهـ	생산하는 곳, 생산하는 시간 ; 공장	مَصْنَعٌ
목격하다	شَهِدَ / يَشْهَدُ ه أَوْ ـهـ	목격하는 곳, 목격하는 시간 ; 광경	مَشْهَدٌ
기록하다	كَتَبَ / يَكْتُبُ ـهـ	쓰는 곳, 쓰는 시간 ; 사무실, 책상	مَكْتَبٌ
들어가다	دَخَلَ / يَدْخُلُ ـهـ	들어가는 곳, 들어가는 시간 ; 입구	مَدْخَلٌ
나가다	خَرَجَ / يَخْرُجُ (مِن)	나가는 곳, 나가는 시간 ; 출구	مَخْرَجٌ
요리하다	طَبَخَ / يَطْبُخُ ـهـ	요리하는 곳, 요리하는 시간 ; 부엌	مَطْبَخٌ
쳐다보다(to look at)	نَظَرَ / يَنْظُرُ إِلَى	보는 곳, 보는 시간 ; 광경	مَنْظَرٌ
안심하다, 안전하다	أَمِنَ / يَأْمَنُ - أَمْنٌ	안전한 곳, 안전지역, 안전한 시간	مَأْمَنٌ
..을 듣다	سَمِعَ / يَسْمَعُ ـهـ	듣는 곳, 듣는 시간	مَسْمَعٌ
나타나다 ; 떠오르다(태양 등)	طَلَعَ / يَطْلَعُ	나타나는 장소, 나타나는 시간 ; 시초, 초기	مَطْلَعٌ
앉다	قَعَدَ / يَقْعُدُ	앉는 장소, 앉는 시간 ; 걸상, 좌석	مَقْعَدٌ
자다 ; 눕다	رَقَدَ / يَرْقُدُ	누운 장소, 누운 시간 ; 잠자리, 침대 ; 무덤	مَرْقَدٌ
관찰하다, 관측하다	رَصَدَ / يَرْصُدُ ـهـ	관측하는 장소, 시간 ; 관측소, 천문대, 기상대	مَرْصَدٌ
침투하다, 관통하다	نَفَذَ / يَنْفُذُ ـهـ أَوْ إِلَى	침투, 관통하는 장소, 시간 ; 출구, 통로	مَنْفَذٌ

| ..에 피난처를 찾다, ..에 피난하다 | لَجَأَ/ يَلْجَأُ إِلَى | 피난하는 장소, 피난하는 시간 ; 피난처, 도피처 | مَلْجَأٌ |

** 예외

다음은 미완료 동사의 둘째 자음에 담마가 왔는데도 시간, 장소 명사는 مَفْعِل 패턴을 취한 예외적인 경우이다.

해가 솟다, 해가 뜨다	شَرَقَ/ يَشْرُقُ	해가 뜨는 곳, 해가 뜨는 시간	مَشْرِقٌ
해가 지다, 해가 떨어지다	غَرَبَ/ يَغْرُبُ	해가 지는 곳, 해가 지는 시간	مَغْرِبٌ
절하다	سَجَدَ/ يَسْجُدُ	절 하는 곳, 절 하는 시간 ; 모스크	مَسْجِدٌ

b. مَفْعِل 패턴

b-1 미완료 동사의 둘째 자음에 카스라가 오는 경우

동사		시간 혹은 장소 명사	
내려가다	نَزَلَ/ يَنْزِلُ (مِن)	내려가는 곳, 내려가는 시간 ; 집, 가정집	مَنْزِلٌ
돌아가다, 돌아오다	رَجَعَ/ يَرْجِعُ إِلَى	돌아가는 곳, 돌아가는 시간 ; 휴양지	مَرْجِعٌ
앉다	جَلَسَ/ يَجْلِسُ (عَلَى، إِلَى)	앉는 곳, 앉는 시간 ; 회의(council)	مَجْلِسٌ
때리다	ضَرَبَ/ يَضْرِبُ هـ	때리는 곳, 때리는 시간 ; 배트, 라켓	مَضْرِبٌ *
사열하다 ; 상연,공연하다 ; 전시하다	عَرَضَ/ يَعْرِضُ هـ - عَرْضٌ	상연하는 곳, 상영하는 시간 ; 전람회, 전시회	مَعْرِضٌ
내려가다 ; 떨어지다, 추락하다	هَبَطَ/ يَهْبِطُ أَوْ يَهْبُطُ	추락하는 곳, 추락하는 시간	مَهْبِطٌ

→ مَضْرِبٌ 은 보통명사로 사용될 때 مِضْرَبٌ 의 형태로 사용되기도 한다. 운동 기구의 '배트'나 '라켓'을 의미한다.

b-2 동사의 첫 자음이 약자음인 수약동사의 경우

약속하다	وَعَدَ/ يَعِدُ ه بـ هـ - وَعْدٌ	약속한 장소, 약속한 시간 ; 약속시간	مَوْعِدٌ
(위에서) 떨어지다 ; 넘어지다 ; (사건이) 일어나다 ; 배치,배열되다, 위치하다	وَقَعَ/ يَقَعُ - وُقُوعٌ، وَقْعٌ *	사건이 진행되는 장소, 진행되는 시간 ; 장소, 위치	مَوْقِعٌ
놓다 (to put)	وَضَعَ/ يَضَعُ هـ - وَضْعٌ	놓는 장소, 놓는 시간 ; 장소, 위치	مَوْضِعٌ
멎다, 서다 ; 일어서다	وَقَفَ/ يَقِفُ	서는 곳, 서는 시간 ; 정류장 ; 상태, 입장	مَوْقِفٌ
(아이를) 낳다	وَلَدَ/ يَلِدُ ه	낳는 곳, 낳는 시간 ; 고향, 태어난 시간	مَوْلِدٌ
이르다, 다다르다	وَرَدَ/ يَرِدُ هـ	다다르는 곳, 다다르는 시간 ; 원천(source)	مَوْرِدٌ

→ وَقَعَ 동사의 경우 원래의 미완료형 형태가 يَوْقِعُ 이었다고 볼 수 있다.

c. 중복자음 동사 (اَلْفِعْلُ الْمُضَعَّفُ)

두 번째 자음과 세 번째 자음이 같은 자음인 동사. (그래서 끝자음에 샫다가 붙음)

동사		시간 혹은 장소 명사	
지나가다, 통과하다	مَرَّ / يَمُرُّ بِـ أَوْ عَلَى	지나는 장소, 지나는 시간 ; 복도, 통로	مَمَرٌّ
머물다, 체류하다	حَلَّ / يَحُلُّ أَوْ يَحِلُّ عَلَى، فِي	머무는 곳, 머무는 시간 ; 장소, 자리, 지점 ; 가게	مَحَلٌّ
끌다, 당기다	شَدَّ / يَشُدُّ أَوْ يَشِدُّ هـ	끄는 곳, 끄는 시간	مَشَدٌّ
회복되다	صَحَّ / يَصِحُّ مِنْ	회복되는 곳, 회복되는 시간 ; 요양원, 건강센터	مَصَحٌّ، مَصَحَّةٌ
도망하다	فَرَّ / يَفِرُّ	도망하는 곳, 도망하는 시간 ; 피하는 곳, 도망하는 길	مَفَرٌّ
거주하다, 정착하다	قَرَّ / يَقَرُّ أَوْ يَقِرُّ	거주하는 곳, 거주하는 시간 ; 관저	مَقَرٌّ

d. 수약동사 (اَلْفِعْلُ الْمِثَالُ)
앞의 b. مَفْعِلٌ 패턴의 예를 보라.

e. 간약동사 (اَلْفِعْلُ الْأَجْوَفُ)

동사		시간 혹은 장소 명사	
말하다	قَالَ / يَقُولُ هـ	말하는 곳, 말하는 시간 ; 논설, 에세이	مَقَالٌ
봉기하다, 혁명을 일으키다	ثَارَ / يَثُورُ (مِنْ أَوْ عَلَى)	일으키는 곳, 일으키는 시간 ; 동기	مَثَارٌ
방문하다	زَارَ / يَزُورُ هـ	방문하는 장소, 방문하는 시간 ; 성지(聖地, 주로 무덤)	مَزَارٌ
일어서다, 기립하다 ; 부활하다	قَامَ / يَقُومُ	서 있는 곳, 서 있는 시간 ; 지위, 위치 ; 무덤, 묘	مَقَامٌ
날다	طَارَ / يَطِيرُ	나는 곳, 나는 시간 ; 공항	مَطَارٌ
걷다	سَارَ / يَسِيرُ	걷는 곳, 걷는 시간 ; 길, 루트	مَسَارٌ
돌다, 빙빙돌다	دَارَ / يَدُورُ	도는 곳, 도는 시간 ; 궤도(orbit)	مَدَارٌ
여름을 보내다	صَافَ / يَصِيفُ ‑ صَيَّفَ	여름을 보내는 장소, 보내는 시간 ; 여름별장, 리조트	مَصِيفٌ

f. 말약동사 (اَلْفِعْلُ النَّاقِصُ)

동사		시간 혹은 장소 명사	
걷다	مَشَى / يَمْشِي	걷는 곳, 걷는 시간 ; 통로, 복도	مَمْشًى
뛰다, 달리다 ; 흐르다	جَرَى / يَجْرِي	뛰는 곳, 뛰는 시간, 흐르는 곳과 시간 ; 물길, 수로	مَجْرًى
가지고 놀다 ; 즐기다	لَهَا / يَلْهُو بِ	노는 곳, 노는 시간 ; 유흥장, 나이트 클럽, 쾌락	مَلْهًى
..을 던지다	رَمَى / يَرْمِي هـ	던지는 곳, 던지는 시간 ; 목표, 과녁 ; 골문	مَرْمًى

| 머무르다, 거주하다 ; 피신처를 찾다, 숨다 | أَوَى / يَأْوِي هـ أَوْ إِلَى | 피신하는 곳, 피신하는 시간 ; 피난처, 은신처 | مَأْوًى |
| 추워지다 ; 겨울을 보내다 | شَتَا / يَشْتُو | 겨울을 보내는 곳, 겨울을 보내는 시간 ; 겨울별장 | مَشْتًى |

(2) 첨가동사(الْفِعْلُ الْمَزِيدُ)에서 파생된 시간명사와 장소명사

Ⅱ 형식 패턴에서 Ⅹ 형식 패턴 까지의 첨가동사에서 파생된 시간명사와 장소명사는 그 형태가 수동분사의 꼴과 같다. 이 단어들은 수동분사와 그 형태가 같기 때문에 시간명사와 장소명사 단어들이 문장에서 그 용도에 따라 보통명사로도 사용되기도 하고 수동분사로 사용되기도 한다. 따라서 문맥에서 그 의미를 파악하여야 한다. 아래 단어 이외에도 여러 단어가 사용된다.

동사		시간 혹은 장소 명사	
기도하다	صَلَّى / يُصَلِّي	기도하는 장소, 기도하는 시간 ; 기도소	مُصَلًّى
보내다	أَرْسَلَ / يُرْسِلُ هـ	보내는 곳, 보내는 시간	مُرْسَلٌ
(가격, 소리 등이) 낮아지다	اِنْخَفَضَ / يَنْخَفِضُ	낮은 장소, 낮은 시간 ; 저지대, 분지	مُنْخَفَضٌ
모이다	اِجْتَمَعَ / يَجْتَمِعُ	모이는 곳, 모이는 장소 ; 사회(society)	مُجْتَمَعٌ
..을 해보다, 경험하다 ; 실험.시험하다	اِخْتَبَرَ / يَخْتَبِرُ هـ	실험하는 장소, 실험하는 시간 ; 실험실	مُخْتَبَرٌ
영접하다	اِسْتَقْبَلَ / يَسْتَقْبِلُ ه	영접하는 장소, 영접하는 시간 ; 미래	مُسْتَقْبَلٌ
..에게 치료를 요청하다	اِسْتَشْفَى / يَسْتَشْفِي ه	치료하는 장소, 치료하는 시간 ; 병원	مُسْتَشْفًى
의사에게 처방을 요청하다	اِسْتَوْصَفَ / يَسْتَوْصِفُ ه	처방하는 장소, 처방하는 시간 ; 진료소	مُسْتَوْصَفٌ
맡기다, 보관하다 ; 저장하다, 보관하다	اِسْتَوْدَعَ / يَسْتَوْدِعُ ه هـ	보관하는 장소, 보관하는 시간 ; 창고, 저장고	مُسْتَوْدَعٌ
정착하여 살다, 영주하다	اِسْتَوْطَنَ / يَسْتَوْطِنُ هـ	정착하는 장소, 정착하는 시간 ; 정착지	مُسْتَوْطَنَةٌ

(3) 테마부타 (ة)가 붙은 장소명사

한편 장소명사에 ة가 붙어서 장소의 의미의 보통명사가 된 단어들은 다음과 같다. 이 단어들은 어근의 의미를 많이 행하는 장소라는 의미(لِلْمُبَالَغَةِ)이다.

학교	مَدْرَسَةٌ	필통	مِقْلَمَةٌ أَوْ مَقْلَمَةٌ
도서관 ; 책장	مَكْتَبَةٌ	공동묘지	مَقْبَرَةٌ
영안실	مَشْرَحَةٌ	건강센터	مَصَحَّةٌ
사자가 많이 모이는 곳	مَأْسَدَةٌ	역, 정류장	مَحَطَّةٌ
굴뚝, 연통	مَدْخَنَةٌ		

3) 시간명사 와 장소명사가 사용된 문장의 예들

시간명사와 장소명사는 보통명사로 사용되는 경우가 많다. 아래의 ①②③ 문장을 비교하라. 아래의 ①은 시간명사로 사용된 문장이고 ②는 장소명사로 사용된 문장이다. 반면에 ③은 시간 혹은 장소명사가 보통명사화 된 문장이다.

①	그 시험을 치르는 시기는 6월 초이다. (시간명사)	مَوْعِدُ الِامْتِحَانِ أَوَّلَ يُونْيُو.
②	우리가 형제들과 만날 장소는 그 공원 앞이다. (장소명사) (거의 사용안됨)	مَوْعِدُنَا مَعَ الْإِخْوَةِ أَمَامَ الْحَدِيقَةِ.
③	나는 오늘 나의 친구에게 약속시간(appointment)을 알려주었다. (보통명사)	أَعْطَيْتُ صَدِيقِي مَوْعِدًا الْيَوْمَ.

①	아침 10시는 그 아이들이 노는 시간이다. (시간명사) (거의 사용안됨)	السَّاعَةُ الْعَاشِرَةُ صَبَاحًا مَلْعَبُ الْأَطْفَالِ.
②	그 건물의 공원은 그 아이들의 노는 장소이다. (장소명사)	حَدِيقَةُ الْمَبْنَى مَلْعَبُ الْأَطْفَالِ.
③	이것은 축구 경기장(playground)이다. (보통명사)	هَذَا مَلْعَبُ كُرَةِ الْقَدَمِ.

이와같이 시간명사와 장소명사로 사용되는 단어는 보통명사로 더 많이 사용된다. 대개 시간명사 혹은 장소의 명사를 보통명사로만 아는 경우가 많은데, 위의 예들과 같이 시간명사와 장소명사의 의미가 원래적인 의미이다. 그러나 사용빈도는 보통명사화된 의미가 가장 많고, 장소명사로서의 의미가 그 다음이며, 시간명사로서는 그렇게 많이 사용되지 않는다.

** 첨가동사(الْفِعْلُ الْمَزِيدُ)의 시간명사와 장소명사

아래는 첨가동사의 시간명사와 장소명사 단어가 사용된 예문이다. 첨가동사가 시간명사와 장소명사로 사용된 경우 그 형태가 수동분사와 같기 때문에 같은 단어가 네 가지 의미로 사용될 수 있다. 즉 시간명사, 장소명사, 보통명사, 수동분사 이 네 가지 의미로 사용될 수 있다. 각각의 단어의 의미는 문맥의 상황에서 결정된다.

아래의 예들을 확인하라. 아래의 네 가지 예문들 가운데 ③의 보통명사가 가장 많이 사용되며, 그 다음이 ④의 수동분사이다.

①	السَّاعَةُ السَّابِعَةُ مَسَاءً مُسْتَقْبَلُ الضُّيُوفِ فِي بَيْتِي.	
	저녁 7시는 내 집에서 손님들을 영접하는 시간이다. (시간명사로 사용) (거의 사용안됨)	
②	غُرْفَةُ مَكْتَبِي مُسْتَقْبَلُ الضُّيُوفِ.	
	내 사무실은 그 손님들을 영접하는 장소이다. (장소명사로 사용) (거의 사용안됨)	
③	مُسْتَقْبَلُ مِصْرَ سَيَكُونُ أَفْضَلَ.	
	이집트의 미래는 더 나을 것이다. (보통명사로 사용)	
④	سَتَكُونُ مُسْتَقْبَلًا فِي بَيْتِي بِالْحُبِّ.	
	당신은 내 집에서 사랑으로 영접될 것이다.(be received) (수동분사로 사용)	

①	저녁은 그 친구들이 그 찻집에서 모이는 시간이다. (시간명사로 사용) (거의 사용안됨)	المَسَاءُ مُجْتَمَعُ الأَصْدِقَاءِ عَلَى المَقْهَى.
②	그 교실은 새로운 학생들이 모이는 장소이다. (장소명사로 사용)	الفَصْلُ مُجْتَمَعُ الطُّلَّابِ الجُدُدِ.
③	이집트 사회는 혁명 이후 변화되었다. (보통명사로 사용)	المُجْتَمَعُ المِصْرِيُّ تَغَيَّرَ بَعْدَ الثَّوْرَةِ.
④	타흐리르 광장은 정당들을 통해 오늘 사람들이 모여진다. (수동분사로 사용) (타흐리르 광장에서 정당들을 통해 사람이 모인다)	مَيْدَانُ التَّحْرِيرِ مُجْتَمَعٌ فِيهِ اليَوْمَ عَنْ طَرِيقِ الأَحْزَابِ السِّيَاسِيَّةِ.

다른 예들

태양이 뜨는 시간은 6시이다. (시간명사)	مَطْلَعُ الشَّمْسِ السَّاعَةُ السَّادِسَةُ.
도서관은 지식인들의 보고이다. (장소명사)	المَكْتَبَةُ مَرْجِعُ المُتَّقِفِينَ.

4) 시간명사와 장소명사의 문장 전환

지금까지 사용된 시간명사와 장소명사를 아래와 같이 전환할 수 있다. 즉 시간명사나 장소명사를 같은 어근의 동명사 형태로 전환하는 경우와 동사 형태로 전환하는 두 가지 경우가 있다. 동사 형태로 전환할 경우 'فِيهِ' 가 사용되는 것에 주의하자.

아침은 싸미르가 가는 시간이다.	الصَّبَاحُ مَذْهَبُ سَمِيرٍ.
	الصَّبَاحُ وَقْتُ ذَهَابِ سَمِيرٍ.
	الصَّبَاحُ الوَقْتُ الَّذِي يَذْهَبُ سَمِيرٌ فِيهِ.
카이로는 싸미르가 가는 장소이다.	القَاهِرَةُ مَذْهَبُ سَمِيرٍ.
	القَاهِرَةُ مَكَانُ ذَهَابِ سَمِيرٍ.
	القَاهِرَةُ المَكَانُ الَّذِي يَذْهَبُ سَمِيرٌ إِلَيْهِ. *

→ 위의 * 문장에서 فِيهِ 대신에 إِلَيْهِ 가 사용되었다.

10시는 그 아이들이 노는 시간이다.	السَّاعَةُ العَاشِرَةُ مَلْعَبُ الأَطْفَالِ.
	السَّاعَةُ العَاشِرَةُ وَقْتُ لَعِبِ الأَطْفَالِ.
	السَّاعَةُ العَاشِرَةُ الوَقْتُ الَّذِي يَلْعَبُ الأَطْفَالُ فِيهِ.
그 공원은 아이들이 노는 장소이다.	الحَدِيقَةُ مَلْعَبُ الأَطْفَالِ.
	الحَدِيقَةُ مَكَانُ لَعِبِ الأَطْفَالِ.
	الحَدِيقَةُ المَكَانُ الَّذِي يَلْعَبُ الأَطْفَالُ فِيهِ.

2. 도구명사 (اسْمُ الآلَةِ)

도구명사는 동사의 동작을 수행하는 도구에 대한 파생명사이다. 도구명사는 보통명사로만 사용되며 주요 패턴은 فَعَّالَةٌ , مِفْعَلَةٌ , مِفْعَلٌ , مِفْعَالٌ 이 있다.

아래는 이러한 패턴에 따른 도구명사의 예이다. 각각의 단어들은 그 기본 동사의 동작을 수행하는 도구를 의미한다.

한편 아래의 1), 2), 3) 도구명사의 복수들은 2 격 명사(مَمْنُوعٌ مِنَ الصَّرْفِ)이다.

1) مِفْعَالٌ 패턴

기본형		도구명사
..을 열다(to open)	فَتَحَ / يَفْتَحُ هـ	مِفْتَاحٌ / مَفَاتِيحُ
출판하다 ; 퍼뜨리다, 보급하다 ; (톱으로) 켜다	نَشَرَ / يَنْشُرُ هـ	مِنْشَارٌ / مَنَاشِيرُ
..을 보다(to see)	رَأَى / يَرَى هـ	مِرْآةٌ / مَرَايَا، مَرَاءٍ
..에 못을 박다	سَمَّرَ / يُسَمِّرُ هـ	مِسْمَارٌ / مَسَامِيرُ
..을 밭갈이하다, 일구다	حَرَثَ / يَحْرُثُ هـ	مِحْرَاثٌ / مَحَارِيثُ
..을 저울에 달다	وَزَنَ / يَزِنُ هـ	مِيزَانٌ / مَوَازِينُ
눌러짜다, 쥐어짜다 ; 쥬스를 내다	عَصَرَ / يَعْصُرُ هـ	مِعْصَارٌ / مَعَاصِيرُ

2) مِفْعَلٌ 패턴

기본형		도구명사
..을 줄칼질하다	بَرَدَ / يَبْرُدُ هـ	줄칼	مِبْرَدٌ / مَبَارِدُ
..의 실을 뽑다, 실을 내다 ; 방적하다	غَزَلَ / يَغْزِلُ هـ	مِغْزَلٌ / مَغَازِلُ
눈이 부시게 되다	جَهَرَ / يَجْهَرُ	مِجْهَرٌ / مَجَاهِرُ
(옷, 모발 등을) 자르다	قَصَّ / يَقُصُّ هـ	مِقَصٌّ / مَقَاصٌّ
..에 구멍을 내다, 뚫다	ثَقَبَ / يَثْقُبُ هـ	مِثْقَبٌ / مَثَاقِبُ
낫질하다	نَجَلَ / يَنْجُلُ	مِنْجَلٌ / مَنَاجِلُ
찌르다	أَبَرَ / يَأْبُرُ	مِئْبَرٌ / مَآبِرُ
우유를 짜다	حَلَبَ / يَحْلُبُ	مِحْلَبٌ / مَحَالِبُ
눌러짜다, 쥐어짜다 ; 쥬스를 내다	عَصَرَ / يَعْصُرُ هـ	مِعْصَرٌ / مَعَاصِرُ

(2열 항목의 한국어 설명)
- 줄칼
- 물레가락, 방추 ; 방직공장
- 현미경
- 가위
- 송곳, 드릴
- 낫
- 바늘집
- 우유통
- 압착기, 착유기, 프레스

종합 아랍어 문법 |

3) مِفْعَلَة 패턴

기본형		도구명사	
..를쓸다, 청소.소제하다	كَنَسَ/ يَكْنُسُ هـ	빗자루	مِكْنَسَةٌ/ مَكَانِسُ
두드리다, 치다, 때리다	طَرَقَ/ يَطْرُقُ هـ	망치	مِطْرَقَةٌ/ مَطَارِقُ
..을 핥다	لَعِقَ/ يَلْعَقُ هـ	숟가락, 스푼	مِلْعَقَةٌ/ مَلَاعِقُ
..을 정제하다, 여과하다, 정화하다	صَفَّى/ يُصَفِّي هـ	조리; 여과기, 정제기	مِصْفَاةٌ/ مَصَافٍ
지지다, (동물 등)불도장을 찍다; (옷을) 다리다	كَوَى/ يَكْوِي هـ	다리미	مِكْوَاةٌ/ مَكَاوٍ

4) فَعَّالَة 패턴

이 패턴은 구어체 아랍어(암미야)에서 많이 사용되는 패턴이지만 현대 표준 아랍어에서도 사용된다.

기본형		도구명사	
얼게하다	ثَلَّجَ/ يُثَلِّجُ هـ	냉장고	ثَلَّاجَةٌ/ ـَات
..을 씻다, 빨다	غَسَلَ/ يَغْسِلُ هـ	세탁기	غَسَّالَةٌ/ ـَات
..을 뚫다, 구멍내다	خَرَمَ/ يَخْرِمُ هـ	펀치, 천공장치	خَرَّامَةٌ/ ـَات
(고기를) 그릴에 굽다	شَوَى/ يَشْوِي هـ	그릴, 석쇠	شَوَّايَةٌ/ ـَات

아래의 단어들은 특정한 도구명사의 패턴은 없지만 도구명사의 의미로 사용되는 단어들이다.

기본형		도구명사	
..을 찌르다, 상처내다	شَاكَ/ يَشُوكُ هـ أَوْ هـ	포크(fork); 가시	شَوْكَةٌ/ ـَات
(동물, 토지에) 물을 주다; 관개하다	سَقَى/ يَسْقِي هـ	수차(물을 퍼올리는)	سَاقِيَةٌ/ سَوَاقٍ
×	×	펜	قَلَمٌ/ أَقْلَامٌ
×	×	칼, 부엌칼	سِكِّينٌ أَوْ سِكِّينَةٌ/ سَكَاكِينُ
×	×	드릴	شَاكُوشٌ/ شَوَاكِيشُ
×	×	도끼	فَأْسٌ/ فُؤُوسٌ
×	×	큰 식칼(정육점 등)	سَاطُورٌ/ سَوَاطِيرُ

** 도구명사가 문장에서 사용될 경우

도구명사는 문장에서 보통명사로서 사용되며 문장에서의 기능에 따라 격변화를 한다.

3. 작아짐 명사 (اسْمُ التَّصْغِيرِ)

작아짐 명사란 사람이나 사물의 모양이 작은 것을 묘사하는 것으로 가장 일반적인 패턴은 فُعَيْلٌ 이다. 현대 표준 아랍어에서는 작아짐 명사가 거의 사용되지 않고, 사전에서도 존재하지 않는 경우가 많다. 그러나 작아짐 명사의 패턴은 존재하며, 시적인 표현 등에서 사용될 때가 있다. 따라서 이 과의 공부는 현대 표준 아랍어에서 사용되는 단어들을 중심으로 공부하되, 나머지 단어들에 대해서는 참고로 알아두도록 하자.

1) 현대 표준 아랍어에서 사용되는 작아짐 명사

기본형		작아짐 명사	
아들	ابْنٌ	작고 귀여운 아들	بُنَيٌّ
하산(사람 이름)	حَسَنٌ	후세인(작은 하산의 의미. 사람 이름)	حُسَيْنٌ
개	كَلْبٌ	강아지	كُلَيْبٌ
..이전에(before)	قَبْلُ	바로 이전에 (shortly before)	قُبَيْلَ
책	كِتَابٌ	← 소책자 / 작은 작가 →	كُوَيْتِبٌ / كُتَيِّبٌ ←
행성(planet)	كَوْكَبٌ	운석	كُوَيْكِبٌ
나무	شَجَرٌ	작은 나무	شُجَيْرَةٌ

→ 위의 بُنَيٌّ 은 호격문에서 يَا بُنَيَّ '나의 작은 아들이여' 등으로 사용된다.

2) 작아짐 명사의 용법

작아짐 명사는 크기가 작은 사람이나 사물의 아름다움을 표현하거나, 다른 사람을 비하하며 그 사람을 작게 묘사할 때, 시간이나 장소가 가까움을 표현할 때 등에 사용한다. 예를들어 아이의 응석을 예쁘게 표현하면서 그 아이에 대해 작아짐 명사를 사용할 수 있다.

문장의 예

내 아들아, 네가 어찌하여 우리에게 이같이 하였니? (자신의 아들의 응석을 예쁘게 표현함)	يَا بُنَيَّ، لِمَاذَا فَعَلْتَ بِنَا هَكَذَا؟
나는 새벽이 되기 바로 전에 일하러 간다.	أَذْهَبُ إِلَى الْعَمَلِ قُبَيْلَ الْفَجْرِ.
당신은 위대한 작은 작가야!! (예: 자기 아들에게 칭찬할 때)	أَنْتَ كُوَيْتِبٌ عَظِيمٌ!!
너는 별것 아닌 작가야!	أَنْتَ كُوَيْتِبٌ!!
나는 역사에 대한 한 소책자를 읽었다.	قَرَأْتُ كُتَيِّبًا عَنِ التَّارِيخِ.
나는 그 공원에서 한 작은 나무를 보았다.	شَاهَدْتُ شُجَيْرَةً جَمِيلَةً فِي الْحَدِيقَةِ.

3) 작아짐 명사의 패턴

아래는 작아짐 명사로 사용되는 여러가지 패턴이다. 아래의 단어들 가운데는 사전에 존재하지 않거나 현대 표준 아랍어에서 사용되지 않는 경우가 많다. 참고로 알아두도록 하자.

(1) 3 자음 명사
3 자음 명사에서 온 것 – فُعَيْلٌ 패턴을 취함

의미	일반명사	의미	작아짐 명사
남자	رَجُلٌ	작은 남자	رُجَيْلٌ
표범	نَمِرٌ أَوْ نِمْرٌ	작은 표범	نُمَيْرٌ
하산(사람 이름)	حَسَنٌ	후세인(작은 하산의 의미. 사람 이름)	حُسَيْنٌ
꽃	زَهْرٌ	작은 꽃	زُهَيْرٌ

테마부타 'ة'가 있는 여성 명사의 경우

의미	일반명사	의미	작아짐 명사
나무	شَجَرَةٌ	작은 나무	شُجَيْرَةٌ
암고양이	هِرَّةٌ	작은 암고양이	هُرَيْرَةٌ

테마부타 'ة'가 없는 여성 명사의 경우 – 그 작아짐 명사 끝에 테마부타 'ة'가 붙는다.

의미	일반명사	의미	작아짐 명사
인도	هِنْدٌ	작은 인도	هُنَيْدَةٌ
어머니	أُمٌّ	작은 어머니	أُمَيْمَةٌ
태양	شَمْسٌ	작은 태양	شُمَيْسَةٌ

막수르 명사(الاسْمُ الْمَقْصُورُ)의 경우

의미	일반명사	의미	작아짐 명사
사람 이름	سَلْمَى	사람 이름	سُلَيْمَى
사람 이름	سَعْدَى	사람 이름	سُعَيْدَى

맘두드 명사(الاسْمُ الْمَمْدُودُ)의 경우

의미	일반명사	의미	작아짐 명사
사막	صَحْرَاءُ	작은 사막	صُحَيْرَاءُ
붉은 (f.)	حَمْرَاءُ	작은 붉은 (예: 볼이 불그스름한 어린아이에게)	حُمَيْرَاءُ
초록의 (f.)	خَضْرَاءُ	작은 초록	خُضَيْرَاءُ

제23과 시간명사 및 장소명사, 도구명사, 작아짐 명사

ㄴ으로 끝나는 명사의 경우

사람 이름	سَلْمَان	사람 이름	سُلَيْمَان
사람 이름	عُثْمَان	사람 이름	غُثَيْمَان

فَاعِل 패턴의 단어의 경우 - ا이 و로 변화한다.

온전한, 건전한	سَالِم	사람 이름	سُوَيْلِم
작가	كَاتِب	작은 작가	كُوَيْتِب

두 번째 자음이 약자음인 단어의 경우 - 그 약자음이 어근자로 바뀐다.

문	بَاب	작은 문	بُوَيْب
송곳니	نَاب	작은 송곳니	نُيَيْب

세 번째 자음에 약자음이 있을 경우

카림(사람 이름)	كَرِيم	작은 카림	كُرَيْم
지팡이	عَصًا	작은 지팡이	عُصَيَّة
책	كِتَاب	작은 책, 소책자	كُتَيِّب

(2) 4자음 명사 - فُعَيْعِل 패턴을 취한다.

의미	일반명사	의미	작아짐 명사
공장	مَصْنَع	작은 공장	مُصَيْنِع
집	مَنْزِل	작은 집	مُنَيْزِل

자(ruler)	مِسْطَرَة أَوْ مَسْطَرَة	작은 자	مُسَيْطِرَة
묵주	مِسْبَحَة	작은 묵주	مُسَيْبِحَة

(3) 5자음 명사 – فُعَيْعِيل 패턴을 취한다.

의미	일반명사	의미	작아짐 명사
램프	مِصْبَاح	작은 램프	مُصَيْبِيح
참새	عُصْفُور	작은 참새	عُصَيْفِير

** 시간명사, 장소명사, 도구명사, 작아짐 명사의 문장에서의 기능

이번 과에서 다룬 시간명사, 장소명사, 도구명사, 작아짐 명사는 문장에서 어떤 기능을 할까?
이 단어들은 보통명사가 수행하는 명사적 기능을 모두 수행한다. 즉 명사문의 주어(الْمُبْتَدَأُ), 동사문의 주어(الْفَاعِلُ), 명사문의 술어(الْخَبَرُ), 목적어(الْمَفْعُولُ بِهِ), 소유격 명사(الاسْمُ الْمَجْرُورُ), 연결형에서 전연결어와 후연결어(الْمُضَافُ وَالْمُضَافُ إِلَيْهِ)의 기능을 수행한다. 그러나 능동분사나, 유사형용사, 과장형용사, 수동분사에서와 같은 형용사적 용법(즉 수식어 기능)으로는 사용되지 않으며, 동사적 용법으로도 사용되지 않는다.

심화학습 - 아랍어 명사의 용법 정리

이 책 명사 부분에서 다루는 여러가지 명사의 용법을 세 가지로 정리할 수 있다. 명사적 용법, 형용사적 용법, 동사적 용법이 그것이다. **명사적 용법**이란 아랍어 명사의 일반적인 기능으로서 명사문의 주어(الْمُبْتَدَأُ), 동사문의 주어(الْفَاعِلُ), 명사문의 술어(الْخَبَرُ), 목적어(الْمَفْعُولُ), 소유격 명사(الاسْمُ الْمَجْرُورُ), 연결형에서 전연결어와 후연결어(الْمُضَافُ وَالْمُضَافُ إِلَيْهِ) 등을 말한다.
형용사적 용법이란 수식어로 사용되는 경우를 말한다.
동사적 용법이란 명사 단어가 자체적인 의미상의 주어(فَاعِلٌ)나 목적어(مَفْعُولٌ بِهِ) 혹은 수동태의 주어(نَائِبُ فَاعِلٍ)를 취하는 것을 말한다. 동사적 용법에 대해서는 이 책 제Ⅱ권에서 공부한다.

용법	명사의 종류
명사적 용법	모든 파생명사(능동분사, 유사형용사, 과장형용사, 수동분사, 시간명사, 장소명사, 도구명사, 작아짐 명사, 우선급 명사), 동명사, 연고형용사, 숫자 명사
형용사적 용법	능동분사, 유사형용사, 과장형용사, 수동분사, 우선급 명사(이상 파생명사), 연고형용사, 숫자 명사
동사적 용법	동명사, 능동분사, 유사형용사, 과장형용사, 수동분사

→ 아랍어의 특별한 기능인 상태목적어, 동족목적어, 명시목적어, 이유목적어, 동반목적어, 예외문, 감탄문, 맹세문 등에 사용되는 단어들은 명사적 용법에 속한다. 이러한 기능들에 대해서는 이 책 제Ⅱ권에서 공부한다.

→ 형용사적 용법은 아랍어 문법적으로 명사적 용법으로 볼 수도 있다. 아랍어 품사상 형용사도 명사의 범주에 속하기 때문이다.

→ 위의 각각의 명사는 위의 용법 이외의 다른 용법으로도 사용될 수 있다.

제 24 과 동명사(اَلْمَصْدَرُ)

1. 동명사(اَلْمَصْدَرُ)의 형태
2. 동명사(اَلْمَصْدَرُ)의 문장에서의 기능
3. 여러가지 동명사의 종류
4. 동명사의 참고사항들
5. 신문 제목에서 동명사가 사용된 예들
6. 동명사 예문들
심화학습 – 사람의 성별·성장단계별 용어

제 24 과 동명사(الْمَصْدَر)

아랍어의 동명사[1]는 동사의 어근에서 파생되어 동사와 명사의 의미와 기능을 함께하는 단어로서, 시제(tense زَمَن)가 없이 동작의 발생(حَدَث) 혹은 상태의 유지(상태동사에서 온 동명사일 경우)의 의미를 나타내는 단어를 말한다.

아랍어에서 동명사를 '마스다르 الْمَصْدَر' 라고 하는데, 이 말은 '기원', '원천', '근원'의 의미이다. 즉 아랍어의 동명사는 '동사들의 근원이 되는 명사' 라는 의미이다. 아랍어 문법학자 가운데는 동명사가 동사(الْفِعْل)와 여러 가지 파생명사(جَمِيعُ الْأَسْمَاءِ الْمُشْتَقَّة)의 근원이라고 보는 사람도 있고, 동사가 동명사와 여러 가지 파생명사의 근원이라고 보는 사람도 있다.[2]

예를들어 '잠자다'는 동사 نَامَ 의 동명사는 نَوْمٌ 이다. 이 동명사를 이용해 문장을 만들면 아래와 같이 만들 수 있다.

나는 잠자는 것(sleeping)을 좋아한다.	أُحِبُّ النَّوْمَ.

다른 예로 '놀다'는 동사 لَعِبَ 에서 파생된 동명사는 لَعِبٌ 이다. 이 동명사를 이용해 문장을 만들면 아래와 같이 만들 수 있다.

그는 그의 친구와 노는 것(playing)을 원한다.	يُرِيدُ اللَّعِبَ مَعَ صَدِيقِهِ.

이 두 문장에서 사용된 نَوْمٌ 과 لَعِبٌ 은 의미는 동작의 의미이지만 기능은 명사적인 기능을 한다. 즉 목적어로서 사용되었기에 명사적인 기능을 하며, 의미는 동작의 의미를 지니고 있고, 시제에 대한 정보는 표기되어 있지 않다. 이와같이 동사와 명사의 의미와 기능을 함께하는 단어로서 그 자체에 시제에 대한 정보가 없는 단어를 동명사(مَصْدَر, 혹은 الْمَصْدَرُ الصَّرِيحُ)라 한다.

이와같은 동명사는 문장에서 여러가지 기능으로 사용된다. 즉 명사문의 주어(الْمُبْتَدَأ), 동사문의 주어(الْفَاعِل), 명사문의 술어(الْخَبَر), 목적어(الْمَفْعُول بِهِ), 소유격 명사(الاسْم الْمَجْرُور), 연결형에서 전연결어와 후연결어(الْمُضَاف وَالْمُضَاف إِلَيْهِ) 등의 기능을 수행한다. 또한 동명사는 동사적 용법(الْعَامِل عَمَلَ فِعْلِهِ)으로 사용되기도 하고, 동명사의 독특한 용법인 동족목적어(الْمَفْعُول الْمُطْلَق), 이유목적어(الْمَفْعُول لَهُ), 명시목적어(التَّمْيِيز), 상태목적어(الْحَال الْجَامِدَة), 그리고 동반목적어(الْمَفْعُول مَعَهُ)에서도 사용된다.

거의 모든 아랍어 동사에 그 동명사가 있으며(그러나 모든 동명사가 다 사용되는 것은 아니다), 아랍어 문장에서 많이 사용되는 것이므로 아랍어 학습자는 동사를 익힐 때 그 동명사도 함께 익히는 습관을 가질 필요가 있다.

아래에서 우리는 먼저 동명사 단어의 형태를 파악하고 그 다음 동명사의 용법을 공부하기로 한다.

---

[1] 아랍어 동명사의 종류가 여러가지이다. 일반 동명사(الْمَصْدَرُ الصَّرِيحُ), 풀어쓴 동명사(الْمَصْدَرُ الْمُؤَوَّل), 합성동명사(الْمَصْدَرُ الصِّنَاعِيّ), 'م'시작 동명사(الْمَصْدَرُ الْمِيمِيّ), 한차례 동명사(한차례 명사)(الْمَصْدَرُ الدَّالّ عَلَى الْمَرَّة, اسْمُ الْمَرَّة), 자세 동명사(자세명사)(الْمَصْدَرُ الدَّالّ عَلَى الْهَيْئَة, اسْمُ الْهَيْئَة) 가 있다.

[2] 쿠파 학파(الْمَذْهَب الْكُوفِيّ)와 바스라 학파(الْمَذْهَب الْبَصْرِيّ)의 의견이 다르다. 쿠파 학파는 동사가 동명사와 다른 파생명사의 근원이라 주장한다. (동사에서 동명사와 파생명사가 파생). 반면에 바스라 학파는 동명사가 동사와 다른 파생명사의 근원이라 주장한다(동명사에서 동사와 파생명사가 파생).

1. 동명사(الْمَصْدَر)의 형태

동명사의 형태를 3자음 원형동사의 동명사, 첨가동사(الْأَفْعَالُ الْمَزِيدَةُ, II 형식에서 X 형식 동사)의 동명사, 그리고 4자음 원형동사의 동명사 형태로 구분할 수 있다. 3자음 원형동사의 동명사는 그 동사와의 패턴 변화의 규칙성을 찾기가 쉽지 않지만, 첨가동사와 4자음 원형동사의 동명사는 그 동사와의 일정한 패턴의 규칙성을 찾을 수 있다. 다음에서 이 세 가지를 순서대로 살펴본다.

1) 3자음 원형동사(الْفِعْلُ الْمُجَرَّدُ الثُّلَاثِيُّ)의 동명사 형태

아랍어 동사 가운데 سَمِعَ/يَسْمَعُ (듣다), ذَهَبَ/يَذْهَبُ (가다), كَتَبَ/يَكْتُبُ (기록하다) 와 같은 동사들은 기본 3자음 이외에 다른 첨가 자음이 없는 3자음 원형 동사들이다. 이 동사들의 동명사는 각각 كِتَابَةٌ 과 ذَهَابٌ 그리고 سَمْعٌ 혹은 سَمَاعٌ 이다. 이 동명사들을 보면 그 동사와 동명사의 패턴 사이의 일정한 규칙이 없다는 것을 알게 된다. 이와 같이 3자음 원형동사의 경우 어떤 동사와 동명사의 패턴 사이에 일정한 규칙성을 찾기 쉽지 않고, 동명사의 의미와 그 패턴의 규칙성도 찾기 쉽지 않다(الْمَصْدَرُ مِنَ الْفِعْلِ الْمُجَرَّدِ سَمَاعِيٌّ). 따라서 이러한 동사들의 동명사들은 사전에서 동사 단어를 찾을 때 그 동명사 형태까지 함께 찾아서 하나하나 익혀 나가야 한다.

3자음 원형동사의 동명사를 세 가지로 구분해서 공부한다. 먼저는 많이 사용되는 동명사를 패턴별로 구분하여서 공부하고, 두 번째로는 동명사의 패턴과 의미가 연관성이 있는 동명사들을 살펴보며, 세 번째로는 어근 형태(혹은 동사 형태)와 동명사의 패턴 간에 제한된 규칙성이 있는 단어들을 정리하여 살펴본다.

** 동사 가운데는 사용되는 동명사가 한 개 이상인 경우가 종종있다. 아래에서 한 동사가 여러 개의 동명사를 가지고 있을 경우 많이 사용되는 것을 먼저 기록하였다.

(1) 많이 사용되는 동명사들의 패턴별 구분

아래는 가장 많이 사용되는 동명사를 효과적으로 익히기 위해 패턴별로 묶은 것이다. 동명사를 익힐 때 그 3자음 원형동사를 함께 익히도록 하자.

a. فَعْلٌ 패턴

설명하다	شَرَحَ/يَشْرَحُ هـ	설명	شَرْحٌ
나르다, 운반하다	نَقَلَ/يَنْقُلُ هـ	옮김	نَقْلٌ
때리다	ضَرَبَ/يَضْرِبُ ه، هـ	때림	ضَرْبٌ
죽이다	قَتَلَ/يَقْتُلُ ه أَوْ هـ	죽임	قَتْلٌ
시작되다; 시작하다	بَدَأَ/يَبْدَأُ (هـ)	시작	بَدْءٌ
먹다	أَكَلَ/يَأْكُلُ هـ	먹음; 음식	أَكْلٌ
떠나다	تَرَكَ/يَتْرُكُ ه أَوْ هـ	떠남	تَرْكٌ

뜻	동사	뜻	동명사
토론하다 ; ..을 찾다, 검색하다	بَحَثَ/ يَبْحَثُ (عَنْ)	토론 ; 찾음, 검색	بَحْثٌ عَنْ
..을 공부하다	دَرَسَ/ يَدْرُسُ هـ	공부 ; 레슨(lesson), 단원	دِرَاسَةٌ، دَرْسٌ
찬양하다	حَمِدَ/ يَحْمَدُ ه	찬양	حَمْدٌ
포함하다	شَمَلَ/ يَشْمَلُ هـ	포함	شَمْلٌ
발표하다 ; 출판, 발행하다 ; 배포하다, 퍼뜨리다	نَشَرَ/ يَنْشُرُ هـ	발표 ; 출판, 발행 ; 배포, 퍼뜨림	نَشْرٌ
..을 열다	فَتَحَ/ يَفْتَحُ هـ	열기	فَتْحٌ
살다 (to live)	عَاشَ/ يَعِيشُ	삶, 생활	عَيْشٌ
선사하다	وَهَبَ/ يَهَبُ ه هـ	선사함	وَهْبٌ
말하다	قَالَ/ يَقُولُ هـ	말함 ; 칼럼, 논단	قَوْلٌ
묘사하다	وَصَفَ/ يَصِفُ هـ	묘사	وَصْفٌ
행하다, ..하다	فَعَلَ/ يَفْعَلُ هـ	행함	فَعْلٌ

b. فَعِلٌ 패턴

뜻	동사	뜻	동명사
알다, 알고 있다	عَلِمَ/ يَعْلَمُ ه أَوْ هـ	지식	عِلْمٌ
언급하다 ; 상기하다	ذَكَرَ/ يَذْكُرُ هـ	언급 ; 상기	ذِكْرٌ
참다 ; 온순해지다	حَلَمَ/ يَحْلَمُ	참음, 온순함	حِلْمٌ

c. فُعُلٌ 패턴

뜻	동사	뜻	동명사
마시다	شَرِبَ/ يَشْرَبُ هـ	마심	شُرْبٌ
감사하다	شَكَرَ/ يَشْكُرُ ه	감사	شُكْرٌ
슬퍼하다	حَزِنَ/ يَحْزَنُ عَلَى	슬픔	حُزْنٌ عَلَى

d. فَعَلٌ 패턴

뜻	동사	뜻	동명사
..을 하다, 일하다	عَمِلَ/ يَعْمَلُ هـ	일, 행함	عَمَلٌ
..에 살다, 거주하다	سَكَنَ/ يَسْكُنُ فِي	거주함	سَكَنٌ فِي
기뻐하다, 즐거워하다	فَرِحَ/ يَفْرَحُ بِـ	기쁨	فَرَحٌ بِـ
..으로 부터 ..을 요구하다	طَلَبَ/ يَطْلُبُ هـ مِنْ	요구	طَلَبٌ مِنْ
영예롭다, 고귀하다	شَرَفَ/ يَشْرُفُ	영예, 영광	شَرَفٌ

e. فَعِلٌ 패턴

웃다	ضَحِكَ/ يَضْحَكُ	웃음	ضَحِكٌ
거짓말하다	كَذَبَ/ يَكْذِبُ	거짓말을 함	كَذِبٌ
..와 놀다	لَعِبَ/ يَلْعَبُ	놀이, 놂	لَعِبٌ

f. فِعْلَةٌ 혹은 فَعْلَةٌ 패턴

돌아오다, 돌아가다	عَادَ/ يَعُودُ إِلَى	돌아옴, 돌아감	عَوْدَةٌ إِلَى
흥분하다; 혁명을 일으키다	ثَارَ/ يَثُورُ	혁명	ثَوْرَةٌ
봉사하다, 섬기다	خَدَمَ/ يَخْدِمُ ه	봉사, 섬김	خِدْمَةٌ

g. فَعْلَةٌ 패턴

훔치다	سَرَقَ/ يَسْرِقُ هـ	훔침, 도둑질	سَرِقَةٌ

h. فَعَالٌ 패턴

가다	ذَهَبَ/ يَذْهَبُ إِلَى	가는 것	ذَهَابٌ إِلَى
듣다	سَمِعَ/ يَسْمَعُ هـ	들음	سَمَاعٌ
허락하다	سَمَحَ/ يَسْمَحُ بِـ	허락	سَمَاحٌ بِـ
무사하다, 안전하다	سَلِمَ/ يَسْلَمُ	평화	سَلَامٌ

i. فِعَالٌ 패턴

도망치다, 도주하다	فَرَّ/ يَفِرُّ مِنْ	도망, 도주	فِرَارٌ مِنْ
건설하다, 짓다	بَنَى/ يَبْنِي هـ	건설, 건축, 지음	بِنَاءٌ
만나다, 접견하다 ; 발견하다 ; 받다	لَقِيَ/ يَلْقَى ه	만남, 접견 ; 발견	لِقَاءٌ
노래하다	غَنَّى* / يُغَنِّي هـ	노래함	غِنَاءٌ

→ 위에서 * 표가 있는 غَنَّى 동사는 그 동명사로 تَغْنِيَةً 를 사용하는 것이 아니라 غِنَاءً 를 사용한다.

j. فُعَالٌ 패턴

질문하다 ; 요청하다	سَأَلَ/ يَسْأَلُ ه (عَنْ هـ)	질문 ; 요청	سُؤَالٌ عَنْ
간구하다, 기원하다	دَعَا/ يَدْعُو الله	간구, 기원	دُعَاءٌ

k. فُعُولٌ 패턴

도착하다	وَصَلَ/ يَصِلُ هـ، إِلَى	도착	وُصُولٌ إِلَى
참석.참가하다 ; ..에 오다	حَضَرَ/ يَحْضُرُ هـ، إِلَى	참석 ; 옴	حُضُورٌ إِلَى
돌아가다, 복귀하다	رَجَعَ/ يَرْجِعُ إِلَى	돌아감, 복귀	رُجُوعٌ إِلَى
획득하다, 얻다	حَصَلَ/ يَحْصُلُ عَلَى	획득	حُصُولٌ عَلَى
포함. 포괄하다	شَمَلَ/ يَشْمُلُ هـ	포함, 포괄	شُمُولٌ
..에 들어가다	دَخَلَ/ يَدْخُلُ هـ	들어감	دُخُولٌ
..을 찾다, 발견하다 ; (피동) 존재하다	وَجَدَ/ يَجِدُ هـ	존재	وُجُودٌ

l. فَعَالَةٌ 패턴

증거하다, 증명하다	شَهِدَ/ يَشْهَدُ بِـ	증거.증명	شَهَادَةٌ بِـ
무사하다, 안전하다	سَلِمَ/ يَسْلَمُ	안전, 무사함	سَلَامَةٌ
공평.공정하다	عَدَلَ/ يَعْدِلُ	공평, 공의	عَدَالَةٌ
명철하다 ; 숙련하다	ثَقُفَ/ يَثْقُفُ	문화	ثَقَافَةٌ

m. فِعَالَةٌ 패턴

공부하다, 배우다	دَرَسَ/ يَدْرُسُ هـ	공부	دِرَاسَةٌ
방문하다	زَارَ/ يَزُورُ ه	방문	زِيَارَةٌ
기록하다	كَتَبَ/ يَكْتُبُ هـ	기록	كِتَابَةٌ
읽다	قَرَأَ/ يَقْرَأُ هـ	읽음	قِرَاءَةٌ
늘다, 증가하다	زَادَ/ يَزِيدُ هـ	늚, 증가	زِيَادَةٌ
..을 낳다	وَلَدَ/ يَلِدُ ه	출생, 탄생	وِلَادَةٌ

n. مَفْعِلٌ 패턴

오다 (to come)	جَاءَ/ يَجِيءُ	옴 (coming)	مَجِيءٌ
되다 (to become)	صَارَ/ يَصِيرُ	운명	مَصِيرٌ
걷다	سَارَ/ يَسِيرُ	걸음, 행진	سَيْرٌ أَوْ مَسِيرٌ

o. فُعُولَةٌ 패턴

쉽다, 용이하다	سَهُلَ/ يَسْهُلُ	쉬움	سُهُولَةٌ
어렵다	صَعُبَ/ يَصْعُبُ عَلَى	어려움	صُعُوبَةٌ عَلَى

p. مَفْعِلَةٌ 패턴

뜻하다	شَاءَ/ يَشَاءُ	뜻, 의지	مَشِيئَةٌ
걷다	سَارَ/ يَسِيرُ	걸음, 행진	سَيْرٌ أَوْ مَسِيرَةٌ

이외에도 فَعْلَانٌ 패턴 (예 : فِقْدَانٌ), فَعِيلٌ 패턴(예: رَحِيلٌ), فِعْلَةٌ 패턴 (예 : ثِقَةٌ) 등이 있다.

(2) 동명사의 패턴과 의미가 연관성이 있는 경우

다음은 동명사의 패턴과 의미가 연관성이 있는 경우이다. 패턴과 연관성이 있는 동명사를 모았기 때문에 아래의 동명사 가운데는 많이 사용되지 않는 것도 있다.

a. 색깔(لَوْنٌ)을 의미하는 경우
فُعْلَةٌ 과 فَعَالٌ 과 فَعَلٌ 패턴의 동명사가 색깔을 나타내는 경우이다. 이 단어들은 동작의 의미가 없는 색깔에 대한 단어들이지만 아랍어 문법에서는 동명사로 간주한다.

a-1 فُعْلَةٌ 패턴

동사		동명사	
붉게 되다	حَمِرَ/ يَحْمَرُ	붉음	حُمْرَةٌ
초록이 되다	خَضِرَ/ يَخْضَرُ	초록	خُضْرَةٌ
노랗게 되다	صَفِرَ/ يَصْفَرُ	노랑	صُفْرَةٌ
푸르게 되다	زَرِقَ/ يَزْرَقُ	푸름	زُرْقَةٌ
(피부 등이) 갈색이 되다	سَمِرَ/ يَسْمَرُ	갈색	سُمْرَةٌ
금발이 되다	شَقِرَ/ يَشْقَرُ	금발	شُقْرَةٌ

a-2 فَعَالٌ 패턴

희게 되다	ب ي ض	흼	بَيَاضٌ
검게 되다	سَوِدَ/ يَسْوَدُ	검음	سَوَادٌ

b. 신체결함을 나타내는 فَعَلٌ 패턴

뜻	동사	뜻	명사
눈먼, 장님이 되다	عَمِيَ/ يَعْمَى	눈이 멈	عَمًى
야맹증이 되다	عَشِيَ/ يَعْشَى	야맹증	عَشًا (أَوْ عَشَاوَةٌ)
사팔뜨기의, 사시안이 되다	حَوِلَ/ يَحْوَلُ	사시안	حَوَلٌ
귀머거리의 ; 청각장애인이 되다	صَمَّ/ يَصَمُّ	귀가 멈	صَمَمٌ
귀머거리의 ; 청각장애인이 되다	طَرَشَ/ يَطْرَشُ	귀가 멈	طَرَشٌ
벙어리가 되다	بَكِمَ/ يَبْكَمُ	벙어리가 됨	بَكَمٌ
벙어리가 되다	خَرِسَ/ يَخْرَسُ	벙어리가 됨	خَرَسٌ
꼽추가 되다	حَدِبَ/ يَحْدَبُ	곱추가 됨	حَدَبٌ
다리를 절다, 절름발이가 되다	عَرِجَ/ يَعْرَجُ	다리를 점	عَرَجٌ
애꾸눈이 되다	عَوِرَ/ يَعْوَرُ	애꾸가 됨	عَوَرٌ

c. 기술(حِرْفَةٌ)을 나타내는 فِعَالَةٌ 패턴

뜻	동사	뜻	명사
재배하다	زَرَعَ/ يَزْرَعُ هـ	농업	زَرْعٌ، زِرَاعَةٌ
만들다 ; 생산하다	صَنَعَ/ يَصْنَعُ هـ	공업	صُنْعٌ، صِنَاعَةٌ
교역하다 (تَاجَرَ/ يُتَاجِرُ – مُتَاجَرَةٌ)	تَجَرَ/ يَتْجُرُ هـ	무역	تِجَارَةٌ، تَجْرٌ
관리하다, 지배하다	وَلِيَ/ يَلِي هـ	관리, 지배, 통치 ; 후견, 보호 ; 주(state)	وِلَايَةٌ
경비하다, 경계하다	حَرَسَ/ يَحْرُسُ هـ	경비, 경계	حَرْسٌ، حِرَاسَةٌ
기록하다	كَتَبَ/ يَكْتُبُ هـ	기록함	كِتَابَةٌ

d. 혼란(اضْطِرَابٌ)을 나타내는 فَعَلَانٌ 패턴

뜻	동사	뜻	명사
끓다(to boil)	غَلَى/ يَغْلِي	끓음	غَلْيٌ، غَلَيَانٌ
주위를 돌다, 회전하다 ; 순회하다	دَارَ/ يَدُورُ	돎, 회전	دَوَرَانٌ، دَوْرٌ
돌다, 순회하다 ; 여행.유랑.배회하다	طَافَ/ يَطُوفُ	돎, 회전 ; 여행, 유랑, 배회	طَوَافٌ، طَوَفَانٌ، طَوْفٌ
(심장이)고동치다, (국기가) 나붓기다, (번개가) 번쩍이다	خَفَقَ/ يَخْفِقُ	고동침, 나붓김, 번쩍임	خَفْقٌ، خَفَقَانٌ
날다(새 등이)	طَارَ/ يَطِيرُ	낢	طَيَرَانٌ، طَيْرٌ

e. 병(داء)을 나타내는 فُعَال 패턴

코감기가 걸리다	زَكِمَ/ يُزْكَمُ	코감기	زُكَامٌ
두통이 있다	صُدِعَ/ يُصْدَعُ	두통	صُدَاعٌ
재채기하다	عَطَسَ/ يَعْطِسُ	재채기	عَطْسٌ، عُطَاسٌ
기침하다	سَعَلَ/ يَسْعُلُ	기침	سُعَالٌ

f. 소리(صَوْت)를 나타내는 패턴

f-1 فُعَال 패턴

외치다, 고함지르다, 소리치다	صَرَخَ/ يَصْرُخُ	외침, 고함침, 소리침	صُرَاخٌ، صَرِيخٌ
울다, 흐느끼다, 통곡하다	بَكَى/ يَبْكِي	욺, 흐느낌, 통곡	بُكَاءٌ، بُكًى
개가 짖다	نَبَحَ/ يَنْبَحُ عَلَى	짖음(개 등)	نُبَاحٌ، نَبْحٌ
(여우 혹은 개가) 으르렁거리다	عَوَى/ يَعْوِي الذِّئْبُ	으르렁거림(늑대, 개)	عُوَاءٌ

f-2 فَعِيل 패턴

말이 울다	صَهَلَ/ يَصْهَلُ الْفَرَسُ	말의 울음	صَهِيلٌ
사자가 으르렁거리다	زَأَرَ/ يَزْأَرُ الْأَسَدُ	사자의 으르렁거림	زَئِيرٌ
까마귀가 울다	نَعَقَ/ يَنْعَقُ الْغُرَابُ	까마귀의 욺	نَعِيقٌ، نَعْقٌ

g. 걸음(سَيْر)을 나타내는 فَعِيل 패턴

떠나가다	رَحَلَ/ يَرْحَلُ	떠나감	رَحِيلٌ
기어가다 ; 짐승이 네 발로 가다	دَبَّ/ يَدِبُّ	기어감, (짐승이) 네 발로 감	دَبٌّ، دَبِيبٌ
낙타가 빠르고 부드럽게 걷다	ذَمَلَ/ يَذْمُلُ	(낙타의) 빠르고 부드러운 걸음	ذَمُولٌ، ذَمِيلٌ

h. 억세(امْتِنَاع)를 나타내는 فِعَال 패턴

..을 거절하다	أَبَى/ يَأْبَى هـ	거절	إِبَاءٌ
(짐승이) 도망치다 ; 피하다, 멀리하다	نَفَرَ/ يَنْفُرُ هـ،عَنْ	(짐승이) 도망침 ; 피함, 멀리함	نَفْرٌ، نِفَارٌ
(말이) 가는 것을 거부하고 버티다 ; 도망치다	جَمَحَ/ يَجْمَحُ	거부하고 버팀	جُمُوحٌ، جِمَاحٌ

(3) 어근 형태(혹은 동사 형태)와 동명사의 패턴 간에 제한된 규칙성이 있는 경우

a. 중복자음 동사의 동명사 - 중복자음 동사는 대부분 다음과 같이 동일한 패턴을 취한다.

당기다	شَدَّ/ يَشُدُّ هـ	당김	شَدّ
끌다 (to draw, pull)	جَرَّ/ يَجُرُّ هـ	끎	جَرّ
허물다, 부수다	هَدَّ/ يَهُدُّ هـ	허뭄, 부숨	هَدّ
늘이다 (to expand)	مَدَّ/ يَمُدُّ إِلَى	늘임, 연장함	مَدّ
막다 (to plug up)	سَدَّ/ يَسُدُّ هـ	막음	سَدّ
대답하다	رَدَّ/ يَرُدُّ عَلَى	대답함	رَدّ
흔들다 (to shake)	هَزَّ/ يَهُزُّ هـ	흔듦	هَزّ
세다 (to count)	عَدَّ/ يَعُدُّ هـ	셈	عَدّ، تَعْدَاد
지나가다 (to pass)	مَرَّ/ يَمُرُّ بـ أَوْ فِي	지나감	مُرُور، مَرّ

* 예외적인 것

나타내다, 보여주다 ; 증명, 실증하다	دَلَّ/ يَدُلُّ عَلَى	나타냄, 보여줌 ; 증명, 실증	دَلَالَة، دَلِيل

b. 수약동사 가운데 첫 자음이 و 인 동사 - 대개가 فَعْل 혹은 فُعُول 패턴을 취한다.

도착하다 ; 연결시키다	وَصَلَ/ يَصِلُ هـ، إِلَى	도착 ; 연결	وُصُول، وَصْل، صِلَة
멈추다 ; 일어서다	وَقَفَ/ يَقِفُ	멈춤 ; 일어섬	وُقُوف
놓다 (to put)	وَضَعَ/ يَضَعُ هـ	놓음	وَضْع
(선물로) 주다, 선사하다	وَهَبَ/ يَهَبُ هـ، بـ	(선물로) 줌, 선사	وَهْب، وَهْبَة، هِبَة
약속하다	وَعَدَ/ يَعِدُ هـ، بـ	약속함, 약속	وَعْد، عِدَة، مَوْعِد
떨어지다	وَقَعَ/ يَقَعُ	떨어짐	وُقُوع، وَقْع
신뢰하다	وَثِقَ/ يَثِقُ بـ	신뢰	ثِقَة، وُثُوق
발견하다	وَجَدَ/ يَجِدُ هـ	발견 ; 존재함	وُجُود، وَجْد

*예외적인 것

상속하다	وَرِثَ/ يَرِثُ هـ	상속함 ; 유전(heredity)	وِرَاثَة، إِرْث، وِرْث

c. 간약동사 가운데 중간자음 어근이 و 인 동사 - فَعْلٌ 패턴

아래 동사들은 그 어근 중간자음이 모두 و 인 동사들이다. 아래의 모든 동사에 فَعْلٌ 패턴의 동명사가 존재하지만 모든 فَعْلٌ 패턴의 동명사들이 널리 사용되는 것은 아니다. 가장 먼저 기록된 동명사가 일반적으로 많이 사용되는 동명사이다.

말하다 (ق – و – ل 어근)	قَالَ/ يَقُولُ هـ	말함	قَوْلٌ
..이다(to be) (ك – و – ن 어근)	كَانَ/ يَكُونُ	존재함	كَوْنٌ، كِيَانٌ، كَيْنُونَةٌ
죽다	مَاتَ/ يَمُوتُ	죽음	مَوْتٌ
..을 보존.보관하다	صَانَ/ يَصُونُ هـ	보존, 보관	صَوْنٌ، صِيَانَةٌ
금식하다	صَامَ/ يَصُومُ	금식	صَوْمٌ، صِيَامٌ
돌다, 순회하다 ; 여행.유랑.배회하다	طَافَ/ يَطُوفُ	돎, 회전 ; 여행, 유랑, 배회	طَوَافٌ، طَوْفٌ، طَوَفَانٌ
..에 대하여 ...를 비난하다	لَامَ/ يَلُومُ هـ عَلَى	비난	لَوْمٌ
잠자다 (ن – و – م 어근)	نَامَ/ يَنَامُ	잠	نَوْمٌ
두려워하다 (خ – و – ف 어근)	خَافَ/ يَخَافُ مِنْ	두려움	خَوْفٌ، مَخَافَةٌ
방문하다	زَارَ/ يَزُورُ هـ أَوْ هـ	방문	زِيَارَةٌ، زَوْرٌ
운전하다	سَاقَ/ يَسُوقُ هـ	운전	سِيَاقَةٌ، سَوْقٌ
인도하다, 이끌다, 지도하다	قَادَ/ يَقُودُ هـ	인도, 이끎, 지도	قِيَادَةٌ، قَوْدٌ، قِيَادٌ
사라지다, 끝나다	زَالَ/ يَزُولُ	사라짐, 끝남	زَوَالٌ، زَوْلٌ
일어나다, 서다 (ق – و – م 어근)	قَامَ/ يَقُومُ	일어남, 섬	قِيَامٌ، قَوْمٌ، قَامَةٌ
돌아가다, 돌아오다 (ع – و – د 어근)	عَادَ/ يَعُودُ إِلَى	돌아감, 돌아옴	عَوْدَةٌ، عَوْدٌ

d. 간약동사 가운데 중간자음 어근이 ي 인 동사 - فَعْلٌ 패턴

아래 동사들은 그 어근 중간자음이 모두 ي 인 동사들이다.

팔다 (ب – ي – ع 어근)	بَاعَ/ يَبِيعُ هـ	편매	بَيْعٌ
걷다	سَارَ/ يَسِيرُ	걸음	سَيْرٌ
살다	عَاشَ/ يَعِيشُ	삶	عَيْشٌ، عِيشَةٌ، مَعِيشَةٌ
날다	طَارَ/ يَطِيرُ	낢	طَيْرٌ، طَيَرَانٌ

기대다	مَالَ / يَمِيلُ إِلَى	기댐 ; 경향 ; 선호하는 경향	مَيْلٌ
외치다, 고함치다	صَاحَ / يَصِيحُ	외침, 고함침 ; (수탉)의 울음	صِيَاحٌ، صَيْحٌ
비난하다 ; 결함을 가지고 있다	عَابَ / يَعِيبُ هـ أَوْ هـ	결함, 흠	عَيْبٌ
얻다, 획득하다 (어근 ن-ي-ل)	نَالَ / يَنَالُ هـ	얻음, 획득	نَيْلٌ
결석하다 (어근 غ-ي-ب)	غَابَ / يَغِيبُ	결석	غِيَابٌ، غَيْبُوبَةٌ، غَيْبٌ
잃다	ضَاعَ / يَضِيعُ	잃음	ضَيَاعٌ، ضَيْعٌ
묵다, 잠자다	بَاتَ / يَبِيتُ	묵음	بَيَاتٌ، بَيْتٌ

*예외적인 것

(말, 비밀 등이) 널리 알려지다, 퍼지다	شَاعَ / يَشِيعُ	널리 퍼짐	شُيُوعٌ

e. 자동사 가운데 완료형 중간 자음에 카스라가 오는 단어 - فَعَلٌ 패턴을 취함

아래는 완료형 중간 자음에 카스라가 온 자동사들이다. 이 경우 그 동명사가 فَعَلٌ 형태를 취했다.

기뻐하다	فَرِحَ / يَفْرَحُ	기뻐함	فَرَحٌ
...에 놀라다	دَهِشَ / يَدْهَشُ (مِنْ)	놀람	دَهَشٌ، دَهْشَةٌ
병들다	مَرِضَ / يَمْرَضُ	병	مَرَضٌ
화나다, 노하다	غَضِبَ / يَغْضَبُ (مِنْ)	화, 분노	غَضَبٌ
즐거워하다, 기뻐하다	طَرِبَ / يَطْرَبُ	즐거워함	طَرَبٌ
피곤하게되다	تَعِبَ / يَتْعَبُ	피곤함 ; 고통, 어려움	تَعَبٌ
유감스럽게 생각하다, 후회하다 ; 미안한 마음을 가지다	أَسِفَ / يَأْسَفُ	유감, 후회, 미안함	أَسَفٌ

*예외적인 것

웃다	ضَحِكَ / يَضْحَكُ	웃음	ضَحِكٌ، ضَحْكٌ، ضِحْكٌ

f. 자동사 가운데 완료형 중간 자음에 파트하가 오는 단어 - فُعُولٌ 패턴을 취함

아래는 완료형 중간자음에 파트하가 온 자동사들이다. 이 경우 그 동명사가 فُعُولٌ 형태를 취했다.

앉다	جَلَسَ / يَجْلِسُ (عَلَى)	앉음	جُلُوسٌ
돌아오다, 돌아가다	رَجَعَ / يَرْجِعُ إِلَى	돌아옴	رُجُوعٌ

들어가다	دَخَلَ/ يَدْخُلُ هـ	들어감	دُخُولٌ
나가다	خَرَجَ/ يخْرُجُ (مِنْ)	나감	خُرُوجٌ
내려가다, 내려오다	نَزَلَ/ يَنْزِلُ (مِنْ)	내려감	نُزُولٌ
(엎드려) 절하다, 경배하다	سَجَدَ/ يَسْجُدُ	절함, 경배함	سُجُودٌ
가다	ذَهَبَ/ يَذْهَبُ إِلَى	감	ذَهَابٌ، ذُهُوبٌ

2) 첨가동사(الْفِعْلُ الْمَزِيدُ)의 동명사 형태

첨가동사의 동명사는 그 패턴에 일정한 규칙성이 있다. 아래의 변화표에 나타나는 동사와 동명사의 패턴에 주목하면서 동명사의 형태를 파악하도록 하자. 첨가동사의 동명사는 이 변화표만 잘 알고 있으면 어떤 동사라도 그 동명사 형태를 쉽게 파악할 수 있다.

	동사 패턴	동명사 패턴	동명사 예	의미
Ⅱ 형	فَعَّلَ / يُفَعِّلُ	تَفْعِيلٌ	تَدْرِيسٌ	가르침
Ⅲ 형	فَاعَلَ / يُفَاعِلُ	مُفَاعَلَةٌ / فِعَالٌ	مُقَاتَلَةٌ / قِتَالٌ	싸움, 전투
Ⅳ 형	أَفْعَلَ / يُفْعِلُ	إِفْعَالٌ أَوْ إِفَالَةٌ	إِكْرَامٌ / إِعَادَةٌ	되돌림 / 영예롭게 함
Ⅴ 형	تَفَعَّلَ / يَتَفَعَّلُ	تَفَعُّلٌ	تَعَلُّمٌ	배움
Ⅵ 형	تَفَاعَلَ / يَتَفَاعَلُ	تَفَاعُلٌ	تَنَاوُلٌ	가짐, 먹음
Ⅶ 형	اِنْفَعَلَ / يَنْفَعِلُ	اِنْفِعَالٌ	اِنْكِسَارٌ	부서짐
Ⅷ 형	اِفْتَعَلَ / يَفْتَعِلُ	اِفْتِعَالٌ	اِحْتِرَامٌ	존경
Ⅸ 형	اِفْعَلَّ / يَفْعَلُّ	اِفْعِلَالٌ	اِحْمِرَارٌ	붉게 됨
Ⅹ 형	اِسْتَفْعَلَ / يَسْتَفْعِلُ	اِسْتِفْعَالٌ	اِسْتِقْبَالٌ	영접

Ⅱ 형 تَفْعِيلٌ 패턴

동사의 패턴이 فَعَّلَ / يُفَعِّلُ 인 동사는 그 동명사가 تَفْعِيلٌ 패턴을 취한다. 간혹 تَفْعِلَةٌ 패턴이나 تَفْعَالٌ 패턴이 사용되기도 한다.

가르치다(to teach)	دَرَّسَ / يُدَرِّسُ هـ	가르침	تَدْرِيسٌ
가르치다(to teach)	عَلَّمَ / يُعَلِّمُ هـ	가르침	تَعْلِيمٌ
설치하다 ; 조립하다 ; (차 등에) 태우다	رَكَّبَ / يُرَكِّبُ هـ	설치 ; 조립 ; (차 등에) 태움	تَرْكِيبٌ
분쇄하다, 산산히 부수다, 박살내다	كَسَّرَ / يُكَسِّرُ هـ	분쇄, 산산히 부숨	تَكْسِيرٌ
잘게 쏠다, 조각내다	قَطَّعَ / يُقَطِّعُ هـ	조각냄	تَقْطِيعٌ
많이 모으다, 축적하다	جَمَّعَ / يُجَمِّعُ هـ	모음, 축적	تَجْمِيعٌ
조직하다	نَظَّمَ / يُنَظِّمُ هـ	조직	تَنْظِيمٌ
..을 제한.한정하다, 규정.지정하다	حَدَّدَ / يُحَدِّدُ هـ	제한, 한정, 규정	تَحْدِيدٌ
임명하다, 지명하다	عَيَّنَ / يُعَيِّنُ ه	임명, 지명	تَعْيِينٌ
..에게 ..을 적용하다	طَبَّقَ / يُطَبِّقُ هـ عَلَى	적용	تَطْبِيقٌ عَلَى

공로를 인정하다, 영예롭게하다; 공경하다; 높이다	كَرَّمَ / يُكَرِّمُ ه	영예롭게 함; 공로를 인정함	تَكْرِيمٌ
..를 추천하다	رَشَّحَ / يُرَشِّحُ ه	추천함	تَرْشِيحٌ
..을 쫓아내다; 졸업시키다	خَرَّجَ / يُخَرِّجُ ه	쫓아냄; 졸업시킴	تَخْرِيجٌ
갚다, 지불하다; 쏘다, (공을) 슈팅하다	سَدَّدَ / يُسَدِّدُ ه	(빚을) 갚음, 지불함; 쏨, 슈팅	تَسْدِيدٌ
구성. 조성. 형성하다	كَوَّنَ / يُكَوِّنُ ه	구성, 조성, 형성	تَكْوِينٌ
이름을 짓다, 이름을 붙이다	سَمَّى / يُسَمِّي ه ه	이름지음	تَسْمِيَةٌ*
(사람. 짐승을) 기르다, 양육하다	رَبَّى / يُرَبِّي ه أو ه	기름, 양육	تَرْبِيَةٌ*
축하하다	هَنَّأَ / يُهَنِّئُ ه	축하	تَهْنِئَةٌ*
제공하다, 제출하다	قَدَّمَ / يُقَدِّمُ ه	제공, 제출	تَقْدِيمٌ أَوْ تَقْدِمَةٌ*
반복하다; 정유. 정수. 정화하다	كَرَّرَ / يُكَرِّرُ ه	(계속적인) 반복; 정유. 정수. 정화	تَكْرِيرٌ 정유 تَكْرَارٌ 반복*
결정하다	قَرَّرَ / يُقَرِّرُ ه	결정	تَقْرِيرٌ

→ 위의 동명사 가운데 *표시가 된 단어들은 تَفْعِلَةٌ 패턴과 تَفْعَال 패턴의 Ⅱ형 동명사이다. 어근의 끝자음이 ي, و, ء 로 끝나는 경우 주로 تَفْعِلَةٌ 패턴을 취한다.

Ⅲ 형 مُفَاعَلَةٌ 패턴

동사의 패턴이 فَاعَلَ / يُفَاعِلُ 인 동사는 그 동명사가 مُفَاعَلَةٌ 패턴을 취한다. 간혹 فِعَال 패턴이 사용되기도 한다.

만나다, 인터뷰하다	قَابَلَ / يُقَابِلُ ه	만남, 인터뷰	مُقَابَلَةٌ
싸우다, 전투하다	قَاتَلَ / يُقَاتِلُ ه أَوْ ه	싸움, 전투	مُقَاتَلَةٌ أَوْ قِتَالٌ*
..에 저항하다, 투쟁하다	قَاوَمَ / يُقَاوِمُ ه	저항, 투쟁	مُقَاوَمَةٌ
...와 서신을 수고받다	رَاسَلَ / يُرَاسِلُ ه	서신을 주고 받음	مُرَاسَلَةٌ
보다, 시청하다	شَاهَدَ / يُشَاهِدُ ه	봄, 시청	مُشَاهَدَةٌ
계속하다, 계속 수행하다; 주의를 기울이는	تَابَعَ / يُتَابِعُ ه	계속함; 주의를 기울임	مُتَابَعَةٌ
동의하다, 찬성하다	وَافَقَ / يُوَافِقُ ه عَلَى	동의, 찬성	مُوَافَقَةٌ عَلَى
(지속적으로) 요구하다	طَالَبَ / يُطَالِبُ بِ	(지속적) 요구	مُطَالَبَةٌ بِ
돕다	سَاعَدَ / يُسَاعِدُ ه	도움	مُسَاعَدَةٌ

IV 형 إِفْعَال 패턴

동사의 패턴이 أَفْعَلَ/ يُفْعِلُ 인 동사는 그 동명사가 إِفْعَال 패턴을 취한다. 어근에 약자음이 있을 경우 إِفَالَة 패턴이 사용되기도 한다(* 표가 있는 단어).

뜻	동사	동명사 뜻	동명사
완성되게하다, 완성하다	أَكْمَلَ/ يُكْمِلُ هـ	완성함	إِكْمَال
내보내다, 나가게하다, 꺼내다	أَخْرَجَ/ يُخْرِجُ هـ	내보냄, 꺼냄	إِخْرَاج
넘겨주다 ; 무슬림이되다	أَسْلَمَ/ يُسْلِمُ (هـ)	넘겨줌 ; 이슬람	إِسْلَام
…에게 …을 전하다, 알리다, 통지하다	أَخْبَرَ/ يُخْبِرُ هـ	전함, 알림, 통지	إِخْبَار
다신교도가 되다	أَشْرَكَ/ يُشْرِكُ	다신교도가 됨	إِشْرَاك
해가 돋다	أَشْرَقَ/ يُشْرِقُ	해가 돋음, 일출	إِشْرَاق
보내다	أَرْسَلَ/ يُرْسِلُ هـ أَوْ هـ	보냄	إِرْسَال
서두르다	أَسْرَعَ/ يُسْرِعُ	서두름	إِسْرَاع
오다, 다가가다, 가까와지다 ; 참석하다	أَقْبَلَ/ يُقْبِلُ	옴, 다가감, 가까와짐 ; 참석함	إِقْبَال
영예롭게하다(to honor), 공경하다	أَكْرَمَ/ يُكْرِمُ هـ	영예롭게 함, 공경함	إِكْرَام
…을 마음에 들게하다, …을 기쁘게 하다	أَعْجَبَ/ يُعْجِبُ هـ	마음에 들게 함. 기쁘게 함	إِعْجَاب
고치다 ; 개혁하다	أَصْلَحَ/ يُصْلِحُ هـ	고침 ; 개혁	إِصْلَاح
되돌리다 ; 다시하다	أَعَادَ/ يُعِيدُ هـ إِلَى	되돌림 ; 다시함	إِعَادَة إِلَى *
비난하다, 정죄하다	أَدَانَ/ يُدِينُ هـ	비난, 정죄	إِدَانَة *

V 형 تَفَعَّلَ 패턴

동사의 패턴이 تَفَعَّلَ/ يَتَفَعَّلُ 인 동사는 그 동명사가 تَفَعُّل 패턴을 취한다.

뜻	동사	동명사 뜻	동명사
발전하다, 발달하다	تَطَوَّرَ/ يَتَطَوَّرُ	발전, 발달	تَطَوُّر
영향을 받다	تَأَثَّرَ/ يَتَأَثَّرُ	영향을 받음	تَأَثُّر
앞서다, 앞서가다, 진보하다	تَقَدَّمَ/ يَتَقَدَّمُ	앞섬, 진보	تَقَدُّم
…에 대해 이야기하다, 에게 말하다	تَكَلَّمَ/ يَتَكَلَّمُ فِي، عَنْ، مَعَ	이야기함, 말함	تَكَلُّم فِي، عَنْ، مَعَ
배우다(to learn)	تَعَلَّمَ/ يَتَعَلَّمُ (هـ)	배움	تَعَلُّم
…와 결혼하다	تَزَوَّجَ/ يَتَزَوَّجُ هـ	결혼함	زَوَاج *
..을 회피하다, 피하다, 멀리하다	تَجَنَّبَ/ يَتَجَنَّبُ هـ	회피, 멀리함	تَجَنُّب

→ * 표가 된 단어의 원래의 동명사 형태는 تَزَوُّج 이다. 이 단어는 거의 사용하지 않고 زَوَاج 을 사용한다.

VI 형 تَفَاعَلَ 패턴

동사의 패턴이 تَفَاعَلَ/يَتَفَاعَلُ 인 동사는 그 동명사가 تَفَاعُل 패턴을 취한다.

취하다, 가지다 ; 먹다	تَنَاوَلَ/ يَتَنَاوَلُ هـ	취함, 가짐 ; 먹음	تَنَاوُلٌ
함께 만나다, 서로 만나다	تَقَابَلَ/ يَتَقَابَلُ	함께 만남	تَقَابُلٌ
서로 돕다, 협력하다	تَعَاوَنَ/ يَتَعَاوَنُ	서로 도움, 협력	تَعَاوُنٌ
..와 ...에 대해 협의.의논하다	تَشَاوَرَ/ يَتَشَاوَرُ	협의, 의논	تَشَاوُرٌ
계속되다 ; 서로 연결하다 ; 의사소통하다	تَوَاصَلَ/ يَتَوَاصَلُ	계속됨 ; 서로 연결됨 ; 의사소통	تَوَاصُلٌ

VII 형 اِنْفِعَالٌ 패턴

동사의 패턴이 اِنْفَعَلَ/يَنْفَعِلُ 인 동사는 그 동명사가 اِنْفِعَال 패턴을 취한다.

부서지다, 깨지다	اِنْكَسَرَ/ يَنْكَسِرُ	부서짐, 깨짐	اِنْكِسَارٌ
열리다 ; (머리가) 깨이다	اِنْفَتَحَ/ يَنْفَتِحُ	열림 ; (머리가) 깨임	اِنْفِتَاحٌ
체결되다 ; 열리다, 개최되다	اِنْعَقَدَ/ يَنْعَقِدُ	체결 ; 열림, 개최	اِنْعِقَادٌ
패배하다	اِنْهَزَمَ/ يَنْهَزِمُ	패배	اِنْهِزَامٌ
뒤집히다, 전복되다 ; 변화되다	اِنْقَلَبَ/ يَنْقَلِبُ	뒤집힘, 전복 ; 쿠데타	اِنْقِلَابٌ

VIII 형 اِفْتِعَالٌ 패턴

동사의 패턴이 اِفْتَعَلَ/يَفْتَعِلُ 인 동사는 그 동명사가 اِفْتِعَال 패턴을 취한다.

듣다, 청취하다(to listen to)	اِسْتَمَعَ/ يَسْتَمِعُ إِلَى	들음, 청취	اِسْتِمَاعٌ إِلَى
끝내다, 끝마치다, 마감짓다	اِخْتَتَمَ/ يَخْتَتِمُ هـ	끝냄, 마감함	اِخْتِتَامٌ
선거하다, 선출하다	اِنْتَخَبَ/ يَنْتَخِبُ ه	선거, 선출	اِنْتِخَابٌ
..을 해보다 ; 실험.시험하다	اِخْتَبَرَ/ يَخْتَبِرُ ه، هـ	실험, 시험	اِخْتِبَارٌ
인정하다 ; 고백하다	اِعْتَرَفَ/ يَعْتَرِفُ بـ	인정 ; 고백	اِعْتِرَافٌ
모이다, 모여들다(to meet)	اِجْتَمَعَ/ يَجْتَمِعُ	모임	اِجْتِمَاعٌ
퍼지다(소식, 소문 등이) ; 전파.보급되다	اِنْتَشَرَ/ يَنْتَشِرُ	퍼짐(소식, 소문 등), 전파	اِنْتِشَارٌ
다르다(to differ from)	اِخْتَلَفَ/ يَخْتَلِفُ	다름	اِخْتِلَافٌ

뜻	동사	뜻	동명사
..을 ..으로 여기다, 간주하다, 고려하다	اِعْتَبَرَ/ يَعْتَبِرُ هـ ـ	간주함, 여김, 고려	اِعْتِبَارٌ
기다리다	اِنْتَظَرَ/ يَنْتَظِرُ ه أَوْ هـ	기다림	اِنْتِظَارٌ
..에 가입하다, 참가하다	اِشْتَرَكَ/ يَشْتَرِكُ في	가입함, 참가	اِشْتِرَاكٌ في
존경하다	اِحْتَرَمَ/ يَحْتَرِمُ	존경	اِحْتِرَامٌ
..에 기대다; 의존하다; 신뢰하다; ..을 비준하다	اِعْتَمَدَ/ يَعْتَمِدُ عَلَى، هـ	기댐, 의존; 비준	اِعْتِمَادٌ عَلَى
단축하다, 축약하다	اِخْتَصَرَ/ يَخْتَصِرُ	단축, 축약	اِخْتِصَارٌ

IX형 اِفْعِلَالٌ 패턴

동사의 패턴이 اِفْعَلَّ / يَفْعَلُّ 인 동사는 그 동명사가 اِفْعِلَالٌ 패턴을 취한다.

뜻	동사	뜻	동명사
붉게되다	اِحْمَرَّ/ يَحْمَرُّ	붉게 됨	اِحْمِرَارٌ
노랗게되다	اِصْفَرَّ/ يَصْفَرُّ	노랗게 됨	اِصْفِرَارٌ
파랗게되다	اِزْرَقَّ/ يَزْرَقُّ	파랗게 됨	اِزْرِقَاقٌ
초록이되다	اِخْضَرَّ/ يَخْضَرُّ	초록이 됨	اِخْضِرَارٌ
하얗게되다	اِبْيَضَّ/ يَبْيَضُّ	하얗게 됨	اِبْيِضَاضٌ
검게되다	اِسْوَدَّ/ يَسْوَدُّ	검게 됨	اِسْوِدَادٌ

X형 اِسْتِفْعَالٌ 패턴

동사의 패턴이 اِسْتَفْعَلَ / يَسْتَفْعِلُ 인 동사는 그 동명사가 اِسْتِفْعَالٌ 패턴을 취한다. 어근에 약자음이 있을 경우 اِسْتِيعَال 나 اِسْتِفْعَاءٌ 혹은 اِسْتِفَالَةٌ 패턴이 사용되기도 한다(* 표시가 있는 경우).

뜻	동사	뜻	동명사
..에게 항복.투항하다	اِسْتَسْلَمَ/ يَسْتَسْلِمُ لـِ	항복, 투항	اِسْتِسْلَامٌ لـِ
...에게 ..의 용서를 빌다	اِسْتَغْفَرَ/ يَسْتَغْفِرُ لـِ	용서를 빔	اِسْتِغْفَارٌ لـِ
..에게서 ...을 빌리다, 대여받다	اِسْتَعَارَ/ يَسْتَعِيرُ هـ مِنْ	빌림, 대여받음	اِسْتِعَارَةٌ مِنْ*
거주지를 정하다, 영주하다	اِسْتَوْطَنَ/ يَسْتَوْطِنُ هـ	거주지를 정함, 영주함	اِسْتِيطَانٌ*
...을 사용.이용하다	اِسْتَعْمَلَ/ يَسْتَعْمِلُ هـ، ه	사용, 이용	اِسْتِعْمَالٌ
이익.유익을 얻다	اِسْتَفَادَ/ يَسْتَفِيدُ مِنْ	이익을 얻음, 유익을 얻음	اِسْتِفَادَةٌ مِنْ*
...할 준비가 되다	اِسْتَعَدَّ/ يَسْتَعِدُّ لـِ	준비가 됨	اِسْتِعْدَادٌ لـِ

...을 맞이하다, 영접하다	اِسْتَقْبَلَ / يَسْتَقْبِلُ هـ	맞이함, 영접	اِسْتِقْبَالٌ
사용.이용.고용하다	اِسْتَخْدَمَ / يَسْتَخْدِمُ هـ، ه	사용, 이용 ; 고용	اِسْتِخْدَامٌ
계속되다, 지속되다	اِسْتَمَرَّ / يَسْتَمِرُّ	계속됨, 지속됨	اِسْتِمْرَارٌ
급하다, 서두르다	اِسْتَعْجَلَ / يَسْتَعْجِلُ	급함, 서두름	اِسْتِعْجَالٌ
..에게 ...에 대해 조언.상담을 구하다	اِسْتَشَارَ / يَسْتَشِيرُ ه في	조언, 상담을 구함	اِسْتِشَارَةٌ في *
(의사에게) 치료를 요구하다	اِسْتَشْفَى / يَسْتَشْفِي ه	치료를 요구함	اِسْتِشْفَاءٌ *
좋다고.옳다고.알맞다고 생각하다 ; 찬성.승인하다	اِسْتَحْسَنَ / يَسْتَحْسِنُ هـ	좋다고 여김, 알맞다고 생각함 ; 찬성 ; 승인	اِسْتِحْسَانٌ
..을 멀다고 여기다 ; 가능성이 낮다고 보다; 배제하다	اِسْتَبْعَدَ / يَسْتَبْعِدُ هـ	멀리함, 배제시킴	اِسْتِبْعَادٌ
노예로 삼다	اِسْتَعْبَدَ / يَسْتَعْبِدُ ه	노예로 삼음	اِسْتِعْبَادٌ

3) 4자음 원형동사의 동명사 형태 - فَعْلَلَةٌ 패턴

4자음 원형동사의 동명사 형태는 그 자음 뒤에 ة를 붙인다.

번역하다, 통역하다	تَرْجَمَ / يُتَرْجِمُ هـ	번역, 통역	تَرْجَمَةٌ
통제하다, 지배하다	سَيْطَرَ / يُسَيْطِرُ عَلَى	통제, 지배	سَيْطَرَةٌ عَلَى
(돌 등을) 굴리다	دَحْرَجَ / يُدَحْرِجُ هـ	(돌 등을) 굴림	دَحْرَجَةٌ
세차게 흔들다, 흔들다	زَعْزَعَ / يُزَعْزِعُ هـ	흔듦	زَعْزَعَةٌ

4자음 원형동사와 4자음 첨가동사 Ⅰ형, 그리고 4자음 첨가동사 Ⅱ형의 동명사에 대해서는 이 책 동사 부분의 '4자음 원형동사와 그 첨가동사 형태' 에서 공부하라.

2. 동명사(الْمَصْدَر)의 문장에서의 기능

동명사는 동사와 명사의 의미 및 기능을 함께하는 단어이다. 동명사는 명사적 기능을 수행하기에 명사문의 주어, 동사문의 주어, 명사문의 술어, 목적어, 소유격 명사, 연결형에서 전연결어와 후연결어 등으로 사용된다. 또한 동명사는 문장에서 자체의 주어나 목적어를 가지는 동사적 용법(الْمَصْدَر الْعَامِل عَمَل فِعْلِهِ)으로도 사용된다. 뿐만 아니라 동명사의 독특한 용법인 동족목적어나 이유목적어, 명시목적어, 상태목적어, 그리고 동반목적어에 사용된다. 동명사는 시제(tense)를 규정하지는 않지만 일반 동사처럼 동작의 발생(action الْحَدَث)이나 상태의 유지의 의미를 나타낸다. 아래의 문장에서 동명사의 여러가지 용법을 공부한다. 동명사의 동사적 용법(الْمَصْدَر الْعَامِل عَمَل فِعْلِهِ)에 대해서는 이 책 제Ⅱ권 '파생명사의 동사적 용법에 대해' 부분에서 자세하게 공부한다.

1) 명사문의 주어(الْمُبْتَدَأ)로 사용된 경우

일하는 것은 어렵다.	الْعَمَلُ صَعْبٌ.
읽기는 지성을 위해 중요하다.	الْقِرَاءَةُ مُهِمَّةٌ لِلْعَقْلِ.
테러가 미국의 중심부에서 있었다.	الْإِرْهَابُ فِي عُمْقِ الْوِلَايَاتِ الْمُتَّحِدَةِ.

2) 동사문의 주어(الْفَاعِل)로 사용된 경우

조금 전에 그 연설이 끝났다.	انْتَهَتِ الْخُطْبَةُ مُنْذُ قَلِيلٍ.
그 주제의 연구가 어제 시작되었다	بَدَأَ بَحْثُ الْمَوْضُوعِ أَمْسِ.
현재 일어나고 있는 것에 대해 반드시 이해해야 한다.	يَجِبُ فَهْمُ مَا يَحْدُثُ الْآنَ.

3) 명사문의 술어(الْخَبَر)로 사용된 경우

사랑은 사람들을 돕는 것이다.	الْحُبُّ مُسَاعَدَةُ النَّاسِ.
총명함은 사람들의 말을 이해하는 것이다.	الذَّكَاءُ فَهْمُ كَلَامِ النَّاسِ.
이 책은 그 이전에 있던 것의 연장이다. (امْتَدَّ / يَمْتَدُّ إِلَى – امْتِدَاد)	هَذَا الْكِتَابُ امْتِدَادٌ لِمَا قَبْلَهُ.
중요한 것은 숙제들을 끝내는 것이다. (انْتَهَى / يَنْتَهِي – انْتِهَاء)	الْمُهِمُّ هُوَ الْانْتِهَاءُ مِنَ الْوَاجِبَاتِ.

4) 목적어(الْمَفْعُول بِهِ)로 사용된 경우

나는 그 외침을 들었다.	سَمِعْتُ الصُّرَاخَ.
그들은 중동으로 돌아오기 시작했다.	بَدَؤُوا عَوْدَتَهُمْ إِلَى الشَّرْقِ الْأَوْسَطِ.
대통령은 정상회담을 연장하는 것을 거부했다.	رَفَضَ الرَّئِيسُ تَمْدِيدَ مُحَادَثَاتِ الْقِمَّةِ.

5) 소유격 명사(الاسْمُ الْمَجْرُورُ)로 사용된 경우

그들이 대통령의 도착에 대해서 나에게 물었다.	سَأَلُونِي عَنْ وُصُولِ الرَّئِيسِ.
그 시위자들은 그들의 봉급을 인상할 것을 요청하였다.	طَالَبَ الْمُتَظَاهِرُونَ بِرَفْعِ أُجُورِهِمْ.
교황은 폭력을 그만둘 것을 촉구했다.	دَعَا الْبَابَا إِلَى وَضْعِ حَدٍّ لِلْعُنْفِ.

6) 동명사가 연결형(الْإِضَافَةُ)에 사용된 경우

동명사는 연결형 형태로 많이 사용된다. 동명사는 전연결어에 사용될 수도 있고 후연결어에 사용될 수도 있다. 앞의 예문들에서도 연결형에 사용된 동명사가 많았지만 정확한 의미 파악을 위해 하나하나 분석하도록 한다.

(1) 동명사가 전연결어(الْمُضَافُ)로 사용된 경우

동명사가 전연결어로 사용되었을 때 동명사의 의미상 주어와 의미상 목적어가 무엇인지 파악할 수 있어야 한다. 왜냐하면 동명사가 전연결어로 사용되었을 경우 그 뒤에 온 후연결어가 때로는 동명사의 의미상 주어가 되기도 하고, 때로는 동명사의 의미상 목적어가 되기도 하기 때문이다. 그렇다면 언제 후연결어가 동명사의 의미상 주어가 되고 언제 후연결어가 동명사의 의미상 목적어가 될까? 그것은 전연결어로 사용된 동명사가 자동사에서 파생되었느냐? 혹은 타동사에서 파생되었느냐에 따라 구분이 가능해 진다.

a. 전연결어로 사용된 동명사가 자동사에서 파생된 경우

전연결어로 사용된 동명사가 자동사에서 파생된 경우 그 후연결어는 항상 동명사의 의미상 주어가 된다.

그 남자의 도착 (행위의 주체는 그 남자이다)	وُصُولُ الرَّجُلِ
대통령의 연설(행위의 주체는 대통령이다)	خُطْبَةُ الرَّئِيسِ
나의 사랑하는 사람의 옴(행위의 주체는 나의 사랑하는 사람이다)	مَجِيءُ حَبِيبَتِي
달의 나타남 (행위의 주체는 달이다.)	ظُهُورُ الْقَمَرِ

예문

그들이 그 남자의 도착에 대해서 나에게 물었다. (소유격 명사)	سَأَلُونِي عَنْ وُصُولِ الرَّجُلِ.
조금 전에 대통령의 연설이 끝났다. (동사문의 주어)	انْتَهَتْ خُطْبَةُ الرَّئِيسِ مُنْذُ قَلِيلٍ.
나는 내가 사랑하는 사람이 오는 것을 기다렸다. (목적어)	انْتَظَرْتُ مَجِيءَ حَبِيبَتِي.
달이 나타나 보름달이 되기 시작했다. (مُكْتَمِلًا 은 상태목적어)	بَدَأَ ظُهُورُ الْقَمَرِ مُكْتَمِلًا.

b. 전연결어로 사용된 동명사가 타동사에서 파생된 경우

전연결어로 사용된 동명사가 타동사에서 파생된 경우 후연결어는 동명사의 의미상 주어가 될 수도 있고 목적어가 될 수도 있다. 아래의 ①은 후연결어가 동명사의 의미상 주어로 사용된 경우의 의미이고, 아래의 ②는 후연결어가 동명사의 의미상 목적어로 사용된 경우의 의미이다.

①	그 남자의 살인(그 남자가 살인함) (행위의 주체가 그 남자)	قَتْلُ الرَّجُلِ
②	그 남자를 살인함 (행위의 객체가 그 남자)	
①	그 사람들의 도움(그 사람들이 도움) (행위의 주체가 그 사람들)	مُسَاعَدَةُ النَّاسِ
②	그 사람들을 도움 (행위의 객체가 그 사람들)	

예문

①	그 남자가 그의 형(남동생)을 살인한 것은 아주 무서운 것이다. (명사문의 주어)	قَتْلُ الرَّجُلِ لِأَخِيهِ شَيْءٌ مَهِيبٌ.
②	나는 그 남자를 살인한 것에 대해 들었다. (소유격 명사)	سَمِعْتُ عَنْ قَتْلِ الرَّجُلِ.
①	사람들이 그들의 이웃을 돕는 것은 좋은 것이다. (명사문의 주어)	مُسَاعَدَةُ النَّاسِ لِجِيرَانِهِمْ شَيْءٌ جَيِّدٌ.
②	(우리는) 사람들을 도와야 한다. (동사문의 주어)	يَجِبُ مُسَاعَدَةُ النَّاسِ.

→ 위의 예들에서와 같이 후연결어가 동명상의 의미상 주어인지 혹은 목적어인지는 문맥에서 결정된다.

** 한편 위의 ① 문장들을 아래와 같이 동명사의 동사적용법 문장(الْمَصْدَرُ الْعَامِلُ عَمَلَ فِعْلِهِ)으로 만들 수 있다. 이에 대해서는 곧 배우게 된다.

그 남자가 그의 형(남동생)을 살인한 것은 아주 무서운 것이다.	قَتْلُ الرَّجُلِ أَخَاهُ شَيْءٌ مَهِيبٌ.
사람들이 그들의 이웃을 돕는 것은 좋은 것이다.	مُسَاعَدَةُ النَّاسِ جِيرَانَهُمْ شَيْءٌ جَيِّدٌ.

다른 예들
① 후연결어가 동명사의 의미상 주어로 사용된 경우

싸미르 교수의 가르침이 내 마음에 들었다.	أَعْجَبَنِي تَدْرِيسُ الْأُسْتَاذِ سَمِيرٍ.
무함마드의 청소는 훌륭하다.	تَنْظِيفُ مُحَمَّدٍ جَيِّدٌ.

② 후연결어가 동명사의 의미상 목적어로 사용된 경우

사랑은 사람들을 돕는 것이다.	الْحُبُّ مُسَاعَدَةُ النَّاسِ.
그 주제의 연구(그 주제를 연구하는 것)가 어제 시작되었다	بَدَأَ بَحْثُ الْمَوْضُوعِ أَمْسِ.
그녀가 그 모임에 참석한 이후 자신의 사무실로 돌아갔다.	رَجَعَتْ إِلَى مَكْتَبِهَا بَعْدَ حُضُورِ الِاجْتِمَاعِ.

(2) 동명사가 후연결어(الْمُضَافُ إِلَيْهِ)로 사용된 경우

일반명사나 동명사가 연결형의 전연결어로 사용되고 동명사가 후연결어로 사용된 경우이다. 이 경우는 후연결어로 사용된 단어가 원래의 연결형의 의미로 해석되는 경우도 있고, 전연결어의 의미상 목적어로 해석되는 경우도 있다.

읽기를 배우는 것은 쉽다. (후연결어로 사용된 동명사가 목적어의 의미)	تَعَلُّمُ الْقِرَاءَةِ سَهْلٌ.
표현의 권리는 삶에서 중요하다. (연결형 형태일 때의 해석)	حَقُّ التَّعْبِيرِ هَامٌّ فِي الْحَيَاةِ.
돕는 것의 기초는 돕는 것을 좋아하는 것이다. (첫번째 것은 연결형의 의미, 두번째 것은 목적어의 의미)	أَسَاسُ الْمُسَاعَدَةِ حُبُّ الْمُسَاعَدَةِ
모바일 폰을 많이 사용하는 것은 해로운 것이다. (세 단어 연결형이다.)	كَثْرَةُ اسْتِخْدَامِ الْمَحْمُولِ مُضِرَّةٌ.
이집트 여성은 정부에서 일할 권리가 있다.	لِلْمَرْأَةِ الْمِصْرِيَّةِ حَقُّ الْعَمَلِ فِي الْحُكُومَةِ.

** 동명사가 시간의 부사(ظَرْفُ الزَّمَانِ)나 장소의 부사(ظَرْفُ الْمَكَانِ) 뒤의 후연결어로 사용된 경우

아래에서 قَبْلَ 와 بَعْدَ 는 시간의 부사 혹은 장소의 부사로 사용된다. 아랍어 문법에서 부사는 명사로 취급되며 때문에 그 뒤에 오는 명사와 연결형 조합을 이룬다. 따라서 아래 문장에서처럼 부사 뒤에 동명사가 후연결어로 올 수 있다.

나는 내 엄마가 떠나기 전에 그녀와 이야기했다.	كَلَّمْتُ أُمِّي قَبْلَ مُغَادَرَتِهَا.
그 여자는 학위를 얻은 후에 돌아왔다	رَجَعَتْ بَعْدَ الْحُصُولِ عَلَى شَهَادَةٍ.

(7) 동족목적어(الْمَفْعُولُ الْمُطْلَقُ), 명시목적어(التَّمْيِيزُ), 이유목적어(الْمَفْعُولُ لَهُ) 등에 사용된 경우

동명사는 아랍어의 독특한 용법인 동족목적어, 이유목적어, 명시목적어, 상태목적어, 동반목적어에 사용된다. 이에 대한 자세한 공부는 이 책 제Ⅱ권 '여러가지 목적격에 대해' 부분에서 공부한다.

(1) 동족목적어(الْمَفْعُولُ الْمُطْلَقُ)에 사용된 예

나는 삶을 정말로 사랑한다.	أُحِبُّ الْحَيَاةَ حُبًّا.
정말로 전쟁이 시작되었다.	بَدَأَتِ الْحَرْبُ بَدْءًا.
젊은이들은 아이폰을 아주 많이 사용한다.	يَسْتَخْدِمُ الشَّبَابُ "الْأَي فُون" اِسْتِخْدَامًا كَبِيرًا.

(2) 명시목적어(التَّمْيِيزُ)에 사용된 예

내 친구는 나보다 지식에 있어서 낫다.	صَدِيقِي أَفْضَلُ مِنِّي عِلْمًا.
태양은 빛을 발함에 있어서 가장 풍부하다.	الشَّمْسُ هِيَ الْأَوْفَرُ ضَوْءًا.
그는 작품 생산에 있어 나기브 마흐푸즈보다 더 위대하다.	هُوَ أَعْظَمُ مِنْ نَجِيب مَحْفُوظ إِنْتَاجًا.

종합 아랍어 문법 |

(3) 이유목적어(الْمَفْعُولُ لَهُ)에 사용된 예

우리는 그 선생님이 말하는 것을 기다리기 위해 조용히 했다.	سَكَتْنَا انْتِظَارًا لِمَا سَيَقُولُهُ الْمُدَرِّسُ.
유럽에 온 이민자들은 일을 구하기 위해서 왔다.	الْمُهَاجِرُونَ فِي أُورُوبَّا جَاؤُوا بَحْثًا عَنْ عَمَلٍ.
그 일군들을 격려하기 위해 보상을 지불하라.	اِصْرِفِ الْمُكَافَآتِ تَشْجِيعًا لِلْعَامِلِينَ.

(4) 상태목적어(الْحَالُ الْجَامِدَةُ)에 사용된 예

그 소년은 뛰어서 왔다.(혹은 뛰어서 참석했다.)	حَضَرَ الْوَلَدُ جَرْيًا.
나의 디렉터가 걸어서 나에게 왔다.	أَتَى مُدِيرِي إِلَيَّ مَشْيًا.
그 아기는 기어서 그 방에 들어갔다.	دَخَلَ الطِّفْلُ الْغُرْفَةَ حَبْوًا.

→ 이 책 제 Ⅱ권 '상태목적어, 상태구, 상태절'의 '불완전 파생명사가 상태목적어로 사용된 경우'(الْحَالُ الْجَامِدَةُ)를 보라.
→ 필자의 '종합 아랍어 문법' 초판에서는 위의 경우를 명사목적어로 설명했지만 개정판에서는 상태목적어로 설명한다.

(5) 동반목적어(الْمَفْعُولُ مَعَهُ)에 사용된 예

나는 해가 떠오르는 것과 함께(해가 떠오를 때에) 잠에서 깨었다.	اسْتَيْقَظْتُ وَطُلُوعَ الشَّمْسِ.
알리는 달빛의 비침과 함께 밤샘을 했다.	سَهِرَ عَلِيٌّ وَضَوْءَ الْقَمَرِ.

8) 동명사의 동사적 용법 (الْمَصْدَرُ الْعَامِلُ عَمَلَ فِعْلِهِ)

앞에서 동명사가 전연결어로 사용될 때 그 뒤에 오는 명사가 동명사의 의미상 주어 혹은 의미상 목적어가 되는 문장을 배웠다. 그런데 아래의 동명사 문장을 보면 사용된 동명사가 의미상 주어와 의미상 목적어를 동시에 취하는 것을 볼 수 있다. 이런 경우는 문장에 사용된 동명사가 동사처럼 사용되어 그 뒤에 이 동사의 자체적인 의미상 주어와 목적어를 함께 취한 경우이다. 이러한 동명사의 용법을 동사적 용법(الْمَصْدَرُ الْعَامِلُ عَمَلَ فِعْلِهِ)이라 한다. 동사적 용법에 사용된 동명사는 반드시 타동사에서 파생된 동명사이어야 한다.
더욱 자세한 설명과 예들은 이 책 제Ⅱ권 '파생명사의 동사적 용법에 대해서' 부분에서 자세히 공부하라.

내가 사람들을 사랑하는 것은 중요하다.	حُبِّي النَّاسَ مُهِمٌّ.
나는 그 교수가 역사를 가르치는 것을 좋아한다.	أُحِبُّ تَدْرِيسَ الْأُسْتَاذِ التَّارِيخَ.
우리는 그들이 새로운 도시들을 건설한 것에 대해 공부했다.	دَرَسْنَا عَنْ بِنَائِهِمْ مُدُنًا جَدِيدَةً.

→ 위의 동명사 뒤에 파란색으로 표기된 부분이 동명사의 의미상 주어이고, 그 뒤에 빨간색으로 표기된 단어가 동명사의 의미상 목적어이다.

제24과 동명사

9) 전치사 بِ 와 함께 사용되어 동명사의 동작에 대한 부사구를 만듦

전치사 بِ 뒤에 비한정 형태의 동명사가 오게되면 그 동작에 대한 부사적인 의미가 된다. 예들들어 아래에서 전치사 بِ 이후에 '빠름' 이라는 동명사 'سُرْعَة'가 와서 بِسُرْعَةٍ 이 되면 '빠르게'라는 의미가 된다.

그는 빠르게 말한다.		يَتَكَلَّمُ بِسُرْعَةٍ.
그 학생들은 느리게 이해한다.		يَفْهَمُ الطُّلَّابُ بِبُطْءٍ.
타흐리르 광장이 꽉 찼다.		يَمْتَلِئُ مَيْدَانُ التَّحْرِيرِ بِكَثْرَةٍ.

다른 예들

빠르게	بِسُرْعَةٍ	느리게	بِبُطْءٍ
천천히, 느리게	بِمَهْلٍ	많게	بِكَثْرَةٍ
강하게, 세게	بِقُوَّةٍ	약하게	بِضَعْفٍ
엄격하게 ; 세게	بِشِدَّةٍ	부드럽게 ; 약하게	بِلِينٍ
주의깊게	بِاهْتِمَامٍ	부주의하게	بِإِهْمَالٍ
주의깊게	بِحِرْصٍ	정교하게, 세밀하게	بِدِقَّةٍ
똑똑하게	بِذَكَاءٍ	어리석게	بِغَبَاءٍ
사랑으로	بِحُبٍّ	증오를 가지고	بِكَرَاهِيَةٍ
긍정적으로	بِإِيجَابِيَّةٍ	부정적으로	بِسَلْبِيَّةٍ
기쁘게	بِسُرُورٍ	기쁘게	بِسَعَادَةٍ
기쁘게	بِفَرَحٍ	진지하게, 열심히	بِجِدٍّ
집중해서	بِتَرْكِيزٍ	안정적으로, 견고하게	بِثَبَاتٍ
신경질적으로	بِعَصَبِيَّةٍ	보수적으로	بِتَحَفُّظٍ
진보적으로	بِتَحَرُّرٍ	미치게	بِجُنُونٍ

→위의 모든 예들에서 전치사 بِ 이후에 비한정 형태의 동명사가 온 것을 확인하라.

예문들

그 아이들이 그들의 아버지에게 빨리 달려갔다.	جَرَى الأَطْفَالُ بِسُرْعَةٍ لِأَبِيهِمْ.
나의 할아버지는 자동차를 느리게 운전한다.	يَقُودُ جَدِّي السَّيَّارَةَ بِبُطْءٍ.
나의 할머니는 거리를 천천히 걷는다.	تَمْشِي جَدَّتِي فِي الشَّارِعِ بِمَهْلٍ.
(그) 과부는 그녀의 남편에 대해 눈물을 많이 흘린다.	تَذْرِفُ الأَرْمَلَةُ الدَّمْعَ بِكَثْرَةٍ عَلَى زَوْجِهَا.
그 레슬링 선수는 그의 상대를 세게 때렸다.	ضَرَبَ الْمُصَارِعُ خَصْمَهُ بِقُوَّةٍ.
그 아이는 그 못을 약하게 박는다.	يَدُقُّ الطِّفْلُ الْمِسْمَارَ بِضَعْفٍ.
그 아버지는 그의 아들들을 엄격하게 다룬다.	يُعَامِلُ الأَبُ أَبْنَاءَهُ بِشِدَّةٍ.
그 아버지는 그의 아이들에게 부드럽게 충고한다.	يَنْصَحُ الأَبُ أَطْفَالَهُ بِلِينٍ.
그 어머니는 그녀의 딸들을 주의깊게 양육한다.	تَرْعَى الأُمُّ بَنَاتِهَا بِاهْتِمَامٍ.
그 학생은 그의 교사의 말을 부주의하게 듣는다.	يَسْمَعُ الطَّالِبُ مُدَرِّسَهُ بِإِهْمَالٍ.
나는 그 복잡한 거리들에서 주의깊게 자동차를 운전한다.	أَقُودُ السَّيَّارَةَ بِحِرْصٍ فِي الشَّوَارِعِ الْمُزْدَحِمَةِ.
그 회계사는 그 계산들을 세밀하게 검산한다.	يُرَاجِعُ الْمُحَاسِبُ الْحِسَابَاتِ بِدِقَّةٍ.
교양인(지식인)은 현명하게 처신한다.	يَتَصَرَّفُ الْمُثَقَّفُ بِذَكَاءٍ.
무식한 자는 어리석게 처신한다.	يَتَصَرَّفُ الْجَاهِلُ بِغَبَاءٍ.
그 할아버지는 그의 손자들에게 사랑으로 훈계한다.	يُشِيرُ[1] الْجَدُّ عَلَى أَحْفَادِهِ بِحُبٍّ.
광신적인 사람들은 증오를 가지고 처신한다.	يَتَصَرَّفُ الْمُتَعَصِّبُونَ بِكَرَاهِيَةٍ.
당신은 사회에 긍정적으로 참여해야 한다.	يَجِبُ أَنْ تُشَارِكَ فِي الْمُجْتَمَعِ بِإِيجَابِيَّةٍ.
당신은 부정적으로 생각하지 않아야 한다.	يَجِبُ أَلاَّ تُفَكِّرَ بِسَلْبِيَّةٍ. (أَلاَّ = أَنْ + لاَ)
기쁘게 나누어 주는 사람은 하나님이 그를 사랑한다.	الْمُعْطِي بِسُرُورٍ يُحِبُّهُ اللهُ.
자선가는 기쁘게 나누어준다.	يُعْطِي الْمُحْسِنُ بِسَعَادَةٍ.
나의 아버지는 나의 합격 소식을 기쁘게 받아들인다.	اسْتَقْبَلَ أَبِي خَبَرَ نَجَاحِي بِفَرَحٍ.
나는 이번주에 열심히(진지하게) 공부했다.	ذَاكَرْتُ هَذَا الأُسْبُوعَ بِجِدٍّ.
그 노력하는 자는 그 질문들을 집중해서 풀고 있다.	يَحِلُّ الْمُجْتَهِدُ الأَسْئِلَةَ بِتَرْكِيزٍ.

---

[1] أَشَارَ/ يُشِيرُ عَلَى – إِشَارَةً 조언하다, 충고하다   أَشَارَ/ يُشِيرُ إِلَى – إِشَارَةً 가리키다, 지시하다, 나타내다

يَقْفِزُ الْقِرْدُ مِنْ شَجَرَةٍ لِأُخْرَى بِثَبَاتٍ.	그 원숭이는 한 나무에서 다른 나무로 안정적으로 뛰어오른다.
يَتَعَامَلَ الْمُتَطَرِّفُونَ مَعَ النَّاسِ بِعَصَبِيَّةٍ.	극단주의자들은 신경질적으로 사람들을 대한다.
يَحْيَا غَيْرُ اللِّيبْرَالِيِّينَ بِتَحَفُّظٍ.	비자유주의자들은 보수적으로 산다.
يَحْيَا اللِّيبْرَالِيُّونَ بِتَحَرُّرٍ.	자유주의자들은 진보적으로 산다.
مُحَمَّدٌ يُحِبُّ كُرَةَ الْقَدَمِ بِجُنُونٍ.	무함마드는 축구를 미치게 좋아한다.

**아래의 문장들을 비교하라.

아래의 ①과 ②는 전치사 بِ 뒤에 동명사가 소유격 명사로 사용된 경우이다. ①의 بِ 는 'بِ + 동명사'가 동명사의 동작에 대한 부사구로 사용되는 경우이다. 그러나 ②의 بِ 는 자동사 تَمَيَّزَ 와 함께 관용구로 사용되는 بِ 이다. (بِ تَمَيَّزَ, '자동사 + 전치사' 관용어)

①	그는 똑똑하게 말한다.	هُوَ يَتَكَلَّمُ بِذَكَاءٍ.
	그는 똑똑하다고 특징지어진다. (ال 이 붙음. 일반적인 똑똑함)	يَتَمَيَّزُ بِالذَّكَاءِ.
②	그는 똑똑하다고 특징지어진다. (ال 이 없음. 똑똑함의 종류가운데 하나. 예를들어 수학에서 똑똑함 혹은 과학에서 똑똑함 등)	يَتَمَيَّزُ بِذَكَاءٍ.

** 부동족목적어로의 전환

한편 위에서 살펴본 전치사 بِ 뒤의 동명사 문장들 가운데 어떤 문장들은 부동족목적어(النَّائِبُ عَنْ الْمَفْعُولِ الْمُطْلَقِ) 문장으로 전환할 수 있다. 부동족목적어에 대한 자세한 공부는 이 책 제Ⅱ권 '여러가지 목적격에 대해 Ⅱ - 동족목적어' 부분에서 공부하라.

의미	동명사 사용 부사구	부동족 목적어
그는 빠르게 말한다.	يَتَكَلَّمُ بِسُرْعَةٍ.	يَتَكَلَّمُ سَرِيعًا. (= تَكَلُّمًا سَرِيعًا)
그 학생들은 느리게 이해한다.	يَفْهَمُ الطُّلَّابُ بِبُطْءٍ.	يَفْهَمُ الطُّلَّابُ بَطِيئًا.
타흐리르 광장이 꽉 찼다.	يَمْتَلِئُ مَيْدَانُ التَّحْرِيرِ بِكَثْرَةٍ.	يَمْتَلِئُ مَيْدَانُ التَّحْرِيرِ كَثِيرًا.

10) '동명사 + 전치사' 구(句)가 관용구로 사용되는 경우

동사가 전치사와 함께 사용되어 '동사 + 전치사' 관용구로 사용되는 경우 그것에서 파생된 파생명사나 동명사도 같은 전치사와 함께 관용구로 사용된다. 즉 능동분사, 수동분사, 동명사 모두 그 뒤에 같은 전치사를 사용한다. '동사 + 전치사' 관용구에 대해서는 이 책 제Ⅱ권의 '여러가지 소유격에 대해' 부분에서 공부하라. 아래는 동명사가 전치사와 함께 관용구로 사용되는 예들이다.

	동사		동명사
검색하다, 찾다(to look for)	بَحَثَ / يَبْحَثُ عَنْ	검색, 찾음	بَحْثٌ عَنْ
획득하다, 얻다, 달성하다	حَصَلَ / يَحْصُلُ عَلَى	획득, 달성	حُصُولٌ عَلَى
약속하다	وَعَدَ / يَعِدُ بِـ	약속함	وَعْدٌ بِـ
..에 피난처를 찾다, 피난	لَجَأَ / يَلْجَأُ إِلَى	피난처를 찾음 ; 의존함	لُجُوءٌ إِلَى
환영하다	رَحَّبَ / يُرَحِّبُ بِـ	환영	تَرْحِيبٌ بِـ
유지하다, 보존하다	حَافَظَ / يُحَافِظُ عَلَى	유지, 보존	مُحَافَظَةٌ عَلَى
청취하다, 주의깊게 듣다	اسْتَمَعَ / يَسْتَمِعُ إِلَى	청취, 주의깊게 들음	اسْتِمَاعٌ إِلَى
의지하다, 의존하다	اعْتَمَدَ / يَعْتَمِدُ عَلَى	의지함, 의존함	اعْتِمَادٌ عَلَى
의지하다, 의존하다	اتَّكَلَ / يَتَّكِلُ عَلَى	의지함, 의존함	اتِّكَالٌ عَلَى
기대다, 의존하다	اسْتَنَدَ / يَسْتَنِدُ إِلَى	기댐, 의존함	اسْتِنَادٌ إِلَى

예문들

그 어머니는 그녀의 잃어버린 아들을 찾았었다.	قَامَتِ[1] الأُمُّ بِالْبَحْثِ عَنِ ابْنِهَا التَّائِهِ.
	أَنْهَيْتُ[2] تَعْلِيمِي بِحُصُولِي عَلَى الشَّهَادَةِ الْجَامِعِيَّةِ.
나는 대학 졸업장을 취득함과 함께 나의 공부를 마쳤다.	
나는 내 자신을 의지하길 좋아한다.	أُحِبُّ الاعْتِمَادَ عَلَى نَفْسِي.

---

[1] قَامَ / يَقُومُ بِـ + 동명사   동명사의 행위를 실행하다

[2] أَنْهَى / يُنْهِي هـ – إِنْهَاءٌ   ..을 끝내다

11) 동명사를 부정하는 عَدَم

동명사의 의미를 부정할 때는 عَدَمْ 를 사용한다. 이때의 의미는 '없음' 혹은 '무', 혹은 '결핍'을 나타내며, 형태는 연결형 형태를 취한다. 즉 뒤에 오는 단어가 후연결어가 된다.

일반 동명사		부정어 사용 동명사	
출석, 참석	حُضُورٌ	불참	عَدَمُ الْحُضُورِ
존재	وُجُودٌ	비존재	عَدَمُ الْوُجُودِ

문장에서 사용
주격(مَرْفُوعٌ)으로 사용

당신이 모임에 참석하지 않은 것이 나를 화나게 했다. (동사문의 주어)	أَغْضَبَنِي عَدَمُ حُضُورِكَ الاجْتِمَاعَ.

목적격(مَنْصُوبٌ)으로 사용

나는 자신감이 없는 것(자신을 신뢰하지 않는 것)을 좋아하지 않는다. (목적어)	لَا أُحِبُّ عَدَمَ الثِّقَةِ فِي النَّفْسِ.

소유격(مَجْرُورٌ)으로 사용

그 남편은 그의 아내가 그의 곁에 있지 않아 지쳤다. (소유격 명사)	تَعِبَ الزَّوْجُ مِنْ عَدَمِ وُجُودِ زَوْجَتِهِ بِجَانِبِهِ.

→ 동명사를 부정하는 'عَدَمْ'에 대한 더 많은 예는 이 책 제Ⅱ권 '여러가지 부정어와 부정문에 대해'에서 공부하라.

종합 아랍어 문법

12) 실행동사와 함께 사용되는 동명사 (الْمَصْدَر)

실행동사란 '…을 이행하다', '…을 실행하다'의 의미를 가진 동사를 말한다. 이러한 동사들은 قَامَ بِـ, أَجْرَى, أَدَّى, تَمَّ 등인데, 이들은 미디어 아랍어에서 많이 사용된다.

(1) قَامَ/ يَقُومُ بِـ 와 함께 사용된 동명사 (الْمَصْدَر)

قَامَ بِـ 동사는 بِـ 이하의 소유격 명사에 동명사를 취하여 그 동명사의 내용을 '이행하다', 혹은 '실행하다'의 의미를 가진다.

동명사의 내용을 '이행하다', '실행하다'	동명사가 전치사 بِـ 이후에 소유격 명사로 온다.	قَامَ/ يَقُومُ بِـ + الْمَصْدَر

예문들

한국 대통령은 이집트를 방문하였다.	قَامَ الرَّئِيسُ الْكُورِيُّ بِزِيَارَةٍ إِلَى مِصْرَ.
그 언론인은 그의 책을 출판했다.	قَامَ الصَّحَافِيُّ بِإِصْدَارِ كِتَابِهِ.
그 선생님은 그의 역할을 잘 수행했다.	قَامَ الْمُدَرِّسُ بِدَوْرِهِ جَيِّدًا.
그 여자 회계사는 그 돈의 합계를 지불했다.	قَامَتِ الْمُحَاسِبَةُ بِدَفْعِ الْمَبْلَغِ.
팔레스타인 사람들은 이스라엘의 공습에 항의하여 시위를 했다.	قَامَ الْفِلَسْطِينِيُّونَ بِمُظَاهَرَةٍ احْتِجَاجًا عَلَى قَصْفِ إِسْرَائِيلَ.

(2) أَجْرَى/ يُجْرِي 와 함께 사용된 동명사 (الْمَصْدَر)

أَجْرَى 동사는 주로 보통명사화된 동명사를 주로 취하며, 모든 동명사를 사용할 수 있는 것이 아니라 숙어로 사용하는 동명사들이 한정되어 있는 편이다.

동명사의 내용을 '이행하다', '실행하다'	동명사가 أَجْرَى 동사의 목적어로 온다.	أَجْرَى/ يُجْرِي + الْمَصْدَر

예문들

그 두 대통령은 집중 회담을 했다.	أَجْرَى الرَّئِيسَانِ مُحَادَثَاتٍ مُكَثَّفَةً.
우리는 경제적 문제에 대한 평가를 했다.	أَجْرَيْنَا تَقْيِيمًا لِلْمُشْكِلَةِ الاقْتِصَادِيَّةِ.
그 여자 과학자는 그 바이러스에 대한 성공적인 실험을 실시했다.	أَجْرَتِ الْعَالِمَةُ اخْتِبَارًا نَاجِحًا لِلْفَيْرُوسِ.
대통령은 쉬누다 교황에게 전화를 했다.	أَجْرَى الرَّئِيسُ اتِّصَالًا هَاتِفِيًّا بِالْبَابَا شِنُودَةِ.
오늘 이집트 사람들은 총선거를 실시했다.	أَجْرَى الْمِصْرِيُّونَ الْيَوْمَ انْتِخَابَاتٍ عَامَّةً.

(3) أَدَّى/ يُؤَدِّي 와 함께 사용된 동명사(الْمَصْدَرُ)

أَدَّى 동사도 أَجْرَى 와 같이 주로 보통명사화된 동명사를 주로 취하며, 모든 동명사를 사용할 수 있는 것이 아니라 숙어로 사용하는 동명사들이 한정되어 있는 편이다.

أَدَّى/ يُؤَدِّي + الْمَصْدَرَ	동명사가 أَدَّى 동사의 목적어로 온다.	동명사의 내용을 '이행하다', '실행하다'

예문들

يُؤَدُّونَ صَلَاتَهُمْ كُلَّ يَوْمٍ فِي الْمَسْجِدِ.	그들은 매일 모스크에서 기도를 한다.
هَلْ أَدَّيْتَ امْتِحَانَكَ؟	너는 너의 시험을 치루었니?
يُؤَدِّي الْمُسْلِمُ رُكْنَ الْحَجِّ فِي حَيَاتِهِ.	무슬림은 그의 생애에서 성지순례 의무를 시행한다.
أَدَّى لِي مِيُونْغ بَاك الْقَسَمَ الدُّسْتُورِيَّ رَئِيسًا لِكُورِيَا الْجَنُوبِيَّةِ. 이명박은 대한민국 대통령으로 선서했다.	
أَدَّى بَان كِي مُون الْيَمِينَ أَمِينًا عَامًّا لِلْأُمَمِ الْمُتَّحِدَةِ. 반기문은 유엔 사무총장으로서 선서를 했다.	

(4) تَمَّ/ يَتِمُّ 와 함께 사용된 동명사(الْمَصْدَرُ)

تَمَّ 동사는 주어로 동명사를 취하여 '실행되다', '이행되다' 의 피동적인 의미를 가진다.

تَمَّ/ يَتِمُّ + الْمَصْدَرُ	동명사가 تَمَّ 동사의 주어로 온다.	동명사의 내용이 '실행되다', '이행되다'의 피동적인 의미

تَمَّ الِانْتِهَاءُ مِنْ بِنَاءِ الْمَصْنَعِ.	그 공장 건축이 끝나졌다.
تَمَّ رَسْمُ كُلِّ اللَّوْحَاتِ.	모든 화판의 그림들이 완성되었다.
تَمَّ زِفَافُ رَئِيسِ الشَّرِكَةِ.	그 회사 사장의 결혼식이 거행되었다.
تَمَّ كِتَابَةُ التَّقْرِيرِ.	그 보고서의 기록이 마무리되었다.
تَمَّ تَأْمِينُ الْمَوْقِعِ بَعْدَ الْهُجُومِ.	그 공격 이후 그 곳의 보안강화가 이루어졌다.

→ 위의 'تَمَّ/ يَتِمُّ + 동명사' 구문의 문장들은 수동태 문장으로 바꿀 수 있다. 이에 대해서는 이 책 제Ⅱ권 '수동태에 대해 Ⅱ' 부분에서 다루고 있다.

→ 동명사가 실행동사와 함께 사용되는 문장들은 미디어 아랍어에서 많이 사용된다. 필자가 저술한 '아랍어 신문, 당신도 읽을 수 있다'에서도 다루고 있다.

13) 추상명사의 의미를 가지거나 감정을 나타내는 동명사

영어의 동명사는 동작의 계속 즉 '-ing' 꼴의 단어를 말한다. 그러나 아랍어의 동명사(اَلْمَصْدَرُ)에는 동작의 의미가 없이 상태적인 의미를 가진 단어도 많다.

아래의 단어들을 보자. 이 단어들은 모두 동작의 의미가 없는 상태동사에서 온 동명사들이다.

아랍어의 동명사(مَصْدَرٌ)는 동작동사 뿐만 아니라 상태동사에서도 파생되는 것을 명심하라.

(1) 추상명사의 의미를 가진 동명사

사랑	حُبٌّ، مَحَبَّةٌ	소망	أَمَلٌ
신뢰	ثِقَةٌ	믿음	إِيمَانٌ
용감함	شَجَاعَةٌ	비겁함	جُبْنٌ
행복	سَعَادَةٌ	자랑, 자부심	فَخْرٌ
아름다움	جَمَالٌ	존재함	وُجُودٌ
참석함	حُضُورٌ	결석함	غِيَابٌ

(2) 감정을 나타내는 동명사

기쁨	فَرَحٌ	슬픔	حُزْنٌ
기쁨	سُرُورٌ	분노	غَضَبٌ
좌절	إِحْبَاطٌ	격노, 분노	غَيْظٌ
두려움	خَوْفٌ	공포	رُعْبٌ
염려	قَلَقٌ	동정심	تَعَاطُفٌ
부끄러움	خَجَلٌ	후회	نَدَمٌ

** 위의 각 동명사들의 동사 형태를 찾아서 기억하도록 하자.

3. 여러가지 동명사의 종류

지금까지는 아랍어의 동명사 가운데 가장 많이 사용되는 일반 동명사(اَلْمَصْدَرُ الصَّرِيحُ)를 공부하였다. 아랍어에는 이것 이외에도 여러가지 동명사가 있다. 즉 풀어쓴 동명사(اَلْمَصْدَرُ الْمُؤَوَّلُ), 합성동명사(اَلْمَصْدَرُ الصِّنَاعِيُّ), 'م' 시작 동명사(اَلْمَصْدَرُ الْمِيمِيُّ), 한차례 동명사(혹은 한차례 명사)(مَصْدَرُ الْمَرَّةِ), 자세 동명사(혹은 자세명사)(مَصْدَرُ الْهَيْئَةِ) 가 그것이다. 이에 대해 공부하도록 하자.

1) 풀어쓴 동명사(اَلْمَصْدَرُ الْمُؤَوَّلُ)

지금까지 배운 일반 동명사와 함께 가장 많이 사용되고 중요한 것이 풀어쓴 동명사이다. 일반적인 동명사 문장과 의미가 동일하지만 그 동명사를 좀 더 풀어서 사용한다는 의미에서 '풀어쓴 동명사(اَلْمَصْدَرُ الْمُؤَوَّلُ)'라 한다. 아래를 보자. 아래의 a는 일반 동명사가 사용된 문장이고, b는 풀어쓴 동명사가 사용된 문장이다. 아래에서 일반 동명사와 풀어쓴 동명사는 둘 다 동일하게 사용된다.

	일반 동명사(اَلْمَصْدَرُ الصَّرِيحُ) 문장		풀어쓴 동명사(اَلْمَصْدَرُ الْمُؤَوَّلُ) 문장
a	أُحِبُّ النَّوْمَ.	b	أُحِبُّ أَنْ أَنَامَ.
	나는 잠자는 것을 좋아한다. ↔ 나는 내가 잠자는 것을 좋아한다.		
a	يُرِيدُ اللَّعِبَ مَعَ صَدِيقِهِ.	b	يُرِيدُ أَنْ يَلْعَبَ مَعَ صَدِيقِهِ.
	그는 그의 친구와 노는 것을 원한다. ↔ 그는 그가 그의 친구와 노는 것을 원한다.		
a	أَعْرِفُ ذَكَاءَكَ.	b	أَعْرِفُ أَنَّكَ ذَكِيٌّ.
	나는 당신의 총명(당신이 총명한 줄)을 안다. ↔ 나는 당신이 총명하다는 것을 안다.		
a	يَسُرُّنِي عَمَلُكَ.	b	يَسُرُّنِي مَا عَمِلْتَ. (= يَسُرُّنِي مَا تَعْمَلُ.)
	당신의 일이 나를 기쁘게 한다. ↔ 당신이 일한 것이 나를 기쁘게 한다.		

이와같이 풀어쓴 동명사 문장을 이끄는 불변사(حَرْفٌ مَصْدَرِيٌّ)의 종류는 세 가지이다. 먼저는 أَنْ 이고, 두 번째는 أَنَّ 이며, 세 번째는 مَا 이다.

	풀어쓴 동명사를 이끄는 불변사의 종류	
①	أَنْ 뒤에 미완료형 동사의 접속법(مَنْصُوبٌ) 꼴이 온다.	أَنْ
②	أَنَّ 뒤에 명사문이 온다. 그 명사문의 주어(اِسْمُ أَنَّ)가 목적격(مَنْصُوبٌ)이어야 하며, 술어(خَبَرُ أَنَّ)는 주격을 취한다.	أَنَّ
③	مَا 뒤에 완료형 혹은 미완료형 동사 둘 다 가능하다.	مَا

이와같이 일반 동명사가 사용된 문장이 'أَنْ + 미완료 동사의 접속법' 형태나, 'أَنَّ + 명사문' 형태, 혹은 'مَا + 동사문' 형태로 풀어서 표현된 것을 풀어쓴 동명사(اَلْمَصْدَرُ الْمُؤَوَّلُ)라고 한다. 풀어쓴 동명사에 대한 공부는 이 책 제Ⅱ권 '풀어쓴 동명사에 대해'에서 자세하게 다루고 있다.

(2) 'م' 시작 동명사(الْمَصْدَرُ الْمِيمِيُّ)

'م' 시작 동명사란 동명사 가운데 'م' 자음으로 시작되는 동명사를 말한다. 'م' 시작 동명사의 패턴은 مَفْعَلٌ 과 مَفْعِلٌ 그리고 테마부타(تَاءُ مَرْبُوطَةٌ)가 마지막 철자로 오는 것이 있다. مَفْعَلٌ 과 مَفْعِلٌ 은 시간명사와 장소명사의 패턴과 동일하며, 동일한 단어인 경우가 많다.

이 동명사는 대개 원래 사용되는 동명사가 있고 'م' 시작 동명사가 추가적으로 사용되는 것이 대부분이다. 많은 'م' 시작 동명사는 동명사적인 의미와 함께 보통명사적인 의미로도 사용된다. (아래 도표에서 파란색 글자들이 원래의 동명사들이다.)

(1) مَفْعَلٌ 패턴의 'م' 시작 동명사

동사		'م' 시작 동명사	
..을 죽이다	قَتَلَ/ يَقْتُلُ ه،هـ - قَتْلٌ	죽음(death)	مَقْتَلٌ
..을 노력하다	سَعَى/ يَسْعَى إِلَى- سَعْيٌ	노력, 수고(effort)	مَسْعًى

(2) مَفْعِلٌ 패턴의 'م' 시작 동명사

مَفْعِلٌ 패턴의 'م' 시작 동명사는 수약동사(الْفِعْلُ الْمِثَالُ)의 경우에 사용되는 패턴이다.

동사		'م' 시작 동명사	
떨어지다 (to fall down) ; 발생하다 (to happen)	وَقَعَ/ يَقَعُ - وُقُوعٌ، وَقْعٌ	장소 (떨어지는)	مَوْقِعٌ
약속하다	وَعَدَ/ يَعِدُ ه،بِ - وَعْدٌ	약속(appointment)	مَوْعِدٌ
놓다 (to put)	وَضَعَ/ يَضَعُ هـ - وَضْعٌ	장소 (놓는)	مَوْضِعٌ
오다 (to come)	جَاءَ/ يَجِيءُ - جِيئَةٌ	옴(coming)	مَجِيءٌ
되다 (to become)	صَارَ/ يَصِيرُ - صَيْرُورَةٌ	운명(destiny), 운명지어진 결과 (명사로 사용됨)	مَصِيرٌ

(3) 테마부타(تَاءُ مَرْبُوطَةٌ)가 마지막 철자로 오는 'م' 시작 동명사

동사		'م' 시작 동명사	
사랑하다	أَحَبَّ/ يُحِبُّ ه - حُبٌّ	사랑	مَحَبَّةٌ
알다(to know)	عَرَفَ/ يَعْرِفُ هـ أو ه - عِرْقَانٌ	앎, 지식	مَعْرِفَةٌ / مَعَارِفُ
걷다, 걸어가다, 행진하다	سَارَ/ يَسِيرُ - سَيْرٌ	거리, 간격 ; 행진, 행군	مَسِيرَةٌ
..을 원하다, 바라다	شَاءَ/ يَشَاءُ هـ - شَيْءٌ	뜻, 의지	مَشِيئَةٌ
..에게 유익하다, 쓸모있다	نَفَعَ/ يَنْفَعُ ه - نَفْعٌ	유용성, 유익	مَنْفَعَةٌ / مَنَافِعُ
못쓰게 되다, 상하다, 썩다	فَسَدَ/ يَفْسُدُ - فَسَادٌ	망침, 엉망이 됨, 골칫거리	مَفْسَدَةٌ / مَفَاسِدُ
..에게 설교하다	وَعَظَ/ يَعِظُ ه - وَعْظٌ	설교	مَوْعِظَةٌ / مَوَاعِظُ

3) 합성동명사 (اَلْمَصْدَرُ الصِّنَاعِيُّ)

연고형용사 형태에 테마부타 ة(تَاءُ التَّأْنِيثِ)를 붙여서 주의(主義, -ism)나 사상을 나타내는 단어들을 합성 동명사라 한다.

연고형용사		합성동명사	
인간적인	إِنْسَانِيٌّ	인간성(humanity)	اَلْإِنْسَانِيَّةُ
자유로운	حُرِّيٌّ	자유	اَلْحُرِّيَّةُ
국가의, 애국의	وَطَنِيٌّ	애국주의(patriotism)	اَلْوَطَنِيَّةُ
민주주의의, 민주적인	دِيمُقْرَاطِيٌّ	민주주의	اَلدِّيمُقْرَاطِيَّةُ
자유주의의	لِيبِرَالِيٌّ	자유주의(liberalism)	اَللِّيبِرَالِيَّةُ
자본주의의	رَأْسُمَالِيٌّ	자본주의	اَلرَّأْسُمَالِيَّةُ
사회주의의	اشْتِرَاكِيٌّ	사회주의(socialism)	اَلاشْتِرَاكِيَّةُ
공산주의의	شُيُوعِيٌّ	공산주의	اَلشُّيُوعِيَّةُ
민족의, 민족적인	قَوْمِيٌّ	민족주의(nationalism)	اَلْقَوْمِيَّةُ
야만적인, 거친	وَحْشِيٌّ	야만성	اَلْوَحْشِيَّةُ
인종의, 인종편견의	عُنْصُرِيٌّ	인종주의	اَلْعُنْصُرِيَّةُ
원리주의의	أُصُولِيٌّ	원리주의	اَلْأُصُولِيَّةُ
세계의, 세계적인	عَالَمِيٌّ	세계주의, 세계화	اَلْعَالَمِيَّةُ
도시의, 시민의	مَدَنِيٌّ	문명화	اَلْمَدَنِيَّةُ
실제의, 사실의	وَاقِعِيٌّ	사실주의	اَلْوَاقِعِيَّةُ
야만적인	هَمَجِيٌّ	야만성, 흉포성	اَلْهَمَجِيَّةُ

** 아래의 ①은 합성동명사로 사용된 경우이고, 아래의 ②는 연고형용사로 사용된 경우이다.

①	인간성은 아름다운 감정이다.	اَلْإِنْسَانِيَّةُ شُعُورٌ جَمِيلٌ.
②	인간의 감정은 위대하다.	اَلْمَشَاعِرُ الْإِنْسَانِيَّةُ رَائِعَةٌ.
①	야만성은 거부된 생각(사람들로부터)이다.	اَلْهَمَجِيَّةُ فِكْرَةٌ مَنْبُوذَةٌ.
②	야만적인 행동들은 비난받는다.	إِنَّ التَّصَرُّفَاتِ الْهَمَجِيَّةَ مَذْمُومَةٌ.

4) 한차례 동명사(혹은 한차례 명사) (مَصْدَرُ الْمَرَّةِ)

한차례 동명사는 동사의 동작이 한 번 발생했음을 나타내는 동명사(الْمَصْدَرُ الدَّالُّ عَلَى الْمَرَّةِ)이다. 문법 학자에 따라 한차례 명사(اسْمُ الْمَرَّةِ)로 소개하는 경우도 있다. 한차례 동명사는 3 자음 동사에서 파생될 경우 فَعْلَةٌ 패턴을 취하며, 첨가동사에서 파생될 경우 동명사 형태 뒤에 ة를 추가하여 만든다. 한차례 동명사는 동작이 한 번 발생했음을 의미하기에 상태동사의 동명사에서는 한차례 동명사가 불가능하다. 한차례 동명사는 이 책 제Ⅱ권의 '여러가지 목적격에 대해 Ⅲ – 동족목적어' 부분과 함께 공부하는 것이 효과적이다.

(1) 한차례 동명사(اسْمُ الْمَرَّةِ)의 패턴

a. 3 자음 원형 동사
a-1 강동사(الْفِعْلُ الصَّحِيحُ)**의 경우** - فَعْلَةٌ 패턴 각각의 어근에서 파생되어 فَعْلَةٌ 패턴을 취한다.

동사 & 동명사			한차례 동명사	
먹다	أَكَلَ/ يَأْكُلُ هـ - أَكْلٌ		한 번 먹음, 한 입	أَكْلَةٌ
마시다	شَرِبَ/ يَشْرَبُ هـ - شُرْبٌ		한 번 마심, 한 모금	شَرْبَةٌ
걷다(to step)	خَطَا/ يَخْطُو - خَطْوٌ (خ ط و)		한 걸음	خَطْوَةٌ
때리다, 두들기다	ضَرَبَ/ يَضْرِبُ هـ أو ه - ضَرْبٌ		한 번 때림	ضَرْبَةٌ
웃다	ضَحِكَ/ يَضْحَكُ - ضَحِكٌ		한 번 웃음	ضَحْكَةٌ
춤추다	رَقَصَ/ يَرْقُصُ - رَقْصٌ		한 번의 춤	رَقْصَةٌ
기쁘다	فَرِحَ/ يَفْرَحُ بـ - فَرَحٌ		한 기쁨	فَرْحَةٌ
옮기다, 운송하다	نَقَلَ/ يَنْقُلُ هـ - نَقْلٌ		한 번 옮김	نَقْلَةٌ
앉다	جَلَسَ/ يَجْلِسُ - جُلُوسٌ *		한 번 앉음 ; 세션	جَلْسَةٌ
돌아오다, 돌아가다	رَجَعَ/ يَرْجِعُ - رُجُوعٌ *		한 번 돌아옴	رَجْعَةٌ
쳐다보다	نَظَرَ/ يَنْظُرُ إِلَى - نَظَرٌ		한 번 쳐다봄	نَظْرَةٌ
약 등을 복용하다, 삼키다	جَرَعَ/ يَجْرَعُ هـ - جَرْعٌ		한 번 복용함	جَرْعَةٌ
닦다(to wipe, mop)	مَسَحَ/ يَمْسَحُ هـ - مَسْحٌ		한 번 닦음	مَسْحَةٌ
만지다, 어루만지다(to touch)	لَمَسَ/ يَلْمِسُ هـ أو ه - لَمْسٌ		한 번 만짐, 터치함	لَمْسَةٌ
굴레씌우다, 재갈을 물리다	لَجَمَ/ يَلْجُمُ هـ - لَجْمٌ		한 번 굴레씌움, 재갈 물림	لَجْمَةٌ

a-2 약동사의 경우
a-2-1 수약동사 (اَلْفِعْلُ الْمِثَالُ) – فَعْلَةٌ 패턴으로 변화한다.

..에게 ..을 주다, 선사하다	وَهَبَ/ يَهَبُ ه هـ – وَهْبٌ	한 번 선사함	وَهْبَةٌ
점프하다, 뛰어오르다	وَثَبَ/ يَثِبُ إِلَى – وَثْبٌ	한 번 점프함	وَثْبَةٌ

a-2-2 간약동사 (اَلْفِعْلُ الْأَجْوَفُ) – فَعْلَةٌ 의 ع 부분에 어근 중간 자음을 취한다.

일어나다	قَامَ/ يَقُومُ – قَوْمٌ (ق و م)	한 번 일어남	قَوْمَةٌ
돌아다니다, 배회하다, 순회하다	جَالَ/ يَجُولُ – جَوَلٌ (ج و ل)	한 번 순회함	جَوْلَةٌ
금식하다	صَامَ/ يَصُومُ – صَوْمٌ (ص و م)	한 번 금식함	صَوْمَةٌ
잠수하다, 물에 뛰어들다	غَاصَ/ يَغُوصُ فِي– غَوْصٌ (غ و ص)	한 번 잠수함	غَوْصَةٌ
흥분하다, 날뛰다; 폭동, 혁명을 일으키다	ثَارَ/ يَثُورُ – ثَوْرٌ (ث و ر)	한 번의 폭동, 혁명	ثَوْرَةٌ
잠자다	نَامَ/ يَنَامُ – نَوْمٌ (ن و م)	한 번 잠을 잠	نَوْمَةٌ
팔다	بَاعَ/ يَبِيعُ هـ – بَيْعٌ (ب ي ع)	한 번 팖	بَيْعَةٌ
외치다, 소리치다; 수탉이 울다	صَاحَ/ يَصِيحُ – صَيْحٌ (ص ي ح)	한 번 외침, 소리침	صَيْحَةٌ
날다	طَارَ/ يَطِيرُ – طَيْرٌ (ط ي ر)	한 번 낢	طَيْرَةٌ

a-2-3 말약동사 (اَلْفِعْلُ النَّاقِصُ)

초청하다; 부르다	دَعَا/ يَدْعُو ه إِلَى– دَعْوٌ، دُعَاءٌ، دَعْوَةٌ (د ع و)	한 번 초청, 한 번 부름	دَعْوَةٌ
엎어지다, 넘어지다; 시들다, 빛이 바래다	كَبَا/ يَكْبُو – كَبْوٌ (ك ب و)	한 번 엎어짐, 한 번 시듦, 빛이 바램	كَبْوَةٌ
(목표를) 빗나가다; 불일치하다	نَبَا/ يَنْبُو عَنْ – نَبْوٌ (ن ب و)	한 번 빗나감, 한 번 불일치함	نَبْوَةٌ
낮잠자다	غَفَا/ يَغْفُو – غَفْوٌ	한 번의 낮잠	غَفْوَةٌ
던지다	رَمَى/ يَرْمِي هـ – رَمْيٌ (ر م ي)	한 번 던짐	رَمْيَةٌ
뛰다	جَرَى/ يَجْرِي – جَرْيٌ (ج ر ي)	한 번 뜀	جَرْيَةٌ
..을 잊다(to forget)	نَسِيَ/ يَنْسَى هـ – نَسْيٌ (ن س ي)	한 번 잊음	نَسْيَةٌ
추구하다, 시도하다, 노력하다	سَعَى/ يَسْعَى (إِلَى) – سَعْيٌ (س ع ي)	한 번 추구함, 시도함, 노력함	سَعْيَةٌ

a-2-4 이중약동사 (الْفِعْلُ اللَّفِيفُ)

다림질하다	كَوَى/يَكْوِي هـ ‐ كَيٌّ (ك و ي)	한 번 다림질	كَيَّةٌ
그릴로 굽다, 바베큐하다	شَوَى/يَشْوِي هـ ‐ شَيٌّ (ش و ي)	한 번 그릴로 구움	شَيَّةٌ
(종이, 옷 등을) 접다, 말다	طَوَى/يَطْوِي هـ ‐ طَيٌّ (ط و ي)	한 번 접음	طَيَّةٌ

b. 3자음 첨가동사의 경우

각각의 동명사 형태에서 ة를 추가한다.

동사 & 동명사		한차례 동명사	
나누다, 분할하다	قَسَّمَ/يُقَسِّمُ هـ ‐ تَقْسِيمٌ	한 번 나눔, 한 번 분할	تَقْسِيمَةٌ
생각하다, 사고하다	فَكَّرَ/يُفَكِّرُ (في) ‐ تَفْكِيرٌ	한 번 생각	تَفْكِيرَةٌ
..에 넘기다, 인계하다, 양도하다	سَلَّمَ/يُسَلِّمُ (إلى) ‐ تَسْلِيمٌ	한 번 넘김	تَسْلِيمَةٌ
나가게 하다	أَخْرَجَ/يُخْرِجُ هـ ‐ إِخْرَاجٌ	한 번 나감	إِخْرَاجَةٌ
졸다, 쪽잠을 자다	أَغْفَى/يُغْفِي ‐ إِغْفَاءٌ	한 번 잠, 쪽잠	إِغْفَاءَةٌ
창작하다, 창제하다 ; 에서 탁월하다	أَبْدَعَ/يُبْدِعُ هـ ‐ إِبْدَاعٌ	한 번 창작	إِبْدَاعَةٌ
가지다, 받다 ; 먹다 ; 취급하다	تَنَاوَلَ/يَتَنَاوَلُ ‐ تَنَاوُلٌ	한 번 가짐, 한 번 받음, 한 번 먹음	تَنَاوُلَةٌ
발사되다 ; 시작되되다 ; 출발하다	اِنْطَلَقَ/يَنْطَلِقُ ‐ اِنْطِلَاقٌ	한 번의 발사	اِنْطِلَاقَةٌ
돌진하다 ; 발사되다 ; 시작하다	اِنْدَفَعَ/يَنْدَفِعُ ‐ اِنْدِفَاعٌ	한 번 돌진, 한 번 발사	اِنْدِفَاعَةٌ
진동하다, 흔들리다 ; 봉기하다	اِنْتَفَضَ/يَنْتَفِضُ ‐ اِنْتِفَاضٌ	한 번의 봉기, 폭동	اِنْتِفَاضَةٌ
불이 붙다	اِشْتَعَلَ/يَشْتَعِلُ ‐ اِشْتِعَالٌ	한 번 불이 붙음	اِشْتِعَالَةٌ
싸우다, 분쟁하다	اِخْتَصَمَ/يَخْتَصِمُ ‐ اِخْتِصَامٌ	한 번 싸움	اِخْتِصَامَةٌ
준비되다	اِسْتَعَدَّ/يَسْتَعِدُّ ‐ اِسْتِعْدَادٌ	한 번 준비됨	اِسْتِعْدَادَةٌ

→ 이 외에도 수없이 많은 첨가동사들의 동명사에 ة를 붙이면 한차례 동명사가 된다.

제24과 동명사

c. 원래 동명사가 ة로 끝나는 경우

3자음 원형동사나 첨가동사의 원래 동명사가 ة로 끝나는 경우는 어떻게 할까?

이 경우 한차례 동명사의 의미로 사용하기 위해 그 동명사 뒤에 '한 번'이란 의미의 وَاحِدَةٌ 을 사용해 준다.

읽다	قَرَأَ/ يَقْرَأُ هـ – قِرَاءَةٌ	한 번 읽음	قِرَاءَةٌ وَاحِدَةٌ
쓰다, 기록하다	كَتَبَ/ يَكْتُبُ هـ – كِتَابَةٌ	한 번 기록함	كِتَابَةٌ وَاحِدَةٌ
봉사하다, 섬기다	خَدَمَ/ يَخْدِمُ هـ – خِدْمَةٌ	한 번 봉사함	خِدْمَةٌ وَاحِدَةٌ
증거하다, 증명하다	شَهِدَ/ يَشْهَدُ بـ – شَهَادَةٌ	한 번 증거함	شَهَادَةٌ وَاحِدَةٌ

→3자음 원형동사 가운데 그 동명사형이 فَعْلَةٌ 패턴이든지, فِعْلَةٌ 패턴이든지, فَعَالَةٌ 패턴이든지, فِعَالَةٌ 패턴의 경우가 이에 해당한다. 이 과 앞 부분에서 이 패턴들의 동사들을 확인하라.

저항하다	قَاوَمَ/ يُقَاوِمُ هـ – مُقَاوَمَةٌ	한 번 저항함	مُقَاوَمَةٌ وَاحِدَةٌ
뒤따르다, 추적하다; 주의깊게 살피다	لَاحَقَ/ يُلَاحِقُ ه – مُلَاحَقَةٌ	한 번 추적함	مُلَاحَقَةٌ وَاحِدَةٌ
유익을 얻다	اسْتَفَادَ/ يَسْتَفِيدُ مِن – اسْتِفَادَةٌ	한 번 유익을 얻음	اسْتِفَادَةٌ وَاحِدَةٌ
도움을 청하다	اسْتَعَانَ/ يَسْتَعِينُ بـ – اسْتِعَانَةٌ	한 번 도움을 청함	اسْتِعَانَةٌ وَاحِدَةٌ

→첨가동사 가운데 Ⅲ형의 동명사형이 مُفَاعَلَةٌ 패턴이다. 간혹 Ⅱ형과 Ⅳ형 그리고 Ⅹ형에서도 끝자음에 ة가 오는 경우가 발생한다. 이 과 앞 부분에서 이 패턴들의 동사들을 확인하라.

(2) 한차례 동명사의 용법

한차례 동명사는 동사의 동작이 한 번 실행되었음을 나타내며, 일반 명사와 같이 문장에서 여러가지 기능을 수행할 수 있다. 즉 명사문의 주어(مُبْتَدَأٌ), 동사문의 주어(فَاعِلٌ), 술어(خَبَرٌ), 목적어(مَفْعُولٌ بِهِ) 등의 기능을 수행한다.

오후의 (한 번의) 낮잠은 유익하다. (명사문의 주어)	غَفْوَةُ الظُّهْرِ مُفِيدَةٌ.
나는 오후에 (한 번의) 낮잠을 취했다. (목적어)	أَخَذْتُ غَفْوَةً بَعْدَ الظُّهْرِ.
이것은 긴 낮잠이다. (술어)	هَذِهِ غَفْوَةٌ طَوِيلَةٌ.
나는 쉬기 위해 한 번 쪽잠이 필요하다. (소유격 명사)	أَحْتَاجُ إِلَى غَفْوَةٍ لِأَرْتَاحَ.

이외에도 한차례 동명사는 동작의 횟수를 표현하는 동족목적어(الْمَفْعُولُ الْمُطْلَقُ)에 많이 사용된다. 다음에 기록된 대부분의 예문들이 동족목적어의 표현이다. 이에 대한 자세한 내용은 이 책 제Ⅱ권의 '여러가지 목적격에 대해 Ⅲ – 동족목적어' 부분에서 공부하라.

a. 3자음 원형동사의 경우

나는 오늘 음식을 한 번 먹었다.	أَكَلْتُ فِي الْيَوْمِ أَكْلَةً.
나는 그에게 카운트 펀치를 한 번 때렸다.	ضَرَبْتُهُ ضَرْبَةً.
그 기도자는 기도를 한 번 했다.(꿇어앉는 기도행위를 한 번 했다.)	رَكَعَ الْمُصَلِّي رَكْعَةً.
나는 쥬스를 한 번 마셨다.	شَرِبْتُ الْعَصِيرَ شَرْبَةً.
그 환자는 약을 한 번 삼켰다.	جَرَعَ الْمَرِيضُ مِنَ الدَّوَاءِ جَرْعَةً.
그 신자는 알라신께 한 번 꿇어엎드렸다.	سَجَدَ الْمُؤْمِنُ لِلَّهِ سَجْدَةً.
어머니는 옷을 한 번 다림질 했다.	كَوَتِ الْأُمُّ الثَّوْبَ كَيَّةً.
그 남자는 그 생선을 한 번 그릴에 구웠다.	شَوَى الرَّجُلُ السَّمَكَةَ شَيَّةً.
그 판매자는 그 신문을 한 번 접었다.	طَوَى الْبَائِعُ الصَّحِيفَةَ طَيَّةً.

b. 첨가동사의 경우

나는 쉬기 위해 쪽잠 한 번이 필요하다.	أَحْتَاجُ إِلَى إِغْفَاءَةٍ لِأَرْتَاحَ.
그 국기는 한 번 올려졌다.	ارْتَفَعَ الْعَلَمُ ارْتِفَاعَةً.

그 불은 한 번 붙여졌다.	اشْتَعَلَتِ النَّارُ اشْتِعَالَةً.
그 학생은 한 생각을 했다.	فَكَّرَ الطَّالِبُ تَفْكِيرَةً.
그 기도자가 '알라후 악크바르'를 한 번 했다.	كَبَّرَ الْمُصَلِّي تَكْبِيرَةً.
행운이 미소를 (한 번) 지었다.	ابْتَسَمَ الْحَظُّ ابْتِسَامَةً.

c. 테마부타로 끝나는 단어의 경우

한편 동명사의 맨 끝 철자가 ة로 끝나는 단어를 한차례 동명사로 만들 경우 그 단어 뒤에 وَاحِدَةً를 사용해 준다.

c-1 3자음 원형동사의 경우

나는 그 이야기를 한 번 읽었다.	قَرَأْتُ الْقِصَّةَ قِرَاءَةً وَاحِدَةً.
그 학생들은 그 문장을 한 번 기록했다.	كَتَبَ الطُّلَّابُ الْجُمْلَةَ كِتَابَةً وَاحِدَةً.
그가 나를 방문하도록 그에게 한 번 초청했다.	دَعَوْتُهُ لِزِيَارَتِي دَعْوَةً وَاحِدَةً.
나는 그에게 한 번 자비를 베풀었다.	رَحِمْتُهُ رَحْمَةً وَاحِدَةً.

c-2 첨가동사의 경우

나는 그 부르는 사람에게 대답을 한 번 했다.	أَجَبْتُ الْمُنَادِيَ إِجَابَةً وَاحِدَةً.
그 아나운서는 그 소식을 한 번 전했다.	أَذَاعَ الْمُذِيعُ الْخَبَرَ إِذَاعَةً وَاحِدَةً.
그 아들은 그의 아버지를 한 번 도왔다.	سَاعَدَ الِابْنُ أَبَاهُ مُسَاعَدَةً وَاحِدَةً.
그 경찰은 그 강도를 한 번 추적했다.	لَاحَقَ الشُّرْطِيُّ اللِّصَّ مُلَاحَقَةً وَاحِدَةً.
나는 그 의사에게 상담을 한 번 했다.	اسْتَشَرْتُ الطَّبِيبَ اسْتِشَارَةً وَاحِدَةً.

d. 두 차례 이상의 횟수를 표현할 때

지금까지는 한차례 동명사를 사용하여 동작이 한 번 일어남을 묘사하였다. 그렇다면 동작이 두 번 이상 일어날 경우는 한차례 동명사의 규칙 쌍수꼴과 규칙 복수 꼴을 이용한다. 다음을 보자.

그는 두 번 마셨다.	شَرِبَ شَرْبَتَيْنِ.
나는 두 번 절을 했다.	سَجَدْتُ سَجْدَتَيْنِ.
그 선수는 두 번 굽혔다.	انْحَنَى اللَّاعِبُ انْحِنَاءَتَيْنِ.
그 여자는 여러 번 웃었다.	ضَحِكَتْ ضَحَكَاتٍ.

5) 자세 동명사(혹은 자세명사) (مَصْدَرُ الْهَيْئَةِ)

문장에서 동사의 동작이 일어날 때 그 동작의 수행 방법 특히 자세나 모양에 촛점을 맞추어 사용하는 동명사를 자세 동명사(الْمَصْدَرُ الدَّالُ عَلَى الْهَيْئَةِ، اسْمُ الْهَيْئَةِ)라 한다. 아랍어 문법에서 자세명사(اسْمُ الْهَيْئَةِ)로 소개하기도 한다. 자세 동명사는 3 자음 동사에서 파생되어 فِعْلَةٌ 패턴을 취한다. 자세 동명사 뒤에는 수식어가 오거나 후연결어가 와서 그 동작의 방법에 대해 묘사한다. 아랍어 문법에 존재하지만 많이 사용되는 것은 아니다.

(1) 자세 동명사(مَصْدَرُ الْهَيْئَةِ)의 형태

자세 동명사는 3 자음 원형동사의 어근 자음에서 파생되어 فِعْلَةٌ 형태를 취한다. 첨가동사의 경우 동족목적어 가운데 동작을 묘사하는 경우(بَيَانُ نَوْعِ الْفِعْلِ)와 그 형태가 동일하기에 첨가동사의 경우 자세 동명사가 따로 존재한다고 볼 필요가 없다.

a 강동사(الْفِعْلُ الصَّحِيحُ)의 경우 - فِعْلَةٌ 패턴 각각의 어근에서 파생되어 فِعْلَةٌ 패턴을 취한다.

	동사 & 동명사	자세 동명사
앉다	جَلَسَ/ يَجْلِسُ - جُلُوسٌ (ج ل س)	جِلْسَةٌ
먹다	أَكَلَ/ يَأْكُلُ هـ - أَكْلٌ (أ ك ل)	إِكْلَةٌ
찾다, 찾아다니다 ; 추구하다	نَشَدَ/ يَنْشُدُ هـ - نَشْدٌ (ن ش د)	نِشْدَةٌ

b 약동사의 경우
b-1 수약동사(الْفِعْلُ الْمِثَالُ) - فِعْلَةٌ 패턴으로 변화한다.

서다, 멈추다 ; 일어서다	وَقَفَ/ يَقِفُ - وُقُوفٌ	وِقْفَةٌ
점프하다, 뛰어오르다	وَثَبَ/ يَثِبُ إِلَى - وَثْبٌ	وِثْبَةٌ

b-2 간약동사(الْفِعْلُ الْأَجْوَفُ) - فِعْلَةٌ 의 ع 부분에 어근 중간 자음을 취한다.

잠자다	نَامَ/ يَنَامُ - نَوْمٌ (ن و م)	نِيمَةٌ
팔다 (to sell)	بَاعَ/ يَبِيعُ هـ - بَيْعٌ (ب ي ع)	بِيعَةٌ
걷다	سَارَ/ يَسِيرُ - سَيْرٌ (س ي ر)	سِيرَةٌ

b-3 말약동사 (الْفِعْلُ النَّاقِصُ)

의미	동사 변화	동명사
성격이 무뚝뚝하다, 쌀쌀하다 ; ..을 피하다	جَفَا/ يَجْفُو – جَفَاءً، جُفُوٌّ (ج ف و)	جَفْوَةٌ
던지다	رَمَى/ يَرْمِي هـ – رَمْيٌ (ر م ي)	رِمْيَةٌ
추구하다, 시도하다, 노력하다	سَعَى/ يَسْعَى (إِلَى) – سَعْيٌ (س ع ي)	سَعْيَةٌ
걷다, 걸어가다	مَشَى/ يَمْشِي – مَشْيٌ (م ش ي)	مِشْيَةٌ
무서워하다, 두려워하다	خَشِيَ/ يَخْشَى هـ – خَشْيٌ، خَشْيَةٌ (خ ش ي)	خَشْيَةٌ

b-4 이중약동사 (الْفِعْلُ اللَّفِيفُ)

의미	동사 변화	동명사
물을 대다, 관개하다	رَوَى/ يَرْوِي هـ – رَيٌّ (ر و ي)	رَيَّةٌ
다림질하다	كَوَى/ يَكْوِي هـ – كَيٌّ (ك و ي)	كَيَّةٌ
(종이, 옷 등을) 접다, 말다	طَوَى/ يَطْوِي هـ – طَيٌّ (ط و ي)	طَيَّةٌ

(2) 자세 동명사(مَصْدَرُ الْهَيْئَةِ)의 용법

자세 동명사는 문장에서 동작의 수행 방법 특히 자세나 모양에 촛점을 맞추어 사용하는 동명사이다. 이 때 동작의 수행 방법이나 자세를 표현하기 위해 자세 동명사 뒤에 수식어 혹은 후연결어를 사용해 준다. 다음 예문을 보자.

자세 동명사도 일반동명사와 같이 문장에서 일반적인 명사의 기능을 수행할 수 있다. 그러나 많은 경우 동족목적어(الْمَفْعُولُ الْمُطْلَقُ)에 사용된다.

그 늙은이의 걷는 모습이 느리다. (명사문의 주어)	مِشْيَةُ الْعَجُوزِ مُتَأَنِّيَةٌ.
그 일꾼의 서 있는 자세가 그가 병이 있음을 나타낸다. (동사문의 주어)	تَدُلُّ وِقْفَةُ الْعَامِلِ عَلَى مَرَضِهِ.

동족목적어로 사용된 예들

너가 기도할 때 똑바로 앉아라.	اجْلِسْ فِي صَلَاتِكَ جِلْسَةً مُسْتَقِيمَةً.
그 선수는 그 공을 강하게 때렸다.	ضَرَبَ اللَّاعِبُ الْكُرَةَ ضَرْبَةً قَوِيَّةً.
나는 그에게 카운트 펀치를 한 번 때렸다.	ضَرَبْتُهُ ضَرْبَةً طَارِحَةً.
나는 그 잃은 것을 샅샅이 찾았다.	نَشَدْتُ الضَّالَّةَ نِشْدَةً عَظِيمَةً (أَوْ نِشْدَةَ الْمَلْهُوفِ).
그 선수는 사자의 점프를 했다.	وَثَبَ اللَّاعِبُ وَثْبَةَ الْأَسَدِ.

وَقَفَ الْجُنْدِيُّ لِقَائِدِهِ وَقْفَةَ احْتِرَامٍ.	그 군인은 그의 지휘관에게 존경하는 자세로 서 있었다.
لَا تَمْشِ مِشْيَةَ الْمُتَكَبِّرِ.	너는 교만한 자의 걸음을 걷지 말아라.
يَخْشَى الرَّجُلُ رَبَّهُ خَشْيَةَ الْمُؤْمِنِ.	그 남자는 신자의 경외함으로 그의 주인을 두려워한다.
سَارَ الْحَاكِمُ سِيرَةَ الصَّحَابَةِ فِي حُكْمِهِ.	그 통치자는 그의 통치에서 무함마드의 동료의 걸음으로 걸었다.
رَوَيْتُ النَّبْتَةَ رِيَّةً كَامِلَةً.	나는 그 식물에게 충분하게 물을 주었다.

** 첨가동사의 경우

자세 동명사가 첨가동사에서 사용될 경우에 대해서는 논란이 있다. 문법책에 따라 첨가동사의 동명사 뒤에 수식어 혹은 후연결어가 와서 자세 동명사의 용법으로 사용된다고 가르치는 경우가 있다. 그러나 이 경우 동족목적어(الْمَفْعُولُ الْمُطْلَقُ)의 동작을 묘사하는 경우(بَيَانُ نَوْعِ الْفِعْلِ)와 동일한 의미의 표현이 된다. 따라서 동족목적어로 이해하는 것이 낫다고 하겠다. 이에대한 자세한 내용은 이 책 제Ⅱ권의 '여러가지 목적격에 대해 Ⅲ – 동족목적어' 부분에서 공부하라.

تَعَاوَنَتِ الْأُسْرَةُ تَعَاوُنَ الْمُتَحَابِّينَ.	그 가족은 서로 사랑하는 사람의 도움으로 서로 도왔다.
يَسْتَخْدِمُ النَّجَّارُ أَدَوَاتِهِ اسْتِخْدَامًا صَحِيحًا.	그 목수는 그의 연장들을 바르게 사용한다.
أَصْغَيْتُ إِلَى الْمُعَلِّمِ إِصْغَاءً جَيِّدًا.	나는 그 선생님의 말을 경청해서 들었다.
أُذَاكِرُ دُرُوسِي مُذَاكَرَةَ الْمُجْتَهِدِينَ.	나는 부지런한자가 공부하듯 나의 단원들을 공부한다.
انْطَلَقَتِ السِّهَامُ انْطِلَاقَةً شَدِيدَةً.	화살들이 아주 세게 한 번 발사되었다.

** 일반 동명사와 한차례 동명사, 그리고 자세 동명사의 차이

아래 빨간색의 동명사들은 모두 동족목적어(الْمَفْعُولُ الْمُطْلَقُ)로 사용되었다. 동명사가 일반 동명사일 경우와 한차례 동명사인 경우, 그리고 자세 동명사인 경우의 의미를 비교하라.

①	그는 그의 친구와 앉아있었다. (일반 동명사)	جَلَسَ جُلُوسًا مَعَ صَدِيقِهِ.
②	그는 그의 친구와 한 번 앉아(a sitting or session) 있었다. (한차례 동명사)	جَلَسَ جَلْسَةً مَعَ صَدِيقِهِ.
③	그는 그의 친구와 편안한 자세로 앉았다. (자세 동명사)	جَلَسَ جِلْسَةً مُرِيحَةً مَعَ صَدِيقِهِ.

** 모든 동사가 자세 동명사 꼴을 사용할까?

자세동명사는 동작의 수행 방법 특히 자세나 모양에 촛점을 맞추어 사용하는 동명사라고 했다. 따라서 동사가 분명한 동작을 나타내는 경우 그 자세 동명사가 사용되고, 동사가 상태를 표현하거나 추상적인 것을 표현할 경우 그 자세 동명사 꼴이 사용되지 않는다고 볼 수 있다.

제24과 동명사

4. 동명사의 참고사항들

1) 보통명사화 된 동명사

동명사 단어는 생각보다 다양하다. 우리가 보통명사로 알고 있는 많은 단어들이 사실은 동명사인 경우가 많다. 예를들어 سُؤَال 이란 단어는 '질문(a question)'이란 보통명사로는 많이 알고 있지만 이 단어가 سَأَلَ/يَسْأَلُ 동사의 동명사인 사실에 대해서는 모르는 경우가 많다. 아래에서 예를들고 있는 تَقْرِيرٌ, دِرَاسَةٌ, اِجْتِمَاعٌ 등도 마찬가지이다.

반대로 어떤 단어들은 우리가 동명사로만 알고 있고 보통명사의 의미로 사용되는 것을 모르는 경우도 있다. 예를들어 بِنَاء 이란 단어는 '건설', '건축'의 동명사로도 사용되지만 이것이 '건물'이란 보통명사로도 사용된다. 이 경우는 원래 동명사이었던 단어가 사용의 빈번함에 따라 그 의미가 발전하여 보통명사화 되었다고 볼수 있다.

아래의 예들을 보자. 아래의 ①은 동명사로 사용된 경우이고, ②는 보통명사로 사용된 경우이다.

①	나는 선생님에게 질문(questioning)하지 않고 그 답을 기록했다.	كَتَبْتُ الْإِجَابَةَ بِدُونِ سُؤَالِ الْمُدَرِّسِ.
②	나는 질문(a question)이 하나 있다. (나는 질문들이 있다.)	عِنْدِي سُؤَالٌ. (أَوْ عِنْدِي أَسْئِلَةٌ.)
①	사장이 직원들과 모이는 것(gathering)은 중요했다.	كَانَ اِجْتِمَاعُ الْمُدِيرِ بِالْمُوَظَّفِينَ مُهِمًّا.
②	나는 두 시간 뒤에 모임(meeting)이 있다.	عِنْدِي اِجْتِمَاعٌ بَعْدَ سَاعَتَيْنِ.
①	이집트에서 아랍어를 공부(studying)하는 것은 아주 유익하다.	دِرَاسَةُ اللُّغَةِ الْعَرَبِيَّةِ فِي مِصْرَ مُفِيدَةٌ جِدًّا.
②	오리엔탈 연구(studies)들은 중요하다.	الدِّرَاسَاتُ الشَّرْقِيَّةُ مُهِمَّةٌ.
①	통치 체제를 결정(determine)하는 것은 모든 독립된 나라들의 권리이다.	مِنْ حَقِّ كُلِّ بَلَدٍ مُسْتَقِلٍّ تَقْرِيرُ نِظَامِ الْحُكْمِ فِيهِ.
②	우리는 오늘 경제 상황에 대한 리포트(report)를 읽었다.	قَرَأْنَا الْيَوْمَ تَقْرِيرًا عَنِ الْحَالَةِ الْاِقْتِصَادِيَّةِ.
①	당신이 여기에 집을 짓는 것은 좋은 아이디어이다.	بِنَاؤُكَ بَيْتًا هُنَا فِكْرَةٌ جَيِّدَةٌ.
②	이 건물(building)은 크다.	هَذَا بِنَاءٌ كَبِيرٌ.

보통명사화 된 동명사 단어들의 예

아래 단어들은 동명사적인 의미로도 사용되고 보통명사적인 의미로도 사용되는 단어들이다. 아래에서 ' ; ' 기호를 기준으로 앞의 의미는 동명사적인 의미이고, 뒤의 의미는 보통명사적인 의미이다. 동명사가 보통명사로 사용되면 일반적으로 복수 형태의 단어를 가진다. 아래에 표기된 보통명사의 복수도 확인하라.

질문함 ; 질문(a question)	سُؤَالٌ/ أَسْئِلَةٌ	지음, 건설 ; 빌딩	بِنَاءٌ/ أَبْنِيَةٌ
공부 ; 리서치, 연구	دِرَاسَةٌ/ ـَاتٌ	공부 ; 수업, 단원(lesson)	دَرْسٌ/ دُرُوسٌ

선언, 선포 ; 광고	إِعْلَانٌ/ ـات	모임(gathering) ; 모임 (meeting)	اِجْتِمَاعٌ/ ـات
알아봄, 문의함 ; 안내소 (information desk)	اِسْتِعْلَامٌ/ ـات	영접함 ; 영접실	اِسْتِقْبَالٌ
논쟁함 ; 논쟁	مُنَاقَشَةٌ/ ـات	만남 ; 인터뷰	مُقَابَلَةٌ/ ـات
시험함, 테스트함 ; 실험	تَجْرِبَةٌ تَجَارِبُ	경쟁 ; 콘테스트	مُنَافَسَةٌ/ ـات
가르침 ; 교육(education)	تَعْلِيمٌ	결정함 ; 보고(report)	تَقْرِيرٌ/ تَقَارِيرُ

2) 동명사적 명사 (اِسْمُ الْمَصْدَرِ)

동사들 가운데는 형태적으로 자신의 동명사 패턴을 가지고 있음에도 그 패턴의 동명사를 사용하지 않고 다른 패턴의 명사(혹은 동명사)를 사용하는 동사들이 있다. 예를들어 '여행하다'라는 سَافَرَ/ يُسَافِرُ إِلَى 동사의 경우 원래의 동명사 패턴은 مُسَافَرَةٌ 이다. 그러나 이 동사의 동명사를 사용해야할 경우 مُسَافَرَةٌ 을 사용하지 않고 سَفَرٌ 이라는 단어를 사용한다. 이러한 명사를 동명사적 명사(اِسْمُ الْمَصْدَرِ)라 하는데 아래에 그 예들을 정리하였다.

동사		원래의 동명사		동명사적 명사 (اِسْمُ الْمَصْدَرِ)	
여행하다	سَافَرَ/ يُسَافِرُ إِلَى	사용 안됨 ×	مُسَافَرَةٌ	여행	سَفَرٌ
사랑하다	أَحَبَّ/ يُحِبُّ ه	사용 안됨 ×	إِحْبَابٌ	사랑	حُبٌّ، مَحَبَّةٌ
노래하다	غَنَّى/ يُغَنِّي هـ	사용 안됨 ×	تَغْنِيَةٌ	노래함	غِنَاءٌ
..에게 말하다	كَلَّمَ/ يُكَلِّمُ ه	사용 안됨 ×	تَكْلِيمٌ	말, 말함, 이야기함	كَلَامٌ
이민가다, 이주하다	هَاجَرَ/ يُهَاجِرُ (إِلَى)	많이 사용안됨	مُهَاجَرَةٌ	이민, 이주	هِجْرَةٌ
구입하다	اِشْتَرَى/ يَشْتَرِي هـ	많이 사용안됨	اِشْتِرَاءٌ	구입	شِرَاءٌ
...와 결혼하다	تَزَوَّجَ/ يَتَزَوَّجُ ه	많이 사용안됨	تَزَوُّجٌ	결혼	زَوَاجٌ
..를 만나다	لَاقَى/ يُلَاقِي ه	많이 사용안됨	مُلَاقَاةٌ	만남	لِقَاءٌ
결정하다	قَرَّرَ/ يُقَرِّرُ هـ	결정함 (making decision)	تَقْرِيرٌ	결정 (decision)	قَرَارٌ

예문

나는 외국을 여행하는 것을 좋아한다.	أُحِبُّ السَّفَرَ لِلْخَارِجِ.
파는 행위와 사는 행위는 경제에서 기본적인 활동이다.	الشِّرَاءُ وَالْبَيْعُ حَرَكَةٌ أَسَاسِيَّةٌ فِي الاِقْتِصَادِ.
국민들은 운명을 결정할 권리를 가지고 있다.	الشُّعُوبُ لَهَا حَقُّ تَقْرِيرِ الْمَصِيرِ.
당신이 여행을 가려고 한 결정은 좋은 것이 아니었다.	قَرَارُكَ بِالسَّفَرِ لَمْ يَكُنْ جَيِّدًا.

3) 한 개 이상의 동명사를 가진 동사

기본적으로 모든 동사들은 동명사 꼴을 가지고 있다. 그 중 많은 동사들은 하나 이상의 동명사를 가지고 있다. 그러한 경우 가운데는 동사의 의미가 한 개 이상이어서 각각의 의미에 따라 다른 동명사를 가지고 있는 경우도 있다. 아래는 그 예들이다.

한 동사에 의미가 같은 여러개의 동명사가 있는 경우

걷다	سَارَ/ يَسِيرُ	걸음, 행진	سَيْرٌ، مَسِيرٌ، مَسِيرَةٌ
잊다	نَسِيَ/ يَنْسَى هـ	잊음	نِسْيَانٌ، نَسْيٌ
제공하다, 제출하다	قَدَّمَ/ يُقَدِّمُ هـ	제공, 제출	تَقْدِيمٌ، تَقْدِمَةٌ
싸우다, 전투하다	قَاتَلَ/ يُقَاتِلُ هـ أَوْ هـ	싸움, 전투	مُقَاتَلَةٌ، قِتَالٌ
노력하다 ; 지하드 전쟁을 하다	جَاهَدَ/ يُجَاهِدُ هـ أَوْ هـ	노력함 ; 지하드	مُجَاهَدَةٌ، جِهَادٌ

한 동사에 의미가 다른 여러 개의 동명사가 있는 경우

아래의 동사들은 동사의 의미가 한 개 이상이며, 그 다른 의미의 동사에 각각의 동명사가 있는 경우이다.

...을 보다	رَأَى/ يَرَى هـ	봄, 비전(vision)	رُؤْيَةٌ
		꿈속에서 보는 것, 환상	رُؤْيَا
..라고 생각하다	رَأَى/ يَرَى أَنَّ	의견 (opinion)	رَأْيٌ

도착하다	وَصَلَ/ يَصِلُ (إِلَى)	도착	وُصُولٌ
연결하다, 잇다	وَصَلَ/ يَصِلُ هـ	연결, 이음	وَصْلٌ أَوْ صِلَةٌ

반복하다	كَرَّرَ/ يُكَرِّرُ هـ	반복	تَكْرَارٌ
정유.정수.정화하다		정유	تَكْرِيرٌ

** 아랍어 사전(Arabic – Arabic)에서 아랍어 동사를 찾으면 그 옆에 그 동명사도 함께 기록되어 있다. 따라서 동사만 익힐 것이 아니라 그 옆에 있는 동명사도 함께 익히는 습관을 기르자. 아랍어 실력을 향상시키는 중요한 과정이다.

5. 신문 제목에서 동명사가 사용된 예들

다음은 신문 제목에 사용된 동명사의 예들이다. 동명사는 동사적 의미를 축약적으로 표현하는데 효과적이기 때문에 신문의 제목이나 기사에 많이 사용된다.

사담 후세인의 처형	إِعْدَامُ[1] صَدَّامْ حُسَيْن
영도자 까다피의 죽음	مَقْتَلُ الْعَقِيدِ الْقَذَّافِي
호스니 무바락 재판이 시작됨	بَدْءُ مُحَاكَمَةِ حُسْنِي مُبَارَك
교황이 팔레스타인 국가 설립을 촉구하다.	الْبَابَا يَدْعُو إِلَى إِقَامَةِ[2] دَوْلَةٍ فِلَسْطِينِيَّةٍ.
양한국(남북한) 정상회담이 공동선언으로 끝남	خِتَامُ[3] قِمَّةِ الْكُورِيَّتَيْنِ بِإِعْلَانٍ مُشْتَرَكٍ
폭력이 아테네 거리들에 다시 돌아옴	عَوْدَةُ الْعُنْفِ إِلَى شَوَارِعِ أَثِينَا
워싱턴이 베이징에 압력을 계속해서 가하다	وَاشِنْطُنْ تُوَاصِلُ[4] الضُّغُوطَ عَلَى بِكِّين
이 문장에서 ضُغُوط는 ضَغْط의 복수이다. 동명사의 복수 형태의 단어도 같은 동명사이다.	
	انْسِحَابُ[5] قُوَّاتِ الْأَمْنِ الْمِصْرِيَّةِ عَنِ الْحُدُودِ مَعَ غَزَّة
이집트 보안군이 가자와의 국경 지역으로 부터 철수함	

---

[1] إِعْدَامٌ – أَعْدَمَ ه / يُعْدِمُ /أَعْدَمَ .. 를 처형하다
[2] إِقَامَةٌ – هـ أَقَامَ/ يُقِيمُ .. 을 일으켜 세우다, 세우다, 설립하다, 설치하다
[3] خَتَمَ/ يَخْتِمُ هـ – خَتْمٌ أَوْ خِتَامٌ 봉인.밀봉하다 ; 끝내다, 마치다
[4] وَاصَلَ/ يُوَاصِلُ ه أَوْ هـ – مُوَاصَلَةٌ .. 을 계속하다, 지속하다
[5] انْسَحَبَ/ يَنْسَحِبُ – انْسِحَابٌ 철수하다, 물러나다, 퇴각.퇴장하다

6. 동명사 예문들

앞에서 동명사 단어들을 그 패턴별로 살펴보았다. 여기서는 그 단어들이 문장에서 사용될 때의 예를 제공한다. 아래의 문장들은 아랍어 입문자들에게는 어려운 문장일 수 있으나 아랍 사람들에게는 아주 일반적인 문장이다. 아랍 사람들이 동명사를 어떻게 사용하는지 예들을 통해 살펴보고 그것에 익숙해 지도록 노력하자. 또한 각각의 문장들에서 동명사가 어떤 기능을 하는지도 주의깊게 살펴보라.

1) 3자음 원형동사(الْفِعْلُ الْمُجَرَّدُ الثُّلَاثِيّ)의 동명사 형태

(1) 많이 사용되는 동명사들의 패턴별 구분

a. فَعْلٌ 패턴

나는 그 수업(lesson)에 대한 나의 선생님의 설명을 좋아한다.	أُحِبُّ شَرْحَ مُعَلِّمِي لِلدَّرْسِ.
나는 나의 새로운 가구를 집으로 옮길 필요가 있다.	أَحْتَاجُ نَقْلَ أَثَاثِي الْجَدِيدِ إِلَى الْبَيْتِ.
학교들에서 구타는 금지되어 있다.	الضَّرْبُ مَمْنُوعٌ بِالْمَدَارِسِ.
그 피해자는 칼로 살해당했다. (명시목적어)	مَاتَ الْمَجْنِيُّ عَلَيْهِ قَتْلاً بِالسِّكِّينِ.
체육부 장관은 그 새로운 리그의 시작을 선언했다.	أَعْلَنَ وَزِيرُ الرِّيَاضَةِ عَنْ بَدْءِ الدَّوْرِيِّ الْجَدِيدِ.
내가 육고기를 먹는 것이 많이 늘었다. (동사적 용법)	أَكْثَرْتُ¹ مِنْ أَكْلِي اللَّحْمَ.
자동차를 잠그지 않고 떠나는 것은 위험하다.	مِنَ الْخَطَرِ تَرْكُ السَّيَّارَةِ دُونَ إِغْلَاقِهَا.
그 어머니는 그녀의 잃은 아들을 찾았었다.	قَامَتِ الْأُمُّ بِالْبَحْثِ عَنِ ابْنِهَا التَّائِهِ.
그 교사는 물리학 수업(lesson) 준비를 했다.	قَامَ الْمُعَلِّمُ بِإِعْدَادِ دَرْسٍ فِي الْفِيزِيَاءِ.
하나님께 찬양하는 것이 얼마나 아름다운가!	مَا أَجْمَلَ الْحَمْدَ لله!
내 아버지는 가족들을 모으는 것을 시도한다.	يُحَاوِلُ أَبِي لَمَّ² شَمْلَ الْأُسْرَةِ.
그 신문은 그 언론인이 그의 기사를 배포하는 것을 금했다.	مَنَعَتِ الْجَرِيدَةُ الصَّحَافِيَّ مِنْ نَشْرِ مَقَالِهِ.
그 훔치는 사람은 옷장(혹은 금고)을 힘으로 열려고 시도한다.	يُحَاوِلُ السَّارِقُ فَتْحَ الْخِزَانَةِ عَنْوَةً.
나는 내 개인 집에서 사는 것을 좋아한다.	أُحِبُّ الْعَيْشَ فِي بَيْتِي الْخَاصِّ.
선을 선사하는 것은 하나님 한분만으로 부터이다. (وَحْدَهُ 는 상태목적어이다.)	وَهْبُ الْخَيْرِ مِنْ عِنْدِ الله وَحْدَهُ.
나는 시적인 문장들을 말하는 것을 아주 좋아한다.	أَعْشَقُ قَوْلَ جُمَلٍ شِعْرِيَّةٍ.

---

¹ أَكْثَرَ / يُكْثِرُ مِنْ.. ..을 많이하다, 자주하다

² لَمَّ شَمْلَهُمْ .. 을 모으다 - لَمَّ هـ / يَلُمُّ / لَمَّ 모으다

그 시인들은 그들의 시구들에서 비유적 묘사들을 사용한다.	يَسْتَخْدِمُ الشُّعَرَاءُ الْوَصْفَ التَّشْبِيهِيَّ بِقَصَائِدِهِمْ.
테러에 대항하기 위해 반드시 어떤 것을 행해야 한다.	يَجِبُ فَعْلُ شَيْءٍ لِمُقَاوَمَةِ الإِرْهَابِ.

b. فِعْلٌ 패턴

당신이 문제를 아는 것은 그것을 해결하는 첫번째 방법이다.	عِلْمُكَ بِالْمُشْكِلَةِ أَوَّلُ طَرِيقِ حَلِّهَا.
하나님을 기억하는 것은 의무적인 것이다.	إِنَّ ذِكْرَ الله أَمْرٌ وَاجِبٌ.
그 사장의 인내심은 오래 지속되지 않을 것이다.	حِلْمُ الْمُدِيرِ لَنْ يَسْتَمِرَّ طَوِيلاً.

c. فُعْلٌ 패턴

술고래는 술 마시는 것을 좋아한다.	يُحِبُّ السِّكِّيرُ شُرْبَ الْخَمْرِ.
의무에 대해서는 감사가 전혀 없다. (종류부정문)	لَا شُكْرَ عَلَى وَاجِبٍ.
천국에는 슬픔이 전혀 없다. (종류부정문)	لَا وُجُودَ لِلْحُزْنِ فِي الْجَنَّةِ.

d. فَعَلٌ 패턴

선한 사람은 선한 일을 좋아한다.	يُحِبُّ الصَّالِحُ عَمَلَ الْخَيْرِ.
궁전들에서 사는 것은 부자들에게만 제한된다. (قَصْر/ قُصُور)	يَقْتَصِرُ سَكَنُ الْقُصُورِ عَلَى الأَغْنِيَاءِ.
내가 졸업한 기쁨은 가장 큰 기쁨이다.	فَرَحِي بِالتَّخَرُّجِ أَكْبَرُ فَرَحٍ.
그 회사는 내가 그 회사에서 일하길 요청한 것을 거부했다. (동사적 용법)	رَفَضَتِ الشَّرِكَةُ طَلَبِي الْعَمَلَ بِهَا.
내가 만일 실패했다면 시도한 영광이 나에게 충분하다.(내가 시도한 것이 나에게 영광이란 뜻)	إِنْ فَشِلْتُ يَكْفِنِي شَرَفُ الْمُحَاوَلَةِ.

e. فَعِلٌ 패턴

심각한 사람은 많이 웃는 것을 좋아하지 않는다.	الإِنْسَانُ الْجَادُّ لَا يُحِبُّ الضَّحِكَ كَثِيرًا.
진실한 사람은 그의 주위에 있는 사람들이 거짓말 하는 것을 싫어한다.	يَكْرَهُ الصَّادِقُ كَذِبَ مَنْ حَوْلَهُ.
아이에게 있어 놀이는 중요한 것이다.	اللَّعِبُ بِالنِّسْبَةِ لِلطِّفْلِ أَمْرٌ هَامٌّ.

f. فِعْلَةٌ 혹은 فَعْلَةٌ 패턴

내 이웃은 내 어머니가 여행에서 돌아왔는지에 대해 물었다.	سَأَلَنِي جَارِي عَنْ عَوْدَةِ وَالِدَتِي مِنَ السَّفَرِ.
이집트 국민들이 대통령에 대항하여 혁명을 일으켰다.	قَامَ الشَّعْبُ الْمِصْرِيُّ بِثَوْرَةٍ ضِدَّ الرَّئِيسِ.
당신이 가난한 사람들을 봉사하는 것은 위대한 것이다.	خِدْمَتُكَ الْفُقَرَاءَ شَيْءٌ عَظِيمٌ.

g. فِعْلَة 패턴

안전하지 않은 사회들에서 도둑질이 증가한다.	تَزْدَادُ السَّرِقَةُ فِي الْمُجْتَمَعَاتِ غَيْرِ الْآمِنَةِ.

h. فَعَال 패턴

나는 자전거로 학교에 가는 것을 좋아한다.	أُحِبُّ الذَّهَابَ لِلْمَدْرَسَةِ بِالدَّرَّاجَةِ.
나는 오리엔털 노래들(Eastern Songs)을 듣는 것을 좋아한다.	أُحِبُّ سَمَاعَ الْأَغَانِي الشَّرْقِيَّةِ.
나는 나의 사장에게 휴가를 허락해 줄 것을 요청했다.	طَلَبْتُ مِنْ مُدِيرِي سَمَاحًا بِالْإِجَازَةِ.
백성들은 평화를 위해 노력한다.	تَسْعَى الشُّعُوبُ لِلسَّلَامِ.

i. فِعَال 패턴

나는 여러 죄수들이 도주한 것에 대한 한 기사를 읽었다.	قَرَأْتُ مَقَالَةً عَنْ فِرَارِ عَدَدٍ مِنَ السُّجَنَاءِ.
농지들에 집을 짓는 것이 널리 퍼지게 되었다.	أَصْبَحَ الْبِنَاءُ عَلَى الْأَرَاضِي الزِّرَاعِيَّةِ شَائِعًا.
나는 그 아나운서와 그 유명한 사람들이 만나는 것을 본다.	أُشَاهِدُ لِقَاءَ الْمُذِيعِ مَعَ الْمَشَاهِيرِ.[1]
내 여동생은 노래하는 것에 아주 재능이 뛰어나다.	أُخْتِي بَارِعَةٌ فِي الْغِنَاءِ.

j. فُعَال 패턴

당신이 당신의 권리에 대해 요청하는 것은 의무이다.	سُؤَالُكَ عَنْ حَقِّكَ وَاجِبٌ.
구체적인 질문은 잘 이해하는 원인이다. (보통명사)	السُّؤَالُ الدَّقِيقُ سَبَبُ الْفَهْمِ الْجَيِّدِ.
나는 하나님께서 응답해 주시기를 나의 기도로 간청했다.	تَضَرَّعْتُ بِدُعَائِي إِلَى اللهِ لَعَلَّهُ يَسْتَجِيبُ.

k. فُعُول 패턴

내 형(남동생)은 내 아버지가 무사히 도착했음을 나에게 알려주었다.	أَخْبَرَنِي أَخِي عَنْ وُصُولِ أَبِي بِسَلَامَةٍ.
내 아버지는 내가 문화 포럼들에 참석하는 것을 좋아하신다. (동사적 용법)	يُحِبُّ أَبِي حُضُورِي الْمُنْتَدَيَاتِ الثَّقَافِيَّةَ.
나는 과거의 기억들로 돌아가는 것을 좋아하지 않는다.	لَا أَوَدُّ الرُّجُوعَ لِذِكْرَيَاتِ الْمَاضِي.
나는 내 남동생(형)이 박사학위를 받은 것에 대해 축하했다.	بَارَكْتُ لِأَخِي لِحُصُولِهِ عَلَى الدُّكْتُورَاه.
나는 앨범이 많은 사진들을 포함하는 것을 좋아한다.	أُحِبُّ شُمُولَ الْأَلْبُومِ عَلَى الْكَثِيرِ مِنَ الصُّوَرِ.
나는 그 인공위성이 그의 항로에 진입하는 것을 보았다.	شَاهَدْتُ دُخُولَ الْقَمَرِ الصِّنَاعِيِّ لِمَسَارِهِ.
나는 그 식탁에 과일이 있는 것을 좋아한다.	أُحِبُّ وُجُودَ الْفَاكِهَةِ عَلَى مَائِدَةِ الطَّعَامِ.

---

[1] مَشْهُورٌ/ مَشَاهِيرُ 유명한, 저명한, 이름난 ; 유명한 사람

l. فَعَالَة 패턴

내 선생님이 나를 위해 증거하는 것은 내 가슴의 훈장이다.	شَهَادَةُ مُعَلِّمِي لِي وِسَامٌ عَلَى صَدْرِي.
나는 그 사고 이후에 내 가족들이 안전한 것에 대해 하나님께 감사했다.	حَمِدْتُ اللهَ عَلَى سَلَامَةِ أُسْرَتِي بَعْدَ الْحَادِثَةِ.
공정함은 평등의 비밀이다.	الْعَدَالَةُ سِرُّ الْمُسَاوَاةِ.
교양은 배운 사람의 무기이다.	الثَّقَافَةُ هِيَ سِلَاحُ الْمُتَعَلِّمِ.

m. فِعَالَة 패턴

학업은 정신을 빛나게 한다.	تَجْعَلُ الدِّرَاسَةُ الذِّهْنَ مُسْتَنِيرًا.
내 친구는 파라오 유적지들을 오랫동안 방문했다. (동족목적어)	زَارَ صَدِيقِي الْأَمَاكِنَ الْفِرْعَوْنِيَّةَ زِيَارَةً طَوِيلَةً.
나는 시를 쓰는 것을 좋아한다.	أُحِبُّ كِتَابَةَ الشِّعْرِ.
나는 잡지들을 읽는 것을 신문 읽는 것보다 좋아한다.	أُفَضِّلُ قِرَاءَةَ الْمَجَلَّاتِ عَنِ الْجَرِيدَةِ.
판매들이 늘어난 것이 수익들을 증가시킨다. (رِبْحٌ/ أَرْبَاحٌ)	تُؤَدِّي زِيَادَةُ الْمَبِيعَاتِ لِزِيَادَةِ الْأَرْبَاحِ.
자연 출생(분만)이 제왕절개보다 낫다.	الْوِلَادَةُ الطَّبِيعِيَّةُ أَفْضَلُ مِنَ الْقَيْصَرِيَّةِ.

n. مَفْعِل 패턴

기독교인들은 그리스도의 재림을 기다리고 있다.	الْمَسِيحِيُّونَ مُنْتَظِرُونَ مَجِيءَ الْمَسِيحِ الثَّانِي.
우리 모두는 신으로 부터 제한된 운명을 가지고 있다. (보통명사)	كُلٌّ مِنَّا لَهُ مَصِيرٌ مُحَدَّدٌ عِنْدَ اللهِ.
내 형(남동생)은 걸어서 가는 것을 싫어한다.	يَكْرَهُ أَخِي الْمَسِيرَ عَلَى الْأَقْدَامِ.

o. فُعُولَة 패턴

나는 수학 문제들을 푸는 것이 쉽다고 여긴다.	أَجِدُ سُهُولَةً فِي حَلِّ الْمَسَائِلِ الرِّيَاضِيَّةِ.
나는 아주 어렵게 운전을 한다.	أَقُودُ السَّيَّارَةَ بِصُعُوبَةٍ شَدِيدَةٍ.

p. مَفْعِلَة 패턴

당신이 하나님의 뜻을 받아들일 때 삶이 얼마나 행복한가!	مَا أَحْلَى الْحَيَاةَ حِينَ تَقْبَلُ مَشِيئَةَ اللهِ!
내 형(남동생)은 걸어서 가는 것을 싫어한다.	يَكْرَهُ أَخِي الْمَسِيرَةَ عَلَى الْأَقْدَامِ.

제24과 동명사

(2) 동명사의 패턴과 의미가 연관성이 있는 경우

a. 색깔(لَوْن)을 나타내는 패턴
a-1 فُعْلَة 패턴

나는 그녀의 두 뺨이 빨간 것을 보았다.	رَأَيْتُ حُمْرَةَ خُدُودِهَا.
나는 공원들이 푸른 것을 보았다.	شَاهَدْتُ خُضْرَةَ الْحَدَائِقِ.
나는 모래들의 노란색을 좋아한다.	أُحِبُّ صُفْرَةَ الرِّمَالِ.
하늘이 푸르른 것이 얼마나 좋은지!	مَا أَحْلَى زُرْقَةَ السَّمَاءِ!
나는 태양으로 부터 피부의 갈색을 얻었다. (선텐을 했다)	اكْتَسَبْتُ سُمْرَةَ الْبَشَرَةِ مِنَ الشَّمْسِ.
그녀의 머리카락은 갈색에 가깝다.(semi-blond)	شَعْرُهَا مَائِلٌ لِلشُّقْرَةِ.

a-2 فَعَال 패턴

눈이 하얀 것이 얼마나 아름다운지!	مَا أَجْمَلَ بَيَاضَ الثَّلْجِ.
나는 밤이 칠흑과 같아 볼 수 없다.	لَا أَرَى مِنْ سَوَادِ اللَّيْلِ.

b. 신체결함을 나타내는 فَعَل 패턴

나는 어려서부터 시각장애에 걸렸다.	أُصِبْتُ بِالْعَمَى مُنْذُ الصِّغَرِ.
그는 야맹증으로 고통당한다.	يُعَانِي مِنَ الْعَشَى اللَّيْلِيِّ.
사시가 나의 남동생에게 닥쳐왔다.(나의 남동생은 사시에 걸렸다.)	أَصَابَ الْحَوَلُ أَخِي الصَّغِيرَ.
베토벤은 청각장애로 고통당했다.	عَانَى بِتْهُوفِن مِنَ الصَّمَمِ.
청각장애란 들을 수 있는 능력이 없는 것이다.	الطَّرَشُ هُوَ عَدَمُ الْقُدْرَةِ عَلَى السَّمَعِ.
언어장애(벙어리)는 어려운 장애이다.	الْبَكَمُ إِعَاقَةٌ صَعْبَةٌ.
심한 놀람(surprise)으로 인해 나는 언어 장애인(벙어리)이 되었다. (문자적으로는 벙어리가 나를 병들게 했다.)	أَصَابَنِي الْخَرَسُ مِنْ شِدَّةِ الْمُفَاجَأَةِ.
내 형(남동생)은 척추장애인(곱추)의 문제를 가지고 태어났다.	وُلِدَ أَخِي بِمُشْكِلَةِ الْحَدَبِ.
나는 총탄으로 인해 다리를 저는 것으로 고통당했다.	عَانَيْتُ مِنَ الْعَرَجِ بِسَبَبِ رَصَاصَةٍ.
그 사고는 그의 눈이 애꾸가 되게 했다.	الْحَادِثَةُ أَصَابَتْهُ بِعَوَرِ الْعَيْنِ.

c. 기술(حِرْفَة)을 나타내는 فِعَالَة 패턴

나는 농업에 종사했다.	اشْتَغَلْتُ بِالزِّرَاعَةِ.

صِنَاعَةُ الذَّهَبِ مُرْبِحَةٌ.	금산업은 수익성이 좋다.	
عَمِلْتُ بِتِجَارَةِ الْقَمْحِ.	나는 밀교역에 종사했다.	
لِلْحَاكِمِ وِلَايَةٌ عَلَيْنَا.	통치자는 우리에 대한 통치권을 가진다.	
تَقِفُ الشُّرْطَةُ لِلْحِرَاسَةِ.	그 경찰은 감시를 위해 서 있다.	
أُحِبُّ كِتَابَةَ الْخَوَاطِرِ. (خَاطِر / خَوَاطِر)	나는 생각(thought)들을 기록하는 것을 좋아한다.	

d. 혼란(اضْطِرَاب)을 나타내는 فَعَلَان 패턴

غَلَيَانُ اللَّبَنِ صِحِّيٌّ.	우유를 끓이는 것은 건강에 좋은 것이다.
اكْتَشَفَ الْعُلَمَاءُ دَوَرَانَ الْأَرْضِ حَوْلَ نَفْسِهَا.	과학자들은 지구가 자전하는 것을 발견했다.
أُحِبُّ الطَّوَفَانَ بِالْقَارِبِ.	나는 배를 타고 여행(크루즈) 하는 것을 좋아한다.
خَفَقَانُ الْقَلْبِ ضَرُورِيٌّ لِلْجِسْمِ.	심장이 고동치는 것은 몸을 위해 필수적이다.
لَا أُحِبُّ الطَّيَرَانَ.	나는 나는 것(비행기 타는 것)을 좋아하지 않는다.

e. 병(دَاء)을 나타내는 فُعَال 패턴

يُتْعِبُ السُّعَالُ الصَّدْرَ.	기침이 가슴을 피곤하게 한다.
أُعَانِي مِنَ الزُّكَامِ.	나는 코막힘로 인해 고생한다.
هُنَاكَ صُدَاعٌ بِرَأْسِي.	내 머리에 두통이 있다.
أَكْثَرْتُ مِنَ الْعُطَاسِ الْيَوْمَ.	오늘 재치기를 자주 한다.

f. 소리(صَوْت)를 나타내는 패턴
f-1 فُعَال 패턴

أَوَدُّ لَوْ يَكُفُّ طِفْلِي عَنِ الصُّرَاخِ.	나의 아기가 우는 것(소리치는 것)을 멈추길 희망한다. (كَفَّ / يَكُفُّ عَنْ)
الْبُكَاءُ لُغَةُ الْأَطْفَالِ.	우는 것은 아기들의 언어이다.
أَيْقَظَنِي نُبَاحُ الْكِلَابِ.	개들의 짖는 소리가 나를 깨웠다.
سَمِعْتُ عُوَاءَ الذِّئَابِ.	나는 늑대들의 으르렁거리는 소리를 들었다.

f-2 فَعِيل 패턴

أُحِبُّ صَهِيلَ الْحِصَانِ.	나는 말이 우는 소리를 좋아한다.
يُرْهِبُنِي زَئِيرُ الْأَسَدِ.	사자의 으르렁거림이 나를 두렵게 한다.

까마귀의 울음이 나를 방해한다.	يُزْعِجُني نَعيقُ الْغُرَابِ.

g. 걸음(سَيْرٌ)을 나타내는 فَعيلٌ 패턴

나는 조국을 떠나는 것을 원하지 않았다.	لَمْ أُرِدِ الرَّحيلَ مِنَ الْوَطَنِ.
한 짐승이 걸어가는 소리를 들었다.	سَمِعْتُ دَبيبَ حَيَوَانٍ.
나는 그 낙타의 걸어가는 모습에 경탄했다.	تَعَجَّبْتُ مِنْ ذَميلِ الْجَمَلِ.

h. 억제(اِمْتِناعٌ)를 나타내는 فِعَالٌ 패턴

죄를 거부하는 것은 미덕이다.	إِبَاءُ الْخَطيَّةِ فَضيلَةٌ.
그는 위엄이 있다고 알려져있다. (다른 사람이 그를 통제하는 것을 거부한다는 의미)	هُوَ مَعْروفٌ بِإبَائِهِ.
그는 그녀에게 거절(좋아하지 않음)을 표시했다.	أَظْهَرَ لَهَا نِفَارًا.
나는 상상의 나래를 펼쳤다.(어떤 방해도 받지 않음을 표현) (I set my imagination free.)	أَطْلَقْتُ لِخَيَالِي الْجِمَاحَ.

(3) 어근 형태(혹은 동사 형태)와 동명사의 패턴 간에 제한된 규칙성이 있는 경우

a. 중복자음 동사의 동명사

당신 방향으로 그 문을 당기세요.	قُمْ بِشَدِّ الْبَابِ تُجَاهَكَ.
당신은 무거운 것들을 당기는 것을 시도하지 마세요.	لَا تُحَاوِلْ جَرَّ الْأَشْيَاءِ الثَّقيلَةِ.
그 회사는 그 건물들을 허물려고 노력한다.	تَعْمَلُ الشَّرِكَةُ عَلَى هَدِّ الْعِمَارَاتِ.
정부는 새로운 다리들을 연장했다.	قَامَتِ الْحُكومَةُ بِمَدِّ جُسورٍ جَديدَةٍ.
나는 그 싱크대의 구멍을 막았다.	قُمْتُ بِسَدِّ ثُقْبِ الْحَوْضِ.
나는 내 사장에게 대답하려고한다.	أُحَاوِلُ الرَّدَّ عَلَى مُديري.
나는 부서질 수 있는 어떤 것들을 흔드는 것을 좋아하지 않는다.	لَا أُحِبُّ هَزَّ الْأَشْيَاءِ الْقَابِلَةِ لِلْكَسْرِ.
내 아들은 숫자 100까지 세는 것을 시도한다.	يُحَاوِلُ ابْني الْعَدَّ حَتَّى مِئَةٍ.
나는 나무들 사이를 지나가는 것을 좋아한다.	أُحِبُّ الْمُرورَ (الْمَرَّ ×) بَيْنَ الْأَشْجَارِ.
이 말의 증거는 무엇인가?	مَا دَلَالَةُ هَذَا الْكَلَامِ؟

b. 수약동사 가운데 첫 자음이 و 인 동사 – 대개가 فَعْلٌ 혹은 فُعولٌ 패턴을 취한다.

내가 안전하게 도착한 것에 대해 나는 하나님께 감사했다.	حَمِدْتُ اللهَ عَلَى سَلَامَةِ وُصُولي.

لَا أُحِبُّ الْوُقُوفَ فِي الطَّابُورِ.	나는 줄을 서서 차례를 기다리는 것을 좋아하지 않는다.
أُرِيدُ وَضْعَ الْقَلَمِ عَلَى الطَّاوِلَةِ.	나는 그 펜을 테이블 위에 놓아두길 원한다.
أُشَجِّعُ وَهْبَ الْمَالِ لِلْفُقَرَاءِ.	나는 가난한 사람들에게 돈을 주는 것을 지지(support)한다.
لَا أُحِبُّ الْوَعْدَ بِشَيْءٍ لَا أَقْدِرُ عَلَيْهِ.	나는 내가 할 수 없는 어떤 것에 대해 약속하는 것을 좋아하지 않는다.
تَجَنَّبْتُ الْوُقُوعَ فِي حُفْرَةٍ.	나는 구멍에 떨어지는 것을 피했다.
لَا أَسْتَطِيعُ الْوُثُوقَ بِأَحَدٍ.	나는 어떤 사람을 신뢰하는 것이 불가능하다.
أُحِبُّ وُجُودَ زُمَلَائِي حَوْلِي.	나는 내 주위에 내 동료들이 있는 것을 좋아한다.
وِرَاثَةُ الْأَمْرَاضِ شَيْءٌ طَبِيعِيٌّ.	병들의 유전은 자연스러운 것이다.

c. 간약동사 가운데 중간자음 어근이 و 인 동사 - فَعَلَ 패턴

أُحِبُّ قَوْلَ الْحَقِيقَةِ.	나는 진실을 말하는 것을 좋아한다.
كَوْنُكَ صَغِيرًا لَا يَعْنِي أَنَّكَ لَا تَفْهَمُ.	당신이 작은 존재라는 말은 당신이 이해하지 못한다는 의미가 아니다.
الْمَوْتُ لَا مَفَرَّ مِنْهُ.	죽음은 도피가 아니다.
أَمُوتُ لِصَوْنِ أَبْنَائِي مِنَ الْأَذَى.	내 아들이 다치지 않도록 보호하기위해 나는 죽는다.
أَتَمَنَّى لَكَ صَوْمًا مَقْبُولًا.	나는 당신의 금식이 (알라신으로 부터) 받아들여지길 희망한다.
حَاوَلْتُ الطَّوْفَ بِالْقَارِبِ.	나는 배를 타고 한바퀴 도려고 했다.
أَكْرَهُ لَوْمَ الْآخَرِينَ لِي.	나는 다른 사람이 나를 비난하는 것을 증오한다.
أُحِبُّ النَّوْمَ جِدًّا.	나는 잠자는 것을 아주 좋아한다.
الْخَوْفُ شُعُورٌ طَبِيعِيٌّ.	두려움은 자연스러운 감정이다.
أُحِبُّ زِيَارَةَ الْأَقَارِبِ.	나는 친척들을 방문하는 것을 좋아한다. (قَرِيب/ أَقَارِب)
حَصَلْتُ عَلَى رُخْصَةِ سِيَاقَةٍ. (= رُخْصَة قِيَادَة)	나는 운전면허증을 취득했다.
لَا أُفَضِّلُ الْقِيَادَةَ لَيْلًا.	나는 밤에 운전하는 것을 선호하지 않는다.
اِقْتَرَبَتْ حَيَاتُهُ مِنَ الزَّوَالِ.	그의 삶이 끝나는 것이 가까왔다.
أُحِبُّ الْقِيَامَ فَجْرًا لِلصَّلَاةِ.	나는 새벽에 기도하러 일어나는 것을 좋아한다.
عَوْدَةُ أَخِي تُبْهِجُنِي.	내 형(남동생)이 돌아온 것이 나를 기쁘게 한다.

제24과 동명사

d. 간약동사 가운데 중간자음 어근이 ي 인 동사 - فَعْلٌ 패턴

나는 그 집의 판매하려고 (시도)했다.	حَاوَلْتُ بَيْعَ الْمَنْزِلِ.	
나는 발들로 걷는 것을 좋아한다.	أُحِبُّ السَّيْرَ عَلَى الْأَقْدَامِ.	
나는 자유롭게 살길 좋아한다.	أَوَدُّ الْعَيْشَ حُرًّا.	
나는 낙하산으로 나는 것을 아주 좋아한다.	أَعْشَقُ الطَّيْرَ بِالْبَرَاشُوتِ.	(عَشِقَ/يَعْشَقُ هـ)
나는 축구를 좋아한다.	لَدَيَّ مَيْلٌ لِكُرَةِ الْقَدَمِ.	
나는 아침에 수탉의 울음을 들었다.	سَمِعْتُ صَيْحَ الدِّيكِ صَبَاحًا.	
나는 생산에 있어 흠을 발견했다.	وَجَدْتُ عَيْبًا فِي الصِّنَاعَةِ.	
희망으로 요청하는 것들을 얻을 수 없다. (مَطْلَب)	مَا نَيْلُ الْمَطَالِبِ بِالتَّمَنِّي.	
가정에 아버지가 부재한 것은 어려운 것이다.	غِيَابُ الْأَبِ عَنِ الْأُسْرَةِ صَعْبٌ.	
돈을 잃는 것은 큰 손실이다.	ضِيَاعُ الْأَمْوَالِ خَسَارَةٌ كُبْرَى.	
나는 나 혼자 지내는 것을 좋아한다.	أُفَضِّلُ الْبَيَاتَ وَحْدِي.	
새로운 패션, 스타일들이 퍼져나갔다.	هُنَاكَ شُيُوعٌ لِلصَّيْحَاتِ الْجَدِيدَةِ.	

e. 자동사 가운데 완료형 중간 자음에 카스라가 오는 단어들 - فَعَلٌ 패턴을 취함

많이 기뻐하는 것으로 부터 조심하라.	اِحْذَرْ مِنَ الْفَرَحِ الْكَثِيرِ.
나는 어떤 것에 대해 더 이상 놀라움을 느끼지 않는다.	لَمْ أَعُدْ أَشْعُرُ بِدَهَشٍ مِنْ شَيْءٍ.
나는 위장에 한 병으로 인해 고통당한다.	أُعَانِي مِنْ مَرَضٍ فِي الْمَعِدَةِ.
나는 불의로 인해 분노를 느낀다.	أُحِسُّ بِالْغَضَبِ بِسَبَبِ الظُّلْمِ.
오리엔탈 음악이 들려졌다. (أَنْصَتَ/يُنْصِتُ)	أُنْصِتُ إِلَى الطَّرَبِ الشَّرْقِيِّ.
나는 관절들의 피곤함으로 고통당한다.	أُعَانِي مِنْ تَعَبٍ فِي الْمَفَاصِلِ.
나는 발생한 일에 대해서 미안함을 느낀다.	أَشْعُرُ بِالْأَسَفِ عَلَى مَا حَدَثَ.
나는 오늘 웃음이 많았다.	أَكْثَرْتُ مِنَ الضَّحِكِ الْيَوْمَ.

f. 자동사 가운데 완료형 중간 자음에 파트하가 오는 단어들 فُعُولٌ 패턴을 취함

나는 그늘 아래에서 앉아 있는 것을 좋아한다.	أُحِبُّ الْجُلُوسَ تَحْتَ الظِّلِّ.	
나는 조국에 돌아가는 것을 원한다.	أَبْغِي الرُّجُوعَ إِلَى وَطَنِي.	(بَغَى/يَبْغِي = اِبْتَغَى)

اِمْتَنَعَ الطَّالِبُ عَنْ دُخُولِ الْفَصْلِ.	그 학생은 그 교실에 들어가는 것이 금지되었다.
أَوَدُّ الْخُرُوجَ لِلنُّزْهَةِ.	나는 산책을 위해 밖에 나가는 것을 좋아한다.
لَا تَقْوَى عَلَى نُزُولِ السُّلَّمِ.	그녀는 계단을 내려가는 것이 불가능하다. (قَوِيَ/يَقْوَى عَلَى)
أَعْشَقُ السُّجُودَ لله.	나는 하나님을 예배하는 것을 아주 좋아한다.
أُرِيدُ الذَّهَابَ (الذُّهُوبَ ×) إِلَى الْحَدِيقَةِ.	나는 공원에 가길 원한다.

2) 첨가동사들 (الْفِعْلُ الْمَزِيدُ)의 동명사 형태

II 형 تَفْعِيل 패턴 (간혹 تَفْعِلَة 패턴이나 تَفْعَال 패턴이 사용되기도 한다.)

수학을 가르치는 것은 쉬운 문제가 아니다.	تَدْرِيسُ الرِّيَاضِيَّاتِ لَيْسَ أَمْرًا سَهْلاً.
나는 나의 아이들에게 공부를 잘 가르쳤다. (잘 교육시켰다.) (동족목적어)	عَلَّمْتُ أَوْلَادِي تَعْلِيمًا جَيِّدًا.
나이 어린 아이들은 장난감을 부수는 것을 좋아한다.	يَعْشَقُ الصِّغَارُ تَكْسِيرَ اللُّعَبِ.
정육점 주인은 고기를 잘게 자른다. (동족목적어)	قَطَّعَ الْجَزَّارُ اللَّحْمَ تَقْطِيعًا.
그 공장은 플라스틱 조각을 함께 조립한다.	يَقُومُ الْمَصْنَعُ بِتَجْمِيعِ قِطَعِ الْبِلَاسْتِيكِ مَعًا.
그 경찰은 교통정리를 한다.	يَقُومُ الشُّرْطِيُّ بِتَنْظِيمِ الْمُرُورِ.
그 나침반은 방향을 정하는 것을 목표로 한다.	تَعْمَلُ¹ الْبُوصَلَةُ عَلَى تَحْدِيدِ الِاتِّجَاهِ.
그 사장은 한 새로운 직원을 채용했다.	قَامَ الْمُدِيرُ بِتَعْيِينِ مُوَظَّفٍ جَدِيدٍ.
사우디아라비아에서 이슬람 샤리아법이 적용된다.	يَتِمُّ تَطْبِيقُ الشَّرِيعَةِ الْإِسْلَامِيَّةِ فِي السَّعُودِيَّةِ.
그 부지런한 학생의 공로가 인정되었다. (상을 주었다.)	تَمَّ تَكْرِيمُ الطَّالِبِ الْمُجْتَهِدِ.
나는 민주주의자들을 추천하는 것을 좋아한다.	أُحِبُّ تَرْشِيحَ الدِّيمُقْرَاطِيِّينَ.
그 대학은 매년 새로운 그룹(졸업생)을 졸업시키려고 시도한다.	تُحَاوِلُ الْجَامِعَةُ تَخْرِيجَ دُفْعَةٍ جَدِيدَةٍ كُلَّ سَنَةٍ.
나는 내가 갚아야 할 빚들을 갚으려고 시도한다.	أُحَاوِلُ تَسْدِيدَ مَا عَلَيَّ مِنْ دُيُونٍ.
그 선수는 골대를 향하여 공의 슈팅을 시도했다.	حَاوَلَ اللَّاعِبُ تَسْدِيدَ الْكُرَةِ إِلَى الْمَرْمَى.
그 코치는 완전한 한 팀을 구성하려고 노력했다.	عَمِلَ الْمُدَرِّبُ عَلَى تَكْوِينِ فَرِيقٍ مُتَكَامِلٍ.
나는 내 아이들을 아름다운 의미를 가진 이름으로 이름 짓길 좋아한다.	أُحِبُّ تَسْمِيَةَ أَوْلَادِي بِأَسْمَاءٍ ذَاتِ مَعَانٍ جَمِيلَةٍ.
어머니는 그녀의 아이들의 양육에 뛰어나다.	الْأُمُّ بَارِعَةٌ فِي تَرْبِيَةِ أَطْفَالِهَا.
나는 내 친구의 결혼을 맞이하여 그에게 축하를 보냈다.	أَرْسَلْتُ تَهْنِئَةً لِصَدِيقِي بِمُنَاسَبَةِ زَوَاجِهِ.
그 혐의자들을 재판에 회부해야 한다.	يَجِبُ تَقْدِيمُ الْمُتَّهَمِينَ إِلَى الْمُحَاكَمَةِ.
석유회사는 석유를 정유한다.	تَقُومُ شَرِكَاتُ النَّفْطِ بِتَكْرِيرِ الْبِتْرُولِ.
하나님은 헛되이 기도들을 반복하는 것을 좋아하지 않으신다.	لَا يُحِبُّ اللهُ تَكْرَارَ الصَّلَوَاتِ بِلَا جَدْوَى.
시험일정을 결정하는 것이 늦어졌다.	تَقْرِيرُ مَوْعِدِ الِامْتِحَانِ كَانَ مُتَأَخِّرًا.
내 형(남동생)은 결혼에 대해 운명적인 결정을 했다.	أَخَذَ أَخِي قَرَارًا مَصِيرِيًّا بِالزَّوَاجِ.

---

¹ عَمِلَ / يَعْمَلُ عَلَى 노력하다, 애쓰다 ; 목표로 하다(to aim at)

III 형 مُفَاعَلَة (간혹 فِعَال 패턴이 사용되기도 한다.)

그 회사는 그 새로운 직원과의 인터뷰를 실시했다.	أَجْرَتِ الشَّرِكَةُ مُقَابَلَةً مَعَ الْمُوَظَّفِ الْجَدِيدِ.
그 분쟁하고 있는 양편 사이에서 전투가 일어났다.	قَامَتْ مُقَاتَلَةٌ بَيْنَ طَرَفَيِ النِّزَاعِ.
나는 외국에 있는 내 친구들과 서신을 주고 받는 것을 좋아한다. (동사적 용법)	أُحِبُّ مُرَاسَلَتِي أَصْدِقَائِي بِالْخَارِجِ.
나는 축구 경기들을 시청하는 것을 좋아하지 않는다.	لَا أَمِيلُ[1] لِمُشَاهَدَةِ مُبَارَيَاتِ كُرَةِ الْقَدَمِ.
내 여동생(누나)은 뉴스 보도에 계속 관심을 가지는 것을 싫어한다.	تَكْرَهُ أُخْتِي مُتَابَعَةَ نَشْرَةِ الْأَخْبَارِ.
내 형(남동생)은 융자에 대해 은행의 동의를 얻었다.	حَصَلَ أَخِي عَلَى مُوَافَقَةِ الْبَنْكِ عَلَى الْقَرْضِ.
나는 항상 나의 권리들을 요구하는데 열정적이다.	أَتَحَمَّسُ لِلْمُطَالَبَةِ بِحُقُوقِي كُلَّ وَقْتٍ.
관대한 사람은 가난한 사람들을 돕는 일을 좋아한다.	الْكَرِيمُ يُحِبُّ مُسَاعَدَةَ الْفُقَرَاءِ.

IV 형 إِفْعَال (어근에 약자음이 있을 경우 إِفَالَة 패턴이 사용되기도 한다.)

내가 쉬고 난 뒤 나의 일을 완성하는 것이 가능해졌다.	أَمْكَنَنِي إِكْمَالُ عَمَلِي بَعْدَ الرَّاحَةِ.
그 소방수들이 내 아내를 불에서 꺼낼 수 있었다.	اسْتَطَاعَ الْإِطْفَائِيُّونَ إِخْرَاجَ زَوْجَتِي مِنَ الْحَرِيقِ.
그 젊은이는 그가 무슬림이 되었음을 선언했다.	أَشْهَرَ الشَّابُّ إِسْلَامَهُ.
언론인은 사실들을 전해야 한다.	يَجِبُ عَلَى الْإِعْلَامِيِّ إِخْبَارُ الْحَقَائِقِ.
무슬림들은 알라신 외에 다른 신을 섬기는 것(다신교도가 되는 것)을 증오한다.	يَكْرَهُ الْمُسْلِمُونَ الْإِشْرَاكَ بِاللهِ.
해가 떠 오르는 것은 가장 아름다운 장면이다.	إِشْرَاقُ الشَّمْسِ أَجْمَلُ الْمَنَاظِرِ[2].
나는 친구들에게 절기(명절) 카드들을 보내는 것을 좋아한다.	أُحِبُّ إِرْسَالَ بِطَاقَاتِ مُعَايَدَةٍ لِلْأَصْدِقَاءِ.
몇몇 사람들은 말을 빨리하는 것으로 특징지워진다.	يَتَّسِمُ بَعْضُ النَّاسِ بِالْإِسْرَاعِ فِي الْكَلَامِ.
여름은 해변들에 가까이 가는 시즌이다.	الصَّيْفُ مَوْسِمُ إِقْبَالٍ عَلَى الشَّوَاطِئِ.
부모를 공경하는 것은 의무적인 것이다.	إِكْرَامُ الْوَالِدَيْنِ أَمْرٌ وَاجِبٌ.
마음에 드는 것은 사랑 이전의 단계이다.	الْإِعْجَابُ هُوَ مَرْحَلَةُ مَا قَبْلَ الْحُبِّ.
어떤 것들을 개혁하는 것은 전문가들에게만 제한된다.	إِصْلَاحُ الْأَشْيَاءِ يَقْتَصِرُ عَلَى الْمُخْتَصِّينَ.
선생들은 그의 학생들에게 설명을 반복해야한다.	يَجِبُ عَلَى الْمُعَلِّمِ إِعَادَةُ الشَّرْحِ لِطُلَّابِهِ.
다른 사람들을 비난하는 것은 증오스런 것이다.	إِدَانَةُ الْآخَرِينَ أَمْرٌ بَغِيضٌ.

---

[1] مَالَ/ يَمِيلُ إِلَى – مَيَّلَ – مَيْلٌ ...로 기울다, 편향되다 ; 편들다, 좋아하다

[2] مَنْظَرٌ/ مَنَاظِرُ 풍경, 경치, 전경, 광경

V 형 تَفَعَّلُ 패턴

개발도상국가들은 발전을 위해 노력한다.	تَسْعَى الدُّوَلُ النَّامِيَةُ إِلَى التَّطَوُّرِ.
나는 후진적 문화들로 부터 영향받는 것을 회피한다.	أَتَجَنَّبُ التَّأَثُّرَ بِالثَّقَافَاتِ الْمُتَخَلِّفَةِ.
공업국가들은 선진화를 향해 노력한다.	تَسْعَى الدُّوَلُ الصِّنَاعِيَّةُ نَحْوَ التَّقَدُّمِ.
나는 부정적으로 말하는 것을 증오한다.	أَكْرَهُ التَّكَلُّمَ بِشَكْلٍ سَلْبِيٍّ.
배움은 어렸을 때 부터 늙을 때 까지 계속된다.	التَّعَلُّمُ يَسْتَمِرُّ مِنَ الصِّغَرِ حَتَّى الْمَشِيبِ.
운동선수는 흡연을 피해야 한다.	يَجِبُ عَلَى الرِّيَاضِيِّ تَجَنُّبُ التَّدْخِينِ.

VI 형 تَفَاعُلٌ 패턴

늦게 저녁을 먹는 것은 나쁜 버릇이다.	تَنَاوُلُ الْعَشَاءِ مُتَأَخِّرًا عَادَةٌ سَيِّئَةٌ.
나는 두 강한 팀이 만나는 것을 보고 있다.	أُشَاهِدُ تَقَابُلَ فَرِيقَيْنِ قَوِيَّيْنِ.
나라들이 협력하는 것이 얼마나 좋은지!	مَا أَحْلَى التَّعَاوُنَ بَيْنَ الدُّوَلِ!
고집스런 사람은 다른 사람들과 협의하는 것을 좋아하지 않는다.	الْعَنِيدُ لَا يُحِبُّ التَّشَاوُرَ مَعَ الْآخَرِينَ.
어른들과 아이들의 의사소통이 어디있니?	أَيْنَ التَّوَاصُلُ بَيْنَ الْكِبَارِ وَالصِّغَارِ؟

VII 형 اِنْفِعَالٌ 패턴

나는 나의 새로운 시계가 부서짐으로 인해 당황했다.	اِنْزَعَجْتُ مِنَ اِنْكِسَارِ سَاعَتِي الْجَدِيدَةِ.
나라들의 서로 서로에 대한 개방이 늘었다.	زَادَ اِنْفِتَاحُ الدُّوَلِ عَلَى بَعْضِهَا الْبَعْضِ.
그 위원회는 그 컨퍼런스 개최를 연기하기로 결정했다.	قَرَّرَتِ اللَّجْنَةُ تَأْجِيلَ اِنْعِقَادِ الْمُؤْتَمَرِ.
원수들 앞에서 패배하는 것이 얼마나 나쁜지!	مَا أَسْوَأَ الاِنْهِزَامَ أَمَامَ الْأَعْدَاءِ.
그 군대는 군사 쿠데타를 일으켰다.	قَامَ الْجَيْشُ بِعَمَلِ اِنْقِلَابٍ عَسْكَرِيٍّ.

VIII 형 اِفْتِعَالٌ 패턴

나는 서양 노래들을 청취하는 것을 좋아한다.	أُحِبُّ الاِسْتِمَاعَ لِلْأَغَانِي الْغَرْبِيَّةِ.
나는 그 축구대회 폐막식을 시청했다.	شَاهَدْتُ اِخْتِتَامَ بُطُولَةِ كُرَةِ الْقَدَمِ.
나는 민주적인 대통령을 뽑기 위해 힘쓸 것이다.	سَأَسْعَى لِاِنْتِخَابِ رَئِيسٍ دِيمُقْرَاطِيٍّ.
나는 수학에서 내 아들을 테스트했고, 그는 합격했다.	حَاوَلْتُ اِخْتِبَارَ اِبْنِي فِي الرِّيَاضِيَّاتِ فَنَجَحَ.
고백은 증거들의 주인이다. (고백이 증거들보다 우선한다는 의미)	الاِعْتِرَافُ سَيِّدُ الْأَدِلَّةِ.

مَا أَحْلَى الِاجْتِمَاعَ مَعَ إِخْوَتِي.	내 형제들과의 모임이 얼마나 아름다운지!
انْتِشَارُ الْمَرَضِ دَلِيلٌ عَلَى الْجَهْلِ.	병이 퍼지는 것은 무지의 증거이다.
الِاخْتِلَافُ لَا يُفْسِدُ الْوُدَّ بَيْنَ النَّاسِ.	차이점은 사람들 사이에 호감을 가지는 것을 상하게 하지 못한다.
يَجِبُ أَنْ يَأْخُذَ الْمُتَكَلِّمُ فِي اعْتِبَارِهِ ثَقَافَةَ الْمُسْتَمِعِينَ.	강사는 청중들의 문화를 고려해야 한다.
لَا أُطِيقُ[1] الِانْتِظَارَ طَوِيلًا.	나는 오래 기다리는 것을 참지 못한다.
أُحِبُّ الِاشْتِرَاكَ فِي مُسَابَقَاتِ الرَّكْضِ.	나는 달리기 시합들에 참여하는 것을 좋아한다.
احْتِرَامُ الْقَوَانِينِ أَمْرٌ وَاجِبٌ.	법들을 존중하는 것은 의무적인 것이다.
أُحِبُّ الِاعْتِمَادَ عَلَى نَفْسِي.	나는 나 자신을 의지하는 것을 좋아한다.
اخْتِصَارُ الطُّرُقِ يُقَلِّلُ الْوَقْتَ.	길들을 단축하는 것은 시간을 줄인다.

IX 형 اِفْعِلَالْ 패턴

احْمِرَارُ الْوَجْهِ دَلِيلُ الْخَجَلِ.	얼굴이 붉게 되는 것은 부끄러움의 증거이다.
اصْفِرَارُ الْوَجْهِ عَلَامَةُ الْمَرَضِ.	얼굴이 노랗게 되는 것은 병이 든 표시이다.
أُحِبُّ ازْرِقَاقَ لَوْنِ السَّمَاءِ.	나는 하늘의 색깔이 파랗게 되는 것을 좋아한다.
أُشَاهِدُ اخْضِرَارَ الْعُشْبِ وَقْتَ الرَّبِيعِ.	나는 봄에 풀들이 푸르게 되는 것을 본다.
أَرَى ابْيِضَاضَ وَجْهِكَ بَعْدَ غَسْلِهِ.	나는 너가 너의 얼굴을 씻은 뒤에 얼굴이 하얗게 빛나는 것을 본다.
سَئِمْتُ مِنَ اسْوِدَادِ مَلَابِسِي بِفِعْلِ الْأَتْرِبَةِ[2].	나는 먼지에 의해 나의 옷이 검게 되는 것에 지쳤다.

X 형 اِسْتِفْعَالْ 패턴

يَكْرَهُ الْأَقْوِيَاءُ[3] الِاسْتِسْلَامَ.	강한 사람들은 항복을 증오한다.
اسْتِغْفَارُ اللهِ فِعْلٌ دَائِمٌ.	하나님께 용서를 구하는 것은 계속적인 행동이다.(계속해야 한다.)
لَا أُحِبُّ اسْتِعَارَةَ الْأَشْيَاءِ مِنَ الْآخَرِينَ.	나는 다른 사람들로 부터 어떤 것들을 빌리는 것을 좋아하지 않는다.
تَرْغَبُ الْقَبَائِلُ فِي الِاسْتِيطَانِ فِي الْغَابَاتِ.	그 부족들은 밀림에 정착하길 희망한다.
يَعْشَقُ الْجَزَّارُ اسْتِعْمَالَ السِّكِّينِ.	정육점 주인은 칼을 사용하는 것을 아주 좋아한다.
يَجِبُ الِاسْتِفَادَةُ مِنَ الثَّرْوَةِ الْبَشَرِيَّةِ.	인적자원으로 부터 유익을 얻어야 한다.

---

[1] أَطَاقَ / يُطِيقُ هـ ـ إِطَاقَةً ..을 참다, 인내하다, 견디다 = تَحَمَّلَ   لَا يُطَاقُ 참을 수 없는

[2] تُرَابٌ / أَتْرِبَةٌ 먼지

[3] قَوِيٌّ / أَقْوِيَاءُ 강한, 힘센

제24과 동명사

يَجِبُ أَنْ نَكُونَ عَلَى اسْتِعْدَادٍ لِلْمُسْتَقْبَلِ.	우리는 미래에 대해 준비되어야 한다.	
أُحِبُّ اسْتِقْبَالَ الزُّوَّارِ¹ الأَجَانِبِ بِبَلَدِي.	나는 나의 나라에서 외국인 방문객들을 영접하는 것을 좋아한다.	
لَا يَحْسُنُ لِلطِّفْلِ اسْتِخْدَامُ النِّيرَانِ.	불을 사용하는 것은 아이에게 좋지 않다.	
لَمْ أَقْوَ² عَلَى الاسْتِمْرَارِ فِي الرَّكْضِ.	나는 계속해서 달릴 수 없었다.	
يُؤَدِّي الاسْتِعْجَالُ لِنَتَائِجَ³ خَاطِئَةٍ.	서두르는 것은 위험한 결과들을 초래한다.	
يُحِبُّ الْعَاقِلُ اسْتِشَارَةَ الْحُكَمَاءِ⁴.	합리적인 사람은 지혜있는 자들의 조언을 좋아한다.	
ذَهَبْتُ لِلْمَصَحَّةِ لِلاسْتِشْفَاءِ.	나는 치료를 요구하고자 그 요양원에 갔다.	
وَجَدَ الْوَزِيرُ اسْتِحْسَانًا لِمَشْرُوعِي.	그 장관은 나의 프로젝트를 승인했다.	
لَا يَجِبُ اسْتِبْعَادُ أَيِّ فِئَةٍ مِنَ الْحَيَاةِ السِّيَاسِيَّةِ.	어떤 그룹도 정치적 생활에서 배제되어서는 안된다.	
يُدْمِنُ السِّكِّيرُ الْخَمْرَ حَتَّى الاسْتِعْبَادِ.	술고래는 노예가 될 때까지 술에 중독된다.	

3) 4 자음 원형동사의 동명사 형태

تَرْجَمَةُ النُّصُوصِ⁵ الدِّينِيَّةِ صَعْبَةٌ.	(그) 종교적인 본문들을 번역하는 것은 어렵다.
لَا أُحِبُّ سَيْطَرَةَ فُلَانٍ عَلَيَّ.	나는 어떤 사람이 나를 지배하는 것을 좋아하지 않는다.
دَحْرَجَةُ الْعَجَلَةِ أَيْسَرُ مِنْ حَمْلِهَا.	바퀴를 굴리는 것이 그것을 지는 것 보다 쉽다.
كَانَتْ زَعْزَعَةُ الشَّجَرِ بِفِعْلِ الرِّيَاحِ.	바람의 영향으로(바람에 의해) 그 나무가 흔들렸다.

¹ زَائِرٌ/ زَائِرُونَ أَوْ زُوَّارٌ 방문하는 사람, 방문자
² قَوِيَ/ يَقْوَى عَلَى – قُوَّةٌ ..을 할 수 있다
³ نَتِيجَةٌ/ نَتَائِجُ 결과
⁴ حَكِيمٌ/ حُكَمَاءُ 지혜로운
⁵ نَصٌّ/ نُصُوصٌ 본문, 텍스트(text)

심화학습 – 사람의 성별 · 성장 단계별 용어

여성(Female)		설명	남성(Male)	
성(性)에 대한 종류명사	연령별 용어		연령별 용어	성(性)에 대한 종류명사
أُنْثَى (여성, female)	جَنِين	태아(fetus)	جَنِين	ذَكَرٌ (남성, male)
	مَوْلُودَة	갓난 아기 (new born baby, 0살-4주)	مَوْلُود	
	رَضِيعَة	젖먹이 아기 (suckling baby, 0살-2살)	رَضِيع	
	طِفْلَة	아기, 아이, 소년 (0살-12살)	طِفْل	
	صَبِيَّة	아이(child), 소년(boy) (2살-12살)	صَبِيّ	وَلَدٌ (남자)
	بِنْت بِنْتٌ (여자)	아이(child), 소년(boy) (2살-12살)	وَلَد	
	مُرَاهِقَة	청소년(teenage) (13살-19살)	مُرَاهِق	
	فَتَاة	젊은이(youth) (13살-20대)	فَتًى	
	شَابَّة	젊은이, 청년(youth) (13살-20대, 30대, 40대)	شَابّ	
امْرَأَة، سَيِّدَة (성인 여자)	امْرَأَة	성인남자(man)/ 성인여자(woman)	رَجُل	رَجُلٌ، سَيِّدٌ (성인 남자)
	كَهْلَة	중년 (30살 전후)	كَهْل	
	عَجُوز	노인 (50살 전후)	شَيْخ	
	هَرِمَة	노인 (70살 이후)	هَرِم	

→ 위의 도표에서 필자는 어린이 시기(طُفُولَة)와 생식능력을 가지는 시기(بُلُوغ)의 구분을 13 세로 보았다.
→ طِفْل 이 아기(baby)의 의미일 경우 0-2 살까지이고, طِفْل 이 아이(child) 혹은 소년(boy)로 사용될 경우 12 살까지로 볼 수 있다. → مُرَاهِق 혹은 مُرَاهَقَة 의 시기는 사춘기 시기, 혹은 청소년(teen age) 시기이다.
→ وَلَد/بِنْت 은 صَبِيّ/بِنْت 와 같이 소년/소녀의 의미도 가능하고, 결혼하지 않은 남자와 여자도 가능하다.
→ شَابّ 이 '젊은이, 청년'의 의미로서 40 살 정도까지도 가능하다. → كَهْل 과 هَرِم 은 문학적인 표현에서 사용되고 실제 생활에서는 많이 사용하지 않는다. → 십대 소녀부터 결혼하기 전의 여성을 آنِسَة 라 한다.
→ 위에 단어 이외에도 غُلَام (여성형 أَمَة/ إِمَاء) 과 حَدَث 라는 단어도 있다. غُلَام 은 대략 13-19 살 사이의 일하는 종을 말하고, حَدَث 는 19-40 살 사이의 젊은이나 청년을 말한다.

** 성장단계에 관한 동명사

출생	وِلَادَة	어린이가 됨, 어린이 다움	طُفُولَة
생식능력을 갖춤, 사춘기(adolescence, puberty)	بُلُوغ	사춘기, 청소년이 됨 (adolescence, puberty)	مُرَاهَقَة
남자됨(manhood)	رُجُولَة	여자됨(womanhood)	أُنُوثَة
(법적인) 성인이 됨 (이집트에서는 21세)	رُشْد (سِنُّ الرُّشْد)	노인이 됨	شَيْخُوخَة

제 25 과 우선급 명사 (اسْمُ التَّفْضِيلِ)에 대해

1. 우선급 명사의 형태
2. 비교급 문장 만들기
3. 우선급 명사의 여성형과 복수형
4. 최상급 문장 만들기
5. 우선급 명사의 문장에서의 기능

제 25과 우선급 명사에 대해 (اسْمُ التَّفْضِيلِ)

아랍어의 비교급과 최상급 문장에 사용되는 أَفْعَلُ 패턴의 단어를 '우선급 명사(اسْمُ التَّفْضِيلِ)'라 한다.

아랍어의 우선급 명사는 비교급 문장과 최상급 문장에 사용된다. 또한 감탄문에 사용되는 감탄동사(فِعْلُ التَّعَجُّبِ)에서도 이 형태가 사용된다.

이 책 제Ⅰ권에서는 우선급 단어들의 형태와 비교급과 최상급의 기본적인 문장을 공부하고, 제Ⅱ권에서 비교급과 최상급 문장에 대한 여러가지 용법을 공부하도록 한다.

1. 우선급 명사(اسْمُ التَّفْضِيلِ)의 형태

우선급 명사는 3 자음 원형동사에서 파생되어 أَفْعَلُ 패턴을 취한다. 우선급 명사는 이론적으로 대부분의 3 자음 원형동사에서 파생된다고 할 수 있다. 그러나 실제로 사용되는 우선급 명사는 그 형용사 형태가 유사형용사이거나 유사형용사적 의미를 가진 능동분사인 경우가 대부분이다.

아래의 كَبُرَ/يَكْبُرُ ، صَغُرَ/يَصْغُرُ ، كَثُرَ/يَكْثُرُ ، قَلَّ/يَقِلُّ 동사는 그 형용사 패턴이 유사형용사이다. 동사에서 أَفْعَلُ 패턴의 우선급 명사로 파생된 것을 확인하자.

동사 (어근)		유사형용사 (الصِّفَةُ المُشَبَّهَةُ)		우선급 명사 - أَفْعَلُ 패턴	
크다, 크게 되다	كَبُرَ/يَكْبُرُ	큰	كَبِيرٌ	더 큰	أَكْبَرُ
작다, 작게 되다	صَغُرَ/يَصْغُرُ	작은	صَغِيرٌ	더 작은	أَصْغَرُ
많다, 많게 되다	كَثُرَ/يَكْثُرُ	많은	كَثِيرٌ	더 많은	أَكْثَرُ
적다, 적게 되다	قَلَّ/يَقِلُّ	적은	قَلِيلٌ	더 적은	أَقَلُّ

1) 주요 우선급 명사들

주요 우선급 명사들을 정리한다. 우선급 명사들은 그 형용사 형태와 함께 암기하는 것이 효과적이다. 아래는 대표적인 형용사(유사형용사 혹은 유사형용사 의미의 능동분사)들과 그 우선급 명사들이다.

아래에서 각각의 동사가 어떻게 형용사와 우선급 명사로 사용되는지 확인하자. 먼저는 형용사 단어와 우선급 명사 중심으로 학습하고, 나중에는 동사와 동명사 단어도 익히도록 하자.

(أَفْعَلُ 패턴의 단어는 2 격 명사(مَمْنُوعٌ مِنَ الصَّرْفِ)이다. 따라서 우선급 명사는 2 격 명사이다.)

의미 (동명사 - 동사)	유사 형용사 혹은 능동분사	우선급 명사 أَفْعَلُ 패턴	의미 (동명사 - 동사)	유사형용사 혹은 능동분사	우선급 명사 أَفْعَلُ 패턴
많은 (كَثُرَ/يَكْثُرُ - كَثْرٌ)	كَثِيرٌ	أَكْثَرُ	강한, 힘센 (قَوِيَ/يَقْوَى - قُوَّةٌ)	قَوِيٌّ	أَقْوَى
적은 (قَلَّ/يَقِلُّ - قِلَّةٌ)	قَلِيلٌ	أَقَلُّ	강한, 엄격한 (شَدَّ/يَشُدُّ - شَدٌّ)	شَدِيدٌ	أَشَدُّ
큰 (كَبُرَ/يَكْبُرُ - كِبَرٌ)	كَبِيرٌ	أَكْبَرُ	약한 (ضَعُفَ/يَضْعُفُ - ضَعْفٌ)	ضَعِيفٌ	أَضْعَفُ

제 25 과 우선급 명사에 대해

거대한, 덩치가 큰 (ضَخُمَ/يَضْخُمُ-ضَخَامَةٌ)	ضَخْمٌ	أَضْخَمُ	뚱뚱한, 기름진 (سَمِنَ/يَسْمَنُ-سِمَنٌ)	سَمِينٌ	أَسْمَنُ
작은 (صَغُرَ/يَصْغُرُ-صِغَرٌ)	صَغِيرٌ	أَصْغَرُ	가는(thin), 야윈 (رَقَّ/يَرِقُّ-رِقَّةٌ، رَقٌّ)	رَقِيقٌ	أَرَقُّ
새로운(new) (جَدَّ/يَجِدُّ-جِدٌّ)	جَدِيدٌ	أَجَدُّ	부유한 (غَنِيَ/يَغْنَى-غِنًى، غَنَاءٌ)	غَنِيٌّ	أَغْنَى
현대의 ; 새로운 (حَدَثَ/يَحْدُثُ-حَدَاثَةٌ)	حَدِيثٌ	أَحْدَثُ	가난한 (فَقُرَ/يَفْقُرُ-فَقْرٌ)	فَقِيرٌ	أَفْقَرُ
오래된 (قَدُمَ/يَقْدُمُ-قِدَمٌ)	قَدِيمٌ	أَقْدَمُ	넓은 (면적이) (وَسِعَ/يَسَعُ-سَعَةٌ)	وَاسِعٌ	أَوْسَعُ
쉬운 (سَهُلَ/يَسْهُلُ-سُهُولَةٌ)	سَهْلٌ	أَسْهَلُ	넓은 (폭이) (عَرُضَ/يَعْرُضُ-عَرْضٌ)	عَرِيضٌ	أَعْرَضُ
어려운 (صَعُبَ/يَصْعُبُ-صُعُوبَةٌ)	صَعْبٌ	أَصْعَبُ	좁은, 비좁은 (ضَاقَ/يَضِيقُ-ضِيقٌ، ضَيْقٌ)	ضَيِّقٌ	أَضْيَقُ
긴 (طَالَ/يَطُولُ-طُولٌ)	طَوِيلٌ	أَطْوَلُ	무거운 (ثَقُلَ/يَثْقُلُ-ثِقَلٌ)	ثَقِيلٌ	أَثْقَلُ
짧은 (قَصُرَ/يَقْصُرُ-قِصَرٌ)	قَصِيرٌ	أَقْصَرُ	가벼운 (خَفَّ/يَخِفُّ-خِفَّةٌ)	خَفِيفٌ	أَخَفُّ
먼 (بَعُدَ/يَبْعُدُ-بُعْدٌ)	بَعِيدٌ	أَبْعَدُ	깨끗한 (نَظُفَ/يَنْظُفُ-نَظَافَةٌ)	نَظِيفٌ	أَنْظَفُ
가까운 (قَرُبَ/يَقْرُبُ-قُرْبٌ، قُرْبَةٌ)	قَرِيبٌ	أَقْرَبُ	더러운 (قَذُرَ/يَقْذُرُ-قَذَارَةٌ)	قَذِرٌ	أَقْذَرُ
빠른 (سَرُعَ/يَسْرُعُ-سُرْعَةٌ)	سَرِيعٌ	أَسْرَعُ	더러운 (وَسِخَ/يَوْسَخُ-وَسَخٌ)	وَسِخٌ	أَوْسَخُ
느린 (بَطُؤَ/يَبْطُؤُ-بُطْءٌ)	بَطِيءٌ	أَبْطَأُ	맑은 (نَقِيَ/يَنْقَى-نَقَاءٌ، نَقَاوَةٌ)	نَقِيٌّ	أَنْقَى
높은 (عَلَا/يَعْلُو-عُلُوٌّ)	عَالٍ (الْعَالِي)	أَعْلَى	관대한 (كَرُمَ/يَكْرُمُ-كَرَمٌ، كَرَامَةٌ)	كَرِيمٌ	أَكْرَمُ
낮은 (خَفَضَ/يَخْفِضُ-خَفْضٌ)	مُنْخَفِضٌ*	× (أَخْفَضُ)	인색한, 구두쇠의 (بَخِلَ/يَبْخَلُ-بُخْلٌ)	بَخِيلٌ	أَبْخَلُ
가는, 정교한 (دَقَّ/يَدِقُّ-دِقَّةٌ، دِقٌّ)	دَقِيقٌ	أَدَقُّ	용감한 (شَجُعَ/يَشْجُعُ-شَجَاعَةٌ)	شُجَاعٌ	أَشْجَعُ
두꺼운 (ثَخُنَ/يَثْخُنُ-ثِخَنٌ، ثَخُونَةٌ)	ثَخِينٌ	أَثْخَنُ	비겁한 (جَبُنَ/يَجْبُنُ-جُبْنٌ، جَبَانَةٌ)	جَبَانٌ	أَجْبَنُ
비싼 (غَلَا/يَغْلُو-غَلَاءٌ)	غَالٍ (الْغَالِي)	أَغْلَى	솜씨좋은 (مَهَرَ/يَمْهُرُ-مَهَارَةٌ)	مَاهِرٌ	أَمْهَرُ
가치있는, 귀한 (ثَمُنَ/يَثْمُنُ-ثَمَانَةٌ)	ثَمِينٌ	أَثْمَنُ	재능있는, 솜씨좋는, 우수한 (بَرَعَ/يَبْرَعُ-بَرَاعَةٌ)	بَارِعٌ	أَبْرَعُ
값싼 (رَخُصَ/يَرْخُصُ-رُخْصٌ)	رَخِيصٌ	أَرْخَصُ	총명한, 머리가 좋은 (ذَكِيَ/يَذْكَى-ذَكَاءٌ)	ذَكِيٌّ	أَذْكَى
부드러운(사물, 사람) (نَعِمَ/يَنْعَمُ-نُعُومَةٌ)	نَاعِمٌ	أَنْعَمُ	우둔한, 명청한 (غَبِيَ/يَغْبَى-غَبَاوَةٌ، غَبَاءٌ)	غَبِيٌّ	أَغْبَى
부드러운(주로 사물) (طَرِيَ/يَطْرَى-طَرَاوَةٌ)	طَرِيٌّ	أَطْرَى	위대한(great) (عَظُمَ/يَعْظُمُ-عِظَمٌ)	عَظِيمٌ	أَعْظَمُ

의미	형용사	우선급	의미	형용사	우선급
부드러운(사물, 사람) (لَانَ/ يَلِينُ- لِينٌ،لُيُونَةٌ)	لَيِّنٌ	أَلْيَنُ	훌륭한, 놀랄만한 (رَاعَ/ يَرِيعُ- رَيْعٌ،رَيَعَانٌ)	رَائِعٌ	أَرْوَعُ
거친(사람, 사물) (خَشُنَ/ يَخْشُنُ- خُشُونَةٌ)	خَشِنٌ	أَخْشَنُ	훌륭한, 놀랄만한 (بَدُعَ/ يَبْدُعُ- بَدَاعَةٌ)	بَدِيعٌ	أَبْدَعُ
뜨거운 (سَخُنَ/ يَسْخُنُ- سُخُونَةٌ)	سُخْنٌ، سَاخِنٌ	أَسْخَنُ	중요한(important) (هَمَّ/ يَهُمُّ- هَمٌّ)	هَامٌّ، مُهِمٌّ	أَهَمُّ
더운(날씨가) (حَرَّ/ يَحَرُّ- حَرٌّ،حَرَارَةٌ)	حَارٌّ	أَحَرُّ	유명한(famous) (شَهَرَ/ يَشْهُرُ- شُهْرَةٌ)	شَهِيرٌ، مَشْهُورٌ	أَشْهَرُ
따뜻한 (دَفُؤَ/ يَدْفُؤُ- دَفَاءَةٌ،دِفْءٌ)	دَفِيءٌ، دَافِئٌ	أَدْفَأُ	빛나는 (لَمَعَ/ يَلْمَعُ- لَمْعٌ،لَمَعَانٌ)	لَامِعٌ	أَلْمَعُ
차가운 (بَرَدَ/ يَبْرُدُ- بُرُودَةٌ)	بَارِدٌ	أَبْرَدُ	폭력적인 (عَنُفَ/ يَعْنُفُ- عُنْفٌ)	عَنِيفٌ	أَعْنَفُ
친절한, 마음씨 좋은 (طَابَ/ يَطِيبُ- طِيبَةٌ، طِيبٌ)	طَيِّبٌ	أَطْيَبُ	활동적인 (نَشِطَ/ يَنْشَطُ- نَشَاطٌ)	نَشِيطٌ	أَنْشَطُ
좋은(good) (جَادَ/ يَجُودُ- جَوْدَةٌ)	جَيِّدٌ	أَجْوَدُ	아름다운(beautiful) (جَمَلَ/ يَجْمُلُ- جَمَالٌ)	جَمِيلٌ	أَجْمَلُ
좋은(good) ; 아름다운 (حَسُنَ/ يَحْسُنُ- حُسْنٌ)	حَسَنٌ	أَحْسَنُ	귀한(precious, dear) (عَزَّ/ يَعِزُّ- عِزٌّ)	عَزِيزٌ	أَعَزُّ
좋은 (فَضَلَ/ يَفْضُلُ- فَضْلٌ)	فَاضِلٌ	أَفْضَلُ	고상한, 숭고한, 높은(지위 등) (سَمَا/ يَسْمُو- سُمُوٌّ)	سَامٍ (السَّامِي)	أَسْمَى
나쁜(bad) (سَاءَ/ يَسُوءُ- سُوءٌ)	سَيِّئٌ	أَسْوَأُ	고상한, 높은 (رَقِيَ/ يَرْقَى إِلَى- رَقْيٌ،رُقِيٌّ)	رَاقٍ (الرَّاقِي)	أَرْقَى
맛이 단(sweet) ; 좋은 (حَلُوَ/ يَحْلُو- حَلَاوَةٌ)	حُلْوٌ	أَحْلَى	고귀한, 높은(지위); 가는 (رَفُعَ/ يَرْفُعُ- رِفْعَةٌ)	رَفِيعٌ	أَرْفَعُ
맛있는(delicious) (لَذَّ/ يَلَذُّ- لَذٌّ)	لَذِيذٌ	أَلَذُّ	고귀한, 귀족적인(noble) (نَبُلَ/ يَنْبُلُ- نُبْلٌ، نَبَالَةٌ)	نَبِيلٌ	أَنْبَلُ
구미가 돋는, 맛있는 (شَهُوَ/ يَشْهُو- شَهَاوَةٌ)	شَهِيٌّ	أَشْهَى	아주 높은, 고귀한(lofty) (جَلَّ/ يَجِلُّ- جَلَالٌ،جَلَالَةٌ)	جَلِيلٌ	أَجَلُّ
추한 (قَبُحَ/ يَقْبُحُ- قُبْحٌ، قَبَاحَةٌ)	قَبِيحٌ	أَقْبَحُ	확신하는, 신뢰하는 (وَثِقَ/ يَثِقُ- ثِقَةٌ)	وَاثِقٌ	أَوْثَقُ
미남의 (وَسُمَ/ يَوْسُمُ- وَسَامَةٌ)	وَسِيمٌ	أَوْسَمُ	사실인, 참인, 옳은 (صَحَّ/ يَصِحُّ- صِحَّةٌ)	صَحِيحٌ	أَصَحُّ

→ 위에서 사용된 동사들은 그 형용사 형태가 유사형용사 패턴 혹은 유사형용사의 의미를 가진 능동분사 패턴이다. 유사형용사 패턴과 능동분사 패턴에 대해서는 이 책 '유사형용사'와 '능동분사' 부분에서 공부하였다.

→ 위의 동사들 가운데는 فَعُلَ/ يَفْعُلُ 패턴의 단어들이 많으며, 그 다음으로 فَعِلَ/ يَفْعَلُ 패턴의 단어이다.

→ 위에서 '낮은'의 의미로 사용되는 단어는 مُنْخَفِضٌ 이다. '높은'은 مُرْتَفِعٌ 이란 단어도 사용한다. مُنْخَفِضٌ 과 مُرْتَفِعٌ 은 3 자음 원형동사에서 온 능동분사가 아니고 첨가동사의 능동분사이므로 أَفْعَلُ 형태의 우선급 명사를 사용하지 않는다. (그러나 مُنْخَفِضٌ 와 같은 의미를 가진 خَفِيضٌ 에서 파생된 أَخْفَضُ 가 사용되는 경우도 있다.) 이 경우는 비교급이나 최상급 문장을 만들 경우 다른 방식으로 만든다. 이 책 제 II 권 '비교급과 최상급 문장에 대해' 부분에서 공부하라.

제25과 우선급 명사에 대해

2) 중복자음이나 약자음이 있는 단어들의 우선급 명사

위에서 다룬 주요 우선급 명사들을 보면 أَفْعَلُ 형태가 아닌 것 같은 단어들이 가끔 나타난다. 예를들어 أَجَدُّ 나 أَقْوَى 등의 단어들인데, 이러한 형태의 단어들도 그 기본 패턴은 أَفْعَلُ 이다. 단지 어근의 자음에 있는 중복자음과 약자음의 영향으로 형태가 약간 달라진 경우들이다.

(1) 어근에 중복자음이 있는 단어들의 우선급 명사

동사 어근의 제 2 자음과 제 3 자음이 같은 글자(중복자음)인 형용사 (이 우선급 명사들도 أَفْعَلُ 패턴이다.)

의미 (동명사 – 동사)	유사 형용사 혹은 능동분사	우선급 명사(أَفْعَلُ패턴)	의미 (동명사 – 동사)	유사 형용사 혹은 능동분사	우선급 명사(أَفْعَلُ패턴)
새로운(new) (جَدَّ/ يَجِدُّ – جِدٌّ)	جَدِيدٌ	أَجَدُّ	강한, 엄격한 (شَدَّ/ يَشُدُّ – شَدٌّ)	شَدِيدٌ	أَشَدُّ
적은 (قَلَّ/ يَقِلُّ – قِلَّةٌ)	قَلِيلٌ	أَقَلُّ	가는(thin), 부드러운 (رَقَّ/ يَرِقُّ – رِقَّةٌ، رَقٌّ)	رَقِيقٌ	أَرَقُّ
맛있는(delicious) (لَذَّ/ يَلَذُّ – لَذٌّ)	لَذِيذٌ	أَلَذُّ	아주 높은, 고귀한(lofty) (جَلَّ/ يَجِلُّ – جَلاَلٌ، جَلاَلَةٌ)	جَلِيلٌ	أَجَلُّ
가벼운 (خَفَّ/ يَخِفُّ – خِفَّةٌ)	خَفِيفٌ	أَخَفُّ	귀한(precious, dear) (عَزَّ/ يَعِزُّ – عِزٌّ)	عَزِيزٌ	أَعَزُّ
사실인, 참인, 옳은 (صَحَّ/ يَصِحُّ – صِحَّةٌ)	صَحِيحٌ	أَصَحُّ			

(2) 어근 마지막 자음에 약자음(حَرْفُ الْعِلَّةِ)이 있는 단어들의 우선급 명사

동사 어근의 마지막 자음에 약자음 و 나 ي 가 오는 단어들의 우선급 형태이다. (아래 의미 부분의 괄호안 표기가 각 단어의 어근이다.) (이 우선급 명사들도 أَفْعَلُ 패턴이다.)

의미 (동명사 – 동사)	유사 형용사 혹은 능동분사	우선급 명사(أَفْعَلُ패턴)	의미 (동명사 – 동사)	유사 형용사 혹은 능동분사	우선급 명사(أَفْعَلُ패턴)
강한, 힘센 (قَوِيَ/ يَقْوَى – قُوَّةٌ)	قَوِيٌّ	أَقْوَى	높은 (عَلاَ/ يَعْلُو – عُلُوٌّ)	عَالٍ (الْعَالِي)	أَعْلَى
맛이 단(sweet); 좋은 (حَلاَ/ يَحْلُو – حَلاَوَةٌ)	حُلْوٌ	أَحْلَى	부유한 (غَنِيَ/ يَغْنَى – غِنًى، غَنَاءٌ)	غَنِيٌّ	أَغْنَى
총명한, 머리가 좋은 (ذَكِيَ/ يَذْكَى – ذَكَاءٌ)	ذَكِيٌّ	أَذْكَى	맑은 (نَقِيَ/ يَنْقَى – نَقَاءٌ، نَقَاوَةٌ)	نَقِيٌّ	أَنْقَى
비싼 (غَلاَ/ يَغْلُو – غَلاَءٌ)	غَالٍ (الْغَالِي)	أَغْلَى	우둔한, 멍청한 (غَبِيَ/ يَغْبَى – غَبَاوَةٌ، غَبَاءٌ)	غَبِيٌّ	أَغْبَى
부드러운(주로 사물) (طَرِيَ/ يَطْرَى – طَرَاوَةٌ)	طَرِيٌّ	أَطْرَى	고상한, 높은 (رَقِيَ/ يَرْقَى إِلَى، رَقَى/يَرْقِي)	رَاقٍ (الرَّاقِي)	أَرْقَى
구미가 돋는, 맛있는 (شَهُوَ/ يَشْهُو – شَهَاوَةٌ)	شَهِيٌّ	أَشْهَى			

3) 간약동사의 경우

간약동사(أَجْوَفُ فِعْلٌ, 중간 자음에 و, ا, ي 가 있는 동사)의 경우 우선급 명사를 만들 수 없다. 이론적으로 간약동사가 아닌 모든 동사들은 그 우선급 명사를 만들 수 있다.

잠자다	نَامَ/ يَنَامُ	×	날다	طَارَ/ يَطِيرُ	×

3) 우선급 명사를 만들 수 있는 동사의 조건

지금까지 다룬 우선급 명사는 그 동사의 형용사 형태가 유사형용사 혹은 유사형용사적인 의미를 가진 능동분사인 경우였다. 여기서는 우선급 명사를 만들 수 있는 동사의 일반적인 조건을 살펴본다. 이 내용이 어렵게 느껴질 경우 나중에 공부해도 된다.

우선급 명사가 파생되는 동사의 조건
1. 3자음 원형동사(الفِعْلُ الثُّلَاثِيُّ)에서 파생된다.
2. 완전동사(الفِعْلُ التَّامُّ)에서 파생된다.
3. 능동형 동사(الفِعْلُ المَبْنِيُّ لِلْمَعْلُوم)에서 파생된다.
4. 활용동사(الفِعْلُ المُتَصَرِّفُ)에서 파생된다.
5. 동사의 형용사 형태가 أَفْعَلُ 패턴이 아닌 동사(لَيْسَ الوَصْفُ مِنْهَا عَلَى أَفْعَلَ)에서 파생된다.
6. 우열을 가릴 수 있는 동사(قَابِلٌ لِلتَّفَاوُتِ)에서 파생된다.

(1) 3자음 원형동사(الفِعْلُ الثُّلَاثِيُّ)에서 파생된다 - 즉 첨가동사는 불가능하다.

지금까지 소개한 우선급 명사들은 모두 3자음 원형동사에서 파생되었다. 즉 4자음 원형동사(الفِعْلُ المُجَرَّدُ الرُّبَاعِيُّ)나 3자음 첨가동사(الفِعْلُ المَزِيدُ الثُّلَاثِيُّ), 4자음 첨가동사(الفِعْلُ المَزِيدُ الرُّبَاعِيُّ)는 우선급 명사 형태가 없다. 아래의 첨가동사의 경우 그 우선급 명사가 없다. (이러한 동사의 구분은 이 책 제 I 권 '심화학습 - 동사의 구분'의 '동사문 구성 여부에 따른 구분'에서 확인하라.)

의미	동사	우선급 명사(الفِعْلُ패턴)	의미	동사	우선급 명사(الفِعْلُ패턴)
배우다	تَعَلَّمَ / يَتَعَلَّمُ	×	모이다, 모여들다	اجْتَمَعَ / يَجْتَمِعُ	×
부지런하다	اجْتَهَدَ / يَجْتَهِدُ	×	사용하다	اسْتَخْدَمَ / يَسْتَخْدِمُ	×

→ 첨가동사는 우선급 명사 형태가 없지만 첨가동사를 이용한 비교급과 최상급 문장은 만들 수 있다. 그 방법에 대해서는 이 책 제 II 권 '비교급과 최상급 문장에 대해' 부분에서 공부하라.

(2) 완전동사(الفِعْلُ التَّامُّ)에서 파생된다 - 즉 불완전동사는 불가능하다.

지금까지 소개한 우선급 명사들은 모두 완전동사(الفِعْلُ التَّامُّ)에서 파생되었다. (이 책 제 I 권 '심화학습 - 동사의 구분'의 '동사문 구성 여부에 따른 구분'을 보면 아랍어의 동사를 완전동사(الأَفْعَالُ التَّامَّةُ)와 불완전동사(الأَفْعَالُ النَّاقِصَةُ)로 구분하고 있다.) 우선급 명사는 완전동사에서 파생된다. 따라서 무효화 동사(كَانَ)나 유사 무효화 동사(كَادَ وَأَخَوَاتُهَا) 동사는 불완전 동사이므로 그 우선급 명사가 없다. 따라서 كَانَ, صَارَ, أَصْبَحَ, بَاتَ, ظَلَّ, لَيْسَ .... أَوْشَكَ, كَادَ, عَسَى ... 등의 동사는 그 우선급 명사 형태가 없다.

의미	동사	우선급 명사(الفِعْلُ패턴)	의미	동사	우선급 명사(الفِعْلُ패턴)
명사문의 과거시제	كَانَ / يَكُونُ	×	..이 되다 (to become)	صَارَ / يَصِيرُ	×
거의 ..하다, 막 ..하려하다	كَادَ / يَكَادُ	×	거의 ..하다, 막 ..하려하다	أَوْشَكَ / يُوشِكُ	×

제 25 과 우선급 명사에 대해

(3) 능동형 동사(الْفِعْلُ الْمَبْنِيُّ لِلْمَعْلُومِ)에서 파생된다 – 즉 수동형 동사는 불가능하다.

우선급 명사는 능동형 동사(الْفِعْلُ الْمَبْنِيُّ لِلْمَعْلُومِ)에서 파생된다. 따라서 수동형 동사(الْفِعْلُ الْمَبْنِيُّ لِلْمَجْهُولِ)는 우선급 명사가 없다.

의미	동사	우선급 명사(أَفْعَلُ패턴)	의미	동사	우선급 명사(أَفْعَلُ패턴)
..이 열리다	فُتِحَ/ يُفْتَحُ	×	..이 알려지다	عُرِفَ/ يُعْرَفُ	×
..이 공부되다	دُرِسَ/ يُدْرَسُ	×	..이 기록되다	كُتِبَ/ يُكْتَبُ	×

(4) 활용동사(الْفِعْلُ الْمُتَصَرِّفُ)에서 파생된다 – 즉 불완전 활용동사는 불가능하다.

우선급 명사는 활용동사에서 파생된다. 그러나 불완전 활용동사에서는 파생되지 않는다. (이 책 제Ⅰ권 '심화학습 – 동사의 구분'의 '동사의 활용 여부에 따른 구분'을 보면 아랍어의 동사를 활용동사(الْفِعْلُ الْمُتَصَرِّفُ)와 불완전 활용동사(الْفِعْلُ الْجَامِدُ)로 구분하고 있다.) 따라서 لَيْسَ, عَسَى, نِعْمَ, بِئْسَ, حَبَّذَا, لَا حَبَّذَا 등의 동사는 그 우선급 명사가 없다. 아래를 보자.

의미	동사	우선급 명사(أَفْعَلُ패턴)	의미	동사	우선급 명사(أَفْعَلُ패턴)
명사문의 부정	لَيْسَ	×	제발 ..하길 바란다.	عَسَى	×

(5) 형용사 형태가 أَفْعَلُ 패턴이 아닌 동사(لَيْسَ الْوَصْفُ مِنْهَا عَلَى أَفْعَلَ)에서 파생된다.

색깔과 신체 결함의 동사들은 그 형용사 형태가 أَفْعَلُ 패턴의 유사형용사 형태이다. (이 단어들의 여성 단수 패턴은 فَعْلَاءُ 패턴이다.) 따라서 이 동사의 우선급 형태를 만들경우 우선급 명사와 형용사 단어가 동일한 패턴이 되어 구분할 수 없게 된다. 때문에 색깔과 신체 결함의 동사들은 우선급 명사가 없다. (즉 여성 단수가 فَعْلَاءُ 패턴인 형용사들은 우선급 명사가 불가능하다)

의미	유사형용사	우선급 명사(أَفْعَلُ패턴)	의미	유사형용사	우선급 명사(أَفْعَلُ패턴)
검은 (سَوِدَ/ يَسْوَدُ-سَوَادٌ،سُودٌ)	أَسْوَدُ	×	노란 (صَفِرَ/ يَصْفَرُ-صُفْرَةٌ)	أَصْفَرُ	×
붉은 (حَمِرَ/ يَحْمَرُ-حَمْرَةٌ،حُمْرَةٌ)	أَحْمَرُ	×	푸른 (زَرِقَ/ يَزْرَقُ- زَرَقٌ،زُرْقَةٌ)	أَزْرَقُ	×
눈먼, 장님의 (عَمِيَ/ يَعْمَى – عَمًى)	أَعْمَى	×	벙어리의 (خَرِسَ/ يَخْرَسُ-خَرَسٌ)	أَخْرَسُ	×

➔색깔과 신체 결함의 형용사들에 대해서는 이 책 제Ⅰ권 '형용사' 부분과 '유사형용사' 부분에서 공부하라.

이런 단어들에 대한 비교급과 최상급 표현들에 대해서는 이 책 제Ⅱ권 '비교급과 최상급 문장에 대해' 부분에서 공부하라.

(6) 우열을 가릴 수 있는 동사(قَابِلٌ لِلتَّفَاوُتْ)에서 파생된다.

우선급 명사들은 여러가지 상태에 대해 우열을 가릴 수 있는 동사에서 파생된다.(예 : 강약, 빠르기, 높이, 넓이 등의 사람이나 사물의 여러가지 특징) 그러나 죽음(الْمَوْتْ)이나 병(الْمَرَضْ) 그리고 침몰(الْغَرَقْ) 등의 우열을 가릴 수 없는 동사(غَيْرُ الْقَابِلِ لِلتَّفَاوُتْ)들은 أَفْعَل 패턴의 우선급 명사를 만들지 않는다. 그 이유는 죽음이나 병, 침몰 등은 우열을 가리는 분위기가 아니기 때문이다. 따라서 아래와 같은 단어들은 그 우선급 명사가 없다.

의미	동사	우선급 명사(أَفْعَل패턴)	의미	동사	우선급 명사(أَفْعَل패턴)
죽다	مَاتَ / يَمُوتُ	×	파멸하다, 멸망하다 ; 사라지다	فَنِي / يَفْنَى	×
멸망하다	هَلَكَ / يَهْلِكُ	×	앓다, 병에 걸리다	مَرِضَ / يَمْرَضْ	×
가라앉다, 침몰하다	غَرِقَ / يَغْرَقْ	×			

** 아래와 같은 단어들의 우선급 명사가 사용될까?

지금까지의 원칙을 적용할 때 아래와 같은 3자음 동사는 위에서 다룬 6가지 조건에 포함되기에 이론적으로 우선급 명사를 만들 수 있다. 그러나 이러한 단어는 그 형용사 형태가 유사형용사나 유사형용사의 의미를 가진 능동분사가 아니기에 현대 표준 아랍어(MSA)에서 그 우선급 명사를 사용하지 않는다. 이러한 단어에 대한 비교급과 최상급 문장이 필요한 경우 다른 방법을 사용하는데 거기에 대해서는 이 책 제Ⅱ권 '비교급과 최상급 문장에 대해' 부분에서 공부한다.

의미	동사	우선급 명사(أَفْعَل패턴)	의미	동사	우선급 명사(أَفْعَل패턴)
읽다	قَرَأَ / يَقْرَأُ	أَقْرَأُ	듣다	سَمِعَ / يَسْمَعُ	أَسْمَعُ
놀다	لَعِبَ / يَلْعَبُ	أَلْعَبُ	이해하다	فَهِمَ / يَفْهَمُ	أَفْهَمُ
그리다	رَسَمَ / يَرْسِمُ	أَرْسَمُ	느끼다	شَعَرَ / يَشْعُرُ بِـ	أَشْعَرُ
잠자다	نَامَ / يَنَامُ *	×	날다	طَارَ / يَطِيرُ *	×

→위의 우선급 명사들은 문법적으로 가능한 경우이다. 그러나 실제로 현대표준 아랍어(MSA)에서 사용되지 않는다고 보면 된다. →위에서 * 표시 단어들은 간약동사이기 때문에 우선급 명사를 만들 수 없다.

** 우선급 명사는 사전에서 찾을 수 없는 것이 많다. 그럴경우 문맥에서 사용되는 비교급 혹은 최상급의 의미를 보고 그것이 우선급 명사임을 구분해야 한다. 다음의 단어도 우선급 명사이다.

의미	동사	우선급 명사(أَفْعَل패턴)	의미	동사	우선급 명사(أَفْعَل패턴)
더 사랑하는	حَبَّ / يَحِبُّ	أَحَبُّ	더 명백한	بَانَ / يَبِينُ *	أَبْيَنُ
더 명백한	ظَهَرَ / يَظْهَرُ	أَظْهَرُ	더 배고픈	جَاعَ / يَجُوعُ *	أَجْوَعُ

→위에서 * 표시 단어들은 간약동사이지만 고전 아랍어에서 비교급 문장에 사용되는 것을 볼 수 있다.

2. 비교급 문장 만들기

지금까지 배운 우선급 명사를 사용하여 기본적인 비교급 문장을 만들어 보자.

1) 우선급 명사를 사용한 기본적인 비교급 문장

아래는 비한정 형태의 우선급 명사를 술어로 사용한 문장이다. 이 때 술어로 사용된 우선급 명사는 주어(비교의 주체, مُفَضَّل)의 성과 수의 지배를 받지 않고 أَفْعَل 형태로 고정된다.

A :	أَيُّ مَدِينَةٍ أَكْبَرُ؟ b + a	어느 도시가 더 큰가?
B :	الْقَاهِرَةُ أَكْبَرُ. b + a	카이로가 더 크다.
	a – 비교의 주체(مُفَضَّل), 주어로 사용됨 b – 우선급 명사 اسْمُ التَّفْضِيل, 술어로 사용됨	

→ الْقَاهِرَة 가 여성이지만 أَكْبَرَة 가 아닌 원래 우선급 형태인 أَكْبَرُ 가 사용되었다.

→ أَكْبَرُ 에 탄윈이 오지 않은 것은 أَفْعَل 형태의 형용사는 2격 명사이기 때문이다.

2) 두 가지 사물에 대해 비교할 때는 전치사 مِنْ 을 사용한다.

비교급의 기본은 두 가지 사물을 비교하는 것이다. 이 때 우선급 단어 뒤에 전치사 مِنْ 을 사용한다.

الشَّمْسُ أَكْبَرُ مِنَ الْأَرْضِ. c + b + a	태양은 지구보다 크다.
a – 비교의 주체(مُفَضَّل) b – 우선급 명사 اسْمُ التَّفْضِيل c – 비교의 객체(مُفَضَّل عَلَيْه)	

예문들

سَعِيدٌ أَقْصَرُ مِنْ مُحَمَّدٍ.	싸이드는 무함마드보다 키가 작다.
الْكَسَلُ أَحْلَى مِنَ الْعَسَلِ.	게으름이 꿀보다 더 달다. (아랍 속담, 반어법적으로 사용)
الْفِيلُ أَضْخَمُ مِنَ الْأَسَدِ.	코끼리는 사자보다 덩치가 크다.
نَهْرُ النِّيلِ أَطْوَلُ مِنْ نَهْرِ الْأَمَازُون.	나일강은 아마존 강보다 길다.
مُنَى أَكْبَرُ مِنْكَ فِي السِّنِّ.	모나는 당신보다 나이가 많다.
مَرْيَمُ أَجْمَلُ مِنْ فَاطِمَةَ.	마리얌은 파티마보다 더 아름답다.
هُمَا أَحْكَمُ مِنَ الْمُدِيرِ.	그들 둘은 그 디렉터(책임자, 사장)보다 더 지혜롭다.
الْعَامِلُونَ أَفْضَلُ مِنَ الْكَسَالَى.[1]	일하는 사람들이 게으른 사람들보다 낫다.

→ 위의 문장에서 مَرْيَمُ 과 مُنَى 는 여성단수, هُمَا 는 쌍수, 마지막 문장의 الْعَامِلُونَ 은 복수이다. 이와같이 비교급 문장에서 주어가 여성이거나 쌍수이거나 복수라도 우선급 명사는 성과 관계없이 أَفْعَل 형태를 유지한다.

→ 전치사 مِنْ 뒤의 비교의 객체(مُفَضَّل عَلَيْه) 명사는 소유격 명사(اسْمُ مَجْرُور)가 되며 따라서 소유격이 온다.

---

[1] كَسْلَانُ/كَسْلَى (f)/كَسَالَى = كَسِلٌ 게으른

3. 우선급 명사(اسْمُ التَّفْضِيلِ)의 여성형과 복수형

비교급 문장에서는 명사의 성과 수에 관계없이 أَفْعَلُ 형태의 우선급 명사를 사용해 준다. 그러나 우선급 명사가 수식어로 사용된 문장과 최상급 문장에서는 일치의 원리에 따라 우선급 명사의 여성형과 복수형이 사용될 수 있다.

이것은 가장 큰 강이다. (우선급 명사가 수식어로 사용된 문장)	هَذَا هُوَ النَّهْرُ الأَكْبَرُ.
이것은 가장 큰 도시이다. (수식어로 사용된 문장)(여성형 우선급 명사)	هَذِهِ هِيَ الْمَدِينَةُ الْكُبْرَى.
라일라는 가장 작은 여학생이다. (Laila is the smallest student.) (최상급 문장) (두 번째 문장에 여성형 우선급 명사가 술어로 사용)	لَيْلَى أَصْغَرُ الطَّالِبَاتِ. لَيْلَى صُغْرَى الطَّالِبَاتِ.

이와같은 우선급 명사가 수식어로 사용된 문장과 최상급 문장과에 대해서는 이 책 제II권 '비교급과 최상급 문장에 대해' 부분에서 자세히 공부한다. 여기서는 우선급 명사의 여성형과 복수형 패턴을 공부하자. 우선급 명사의 여성형 패턴은 فُعْلَى 이며, 남성 복수형 패턴은 규칙복수형태인 أَفْعَلُونَ 과 불규칙 형태인 أَفَاعِلُ 이고, 여성 복수형은 فُعْلَيَاتٌ 이다.

의미	남성형 패턴	여성형 패턴	남성 복수형 패턴	여성 복수형 패턴
패턴	(أَفْعَلُ)	(فُعْلَى)	(أَفْعَلُونَ أَوْ أَفَاعِلُ)	(فُعْلَيَاتٌ)
더 큰 (가장 큰)	أَكْبَرُ	كُبْرَى	أَكْبَرُونَ أَوْ أَكَابِرُ	كُبْرَيَاتٌ
더 작은 (가장 작은)	أَصْغَرُ	صُغْرَى	أَصْغَرُونَ أَوْ أَصَاغِرُ	صُغْرَيَاتٌ
더 위대한 (가장 위대한)	أَعْظَمُ	عُظْمَى	أَعْظَمُونَ أَوْ أَعَاظِمُ	عُظْمَيَاتٌ
더 높은 (가장 높은)	أَعْلَى	عُلْيَا	أَعْلَوْنَ* أَوْ أَعَالٍ (الأَعَالِي)	عُلْيَيَاتٌ
더 나은 (가장 나은)	أَفْضَلُ	فُضْلَى	أَفْضَلُونَ أَوْ أَفَاضِلُ	فُضْلَيَاتٌ
더 나은 (가장 나은)	أَحْسَنُ	حُسْنَى	أَحْسَنُونَ أَوْ أَحَاسِنُ	حُسْنَيَاتٌ
더 중간의 (가장 중간의)	أَوْسَطُ	وُسْطَى	أَوْسَطُونَ أَوْ أَوَاسِطُ	وُسْطَيَاتٌ
더 아름다운 (가장 아름다운)	أَجْمَلُ	جُمْلَى	أَجْمَلُونَ أَوْ أَجَامِلُ	جُمْلَيَاتٌ
더 긴 (가장 긴)	أَطْوَلُ	طُولَى	أَطْوَلُونَ أَوْ أَطَاوِلُ	طُولَيَاتٌ
더 명예로운 (가장 명예로운)	أَشْرَفُ	شُرْفَى	أَشْرَفُونَ أَوْ أَشَارِفُ	شُرْفَيَاتٌ
더 즐거운 (가장 즐거운)	أَسْعَدُ	سُعْدَى	أَسْعَدُونَ أَوْ أَسَاعِدُ	سُعْدَيَاتٌ
또다른(another)	آخَرُ	أُخْرَى	آخَرُونَ	أُخْرَيَاتٌ

→ * 의 경우 أَعْلَوْنَ 의 어미자음이 막수르 명사이기에 여성 규칙 복수 꼴에서 ى 가 생략되었다.

4. 최상급 문장 만들기

최상급을 만드는 방식은 크게 두 가지이다. 먼저는 우선급 명사(اسْمُ التَّفْضِيل)에 정관사 الـ 을 붙여서 최상급을 만드는 것과 우선급 명사(اسْمُ التَّفْضِيل) 뒤에 후연결어(الْمُضَافُ إِلَيْهِ)를 사용하여 최상급을 만드는 것이다. 이 책 제Ⅰ권에서는 첫번째 방식에 대해서만 다루고 두번째 방식에 대해서는 제Ⅱ권에서 다룬다.

1) 기본적인 최상급 문장

우선급 명사(اسْمُ التَّفْضِيل)에 정관사 ' الـ ' 을 붙여 최상급 문장을 만든다.

우선급 명사에 정관사 ' الـ ' 을 붙여 최상급을 만든다. 이 구문에서는 우선급 명사(اسْمُ التَّفْضِيل) 뒤에 비교의 객체(مُفَضَّلٌ عَلَيْهِ) 명사가 사용되지 않고, 비교의 주체(مُفَضَّلٌ)와 ' الـ '이 붙은 우선급 명사만 사용된다. 이 경우 비교의 객체가 사용되지 않기에 일반적인 의미의 최상 즉, '가장 …한' 의 의미를 가진다. 또한 이 경우 الـ 뒤에 온 우선급 명사의 성과 수가 주어와 일치해야 한다.

이것은 가장 큰 것이다. (남성) 이 사람은 가장 큰 사람이다.(나이 혹은 덩치)	هَذَا هُوَ الْأَكْبَرُ. 　　　　b ＋ a
이것은 가장 큰 것이다. (여성) 이 사람은 가장 큰 사람이다.(나이 혹은 덩치)	هَذِهِ هِيَ الْكُبْرَى. 　　　　b ＋ a
a – 비교의 주체 (مُفَضَّلٌ)　　b – 우선급 명사 (اسْمُ التَّفْضِيل)	

→ 위에서 هُوَ 와 هِيَ 는 분리의 대명사(ضَمِيرُ الْفَصْلِ)이다.

→ 이 최상급 문장의 경우 비교급 구문과 달리 우선급 명사가 주어와 성(性)과 수(數)의 일치를 보여야 한다. 위의 두번째 문장의 경우 주어가 여성이기 때문에 술어에도 أَكْبَر 의 여성형인 كُبْرَى 꼴이 사용되어 الْكُبْرَى 가 됨.

이것은 가장 작다. (이것이 가장 작은 것이다.)	هَذَا هُوَ الْأَصْغَرُ.
이것은(f.) 가장 비싸다. (이것이 가장 비싼 것이다.)	هَذِهِ هِيَ الْغَلْيَا.
그는 가장 키가 크다.	هُوَ الْأَطْوَلُ.
그 여자는 가장 아름답다.	الْمَرْأَةُ هِيَ الْجُمْلَى.
그들 둘은 가장 똑똑하다.	هُمَا الْأَذْكَيَانِ.
싸미라와 모나는 가장 크다. (female dual)	سَمِيرَةُ وَمُنَى هُمَا الْكُبْرَيَانِ.
그 학생들은 가장 즐겁다.	الطُّلَّابُ هُمُ الْأَسْعَدُونَ.
그 여자 엔지니어들(f.)은 가장 존귀하다.	الْمُهَنْدِسَاتُ هُنَّ الشَّرْقِيَّاتُ.

2) 최상급 문장에 사용된 우선급 명사(اسْمُ التَّفْضِيل)의 성과 수의 일치

우선급 명사에 'الـ' 한정꼴이 붙는 최상급 구문의 경우 비교급 구문과 달리 우선급 명사는 주어의 성(性)과 수(數)와 일치해야 한다. 아래에서 주어의 성과 수에 따라 우선급 명사가 어떻게 변화하는지 확인하라.

	너(m.)는 가장 작은 사람이다. (가장 어린 사람이다)	أَنْتَ الأَصْغَرُ.
	너(f.)는 가장 작은 사람이다. (가장 어린 사람이다)	أَنْتِ الصُّغْرَى.
	그는 가장 키가 큰 사람이다.(가장 키가 크다)	هُوَ الأَطْوَلُ.
	그녀는 가장 키가 큰 사람이다.	هِيَ الطُّولَى.
남성 단수	그가 가장 나은 사람이다.(그가 가장 낫다)	هُوَ الأَفْضَلُ.
여성 단수	그녀가 가장 나은 사람이다.	هِيَ الفُضْلَى.
남성 쌍수	그들 두 사람이(m.) 가장 나은 사람이다.	هُمَا الأَفْضَلَانِ.
여성 쌍수	그들 두 사람이(f.) 가장 나은 사람이다.	هُمَا الفُضْلَيَانِ.
남성 복수	그들이 가장 나은 사람들이다.	هُمُ الأَفْضَلُونَ.
		هُمُ الأَفَاضِلُ.
여성 복수	그녀들이(f.) 가장 나은 사람이다.	هُنَّ الفُضْلَيَاتُ.

** 구어체 아랍어(암미야) 방식의 최상급 표현

구어체 아랍어(암미야)에서 최상급 문장은 우선급 명사를 주어의 성과 수에 따라 변화시키지 않고 항상 남성 단수 형태를 사용한다. 오늘날 미디어 아랍어 등에 이러한 구어체 아랍어 방식이 통용되기도 한다. (* 표가 있는 문장의 경우이다)

(그) 사자가 가장 강한 동물이다.	الأَسَدُ هُوَ الأَقْوَى.
아이폰은 가장 비싸다.	الآيْفُون هُوَ الأَغْلَى.
그 소녀가 가장 아름답다.	الْبِنْتُ هِيَ الأَجْمَلُ.*
아랍어는 가장 어렵다.	اللُّغَةُ الْعَرَبِيَّةُ هِيَ الأَصْعَبُ.*
기자의 피라미드는 가장 오래되었다.	الأَهْرَامَاتُ هِيَ الأَقْدَمُ.*
그들 둘이 가장 빠르다.	هُمَا الأَسْرَعُ.*
그 아이들이 가장 기쁘다(가장 행복하다).	الأَوْلَادُ هُمُ الأَسْعَدُ.*

5. 우선급 명사의 문장에서의 기능

우선급 명사도 파생명사의 한 종류이다. 그러므로 우선급 명사가 문장에서 사용될 때 아랍어 명사의 일반적인 역할을 수행한다. 즉 명사문의 주어(الْمُبْتَدأُ), 동사문의 주어(الْفَاعِلُ)로, 명사문의 술어(الْخَبَرُ), 목적어(الْمَفْعُولُ بِهِ), 소유격 명사(الاسْمُ الْمَجْرُورُ), 연결형(الْمُضَافُ وَالْمُضَافُ إِلَيْهِ) 등에 사용된다. 또한 우선급 명사는 형용사적인 용법으로 사용되어 수식어(النَّعْتُ)로 사용된다. 뿐만 아니라 우선급 명사는 동족목적어의 일종인 부동족 목적어(النَّائِبُ عَنِ الْمَفْعُولِ الْمُطْلَقِ)로도 사용된다.

다음에서 각각의 우선급 명사가 비교급의 의미를 가지든지 혹은 최상급의 의미를 가지는 것에 유념하라.

아래의 내용은 이 책 제 Ⅱ권에서 '비교급과 최상급 문장에 대해'를 공부하고 난 뒤에 보면 이해하기가 쉽다.

1) 명사문의 주어(الْمُبْتَدأُ)

가장 나은 사람은 그들을 돕는 사람이다.	أَفْضَلُ النَّاسِ هُوَ مَنْ يُسَاعِدُهُمْ.
세계에서 가장 큰 나라는 캐나다이다.	أَكْبَرُ بَلَدٍ فِي الْعَالَمِ كَنَدَا.
가장 행복한 사람은 사람을 섬기는 사람이다.	أَسْعَدُ النَّاسِ هُوَ خَادِمُهُمْ.
너희들 가운데 가장 나은 사람은 가난한 사람들에게 가장 많이 나누어 주는 사람이다.	خَيْرُكُمْ أَكْثَرُكُمْ إِنْفَاقًا عَلَى الْفُقَرَاءِ.
가장 아름다운 여자는 (그) 똑똑한 여자이다	أَجْمَلُ الْبَنَاتِ هِيَ الذَّكِيَّةُ.

2) 동사문의 주어(الْفَاعِلُ)

(그) 교실에서 가장 기술있는(skillful) 학생이 왔다.	جَاءَ أَمْهَرُ طَالِبٍ فِي الْفَصْلِ.
세계에서 가장 강한 두 나라가 서로 전쟁하였다.	تَقَاتَلَتْ أَقْوَى دَوْلَتَيْنِ فِي الْعَالَمِ.
파괴력이 가장 심한 허리케인이 끝났다.	انْتَهَتْ أَشَدُّ الْأَعَاصِيرِ تَدْمِيرًا.
그 가장 나은 후보가 선거에서 당선되었다.	نَجَحَ فِي الِانْتِخَابَاتِ أَفْضَلُ الْمُرَشَّحِينَ.

3) 명사문의 술어(الْخَبَرُ)

유익한 책은 목표가 없는 놀이보다 낫다.(비교급)	كِتَابٌ مُفِيدٌ أَفْضَلُ مِنْ لَعِبٍ بِلَا هَدَفٍ.
손에 있는 한 마리 참새가 나무에 있는 10마리 참새보다 낫다. (아랍 속담)(비교급)	عُصْفُورٌ فِي الْيَدِ خَيْرٌ مِنْ عَشَرَةٍ عَلَى الشَّجَرَةِ.
확실히 나의 여자 친구는 최고이다.	إِنَّ صَدِيقَتِي هِيَ الْفُضْلَى.
당신이 가장 똑똑한 학생이다는 것이 당신의 성공을 의미하는 것은 아니다.	كَوْنُكَ أَذْكَى الطُّلَّابِ لَا يَعْنِي نَجَاحَكَ.

4) 목적어 (الْمَفْعُولُ بِهِ)

나는 가장 아름다운 소녀를 보았다. (I saw the most beautiful girl.)	رَأَيْتُ أَجْمَلَ بِنْتٍ.
그 경찰은 가장 위험한 범인을 체포했다.	اعْتَقَلَتِ الشُّرْطَةُ أَخْطَرَ مُجْرِمٍ.
그 교사는 가장 부지런한 학생들을 칭찬했다.	مَدَحَ الْمُدَرِّسُ أَكْثَرَ الطُّلَّابِ اجْتِهَادًا.
그 전쟁은 우리에게서 가장 순수한 것을 없앴다. (The war killed the purist things of us.)	قَتَلَتِ الْحَرْبُ أَنْقَى مَا فِينَا.
그 비행기들은 그 도시에서 가장 높은 빌딩을 폭격했다.	قَصَفَتِ الطَّائِرَاتُ أَعْلَى مَبْنًى فِي الْمَدِينَةِ.

5) 소유격 명사 (الاسْمُ الْمَجْرُورُ)

슬픔은 가장 좋은 감정들을 없애버린다. (Sorrow eliminates (terminates) the best feelings.)	يَقْضِي الْحُزْنُ عَلَى أَفْضَلِ الْمَشَاعِرِ.
(그) 난민들은 가장 적은 물품들로 살아간다.	يَعِيشُ اللَّاجِئُونَ بِأَقَلِّ الْمَوَارِدِ.
혁명 이후에 나라는 가장 나쁜 상황이 되었다.	بَعْدَ الثَّوْرَةِ صَارَتِ الْبَلَدُ فِي أَسْوَأَ حَالٍ.
(그) 충고는 가장 지혜가 많은 사람으로부터 취해진다.	تُؤْخَذُ النَّصِيحَةُ مِنْ أَكْثَرِ النَّاسِ حِكْمَةً.

6) 전연결어 (الْمُضَافُ)

가장 아름다운 여자는 (그) 똑똑한 여자이다. (명사문의 주어)	أَجْمَلُ الْبَنَاتِ هِيَ الذَّكِيَّةُ.
(그) 교실에서 가장 기술있는 (skillful) 학생이 왔다. (동사문의 주어)	جَاءَ أَمْهَرُ طَالِبٍ فِي الْفَصْلِ.
싸미르는 가장 작은 학생이다. (술어)	سَمِيرٌ أَصْغَرُ طَالِبٍ.
나는 가장 아름다운 소녀/소녀들을 보았다. (I saw the most beautiful girl/girls.)(목적어)	رَأَيْتُ أَجْمَلَ الْبَنَاتِ.

→ '전열결어'는 아랍어 문법에서 문장을 분해할 때 단어의 기능으로 간주하지 않는다. 다시 말해 위의 문장을 분해할 때 위의 전연결어의 기능을 위에 기록된 대로 '명사문의 주어', '동사문의 주어', '술어'... 이라 말한다.

7) 후연결어 (الْمُضَافُ إِلَيْهِ)

이것은 가장 성공한 사람의 집이다.	هَذَا بَيْتُ الْأَنْجَحِ.
이것은 그 대학에서 가장 부자 여학생의 자동차이다.	هَذِهِ سَيَّارَةُ أَغْنَى طَالِبَةٍ فِي الْجَامِعَةِ.
가장 가난한 사람들의 보물(treasure)은 그들의 윤리의식이다.	ثَرْوَةُ أَفْقَرِ النَّاسِ هِيَ أَخْلَاقُهُمْ.
아마도 가장 나이 어린 자의 말은 가장 나이 많은 자의 말처럼 유익하다.	رُبَّمَا كَلَامُ الْأَصْغَرِ مُفِيدٌ كَكَلَامِ الْكِبَارِ.

8) 수식어 (النَّعْتُ)

컴퓨터는 많은 것들보다 더 중요한 발명품이다. (비교급 문장)	الْكُمْبِيُوتِرُ اخْتِرَاعٌ أَهَمُّ مِنْ أَشْيَاءَ كَثِيرَةٍ.
이것은 그 가장 아름다운 여자의 드레스이다.	هَذَا فُسْتَانُ الْبِنْتِ الْجُمْلَى.
그들은 가장 나은 젊은이들이다.	هَؤُلَاءِ هُمُ الشَّبَابُ الْأَفَاضِلُ.
가장 똑똑한 소년은 매력이 가장 많은 자이다.	الْوَلَدُ الْأَذْكَى هُوَ الْأَكْثَرُ جَاذِبِيَّةً.
나는 그 가장 느린 달리기 선수를 패배시켰다.	هَزَمْتُ الْمُتَسَابِقَ الْأَبْطَأَ.

9) 부동족 목적어 (النَّائِبُ عَنِ الْمَفْعُولِ الْمُطْلَقِ)

우선급 명사가 문장의 부동족 목적어(النَّائِبُ عَنِ الْمَفْعُولِ الْمُطْلَقِ)로 사용되는 경우이다. 부동족 목적어에 대해서는 이 책 제Ⅱ권 '여러가지 목적격에 대해 Ⅲ – 동족목적어'에서 공부하라.

(1) 우선급 명사가 생략된 동족목적어의 수식어 역할을 하는 경우

비교급 문장에 사용된다.

싸미르는 무함마드보다 더 많이 읽는다.	سَمِيرٌ يَقْرَأُ أَكْثَرَ مِنْ مُحَمَّدٍ.
나는 내 동생보다 더 잠을 많이 잔다.	أَنَا أَنَامُ أَطْوَلَ مِنْ أَخِي.
그들은 그들의 친구들보다 더 적게 논다.	هُمْ يَلْعَبُونَ أَقَلَّ مِنْ أَصْدِقَائِهِمْ.

(2) 우선급 명사가 동족목적어의 전연결어로 사용된 경우

최상급 문장에 사용된다.

그 학생들은 가장 잘 공부했다.	ذَاكَرَ الطُّلَّابُ أَحْسَنَ مُذَاكَرَةٍ.
그 군사들의 사기가 가장 심하게 저하되었다.(부셔졌다)	انْكَسَرَتْ رُوحُ الْجُنُودِ الْمَعْنَوِيَّةُ أَشَدَّ انْكِسَارٍ.
우리는 그 단원을 가장 잘 이해한다.	فَهِمْنَا الدَّرْسَ أَفْضَلَ الْفَهْمِ.
그의 누이는 그를 가장 폭력적으로 때렸다.	ضَرَبَتْهُ أُخْتُهُ أَعْنَفَ الضَّرْبِ.

이집트 바흐레이야 사막의 어린이들

제3부 아랍어 품사 Ⅱ 동사(الْفِعْل)

지금까지 아랍어의 세 가지 품사 가운데 명사(اسْم)를 공부하였다. 이제 동사(فعل)를 공부할 차례이다. 이 부분에서는 여러 가지 동사의 종류와 그 인칭변화, 시제 변화, 격변화, 약동사 변화 등을 공부한다.

Arabic Beauty

시리아 다메섹의 전통시장 야경.

심화학습 - 아랍어 동사에 대해

동사는 사람이나 사물이 행하는 동작(동작동사)이나 상태(상태동사)를 묘사하며 시제에 대한 정보가 포함된 단어를 말한다. 아랍어 동사도 마찬가지이다.

아랍어 동사의 기본적인 형태는 어근 세 자음으로만 이루어진 형태이다. 예를들어 كَتَبَ, دَرَسَ, ذَهَبَ 등 수없이 많은 동사가 어근 세 자음으로만 이루어져 있는데 이를 **3 자음 원형동사**라 한다. 간혹 원형동사가 어근 네 자음으로 이루어진 4자음 원형동사도 있다. 또한 이 3 자음 원형동사를 기본으로 해서 거기에 특정한 자음을 추가할 경우 다른 동사가 파생되는데 이를 **첨가동사**(الأَفْعَالُ الْمَزِيدَةُ)라 한다.

아랍어 동사를 효과적으로 공부하기 위해 아래 두 가지 개념을 이해할 필요가 있다. 그것은 동사의 구조에 따른 구분과 동사의 시제에 따른 구분이다.

동사의 구조에 따른 구분
아랍어 동사를 그 구조에 따라 **강동사**와 **약동사**로 구분한다.
강동사는 동사의 완료형 혹은 미완료형 자음 가운데 탈락하거나 예외적으로 변형되는 자음이 없는 동사를 말한다(كَتَبَ, دَرَسَ, ذَهَبَ, شَرِبَ, فَهِمَ 등).
약동사는 동사의 완료형 혹은 미완료형 자음 가운데 탈락되거나 예외적으로 변형되는 자음(ا, ي, و 자음)이 있는 동사를 말한다(예 : زَارَ, دَعَا, نَسِيَ 등). 혹자는 약동사를 불규칙 동사라 부르기도 한다.

동사의 시제에 따른 구분
아랍어의 시제는 과거(الْفِعْلُ الْمَاضِي)와 현재(الْفِعْلُ الْمُضَارِعُ) 그리고 미래(الْفِعْلُ الْمُسْتَقْبَلُ)가 있다. 영미 문법학자들은 아랍어의 과거와 현재를 각각 **완료형**(Perfect)과 **미완료형**(Imperfect)으로 구분하기도 한다. 여기서 완료형은 완료된 동작이나 사건을 가리키고, 미완료형은 아직 완료되지 않은 동작이나 사건을 가리킨다.
필자는 이 책에서 동사의 과거와 현재 시제를 완료형과 미완료형으로 구분한다. 특별한 언급이 없으면 완료형은 과거(الْفِعْلُ الْمَاضِي)의 의미로 이해하면 되고, 미완료형은 현재(الْفِعْلُ الْمُضَارِعُ)의 의미로 이해하면 된다.
앞으로 동사 공부는 구조에 따른 구분과 시제에 따른 구분을 혼합하여 공부하기 쉬운 것부터 단계적으로 공부할 것이다. 즉 강동사 완료형의 인칭변화, 강동사 미완료형의 인칭변화, 약동사 완료형의 인칭변화, 그리고 약동사 미완료형의 인칭변화 순서로 공부할 것이다.

심화학습 - 동사의 구분

아랍어 문법에서 동사가 어떻게 구분되는지 이해하면 동사 공부가 훨씬 쉽고 효율적이다. 아랍어를 처음 공부하는 학생인 경우 나중에 이 구분을 공부해도 된다. 그러나 어느정도 기본이 된 학생의 경우 꼭 이 구분을 이해하기 바란다.

1. 시제에 따른 구분(الْفِعْلُ بِالنَّظَرِ إِلَى زَمَنِ وُقُوعِهِ)

아랍어의 시제는 과거(الْفِعْلُ الْمَاضِي)와 현재(الْفِعْلُ الْمُضَارِع) 그리고 미래(الْفِعْلُ الْمُسْتَقْبَل)가 있다. 영미 문법학자들은 아랍어의 과거와 현재를 완료형과 미완료형으로 구분하기도 한다. 여기서 완료형은 완료된 동작이나 사건을 가리키고, 미완료형은 아직 완료되지 않은 동작이나 사건을 가리킨다.

필자는 동사의 과거와 현재 시제를 **완료형**과 **미완료형**으로 구분하며, 특별한 언급이 없으면 완료형은 과거(الْفِعْلُ الْمَاضِي)의 의미로 이해하면 되고, 미완료형은 현재(الْفِعْلُ الْمُضَارِع)의 의미로 이해하면 된다. 또한 미완료형은 그 앞에 접두되는 불변사(حَرْفٌ)와 미완료형 동사의 격변화에 따라 미래 시제나 과거 시제가 되기도 하고, 여러가지 다른 의미로 사용되기도 한다.

	동사의 종류	특징
①	과거형 - (الْفِعْلُ الْمَاضِي) - 완료형	과거에 일어난 일
②	현재형 - (الْفِعْلُ الْمُضَارِع) - 미완료형	현재에 일어나고 있는 일
③	미래형 (الْفِعْلُ الْمُسْتَقْبَل)	미래에 일어날 일 (미완료형 동사 앞에 سَـ와 سَوْفَ라는 미래 불변사를 사용하여 미래를 만든다.)

2. 구조에 따른 구분(الْفِعْلُ بِالنَّظَرِ إِلَى بِنْيَتِهِ)

이 구분은 동사의 철자 변화에 촛점을 맞춘 구분으로 특히 약동사 변화를 정복하기 위해서 알아두어야 할 내용이다.

동사의 철자에 변화가 일어나는 이유는 아랍어 자음의 음운 규칙 때문이다. 28 개 아랍어 자음들 가운데 음운에 변화를 일으키는 자음이 세 가지 인데, 그것은 و, ا, ي이며, 이것들을 '약자음(حَرْفُ الْعِلَّةِ)'이라 한다. 동사 어근에 이 세 자음이 포함되어있는 여부에 따라 동사를 아래와 같이 구분한다.

A. 강동사 (الْفِعْلُ الصَّحِيحُ) - 동사의 완료형 혹은 미완료형 자음 가운데 약자음(حَرْفُ الْعِلَّةِ) و, ا, ي가 없는 동사. 따라서 동사의 자음 가운데 탈락되거나 예외적으로 변형되는 자음이 없다.

B. 약동사 (الْفِعْلُ الْمُعْتَلُّ) - 동사의 완료형 혹은 미완료형 자음 가운데 약자음(حَرْفُ الْعِلَّةِ) و, ا, ي가 있는 동사. 동사의 어근에서 따질 경우 어근 가운데 약자음 و나 ي가 있는 동사를 말한다. 이 약자음들의 음운변화로 인해 자음이 탈락되거나 예외적으로 변형되는 자음이 있다. (예 : زَارَ, دَعَا, نَسِيَ 등)

		동사의 종류	특징
A. 강동사 (الْفِعْلُ الصَّحِيحُ)	①	정상동사 (الْفِعْلُ السَّالِمُ)[1]	동사 자음에 함자가 없고 샷다(중복자음)가 끝자음에 오지 않으며, 약자음이 없는 동사
	②	함자동사 (الْفِعْلُ الْمَهْمُوزُ)	동사 첫 자음이나 중간 자음, 혹은 끝자음에 함자가 있는 동사
	③	중복자음동사 (الْفِعْلُ الْمُضَعَّفُ)	동사의 두 번째 자음과 세 번째 자음이 같은 동사(중복자음이 오는 동사)
B. 약동사 (الْفِعْلُ الْمُعْتَلُّ)	①	수약동사 (الْفِعْلُ الْمِثَالُ)	첫 자음이 و 혹은 ي 인 동사
	②	간약동사 (الْفِعْلُ الْأَجْوَفُ)	중간자음이 و 이거나 ا 혹은 ي 인 동사 (어근 중간자음 و 혹은 ي 인 동사)
	③	말약동사 (الْفِعْلُ النَّاقِصُ)	끝자음이 و 이거나 ا 혹은 ي 인 동사 (어근 끝자음이 و 혹은 ي 인 동사)

3. 격변화에 따른 구분(الْفِعْلُ بِالنَّظَرِ إِلَى إِعْرَابِهِ) – 혹은 서법에 따른 구분

이 책 '명사 격변화의 예외적 규칙' 부분에서 격변화(مُعْرَبٌ) 단어와 불격변화(مَبْنِيٌّ) 단어에 대한 도식을 공부하였다. 격변화 단어는 명사들 대부분과 미완료형 동사들 대부분이고, 불격변화 단어는 불변사들과 완료형 동사들 그리고 일부 명사들이다.

여기에서 동사도 격변화를 일으키는 경우와 격변화를 일으키지 않는 경우로 나눌 수 있음을 알 수 있다. 동사의 격변화란 미완료형 동사가 문장에서 사용될 때 그 앞에 오는 불변사에 따라 동사 어미에 붙는 모음부호 혹은 자음이 달라지는 현상을 말한다. 3인칭 여성 복수와 2인칭 여성 복수를 제외한 미완료형 동사들은 직설법(مَرْفُوعٌ)과 접속법(مَنْصُوبٌ), 그리고 단축법(مَجْزُومٌ)의 격변화를 한다. 반면에 완료형 동사들은 모두 격변화를 하지 않는다.

동사의 격변화를 우리말로 직설법, 접속법 그리고 단축법이라고 할 때 '서법'이란 용어를 사용할 수 있지만, 아랍어 문법에서 이 직설법, 접속법 그리고 단축법 변화를 명사의 '격변화'와 같은 용어인 'إِعْرَابٌ'라고 하기에 필자는 '동사의 격변화' 혹은 '동사의 서법변화' 두 가지 용어를 혼용한다.

동사의 구분		격변화의 종류	특징
격변화(مُعْرَبٌ) 동사 - 미완료형 동사들 (الْفِعْلُ الْمُضَارِعُ)	①	직설법 (مَرْفُوعٌ)	현재 시제를 나타내는 미완료 동사에 붙는 격변화
	②	접속법 (مَنْصُوبٌ)	불변사 فَـ、حَتَّى、لِكَيْ、لَنْ、لِـ、كَيْ、أَنْ 뒤에 오는 미완료형 어미에 붙는 격변화
	③	단축법 (مَجْزُومٌ)	과거부정 불변사 لَمْ, 간접 명령 불변사 لِـ, 부정명령 불변사 لاَ (لاَ النَّاهِيَةُ) 뒤에 오는 미완료형 어미에 붙는 격변화
불격변화(مَبْنِيٌّ) 동사 - 완료형 동사들 (الْفِعْلُ الْمَاضِي)			완료형 동사들(الْفِعْلُ الْمَاضِي)은 모두 불격변화 동사. 미완료형 가운데서 3인칭 여성 복수와 2인칭 여성 복수(الْفِعْلُ الْمُضَارِعُ الْمُتَّصِلُ بِنُونِ النِّسْوَةِ)도 불격변화이다. 또한 동사의 명령형(فِعْلُ الْأَمْرِ)과 동사의 강세형(نُونُ التَّوْكِيدِ)도 불격변화이다.

---

[1] 필자의 초판 책에서는 '정상동사'를 '완전동사'라 하였지만 이 책에서는 이를 '정상동사'라 한다. 이 책 동사의 구분에서 '8. 동사문 구성여부에 따른 구분' 가운데 '완전동사(الْأَفْعَالُ التَّامَّةُ)'의 번역과 동일한 용어이기에 혼동을 막기위한 목적이다.

4. 조합에 따른 구분(الْفِعْلُ بِالنَّظَرِ إِلَى تَرْكِيبِهِ)

동사의 여러가지 패턴을 공부하기 위해 이 구분을 알아야 한다.

거의 대부분의 아랍어 동사는 그 어근이 3자음 혹은 4자음으로 이루어져 있다. 아래 표에서와 같이 아랍어 동사를 자음의 조합 형태에 따라 원형동사와 첨가동사로 나눌 수 있다. 원형동사란 어근만으로 구성되어있는 동사를 말하는 것으로 3자음 원형동사와 4자음 원형동사가 있다. 그리고 그 원형동사에 특정 자음이 첨가될 때에 새로운 동사가 파생되는데 각각 3자음 첨가동사와 4자음 첨가동사가 있다. 3자음 첨가동사의 경우 Ⅱ형식에서 Ⅹ형식까지가 있는데(원래는 15형까지 있으나 현대 표준 아랍어에서 Ⅹ형식 까지만 사용된다) 이 첨가동사들의 형태와 형태간 의미의 상관관계에 대해 공부하는 것은 아랍어 어휘를 늘리는 효과적인 방법이다.

		동사의 종류	특징
원형동사 (الْفِعْلُ الْمُجَرَّدُ)	①	3자음 원형동사 (الْفِعْلُ الْمُجَرَّدُ الثُّلَاثِيُّ)	어근 3자음이 원형동사를 이룸. 즉 فَعَلَ 나 فَعِلَ 혹은 فَعُلَ 패턴으로 된 원형동사
	②	4자음 원형동사 (الْفِعْلُ الْمُجَرَّدُ الرُّبَاعِيُّ)	어근 4자음이 원형동사를 이룸
첨가동사 (الْفِعْلُ الْمَزِيدُ)	①	3자음 첨가동사 (الْفِعْلُ الْمَزِيدُ الثُّلَاثِيُّ)	3자음 원형동사에서 일정한 자음이 추가되어 형성된 동사 (10형식 동사표의 Ⅱ형식에서 Ⅹ형식 까지의 동사들이다.)
	②	4자음 첨가동사 (الْفِعْلُ الْمَزِيدُ الرُّبَاعِيُّ)	4자음 원형동사에서 일정한 자음이 추가되어 형성된 동사

5. 목적어의 유무에 따른 구분(الْفِعْلُ بِالنَّظَرِ إِلَى مَعْمُولِهِ)

동사가 목적어를 취하는지에 따른 구분이다. 목적어를 취하지 않는 동사를 자동사(الْفِعْلُ اللَّازِمُ)라 하며, 목적어를 취하는 동사를 타동사(الْفِعْلُ الْمُتَعَدِّي)라 한다. 어떤 동사는 목적어를 두 개 취하기도 한다.

	동사의 종류	특징
①	자동사 (الْفِعْلُ اللَّازِمُ)	목적어를 취하지 않는 동사
②	타동사 (الْفِعْلُ الْمُتَعَدِّي)	목적어를 취하는 동사 (목적어를 취하는 동사는 목적어를 한 개 취하는 동사와 목적어를 두 개 취하는 동사로 나뉜다.)

6. 동작 행위자의 기술 유무에 따른 구분 (الْفِعْلُ بِالنَّظَرِ إِلَى ذِكْرِ فَاعِلِهِ مِنْ عَدَمِهِ)

동사가 능동형인가 수동형인가에 따른 구분이다. 능동형 동사(الْفِعْلُ الْمَبْنِيُّ لِلْمَعْلُوم)는 문장에서 동작의 행위자가 기술되는 능동형 문장들에 사용되는 동사이고, 수동형 동사(الْفِعْلُ الْمَبْنِيُّ لِلْمَجْهُول)는 문장에서 동작의 행위자가 기술되지 않고 목적어가 그 자리를 대신하는 수동태 문장들에 사용되는 동사를 말한다. 이때 능동형 동사의 행위자를 '주어(الْفَاعِل)'라고 하고, 수동형 동사의 주체를 '수동태 문장의 주어(نَائِبُ الْفَاعِل)'라고 한다.

	동사의 종류	특징
①	능동형 동사 (الْفِعْلُ الْمَبْنِيُّ لِلْمَعْلُوم)	동작의 행위자가 기술되는 동사
②	수동형 동사 (الْفِعْلُ الْمَبْنِيُّ لِلْمَجْهُول)	동작의 행위자가 기술되지 않고, 능동태 문장의 목적어가 수동태 문장의 주어로 사용되는 동사

7. 동사의 활용여부에 따른 구분 (الْفِعْلُ بِالنَّظَرِ إِلَى تَصْرِيفِهِ)

위에서 동사들은 시제에 따라서 완료형과 미완료형 등으로 변하기도 하고, 구조에 따라 강동사와 약동사 등으로 구분되는 것을 보았다. 동사가 이렇게 시제와 인칭에 따라 변화하는 것을 동사의 '활용(تَصْرِيفٌ)'이라 한다.

대부분의 동사들이 이렇게 시제와 인칭에 따라 활용되는데, 동사들 가운데는 활용되지 않거나 부분적으로 활용되는 동사도 있다.

이렇게 동사의 활용여부에 따라 활용이 되는 동사를 활용동사(الْفِعْلُ الْمُتَصَرِّفُ)라 하고, 활용이 되지 않거나 부분적으로 활용되는 동사를 불완전 활용동사(الْفِعْلُ الْجَامِدُ)라 한다.

대표적인 불완전 활용동사에는 لَيْسَ 와 عَسَى 가 있으며, 칭찬과 비난 문장(أُسْلُوب الْمَدْحِ وَالذَّمِّ)에 사용되는 نِعْمَ, بِئْسَ, حَبَّذَا, لَا حَبَّذَا 도 불완전 활용동사이다. 이러한 동사들은 완료형으로만 사용되고 미완료형 형태나 동명사 형태 혹은 분사 형태가 없다. 또한 لَيْسَ 의 경우 완료형 형태로만 활용되며, 그 시제는 현재시제이고, 어떤 내용을 부정하는 부정어로 사용된다.

	동사의 종류	특징
①	활용동사 (الْفِعْلُ الْمُتَصَرِّفُ)	활용(تَصْرِيفٌ)이 되는 동사 – 대부분의 동사들
②	불완전 활용동사 (الْفِعْلُ الْجَامِدُ)	활용(تَصْرِيفٌ)이 되지 않고 완료형으로만 사용되는 동사 – لَيْسَ, عَسَى, نِعْمَ, بِئْسَ, حَبَّذَا, لَا حَبَّذَا

앞으로 동사에 대한 공부는 이러한 동사의 활용(تَصْرِيفٌ)에 대한 규칙을 공부하는 것이라 할 수 있다.

8. 동사문 구성 여부에 따른 구분 (الأَقْسَامُ مِنْ حَيْثُ التَّمَامِ والنَّقْصَانِ)

동사가 사용될 때의 동사문 구성 여부에 따른 구분으로 완전동사(الْفِعْلُ التَّامُّ)와 불완전동사(الْفِعْلُ النَّاقِصُ)로 구분된다. 완전동사(الْفِعْلُ التَّامُّ)란 일반적인 동사문의 구성을 이루는 동사를 말한다. 즉 동사(فِعْلٌ)와 주어(فَاعِلٌ), 혹은 동사(فِعْلٌ)와 주어(فَاعِلٌ) 그리고 목적어(مَفْعُولٌ بِهِ)를 취함으로 완전한 동사문을 이루는 동사를 말한다.

이에 비해 불완전동사(الْفِعْلُ النَّاقِصُ)란 동사문의 이러한 일반적인 구성 형태를 취하지 않고 동사 뒤에 명사문(الْجُمْلَةُ الاسْمِيَّةُ) 형태를 취하는 동사를 말한다. 이러한 불완전 동사에는 무효화 동사(كَانَ وَأَخَوَاتُهَا)와 유사 무효화 동사(كَادَ وَأَخَوَاتُهَا)가 있다.

동사의 구분	동사		
완전동사 (الأَفْعَالُ التَّامَّةُ) 완전동사란 일반적인 동사문의 구성을 이루는 동사를 말한다.	아래의 불완전 동사를 제외한 동사들		
불완전 동사 (الأَفْعَالُ النَّاقِصَةُ) 불완전동사란 동사문의 일반적인 구조를 이루지 못하고 동사 뒤에 명사문(الْجُمْلَةُ الاسْمِيَّةُ)이 와서 완전한 의미의 문장이 되는 동사	①	무효화 동사 (كَانَ وَأَخَوَاتُهَا)	كَانَ، صَارَ، أَصْبَحَ، أَضْحَى، غَدَا، أَمْسَى، بَاتَ، ظَلَّ، مَازَالَ، مَادَامَ، لَيْسَ
	②	유사 무효화 동사 (كَادَ وَأَخَوَاتُهَا)	임박동사 (الأَفْعَالُ الْمُقَارَبَةِ) – أَوْشَكَ, كَادَ
			소망동사 (أَفْعَالُ الرَّجَاءِ) – عَسَى
			시작동사 (أَفْعَالُ الشُّرُوعِ) – بَدَأَ, شَرَعَ, أَخَذَ, جَعَلَ

→ 위의 아랍어 용어 가운데 الْفِعْلُ النَّاقِصُ 는 약동사 변화에서 말약동사에 대한 용어로도 사용된다.

→ 필자의 '종합 아랍어 문법' 초판 책에서 '완전동사'라는 용어를 동사의 구조에 따른 구분에서 강동사의 종류를 구분하며 사용하였다. 즉 동사 자음에 함자가 없고 샷다(중복자음)가 끝자음에 오지 않으며, 약자음이 없는 동사를 الْفِعْلُ السَّالِمُ 라 하는데, 이를 '완전동사'라 번역했었다. 그러나 이 번역을 계속 사용할 경우 동사문 구성 여부에 따른 구분인 الأَفْعَالُ التَّامَّةُ 의 번역과 용어의 혼동이 생기므로 الْفِعْلُ السَّالِمُ 의 번역을 '정상동사'로 하였다. (공일주, 아랍어의 이해, p118)

→ 무효화 동사와 유사 무효화 동사에 대한 자세한 내용은 이 책 제Ⅱ권에서 공부한다.

제 26 과 동사의 인칭 변화 (تَصْرِيفُ الأَفْعَال) 익히기

1. 강동사 완료형 (الفِعْلُ المَاضِي, 과거시제)의 인칭변화
2. 강동사 미완료형 (الفِعْلُ المُضَارِع, 현재시제)의 인칭변화
3. 미래시제 (الفِعْلُ المُسْتَقْبَل)의 인칭변화

제 26 과 동사의 인칭변화(تَصْرِيفُ الأَفْعَالِ) 익히기

앞 심화학습 부분에서 우리는 동사의 여러 가지 구분을 공부했다. 복잡한 내용을 쉽고 효과적으로 공부하기 위해 그 내용을 어디서부터 공부하느냐도 중요하다. 여기서 우리는 앞의 동사의 시제에 따른 구분(الْفِعْلُ بِالنَّظَرِ إِلَى زَمَنِ وُقُوعِهِ)을 기준으로 해서 완료형(과거 시제)과 미완료형(현재 시제) 그리고 미래형에 대해서 차례로 공부한다. 완료형과 미완료형을 공부하면서 동사의 구조에 따른 구분(الْفِعْلُ بِالنَّظَرِ إِلَى بُنْيَتِهِ) 가운데 강동사 부분을 먼저 공부한다. 따라서 '강동사 완료형'과 '강동사 미완료형', 그리고 '미래형' 순서로 공부할 것이다. '약동사 완료형'과 '약동사 미완료형'에 대해서는 나중에 공부한다.

1. 강동사 완료형(الْفِعْلُ الْمَاضِي, 과거 시제)의 인칭변화

강동사는 그 어근 가운데 탈락되거나 예외적으로 변형되는 자음이 없는 동사를 말한다. 이 강동사의 완료형(과거형)의 인칭변화를 공부하도록 하자.

완료형 동사(약동사 완료형도 포함)가 문장에서 사용될 때 인칭에 따라서 세 어근 철자 뒤에 오는 접미자음과 마지막 어근 철자의 모음부호가 변화한다. 아래의 도표를 자세히 보고 인칭과 성과 수에 따라 접미자음이 어떻게 변화하는지를 확인하라. 아래의 파란색 표기와 회색 표기 그리고 빨간색 표기는 구분을 위해 사용된 것이다. 전체의 인칭변화를 많이 읽고 기록하여 암기하도록 하자.

인칭			의미	완료형 꼴	접미자음 변화
3인칭	남성단수	هُوَ	그가 행했다	فَعَلَ	ـَ ـَ ـَ
	여성단수	هِيَ	그녀가 행했다	فَعَلَتْ	تْ ـَ ـَ ـَ
	남성쌍수	هُمَا	그 두 사람(m.)이 행했다	فَعَلَا	ا ـَ ـَ ـَ
	여성쌍수	هُمَا	그 두 사람(f.)이 행했다.	فَعَلَتَا	تَا ـَ ـَ ـَ
	남성복수	هُمْ	그들이 행했다.	فَعَلُوا	وا ـُ ـَ ـَ
	여성복수	هُنَّ	그녀들이 행했다.	فَعَلْنَ	نَ ـْ ـَ ـَ
2인칭	남성단수	أَنْتَ	너가(m.) 행했다.	فَعَلْتَ	تَ ـْ ـَ ـَ
	여성단수	أَنْتِ	너가(f.) 행했다.	فَعَلْتِ	تِ ـْ ـَ ـَ
	남녀쌍수	أَنْتُمَا	너희 두 사람이 행했다.	فَعَلْتُمَا	تُمَا ـْ ـَ ـَ
	남성복수	أَنْتُمْ	너희들(m.)이 행했다.	فَعَلْتُمْ	تُمْ ـْ ـَ ـَ
	여성복수	أَنْتُنَّ	너희들(f.)이 행했다.	فَعَلْتُنَّ	تُنَّ ـْ ـَ ـَ
1인칭	남녀단수	أَنَا	내가 행했다.	فَعَلْتُ	تُ ـْ ـَ ـَ
	남녀쌍수·복수	نَحْنُ	우리들이 행했다.	فَعَلْنَا	نَا ـْ ـَ ـَ

제 26 과 동사의 인칭 변화 익히기

→ 위의 표에서 동사의 인칭(정확히는 동사의 인칭과 성과 수)에 따라 동사 어미의 접미자음이 어떻게 변화하는지 주목하라. 위의 표에서 파란색과 회색 그리고 빨간색으로 표기된 철자들이 접미자음의 변화이다.
→ 동사의 완료형 변화에서는 접두자음의 변화는 없고 접미자음과 마지막 어근 철자의 모음부호가 변화한다.
→ 위의 접미자음의 변화에서 ' --- ' 는 동사의 어근 자음 세개를 표시하는 기호이다.
→ ' --- ' 에 표기된 모음부호에서 첫 자음 위의 모음은 파트하로 고정되어 있음을 확인하라. 이와같이 강동사 완료형의 경우 첫 자음은 항상 파트하이다.
→ ' --- ' 에 표기된 모음부호에서 두 번째 자음에는 모음부호를 표기하지 않았다. 이유는 동사에 따라 이 두 번째 자음의 모음이 파트하, 담마, 카스라 세 가지 중 하나로 변화하기 때문이다. 이와같은 완료형의 두 번째 자음 변화는 동사마다 다르기에 동사가 나올 때마다 사전에서 찾아서 익혀야 한다.
→ ' --- ' 에 표기된 모음부호에서 세 번째 자음(마지막 어근 철자)은 그 뒤에 붙는 접미자음에 따라 파트하, 수쿤, 담마로 변화하는데, 이는 뒤에 붙은 접미자음의 발음을 원활하게 하는 역할을 한다.
→ 위에서 파란색으로 표기된 접미자음들을 아랍어 문법에서 주격 접미 인칭대명사(ضَمِيرُ الرَّفْعِ الْمُتَّصِل)라 한다. 동사 단어에 포함된 자음을 인칭대명사로 간주하는 것이 우리로서는 이해가 되지 않지만 아랍 사람들은 동사 자체에 인칭대명사가 포함되어 있다고 생각한다. 이 인칭대명사 기호를 기억하고 있으면 동사의 격변화를 익히는 데 도움이 된다. 주격 접미 인칭대명사에 대해서는 이 책 인칭대명사 부분에서 확인하라.
한편 회색으로 표기된 접미자음은 아랍어 문법에서 인칭대명사가 아니라 성이 여성임을 밝히는 여성형 표지 불변사(تَاءُ التَّأْنِيث)이다.
또한 빨간색으로 표기된 3 인칭 남성복수의 'ا' 은 전연결어로 사용된 남성 규칙복수와의 구분을 위해서 사용하는 기호로서 구분의 알리프(الْأَلِفُ الْفَارِقَة)라 한다. (예를들어 دَرَّسُوا الرِّيَاضِيَّات. (그들은 수학을 가르쳤다.) 란 문장에서 'ا'이 없으면 مُدَرِّسُو الرِّيَاضِيَّات (수학 선생님들. مُدَرِّسُو 는 전연결어로 사용된 남성 규칙복수이다.) 문장과 비슷하게 된다. 이처럼 단어의 구분을 위해 사용된다.)
→ 3 인칭 여성복수인 فَعَلْنَ 의 ' ن ' 을 نُونُ النِّسْوَة 라 하며 이를 인칭대명사로 간주한다.
→ 2 인칭 여성복수인 فَعَلْتُنَّ 의 ' ن '은 نُونُ النِّسْوَة 가 아니며 تُنَّ 가 인칭대명사이다.
→위에서 인칭대명사가 표기되지 않고 감추어져 있는(ضَمِيرٌ مُسْتَتِرٌ) 것은 3 인칭 남성 단수형과 3 인칭 여성 단수형이다.

동사들의 예를 보자.

			기록하다, 적다	كَتَبَ/ يَكْتُبُ هـ	가다(to go to)	ذَهَبَ/ يَذْهَبُ إِلَى
3인칭	남성단수	هُوَ	그가 기록했다.	كَتَبَ	그가 갔다.	ذَهَبَ
	여성단수	هِيَ	그녀가 기록했다.	كَتَبَتْ	그녀가 갔다.	ذَهَبَتْ
	남성쌍수	هُمَا	그 두 사람(m.)이 기록했다.	كَتَبَا	그 두 사람(m.)이 갔다.	ذَهَبَا
	여성쌍수	هُمَا	그 두 사람(f.)이 기록했다.	كَتَبَتَا	그 두 사람(f.)이 갔다.	ذَهَبَتَا
	남성복수	هُمْ	그들이 기록했다.	كَتَبُوا	그들이 갔다.	ذَهَبُوا
	여성복수	هُنَّ	그녀들이 기록했다.	كَتَبْنَ	그녀들이 갔다.	ذَهَبْنَ
2인칭	남성단수	أَنْتَ	너(m.)가 기록했다.	كَتَبْتَ	너(m.)가 갔다.	ذَهَبْتَ
	여성단수	أَنْتِ	너(f.)가 기록했다.	كَتَبْتِ	너(f.)가 갔다.	ذَهَبْتِ
	남녀쌍수	أَنْتُمَا	너희 두 사람이 기록했다.	كَتَبْتُمَا	너희 두 사람이 갔다.	ذَهَبْتُمَا
	남성복수	أَنْتُمْ	너희들(m.)이 기록했다.	كَتَبْتُمْ	너희들(m.)이 갔다.	ذَهَبْتُمْ
	여성복수	أَنْتُنَّ	너희들(f.)이 기록했다.	كَتَبْتُنَّ	너희들(f.)이 갔다.	ذَهَبْتُنَّ
1인칭	남녀단수	أَنَا	내가 기록했다.	كَتَبْتُ	내가 갔다.	ذَهَبْتُ
	남녀쌍수복수	نَحْنُ	우리들이 기록했다.	كَتَبْنَا	우리들이 갔다.	ذَهَبْنَا

** 완료형 동사 변화형 연습

ضَرَبَ(때리다), جَلَسَ(앉다), فَتَحَ(열다), عَرَفَ(알다) 를 사용하여 완료형 동사의 변화를 만들어 보자.

**완료형 동사의 중간 모음 형태에 따른 강동사의 변화

지금까지 다룬 완료형 동사들은 어근이 된 세 자음 위에 '파트하'(a)가 붙은 동사들이었다. 그러나 아랍어 완료형 동사의 중간 자음에는 '파트하'(a) 뿐만 아니라 '카스라'(i) 혹은 '담마'(u) 가 올 수도 있다. 즉 중간 자음에 붙은 모음을 기준으로 완료형 동사를 살펴보면 각각 فَعَلَ 형과 فَعِلَ 형, 그리고 فَعُلَ 형 세 가지가 있으며, 따라서 3 자음 강동사의 완료형은 이 세 가지 형태 중의 하나를 취한다.

아래에서 3 자음 동사 완료형의 중간자음의 모음변화를 유의하면서 동사의 접미자음 변화를 익혀보자. 아래 동사들의 완료형 접미자음은 앞에서 배운 것과 동일하다.

			① فَعَلَ 형 동사		② فَعِلَ 형 동사		③ فَعُلَ 형 동사	
3인칭	남성단수	هُوَ	그가 공부했다.	دَرَسَ	그가 이해했다.	فَهِمَ	그가 좋아졌다 (to be good)	حَسُنَ
	여성단수	هِيَ	그녀가 공부했다.	دَرَسَتْ	그녀가 이해했다.	فَهِمَتْ	그녀가 좋아졌다.	حَسُنَتْ
	남성쌍수	هُمَا	그 두사람(m.)이 공부했다.	دَرَسَا	그 두사람(m.)이 이해했다.	فَهِمَا	그 두사람(m.)이 좋아졌다.	حَسُنَا
	여성쌍수	هُمَا	그 두 사람(f.)이 공부했다.	دَرَسَتَا	그 두 사람(f.)이 이해했다.	فَهِمَتَا	그 두 사람(f.)이 좋아졌다.	حَسُنَتَا
	남성복수	هُمْ	그들이 공부했다.	دَرَسُوا	그들이 이해했다.	فَهِمُوا	그들이 좋아졌다.	حَسُنُوا
	여성복수	هُنَّ	그녀들이 공부했다.	دَرَسْنَ	그녀들이 이해했다.	فَهِمْنَ	그녀들이 좋아졌다.	* حَسُنَّ
2인칭	남성단수	أَنْتَ	너(m.)가 공부했다.	دَرَسْتَ	너(m.)가 이해했다.	فَهِمْتَ	너(m.)가 좋아졌다.	حَسُنْتَ
	여성단수	أَنْتِ	너(f.)가 공부했다.	دَرَسْتِ	너(f.)가 이해했다.	فَهِمْتِ	너(f.)가 좋아졌다.	حَسُنْتِ
	남녀쌍수	أَنْتُمَا	너희 두사람이 공부했다.	دَرَسْتُمَا	너희 두 사람이 이해했다.	فَهِمْتُمَا	너희 두 사람이 좋아졌다.	حَسُنْتُمَا
	남성복수	أَنْتُمْ	너희들(m.)이 공부했다.	دَرَسْتُمْ	너희들(m.)이 이해했다.	فَهِمْتُمْ	너희들(m.)이 좋아졌다.	حَسُنْتُمْ
	여성복수	أَنْتُنَّ	너희들(f.)이 공부했다.	دَرَسْتُنَّ	너희들(f.)이 이해했다.	فَهِمْتُنَّ	너희들(f.)이 좋아졌다.	حَسُنْتُنَّ
1인칭	남녀단수	أَنَا	내가 공부했다.	دَرَسْتُ	내가 이해했다.	فَهِمْتُ	내가 좋아졌다.	حَسُنْتُ
	남녀쌍수복수	نَحْنُ	우리들이 공부했다.	دَرَسْنَا	우리들이 이해했다.	فَهِمْنَا	우리들이 좋아졌다.	* حَسُنَّا

→ 위의 표에서 빨간색으로 표기된 자음이 아니라 그 자음에 붙은 모음부호에 주목하라.
→ 위에서 * 표가 된 경우는 동사의 세 번째 자음 ن에 접미어 ن 이 붙어서 같은 자음이 두 번 오는 결과가 되어 ن 위에 샷다가 붙게 되었다. (각각이 ن + حَسُنْ, نَا + حَسُنْ 의 조합)

단어의 예들

아랍어 원형동사의 완료형 형태는 다음 세 가지 중의 하나이다. 즉 فَعَلَ 패턴 동사나 فَعِلَ 패턴 동사 혹은 فَعُلَ 패턴 동사 중의 하나이다. 아래에서 이 세 가지 형태들의 예를 공부하도록 하자. 또한 이 동사들을 가지고 인칭과 수에 따른 완료형 변화를 연습해 보자.

▷ 아래에서 동사를 표기하며 사용된 ' / ' 기호는 완료형과 미완료형을 구분하기 위함이다.
'미완료형/ 완료형←' 의 순서로 표기되어 있다. 미완료형에 대해서는 곧 배우게 된다.

▷ 아래에서 동사 뒤에 ـهُ 혹은 هـ 가 붙으면 그 동사는 목적어를 취하는 타동사란 의미이다. 동사 뒤에 هـ 는 대개 사물 목적어가 온다는 표시이고, 동사 뒤에 ه 는 대개 사람 목적어가 온다는 표시이다. 그외 عَلَى , إِلَى 등은 그 동사가 취하는 전치사를 표기한 것이며, 다른 표기가 없는 동사는 목적어를 취하지 않는 자동사란 의미이다. 또한 أوْ 는 '혹은(or)'의 의미이다.

① فَعَلَ 패턴 동사

원형동사 완료형의 두 번째 어근에 파트하가 온 경우이다. 원형동사의 완료형 가운데 이 패턴이 가장 많다. 이 패턴으로 된 동사에는 타동사가 많지만 자동사도 꽤 있다.

기록하다	كَتَبَ/ يَكْتُبُ هـ	공부하다	دَرَسَ/ يَدْرُسُ هـ
가다	ذَهَبَ/ يَذْهَبُ إِلَى	앉다	جَلَسَ/ يَجْلِسُ (عَلَى)
때리다	ضَرَبَ/ يَضْرِبُ ه أوْ هـ	돌아오다, 돌아가다	رَجَعَ/ يَرْجِعُ إِلَى
부수다	كَسَرَ/ يَكْسِرُ هـ	들어가다	دَخَلَ/ يَدْخُلُ هـ
알다	عَرَفَ/ يَعْرِفُ ه أوْ هـ	나가다	خَرَجَ/ يَخْرُجُ (مِنْ)
내려가다, 내려오다	نَزَلَ/ يَنْزِلُ (مِنْ)	열다	فَتَحَ/ يَفْتَحُ هـ
막다	مَنَعَ/ يَمْنَعُ هـ	씻다	غَسَلَ/ يَغْسِلُ هـ

예문들

그 학생은 그의 레슨들을 기록했다.	كَتَبَ الطَّالِبُ دُرُوسَهُ.
나는 그 커리큘럼을 잘 공부했다.	دَرَسْتُ الْمَنْهَجَ جَيِّدًا.
그 여학생은 (그) 학교에 갔다.	ذَهَبَتِ الطَّالِبَةُ إِلَى الْمَدْرَسَةِ.
그들은 그 의자에 앉았다.	جَلَسُوا عَلَى الْكُرْسِيِّ.
그 아버지는 그의 아들을 때렸다.	ضَرَبَ الْوَالِدُ ابْنَهُ.
나의 어머니는 고국으로 돌아왔다.	أُمِّي رَجَعَتْ إِلَى الْوَطَنِ.
나는 유리컵을 깼다.	كَسَرْتُ الْكُوبَ الزُّجَاجِيَّ.

제26과 동사의 인칭 변화 익히기

그 두 사람(f.)이 나의 방에 들어갔다.	دَخَلَتَا غُرْفَتِي.	
그들은(f.) 나의 비밀들을 알았다.	عَرَفْنَ أَسْرَارِي.	
그들 둘은 (그) 집으로부터 (밖으로) 나갔다.	خَرَجَا مِنَ الْمَنْزِلِ.	
나는 나의 집으로서 내려갔다.	نَزَلْتُ مِنْ بَيْتِي.	
나의 어머니가 문을 열었다.	فَتَحَتْ وَالِدَتِي الْبَابَ.	
보안경찰이 내가 들어가는 것을 막았다.	مَنَعَنِي الْأَمْنُ مِنَ الدُّخُولِ.	
나의 어머니는 그 그릇들을 씻었다.	غَسَلَتْ أُمِّي الْأَطْبَاقَ.	

② فَعِلَ 패턴 동사

원형동사 완료형의 두 번째 어근에 카스라가 온 경우이다. 이 패턴은 타동사와 자동사 모두에 사용된다. 자동사일 경우 아래와 같이 일시적인 상태나 감정을 나타내는 단어가 많다.

기뻐하다	فَرِحَ/ يَفْرَحُ (بِـ)	병들다	مَرِضَ/ يَمْرَضُ
슬프게 되다	حَزِنَ/ يَحْزَنُ (لِـ 또는 عَلَى)	화나다, 노하다	غَضِبَ/ يَغْضَبُ (مِنْ)
웃다	ضَحِكَ/ يَضْحَكُ		

또한 아래는 فَعِلَ 형태가 타동사로 사용된 예들이다.

마시다	شَرِبَ/ يَشْرَبُ هـ	이해하다	فَهِمَ/ يَفْهَمُ هـ أو ه
놀다	لَعِبَ/ يَلْعَبُ هـ	듣다	سَمِعَ/ يَسْمَعُ هـ
타다	رَكِبَ/ يَرْكَبُ هـ	입다	لَبِسَ/ يَلْبَسُ هـ
알다(to know)	عَلِمَ/ يَعْلَمُ هـ	놀라게 하다	دَهِشَ/ يَدْهَشُ هـ

예문들

내 친구는 성공(합격)해서 기뻐했다.	فَرِحَ صَدِيقِي بِالنَّجَاحِ.	
내 여동생(누이)은 아팠다.	مَرِضَتْ أُخْتِي.	
나는 내 삼촌이 돌아가심으로 인해 슬펐다.	حَزِنْتُ لِمَوْتِ عَمِّي.	
그 두 사람(f.)은 그 학생들의 컨닝에 대해 분노했다.	غَضِبَتَا مِنْ غِشِّ الطُّلَّابِ.	
그들은 많이 웃었다.	ضَحِكُوا كَثِيرًا.	
우리는 홍차를 마셨다.	شَرِبْنَا الشَّايَ.	

그 학생은 그 레슨을 이해했다.	فَهِمَ الطَّالِبُ الدَّرْسَ.
그 여자 아기(아이)는 그 인형으로 놀았다.	الطِّفْلَةُ لَعِبَتْ بِالْعَرُوسَةِ.
너희들은(f.) 그 자동차의 소리를 들었다.	سَمِعْتُنَّ صَوْتَ السَّيَّارَةِ.
너희들은(m.) 그 자전거를 탔다.	رَكِبْتُمْ الدَّرَّاجَةَ.
그녀는 한 셔츠를 입었다.	لَبِسَتْ قَمِيصًا.
나는 그 선생님이 친절한 것을 알았다.	عَلِمْتُ أَنَّ الْمُدَرِّسَ طَيِّبٌ.
피라미드의 높이가 세계를 놀랐다.	دَهِشَ ارْتِفَاعُ الْهَرَمِ الْعَالَمَ.

③ فَعُلَ 패턴 동사 (أَفْعَالُ الْحَالَةِ)

원형동사의 완료형 두 번째 어근에 담마가 온 경우이다. 이 패턴의 동사가 숫자적으로 가장 적으며, 그 의미는 주로 동작이 아니라 상태나 성질을 나타낸다. 이 패턴의 동사는 상태나 성질을 나타내기에 항상 자동사이다. (초보 학습자의 경우 아래의 단어들은 나중에 익혀도 된다.)

많게 되다	كَثُرَ/ يَكْثُرُ	작게 되다	صَغُرَ/ يَصْغُرُ
크게 되다, 나이가 많다	كَبُرَ/ يَكْبُرُ	아름답게 되다	جَمُلَ/ يَجْمُلُ
좋아지다	حَسُنَ/ يَحْسُنُ	관대하다	كَرُمَ/ يَكْرُمُ
무겁게 되다	ثَقُلَ/ يَثْقُلُ		

예문들

세상에 거짓말이 늘었다.	كَثُرَ الْكَذِبُ فِي الْعَالَمِ.
세탁 이후에 옷들의 크기가 작아졌다.	صَغُرَ حَجْمُ الْمَلَابِسِ بَعْدَ الْغَسِيلِ.
나의 아기가 많이 컸다.	كَبُرَ طِفْلِي كَثِيرًا.
치장 이후에 그녀의 얼굴이 아름답게 되었다.	جَمُلَ وَجْهُهَا بَعْدَ الزِّينَةِ.
내 외모가 좋아졌다.	حَسُنَ مَظْهَرِي.
내 아버지는 이웃들에게 관대해 졌다.	كَرُمَ أَبِي مَعَ الْجِيرَانِ.
그 짐이 나에게 무거웠다.	ثَقُلَ الْحِمْلُ عَلَيَّ.

** 사전에서 동사 찾기

아랍어 사전에서 동사는 완료형 3인칭 남성 단수 꼴이 기록되어 있다. 동사를 사전에서 찾을 때 완료형 3인칭 단수꼴로 찾으면 된다.

2. 강동사 미완료형 (الْفِعْلُ الْمُضَارِعُ, 현재 시제)의 인칭변화 – 미완료형 직설법(مَرْفُوعٌ) 변화

이제는 강동사의 미완료형(الْفِعْلُ الْمُضَارِعُ) 변화형태를 공부한다. 완료형 동사는 접미자음이 변화하였지만 미완료형 동사는 접두자음과 접미자음 둘 다 변화하며, 세 어근의 마지막 철자의 모음부호도 변화한다. 아래의 표에서 접두자음과 접미자음의 변화형을 정확하게 익히도록 하자. 한편 아래와 같은 미완료형 동사의 변화를 동사의 격변화에서 직설법(مَرْفُوعٌ)이라고 한다. 미완료형 동사의 다른 격변화인 접속법과 단축법에 대해서는 곧 공부한다.

인칭			의미	미완료형 꼴	접두 & 접미자음 변화
3인칭	남성단수	هُوَ	그가 행한다	يَفْعَلُ	يَ ـ ـ ـ ُ
	여성단수	هِيَ	그녀가 행한다	تَفْعَلُ	تَ ـ ـ ـ ُ
	남성쌍수	هُمَا	그 두 사람(m.)이 행한다	يَفْعَلَانِ	يَ ـ ـ ـ َ انِ
	여성쌍수	هُمَا	그 두 사람(f.)이 행한다.	تَفْعَلَانِ	تَ ـ ـ ـ َ انِ
	남성복수	هُمْ	그들이 행한다.	يَفْعَلُونَ	يَ ـ ـ ـ ُ ونَ
	여성복수	هُنَّ	그녀들이 행한다.	يَفْعَلْنَ	يَ ـ ـ ـ ْ نَ
2인칭	남성단수	أَنْتَ	너가(m.) 행한다.	تَفْعَلُ	تَ ـ ـ ـ ُ
	여성단수	أَنْتِ	너가(f.) 행한다.	تَفْعَلِينَ	تَ ـ ـ ـ ِ ينَ
	남녀쌍수	أَنْتُمَا	너희 두 사람이 행한다.	تَفْعَلَانِ	تَ ـ ـ ـ َ انِ
	남성복수	أَنْتُمْ	너희들(m.)이 행한다.	تَفْعَلُونَ	تَ ـ ـ ـ ُ ونَ
	여성복수	أَنْتُنَّ	너희들(f.)이 행한다.	تَفْعَلْنَ	تَ ـ ـ ـ ْ نَ
1인칭	남녀단수	أَنَا	내가 행한다.	أَفْعَلُ	أَ ـ ـ ـ ُ
	남녀쌍수·복수	نَحْنُ	우리들이 행한다.	نَفْعَلُ	نَ ـ ـ ـ ُ

→ 위의 표에서 동사의 인칭(정확히는 동사의 인칭과 성과 수)에 따라 접두자음과 접미자음 그리고 그 모음부호가 어떻게 변화하는지 주목하라.

→ 미완료형 변화에서는 접두자음과 접미자음 양쪽에 변화가 있다. 위 표의 회색과 파란색 부분.

→ 위 표의 접두&접미자음 변화에서 ' --- ' 는 동사의 어근 자음 세개를 표시하는 기호이다.

→ ' --- ' 에 표기된 모음부호에서 어근의 첫 자음 위에 항상 수쿤이 옴을 확인하라.

→ ' --- ' 에 표기된 모음부호에서 두 번째 자음에는 모음부호를 표기하지 않았다. 이유는 동사에 따라 이 두 번째 자음의 모음이 파트하, 담마, 카스라 세 가지 중 하나로 변화하기 때문이다. 이와같은 미완료형의 두 번째 자음 변화는 동사마다 다르기에 동사가 나올 때 마다 사전에서 찾아서 확인해야 한다.

→ ' --- ' 에 표기된 모음부호에서 세 번째 자음에는 기본형인 3 인칭 단수 직설법(مَرْفُوعٌ) 의 경우 담마(u 모음)가 붙는다. 한편 접속법과 단축법으로 사용될 때에는 각각 파트하와 수쿤으로 바뀌게 된다.

→ 위의 표에서 파란색으로 표기된 철자들을 아랍어 문법에서 주격 접미 인칭대명사(ضَمَائِرُ الرَّفْعِ الْمُتَّصِلَةُ)라 한다.
→ 접두어로 사용된 모든 자음(نَ ,أَ ,تَ ,يَ)들을 미완료 표지 불변사(حَرْفُ الْمُضَارِعِ)라 한다.
→ 남성 형태의 3인칭 미완료 표지 불변사는 يَ 를 사용하고, 여성 형태의 3인칭 미완료 표지 불변사는 تَ 를 사용하며(3인칭 여성 복수는 يَ 사용), 모든 2인칭의 미완료 표지불변사는 تَ 를 사용한다.
→ 위의 3인칭 남녀 쌍수와 2인칭 쌍수에 붙은 ا는 쌍수를 나타내는 أَلِفُ الِاثْنَيْنِ 로서 인칭대명사로 간주한다.
→ 위의 3인칭 쌍수와 3인칭 남성복수, 2인칭 여성단수, 2인칭 쌍수와 2인칭 남성복수의 'ن'은 주격임을 표시하는 표지이다(نُونُ الرَّفْعِ). 이 다섯 가지 인칭 즉 أَنْتُمْ ، أَنْتُمَا ، أَنْتَ ، هُمَا ، هُمْ 에 해당되는 동사를 다섯 동사(الْأَفْعَالُ الْخَمْسَةُ)라 한다. (3인칭 남성 쌍수(هُمَا)와 여성 쌍수(هُمَا)를 하나로 셈하면 다섯 가지가 된다.) 이 다섯 동사의 격변화 표지가 동일하기에 다섯 가지 인칭을 기억해 두면 유익하다.
→ 위의 3인칭 여성복수와 2인칭 여성복수의 'ن'을 نُونُ النِّسْوَةِ 라 하는데 이를 인칭대명사로 간주한다.
→ 위의 3인칭 남성 복수와 2인칭 남성 복수에 붙은 و 를 وَاوُ الْجَمَاعَةِ 라 하는데 이를 인칭대명사로 간주한다.
→ 위의 2인칭 여성 단수의 어미에 붙은 ي 를 يَاءُ الْمُخَاطَبَةِ 라 하는데 이를 인칭대명사로 간주한다.
→ 위의 표에서 인칭대명사가 표기되지 않고 감추어져 있는(ضَمِيرٌ مُسْتَتِرٌ) 것은 3인칭 남성단수와 3인칭 여성단수, 2인칭 남성단수, 그리고 1인칭 단수와 복수 꼴이다.

동사들의 예를 보자.

			기록하다, 적다	كَتَبَ / يَكْتُبُ هـ	가다(to go to)	ذَهَبَ / يَذْهَبُ إِلَى
3인칭	남성단수	هُوَ	그가 기록한다.	يَكْتُبُ	그가 간다.	يَذْهَبُ
	여성단수	هِيَ	그녀가 기록한다.	تَكْتُبُ	그녀가 간다.	تَذْهَبُ
	남성쌍수	هُمَا	그 두 사람(m.)이 기록한다.	يَكْتُبَانِ	그 두 사람(m.)이 간다.	يَذْهَبَانِ
	여성쌍수	هُمَا	그 두 사람(f.)이 기록한다.	تَكْتُبَانِ	그 두 사람(f.)이 간다.	تَذْهَبَانِ
	남성복수	هُمْ	그들이 기록한다.	يَكْتُبُونَ	그들이 간다.	يَذْهَبُونَ
	여성복수	هُنَّ	그녀들이 기록한다.	يَكْتُبْنَ	그녀들이 간다.	يَذْهَبْنَ
2인칭	남성단수	أَنْتَ	너(m.)가 기록한다.	تَكْتُبُ	너(m.)가 간다.	تَذْهَبُ
	여성단수	أَنْتِ	너(f.)가 기록한다.	تَكْتُبِينَ	너(f.)가 간다.	تَذْهَبِينَ
	남녀쌍수	أَنْتُمَا	너희 두 사람이 기록한다.	تَكْتُبَانِ	너희 두 사람이 간다.	تَذْهَبَانِ
	남성복수	أَنْتُمْ	너희들(m.)이 기록한다.	تَكْتُبُونَ	너희들(m.)이 간다.	تَذْهَبُونَ
	여성복수	أَنْتُنَّ	너희들(f.)이 기록한다.	تَكْتُبْنَ	너희들(f.)이 간다.	تَذْهَبْنَ
1인칭	남녀단수	أَنَا	내가 기록한다.	أَكْتُبُ	내가 간다.	أَذْهَبُ
	남녀쌍수복수	نَحْنُ	우리들이 기록한다.	نَكْتُبُ	우리들이 간다.	نَذْهَبُ

** 미완료형 동사의 중간 모음 형태에 따른 강동사의 변화

앞의 미완료형 동사변화의 해설에서 미완료형 동사의 중간자음에 붙는 모음이 파트하, 담마, 카스라 세 가지 중 하나로 변화한다고 했다. 따라서 이에 따른 미완료 동사의 종류는 세 가지이다. 즉 يَفْعَلُ 패턴과 يَفْعِلُ 패턴, 그리고 يَفْعُلُ 패턴이 그것이다. 아래의 예를 보자.

			① يَفْعَلُ 패턴 동사		② يَفْعِلُ 패턴 동사		③ يَفْعُلُ 패턴 동사	
3인칭	남성 단수	هُوَ	그가 이해한다.	يَفْهَمُ	그가 돌아온다.	يَرْجِعُ	그가 공부한다.	يَدْرُسُ
	여성 단수	هِيَ	그녀가 이해한다.	تَفْهَمُ	그녀가 돌아온다.	تَرْجِعُ	그녀가 공부한다.	تَدْرُسُ
	남성 쌍수	هُمَا	그 두사람(m.)이 이해한다.	يَفْهَمَانِ	그 두사람(m.)이 돌아온다.	يَرْجِعَانِ	그 두사람(m.)이 공부한다.	يَدْرُسَانِ
	여성 쌍수	هُمَا	그 두 사람(f.)이 이해한다.	تَفْهَمَانِ	그 두 사람(f.)이 돌아온다.	تَرْجِعَانِ	그 두 사람(f.)이 공부한다.	تَدْرُسَانِ
	남성 복수	هُمْ	그들이 이해한다.	يَفْهَمُونَ	그들이 돌아온다.	يَرْجِعُونَ	그들이 공부한다.	يَدْرُسُونَ
	여성 복수	هُنَّ	그녀들이 이해한다.	يَفْهَمْنَ	그녀들이 돌아온다.	يَرْجِعْنَ	그녀들이 공부한다.	يَدْرُسْنَ
2인칭	남성 단수	أَنْتَ	너(m.)가 이해한다.	تَفْهَمُ	너(m.)가 돌아온다.	تَرْجِعُ	너(m.)가 공부한다.	تَدْرُسُ
	여성 단수	أَنْتِ	너(f.)가 이해한다.	تَفْهَمِينَ	너(f.)가 돌아온다.	تَرْجِعِينَ	너(f.)가 공부한다.	تَدْرُسِينَ
	남녀 쌍수	أَنْتُمَا	너희 두 사람이 이해한다.	تَفْهَمَانِ	너희 두 사람이 돌아온다.	تَرْجِعَانِ	너희 두 사람이 공부한다.	تَدْرُسَانِ
	남성 복수	أَنْتُمْ	너희들(m.)이 이해한다.	تَفْهَمُونَ	너희들(m.)이 돌아온다.	تَرْجِعُونَ	너희들(m.)이 공부한다.	تَدْرُسُونَ
	여성 복수	أَنْتُنَّ	너희들(f.)이 이해한다.	تَفْهَمْنَ	너희들(f.)이 돌아온다.	تَرْجِعْنَ	너희들(f.)이 공부한다.	تَدْرُسْنَ
1인칭	남녀 단수	أَنَا	내가 이해한다.	أَفْهَمُ	내가 돌아온다.	أَرْجِعُ	내가 공부한다.	أَدْرُسُ
	남녀 쌍수복수	نَحْنُ	우리들이 이해한다.	نَفْهَمُ	우리들이 돌아온다.	نَرْجِعُ	우리들이 공부한다.	نَدْرُسُ

→ 위의 표에서 빨간색으로 표기된 자음이 아니라 그 자음에 붙은 모음부호에 주목하라.

** 미완료형 동사 변화형 연습

يَذْهَبُ (가다), يَرْكَبُ (타다), يَعْرِفُ (알다), يَضْرِبُ (때리다), يَكْثُرُ (많게 되다), يَسْكُنُ (거주하다) 를 사용하여 미완료형 동사의 변화를 만들어 보자.

** 사전에서 미완료형 변화 확인하기

아랍어 사전에서 동사를 찾을 때마다 완료형 변화와 함께 미완료형 변화를 확인해야 한다. 사전에 따라 미완료형의 기본형인 3인칭 단수꼴이 يَفْعَلُ 형태로 기록된 경우도 있고, 어떤 사전에서는 미완료형 변화를 어근 중간 자음의 모음부호만 기록하고 있다. (영어식으로 'a', 'i', 'u' 로 표기하든지, 아니면 ' َ ', ' ِ ', ' ُ ' 형태로 표기하는 경우도 있다.)

** 강동사의 미완료형 패턴 도표

3 자음 강동사의 완료형과 미완료형 패턴을 설명한 도표이다. 완료형이 فَعَلَ 패턴인 경우 그 미완료형은 يَفْعُلُ 나 يَفْعِلُ 혹은 يَفْعَلُ 중의 하나로 변화하고, 완료형이 فَعِلَ 패턴인 경우 그 미완료형은 يَفْعَلُ 혹은 يَفْعِلُ 중의 하나로 변화하며, 완료형이 فَعُلَ 패턴인 경우 그 미완료형은 يَفْعُلُ 로 변화한다.

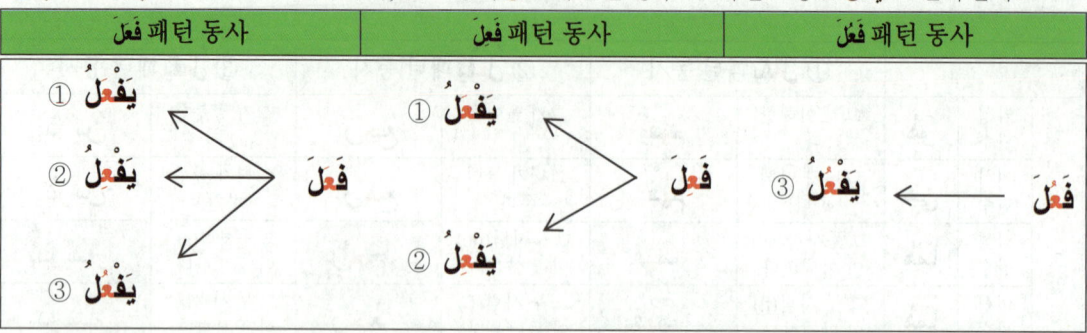

동사의 예들

다음에서 예를 들고 있는 동사들은 기본적인 동사들이다. 완료형과 미완료형 형태를 그대로 익히도록 하자. 또한 완료형과 미완료형의 인칭변화를 연습해 보자.

① يَفْعُلُ 패턴 동사

원형동사의 미완료형 두 번째 어근에 파트하 모음이 온 경우이다.

a. فَعَلَ/يَفْعَلُ 패턴 동사들

아래는 فَعَلَ/يَفْعَلُ 패턴의 동사들의 예들이다.

가다	ذَهَبَ/يَذْهَبُ إِلَى	성공하다	نَجَحَ/يَنْجَحُ
열다	فَتَحَ/يَفْتَحُ هـ	자르다, 끊다	قَطَعَ/يَقْطَعُ هـ
모으다	جَمَعَ/يَجْمَعُ هـ	나타나다	ظَهَرَ/يَظْهَرُ
만들다, 생산하다	صَنَعَ/يَصْنَعُ هـ	보내다	بَعَثَ/يَبْعَثُ هـ إِلَى
설명하다	شَرَحَ/يَشْرَحُ هـ لـ هـ	금지하다	مَنَعَ/يَمْنَعُ هـ

예문들

내 아버지는 일찍 일하러 가신다.	يَذْهَبُ وَالِدِي إِلَى الْعَمَلِ مُبَكِّرًا.
당신은 시험에 합격할 것이다. (미래시제이다.)	أَنْتَ سَتَنْجَحُ[1] بِالامْتِحَانِ.
내 형(남동생)은 (그) 문을 연다(열고 있다).	يَفْتَحُ أَخِي الْبَابَ.
그들 둘은 그 종이를 찢는다(찢고 있다).	يَقْطَعَانِ الْوَرَقَةَ.

---

[1] سَـ + تَنْجَحُ (미래불변사)

제 26 과 동사의 인칭 변화 익히기

그 농부는 사과 열매들을 모은다(모으고 있다).	يَجْمَعُ الفَلَّاحُ ثِمَارَ التُّفَّاحِ.
구름이 하늘에서 나타난다.	يَظْهَرُ السَّحَابُ فِي السَّمَاءِ.
그 공장은 식료품(식료품 재료)들을 만든다.	يَصْنَعُ المَصْنَعُ المَوَادَّ[1] الغِذَائِيَّةَ.
태양은 우리에게 빛을 보낸다.	تَبْعَثُ الشَّمْسُ ضَوْءَهَا[2] إِلَيْنَا.
법이 그가 그의 집을 짓는 것을 금하고 있다.	القَانُونُ يَمْنَعُهُ مِنْ بِنَاءِ بَيْتِهِ.
그들 둘(f.)이 나에게 (그) 단원을 설명한다(설명하고 있다).	هُمَا تَشْرَحَانِ لِيَ الدَّرْسَ.

b. فَعَلَ/يَفْعَلُ 패턴 동사

완료형 동사의 꼴이 فَعَلَ 인 동사들은 대부분 그 미완료형이 يَفْعَلُ 로 변화한다. 이 패턴은 타동사와 자동사 모두에 사용된다.

이해하다	فَهِمَ/يَفْهَمُ هـ أَوْ ه	타다	رَكِبَ/يَرْكَبُ هـ
마시다	شَرِبَ/يَشْرَبُ هـ	듣다	سَمِعَ/يَسْمَعُ هـ
알다	عَلِمَ/يَعْلَمُ هـ	일하다	عَمِلَ/يَعْمَلُ (هـ)
입다	لَبِسَ/يَلْبَسُ هـ	..을 지키다, 수호. 보호하다 ; 외우다, 암기하다	حَفِظَ/يَحْفَظُ هـ
받아들이다	قَبِلَ/يَقْبَلُ هـ أَوْ ه		

자동사일 경우 아래와 같이 일시적인 상태나 감정을 나타내는 단어가 많다.

기뻐하다	فَرِحَ/يَفْرَحُ (بِـ)	웃다	ضَحِكَ/يَضْحَكُ
가라앉다, 침몰하다	غَرِقَ/يَغْرَقُ	실패하다	فَشِلَ/يَفْشَلُ

예문들

그 학생은 그 단원을 이해하지 못한다.	لَا يَفْهَمُ الطَّالِبُ الدَّرْسَ.
그들은 (그) 자전거를 탄다(타고있다).	يَرْكَبُونَ الدَّرَّاجَةَ.
나는 홍차를 마신다(마시고 있다).	أَشْرَبُ الشَّايَ.
그들(f.)은 (그) 노래들을 듣는다(듣고 있다).	يَسْمَعْنَ الأَغَانِي[3].
그 여선생님은 가르치는 방법을 안다.	تَعْلَمُ المُدَرِّسَةُ طَرِيقَةَ التَّعْلِيمِ.

---

[1] مَادَّةٌ/ـاتٌ، مَوَادُّ 물질, 재료   المَوَادُّ الغِذَائِيَّةُ 식료품, 영양물질

[2] ضَاءَ/يَضُوءُ – ضَوْءٌ 빛나다, 비치다   ضَاءَ القَمَرُ 달이 빛났다.

[3] أُغْنِيَةٌ/ـاتٌ أَوْ أَغَانٍ(الأَغَانِي) 노래

내 형(남동생)은 엔지니어로 일한다.	يَعْمَلُ أَخِي كَمُهَنْدِسٍ.	
내 아버지는 오래된 옷들을 입는다.	يَلْبَسُ وَالِدِي مَلَابِسَ[1] قَدِيمَةً.	
그 교수는 그 학생들의 이름들을 기억한다.	يَحْفَظُ الأُسْتَاذُ أَسْمَاءَ الطُّلَّابِ.	
내 친구는 실패를 받아들이지 못한다.	لَا يَقْبَلُ صَدِيقِي الفَشَلَ.	
그 학생은 그의 합격으로 인해 기뻐한다.	يَفْرَحُ الطَّالِبُ بِنَجَاحِهِ.	
내 여자 친구는 많이 웃는다.	صَدِيقَتِي تَضْحَكُ كَثِيرًا.	
그 배는 침몰한다(침몰하고 있다).	تَغْرَقُ السَّفِينَةُ.	
나는 그가 공부에서 실패할 것을 알았다.	عَلِمْتُ أَنَّهُ سَوْفَ يَفْشَلُ فِي دِرَاسَتِهِ.	

② يَفْعِلُ 패턴 동사

원형동사의 미완료형 두 번째 어근에 카스라 모음이 온 경우이다.

a. فَعَلَ/يَفْعِلُ 패턴 동사

다음은 فَعَلَ/يَفْعِلُ 패턴으로 변화하는 동사들의 예들이다.

돌아가다, 돌아오다	رَجَعَ/يَرْجِعُ إِلَى	알다 (to know)	عَرَفَ/يَعْرِفُ هـ
때리다	ضَرَبَ/يَضْرِبُ هـ أَوْ هـ	씻다	غَسَلَ/يَغْسِلُ هـ
부수다	كَسَرَ/يَكْسِرُ هـ	…을 할 수 있다. 가능하다	قَدَرَ/يَقْدِرُ عَلَى هـ[2]
내려가다, 내려오다	نَزَلَ/يَنْزِلُ	들다, 나르다(to carry), 운반하다 ; 지니다, 휴대하다	حَمَلَ/يَحْمِلُ هـ
훔치다	سَرَقَ/يَسْرِقُ هـ		

예문들

그들 둘은 집에 늦게 돌아간다(돌아가고 있다).	يَرْجِعَانِ إِلَى المَنْزِلِ مُتَأَخِّرَيْنِ.
나는 삶이 어렵다는 것을 안다. (생각과 확신의 동사)	أَعْرِفُ أَنَّ الحَيَاةَ صَعْبَةٌ.
무함마드는 그의 친구를 때린다(때리고 있다).	مُحَمَّدٌ يَضْرِبُ صَدِيقَهُ.
그 소년은 그의 이빨들을 닦는다(닦고 있다).	يَغْسِلُ الصَّبِيُّ أَسْنَانَهُ.
그 아기는 그의 장난감을 부순다(부수고 있다).	الطِّفْلُ يَكْسِرُ لُعَبَهُ.

---

[1] مَلْبَسٌ/مَلَابِسُ 옷 (주로 복수형태 사용) (복수형태는 2 격명사이다.)

[2] قَدَرَ/يَقْدِرُ عَلَى = قَدِرَ/يَقْدَرُ عَلَى ..을 할 수 있다, 가능하다

제26과 동사의 인칭 변화 익히기

당신 둘은 산에 올라갈 수 없다.	لاَ تَقْدِرَانِ عَلَى الصُّعُودِ إِلَى الْجَبَلِ.
너희들(f.)은 아파트에서 내려온다.	تَنْزِلْنَ مِنَ الشَّقَّةِ.
내 여동생(누이)은 물동이를 머리에 든다(들고 있다).	أُخْتِي تَحْمِلُ الْقُلَّةَ عَلَى رَأْسِهَا.
그 여학생은 그녀 동료들의 펜들을 훔친다.	تَسْرِقُ الطَّالِبَةُ أَقْلاَمَ زُمَلاَئِهَا.

b. فَعَلَ/يَفْعِلُ 패턴 동사

위에서 완료형 동사의 꼴이 فَعَلَ 인 동사들은 대부분 그 미완료형이 يَفْعِلُ 로 변화한다고 했다. 완료형이 فَعَلَ 인 동사 가운데 극히 드물게 그 미완료형이 يَفْعِلُ 인 경우가 있다. (초보 학습자의 경우 아래의 단어들을 나중에 익혀도 된다.)

..을 ..라고 생각하다, 여기다(to consider)	حَسِبَ/يَحْسِبُ أَوْ يَحْسَبُ	신뢰하다	وَثِقَ/يَثِقُ بِ ـ *
관리, 지배, 통치, 다스리다 ; 가깝다, 잇따르다	وَلِيَ/يَلِي *	부어오르다	وَرِمَ/يَرِمُ *

→ 위의 حَسِبَ/يَحْسِبُ أَوْ يَحْسَبُ 동사는 생각과 확신의 동사이다. 이 책 제Ⅱ권 '동사문에 대해'를 보라.
→ 위의 * 표가 있는 세 단어들은 수약동사(الْفِعْلُ الْمِثَالُ)이다. 이 책의 제Ⅰ권 '약동사에 대해' 부분을 보라.

내 친구는 (그) 시험이 쉽다고 생각한다.	يَحْسِبُ صَدِيقِي الْاِمْتِحَانَ سَهْلاً.
그는 그의 친구를 신뢰한다.	يَثِقُ بِصَدِيقِهِ.
그 통치자는 그의 나라를 통치한다(관리한다).	يَلِي الْحَاكِمُ بَلَدَهُ.
피부가 부어오른다.	يَرِمُ الْجِلْدُ.

③ يَفْعُلُ 패턴 동사

원형동사의 미완료형 두 번째 어근에 담마 모음이 온 경우이다.

a. فَعَلَ/يَفْعُلُ 패턴 동사

아래는 فَعَلَ/يَفْعُلُ 의 패턴으로 변화하는 동사들의 예들이다.

공부하다	دَرَسَ/يَدْرُسُ ـهـ	거주하다	سَكَنَ/يَسْكُنُ (فِي)
들어가다, 들어오다	دَخَلَ/يَدْخُلُ ـهـ	요청하다	طَلَبَ/يَطْلُبُ ـهـ (مِنْ)
...에 이르다, 미치다 (to reach)	بَلَغَ/يَبْلُغُ ـهـ	죽이다	قَتَلَ/يَقْتُلُ ه أَوْ ـهـ
나가다, 나오다	خَرَجَ/يَخْرُجُ مِنْ	...에게 ..대해 감사하다	شَكَرَ/يَشْكُرُ ه عَلَى
계산하다, 세다	حَسَبَ/يَحْسُبُ ـهـ		

예문들

그들은 프랑스 언어를 공부한다(공부하고 있다).	يَدْرُسُونَ اللُّغَةَ الْفَرَنْسِيَّةَ.
그들 둘은 내 아버지와 함께 거주한다.	يَسْكُنَانِ مَعَ أَبِي.
그 선수는 (그) 운동장으로 들어간다(들어가고 있다).	يَدْخُلُ اللَّاعِبُ الْمَلْعَبَ.
그 가난한 자가 돈을 요구한다(요구하고 있다).	الْفَقِيرُ يَطْلُبُ مَالاً.
참석자들 숫자가 100명에 이른다.	يَبْلُغُ عَدَدُ الْحَاضِرِينَ الْمِئَةَ.
군인들이 전쟁에서 서로 죽이고 있다.	يَقْتُلُ الْجُنُودُ بَعْضُهُمْ فِي الْحَرْبِ.
내 친구는 그의 애인과 함께 (밖으로) 나간다(나가고 있다).	يَخْرُجُ صَدِيقِي مَعَ حَبِيبَتِهِ.
믿는자는 하나님께 감사한다.	يَشْكُرُ الْمُؤْمِنُ الله.
(그) 회계사는 그 회사의 이익들을 계산한다.	يَحْسُبُ الْمُحَاسِبُ أَرْبَاحَ الشَّرِكَةِ.

b. فَعُلَ / يَفْعُلُ 패턴 동사

완료형 동사의 꼴이 فَعُلَ 인 경우 그 미완료형은 항상 يَفْعُلُ 패턴이 된다. 이 패턴의 동사가 숫자적으로 가장 적으며, 그 의미는 상태나 성질을 나타낸다. 상태나 성질을 의미하기에 항상 자동사이다. 또한 이 패턴 동사의 형용사 형태는 유사형용사(الصِّفَةُ الْمُشَبَّهَةُ)이다. (كَثِيرٌ, كَبِيرٌ, كَرِيمٌ, حَسَنٌ, ثَقِيلٌ, شَرِيفٌ)

(이 책 제 I 권 '유사형용사' 부분에서 확인하라. 초보학습자의 경우 아래 단어를 나중에 익혀도 된다.)

뜻	동사	뜻	동사
많다, 많게 되다	كَثُرَ / يَكْثُرُ	크다, 크게 되다	كَبُرَ / يَكْبُرُ
관대하다, 관대하게 되다	كَرُمَ / يَكْرُمُ	나아지다, 좋게 되다	حَسُنَ / يَحْسُنُ
무겁다, 무겁게 되다	ثَقُلَ / يَثْقُلُ	영예롭다, 고귀하다	شَرُفَ / يَشْرُفُ

예문들

후진성이 개발도상국들 가운데 증가하고 있다.	يَكْثُرُ التَّخَلُّفُ بِالدُّوَلِ النَّامِيَةِ.
그 젖먹이는 크고 있다.	الرَّضِيعُ يَكْبُرُ.
내 아버지는 손님들에게 관대하다.	يَكْرُمُ أَبِي مَعَ الضُّيُوفِ.
상태들이 나아지고 있다.	تَحْسُنُ الْأَحْوَالُ.
그 무게는 내 어깨에 무겁다.	يَثْقُلُ الْوَزْنُ عَلَى كَتِفِي.
내가 상을 받아서 영광스럽다.	أَشْرُفُ بِاسْتِلَامِ الْجَائِزَةِ.

3. 미래시제(الْفِعْلُ الْمُسْتَقْبَلُ)의 인칭변화

아랍어에서 미래형 시제를 나타내는 방법은 미완료형 동사 앞에 미래를 나타내는 불변사 سَـ 나 سَوْفَ 를 사용하는 것이다. 이 불변사 뒤에는 미완료형 직설법(مَرْفُوعٌ) 형태의 격변화를 취하는데, 미완료형 직설법이란 앞에서 배운 강동사 미완료형의 인칭변화를 말한다.

미래를 나타내는 불변사		
سَـ	..할 것이다	미완료형 직설법 동사에 접두되어 사용됨
سَوْفَ	..할 것이다	미완료형 직설법 동사 앞에 떨어져서 사용됨

동사들의 예를 보자.

	동사		기록하다, 적다	كَتَبَ / يَكْتُبُ هـ	가다 (to go to)	ذَهَبَ / يَذْهَبُ إِلَى
	미래형 표기		그가 기록할 것이다.	سَيَكْتُبُ	그가 갈 것이다.	سَيَذْهَبُ إِلَى
				سَوْفَ يَكْتُبُ		سَوْفَ يَذْهَبُ إِلَى
3인칭	남성단수	هُوَ	그가 기록할 것이다.	سَيَكْتُبُ	그가 갈 것이다.	سَيَذْهَبُ
	여성단수	هِيَ	그녀가 기록할 것이다.	سَتَكْتُبُ	그녀가 갈 것이다.	سَتَذْهَبُ
	남성쌍수	هُمَا	그 두 사람(m.)이 기록할 것이다.	سَيَكْتُبَانِ	그 두 사람(m.)이 갈 것이다.	سَيَذْهَبَانِ
	여성쌍수	هُمَا	그 두 사람(f.)이 기록할 것이다.	سَتَكْتُبَانِ	그 두 사람(f.)이 갈 것이다.	سَتَذْهَبَانِ
	남성복수	هُمْ	그들이 기록할 것이다.	سَيَكْتُبُونَ	그들이 갈 것이다.	سَيَذْهَبُونَ
	여성복수	هُنَّ	그녀들이 기록할 것이다.	سَيَكْتُبْنَ	그녀들이 갈 것이다.	سَيَذْهَبْنَ
2인칭	남성단수	أَنْتَ	너(m.)가 기록할 것이다.	سَتَكْتُبُ	너(m.)가 갈 것이다.	سَتَذْهَبُ
	여성단수	أَنْتِ	너(f.)가 기록할 것이다.	سَتَكْتُبِينَ	너(f.)가 갈 것이다.	سَتَذْهَبِينَ
	남녀쌍수	أَنْتُمَا	너희 두 사람이 기록할 것이다.	سَتَكْتُبَانِ	너희 두 사람이 갈 것이다.	سَتَذْهَبَانِ
	남성복수	أَنْتُمْ	너희들(m.)이 기록할 것이다.	سَتَكْتُبُونَ	너희들(m.)이 갈 것이다.	سَتَذْهَبُونَ
	여성복수	أَنْتُنَّ	너희들(f.)이 기록할 것이다.	سَتَكْتُبْنَ	너희들(f.)이 갈 것이다.	سَتَذْهَبْنَ
1인칭	남녀단수	أَنَا	내가 기록할 것이다.	سَأَكْتُبُ	내가 갈 것이다.	سَأَذْهَبُ
	남녀쌍수복수	نَحْنُ	우리들이 기록할 것이다.	سَنَكْتُبُ	우리들이 갈 것이다.	سَنَذْهَبُ

→ 앞에서 배운 강동사 미완료형 변화 앞 부분에 미래를 나타내는 불변사 سَـ 가 붙은 것을 확인하라.

종합 아랍어 문법 |

→ 미래불변사 뒤에 온 미완료형 동사의 격변화 형태가 직설법(مَرْفُوع)인 것을 확인하라. 여기서 직설법 격변화란 앞에서 배운 강동사 미완료형 격변화를 말한다.

→ 위에서 سَـ 대신 سَوْفَ 를 사용해도 같은 의미이다. سَوْفَ 는 동사와 떨어져 기록된다.

예문들

무함마드는 이집트에서 아랍어를 공부할 것이다.	سَيَدْرُسُ مُحَمَّدٌ اللُّغَةَ الْعَرَبِيَّةَ فِي مِصْرَ.
	سَوْفَ يَدْرُسُ مُحَمَّدٌ اللُّغَةَ الْعَرَبِيَّةَ فِي مِصْرَ.
나는 내일 학교에 갈 것이다.	سَأَذْهَبُ إِلَى الْمَدْرَسَةِ غَدًا.
	سَوْفَ أَذْهَبُ إِلَى الْمَدْرَسَةِ غَدًا.
그들은 그들의 나라들로 돌아갈 것이다.	سَيَرْجِعُونَ إِلَى بِلَادِهِمْ.
	سَوْفَ يَرْجِعُونَ إِلَى بِلَادِهِمْ.
그 두 학생들은 그 단원들을 잘 이해할 것이다.	الطَّالِبَانِ سَيَفْهَمَانِ الدُّرُوسَ جَيِّدًا.
	الطَّالِبَانِ سَوْفَ يَفْهَمَانِ الدُّرُوسَ جَيِّدًا.
싸미라는 (그) 시험에 합격할 것이다.	سَتَنْجَحُ سَمِيرَةُ فِي الِامْتِحَانِ.
	سَوْفَ تَنْجَحُ سَمِيرَةُ فِي الِامْتِحَانِ.

→ 3 자음 첨가동사들과 4 자음 원형동사와 4 자음 첨가동사들의 미래 시제도 동일한 방법으로 표현한다.

→ 미래 부정 시제를 나타낼 때에는 불변사 لَنْ 을 사용하는데 이 때 미완료형 동사는 접속법 격변화를 취한다. 이에 대해서는 동사의 격변화 부분에서 공부한다.

→ 앞에서 다룬 여러 예문을 미래형 문장으로 만들어 보자.

제 27 과 동사의 일치

1. 동사의 일치에 대해
   1) 명사문 (الْجُمْلَةُ الاسْمِيَّةُ)의 경우
   2) 동사문 (الْجُمْلَةُ الْفِعْلِيَّةُ)의 경우
2. 그외 여러가지 동사의 일치에 관한 사항들
   1) 사물복수명사가 주어로 사용될 때의 동사의 일치
   2) 주어에 대등접속사가 사용되었을 경우의 동사의 일치
   3) 여성명사가 주어로 사용될 경우의 동사의 일치
   4) 동사 일치의 예외적인 경우들
3. 비인칭 동사(Impersonal Verb)가 사용되는 경우의 동사의 일치

제 27 과 동사의 일치 (الْمُطَابَقَةُ)

1. 동사의 일치에 대해

우리는 앞에서 강동사 완료형과 강동사 미완료형의 인칭과 성(性)·수(數)에 따른 변화들을 살펴보았다. 이제 우리는 동사의 인칭과 성(性)·수(數)에 따른 기본적인 일치의 원리를 알고 있고 사용할 수 있다. 이 과에서는 주어의 인칭과 성(性)·수(數)에 따른 동사의 일치에 대한 추가적인 내용을 공부한다.

아랍어 문장의 종류는 크게 명사문과 동사문 두 가지이다. (우리는 아랍어의 명사문과 동사문에 대한 기초적인 것을 이 책 제Ⅰ권 '아랍어의 기본적인 문장에 대해' 부분에서 공부했고, 제Ⅱ권 초반부에서 자세하게 공부할 것이다.) 이 두 가지 문장에서 주어와 동사의 일치 원리가 약간 다르다. 이 과에서는 명사문과 동사문에서의 주어와 동사의 일치 원리를 주어가 인칭대명사일 경우와 주어가 일반명사(보통명사 혹은 고유명사)일 경우로 나누어서 공부하도록 한다.

한편 명사문과 동사문에 사용되는 '주어'는 우리말로는 같은 용어이지만 아랍어로는 그 용어와 기능에 차이가 있다. 명사문에 사용되는 주어는 아랍어로 مُبْتَدَأٌ 이고, 동사문에 사용되는 주어는 فَاعِلٌ 이다. 이 책에서 전자를 '명사문의 주어'라 표기하고, 후자를 '동사문의 주어'라 표기한다.

1) 명사문(الْجُمْلَةُ الاسْمِيَّةُ)의 경우

명사문의 주어(مُبْتَدَأٌ)와 술어(خَبَرٌ)는 성, 수, 격이 일치해야 한다. 따라서 주어의 성과 수에 따라 술어에 사용된 동사를 일치시킨다. 이 경우를 주어가 인칭대명사인 경우와 주어가 일반명사(보통명사 혹은 고유명사)인 경우로 구분하여 살펴보자.

(1) 명사문의 주어(مُبْتَدَأٌ)가 인칭대명사인 경우

명사문에서 인칭대명사가 주어로 사용된 경우 주격 독립 인칭대명사(ضَمَائِرُ الرَّفْعِ الْمُنْفَصِلَةُ)가 주어(مُبْتَدَأٌ)로 사용되고 그 이후 술어(خَبَرٌ)에 동사문이 오게 된다. 이 경우 술어(خَبَرٌ)에 사용된 동사는 주어(مُبْتَدَأٌ)로 사용된 주격 독립 인칭대명사와 인칭과 성(性)과 수(數)의 일치를 이루어야 한다.
(** 아랍어 문법에서는 이것을 '술어(خَبَرٌ)에 사용된 동사의 주어(فَاعِلٌ)가 연결의 인칭대명사로서 그 앞의 명사문의 주어(مُبْتَدَأٌ)와 성과 수의 일치를 이루어야 한다'라고 설명한다.)(이러한 내용을 이 책 제Ⅱ권 '명사문에 대해' 부분의 '술어에 동사문이 오는 명사문에 대해' 에서 자세히 공부하라.)

a. 완료형

هُوَ خَرَجَ مِنَ الْبَيْتِ.	그가 집 밖으로 나갔다. (주어가 3인칭 남성 단수)	
هِيَ خَرَجَتْ مِنَ الْبَيْتِ.	그녀가 집 밖으로 나갔다. (주어가 3인칭 여성 단수)	
هُمَا خَرَجَا مِنَ الْبَيْتِ.	그들 둘이 집 밖으로 나갔다. (주어가 3인칭 남성 쌍수)	
هُمَا خَرَجَتَا مِنَ الْبَيْتِ.	그들 둘(f.)이 집 밖으로 나갔다. (주어가 3인칭 여성 쌍수)	

제27과 동사의 일치

그들이 집 밖으로 나갔다. (주어가 3인칭 남성 복수)	هُمْ خَرَجُوا مِنَ الْبَيْتِ.	
그녀들이 집 밖으로 나갔다. (주어가 3인칭 여성 복수)	هُنَّ خَرَجْنَ مِنَ الْبَيْتِ.	
당신이 집 밖으로 나갔다. (주어가 2인칭 남성 단수)	أَنْتَ خَرَجْتَ مِنَ الْبَيْتِ.	
당신(f.)이 집 밖으로 나갔다. (주어가 2인칭 여성 단수)	أَنْتِ خَرَجْتِ مِنَ الْبَيْتِ.	
당신 둘이 집 밖으로 나갔다. (주어가 2인칭 남녀 쌍수)	أَنْتُمَا خَرَجْتُمَا مِنَ الْبَيْتِ.	
당신들이 집 밖으로 나갔다. (주어가 2인칭 남성 복수)	أَنْتُمْ خَرَجْتُمْ مِنَ الْبَيْتِ.	
당신들(f.)이 집 밖으로 나갔다. (주어가 2인칭 여성 복수)	أَنْتُنَّ خَرَجْتُنَّ مِنَ الْبَيْتِ.	
내가 집 밖으로 나갔다. (주어가 1인칭 단수)	أَنَا خَرَجْتُ مِنَ الْبَيْتِ.	
우리가 집 밖으로 나갔다. (주어가 1인칭 남녀 쌍수, 남녀 복수)	نَحْنُ خَرَجْنَا مِنَ الْبَيْتِ.	

→ 위에서 주어(مُبْتَدَأ)(파란색)로 사용된 인칭대명사에 따라 술어로 사용된 동사의 인칭과 성과 수의 일치를 확인하라.

b. 미완료형

그가 집 밖으로 나간다. (주어가 3인칭 남성 단수)	هُوَ يَخْرُجُ مِنَ الْبَيْتِ.	
그녀가 집 밖으로 나간다. (주어가 3인칭 여성 단수)	هِيَ تَخْرُجُ مِنَ الْبَيْتِ.	
그들 둘이 집 밖으로 나간다. (주어가 3인칭 남성 쌍수)	هُمَا يَخْرُجَانِ مِنَ الْبَيْتِ.	
그들 둘(f.)이 집 밖으로 나간다. (주어가 3인칭 여성 쌍수)	هُمَا تَخْرُجَانِ مِنَ الْبَيْتِ.	
그들이 집 밖으로 나간다. (주어가 3인칭 남성 복수)	هُمْ يَخْرُجُونَ مِنَ الْبَيْتِ.	
그녀들이 집 밖으로 나간다. (주어가 3인칭 여성 복수)	هُنَّ يَخْرُجْنَ مِنَ الْبَيْتِ.	
당신이 집 밖으로 나간다. (주어가 2인칭 남성 단수)	أَنْتَ تَخْرُجُ مِنَ الْبَيْتِ.	
당신(f.)이 집 밖으로 나간다. (주어가 2인칭 여성 단수)	أَنْتِ تَخْرُجِينَ مِنَ الْبَيْتِ.	
당신 둘이 집 밖으로 나간다. (주어가 2인칭 남녀 쌍수)	أَنْتُمَا تَخْرُجَانِ مِنَ الْبَيْتِ.	
당신들이 집 밖으로 나간다. (주어가 2인칭 남성 복수)	أَنْتُمْ تَخْرُجُونَ مِنَ الْبَيْتِ.	
당신들(f.)이 집 밖으로 나간다. (주어가 2인칭 여성 복수)	أَنْتُنَّ تَخْرُجْنَ مِنَ الْبَيْتِ.	
내가 집 밖으로 나간다. (주어가 1인칭 남녀 단수)	أَنَا أَخْرُجُ مِنَ الْبَيْتِ.	
우리가 집 밖으로 나간다. (주어가 1인칭 남녀 쌍수, 남녀 복수)	نَحْنُ نَخْرُجُ مِنَ الْبَيْتِ.	

→ 위에서 주어(مُبْتَدَأ)(파란색)로 사용된 인칭대명사에 따라 술어로 사용된 동사의 인칭과 성과 수의 일치를 확인하라.

종합 아랍어 문법 I

(2) 명사문의 주어(مُبْتَدَأ)가 일반명사인 경우

아래는 주어(مُبْتَدَأ)에 일반명사(보통명사 혹은 고유명사)가 사용되고, 술어(خَبَر)에 동사가 사용된 문장이다. 이 경우 명사문의 술어에 사용된 동사는 그 앞에 사용된 주어(مُبْتَدَأ)와 인칭과 성(性)과 수(數)에 일치해야 한다. 일반명사가 주어로 사용된 경우 그 인칭은 항상 3 인칭만 취한다. (2 인칭과 1 인칭은 사용될 수 없다.)
(** 아랍어 문법에서는 이 일치 용법을 '술어(خَبَر)에 사용된 동사의 주어(فَاعِل)가 연결의 인칭대명사로서 그 앞의 명사문의 주어(مُبْتَدَأ)와 성(性)과 수(數)의 일치를 이루어야 한다'라고 설명한다.)(이러한 내용을 이 책 제Ⅱ권 '명사문에 대해' 부분의 '술어에 동사문이 오는 명사문에 대해' 에서 자세히 공부하라.)

a. 완료형

그 남학생이 집 밖으로 나갔다. (주어가 3인칭 남성 단수, 동사도 3인칭 남성 단수)	الطَّالِبُ خَرَجَ مِنَ الْبَيْتِ.
그 여학생이 집 밖으로 나갔다. (주어가 3인칭 여성 단수, 동사도 3인칭 여성 단수)	الطَّالِبَةُ خَرَجَتْ مِنَ الْبَيْتِ.
그 두 남학생이 집 밖으로 나갔다. (주어가 3인칭 남성 쌍수, 동사도 3인칭 남성 쌍수)	الطَّالِبَانِ خَرَجَا مِنَ الْبَيْتِ.
그 두 여학생이 집 밖으로 나갔다. (주어가 3인칭 여성 쌍수, 동사도 3인칭 여성 쌍수)	الطَّالِبَتَانِ خَرَجَتَا مِنَ الْبَيْتِ.
그 학생들이 집 밖으로 나갔다. (주어가 3인칭 남성 복수, 동사도 3인칭 남성 복수)	الطُّلَّابُ خَرَجُوا مِنَ الْبَيْتِ.
그 여학생들이 집 밖으로 나갔다. (주어가 3인칭 여성 복수, 동사도 3인칭 여성 복수)	الطَّالِبَاتُ خَرَجْنَ مِنَ الْبَيْتِ.

b. 미완료형

그 남학생이 집 밖으로 나간다. (주어가 3인칭 남성 단수, 동사도 3인칭 남성 단수)	الطَّالِبُ يَخْرُجُ مِنَ الْبَيْتِ.
그 여학생이 집 밖으로 나간다. (주어가 3인칭 여성 단수, 동사도 3인칭 여성 단수)	الطَّالِبَةُ تَخْرُجُ مِنَ الْبَيْتِ.
그 두 남학생이 집 밖으로 나간다. (주어가 3인칭 남성 쌍수, 동사도 3인칭 남성 쌍수)	الطَّالِبَانِ يَخْرُجَانِ مِنَ الْبَيْتِ.
그 두 여학생이 집 밖으로 나간다. (주어가 3인칭 여성 쌍수, 동사도 3인칭 여성 쌍수)	الطَّالِبَتَانِ تَخْرُجَانِ مِنَ الْبَيْتِ.
그 학생들이 집 밖으로 나간다. (주어가 3인칭 남성 복수, 동사도 3인칭 남성 복수)	الطُّلَّابُ يَخْرُجُونَ مِنَ الْبَيْتِ.
그 여학생들이 집 밖으로 나간다. (주어가 3인칭 여성 복수, 동사도 3인칭 여성 복수)	الطَّالِبَاتُ يَخْرُجْنَ مِنَ الْبَيْتِ.

→위의 명사문에서는 주어와 동사가 인칭과 성(性), 그리고 수(數) 까지도 일치한다.

2) 동사문 (الْجُمْلَةُ الْفِعْلِيَّةُ)의 경우

동사문의 경우도 그 주어(فَاعِل)가 인칭대명사인 경우와 일반명사인 경우로 구분하여 설명한다.

(1) 주어(فَاعِل)가 인칭대명사인 경우

동사문에서 인칭대명사가 주어로 사용된 경우 그 주어는 동사문의 주어(فَاعِل)가 된다. 이 때 그 인칭대명사는 두 가지 형태로 나타난다. 먼저는 문장 가운데 주어(فَاعِل)인 인칭대명사가 감추어져 있는 형태와(ضَمِيرٌ مُسْتَتِرٌ)와, 주어(فَاعِل)인 인칭대명사가 주격 접미 인칭대명사(ضَمَائِرُ الرَّفْعِ الْمُتَّصِلَةُ)로 문장 가운데 나타나는 형태이다. 이 경우 동사는 감추어진 인칭대명사(ضَمِيرٌ مُسْتَتِرٌ) 혹은 주격 접미 인칭대명사(ضَمَائِرُ الرَّفْعِ الْمُتَّصِلَةُ)와 성(性)과 수(數)의 일치를 이룬다.

a. 완료형

그가 집 밖으로 나갔다. (주어가 3인칭 남성 단수, 인칭대명사가 감추어져 있음)	خَرَجَ مِنَ الْبَيْتِ.
그녀가 집 밖으로 나갔다. (주어가 3인칭 여성 단수, 인칭대명사가 감추어져 있음)	خَرَجَتْ مِنَ الْبَيْتِ.
그들 둘이 집 밖으로 나갔다. (주어가 3인칭 남성 쌍수)	خَرَجَا مِنَ الْبَيْتِ.
그들 둘(f.)이 집 밖으로 나갔다. (주어가 3인칭 여성 쌍수)	خَرَجَتَا مِنَ الْبَيْتِ.
그들이 집 밖으로 나갔다. (주어가 3인칭 남성 복수)	خَرَجُوا مِنَ الْبَيْتِ.
그녀들이 집 밖으로 나갔다. (주어가 3인칭 여성 복수)	خَرَجْنَ مِنَ الْبَيْتِ.
당신이 집 밖으로 나갔다. (주어가 2인칭 남성 단수)	خَرَجْتَ مِنَ الْبَيْتِ.
당신(f.)이 집 밖으로 나갔다. (주어가 2인칭 여성 단수)	خَرَجْتِ مِنَ الْبَيْتِ.
당신 둘이 집 밖으로 나갔다. (주어가 2인칭 남녀쌍수)	خَرَجْتُمَا مِنَ الْبَيْتِ.
당신들이 집 밖으로 나갔다. (주어가 2인칭 남성 복수)	خَرَجْتُمْ مِنَ الْبَيْتِ.
당신들(f.)이 집 밖으로 나갔다. (주어가 2인칭 여성 복수)	خَرَجْتُنَّ مِنَ الْبَيْتِ.
내가 집 밖으로 나갔다. (주어가 1인칭 남녀단수)	خَرَجْتُ مِنَ الْبَيْتِ.
우리가 집 밖으로 나갔다. (주어가 1인칭 남녀쌍수, 남녀복수)	خَرَجْنَا مِنَ الْبَيْتِ.

→ 위의 인칭에 따른 예들에서 주어(فَاعِل)인 인칭대명사가 어디에 있을까? 위의 3인칭 남성 단수와 3인칭 여성 단수의 경우 인칭대명사는 표기되지 않았고 감추어져 있다(ضَمِيرٌ مُسْتَتِرٌ). 그외의 인칭들에서는 파란색으로 표기된 철자가 주격 접미 인칭대명사(ضَمَائِرُ الرَّفْعِ الْمُتَّصِلَةُ)이다. 이때 동사는 감추어진 인칭대명사 혹은 주격 접미 인칭대명사의 성(性)과 수(數)의 일치를 이룬다.

→ 완료형 3인칭 여성단수의 'تْ' 와 완료형 3인칭 여성 쌍수의 'تَ'(빨간색 표시)는 인칭대명사가 아니라 성이 여성임을 밝히는 여성형 표지 불변사이다.(تَاءُ التَّأْنِيثِ)

b. 미완료형

يَخْرُجُ مِنَ الْبَيْتِ.	그가 집 밖으로 나간다. (주어가 3인칭 남성 단수, 인칭대명사 감추어져 있음)
تَخْرُجُ مِنَ الْبَيْتِ.	그녀가 집 밖으로 나간다. (주어가 3인칭 여성 단수, 인칭대명사 감추어져 있음)
يَخْرُجَانِ مِنَ الْبَيْتِ.	그들 둘이 집 밖으로 나간다. (주어가 3인칭 남성 쌍수)
تَخْرُجَانِ مِنَ الْبَيْتِ.	그들 둘(f.)이 집 밖으로 나간다. (주어가 3인칭 여성 쌍수)
يَخْرُجُونَ مِنَ الْبَيْتِ.	그들이 집 밖으로 나간다. (주어가 3인칭 남성 복수)
يَخْرُجْنَ مِنَ الْبَيْتِ.	그녀들이 집 밖으로 나간다. (주어가 3인칭 여성 복수)
تَخْرُجُ مِنَ الْبَيْتِ.	당신이 집 밖으로 나간다. (주어가 2인칭 남성 단수, 인칭대명사 감추어져 있음)
تَخْرُجِينَ مِنَ الْبَيْتِ.	당신(f.)이 집 밖으로 나간다. (주어가 2인칭 여성 단수)
تَخْرُجَانِ مِنَ الْبَيْتِ.	당신 둘이 집 밖으로 나간다. (주어가 2인칭 남녀 쌍수)
تَخْرُجُونَ مِنَ الْبَيْتِ.	당신들이 집 밖으로 나간다. (주어가 2인칭 남성 복수)
تَخْرُجْنَ مِنَ الْبَيْتِ.	당신들(f.)이 집 밖으로 나간다. (주어가 2인칭 여성 복수)
أَخْرُجُ مِنَ الْبَيْتِ.	내가 집 밖으로 나간다. (주어가 1인칭 남녀 단수, 인칭대명사 감추어져 있음)
نَخْرُجُ مِنَ الْبَيْتِ.	우리가 집 밖으로 나간다. (주어가 1인칭 남녀 쌍수·복수, 인칭대명사 감추어져 있음)

→ 여기서도 3인칭 남성 단수, 3인칭 여성 단수, 2인칭 남성 단수, 1인칭 단수, 1인칭 복수에서는 주어(فَاعِل)로 사용된 인칭대명사가 표기되지 않고 감추어져 있다.(ضَمِيرٌ مُسْتَتِرٌ). 그외의 인칭들에서는 파란색으로 표기된 부분이 주어(فَاعِل)로 사용된 주격 접미 인칭대명사(ضَمَائِرُ الرَّفْعِ الْمُتَّصِلَةُ)이다. 미완료형의 경우도 동사의 성과 수는 감추어진 인칭대명사 혹은 주격 접미 인칭대명사와 성(性)과 수(數)의 일치를 이룬다.

→ 미완료형 변화에 접두어로 사용된 모든 자음(ي , ت , أ , ن)들은 미완료 표지 불변사(حَرْفُ الْمُضَارَعَةِ)이다.

** 위의 동사문의 완료형과 미완료형 변화에서 사용된 동사의 변화는 앞과에서 배운 동사의 인칭변화와 내용이 동일하다. 여기서는 문장에 사용된 동사와 주격 접미 인칭대명사간의 일치의 관계를 아랍어 문법에서 설명하는대로 기술한다. 동사와 함께 사용되는 주격 접미 인칭대명사에 대한 내용은 이 책 '인칭대명사' 부분에서도 다루고 있다.

(2) 주어(فاعل)가 일반명사인 경우

동사문에서 일반명사(보통명사 혹은 고유명사)가 주어(فاعل)로 사용된 경우 동사는 항상 3인칭 단수 형태로 사용된다. 즉 동사의 인칭과 성(性)은 그 뒤에 오는 주어(فاعل)의 인칭과 성(性)에 일치하지만, 수(數)는 항상 단수로만 사용된다. 다시말해 동사 뒤에 사용된 주어(فاعل)의 수(數)가 쌍수나 복수라고 하더라도 문장 처음에 온 동사는 거기에 일치하지 않고 항상 단수형으로 사용되어, 동사는 3인칭 남성 단수 혹은 3인칭 여성 단수로만 사용된다.

a. 완료형

그 남학생이 집 밖으로 나갔다. (주어가 3인칭 남성 단수, 동사도 3인칭 남성 단수)	خَرَجَ الطَّالبُ مِنَ الْبَيْتِ.
그 여학생이 집 밖으로 나갔다. (주어가 3인칭 여성 단수, 동사도 3인칭 여성 단수)	خَرَجَتِ الطَّالبَةُ مِنَ الْبَيْتِ.
그 두 남학생이 집 밖으로 나갔다. (주어가 3인칭 남성 쌍수, 동사는 3인칭 남성 단수)	خَرَجَ الطَّالبَانِ مِنَ الْبَيْتِ.*
그 두 여학생이 집 밖으로 나갔다. (주어가 3인칭 여성 쌍수, 동사는 3인칭 여성 단수)	خَرَجَتِ الطَّالبَتَانِ مِنَ الْبَيْتِ.*
그 학생들이 집 밖으로 나갔다. (주어가 3인칭 남성 복수, 동사는 3인칭 남성 단수)	خَرَجَ الطُّلَّابُ مِنَ الْبَيْتِ.*
그 여학생들이 집 밖으로 나갔다. (주어가 3인칭 여성 복수, 동사는 3인칭 여성 단수)	خَرَجَتِ الطَّالبَاتُ مِنَ الْبَيْتِ.*

b. 미완료형

그 남학생이 집 밖으로 나간다. (주어가 3인칭 남성 단수, 동사도 3인칭 남성 단수)	يَخْرُجُ الطَّالبُ مِنَ الْبَيْتِ.
그 여학생이 집 밖으로 나간다. (주어가 3인칭 여성 단수, 동사도 3인칭 여성 단수)	تَخْرُجُ الطَّالبَةُ مِنَ الْبَيْتِ.
그 두 남학생이 집 밖으로 나간다. (주어가 3인칭 남성 쌍수, 동사는 3인칭 남성 단수)	يَخْرُجُ الطَّالبَانِ مِنَ الْبَيْتِ.*
그 두 여학생이 집 밖으로 나간다. (주어가 3인칭 여성 쌍수, 동사는 3인칭 여성 단수)	تَخْرُجُ الطَّالبَتَانِ مِنَ الْبَيْتِ.*
그 학생들이 집 밖으로 나간다. (주어가 3인칭 남성 복수, 동사는 3인칭 남성 단수)	يَخْرُجُ الطُّلَّابُ مِنَ الْبَيْتِ.*
그 여학생들 집 밖으로 나간다. (주어가 3인칭 여성 복수, 동사는 3인칭 여성 단수)	تَخْرُجُ الطَّالبَاتُ مِنَ الْبَيْتِ.*

→ 위에서 주어(فاعل)의 성(性)이 남성인 경우는 동사도 남성형태를 사용하였고, 주어의 성(性)이 여성인 경우는 동사도 여성형태를 사용하였다.

→ 위에서 주어(فاعل)가 3인칭 남성 쌍수, 여성 쌍수, 남성 복수, 여성 복수의 경우 그 동사의 수(數)는 쌍수나 복수를 사용하지 않고 단수를 사용하였다.

→ 이와같이 일반명사가 주어(فاعل)로 사용된 동사문의 경우 동사는 3인칭 남성 단수 혹은 3인칭 여성 단수 꼴만 사용된다. 이 경우 동사의 쌍수나 복수꼴은 사용되지 않는다.

** 일반명사가 주어로 사용된 동사문과 명사문의 비교

아래의 ① 문장은 명사문이며 ② 문장은 그것을 동사문으로 바꾼 것이다. 둘은 같은 의미이다.

①	그 두 남학생은 강의에 출석한다. (주어가 3인칭 남성 쌍수)	الطَّالِبَانِ يَحْضُرَانِ مُحَاضَرَةً.
②		يَحْضُرُ الطَّالِبَانِ مُحَاضَرَةً.
①	그 두 여학생은 강의에 출석한다. (주어가 3인칭 여성 쌍수)	الطَّالِبَتَانِ تَحْضُرَانِ مُحَاضَرَةً.
②		تَحْضُرُ الطَّالِبَتَانِ مُحَاضَرَةً.
①	그 두 남학생은 강의에 출석했다. (주어가 3인칭 남성 쌍수)	الطَّالِبَانِ حَضَرَا مُحَاضَرَةً.
②		حَضَرَ الطَّالِبَانِ مُحَاضَرَةً.
①	그 두 여학생은 강의에 출석했다. (주어가 3인칭 여성 쌍수)	الطَّالِبَتَانِ حَضَرَتَا مُحَاضَرَةً.
②		حَضَرَتِ الطَّالِبَتَانِ مُحَاضَرَةً.
①	그 남자 선생님들은 그 단원을 잘 설명한다. (주어가 3인칭 남성 복수)	الْمُدَرِّسُونَ يَشْرَحُونَ الدَّرْسَ جَيِّدًا.
②		يَشْرَحُ الْمُدَرِّسُونَ الدَّرْسَ جَيِّدًا.
①	그 여자 선생님들은 그 단원을 잘 설명한다. (주어가 3인칭 여성 복수)	الْمُدَرِّسَاتُ يَشْرَحْنَ الدَّرْسَ جَيِّدًا.
②		تَشْرَحُ الْمُدَرِّسَاتُ الدَّرْسَ جَيِّدًا.
①	그 남자 선생님들은 그 단원을 잘 설명했다. (주어가 3인칭 남성 복수)	الْمُدَرِّسُونَ شَرَحُوا الدَّرْسَ جَيِّدًا.
②		شَرَحَ الْمُدَرِّسُونَ الدَّرْسَ جَيِّدًا.
①	그 여자 선생님들은 그 단원을 잘 설명했다. (주어가 3인칭 여성 복수)	الْمُدَرِّسَاتُ شَرَحْنَ الدَّرْسَ جَيِّدًا.
②		شَرَحَتِ الْمُدَرِّسَاتُ الدَّرْسَ جَيِّدًا.

→ 위에서 한글로는 같은 '주어'이지만 ① 문장에서의 주어는 명사문의 주어인 مُبْتَدَأٌ 이고, ② 문장에서의 주어는 동사문의 주어인 فَاعِلٌ 이다. 반드시 둘을 구분하여야 한다.

** 다음 문장에 사용된 주어를 비교해 보자.

아래 예문은 주어 (فَاعِل) 혹은 (مُبْتَدَأ)가 인칭대명사인 경우이다. 주어로 사용된 인칭대명사가 감추어져 있는 경우 (ضَمِير مُسْتَتِر)와 주어로 사용된 인칭대명사가 주격 접미 인칭대명사 (ضَمَائِر الرَّفْعِ الْمُتَّصِلَة)인 경우, 그리고 주격 독립 인칭대명사 (ضَمَائِر الرَّفْعِ الْمُنْفَصِلَة)가 사용된 경우들을 구분해 보자.

나는 음식을 먹은 뒤에 홍차를 마신다. (1인칭 단수. 주어 (فَاعِل)로 사용된 인칭대명사가 감추어져 있다.)	أَشْرَبُ الشَّايَ بَعْدَ الطَّعَامِ.
우리는 수업들 이후에 집으로 돌아온다. (1인칭 복수. 주어 (فَاعِل)로 사용된 인칭대명사가 감추어져 있다.)	نَعُودُ إِلَى الْبَيْتِ بَعْدَ الدُّرُوسِ.
그녀들이 한 편지를 적었다. (3인칭 여성 복수. 주어 (فَاعِل)가 주격 접미인칭대명사)	كَتَبْنَ رِسَالَةً.
그들(m.)은 어제 돌아왔다. (3인칭 남성 복수. 주어 (فَاعِل)가 주격 접미인칭대명사)	رَجَعُوا أَمْسِ.
그녀는 매일 다섯시 이후에 공부한다. (3인칭 여성 단수. 주어 (مُبْتَدَأ)가 주격 독립인칭대명사)	هِيَ تُذَاكِرُ بَعْدَ السَّاعَةِ الْخَامِسَةِ كُلَّ يَوْمٍ.
너희들이 숙제를 했다. (2인칭 남성 복수. 주어 (مُبْتَدَأ)가 주격 독립인칭대명사)	أَنْتُمْ كَتَبْتُمُ الْوَاجِبَ.

** 다음의 세 문장을 비교하자.

아래의 세 문장은 인칭대명사가 의미상 주어 (فَاعِل) 혹은 (مُبْتَدَأ)로 사용된 문장이다. 아래의 세 문장은 의미가 동일하지만 그 어순에 있어 차이점이 있으며, 문법적인 내용들에 차이점이 있다.

①	그가 집 밖으로 나갔다. (동사문. 인칭대명사 هُوَ 가 의미상 주어 (فَاعِل). 그러나 이 주어에 해당하는 인칭대명사가 감추어져 있다. (ضَمِير مُسْتَتِر))	خَرَجَ مِنَ الْبَيْتِ.
②	그가 집 밖으로 나갔다. (명사문. 독립 인칭대명사 (ضَمِيرُ الرَّفْعِ الْمُنْفَصِل) هُوَ 가 동사 앞에 와서 명사문의 주어 (مُبْتَدَأ)로 사용됨.)	هُوَ خَرَجَ مِنَ الْبَيْتِ.
③	그가, 그가 집 밖으로 나갔다. (동사문. 여기서 사용된 هُوَ 는 동사문의 주어 (فَاعِل)가 아니라 강조의 인칭대명사 (ضَمِيرُ التَّوْكِيد)이다. 독립 인칭대명사 (여기서는 هُوَ)는 동사문의 주어 (فَاعِل)로는 사용되지 않는다.)	خَرَجَ هُوَ مِنَ الْبَيْتِ.

→ 위의 ① 문장은 동사문 (الْجُمْلَةُ الْفِعْلِيَّة)이면서 문장의 주어 (فَاعِل)가 감추어진 인칭대명사인 문장이다. 이에 비해 ② 문장은 명사문 (الْجُمْلَةُ الاسْمِيَّة)이면서 문장의 주어 (مُبْتَدَأ)가 독립 인칭대명사 ضَمِيرُ الرَّفْعِ الْمُنْفَصِل 인 문장이다. 여기에 비해 ③ 문장은 동사문이지만 여기에 사용된 هُوَ 는 동사문의 주어 (فَاعِل)가 아니라 강조의 인칭대명사 (ضَمِيرُ التَّوْكِيد)이다. 이 문장의 주어 (فَاعِل)는 동사 خَرَجَ 안에 감추어진 인칭대명사가 주어이다.

2. 그외 여러가지 동사의 일치에 관한 사항들

1) 사물 복수명사가 주어로 사용될 때의 동사의 일치

사물 및 동물의 복수명사가 동사문의 주어(فَاعِل)로 사용되었을 경우 이것을 **여성단수로 취급하여 여성단수** 동사를 사용한다.

그 새로운 책들이 그 도서관에 도착했다.	وَصَلَتِ الْكُتُبُ الْجَدِيدَةُ إِلَى الْمَكْتَبَةِ.
그 개들이 그 양을 죽였다. (كَلْب/ كِلَاب)	قَتَلَتِ الْكِلَابُ الْخَرُوفَ.
많은 별들이 하늘에서 나타났다.	بَانَتْ[1] نُجُومٌ عَدِيدَةٌ فِي السَّمَاءِ.
그 자동차들이 모든 곳에 서 있다. (وَقَفَ/ يَقِفُ)	تَقِفُ السَّيَّارَاتُ فِي كُلِّ مَكَانٍ.
대부분의 나라들에서 강들이 흐른다. (سَارَ/ يَسِيرُ)	تَسِيرُ أَنْهَارٌ فِي مُعْظَمِ الْبِلَادِ.
우주에는 여러개의 행성들이 존재한다. (태양계 바깥의 행성들)	تُوجَدُ[2] أَقْمَارٌ كَثِيرَةٌ فِي الْكَوْنِ.

위의 문장들이 명사문으로 바뀔 경우에도 동사는 여성단수로 취급한다.(사물복수는 단수 취급)

그 새로운 책들이 그 도서관에 도착했다.	الْكُتُبُ الْجَدِيدَةُ وَصَلَتْ إِلَى الْمَكْتَبَةِ.
그 개들이 그 양을 죽였다.	الْكِلَابُ قَتَلَتِ الْخَرُوفَ.
자동차들이 모든 곳에서 서 있다.	السَّيَّارَاتُ تَقِفُ فِي كُلِّ مَكَانٍ.
그 강들이 흐른다.	الأَنْهَارُ تَسِيرُ.*

→ 마지막 문장에서 أَنْهَار 이 명사문의 주어(مُبْتَدَأ)로 사용되기에 한정형태가 와야 한다.

2) 주어에 대등접속사가 사용되었을 경우의 동사의 일치

동사문의 주어(فَاعِل)가 대등접속사 (حَرْفُ الْعَطْفِ) وَ 로 연결되어 여러개가 될 경우 동사로부터 가장 가까운 주어에 일치시킨다.

ذَهَبَتْ أُمِّي وَأَبِي وَأُخْتِي إِلَى السُّوقِ.
나의 어머니와 아버지 그리고 누이는 시장에 갔다. (أُمِّي 가 동사에 일치한다)
غَادَرَ الطِّفْلُ وَصَدِيقَتُهُ الْحَدِيقَةَ.
그 아이와 그의 여자 친구가 공원을 떠났다. (غَادَرَ/ يُغَادِرُ).(الطِّفْلُ 가 동사에 일치한다.)
تَشْتَرِكُ الطَّالِبَاتُ وَالطُّلَّابُ وَالْمُدَرِّسَاتُ وَالْمُدَرِّسُونَ فِي الرِّحْلَةِ.
여학생들과 남학생들과 여선생님들과 남선생님들이 여행에 참여한다. (اشْتَرَكَ/ يَشْتَرِكُ فِي)(الطَّالِبَاتُ 와 일치)

---

[1] بَانَ/ يَبِينُ – بَيَانٌ = ظَهَرَ 나타나다, 드러나다 ; 출현하다 ; 명백해지다

[2] وَجَدَ/ يَجِدُ هـ ..을 찾다, 발견하다(to find) وُجِدَ/ يُوجَدُ 발견되다(to be found) يُوجَدُ ..이 있다(there is)(존재문)

제27과 동사의 일치

위의 문장이 명사문으로 바뀔 경우 동사는 아래와 같이 변화한다.

<u>أُمِّي وَأَبِي وَأُخْتِي</u> <u>ذَهَبُوا</u> إِلَى السُّوقِ.
나의 어머니와 아버지 그리고 누이는 시장에 갔다. (동사는 أُمِّي وَأَبِي وَأُخْتِي 전체와 일치해야 한다.)
<u>الطِّفْلُ وَصَدِيقَتُهُ</u> <u>غَادَرَا</u> الْحَدِيقَةَ.
그 아이와 그의 여자친구가 공원을 떠났다. (동사는 الطِّفْلُ وَصَدِيقَتُهُ 와 일치해야 한다. 쌍수이다.)
<u>الطَّالِبَاتُ وَالطُّلَّابُ وَالْمُدَرِّسَاتُ وَالْمُدَرِّسُونَ</u> <u>يَشْتَرِكُونَ</u> فِي الرِّحْلَةِ.
여학생들과 남학생들과 여선생님들과 남선생님들이 여행에 참여한다. (동사는 밑줄 전체와 일치)

3) 여성명사가 주어로 사용될 경우의 동사의 일치

모든 여성명사는 아래와 같이 실제적 여성명사와 비유적 여성명사 두 가지 종류로 나뉜다.

(1) 실제적 여성명사(مُؤَنَّثٌ حَقِيقِيٌّ)가 주어로 사용될 때의 동사의 일치

실제적 여성명사는 아이나 새끼 혹은 알을 낳는 사람이나 동물 혹은 새에 대한 명사를 말한다.

실제적 여성명사(مُؤَنَّثٌ حَقِيقِيٌّ)의 예	
오른쪽부터 어머니, 누이, 여자, 젊은 여자(처녀), 참새, 암당나귀 ...	أُمٌّ ، أُخْتٌ ، امْرَأَةٌ ، فَتَاةٌ ، عُصْفُورَةٌ ، أَتَانٌ ...

실제적 여성명사가 명사문의 주어(مُبْتَدَأً) 혹은 동사문의 주어(فَاعِلٌ)로 사용될 때에 그 동사는 항상 여성형을 취한다.

명사문에서	
나의 누이는 잠을 잔다.	أُخْتِي تَنَامُ.(o) أُخْتِي يَنَامُ.(×)
동사문에서	
나의 누이는 잠을 잔다. (نَامَ/يَنَامُ)	تَنَامُ أُخْتِي.(o) يَنَامُ أُخْتِي.(×)

다른 예들

나의 어머니는 음식을 요리했다. (طَبَخَ/يَطْبُخُ)	أُمِّي طَبَخَتِ الطَّعَامَ.(o) (طَبَخَ ×)
그 젊은 여자는 그녀의 교실에 들어갔다.	الْفَتَاةُ دَخَلَتْ فَصْلَهَا.(o) (دَخَلَ ×)
그 참새는 하늘로 날아간다. (طَارَ/يَطِيرُ)	الْعُصْفُورَةُ تَطِيرُ فِي السَّمَاءِ.*(o) (يَطِيرُ ×)
그 비둘기가 그 창문 위에 앉아있다. (وَقَفَ/يَقِفُ)	تَقِفُ الْحَمَامَةُ عَلَى الشُّبَّاكِ.*(o) (يَقِفُ ×)
그 암당나귀는 아주 많이 화가 났다. (غَضِبَ/يَغْضَبُ)	تَغْضَبُ الْأَتَانُ بِشِدَّةٍ.(o) (يَغْضَبُ ×)
그 여자는 그녀의 남편을 쫓아내었다. (طَرَدَ/يَطْرُدُ)	طَرَدَتِ الْمَرْأَةُ زَوْجَهَا.**(o) (طَرَدَ ×)

→ * عُصْفُورَةٌ 과 حَمَامَةٌ 은 각각 عُصْفُورٌ 과 حَمَامٌ 의 남성형 단어도 있다. → ** الْمَرْأَةُ 는 امْرَأَةٌ 의 한정형태이다.

(2) 비유적 여성명사(مُؤَنَّثٌ مَجَازِيٌّ)가 주어로 사용될 때의 동사의 일치

비유적 여성명사는 형태는 남성꼴이지만 여성으로 취급되는 명사들과, 'ة'로 끝나는 명사의 대부분을 말한다.

	비유적 여성명사(مُؤَنَّثٌ مَجَازِيٌّ)	
①	형태는 남성꼴이지만 여성으로 취급되는 명사 (오른쪽부터 전쟁, 태양, 땅, 집, 불, 눈, 손)	حَرْبٌ، شَمْسٌ، أَرْضٌ، دَارٌ، نَارٌ، عَيْنٌ، يَدٌ ...
②	타마부타(ة)로 끝나는 명사의 대부분 (오른쪽부터 공부, 자동차, 시계, 공, 그림)	دِرَاسَةٌ، سَيَّارَةٌ، سَاعَةٌ، كُرَةٌ، صُورَةٌ ...

a. 형태는 남성꼴이지만 여성으로 취급되는 비유적 명사가 사용된 경우

비유적 여성명사가 명사문의 주어(مُبْتَدَأ) 혹은 동사문의 주어(فَاعِل)로 사용될 경우 그것을 여성으로 취급하며, 따라서 명사문에서나 동사문에서 그 동사는 항상 여성형을 취한다.

	명사문에서 (الْجُمْلَةُ الاسْمِيَّةُ)	
	그 전쟁이 끝났다.	الْحَرْبُ انْتَهَتْ.(o) الْحَرْبُ انْتَهَى.(×)
	태양이 떠오른다.	الشَّمْسُ تُشْرِقُ.(o) الشَّمْسُ يُشْرِقُ.(×)

	동사문에서 (الْجُمْلَةُ الْفِعْلِيَّةُ)	
	그 전쟁이 끝났다. (انْتَهَى/يَنْتَهِي)	انْتَهَتِ الْحَرْبُ.(o) انْتَهَى الْحَرْبُ.(×)
	태양이 떠오른다. (أَشْرَقَ/يُشْرِقُ)	تُشْرِقُ الشَّمْسُ.(o) يُشْرِقُ الشَّمْسُ.(×)

다른 예들
명사문에서 (الْجُمْلَةُ الاسْمِيَّةُ)

	지구는 태양을 돈다.	الْأَرْضُ تَدُورُ حَوْلَ الشَّمْسِ.(o) (يَدُورُ ×)
	그 집은 무너졌다.	الدَّارُ تَهَدَّمَتْ.(o) (الدَّارُ تَهَدَّمَ. ×)
	불이 우리 주위에서 붙었다.	النَّارُ اشْتَعَلَتْ حَوْلَنَا.(o) (اشْتَعَلَ ×)
	그의 손이 끊어졌다.	يَدُهُ انْقَطَعَتْ.(o) (يَدُهُ انْقَطَعَ. ×)

동사문에서 (الْجُمْلَةُ الْفِعْلِيَّةُ)

	지구는 태양을 돈다. (دَارَ/يَدُورُ)	تَدُورُ الْأَرْضُ حَوْلَ الشَّمْسِ.(o) (يَدُورُ ×)
	그 집은 무너졌다. (تَهَدَّمَ/يَتَهَدَّمُ)	تَهَدَّمَتِ الدَّارُ.(o) (تَهَدَّمَ الدَّارُ. ×)
	불이 우리 주위에서 붙었다. (اشْتَعَلَ/يَشْتَعِلُ)	اشْتَعَلَتِ النَّارُ حَوْلَنَا.(o) (اشْتَعَلَ ×)
	그의 손이 끊어졌다. (انْقَطَعَ/يَنْقَطِعُ)	انْقَطَعَتْ يَدُهُ.(o) (انْقَطَعَ يَدُهُ. ×)

b. 테마부타(ة)로 끝나는 명사가 사용된 경우

테마부타 (ة)로 끝나는 명사가 명사문의 주어(مُبْتَدَأٌ) 혹은 동사문의 주어(فَاعِلٌ)로 사용될 경우 그것을 여성으로 취급하며, 따라서 명사문에서나 동사문에서 그 동사는 항상 여성형을 취한다.

	명사문에서 (الجُمْلَةُ الاسْمِيَّةُ)	
الدِّرَاسَةُ يَبْدَأُ غَدًا. (×) الدِّرَاسَةُ تَبْدَأُ غَدًا. (o)	그 공부가 내일 시작된다. (بَدَأَ/ يَبْدَأُ)	
السَّيَّارَةُ تَوَقَّفَ فِي الْمَحَطَّةِ. (×) السَّيَّارَةُ تَوَقَّفَتْ فِي الْمَحَطَّةِ. (o)		
그 자동차는 그 정거장에서 멈추었다. (تَوَقَّفَ/ يَتَوَقَّفُ)		

	동사문에서 (الجُمْلَةُ الفِعْلِيَّةُ)	
يَبْدَأُ الدِّرَاسَةُ غَدًا. (×) تَبْدَأُ الدِّرَاسَةُ غَدًا. (o)	그 공부가 내일 시작된다.	
تَوَقَّفَ السَّيَّارَةُ فِي الْمَحَطَّةِ. (×) تَوَقَّفَتِ السَّيَّارَةُ فِي الْمَحَطَّةِ. (o)		
그 자동차는 그 정거장에서 멈추었다.		

다른 예들
명사문에서

الطَّائِرَةُ أَقْلَعَتْ. (o) (أَقْلَعَ ×)	그 비행기가 이륙했다.
الشَّاحِنَةُ صَدَمَتْ شَخْصًا. (o) (صَدَمَ ×)	그 트럭이 한 사람을 치었다.
الْمَكْتَبَةُ تَقَعُ فِي وَسَطِ الْمَدِينَةِ. (o) (يَقَعُ ×)	그 도서관(서점)은 도심에 위치하고 있다.
الْجَزِيرَةُ ظَهَرَتْ بِسَبَبِ الزِّلْزَالِ. (o) (ظَهَرَ ×)	그 섬이 지진으로 인해 나타났다.

동사문에서

أَقْلَعَتِ الطَّائِرَةُ. (o) (أَقْلَعَ ×)	그 비행기가 이륙했다. (أَقْلَعَ/ يُقْلِعُ)
صَدَمَتِ الشَّاحِنَةُ شَخْصًا. (o) (صَدَمَ ×)	그 트럭이 한 사람을 치었다.
تَقَعُ الْمَكْتَبَةُ فِي وَسَطِ الْمَدِينَةِ. (o) (يَقَعُ ×)	그 도서관(서점)은 도심에 위치하고 있다. (وَقَعَ/ يَقَعُ)
ظَهَرَتِ الْجَزِيرَةُ بِسَبَبِ الزِّلْزَالِ. (o) (ظَهَرَ ×)	그 섬이 지진으로 인해 나타났다.

4) 동사 일치의 예외적인 경우들

지금까지 현대 표준 아랍어(MSA)에서 통용되는 동사의 일치와 관련된 내용들을 공부하였다. 아래는 그러한 일치의 원리에서 벗어나는 내용이다. 따라서 의아할 수 밖에 없지만 고전 아랍어(Classical Arabic) 등에서 나타나는 것이기에 허용되는 것으로 이해하자. (다음은 현대 표준 아랍어(MSA)의 일치 원리에서 벗어나는 내용들이므로 초보 학습자들의 경우 그냥 넘어가도 된다.)

1) 동사와 주어(فَاعِل) 사이에 다른 단어가 있는 경우

동사문에서 동사와 주어(فَاعِل) 사이에 다른 단어가 왔을 경우 주어가 실제적 여성명사(مُؤَنَّثٌ حَقِيقِيٌّ)임에도 동사는 남성형태를 취할 수 있다.

파티마(여자 이름)는 오늘 여행을 떠났다.	سَافَرَ الْيَوْمَ فَاطِمَةُ.(o) سَافَرَتِ الْيَوْمَ فَاطِمَةُ.(o)
자이납(여자 이름)은 내일 돌아온다.	يَعُودُ غَدًا زَيْنَبُ.(o) تَعُودُ غَدًا زَيْنَبُ.(o)
그 우물 앞에서 그 암컷 낙타가 멈추었다.	تَوَقَّفَ أَمَامَ الْبِئْرِ النَّاقَةُ.(o) * تَوَقَّفَتْ أَمَامَ الْبِئْرِ النَّاقَةُ.(o)

2) 비유적 여성명사(مُؤَنَّثٌ مَجَازِيٌّ)가 동사문의 주어(فَاعِل)로 사용된 경우

비유적 여성명사가 명사문의 주어(مُبْتَدَأ)로 사용될 경우(아래의 ① 문장) 그 술어(خَبَر)에 사용된 동사는 여성으로 일치시켜 주어야 한다. 그러나 비유적 여성명사가 동사문의 주어(فَاعِل)로 사용될 경우(아래의 ② 문장)에는 그 동사가 남성형을 취하는 것도 가능하다. 아래의 * 표가 된 문장이 그것이다.

①	그 전쟁이 끝났다.	الْحَرْبُ انْتَهَتْ.(o) الْحَرْبُ انْتَهَى.(×)
②		انْتَهَتِ الْحَرْبُ.(o) انْتَهَى الْحَرْبُ. *(o)

①	태양이 떠오른다.	الشَّمْسُ تُشْرِقُ.(o) الشَّمْسُ يُشْرِقُ.(×)
②		تُشْرِقُ الشَّمْسُ.(o) يُشْرِقُ الشَّمْسُ. *(o)

①	그 전투가 내일 시작된다.	الْمَعْرَكَةُ تَبْدَأُ غَدًا.(o) الْمَعْرَكَةُ يَبْدَأُ غَدًا.(×)
②		تَبْدَأُ الْمَعْرَكَةُ غَدًا.(o) يَبْدَأُ الْمَعْرَكَةُ غَدًا. *(o)

** 이런 경우를 예외적으로 허용되는 경우로 이해하자. 여기에 대한 내용 확인은 아랍어 문법책 النحو الواضح 의 제Ⅱ권 가운데 تأنيث الفعل للفاعل 을 참고하라.

제27과 동사의 일치

3. 비인칭 동사(Impersonal Verb)가 사용되는 경우의 동사의 일치

인칭변화를 사용하지 않은 يُمْكِنُ 와 يَجِبُ 등과 같은 동사들을 비인칭 동사(Impersonal Verb)라고 한다. 이런 동사들은 그 주어의 인칭과 성과 수에 상관없이 항상 3인칭 남성 단수 형태로 사용된다.

..가 ..하는 것이 가능하다(can, it is possible that)	... يُمْكِنُهُ (أَوْ لَهُ)
..가 ..해야 한다 (must, to be necessary)	... يَنْبَغِي (عَلَيْهِ أَوْ لَهُ)
..가 ..해야 한다(must, to be necessary)	... يَجِبُ (عَلَيْهِ)
...이 허락된다, ..이 가능하다 (to be permissible, allowable...)	... يَجُوزُ (لَهُ)
..하는 것이 더 낫다.	... يُفَضَّلُ (لَهُ)

예문들

공부하는 것은 가능하다.	يُمْكِنُ الدِّرَاسَةَ. (تُمْكِنُ ×)
규칙적으로 읽기를 해야 한다. (규칙적으로 읽어야 한다.)	يَنْبَغِي الْقِرَاءَةُ بِانْتِظَامٍ. (تَنْبَغِي ×)
나는 열심히 공부해야 한다.	يَجِبُ أَنْ أَدْرُسَ جَيِّدًا. (تَجِبُ ×) *
흡연이 허락된다.	يَجُوزُ التَّدْخِينُ. (تَجُوزُ ×)
우리는 다양한 책들을 읽는 것이 좋다.	يُفَضَّلُ أَنْ نَقْرَأَ كُتُبًا مُتَنَوِّعَةً. (تُفَضَّلُ ×) *

→ 비인칭 동사 이후에 일반 동명사(الْمَصْدَرُ الصَّرِيحُ)가 올 수도 있고, 풀어쓴 동명사(الْمَصْدَرُ الْمُؤَوَّلُ)가 올 수도 있다. 위의 * 표시가 있는 문장에서 أَنْ 이후에 풀어쓴 동명사가 왔다. 일반 동명사도 가능하다. 풀어쓴 동명사에 대해서는 이 책 제Ⅱ권에서 자세히 공부한다.

비인칭 동사 구문에서 의미상 주어 나타내기

비인칭 동사를 사용하는 문장에 의미상 주어를 나타내어야 할 경우 위의 동사 도표에 표시되어 있는 괄호안의 전치사를 사용해 준다.

그녀는 공부하는 것이 가능하다.	يُمْكِنُهَا الدِّرَاسَةَ. = يُمْكِنُ لَهَا الدِّرَاسَةُ.
그는 규칙적으로 읽기를 해야 한다.	يَنْبَغِي عَلَيْهِ الْقِرَاءَةُ بِانْتِظَامٍ.
나는 열심히 공부해야 한다.	يَجِبُ عَلَيَّ الدِّرَاسَةُ جَيِّدًا.
우리에게 흡연이 허락된다.	يَجُوزُ لَنَا التَّدْخِينُ.
그가 쉬는 것이 더 낫다.	يُفَضَّلُ لَهُ الِاسْتِرَاحَةُ.

비인칭 동사 구문의 부정형태에 대해

비인칭 동사 문장들을 부정하기 위해서 부정 불변사 لاَ 를 사용한다. 이럴 때 문장의 뉘앙스가 달라지는 부분도 있다. 다음의 예문들을 보자.

그녀는 공부하는 것이 불가능하다.	لاَ يُمْكِنُهَا الدِّرَاسَةُ. = لاَ يُمْكِنُ لَهَا الدِّرَاسَةُ.
그는 매일 책을 읽지 않아도 된다.	لاَ يَنْبَغِي عَلَيْهِ الْقِرَاءَةُ كُلَّ يَوْمٍ. *
너는 내일 여행을 하지 않아도 된다.	لاَ يَجِبُ عَلَيْكَ السَّفَرُ غَدًا. *
우리에게 흡연이 허락되지 않는다.	لاَ يَجُوزُ لَنَا التَّدْخِينُ.
그가 쉬는 것이 더 나은 것이 아니다.	لاَ يُفَضَّلُ لَهُ الاِسْتِرَاحَةُ.

→ 위에서 * 문장의 경우 '..하지 않아도 된다'의 의미가 되었다.

** 비인칭 동사에 대한 심화학습은 이 책 제Ⅱ권의 '풀어쓴 동명사에 대해'와 '무효화 불변사에 대해' 그리고 '수동태에 대해 Ⅱ'에서 공부할 수 있다.

제 28 과 동사의 격변화(إعْرَابُ الْفِعْل) - 동사의 서법 변화

1. 동사 격변화(إعْرَابُ الْفِعْل)의 정의
2. 동사의 격변화(إعْرَابُ الْفِعْل)
   1) 직설법(مَرْفُوعٌ) 변화
   2) 접속법(مَنْصُوبٌ) 변화
   3) 단축법(مَجْزُومٌ) 변화
3. 명령형(فِعْلُ الْأَمْرِ)에 대해

제 28 과 동사의 격변화(إِعْرَابُ الْفِعْلِ) – 동사의 서법 변화

우리는 명사 부분에서 격변화(الْإِعْرَابُ)를 공부했다. 명사의 격변화는 아랍어 명사가 문장에서 어떤 기능을 하는지를 표시하기 위해 명사의 어미에 붙이는 모음부호의 변화 혹은 어미 자음의 변화를 말하는 것으로 주격, 목적격, 소유격이 있다고 배웠다.

아랍어 문법에서 격변화(الْإِعْرَابُ)는 명사에서 뿐만 아니라 동사에도 존재한다. 영미 문법학자들은 이 동사의 격변화를 'moods' 라고 번역하였고, 한국 학자들은 '서법'의 변화라고 번역하였다. 그러나 아랍어 문법에서 명사와 동사의 이러한 어미 철자의 변화를 명사에서의 그것과 똑같이 'إِعْرَابٌ'이라 하고 있다. 또한 동사의 격변화(الْإِعْرَابُ)란 그것의 변화에 따라 그 문장의 의미가 일정하게 규정되는 문장의 기법이 아니라, 동사와 함께 사용되는 불변사에 따라 문장의 의미가 결정되는 독특한 변화이다. 따라서 필자는 이것을 '서법 변화'라고 하지 않고 '격변화'로 번역한다. 격변화하는 단어 즉 어미 철자의 변화가 있는 단어들을 مُعْرَبٌ 이라고 하고, 불격변화 즉 어미 철자의 변화가 없는 단어들을 مَبْنِيٌّ 라고 한다. (이 책 제 13 과의 심화학습에서 '격변화 단어와 불격변화 단어' 부분을 참고하라.)

1. 동사 격변화(إِعْرَابُ الْفِعْلِ)의 정의

아랍어 동사의 격변화란 아랍어 동사가 문장에서 사용될 때 그 앞에 오는 불변사에 따라 미완료형 동사의 어미에 붙는 모음부호 혹은 자음이 변화하는 것을 말한다. 아랍어 동사의 격변화는 직설법(مَرْفُوعٌ)과 접속법(مَنْصُوبٌ), 그리고 단축법(مَجْزُومٌ) 세 가지가 있다.[1]

이러한 동사의 격변화는 완료형 동사에서는 일어나지 않고(مَبْنِيٌّ), 미완료 동사에만 나타난다.[2] 직설법(مَرْفُوعٌ)의 표지모음은 지금까지 배운대로 어미에 붙는 담마(u)이고, 접속법(مَنْصُوبٌ)의 표지모음은 어미에 붙는 파트하(a)이며, 단축법(مَجْزُومٌ)의 표지모음은 어미에 붙는 수쿤(모음없음 기호)이다.

직설법은 주로 현재의 의미를 나타내며, 접속법과 단축법의 의미는 동사와 함께 사용되는 불변사에 따라 달라진다. 즉 동사 앞에 접속법을 취하는 접속법 불변사가 온 경우 그 뒤에는 미완료형 동사 어미에 접속법 표지가 붙고, 동사 앞에 단축법을 취하는 단축법 불변사가 온 경우 그 뒤에는 미완료형 동사 어미에 단축법 표지가 붙는다. 따라서 접속법과 단축법 자체가 고유한 의미를 가지는 것이 아니라 문장에서 사용되는 불변사에 따라 그 의미가 달라지는 것이다. 다음을 보자.

---

[1] 아랍어 동사의 격변화(혹은 서법의 변화)를 한국의 학자들이 '직설법(indicative)', '접속법(subjunctive)', '단축법(jussive)'으로 번역하였는데 이는 아랍어 문법에서 말하는 동사의 격변화 의미와 일치하지 않는다. '직설법'이란 무엇을 직접 구술한다는 의미가 포함되어 있고, '접속법'이란 앞뒤의 단어가 서로 연결된다는 의미가 강하며, '단축법'이란 뭔가를 줄인다는 의미가 강하다. 여기에 비해 아랍어 격변화는 미완료형 동사 앞에 오는 불변사에 따른 미완료형 동사의 어미에 붙는 모음부호나 자음의 변화를 말한다. 즉 사용되는 불변사에 따라 문장의 의미와 격변화가 달라지는 것이지 접속법 혹은 단축법이라는 일관된 서법의 의미 변화가 있는 것이 아니다.
필자는 동사의 세 가지 격변화에 대한 적당한 번역을 찾을 수 없고, 독자들의 혼동을 피하기 위해 기존의 번역인 '직설법', '접속법', '단축법'이란 용어를 그대로 사용하며 그 뒤에 아랍어 용어를 그대로 표기하도록 한다. 이 번역이 적절하지 않기 때문에 용어에서 오는 오해를 피하기 위해서는 아랍어 격변화의 용어 표현 그대로 마르푸으(مَرْفُوعٌ), 만숩(مَنْصُوبٌ), 마즈줌(مَجْزُومٌ)으로 읽어 주는 것이 가장 바람직한 방법이라 하겠다. (공일주 '아랍어의 이해' p130)

[2] 미완료형 동사 전체가 격변화를 하는 격변화 동사(مُعْرَبٌ)가 아니다. 미완료형 동사 가운데 هُنَّ 와 أَنْتُنَّ 의 인칭에 해당되는 동사들은 불격변화(مَبْنِيٌّ)이다. 따라서 이 인칭의 동사들은 직설법, 접속법 그리고 단축법의 변화형이 동일하다.

제28과 동사의 격변화 - 동사의 서법 변화

1) 직설법(مَرْفُوعٌ)

나는 학교에 간다.	أَذْهَبُ إِلَى الْمَدْرَسَةِ.

위의 문장은 일반적인 현재 시제의 문장이다. 지금까지 배운 동사의 미완료형 변화형이 그대로 사용되었다.(미완료형 1 인칭 단수). 이와같이 지금까지 배운 미완료형 문장의 격변화를 직설법(مَرْفُوعٌ)이라고 하며 그 격변화 표지 기호는 담마(u 모음)이다.

2) 접속법(مَنْصُوبٌ)

나는 학교에 가지 않을 것이다.	لَنْ أَذْهَبَ إِلَى الْمَدْرَسَةِ.

이 문장은 미래 부정의 의미이다. 아랍어에서 미래 부정을 표현하기 위해 لَنْ 이라는 불변사를 사용한다. 이 때 'لَنْ'은 접속법 불변사이기 때문에 그 뒤에는 미완료형 동사가 오며 그 어미에 접속법 모음 표지 기호를 붙여야 한다. 즉 접속법 표지 기호는 파트하(a 모음)인데, 위의 문장에서 1 인칭 단수에서 접속법의 표지기호 파트하가 사용되었다. (위의 파란색 표기)

3) 단축법(مَجْزُومٌ)

나는 학교에 가지 않았다.	لَمْ أَذْهَبْ إِلَى الْمَدْرَسَةِ.

이 문장은 과거 부정의 의미이다. 아랍어에서 과거 부정을 표현하기 위해 لَمْ 이라는 불변사를 사용한다. 이 때 'لَمْ'은 단축법 불변사이기 때문에 그 뒤에는 미완료형 동사가 오며 그 어미에 단축법 모음 표지 기호를 붙여야 한다. 즉 단축법 표지 기호는 수쿤(모음부호 없음)인데, 위의 문장에서 1 인칭 단수에서 단축법의 표지 기호 수쿤이 사용되었다. (위의 파란색 표기)

2. 동사의 격변화 (إِعْرَابُ الْفِعْلِ)

아랍어 동사의 격변화는 완료형(과거형)에서는 일어나지 않고 미완료형에서만 일어난다.

1) 직설법(مَرْفُوعٌ) 변화

직설법은 동사의 현재 시제에 사용되는 격변화이다. 직설법의 인칭이 نَحْنُ, أَنَا, أَنْتَ, هِيَ, هُوَ 의 경우 그 미완료형 동사의 끝자음에 담마(u)가 붙는다. (يَ ـ ـ ُ) 그리고 직설법의 인칭이 هُمَا, هُمْ, أَنْتُمْ, أَنْتُمَا, أَنْتِ 의 경우(다섯 동사)는 그 미완료형 동사의 어미에 ن 이 붙는다.(" ن "ثُبُوتُ) 지금까지 배운 강동사 미완료형 변화가 모두 직설법 형태의 변화이다.

651

2) 접속법(مَنْصُوبٌ) 변화

접속법을 취하는 불변사는 فَ , حَتَّى , لِكَيْ , كَيْ , لِـ , أَنْ , لَنْ 이다. 이러한 불변사가 문장에 사용될 경우 그 뒤에는 미완료형 동사가 오며 그 어미에 접속법 격변화 표지가 붙는다. 접속법 변화의 특징은 다음과 같다.

접속법(مَنْصُوبٌ) 변화의 규칙

1. 인칭이 نَحْنُ , أَنَا , أَنْتَ , هِيَ , هُوَ 의 미완료형 동사에서는 끝자음에 파트하(a)가 붙는다.
   (파란색 파트하) (يَـ ـَـ ـَـ ـَـ) (예 : لَنْ يَكْتُبَ)
2. 인칭이 أَنْتُمْ , أَنْتُمَا , أَنْتَ , هُمْ , هُمَا 의 다섯 가지 미완료형 동사에서는 그 어미에 붙어있던 ن 이 탈락한다. (이 때 탈락이후 끝자음이 و 인 경우 ا 를 첨부해 준다.) (예: لَنْ يَكْتُبُوا) 이와같이 다섯 가지 인칭대명사 هُمَا , هُمْ , أَنْتَ , أَنْتُمَا , أَنْتُمْ 에 해당되는 동사를 '다섯 동사'(الْأَفْعَالُ الْخَمْسَةُ)'라 한다.
3. 인칭이 هُنَّ (3인칭 여성 복수)와 أَنْتُنَّ (2인칭 여성 복수형)의 미완료형 동사에서는 직설법과 접속법과 단축법 모두에서 격변화 모양의 변화가 없이 동일하다. 즉 불격변화(مَبْنِيٌّ)이다. (예: يَكْتُبْنَ , تَكْتُبْنَ)

아래는 미래 시제 동사를 부정하기 위해 불변사 لَنْ 을 사용하였을 경우 미완료형 동사의 격변화이다.

			기록하다, 적다	كَتَبَ/ يَكْتُبُ هـ	가다(to go to)	ذَهَبَ/ يَذْهَبُ إِلَى
3인칭	남성 단수	هُوَ	그가 기록하지 않을 것이다.	لَنْ يَكْتُبَ	그가 가지 않을 것이다.	لَنْ يَذْهَبَ
	여성 단수	هِيَ	그녀가 기록하지 않을 것이다.	لَنْ تَكْتُبَ	그녀가 가지 않을 것이다.	لَنْ تَذْهَبَ
	남성 쌍수	هُمَا	그 두 사람(m.)이 기록하지 않을 것이다.	لَنْ يَكْتُبَا	그 두 사람(m.)이 가지 않을 것이다.	لَنْ يَذْهَبَا
	여성 쌍수	هُمَا	그 두 사람(f.)이 기록하지 않을 것이다.	لَنْ تَكْتُبَا	그 두 사람(f.)이 가지 않을 것이다.	لَنْ تَذْهَبَا
	남성 복수	هُمْ	그들이 기록하지 않을 것이다.	لَنْ يَكْتُبُوا	그들이 가지 않을 것이다.	لَنْ يَذْهَبُوا
	여성 복수	هُنَّ	그녀들이 기록하지 않을 것이다.	لَنْ يَكْتُبْنَ	그녀들이 가지 않을 것이다.	لَنْ يَذْهَبْنَ
2인칭	남성 단수	أَنْتَ	너(m.)가 기록하지 않을 것이다.	لَنْ تَكْتُبَ	너(m.)가 가지 않을 것이다.	لَنْ تَذْهَبَ
	여성 단수	أَنْتِ	너(f.)가 기록하지 않을 것이다.	لَنْ تَكْتُبِي	너(f.)가 가지 않을 것이다.	لَنْ تَذْهَبِي
	남녀 쌍수	أَنْتُمَا	너희 두 사람이 기록하지 않을 것이다.	لَنْ تَكْتُبَا	너희 두 사람이 가지 않을 것이다.	لَنْ تَذْهَبَا
	남성 복수	أَنْتُمْ	너희들(m.)이 기록하지 않을 것이다.	لَنْ تَكْتُبُوا	너희들(m.)이 가지 않을 것이다.	لَنْ تَذْهَبُوا
	여성 복수	أَنْتُنَّ	너희들(f.)이 기록하지 않을 것이다.	لَنْ تَكْتُبْنَ	너희들(f.)이 가지 않을 것이다.	لَنْ تَذْهَبْنَ
1인칭	남녀 단수	أَنَا	내가 기록하지 않을 것이다.	لَنْ أَكْتُبَ	내가 가지 않을 것이다.	لَنْ أَذْهَبَ
	남녀 쌍수복수	نَحْنُ	우리들이 기록하지 않을 것이다.	لَنْ نَكْتُبَ	우리들이 가지 않을 것이다.	لَنْ نَذْهَبَ

→ 위의 표에서 هُوَ (3인칭 남성 단수), هِيَ (3인칭 여성 단수), أَنْتَ (2인칭 남성 단수), أَنَا (1인칭 단수), نَحْنُ (1인칭 복수)의 동사에는 접속법 표지 모음으로 파트하(a)가 붙었다.

→ 위의 회색블록인 هُمْ (3인칭 남성 복수), هُمَا (3인칭 남성 쌍수, 3인칭 여성 쌍수), أَنْتُمْ (2인칭 남성 복수), أَنْتُمَا (2인칭 남성 쌍수, 2인칭 여성 쌍수), أَنْتِ (2인칭 여성 단수)의 접속법에서 직설법 형태의 마지막 자음인 ن이 탈락한다. 이 때 هُمْ과 أَنْتُمْ 꼴의 경우 끝자음이 و로 끝나므로 و뒤에 ا을 첨가해 준다. 이 ا은 전연결어로 사용된 남성 규칙복수와의 구분을 위해서 사용하는 기호로서 구분의 알리프(الأَلِفُ الفَارِقَةُ)라 한다.

이와같이 인칭대명사 هُمَا, هُمْ, أَنْتِ, أَنْتُمَا, أَنْتُمْ의 경우 접속법에서 동일하게 ن이 탈락한다.(단축법에서도 마찬가지이다.) 이렇게 다섯 가지 인칭의 동사가 접속법과 단축법에서 사용될 때 그 변화가 동일하기 때문에 이 다섯 가지 인칭이 사용된 미완료 동사를 다섯 동사(الأَفْعَالُ الخَمْسَةُ)라 한다.

→ 위의 표에서 هُنَّ (3인칭 여성 복수)와 أَنْتُنَّ (2인칭 여성 복수)의 경우는 직설법과 접속법과 단축법 모두에서 격변화 모양의 변화가 없는 불격변화(مَبْنِيٌّ)이다. (각각의 경우에 직설법과 접속법과 단축법의 모양이 같다.)

(1) 접속법을 취하는 불변사들(حَرُوفُ النَّصْبِ)

لَنْ가 같이 접속법을 취하는 불변사들(حَرُوفُ النَّصْبِ)은 어떤 것이 있을까? 아래를 보자.

	접속법 불변사	의미	용도
①	لَنْ	…하지 않을 것이다	미래 부정
②	أَنْ	영어의 that 절과 같이 절을 이끔	풀어쓴 동명사절(that 절)을 이끔
③	لِ	…하기 위해	목적절을 이끔 (التَّعْلِيلُ)
④	كَيْ		
⑤	لِكَيْ		
⑥	حَتَّى		목적절을 이끔 (حَتَّى التَّعْلِيلِيَّةُ)
⑦	فَ	…하도록 (so that)	이유접속사 (فَاءُ السَّبَبِيَّةُ). 목적절을 이끔
⑧	إِذَنْ	그렇다면, 그러면 (therefore, then)	결과를 이야기 함
⑨	لِ	절대로 …하지 않는다	강한 부정을 위해 (لَامُ الجُحُودِ)
⑩	أَوْ	1. '..할 때 까지(until, … إِلَى أَنْ)', 2. '..하지 않으면 (unless, … إِلَّا أَنْ)'	

→위의 ①에서 ⑦까지는 기본적인 것이므로 먼저 잘 익히도록 하자. 반면에 ⑧에서 ⑩의 불변사는 난이도가 있고 현대 표준 아랍어에서 많이 사용되지 않는 것이므로 나중에 익히도록 하자.

→위의 ②의 أَنْ과 ③의 لِ이 결합한 لِأَنْ와, 위의 ②의 أَنْ과 부정어 لَا가 결합된 أَلَّا, 그리고 ③의 لِ과 ②의 أَنْ과 부정어 لَا가 결합한 لِئَلَّا도 그 뒤에 접속법을 취한다.

① لَنْ

나는 바다에 가지 않을 것이다.	لَنْ أَذْهَبَ إِلَى الْبَحْرِ.
그는 그의 어머니의 어떤 말도 듣지 않을 것이다.	لَنْ يَسْمَعَ أَيَّ كَلَامٍ لِأُمِّهِ.
그들은 어떤 다른 나라에도 여행하지 않을 것이다.	لَنْ يُسَافِرُوا إِلَى أَيِّ بَلَدٍ آخَرَ.
나는 이번주에는 축구를 하지 않을 것이다.	لَنْ أَلْعَبَ كُرَةَ الْقَدَمِ هَذَا الْأُسْبُوعَ.
그들 두 사람은 아파서 내일 참석하지 않을 것이다.	لَنْ يَحْضُرَا غَدًا لِأَنَّهُمَا مَرِيضَانِ.

② أَنْ

나는 노래하는 것을 아주 좋아한다. (غَنَّى / يُغَنِّي)	أُحِبُّ أَنْ أُغَنِّيَ كَثِيرًا.
우리는 농구를 하길 원한다. (أَرَادَ / يُرِيدُ)	نُرِيدُ أَنْ نَلْعَبَ كُرَةَ السَّلَّةِ.
그들은 홍차를 마시길 선호한다. (فَضَّلَ / يُفَضِّلُ)	يُفَضِّلُونَ أَنْ يَشْرَبُوا الشَّايَ.
당신(f.)은 이제 쉬어도 좋다. (쉴 수 있다.) (اسْتَرَاحَ / يَسْتَرِيحُ)	يُمْكِنُ[1] أَنْ تَسْتَرِيحِي الْآنَ.

부정형에는 أَلَّا (= أَنْ + لَا)가 사용된다. '..하지 않을 것, that not ...'의 의미

그는 그들에게 참석하지 않을 것을 명령했다.	أَمَرَهُمْ أَلَّا (= أَنْ لَا) يَحْضُرُوا.
삶에서 당신이 거짓말을 하지 않는 것은 중요하다.	مِنَ الْمُهِمِّ[2] أَلَّا (= أَنْ لَا) تَكْذِبَ فِي الْحَيَاةِ.

③ لِـ (لَامُ التَّعْلِيلِ)

그는 그가 살기 위해서 한 집을 샀다. (عَاشَ / يَعِيشُ)	اشْتَرَى بَيْتًا لِيَعِيشَ فِيهِ.
너(f.)는 시험에 합격하기 위해서 열심히 공부한다. (ذَاكَرَ / يُذَاكِرُ)	أَنْتِ تُذَاكِرِينَ كَثِيرًا لِتَنْجَحِي فِي الِامْتِحَانِ.
그들은 행복하게 살기위해 열심히 노력한다. (اجْتَهَدَ / يَجْتَهِدُ)	يَجْتَهِدُونَ لِيَعِيشُوا سُعَدَاءَ.
그들 두 사람은 이집트에서 일하기 위해 아랍어를 공부한다.	يَدْرُسَانِ اللُّغَةَ الْعَرَبِيَّةَ لِيَعْمَلَا فِي مِصْرَ.

** لِأَنْ (لِـ + أَنْ) 도 그 뒤에 접속법을 취한다.

우리는 그들의 말을 들으려고 안으로 들어갔다.	دَخَلْنَا لِأَنْ نَسْمَعَهُمْ.

** 부정형에는 لِئَلَّا (لِـ + أَنْ + لَا) 가 사용된다. '...하지 않기 위해, in order not to'의 의미이다.

너희들이 시험에 들지 않게 기도하라.(성경 마26:41) (صَلَّى / يُصَلِّي)	صَلُّوا لِئَلَّا تَدْخُلُوا فِي تَجْرِبَةٍ.

---

[1] يُمْكِنُ أَنْ ... ، يُمْكِنُ هـ أَنْ ... ..이 ..하는 것이 가능하다(it is possible for that ...)

[2] مِنَ الْمُهِمِّ أَنْ ... ..하는 것이 중요하다

④ كَيْ

위의 ③ ــلِ 과 같은 의미이다.

그는 그가 살기 위해서 한 집을 샀다.	اشْتَرَى بَيْتًا كَيْ يَعِيشَ فِيهِ.
너(f.)는 시험에 합격하기 위해서 열심히 공부한다.	أَنْتِ تُذَاكِرِينَ كَثِيرًا كَيْ تَنْجَحِي فِي الاِمْتِحَانِ.
그들은 행복하게 살기 위해 열심히 노력한다.	يَجْتَهِدُونَ كَيْ يَعِيشُوا سُعَدَاءَ.
그들 두 사람은 이집트에서 일하기 위해 아랍어를 공부한다.	يَدْرُسَانِ اللُّغَةَ الْعَرَبِيَّةَ كَيْ يَعْمَلَا فِي مِصْرَ.

** 부정형에는 كَيْلَا (لَا + كَيْ)가 사용된다. '...하지 않기 위해, in order not to'의 의미이다.

당신은 낙방하지 않기 위해 열심히 공부하라.	ذَاكِرْ جَيِّدًا كَيْلَا تَفْشَلَ.
우리는 실망하지 않으려고 서로서로 격려한다. (수동형 أُحْبِطَ/يُحْبَطُ, 좌절.실망시키다 إِحْبَاط – أَحْبَطَ/يُحْبِطُ ه)	نُشَجِّعُ بَعْضُنَا بَعْضًا كَيْلَا نُحْبَطَ.

⑤ لِكَيْ

앞의 ③ ــلِ 이나 ④ كَيْ 와 같은 의미이다. 앞 예문의 ــلِ 이나 كَيْ 자리에 لِكَيْ 를 사용하면 된다.

⑥ حَتَّى (حَتَّى التَّعْلِيلِيَّة)

③의 ــلِ 이나 ④의 كَيْ 혹은 ⑤의 لِكَيْ 와 같은 의미이다.

카말은 그가 살기 위해서 한 집을 샀다.	اشْتَرَى كَمَالٌ بَيْتًا حَتَّى يَعِيشَ فِيهِ.
너(f.)는 시험에 합격하기 위해서 열심히 공부한다.	أَنْتِ تُذَاكِرِينَ كَثِيرًا حَتَّى تَنْجَحِي فِي الاِمْتِحَانِ.
그들은 행복하게 살기 위해 열심히 노력한다.	يَجْتَهِدُونَ حَتَّى يَعِيشُوا سُعَدَاءَ.
그들 두 사람은 이집트에서 일하기 위해 아랍어를 공부한다.	يَدْرُسَانِ اللُّغَةَ الْعَرَبِيَّةَ حَتَّى يَعْمَلَا فِي مِصْرَ.

→ 위의 접속법 불변사 حَتَّى 와 전치사 حَتَّى 를 구분해야 한다. 전치사 حَتَّى 에 대해서는 이 책 제Ⅱ권의 '여러가지 소유격에 대해'에서 공부하라.

⑦ ــفَ - 이유접속사 (فَاءُ السَّبَبِيَّة)

명령문(الأَمْر), 부정명령문(النَّهْي), 의문문(الاِسْتِفْهَام), 부정문(النَّفْي), 실현하기 어려운 소원(التَّمَنِّي), 실현가능한 기내(الرَّجَاء), 기원문(الدُّعَاء) 등의 문장 뒤에 ــفَ 가 이끄는 미완료 접속법 문장이 올 때 이 ــفَ 를 이유접속사(فَاءُ السَّبَبِيَّة)라 한다. ــفَ 이후의 문장의 의미는 목적(التَّعْلِيل)을 나타낸다. 자세한 설명은 이 책 제Ⅱ권의 '여러가지 접속사들에 대해' 부분에서 공부하도록 하라.

당신이 성공하도록 열심히 공부해. (명령문 뒤에 ــفَ 가 왔다.)	ذَاكِرْ جَيِّدًا فَتَنْجَحَ.
너희들이 내가 말하는 것을 이해하도록 조용히 해. (명령문 뒤에 이유접속사 ــفَ 가 왔다.)	اُسْكُتُوا فَتَفْهَمُوا مَا أَقُولُهُ.

우리가 놀도록 우리 (함께) 공원에 가자. (ㄴ으로 시작하는 간접명령문 뒤에 이유접속사 فَ가 왔다.)	لِنَذْهَبْ إِلَى الْحَدِيقَةِ فَنَلْعَبَ.
우리가 함께 영화를 볼 수 있도록 내가 오늘 너희들을 기다릴까? (의문문 뒤에 이유접속사 فَ가 왔다.)	هَلْ أَنْتَظِرُكُمُ الْيَوْمَ فَنُشَاهِدَ الْفِيلْمَ مَعًا؟
내 동생이 나를 도울 수 있도록 내 동생이 여기 있으면 좋겠다. (실현가능한 기대를 나타내는 문장 뒤에 فَ가 옴)	لَعَلَّ أَخِي هُنَا فَيُسَاعِدَنِي.

⑧ 결과의 إِذَنْ

어떤 사람이 말한 내용에 대해 다른 사람이 말을 받으며 '그렇다면 …' 라고 말을 이어갈 때 사용하는 용법이다. 이 때의 의미는 لِهٰذَا السَّبَبِ 즉 원인과 결과의 의미를 가지며 '그렇다면', '그러면'이라고 해석할 수 있다. 이 때 إِذَنْ 뒤에 사용되는 동사는 미완료형 접속법을 취한다.

A :	나는 밖으로 나갈 것이다.	سَأَخْرُجُ.
B :	그렇다면 나도 너와 함께 갈 것이다.	إِذَنْ أُرَافِقَكَ.
A :	그는 열심히 노력을 한다(했다).	هُوَ مُجْتَهِدٌ (أَوْ يَجْتَهِدُ أَوِ اجْتَهَدَ).
B :	그러면 그는 성공(합격)할 것이다.	إِذَنْ يَنْجَحَ.
A :	그는 관대하다.	هُوَ كَرِيمٌ.
B :	그렇다면 사람들이 그를 좋아할 것이다.	إِذَنْ يُحِبَّهُ النَّاسُ.
A :	내일 내가 너에게 갈게.	أَنَا آتِيكَ غَدًا.
B :	그렇다면 내가 너를 대접할 것이다.	إِذَنْ أُكْرِمَكَ.

** إِذَنْ 이 문장에서 사용될 때 إِذَنْ 과 그 뒤의 접속법 동사 사이에 다른 단어가 올 수 없다. 그러나 아래와 같이 그 사이에 부정사 لَا 가 오는 경우와 맹세문이 오는 것은 가능하다.

A :	한 시간뒤에 여행을 떠날 것이다.	سَأُسَافِرُ بَعْدَ سَاعَةٍ.
B :	그러면 나는 당신을 방문하지 못한다. (부정사 لَا 가 왔다.)	إِذَنْ لَا أَزُورَكَ.
A :	우리의 원수가 폭탄들로 우리를 공격하고 있다.	عَدُوُّنَا يَضْرِبُنَا بِالْقَنَابِلِ.
B :	그렇다면 신에게 맹세코 우리는 그들과 싸울 것이다. (맹세문 وَاللهِ가 왔다.)	إِذَنْ وَاللهِ نُقَاتِلَهُمْ.

** إِذَنْ 과 발음이 같은 단어에 إِذًا 이란 단어가 있다. 둘은 의미는 같지만 용법에 다른 점이 있다. 둘의 차이를 이 책 제Ⅱ권 '여러가지 접속사들에 대해' 부분의 '결과(النَّتِيجَة)를 나타내는 접속사' 부분에서 볼 수 있다.

⑨ 강한 부정의 لِ (لَامُ الجُحُودِ)

강한 부정의 의미로 사용되는 접속법 불변사이다. 이 용법으로 사용되기 위해서는 반드시 كَانَ 동사의 부정형(كَوْنٌ مَنْفِيٌّ)이 먼저 와야 하며, 따라서 لَمْ يَكُنْ 혹은 مَا كَانَ 형태가 사용된다. 그 뒤에 لِ 이 오고 그 뒤에 동사의 미완료형 접속법이 온다. لَمْ يَكُنْ 과 مَا كَانَ 가 과거 부정이지만 주로 현재나 미래의 일반적인 사실의 의미로 사용된다.

친구는 그의 친구를 절대로 배반하지 않는다.	مَا كَانَ الصَّدِيقُ لِيَخُونَ صَدِيقَهُ.[1]
하나님은 사람들을 절대로 억압하지 않으신다.	لَمْ يَكُنِ اللهُ لِيَظْلِمَ[2] النَّاسَ.
새들은 새장들에 절대로 갇혀있지 않는다.	مَا كَانَتِ الطُّيُورُ لِتُسْجَنَ[3] فِي الأَقْفَاصِ.
믿는 자는 그의 형제를 절대로 험담하지 않는다.	لَمْ يَكُنِ المُؤْمِنُ لِيَغْتَابَ[4] أَخَاهُ.
우리 군대는 절대로 패배당하지 않는다.	مَا كَانَ جَيْشُنَا لِيُهْزَمَ[5].
알라신은 그들을 절대로 용서하지 않을 것이다. (꾸란 4:137)	لَمْ يَكُنِ اللهُ لِيَغْفِرَ[6] لَهُمْ.

⑩ أَوْ 에 대해

أَوْ 가 접속법을 이끄는 불변사로 사용되면 두 가지의 의미를 가진다. 먼저는 '..할 때 까지(until, إِلَى أَنْ ...)'의 의미이고, 두 번째는 '..하지 않으면 (unless, ...إِلَّا أَنْ)'의 의미를 가진다.

당신의 치료가 완성될 때 까지 의사의 충고를 들으라.	اسْتَمِعْ نُصْحَ الطَّبِيبِ أَوْ يَتِمَّ شِفَاؤُكَ.
당신의 형제들의 만족을 얻을 때 까지 그들에게 사랑을 보여줘라	تَحَبَّبْ إِلَى إِخْوَانِكَ أَوْ تَنَالَ رِضَاهُمْ.
내가 염원에 도달하기 까지 그 어려움을 쉽게 생각하자.	لَأَسْتَسْهِلَنَّ[7] الصَّعْبَ أَوْ أُدْرِكَ المُنَى[8].
그 불신자가 무슬림이 되지 않으면 나는 그를 죽이겠다.	أَقْتُلُ الكَافِرَ أَوْ يُسْلِمَ.
나는 그가 복종하지 않으면 그를 때리겠다.	أَضْرِبُهُ أَوْ يُطِيعَ.
(그) 해를 끼치는 사람이 사과하지 않으면 처벌된다.	يُعَاقَبُ المُسِيءُ أَوْ يَعْتَذِرَ.

---

[1] خَانَ/ يَخُونُ ه – خِيَانَةٌ ..를 배신하다, 배반하다
[2] ظَلَمَ/ يَظْلِمُ ه – ظُلْمٌ ..를 억압하다, 압제하다
[3] سَجَنَ/ يَسْجُنُ ه – سَجْنٌ (수동형 سُجِنَ/ يُسْجَنُ) ..를 감옥에 넣다. 투옥시키다
[4] اغْتَابَ/ يَغْتَابُ ه – اغْتِيَابٌ ..를 험담하다, 비방하다
[5] هَزَمَ/ يَهْزِمُ ه – هَزِيمَةٌ 패배시키다 هُزِمَ/ يُهْزَمُ (수동태) 패배되다
[6] غَفَرَ/ يَغْفِرُ لَهُ ذَنْبَهُ ..의 죄를 용서하다
[7] اسْتَسْهَلَ/ يَسْتَسْهِلُ = اعْتَبَرَهُ سَهْلاً ..을 쉽게 여기다
[8] مُنْيَةٌ/ مُنًى 희망, 기대, 염원, 목적

3) 단축법(مَجْزُوم) 변화

단축법을 취하는 불변사는 لَمْ, لَا, ـِـ 이다. 이러한 불변사가 문장에 사용될 경우 그 뒤에는 미완료형 동사가 오며 그 어미에 단축법 격변화 표지가 붙는다.

단축법 변화의 세 가지 특징은 다음과 같다. (2., 3. 내용은 접속법과 같다.)

단축법(مَجْزُوم) 변화의 규칙

1. 인칭이 نَحْنُ, أَنَا, أَنْتَ, هِيَ, هُوَ 의 미완료형 동사에서는 끝자음에 수쿤이 붙는다.
   (파란색 수쿤) (ْ ْ ْ) (예: لَمْ يَكْتُبْ)

2. 인칭이 هُمَا, هُمْ, أَنْتِ, أَنْتُمَا, أَنْتُمْ 의 다섯 가지 미완료형 동사에서는 그 어미에 붙어있던 ن 이 탈락한다. (이 때 탈락이후 끝자음이 و 인 경우 ا을 첨부해 준다.) (예: لَمْ يَكْتُبُوا) 이와같이 다섯 가지 인칭대명사 هُمَا, هُمْ, أَنْتِ, أَنْتُمَا, أَنْتُمْ 에 해당되는 동사를 '다섯 동사(الأَفْعَالُ الْخَمْسَةُ)'라 한다.

3. 인칭이 هُنَّ (3인칭 여성 복수)와 أَنْتُنَّ(2인칭 여성 복수형)의 미완료형 동사에서는 직설법과 접속법과 단축법 모두에서 격변화 모양의 변화가 없이 동일하다. 즉 불격변화(مَبْنِي)이다. (예: تَكْتُبْنَ, يَكْتُبْنَ)

아래는 과거 시제 동사를 부정하기 위해 불변사 لَمْ 을 사용하였을 경우 미완료형 동사의 격변화이다.

			기록하다, 적다	كَتَبَ/يَكْتُبُ ـهـ	가다(to go to)	ذَهَبَ/يَذْهَبُ إِلَى
3인칭	남성 단수	هُوَ	그가 기록하지 않았다.	لَمْ يَكْتُبْ	그가 가지 않았다.	لَمْ يَذْهَبْ
	여성 단수	هِيَ	그녀가 기록하지 않았다.	لَمْ تَكْتُبْ	그녀가 가지 않았다.	لَمْ تَذْهَبْ
	남성 쌍수	هُمَا	그 두 사람(m.)이 기록하지 않았다.	لَمْ يَكْتُبَا	그 두 사람(m.)이 가지 않았다.	لَمْ يَذْهَبَا
	여성 쌍수	هُمَا	그 두 사람(f.)이 기록하지 않았다.	لَمْ تَكْتُبَا	그 두 사람(f.)이 가지 않았다.	لَمْ تَذْهَبَا
	남성 복수	هُمْ	그들이 기록하지 않았다.	لَمْ يَكْتُبُوا	그들이 가지 않았다.	لَمْ يَذْهَبُوا
	여성 복수	هُنَّ	그녀들이 기록하지 않았다.	لَمْ يَكْتُبْنَ	그녀들이 가지 않았다.	لَمْ يَذْهَبْنَ
2인칭	남성 단수	أَنْتَ	너(m.)가 기록하지 않았다.	لَمْ تَكْتُبْ	너(m.)가 가지 않았다.	لَمْ تَذْهَبْ
	여성 단수	أَنْتِ	너(f.)가 기록하지 않았다.	لَمْ تَكْتُبِي	너(f.)가 가지 않았다.	لَمْ تَذْهَبِي
	남녀 쌍수	أَنْتُمَا	너희 두 사람이 기록하지 않았다.	لَمْ تَكْتُبَا	너희 두 사람이 가지 않았다.	لَمْ تَذْهَبَا
	남성 복수	أَنْتُمْ	너희들(m.)이 기록하지 않았다.	لَمْ تَكْتُبُوا	너희들(m.)이 가지 않았다.	لَمْ تَذْهَبُوا
	여성 복수	أَنْتُنَّ	너희들(f.)이 기록하지 않았다.	لَمْ تَكْتُبْنَ	너희들(f.)이 가지 않았다.	لَمْ تَذْهَبْنَ
1인칭	남녀 단수	أَنَا	내가 기록하지 않았다.	لَمْ أَكْتُبْ	내가 가지 않았다.	لَمْ أَذْهَبْ
	남녀 쌍수복수	نَحْنُ	우리들이 기록하지 않았다.	لَمْ نَكْتُبْ	우리들이 가지 않았다.	لَمْ نَذْهَبْ

→ 위의 표에서 هُوَ(3인칭 남성 단수), هِيَ(3인칭 여성 단수), أَنْتَ(2인칭 남성 단수), أَنَا(1인칭 단수), نَحْنُ(1인칭 복수)의 동사에는 단축법 표지 모음으로 수쿤이 붙었다.

제 28 과 동사의 격변화 – 동사의 서법 변화

→ 위의 회색블록인 هُمْ (3인칭 남성 복수), هُمَا (3인칭 남성 쌍수, 3인칭 여성 쌍수), أَنْتُمْ (2인칭 남성 복수), أَنْتُمَا (2인칭 남성 쌍수, 2인칭 여성 쌍수), أَنْتِ (2인칭 여성 단수)의 경우 단축법에서 직설법 형태의 마지막 자음 ن 이 탈락한다. 이 때 هُمْ 과 أَنْتُمْ 꼴의 경우 끝자음이 و 로 끝나므로 و 뒤에 ا 을 첨가해 준다. 이 ا 는 전연결어로 사용된 남성 규칙복수와의 구분을 위해서 사용하는 기호로서 구분의 알리프(الْأَلِفُ الْفَارِقَةُ)라 한다.

이와같이 인칭대명사 أَنْتُمْ, أَنْتُمَا, هُمْ, هُمَا, أَنْتِ 의 경우 접속법과 마찬가지로 단축법에서 동일하게 ن 이 탈락한다.

이렇게 다섯 가지 인칭의 동사가 접속법과 단축법에서 사용될 때 그 변화가 동일하기 때문에 이 다섯 가지 인칭이 사용된 미완료 동사를 다섯 동사(الْأَفْعَالُ الْخَمْسَةُ)라 한다.

→ 위의 표에서 هُنَّ (3인칭 여성 복수) 와 أَنْتُنَّ (2인칭 여성 복수)의 경우는 직설법과 접속법과 단축법 모두에서 격변화 모양의 변화가 없는 불격변화(مَبْنِيٌّ)이다. (각각의 경우에 직설법과 접속법과 단축법의 모양이 같다.)

(1) 단축법을 취하는 불변사들(حُرُوفُ الْجَزْمِ)

لَمْ 과 같이 단축법을 취하는 불변사(حُرُوفُ الْجَزْمِ)는 어떤 것이 있으며 그 의미와 용도는 어떠할까? 아래를 보자.

	단축법 불변사	의미	용도
①	لَمْ	...하지 않았다.	과거 부정
②	لَا	부정 명령형의 의미	부정 명령 ("لَا" النَّاهِيَةُ)
③	لِـ	간접적인 명령, 권유 등	간접 명령 (لَامُ الْأَمْرِ)
④	إِنْ	만일 ..한다면 ..할 것이다.	조건 불변사 (حَرْفُ الشَّرْطِ)
⑤	لَمَّا	'아직 ...하지 않았다, have not ...yet'	'완료형 + قَدْ' 형태의 부정형

→위의 ⑤는 현대 표준 아랍어에서 거의 사용되지 않는다.

① 단순 과거 부정의 لَمْ

과거시제를 부정할 때 사용된다. 시제는 과거를 나타내고 의미는 부정의 의미이다.

나는 어떤 것도 훔치지 않았다.	لَمْ أَسْرِقْ أَيَّ شَيْءٍ.
그는 모든 음식을 먹지 않았다.	لَمْ يَأْكُلْ كُلَّ الْوَجْبَةِ.
카말은 학교로부터 돌아오지 않았다.	لَمْ يَرْجِعْ كَمَالٌ مِنَ الْمَدْرَسَةِ.
너희들은 나에게 경청하지 않았다.	أَنْتُمْ لَمْ تَسْتَمِعُوا إِلَيَّ.
너(f.)는 어제 왜 학교에 가지 않았니?	لِمَاذَا لَمْ تَذْهَبِي إِلَى الْمَدْرَسَةِ أَمْسِ؟
나는 2주동안 나의 공부를 하지 않았다.	لَمْ أُذَاكِرْ دُرُوسِي مُنْذُ أُسْبُوعَيْنِ.
그 학생들은 이전에 아스완에 방문한 적이 없다.	الطُّلَّابُ لَمْ يَزُورُوا أَسْوَانَ مِنْ قَبْلُ.

② 부정명령의 لاَ ("لاَ" النَّاهِيَةُ)

2인칭에 대한 명령을 부정형으로 할 때 사용된다.

그것을 쓰지 마라.	لاَ تَكْتُبْهَا.
여기서 놀지 마라.	لاَ تَلْعَبْ هُنَا.
너는(f.) 나에게 화내지 마라. (غَضِبَ/يَغْضَبُ عَلَى ه)	لاَ تَغْضَبِي عَلَيَّ.
너희 둘은 큰 소리로 말하지 마라.	لاَ تَتَكَلَّمَا بِصَوْتٍ عَالٍ.
너희들(m.)은 지금 교실 밖으로 나가지 마라.	لاَ تَخْرُجُوا مِنَ الْفَصْلِ الآنَ.
너희들(f.)은 오늘 일하러 가지 마라. (2인칭 여성 복수의 경우 불격변화이다.)	لاَ تَذْهَبْنَ إِلَى الْعَمَلِ الْيَوْمَ.

③ 간접명령의 لِـ (لاَمُ الأَمْرِ)

간접명령의 لِـ 은 인칭에 따라 또한 명령하는 사람의 명령의 강도에 따라 여러가지 의미로 사용된다. 간접명령문은 제안이나 권유, 간접명령, 간구, 탄원 등의 의미를 가진다. 간접명령문에 대한 자세한 용법과 의미는 이 책 제Ⅱ권의 '명령문에 대해' 부분에서 공부하라.

당신의 숙제들을 지금 하세요. (권유 혹은 명령)	لِتَكْتُبْ وَاجِبَاتِكَ الآنَ.
당신(f.)은 일찍 집에 돌아오세요. (권유 혹은 명령)	لِتَعُودِي إِلَى الْبَيْتِ مُبَكِّرًا.
당신 둘은 지금 교실에서 나가주세요. (권유 혹은 명령)	لِتَخْرُجَا مِنَ الْفَصْلِ الآنَ.
애들아, 우리 영화관에 가자. (제안)	يَا أَوْلاَدُ، لِنَذْهَبْ إِلَى السِّينِمَا.
그들 둘이 강의들을 듣도록 해 주세요. (간접명령)	لِيَسْتَمِعَا لِلْمُحَاضَرَاتِ.
그들(m.)에게 더 많이 공부하게 해 주세요. (간접명령)	لِيَدْرُسُوا أَكْثَرَ.
그들이 지금 모임을 시작하게 해 주세요. (Let them start the meeting now.)(간접명령)	لِيَبْدَؤُوا الاِجْتِمَاعَ الآنَ.
하나님이 당신을 치료해 주시길... (간구)	لِيَشْفِكَ اللهُ.

④ 조건 불변사 إِنْ

조건사 가운데 단축법을 취하는 조건불변사(حَرْفُ الشَّرْطِ)가 여러가지 있는데 대표적인 것이 إِنْ 이다.

만일 당신이 공부한다면 당신은 성공할 것이다.	إِنْ تَدْرُسْ تَنْجَحْ.
당신의 형(남동생)이 여행을 한다면 나는 그와 함께 여행할 것이다.	إِنْ يُسَافِرْ أَخُوكَ أُسَافِرْ مَعَهُ.
당신이 바람의 통로에 앉아있다면 당신은 병이 들 것이다.	إِنْ تَجْلِسْ فِي مَجْرَى الْهَوَاءِ تَمْرَضْ.
만일 당신들이 많이 먹는다면 당신들은 잠을 많이 잘 것이다. (تَنَامُوا ← تَنَامُونَ × , تَأْكُلُوا ← تَأْكُلُونَ ×)	إِنْ تَأْكُلُوا كَثِيرًا تَنَامُوا كَثِيرًا.

→조건문에 대한 자세한 내용은 이 책 제Ⅱ권 '조건문에 대해'에서 공부하라.

⑤ '아직 ...하지 않았다, have not ...yet'의 의미의 لَمَّا

과거에 완료되지 않은 동작으로 가까운 미래에 완료될 것을 기대하는 의미

칼리드는 아직 집에서 나가지 않았다. (앞으로 나갈 것을 기대)	لَمَّا يَخْرُجْ خَالِدٌ مِنَ الْمَنْزِلِ.
시험날짜는 다가왔는데, 그들은 아직도 공부를 하지 않았다. (앞으로 공부할 것을 기대)	جَاءَ مَوْعِدُ الْامْتِحَانِ وَلَمَّا يَدْرُسُوا.
그는(인간은) 그가(알라신께서) 명령한 그것을 아직 실행치 않았다. (꾸란 80:23)	لَمَّا يَقْضِ مَا أَمَرَهُ.

위의 لَمَّا 는 현대 표준 아랍어 문장에서 لَمْ ... حَتَّى الْآنَ 이나 لَمْ ... بَعْدُ 으로 풀어서 사용되고 لَمَّا 의 형태로는 거의 사용되지 않는다. 특히 시간의 부사절을 이끄는 조건사 لَمَّا 와 모양이 같기 때문에 혼동의 이유로 거의 사용되지 않는다.

** 아래를 비교하라.

①	완료형(과거) 동사의 부정. 그는 ..하지 않았다. (단축법 불변사) (과거에 동작이 끝났음)	لَمْ يَفْعَلْ.
②	قَدْ فَعَلَ 의 부정형. 그는 아직(현재까지) .. 하지 않았다. (단축법 불변사)(가까운 미래에 동작이 일어날 가능성을 기대함)	لَمَّا يَفْعَلْ.
③	'..했을 때(when) ...하다'의 시간의 절을 이끄는 조건명사(اسْمُ الشَّرْطِ).	لَمَّا فَعَلَ ....، ....

①	그는 학교에 가지 않았다. (과거에 동작이 끝났음. 미래에 갈 가능성 없음)	لَمْ يَذْهَبْ إِلَى الْمَدْرَسَةِ.
②	그는 아직 학교에 가지 않았다. (미래에 갈 것을 기대함)	لَمَّا يَذْهَبْ إِلَى الْمَدْرَسَةِ.
③	내가 학교에 갔을 때 나는 교장을 만났다.	لَمَّا ذَهَبْتُ إِلَى الْمَدْرَسَةِ قَابَلْتُ الْمُدِيرَ.

→시간의 절을 이끄는 조건명사 لَمَّا 에 대해서는 이 책 제Ⅱ권 '조건문에 대해'에서 공부하라. .

** 아랍어 동사의 격변화(الإعْرَاب) 요약

지금까지 배운 아랍어 동사의 격변화를 요약하면 아래와 같다.

아랍어 동사의 격변화(الإعْرَاب) 요약			
	직설법(مَرْفوع) 표지 ُ	접속법(مَنْصوب) 표지 َ	단축법(مَجْزوم) 표지 ْ
인칭대명사가 نَحْنُ, أَنَا, أَنْتَ, هِيَ, هُوَ 인 미완료형 동사의 경우	법표지 - 담마 (عَلاَمَةُ الرَّفْعِ - الضَّمَّةُ)	법표지 - 파트하 (عَلاَمَةُ النَّصْبِ - الفَتْحَةُ)	법표지 - 수쿤, 말약동사의 경우 약자음 탈락 (عَلاَمَةُ الجَزْمِ - السُّكُونُ, لِلْفِعْلِ النَّاقِصِ - حَذْفُ حَرْفِ الْعِلَّةِ)
인칭대명사가 أَنْتُمْ, أَنْتُمَا, أَنْتِ, هُمْ, هُمَا 인 미완료형 동사의 경우(이 경우를 다섯 동사 الأَفْعَالُ الخَمْسَةُ 라 한다.)	ن 붙음 법표지 - ن (عَلاَمَةُ الرَّفْعِ - ثُبُوتُ "ن")	ن 탈락 법표지 - ن 탈락 (عَلاَمَةُ النَّصْبِ - حَذْفُ "ن")	ن 탈락 법표지 - ن 탈락 (عَلاَمَةُ الجَزْمِ - حَذْفُ "ن")
사용되는 경우	현재 시제를 나타내는 미완료 동사에 사용됨	아래의 불변사 뒤에 오는 미완료형 동사에 사용됨 · 미래부정 لَنْ · 풀어쓴 동명사절(that) أَنْ · 목적절을 이끔(التَّعْلِيل) لِـ, كَيْ, لِكَيْ, حَتَّى · 이유접속사 فَـ (فَاءُ السَّبَبِيَّة) · 결과절 إِذَنْ · 강한부정 لِـ (لَامُ الجُحُود)	아래의 불변사 뒤에 오는 미완료형 동사에 사용됨 · 과거부정 لَمْ · 부정명령 لَا ("لَا" النَّاهِيَة) · 간접명령형 لِـ (لَامُ الأَمْرِ) · 조건 불변사 إِنْ (حَرْفُ الشَّرْط)
인칭대명사가 أَنْتُنَّ, هُنَّ 인 경우	격변화 모양의 변화가 없는 불격변화(مَبْنِي)이다.		

** 다섯 동사(الأَفْعَالُ الخَمْسَةُ)를 알면 동사 변화의 절반은 거저 먹는다!!

다섯 동사란 인칭대명사가 هُمَا, هُمْ, أَنْتِ, أَنْتُمَا, أَنْتُمْ 에 해당되는 미완료형 동사를 말한다. 이 다섯 가지 인칭에 해당되는 동사의 격변화 꼴이 동일하다. 즉 직설법(مَرْفوع)에서는 격변화 표지가 'ن'이 붙는 것이고 접속법(مَنْصوب)과 단축법(مَجْزوم)의 표지는 'ن'이 탈락하는 것이다. 이 원칙은 어떤 종류의 동사이든지 동일하다. 한편 이 책의 동사변화표들에서 회색으로 칠해진 부분이 다섯 동사의 격변화이다.

3. 명령형 (فِعْلُ الأَمْرِ)에 대해

명령형은 2인칭에 해당하는 상대방에게 지시나 명령을 하달할 때 사용하는 문장이다. 아랍어의 명령 동사는 2인칭 미완료 단축법(مَجْزُوم)과 그 변화 형태가 같지만, 그 격변화 형태를 단축법이라 하지 않고 불격변화(مَبْنِي)라 한다. 아래에서 3자음 원형동사와 첨가동사를 구분해서 설명한다.

1) 3자음 원형동사(الأَفْعَالُ الْمُجَرَّدَة)의 명령형

원형동사의 명령형 만드는 방법은 다음과 같다.

원형동사의 명령형 만드는 방법
1. 동사의 2인칭 단축법 형태에서 미완료 표지 불변사(حَرْفُ الْمُضَارِع) ت를 제거하고 대신에 ا를 첨가한다.
2. 이때 첨가하는 ا는 연결 함자(هَمْزَةُ الْوَصْل)이다. 이 연결함자에 모음이 붙는데, 미완료형에 사용된 동사의 중간모음이 파트하(ـَـ)이거나 카스라(ـِـ)일 경우 연결함자 ا에 카스라(i)가 와서 ـِـ ا 형태가 되고, 동사의 중간모음이 담마(ـُـ)일 경우 연결함자 ا에 담마(u)가 와서 ـُـ ا 형태가 된다.
3. ا 뒤에 표기되는 어근의 첫 자음 위에 수쿤이 온다. (ا ـْـ)
4. 두 번째 어근에 미완료형 중간모음(두 번째 어근 모음)을 붙여 주고, 세 번째 어근에는 동사의 단축법 표지가 붙는다.

a. 미완료형 중간모음이 파트하(ـَـ)인 동사

			의미	단축법 (مَجْزُوم)	명령형 (فِعْلُ الأَمْرِ)
2인칭	남성단수	أَنْتَ	네가(m.) 가라	تَذْهَبْ	اِذْهَبْ
	여성단수	أَنْتِ	네가(f.) 가라	تَذْهَبِي	اِذْهَبِي
	남녀쌍수	أَنْتُمَا	너희 두 사람이 가라	تَذْهَبَا	اِذْهَبَا
	남성복수	أَنْتُمْ	너희들(m.)이 가라	تَذْهَبُوا	اِذْهَبُوا
	여성복수	أَنْتُنَّ	너희들(f.)이 가라	تَذْهَبْنَ	اِذْهَبْنَ

b. 미완료형 중간모음이 카스라(ـِـ)인 동사

			의미	단축법 (مَجْزُوم)	명령형 (فِعْلُ الأَمْرِ)
2인칭	남성단수	أَنْتَ	네가(m.) 돌아가라	تَرْجِعْ	اِرْجِعْ
	여성단수	أَنْتِ	네가(f.) 돌아가라	تَرْجِعِي	اِرْجِعِي
	남녀쌍수	أَنْتُمَا	너희 두 사람이 돌아가라	تَرْجِعَا	اِرْجِعَا
	남성복수	أَنْتُمْ	너희들(m.)이 돌아가라	تَرْجِعُوا	اِرْجِعُوا
	여성복수	أَنْتُنَّ	너희들(f.)이 돌아가라	تَرْجِعْنَ	اِرْجِعْنَ

c. 미완료형 중간모음이 담마(ـُـ)인 동사

			의미	단축법(مَجْزُوم)	명령형(فِعْلُ الأَمْرِ)
2인칭	남성 단수	أَنْتَ	네가(m.) 기록하라	تَكْتُبْ	اُكْتُبْ
	여성 단수	أَنْتِ	네가(f.) 기록하라	تَكْتُبِي	اُكْتُبِي
	남녀 쌍수	أَنْتُمَا	너희 두 사람이 기록하라	تَكْتُبَا	اُكْتُبَا
	남성 복수	أَنْتُمْ	너희들(m.)이 기록하라	تَكْتُبُوا	اُكْتُبُوا
	여성 복수	أَنْتُنَّ	너희들(f.)이 기록하라	تَكْتُبْنَ	اُكْتُبْنَ

→ 원형동사의 명령형 형태에서 접두어로 ا이 오는 것은 그 다음 자음에 수쿤이 붙었기 때문이다. 예를 들어 كْتُبْ 처럼 맨 첫 자음에 수쿤이 붙은 단어가 문장의 맨 처음에 올 수 없기 때문이다.

** 앞의 '동사 인칭 변화 익히기'의 '2. 강동사 미완료형의 인칭변화'에서 나온 여러 미완료 동사들의 명령형 동사들을 만들어 보자.

2) 3자음 첨가동사(الأَفْعَالُ المَزِيدَة)의 명령형

첨가동사에 대해서는 이후에 자세하게 공부하게 되기 때문에 여기에서는 첨가동사의 명령형 형태만 공부한다.

a. 첨가동사 가운데 Ⅱ형, Ⅲ형, Ⅴ형, Ⅵ형의 경우
2인칭 단축법 형태에서 미완료 표지 불변사(حَرْفُ المُضَارِعِ) ت를 떼어내면 명령형 동사가 된다.

a-1 Ⅱ형 동사의 경우   دَرَّسَ / يُدَرِّسُ ه ..를 가르치다

			의미	단축법(مَجْزُوم)	명령형(فِعْلُ الأَمْرِ)
2인칭	남성 단수	أَنْتَ	네가(m.) 가르쳐라	تُدَرِّسْ	دَرِّسْ
	여성 단수	أَنْتِ	네가(f.) 가르쳐라	تُدَرِّسِي	دَرِّسِي
	남녀 쌍수	أَنْتُمَا	너희 두 사람이 가르쳐라	تُدَرِّسَا	دَرِّسَا
	남성 복수	أَنْتُمْ	너희들(m.)이 가르쳐라	تُدَرِّسُوا	دَرِّسُوا
	여성 복수	أَنْتُنَّ	너희들(f.)이 가르쳐라	تُدَرِّسْنَ	دَرِّسْنَ

제28과 동사의 격변화 – 동사의 서법 변화

a-2 Ⅲ형 동사의 경우   سَاعَدَ/ يُسَاعِدُ هـ ..를 돕다

			의미	단축법 (مَجْزُوم)	명령형 (فِعلُ الأَمْرِ)
2인칭	남성단수	أَنْتَ	네가(m.) 도우라	تُسَاعِدْ	سَاعِدْ
	여성단수	أَنْتِ	네가(f.) 도우라	تُسَاعِدِي	سَاعِدِي
	남녀쌍수	أَنْتُمَا	너희 두 사람이 도우라	تُسَاعِدَا	سَاعِدَا
	남성복수	أَنْتُمْ	너희들(m.)이 도우라	تُسَاعِدُوا	سَاعِدُوا
	여성복수	أَنْتُنَّ	너희들(f.)이 도우라	تُسَاعِدْنَ	سَاعِدْنَ

a-3 Ⅴ형 동사의 경우   تَعَلَّمَ/ يَتَعَلَّمُ هـ ..을 배우다

			의미	단축법 (مَجْزُوم)	명령형 (فِعلُ الأَمْرِ)
2인칭	남성단수	أَنْتَ	네가(m.) 배워라	تَتَعَلَّمْ	تَعَلَّمْ
	여성단수	أَنْتِ	네가(f.) 배워라	تَتَعَلَّمِي	تَعَلَّمِي
	남녀쌍수	أَنْتُمَا	너희 두 사람이 배워라	تَتَعَلَّمَا	تَعَلَّمَا
	남성복수	أَنْتُمْ	너희들(m.)이 배워라	تَتَعَلَّمُوا	تَعَلَّمُوا
	여성복수	أَنْتُنَّ	너희들(f.)이 배워라	تَتَعَلَّمْنَ	تَعَلَّمْنَ

a-4 Ⅵ형 동사의 경우   تَعَاوَنَ/ يَتَعَاوَنُ (فِي) 서로 돕다, 협력하다

			의미	단축법 (مَجْزُوم)	명령형 (فِعلُ الأَمْرِ)
2인칭	남성단수	أَنْتَ	네가(m.) 서로 도와라	تَتَعَاوَنْ	تَعَاوَنْ
	여성단수	أَنْتِ	네가(f.) 서로 도와라	تَتَعَاوَنِي	تَعَاوَنِي
	남녀쌍수	أَنْتُمَا	너희 두 사람이 서로 도와라	تَتَعَاوَنَا	تَعَاوَنَا
	남성복수	أَنْتُمْ	너희들(m.)이 서로 도와라	تَتَعَاوَنُوا	تَعَاوَنُوا
	여성복수	أَنْتُنَّ	너희들(f.)이 서로 도와라	تَتَعَاوَنَّ	تَعَاوَنَّ

b. Ⅳ형 동사의 경우 أَكْمَلَ / يُكْمِلُ ـهـ ..을 완성하다

Ⅳ형 동사의 경우 2 인칭 단축법 형태에서 미완료 표지 불변사(حَرْفُ الْمُضَارِع) ت 를 탈락시킨 뒤 단절함자(هَمْزَةُ الْقَطْع)인 ا 를 접두시킨다. 또한 단절함자에 파트하 모음이 붙는다. 여기서 단절함자 ا 를 접두시키는 이유는 Ⅳ형 동사의 완료형에 단절함자 ا 가 있기 때문이다.

			의미	단축법(مَجْزُومْ)	명령형(فِعْلُ الْأَمْر)
2인칭	남성단수	أَنْتَ	네가(m.) 완성하라	تُكْمِلْ	أَكْمِلْ
	여성단수	أَنْتِ	네가(f.) 완성하라	تُكْمِلِي	أَكْمِلِي
	남녀쌍수	أَنْتُمَا	너희 두 사람이 완성하라	تُكْمِلَا	أَكْمِلَا
	남성복수	أَنْتُمْ	너희들(m.)이 완성하라	تُكْمِلُوا	أَكْمِلُوا
	여성복수	أَنْتُنَّ	너희들(f.)이 완성하라	تُكْمِلْنَ	أَكْمِلْنَ

c. Ⅶ형, Ⅷ형, Ⅸ형, Ⅹ형 동사의 경우

2 인칭 단축법 형태에서 미완료 표지 불변사(حَرْفُ الْمُضَارِع) ت 를 탈락시킨 뒤 연결 함자(هَمْزَةُ الْوَصْل) ا 를 접두시킨다. 그리고 ا 에 붙이는 모음은 미완료형 끝에서 두 번째 자음에 붙는 모음과 같이 카스라 모음을 붙인다.

c-1 Ⅶ형 동사의 경우 اِنْسَحَبَ / يَنْسَحِبُ 철수하다, 물러나다

			의미	단축법(مَجْزُومْ)	명령형(فِعْلُ الْأَمْر)
2인칭	남성단수	أَنْتَ	네가(m.) 철수하라	تَنْسَحِبْ	اِنْسَحِبْ
	여성단수	أَنْتِ	네가(f.) 철수하라	تَنْسَحِبِي	اِنْسَحِبِي
	남녀쌍수	أَنْتُمَا	너희 두 사람이 철수하라	تَنْسَحِبَا	اِنْسَحِبَا
	남성복수	أَنْتُمْ	너희들(m.)이 철수하라	تَنْسَحِبُوا	اِنْسَحِبُوا
	여성복수	أَنْتُنَّ	너희들(f.)이 철수하라	تَنْسَحِبْنَ	اِنْسَحِبْنَ

c-2 Ⅷ형 동사의 경우   اِسْتَمَعَ/ يَسْتَمِعُ إِلَى ..을 경청하다

			의미	단축법(مَجْزُومٌ)	명령형 (فِعْلُ الأَمْرِ)
2인칭	남성단수	أَنْتَ	네가(m.) 들어라	تَسْتَمِعْ	اِسْتَمِعْ
	여성단수	أَنْتِ	네가(f.) 들어라	تَسْتَمِعِي	اِسْتَمِعِي
	남녀쌍수	أَنْتُمَا	너희 두 사람이 들어라	تَسْتَمِعَا	اِسْتَمِعَا
	남성복수	أَنْتُمْ	너희들(m.)이 들어라	تَسْتَمِعُوا	اِسْتَمِعُوا
	여성복수	أَنْتُنَّ	너희들(f.)이 들어라	تَسْتَمِعْنَ	اِسْتَمِعْنَ

c-3 Ⅸ형 동사의 경우   اِعْوَجَّ/ يَعْوَجُّ 휘게되다

			의미	단축법(مَجْزُومٌ)	명령형 (فِعْلُ الأَمْرِ)
2인칭	남성단수	أَنْتَ	네가(m.) 휘게하라	تَعْوَجَّ	اِعْوَجَّ
	여성단수	أَنْتِ	네가(f.) 휘게하라	تَعْوَجِّي	اِعْوَجِّي
	남녀쌍수	أَنْتُمَا	너희 두 사람이 휘게하라	تَعْوَجَّا	اِعْوَجَّا
	남성복수	أَنْتُمْ	너희들(m.)이 휘게하라	تَعْوَجُّوا	اِعْوَجُّوا
	여성복수	أَنْتُنَّ	너희들(f.)이 휘게하라	تَعْوَجِجْنَ	اِعْوَجِجْنَ

→ Ⅸ형 동사의 경우 명령형을 거의 사용하지 않는다.

c-4 Ⅹ형 동사의 경우   اِسْتَخْدَمَ/ يَسْتَخْدِمُ هـ ..을 사용하다

			의미	단축법(مَجْزُومٌ)	명령형 (فِعْلُ الأَمْرِ)
2인칭	남성단수	أَنْتَ	네가(m.) 사용하라	تَسْتَخْدِمْ	اِسْتَخْدِمْ
	여성단수	أَنْتِ	네가(f.) 사용하라	تَسْتَخْدِمِي	اِسْتَخْدِمِي
	남녀쌍수	أَنْتُمَا	너희 두 사람이 사용하라	تَسْتَخْدِمَا	اِسْتَخْدِمَا
	남성복수	أَنْتُمْ	너희들(m.)이 사용하라	تَسْتَخْدِمُوا	اِسْتَخْدِمُوا
	여성복수	أَنْتُنَّ	너희들(f.)이 사용하라	تَسْتَخْدِمْنَ	اِسْتَخْدِمْنَ

(3) 함자동사(الْفِعْلُ الْمَهْمُوزُ)와 약동사(الْفِعْلُ الْمُعْتَلُّ)의 명령형

지금까지는 강동사 가운데 정상동사(الْفِعْلُ السَّالِمُ)와 첨가동사의 명령형을 공부하였다. 여기서는 함자동사와 약동사의 명령형을 살펴보도록 한다. 함자동사 가운데 첫 자음에 함자가 오거나 약동사 가운데 첫 자음에 약자음 و 나 ي 가 있는 동사의 경우 그 명령형 꼴이 아래와 같이 변화한다. 함자동사와 약동사에 대해서는 곧 자세하게 공부하게 된다.

(1) 함자동사(الْفِعْلُ الْمَهْمُوزُ)의 명령형

أَخَذَ , أَكَلَ , أَمَرَ 등의 동사는 그 첫 자음이 함자인 함자동사(الْفِعْلُ الْمَهْمُوزُ)이다. 이 경우의 명령형은 아래와 같이 첫 자음이 탈락한 형태가 된다.

			أَخَذَ/ يَأْخُذُ هـ		أَكَلَ/ يَأْكُلُ هـ	
			의미	명령형(فِعْلُ الْأَمْرِ)	의미	명령형(فِعْلُ الْأَمْرِ)
2인칭	남성단수	أَنْتَ	네가(m.) 취하라	خُذْ	네가(m.) 먹어라	كُلْ
	여성단수	أَنْتِ	네가(f.) 취하라	خُذِي	네가(f.) 먹어라	كُلِي
	남녀쌍수	أَنْتُمَا	너희 두 사람이 취하라	خُذَا	너희 두 사람이 먹어라	كُلَا
	남성복수	أَنْتُمْ	너희들(m.)이 취하라	خُذُوا	너희들(m.)이 먹어라	كُلُوا
	여성복수	أَنْتُنَّ	너희들(f.)이 취하라	خُذْنَ	너희들(f.)이 먹어라	كُلْنَ

(2) 수약동사(الْفِعْلُ الْمِثَالُ)의 명령형

약동사 가운데 첫 자음이 و 혹은 ي 로 시작되는 동사의 명령형도 아래와 같이 첫 자음이 탈락한 형태가 된다.

			وَضَعَ/ يَضَعُ هـ		وَجَدَ/ يَجِدُ هـ	
			의미	명령형(فِعْلُ الْأَمْرِ)	의미	명령형(فِعْلُ الْأَمْرِ)
2인칭	남성단수	أَنْتَ	네가(m.) ..을 놓아라	ضَعْ	네가(m.) ..을 발견하라	جِدْ
	여성단수	أَنْتِ	네가(f.) ..을 놓아라	ضَعِي	네가(f.) ..을 발견하라	جِدِي
	남녀쌍수	أَنْتُمَا	너희 두 사람이 ..을 놓아라	ضَعَا	너희 두 사람이 ..을 발견하라	جِدَا
	남성복수	أَنْتُمْ	너희들(m.)이 ..을 놓아라	ضَعُوا	너희들(m.)이 ..을 발견하라	جِدُوا
	여성복수	أَنْتُنَّ	너희들(f.)이 ..을 놓아라	ضَعْنَ	너희들(f.)이 ..을 발견하라	جِدْنَ

(3) 간약동사(الفِعْلُ الأَجْوَفُ)의 명령형

a. 중간자음에 و 가 오는 동사 – 약자음 و 가 탈락하고 و 에 해당되는 모음 담마가 첫자음에 붙음

			كَانَ/ يَكُونُ		قَالَ/ يَقُولُ هـ	
			명령형 (فِعْلُ الأَمْرِ)	의미	명령형 (فِعْلُ الأَمْرِ)	의미
2인칭	남성단수	أَنْتَ	كُنْ	네가(m.) 되라	قُلْ	네가(m.) 말하라
	여성단수	أَنْتِ	كُونِي	네가(f.) 되라	قُولِي	네가(f.) 말하라
	남녀쌍수	أَنْتُمَا	كُونَا	너희 두 사람이 되라	قُولَا	너희 두 사람이 말하라
	남성복수	أَنْتُمْ	كُونُوا	너희들(m.)이 되라	قُولُوا	너희들(m.)이 말하라
	여성복수	أَنْتُنَّ	كُنَّ	너희들(f.)이 되라	قُلْنَ	너희들(f.)이 말하라

b. 중간자음에 ي 가 오는 동사 – 약자음 ي 가 탈락하고 ي 에 해당되는 모음 카스라가 첫자음에 붙음

			سَارَ/ يَسِيرُ		بَاعَ/ يَبِيعُ هـ	
			명령형 (فِعْلُ الأَمْرِ)	의미	명령형 (فِعْلُ الأَمْرِ)	의미
2인칭	남성단수	أَنْتَ	سِرْ	네가(m.) 걸어라	بِعْ	네가(m.) 팔아라
	여성단수	أَنْتِ	سِيرِي	네가(f.) 걸어라	بِيعِي	네가(f.) 팔아라
	남녀쌍수	أَنْتُمَا	سِيرَا	너희 두 사람이 걸어라	بِيعَا	너희 두 사람이 팔아라
	남성복수	أَنْتُمْ	سِيرُوا	너희들(m.)이 걸어라	بِيعُوا	너희들(m.)이 팔아라
	여성복수	أَنْتُنَّ	سِرْنَ	너희들(f.)이 걸어라	بِعْنَ	너희들(f.)이 팔아라

c. 중간자음에 ا 이 오는 동사 – 약자음 ا 가 탈락하고 ا 에 해당되는 모음 파트하가 첫자음에 붙음

			خَافَ/ يَخَافُ		نَامَ/ يَنَامُ	
			명령형 (فِعْلُ الأَمْرِ)	의미	명령형 (فِعْلُ الأَمْرِ)	의미
2인칭	남성단수	أَنْتَ	خَفْ	네가(m.) 두려워하라	نَمْ	네가(m.) 잠자라
	여성단수	أَنْتِ	خَافِي	네가(f.) 두려워하라	نَامِي	네가(f.) 잠자라
	남녀쌍수	أَنْتُمَا	خَافَا	너희 두 사람이 두려워하라	نَامَا	너희 두 사람이 잠자라
	남성복수	أَنْتُمْ	خَافُوا	너희들(m.)이 두려워하라	نَامُوا	너희들(m.)이 잠자라
	여성복수	أَنْتُنَّ	خَفْنَ	너희들(f.)이 두려워하라	نَمْنَ	너희들(f.)이 잠자라

(4) 말약동사(الْفِعْلُ النَّاقِصُ)의 명령형

어근 끝자음에 약자음이 온 경우 단축법의 변화에 따라 어근 끝자음이 탈락된다.

			دَعَا/ يَدْعُو هـ إلى		بَنَى/ يَبْنِي هـ	
			의미	명령형 (فِعْلُ الأَمْرِ)	의미	명령형 (فِعْلُ الأَمْرِ)
2인칭	남성단수	أَنْتَ	네가(m.) 초청하라	اُدْعُ	네가(m.) 건축하라	اِبْنِ
	여성단수	أَنْتِ	네가(f.) 초청하라	اُدْعِي	네가(f.) 건축하라	اِبْنِي
	남녀쌍수	أَنْتُمَا	너희 두 사람이 초청하라	اُدْعُوَا	너희 두 사람이 건축하라	اِبْنِيَا
	남성복수	أَنْتُمْ	너희들(m.)이 초청하라	اُدْعُوا	너희들(m.)이 건축하라	اِبْنُوا
	여성복수	أَنْتُنَّ	너희들(f.)이 초청하라	اُدْعُونَ	너희들(f.)이 건축하라	اِبْنِينَ

			نَسِيَ/ يَنْسَى هـ	
			의미	명령형 (فِعْلُ الأَمْرِ)
2인칭	남성단수	أَنْتَ	네가(m.) 잊으라	اِنْسَ
	여성단수	أَنْتِ	네가(f.) 잊으라	اِنْسَيْ
	남녀쌍수	أَنْتُمَا	너희 두 사람이 잊으라	اِنْسَيَا
	남성복수	أَنْتُمْ	너희들(m.)이 잊으라	اِنْسَوْا
	여성복수	أَنْتُنَّ	너희들(f.)이 잊으라	اِنْسَيْنَ

** 여러가지 동사의 명령형 형태들이 이 책의 '약동사 변화' 혹은 이 책 '부록 – 동사변화표'에 기록되어 있다. 참고하기 바란다.

(5) 이중약동사(الْفِعْلُ اللَّفِيفُ)의 명령형

이중약동사 가운데 어근 첫 번째와 세 번째 자음이 약자음인 경우 단축법의 변화에 따라 어근 첫 번째와 세 번째 자음이 탈락된다.

			وَفَى/ يَفِي بـ		وَلِيَ/ يَلِي هـ	
			의미	명령형 (فِعْلُ الأَمْرِ)	의미	명령형 (فِعْلُ الأَمْرِ)
2인칭	남성단수	أَنْتَ	네가(m.) 이행하라	فِ	네가(m.) 관리하라	لِ
	여성단수	أَنْتِ	네가(f.) 이행하라	فِي	네가(f.) 관리하라	لِي
	남녀쌍수	أَنْتُمَا	너희 두 사람이 이행하라	فِيَا	너희 두 사람이 관리하라	لِيَا
	남성복수	أَنْتُمْ	너희들(m.)이 이행하라	فُوا	너희들(m.)이 관리하라	لُوا
	여성복수	أَنْتُنَّ	너희들(f.)이 이행하라	فِينَ	너희들(f.)이 관리하라	لِينَ

→ 이중약동사 가운데 어근 두 번째와 세 번째 자음이 약자음인 경우는 말약동사의 변화와 같은 원리이다.

4) 4자음 원형동사의 명령형

4자음 원형동사의 경우 2인칭 단축법 형태에서 미완료 표지 불변사(حَرْفُ الْمُضَارِعِ) ت 를 떼어내면 명령형 동사가 된다.

			의미	단축법(مَجْزُوم)	명령형(فِعْلُ الْأَمْرِ)
2인칭	남성 단수	أَنْتَ	네가(m.) 번역하라	تُتَرْجِمْ	تَرْجِمْ
	여성 단수	أَنْتِ	네가(f.) 번역하라	تُتَرْجِمِي	تَرْجِمِي
	남녀 쌍수	أَنْتُمَا	너희 두 사람이 번역하라	تُتَرْجِمَا	تَرْجِمَا
	남성 복수	أَنْتُمْ	너희들(m.)이 번역하라	تُتَرْجِمُوا	تَرْجِمُوا
	여성 복수	أَنْتُنَّ	너희들(f.)이 번역하라	تُتَرْجِمْنَ	تَرْجِمْنَ

5) 불규칙으로 변화하는 명령형

아랍어 동사들 가운데 그 명령형 형태가 동사의 어근과 전혀 상관없이 완전히 불규칙적으로 변화하는 단어가 있다. '오다(to come)'라는 의미의 أَتَى/ يَأْتِي 혹은 جَاءَ/ يَجِيءُ 단어와 '가져오다(to bring)라는 의미의 أَحْضَرَ/ يُحْضِرُ 가 여기에 해당된다.

			أَحْضَرَ/ يُحْضِرُ هـ		أَتَى/ يَأْتِي 혹은 جَاءَ/ يَجِيءُ	
			의미	명령형(فِعْلُ الْأَمْرِ)	의미	명령형(فِعْلُ الْأَمْرِ)
2인칭	남성 단수	أَنْتَ	네가(m.) 가져와라	هَاتِ	네가(m.) 오라	تَعَالَ
	여성 단수	أَنْتِ	네가(f.) 가져와라	هَاتِي	네가(f.) 오라	تَعَالَيْ
	남녀 쌍수	أَنْتُمَا	너희 두 사람이 가져와라	هَاتِيَا	너희 두 사람이 오라	تَعَالَيَا
	남성 복수	أَنْتُمْ	너희들(m.)이 가져와라	هَاتُوا	너희들(m.)이 오라	تَعَالَوْا
	여성 복수	أَنْتُنَّ	너희들(f.)이 가져와라	هَاتِينَ	너희들(f.)이 오라	تَعَالَيْنَ

이와같이 불규칙으로 변화하는 명령형 형태를 명령형의 의미를 가진 '**동사성 명사**(اسْمُ الْفِعْلِ)'라 한다. 다른 동사성 명사들은 인칭의 변화가 없는 반면 이 동사성 명사들은 2인칭에서만 인칭에 따른 변화가 있다. 동사성 명사에 대해서는 이 책 제I권 마지막 부분에서 다루고 있다.

한편 위의 동사들은 원래의 규칙적인 명령형 형태로도 사용할 수 있지만 많이 사용되지는 않는다. 원래의 명령형 형태는 각각 اِئْتِ – اِئْتِي – اِئْتِيَا – اِئْتُوا – اِئْتِينَ 와 جِئْ – جِيئِي – جِيئَا – جِيئُوا – جِئْنَ 그리고 أَحْضِرْ – أَحْضِرِي – أَحْضِرَا – أَحْضِرُوا – أَحْضِرْنَ 이다.

6) 명령문 예문

당신의 아버지와 어머니를 공경하라.	أَكْرِمْ أَبَاكَ وَأُمَّكَ.
당신(f.)이 공부할 때 그 사전을 사용하라.	اِسْتَخْدِمِي الْقَامُوسَ عِنْدَ دِرَاسَتِكِ.
당신 둘은 내 펜을 찾아라.	اِبْحَثَا عَنْ قَلَمِي.
당신들(m.)은 내 친구와 인사하라.	سَلِّمُوا عَلَى صَدِيقِي.
당신들(f.)은 집으로 돌아와라.	اِرْجِعْنَ إِلَى الْبَيْتِ.
당신은 시장에 가서 사과를 사라.	اِذْهَبْ إِلَى السُّوقِ وَاشْتَرِ التُّفَّاحَ.
당신(f.)은 당신 여자친구에게 말해서 그녀를 잘 이해시켜라.	كَلِّمِي صَدِيقَتَكِ وَأَفْهِمِيهَا جَيِّدًا.
당신 둘은 매일 아랍어를 공부하라.	اُدْرُسَا اللُّغَةَ الْعَرَبِيَّةَ كُلَّ يَوْمٍ.
당신들(m.)은 이 파티에서 먹고 마셔라.	كُلُوا وَاشْرَبُوا فِي هَذِهِ الْحَفْلَةِ.
당신들(f.)은 강의를 듣고 숙제를 기록하라.	اِسْتَمِعْنَ إِلَى الْمُحَاضَرَةِ وَاكْتُبْنَ الْوَاجِبَ.
당신 둘은 내일 아침 오시오. (명령형 남녀 쌍수)	تَعَالَيَا غَدًا فِي الصَّبَاحِ.

** 사람이나 사물을 목적어로 취하는 타동사가 인칭대명사를 목적어로 취하는 경우 명령형 뒤에 목적격 접미 인칭 대명사가 온다.

당신은 그를 때려라.	اِضْرِبْهُ.
당신(f.)은 우리를 도와라.	سَاعِدِينَا.
당신 둘은 그들을 가르쳐라.	عَلِّمَاهُمْ.
당신들(m.)은 나를 데려가라. (خُذُوا + نِي, ا 탈락됨)	خُذُونِي.
당신들(f.)은 그녀를 영접하라.	اِسْتَقْبِلْنَهَا.

** 원형동사나 첨가동사 Ⅶ형, Ⅷ형, Ⅸ형, Ⅹ형의 명령형 동사의 접두사로 사용되는 'ا'는 연결함자(هَمْزَةُ الْوَصْلِ)이기에 그 앞에 다른 모음이 올 경우 연결함자의 법칙에 따라 발음되지 않는다. (아래에서 وَ 이후에 사용된 ا의 경우)

앉아서 써라.	اِجْلِسْ وَاكْتُبْ.
너의 단원을 기록하고 공부하라.	اُكْتُبْ دَرْسَكَ وَادْرُسْ.
그 문으로 가서 그것을 열어라.	اِذْهَبْ لِلْبَابِ وَافْتَحْهُ.
너희 둘은 여기와서 나를 기다려라.	تَعَالَيَا هُنَا وَانْتَظِرَانِي.

제28과 동사의 격변화 – 동사의 서법 변화

** 아랍어 동사 변화 정리

지금까지 배운 강동사의 완료형과 미완료형의 직설법, 접속법, 단축법, 명령형 모두를 دَرَسَ/يَدْرُسُ 동사를 기준으로 한 도표에 정리한 것이다.

			완료형 الْفِعْلُ الْمَاضِي	미완료형 الْفِعْلُ الْمُضَارِعُ			
				직설법 (مَرْفُوعٌ)	접속법 (مَنْصُوبٌ)	단축법 (مَجْزُومٌ)	명령형 (فِعْلُ الْأَمْرِ)
3인칭	남성단수	هُوَ	دَرَسَ	يَدْرُسُ	يَدْرُسَ	يَدْرُسْ	
	여성단수	هِيَ	دَرَسَتْ	تَدْرُسُ	تَدْرُسَ	تَدْرُسْ	
	남성쌍수	هُمَا	دَرَسَا	يَدْرُسَانِ	يَدْرُسَا	يَدْرُسَا	
	여성쌍수	هُمَا	دَرَسَتَا	تَدْرُسَانِ	تَدْرُسَا	تَدْرُسَا	
	남성복수	هُمْ	دَرَسُوا	يَدْرُسُونَ	يَدْرُسُوا	يَدْرُسُوا	
	여성복수	هُنَّ	دَرَسْنَ	يَدْرُسْنَ	يَدْرُسْنَ	يَدْرُسْنَ	
2인칭	남성단수	أَنْتَ	دَرَسْتَ	تَدْرُسُ	تَدْرُسَ	تَدْرُسْ	أُدْرُسْ
	여성단수	أَنْتِ	دَرَسْتِ	تَدْرُسِينَ	تَدْرُسِي	تَدْرُسِي	أُدْرُسِي
	남녀쌍수	أَنْتُمَا	دَرَسْتُمَا	تَدْرُسَانِ	تَدْرُسَا	تَدْرُسَا	أُدْرُسَا
	남성복수	أَنْتُمْ	دَرَسْتُمْ	تَدْرُسُونَ	تَدْرُسُوا	تَدْرُسُوا	أُدْرُسُوا
	여성복수	أَنْتُنَّ	دَرَسْتُنَّ	تَدْرُسْنَ	تَدْرُسْنَ	تَدْرُسْنَ	أُدْرُسْنَ
1인칭	남녀단수	أَنَا	دَرَسْتُ	أَدْرُسُ	أَدْرُسَ	أَدْرُسْ	
	남녀쌍수·복수	نَحْنُ	دَرَسْنَا	نَدْرُسُ	نَدْرُسَ	نَدْرُسْ	

→ 동사의 인칭변화에 대한 모든 내용이 이 도표에 다 들어있다.

→ II형 패턴에서 X형 패턴의 동사들과 악동사들의 변화는 앞으로 배울 것이다.

→ 파란색 표기는 완료형과 미완료형 직설법에서 유의할 부분들이고, 빨간색 표기는 미완료형 접속법과 미완료형 단축법에서의 유의할 부분들이다.

→ 3인칭 여성 복수와 2인칭 여성 복수의 경우 직설법과 접속법, 그리고 단축법의 형태가 불격변화(مَبْنِيٌّ)이다.

→ 위의 회색 블록은 다섯 가지 인칭(أَنْتُمْ, أَنْتُمَا, أَنْتِ, هُمْ, هُمَا)에 따른 동사의 변화이다. 이를 다섯 동사(الْأَفْعَالُ الْخَمْسَةُ)라 한다. 이 다섯 동사의 격변화 표지가 동일하기에 다섯 가지 인칭을 기억해 두면 편리하다.

구분의 알리프 'ا' (الألِفُ الفارِقَةُ) 의 탈락에 대해

완료형의 3인칭 남성 복수 동사와, 접속법과 단축법의 2인칭 남성 복수와 3인칭 남성 복수 동사, 명령형의 2인칭 남성 복수 동사에 공통적으로 구분의 알리프 'ا'(الألِفُ الفارِقَةُ)가 사용된다. (구분의 알리프는 전연결어로 사용된 남성 규칙복수와의 구분을 위해서 사용하는 기호이다. 이 책 제I권 '동사의 인칭 변화 익히기' 부분에서 확인하라)

그러나 이러한 인칭들의 동사 뒤에 접미 인칭대명사가 사용될 경우 구분의 알리프 'ا'는 탈락된다.

완료형에서 (3인칭 남성 복수에서)

그들이 그에게 물었다. (ه + سَأَلُوا)	سَأَلُوهُ.
그들이 우리에게 말했다. (نا + كَلَّمُوا)	كَلَّمُونا.

접속법과 단축법에서 (2인칭 남성 복수와 3인칭 남성 복수에서)

아래와 같이 미완료형 접속법 혹은 미완료형 단축법 동사의 2인칭 남성 복수 혹은 3인칭 남성 복수형태에 접미인칭대명사가 붙을 경우 'ا'이 탈락한다.

그들은 당신을 이해하지 못할 것이다. (كَ + لَنْ يَفْهَمُوا)	لَنْ يَفْهَمُوكَ.
당신들이 나에게 말하지 않았다. (ني + لَمْ تُكَلِّمُوا)	لَمْ تُكَلِّمُوني.

명령형에서 (2인칭 남성 복수에서)

함께 기도합시다.(Let's pray)(2인칭 복수 명령형) (نا + دَعُوا)	دَعُونا نُصَلِّ.

부정 명령형에서 (2인칭 남성 복수에서)

너희들은(m.pl) 그것을 기록하지 마라. (ها + تَكْتُبُوا)	لاَ تَكْتُبُوهَا.

**그러나 미완료형 직설법 (2인칭 남성 복수와 3인칭 남성 복수에서)에서는 구분의 알리프가 원래부터 사용되지 않는다.

그들은 당신을 이해할 것이다. (كَ + يَفْهَمُونَ)	سَوْفَ يَفْهَمُونَكَ.
당신들이 우리에게 질문할 것이다. (نا + تَسْأَلُونَ)	سَوْفَ تَسْأَلُونَنَا.

제 29 과 첨가동사(الفِعلُ المَزيدُ)에 대해

1. Ⅱ형 동사 패턴 - فَعَّلَ / يُفَعِّلُ
2. Ⅲ형 동사 패턴 - فَاعَلَ / يُفَاعِلُ
3. Ⅳ형 동사 패턴 - أَفْعَلَ / يُفْعِلُ
4. Ⅴ형 동사 패턴 - تَفَعَّلَ / يَتَفَعَّلُ
5. Ⅵ형 동사 패턴 – تَفَاعَلَ / يَتَفَاعَلُ
6. Ⅶ형 동사 패턴 – انْفَعَلَ / يَنْفَعِلُ
7. Ⅷ형 동사 패턴 - افْتَعَلَ / يَفْتَعِلُ
8. Ⅸ형 동사 패턴 - افْعَلَّ / يَفْعَلُّ
9. Ⅹ형 동사 패턴 – اسْتَفْعَلَ / يَسْتَفْعِلُ

** 동사에 따른 예문들

제 29 과 첨가동사(الفِعْلُ المَزِيدُ)에 대해 - 첨가동사의 패턴을 알면 어휘가 보인다.

원형동사에 자음이 추가되어 일정한 패턴을 가진 다른 동사가 될 때 이를 첨가동사(الفِعْلُ المَزِيدُ)라 한다. 이렇게 자음이 추가되어 첨가동사가 될 때 많은 경우는 원형동사와 첨가동사 사이에 의미의 연관성을 가지게 되는데 이러한 첨가동사의 패턴의 변화와 그 의미의 연관성에 대해 공부하는 것이 본과의 학습목표이다.

첨가동사는 두 종류인데 3 자음 원형동사에서 파생된 첨가동사와 4 자음 원형동사에서 파생된 첨가동사가 그것이다.

3 자음 원형동사에서 파생된 첨가동사(الفِعْلُ المَزِيدُ الثُّلَاثِيُّ)는 Ⅱ형 동사에서 Ⅹ형 동사까지 아홉 가지가 있다. 이번 과에서는 3 자음 원형동사에서 파생된 첨가동사를 다루며, 다음 과에서는 4 자음 원형동사에서 파생된 첨가동사를 공부한다.

첨가동사와 그것의 파생형태인 동명사와 분사들은 그 패턴을 알기만 하면 쉽게 어휘들을 익힐 수 있다. 따라서 이 과는 아주 효과적인 공부라 할 수 있다. 첨가동사의 패턴을 알면 어휘가 보인다.

어근 3 자음으로 이루어진 동사, 즉 فَعَلَ (فَعِلَ 와 فَعُلَ 포함) 패턴이 다른 패턴으로 바뀐 경우와 그 의미의 연관성의 예를 살펴보자.

예를 들어 دَرَسَ 동사(배우다)의 중간자음에 같은 자음 ر 가 중복되면 '가르치다'란 의미의 Ⅱ형 첨가동사인 دَرَّسَ 가 된다. 이때 دَرَسَ 는 '공부하다'의 의미이고, دَرَّسَ 는 '가르치다'는 의미가 되므로 두 단어 사이에는 '공부'란 부분에서 의미의 연관성이 있게 된다.

많은 첨가동사는 원형동사를 기준하여 파생되며, 어떤 첨가동사들은 파생된 다른 동사를 기준으로 또 다르게 파생되기도 한다.

일반적으로 첨가동사는 원형동사나 기준동사 혹은 기준명사와 의미의 연관성을 가진다. 그러나 모든 첨가동사가 원형동사나 기준동사 혹은 기준명사와 의미의 연관성을 가지는 것은 아니다. 따라서 이 의미의 연관성이 첨가동사의 절대적인 기준이 될 수는 없다. 그러므로 첨가동사 단어들을 익힐 때 각각의 단어들이 문장 자체에서 어떤 의미로 사용되는지를 파악하고 어휘를 익혀나가는 것이 필요하다 하겠다.

		동사의 종류	특징
원형동사 (الفِعْلُ المُجَرَّدُ)	①	3 자음 원형동사(الفِعْلُ المُجَرَّدُ الثُّلَاثِيُّ)	어근 3 자음이 원형동사를 이룸. 즉 فَعَلَ 나 فَعِلَ 혹은 فَعُلَ 패턴으로 된 동사
	②	4 자음 원형동사(الفِعْلُ المُجَرَّدُ الرُّبَاعِيُّ)	어근 4 자음이 원형동사를 이룸
첨가동사 (الفِعْلُ المَزِيدُ)	①	3 자음 첨가동사(الفِعْلُ المَزِيدُ الثُّلَاثِيُّ)	3자음 원형동사에서 일정한 자음이 추가되어 형성된 동사 (10형식 동사표의 Ⅱ형식에서 Ⅹ형식 까지의 동사들이다.)
	②	4 자음 첨가동사(الفِعْلُ المَزِيدُ الرُّبَاعِيُّ)	4 자음 원형동사에서 일정한 자음이 추가되어 형성된 동사

1. Ⅱ형 동사 패턴 - فَعَّلَ / يُفَعِّلُ   동명사 패턴 - تَفْعِيل 혹은 تَفْعِلَة

Ⅱ형 동사의 완료형 패턴은 원형동사의 중간자음에 같은 자음이 첨가자음으로 중복되어 فَعَّلَ 가 되고, 미완료형 패턴은 يُفَعِّلُ 가 된다. 이 때 미완료형의 첫 자음인 미완료 표지 불변사(حَرْفُ الْمُضَارِعِ) 'ﻳ'에 붙은 모음은 담마(u)이며, 인칭에 따른 접두&접미자음의 변화와 서법(직설법, 접속법, 단축법)의 변화는 원형동사와 같다. 그 외 Ⅱ형 동사의 파생형태는 다음과 같다.

패턴	수동분사	능동분사	동명사	명령형	미완료형	완료형
패턴	مُفَعَّلٌ	مُفَعِّلٌ	تَفْعِيلٌ	فَعِّلْ	يُفَعِّلُ	فَعَّلَ
가르치다	مُدَرَّسٌ	مُدَرِّسٌ	تَدْرِيسٌ	دَرِّسْ	يُدَرِّسُ	دَرَّسَ
잘게 부수다, 분쇄하다	مُكَسَّرٌ	مُكَسِّرٌ	تَكْسِيرٌ	كَسِّرْ	يُكَسِّرُ	كَسَّرَ

Ⅱ형 동사의 의미의 연관성은 세 가지 종류가 있다. 첫 번째는 사역의 의미('...에게 ...을 시키다', '...에게 ...을 하게 하다'의 의미)를 가지는 동사들이 있고, 두 번째는 원형동사에 강력한 힘을 가하는 의미 혹은 원형동사의 동작을 여러 번 반복하는 의미를 가지는 동사들이 있다. 세 번째는 기준형 명사를 이용해 연관된 어떤 것을 적용해 나가는 의미가 있는 동사들이 있다.

1) 사역의 의미 (التَّعْدِيَة)

아래의 동사들은 '..에게 원형동사의 행위를 하게 하다', '..에게 ..을 시키다'의 의미를 가진다. 사역의 의미를 가진 동사를 두 종류로 나눌 수 있는데 먼저는 자동사가 타동사로 바뀌어 목적어를 한 개 취하는 단어들과, 두 번째는 목적어를 한 개 가진 타동사가 목적어를 두 개 가진 타동사로 바뀌는 단어들이 있다.

(1) 자동사가 타동사로 바뀌는 경우

원형동사			Ⅱ형 동사와 동명사		
잠자다 (ن - و - م)	نَامَ / يَنَامُ	잠재우다	تَنْوِيمٌ	نَوَّمَ / يُنَوِّمُ ه
기뻐하다, 즐거워하다	فَرِحَ / يَفْرَحُ بِـ	기쁘게 하다	تَفْرِيحٌ	فَرَّحَ / يُفَرِّحُ ه
..에 가깝다, 가까이 있다	قَرُبَ / يَقْرُبُ مِنْ	..을 가까이 하다	تَقْرِيبٌ	قَرَّبَ / يُقَرِّبُ هـ مِنْ
밖으로 나가다	خَرَجَ / يَخْرُجُ	밖으로 내보내다, 끄집어 내다	تَخْرِيجٌ	خَرَّجَ / يُخَرِّجُ هـ أَوْ ه
돌아오다, 돌아가다	رَجَعَ / يَرْجِعُ	돌려주다, 돌려보내다, 반환하다	تَرْجِيعٌ	رَجَّعَ / يُرَجِّعُ هـ أَوْ ه
앓다, 병에 걸리다	مَرِضَ / يَمْرَضُ	(환자를) 간호하다	تَمْرِيضٌ	مَرَّضَ / يُمَرِّضُ ه

(2) 목적어를 한 개 가진 타동사가 목적어를 두 개 가진 타동사로 바뀌는 경우

원형동사			Ⅱ형 동사와 동명사		
마시다	شَرِبَ/ يَشْرَبُ هـ		마시게 하다	تَشْرِيبٌ	شَرَّبَ/ يُشَرِّبُ ه هـ
듣다	سَمِعَ/ يَسْمَعُ هـ		듣게 하다	تَسْمِيعٌ	سَمَّعَ/ يُسَمِّعُ ه هـ
타다(to ride)	رَكِبَ/ يَرْكَبُ هـ		조립하다 ; 탈 것에 태우다	تَرْكِيبٌ	رَكَّبَ/ يُرَكِّبُ ه هـ
알다(to know)	عَلِمَ/ يَعْلَمُ هـ		가르치다(to teach)	تَعْلِيمٌ	عَلَّمَ/ يُعَلِّمُ ه هـ
알다(to know), 인식하다	عَرَفَ/ يَعْرِفُ هـ		알게 하다(to let know about)	تَعْرِيفٌ	عَرَّفَ/ يُعَرِّفُ ه هـ
공부하다(to study)	دَرَسَ/ يَدْرُسُ هـ		가르치다(to teach)	تَدْرِيسٌ	دَرَّسَ/ يُدَرِّسُ ه هـ
나르다, 운반하다	حَمَلَ/ يَحْمِلُ هـ		싣다(to load), 짐 지우다 ; ..에게 ..을 지우다	تَحْمِيلٌ	حَمَّلَ/ يُحَمِّلُ ه هـ، هـ
언급하다 ; 기억하다	ذَكَرَ/ يَذْكُرُ هـ		언급하게 하다, 생각.기억나게하다	تَذْكِيرٌ	ذَكَّرَ/ يُذَكِّرُ ه بـ، ه هـ

예문

무함마드는 아랍어를 공부했다.	دَرَسَ مُحَمَّدٌ اللُّغَةَ الْعَرَبِيَّةَ.
무함마드는 나에게 아랍어를 가르쳤다.	دَرَّسَنِي مُحَمَّدٌ اللُّغَةَ الْعَرَبِيَّةَ.
그 소년은 집 밖으로 나갔다.	خَرَجَ الصَّبِيُّ مِنَ الْبَيْتِ.
그 아버지는 그의 아들을 집 밖으로 나가게 했다.	خَرَّجَ الْأَبُ ابْنَهُ مِنَ الْبَيْتِ.
그 소년은 자동차를 탔다.	رَكِبَ الصَّبِيُّ السَّيَّارَةَ.
그 아버지는 그의 아들을 자동차에 태웠다. (رَكِبَ의 Ⅳ형 동사인 أَرْكَبَ를 더 많이 사용한다.)	رَكَّبَ الْأَبُ ابْنَهُ السَّيَّارَةَ.

2) 힘을 가함(الْقُوَّة) 혹은 횟수의 많음(الْكَثْرَة)의 의미

원형동사의 의미에 힘을 가하든지 혹은 원형동사의 의미에 횟수를 여러번 반복시키는 의미를 지닌다.

원형동사			Ⅱ형 동사와 동명사		
깨뜨리다, 부수다	كَسَرَ/ يَكْسِرُ هـ		잘게 부수다, 분쇄하다, 산산히 부수다	تَكْسِيرٌ	كَسَّرَ/ يُكَسِّرُ هـ
자르다, 절단하다, 끊다	قَطَعَ/ يَقْطَعُ هـ		잘게 썰다, 조각내다	تَقْطِيعٌ	قَطَّعَ/ يُقَطِّعُ هـ
죽이다(to kill)	قَتَلَ/ يَقْتُلُ ه		대량학살하다 (to massacre)	تَقْتِيلٌ	قَتَّلَ/ يُقَتِّلُ ه أَوْ هـ
크다, 크게되다	كَبُرَ/ يَكْبُرُ		확대하다, 늘이다, 확장하다	تَكْبِيرٌ	كَبَّرَ/ يُكَبِّرُ هـ
모으다, 수집하다 ; 더하다	جَمَعَ/ يَجْمَعُ هـ		많이 모으다, 축적하다 ; 조립하다	تَجْمِيعٌ	جَمَّعَ/ يُجَمِّعُ هـ

씻다, 빨다	غَسَلَ/ يَغْسِلُ هـ	꼼꼼히씻다(시신 등), 말끔하게 빨다	تَغْسِيل	غَسَّلَ/ يُغَسِّلُ هـ
불태우다, 불사르다	حَرَقَ/ يَحْرُقُ هـ	모조리 불사르다, 모조리 태우다	تَحْرِيق	حَرَّقَ/ يُحَرِّقُ هـ

예문

그 아기는 유리를 깼다. (to break)	كَسَرَ الطِّفْلُ الزُّجَاجَ.
그 아기는 유리를 조각냈다. (to smash, break into pieces)	كَسَّرَ الطِّفْلُ الزُّجَاجَ.
그 학생은 그의 동료의 셔츠를 찢었다.	قَطَعَ الطَّالِبُ قَمِيصَ زَمِيلِهِ.
정육점 점원은 소고기를 잘게 썰었다.	قَطَّعَ الْجَزَّارُ لَحْمَ الْبَقَرِ.

3) 적용의 의미
기준형 명사를 이용해 연관된 어떤 것을 만들거나 연관된 사람에게 적용해 나가는 의미를 지닌다.

	기준형		II형 동사와 동명사	
이름 (س-م-و)	اسْم	이름을 짓다, 이름을 붙이다	تَسْمِيَة	سَمَّى/ يُسَمِّي هـ ه
천막	خَيْمَة	천막을 치다, 야영을 하다	تَخْيِيم	خَيَّمَ/ يُخَيِّمُ
명절	عِيد	명절을 보내다, 명절을 축하하다	تَعْيِيد	عَيَّدَ/ يُعَيِّدُ
평화	سَلَام	인사하다 ; (..에게)..을 넘겨주다	تَسْلِيم	سَلَّمَ/ يُسَلِّمُ عَلَى : هـ (إِلَى)
시스템	نِظَام	조직하다	تَنْظِيم	نَظَّمَ/ يُنَظِّمُ هـ
종류	نَوْع	다양하게 하다 ; 분류하다	تَنْوِيع	نَوَّعَ/ يُنَوِّعُ هـ
한계 ; 국경	حَدّ	..을 제한.한정하다, 규정.지정하다	تَحْدِيد	حَدَّدَ/ يُحَدِّدُ هـ

예문

나는 나의 아들을 무크타르라 이름지었다.	سَمَّيْتُ ابْنِي مُخْتَارًا.
그 부인은 그녀의 아이들을 (병) 간호한다.	تُمَرِّضُ الزَّوْجَةُ أَوْلَادَهَا.
우리는 사막에서 일주일동안 야영했다.	خَيَّمْنَا فِي الصَّحْرَاءِ أُسْبُوعًا.

4) 그외 주요 II형 단어들

기준형		II형 동사와 동명사	
결정	قَرَارٌ	결정하다	تَقْرِيرٌ / قَرَّرَ / يُقَرِّرُ هـ
말	كَلَامٌ	..에게 말하다, ..와 이야기하다	تَكْلِيمٌ / كَلَّمَ / يُكَلِّمُ ﻩ
×	×	제공하다, 제출하다	تَقْدِيمٌ / قَدَّمَ / يُقَدِّمُ هـ
×	×	임명하다, 지명하다, 채용하다	تَعْيِينٌ / عَيَّنَ / يُعَيِّنُ ﻩ
×	×	..를 ..에 추천하다	تَرْشِيحٌ / رَشَّحَ / يُرَشِّحُ ﻩ لـ
×	×	갚다, 지불하다 ; 겨누다, 목표로 하다	تَسْدِيدٌ / سَدَّدَ / يُسَدِّدُ هـ، إِلَى

→ 위의 × 표는 의미의 연관성을 가진 단어가 없다는 의미이다.

2. Ⅲ 형 동사 패턴 - فَاعَلَ/يُفَاعِلُ   동명사 패턴 - مُفَاعَلَةٌ (종종 فِعَالٌ 패턴도 사용된다)

Ⅲ 형 동사의 완료형 패턴은 원형동사의 첫 자음과 두 번째 자음 사이에 'ا' 이 첨가되어 فَاعَلَ 가 되고, 미완료형은 يُفَاعِلُ 가 된다. 이때 미완료형의 첫 자음인 미완료 표지 불변사 (حَرْفُ الْمُضَارِعِ) 'يَ' 에 붙은 모음은 Ⅱ형 동사에서와 같이 담마(u)이며, 인칭에 따른 접두&접미자음의 변화와 서법(직설법, 접속법, 단축법)의 변화는 원형동사와 같다. 그 외 Ⅲ형 동사의 파생형태는 다음과 같다.

	수동분사	능동분사	동명사	명령형	미완료형	완료형
패턴	مُفَاعَلٌ	مُفَاعِلٌ	مُفَاعَلَةٌ/فِعَالٌ	فَاعِلْ	يُفَاعِلُ	فَاعَلَ
보다, 시청하다	مُشَاهَدٌ	مُشَاهِدٌ	مُشَاهَدَةٌ	شَاهِدْ	يُشَاهِدُ	شَاهَدَ
..와 싸우다, 전쟁하다	مُقَاتَلٌ	مُقَاتِلٌ	مُقَاتَلَةٌ/قِتَالٌ	قَاتِلْ	يُقَاتِلُ	قَاتَلَ

Ⅲ 형 동사의 의미의 연관성에 있어 두 가지 종류가 있다. 먼저는 주어가 목적어와 상호동작하는 동사들이 있고, 다음은 동작을 계속하는 의미를 가진 동사들이 있다.

1) 상호동작(동작을 함께 함) (الْمُشَارَكَةُ)

주어가 목적어와 동작을 함께하거나 동작을 교환하는 상호동작의 의미를 지닌다. 이 동사들은 사람을 목적어로 취한다.(상호동작을 하는 단체나 나라 등도 가능하다)

원형동사 혹은 기준형			Ⅲ 형 동사와 동명사		
경기하다 ; …를 가지고 놀다	لَعِبَ/يَلْعَبُ هـ أَوْ بـ		…와 (서로) 놀다, …와 경기하다	مُلَاعَبَةٌ	لَاعَبَ/يُلَاعِبُ هـ
때리다	ضَرَبَ/يَضْرِبُ هـ		서로 싸우다, 치고 받고 싸우다; 투자하다	مُضَارَبَةٌ	ضَارَبَ/يُضَارِبُ هـ
적다, 기록하다 ; 편지를 쓰다	كَتَبَ/يَكْتُبُ هـ أَوْ إِلَى		편지를 주고 받다, 서신왕래를 하다	مُكَاتَبَةٌ	كَاتَبَ/يُكَاتِبُ هـ
앉다	جَلَسَ/يَجْلِسُ		…와 동석하다, 자리를 같이 하다	مُجَالَسَةٌ	جَالَسَ/يُجَالِسُ هـ
받아들이다	قَبِلَ/يَقْبَلُ هـ أَوْ هـ		…와 (서로) 만나다	مُقَابَلَةٌ	قَابَلَ/يُقَابِلُ هـ
일어서다 ; (..에 대항해)일어서다	قَامَ/يَقُومُ (عَلَى)		…에 저항하다, 투쟁하다	مُقَاوَمَةٌ	قَاوَمَ/يُقَاوِمُ هـ
죽이다	قَتَلَ/يَقْتُلُ هـ أَوْ هـ		…와 (서로) 싸우다, 전투하다	مُقَاتَلَةٌ، قِتَالٌ	قَاتَلَ/يُقَاتِلُ هـ
..을 하다, 일하다, 행하다	عَمِلَ/يَعْمَلُ هـ		…를 (서로) 대하다, 상대하다, 다루다	مُعَامَلَةٌ	عَامَلَ/يُعَامِلُ هـ
살다, 생활하다	عَاشَ/يَعِيشُ		..와 함께 살다	مُعَايَشَةٌ	عَايَشَ/يُعَايِشُ هـ
..를 앞서다, 선행하다(to precede)	سَبَقَ/يَسْبِقُ هـ أَوْ هـ		…와 (서로) 경주하다	مُسَابَقَةٌ، سِبَاقٌ	سَابَقَ/يُسَابِقُ هـ
전쟁	حَرْبٌ		…와 (서로) 싸우다, 전투하다, 전쟁을 하다	مُحَارَبَةٌ	حَارَبَ/يُحَارِبُ هـ
편지, 메시지	رِسَالَةٌ		…와 편지(서신)을 주고 받다	مُرَاسَلَةٌ	رَاسَلَ/يُرَاسِلُ هـ

예문

싸미르는 무함마드에게 편지를 썼다. (한 번 편지를 씀)	كَتَبَ سَمِيرٌ إِلَى مُحَمَّدٍ.
싸미르는 무함마드와 편지를 주고받았다. (목적어가 주어와 함께 동작에 참여. 서로 편지를 주고받음)	كَاتَبَ سَمِيرٌ مُحَمَّدًا.
싸미르는 그의 친구와 함께 앉았다. (한 번 같이 앉음.)	جَلَسَ سَمِيرٌ مَعَ صَدِيقِهِ.
싸미르는 그의 친구와 함께 앉았다. (목적어가 주어와 함께 상호동작.)	جَالَسَ سَمِيرٌ صَدِيقَهُ.
그 소년은 그의 친구를 때렸다.	ضَرَبَ الصَّبِيُّ صَدِيقَهُ.
그 소년은 그의 친구와 싸웠다. (목적어가 주어와 함께 상호 동작을 교환함)	ضَارَبَ الصَّبِيُّ صَدِيقَهُ.
그 강도는 그 가정주부를 죽였다.	قَتَلَ اللِّصُّ رَبَّةَ الْمَنْزِلِ.
우리 군대는 우리의 적과 전투했다.	قَاتَلَ جُنُودُنَا عَدُوَّنَا.
브라질이 스페인과 경기를 했다. (목적어가 주어와 함께 상호 동작을 교환함)	لَاعَبَتِ الْبَرَازِيلُ إِسْبَانِيَا.

2) 동작을 계속함 (الْمُتَابَعَة)

아래의 동사들은 Ⅲ형 동사 자체의 의미가 동작을 계속함 혹은 상태의 계속됨의 의미이다.

원형동사			Ⅲ형 동사와 동명사	
요구하다, 요청하다	طَلَبَ / يَطْلُبُ هـ مِنْ	(요구할 권리가 있는 것을) 계속 요구하다	مُطَالَبَة	طَالَبَ / يُطَالِبُ بِ ـ
따르다, 추종하다	تَبِعَ / يَتْبَعُ هـ أَوْ هـ	계속하다, 계속 수행하다	مُتَابَعَة	تَابَعَ / يُتَابِعُ هـ
목격하다, 증인이 되다; 출석하다	شَهِدَ / يَشْهَدُ هـ	시청하다, 관찰하다, 구경하다	مُشَاهَدَة	شَاهَدَ / يُشَاهِدُ هـ

예문

시위자들은 자신들의 권리를 요구한다. (요구할 권리가 있는 것을 지속적으로)	يُطَالِبُ الْمُتَظَاهِرُونَ بِحُقُوقِهِمْ.
그 남자는 그 경기를 시청했다. (계속해서 봄)	شَاهَدَ الرَّجُلُ الْمُبَارَاةَ.
싸미르는 대학에서 공부를 계속했다.	تَابَعَ سَمِيرٌ الدِّرَاسَةَ فِي الْجَامِعَةِ.

3) 그외 주요 Ⅲ형 단어들

기준형		Ⅲ형 동사와 동명사		
여행	سَفَرٌ	여행하다	مُسَافَرَةٌ	سَافَرَ/ يُسَافِرُ
×	×	..를 돕다	مُسَاعَدَةٌ	سَاعَدَ/ يُسَاعِدُ ه
×	×	(..에게) 강의하다	مُحَاضَرَةٌ	حَاضَرَ/ يُحَاضِرُ (ه)
×	×	..를 놀라게 하다	مُفَاجَأَةٌ	فَاجَأَ/ يُفَاجِئُ ه
..을 다스리다 ; 판결하다	حَكَمَ/ يَحْكُمُ ه أَوْ هـ	재판하다 ; 기소하다	مُحَاكَمَةٌ	حَاكَمَ/ يُحَاكِمُ ه
알맞다, 적절하다	وَفِقَ/ يَفِقُ	동의하다, 찬동하다	مُوَافَقَةٌ	وَافَقَ/ يُوَافِقُ (ه) عَلَى
…에게 ..을 허락하다	سَمَحَ/ يَسْمَحُ لـ ه	용서하다	مُسَامَحَةٌ	سَامَحَ/ يُسَامِحُ ه عَلَى

3. Ⅳ형 동사 패턴 - أَفْعَلَ / يُفْعِلُ   동명사의 패턴 - إِفْعَال (종종 إِفَالَة 패턴도 사용된다.)

Ⅳ형 동사의 완료형 패턴은 원형동사의 첫 자음 앞에 함자가 붙은 알리프 'أ'가 첨가되어 أَفْعَلَ 가 되고, 미완료형은 يُفْعِلُ 가 된다. 이때 미완료형의 첫 자음인 미완료 표지 불변사(حَرْفُ الْمُضَارِع) 'يـ'에 붙은 모음은 Ⅱ형과 Ⅲ형 동사에서와 같이 담마(u)이며, 인칭에 따른 접두&접미자음의 변화와 서법의 변화는 원형동사와 같다. 그 외 Ⅳ형 동사의 파생형태는 다음과 같다.

패턴	수동분사	능동분사	동명사	명령형	미완료형	완료형
	مُفْعَل	مُفْعِل	إِفْعَال	أَفْعِلْ	يُفْعِلُ	أَفْعَلَ
공경하다 ; 잘 대접하다	مُكْرَم	مُكْرِم	إِكْرَام	أَكْرِمْ	يُكْرِمُ	أَكْرَمَ
무슬림이 되다	مُسْلَم	مُسْلِم	إِسْلَام	أَسْلِمْ	يُسْلِمُ	أَسْلَمَ

Ⅳ형 동사의 의미의 연관성에 있어 두 가지 종류가 있다. 첫째는 사역의 의미이고, 두 번째는 어떤 것에 귀의(歸依)하는 의미이다.

1) 사역의 의미 (التَّعْدِيَة)

아래의 동사는 '…에게 …을 시키다', '..에게 ..을 하게 하다'의 사역의 의미가 된다. 이 동사에는 자동사가 타동사가 되어 목적어를 하나 취하는 동사가 있고, 목적어를 하나 취하는 타동사가 목적어를 두 개 취하는 타동사가 되는 경우들도 있다.

(1) 자동사가 타동사가 되는 동사들

	원형동사		Ⅳ형 동사와 동명사	
밖으로 나가다	خَرَجَ / يَخْرُجُ	내보내다, 나가게 하다, 꺼내다	إِخْرَاج	أَخْرَجَ / يُخْرِجُ هـ
나타나다	ظَهَرَ / يَظْهَرُ	나타나게하다, 보이다	إِظْهَار	أَظْهَرَ / يُظْهِرُ هـ
완성되다	كَمَلَ / يَكْمُلُ	완성되게하다, 완성하다	إِكْمَال	أَكْمَلَ / يُكْمِلُ هـ
기뻐하다, 즐거워하다	فَرِحَ / يَفْرَحُ	기쁘게하다, 즐겁게하다	إِفْرَاح	أَفْرَحَ / يُفْرِحُ ه
돌아오다, 돌아가다	عَادَ / يَعُودُ إِلَى	되돌리다 ; 다시하다	إِعَادَة	أَعَادَ / يُعِيدُ هـ إِلَى
돌아오다, 돌아가다	رَجَعَ / يَرْجِعُ إِلَى	되돌리다	إِرْجَاع	أَرْجَعَ / يُرْجِعُ هـ إِلَى
일어서다, 기립하다	قَامَ / يَقُومُ	일어서게 하다 ; 건립. 건설.설립하다	إِقَامَة	أَقَامَ / يُقِيمُ هـ
기쁘다, 기쁘게되다	سَعِدَ / يَسْعَدُ	..를 기쁘게하다	إِسْعَاد	أَسْعَدَ / يُسْعِدُ ه
아프다, 아파하다	وَجِعَ / يَوْجَعُ	..를 아프게하다, ..에게 고통을	إِيجَاع	أَوْجَعَ / يُوجِعُ ه
..에 대하여 놀라다, 경탄하다	عَجِبَ / يَعْجَبُ مِنْ	...을 놀라게 하다 ; 마음에 들게하다, ...	إِعْجَاب	أَعْجَبَ / يُعْجِبُ ه

(법 등이) 제정되다, 발간되다	صَدَرَ/ يَصْدُرُ	(결정 등)을 내리다 ; 발행하다, 출판하다	إِصْدَارٌ	أَصْدَرَ/ يُصْدِرُ هـ

타동사가 타동사 사역동사가 되는 경우

타다(to ride)	رَكِبَ/ يَرْكَبُ هـ	태우다	إِرْكَابٌ	أَرْكَبَ/ يُرْكِبُ ٥، هـ *

* 위의 أَرْكَبَ 동사는 يُرَكِّبُ ٥ أَوْ هـ / رَكَّبَ 꼴로도 사용된다.

예문

그 소년은 집 밖으로 나갔다.	خَرَجَ الصَّبِيُّ مِنَ الْبَيْتِ.
그 아버지는 그의 아들을 집 밖으로 나가게 했다.	أَخْرَجَ الْأَبُ ابْنَهُ مِنَ الْبَيْتِ.
우리 어머니는 그 선물을 보자 기뻐했다.	فَرِحَتْ وَالِدَتَا عِنْدَمَا رَأَتِ الْهَدِيَّةَ.
우리는 어머니 날에 우리 어머니를 기쁘게 했다.	أَفْرَحْنَا وَالِدَتَنَا فِي عِيدِ الْأُمِّ.

(2) 타동사가 목적어를 두 개 가지는 타동사가 되는 동사들

하나의 목적어를 취하는 타동사가 두개의 목적어를 취하는 타동사가 되는 경우들이다.

원형동사		IV형 동사와 동명사		
...을 보다 ; 간주하다, 여기다	رَأَى/ يَرَى هـ	...에게 ...을 보여주다 (to show)	إِرَاءَةٌ	أَرَى/ يُرِي ٥ هـ
살다, 거주하다	سَكَنَ/ يَسْكُنُ (فِي)	...를 ...에 살게하다, 묵게하다	إِسْكَانٌ	أَسْكَنَ/ يُسْكِنُ ٥ هـ
타다(to ride)	رَكِبَ/ يَرْكَبُ هـ	...에게 ..을 태우다	إِرْكَابٌ	أَرْكَبَ/ يُرْكِبُ ٥ هـ
..을 잘 알다, 정통하다	خَبَرَ/ يَخْبُرُ هـ	...에게 ...을 전하다, 알리다, 통지하다	إِخْبَارٌ	أَخْبَرَ/ يُخْبِرُ ٥ هـ، أَخْبَرَ/ يُخْبِرُ بِـ ٥ هـ
...에 들어가다	دَخَلَ/ يَدْخُلُ هـ	...을 ...에 넣다, 들어가게 하다	إِدْخَالٌ	أَدْخَلَ/ يُدْخِلُ ٥ هـ
...을 잊다	نَسِيَ/ يَنْسَى هـ	...에게 ...을 잊게하다	إِنْسَاءٌ	أَنْسَى/ يُنْسِي ٥ هـ
...을 이해하다	فَهِمَ/ يَفْهَمُ هـ	...에게 ...을 이해시키다	إِفْهَامٌ	أَفْهَمَ/ يُفْهِمُ ٥ هـ
...을 알다(to know)	عَلِمَ/ يَعْلَمُ هـ	...에게 ...에 대하여 알리다, 통지하다	إِعْلَامٌ	أَعْلَمَ/ يُعْلِمُ ٥ هـ، أَعْلَمَ/ يُعْلِمُ بِـ ٥ هـ

예문

우리는 그 소식을 알았다.	عَلِمْنَا الْخَبَرَ.
그 사장은 우리에게 그 소식을 알렸다.	أَعْلَمَنَا الْمُدِيرُ الْخَبَرَ.
나는 그 달을 보았다.	رَأَيْتُ الْقَمَرَ.
내 친구는 나에게 그 달을 보여주었다.	أَرَانِي صَدِيقِي الْقَمَرَ.

** 한편 위의 동사들 가운데는 두 개의 목적어를 가지는 타동사를 세 개의 목적어를 가지는 타동사로 바꾸는 경우도 있다. 아래를 보자. (두 개의 목적어를 취하는 동사에 대해서는 이 책 제Ⅱ권 '동사문에 대해' 부분에서 공부하라)

그 사람들은 그 소식이 사실이라는 것을 알았다.	عَلِمَ النَّاسُ الْخَبَرَ حَقِيقَةً.
TV는 사람들에게 그 소식이 사실이라는 것을 알렸다.	أَعْلَمَ التِّلِفِزْيُونُ النَّاسَ الْخَبَرَ حَقِيقَةً.
무함마드는 나의 의견을 옳다고 간주했다.	رَأَى مُحَمَّدٌ وُجْهَةَ نَظَرِي صَحِيحَةً.
나는 무함마드에게 내 의견이 옳다는 것을 보여주었다.	أَرَيْتُ مُحَمَّدًا وُجْهَةَ نَظَرِي صَحِيحَةً.

→ 위의 عَلِمَ 와 رَأَى 동사는 두 개의 목적어를 취하는 동사 가운데 생각과 확신의 동사(أَفْعَالُ الظَّنِّ وَالْيَقِينِ)이다. 이러한 생각과 확신의 동사를 Ⅳ형 형태로 바꾸어서 사용한 결과 세 개의 목적어를 취하는 문장이 되었다.

** Ⅱ형 동사와 Ⅳ형 동사의 의미가 같은 경우

앞에서 Ⅱ형 동사의 의미가 사역의 의미(التَّعْدِيَةُ)인 경우를 공부했고 여기서 Ⅳ형 동사의 경우도 동일한 의미로 사용된다. 실제로 아래의 단어들은 Ⅱ형 동사와 Ⅳ형 동사의 의미가 거의 같은 경우이다. Ⅱ형이 좀 더 강한 의미라고도 할 수 있지만 둘 다 같은 의미이고 둘 다 사용되는 경우이다.

의미	Ⅱ형	Ⅳ형	의미	Ⅱ형	Ⅳ형
나가게 하다	خَرَّجَ/يُخَرِّجُ	أَخْرَجَ/يُخْرِجُ	물을 마시게 하다	شَرَّبَ/يُشَرِّبُ	أَشْرَبَ/يُشْرِبُ
들어가게 하다	دَخَّلَ/يُدَخِّلُ	أَدْخَلَ/يُدْخِلُ	기쁘게 하다	فَرَّحَ/يُفَرِّحُ	أَفْرَحَ/يُفْرِحُ
이해시키다	فَهَّمَ/يُفَهِّمُ	أَفْهَمَ/يُفْهِمُ	잊게 하다	نَسَّى/يُنَسِّي	أَنْسَى/يُنْسِي
완성하다	كَمَّلَ/يُكَمِّلُ	أَكْمَلَ/يُكْمِلُ	..을 태우다 (자동차 등에)	رَكَّبَ/يُرَكِّبُ	أَرْكَبَ/يُرْكِبُ
듣게 하다	سَمَّعَ/يُسَمِّعُ	أَسْمَعَ/يُسْمِعُ	돌려주다, 돌려보내다, 반환하다	رَجَّعَ/يُرَجِّعُ	أَرْجَعَ/يُرْجِعُ

→ 위의 خَرَّجَ/يُخَرِّجُ 는 '졸업시키다'의 의미로 더 많이 사용된다.

** Ⅱ형 동사와 Ⅳ형 동사의 의미가 구분되는 경우

한편 아래의 단어들은 Ⅱ형 동사와 Ⅳ형 동사의 단어들이 모두 사용되지만 그 의미의 차이가 있는 경우이다.

원형		Ⅱ형		Ⅳ형	
참석하다, 존재하다	حَضَرَ/ يَحْضُرُ هـ	준비하다 (to prepare)	حَضَّرَ/ يُحَضِّرُ هـ	가지고/데리고 오다(to bring)	أَحْضَرَ/ يُحْضِرُ هـ
...을 알다 (to know)	عَلِمَ/ يَعْلَمُ هـ	...에게 ..을 알게하다, 가르치다	عَلَّمَ/ يُعَلِّمُ ه هـ	...에게 ...에 대하여 알리다, 통지하다	أَعْلَمَ/ يُعْلِمُ ه هـ
좋다 ; 아름답다	حَسُنَ/ يَحْسُنُ	..을 더 낫게 하다, 향상시키다	حَسَّنَ/ يُحَسِّنُ هـ	선을 행하다	أَحْسَنَ/ يُحْسِنُ
안전하다 ; 결점이없다	سَلِمَ/ يَسْلَمُ	전달하다 ; 인사하다	سَلَّمَ/ يُسَلِّمُ هـ ه، عَلَى	무슬림이 되다, 항복하다	أَسْلَمَ/ يُسْلِمُ
너그럽다, 관대하다	كَرُمَ/ يَكْرُمُ	영예롭게 하다, 공로를 인정하다,상을 주다	كَرَّمَ/ يُكَرِّمُ ه	(손님 등을) 잘 대접하다, (부모를) 공경하다	أَكْرَمَ/ يُكْرِمُ ه

예문

만수르는 그 여행 가방을 준비했다. (어떤 것이 있도록 준비함)	حَضَّرَ مَنْصُورٌ حَقِيبَةَ السَّفَرِ.
만수르는 그 여행 가방을 가지고 나왔다. (어떤 사람이나 사물이 있도록 가지고(데리고) 옴)	أَحْضَرَ مَنْصُورٌ حَقِيبَةَ السَّفَرِ.
나는 무함마드에게 스페인 언어를 가르쳤다.	عَلَّمْتُ مُحَمَّدًا اللُّغَةَ الإِسْبَانِيَّةَ.
나는 무함마드의 가족에게 그가 학교에서 도망간다고 알렸다.	أَعْلَمْتُ أُسْرَةَ مُحَمَّدٍ أَنَّهُ يَهْرُبُ مِنَ الْمَدْرَسَةِ.
모나는 그녀와 그녀의 남편과의 관계를 좋게 하려고 노력했다.(어떤 것을 더 낫게 하다)	حَاوَلَتْ مُنَى أَنْ تُحَسِّنَ الْعَلَاقَةَ بَيْنَهَا وَزَوْجِهَا.
알라신께서 너에게 선을 베푸셨던 것처럼 선을 베풀어라. (어떤 것을 선한 방법으로 행하다.선을 행하다)(꾸란 28:77)	وَأَحْسِنْ كَمَا أَحْسَنَ اللهُ إِلَيْكَ.

2) 귀의(歸依)하는 의미 (اَلدُّخُولُ فِي عَقِيدَةٍ)

어떤 종교 등에 귀의(歸依)하는 의미를 가진다. 자동사가 된다.

기준형		IV형 동사와 동명사	
이슬람	إِسْلَامٌ	무슬림이 되다	إِسْلَامٌ	أَسْلَمَ / يُسْلِمُ
신이 많다고 믿음, 다신론	شِرْكٌ	다신교도가 되다 우상숭배하다	إِشْرَاكٌ	أَشْرَكَ / يُشْرِكُ
×	×	신을 믿지 않다, 무신론자가 되다	إِلْحَادٌ	أَلْحَدَ / يُلْحِدُ

예문

그 남자는 무슬림이 되었다.	أَسْلَمَ الرَّجُلُ. (دَخَلَ فِي الْإِسْلَامِ.)
그 남자는 종교심이 깊었다가 다신론(우상숭배)자가 되었다.	أَشْرَكَ الرَّجُلُ بَعْدَ تَدَيُّنِهِ.

3) 그외 주요 IV형 단어들

기준형		IV형 동사와 동명사	
×	×	보내다 (to send)	إِرْسَالٌ	أَرْسَلَ / يُرْسِلُ ـ هـ
서두르다	سَرَعَ / يَسْرَعُ	서두르다, 빨리하다	إِسْرَاعٌ	أَسْرَعَ / يُسْرِعُ (إِلَى، فِي، بِـ)
×	×	..을 취소시키다	إِلْغَاءٌ	أَلْغَى / يُلْغِي ـ هـ
×	×	다가가다, 가까와지다	إِقْبَالٌ	أَقْبَلَ / يُقْبِلُ (إِلَى)
비	مَطَرٌ	비가 오다	إِمْطَارٌ	أَمْطَرَ / يُمْطِرُ
일출	شُرُوقٌ	해가 돋다	إِشْرَاقٌ	أَشْرَقَ / يُشْرِقُ
뚜렷하다, 명백하다 ; 공개되다	عَلَنَ / يَعْلِنُ	공개하다, 발표하다 ; 선언하다, 선포하다	إِعْلَانٌ	أَعْلَنَ / يُعْلِنُ ـ هـ، بِـ، عَنْ

4. Ⅴ형 동사 패턴 - تَفَعَّلَ   동명사 패턴 - تَفَعَّلَ / يَتَفَعَّلُ

Ⅴ형 동사의 완료형 패턴은 Ⅱ형 동사의 첫 자음 앞에 تَ 가 첨가되어 تَفَعَّلَ 가 되고, 미완료형 패턴은 يَتَفَعَّلُ 가 된다. 이 때 미완료형의 첫 자음인 미완료 표지 불변사(حَرْفُ المُضَارِع) 'ي' 에 붙은 모음은 파트하(a)이며(Ⅱ형 Ⅲ형 Ⅳ형에서의 미완료 표지 불변사에 붙은 모음은 담마(u)이고, 그 다음부터는 미완료 표지 불변사에 붙은 모음이 모두 파트하이다), 끝에서 두 번째 자음에 붙는 모음이 파트하(a)이다(Ⅴ형과 Ⅵ형 그리고 Ⅸ 만 파트하(a)이고, 나머지는 모두 카스라(i)이다). 인칭에 따른 접두&접미자음의 변화와 서법의 변화는 원형동사와 같다. 그 외 Ⅴ형 동사의 파생형태는 다음과 같다.

	수동분사	능동분사	동명사	명령형	미완료형	완료형
패턴	مُتَفَعَّلٌ	مُتَفَعِّلٌ	تَفَعُّلٌ	تَفَعَّلْ	يَتَفَعَّلُ	تَفَعَّلَ
배우다	مُتَعَلَّمٌ	مُتَعَلِّمٌ	تَعَلُّمٌ	تَعَلَّمْ	يَتَعَلَّمُ	تَعَلَّمَ
발전하다 발달하다	مُتَطَوَّرٌ	مُتَطَوِّرٌ	تَطَوُّرٌ	تَطَوَّرْ	يَتَطَوَّرُ	تَطَوَّرَ

Ⅴ형 동사는 그 의미의 연관성이 Ⅱ형 동사와 관련이 있다. 즉 Ⅴ형 동사는 Ⅱ형 동사의 동작의 영향이나 결과를 받는(مُطَاوَعَة) 의미를 가진다. 예를들어 Ⅴ형 동사 تَعَلَّمَ 는 Ⅱ형 동사 عَلَّمَ 의 가르침을 받는 의미를 가지기에 '배우다'는 의미가 된다.

1) 동작의 영향이나 결과를 받음(المُطَاوَعَة)

Ⅴ형 동사가 Ⅱ형 동사의 동작의 영향을 받거나 그 결과로 되는 것을 말한다. 재귀적인 의미 혹은 피동적인 의미라고도 한다. 피동적인 의미를 가지기에 Ⅱ형에서 타동사이었던 동사가 Ⅴ형에서 자동사가 되는 경우들이 많다. 또한 Ⅱ형에서 목적어가 두 개였던 동사가 Ⅴ형에서 목적어를 한 개 가지는 동사로 바뀌기도 한다.

	Ⅱ형 동사			Ⅴ형 동사와 동명사
변경하다, 바꾸다	غَيَّرَ/ يُغَيِّرُ هـ	변경되다, 바뀌다	تَغَيُّرٌ	تَغَيَّرَ/ يَتَغَيَّرُ
발전시키다	طَوَّرَ/ يُطَوِّرُ هـ	발전하다, 발달하다	تَطَوُّرٌ	تَطَوَّرَ/ يَتَطَوَّرُ
영향을 미치다	أَثَّرَ/ يُؤَثِّرُ هـ، في	영향을 받다	تَأَثُّرٌ	تَأَثَّرَ/ يَتَأَثَّرُ بـ
앞서게 하다 ; 제공하다	قَدَّمَ/ يُقَدِّمُ هـ، إِلَى	앞서다, 앞서가다, 진보하다	تَقَدُّمٌ	تَقَدَّمَ/ يَتَقَدَّمُ إِلَى
…에게 …대해 이야기/말하다	حَدَّثَ/ يُحَدِّثُ ه عَنْ	이야기하다, 말하다	تَحَدُّثٌ	تَحَدَّثَ/ يَتَحَدَّثُ (عَنْ)
…에게/와 말하다, 이야기하다	كَلَّمَ/ يُكَلِّمُ ه	…에 대해 이야기하다,…와 말하다	تَكَلُّمٌ	تَكَلَّمَ/ يَتَكَلَّمُ في، عَنْ، مَعَ
분쇄하다, 산산히 부수다	كَسَّرَ/ يُكَسِّرُ هـ	깨지다, 부서지다, 박살나다	تَكَسُّرٌ	تَكَسَّرَ/ يَتَكَسَّرُ

결정하다	قَرَّرَ/ يُقَرِّرُ هـ	결정되다	تَقَرَّرَ	تَقَرَّرَ/ يَتَقَرَّرُ
(무슨 일을) 할 수 있게 하다	مَكَّنَ/ يُمَكِّنُ مِنْ	(무슨 일을) 할 수 있다.	تَمَكَّنَ	تَمَكَّنَ/ يَتَمَكَّنُ مِنْ
설치하다 ; 조립하다 ; 태우다	رَكَّبَ/ يُرَكِّبُ هـ أوْه	...으로 구성.조립.편성되다	تَرَكَّبَ	تَرَكَّبَ/ يَتَرَكَّبُ مِنْ
..을 되풀이하다, 반복하다	رَدَّدَ/ يُرَدِّدُ هـ	회자되다 ; 반복되다 ; 주저하다	تَرَدَّدَ	تَرَدَّدَ/ يَتَرَدَّدُ فِي
졸업시키다	خَرَّجَ/ يُخَرِّجُ هـ	졸업하다	تَخَرَّجَ	تَخَرَّجَ/ يَتَخَرَّجُ مِنْ
미루다, 지연시키다, 연기시키다	أَخَّرَ/ يُؤَخِّرُ هـ	..에 늦어지다, 지각하다	تَأَخَّرَ	تَأَخَّرَ/ يَتَأَخَّرُ (عَنْ)
..에게 ..을 알게 하다	عَرَّفَ/ يُعَرِّفُ ه هـ *	알게되다(to get to know), 소개되다	تَعَرَّفَ	تَعَرَّفَ/ يَتَعَرَّفُ عَلَى
..에게 ..을 가르치다	عَلَّمَ/ يُعَلِّمُ ه هـ *	배우다(to learn)	تَعَلَّمَ	تَعَلَّمَ/ يَتَعَلَّمُ هـ
..에게 ..을 마시게 하다	شَرَّبَ/ يُشَرِّبُ ه هـ *	흡수하다, 빨아들이다(예: 땅이)	تَشَرَّبَ	تَشَرَّبَ/ يَتَشَرَّبُ هـ
...와 ...를 결혼시키다	زَوَّجَ/ يُزَوِّجُ ه ه *	...와 결혼하다	تَزَوَّجَ	تَزَوَّجَ/ يَتَزَوَّجُ ه (مِنْ، بِـ)
..에게 ..을 상기시키다, 회상시키다	ذَكَّرَ/ يُذَكِّرُ ه بـ هـ *	기억하다, 회상하다	تَذَكَّرَ	تَذَكَّرَ/ يَتَذَكَّرُ هـ

→ * 표가 있는 단어들은 목적어를 두 개 가진 타동사들. 이 경우 V형동사가 되면서 목적어를 한 개 가진 동사가 됨.

예문

그 학생은 그 단원을 알았다.	عَلِمَ الطَّالِبُ الدَّرْسَ.
그 교사는 그 학생에게 그 단원을 가르쳤다.	عَلَّمَ الْمُدَرِّسُ الطَّالِبَ الدَّرْسَ.
그 학생은 그 단원을 배웠다. (2형 동사의 동작 즉 가르침을 받았다는 말은 배웠다는 말)	تَعَلَّمَ الطَّالِبُ الدَّرْسَ.
그 아이는 우유를 마셨다.	شَرِبَ الطِّفْلُ الْحَلِيبَ.
그 어머니가 그 아이에게 우유를 마시게 했다.	شَرَّبَتِ الْأُمُّ الطِّفْلَ الْحَلِيبَ.
땅은 물을 흡수했다.	تَشَرَّبَتِ الْأَرْضُ الْمَاءَ.
그 기술자(engineer)는 그 기계를 설치했다.	رَكَّبَ الْمُهَنْدِسُ الْمَاكِينَةَ.
그 기계가 조립되었다.	تَرَكَّبَتِ الْمَاكِينَةُ.
싸미르는 그의 친구에게 말했다. (타동사)	كَلَّمَ سَمِيرٌ صَدِيقَهُ.
싸미르는 그의 친구와 함께 이야기했다. (자동사)	تَكَلَّمَ سَمِيرٌ مَعَ صَدِيقِهِ.
그 소년은 유리를 깼다.	كَسَرَ الصَّبِيُّ الزُّجَاجَ.
그 소년은 유리를 조각냈다.	كَسَّرَ الصَّبِيُّ الزُّجَاجَ.

تَكَسَّرَ الزُّجَاجُ.	그 유리가 깨졌다.
خَرَجَ الاِبْنُ مِنَ الْبَيْتِ.	그 아이는 집 밖으로 나갔다.
خَرَّجَ الأَبُ الاِبْنَ مِنَ الْبَيْتِ.	그 아버지는 아들을 집 밖으로 나가게 했다.
خَرَّجَتِ الْجَامِعَةُ طُلَّابًا.	그 대학은 학생들을 졸업시켰다.
تَخَرَّجَ الطَّالِبُ مِنْ جَامِعَةِ الْقَاهِرَةِ.	그 학생은 카이로 대학을 졸업했다.

2) 그외 주요 V형 단어들

V형 동사와 동명사		기준형	
تَمَشَّى/ يَتَمَشَّى	산책하다	مَشَى/ يَمْشِي	걷다
تَأَمَّلَ/ يَتَأَمَّلُ فِي	깊이 생각하다, 묵상하다	أَمَلَ/ يَأْمُلُ هـ، فِي	..을 바라다
تَكَبَّرَ/ يَتَكَبَّرُ	تَكَبَّرَ	교만하게 되다	كَبُرَ/ يَكْبُرُ	크게 되다
تَنَصَّرَ/ يَتَنَصَّرُ	تَنَصَّرَ	기독교인이 되다	نَصْرَانِيٌّ	기독교도의
تَنَحَّى/ يَتَنَحَّى (عَنْ)	تَنَحَّ(التَّنَحِّي)	..로 부터 그만두다, 물러서다, 하야하다	نَحَّى/ يُنَحِّي هـ، عَنْ	..을 제껴놓다, 내버리다

5. Ⅵ형 동사 패턴 - تَفَاعَلَ / يَتَفَاعَلُ   동명사의 패턴 - تَفَاعُلٌ

Ⅵ형 동사의 완료형 패턴은 Ⅲ형 동사의 첫 자음 앞에 تَ 가 첨가되어 تَفَاعَلَ 가 되고, 미완료형은 يَتَفَاعَلُ 가 된다. 이 때 미완료형의 첫 번째 자음인 미완료 표지 불변사(حَرْفُ الْمُضَارِعِ), 'يَ'에 붙은 모음은 파트하(a)이며(Ⅱ형 Ⅲ형 Ⅳ형에서의 미완료 표지 불변사에 붙는 모음은 담마(u)이고, Ⅴ형 부터는 미완료 표지 불변사에 붙는 모음이 모두 파트하이다.), 끝에서 두 번째 자음에 붙는 모음이 파트하(a)이다. (Ⅴ형과 Ⅵ형 그리고 Ⅸ형만 파트하(a)이고, 나머지는 모두 카스라(i)가 온다.) 인칭에 따른 접두&접미자음의 변화와 서법의 변화는 원형동사와 같다. 그 외 Ⅵ형 동사의 파생형태는 다음과 같다.

패턴	수동분사	능동분사	동명사	명령형	미완료형	완료형
	مُتَفَاعَلٌ	مُتَفَاعِلٌ	تَفَاعُلٌ	تَفَاعَلْ	يَتَفَاعَلُ	تَفَاعَلَ
가지다, 먹다	مُتَنَاوَلٌ	مُتَنَاوِلٌ	تَنَاوُلٌ	تَنَاوَلْ	يَتَنَاوَلُ	تَنَاوَلَ
서로 돕다, 협력하다	مُتَعَاوَنٌ	مُتَعَاوِنٌ	تَعَاوُنٌ	تَعَاوَنْ	يَتَعَاوَنُ	تَعَاوَنَ

Ⅵ형 동사의 의미의 연관성은 세 가지 종류인데, 첫째는 Ⅲ형 동사와 같이 동작을 함께 하는 상호동작의 의미이고, 두 번째는 계속됨을 의미하며, 세 번째는 '..인체하다, ..인척하다'의 의미를 가진다. Ⅵ형 동사는 대부분 자동사이고 간혹 타동사가 존재한다.

1) 상호동작(الْمُشَارَكَةُ)

앞에서 Ⅲ형 동사가 주어가 목적어와 상호동작하는 의미를 가진다고 하였다. Ⅵ형 동사도 같은 의미로 사용된다. 그러나 다른 점은 쌍수나 복수로 사용된 주어(فَاعِلٌ) 자체가 동사의 동작을 '서로' '함께' 하는 의미를 나타낸다는 것이다. 따라서 동사의 주어가 두 사람 이상이 된다.

	Ⅲ 형동사		Ⅵ 형 동사와 동명사	
...를 (서로) 돕다	عَاوَنَ/ يُعَاوِنُ ه	서로 돕다, 협력하다	تَعَاوُنٌ	تَعَاوَنَ/ يَتَعَاوَنُ (في)
...와 (서로) 놀다, ...와 경기하다	لَاعَبَ/ يُلَاعِبُ ه	함께 놀다, 서로 놀다 ; 조작하다	تَلَاعُبٌ	تَلَاعَبَ/ يَتَلَاعَبُ (بـ، في)
...와 (서로) 춤추다	رَاقَصَ/ يُرَاقِصُ ه	함께 춤추다, 서로 춤추다	تَرَاقُصٌ	تَرَاقَصَ/ يَتَرَاقَصُ
...를 (서로) 만나다	قَابَلَ/ يُقَابِلُ ه	함께 만나다, 서로 만나다	تَقَابُلٌ	تَقَابَلَ/ يَتَقَابَلُ
..와 ..을 같이 나누다	شَارَكَ/ يُشَارِكُ ه ـ، في	..와 함께 참가하다	تَشَارُكٌ	تَشَارَكَ/ يَتَشَارَكُ
편지를 주고 받다, 서신왕래를 하다	كَاتَبَ/ يُكَاتِبُ ه	서로 편지를 주고 받다	تَكَاتُبٌ	تَكَاتَبَ/ يَتَكَاتَبُ
..와 ..가 싸우다. 치고받고 싸우다	ضَارَبَ/ يُضَارِبُ ه	서로 싸우다 ; 서로 모순되다, 상충되다	تَضَارُبٌ	تَضَارَبَ/ يَتَضَارَبُ

제29과 첨가동사에 대해

...와 (서로) 싸우다, 전투하다	حَارَبَ/ يُحَارِبُ ه	서로 싸우다 (to fight one another)	تَحَارَبَ	تَحَارَبَ/ يَتَحَارَبَ	
..와 (서로) 전투하다	قَاتَلَ/ يُقَاتِلُ ه	서로 전투하다	تَقَاتَلَ	تَقَاتَلَ/ يَتَقَاتَلُ	
...와 편지(서신)를 주고 받다	رَاسَلَ/ يُرَاسِلُ ه	서로 편지하다	تَرَاسَلَ	تَرَاسَلَ/ يَتَرَاسَلُ	
...에게 의견을 물어보다	شَاوَرَ/ يُشَاوِرُ ه	..와 ...에 대해 협의.의논하다	تَشَاوُرٌ	تَشَاوَرَ/ يَتَشَاوَرُ	
..에 동의하다	وَافَقَ/ يُوَافِقُ عَلَى	..와 합의하다	تَوَافَقَ	تَوَافَقَ/ يَتَوَافَقُ	
..을 ..와 바꾸다	بَادَلَ/ يُبَادِلُ ه بـ، ه ه	(..을) 서로 교환하다	تَبَادُلٌ	تَبَادَلَ/ يَتَبَادَلُ ه، مَعَ	
...에게 ...을 약속하다	وَاعَدَ/ يُوَاعِدُ ه ه	...와 ...에 대해 약속하다	تَوَاعُدٌ	تَوَاعَدَ/ يَتَوَاعَدُ عَلَى	
..와 ..에 대해 협상하다, 회담하다	فَاوَضَ/ يُفَاوِضُ ه فِي	협상하다, 회담하다	تَفَاوُضٌ	تَفَاوَضَ/ يَتَفَاوَضُ (فِي)	
..와 함께 살다	عَايَشَ/ يُعَايِشُ ه	(평화) 공존하다, 상생하다	تَعَايُشٌ	تَعَايَشَ/ يَتَعَايَشُ	
이해하다	فَهِمَ/ يَفْهَمُ هـ	상호이해하다	تَفَاهُمٌ	تَفَاهَمَ/ يَتَفَاهَمُ	
어깨	كَتِفٌ	어깨동무하다 ; 서로 돕다, 협력하다	تَكَاتُفٌ	تَكَاتَفَ/ يَتَكَاتَفُ	

예문

아래에서 III형 동사와 VI형 동사의 문장의 차이점을 구분하라. III형 동사의 경우 문장의 주어와 목적어가 동작을 함께 하는 의미가 된다. 이 때 주어가 동작의 주도권을 가진다. 그러나 VI형 동사의 경우 주어가 쌍수 형태 혹은 복수 형태를 취하거나, 혹은 대등 접속사 و 를 사용한 두 개의 개체가 주어가 되어 그 개채들이 동등한 입장에서 동작을 함께 하는 의미이다.

무함마드는 그의 가족에게 편지를 주고 받았다. (III형)	رَاسَلَ مُحَمَّدٌ أَهْلَهُ.
무함마드와 그의 약혼녀는 서로 편지를 주고 받았다.(VI형)	تَرَاسَلَ مُحَمَّدٌ وَخَطِيبَتُهُ.
만수르와 그의 아내는 사랑을 주고 받았다. (III형)	بَادَلَ مَنْصُورٌ زَوْجَتَهُ الْحُبَّ.
만수르는 그의 아내와 사랑을 주고 받았다. (VI형)	مَنْصُورٌ وَزَوْجَتُهُ تَبَادَلَا الْحُبَّ.
브라질이 가나와 경기를 했다. (III형) (브라질이 주도권을 가짐)	لَاعَبَتِ الْبَرَازِيلُ غَانَا.
브라질과 가나는 함께 경기를 했다. (VI형) (브라질과 가나가 동등한 입장)	تَلَاعَبَتِ الْبَرَازِيلُ وَغَانَا.
싸미르는 버스에서 무함마드를 만났다.(to meet someone) (싸미르가 주도권을 가짐)	قَابَلَ سَمِيرٌ مُحَمَّدًا فِي الْحَافِلَةِ.
싸미르와 무함마드가 버스에서 서로 만났다.(to meet each other) (싸미르와 무함마드가 동등한 입장)	تَقَابَلَ سَمِيرٌ وَمُحَمَّدٌ فِي الْحَافِلَةِ.
그 두 친구가 서로 만났다. (동사의 주어가 쌍수인 경우)	تَقَابَلَ الصَّدِيقَانِ.

알리는 싸미라와 함께 춤을 추었다. (알리가 주도권을 가짐)	رَقَصَ عَلِيٌّ مَعَ سَمِيرَةَ.
알리는 싸미라와 함께 춤을 추었다. (알리가 주도권을 가짐)	رَاقَصَ عَلِيٌّ سَمِيرَةَ.
알리와 싸미라는 함께 춤을 추었다. (알리와 싸미라 둘 다 같은 입장)	تَرَاقَصَ عَلِيٌّ وَسَمِيرَةُ.
그 여자들이 함께 춤을 추었다. (동사의 주어가 복수인 경우)	تَرَاقَصَتِ الْبَنَاتُ.
무함마드는 알리를 때렸다. (무함마드가 알리를 때림)	ضَرَبَ مُحَمَّدٌ عَلِيًّا.
무함마드는 알리와 서로 싸웠다.	ضَارَبَ مُحَمَّدٌ عَلِيًّا.
무함마드와 알리는 서로 싸웠다. (두 번째와 세 번째 문장의 의미 같음)	تَضَارَبَ مُحَمَّدٌ وَعَلِيٌّ.
그 아이들이 서로 싸웠다. (동사의 주어가 복수인 경우)	تَضَارَبَ الْأَوْلَادُ.
그는 그들이 하는 일에 그들을 도왔다.	عَاوَنَهُمْ فِي عَمَلِهِمْ.
그들은 아스완 하이 댐 건축에 협력했다. (동사의 주어가 복수인 경우)	تَعَاوَنُوا فِي بِنَاءِ السَّدِّ الْعَالِي.
장관들은 석유사태에 대해 협의하고 있다. (주어가 복수인 경우)	يَتَشَاوَرُ الْوُزَرَاءُ حَوْلَ أَزْمَةِ الْبِنْزِينِ.
두 사랑하는 사람이 약속을 많이 한다. (주어가 쌍수인 경우)	يَتَوَاعَدُ الْحَبِيبَانِ كَثِيرًا.

** مَعَ 를 사용하는 경우

아래의 동사들은 동사의 주어가 단수일 경우 아래와 같이 مَعَ 라는 단어와 함께 사용하여 상호동작의 의미를 나타내기도 한다.

그는 그들의 일에 그들과 협력했다.(주어가 두 사람 이상이 아닌 한 사람일 경우 전치사 مَعَ 와 함께 사용 가능)	تَعَاوَنَ مَعَهُمْ فِي عَمَلِهِمْ.
나는 파티에서 나의 친구들을 만났다.	تَقَابَلْتُ مَعَ أَصْدِقَائِي فِي الْحَفْلَةِ.

2) 계속됨 (الْمُتَابَعَة)

기준형		VI 형 동사와 동명사		
오르다, 상승하다	صَعِدَ/ يَصْعَدُ هـ	(점점) 값 등이 상승하다, 고조되다	تَصَاعُدٌ	تَصَاعَدَ/ يَتَصَاعَدُ
..을 계속하다	وَاصَلَ/ يُوَاصِلُ هـ	계속되다 ; 서로 연결하다	تَوَاصُلٌ	تَوَاصَلَ/ يَتَوَاصَلُ
떨어지다	سَقَطَ/ يَسْقُطُ	(비, 탄알 따위) 마구 떨어지다, 마구 쏟아지다	تَسَاقُطٌ	تَسَاقَطَ/ يَتَسَاقَطُ

예문

예문	
오일 가격이 올랐다.(한 번에 오름)	صَعِدَ سِعْرُ الْبِتْرُولِ.
오일 가격이 올랐다.(조금씩 지속적으로 오름)	تَصَاعَدَ سِعْرُ الْبِتْرُولِ.
시위대들의 농성이 타흐리르 광장에서 계속되었다.	تَوَاصَلَ اعْتِصَامُ الْمُتَظَاهِرِينَ فِي التَّحْرِيرِ.
비가 계속해서 왔다.	تَسَاقَطَ الْمَطَرُ.

3) ..하는 체함 (التَّظَاهُر)

...하는 체하다(to pretend to)의 의미를 지니는 단어들이다. 이 동사들은 원형동사에서 유추된다.

원형동사			VI 형 동사와 동명사		
나타나다, 출현하다	ظَهَرَ / يَظْهَرُ		...하는 체하다(to pretend) ; 시위하다	تَظَاهُرٌ	تَظَاهَرَ / يَتَظَاهَرُ بِـ
잊다	نَسِيَ / يَنْسَى هـ		잊은 체하다	تَنَاسٍ	تَنَاسَى / يَتَنَاسَى
알다	عَلِمَ / يَعْلَمُ هـ		아는 체하다	تَعَالُمٌ	تَعَالَمَ / يَتَعَالَمُ
현명하다, 명철하다, 기술이 있다	ثَقُفَ / يَثْقُفُ		교양이 있는 체하다	تَثَاقُفٌ	تَثَاقَفَ / يَتَثَاقَفُ
잠자다	نَامَ / يَنَامُ		잠자는 체하다	تَنَاوُمٌ	تَنَاوَمَ / يَتَنَاوَمُ
명석, 영리하다	ذَكِيَ / يَذْكَى		똑똑한 체하다	تَذَاكٍ	تَذَاكَى / يَتَذَاكَى
..에 대해 모르다, 무지하다	غَبِيَ / يَغْبَى		바보인 체하다, 무지한 척하다	تَغَابٍ	تَغَابَى / يَتَغَابَى
모르다, 무지몽매하다	جَهِلَ / يَجْهَلُ		모르는 체하다 ; 무시하다	تَجَاهُلٌ	تَجَاهَلَ / يَتَجَاهَلُ (هـ)
아프다, 아프게 되다	مَرَضَ / يَمْرَضُ		아픈 체하다	تَمَارُضٌ	تَمَارَضَ / يَتَمَارَضُ

예문

예문	
그는 가난하면서도 부자인 척한다.	يَتَظَاهَرُ بِالْغِنَى وَهُوَ فَقِيرٌ.
그 학생은 숙제를 잊은 척했다.	تَنَاسَى الطَّالِبُ الْوَاجِبَ.(= تَظَاهَرَ بِأَنَّهُ نَسِيَهُ.)
그 작가는 그의 소설에서 교양이 있는 척했다.	تَثَاقَفَ الْكَاتِبُ فِي رِوَايَتِهِ.
내 수업의 학생은 내가 문법을 설명할 때 자는 척하고 있다.	يَتَنَاوَمُ طُلَّابِي عِنْدَمَا أَشْرَحُ الْقَوَاعِدَ.
그 정치인들은 아주 똑똑한 척한다.	يَتَذَاكَى السِّيَاسِيُّونَ كَثِيرًا.

لَيْسَ غَبِيًّا وَلَكِنْ يَتَغَابَى حَتَّى لاَ يُعَاقَبَ عَلَى فَعْلَتِهِ.	
그는 바보가 아닌데, 그의 행동에 대해 처벌되지 않기위해 바보인 척한다.	

4) 그외 주요 VI 형 단어들

기준형		VI 형 동사와 동명사		
내리다, 내려오다	نَزَلَ/ يَنْزِلُ	..을 양보하다, 물러나다	تَنَازُلٌ	تَنَازَلَ/ يَتَنَازَلُ عَنْ
게으르다	كَسِلَ/ يَكْسَلُ	게으르다, 게으르게 되다	تَكَاسُلٌ	تَكَاسَلَ/ يَتَكَاسَلُ عَنْ
..에게 ..을 넘겨주다	نَاوَلَ/ يُنَاوِلُ ه هـ	취급하다, 다루다 ; 가지다 ; 먹다	تَنَاوُلٌ	تَنَاوَلَ/ يَتَنَاوَلُ هـ
성가시게 굴다, 귀찮게하다, 괴롭히다	ضَايَقَ/ يُضَايِقُ ه	귀찮음/괴로움을 느끼다 ; 화가나다	تَضَايُقٌ	تَضَايَقَ/ يَتَضَايَقُ *
치료하다	عَالَجَ/ يُعَالِجُ ه	치료받다	تَعَالُجٌ	تَعَالَجَ/ يَتَعَالَجُ *

→ 위의 * 표의 경우 III 형 동사의 피동의 의미이다.

예문

그 직원은 그의 동료를 귀찮게 했다(괴롭게 했다).	ضَايَقَ الْمُوَظَّفُ زَمِيلَهُ.
그 직원은 그의 동료에게 화가 났다.)	تَضَايَقَ الْمُوَظَّفُ مِنْ زَمِيلِهِ.
그 의사는 그 환자를 치료했다.	عَالَجَ الطَّبِيبُ الْمَرِيضَ.
그 환자는 치료를 받았다.	تَعَالَجَ الْمَرِيضُ.

6. VII 형 동사의 패턴 اِنْفَعَلَ / يَنْفَعِلُ 동명사의 패턴 - اِنْفِعَال

VII 형 동사의 완료형 패턴은 원형동사의 첫 자음 앞에 연결 함자(هَمْزَةُ الْوَصْلِ) 'ا'와 'ن'이 첨가되어 اِنْفَعَلَ 이 되고, 미완료형은 يَنْفَعِلُ 이 된다. 이 때 미완료형의 첫 번째 단어인 미완료 표지 불변사(حَرْفُ الْمُضَارِع) 'يَ'에 붙는 모음은 파트하(a)이며, 인칭에 따른 접두&접미자음의 변화와 서법의 변화는 원형동사와 같다. 그 외 VII 형 동사의 파생형태는 다음과 같다.

	수동분사	능동분사	동명사	명령형	미완료형	완료형
패턴	×	مُنْفَعِلٌ	اِنْفِعَالٌ	اِنْفَعِلْ	يَنْفَعِلُ	اِنْفَعَلَ
부서지다	×	مُنْكَسِرٌ	اِنْكِسَارٌ	اِنْكَسِرْ	يَنْكَسِرُ	اِنْكَسَرَ
뒤집어지다 전복되다	×	مُنْقَلِبٌ	اِنْقِلَابٌ	اِنْقَلِبْ	يَنْقَلِبُ	اِنْقَلَبَ

→ × 는 사용하지 않는 패턴이다.

VII 형 동사의 의미의 연관성은 원형동사의 동작의 영향이나 결과를 받는 의미로 사용된다.

1) 동작의 영향이나 결과를 받음(الْمُطَاوَعَة)

VII 형 동사의 의미의 연관성은 원형동사 동작의 영향이나 결과를 받는(الْمُطَاوَعَة) 의미 즉 피동의 의미(혹은 재귀적인 의미)를 가진다. VII 형 동사와 연계된 원형동사는 모두 타동사이며, 거기에서 파생된 VII 형 동사는 모두 자동사가 된다. 피동적인 의미를 가지기에 이 동사들은 타동사가 자동사가 된 경우들이다.

원형동사			VII 형 동사와 동명사		
깨뜨리다, 부수다	كَسَرَ/ يَكْسِرُ هـ		부서지다, 깨지다	اِنْكِسَارٌ	اِنْكَسَرَ/ يَنْكَسِرُ
자르다	قَطَعَ/ يَقْطَعُ هـ		잘리다, 끊기다	اِنْقِطَاعٌ	اِنْقَطَعَ/ يَنْقَطِعُ
열다(to open)	فَتَحَ/ يَفْتَحُ هـ		열리다 ; (머리가) 깨이다	اِنْفِتَاحٌ	اِنْفَتَحَ/ يَنْفَتِحُ
매다 ; 개최하다	عَقَدَ/ يَعْقِدُ هـ		매듭지어지다 ; 체결되다 ; 개최되다	اِنْعِقَادٌ	اِنْعَقَدَ/ يَنْعَقِدُ
패배시키다	هَزَمَ/ يَهْزِمُ ه		패배하다	اِنْهِزَامٌ	اِنْهَزَمَ/ يَنْهَزِمُ
뒤집다, 엎다	قَلَبَ/ يَقْلِبُ هـ		뒤집히다, 전복되다 ; 변화되다	اِنْقِلَابٌ	اِنْقَلَبَ/ يَنْقَلِبُ
바쁘게 하다, 몰두하게하다	شَغَلَ/ يَشْغَلُ بـ		...에 분주하다, 바쁘다	اِنْشِغَالٌ	اِنْشَغَلَ/ يَنْشَغِلُ بـ
끌다 ; 물러나게 하다	سَحَبَ/ يَسْحَبُ هـ		물러나다, 철수하다	اِنْسِحَابٌ	اِنْسَحَبَ/ يَنْسَحِبُ مِنْ
내쫓다, 해고하다 ; (돈을) 쓰다, 소비하다	صَرَفَ/ يَصْرِفُ هـ		떠나다, 포기하다 ; (돈이) 써지다, 소비되다	اِنْصِرَافٌ	اِنْصَرَفَ/ يَنْصَرِفُ

예문

그 학생은 그 책을 펼쳤다.	فَتَحَ الطَّالِبُ الْكِتَابَ.
그 책이 펼쳐졌다.	اِنْفَتَحَ الْكِتَابُ.
그 약한자가 강한자를 패배시켰다.	هَزَمَ الضَّعِيفُ الْقَوِيَّ.
그 강한자가 패배했다.	اِنْهَزَمَ الْقَوِيُّ.
나는 당신을 아랍어에 몰두하도록 했다. (아랍어에 바쁘게 하다)	شَغَلْتُكَ بِاللُّغَةِ الْعَرَبِيَّةِ.
당신은 아랍어로 인해 바빴다. (아랍어에 몰두했다.)	أَنْتَ اِنْشَغَلْتَ بِاللُّغَةِ الْعَرَبِيَّةِ.

** 수동태 문장과 Ⅶ형 동사 문장의 의미 차이

수동태 문장의 경우 동작의 행위자가 있긴 하지만 그 사람이 누구인지 모르거나 밝히고 싶지 않을 경우에 사용하고, 능동태 첨가동사 Ⅶ형의 경우 피동적인 의미이지만 동작의 주체가 사람이 아니라 외부적인 요인 혹은 자연적인 요인에 의해서 행해졌을 때 사용한다.

그 책이 펼쳐졌다. (수동태 동사 사용. 책을 펼친 사람이 있지만 누구인지 모름)	فُتِحَ الْكِتَابُ.
그 책이 펼쳐졌다. (Ⅶ형 동사 사용. 자연적인 원인(바람 등) 에 의해서 갑자기 책이 열리거나 스스로 열림)	اِنْفَتَحَ الْكِتَابُ.
컵이 깨졌다. (사람이 깸. 그러나 그 사람이 누구인지 모름.)	كُسِرَ الْكُوبُ.
컵이 깨졌다.(자연적인 원인 (바람 등)에 의해 컵이 깨짐)	اِنْكَسَرَ الْكُوبُ.

** 아래의 동사들은 그 기준형이 Ⅱ형 동사 혹은 Ⅳ형 동사이고 그것이 위에서와 같이 Ⅶ형 동사와 의미의 연관성을 가진다.

Ⅱ형 동사		Ⅶ형 동사와 동명사	
폭파하다, 터뜨리다, 폭발시키다	فَجَّرَ / يُفَجِّرُ هـ	폭발하다, 터지다	اِنْفَجَرَ / يَنْفَجِرُ اِنْفِجَارٌ

Ⅳ형 동사		Ⅶ형 동사와 동명사	
놀라게 하다	أَدْهَشَ / يُدْهِشُ هـ	놀라다	اِنْدَهَشَ / يَنْدَهِشُ اِنْدِهَاشٌ
(불 등을) 끄다, 진화하다	أَطْفَأَ / يُطْفِئُ هـ	(불이) 꺼지다	اِنْطَفَأَ / يَنْطَفِئُ اِنْطِفَاءٌ

7. Ⅷ 형 동사 패턴 - اِفْتَعَلَ / يَفْتَعِلُ   동명사 패턴 - اِفْتِعَال

Ⅷ 형 동사의 완료형 패턴은 원형동사의 첫 자음 앞에 연결함자(هَمْزَةُ الْوَصْلِ)' ا '이 오고 원형동사의 둘째 자음 앞에 تَـ 가 와서 اِفْتَعَلَ 이 되고, 미완료형은 يَفْتَعِلُ 가 된다. 이 때 미완료형의 첫 번째 자음인 미완료 표지 불변사(حَرْفُ الْمُضَارِعِ) ' ي '에 붙은 모음은 파트하(a)이며, 인칭에 따른 접두&접미자음의 변화와 서법의 변화는 원형동사와 같다. 그 외 Ⅷ형 동사의 파생형태는 다음과 같다.

	수동분사	능동분사	동명사	명령형	미완료형	완료형
패턴	مُفْتَعَلٌ	مُفْتَعِلٌ	اِفْتِعَالٌ	اِفْتَعِلْ	يَفْتَعِلُ	اِفْتَعَلَ
존경하다	مُحْتَرَمٌ	مُحْتَرِمٌ	اِحْتِرَامٌ	اِحْتَرِمْ	يَحْتَرِمُ	اِحْتَرَمَ
참가하다	مُشْتَرَكٌ	مُشْتَرِكٌ	اِشْتِرَاكٌ	اِشْتَرِكْ	يَشْتَرِكُ	اِشْتَرَكَ

Ⅷ 형 동사의 의미의 연관성은 세 가지 종류이다. 먼저는 미리 계획된 의도의 의미이며, 다음은 원형동사의 영향이나 결과를 받는(الْمُطَاوَعَة) 의미이고, 마지막으로 상호동작의 의미를 가진다. Ⅷ 형 동사는 자동사도 있고, 타동사도 있으며, 일부는 2 개의 목적어를 취하기도 한다.

1) 계획된 의도(وُجُودُ النِّيَّةِ قَبْلَ الْفِعْلِ)

원형동사의 동작과 관련하여 어떤 동작이 일어나기 전 미리 계획된 의도를 가지고 주의(اِنْتِبَاه)를 기울이는 의미의 동사들이다. 예를들어 اِسْتَمَعَ 동사의 경우 그냥 듣는 것이 아니라 어떤 의도를 가지고 주의를 기울여 경청하는 의미이다.

원형동사		Ⅷ 형 동사와 동명사	
듣다(to hear)	سَمِعَ/ يَسْمَعُ هـ	듣다, 청취하다(to listen to)	اِسْتِمَاعٌ / اِسْتَمَعَ / يَسْتَمِعُ إِلَى
열다(to open)	فَتَحَ/ يَفْتَحُ هـ	(회의 등을) 열다, 개막하다, 개회하다	اِفْتِتَاحٌ / اِفْتَتَحَ / يَفْتَتِحُ هـ
봉인하다, 인장을 찍다	خَتَمَ/ يَخْتِمُ هـ	끝내다, 끝마치다, 마감하다	اِخْتِتَامٌ / اِخْتَتَمَ / يَخْتَتِمُ هـ
고르다, 선택하다	نَخَبَ/ يَنْخُبُ هـ	선거하다, 선출하다	اِنْتِخَابٌ / اِنْتَخَبَ / يَنْتَخِبُ هـ
..에 경험을 가지다, 경험을 통해서 알다	خَبَرَ/ يَخْبُرُ هـ	..을 해보다 ; 실험, 시험하다	اِخْتِبَارٌ / اِخْتَبَرَ / يَخْتَبِرُ هـ
알다	عَرَفَ/ يَعْرِفُ هـ	인정하다 ; 고백하다	اِعْتِرَافٌ / اِعْتَرَفَ / يَعْتَرِفُ بِ
...를 치하.칭찬하다. 찬양하다	مَدَحَ/ يَمْدَحُ ه	칭찬하다, 찬양하다, 극구 찬양하다	اِمْتِدَاحٌ / اِمْتَدَحَ / يَمْتَدِحُ ه
덥썩쥐다, 잡아채다 ; 탈취.납치하다	خَطَفَ/ يَخْطِفُ هـ	납치하다	اِخْتِطَافٌ / اِخْتَطَفَ / يَخْتَطِفُ ه

예문

	한국어	아랍어
	그 청년은 그 노래를 들었다.	سَمِعَ الشَّبَابُ الأُغْنِيَةَ.
	그 청년은 그 노래를 경청했다.(들으려는 의지를 가지고)	اسْتَمَعَ الشَّبَابُ إِلَى الأُغْنِيَةِ.
	나는 그 학교의 문을 열었다.	فَتَحْتُ بَابَ الْمَدْرَسَةِ.
	대통령은 방문자들을 위해 책 전시회를 개막했다.	افْتَتَحَ الرَّئِيسُ مَعْرِضَ الْكِتَابِ لِلزُّوَّارِ.
	그 할아버지는 삶을 경험했다.	خَبَرَ الْجَدُّ الْحَيَاةَ.
	그 선생은 그 학생을 시험했다. (의도가 있음)	اخْتَبَرَ الْمُدَرِّسُ الطَّالِبَ.
	그 선생님은 그의 제자의 행동을 칭찬했다.	مَدَحَ الْمُدَرِّسُ سُلُوكَ تِلْمِيذِهِ.
	그 시인은 그 대통령을 칭찬했다. (의도적으로)(실제적으로 둘은 거의 같은 의미)	امْتَدَحَ الشَّاعِرُ الرَّئِيسَ.

2) 동작의 영향이나 결과를 받음(الْمُطَاوَعَةُ)

원형동사 동작의 영향이나 결과를 받는 의미이다. 재귀적인 의미 혹은 피동적인 의미라고도 한다.

원형동사			VIII형 동사와 동명사		
모으다(to gather)	جَمَعَ/ يَجْمَعُ هـ		모이다, 모여들다(to meet)	اجْتِمَاعٌ	اجْتَمَعَ/ يَجْتَمِعُ (بِـ، مَعَ)
퍼뜨리다(소식, 소문 등을) ; 출판하다	نَشَرَ/ يَنْشُرُ هـ		퍼지다(소식, 소문 등이) ; 전파.보급되다	انْتِشَارٌ	انْتَشَرَ/ يَنْتَشِرُ
..을 ..으로 채우다	مَلأَ/ يَمْلأُ هـ بِـ		..로 가득채워지다	امْتِلاَءٌ	امْتَلأَ/ يَمْتَلِئُ بِـ، مِنْ
운반하다, 수송하다	نَقَلَ/ يَنْقُلُ هـ		이동하다 ; 옮겨지다	انْتِقَالٌ	انْتَقَلَ/ يَنْتَقِلُ إِلَى
..을 취하다, 갖다	أَخَذَ/ يَأْخُذُ هـ		취해지다, 채택되다	اتِّخَاذٌ	اتَّخَذَ/ يَتَّخِذُ
..을 가르다, 떼놓다	فَرَقَ/ يَفْرُقُ (بَيْنَ)		갈라지다, 분리되다 ; 헤어지다	افْتِرَاقٌ	افْتَرَقَ/ يَفْتَرِقُ
(장소, 지위 등을) 차지하다, 점하다	شَغَلَ/ يَشْغَلُ هـ		...에 종사하다, ..에서 일하다	اشْتِغَالٌ	اشْتَغَلَ/ يَشْتَغِلُ بِـ
..을 들다, 올리다, 높이다	رَفَعَ/ يَرْفَعُ هـ		높아지다, (가격 등이) 오르다	ارْتِفَاعٌ	ارْتَفَعَ/ يَرْتَفِعُ
..을 태우다, 불사르다	حَرَقَ/ يَحْرُقُ هـ		불타다, 연소하다	احْتِرَاقٌ	احْتَرَقَ/ يَحْتَرِقُ

예문

한국어	아랍어
그 교장은 그 선생들을 모았다.	جَمَعَ الْمُدِيرُ الْمُدَرِّسِينَ.
그 선생님들이 모였다.	اجْتَمَعَ الْمُدَرِّسُونَ.

نَشَرَ الْكَاتِبُ خَبَرًا بَيْنَ النَّاسِ.	그 작가는 소식을 사람들 사이에 퍼뜨렸다.
اِنْتَشَرَ الْخَبَرُ السَّيِّئُ.	그 나쁜 소식은 널리 전해졌다.
شَغَلَ الرَّجُلُ الْوَظِيفَةَ.	그 남자는 그 일자리를 차지했다.
اِشْتَغَلَ الرَّجُلُ بِالْوَظِيفَةِ.	그 남자는 그 일자리에서 일했다.

** 한편 아래는 원형동사가 아니라 II형 동사나 IV형 동사와 의미의 연관성을 가진 경우이다.

II형 혹은 IV형 동사		VIII형 동사와 동명사	
..을 가깝게하다, ..에 가까이가다	قَرَّبَ/ يُقَرِّبُ ه أَوْ هـ	..에 가까와지다	اِقْتَرَبَ/ يَقْتَرِبُ (مِنْ) / اِقْتِرَابٌ
..을 멀리하다	أَبْعَدَ/ يُبْعِدُ ه أَوْ هـ	멀어지다, 멀리있다; ..을 피하다	اِبْتَعَدَ/ يَبْتَعِدُ (عَنْ) / اِبْتِعَادٌ

3) 상호동작 (الْمُشَارَكَةُ)

원형동사		VIII형 동사와 동명사	
...를 만나다; 발견하다; 받다	لَقِيَ/ يَلْقَى ه	...와 만나다, 서로 만나다	اِلْتَقَى/ يَلْتَقِي بِـ / اَلْاِلْتِقَاءُ

4) 그외 주요 VIII형 동사들

의미	동명사	VIII형 동사
다르다(to differ from)	اِخْتِلَافٌ	اِخْتَلَفَ/ يَخْتَلِفُ عَنْ، فِي
..을 ..으로 여기다, 간주하다, 고려하다	اِعْتِبَارٌ	اِعْتَبَرَ/ يَعْتَبِرُ ه هـ
기다리다(to wait for)	اِنْتِظَارٌ	اِنْتَظَرَ/ يَنْتَظِرُ ه أَوْ هـ
..에 가입하다, 참가하다	اِشْتِرَاكٌ	اِشْتَرَكَ/ يَشْتَرِكُ فِي
존경하다, 존중하다, 공경하다	اِحْتِرَامٌ	اِحْتَرَمَ/ يَحْتَرِمُ ه أَوْ هـ
..에 기대하다; 의존하다	اِعْتِمَادٌ	اِعْتَمَدَ/ يَعْتَمِدُ عَلَى
단축하다, 축약하다	اِخْتِصَارٌ	اِخْتَصَرَ/ يَخْتَصِرُ هـ
..을 고발하다, 고소하다; 비난하다	اِتِّهَامٌ	اِتَّهَمَ/ يَتَّهِمُ ه بِـ
암살하다	اِغْتِيَالٌ	اِغْتَالَ/ يَغْتَالُ ه
체포하다	اِعْتِقَالٌ	اِعْتَقَلَ/ يَعْتَقِلُ ه
..을 받다, 수령하다	اِسْتِلَامٌ	اِسْتَلَمَ/ يَسْتَلِمُ هـ

اِخْتَارَ / يَخْتَارُ هـ	اِخْتِيَارٌ	선택하다
اِحْتَمَلَ / يَحْتَمِلُ هـ	اِحْتِمَالٌ	참다, 견디다 ; 가능성이 있다, ..일 것같다 ; 자신이 지니다
اِفْتَقَدَ / يَفْتَقِدُ ه	اِفْتِقَادٌ	그리워하다 ; 방문하다

예문

يَحْتَرِمُ الصَّغِيرُ الْكَبِيرَ.	그 (나이가) 작은 사람은 그 (나이) 많은 사람을 존경한다.
اِشْتَرَكْتُ مَعَ أَصْدِقَائِي فِي اللَّعِبِ.	나는 내 친구들과 함께 노는 것에 동참했다.
يَجِبُ أَنْ نَخْتَصِرَ الْمَوْضُوعَاتِ الطَّوِيلَةَ.	우리는 긴 주제들을 단축해야 한다.
اِخْتَلَفَتْ مِصْرُ كَثِيرًا بَعْدَ الثَّوْرَةِ.	이집트는 혁명 이후에 많이 달라졌다.

5) 'ت' 자음 동화에 대해서

VIII 형식 동사에서 ت자음동화가 일어난다. 즉 유성자음 د과 ذ과 ز 뒤에 ت가 올 때, 어근의 첫 자음에 ت가 있어 ت가 겹칠 때, 강세자음 ص와 ض와 ط 뒤에 ت가 올 때, 마찰음 ث와 ظ 뒤에 ت가 올 때, 그리고 어근의 첫 자음이 و일 때 자음동화가 일어난다. 아래를 확인하라.

VIII 형 동사와 동명사		원형동사	
اِزْدَادَ / يَزْدَادُ	اِزْدِيَادٌ	زَادَ / يَزِيدُ	늘어나다 ; 늘리다, 보태다
늘어나다 (ت 뒤의 ز가 د로 바뀜)			
اِدَّعَى / يَدَّعِي هـ	اِدِّعَاءٌ	دَعَا / يَدْعُو ه إِلَى	초대하다 ; 부르다
(근거없이) 주장하다 (د 뒤의 ت가 د로 바뀜)			
اِذَّكَرَ / يَذَّكِرُ هـ	اِذِّكَارٌ	ذَكَرَ / يَذْكُرُ هـ	언급하다
기억하다 (ذ 뒤의 ت가 ذ로 바뀜)			
اِتَّبَعَ / يَتَّبِعُ ه	اِتِّبَاعٌ	تَبِعَ / يَتْبَعُ ه	뒤따르다, 추종하다
뒤따르다, 추적하다 (ت 2개가 겹침)			
اِصْطَدَمَ / يَصْطَدِمُ بـ	اِصْطِدَامٌ	صَدَمَ / يَصْدِمُ هـ	충돌하다, 부딪히다
부딪히다, 충돌하다 (ص 뒤의 ت는 ط가 됨)			
اِضْطَرَّ / يَضْطَرُّ (ه) إِلَى	اِضْطِرَارٌ	ضَرَّ / يَضُرُّ ه	...에게 해를 끼치다
어쩔수 없이 ..해야하다 (ض 뒤의 ت는 ط가 됨)			
اِطَّلَعَ / يَطَّلِعُ عَلَى	اِطِّلَاعٌ	طَلَعَ / يَطْلُعُ	뜨다, 떠오르다(해, 달 등)
..을 보다 ; 알게되다 (ط 뒤의 ت는 ط가 됨)			
اِتَّصَلَ / يَتَّصِلُ بـ	اِتِّصَالٌ	وَصَلَ / يَصِلُ هـ	도착하다
연결되다 ; 전화하다 (و가 삽입된 ت에 동화)			
اِتَّحَدَ / يَتَّحِدُ	اِتِّحَادٌ	وَحَدَ / يَحِدُ	유일하다
하나가 되다, 연합하다 (و가 삽입된 ت에 동화)			

8. IX 형 동사 패턴 - اِفْعَلَّ / يَفْعَلُّ   동명사 패턴 - اِفْعِلَالٌ

우리는 이 책 형용사 부분에서 색깔을 나타내는 형용사에 대해서 배웠다. IX 형 동사의 완료형 패턴은 색깔의 바뀜이나 신체적 결함의 의미가 있는 형용사의 어근 첫 자음 앞에 연결 함자 هَمْزَةُ الْوَصْلِ 'ا'이 오고 어근 끝자음에 중복자음이 와서 اِفْعَلَّ 가 되며, 미완료형 패턴은 يَفْعَلُّ 가 된다. 이 때 미완료형의 첫 번째 자음인 미완료 표지 불변사 (حَرْفُ الْمُضَارِعِ) 'يَ'에 붙은 모음은 파트하(a)이며, 인칭에 따른 접두&접미자음의 변화와 서법의 변화는 원형동사와 같다. 그 외 IX형 동사의 파생형태는 다음과 같다.

	수동분사	능동분사	동명사	명령형	미완료형	완료형
패턴	×	مُفْعَلٌّ	اِفْعِلَالٌ	اِفْعَلَّ	يَفْعَلُّ	اِفْعَلَّ
붉게 되다	×	مُحْمَرٌّ	اِحْمِرَارٌ	اِحْمَرَّ, اِحْمَرِرْ	يَحْمَرُّ	اِحْمَرَّ
노랗게 되다	×	مُصْفَرٌّ	اِصْفِرَارٌ	اِصْفَرَّ, اِصْفَرِرْ	يَصْفَرُّ	اِصْفَرَّ

→ ×는 사용하지 않는 패턴이다.

IX 형 동사의 의미의 연관성은 두 가지이다. 먼저는 색깔의 바뀜을 나타내고, 두 번째는 신체적 결함을 나타낸다.

1) 색깔의 바뀜
색깔이 서서히 바뀌게 됨을 의미한다.

기준형		IX형 동사와 동명사		
붉은 (حَمِرَ/يَحْمَرُ - حَمَرٌ، حُمْرَةٌ)	أَحْمَرُ	붉게되다	اِحْمِرَارٌ	اِحْمَرَّ/يَحْمَرُّ
파란 (زَرِقَ/يَزْرَقُ - زَرَقٌ، زُرْقَةٌ)	أَزْرَقُ	파랗게되다	اِزْرِقَاقٌ	اِزْرَقَّ/يَزْرَقُّ
초록의 (خَضِرَ/يَخْضَرُ - خُضْرَةٌ)	أَخْضَرُ	초록이되다	اِخْضِرَارٌ	اِخْضَرَّ/يَخْضَرُّ
노란 (صَفِرَ/يَصْفَرُ - صُفْرَةٌ)	أَصْفَرُ	노랗게되다	اِصْفِرَارٌ	اِصْفَرَّ/يَصْفَرُّ
하얀 (ب - ي - ض)	أَبْيَضُ	하얗게되다	اِبْيِضَاضٌ	اِبْيَضَّ/يَبْيَضُّ
검은 (سَوِدَ/يَسْوَدُ - سَوَادٌ، سُودٌ)	أَسْوَدُ	검게되다	اِسْوِدَادٌ	اِسْوَدَّ/يَسْوَدُّ

→ 위의 동사를 أَصْبَحَ 등의 무효화 동사를 사용하여 أَصْبَحَ لَوْنُهُ أَحْمَرَ 등으로 사용할 수 있다.

그 장미는 빨갛게 되었다.	اِحْمَرَّتِ الْوَرْدَةُ.
하늘이 모래 폭풍으로 인해 노랗게 되었다.	اِصْفَرَّتِ السَّمَاءُ بِسَبَبِ عَاصِفَةِ الرِّمَالِ.

2) 결함을 갖게 됨(الإعاقة)

신체적 결함 혹은 정신적 결함의 의미를 갖는다.

기준형		IX형 동사와 동명사		
다리를 저는	أَعْرَجُ	다리를 절게 되다	اِعْرِجَاجٌ	اِعْرَجَّ/ يَعْرَجُّ
청각 장애의	أَطْرَشُ	청각 장애자가 되다	اِطْرِشَاشٌ	اِطْرَشَّ/ يَطْرَشُّ
벙어리의	أَخْرَسُ	벙어리가 되다	اِخْرِسَاسٌ	اِخْرَسَّ/ يَخْرَسُّ
사팔뜨기의	أَحْوَلُ	사팔뜨기가 되다	اِحْوِلَالٌ	اِحْوَلَّ/ يَحْوَلُّ

제29과 첨가동사에 대해

9. X형 동사 패턴 اِسْتَفْعَلَ / يَسْتَفْعِلُ   동명사 패턴 - اِسْتِفْعَال 혹은 اِسْتِفَالَة 패턴

X형 동사의 완료형 패턴은 원형 동사의 자음 앞에 연결함자 'هَمْزَة الْوَصْل' 'ا' 와 함께 두 자음 'سْتَ' 가 와서 اِسْتَفْعَلَ 가 되고, 미완료형 패턴은 يَسْتَفْعِلُ 가 된다. 이 때 미완료형의 첫 번째 자음인 미완료 표지 불변사(حَرْف الْمُضَارِع) 'يَ' 에 붙은 모음은 파트하(a)이며, 인칭에 따른 접두&접미자음의 변화와 서법의 변화는 원형동사와 같다. 그 외 X형 동사의 파생형태는 다음과 같다.

	수동분사	능동분사	동명사	명령형	미완료형	완료형
패턴	مُسْتَفْعَل	مُسْتَفْعِل	اِسْتِفْعَال	اِسْتَفْعِلْ	يَسْتَفْعِلُ	اِسْتَفْعَلَ
영접하다	مُسْتَقْبَل	مُسْتَقْبِل	اِسْتِقْبَال	اِسْتَقْبِلْ	يَسْتَقْبِلُ	اِسْتَقْبَلَ
사용하다	مُسْتَعْمَل	مُسْتَعْمِل	اِسْتِعْمَال	اِسْتَعْمِلْ	يَسْتَعْمِلُ	اِسْتَعْمَلَ

X형 동사의 의미의 연관성에는 네 가지가 있는데, 먼저는 원형동사의 동작을 요구하는 의미이고, 두 번째는 원형동사에 대한 생각 혹은 견해를 나타내는 의미이고, 세 번째는 동작의 영향이나 결과를 받는 의미이며, 네 번째는 획득의 의미이며, 다섯 번째는 어떤 사람을 임명하는 의미를 가진다.

1) 동작을 요구함(الطَّلَب)

X형 동사의 의미가 원형동사의 동작이나 상태를 요구하는 의미이다.

원형동사		X형 동사와 동명사	
이해하다	فَهِمَ/ يَفْهَمُ هـ أَوْ هـ	..에게 ... 대하여 알아보다, 물어보다	اِسْتِفْهَام	اِسْتَفْهَمَ/ يَسْتَفْهِمُ (مِنْ) هـ عَنْ
..을 알다	عَلِمَ/ يَعْلَمُ هـ	..에게 ..대하여 문의하다, 정보를 구하다	اِسْتِعْلَام	اِسْتَعْلَمَ/ يَسْتَعْلِمُ هـ عَنْ
설명하다, 해석하다	فَسَّرَ/ يُفَسِّرُ هـ	설명해 달라고 하다, 물어보다	اِسْتِفْسَار	اِسْتَفْسَرَ/ يَسْتَفْسِرُ هـ عَنْ
...에게 ..을 용서하다, 사하여주다	غَفَرَ/ يَغْفِرُ هـ لـ	...에게 ..의 용서를 빌다	اِسْتِغْفَار	اِسْتَغْفَرَ/ يَسْتَغْفِرُ هـ لـ
...에게 ...을 허락.승인.허용하다	سَمَحَ/ يَسْمَحُ لـ هـ بـ	...의 허락을 구하다	اِسْتِسْمَاح	اِسْتَسْمَحَ/ يَسْتَسْمِحُ هـ
..에게 ..을 충고.권고하다	أَشَارَ/ يُشِيرُ عَلَى هـ بـ	..에게 ..에 대해 조언.상담을 구하다	اِسْتِشَارَة	اِسْتَشَارَ/ يَسْتَشِيرُ هـ فِي
치료하다	شَفَى/ يَشْفِي هـ	(의사에게)치료를 요구하다, 치료를 받다	اِسْتِشْفَاء	اِسْتَشْفَى/ يَسْتَشْفِي هـ
..에게 ..을 허가하다	أَذِنَ/ يَأْذَنُ لـ هـ بـ	..에게 허락을 구하다, 허락을 받다	اِسْتِئْذَان	اِسْتَأْذَنَ/ يَسْتَأْذِنُ هـ
..에 참석하다	حَضَرَ/ يَحْضُرُ هـ	소환하다, 참석을 구하다; 회고하다	اِسْتِحْضَار	اِسْتَحْضَرَ/ يَسْتَحْضِرُ
..를 도와주다. 구제.구원하다	نَجَدَ/ يَنْجُدُ هـ	..에게 원조.구원을 청하다	اِسْتِنْجَاد	اِسْتَنْجَدَ/ يَسْتَنْجِدُ بـ
..에 대해 이슬람의 법적 견해를 내놓다	أَفْتَى/ يُفْتِي فِي	파트와를 요구하다; 법적인 견해를 묻다	اِسْتِفْتَاء	اِسْتَفْتَى/ يَسْتَفْتِي هـ فِي

استَرْجَعَ/ يَسْتَرْجِعُ هـ	اسْتِرْجَاع	..의 반환을 요구하다 ; 회복.회수하다, 도로찾다.	رَجَعَ/ يَرْجِعُ إلى	돌아가다, 돌아오다
اسْتَرَدَّ/ يَسْتَرِدُّ هـ	اسْتِرْدَاد	..의 반환을 요구하다 ; 회복.회수하다, 도로찾다.	رَدَّ/ يَرُدُّ هـ أوْ هـ إلى	..을 ..에게 돌려주다
اسْتَرْحَمَ/ يَسْتَرْحِمُ ه	اسْتِرْحَام	..에게 자비를 구하다, 동정을 바라다	رَحِمَ/ يَرْحَمُ ه	..을 가엾이.불쌍히 여기다, 동정하다
اسْتَدْعَى/ يَسْتَدْعِي ه	اسْتِدْعَاء	호출.소환하다 ; 소집하다(예:예비군)	دَعَا/ يَدْعُو ه	..를 부르다(to call)
اسْتَبْصَرَ/ يَسْتَبْصِرُ (في)	اسْتِبْصَار	살피다 ; 숙고하다, 주의깊게 고려하다	بَصُرَ/ يَبْصُرُ هـ	..을 보다(to see)
اسْتَعْرَضَ/ يَسْتَعْرِضُ هـ	اسْتِعْرَاض	살펴보다, 돌이켜보다 ; (군사)열병하다	عَرَضَ/ يَعْرِضُ هـ	전시.진열.상영하다
اسْتَخْرَجَ/ يَسْتَخْرِجُ هـ مِنْ	اسْتِخْرَاج	..을 얻어내다, 채취.축출하다 ; 증류하다	خَرَجَ/ يَخْرُجُ مِنْ	..으로부터 나가다
اسْتَجَابَ/ يَسْتَجِيبُ لـ	اسْتِجَابَة	(부름에) 대답.호응.반응하다, 응답하다	أَجَابَ/ يُجِيبُ ه أوْ هـ	대답하다

예문

فَهِمَ الطَّالِبُ الدَّرْسَ.	그 학생은 그 단원을 이해했다.
اسْتَفْهَمَ الطَّالِبُ مِنَ الْمُدَرِّسِ عَنِ الْكَلِمَةِ.	그 학생은 그 낱말에 대해 그 선생님에게 물어보았다. (이해를 요구함)
أَذِنَ لِي الْأُسْتَاذُ بِالدُّخُولِ.	그 교수는 내가 들어가는 것을 허락했다.
اسْتَأْذَنْتُ الْأُسْتَاذَ لِلدُّخُولِ.	나는 그 교수에게 들어가는 것에 대해 허락을 구했다.
اِغْفِرْ لَنَا ذُنُوبَنَا.	우리의 죄들을 용서하여 주옵소서. (주기도문)
يَسْتَغْفِرُ الْمُذْنِبُ رَبَّهُ.	그 죄인은 그의 주인으로부터 용서를 구한다.
لَنْ يَسْمَحَ لِأَحَدٍ بِالِاقْتِرَابِ مِنْهُ.	그는 아무도 그에게 가까이 오는 것을 허락하지 않을 것이다.
اسْتَسْمَحَتِ الصَّبِيَّةُ أَبَاهَا أَنْ تَخْرُجَ مِنَ الْبَيْتِ.	그 소녀는 그녀의 아버지께 그녀가 집 밖에 나가는 것에 대해 허락을 요청했다.
أَشَارَ أَبِي عَلَيَّ بِدِرَاسَةِ الطِّبِّ.	내 아버지는 나에게 의학을 공부하라고 조언하셨다.
اسْتَشَرْتُ أَبِي فِي مُشْكِلَتِي.	나는 나의 아버지에게 나의 문제에 대해 조언을 구했다.

2) 생각 혹은 견해 (الاعْتِقَاد أوْ الرَّأْي)

원형동사에 대한 생각이나 견해를 나타낸다. '…이 …하다고 여기다'의 의미가 된다.

원형동사		X형 동사와 동명사		
좋아지다, 좋다	حَسُنَ/ يَحْسُنُ	좋다고.옳다고.알맞다고 생각하다 ; 찬성 ; 승인하다	اسْتِحْسَان	اسْتَحْسَنَ/ يَسْتَحْسِنُ هـ
이상하다, 생소하다	غَرُبَ/ يَغْرُبُ	…을 이상하게 여기다 ; 놀라다	اسْتِغْرَاب	اسْتَغْرَبَ/ يَسْتَغْرِبُ هـ

제29과 첨가동사에 대해

흉하다, 추하다	قَبُحَ / يَقْبُحُ	..을 추잡한 것으로 여기다	اِسْتِقْبَاحٌ	اِسْتَقْبَحَ / يَسْتَقْبِحُ هـ
아름답다, 훌륭하다	جَمُلَ / يَجْمُلُ	...을 아름답다고 여기다	اِسْتِجْمَالٌ	اِسْتَجْمَلَ / يَسْتَجْمِلُ هـ
쉽다, 용이하다	سَهُلَ / يَسْهُلُ	...을 쉽다고 인정하다, 쉽다고 여기다	اِسْتِسْهَالٌ	اِسْتَسْهَلَ / يَسْتَسْهِلُ هـ
멀다, 멀리있다	بَعُدَ / يَبْعُدُ	..을 멀다고 여기다 ; 가능성이 낮다고 보다; 배제하다	اِسْتِبْعَادٌ	اِسْتَبْعَدَ / يَسْتَبْعِدُ هـ
어렵다	صَعُبَ / يَصْعُبُ	..을 어렵다고 보다, 힘들다고 보다	اِسْتِصْعَابٌ	اِسْتَصْعَبَ / يَسْتَصْعِبُ هـ
..에 대하여 놀라다, 감탄하다	عَجِبَ / يَعْجَبُ مِنْ	..에 대하여 놀라다, 감탄하다	اِسْتِعْجَابٌ	اِسْتَعْجَبَ / يَسْتَعْجِبُ مِنْ
가볍다	خَفَّ / يَخِفُّ	가볍게 여기다	اِسْتِخْفَافٌ	اِسْتَخَفَّ / يَسْتَخِفُّ هـ
당연히 ..해야 한다	وَجَبَ / يَجِبُ	마땅하다고 여기다, 의무로 여기다	اِسْتِيجَابٌ	اِسْتَوْجَبَ / يَسْتَوْجِبُ هـ
허가,허용되다, 합법적이다	حَلَّ / يَحِلُّ	..을 해결했다고 보다 ; 합법적인 것으로 여기다	اِسْتِحْلَالٌ	اِسْتَحَلَّ / يَسْتَحِلُّ هـ

→위의 원형동사들의 형용사는 각각 حَسَنٌ، غَرِيبٌ، قَبِيحٌ، جَمِيلٌ، سَهْلٌ، بَعِيدٌ، صَعْبٌ، عَجِيبٌ، خَفِيفٌ، وَاجِبٌ، حَلِيلٌ 이다.

예문

그 독자는 그 기사를 좋다고 보았다.	اِسْتَحْسَنَ الْقَارِئُ الْمَقَالَ.
그 사람들은 그의 자동차를 추한 것으로 여겼다.	اِسْتَقْبَحَ النَّاسُ سَيَّارَتَهُ.
나는 이 젊은 여자를 아름답다고 여겼다.	اِسْتَجْمَلْتُ هَذِهِ الْفَتَاةَ.
그 학생들은 그 선생님의 질문들을 쉽다고 여긴다.	يَسْتَسْهِلُ الطُّلَّابُ أَسْئِلَةَ الْمُدَرِّسِ.
그들은 그 시험을 어렵다고 여겼다.	اِسْتَصْعَبُوا الْاِمْتِحَانَ.

3) 동작의 영향이나 결과를 받음 (الْمُطَاوَعَةُ)

X형 동사들 가운데 원형동사가 아닌 다른 형태의 동사들과의 관계가 재귀적인 의미 혹은 피동적인 의미의 관계가 있는 동사를 찾아 볼 수 있다.

기준형		X형 동사와 동명사		
유익하다 ; (유익 등)을 얻다	أَفَادَ / يُفِيدُ هـ	이익,유익을 얻다	اِسْتِفَادَةٌ	اِسْتَفَادَ / يَسْتَفِيدُ مِنْ
준비하다	أَعَدَّ / يُعِدُّ هـ	...할 준비가 되다	اِسْتِعْدَادٌ	اِسْتَعَدَّ / يَسْتَعِدُّ لـ
..에게 ..을 세놓다, 임대하다	آجَرَ / يُؤْجِرُ هـ ه	임차하다, 세들어 살다	اِسْتِئْجَارٌ	اِسْتَأْجَرَ / يَسْتَأْجِرُ هـ
..에게 ..을 빌려주다, 대여하다	أَعَارَ / يُعِيرُ هـ ه	..에게서 ...을 빌리다, 대여받다	اِسْتِعَارَةٌ	اِسْتَعَارَ / يَسْتَعِيرُ هـ مِنْ
...를 만나다	قَابَلَ / يُقَابِلُ ه	..을 맞이하다, 영접하다	اِسْتِقْبَالٌ	اِسْتَقْبَلَ / يَسْتَقْبِلُ ه

..을 ..으로 되돌리다, 회복시키다, 반복하다	أَعَادَ/ يُعِيدُ هـ ـ إِلَى	...을 도로찾다, 회복하다	اسْتِعَادَةٌ	اسْتَعَادَ/ يَسْتَعِيدُ هـ

예문

어제 나는 나의 친구들을 나의 집으로 영접했다.	اسْتَقْبَلْتُ أَصْدِقَائِي أَمْسِ فِي بَيْتِي.
그들은 그 시험에 잘 대비했다.	اسْتَعَدُّوا لِلْاِمْتِحَانِ جَيِّدًا.
혁명 이후 우리들은 우리의 자유를 다시 찾았다.	اسْتَعَدْنَا حُرِّيَّتَنَا بَعْدَ الثَّوْرَةِ.

4) 획득(الْحُصُول)의 의미

X형 동사의 동작을 행함으로 기준형의 내용을 획득(الْحُصُول)하는 의미가 되는 경우이다. 예를들어 اسْتَرَاحَ/يَسْتَرِيحُ 의 경우 '휴식함'을 통해 '쉼(رَاحَة)'을 얻는 다는 말이고, اسْتَعْمَلَ/يَسْتَعْمِلُ 의 경우 기계 등을 '사용'하므로 '노동(عَمَل)'이 획득되는 의미이다.

기준형		X형 동사와 동명사		
쉼	رَاحَةٌ	쉬다, 휴식하다	اسْتِرَاحَةٌ	اسْتَرَاحَ/ يَسْتَرِيحُ
즐거움, 기쁨	مُتْعَةٌ	..을 누리다, 향유하다, 즐기다	اسْتِمْتَاعٌ	اسْتَمْتَعَ/ يَسْتَمْتِعُ بِـ
일, 노동	عَمَلٌ	...을 사용.이용하다	اسْتِعْمَالٌ	اسْتَعْمَلَ/ يَسْتَعْمِلُ هـ
봉사, 섬김	خِدْمَةٌ	고용하다 ; 사용.이용하다	اسْتِخْدَامٌ	اسْتَخْدَمَ/ يَسْتَخْدِمُ ٥، هـ
조국, 국가	وَطَنٌ	거주지를 정하다, 정착하다, 영주하다	اسْتِيطَانٌ	اسْتَوْطَنَ/ يَسْتَوْطِنُ هـ
안전, 안녕, 무사함	سَلَامَةٌ	..에게 항복.투항하다	اسْتِسْلَامٌ	اسْتَسْلَمَ/ يَسْتَسْلِمُ لِـ

예문

그 가난한 사람들은 먼 지역에 거주지를 정했다.	اسْتَوْطَنَ الْفُقَرَاءُ الْمَنَاطِقَ الْبَعِيدَةَ.

5) 임명

기준형에 대해 '...를 ...으로 임명하다'의 의미를 가진다.

기준형		X형 동사와 동명사		
..를 뒤따르다, 계승하다	خَلَفَ/ يَخْلُفُ ٥	...를 후계자로 임명하다, 후계자로 삼다	اسْتِخْلَافٌ	اسْتَخْلَفَ/ يَسْتَخْلِفُ ٥
장관	وَزِيرٌ	장관으로 임명하다	اسْتِيزَارٌ	اسْتَوْزَرَ/ يَسْتَوْزِرُ ٥
노예	عَبْدٌ/ عَبِيدٌ	노예로 삼다	اسْتِعْبَادٌ	اسْتَعْبَدَ/ يَسْتَعْبِدُ ٥

→ اِسْتَوْظَفَ/ يَسْتَوْظِفُ (장관으로 임명하다)와 اِسْتَرْأَسَ/ يَسْتَرْئِسُ (사장으로 임명하다)도 현대 표준 아랍어에서 사용된다.

제29과 첨가동사에 대해

예문	
그 대통령은 그의 부통령을 나라를 위한 후계자로 삼았다.	اسْتَخْلَفَ الرَّئِيسُ نَائِبَهُ عَلَى الْبَلَدِ.
새로운 대통령은 나를 교육부 장관으로 임명했다.	اسْتَوْزَرَنِي الرَّئِيسُ الْجَدِيدُ كَوَزِيرٍ لِلتَّعْلِيمِ.

6) 그외 X형 단어들

..을 지나가다, 지나치다	مَرَّ/ يَمُرُّ بِـ	계속되다, 지속되다	اسْتِمْرَارٌ	اسْتَمَرَّ/ يَسْتَمِرُّ
부유하다, 부자이다	غَنِيَ/ يَغْنَى	..이 필요없게 되다, ..없이 지내다	اسْتِغْنَاءٌ	اسْتَغْنَى/ يَسْتَغْنِي عَنْ

** 한눈에 보는 첨가동사 패턴   الأَفْعَالُ الْمَزِيدَةُ

다음은 첨가동사 전체의 패턴을 정리한 것이다. 이 패턴에 대한 예들은 이 책 '부록 – 동사변화표' 부분의 '한눈에 보는 10형식 변화표'를 보라.

수동분사 اسْمُ الْمَفْعُولِ	능동분사 اسْمُ الْفَاعِلِ	동명사 الْمَصْدَرُ	명령형 الأَمْرُ	미완료형 الْمُضَارِعُ	완료형 الْمَاضِي	الْوَزْنُ
مُفَعَّلٌ	مُفَعِّلٌ	تَفْعِيلٌ	فَعِّلْ	يُفَعِّلُ	فَعَّلَ	II형
مُفَاعَلٌ	مُفَاعِلٌ	مُفَاعَلَةٌ/ فِعَالٌ	فَاعِلْ	يُفَاعِلُ	فَاعَلَ	III형
مُفْعَلٌ	مُفْعِلٌ	إِفْعَالٌ	أَفْعِلْ	يُفْعِلُ	أَفْعَلَ	IV형
مُتَفَعَّلٌ	مُتَفَعِّلٌ	تَفَعُّلٌ	تَفَعَّلْ	يَتَفَعَّلُ	تَفَعَّلَ	V형
مُتَفَاعَلٌ	مُتَفَاعِلٌ	تَفَاعُلٌ	تَفَاعَلْ	يَتَفَاعَلُ	تَفَاعَلَ	VI형
×	مُنْفَعِلٌ	اِنْفِعَالٌ	اِنْفَعِلْ	يَنْفَعِلُ	اِنْفَعَلَ	VII형
مُفْتَعَلٌ	مُفْتَعِلٌ	اِفْتِعَالٌ	اِفْتَعِلْ	يَفْتَعِلُ	اِفْتَعَلَ	VIII형
×	مُفْعِلٌّ	اِفْعِلَالٌ	اِفْعَلِلْ	يَفْعَلُّ	اِفْعَلَّ	IX형
مُسْتَفْعَلٌ	مُسْتَفْعِلٌ	اِسْتِفْعَالٌ	اِسْتَفْعِلْ	يَسْتَفْعِلُ	اِسْتَفْعَلَ	X형

** 동사에 따른 예문들

1. Ⅱ형 동사 패턴 - فَعَّلَ / يُفَعِّلُ

1) 사역의 의미 (التَّعْدِيَةُ)
(1) 자동사가 타동사로 바뀌는 경우

그 어머니는 그녀의 아기를 재웠다.	نَوَّمَتِ الأُمُّ طِفْلَهَا.
그 아내는 그녀가 임신한 소식으로 그녀의 남편을 기쁘게 했다.	فَرَّحَتِ الزَّوْجَةُ زَوْجَهَا بِخَبَرِ حَمْلِهَا.
나는 따뜻하게 되려고 그 히터(heater)를 나에게 가깝게 했다.	قَرَّبْتُ الْمِدْفَأَةَ مِنِّي لِأَتَدَفَّأَ بِهَا.
그 교수는 그 반역하는 학생을 교실 바깥으로 내보냈다.	خَرَّجَ الأُسْتَاذُ التِّلْمِيذَ الْمُشَاغِبَ خَارِجَ الْفَصْلِ.
내 여자 친구는 그녀가 빌려간 내 옷을 돌려주었다.	رَجَّعَتْ صَدِيقَتِي مَلَابِسِي الَّتِي اسْتَعَارَتْهَا.
내 어머니는 아픈 아버지를 간호했다.	مَرَّضَتْ وَالِدَتِي أَبِي الْعَلِيلَ.

(2) 목적어를 한 개 가진 타동사가 목적어를 두 개 가진 타동사로 바뀌는 경우

그 어머니는 그녀의 아기가 우유를 마시게 했다.	شَرَّبَتِ الأُمُّ طِفْلَهَا اللَّبَنَ.
아잔을 울리는 사람은 무슬림들에게 아잔이 들리게 했다.	سَمَّعَ الْمُؤَذِّنُ الْمُسْلِمِينَ الأَذَانَ.
그 남편은 그의 아내를 자동차에 태웠다.	رَكَّبَ الزَّوْجُ زَوْجَتَهُ السَّيَّارَةَ.
내 아이는 그의 새로운 장난감을 조립했다.	رَكَّبَ طِفْلِي لُعْبَتَهُ الْجَدِيدَةَ.
그 교사는 그 제자에게 아랍어를 가르쳤다.	عَلَّمَ الْمُدَرِّسُ التَّلَامِيذَ اللُّغَةَ الْعَرَبِيَّةَ.
내 어머니는 나에게 요리법들을 알게했다.	عَرَّفَتْنِي وَالِدَتِي طُرُقَ الطَّبْخِ.
그는 그 학생에게 수학을 능숙하게 잘 가르친다.	يُدَرِّسُ الطَّالِبَ الرِّيَاضِيَّاتِ بِمَهَارَةٍ.
나의 사장은 나에게 추가적인 일을 짐지운다.	يُحَمِّلُنِي مُدِيرِي عَمَلًا إِضَافِيًّا.
내 아들은 내가 그를 위해 선물을 사는 것을 생각나게 했다.	ذَكَّرَنِي ابْنِي بِشِرَاءِ هَدِيَّةٍ لَهُ.

→ 마지막 문장의 ذَكَّرَ 는 제 1 목적어 뒤의 제 2 목적어 위치에 전치사구가 오는 문장을 많이 사용한다.

2) 힘을 가함 (الْقُوَّةُ) 혹은 횟수의 많음 (الْكَثْرَةُ) 의 의미

그 아이는 그 유리를 조각내었다.	كَسَّرَ الطِّفْلُ الزُّجَاجَ.
그 사자는 이빨로 그 고기를 조각내었다.	قَطَّعَ الأَسَدُ اللَّحْمَ بِأَسْنَانِهِ.
나찌들은 유대인들을 학살했다.	قَتَّلَ النَّازِيُّونَ الْيَهُودَ.
나는 화학비료를 통해 수확량을 늘였다.	كَبَّرْتُ كَمِّيَّةَ مَحْصُولِي بِالْكِيمَاوِيَّاتِ.

그 농부는 수확물을 모았다(한 곳에 많이 모으거나 쌓아 올림).	جَمَّعَ الْمُزَارِعُ الْمَحْصُولَ.
그 의사는 그 주검을 물로 씻었다.	غَسَّلَ الطَّبِيبُ الْمَيِّتَ.
그 불이 집을 다 태웠다.	حَرَّقَتِ النَّارُ الْبَيْتَ.

3) 적용의 의미

나는 내 딸을 '자흐라' 라고 이름지었다.	سَمَّيْتُ بِنْتِي "زَهْرَةَ".
나는 분리된 한 장소에서 내 친구들과 함께 야영을 했다.	خَيَّمْتُ مَعَ أَصْدِقَائِي فِي مَكَانٍ مُنْعَزِلٍ.
나의 아이들은 성탄절을 보내었다.	عَيَّدَ أَطْفَالِي فِي عِيدِ الْمِيلَادِ الْمَجِيدِ.
내 엄마는 손님들과 인사를 나누었다.	سَلَّمَتْ أُمِّي عَلَى الضُّيُوفِ.
나는 내가 책임지고 있는 것을 나를 대신할 사람에게 인수인계했다.	سَلَّمْتُ عُهْدَتِي لِمَنْ حَلَّ مَحَلِّي فِي الْعَمَلِ.
그 교장은 학교의 시간표를 조직했다.	نَظَّمَ الْمُدِيرُ الْجَدْوَلَ الْمَدْرَسِيَّ.
그 경찰관은 교통 지도를 했다.	نَظَّمَ الشُّرْطِيُّ الْمُرُورَ.
그 작가는 그의 표현들을 다양하게 한다.	يُنَوِّعُ الْأَدِيبُ عِبَارَاتِهِ.
그 나침반은 방향을 지정한다.	تُحَدِّدُ الْبُوصَلَةُ الِاتِّجَاهَ.

4) 그외 주요 단어들

내 친구는 나의 여동생과 결혼하기로 결정했다.	قَرَّرَ صَدِيقِي أَنْ يَتَزَوَّجَ مِنْ أُخْتِي.
나는 내 남동생(형)에게 정치에 대해 이야기했다.	كَلَّمْتُ أَخِي عَنِ السِّيَاسَةِ.
그 직원은 그의 사장에게 보고서를 제출했다.	قَدَّمَ الْمُوَظَّفُ تَقْرِيرًا لِمُدِيرِهِ.
그 사장은 한 새로운 직원을 채용했다.	عَيَّنَ الْمُدِيرُ مُوَظَّفًا جَدِيدًا.
그 회사는 나를 사장으로 추천했다.	رَشَّحَتْنِي الشَّرِكَةُ لِمَنْصِبِ الْمُدِيرِ.
그 빚진 사람은 그의 빚들을 갚았다.	سَدَّدَ الْمَدِينُ دُيُونَهُ.
그 선수는 그 공을 골문으로 겨누었다(슈팅했다).	سَدَّدَ اللَّاعِبُ الْكُرَةَ إِلَى الْمَرْمَى.

2. Ⅲ형 동사 패턴 - فَاعَلَ / يُفَاعِلُ

1) 상호동작(동작을 함께 함)(الْمُشَارَكَة)

그 아버지는 그의 아기와 놀았다.	لَاعَبَ الْأَبُ طِفْلَهُ.
그 학생은 그의 친구와 싸웠다.	ضَارَبَ الطَّالِبُ صَدِيقَهُ.
무함마드는 주식에 투자했다.	ضَارَبَ مُحَمَّدٌ فِي الْبُورْصَةِ.

나는 내 형(남동생)이 여행중일 때 그와 편지를 주고 받았다.	كَاتَبْتُ أَخِي حِينَ كَانَ مُسَافِرًا.
그 여자 베이비시터(baby sitter)는 아이들과 동석했다.	جَالَسَتِ الْحَاضِنَةُ الْأَطْفَالَ.
나는 밤에 내 친구를 만났다.	قَابَلْتُ صَدِيقِي لَيْلاً.
그 군대는 그 침략자들에게 저항했다.	قَاوَمَ الْجَيْشُ الْغُزَاةَ[1].
그 원수들은 서로를 죽였다.	قَاتَلَ الْأَعْدَاءُ بَعْضَهُمْ بَعْضًا.
나는 내 아버지를 공손히 대한다.	أُعَامِلُ أَبِي مُعَامَلَةً حَسَنَةً.
그는 그녀와 오랜 세월을 함께 살았다.	عَايَشَهَا زَمَنًا طَوِيلاً.
그 두 경쟁자는 서로 경주한다(경합한다).	يُسَابِقُ الْمُتَنَافِسَانِ بَعْضُهُمَا الْبَعْضَ.
군대는 적과 전쟁을 했다.	حَارَبَ الْجَيْشُ عَدُوَّهُ.
나는 내 형이 여행중일 때 그와 서신을 주고 받았다.	رَاسَلْتُ أَخِي فِي سَفَرِهِ.

2) 동작을 계속함 (الْمُتَابَعَةُ)

나는 내 형(남동생)을 죽인 자를 재판할 것을 요구했다.(계속해서 요구)	طَالَبْتُ بِمُحَاكَمَةِ قَاتِلِ أَخِي.
나는 매일 뉴스 방송에 주의를 기울인다.(follow up)	أُتَابِعُ نَشْرَةَ الْأَخْبَارِ يَوْمِيًّا.
나는 어제 한 영화를 보았다.	شَاهَدْتُ فِيلْمًا أَمْسِ.

3) 그외 주요 단어들

나는 일하기 위해 해외로 여행했다.(떠났다.)	سَافَرْتُ لِلْخَارِجِ لِأَعْمَلَ.
그 남자는 그 장애인을 도왔다.	سَاعَدَ الرَّجُلُ الشَّخْصَ الْعَاجِزَ.
그 교수는 그의 학생들에게 강의했다.	حَاضَرَ الْأُسْتَاذُ طُلَّابَهُ.
그 아버지는 그의 아들의 생일에 선물로 그의 아들을 놀라게 했다.	فَاجَأَ الْأَبُ ابْنَهُ بِهَدِيَّةٍ فِي عِيدِ مِيلَادِهِ.
법원은 그 살인자를 재판했다.	حَاكَمَتِ الْمَحْكَمَةُ الْقَاتِلَ.
그 은행은 나에게 대출하는 것에 대해 동의했다.	وَافَقَ الْبَنْكُ عَلَى إِعْطَائِي قَرْضًا.
하나님은 그의 종들을 용서하신다.	اللهُ يُسَامِحُ عِبَادَهُ[2].

---

[1] غَازٍ(الْغَازِي)/ غُزَاةٌ 침략자

[2] عَبْدٌ/ عَبِيدٌ أَوْ عِبَادٌ 종, 노예

3. IV형 동사 패턴 - أَفْعَلَ / يُفْعِلُ

1) 사역의 의미 (التَّعْدِيَةُ)
(1) 자동사가 타동사가 되는 동사들

그 광부는 땅속에서 금속들을 캐낸다.	يُخْرِجُ الْحَفَّارُ الْمَعَادِنَ مِنَ الْأَرْضِ.
아버지는 그의 아들에게 그의 사랑을 나타내었다.	أَظْهَرَ الْأَبُ مَحَبَّتَهُ لِابْنِهِ.
나는 나의 새로운 프로젝트 일을 완성했다.	أَكْمَلْتُ عَمَلَ مَشْرُوعِي الْجَدِيدِ.
그 게임들은 그 아이들을 기쁘게 한다. (لَعِبَ أَوْ لَعِبَ/ أَلْعَابٌ)	الْأَلْعَابُ تُفْرِحُ الْأَطْفَالَ.
내 형(남동생)은 나에게 나의 펜을 돌려주었다.	أَعَادَ لِي أَخِي قَلَمِي.
내 여자친구는 그녀가 빌린 돈을 나에게 돌려주었다.	أَرْجَعَتْ لِي صَدِيقَتِي الْمَالَ الَّذِي اسْتَلَفَتْهُ.
그 운동선수는 그의 동료가 넘어진 뒤에 그를 일으켜세웠다.	أَقَامَ اللَّاعِبُ زَمِيلَهُ بَعْدَمَا وَقَعَ.
그 아버지는 그의 아들들과 놀이를 했고 그래서 그들을 기쁘게 했다.	لَاعَبَ الْوَالِدُ أَبْنَاءَهُ فَأَسْعَدَهُمْ.
그의 아버지의 별세는 그에게 고통을 주었다.	أَوْجَعَتْهُ وَفَاةُ أَبِيهِ.
내 동생 아내의 드레스가 내 마음에 들었다.	أَعْجَبَنِي فُسْتَانُ زَوْجَةِ أَخِي.
국가는 세금을 경감하는 결정을 내렸다.	أَصْدَرَتِ الدَّوْلَةُ قَرَارًا بِتَخْفِيضِ الضَّرَائِبِ.

(2) 타동사가 목적어를 두 개 가지는 타동사가 되는 동사들

그 남자는 나에게 길을 보여주었다(가르쳐주었다.)	أَرَانِي الرَّجُلُ الطَّرِيقَ.
내 아버지는 나를 그가 지은 한 집에 살게했다.	أَسْكَنَنِي أَبِي بَيْتًا بَنَاهُ. أَسْكَنَنِي أَبِي فِي بَيْتٍ قَدْ بَنَاهُ.*
그 남편은 그의 아내를 그 자동차에 태웠다.	أَرْكَبَ الزَّوْجُ زَوْجَتَهُ السَّيَّارَةَ.
내 아내는 나에게 기쁜 소식들을 전하여주었다.	أَخْبَرَتْنِي زَوْجَتِي أَخْبَارًا سَارَّةً.
내 아내는 나에게 그녀의 임신 소식을 알려주었다.	أَخْبَرَتْنِي زَوْجَتِي بِحَمْلِهَا.
나는 내 아이를 그의 방에 들어가게했다.	أَدْخَلْتُ طِفْلِي حُجْرَتَهُ.
그 기사는 그 칼을 그의 칼집에 꽂았다.	أَدْخَلَ الْفَارِسُ السَّيْفَ فِي غِمْدِهِ.*
삶의 걱정들은 내가 하나님을 잊어버리게 했다.	أَنْسَتْنِي هُمُومُ الْحَيَاةِ اللهَ.
그 교사는 그의 제자들에게 레슨(lesson)들을 이해시켰다.	أَفْهَمَ الْمُعَلِّمُ تَلَامِيذَهُ الدَّرْسَ.
나는 내 아버지에게 나의 어머니의 사망 소식을 알렸다.	أَعْلَمْتُ وَالِدِي خَبَرَ مَوْتِ أُمِّي. أَعْلَمْتُ وَالِدِي بِخَبَرِ مَوْتِ أُمِّي.

→ 위에서 أَسْكَنَ 동사와 أَدْخَلَ 동사에서 제 2 목적어 대신 부사구가 왔다.

2) 귀의(歸依)하는 의미 (الدُّخُولُ فِي عَقِيدَةٍ)

내 형(남동생)은 이슬람에 확신을 가진 이후 무슬림이 되었다.	أَسْلَمَ أَخِي بَعْدَمَا اقْتَنَعَ بِالإِسْلَامِ.
내 친구는 알라신을 믿은 뒤에 다신론(우상숭배)자가 되었다.	أَشْرَكَ صَدِيقِي بَعْدَمَا كَانَ مُؤْمِنًا بِاللهِ.
내 친구는 무신론자가 되었다.	أَلْحَدَ صَدِيقِي عَنِ الدِّينِ.

3) 그외 주요한 IV 형식 단어들

나는 내 형(남동생)에게 편지를 보내었다.	أَرْسَلْتُ خِطَابًا لِأَخِي.
그는 서둘러 걸었다.	أَسْرَعَ فِي سَيْرِهِ. (أَوْ أَسْرَعَ السَّيْرَ)
그 강사는 그의 병 때문에 강의를 취소시켰다.	أَلْغَى الْمُحَاضِرُ الْمُحَاضَرَةَ لِمَرَضِهِ.
나는 알렉산드리아에 가까이 왔다.	أَقْبَلْتُ إِلَى مَدِينَةِ الإِسْكَنْدَرِيَّةِ.
하늘이 많은 비를 내렸다.	أَمْطَرَتِ السَّمَاءُ مَطَرًا غَزِيرًا.
구름 가운데서 해가 떠올랐다.	أَشْرَقَتِ الشَّمْسُ وَسْطَ الْغُيُومِ.
나는 그에게 비밀을 공개했다.	أَعْلَنْتُهُ السِّرَّ. (أَوْ أَعْلَنْتُهُ بِالسِّرِّ.)

4. V형 동사 패턴 - تَفَعَّلَ / يَتَفَعَّلُ

1) 동작의 영향이나 결과를 받음 (الْمُطَاوَعَةُ)

인간은 삶의 경험들을 통해 변화된다.	يَتَغَيَّرُ الإِنْسَانُ بِفِعْلِ تَجَارِبِ الْحَيَاةِ.
전자제품들이 과거에 비해 많이 발전했다.	تَطَوَّرَتِ الأَجْهِزَةُ كَثِيرًا عَنِ الْمَاضِي.
나는 나의 아내의 죽음으로 인해 영향을 강하게 받았다.	تَأَثَّرْتُ بِمَوْتِ زَوْجَتِي بِشِدَّةٍ.
그 경주자는 달리기 경주에서 앞서갔다.(1등을 했다는 의미)	تَقَدَّمَ الْمُتَسَابِقُ فِي سِبَاقِ الرَّكْضِ.
나는 정치에 대해서 많이 이야기하지 않는다.	لَا أَتَحَدَّثُ عَنِ السِّيَاسَةِ كَثِيرًا.
내 친구는 무지한 사람들과 이야기하지 않는다.	لَا يَتَكَلَّمُ صَدِيقِي مَعَ الْجُهَلَاءِ.
그 폭탄이 터지는 소리 때문에 그 유리가 깨어졌다.	تَكَسَّرَ الزُّجَاجُ بِسَبَبِ دَوِيِّ انْفِجَارِ الْقُنْبُلَةِ.
국회 해산이 결정되었다.	تَقَرَّرَ أَنْ يَتِمَّ حَلُّ مَجْلِسِ الشَّعْبِ.
나는 그 사고에서 기적적으로 구출될 수 있었다.	تَمَكَّنْتُ مِنَ النَّجَاةِ مِنَ الْحَادِثَةِ بِأُعْجُوبَةٍ.
그 약은 여러 요소로 구성되어 있다.	الدَّوَاءُ يَتَرَكَّبُ مِنْ عِدَّةِ عَنَاصِرَ.
대통령 살해에 대한 소식들이 카페들에서 회자되었다.	تَرَدَّدَتْ أَنْبَاءٌ فِي الْمَقَاهِي عَنْ مَقْتَلِ الرَّئِيسِ.
나는 내 삶의 동업자를 선택하는데 주저했다.	تَرَدَّدْتُ فِي اخْتِيَارِ شَرِيكِ حَيَاتِي.

제29과 첨가동사에 대해

내 여동생(누나)은 의과대학을 졸업했다.	تَخَرَّجَتْ أُخْتِي مِنْ كُلِّيَّةِ الطِّبِّ.
나의 아버지는 한밤중에 돌아오는 것이 늦어졌다.	تَأَخَّرَ أَبِي عَنِ الْعَوْدَةِ إِلَى مُنْتَصَفِ اللَّيْلِ.
나는 한 아름다운 젊은 여자를 알게되었다.	تَعَرَّفْتُ عَلَى فَتَاةٍ جَمِيلَةٍ.
나는 내 형(남동생)으로부터 수영을 배웠다.	تَعَلَّمْتُ السِّبَاحَةَ مِنْ أَخِي.
그 스펀지는 물을 흡수했다.	تَشَرَّبَتِ الْإِسْفَنْجَةُ الْمِيَاهَ.
내 친구는 내 여동생(누나)과 결혼했다.	تَزَوَّجَ صَدِيقِي أُخْتِي.
그는 그의 과거 날들을 회상했다.	تَذَكَّرَ أَيَّامَهُ الْمَاضِيَةَ.

2) 그외 주요 V형 동사

나는 그 공원을 조금 산책했다.	تَمَشَّيْتُ قَلِيلاً فِي الْحَدِيقَةِ.
나는 내 주위에 있는 자연에 대해 묵상했다.	تَأَمَّلْتُ فِي الطَّبِيعَةِ مِنْ حَوْلِي.
자만하는 자는 교만하게 된다.	يَتَكَبَّرُ الْمَغْرُورُ.
내 친구는 유대교인이었다가 기독교인이 되었다.	تَنَصَّرَ صَدِيقِي بَعْدَمَا كَانَ يَهُودِيًّا.
대통령은 정권에서 물러났다.	تَنَحَّى الرَّئِيسُ عَنِ الْحُكْمِ.

5. VI형 동사 패턴 – تَفَاعَلَ / يَتَفَاعَلُ

1) 상호동작(الْمُشَارَكَة)

공동의 관심사를 가진 나라들이 서로 협력하고 있다.	تَتَعَاوَنُ الدُّوَلُ ذَاتُ الْمَصْلَحَةِ الْمُشْتَرَكَةِ.
아시아 선수권에서 그 두 팀이 경기를 한다.	تَلَاعَبَ الْفَرِيقَانِ فِي بُطُولَةِ كَأْسِ آسِيَا.
그 위조자는 그 시간들을 조작했다.	تَلَاعَبَ الْمُزَوِّرُ بِالتَّوْقِيعَاتِ.*
그 직원이 그 서류들을 위조했다.	تَلَاعَبَ الْمُوَظَّفُ فِي الْأَوْرَاقِ.
우리는 음악의 음률에 맞춰 춤을 췄다.	تَرَاقَصْنَا عَلَى أَنْغَامِ الْمُوسِيقَى.
그 두 남자 소년은 학교 앞에서 서로 만났다.	تَقَابَلَ الصَّبِيَّانِ أَمَامَ بَابِ الْمَدْرَسَةِ.
나는 어제 내 약혼자와 만났다.	تَقَابَلْتُ مَعَ خَطِيبِي أَمْسِ.
그 두 남자는 상업활동에 함께 참여했다.(동업했다)	تَشَارَكَ الرَّجُلَانِ فِي التِّجَارَةِ.
그 두 친구는 서로 편지를 주고 받았다.	تَكَاتَبَ الصَّدِيقَانِ تَرَاسَلًا.
그 아이들은 서로 싸웠다.	تَضَارَبَ الْأَطْفَالُ.
그 숫자들이 내 머리에서 (모순되어) 상충되었다.	تَضَارَبَتِ الْأَرْقَامُ فِي رَأْسِي.

여전히 그 사람들은 서로 싸운다.	مَا زَالَ النَّاسُ يَتَحَارَبُونَ.
그 두 군대는 서로 전투했다.	تَقَاتَلَ الْجَيْشَانِ.
그 사랑하는 두 사람은 서로 편지를 주고 받았다.	تَرَاسَلَ الْحَبِيبَانِ.
그 두 친구는 서로 협의했다.	تَشَاوَرَ الصَّدِيقَانِ.
그 두 계약당사자들은 그 계약조항에 합의하였다.	تَوَافَقَ الْمُتَعَاقِدَانِ عَلَى بُنُودِ الْعَقْدِ.
그 사랑하는 두 사람은 서로 키스를 교환했다.	تَبَادَلَ الْعَشِيقَانِ الْقُبْلَاتِ.
나와 내 아내는 신실할 것에 대해 서로 약속했다.	تَوَاعَدْتُ أَنَا وَزَوْجَتِي عَلَى الْوَفَاءِ.
그 두 나라의 대통령이 협상했다.	تَفَاوَضَ رَئِيسَا الدَّوْلَتَيْنِ.
그 두 나라는 평화롭게 공존했다.	تَعَايَشَتِ الدَّوْلَتَانِ تَعَايُشًا سِلْمِيًّا.
그 현명한 사람들은 서로 이해했다.	تَفَاهَمَ الْعُقَلَاءُ[1].
이집트 사람들은 혁명을 하는 동안 서로 협력했다.	تَكَاتَفَ الْمِصْرِيُّونَ خِلَالَ الثَّوْرَةِ.

2) 계속됨 (الْمُتَابَعَةُ)

그 화재로부터 연기가 계속 증가했다.	تَصَاعَدَ الدُّخَانُ مِنَ الْحَرِيقِ.
폭우가 계속 왔다.	تَوَاصَلَتِ الْأَمْطَارُ فِي الْانْهِمَارِ.
하늘에서 비가 계속해서 왔다.	تَسَاقَطَ الْمَطَرُ مِنَ السَّمَاءِ.

3) 하는 체함 (التَّظَاهُرُ)

그는 가난하면서도 부자인척 한다.	يَتَظَاهَرُ بِالْغِنَى وَهُوَ فَقِيرٌ.
태만한 사람은 그의 숙제들을 잊은 척 한다. (잊으려고 한다.)	يَتَنَاسَى الْمُهْمِلُ وَاجِبَاتِهِ.
(그) 아는 사람은 (그) 모르는 사람들 앞에서 아는 척 한다.	يَتَعَالَمُ الْعَارِفُ أَمَامَ الْجُهَلَاءِ[2].
나는 다른 사람들 보다 교양이 있는 척하는 사람을 좋아하지 않는다.	لَا أُحِبُّ مَنْ يَتَثَاقَفَ عَلَى الْآخَرِينَ.
그 게으른 사람은 일하는 시간에 잠자는 척한다.	يَتَنَاوَمُ الْكَسُولُ وَقْتَ الْعَمَلِ.
정치인들은 아주 똑똑한 척한다.	يَتَذَاكَى السِّيَاسِيُّونَ كَثِيرًا.
그 소년은 그 공부로부터 도망가기 위해 바보인척 한다.	يَتَغَابَى الصَّبِيُّ لِيَهْرُبَ مِنَ الْمُذَاكَرَةِ.
내가 무지하다고 말해질 때까지 나는 모르는체 했다.	تَجَاهَلْتُ حَتَّى قِيلَ إِنِّي جَاهِلٌ.

---

[1] عَاقِلٌ / عُقَلَاءُ 이성적인, 현명한

[2] جَاهِلٌ / جُهَلَاءُ 무지한

يَتَجَاهَلُ الظَّالِمُ حُقُوقَ الْفُقَرَاءِ.	독재자는 가난한 사람들의 권리들을 무시한다.
يَتَمَارَضُ الْخَبِيثُ تَهَرُّبًا مِنَ الْعَمَلِ.	그 교활한 자는 일로부터 도망가기 위해 아픈척하고 있다.

4) 그외 주요 단어들

تَنَازَلَ عَنْ حُقُوقِهِ.	그는 그의 권리에 대해 양보했다.
تَكَاسَلَ التِّلْمِيذُ عَنْ أَدَاءِ وَاجِبِهِ.	그 학생은 그의 숙제를 하는 것에 게을렀다.
تَنَاوَلْتُ إِفْطَارِي مُبَكِّرًا.	나는 일찍 나의 아침을 먹었다.
تَضَايَقَ صَدِيقِي مِنْ كَلَامِي.	내 친구는 내 말로 이내 화가 났다.
يَتَعَالَجُ أَخِي مِنْ مَرَضٍ بَسِيطٍ.	내 형(남동생)은 간단한 병에 대해 치료를 받는다.

6. VII 형 동사의 패턴 – اِنْفَعَلَ / يَنْفَعِلُ

1) 동작의 영향이나 결과를 받음 (اَلْمُطَاوَعَةُ)

اِنْكَسَرَتِ النَّافِذَةُ.	그 창문이 깨어졌다.
اِنْقَطَعَ الْحَبْلُ بِسَبَبِ الرِّيَاحِ.	그 밧줄이 바람 때문에 끊어졌다.
لِمَاذَا يَنْفَتِحُ الْبَابُ مَرَّتَيْنِ؟	왜 그 문이 두 번 열렸지?
اِنْعَقَدَ الْخَيْطُ.	그 실이 매듭지어졌다.
اِنْعَقَدَ الِاجْتِمَاعُ بَيْنَ الطَّرَفَيْنِ.	그 양쪽 편 사이의 모임이 열렸다.
اِنْهَزَمَ الْعَدُوُّ هَزِيمَةً كَبِيرَةً.	그 원수가 아주 크게 패배했다.
اِنْقَلَبَتِ السَّيَّارَةُ لِأَنَّهَا كَانَتْ مُسْرِعَةً.	그 자동차가 급하게 서둘렀기 때문에 전복되었다.
عَادَةً أَنْشَغِلُ بِأَعْمَالِي طَوَالَ الْأُسْبُوعِ.	보통 나는 나의 일들로 인해 일주일 내내 분주하다.
اِنْسَحَبَ الْجَيْشُ مِنَ الْمَيْدَانِ.	군대가 (그) 광장에서 철수했다.
اِنْصَرَفَ أَخِي سَرِيعًا.	내 형(남동생)은 급하게 떠났다.
اِنْفَجَرَتِ الْقُنْبُلَةُ بِقُوَّةٍ.	그 폭탄이 세게 폭발했다.
اِنْدَهَشَتِ الزَّوْجَةُ مِنْ حُبِّ زَوْجِهَا لَهَا.	그 부인은 그녀의 남편의 그녀에 대한 사랑으로 인해 놀랐다.
اِنْطَفَأَتِ النَّارُ بَعْدَ وَقْتٍ قَصِيرٍ.	약간의 시간이 흐른 이후 그 불이 꺼졌다.

7. VIII 형 동사 패턴 - اِفْتَعَلَ/ يَفْتَعِلُ

1) 계획된 의도 (وُجُودُ النِّيَّةِ قَبْلَ الْفِعْلِ)

그 사랑에 빠진 사람들은 로맨틱한 노래들을 경청한다.	يَسْتَمِعُ الْعُشَّاقُ[1] إِلَى الْأَغَانِي الرُّومَانْسِيَّةِ.
대통령은 새로운 공장을 개관했다.	اِفْتَتَحَ الرَّئِيسُ مَصْنَعًا جَدِيدًا.
그 판사는 그 공판을 끝내었다.	اِخْتَتَمَ الْقَاضِي الْجَلْسَةَ.
나는 자유주의 후보를 선출했다.	اِنْتَخَبْتُ الْمُرَشَّحَ اللِّيبِرَالِيَّ.
그 교사는 그의 학생들에게 아랍어를 테스트했다.	اِخْتَبَرَ الْمُعَلِّمُ تَلَامِيذَهُ فِي اللُّغَةِ الْعَرَبِيَّةِ.
그 혐의자는 그의 범행을 인정했다.	اِعْتَرَفَ الْمُتَّهَمُ بِجَرِيمَتِهِ.
나의 친구들은 내가 유머스럽게 되었다고 나를 칭찬한다.	يَمْتَدِحُنِي أَصْدِقَائِي عَلَى خِفَّةِ ظِلِّي.
한 갱단이 한 비행기를 납치했다.	اِخْتَطَفَتْ عِصَابَةٌ طَائِرَةً.

2) 동작의 영향이나 결과를 받음 (الْمُطَاوَعَةُ)

그 이사회의 구성원들이 모였다.	اِجْتَمَعَ أَعْضَاءُ مَجْلِسِ الْإِدَارَةِ.
그 전염병이 나라에 급속히 퍼지고 있다.	تَنْتَشِرُ الْأَوْبِئَةُ[2] سَرِيعًا فِي الْبِلَادِ.
그 컵은 쥬스로 가득 채워졌다.	اِمْتَلَأَ الْكُوبُ بِالْعَصِيرِ.
나는 나의 집으로부터 직장에 자동차로 이동했다.	اِنْتَقَلْتُ مِنْ مَنْزِلِي لِعَمَلِي بِالسَّيَّارَةِ.
'진실'을 나의 표어로 채택했다.	اِتَّخَذْتُ "الصِّدْقَ" شِعَارًا لِي.
영혼은 죽는 순간 육체와 분리된다.	تَفْتَرِقُ الرُّوحُ عَنِ الْجَسَدِ وَقْتَ الْمَوْتِ.
나는 6년동안 언론에 종사했다.	اِشْتَغَلْتُ بِالصَّحَافَةِ لِسِتِّ سَنَوَاتٍ.
가격들이 미친듯이 올라간다.	تَرْتَفِعُ الْأَسْعَارُ بِشَكْلٍ جُنُونِيٍّ.
우리 도시가 전쟁으로 인해 불탔다.	اِحْتَرَقَتْ مَدِينَتُنَا بِسَبَبِ الْحَرْبِ.
그 경기가 끝이 가까왔다.	اِقْتَرَبَتِ الْمُبَارَاةُ مِنْ نِهَايَتِهَا.
그 아기가 그 위험으로부터 멀어졌다.	اِبْتَعَدَتِ الطِّفْلَةُ عَنِ الْخَطَرِ.

3) 상호동작 (الْمُشَارَكَةُ)

나는 일이 끝난 이후 내 약혼녀와 만났다.	اِلْتَقَيْتُ بِخَطِيبَتِي بَعْدَ الْعَمَلِ.

---

[1] عَاشِيقٌ/ عُشَّاقٌ 사랑에 빠진 사람

[2] وَبَاءٌ/ أَوْبِئَةٌ 전염병

4) 그외 주요동사들

나의 생각들은 다른 사람들과 다르다.	أَخْتَلِفُ فِي آرَائِي مَعَ الْآخَرِينَ.
나는 사랑을 큰 공상이라고 여긴다.	أَعْتَبِرُ الْحُبَّ وَهْمًا كَبِيرًا.
나는 내 친구를 오랫동안 기다렸지만 그는 오지 않았다.	انْتَظَرْتُ صَدِيقِي طَوِيلاً وَلَمْ يَأْتِ.
내 여자 친구는 낚시대회에 참가했다.	اشْتَرَكَتْ صَدِيقَتِي فِي مُسَابَقَةٍ لِلصَّيْدِ.
그 착한 아들은 그의 부모를 존경한다.	يَحْتَرِمُ الِابْنُ الْبَارُّ وَالِدَيْهِ.
나는 나 외에 다른 사람을 의지하지 않는다.	لَا أَعْتَمِدُ عَلَى أَحَدٍ إِلَّا نَفْسِي.
내 형(남동생)은 빨리 도착하기 위해 지름길로 간다.	يَخْتَصِرُ أَخِي الطُّرُقَ فَيَصِلُ سَرِيعًا.
검찰은 그 남자를 살인 혐의로 기소했다.	اتَّهَمَتِ النِّيَابَةُ الرَّجُلَ بِالْقَتْلِ.
그 테러리스트들은 그 대통령을 암살했다.	اغْتَالَ الْإِرْهَابِيُّونَ الرَّئِيسَ.
독재자는 정치인들을 체포한다.	يَعْتَقِلُ الدِّكْتَاتُورُ السِّيَاسِيِّينَ.
나는 한 전보를 수령했다.	اسْتَلَمْتُ خِطَابًا بَرِيدِيًّا.
국민이 그들의 대통령을 선택했다.	اخْتَارَ الشَّعْبُ رَئِيسَهُ.
가난한자들이 가격이 오른 것을 참고있다.	الْفُقَرَاءُ يَحْتَمِلُونَ ارْتِفَاعَ الْأَسْعَارِ.
그 부인은 그녀의 남편을 아주 그리워한다.	الزَّوْجَةُ تَفْتَقِدُ زَوْجَهَا جِدًّا.

5) 'ت' 자음 동화에 대해서

문화적 의식이 선진국들에서 증가했다.	ازْدَادَ الْوَعْيُ الثَّقَافِيُّ فِي الدُّوَلِ الْمُتَقَدِّمَةِ.
어떤 사람들은 그들이 모든 것을 이해한다고 주장한다.	يَدَّعِي الْبَعْضُ أَنَّهُمْ يَفْهَمُونَ كُلَّ شَيْءٍ.
나는 내가 내 친구에게 빚지고 있다는 것을 기억했다.	اذَّكَرْتُ أَنِّي مَدِينٌ لِصَدِيقِي.
아들은 그의 아버지의 걸음(길)을 따른다.	يَتَّبِعُ الِابْنُ خُطَى[1] وَالِدِهِ.
공상을 하는 사람은 현실에 부딪칠 때 놀란다.	يَنْدَهِشُ الْوَاهِمُ حِينَ يَصْطَدِمُ بِالْوَاقِعِ.
그의 친구들이 그를 어쩔 수 없이 그 파티에서 떠나게 했다.	اضْطَرَّهُ أَصْدِقَاؤُهُ لِتَرْكِ الْحَفْلَةِ.
나는 매일 아침 신문을 본다.	أَطَّلِعُ عَلَى الْجَرِيدَةِ كُلَّ صَبَاحٍ.
나는 나의 구조를 위해 경찰에 연락했다.	اتَّصَلْتُ بِالشُّرْطَةِ لِنَجْدَتِي.
우리가 연합할 때 우리는 강해진다.	حِينَ نَتَّحِدُ نَقْوَى.

---

[1] خُطْوَةٌ/ خُطَى 한 스텝(step), 한 걸음 -اتٌ

8. IX형 동사 패턴 - اِفْعَلَّ / يَفْعَلُّ

1) 색깔의 바뀜

그 젊은 여자(처녀)의 볼이 부끄러움으로 빨갛게 되었다.	اِحْمَرَّتْ خُدُودُ[1] الْفَتَاةِ خَجَلاً.
그 물이 정화 이후에 파랗게 되었다.	اِزْرَقَّتِ الْمِيَاهُ بَعْدَ تَنْقِيَتِهَا.
땅이 식물을 심은 이후 초록이 되었다.	اِخْضَرَّتِ الْيَابِسَةُ بَعْدَ الزِّرَاعَةِ.
하늘이 그 모래 바람으로 인해 노랗게 되었다.	اِصْفَرَّتِ السَّمَاءُ بِسَبَبِ الْعَاصِفَةِ الرَّمْلِيَّةِ.
내 드레스가 세탁 이후에 하얗게 된다.	تَبْيَضُّ مَلَابِسِي بَعْدَ غَسِيلِهَا.
내 피부가 태양의 뜨거움으로 인해 검게 되었다.	اِسْوَدَّ جِلْدِي بِسَبَبِ حَرَارَةِ الشَّمْسِ.

2) 결함을 갖게 됨

내 친구는 그 사고 이후에 다리를 절게 되었다.	اِعْرَجَّ صَدِيقِي بَعْدَ الْحَادِثَةِ.
내 형(남동생)은 그가 아주 높은 소리를 들은 이후 청각장애를 가지게 되었다.	اِطْرَشَّ أَخِي بَعْدَ سَمَاعِهِ صَوْتًا عَالِيًا شَدِيدًا.
내 여동생(누나)은 정신적 충격으로 벙어리가 되었다.	اِخْرَسَّتْ أُخْتِي بِسَبَبِ صَدْمَةٍ نَفْسِيَّةٍ.
내 이모는 그녀의 머리가 벽에 부딪힌 이후 사팔뜨기가 되었다.	اِحْوَلَّتْ خَالَتِي بَعْدَ اصْطِدَامِ رَأْسِهَا بِالْحَائِطِ.

9. X형 동사 패턴 - اِسْتَفْعَلَ / يَسْتَفْعِلُ

1) 동작을 요구함 (الطَّلَبُ)

그 학생은 그의 선생님께 만유인력의 법칙에 대해 물어보았다.	اِسْتَفْهَمَ الطَّالِبُ مِنْ مُدَرِّسِهِ عَنْ قَانُونِ الْجَاذِبِيَّةِ.
나는 그 호텔들에 머무는 한 사람에 대해 정보를 구하려고 전화를 했다.	اِتَّصَلْتُ لِأَسْتَعْلِمَ عَنْ أَحَدِ نُزَلَاءِ[2] الْفُنْدُقِ.
나는 꾸란의 구절들에 대해 설명을 요청하였다.	اِسْتَفْسَرْتُ عَنْ آيَاتِ الْقُرْآنِ الْكَرِيمِ.
나는 매일 하나님께 용서를 빈다.	أَسْتَغْفِرُ اللهَ يَوْمِيًّا.
그 남자는 그의 아버지에게 허락을 구했다. (혹은 용서를 구했다.)	اِسْتَسْمَحَ الرَّجُلُ أَبَاهُ.
그 환자는 그 의사에게 조언을 구했다.	اِسْتَشَارَ الْمَرِيضُ الطَّبِيبَ.
그 환자는 병원에서 치료를 받았다.	اِسْتَشْفَى الْمَرِيضُ بِالْمُسْتَشْفَى.
그 학생은 밖으로 나가기 전에 그 교사에게 허락을 구했다.	اِسْتَأْذَنَ الطَّالِبُ الْمُدَرِّسَ قَبْلَ الْخُرُوجِ.

---

[1] خَدٌّ / خُدُودٌ 볼, 뺨
[2] نَزِيلٌ / نُزَلَاءُ 머무는 사람, 거주자, 투숙객(guest)

제29과 첨가동사에 대해

그 교감 선생님은 난동을 일으킨 학생의 아버지에게 출석을 요청했다.	اسْتَحْضَرَ النَّاظِرُ وَالِدَ الطِّفْلِ المُشَاغِبِ.
그 남자는 경찰에게 구원요청을 했다.	اسْتَنْجَدَ الرَّجُلُ بِالشُّرْطَةِ.
무슬림들은 그들의 법학자들에게 종교적인 문제들에 대해 법적인 견해를 물어본다.	يَسْتَفْتِي المُسْلِمُونَ عُلَمَاءَهُمْ فِي شُؤُونِ الدِّينِ.
그 경찰은 그 잃어버린 나의 가방을 그 강도로부터 회수하였다.	اسْتَرْجَعَ البُولِيسُ حَقِيبَتِي المَفْقُودَةَ مِنَ اللِّصِّ.
카말은 그의 돈을 그의 친구로부터 회수했다.	كَمَالٌ اسْتَرَدَّ نُقُودَهُ مِنْ صَدِيقِهِ.
그 죄수는 그 판사에게 재판에서 자비를 구했다.	الجَانِي اسْتَرْحَمَ القَاضِيَ فِي الحُكْمِ.
법원은 그 소송의 증인들을 소환했다(출석하라고 요청함).	اسْتَدْعَتِ المَحْكَمَةُ شُهُودَ القَضِيَّةِ.
이성이 있는 사람은 문제를 주의깊게 고려한다.	العَاقِلُ يَسْتَبْصِرُ المُشْكِلَةَ جَيِّدًا.
그 지휘관은 그의 군대를 열병한다.(열병식을 한다.)	يَسْتَعْرِضُ القَائِدُ جُنُودَهُ.
그 회사는 땅으로부터 오일을 캐낸다.	تَسْتَخْرِجُ الشَّرِكَةُ البِتْرُولَ مِنَ الأَرْضِ.
대통령은 백성의 요구들에 응답했다.	اسْتَجَابَ الرَّئِيسُ لِمَطَالِبِ الشَّعْبِ.

2) 생각 혹은 견해 (الاعْتِقَادُ أَوِ الرَّأْيُ)

나는 내가 나의 직책에서 사퇴하는 것이 옳다고 생각했다.	اسْتَحْسَنْتُ الاسْتِقَالَةَ مِنْ مَنْصِبِي.
나는 사람들이 하나님을 믿지 않는 것을 이상하게 여긴다.	أَسْتَغْرِبُ عَدَمَ إِيمَانِ النَّاسِ بِاللهِ.
나는 그 썩은 음식의 모습을 더러운 것으로 여겼다.	اسْتَقْبَحْتُ مَنْظَرَ الطَّعَامِ الفَاسِدِ.
나는 내 이웃(f.)의 모습을 아름답다고 여겼다.	اسْتَجْمَلْتُ مَنْظَرَ جَارَتِي.
그 강한 사람은 그 도전들을 쉽다고 여긴다.	يَسْتَسْهِلُ القَوِيُّ التَّحَدِّيَاتِ.
나는 내 친구가 배신자가 될 가능성이 낮다고 보았다.	اسْتَبْعَدْتُ أَنْ يَكُونَ صَدِيقِي خَائِنًا.
국가는 부패한 정치인들을 선거에서 배제했다.	اسْتَبْعَدَتِ الدَّوْلَةُ السِّيَاسِيِّينَ الفَاسِدِينَ مِنَ الانْتِخَابَاتِ.
게으른 사람은 일하는 것을 어렵다고 여긴다.	يَسْتَصْعِبُ الكَسُولُ العَمَلَ.
우리는 그 소녀의 아름다움에 감탄했다.	اسْتَعْجَبْنَا مِنْ جَمَالِ البِنْتِ.
그 교사는 교장의 말을 가볍게 여겼다.	اسْتَخَفَّ المُدَرِّسُ كَلَامَ المُدِيرِ.
그 살인자는 그 판결을 마땅히 여긴다	يَسْتَوْجِبُ القَاتِلُ الحُكْمَ.
그 살인자는 그 남자의 피를 합법적인 것으로 여겼다.	اسْتَحَلَّ القَاتِلُ دَمَ الرَّجُلِ.

3) 동작의 영향이나 결과를 받음 (المُطَاوَعَةُ)

그 선수는 그의 코치의 경험으로부터 유익을 얻는다.	يَسْتَفِيدُ اللَّاعِبُ مِنْ خِبْرَةِ مُدَرِّبِهِ.

그 군대는 전쟁을 위한 준비가 되었다.	اِسْتَعَدَّ الْجَيْشُ لِلْحَرْبِ.	
나는 한 새로운 아파트를 임차했다. (세들어 살다.)	اِسْتَأْجَرْتُ شَقَّةً جَدِيدَةً.	
나는 나의 형(남동생)으로부터 그 가방을 빌렸다.	اِسْتَعَرْتُ الْحَقِيبَةَ مِنْ أَخِي.	
나의 어머니는 그 손님들을 영접하였다.	اِسْتَقْبَلَتْ أُمِّي الضُّيُوفَ.	
내 남동생(형)은 무의식 이후에 의식을 회복했다.	اِسْتَعَادَ أَخِي وَعْيَهُ بَعْدَ الْغَيْبُوبَةِ.	

4) 획득(اَلْحُصُولُ)의 의미

나는 여행의 피곤함으로부터 휴식하길 원한다.	أُرِيدُ أَنْ أَسْتَرِيحَ مِنْ تَعَبِ السَّفَرِ.
아이들은 캔디를 즐긴다.	يَسْتَمْتِعُ الْأَطْفَالُ بِالْحَلْوَى.
나는 예리한 칼을 사용하는 것을 좋아하지 않는다.	لَا أُحِبُّ أَنْ أَسْتَعْمِلَ السِّكِّينَ الْحَادَّ.
내 형(남동생)은 그 상자를 열기위해 칼을 사용하였다.	اِسْتَخْدَمَ أَخِي السِّكِّينَ لِفَتْحِ الْعُلْبَةِ.
난민들은 그들을 보호하는 나라들에 영구 정착한다.	يَسْتَوْطِنُ اللَّاجِئُونَ بِلَادًا تَحْمِيهِمْ.
(그) 군대는 그의 적에게 항복했다.	اِسْتَسْلَمَ الْجَيْشُ لِعَدُوِّهِ.

5) 임명

대통령은 국가에 대한 그의 후계자를 임명했다.	اِسْتَخْلَفَ الرَّئِيسُ نَائِبَهُ عَلَى الْبَلَدِ.
그 새로운 대통령은 나를 교육부 장관으로 임명했다.	اِسْتَوْزَرَنِي الرَّئِيسُ الْجَدِيدُ كَوَزِيرٍ لِلتَّعْلِيمِ.
죄는 사람을 노예로 삼는다.	يَسْتَعْبِدُ الْإِثْمُ الْإِنْسَانَ.

6) 그외 주요동사들

당신은 선한 행위를 일평생 계속하시오!	اِسْتَمِرَّ فِي عَمَلِ الْخَيْرِ طُولَ الْحَيَاةِ!
그 회사는 여러 직원들이 필요없게 되었다.	اِسْتَغْنَتِ الشَّرِكَةُ عَنْ عَدَدٍ مِنَ الْمُوَظَّفِينَ.

제 30 과 4 자음 원형동사와 그 첨가동사 형태

1. 4 자음 원형동사(الْفِعْلُ الْمُجَرَّدُ الرُّبَاعِيُّ) 패턴 – فَعْلَلَ/ يُفَعْلِلُ

2. 4 자음 첨가동사(الْفِعْلُ الْمَزِيدُ الرُّبَاعِيُّ)

   1) 4 자음 첨가동사 Ⅰ형 패턴 – تَفَعْلَلَ/ يَتَفَعْلَلُ 패턴

   2) 4 자음 첨가동사 Ⅱ형 패턴 – افْعَلَلَّ/ يَفْعَلِلُّ 패턴

제 30 과 4 자음 원형동사와 그 첨가동사 형태

지금까지는 어근이 3 자음으로 구성되어 있는 3 자음 원형동사와 3 자음 첨가동사를 살펴보았다. 이 과에서는 어근이 4 자음으로 구성되어 있는 동사를 살펴보자.

1. 4 자음 원형동사 (الْفِعْلُ الْمُجَرَّدُ الرُّبَاعِيّ) 패턴 – فَعْلَلَ / يُفَعْلِلُ * 동명사 패턴 – فَعْلَلَة 혹은 فِعْلَالٌ

4 자음 원형동사란 어근이 4 자음으로 구성된 동사를 말한다.

1) 4 자음 원형동사의 변화

			완료형 الْفِعْلُ الْمَاضِي	미완료형 الْفِعْلُ الْمُضَارِعُ			
				직설법 (مَرْفُوع)	접속법 (مَنْصُوب)	단축법 (مَجْزُوم)	명령형 (فِعْلُ الأَمْرِ)
3인칭	남성단수	هُوَ	تَرْجَمَ	يُتَرْجِمُ	يُتَرْجِمَ	يُتَرْجِمْ	
	여성단수	هِيَ	تَرْجَمَتْ	تُتَرْجِمُ	تُتَرْجِمَ	تُتَرْجِمْ	
	남성쌍수	هُمَا	تَرْجَمَا	يُتَرْجِمَانِ	يُتَرْجِمَا	يُتَرْجِمَا	
	여성쌍수	هُمَا	تَرْجَمَتَا	تُتَرْجِمَانِ	تُتَرْجِمَا	تُتَرْجِمَا	
	남성복수	هُمْ	تَرْجَمُوا	يُتَرْجِمُونَ	يُتَرْجِمُوا	يُتَرْجِمُوا	
	여성복수	هُنَّ	تَرْجَمْنَ	يُتَرْجِمْنَ	يُتَرْجِمْنَ	يُتَرْجِمْنَ	
2인칭	남성단수	أَنْتَ	تَرْجَمْتَ	تُتَرْجِمُ	تُتَرْجِمَ	تُتَرْجِمْ	تَرْجِمْ
	여성단수	أَنْتِ	تَرْجَمْتِ	تُتَرْجِمِينَ	تُتَرْجِمِي	تُتَرْجِمِي	تَرْجِمِي
	남녀쌍수	أَنْتُمَا	تَرْجَمْتُمَا	تُتَرْجِمَانِ	تُتَرْجِمَا	تُتَرْجِمَا	تَرْجِمَا
	남성복수	أَنْتُمْ	تَرْجَمْتُمْ	تُتَرْجِمُونَ	تُتَرْجِمُوا	تُتَرْجِمُوا	تَرْجِمُوا
	여성복수	أَنْتُنَّ	تَرْجَمْتُنَّ	تُتَرْجِمْنَ	تُتَرْجِمْنَ	تُتَرْجِمْنَ	تَرْجِمْنَ
1인칭	남녀단수	أَنَا	تَرْجَمْتُ	أُتَرْجِمُ	أُتَرْجِمَ	أُتَرْجِمْ	
	남녀쌍수·복수	نَحْنُ	تَرْجَمْنَا	نُتَرْجِمُ	نُتَرْجِمَ	نُتَرْجِمْ	

제30과 4자음 원형동사와 그 첨가동사 형태

2) 4자음 원형동사의 예

뜻	동사	뜻	동사
번역하다, 통역하다	تَرْجَمَ/ يُتَرْجِمُ هـ	흔들다, 진동시키다	زَلْزَلَ/ يُزَلْزِلُ هـ
통제하다, 지배하다	سَيْطَرَ/ يُسَيْطِرُ عَلَى	(사탄이) 속삭이다, 소곤거리다	وَسْوَسَ/ يُوَسْوِسُ (لـ)
세차게 흔들다, 흔들다	زَعْزَعَ/ يُزَعْزِعُ هـ	말을 더듬다	تَهْتَهَ/ يُتَهْتِهُ
귓속말로 이야기하다, 속삭이다.	وَشْوَشَ/ يُوَشْوِشُ ه	중얼거리다	تَمْتَمَ/ يُتَمْتِمُ
안심시키다	طَمْأَنَ/ يُطَمْئِنُ ه	흩어버리다, 뿌리다	بَعْثَرَ/ يُبَعْثِرُ هـ
(돌 등을) 굴리다	دَحْرَجَ/ يُدَحْرِجُ هـ	떨어뜨리다, 내던지다	دَهْوَرَ/ يُدَهْوِرُ هـ
터뜨리다 ; 터지다, 폭발하다	فَرْقَعَ/ يُفَرْقِعُ هـ	증명하다	بَرْهَنَ/ يُبَرْهِنُ هـ، عَلَى
..을 방해하다, 막다	عَرْقَلَ/ يُعَرْقِلُ هـ	후퇴하다	قَهْقَرَ/ يُقَهْقِرُ
..을 ..에 침입.잠입.침투시키다	غَلْغَلَ/ يُغَلْغِلُ هـ ـ في		

3) 능동분사 패턴 - مُفَعْلِلٌ

뜻	분사	뜻	분사
번역하고 있는 ; 번역자	مُتَرْجِمٌ	지배하고 있는 ; 지배자	مُسَيْطِرٌ
흔들고 있는	مُزَلْزِلٌ	귓속말로 하는, 속삭이는	مُوَسْوِسٌ
(돌 등을) 굴리는	مُدَحْرِجٌ	터지는, 폭발하는	مُفَرْقِعٌ

4) 동명사 패턴 – فَعْلَلَةٌ 혹은 فِعْلَالٌ

위의 4자음 원형동사의 동명사들이다.

뜻	동명사	뜻	동명사
번역, 통역	تَرْجَمَةٌ	흔듦, 진동	زَلْزَلَةٌ أَوْ زِلْزَالٌ
통제, 지배	سَيْطَرَةٌ	(사탄이) 속삭임, 소곤됨	وَسْوَسَةٌ
흔듦	زَعْزَعَةٌ	말을 더듬거림	تَهْتَهَةٌ
귓속말, 속삭임	وَشْوَشَةٌ	중얼거림	تَمْتَمَةٌ
안심시킴	طَمْأَنَةٌ	흩어버리는 것, 산포	بَعْثَرَةٌ
(돌 등을) 굴림	دَحْرَجَةٌ أَوْ دِحْرَاجٌ	떨어뜨림, 내던짐	دَهْوَرَةٌ
터짐, 폭발	فَرْقَعَةٌ	증명	بَرْهَنَةٌ
방해, 막음	عَرْقَلَةٌ	후퇴	قَهْقَرَةٌ
침입시킴, 잠입시킴	غَلْغَلَةٌ		

5) 동사에 따른 예문들

تَرْجَمَ الْمُتَرْجِمُ كِتَابًا.	그 번역가는 한 책을 번역했다.
زَلْزَلَ صَوْتُ الْفَرْقَعَةِ الْبِنَايَاتِ.	그 폭발소리는 그 건물들을 진동시켰다.
سَيْطَرَ الْقَائِدُ عَلَى جُنُودِهِ.	그 지휘관은 그의 군사들을 장악했다.
وَسْوَسْتُ أَخِي كَيْ لَا يَسْمَعَنَا أَحَدٌ.	나는 아무도 우리의 말을 듣지 못하도록 내 형(동생)에게 속삭였다.
زَعْزَعَ الزِّلْزَالُ الْعِمَارَةَ.	그 지진은 그 건물을 흔들었다.
يُتَهْتِهُ الطِّفْلُ مُحَاوِلًا أَنْ يَقُولَ جُمْلَةً.	(그) 아이는 한 문장을 말하려고 시도하면서 더듬거린다.
وَشْوَشْتُ صَدِيقِي لِأَقُولَ سِرًّا.	나는 내 친구에게 비밀을 말하기 위해 귓속말로 이야기했다.
يُتَمْتِمُ أَبِي بِكَلِمَاتٍ غَيْرِ مَفْهُومَاتٍ فِي مَرَضِهِ.	내 아버지는 그가 병들때 이해할 수 없는 말들을 중얼거리신다.
اِزْدِيَادُ الرَّوَاتِبِ يُطَمْئِنُنِي.	봉급이 늘어난 것은 나를 안심시킨다.
بَعْثَرَ الطِّفْلُ حَبَّاتِ الْعِنَبِ عَلَى الْأَرْضِ.	그 아이는 포도 씨앗들을 땅에 뿌렸다.
دَحْرَجَ ابْنِي أُنْبُوبَةَ الْغَازِ.	내 아들은 가스통을 굴렸다.
دَهْوَرَتْنِي قِشْرَةُ الْمَوْزِ حِينَ كُنْتُ أَجْرِي.	내가 달리고 있었을 때 그 바나나 껍질이 나를 내동댕이 쳤다.
فَرْقَعَتِ الْقُنْبُلَةُ السَّيَّارَةَ.	그 폭탄이 그 자동차를 폭발하게 했다.
بَرْهَنَ الرَّجُلُ عَلَى حُبِّهِ لِوَطَنِهِ بِالِاسْتِشْهَادِ.	그 남자는 조국에 대한 그의 사랑을 순직으로 증명했다.
عَرْقَلَتِ السُّيُولُ حَرَكَةَ الْمُوَاصَلَاتِ.	그 폭우는 교통 흐름을 막았다.
قَهْقَرَتْ قُوَّاتُ الْعَدُوِّ.	적군이 후퇴했다.
غَلْغَلَ الْإِسْلَامِيُّونَ فِكْرَهُمْ فِي الْبِلَادِ.	이슬람주의자들이 그들의 생각을 나라에 침투시켰다.

제30과 4자음 원형동사와 그 첨가동사 형태

2. 4자음 첨가동사(الْفِعْلُ الْمَزِيدُ الرُّبَاعِيُّ)

4자음 동사의 첨가동사의 종류는 많지 않다. 가장 많이 사용되는 4자음 첨가동사 I 형 패턴은 아래의 두 가지이다.

1) 4자음 첨가동사 I 형 패턴 – تَفَعْلَلَ / يَتَفَعْلَلُ 패턴   *동명사 패턴 – تَفَعْلُلٌ

이 패턴은 4자음 원형동사와 의미의 연관성이 있다. 이 패턴의 의미의 관련성은 3자음 동사에서 V형 동사가 II형 동사의 동작의 영향이나 결과를 받아(الْمُطَاوَعَةُ) 재귀적인 의미, 혹은 피동적인 의미를 가지는 것과 비슷하다.

4자음 원형동사		첨가동사 I 형 تَفَعْلَلَ 패턴	
세차게 흔들다, 흔들다	زَعْزَعَ/ يُزَعْزِعُ ه	흔들리다, 진동하다	تَزَعْزُعٌ	تَزَعْزَعَ/ يَتَزَعْزَعُ
떨어뜨리다, 내던지다	دَهْوَرَ/ يُدَهْوِرُ ه	떨어지다; 몰락되다, 쇠퇴하다	تَدَهْوُرٌ	تَدَهْوَرَ/ يَتَدَهْوَرُ
흩어버리다, 뿌리다	بَعْثَرَ/ يُبَعْثِرُ ه	흩어지다, 뿌려지다	تَبَعْثُرٌ	تَبَعْثَرَ/ يَتَبَعْثَرُ
(돌 등을) 굴리다	دَحْرَجَ/ يُدَحْرِجُ ه	굴려지다, 굴러내리다	تَدَحْرُجٌ	تَدَحْرَجَ/ يَتَدَحْرَجُ
터뜨리다; 터지다, 폭발하다	فَرْقَعَ/ يُفَرْقِعُ ه	터지다, 폭발되다	تَفَرْقُعٌ	تَفَرْقَعَ/ يَتَفَرْقَعُ
흔들다, 진동시키다	زَلْزَلَ/ يُزَلْزِلُ ه	흔들리다, 진동되다	تَزَلْزُلٌ	تَزَلْزَلَ/ يَتَزَلْزَلُ
...을 방해하다, 막다	عَرْقَلَ/ يُعَرْقِلُ ه	방해를 받다; 어려워지다, 곤란해지다	تَعَرْقُلٌ	تَعَرْقَلَ/ يَتَعَرْقَلُ
후퇴하다	قَهْقَرَ/ يُقَهْقِرُ	후퇴하다	تَقَهْقُرٌ	تَقَهْقَرَ/ يَتَقَهْقَرُ
...을 ..에 침입, 잠입, 침투시키다	غَلْغَلَ/ يُغَلْغِلُ ه في	침입,잠입,침투하다, 들어가다	تَغَلْغُلٌ	تَغَلْغَلَ/ يَتَغَلْغَلُ في

철학자	فَيْلَسُوفٌ	철학자인체하다, 허풍떨다	تَفَلْسُفٌ	تَفَلْسَفَ/ يَتَفَلْسَفُ
악마	شَيْطَانٌ	귀신처럼 행동하다	تَشَيْطُنٌ	تَشَيْطَنَ/ يَتَشَيْطَنُ
미국	أَمْرِيكَا	미국화 되다	تَأَمْرُكٌ	تَأَمْرَكَ/ يَتَأَمْرَكُ

동사에 따른 예문들

지진들이 일어날 때 땅이 흔들린다.	تَتَزَعْزَعُ الْأَرْضُ وَقْتَ الزَّلَازِلِ.
후진적인 사람들의 손에서 문화가 쇠퇴한다.	تَتَدَهْوَرُ الثَّقَافَةُ عَلَى يَدِ الْمُتَخَلِّفِينَ.
그 목걸이의 알맹이들이 땅에 흩어졌다.	تَبَعْثَرَتْ حَبَّاتُ الْعِقْدِ عَلَى الْأَرْضِ.
그 가스통이 경사진 길에 굴려내렸다.	تَدَحْرَجَتِ الْأُنْبُوبَةُ عَلَى الْمُنْزَلَقِ.

تَفَرْقَعَتْ أُنْبُوبَةُ الْغَازِ.	그 가스통이 터졌다.	
تَتَزَلْزَلُ الشَّقَّةُ وَقْتَ عُبُورِ الْقِطَارِ.	기차가 지나가는 시간에 그 아파트가 흔들린다.	
تَعَرْقَلَتْ أُمُورُهُ فَازْدَادَتْ مَشَاكِلُهُ.	그의 일들(matter)이 어렵게 되어서 그의 문제들이 더 늘었다.	
تَقَهْقَرَ الْجَيْشُ الْمُنْهَزِمُ.	그 패배한 군대는 후퇴했다.	
يَتَغَلْغَلُ الْغَبَاءُ بَيْنَ الْمُتَخَلِّفِينَ.	어리석음이 그 후진적인 사람들에게 들어갔다.	

2) 4자음 첨가동사 II형 패턴 - اِفْعَلَّ/ يَفْعَلُّ 패턴 동명사 패턴 – اِفْعِلَالٌ

이 패턴의 의미는 3자음 동사의 원형동사와 VII형 동사의 의미관계와 비슷하다. 즉 원형동사 동작의 영향이나 결과(الْمُطَاوَعَة)를 받는다.

4자음 원형동사			첨가동사 II형 اِفْعَلَّ 패턴	
안심시키다	طَمْأَنَ/ يُطَمْئِنُ ه	안심하다	اِطْمِئْنَانٌ	اِطْمَأَنَّ/ يَطْمَئِنُّ
..을 떨다	قَشْعَرَ/ يُقَشْعِرُ هـ	(공포, 추위 따위로) 떨다, 몸서리치다	اِقْشِعْرَارٌ	اِقْشَعَرَّ/ يَقْشَعِرُّ

동사에 따른 예문들

تَطْمَئِنُّ نَفْسِي حِينَ أُصَلِّي.	내가 기도할 때 내 마음이 안심한다.
أَقْشَعِرُّ إِنْ سَمِعْتُ احْتِكَاكَ الْحَدِيدِ.	나는 철이 마찰되는 소리를 들었을 때 몸서리친다.

제 31 과 약동사 (الْفِعْلُ الْمُعْتَلُّ) 변화

1. 동사의 구조에 따른 구분(الْفِعْلُ بِالنَّظَرِ إِلَى بِنْيَتِهِ)
2. 강동사(الْفِعْلُ الصَّحِيحُ) 변화
   1) 정상동사(الْفِعْلُ السَّالِمُ) 변화
   2) 함자동사(الْفِعْلُ الْمَهْمُوزُ) 변화
   3) 중복자음동사(الْفِعْلُ الْمُضَعَّفُ) 변화
   심화학습 – 약동사(الْفِعْلُ الْمُعْتَلُّ) 변화의 음운 규칙에 대해
3. 약동사(الْفِعْلُ الْمُعْتَلُّ) 변화
   1) 수약동사(الْفِعْلُ الْمِثَالُ) 변화
   2) 간약동사(الْفِعْلُ الْأَجْوَفُ) 변화
   3) 말약동사(الْفِعْلُ النَّاقِصُ) 변화
   4) 이중약동사(الْفِعْلُ اللَّفِيفُ) 변화
   5) 함자 약동사 변화
4. 첨가동사(الْأَفْعَالُ الْمَزِيدَةُ)의 약동사 변화

제 31 과 약동사 (الْفِعْلُ الْمُعْتَلُّ) 변화

지금까지 우리는 강동사의 완료형과 미완료형의 변화들을 다루었다. 이 변화들을 규칙적인 변화라고 한다면 여기서는 예외적인 변화라고 할 수 있는 약동사 변화를 공부하고자 한다.
약동사 변화는 아랍어 문법 가운데 규칙을 설명하기 어려운 부분 가운데 하나이다. 미세한 자음과 모음의 음운 변화이기에 그 이유를 설명하기가 쉽지 않다.

초보 아랍어 학습자들의 경우 약동사 변화와 그 규칙들에 대해 처음부터 시간을 많이 소비하지 않는 것이 좋다. 처음에는 강동사 변화 중심으로 동사를 공부하고, 약동사 변화의 경우 그 개념만 파악한 뒤 이 책 뒤에 나오는 약동사 변화 도표를 자주 활용하는 것도 한 방법이다. 그러나 문장들이 어느 정도 익숙하게 된 이후에는 이 과의 '약동사 변화의 음운 규칙에 대해'를 중심으로 약동사 전체를 이해해 보자. 복잡하기는 하지만 이해가 가능하며 정복할 수 있다.

이제 약동사 변화를 본격적으로 공부하기 전에 앞에서 배운 동사의 구조에 따른 구분을 다시 한번 살펴보고 강동사와 약동사가 어떻게 구분되는지를 확인하도록 하라.

1. 동사의 구조에 따른 구분 (الْفِعْلُ بِالنَّظَرِ إِلَى بِنْيَتِهِ)

강동사 (الْفِعْلُ الصَّحِيحُ) – 동사의 완료형 혹은 미완료형 철자 가운데 약자음 (حَرْفُ الْعِلَّةِ) و , ا , ي 가 없는 동사. 따라서 동사의 자음 가운데 탈락되거나 예외적으로 변형되는 자음이 없다.

약동사 (الْفِعْلُ الْمُعْتَلُّ) – 동사의 완료형 혹은 미완료형 철자 가운데 약자음 (حَرْفُ الْعِلَّةِ) و , ا , ي 가 있는 동사. 동사의 어근에서 따질 경우 어근 가운데 약자음 و 나 ي 가 있는 동사를 말한다. 이 약자음들의 음운변화로 인해 자음이 탈락하거나 예외적으로 변형되는 자음이 있다.

		동사의 종류	특징
강동사 (الْفِعْلُ الصَّحِيحُ)	①	정상동사 (الْفِعْلُ السَّالِمُ)	동사 자음에 함자가 없고 샷다가 끝자음에 오지 않는 동사
	②	함자동사 (الْفِعْلُ الْمَهْمُوزُ)	동사 첫 자음이나 중간 자음, 혹은 끝자음에 함자가 있는 동사
	③	중복자음동사 (الْفِعْلُ الْمُضَعَّفُ)	동사의 두 번째 자음과 세 번째 자음이 같은 동사(중복자음이 오는 동사)
약동사 (الْفِعْلُ الْمُعْتَلُّ)	①	수약동사 (الْفِعْلُ الْمِثَالُ)	동사 첫 자음이 و 혹은 ي 인 동사
	②	간약동사 (الْفِعْلُ الْأَجْوَفُ)	중간자음이 و 이거나 ا 혹은 ي 인 동사 (어근 중간자음이 و 혹은 ي 인 동사)
	③	말약동사 (الْفِعْلُ النَّاقِصُ)	끝자음이 و 이거나 ا 혹은 ي 인 동사 (어근 끝자음이 و 혹은 ي 인 동사)

2. 강동사(الفِعْلُ الصَّحِيحُ) 변화

1) 정상동사(الفِعْلُ السَّالِمُ) 변화

지금까지 우리가 다룬 것이 정상동사 변화이다. 때문에 여기서 다루지 않는다.

2) 함자동사(الفِعْلُ المَهْمُوزُ) 변화

함자동사란 함자가 어근의 첫 자음이나 둘째 자음, 혹은 세째 자음에 오는 동사를 말한다.

(1) 함자가 첫 자음에 오는 경우

함자가 첫 자음에 오는 동사의 경우 미완료형 1인칭 단수에서 첫 자음의 함자가 겹친 알리프(أَلِفُ المَدِّ)로 변화한다. 예) أَنَا آكُلُ   또한 명령형의 경우 첫 자음의 함자가 탈락하고 두 번째 자음과 세 번째 자음으로 명령형태를 만들어 준다.

먹다	أَكَلَ/ يَأْكُلُ هـ	명령하다	أَمَرَ/ يَأْمُرُ بِـ
취하다(to take)	أَخَذَ/ يَأْخُذُ هـ، (مِنْ)	유감스럽게 생각하다	أَسِفَ/ يَأْسَفُ عَلَى

			완료형 الفِعْلُ المَاضِي	미완료형 الفِعْلُ المُضَارِعُ			
				직설법 (مَرْفُوعٌ)	접속법 (مَنْصُوبٌ)	단축법 (مَجْزُومٌ)	명령형 (فِعْلُ الأَمْرِ)
3인칭	남성단수	هُوَ	أَكَلَ	يَأْكُلُ	يَأْكُلَ	يَأْكُلْ	
	여성단수	هِيَ	أَكَلَتْ	تَأْكُلُ	تَأْكُلَ	تَأْكُلْ	
	남성쌍수	هُمَا	أَكَلَا	يَأْكُلَانِ	يَأْكُلَا	يَأْكُلَا	
	여성쌍수	هُمَا	أَكَلَتَا	تَأْكُلَانِ	تَأْكُلَا	تَأْكُلَا	
	남성복수	هُمْ	أَكَلُوا	يَأْكُلُونَ	يَأْكُلُوا	يَأْكُلُوا	
	여성복수	هُنَّ	أَكَلْنَ	يَأْكُلْنَ	يَأْكُلْنَ	يَأْكُلْنَ	
2인칭	남성단수	أَنْتَ	أَكَلْتَ	تَأْكُلُ	تَأْكُلَ	تَأْكُلْ	كُلْ
	여성단수	أَنْتِ	أَكَلْتِ	تَأْكُلِينَ	تَأْكُلِي	تَأْكُلِي	كُلِي
	남녀쌍수	أَنْتُمَا	أَكَلْتُمَا	تَأْكُلَانِ	تَأْكُلَا	تَأْكُلَا	كُلَا
	남성복수	أَنْتُمْ	أَكَلْتُمْ	تَأْكُلُونَ	تَأْكُلُوا	تَأْكُلُوا	كُلُوا
	여성복수	أَنْتُنَّ	أَكَلْتُنَّ	تَأْكُلْنَ	تَأْكُلْنَ	تَأْكُلْنَ	كُلْنَ
1인칭	남녀단수	أَنَا	أَكَلْتُ	آكُلُ	آكُلَ	آكُلْ	
	남녀쌍수복수	نَحْنُ	أَكَلْنَا	نَأْكُلُ	نَأْكُلَ	نَأْكُلْ	

→ 미완료형 1인칭 단수의 경우 أْكُلُ + أَ 이 조합되어 آكُلُ 가 되었다.

문장에서 변화의 예들

나는 꾸샤리를 먹는 것을 좋아한다. (접속법 1인칭 남녀단수)	أُحِبُّ أَنْ آكُلَ الْكُشَرِي.
그 여성들은 내가 요리한 것을 먹지 않았다. (단축법 3인칭 여성 복수)	لَمْ يَأْكُلْنَ مَا طَبَخْتُ.
내가 그 상을 받기 위해 나는 부지런해야 한다. (접속법 1인칭 남녀단수)	لِكَيْ آخُذَ الْجَائِزَةَ يَجِبُ أَنْ أَجْتَهِدَ.
저에게 명령하십시오. 제가 당신에게 복종하겠습니다.(명령형 2인칭 남성단수)	مُرْنِي وَأَنَا أُطِيعُكَ.

** 위의 동사들 가운데 أَمَرَ/يَأْمُرُ 의 경우 그 명령형이 مُرْ 도 가능하고, اُوْمُرْ 도 가능하다.

(2) 함자가 중간 자음에 오는 경우

함자가 중간 자음에 오는 동사의 경우 예외적인 변화가 없고, 앞에서 배웠던 정상동사(الْفِعْلُ السَّالِمُ)와 같이 변화한다.

묻다, 질문하다	سَأَلَ / يَسْأَلُ ه ـ	...에 싫증나다	سَئِمَ / يَسْأَمُ هـ، مِنْ

			완료형 الْفِعْلُ الْمَاضِي	미완료형 الْفِعْلُ الْمُضَارِعُ			명령형 (فِعْلُ الْأَمْرِ)
				직설법 (مَرْفُوعٌ)	접속법 (مَنْصُوبٌ)	단축법 (مَجْزُومٌ)	
3인칭	남성단수	هُوَ	سَأَلَ	يَسْأَلُ	يَسْأَلَ	يَسْأَلْ	
	여성단수	هِيَ	سَأَلَتْ	تَسْأَلُ	تَسْأَلَ	تَسْأَلْ	
	남성쌍수	هُمَا	سَأَلَا	يَسْأَلَانِ	يَسْأَلَا	يَسْأَلَا	
	여성쌍수	هُمَا	سَأَلَتَا	تَسْأَلَانِ	تَسْأَلَا	تَسْأَلَا	
	남성복수	هُمْ	سَأَلُوا	يَسْأَلُونَ	يَسْأَلُوا	يَسْأَلُوا	
	여성복수	هُنَّ	سَأَلْنَ	يَسْأَلْنَ	يَسْأَلْنَ	يَسْأَلْنَ	
2인칭	남성단수	أَنْتَ	سَأَلْتَ	تَسْأَلُ	تَسْأَلَ	تَسْأَلْ	اِسْأَلْ
	여성단수	أَنْتِ	سَأَلْتِ	تَسْأَلِينَ	تَسْأَلِي	تَسْأَلِي	اِسْأَلِي
	남녀쌍수	أَنْتُمَا	سَأَلْتُمَا	تَسْأَلَانِ	تَسْأَلَا	تَسْأَلَا	اِسْأَلَا
	남성복수	أَنْتُمْ	سَأَلْتُمْ	تَسْأَلُونَ	تَسْأَلُوا	تَسْأَلُوا	اِسْأَلُوا
	여성복수	أَنْتُنَّ	سَأَلْتُنَّ	تَسْأَلْنَ	تَسْأَلْنَ	تَسْأَلْنَ	اِسْأَلْنَ
1인칭	남녀단수	أَنَا	سَأَلْتُ	أَسْأَلُ	أَسْأَلَ	أَسْأَلْ	
	남녀쌍수·복수	نَحْنُ	سَأَلْنَا	نَسْأَلُ	نَسْأَلَ	نَسْأَلْ	

제31과 약동사 변화

문장에서 변화의 예들

당신은(f.) 모든 것에 대해 묻지 마라. (단축법 2인칭 여성단수)	لَا تَسْأَلِي عَنْ كُلِّ شَيْءٍ.
나는 당신의 행동들에 싫증났다. (완료형 1인칭 남녀단수)	سَئِمْتُ مِنْ أَفْعَالِكَ.

(3) 함자가 끝자음에 오는 경우

함자가 마지막 자음에 오는 동사의 경우 여러가지 변화를 고려하여야 한다. 아래를 보자.

시작하다	بَدَأَ / يَبْدَأُ هـ	읽다	قَرَأَ / يَقْرَأُ هـ

함자동사 변화의 예

			완료형 الْفِعْلُ الْمَاضِي	미완료형 الْفِعْلُ الْمُضَارِعُ			명령형 (فِعْلُ الْأَمْرِ)
				직설법 (مَرْفُوعٌ)	접속법 (مَنْصُوبٌ)	단축법 (مَجْزُومٌ)	
3인칭	남성단수	هُوَ	بَدَأَ	يَبْدَأُ	يَبْدَأَ	يَبْدَأْ	
	여성단수	هِيَ	بَدَأَتْ	تَبْدَأُ	تَبْدَأَ	تَبْدَأْ	
	남성쌍수	هُمَا	بَدَآ	يَبْدَآنِ	يَبْدَآ	يَبْدَآ	
	여성쌍수	هُمَا	بَدَأَتَا	تَبْدَآنِ	تَبْدَآ	تَبْدَآ	
	남성복수	هُمْ	بَدَؤُوا، بَدَأُوا، بَدَءُوا	يَبْدَؤُونَ، يَبْدَأُونَ، يَبْدَءُونَ	يَبْدَؤُوا، يَبْدَأُوا، يَبْدَءُوا	يَبْدَؤُوا، يَبْدَأُوا، يَبْدَءُوا	
	여성복수	هُنَّ	بَدَأْنَ	يَبْدَأْنَ	يَبْدَأْنَ	يَبْدَأْنَ	
2인칭	남성단수	أَنْتَ	بَدَأْتَ	تَبْدَأُ	تَبْدَأَ	تَبْدَأْ	اِبْدَأْ
	여성단수	أَنْتِ	بَدَأْتِ	تَبْدَئِينَ	تَبْدَئِي	تَبْدَئِي	اِبْدَئِي
	남녀쌍수	أَنْتُمَا	بَدَأْتُمَا	تَبْدَآنِ	تَبْدَآ	تَبْدَآ	اِبْدَآ
	남성복수	أَنْتُمْ	بَدَأْتُمْ	تَبْدَؤُونَ، تَبْدَأُونَ، تَبْدَءُونَ	تَبْدَؤُوا، تَبْدَأُوا، تَبْدَءُوا	تَبْدَؤُوا، تَبْدَأُوا، تَبْدَءُوا	اِبْدَؤُوا، اِبْدَأُوا، اِبْدَءُوا
	여성복수	أَنْتُنَّ	بَدَأْتُنَّ	تَبْدَأْنَ	تَبْدَأْنَ	تَبْدَأْنَ	اِبْدَأْنَ
1인칭	남녀단수	أَنَا	بَدَأْتُ	أَبْدَأُ	أَبْدَأَ	أَبْدَأْ	
	남녀쌍수·복수	نَحْنُ	بَدَأْنَا	نَبْدَأُ	نَبْدَأَ	نَبْدَأْ	

→ 위의 완료형 3인칭 남성 쌍수와, 미완료형 3인칭 남성 쌍수와 여성 쌍수, 그리고 미완료형의 2인칭 남녀쌍수에서 세 번째 자음 함자와 그 뒤에오는 쌍수 인칭대명사 알리프 'ا'가 결합되어 آ가 되었다. (آ = ا + أ) 같은 인칭의 접속법과 단축법에서도 آ = ا + أ의 같은 원리가 적용된다. (접속법과 단축법에서도 쌍수의 표지 ن이 탈락하는 것이므로 آ = ا + أ원리가 적용된다.)

→ 완료형 3인칭 남성 복수의 경우 함자 뒤에 و가 오기에 함자 위에 담마가 오는 꼴이 된다. 여기서 함자 앞의 파트하와 함자 위의 담마 모음이 만날 경우 **함자의 받침 결정 원리상 함자가 و 꼴**(الْهَمْزَة عَلَى وَاو)이 와야 한다. 따라서 بَدَؤُوا 꼴이 원칙상 맞는 표기이다. 그러나 현대 표준 아랍어에서는 بَدَأُوا 로 많이 표기하며, 고전 아랍어에서는 بَدَءُوا 도 표기된다. (함자의 받침 결정 원리에 대해서는 이 책 '함자에 대해' 부분에서 공부하라.) 위의 표에서는 세 가지 경우를 모두 표기하였다.

→ 미완료형 직설법 2인칭 여성 단수의 경우 함자에 카스라 모음이 붙어서 ـِ 꼴로 바뀌었다. 함자의 받침 결정 원리상 파트하와 카스라가 만나게 되면 함자꼴은ئ 형태를 취한다. 그래서 تَبْدَئِينَ 가 된다.

→ 미완료형 직설법 3인칭 남성 복수와 2인칭 남성 복수의 경우도 완료형 3인칭 남성 복수의 경우와 같은 원리이다. 즉 함자 뒤에 و가 오기에 함자 위에 담마가 오는 꼴이 되며, 따라서 함자 앞의 파트하와 담마가 이어서 오게 될 경우 **함자의 받침 결정 원리상 함자가 و 꼴이 와야 한다**. 따라서 يَبْدَؤُونَ 꼴이 원칙적으로 맞는 표기이다. 하지만 현대 표준 아랍어에서 يَبْدَأُونَ 로 많이 표기하며 고전 아랍어에서는 يَبْدَءُونَ 도 표기된다. 위의 표에서는 세 가지 경우를 모두 표기하였다.

문장에서 변화의 예들

왜 당신 둘은 그 새로운 단원을 읽지 않니? (직설법 2인칭 남녀 쌍수)	لِمَاذَا لَا تَقْرآنِ الدَّرْسَ الْجَدِيدَ؟
우리들은 그 모든 단원을 읽었다. (완료형 1인칭 남녀복수)	قَرَأْنَا الدَّرْسَ كُلَّهُ.
그들은 그 새로운 이야기를 읽었다. (완료형 3인칭 남성 복수)	قَرَؤُوا (أَوْ قَرَأُوا، قَرَءُوا) الْقِصَّةَ الْجَدِيدَةَ.
당신은(f.) 시험을 시작할 것이니? (직설법 2인칭 여성 단수)	هَلْ سَتَبْدَئِينَ الامْتِحَانَاتِ غَدًا؟
لَنْ يَبْدَؤُوا (أَوْ يَبْدَأُوا، يَبْدَءُوا) الدِّرَاسَةَ قَبْلَ أُسْبُوعٍ. 그들은 일주일 이전에 그 공부를 시작하지 않을 것이다. (접속법 3인칭 남성 복수)	

3) 중복자음 동사 (الْفِعْلُ الْمُضَعَّفُ) 변화

중복자음 동사는 어근의 두 번째 자음과 세 번째 자음이 같은 자음으로 중복된 동사를 말한다.

지나가다 (to pass)	مَرَّ/ يَمُرُّ بـ أوْ فِي	늘이다 (to expand)	مَدَّ/ يَمُدُّ إِلَى
세다 (to count)	عَدَّ/ يَعُدُّ هـ	막다 (to plug up)	سَدَّ/ يَسُدُّ هـ
당기다, 끌다	شَدَّ/ يَشُدُّ هـ	대답하다	رَدَّ/ يَرُدُّ عَلَى
끌다 (to draw, pull)	جَرَّ/ يَجُرُّ هـ	흔들다 (to shake)	هَزَّ/ يَهُزُّ هـ
허물다, 부수다	هَدَّ/ يَهُدُّ هـ	나타내다, 보여주다 ; 증명.실증하다	دَلَّ/ يَدُلُّ عَلَى

중복자음 동사 변화의 예

			완료형 الْفِعْلُ الْمَاضِي	미완료형 الْفِعْلُ الْمُضَارِعُ			명령형 (فِعْلُ الْأَمْرِ)
				직설법 (مَرْفُوع)	접속법 (مَنْصُوب)	단축법 (مَجْزُوم)	
3인칭	남성단수	هُوَ	عَدَّ	يَعُدُّ	يَعُدَّ	يَعُدَّ، يَعْدُدْ	
	여성단수	هِيَ	عَدَّتْ	تَعُدُّ	تَعُدَّ	تَعُدَّ، تَعْدُدْ	
	남성쌍수	هُمَا	عَدَّا	يَعُدَّانِ	يَعُدَّا	يَعُدَّا	
	여성쌍수	هُمَا	عَدَّتَا	تَعُدَّانِ	تَعُدَّا	تَعُدَّا	
	남성복수	هُمْ	عَدُّوا	يَعُدُّونَ	يَعُدُّوا	يَعُدُّوا	
	여성복수	هُنَّ	عَدَدْنَ	يَعْدُدْنَ	يَعْدُدْنَ	يَعْدُدْنَ	
2인칭	남성단수	أَنْتَ	عَدَدْتَ	تَعُدُّ	تَعُدَّ	تَعُدَّ، تَعْدُدْ	اُعْدُدْ، عُدَّ
	여성단수	أَنْتِ	عَدَدْتِ	تَعُدِّينَ	تَعُدِّي	تَعُدِّي	عُدِّي
	남녀쌍수	أَنْتُمَا	عَدَدْتُمَا	تَعُدَّانِ	تَعُدَّا	تَعُدَّا	عُدَّا
	남성복수	أَنْتُمْ	عَدَدْتُمْ	تَعُدُّونَ	تَعُدُّوا	تَعُدُّوا	عُدُّوا
	여성복수	أَنْتُنَّ	عَدَدْتُنَّ	تَعْدُدْنَ	تَعْدُدْنَ	تَعْدُدْنَ	اُعْدُدْنَ
1인칭	남녀단수	أَنَا	عَدَدْتُ	أَعُدُّ	أَعُدَّ	أَعُدَّ، أَعْدُدْ	
	남녀쌍수복수	نَحْنُ	عَدَدْنَا	نَعُدُّ	نَعُدَّ	نَعُدَّ، نَعْدُدْ	

→ 완료형에서 동사의 주격 접미 인칭대명사 위에 단모음(الْحَرَكَةُ الْقَصِيرَةُ, 파트하, 카스라, 담마)이 붙은 경우 중복자음을 펼쳐서 표기한다. (3인칭 여성 복수, 모든 2인칭 변화, 모든 1인칭 변화) (예: 3인칭 여성 복수의

عَدَدْتُ 의 경우 ت 이 주격 접미 인칭대명사이고, 그 위에 파트하 단모음이 붙었다. 또한 2인칭 남성 단수인 عَدَدْتَ 도 ت 가 주격 접미 인칭대명사이고 그 위에 단모음 파트하가 붙었다. 따라서 중복자음을 펼쳐서 표기하였다.)

→ 미완료형 직설법과 접속법, 단축법도 마찬가지 원리이다. 즉 주격 접미 인칭대명사 위에 단모음이 붙은 3인칭 여성복수와 2인칭 여성복수에서 중복자음을 펼쳐서 표기한다. (يَعْدُدْنَ, تَعْدُدْنَ)

→ 단축법의 경우 3인칭 남성 단수, 3인칭 여성 단수, 2인칭 남성 단수, 1인칭 단수, 1인칭 복수의 경우 마지막 자음 د 이 중복자음인데 거기에 수쿤을 붙여야 하기 때문에 문제가 생긴다. 아랍어 음운원칙에서 중복자음 위에는 수쿤이 올 수 없다.

이에 대한 해법은 두 가지이다. 먼저는 접속법 3인칭 남성 단수의 يَعُدَّ 처럼 중복자음 위에 파트하(a)를 붙이는 방법이다. (مَبْنِيٌّ عَلَى الْفَتْحِ، عَلَامَةُ الْجَزْمِ هِيَ السُّكُونُ الْمُقَدَّرُ). 두 번째는 이 중복자음을 펼쳐서 표기하고 마지막 자음에 수쿤을 표기하는 방법이다. 그러면 يَعْدُدْ 가 된다. 이 경우 마지막 자음 위에 수쿤을 붙이는 인칭만 문제가 되기 때문에 마지막 자음 위에 수쿤이 붙지 않는 인칭에서는 중복자음을 분리시킬 이유가 없다. 즉 다섯 동사 الْأَفْعَالُ الْخَمْسَةُ 인 3인칭의 남성 쌍수, 여성 쌍수, 남성 복수와, 2인칭의 여성 단수, 남녀 쌍수, 남성 복수는 중복자음이 분리되지 않는다.

문장에서 변화의 예들

우리는 그 교수의 질문들에 답을 했다. (완료형 1인칭 남녀복수)	رَدَدْنَا عَلَى أَسْئِلَةِ الْأُسْتَاذِ.
왜 당신은 나에게 대답하지 않습니까? (단축법 2인칭 남성 단수)	لِمَاذَا لَمْ تَرُدَّ (تَرْدُدْ) عَلَيَّ؟
당신의 말은 당신의 영리함을 증명한다. (직설법 3인칭 남성 단수)	كَلَامُكَ يَدُلُّ عَلَى ذَكَائِكَ.
당신들은(f.) 그 밧줄을 힘껏 당긴다. (직설법 2인칭 여성 복수)	أَنْتُنَّ تَشْدُدْنَ الْحَبْلَ بِقُوَّةٍ.
그 여자 학생들은 그 책상을 끌었다. (완료형 3인칭 여성 복수)	الطَّالِبَاتُ جَرَرْنَ الْمَكْتَبَ.
당신들은 그 테이블을 흔들지 않아야 한다. (접속법 2인칭 남성 복수)	يَجِبُ أَنْ لَا تَهُزُّوا الْمَائِدَةَ.
그녀는 그녀의 돈을 세길 원한다. (접속법 3인칭 여성 단수)	هِيَ تُرِيدُ أَنْ تَعُدَّ نُقُودَهَا.

** 다섯 동사(الْأَفْعَالُ الْخَمْسَةُ)와 불격변화 동사(فِعْلٌ مَبْنِيٌّ)를 알면 약동사 변화의 절반은 거저 먹는다!!

다섯 동사란 인칭대명사가 أَنْتُنَّ, أَنْتُمَا, أَنْتَ, هُمْ, هُمَا 에 해당되는 미완료형 동사를 말한다. 이 다섯 가지 인칭에 해당되는 동사의 격변화 꼴이 동일하다. 즉 직설법(مَرْفُوعٌ)에서는 격변화 표지가 'ن'이 붙는 것이고 접속법(مَنْصُوبٌ)과 단축법(مَجْزُومٌ)의 표지는 'ن'이 탈락하는 것이다. 이러한 다섯 동사의 격변화는 동사의 형태가 어떠하든지 동일하다. 어려운 약동사도 마찬가지이다. (* 이 책의 동사변화표들에서 회색으로 칠해진 부분이 다섯 동사의 격변화이다.)

또한 불격변화 동사(فِعْلٌ مَبْنِيٌّ)는 완료형 동사와 미완료형의 هُنَّ 와 أَنْتُنَّ 에 해당되는 미완료형 동사를 말한다. 그 가운데 미완료형 هُنَّ 와 أَنْتُنَّ 의 변화를 보면 직설법과 접속법과 단축법의 격변화 형태가 동일함을 알 수 있다. 이 두 가지 내용을 잘 파악하여 약동사를 쉽게 정복하도록 하자.

심화학습 - 약동사(الفِعْل المُعْتَل) 변화의 음운 규칙에 대해

이제 약동사 변화를 본격적으로 공부한다. 여기서는 그것을 공부하기에 앞서 약동사 변화 전체를 이해할 수 있는 음운 규칙에 대해 살펴본다.

약동사란 동사의 완료형 혹은 미완료형 가운데 약자음(حَرْف العِلَّة) (ا, و, ي)가 있는 동사를 말한다. 아랍어 약동사의 변화는 이 세 자음이 동사의 인칭변화와 격변화에 사용될 때 생겨나는 여러 가지 음운의 변화를 말한다. 이 세 자음이 다른 자음들처럼 일반 자음으로 발음되거나 장모음으로 발음될 경우에는 음운 규칙의 문제가 발생하지 않는다. 그러나 그렇지 않을 경우 음운규칙에 문제가 생긴다. 아래를 보자.

1) 약자음(حَرْف العِلَّة)에 음운규칙의 문제가 발생하지 않는 경우

세 개의 자음 ا, و, ي 가 사용될 때 음운 규칙상의 문제가 발생하지 않는 경우로서 아래의 두 가지가 있다.

(1) 약자음 و 와 ي 가 일반 자음으로 사용되는 경우

و 와 ي 에 단모음이 붙거나 수쿤이 붙을 경우 약자음이 아닌 다른 아랍어 자음들과 같은 보통의 자음이 된다.

약자음이 일반 자음으로 사용되는 경우							
그녀가 낳다	وَلَدَتْ	그가 강하다	قَوِيَ	그가 절망하다	يَئِسَ
잠(sleep)	نَوْمٌ	가시(thorn)	شَوْكَةٌ	손(hand)	يَدٌ
형성(forming)	تَكْوِينٌ	오른손, 오른쪽의	يَمِينٌ	집	بَيْتٌ

→ 한편 약자음 알리프 ' ا '는 연결함자 혹은 단절함자(ا, أ)로 사용되거나, 장모음 ā (ا + َ) 으로 사용되기 때문에 일반 자음으로 사용되는 경우가 없다.

(2) 약자음이 장모음으로 사용되는 경우

이 세 자음이 장모음으로 사용되려면 그 앞에 특정한 단모음이 와야한다. 즉 아래와 같이 ' ا '의 경우 그 앞에 파트하가 와야 히고, ' و '는 그 앞에 담마가 와야 하며, ' ي '는 그 앞에 카스라가 와야 한다. 이와같이 약자음 ا, و, ي 가 장모음이 되기 위해 필요한 단모음이 그 앞에 올 경우 이 자음에는 음운규칙상의 문제가 발생하지 않는다.

파트하 장모음	담마 장모음	카스라 장모음
َ + ا	ُ + و	ِ + ي

예들

	파트하 장모음		담마 장모음		카스라 장모음
그가 있었다	كَانَ	그가 있다	يَكُونُ	많은	كَثِيرٌ
그들 둘이 기록했다.	كَتَبَا	그들이 기록한다.	يَكْتُبُونَ	네가(f.) 기록한다	تَكْتُبِينَ
작가	كَاتِبٌ	그림, 사진	صُورَةٌ	(비닐)봉지, 부대	كِيسٌ

2) 약자음에 음운규칙의 문제가 발생하는 경우

약자음이 다른 자음 혹은 모음부호와 결합할 때 음운규칙상의 문제가 발생함으로 인해 약자음이 탈락하거나 약자음과 함께 사용된 모음이 변화하는 경우를 말한다. 이와같은 약자음에 음운규칙상의 문제가 발생하는 경우는 아래의 세 가지 경우이다.

(1) 약자음(حَرْفُ الْعِلَّةِ) 두 개가 이어서 오는 경우

아랍어 음운 규칙상 약자음 두 개가 이어서 오게 되면 음운규칙의 문제가 발생한다. 같은 약자음이 이어서 오든지 아니면 서로 다른 약자음이 이어서 오더라도 문제가 발생한다.
(아랍 음성학자들은 원래 이 두 약자음 위에 수쿤있다고 본다. 예를들어 ا+ا 나 و+ي 와 같이 원래 약자음 위에 가상의 수쿤이 있다고 가정하면 된다. 따라서 수쿤과 수쿤이 이어서 오는 경우가 되기 때문에 약자음 두 개가 이어서 오는 것이 불가능하다.)
예를들어 دَعَا 동사의 완료형 3인칭 남성쌍수의 경우 دَعَا+ا의 배열이 되는데 이 때 약자음 알리프 'ا' 두 개가 이어서 오게 된다. 이렇게 될 경우 음운 규칙의 문제가 발생하고 그 문제를 해결한 결과로서 دَعَوَا라는 변화형이 생기게 된다. (한편 함자가 있는 알리프 'ا' 두 개가 이어서 온 경우는 이 경우와 구분된다. ا+أ이나 أ+ا의 경우는 آ가 된다. 이 책 제 5과의 함자 규칙을 참고하라.)
다른 예로 بَنَى 동사의 완료형 3인칭 남성 복수의 경우 بَنَى + وا의 배열이 되는데, 이 때 약자음 ى 알프ٌ와(مَقْصُورَةٌ) و 가 이어서 오게 된다. 약자음 두 개가 이어서 왔기에 음운 규칙의 문제가 발생하고 그 문제를 해결한 결과로서 بَنَوْا라는 변화형이 생기게 된다.

(2) 장모음으로 사용된 약자음 바로 뒤 자음에 수쿤이 오는 경우

장모음으로 사용된 약자음 바로 뒤 자음에 수쿤이 붙는 경우 음운규칙의 문제가 발생한다. 즉 'ْ_ + ا + َ_' 이거나 'ْ_ + و + ُ_', 혹은 'ْ_ + ي + ِ_'의 조합이 되는 경우를 말한다.
(아래의 가상상황을 보면 장모음으로 사용된 약자음 위에 가상의 수쿤이 표기된 것을 볼 수 있다. 아랍 음성학자들은 원래 이 약자음 위에 수쿤이 있다고 본다. 따라서 수쿤과 수쿤이 이어서 오는 결과가 되기 때문에 장모음으로 사용된 약자음 바로 뒤 자음에 수쿤이 오는 것이 불가능하다.)

	ا바로 뒤 자음에 수쿤	و바로 뒤 자음에 수쿤	ي바로 뒤 자음에 수쿤
실제 상황	ْ_ + ى + َ_	ْ_ + ا + َ_	ْ_ + و + ُ_	ْ_ + ي + ِ_
가상 상황	ْ_ + ىْ + َ_	ْ_ + اْ + َ_	ْ_ + وْ + ُ_	ْ_ + يْ + ِ_

예를 들어 كَانَ 동사의 완료형 3 인칭 여성복수(هُنَّ)의 경우 ن + كَانَ 의 조합이 되는데 이 경우 장모음으로 사용된 약자음 알리프 뒤의 자음에 수쿤이 오게 된다(ْ_ + ا + َ_). 이 경우 음운규칙의 문제가 발생하며, 그것을 해결하기 위해 알리프 'ا'가 탈락하여 كَنْ 가 되고, 여기에 ك 위에 대용모음 담마가 붙어 كُنْ 가 되며, 이것이 줄어서 كُنَّ 가 된다.(ن + كَانَ ➔ كَنْنَ ➔ كُنْنَ ➔ كُنَّ)

다른 예로서 بَنَى 동사의 완료형 3 인칭 여성 단수의 경우 ت + بَنَى 의 조합이 되는데, 이 경우 장모음으로 사용된 약자음 알리프(ى 알리프 막수라) 뒤의 자음에 수쿤이 오게 된다(ْ_ + ى + َ_). 이 경우 음운규칙의 문제가 발생하여 알리프 막수라가 탈락하고 بَنَتْ 가 된다. (بَنَى + تْ ➔ بَنَتْ)

또 다른 예로서 كَانَ 동사의 미완료형 3 인칭 여성복수의 경우 ن + يَكُونُ 의 조합이 되는데 이 경우 장모음으로 사용된 약자음 و 뒤의 자음에 수쿤이 오게 된다(ْ_ + و + ُ_). 이 경우 음운규칙의 문제가 발생하며, 그것을 해결하기 위해 و 가 탈락하여 يَكُنْ 가 되고, 이것이 줄어서 يَكُنَّ 가 된다. (يَكُونُ + ن ➔ يَكُنْ + ن)

또 다른 예로서 بَاعَ 동사의 미완료형 직설법 3 인칭 여성복수의 경우 ن + يَبِيعُ 의 조합이 되는데 여기서 장모음으로 사용된 약자음 ي 뒤의 자음에 수쿤이 오게 된다(ْ_ + ي + ِ_). 이 경우 음운규칙의 문제가 발생하며, 그것을 해결하기 위해 ي 가 탈락하여 يَبِعْنَ 가 된다.

(3) 장모음으로 사용된 약자음 위에 수쿤이 오는 경우

장모음으로 사용된 약자음 위에 수쿤이 오는 것이 불가능하며 이 때 이 장모음이 탈락하거나 이 수쿤 표기가 생략된다.

(아래의 가상상황을 보면 장모음으로 사용된 약자음 위에 가상의 수쿤이 있다. 음성학자들은 원래 이 약자음 위에 수쿤있다고 본다. 가상의 수쿤이 있는 상황에 수쿤이 하나 더 올 경우 충돌이 생긴다.)

	ا 위에 수쿤이 온 경우	و 위에 수쿤이 온 경우	ي 위에 수쿤이 온 경우
실제 상황	ْ_ + ى	ْ_ + ا	ُ_ + و	ِ_ + ي
가상 상황	ْ_ + ىْ	ْ_ + اْ	ُ_ + وْ	ِ_ + يْ

예를 들어 دَعَا 동사의 미완료 딘축법 3 인칭 남성 단수의 경우 يَدْعُو 가 아닌 يَدْعُ 로 표기한다. 이렇게 된 이유는 장모음으로 표기된 عُو 의 و 에 원래 가상의 수쿤이 있는데 그 위에 단축법 표지인 수쿤이 또 오기 때문에 음운규칙의 문제가 발생하며 이를 해결하기 위해 و 가 탈락하는 것이다.

또한 نَسِي 동사의 미완료 단축법 3 인칭 남성 단수의 경우 يَنْسَى 가 되어야 한다. 그런데 마지막 자음인 ى (알리프 막수라) 위에 원래 가상의 수쿤이 있는데 수쿤이 또 왔으므로 ى 이 탈락되어 يَنْسَ 가 된다. 이와 마찬가지로 بَنَى 동사의 미완료형 단축법 3 인칭 남성 단수의 경우도 마찬가지로 يَبْنِي 가 아닌 يَبْنِ 가 된다.

다른 예로서 دَعَا 동사의 미완료형 직설법 3 인칭 여성 복수의 경우 يَدْعُو + ْ + ن 의 배열이 되며, 이것을 그대로 기록하면 يَدْعُونْ 이 된다. 원래 و 자음에 가상의 수쿤이 있으므로 음운규칙의 문제가 발생하며, 그래서 뒤의 수쿤이 탈락하여 يَدْعُونَ 가 된다.

3. 약동사 (الْفِعْلُ الْمُعْتَلُّ) 변화

1) 수약동사 (الْفِعْلُ الْمِثَالُ) 변화

수약동사란 동사의 완료형 첫 자음에 약자음(حَرْفُ عِلَّةٍ)인 و 나 ي 가 붙는 동사를 말한다.

(1) 첫 자음이 و 인 동사의 예

발견하다	وَجَدَ / يَجِدُ هـ	(선물로) 주다	وَهَبَ / يَهَبُ هـ، بـ
도착하다	وَصَلَ / يَصِلُ هـ، إِلَى	약속하다	وَعَدَ / يَعِدُ هـ، بـ
멈추다 ; 서다	وَقَفَ / يَقِفُ	(아이를) 낳다	وَلَدَتْ / تَلِدُ هـ
놓다 (to put)	وَضَعَ / يَضَعُ هـ	떨어지다	وَقَعَ / يَقَعُ
상속하다	وَرِثَ / يَرِثُ هـ	신뢰하다	وَثِقَ / يَثِقُ بـ

(2) 첫 자음이 ي 인 동사의 예

절망하다	يَئِسَ / يَيْأَسُ مِنْ	기상하다, 깨어있다 ; 주의하다, 살피다	يَقِظَ / يَيْقَظُ

수약동사 변화의 예

			완료형 الْفِعْلُ الْمَاضِي	미완료형 الْفِعْلُ الْمُضَارِعُ			명령형 (فِعْلُ الْأَمْرِ)
				직설법 (مَرْفُوعٌ)	접속법 (مَنْصُوبٌ)	단축법 (مَجْزُومٌ)	
3인칭	남성단수	هُوَ	وَجَدَ	يَجِدُ	يَجِدَ	يَجِدْ	
	여성단수	هِيَ	وَجَدَتْ	تَجِدُ	تَجِدَ	تَجِدْ	
	남성쌍수	هُمَا	وَجَدَا	يَجِدَانِ	يَجِدَا	يَجِدَا	
	여성쌍수	هُمَا	وَجَدَتَا	تَجِدَانِ	تَجِدَا	تَجِدَا	
	남성복수	هُمْ	وَجَدُوا	يَجِدُونَ	يَجِدُوا	يَجِدُوا	
	여성복수	هُنَّ	وَجَدْنَ	يَجِدْنَ	يَجِدْنَ	يَجِدْنَ	
2인칭	남성단수	أَنْتَ	وَجَدْتَ	تَجِدُ	تَجِدَ	تَجِدْ	جِدْ
	여성단수	أَنْتِ	وَجَدْتِ	تَجِدِينَ	تَجِدِي	تَجِدِي	جِدِي
	남녀쌍수	أَنْتُمَا	وَجَدْتُمَا	تَجِدَانِ	تَجِدَا	تَجِدَا	جِدَا
	남성복수	أَنْتُمْ	وَجَدْتُمْ	تَجِدُونَ	تَجِدُوا	تَجِدُوا	جِدُوا
	여성복수	أَنْتُنَّ	وَجَدْتُنَّ	تَجِدْنَ	تَجِدْنَ	تَجِدْنَ	جِدْنَ
1인칭	남녀단수	أَنَا	وَجَدْتُ	أَجِدُ	أَجِدَ	أَجِدْ	
	남녀쌍수·복수	نَحْنُ	وَجَدْنَا	نَجِدُ	نَجِدَ	نَجِدْ	

제31과 약동사 변화

→ 수약동사 가운데 첫 자음이 و 로 시작하는 동사의 경우 그 미완료형에서 그 첫 자음 و 가 탈락한다. 그 이유는 يَوْ 와 같이 파트하(a) 뒤에 و 가 올 수 없기 때문이다.
→ 수약동사 가운데 첫 자음이 و 로 시작하는 동사의 경우 명령형에서도 그 첫 자음 و 가 탈락한다.
→ 수약동사 가운데 첫 자음이 ي 로 시작하는 동사의 경우 그 미완료형(직설법, 접속법, 단축법)에서 그 첫자음이 탈락하지 않고 그대로 사용된다. 예) يَئِسَ/يَيْأَسُ (절망하다) 또한 명령형에서도 그 첫 자음이 탈락하지 않고 إِيْأَسْ 가 된다. 그 이유는 يَئِسَ 동사의 첫 자음이 و 가 아닌 ي 이기 때문이다.

문장에서 변화의 예들

나는 내 아들에게 그의 생일에 한 선물을 약속했다. (완료형 1인칭 남녀단수)	وَعَدْتُ ابْنِي بِهَدِيَّةٍ فِي عِيدِ مِيلَادِهِ.
당신들은 당신들의 가방들을 어디에 둡니까? (직설법 2인칭 남성 복수)	أَيْنَ تَضَعُونَ حَقَائِبَكُمْ؟
당신 둘은 빨리 도착해야 한다. (접속법 2인칭 남녀 쌍수)	مِنَ اللَّازِمِ أَنْ تَصِلَا بِسُرْعَةٍ.
당신은(f.) 내 집 앞에 서 있지 마라. (단축법 2인칭 여성 단수)	لَا تَقِفِي أَمَامَ بَيْتِي.
우리는 많은 부를 상속받았다. (완료형 1인칭 남녀복수)	وَرِثْنَا ثَرْوَةً كَبِيرَةً.
그 여자들은 그녀들에게서 떨어진 것을 찾았다. (완료형 3인칭 여성 복수)	الْبَنَاتُ وَجَدْنَ مَا وَقَعَ مِنْهُنَّ.
약자는 빨리 절망한다. (직설법 3인칭 남성 단수)	الضَّعِيفُ يَيْأَسُ بِسُرْعَةٍ.
그녀는 한 아이도 낳지 않았다. (단축법 3인칭 여성 단수)	لَمْ تَلِدْ أَيَّ وَلَدٍ.
당신은 당신 자신을 신뢰하지 마시오. (단축법 2인칭 남성 단수)	لَا تَثِقْ بِنَفْسِكَ.

2) 간약동사 (الْفِعْلُ الْأَجْوَفُ) 변화

간약동사란 동사의 완료형 혹은 미완료형의 중간 자음에 약자음(حَرْفُ عِلَّةٍ)인 و 나 ي 혹은 ا 이 붙는 동사이다.

간약동사의 변화는 세 가지로 나눌 수 있다. 즉 동사의 미완료형 중간 자음에 و 가 오는 동사와, 동사의 미완료형 중간 자음에 ي 가 오는 동사, 그리고 동사의 미완료형 중간 자음에 ا 가 오는 동사가 그것이다.

(1) 중간자음에 و 가 오는 동사 의 예

다음은 미완료형 중간 자음에 و 가 오는 동사들이다.

말하다 (어근 ق-و-ل)	قَالَ/ يَقُولُ ه	일어나다, 서다 (어근 ق-و-م)	قَامَ/ يَقُومُ
..이다(to be) (어근 ك-و-ن)	كَانَ/ يَكُونُ	돌아가다, 돌아오다 (어근 ع-و-د)	عَادَ/ يَعُودُ إِلَى
방문하다	زَارَ/ يَزُورُ ه أَوْ ه	인도하다	قَادَ/ يَقُودُ ه

죽다	مَاتَ / يَمُوتُ	금식하다	صَامَ / يَصُومُ
운전하다	سَاقَ / يَسُوقُ هـ	배회하다	طَافَ / يَطُوفُ
..을 보존,보관하다	صَانَ / يَصُونُ هـ	..에 대하여 ...를 비난하다	لَامَ / يَلُومُ ه عَلَى
사라지다 ; 그만두다	زَالَ / يَزُولُ		

a. قَالَ / يَقُولُ 동사의 변화

			완료형 الْفِعْلُ الْمَاضِي	미완료형 الْفِعْلُ الْمُضَارِعُ			
				직설법 (مَرْفُوعٌ)	접속법 (مَنْصُوبٌ)	단축법 (مَجْزُومٌ)	명령형 (فِعْلُ الأَمْرِ)
3인칭	남성단수	هُوَ	قَالَ	يَقُولُ	يَقُولَ	يَقُلْ	
	여성단수	هِيَ	قَالَتْ	تَقُولُ	تَقُولَ	تَقُلْ	
	남성쌍수	هُمَا	قَالَا	يَقُولَانِ	يَقُولَا	يَقُولَا	
	여성쌍수	هُمَا	قَالَتَا	تَقُولَانِ	تَقُولَا	تَقُولَا	
	남성복수	هُمْ	قَالُوا	يَقُولُونَ	يَقُولُوا	يَقُولُوا	
	여성복수	هُنَّ	قُلْنَ	يَقُلْنَ	يَقُلْنَ	يَقُلْنَ	
2인칭	남성단수	أَنْتَ	قُلْتَ	تَقُولُ	تَقُولَ	تَقُلْ	قُلْ
	여성단수	أَنْتِ	قُلْتِ	تَقُولِينَ	تَقُولِي	تَقُولِي	قُولِي
	남녀쌍수	أَنْتُمَا	قُلْتُمَا	تَقُولَانِ	تَقُولَا	تَقُولَا	قُولَا
	남성복수	أَنْتُمْ	قُلْتُمْ	تَقُولُونَ	تَقُولُوا	تَقُولُوا	قُولُوا
	여성복수	أَنْتُنَّ	قُلْتُنَّ	تَقُلْنَ	تَقُلْنَ	تَقُلْنَ	قُلْنَ
1인칭	남녀단수	أَنَا	قُلْتُ	أَقُولُ	أَقُولَ	أَقُلْ	
	남녀쌍수·복수	نَحْنُ	قُلْنَا	نَقُولُ	نَقُولَ	نَقُلْ	

→ 위의 변화표에서 완료형 3인칭 여성 복수 부터 첫 자음에 붙은 모음이 담마(u)로 변화한다. 그 이유는 다음과 같다. 아랍어 단어표기에서 장모음으로 사용된 약자음(حَرْفُ عِلَّةٍ)ي , ا , و 바로 뒤에 오는 자음 위에 수쿤이 붙는 것이 불가능하다. 즉 'ـَ + ا + ـْ ' 과 'ـُ + و + ـْ' 과 'ـِ + ي + ـْ' 의 표기가 불가능하다.
위의 قَالَ 동사의 변화에 문제가 발생할 때는 약자음 ا 바로 뒤에 온 자음에 수쿤이 붙을 경우이다. 위의 완료형의 경우 3인칭 여성 복수 부터 1인칭 복수 까지 약자음 ا 뒤 자음에 수쿤이 오게 된다. (각각은 قَالْنَ, قَالْتُ, قَالْنَا, قَالْتُنَّ, قَالْتُمْ, قَالْتُمَا, قَالْتِ, قَالْتَ 의 배열이 되는데 여기에 모두 'ـَ + ا + ـْ ' 형태의 문제가 발생한다.)

제31과 약동사 변화

따라서 이 약자음 ا 을 탈락시키고 대신하는 대용모음을 이 동사의 어근 중간 자음인 و 에서 담마(u)를 가져와서 붙인다. (قَالَ/يَقُولُ 의 어근은 ق - و - ل 이다.) 그래서 각각의 변화들이 قُلْنَ, قُلْتُنَّ, قُلْتُمْ, قُلْتُمَا, قُلْتِ, قُلْتَ, قُلْتُ 가 된다.

→ 3인칭 여성복수와 2인칭 여성복수의 경우 미완료형 직설법과 접속법 그리고 단축법 모두에서 같은 원리로 변화한다. 즉 각각 يَقُونْ 과 تَقُونْ 의 배열이 되어 ' ْ + و + ْ ' 의 문제가 발생한다. 따라서 و 가 탈락한뒤 각각 يَقُلْنَ 과 تَقُلْنَ 가 되었다.

→ 미완료형 단축법과 명령형에서도 끝자음에 수쿤을 붙이는 인칭에서는 ' ْ + و + ْ ' 의 모양이 되어 و 가 탈락된다 (نَقُلْ, تَقُلْ, يَقُلْ, أَقُلْ) 그러나 단축법과 명령형 끝자음이 수쿤으로 끝나지 않고 장모음으로 끝나는 인칭들(다섯 동사 인칭들)은 원래 형태 그대로 표기된다.

b. كَانَ/ يَكُونُ 동사의 변화

이 동사는 위에서 다룬 قَالَ/يَقُولُ 동사와 변화의 원리가 동일하다. 단지 كَانَ/يَكُونُ 동사의 경우 어근 끝자음이 ن 인데, 따라서 주격 접미 인칭대명사가 ن 인 인칭의 경우 자음 동화가 일어나 중복자음으로 표기된다.

			완료형 الْفِعْلُ الْمَاضِي	미완료형 الْفِعْلُ الْمُضَارِعُ			명령형 (فِعْلُ الْأَمْرِ)
				직설법 (مَرْفُوعٌ)	접속법 (مَنْصُوبٌ)	단축법 (مَجْزُومٌ)	
3인칭	남성단수	هُوَ	كَانَ	يَكُونُ	يَكُونَ	يَكُنْ	
	여성단수	هِيَ	كَانَتْ	تَكُونُ	تَكُونَ	تَكُنْ	
	남성쌍수	هُمَا	كَانَا	يَكُونَانِ	يَكُونَا	يَكُونَا	
	여성쌍수	هُمَا	كَانَتَا	تَكُونَانِ	تَكُونَا	تَكُونَا	
	남성복수	هُمْ	كَانُوا	يَكُونُونَ	يَكُونُوا	يَكُونُوا	
	여성복수	هُنَّ	كُنَّ	يَكُنَّ	يَكُنَّ	يَكُنَّ	
2인칭	남성단수	أَنْتَ	كُنْتَ	تَكُونُ	تَكُونَ	تَكُنْ	كُنْ
	여성단수	أَنْتِ	كُنْتِ	تَكُونِينَ	تَكُونِي	تَكُونِي	كُونِي
	남녀쌍수	أَنْتُمَا	كُنْتُمَا	تَكُونَانِ	تَكُونَا	تَكُونَا	كُونَا
	남성복수	أَنْتُمْ	كُنْتُمْ	تَكُونُونَ	تَكُونُوا	تَكُونُوا	كُونُوا
	여성복수	أَنْتُنَّ	كُنْتُنَّ	تَكُنَّ	تَكُنَّ	تَكُنَّ	كُنَّ
1인칭	남녀단수	أَنَا	كُنْتُ	أَكُونُ	أَكُونَ	أَكُنْ	
	남녀쌍수·복수	نَحْنُ	كُنَّا	نَكُونُ	نَكُونَ	نَكُنْ	

→ 완료형 3인칭 여성복수의 경우 장모음으로 사용된 약자음 뒤에 수쿤이 오는 것(ْ + ا + ْ)이 불가능하여 ا 이 탈락하였다. 그래서 نْ + كَانَ 에서 كَانْ 가 되어야 하는데, ن 자음이 두 개 겹치므로 자음동화가 일어나 중복자음화 되었다. كُنَّ 가 됨. 1인칭 남녀 복수의 경우도 동일한 원리로 نَا + كَانَ → كَانْنَا → كُنَّا 가 되었다.

→ 미완료형 직설법과 접속법 그리고 단축법의 3인칭 여성복수와 2인칭 여성 복수의 경우 원래 'يَكُون + نَ' 꼴이 되어야 한다. 여기서 장모음으로 사용된 약자음 و 뒤 자음에 수쿤이 오게 되므로 'ْ + و + ْ' 형태의 문제가 발생하여 و 를 탈락시킨다.

또한 그 뒤의 ن 이 두 번 왔기에 중복자음을 붙여준다. (يَكُنَّ ← يَكُنْنَ ← يَكُونْ + نَ)

c. مَاتَ/يَمُوتُ 동사의 변화

이 동사는 위에서 다룬 قَالَ/يَقُولُ 동사와 변화의 원리가 동일하다. 단지 مَاتَ/يَمُوتُ 동사의 경우 어근 끝자음이 ت 인데, 따라서 주격 접미 인칭대명사가 ت 인 인칭의 경우 자음 동화가 일어나 중복자음으로 표기된다.

			완료형 الْفِعْلُ الْمَاضِي	미완료형 الْفِعْلُ الْمُضَارِعُ			명령형 (فِعْلُ الْأَمْرِ)
				직설법 (مَرْفُوعٌ)	접속법 (مَنْصُوبٌ)	단축법 (مَجْزُومٌ)	
3인칭	남성단수	هُوَ	مَاتَ	يَمُوتُ	يَمُوتَ	يَمُتْ	
	여성단수	هِيَ	مَاتَتْ	تَمُوتُ	تَمُوتَ	تَمُتْ	
	남성쌍수	هُمَا	مَاتَا	يَمُوتَانِ	يَمُوتَا	يَمُوتَا	
	여성쌍수	هُمَا	مَاتَتَا	تَمُوتَانِ	تَمُوتَا	تَمُوتَا	
	남성복수	هُمْ	مَاتُوا	يَمُوتُونَ	يَمُوتُوا	يَمُوتُوا	
	여성복수	هُنَّ	مُتْنَ	يَمُتْنَ	يَمُتْنَ	يَمُتْنَ	
2인칭	남성단수	أَنْتَ	مُتَّ	تَمُوتُ	تَمُوتَ	تَمُتْ	مُتْ
	여성단수	أَنْتِ	مُتِّ	تَمُوتِينَ	تَمُوتِي	تَمُوتِي	مُوتِي
	남녀쌍수	أَنْتُمَا	مُتُّمَا	تَمُوتَانِ	تَمُوتَا	تَمُوتَا	مُوتَا
	남성복수	أَنْتُمْ	مُتُّمْ	تَمُوتُونَ	تَمُوتُوا	تَمُوتُوا	مُوتُوا
	여성복수	أَنْتُنَّ	مُتُّنَّ	تَمُتْنَ	تَمُتْنَ	تَمُتْنَ	مُتْنَ
1인칭	남녀단수	أَنَا	مُتُّ	أَمُوتُ	أَمُوتَ	أَمُتْ	
	남녀쌍수복수	نَحْنُ	مُتْنَا	نَمُوتُ	نَمُوتَ	نَمُتْ	

→ 위의 완료형 2인칭 남성 단수 이후 1인칭 남녀 단수 까지 각각의 조합이 مُتْتَ, مُتْتِ, مُتْتُمَا, مُتْتُمْ, مُتْتُنَّ, مُتْتُ 으로 나타나지만 여기에 ت 자음이 중복자음으로 나타나기에 표기를 각각 مُتَّ, مُتِّ, مُتُّمَا, مُتُّمْ, مُتُّنَّ, مُتُّ 로 한다.

제31과 약동사 변화

문장에서 변화의 예들

어제 당신들은 파티에 있었습니까? (완료형 2인칭 남성 복수)	هَلْ كُنْتُمْ فِي الْحَفْلَةِ أَمْسِ؟
내 여자 친구는 나와 함께 공부하고 있었다. (완료형 3인칭 여성 단수)	صَدِيقَتِي كَانَتْ تَدْرُسُ مَعِي.
너는(f.) 슬퍼하지 마라. (단축법 2인칭 여성 단수)	لَا تَكُونِي حَزِينَةً.
너는(m.) 용감해라. (명령형 2인칭 남성 단수)	كُنْ شُجَاعًا.
너는 그 파티에 없었다. (단축법 2인칭 남성 단수)	لَمْ تَكُنْ فِي الْحَفْلَةِ.
그 아이들은 집으로 돌아오지 않았다. (단축법 3인칭 남성 복수)	الْأَطْفَالُ لَمْ يَعُودُوا إِلَى الْمَنْزِلِ.
나는 집에 돌아가지 않겠다. (접속법 1인칭 남성 단수)	لَنْ أَعُودَ إِلَى بَيْتِي.
당신은 아무말도 하지 마시오. (단축법 2인칭 남성 단수)	لَا تَقُلْ أَيَّ شَيْءٍ.
나는 어제 나의 친구를 방문했다. (완료형 1인칭 남성 단수)	زُرْتُ صَدِيقِي أَمْسِ.

(2) 중간자음에 ي 가 오는 동사

아래는 미완료형의 중간 자음에 ي 가 오는 동사들이다.

팔다 (어근 ب-ي-ع)	بَاعَ / يَبِيعُ هـ	결석하다 (어근 غ-ي-ب)	غَابَ / يَغِيبُ
걷다	سَارَ / يَسِيرُ	날다	طَارَ / يَطِيرُ
되다(to become)	صَارَ / يَصِيرُ	잃다	ضَاعَ / يَضِيعُ
살다	عَاشَ / يَعِيشُ	기대다	مَالَ / يَمِيلُ إِلَى
묵다, 잠자다	بَاتَ / يَبِيتُ	외치다	صَاحَ / يَصِيحُ
(말, 비밀 등이) 널리 알려지다, 퍼지다	شَاعَ / يَشِيعُ	비난하다 ; 결함을 가지고 있다	عَابَ / يَعِيبُ ه أَوْ هـ
짓다, 세우다	شَادَ / يَشِيدُ هـ		

동사 변화의 예

			완료형 الْفِعْلُ الْمَاضِي	미완료형 الْفِعْلُ الْمُضَارِعُ			명령형 (فِعْلُ الأَمْرِ)
				직설법(مَرْفُوعٌ)	접속법(مَنْصُوبٌ)	단축법(مَجْزُومٌ)	
3인칭	남성단수	هُوَ	بَاعَ	يَبِيعُ	يَبِيعَ	يَبِعْ	
	여성단수	هِيَ	بَاعَتْ	تَبِيعُ	تَبِيعَ	تَبِعْ	
	남성쌍수	هُمَا	بَاعَا	يَبِيعَانِ	يَبِيعَا	يَبِيعَا	
	여성쌍수	هُمَا	بَاعَتَا	تَبِيعَانِ	تَبِيعَا	تَبِيعَا	
	남성복수	هُمْ	بَاعُوا	يَبِيعُونَ	يَبِيعُوا	يَبِيعُوا	
	여성복수	هُنَّ	بِعْنَ	يَبِعْنَ	يَبِعْنَ	يَبِعْنَ	
2인칭	남성단수	أَنْتَ	بِعْتَ	تَبِيعُ	تَبِيعَ	تَبِعْ	بِعْ
	여성단수	أَنْتِ	بِعْتِ	تَبِيعِينَ	تَبِيعِي	تَبِيعِي	بِيعِي
	남녀쌍수	أَنْتُمَا	بِعْتُمَا	تَبِيعَانِ	تَبِيعَا	تَبِيعَا	بِيعَا
	남성복수	أَنْتُمْ	بِعْتُمْ	تَبِيعُونَ	تَبِيعُوا	تَبِيعُوا	بِيعُوا
	여성복수	أَنْتُنَّ	بِعْتُنَّ	تَبِعْنَ	تَبِعْنَ	تَبِعْنَ	بِعْنَ
1인칭	남녀단수	أَنَا	بِعْتُ	أَبِيعُ	أَبِيعَ	أَبِعْ	
	남녀쌍수·복수	نَحْنُ	بِعْنَا	نَبِيعُ	نَبِيعَ	نَبِعْ	

→ 앞의 قَالَ 동사의 경우와 같은 원리이다. 완료형의 3인칭 여성 복수 부터 1인칭 복수 까지 약자음 ا 바로 뒤 자음에 수쿤이 오게 된다. (각각은 بَاعْنَا, بَاعْتُ, بَاعْتَ, بَاعْتِ, بَاعْتُمَا, بَاعْتُمْ, بَاعْتُنَّ 의 배열이 되는데 여기에 모두 'ㅡ + ا + ㅡ' 형태의 문제가 발생한다.) 따라서 이 약자음 ا 을 탈락시킨다. 대용모음의 경우, 첫자음 ب 위의 대용모음을 이 동사의 어근 중간 자음인 ي 에서 카스라(i)를 가져와 붙인다. (بَاعَ/يَبِيعُ 의 어근은 ب – ي – ع 이다.) 그래서 각각의 변화가 بِعْنَ, بِعْتُ, بِعْتَ, بِعْتِ, بِعْتُمَا, بِعْتُمْ, بِعْتُنَّ, بِعْنَا 이 된다.

→ 3인칭 여성복수와 2인칭 여성 복수의 경우 미완료형 직설법과 접속법 그리고 단축법 모두에서 같은 원리로 변화한다. 즉 각각 يَبِيعْنَ 와 تَبِيعْنَ 의 배열이 되어 약자음 ي 바로 뒤 자음에 수쿤이 오는 'ㅡ + ي + ㅡ' 의 문제가 발생한다. 따라서 ي 가 탈락한 뒤 يَبِعْنَ 와 تَبِعْنَ 가 된다.

→ 미완료형 단축법과 명령형에서도 끝자음에 수쿤을 붙이는 인칭에서는 'ㅡ + ي + ㅡ' 의 모양이 되어 ي 가 탈락된다(3인칭 남성 단수, 3인칭 여성 단수, 2인칭 남성 단수, 1인칭 남녀단수, 1인칭 남녀복수). 그러나 수쿤으로 끝나지 않고 장모음으로 끝나는 나머지 인칭들(다섯 동사 인칭들)은 원래 형태 그대로 표기된다.

문장에서 변화의 예들

나는 학교에 결석하지 않았다. (단축법 1인칭 남녀 단수)	لَمْ أَغِبْ عَنِ الْمَدْرَسَةِ.
그녀들은 채소를 판다. (직설법 3인칭 여성 복수)	هُنَّ يَبِعْنَ الْخُضْرَوَاتِ.
너희들은 내 친구들이 되었다. (완료형 2인칭 남성 복수)	أَنْتُمْ صِرْتُمْ أَصْدِقَاءَ لِي.
나는 억압 가운데서 살지 않을 것이다. (접속법 1인칭 남녀 단수)	لَنْ أَعِيشَ فِي الظُّلْمِ.
당신은 공원까지 걸었습니까? (완료형 2인칭 남성 단수)	هَلْ سِرْتَ إِلَى الْحَدِيقَةِ؟
너희들은 너희들의 집에서 자지 않았다. (단축법 2인칭 여성 복수)	أَنْتُنَّ لَمْ تَبِتْنَ فِي مَنْزِلِكُنَّ.
내 가방은 거리에서 잃지 않았다. (단축법 3인칭 여성 복수)	لَمْ تَضِعْ حَقِيبَتِي فِي الشَّارِعِ.
나는 참새가 날도록 하기 위해 새장을 열었다. (접속법 3인칭 남성 단수)	فَتَحْتُ الْقَفَصَ لِكَيْ يَطِيرَ الْعُصْفُورُ.

(3) 중간 자음에 ا 이 오는 동사

다음은 미완료형 중간 자음에 ا 가 오는 동사들이다.

잠자다 (어근 ن-و-م)	نَام/ يَنَامُ	두려워하다 (어근 خ-و-ف)	خَافَ/ يَخَافُ مِنْ
얻다, 획득하다 (어근 ن-ي-ل)	نَالَ/ يَنَالُ هـ	겁먹다, 두려워하다 (어근 ه-ي-ب)	هَابَ/ يَهَابُ هـ

동사 변화의 예

			완료형 الْفِعْلُ الْمَاضِي	미완료형 الْفِعْلُ الْمُضَارِعُ			명령형 (فِعْلُ الْأَمْرِ)
				직설법 (مَرْفُوعٌ)	접속법 (مَنْصُوبٌ)	단축법 (مَجْزُومٌ)	
3인칭	남성단수	هُوَ	نَامَ	يَنَامُ	يَنَامَ	يَنَمْ	
	여성단수	هِيَ	نَامَتْ	تَنَامُ	تَنَامَ	تَنَمْ	
	남성쌍수	هُمَا	نَامَا	يَنَامَانِ	يَنَامَا	يَنَامَا	
	여성쌍수	هُمَا	نَامَتَا	تَنَامَانِ	تَنَامَا	تَنَامَا	
	남성복수	هُمْ	نَامُوا	يَنَامُونَ	يَنَامُوا	يَنَامُوا	
	여성복수	هُنَّ	نِمْنَ	يَنَمْنَ	يَنَمْنَ	يَنَمْنَ	
2인칭	남성단수	أَنْتَ	نِمْتَ	تَنَامُ	تَنَامَ	تَنَمْ	نَمْ
	여성단수	أَنْتِ	نِمْتِ	تَنَامِينَ	تَنَامِي	تَنَامِي	نَامِي
	남녀쌍수	أَنْتُمَا	نِمْتُمَا	تَنَامَانِ	تَنَامَا	تَنَامَا	نَامَا
	남성복수	أَنْتُمْ	نِمْتُمْ	تَنَامُونَ	تَنَامُوا	تَنَامُوا	نَامُوا
	여성복수	أَنْتُنَّ	نِمْتُنَّ	تَنَمْنَ	تَنَمْنَ	تَنَمْنَ	نَمْنَ
1인칭	남녀단수	أَنَا	نِمْتُ	أَنَامُ	أَنَامَ	أَنَمْ	
	남녀쌍수복수	نَحْنُ	نِمْنَا	نَنَامُ	نَنَامَ	نَنَمْ	

→ 위의 변화표에서 완료형 3인칭 여성 복수 부터 첫 자음에 붙은 모음이 카스라(i)로 변화한다. 그 이유는 앞의 قَالَ 와 بَاعَ 동사의 경우와 원리는 같다. 즉 장모음으로 사용된 약자음 ا 바로 뒤 자음에 온 자음에 수쿤이 붙었기에 ا 이 탈락된 경우이다. (ْ +ا+ َ 의 경우) 그러나 여기서의 3인칭 여성 복수 부터 1인칭 복수 까지에 붙은 대용모음은 كَانَ 와 بَاعَ 의 규칙과는 다르다. 이 동사의 어근은 ن-و-م 인데 이 규칙대로 라면 대용모음이 담마(u)가 와야 한다. 그러나 담마가 오지 않고 카스라(i)가 왔다. 일종의 불규칙이라고 이해하자. خَافَ 동사도 نَامَ 동사와 같이 이 부분에서 불규칙이다. 그러나 نَالَ 동사와 هَابَ 동사는 원래의 규칙대로 변한다. (즉 어근에서 온 카스라를 대용모음으로 사용한다.)

제31과 약동사 변화

→ 3인칭 여성복수와 2인칭 여성복수의 경우 미완료형 직설법과 접속법 그리고 단축법 모두에서 같은 원리로 변화한다. 즉 각각 يَنَامْ 와 تَنَامْ 의 배열이 되어 여기서도 약자음 ا 바로 뒤 자음에 수쿤이 오는 문제가 발생한다. (‿ + ا + ‿) 그래서 ا가 탈락하여 각각 يَنَمْ 와 تَنَمْ 가 되었다.

→ 미완료형 단축법과 명령형에서도 끝자음에 수쿤을 붙이는 인칭에서는 ' ‿ + ا + ‿ '의 모양이 되어 ا이 탈락된다(3인칭 남성 단수, 3인칭 여성 단수, 2인칭 남성 단수, 1인칭 남녀단수, 1인칭 남녀복수). 그러나 수쿤으로 끝나지 않고 장모음으로 끝나는 나머지 인칭들(다섯 동사 인칭들)은 원래 형태 그대로 표기된다.

문장에서 변화의 예들

그녀들은 어두움을 무서워한다. (직설법 3인칭 여성 복수)	هُنَّ يَخَفْنَ مِنَ الظَّلَامِ.
그 두 학생들은 칭찬을 획득했다. (직설법 3인칭 남성 복수)	الطَّالِبَانِ يَنَالَانِ الْمَدْحَ.
당신들은 잠을 잘 잤습니까? (완료형 2인칭 남성 복수)	هَلْ نِمْتُمَا جَيِّدًا؟
내 우리들은 잠을 잘 잤습니다. (완료형 1인칭 남녀 복수)	نَعَمْ نِمْنَا جَيِّدًا.
너는 잠을 많이 자지 마라. (단축법 2인칭 남성 단수)	لَا تَنَمْ كَثِيرًا.
나는 아무도 두려워하지 않았다. (단축법 1인칭 남녀 단수)	لَمْ أَهَبْ أَحَدًا.
나는 아무도 두려워하지 않을 것이다. (접속법 1인칭 남녀 단수)	لَنْ أَهَابَ أَحَدًا.

** 간약동사 격변화 핵심 요약

간약동사의 중간자음에	و 가 오는 경우	ي 가 오는 경우	ا이 오는 경우
동사의 예	قَالَ / يَقُولُ	بَاعَ / يَبِيعُ	نَامَ / يَنَامُ
단축법 3인칭 남성 단수	لَمْ يَقُلْ	لَمْ يَبِعْ	لَمْ يَنَمْ
실제 상황	‿ + و + ُ	‿ + ي + ِ	‿ + ا + َ
가상 상황	‿ + وْ + ُ	‿ + يْ + ِ	‿ + ا + َ
두 개의 수쿤이 이어오는 것을 막기 위해	و 탈락	ي 탈락	ا 탈락
단축법 표지 (عَلَامَةُ الْجَزْمِ)	수쿤 (السُّكُونُ)	수쿤 (السُّكُونُ)	수쿤 (السُّكُونُ)

3) 말약동사 (الْفِعْلُ النَّاقِصُ) 변화

말약동사도 세 가지로 나눌 수 있다. 즉 미완료형의 끝자음이 و 인 동사와, 미완료형의 끝자음이 ي 인 동사, 그리고 미완료형의 끝자음이 ى (أَلِفٌ مَقْصُورَةٌ)인 동사가 그것이다.

(1) 끝자음이 و 인 동사

다음은 미완료형의 끝자음이 و 인 동사들이다. 또한 완료형 끝자음은 ا이다.

초청하다; 부르다 (어근) (د-ع-و)	دَعَا/ يَدْعُو هـ إِلَى	불평하다 (어근) (ش-ك-و)	شَكَا/ يَشْكُو مِنْ، إِلَى، لـ
바라다, 소망하다 (어근) (ر-ج-و)	رَجَا/ يَرْجُو	접근하다, 가까이 가다 (어근) (د-ن-و)	دَنَا/ يَدْنُو مِنْ، إِلَى
자라다, 성장하다	نَمَا/ يَنْمُو	도망하다, 도피하다	نَجَا/ يَنْجُو مِنْ
용서하다	عَفَا/ يَعْفُو عَنْ	비워지다	خَلَا/ يَخْلُو مِنْ
..를 노래부르다; 시를 읊다	شَدَا/ يَشْدُو هـ		

동사 변화의 예

			완료형 الْفِعْلُ الْمَاضِي	미완료형 الْفِعْلُ الْمُضَارِعُ			
				직설법 (مَرْفُوع)	접속법 (مَنْصُوب)	단축법 (مَجْزُوم)	명령형 (فِعْلُ الأَمْرِ)
3인칭	남성단수	هُوَ	دَعَا	يَدْعُو	يَدْعُوَ	يَدْعُ	
	여성단수	هِيَ	دَعَتْ	تَدْعُو	تَدْعُوَ	تَدْعُ	
	남성쌍수	هُمَا	دَعَوَا	يَدْعُوَانِ	يَدْعُوَا	يَدْعُوَا	
	여성쌍수	هُمَا	دَعَتَا	تَدْعُوَانِ	تَدْعُوَا	تَدْعُوَا	
	남성복수	هُمْ	دَعَوْا	يَدْعُونَ*	يَدْعُوا	يَدْعُوا	
	여성복수	هُنَّ	دَعَوْنَ	يَدْعُونَ*	يَدْعُونَ	يَدْعُونَ	
2인칭	남성단수	أَنْتَ	دَعَوْتَ	تَدْعُو	تَدْعُوَ	تَدْعُ	أُدْعُ
	여성단수	أَنْتِ	دَعَوْتِ	تَدْعِينَ	تَدْعِي	تَدْعِي	أُدْعِي
	남녀쌍수	أَنْتُمَا	دَعَوْتُمَا	تَدْعُوَانِ	تَدْعُوَا	تَدْعُوَا	أُدْعُوَا
	남성복수	أَنْتُمْ	دَعَوْتُمْ	تَدْعُونَ*	تَدْعُوا	تَدْعُوا	أُدْعُوا
	여성복수	أَنْتُنَّ	دَعَوْتُنَّ	تَدْعُونَ*	تَدْعُونَ	تَدْعُونَ	أُدْعُونَ
1인칭	남녀단수	أَنَا	دَعَوْتُ	أَدْعُو	أَدْعُوَ	أَدْعُ	
	남녀쌍수복수	نَحْنُ	دَعَوْنَا	نَدْعُو	نَدْعُوَ	نَدْعُ	

→ 완료형 3인칭 여성 단수의 변화는 앞의 간약동사에서와 같이 장모음으로 사용된 약자음 ا 바로 뒤에 수쿤이 왔기에 ا이 탈락하였다. (دَعَا + تْ → دَعَتْ)

→ 완료형 3인칭 남성쌍수의 경우 'دَعَا'의 마지막 자음이 ا이다. 여기에 3인칭 남성 쌍수 주격 접미 인칭대명사 ا을 붙일 경우 약자음 두 개(ا + ا)가 이어서 오는 결과가 발생한다. 때문에 앞에 온 약자음을 탈락시키고(뒤에 온 약자음은 인칭대명사이기에 탈락시킬 수 없다.) 대신 어근에서 و를 취하여 갖다 붙인다. 그리고 3인칭 남성 쌍수 원래의 단모음 파트하를 붙이고 그 뒤에 인칭대명사 ا을 붙인다. 그래서 دَعَوَا가 되었다.

→ 완료형 3인칭 여성쌍수의 경우 دَعَا + تَا 배열이 되는데, 3인칭 여성 쌍수의 어근 자음의 배열(دَ 부분)은 3인칭 여성 단수의 어근 자음의 배열(دَ 부분)과 같아야 하므로 ا을 탈락시켜 دَعَتَا로 만들어 준다.

→ 완료형 3인칭 남성복수의 경우 دَعَا + وا 배열이 되는데 여기에 ا와 و가 둘 다 약자음이다. 약자음 두 개가 이어서 오는 것이 불가능하므로 앞의 ا을 탈락시킨다.(뒤의 و는 인칭대명사이기에 탈락될 수 없다.) 그러고 나면 دَعَوا가 되는데 이 때 ع 위에 파트하가 와서 그 뒤의 و 발음을 쉽게 할 수 없으므로 و 위에 수쿤을 붙여 준다. 그래서 دَعَوْا가 된다. (3인칭 남성 쌍수 دَعَوَا)의 و 가 동사의 어근에서 온 것인 반면, 3인칭 남성 복수의 و 는 인칭대명사(ضَمَائِرُ الرَّفْعِ الْمُتَّصِلَة)이다.)

→ 완료형 3인칭 여성복수는 دَعَا + نَ 의 배열이 되는데, 여기서 장모음으로 사용된 약자음 ا 위에 수쿤이 오는 것이 불가능하다. 따라서 ا을 탈락시키고, دَعَا 동사의 어근에서 و를 가져와 붙여주며, 그리고 ع 뒤의 و 발음을 쉽게 하기 위해 و 위에 수쿤을 붙인다. 그래서 دَعَوْنَ 가 되었다. 3인칭 여성복수 이후의 동사는 모두 이와같은 원리이다. (예를들어 2인칭 남성단수 دَعَا + تَ 가 불가능하므로 دَعَوْتَ 가 되었다.)

→ 미완료형 직설법 3인칭 남성쌍수의 경우 يَدْعُو + نِ 배열이 되는데, 여기서도 약자음 두 개가 이어서 오는 것이 불가능하다. 그런데 쌍수의 어미 자음 نِ은 쌍수가 되기 위해 반드시 붙어야 하며 또한 نِ 의 ا는 파트하 장모음이 되어야 한다. 따라서 그 앞 자음인 و 위에 파트하를 붙여서 يَدْعُوَانِ 이 된다. 3인칭 여성 쌍수와 2인칭 남녀 쌍수도 마찬가지이다.

→ * 표시가 붙은 미완료형 직설법 3인칭 남성복수와 여성복수, 그리고 2인칭 남성복수와 여성복수의 형태가 동일하다. 하지만 그 내용은 차이가 있다.
미완료형 직설법 3인칭 남성복수의 경우 يَدْعُو + ون 의 배열이 되는데, 약자음 두 개가 연이어 오는 것이 불가능하므로 앞의 어근에서 온 و 를 탈락시킨다.(뒤의 و 는 인칭대명사에서 온 것이기에 탈락할 수 없다.) 그래서 يَدْعُون 가 된다. 미완료형 직설법 2인칭 남성 복수의 경우도 같은 원리이나. (تَدْعُون)

→ 미완료형 직설법 3인칭 여성 복수의 경우 يَدْعُو + نَ 의 배열이 되기에 그대로 기록하면 يَدْعُوْنَ 이 된다. 여기에서 음운규칙상 장모음 و 위에 수쿤이 오는 것은 불가능하므로 이 수쿤 표기는 생략된다. 여기에서 사용된 و는 동사의 어근에 있었던 것이다. 미완료형 직설법 2인칭 여성 복수의 경우도 같은 원리이다. (تَدْعُونَ)

→ 미완료형 직설법 2인칭 여성단수의 경우 تَدْعُو + ين 의 배열이 되는데 약자음 두 개가 오는 것이 불가능하므로 앞의 و 가 탈락한다. (ي 는 인칭대명사에서 온 것이므로 탈락할 수 없다.) 그러면 تَدْعُ + ين 이 남는데, ع 와 ين 의 배열이 불가능하므로 (ي 앞에서는 카스라가 와야 한다.) 담마 대신 ي 가 장모음이 될 때 붙는 카스라를 붙인다. 그래서 تَدْعِين 가 됨.

→단축법 3인칭 남성 단수의 경우 يَدْعُوْ 가 되어야 하는데, 이럴 경우 장모음으로 사용된 약자음 위에 수쿤이 오게 되어(و + ْ) 음운규칙이 허락하지 않으므로 و 가 탈락한다. 그래서 يَدْعُ 가 된다. 3인칭 여성 단수, 2인칭 남성 단수, 1인칭 단수, 1인칭 복수의 경우도 같은 원리이다.

문장에서 변화의 예들

우리 여자 선생님은 우리를 그녀의 집으로 초청했다. (완료형 3인칭 여성 단수)	مُدَرِّسَتُنَا دَعَتْنَا إِلَى بَيْتِهَا.
그들은 그들의 친구들을 파티에 초청하지 않을 것이다. (접속법 3인칭 남성 복수)	لَنْ يَدْعُوا أَصْدِقَاءَهُمْ إِلَى الْحَفْلَةِ.
그 승객들은 그 사고로 부터 구출되었다. (완료형 3인칭 남성 복수)	الرُّكَّابُ نَجَوْا مِنَ الْحَادِثَةِ.
내 남동생(형)은 그 자동차 사고에서 구출되지 못했다. (단축법 3인칭 남성 단수)	لَمْ يَنْجُ أَخِي مِنْ حَادِثَةِ السَّيَّارَةِ.
이집트 경제는 느리게 발전한다. (직설법 3인칭 남성 단수)	الِاقْتِصَادُ الْمِصْرِيُّ يَنْمُو بِبُطْءٍ.
그는 더 자라기 위해 잘 먹는다. (접속법 3인칭 남성 단수)	يَأْكُلُ جَيِّدًا لِيَنْمُوَ أَكْثَرَ.
그 학생은 많은 숙제에 대해 불평하지 않았다. (단축법 3인칭 남성 단수)	الطَّالِبُ لَمْ يَشْكُ مِنَ الْوَاجِبَاتِ الْكَثِيرَةِ.
그 관대한 사람들은 그들을 억압하는 사람을 용서한다. (직설법 3인칭 남성 복수)	الْكُرَمَاءُ يَعْفُونَ عَنْ مَنْ يَظْلِمُهُمْ.
당신은 사람들을 용서하라 그러면 그들이 당신을 사랑할 것이다. (단축법 2인칭 남성 단수)	لِتَعْفُ عَنِ النَّاسِ فَيُحِبُّوكَ.
그들 둘은(m.) 이집트 문화에 다가가길 원한다. (접속법 3인칭 남성 쌍수)	يُرِيدَانِ أَنْ يَدْنُوا مِنَ الثَّقَافَةِ الْمِصْرِيَّةِ.
시민들은 관대한 삶외에는 소망하지 않는다. (직설법 3인칭 남성 단수)	لَا يَرْجُو الْمُوَاطِنُ إِلَّا حَيَاةً كَرِيمَةً.

(2) 끝자음이 ي 인 동사

다음은 미완료형의 끝자음이 ي 인 동사들이다. 또한 완료형 끝자음은 ى (أَلِفٌ مَقْصُورَةٌ)이다.

짓다, 건축하다 (어근 ب-ن-ي)	بَنَى/يَبْنِي هـ	울다 (어근 ب-ك-ي)	بَكَى/يَبْكِي
뛰다 (어근 ج-ر-ي)	جَرَى/يَجْرِي	걷다 (어근 م-ش-ي)	مَشَى/يَمْشِي
던지다	رَمَى/يَرْمِي هـ	이야기하다	حَكَى/يَحْكِي هـ لـ
행하다, 수행하다; (시간을)보내다	قَضَى/يَقْضِي هـ	의미하다; 걱정하다	عَنَى/يَعْنِي هـ أوْ هـ
불순종하다	عَصَى/يَعْصِي هـ	안내하다	هَدَى/يَهْدِي هـ إِلَى
지키다, 보호하다	حَمَى/يَحْمِي هـ أوْ هـ	치료하다(하나님이)	شَفَى/يَشْفِي هـ

동사 변화의 예

			완료형 الْفِعْلُ الْمَاضِي	미완료형 الْفِعْلُ الْمُضَارِعُ			명령형 فِعْلُ الأَمْرِ
				직설법 (مَرْفُوعٌ)	접속법 (مَنْصُوبٌ)	단축법 (مَجْزُومٌ)	
3인칭	남성단수	هُوَ	بَنَى	يَبْنِي	يَبْنِيَ	يَبْنِ	
	여성단수	هِيَ	بَنَتْ	تَبْنِي	تَبْنِيَ	تَبْنِ	
	남성쌍수	هُمَا	بَنَيَا	يَبْنِيَانِ	يَبْنِيَا	يَبْنِيَا	
	여성쌍수	هُمَا	بَنَتَا	تَبْنِيَانِ	تَبْنِيَا	تَبْنِيَا	
	남성복수	هُمْ	بَنَوْا	يَبْنُونَ	يَبْنُوا	يَبْنُوا	
	여성복수	هُنَّ	بَنَيْنَ	يَبْنِينَ	يَبْنِينَ	يَبْنِينَ	
2인칭	남성단수	أَنْتَ	بَنَيْتَ	تَبْنِي	تَبْنِيَ*	تَبْنِ	اِبْنِ
	여성단수	أَنْتِ	بَنَيْتِ	تَبْنِينَ*	تَبْنِي*	تَبْنِي	اِبْنِي
	남녀쌍수	أَنْتُمَا	بَنَيْتُمَا	تَبْنِيَانِ	تَبْنِيَا	تَبْنِيَا	اِبْنِيَا
	남성복수	أَنْتُمْ	بَنَيْتُمْ	تَبْنُونَ	تَبْنُوا	تَبْنُوا	اِبْنُوا
	여성복수	أَنْتُنَّ	بَنَيْتُنَّ	تَبْنِينَ*	تَبْنِينَ	تَبْنِينَ	اِبْنِينَ
1인칭	남녀단수	أَنَا	بَنَيْتُ	أَبْنِي	أَبْنِيَ	أَبْنِ	
	남녀쌍수·복수	نَحْنُ	بَنَيْنَا	نَبْنِي	نَبْنِيَ	نَبْنِ	

→ 완료형 3인칭 여성 단수의 경우 تْ + بَنَى 의 배열이 되는데, 이 경우 장모음으로 사용된 약자음 알리프(ى 알리프 막수라) 뒤의 자음에 수쿤이 오게 된다(ْ_ + ى + _َ). 이 경우 음운규칙의 문제가 발생하여 알리프 막수라가 탈락하고 بَنَتْ가 된다.(بَنَى + تْ → بَنَتْ)

→ 완료형 3인칭 남성 쌍수의 경우 ا + بَنَى 의 배열이 되는데, 여기에서 알리프 막수라 뒤에 ا이 올 수 없으므로 동사의 어근(ب – ن – ي) 마지막 자음에서 ى를 و로 바꾸어주어 بَنَوَا가 된다.

→ 완료형 3인칭 여성 쌍수의 경우 3인칭 여성 단수와 어근 자음의 배열이 동일하다. 즉 بَنْ 부분의 배열이 동일하며 그 뒤에 여성형 표지 불변사 تْ(تَاءُ التَّأْنِيثِ)와 인칭대명사 ا이 와서 بَنْ + تَا → بَنَتَا가 된다.

→ 완료형 3인칭 남성 복수의 경우 وا + بَنَى 배열이 되는데 이 경우 약자음인 알리프 막수라(ى)와 و 가 이어서 왔으므로 앞의 ى를 탈락시킨다. 그러고 나면 بَنَوا가 되는데 이 때 ن 위에 파트하가 와서 그 뒤의 و 발음을 쉽게 할 수 없으므로 و 위에 수쿤을 붙여 준다. 그래서 بَنَوْا가 된다.

→ 완료형 3인칭 여성 복수의 경우 نَ + ْ_ + بَنَى 의 배열이 된다. 여기에서 ْ_ + ى + ْ_ 의 문제가 발생하며, 알리프 막수라 위에 수쿤이 올 수 없으므로 동사의 어근(ب – ن – ي) 마지막 자음에서 온 ى로 바꾸어준다.(بَنَيْنَ)

→ 미완료형 직설법 3인칭 남성복수의 경우 ون + يَبْنِي 의 배열이 되는데, 약자음 두 개(ي 와 و)가 연이어 오는 것이 불가능하므로 앞의 ي 를 탈락시킨다. 그 이후 ن + ون 조합에서 카스라 발음이 힘들므로 카스라를 담마로 바꾸어 준다. 그래서 يَبْنُونَ 가 됨. 미완료형 2인칭 남성 복수의 경우도 같은 원리이다.

→ 미완료 직설법 3인칭 여성복수의 경우 يَبْنِينَ 의 배열이 되는데, 여기에서 장모음으로 사용된 약자음 위에 수쿤이 오는 것이 불가능하므로(ي + ْ_) 수쿤이 탈락하여서 يَبْنِينَ 가 된다. 미완료 직설법 2인칭 여성 복수의 경우도 같은 원리이다.

→ 미완료형 직설법 2인칭 여성단수의 경우 ين + تَبْنِي 의 배열이 되는데 약자음 두 개(ي 와 ي)가 이어서 오는 것이 불가능하므로 앞의 ي 가 탈락한다. (뒤의 ي 는 인칭대명사에서 온 것이다.) 그래서 تَبْنِينَ 가 된다.

→ * 표시가 붙은 미완료형 직설법 2인칭 여성단수와 2인칭 여성복수의 형태는 동일하다. 그러나 2인칭 여성단수의 تَبْنِينَ 의 ي 는 주격 접미 인칭대명사(ضَمِيرُ الرَّفْعِ الْمُتَّصِلُ)에서 온 ي 이며 ن 은 주격 기호(عَلَامَةُ الرَّفْعِ)이다. 반면에 2인칭 여성 복수의 تَبْنِينَ 의 ي 는 미완료형 동사(혹은 어근)의 세 번째 자음이고, ن 은 نُونُ النِّسْوَةِ 로서 주격 접미인칭대명사(ضَمِيرُ الرَّفْعِ الْمُتَّصِلُ)이다.

→ * 표시가 붙은 접속법 2인칭 남성단수와 2인칭 여성단수의 꼴이 비슷하다. 그러나 남성단수의 경우 تَبْنِي 의 끝자음이 접속법 표지가 붙어 ي 로 표기되었고, 여성단수의 경우 직설법 꼴인 تَبْنِينَ 에서 접속법으로 바뀌며 ن 이 탈락하여 تَبْنِي 로 표기되었다.

→ 단축법 3인칭 남성단수의 경우 يَبْنِي 의 배열이 되어야 하는데, 여기 ي + نْ 에서 ي 가 장모음이지만 그 위에 수쿤이 왔다. 음운규칙에 따르면 장모음으로 사용된 약자음 위에 수쿤이 올 수 없으므로 ي 가 탈락하여 يَبْنِ 가 된다. 3인칭 여성단수, 2인칭 남성단수, 1인칭 단수와 복수 모두 이 원리에 적용된다.

문장에서 변화의 예들

당신들 두 사람은 일어난 것에 대해 이야기 해야 한다. (접속법 2인칭 남성 쌍수)	يَجِبُ أَنْ تَحْكِيَا مَا حَدَثَ.
당신들이 말한 것이 당신들이 의미하는 것이냐? (직설법 2인칭 남성 복수)	هَلْ تَعْنُونَ مَا قُلْتُمْ؟
너는 노는 것에 너의 모든 시간을 보내지 마라. (단축법 2인칭 남성 단수)	لَا تَقْضِ كُلَّ وَقْتِكَ فِي اللَّعِبِ.
그들은 이집트에서 휴가를 보내지 않을 것이다. (접속법 3인칭 남성 복수)	لَنْ يَقْضُوا الْإِجَازَةَ فِي مِصْرَ.
군대가 혁명을 보호했다. (완료형 3인칭 여성 단수)	قُوَّاتُ الْجَيْشِ حَمَتِ الثَّوْرَةَ.
그 두 소녀는 시험 결과로 인해 울었다. (완료형 3인칭 여성 쌍수)	الصَّبِيَّتَانِ بَكَتَا بِسَبَبِ نَتِيجَةِ الْاِمْتِحَانِ.
그 노동자들은 그 공장을 건축했다. (완료형 3인칭 남성 복수)	الْعُمَّالُ بَنَوْا الْمَصْنَعَ.
그는 그 큰 건물들을 짓기 위해 건축을 공부한다. (접속법 3인칭 남성 단수)	يَدْرُسُ الْهَنْدَسَةَ لِيَبْنِيَ الْعِمَارَاتِ الْكَبِيرَةَ.
너는(f.) 너의 어머니에게 불순종하지 마라. (단축법 2인칭 여성 단수)	لَا تَعْصِي وَالِدَتَكِ.
(너는) 거리에서 자동차들 사이를 걷지 마라. (단축법 2인칭 남성 단수)	لَا تَمْشِ فِي الشَّارِعِ بَيْنَ السَّيَّارَاتِ.
싸미르는 그를 선한 길로 인도했다. (완료형 3인칭 남성 단수)	هَدَاهُ سَمِيرٌ إِلَى طَرِيقِ الْخَيْرِ.
당신은 거리에 쓰레기를 던지지 마시오. (단축법 2인칭 남성 단수)	لَا تَرْمِ قَمَامَةً فِي الشَّارِعِ.

** 말약동사의 격변화 핵심 요약

말약동사의 끝자음에	و 가 오는 경우	ي 가 오는 경우	ى 이 오는 경우
동사의 예	دَعَا/ يَدْعُو	بَنَى/ يَبْنِي	نَسِيَ/ يَنْسَى
단축법 3인칭 남성 단수	لَمْ يَدْعُ	لَمْ يَبْنِ	لَمْ يَنْسَ
실제 상황	ـُ + وْ	ـِ + يْ	ـَ + ىْ
기상 상황	ـُ + وْ	ـِ + يْ	ـَ + ىْ
두 개의 수쿤이 겹쳐서 오는 것을 막기 위해	و 탈락	ي 탈락	ى 탈락
단축법 표지 (عَلَامَةُ الْجَزْمِ)	약자음 탈락 (حَذْفُ حَرْفِ الْعِلَّةِ)	약자음 탈락 (حَذْفُ حَرْفِ الْعِلَّةِ)	약자음 탈락 (حَذْفُ حَرْفِ الْعِلَّةِ)

(3) 끝자음이 ى (أَلِف مَقْصُورَة) 인 동사

다음은 미완료형의 끝자음이 ى (أَلِف مَقْصُورَة)인 동사들이다. 또한 완료형 끝자음은 ي 이다.

잊다 (어근 ن-س-ي)	نَسِيَ/ يَنْسَى ـهـ	남다, 머무르다 (어근 ب-ق-ي)	بَقِيَ/ يَبْقَى
만족하다 (어근 ر-ض-و)	رَضِيَ/ يَرْضَى بـ، عَنْ	만나다; 받다 (어근 ل-ق-ي)	لَقِيَ/ يَلْقَى ه

동사 변화의 예

			완료형 الْفِعْلُ الْمَاضِي	미완료형 الْفِعْلُ الْمُضَارِعُ			명령형 (فِعْلُ الأَمْرِ)
				직설법 (مَرْفُوعٌ)	접속법 (مَنْصُوبٌ)	단축법 (مَجْزُومٌ)	
3인칭	남성 단수	هُوَ	نَسِيَ	يَنْسَى	يَنْسَى	يَنْسَ	
	여성 단수	هِيَ	نَسِيَتْ	تَنْسَى	تَنْسَى	تَنْسَ	
	남성 쌍수	هُمَا	نَسِيَا	يَنْسَيَانِ	يَنْسَيَا	يَنْسَيَا	
	여성 쌍수	هُمَا	نَسِيَتَا	تَنْسَيَانِ	تَنْسَيَا	تَنْسَيَا	
	남성 복수	هُمْ	نَسُوا	يَنْسَوْنَ	يَنْسَوْا	يَنْسَوْا	
	여성 복수	هُنَّ	نَسِينَ	يَنْسَيْنَ	يَنْسَيْنَ	يَنْسَيْنَ	
2인칭	남성 단수	أَنْتَ	نَسِيتَ	تَنْسَى	تَنْسَى	تَنْسَ	اِنْسَ
	여성 단수	أَنْتِ	نَسِيتِ	تَنْسَيْنَ*	تَنْسَيْ	تَنْسَيْ	اِنْسَيْ
	남녀 쌍수	أَنْتُمَا	نَسِيتُمَا	تَنْسَيَانِ	تَنْسَيَا	تَنْسَيَا	اِنْسَيَا
	남성 복수	أَنْتُمْ	نَسِيتُمْ	تَنْسَوْنَ	تَنْسَوْا	تَنْسَوْا	اِنْسَوْا
	여성 복수	أَنْتُنَّ	نَسِيتُنَّ	تَنْسَيْنَ*	تَنْسَيْنَ	تَنْسَيْنَ	اِنْسَيْنَ
1인칭	남녀 단수	أَنَا	نَسِيتُ	أَنْسَى	أَنْسَى	أَنْسَ	
	남녀 쌍수복수	نَحْنُ	نَسِينَا	نَنْسَى	نَنْسَى	نَنْسَ	

→ 완료형 3인칭 남성 복수의 경우 نَسِيَ + وا 의 배열이 되며 이는 약자음 두 개가 이어서 오는 꼴이 된다. 그래서 ي 를 탈락시키면 نَسِوا 꼴이 되는데 이 때 و + ِ 의 발음이 어렵게 되므로 س 에 붙은 카스라를 담마로 바꾸어 준다. 그래서 نَسُوا 가 됨

→ 완료형 3인칭 여성 복수에서 نَسِيْنَ 가 되어야 하나 ي + ِ 의 발음이 힘들므로(혹은 장모음으로 사용된 약자음 위에 수쿤이 오게 되었으므로 (ِ + يْ)) 수쿤을 탈락시키고 نَسِينَ 로 표기한다. 2인칭 단수부터 1인칭 복수까지도 이 원리가 적용된다.

→ 미완료형 직설법 3인칭 남성 쌍수의 경우 ن + يَنْسَى 의 배열이 되는데, ى (알리프 막수라)도 약자음 ا 으로 취급되기에 약자음 두 개가 연이어 온 꼴이 된다. 따라서 ى 를 이 단어의 어근(ن - س - ي)에서 온 ي 로 바꾸어 주어 يَنْسَيَانِ 이 된다. 3인칭 여성 쌍수와 2인칭 쌍수도 같은 원리이다.

→ 미완료형 직설법 3인칭 남성 복수에서 ون + يَنْسَى 의 배열이 되는데, 약자음 ى (أَلِفٌ مَقْصُورَةٌ)과 و 두 개가 연이어 오는 것이 불가능하므로 앞의 알리프 막수라를 탈락시키고 و 위에 수쿤을 붙인다. يَنْسَوْنَ 가 됨. 미완료형 직설법 2인칭 남성 복수의 경우도 같은 원리이다.

→ 미완료형 직설법 3인칭 여성 복수의 경우 ن + يَنْسَى 의 배열이 되는데, 이 경우 장모음으로 사용된 약자음 위에 수쿤이 오는 결과가 되므로 (ى + ْ) 를 동사의 어근에서 온 ي 로 바꾸어 يَنْسَيْنَ 로 표기. 미완료형 직설법 2인칭 여성 복수의 경우도 같은 원리이다.

→ 미완료형 직설법 2인칭 여성단수의 경우 ين + تَنْسَى 의 배열이 되는데 약자음 두 개 (ى 와 ي)가 오는 것이 불가능하므로 앞의 ى 가 탈락한다. (ي 는 인칭대명사에서 온 것이므로 생략할 수 없다.) 그러면 ين + تَنْسَ 이 남는데, س 와 ين 의 원할한 발음을 위해 ي 에 수쿤이 붙음. 그래서 تَنْسَيْنَ 가 된다.

→ * 표시가 붙은 미완료형 직설법 2인칭 여성단수와 2인칭 여성복수의 형태는 동일하다. 그러나 2인칭 여성 단수의 تَنْسَيْنَ 의 ي 는 주격 접미인칭대명사(ضَمِيرُ الرَّفْعِ الْمُتَّصِلُ)에서 온 ي 이며 ن 은 주격 기호(عَلَامَةُ الرَّفْعِ)이다. 반면에 2인칭 여성 복수의 تَنْسَيْنَ 의 ي 는 동사의 어근에서 온 ى 가 ي 로 변형된 것이고, ن 은 نُونُ النِّسْوَةِ 로서 주격 접미인칭대명사(ضَمِيرُ الرَّفْعِ الْمُتَّصِلُ)이다.

→ 접속법(مَنْصُوبٌ) 3인칭 남성 단수에서 يَنْسَى 의 마지막 자음 ى 위에 파트하가 있는 것으로 간주된다.(فَتْحَةٌ مُقَدَّرَةٌ) 3인칭 여성단수와 2인칭 남성단수, 1인칭 단수와 복수에서도 같은 원리이다.

→ 단축법 3인칭 단수에서 마지막 자음인 ى (알리프 막수라) 위에는 수쿤이 오는 것이 불가능하므로 이 ى (알리프 막수라)를 탈락시킴. (يَنْسَ 가 됨) 3인칭 여성단수와 2인칭 남성단수, 1인칭 단수와 복수도 원리 같음.

문장에서 변화의 예들

왜 그들은 내 말을 잊었는가? (완료형 3인칭 남성 복수)	لِمَاذَا نَسُوا كَلَامِي؟
우리는 우리의 과제들을 잊지 않을 것이다. (접속법 1인칭 남녀 복수)	لَنْ نَنْسَى وَاجِبَاتِنَا.
당신은 내가 당신에게 요청한 것을 잊지 않았다. (단축법 2인칭 남성 단수)	لَمْ تَنْسَ مَا طَلَبْتُهُ مِنْكَ.
당신 둘이 여기에 머무는 것은 중요하다. (접속법 2인칭 남녀 쌍수)	مِنَ الْمُهِمِّ أَنْ تَبْقَيَا هُنَا.
우리는 아스완에 이틀을 머물렀다. (완료형 1인칭 남녀 복수)	بَقِينَا فِي أَسْوَانَ يَوْمَيْنِ.
신이 당신에게 기록한 것에 만족하라. (명령형 2인칭 남성 단수)	إِرْضَ بِمَا كَتَبَهُ اللهُ لَكَ.
당신은(f.) 나의 결정에 만족하지 않았다. (단축법 2인칭 여성 단수)	لَمْ تَرْضَيْ بِقَرَارِي.
그들은 너희들을 1시간 뒤에 만날 것이다. (직설법 3인칭 남성 복수)	سَوْفَ يَلْقَوْنَكُمْ بَعْدَ سَاعَةٍ.
그녀는 그녀의 여자 친구를 거리에서 만났다. (완료형 3인칭 여성 단수)	لَقِيَتْ صَدِيقَتَهَا فِي الشَّارِعِ.

4) 이중약동사(الْفِعْلُ اللَّفِيفُ) 변화

어근의 하나가 강자음이고 나머지 2개의 어근이 و 와 ي 를 포함하는 동사를 이중약동사라 한다.

(1) 제 1.3 어근이 이중약자음인 동사

동사의 제 1 자음과 제 3 자음이 و 와 ي 로 구성된 동사의 경우이다. 이 동사의 경우 첫 자음은 수약동사(الْفِعْلُ الْمِثَالُ) 가운데 첫 자음이 و 인 동사(예 : وَجَدَ/يَجِدُ)와 동일하게 변화한다. 그리고 끝자음은 말약동사(الْفِعْلُ النَّاقِصُ) 가운데 제 3 자음이 ي 인 동사(예: بَنَى/يَبْنِي)와 변화의 원리가 동일하다. 단지 وَلِيَ/يَلِي 동사의 경우 완료형은 نَسِيَ/يَنْسَى 동사와 동일하게 변화하고, 미완료형은 بَنَى/يَبْنِي 와 동일하게 변화한다.

(약속 등을) 이행하다 (어근 و – ف – ي)	وَفَى/يَفِي بـ	담다 ; 이해하다 ; 의식이 있다.(어근 و – ع – ي)	وَعَى/يَعِي هـ
보호하다, 지키다 (어근 و – ق – ي)	وَقَى/يَقِي هـ	관리. 지배. 통치하다 ; 따르다(어근 و – ل – ي)	وَلِيَ/يَلِي هـ

a. وَفَى/يَفِي 동사 변화의 예

			완료형 الْفِعْلُ الْمَاضِي	미완료형 الْفِعْلُ الْمُضَارِعُ			명령형(فِعْلُ الْأَمْرِ)
				직설법(مَرْفُوعٌ)	접속법(مَنْصُوبٌ)	단축법(مَجْزُومٌ)	
3인칭	남성단수	هُوَ	وَفَى	يَفِي	يَفِيَ	يَفِ	
	여성단수	هِيَ	وَفَتْ	تَفِي	تَفِيَ	تَفِ	
	남성쌍수	هُمَا	وَفَيَا	يَفِيَانِ	يَفِيَا	يَفِيَا	
	여성쌍수	هُمَا	وَفَتَا	تَفِيَانِ	تَفِيَا	تَفِيَا	
	남성복수	هُمْ	وَفَوْا	يَفُونَ	يَفُوا	يَفُوا	
	여성복수	هُنَّ	وَفَيْنَ	يَفِينَ	يَفِينَ	يَفِينَ	
2인칭	남성단수	أَنْتَ	وَفَيْتَ	تَفِي	تَفِيَ*	تَفِ	فِ
	여성단수	أَنْتِ	وَفَيْتِ	تَفِينَ	تَفِي*	تَفِي	فِي
	남녀쌍수	أَنْتُمَا	وَفَيْتُمَا	تَفِيَانِ	تَفِيَا	تَفِيَا	فِيَا
	남성복수	أَنْتُمْ	وَفَيْتُمْ	تَفُونَ	تَفُوا	تَفُوا	فُوا
	여성복수	أَنْتُنَّ	وَفَيْتُنَّ	تَفِينَ*	تَفِينَ	تَفِينَ	فِينَ
1인칭	남녀단수	أَنَا	وَفَيْتُ	أَفِي	أَفِيَ	أَفِ	
	남녀쌍수·복수	نَحْنُ	وَفَيْنَا	نَفِي	نَفِيَ	نَفِ	

→ 완료형 3인칭 여성 단수의 경우 وَفَى + تْ 의 배열이 되는데, 이 경우 장모음으로 사용된 약자음 알리프(ى 알리프 막수라) 뒤의 자음에 수쿤이 오게 된다. (ْ_ + ى + _َ) 이 경우 음운규칙의 문제가 발생하여 알리프 막수라가 탈락하고 وَفَتْ 가 된다. (وَفَى + تْ → وَفَتْ)

→ 완료형 3인칭 여성 쌍수의 경우 3인칭 여성 단수와 어근 자음의 배열이 동일하다. 즉 وَفَ 부분의 배열이 동일하며 그 뒤에 여성형 표지 불변사 ت(تَاءُ التَّأْنِيثِ)와 인칭대명사 ا이 와서 وَفَ + تَا → وَفَتَا 가 된다.

→ 완료형 3인칭 남성복수의 경우 وَفَى + وا 배열이 되는데 여기에 ى (알리프 막수라) 와 و 가 둘 다 약자음이다. 따라서 앞의 ى 를 탈락시킨다. 그러고 나면 وَفَوا 가 되는데 이 때 ف 위에 파트하가 와서 그 뒤의 و 발음을 쉽게 할 수 없으므로 و 위에 수쿤을 붙여 준다. 그래서 وَفَوْا 가 된다.

→ 미완료형 직설법 3인칭 남성복수의 경우 يَفِي + ون 의 배열이 되는데, 약자음 두 개(ي 와 و)가 연이어 오는 것이 불가능하므로 앞의 ي 를 탈락시킨다. 그 이후 ف + ون 조합에서 카스라 발음이 힘들므로 카스라를 담마로 바꾸어 준다. 그래서 يَفُونَ 가 된다. 미완료형 2인칭 남성 복수의 경우도 같은 원리이다.

→ 미완료 직설법 3인칭 여성복수의 경우 يَفِينَ 의 배열이 되는데 ي + ف 의 발음이 힘들기에(혹은 장모음으로 사용된 약자음 위에 수쿤이 왔으므로) 이 수쿤이 탈락되어 يَفِينَ 가 된다. 미완료 직설법 2인칭 여성 복수의 경우도 같은 원리이다.

→ 미완료형 직설법 2인칭 여성단수의 경우 تَفِي + ين 의 배열이 되는데 약자음 두 개(ي 와 ي)가 오는 것이 불가능하므로 앞의 ي 가 탈락한다. (뒤의 ي 는 인칭대명사에서 온 것이다.) 그래서 تَفِينَ 가 된다.

→ * 표시가 붙은 미완료형 직설법 2인칭 여성단수와 2인칭 여성복수의 형태는 동일하다. 그러나 2인칭 여성 단수의 تَفِينَ 의 ي 는 주격 접미인칭대명사(ضَمِيرُ الرَّفْعِ الْمُتَّصِلُ)에서 온 ي 이며 ن 은 주격 기호(عَلَامَةُ الرَّفْعِ)이다. 반면에 2인칭 여성 복수의 تَفِينَ 의 ي 는 미완료형 동사(혹은 어근)의 세 번째 자음이고, ن 은 نُونُ النِّسْوَةِ 로서 주격 접미인칭대명사(ضَمِيرُ الرَّفْعِ الْمُتَّصِلُ)이다.

→ * 표시가 붙은 접속법 2인칭 남성단수와 2인칭 여성단수의 꼴이 비슷하다. 남성단수의 경우 تَفِي 의 끝자음이 ي 로 표기되었고, 여성단수의 경우 직설법 꼴인 تَفِينَ 에서 접속법으로 바뀌며 ن 이 탈락하여 تَفِي 꼴이 되었다.

→ 단축법 3인칭 남성단수의 경우 تَفِي 의 배열이 되어야 하는데, 여기 ف + ي 에서 장모음으로 사용된 약자음 위에 수쿤이 오는 것이 불가능하므로 ي 가 탈락하여 يَفْ 가 된다. 3인칭 여성단수, 2인칭 남성단수, 1인칭 단수와 복수 모두 이 원리에 적용된다.

→ 명령형은 동사의 2인칭 단축법 형태에서 미완료 표지 불변사(حَرْفُ الْمُضَارِعِ)를 제거하고 대신에 ا (هَمْزَةُ الْوَصْلِ)를 첨가하는 것이 원칙이다. 또한 3자음 동사의 경우 ا 뒤에 표기되는 어근의 첫 자음 위에는 항상 수쿤이 온다. 그런데 이 동사의 단축법 형태를 보면 ا 뒤에 표기되는 어근의 첫 자음 위에 와야할 수쿤이 없다. (هَمْزَةُ الْوَصْلِ)을 첨가하지 못한채 미완료 표지 불변사(حَرْفُ الْمُضَارِعِ)만을 제거해 주어 فِ , فِي , تَفِ ...) 때문에 ا 첨가하지 못한채 미완료 표지 불변사(حَرْفُ الْمُضَارِعِ)만을 제거해 주어 فِ , فِي , فِيَا ... 와 같은 명령형 꼴이 된다.

b. وَلِيَ/يَلِي 동사 변화의 예

وَلِيَ/يَلِي 동사의 경우 첫 자음은 수약동사(الْفِعْلُ الْمِثَالُ) 가운데 첫 자음이 و 인 동사(예: وَجَدَ/يَجِدُ)와 동일하게 변화한다. 끝자음은 완료형의 경우 نَسِيَ/يَنْسَى 동사와 동일하게 변화하고, 미완료형의 경우 بَنَى/يَبْنِي 와 동일하게 변화한다.

			완료형 الْفِعْلُ الْمَاضِي	미완료형 الْفِعْلُ الْمُضَارِعُ				명령형 فِعْلُ الأَمْرِ
				직설법 (مَرْفُوعٌ)	접속법 (مَنْصُوبٌ)	단축법 (مَجْزُومٌ)		
3인칭	남성단수	هُوَ	وَلِيَ	يَلِي	يَلِيَ	يَلِ		
	여성단수	هِيَ	وَلِيَتْ	تَلِي	تَلِيَ	تَلِ		
	남성쌍수	هُمَا	وَلِيَا	يَلِيَانِ	يَلِيَا	يَلِيَا		
	여성쌍수	هُمَا	وَلِيَتَا	تَلِيَانِ	تَلِيَا	تَلِيَا		
	남성복수	هُمْ	وَلُوا	يَلُونَ	يَلُوا	يَلُوا		
	여성복수	هُنَّ	وَلِينَ	يَلِينَ	يَلِينَ	يَلِينَ		
2인칭	남성단수	أَنْتَ	وَلِيتَ	تَلِي	تَلِيَ	تَلِ	لِ	
	여성단수	أَنْتِ	وَلِيتِ	تَلِينَ*	تَلِي*	تَلِي	لِي	
	남녀쌍수	أَنْتُمَا	وَلِيتُمَا	تَلِيَانِ	تَلِيَا	تَلِيَا	لِيَا	
	남성복수	أَنْتُمْ	وَلِيتُمْ	تَلُونَ	تَلُوا	تَلُوا	لُوا	
	여성복수	أَنْتُنَّ	وَلِيتُنَّ	تَلِينَ*	تَلِينَ	تَلِينَ	لِينَ	
1인칭	남녀단수	أَنَا	وَلِيتُ	أَلِي	أَلِيَ	أَلِ		
	남녀쌍수복수	نَحْنُ	وَلِينَا	نَلِي	نَلِيَ	نَلِ		

→ 앞의 نَسِيَ/يَنْسَى 동사와 بَنَى/يَبْنِي 부분에서 설명들을 참고하라.

문장에서 변화의 예들

나는 당신에게 약속한 것을 이행하였다. (완료형 1인칭 남녀 단수)	وَفَيْتُ بِوَعْدِي لَكَ.
왜 당신은 당신의 말을 이행하지 않았습니까? (단축법 2인칭 남성 단수)	لِمَاذَا لَمْ تَفِ بِكَلَامِكَ؟
군대는 혁명 이후 이집트를 통치했다. (완료형 3인칭 남성 단수)	الْجَيْشُ وَلِيَ مِصْرَ بَعْدَ الثَّوْرَةِ.
어떤것도 당신을 죽음으로 부터 보호하지 않을 것이다. (접속법 3인칭 남성 단수)	لَنْ يَقِيَكَ أَيُّ شَيْءٍ مِنَ الْمَوْتِ.
당신은(f.) (혹은 당신들은(f.)) 내가 말하는 것을 이해하는가? (직설법 2인칭 여성 복수)	هَلْ تَعِينَ مَا أَقُولُ؟

(2) 제 2.3 어근이 이중약동사

동사의 제 2 자음과 제 3 자음이 و 혹은 ي 로 구성된 동사의 경우이다. 이 경우 제 2 자음은 일반 다른 자음과 동일하게 변화한다. 제 3 자음은 قَوِيَ/ يَقْوَى 와 حَيِيَ/ يَحْيَا 의 경우 앞의 말약동사의 끝자음이 ي 인 동사 نَسِيَ/ يَنْسَى 와 변화의 원리가 동일하고, نَوَى/ يَنْوِي 그리고 شَوَى/ يَشْوِي 와 رَوَى/ يَرْوِي 의 경우(أَلِفٌ مَقْصُورَةٌ) 경우 앞의 말약동사의 끝자음이 ي 인 동사 بَنَى/ يَبْنِي 와 변화의 원리가 동일하다.

힘이 있다, 강하다, 세다 (어근 ق-و-ي)	قَوِيَ/ يَقْوَى	살다, 존재하다 (어근 ح-ي-ي)	حَيِيَ (أَوْ حَيَّ)/ يَحْيَا
(그릴 등에)..을 굽다, 지지다(어근 ش-و-ي)	شَوَى/ يَشْوِي ㅡ	..을 의도하다, 마음먹다 (어근 ن-و-ي)	نَوَى/ يَنْوِي ㅡ
..을 이야기하다; 물을 대다(어근 ر-و-ي)	رَوَى/ يَرْوِي ㅡ		

a. قَوِيَ/ يَقْوَى 동사 변화의 예

		완료형 الْفِعْلُ الْمَاضِي	미완료형 الْفِعْلُ الْمُضَارِعُ				명령형 فِعْلُ الْأَمْرِ
			직설법 (مَرْفُوعٌ)	접속법 (مَنْصُوبٌ)	단축법 (مَجْزُومٌ)		
3인칭	남성단수 هُوَ	قَوِيَ	يَقْوَى	يَقْوَى	يَقْوَ		
	여성단수 هِيَ	قَوِيَتْ	تَقْوَى	تَقْوَى	تَقْوَ		
	남성쌍수 هُمَا	قَوِيَا	يَقْوَيَانِ	يَقْوَيَا	يَقْوَيَا		
	여성쌍수 هُمَا	قَوِيَتَا	تَقْوَيَانِ	تَقْوَيَا	تَقْوَيَا		
	남성복수 هُمْ	قَوُوا	يَقْوَوْنَ	يَقْوَوْا	يَقْوَوْا		
	여성복수 هُنَّ	قَوِينَ	يَقْوَيْنَ	يَقْوَيْنَ	يَقْوَيْنَ		
2인칭	남성단수 أَنْتَ	قَوِيتَ	تَقْوَى	تَقْوَى	تَقْوَ	اِقْوَ	
	여성단수 أَنْتِ	قَوِيتِ	تَقْوَيْنَ*	تَقْوَي	تَقْوَي	اِقْوَي	
	남녀쌍수 أَنْتُمَا	قَوِيتُمَا	تَقْوَيَانِ	تَقْوَيَا	تَقْوَيَا	اِقْوَيَا	
	남성복수 أَنْتُمْ	قَوِيتُمْ	تَقْوَوْنَ	تَقْوَوْا	تَقْوَوْا	اِقْوَوْا	
	여성복수 أَنْتُنَّ	قَوِيتُنَّ	تَقْوَيْنَ*	تَقْوَيْنَ	تَقْوَيْنَ	اِقْوَيْنَ	
1인칭	남녀단수 أَنَا	قَوِيتُ	أَقْوَى	أَقْوَى	أَقْوَ		
	남녀쌍수복수 نَحْنُ	قَوِينَا	نَقْوَى	نَقْوَى	نَقْوَ		

→ 완료형 3인칭 남성 복수에서 وا + قَوِي 의 배열이 된다. 약자음 두 개(ي 와 و)가 이어서 왔기에 앞의 ي 가 탈락된다. 그러면 قَوُوا 가 되는데 و + و 의 발음이 어려우므로 و 에 붙은 카스라를 담마로 바꾸어 준다. 그래서 قَوُوا 가 된다.

→ 완료형 3인칭 여성 복수에서 قَوِين 의 배열이 되어야 하나 ي + ـْ 의 발음이 어려우므로(혹은 장모음으로 사용된 약자음 위에 수쿤이 오게 되므로(ي + ـْ)) 이 수쿤을 탈락시키고 قَوِين 로 표기한다. 2인칭 단수부터 1인칭 복수 까지도 이 원리가 적용된다.

→ 미완료형 직설법 3인칭 남성 쌍수의 경우 ان + يَقْوَى 의 배열이 되는데, 약자음 두 개(ى 와 ا)가 연이어 온 꼴이 된다. 따라서 ى 를 이 단어의 어근(ق - و - ي)에서 온 ي 로 바꾸어 주어 يَقْوَيَان 이 된다. 3인칭 여성 쌍수와 2인칭 쌍수도 같은 원리이다.

→ 미완료형 직설법 3인칭 남성 복수에서 ون + يَقْوَى 의 배열이 되는데, 약자음 ى (أَلِف مَقْصُورَة)과 و 두 개가 연이어 오는 것이 불가능하므로 앞의 알리프 막수라를 탈락시키고 و 위에 수쿤을 붙인다. 그러면 يَقْوَوْن 가 된다. 미완료형 직설법 2인칭 남성 복수의 경우도 같은 원리이다. تَقْوَى + ون → تَقْوَوْن

** حَيِيَ/ يَحْيَا 동사의 미완료형 직설법 3인칭 남성 복수의 يَحْيَوْن 경우도 동일한 원리이다.

→ 미완료형 직설법 3인칭 여성 복수의 경우 ن + يَقْوَى 의 배열이 되는데, 이 경우 장모음으로 사용된 약자음 위에 수쿤이 오는 결과가 되므로(ى + ـْ) 를 동사의 어근에서 온 ي 로 바꾸어 يَقْوِين 로 표기. 미완료형 직설법 2인칭 여성 복수의 경우도 같은 원리이다.

→ 미완료형 직설법 2인칭 여성단수의 경우 ين + تَقْوَى 의 배열이 되는데 약자음 두 개(ى 와 ي)가 오는 것이 불가능하므로 앞의 ى 가 탈락한다. (ي 는 인칭대명사에서 온 것이므로 생략할 수 없다.) 그러면 تَقْوَ + ين 이 남는데, ي 의 원활한 발음을 위해 ي 에 수쿤이 붙음. 그래서 تَقْوَيْن 가 된다.

→ 접속법 3인칭 남성 단수에서 يَقْوَى 의 마지막 자음 ى 위에 파트하가 있는 것으로 간주된다.(فَتْحَة مُقَدَّرَة) 3인칭 여성단수와 2인칭 남성단수, 1인칭 단수와 복수에서도 같은 원리이다.

→ 단축법 3인칭 단수에서 마지막 자음인 ى(알리프 막수라) 위에는 수쿤이 와야하는데, 이 경우 장모음으로 사용된 약자음 위에 수쿤이 오는 결과가 되므로(ى + ـْ) 이 ى (알리프 막수라)를 탈락시켜 يَقْوَ 가 된다. 3인칭 여성단수와 2인칭 남성단수, 1인칭 단수와 복수에서도 같은 원리이다.

b. شَوَى/يَشْوِي 동사 변화의 예

			완료형 الْفِعْلُ الْمَاضِي	미완료형 الْفِعْلُ الْمُضَارِعُ			명령형 (فِعْلُ الْأَمْرِ)
				직설법 (مَرْفُوعٌ)	접속법 (مَنْصُوبٌ)	단축법 (مَجْزُومٌ)	
3인칭	남성단수	هُوَ	شَوَى	يَشْوِي	يَشْوِيَ	يَشْوِ	
	여성단수	هِيَ	شَوَتْ	تَشْوِي	تَشْوِيَ	تَشْوِ	
	남성쌍수	هُمَا	شَوَيَا	يَشْوِيَانِ	يَشْوِيَا	يَشْوِيَا	
	여성쌍수	هُمَا	شَوَتَا	تَشْوِيَانِ	تَشْوِيَا	تَشْوِيَا	
	남성복수	هُمْ	شَوَوْا	يَشْوُونَ	يَشْوُوا	يَشْوُوا	
	여성복수	هُنَّ	شَوَيْنَ	يَشْوِينَ	يَشْوِينَ	يَشْوِينَ	
2인칭	남성단수	أَنْتَ	شَوَيْتَ	تَشْوِي	تَشْوِيَ*	تَشْوِ	اِشْوِ
	여성단수	أَنْتِ	شَوَيْتِ	تَشْوِينَ*	تَشْوِي*	تَشْوِي	اِشْوِي
	남녀쌍수	أَنْتُمَا	شَوَيْتُمَا	تَشْوِيَانِ	تَشْوِيَا	تَشْوِيَا	اِشْوِيَا
	남성복수	أَنْتُمْ	شَوَيْتُمْ	تَشْوُونَ	تَشْوُوا	تَشْوُوا	اِشْوُوا
	여성복수	أَنْتُنَّ	شَوَيْتُنَّ	تَشْوِينَ*	تَشْوِينَ	تَشْوِينَ	اِشْوِينَ
1인칭	남녀단수	أَنَا	شَوَيْتُ	أَشْوِي	أَشْوِيَ	أَشْوِ	
	남녀쌍수·복수	نَحْنُ	شَوَيْنَا	نَشْوِي	نَشْوِيَ	نَشْوِ	

→ 위의 동사는 말약동사 بَنَى/يَبْنِي 와 음운 변화의 원칙이 동일하다.

→ 완료형 3인칭 여성 단수의 경우 شَوَى + تْ 의 배열이 되는데, 이 경우 장모음으로 사용된 약자음 알리프(ى 알리프 막수라) 뒤의 자음에 수쿤이 오지 못하므로 (ـَ + ى + ـْ 의 경우) ى 가 탈락한다. (شَوَى + تْ → شَوَتْ)

→ 완료형 3인칭 여성 쌍수의 경우 3인칭 여성 단수와 어근 자음의 배열이 동일하다. 즉 شَوَ 부분의 배열이 동일하며 그 뒤에 여성형 표지 불변사 ت (تَاءُ التَّأْنِيثِ)와 인칭대명사 ا 이 와서 شَوَ + تَا → شَوَتَا 가 된다.

→ 완료형 3인칭 남성 복수의 경우 شَوَى + وا 배열이 되는데 이 경우 약자음인 알리프 막수라(ى)와 و 가 이어서 왔으므로 앞의 ى 를 탈락시킨다. 그러고 나면 شَوَوا 가 되는데 이 경우 و 위에 파트하가 와서 그 뒤의 وا 발음이 어려워지므로 و 위에 수쿤을 붙여 준다. 그래서 شَوَوْا 가 된다.

→ 미완료형 직설법 3인칭 남성복수의 경우 يَشْوِي + ون 의 배열이 되는데, 약자음 두 개(ي 와 و)가 연이어 오는 것이 불가능하므로 앞의 ي 를 탈락시킨다. 그 이후 و + ون 의 조합에서 카스라 발음이 힘들므로 카스라를 담마로 바꾸어 준다. 그래서 يَشْوُونَ 가 됨. 미완료형 2인칭 남성 복수의 경우도 같은 원리이다.

→ 미완료 직설법 3인칭 여성복수의 경우 يَشْوِينَ 의 배열이 되는데, 여기에서 장모음으로 사용된 약자음 위에 수쿤이 오는 것이 불가능하므로 (ي + ـْ) 수쿤이 없어져서 يَشْوِينَ 가 된다. 미완료 직설법 2인칭 여성 복수의 경우도 같은 원리이다.

763

→ 미완료형 직설법 2인칭 여성단수의 경우 تَشْوِي + ين 의 배열이 되는데 약자음 두 개(ي 와 ي)가 이어서 오는 것이 불가능하므로 앞의 ي 가 탈락한다. 그래서 تَشْوِين 가 된다.

→ 단축법 3인칭 남성단수의 경우 يَشْوِي 의 배열이 되어야 하는데, 장모음으로 사용된 약자음 위에 수쿤이 올 수 없으므로(ْي + ـِ) ي 가 탈락하여 يَشْوُ 가 된다. 3인칭 여성단수, 2인칭 남성단수, 1인칭 단수와 복수 모두 이 원리에 적용된다.

문장에서 변화의 예들

이집트 사람들은 현재 자유롭게 살고 있다. (직설법 3인칭 남성 복수)	الْمِصْرِيُّونَ يَحْيَوْنَ فِي حُرِّيَّةٍ الآنَ.
당신은 당신이 좋아하는대로 살았는가? (완료형 2인칭 남성 단수)	هَلْ حَيِيتَ كَمَا تُحِبُّ؟
우리는 정의롭고 공평하게 살길 원한다. (접속법 1인칭 남녀 복수)	نُرِيدُ أَنْ نَحْيَا فِي عَدْلٍ وَمُسَاوَاةٍ.
이집트 사람들은 그들의 혁명이 성공한 이후에 강해 졌다. (완료형 3인칭 남성 복수)	الْمِصْرِيُّونَ قَوُوا بَعْدَ نَجَاحِ ثَوْرَتِهِمْ.
우리는 음식을 오랫동안 그릴에 굽지 않았다. (단축법 1인칭 남녀 복수)	لَمْ نَشْوِ طَعَامًا مُنْذُ وَقْتٍ طَوِيلٍ.
우리 할아버지들은 우리의 문명에 대해 이야기 한다. (직설법 3인칭 남성 복수)	أَجْدَادُنَا يَرْوُونَ حَضَارَتَنَا.

5) 함자 약동사 변화

어근의 하나가 함자로 되어 있고 나머지 두 어근 중 하나가 약자음 و 혹은 ي 로 구성된 동사이다.

(1) 제 1 자음 혹은 제 2 자음이 함자인 경우

아래 두 동사의 경우 제 1 자음 혹은 제 2 자음에 함자가 오고 끝자음이 약자음 ي 인 경우이다.

| 오다(to come)
(어근 ي - ت - ا) | أَتَى / يَأْتِي | 보다(to see)
(어근 ي - ا - ر) | رَأَى / يَرَى هـ |

a أَتَى / يَأْتِي 동사의 변화

말약동사(الْفِعْلُ النَّاقِصُ) 가운데 끝자음이 ي 인 동사(예 : بَنَى / يَبْنِي)와 같은 원리로 변화한다.

			완료형 الْفِعْلُ الْمَاضِي	미완료형 الْفِعْلُ الْمُضَارِعُ				명령형 (فِعْلُ الْأَمْرِ)
				직설법(مَرْفُوعٌ)	접속법(مَنْصُوبٌ)	단축법(مَجْزُومٌ)	
3인칭	남성단수	هُوَ	أَتَى	يَأْتِي	يَأْتِيَ	يَأْتِ	
	여성단수	هِيَ	أَتَتْ	تَأْتِي	تَأْتِيَ	تَأْتِ	
	남성쌍수	هُمَا	أَتَيَا	يَأْتِيَانِ	يَأْتِيَا	يَأْتِيَا	
	여성쌍수	هُمَا	أَتَتَا	تَأْتِيَانِ	تَأْتِيَا	تَأْتِيَا	
	남성복수	هُمْ	أَتَوْا	يَأْتُونَ	يَأْتُوا	يَأْتُوا	
	여성복수	هُنَّ	أَتَيْنَ	يَأْتِينَ	يَأْتِينَ	يَأْتِينَ	
2인칭	남성단수	أَنْتَ	أَتَيْتَ	تَأْتِي	تَأْتِيَ*	تَأْتِ	اِئْتِ
	여성단수	أَنْتِ	أَتَيْتِ	تَأْتِينَ*	تَأْتِي*	تَأْتِي	اِئْتِي
	남녀쌍수	أَنْتُمَا	أَتَيْتُمَا	تَأْتِيَانِ	تَأْتِيَا	تَأْتِيَا	اِئْتِيَا
	남성복수	أَنْتُمْ	أَتَيْتُمْ	تَأْتُونَ	تَأْتُوا	تَأْتُوا	اِئْتُوا
	여성복수	أَنْتُنَّ	أَتَيْتُنَّ	تَأْتِينَ*	تَأْتِينَ	تَأْتِينَ	اِئْتِينَ
1인칭	남녀단수	أَنَا	أَتَيْتُ	آتِي	آتِيَ	آتِ	
	남녀쌍수·복수	نَحْنُ	أَتَيْنَا	نَأْتِي	نَأْتِيَ	نَأْتِ	

→ 변화의 특징들이 بَنَى / يَبْنِي 동사와 동일하다. 단지 미완료형 1인칭 남녀 단수에 أ + ا ← آتِي 로 알리프 표기가 달라지는 것이 다른 점이다.

b. رَأَى/يَرَى 동사의 변화

완료형은 بَنَى/يَبْنِي 의 완료형과 동일하게 변화하고, 미완료형은 نَسِيَ/يَنْسَى 의 미완료형과 동일하게 변화한다.

			완료형 الْفِعْلُ الْمَاضِي	미완료형 الْفِعْلُ الْمُضَارِعُ			명령형 (فِعْلُ الْأَمْرِ)
				직설법 (مَرْفُوعٌ)	접속법 (مَنْصُوبٌ)	단축법 (مَجْزُومٌ)	
3인칭	남성단수	هُوَ	رَأَى	يَرَى	يَرَى	يَرَ	
	여성단수	هِيَ	رَأَتْ	تَرَى	تَرَى	تَرَ	
	남성쌍수	هُمَا	رَأَيَا	يَرَيَانِ	يَرَيَا	يَرَيَا	
	여성쌍수	هُمَا	رَأَتَا	تَرَيَانِ	تَرَيَا	تَرَيَا	
	남성복수	هُمْ	رَأَوْا	يَرَوْنَ	يَرَوْا	يَرَوْا	
	여성복수	هُنَّ	رَأَيْنَ	يَرَيْنَ	يَرَيْنَ	يَرَيْنَ	
2인칭	남성단수	أَنْتَ	رَأَيْتَ	تَرَى	تَرَى	تَرَ	رَ
	여성단수	أَنْتِ	رَأَيْتِ	تَرَيْنَ*	تَرَيْ	تَرَيْ	رَيْ
	남녀쌍수	أَنْتُمَا	رَأَيْتُمَا	تَرَيَانِ	تَرَيَا	تَرَيَا	رَيَا
	남성복수	أَنْتُمْ	رَأَيْتُمْ	تَرَوْنَ	تَرَوْا	تَرَوْا	رَوْا
	여성복수	أَنْتُنَّ	رَأَيْتُنَّ	تَرَيْنَ*	تَرَيْنَ	تَرَيْنَ	رَيْنَ
1인칭	남녀단수	أَنَا	رَأَيْتُ	أَرَى	أَرَى	أَرَ	
	남녀쌍수복수	نَحْنُ	رَأَيْنَا	نَرَى	نَرَى	نَرَ	

→ 완료형 3인칭 여성 단수에서 رَأَى + تْ 의 배열이 되는데, 여기서 장모음으로 사용된 약자음(여기서는 알리프 막수라) 뒤에 수쿤이 온 경우가 된다. (ْ + ى + َ) 따라서 알리프 막수라가 탈락하여 رَأَتْ 가 된다.

→ 완료형 3인칭 여성 쌍수의 경우 3인칭 여성 단수와 어근 자음의 배열이 동일하다. 즉 رَأ 부분의 배열이 동일하며 그 뒤에 여성형 표지 불변사 ت(تَاءُ التَّأْنِيثِ)와 인칭대명사 ا이 와서 رَأ + تَ + ا → رَأَتَا 가 된다.

→ 완료형 3인칭 남성복수의 경우 رَأَى + وا 배열이 되는데 여기에 ى (알리프 막수라) 와 و 가 둘 다 약자음이다. 따라서 앞의 ى 를 탈락시킨다. 그러고 나면 رَأَوا 가 되는데 이 때 و 위에 파트하가 와서 그 뒤의 وا 발음을 쉽게 할 수 없으므로 و 위에 수쿤을 붙여 준다. 그래서 رَأَوْا 가 된다.

→ 미완료형 직설법 3인칭 남성 쌍수의 경우 يَرَى + انِ 의 배열이 되는데, 여기에서 ى 가 어근에서 온 ي 로 바뀌어서 يَرَيَانِ 가 된다.

→ 미완료형 직설법 3인칭 남성 복수의 경우 يَرَى + ون 배열이 되는데 여기에 ى 와 و 가 둘 다 약자음이다. 따라서 앞의 ى 를 탈락시키고 나면 يَرَوْن 가 된다. و + رَ 발음을 쉽게 하기 위해서 و 위에 수쿤을 붙여준다. 그래서 يَرَوْنَ 가 된다. 미완료형 2인칭 남성 복수의 경우도 같은 원리이다.

→ 미완료형 직설법 3인칭 여성복수의 경우 يَرَى + ن 의 배열이 되는데 ى (알리프 막수라) 위에 수쿤이 오는 것이 불가능하기에 어근에서 온 ي 로 바꾸어 준다. 그래서 يَرَيْنَ 가 된다. 2인칭 여성 복수도 같은 원리이다.

→ 미완료형 직설법 2인칭 여성단수의 경우 تَرَى + ين 의 배열이 되는데 약자음 ى (알리프 막수라)와 ي 가 이어서 오는 것이 불가능하므로 앞의 ى 가 탈락한다. 그러면 تَرَيْن 가 되는데 ي + رَ 의 발음이 가능하게 하기 위해 ي 위에 수쿤을 붙여 تَرَيْنَ 로 만들어 준다.

→ 단축법 3인칭 단수에서 마지막 자음인 ى (알리프 막수라) 위에는 수쿤이 와야하는데, 이 경우 장모음으로 사용된 약자음 위에 수쿤이 오는 결과가 되므로 이 ى (알리프 막수라)를 탈락시킨다. 3인칭 여성단수와 2인칭 남성단수, 1인칭 단수와 복수에서도 같은 원리이다.

→ 명령형은 동사의 2인칭 단축법 형태에서 미완료 표지 불변사(حَرْفُ الْمُضَارِعِ)를 제거하고 대신에 ا (هَمْزَةُ الْوَصْلِ)를 첨가하는 것이 원칙이다. 또한 3 자음 동사의 경우 ا 뒤에 표기되는 어근의 첫 자음 위에는 항상 수쿤이 온다. 그런데 이 동사의 단축법 형태를 보면 ا 뒤에 표기되는 어근의 첫 자음 위에 와야할 수쿤이 없다. (.. تَرَيْ , تَرَ) 때문에 ا (هَمْزَةُ الْوَصْلِ)을 첨가하지 못한채 미완료 표지 불변사(حَرْفُ الْمُضَارِعِ)만을 제거해 주어 رَ , رَيْ , رَيَا ... 와 같은 명령형 동사가 된다. 이러한 형태의 명령형은 형태로는 존재하지만 실제로는 거의 사용되지 않는다. 대신에 '보다'는 동사의 의미로 명령형을 사용해야 할 경우 نَظَرَ / يَنْظُرُ إِلَى 동사의 명령형인 اُنْظُرْ 를 많이 사용한다.

문장에서 변화의 예들

너희들은 평소처럼 늦게 왔다. (완료형 2인칭 남성 복수)	أَتَيْتُمْ مُتَأَخِّرِينَ كَالْعَادَةِ.
그 여자 교사는 그녀의 약속 시간에 오지 않았다. (단축법 3인칭 여성 단수)	الْمُدَرِّسَةُ لَمْ تَأْتِ فِي مَوْعِدِهَا.
당신에게 오기 위해 나는 택시를 탔다. (접속법 1인칭 남녀 단수)	لِكَيْ آتِيَ إِلَيْكَ رَكِبْتُ التَّاكْسِي.
나를 불러라 그러면 내가 너에게 가도록. (접속법 1인칭 남녀 단수) (이유접속사 فَ 문장)	اُدْعُنِي فَآتِيَ إِلَيْكَ.
오늘 그들 둘은 그들 둘의 여자 친구를 보지 못할 것이다. (접속법 3인칭 남성 쌍수)	لَنْ يَرَيَا صَدِيقَتَهُمَا الْيَوْمَ.
우리는 당신을 어제 교실에서 보지 못했다. (단축법 1인칭 남녀 복수)	لَمْ نَرَكَ فِي الْفَصْلِ أَمْسِ.
나는 이틀동안 나의 친구를 보지 못했다. (단축법 1인칭 남녀 단수)	لَمْ أَرَ صَدِيقِي مُنْذُ يَوْمَيْنِ.

(2) 끝자음이 함자이고 중간자음에 약자음이 올 경우

전체적인 변화는 간약동사(الْفِعْلُ الْأَجْوَفُ)의 변화와 동일하지만 마지막 자음에 오는 함자의 처리에 유의해야 한다.

오다(to come) (어근 ج-ي-ا)	جَاءَ/ يَجِيءُ	원하다, 바라다 (어근 ش-ي-ا)	شَاءَ/ يَشَاءُ
나쁘다, 악화되다 (어근 س-و-ا)	سَاءَ/ يَسُوءُ		

a. جَاءَ/ يَجِيءُ 동사의 변화

			완료형 الْفِعْلُ الْمَاضِي	미완료형 الْفِعْلُ الْمُضَارِعُ				명령형 (فِعْلُ الْأَمْرِ)
				직설법 (مَرْفُوعٌ)	접속법 (مَنْصُوبٌ)	단축법 (مَجْزُومٌ)		
3인칭	남성단수	هُوَ	جَاءَ	يَجِيءُ	يَجِيءَ	يَجِئْ	
	여성단수	هِيَ	جَاءَتْ	تَجِيءُ	تَجِيءَ	تَجِئْ	
	남성쌍수	هُمَا	جَاءَا	يَجِيئَانِ	يَجِيئَا	يَجِيئَا	
	여성쌍수	هُمَا	جَاءَتَا	تَجِيئَانِ	تَجِيئَا	تَجِيئَا	
	남성복수	هُمْ	جَاؤُوا (جَاءُوا)	يَجِيئُونَ	يَجِيئُوا	يَجِيئُوا	
	여성복수	هُنَّ	جِئْنَ	يَجِئْنَ	يَجِئْنَ	يَجِئْنَ	
2인칭	남성단수	أَنْتَ	جِئْتَ	تَجِيءُ	تَجِيءَ	تَجِئْ	جِئْ
	여성단수	أَنْتِ	جِئْتِ	تَجِيئِينَ	تَجِيئِي	تَجِيئِي	جِيئِي
	남녀쌍수	أَنْتُمَا	جِئْتُمَا	تَجِيئَانِ	تَجِيئَا	تَجِيئَا	جِيئَا
	남성복수	أَنْتُمْ	جِئْتُمْ	تَجِيئُونَ	تَجِيئُوا	تَجِيئُوا	جِيئُوا
	여성복수	أَنْتُنَّ	جِئْتُنَّ	تَجِئْنَ	تَجِئْنَ	تَجِئْنَ	جِئْنَ
1인칭	남녀단수	أَنَا	جِئْتُ	أَجِيءُ	أَجِيءَ	أَجِئْ	
	남녀쌍수·복수	نَحْنُ	جِئْنَا	نَجِيءُ	نَجِيءَ	نَجِئْ	

→ 위의 완료형 3인칭 여성 복수의 경우 جَائِنْ 가 되어야 하나 장모음으로 사용된 약자음 바로 뒤 자음에 수쿤이 올 수 없으므로 (ْ + ا + ْ 의 경우) ا이 탈락한다. 그리고 첫자음인 ج 에 붙는 대용모음이 카스라(i)로 변화한다. 대용모음이 카스라가 되는 이유는 جَاءَ 동사의 어근 중간 자음이 ي 이기 때문이다. 그리고 ج 의 대용모음이 카스라가 되므로 그 뒤의 함자는 단어 중간에 오는 함자의 받침 결정 원리에 따라 نَ (هَمْزَةٌ عَلَى) 의 형태를 취하였다. 3인칭 여성 복수부터 1인칭 남녀 단수 까지 모두 같은 원리이다.

→위의 미완료 3인칭 남성 쌍수의 함자가 ئ(هَمْزَةٌ عَلَى يَاءٍ)가 되는데, 이는 단어 중간에 오는 함자의 받침 결정 원리에 따른 것이다. (파트하 모음을 가진 함자 앞에 ي 장모음이 올 경우, 이 책 '함자에 대해'를 참고하라.)
→위의 미완료 3인칭 여성 복수에서 يَجِيْنَ 가 되어야 하나 장모음으로 사용된 약자음 바로 뒤에 수쿤이 오는 것이 불가능하므로 (ْ + يْ + ِ 의 경우) ي 가 탈락하여 يَجِنَ 가 되었다. 2인칭 여성 복수도 마찬가지 원리이다.
→단축법 3인칭 남성 단수와 여성 단수, 2인칭 남성 단수, 1인칭 단수와 복수에서는 함자가 ئ (هَمْزَةٌ عَلَى يَاءٍ), 형태를 취한다. 함자가 ئ 형태를 취하는 이유는 장모음으로 사용된 약자음 바로 뒤에 수쿤이 오는 것이 불가능하므로 (ْ + يْ + ِ 의 경우) 장모음 ي 가 탈락하였다. (يَجِيْء → يَجِئْ)

b. شَاءَ/ يَشَاءُ 동사의 변화

| | | | 완료형 الْفِعْلُ الْمَاضِي | 미완료형 الْفِعْلُ الْمُضَارِعُ | | | 명령형 (فِعْلُ الْأَمْرِ) |
				직설법 (مَرْفُوعٌ)	접속법 (مَنْصُوبٌ)	단축법 (مَجْزُومٌ)	
3인칭	남성단수	هُوَ	شَاءَ	يَشَاءُ	يَشَاءَ	يَشَأْ	
	여성단수	هِيَ	شَاءَتْ	تَشَاءُ	تَشَاءَ	تَشَأْ	
	남성쌍수	هُمَا	شَاءَا	يَشَاءَانِ	يَشَاءَا	يَشَاءَا	
	여성쌍수	هُمَا	شَاءَتَا	تَشَاءَانِ	تَشَاءَا	تَشَاءَا	
	남성복수	هُمْ	شَاؤُوا / شَاءُوا	يَشَاؤُونَ / يَشَاءُونَ	يَشَاؤُوا / يَشَاءُوا	يَشَاؤُوا / يَشَاءُوا	
	여성복수	هُنَّ	شِئْنَ	يَشَأْنَ	يَشَأْنَ	يَشَأْنَ	
2인칭	남성단수	أَنْتَ	شِئْتَ	تَشَاءُ	تَشَاءَ	تَشَأْ	شَأْ
	여성단수	أَنْتِ	شِئْتِ	تَشَائِينَ	تَشَائِي	تَشَائِي	شَائِي
	남녀쌍수	أَنْتُمَا	شِئْتُمَا	تَشَاءَانِ	تَشَاءَا	تَشَاءَا	شَاءَا
	남성복수	أَنْتُمْ	شِئْتُمْ	تَشَاؤُونَ / تَشَاءُونَ	تَشَاؤُوا / تَشَاءُوا	تَشَاؤُوا / تَشَاءُوا	شَاؤُوا / شَاءُوا
	여성복수	أَنْتُنَّ	شِئْتُنَّ	تَشَأْنَ	تَشَأْنَ	تَشَأْنَ	شَأْنَ
1인칭	남녀단수	أَنَا	شِئْتُ	أَشَاءُ	أَشَاءَ	أَشَأْ	
	남녀쌍수복수	نَحْنُ	شِئْنَا	نَشَاءُ	نَشَاءَ	نَشَأْ	

→위의 완료형 3인칭 남성 복수에서 شَاؤُوا 는 함자의 받침 결정 원리에 따른 표기이다. 원칙적으로 이 표기가 맞지만 شَاءُوا 로 표기하는 사람도 있다. 위의 미완료형 3인칭 남성 복수와 미완료형 2인칭 남성 복수의 경우도 같은 원리이다.

c. سَاءَ/يَسُوءُ 동사의 변화

			완료형 الْفِعْلُ الْمَاضِي	미완료형 الْفِعْلُ الْمُضَارِعُ			
				직설법 (مَرْفُوعٌ)	접속법 (مَنْصُوبٌ)	단축법 (مَجْزُومٌ)	명령형 (فِعْلُ الْأَمْرِ)
3인칭	남성 단수	هُوَ	سَاءَ	يَسُوءُ	يَسُوءَ	يَسُوءْ	
	여성 단수	هِيَ	سَاءَتْ	تَسُوءُ	تَسُوءَ	تَسُوءْ	
	남성 쌍수	هُمَا	سَاءَا	يَسُوءَانِ / يَسُوآنِ	يَسُوءَا / يَسُوآ	يَسُوءَا / يَسُوآ	
	여성 쌍수	هُمَا	سَاءَتَا	تَسُوءَانِ / تَسُوآنِ	تَسُوءَا / تَسُوآ	تَسُوءَا / تَسُوآ	
	남성 복수	هُمْ	سَاؤُوا / سَاءُوا	يَسُوؤُونَ / يَسُوءُونَ	يَسُوؤُوا / يَسُوءُوا	يَسُوؤُوا / يَسُوءُوا	
	여성 복수	هُنَّ	سُؤْنَ	يَسُؤْنَ	يَسُؤْنَ	يَسُؤْنَ	
2인칭	남성 단수	أَنْتَ	سُؤْتَ	تَسُوءُ	تَسُوءَ	تَسُوءْ	سُؤْ
	여성 단수	أَنْتِ	سُؤْتِ	تَسُوئِينَ	تَسُوئِي	تَسُوئِي	سُوئِي
	남녀 쌍수	أَنْتُمَا	سُؤْتُمَا	تَسُوءَانِ / تَسُوآنِ	تَسُوءَا / تَسُوآ	تَسُوءَا / تَسُوآ	سُوءَا / سُوآ
	남성 복수	أَنْتُمْ	سُؤْتُمْ	تَسُوؤُونَ / تَسُوءُونَ	تَسُوؤُوا / تَسُوءُوا	تَسُوؤُوا / تَسُوءُوا	سُوؤُوا / سُوءُوا
	여성 복수	أَنْتُنَّ	سُؤْتُنَّ	تَسُؤْنَ	تَسُؤْنَ	تَسُؤْنَ	سُؤْنَ
1인칭	남녀 단수	أَنَا	سُؤْتُ	أَسُوءُ	أَسُوءَ	أَسُوءْ	
	남녀 쌍수·복수	نَحْنُ	سُؤْنَا	نَسُوءُ	نَسُوءَ	نَسُوءْ	

→ 위의 완료형 3인칭 남성 복수에서 سَاؤُوا 는 함자의 받침 결정 원리에 따른 표기이다. 원칙적으로 이 표기가 맞지만 سَاءُوا 로 표기하는 사람도 있다. 위의 미완료형 3인칭 남성 복수와 미완료형 2인칭 남성 복수의 경우도 같은 원리이다.

→ 위의 완료형 3인칭 여성 복수 의 경우 سَاءْنَ 가 되어야 하나 장모음으로 사용된 약자음 바로 뒤 자음에 수쿤이 올 수 없으므로(ـَ + ا + ـْ 의 경우) ا 이 탈락한다. 그리고 첫자음인 س 에 붙는 대용모음이 담마(u)로 변화한다. 대용모음이 담마가 되는 이유는 سَاءَ 동사의 어근 중간 자음이 و 이기 때문이다. 그리고 س 의 대용모음이 담마가 되므로 그 뒤의 함자는 단어 중간에 오는 함자의 받침 결정 원리에 따라 و (هَمْزَةٌ عَلَى وَاوٍ)의 형태를 취하였다. 3인칭 여성 복수부터 1인칭 남녀 단수 까지 모두 같은 원리이다.

→위의 미완료형 3인칭 남성 쌍수에 يَسُوآنِ 이 왔는데, 이는 يَسُوءَانِ에서 함자 뒤에 ا 이 왔기에 'ا + اَ'의 결과가 되므로 함자가 겹친 알리프(أَلِف الْمَدّ)로 바뀐 것이다. 미완료형 3인칭 여성 쌍수와 미완료형 2인칭 남녀 쌍수도 같은 원리이다.

→단축법 3인칭 남성 단수와 여성 단수, 2인칭 남성 단수, 1인칭 단수와 복수에서는 함자가 و (هَمْزَةٌ عَلَى وَاو) 형태를 취한다. 함자가 و 형태를 취하는 이유는 장모음으로 사용된 약자음 바로 뒤에 수쿤이 오는(ـُ + و + ـْ 의 경우) 것이 불가능하므로 장모음 و 가 탈락하고, 그리고 단어 끝에 오는 함자의 받침 결정 원리에 따라 자음이 온다. (يَسُوُْ → يَسُؤْ)

문장에서 변화의 예들

왜 당신들은 어제 오지않았습니까? (단축법 2인칭 남성 복수)	لِمَاذَا لَمْ تَجِيئُوا أَمْسِ؟
당신이 요청한 대로 우리는 왔다. (완료형 1인칭 남녀 복수)	جِئْنَا كَمَا طَلَبْتَ.
신이 원하는 것이 이루어졌고, 원하지 않은 것은 이루어지지 않았다.	مَا شَاءَ اللهُ كَانَ، وَمَا لَمْ يَشَأْ لَمْ يَكُنْ.
당신들이 원하는대로 행하시오. (직설법 2인칭 남성 복수)	اِفْعَلُوا كَمَا تَشَاؤُونَ.
그는 그의 나라를 떠나려 하지 않을 것이다. (접속법 3인칭 남성 단수)	لَنْ يَشَاءَ أَنْ يَتْرُكَ بَلَدَهُ.
경제적인 상황이 매일 더 나빠진다. (직설법 3인칭 여성 단수)	تَسُوءُ الْحَالَةُ الاقْتِصَادِيَّةُ أَكْثَرَ كُلَّ يَوْمٍ.
날씨가 내일 나빠지지 않을 것이다. (접속법 3인칭 남성 단수)	لَنْ يَسُوءَ الْجَوُّ غَدًا.
이집트의 정치 상황이 나쁘지 않았다. (단축법 3인칭 여성 단수)	لَمْ تَسُؤِ الْحَالَةُ السِّيَاسِيَّةُ فِي مِصْرَ.

4. 첨가동사(الأَفْعَالُ الْمَزِيدَةُ)의 약동사 변화

첨가동사(الأَفْعَالُ الْمَزِيدَةُ) 가운데 중복자음이나 약자음이 포함된 단어가 있다. 그러한 첨가동사의 약동사 변화도 3자음 동사의 약동사 변화와 그 원리가 동일하다. 여기서는 끝자음에 중복자음이 오는 첨가동사와, 중간자음에 약자음이 오는 첨가동사, 그리고 끝자음에 약자음이 오는 첨가동사로 나누어서 공부한다.

1) 끝자음에 중복자음이 오는 첨가동사의 변화

(Ⅳ형) 사랑하다, 좋아하다	أَحَبَّ / يُحِبُّ ـ هـ أَوْ ـ	(Ⅶ형) 점령하다	احْتَلَّ / يَحْتَلُّ ـ هـ
(Ⅶ형) 가담하다, 가입하다	انْضَمَّ / يَنْضَمُّ إِلَى ـ هـ أَوْ ـ	(Ⅸ형) 붉게 되다	احْمَرَّ / يَحْمَرُّ
(Ⅹ형) 계속되다	اسْتَمَرَّ / يَسْتَمِرُّ	(Ⅹ형) 준비되다	اسْتَعَدَّ / يَسْتَعِدُّ

			완료형 الْفِعْلُ الْمَاضِي	미완완료형 الْفِعْلُ الْمُضَارِعُ			명령형 فِعْلُ الْأَمْرِ
				직설법 (مَرْفُوعٌ)	접속법 (مَنْصُوبٌ)	단축법 (مَجْزُومٌ)	
3인칭	남성단수	هُوَ	أَحَبَّ	يُحِبُّ	يُحِبَّ	يُحْبِبْ، يُحِبَّ	
	여성단수	هِيَ	أَحَبَّتْ	تُحِبُّ	تُحِبَّ	تُحْبِبْ، تُحِبَّ	
	남성쌍수	هُمَا	أَحَبَّا	يُحِبَّانِ	يُحِبَّا	يُحِبَّا	
	여성쌍수	هُمَا	أَحَبَّتَا	تُحِبَّانِ	تُحِبَّا	تُحِبَّا	
	남성복수	هُمْ	أَحَبُّوا	يُحِبُّونَ	يُحِبُّوا	يُحِبُّوا	
	여성복수	هُنَّ	أَحْبَبْنَ	يُحْبِبْنَ	يُحْبِبْنَ	يُحْبِبْنَ	
2인칭	남성단수	أَنْتَ	أَحْبَبْتَ	تُحِبُّ	تُحِبَّ	تُحْبِبْ، تُحِبَّ	أَحْبِبْ، أَحِبَّ
	여성단수	أَنْتِ	أَحْبَبْتِ	تُحِبِّينَ	تُحِبِّي	تُحِبِّي	أَحِبِّي
	남녀쌍수	أَنْتُمَا	أَحْبَبْتُمَا	تُحِبَّانِ	تُحِبَّا	تُحِبَّا	أَحِبَّا
	남성복수	أَنْتُمْ	أَحْبَبْتُمْ	تُحِبُّونَ	تُحِبُّوا	تُحِبُّوا	أَحِبُّوا
	여성복수	أَنْتُنَّ	أَحْبَبْتُنَّ	تُحْبِبْنَ	تُحْبِبْنَ	تُحْبِبْنَ	أَحْبِبْنَ
1인칭	남녀단수	أَنَا	أَحْبَبْتُ	أُحِبُّ	أُحِبَّ	أُحْبِبْ، أُحِبَّ	
	남녀쌍수·복수	نَحْنُ	أَحْبَبْنَا	نُحِبُّ	نُحِبَّ	نُحْبِبْ، نُحِبَّ	

제31과 약동사 변화

			완료형 الْفِعْلُ الْمَاضِي	미완료형 الْفِعْلُ الْمُضَارِعُ			명령형 (فِعْلُ الأَمْرِ)
				직설법 (مَرْفُوعٌ)	접속법 (مَنْصُوبٌ)	단축법 (مَجْزُومٌ)	
3인칭	남성 단수	هُوَ	انْضَمَّ	يَنْضَمُّ	يَنْضَمَّ	يَنْضَمَّ، يَنْضَمِمْ	
	여성 단수	هِيَ	انْضَمَّتْ	تَنْضَمُّ	تَنْضَمَّ	تَنْضَمَّ، تَنْضَمِمْ	
	남성 쌍수	هُمَا	انْضَمَّا	يَنْضَمَّانِ	يَنْضَمَّا	يَنْضَمَّا	
	여성 쌍수	هُمَا	انْضَمَّتَا	تَنْضَمَّانِ	تَنْضَمَّا	تَنْضَمَّا	
	남성 복수	هُمْ	انْضَمُّوا	يَنْضَمُّونَ	يَنْضَمُّوا	يَنْضَمُّوا	
	여성 복수	هُنَّ	انْضَمَمْنَ	يَنْضَمِمْنَ	يَنْضَمِمْنَ	يَنْضَمِمْنَ	
2인칭	남성 단수	أَنْتَ	انْضَمَمْتَ	تَنْضَمُّ	تَنْضَمَّ	تَنْضَمَّ، تَنْضَمِمْ	اِنْضَمِمْ، اِنْضَمَّ
	여성 단수	أَنْتِ	انْضَمَمْتِ	تَنْضَمِّينَ	تَنْضَمِّي	تَنْضَمِّي	اِنْضَمِّي
	남녀 쌍수	أَنْتُمَا	انْضَمَمْتُمَا	تَنْضَمَّانِ	تَنْضَمَّا	تَنْضَمَّا	اِنْضَمَّا
	남성 복수	أَنْتُمْ	انْضَمَمْتُمْ	تَنْضَمُّونَ	تَنْضَمُّوا	تَنْضَمُّوا	اِنْضَمُّوا
	여성 복수	أَنْتُنَّ	انْضَمَمْتُنَّ	تَنْضَمِمْنَ	تَنْضَمِمْنَ	تَنْضَمِمْنَ	اِنْضَمِمْنَ
1인칭	남녀 단수	أَنَا	انْضَمَمْتُ	أَنْضَمُّ	أَنْضَمَّ	أَنْضَمَّ، أَنْضَمِمْ	
	남녀 쌍수·복수	نَحْنُ	انْضَمَمْنَا	نَنْضَمُّ	نَنْضَمَّ	نَنْضَمَّ، نَنْضَمِمْ	

문장에서 변화의 예들

그 시험들은 2주 동안 진행될 것이다. (직설법 3인칭 여성 단수)	الاِمْتِحَانَاتُ سَوْفَ تَسْتَمِرُّ أُسْبُوعَيْنِ.
그는 축구를 좋아하지 않았다. (단축법 3인칭 남성 단수)	لَمْ يُحِبَّ (أَوْ يُحْبِبْ) كُرَّةَ الْقَدَمِ.
그녀들은 혁명가들에게 가담하지 않았다. (단축법 3인칭 여성 복수)	لَمْ يَنْضَمَّ (أَوْ يَنْضَمِمْ) إِلَى الثُّوَّارِ.
그녀의 얼굴은 부끄러움으로 빨개지지 않을 것이다. (접속법 3인칭 남성 단수)	لَنْ يَحْمَرَّ وَجْهُهَا مِنَ الْخَجَلِ.

2) 중간자음에 약자음이 오는 첨가동사의 변화

첨가동사의 중간자음에 ا 이나 و 혹은 ي 가 와서 자음의 변화를 일으키는 경우이다. 먼저는 중간자음에 و 가 사용되는 경우를 살피고, 그 다음에 ي 가 사용되는 경우, 그리고 그 다음에 ا 가 사용되는 경우를 살피도록 하자.

(1) 중간자음에 و 가 사용되는 경우

..을 정지시키다, 중단시키다 ; 제지하다, 막다	أَوْقَفَ/ يُوقِفُ هـ	..를 ..에 데리고 가다 ; 인용하다, 언급하다	أَوْرَدَ/ يُورِدُ هـ أَوْ هـ
..을 떨어지게 하다	أَوْقَعَ/ يُوقِعُ هـ	..에게 ..을 의무지우다	أَوْجَبَ/ يُوجِبُ هـ

			완료형 الْفِعْلُ الْمَاضِي	미완료형 الْفِعْلُ الْمُضَارِعُ			명령형 (فِعْلُ الْأَمْرِ)
				직설법 (مَرْفُوعٌ)	접속법 (مَنْصُوبٌ)	단축법 (مَجْزُومٌ)	
3인칭	남성단수	هُوَ	أَوْقَفَ	يُوقِفُ	يُوقِفَ	يُوقِفْ	
	여성단수	هِيَ	أَوْقَفَتْ	تُوقِفُ	تُوقِفَ	تُوقِفْ	
	남성쌍수	هُمَا	أَوْقَفَا	يُوقِفَانِ	يُوقِفَا	يُوقِفَا	
	여성쌍수	هُمَا	أَوْقَفَتَا	تُوقِفَانِ	تُوقِفَا	تُوقِفَا	
	남성복수	هُمْ	أَوْقَفُوا	يُوقِفُونَ	يُوقِفُوا	يُوقِفُوا	
	여성복수	هُنَّ	أَوْقَفْنَ	يُوقِفْنَ	يُوقِفْنَ	يُوقِفْنَ	
2인칭	남성단수	أَنْتَ	أَوْقَفْتَ	تُوقِفُ	تُوقِفَ	تُوقِفْ	أَوْقِفْ
	여성단수	أَنْتِ	أَوْقَفْتِ	تُوقِفِينَ	تُوقِفِي	تُوقِفِي	أَوْقِفِي
	남녀쌍수	أَنْتُمَا	أَوْقَفْتُمَا	تُوقِفَانِ	تُوقِفَا	تُوقِفَا	أَوْقِفَا
	남성복수	أَنْتُمْ	أَوْقَفْتُمْ	تُوقِفُونَ	تُوقِفُوا	تُوقِفُوا	أَوْقِفُوا
	여성복수	أَنْتُنَّ	أَوْقَفْتُنَّ	تُوقِفْنَ	تُوقِفْنَ	تُوقِفْنَ	أَوْقِفْنَ
1인칭	남녀단수	أَنَا	أَوْقَفْتُ	أُوقِفُ	أُوقِفَ	أُوقِفْ	
	남녀쌍수·복수	نَحْنُ	أَوْقَفْنَا	نُوقِفُ	نُوقِفَ	نُوقِفْ	

→ 위의 أَوْقَفَ 는 أَفْعَلَ 패턴이므로 그 미완료형은 원래 يُؤْوقِفُ 로 표기 되어야 한다. 그러나 여기서 يُو 가 장모임이 되기 위해서 수쿤을 표기하지 않는다. (혹은 장모음 يُو 의 و 위에 원래 수쿤이 있지만 표기되지 않는다고 보아도 된다.)

문장에서 변화의 예들

그 도전들이 내가 성공하는 것을 멈추지 못했다.	لَمْ تُوقِفْنِي التَّحَدِّيَاتُ عَنِ النَّجَاحِ.
당신(f.)은 본문에 구어체 표현들을 인용하지 마세요.	لَا تُورِدِي عِبَارَاتٍ عَامِّيَّةً فِي النَّصِّ.
나는 내 손에서 그 컵을 떨어뜨리지 않을 것이다.	لَنْ أُوقِعَ الْكَأْسَ مِنْ يَدِي.
그 판사는 그 혐의자에게 보석금을 부과시켰다.	أَوْجَبَ الْقَاضِي الْمُتَّهَمَ بِدَفْعِ كَفَالَةٍ.

(2) 중간자음에 ي 가 사용되는 경우

..를 잠에서 깨우다	أَيْقَظَ/ يُوقِظُ ه	..을 확실하게 알다, 확신하다	أَيْقَنَ/ يُوقِنُ ـــ

			완료형 الْفِعْلُ الْمَاضِي	미완료형 الْفِعْلُ الْمُضَارِعُ			명령형 (فِعْلُ الْأَمْرِ)
				직설법 (مَرْفُوع)	접속법 (مَنْصُوب)	단축법 (مَجْزُوم)	
3인칭	남성단수	هُوَ	أَيْقَظَ	يُوقِظُ	يُوقِظَ	يُوقِظْ	
	여성단수	هِيَ	أَيْقَظَتْ	تُوقِظُ	تُوقِظَ	تُوقِظْ	
	남성쌍수	هُمَا	أَيْقَظَا	يُوقِظَانِ	يُوقِظَا	يُوقِظَا	
	여성쌍수	هُمَا	أَيْقَظَتَا	تُوقِظَانِ	تُوقِظَا	تُوقِظَا	
	남성복수	هُمْ	أَيْقَظُوا	يُوقِظُونَ	يُوقِظُوا	يُوقِظُوا	
	여성복수	هُنَّ	أَيْقَظْنَ	يُوقِظْنَ	يُوقِظْنَ	يُوقِظْنَ	
2인칭	남성단수	أَنْتَ	أَيْقَظْتَ	تُوقِظُ	تُوقِظَ	تُوقِظْ	أَيْقِظْ
	여성단수	أَنْتِ	أَيْقَظْتِ	تُوقِظِينَ	تُوقِظِي	تُوقِظِي	أَيْقِظِي
	남녀쌍수	أَنْتُمَا	أَيْقَظْتُمَا	تُوقِظَانِ	تُوقِظَا	تُوقِظَا	أَيْقِظَا
	남성복수	أَنْتُمْ	أَيْقَظْتُمْ	تُوقِظُونَ	تُوقِظُوا	تُوقِظُوا	أَيْقِظُوا
	여성복수	أَنْتُنَّ	أَيْقَظْتُنَّ	تُوقِظْنَ	تُوقِظْنَ	تُوقِظْنَ	أَيْقِظْنَ
1인칭	남녀단수	أَنَا	أَيْقَظْتُ	أُوقِظُ	أُوقِظَ	أُوقِظْ	
	남녀쌍수복수	نَحْنُ	أَيْقَظْنَا	نُوقِظُ	نُوقِظَ	نُوقِظْ	

→ 위의 أَيْقَظَ 는 أَفْعَلَ 패턴이므로 그 미완료형은 원래 يُيْقِظُ 가 되어야 한다. 그러나 'يْي'의 발음상의 어려움으로 인해 يُوقِظُ 로 변화되었다.

문장에서 변화의 예들

소음이 나를 깨우지 못했다.	لَمْ يُوقِظْنِي الضَّجِيجُ.
과학자들은 과학적 진실들을 확신한다.	يُوقِنُ الْعُلَمَاءُ حَقَائِقَ عِلْمِيَّةً.

(3) 중간자음에 ا 이 사용되는 경우

중간자음에 ا 이 사용되는 첨가동사는 نَامَ/يَنَامُ 형태로 변화하는 첨가동사가 있고, بَاعَ/يَبِيعُ 형태로 변화하는 첨가동사가 있다.

a. نَامَ/يَنَامُ 와 같은 형태로 변화하는 첨가동사

نَامَ/يَنَامُ 동사와 같이 변화하는 첨가동사의 예들이다. Ⅶ과 Ⅷ 형 동사에서 이러한 예들을 볼 수 있다.

(Ⅷ형)..을 선택하다	اِخْتَارَ/ يَخْتَارُ هــ	(Ⅷ형)..을 필요로 하다	اِحْتَاجَ/ يَحْتَاجُ إِلَى هــ
(Ⅷ형) 망설이다	اِحْتَارَ/ يَحْتَارُ	(Ⅷ형) ..를 암살하다	اِغْتَالَ/ يَغْتَالُ ه
(Ⅶ형) 이끌어지다	اِنْقَادَ/ يَنْقَادُ	(Ⅷ형)..을 건너다 ; ..을 통과하다	اِجْتَازَ/ يَجْتَازُ هــ

			완료형 الْفِعْلُ الْمَاضِي	미완료형 الْفِعْلُ الْمُضَارِعُ			명령형 (فِعْلُ الأَمْرِ)
				직설법 (مَرْفُوع)	접속법 (مَنْصُوب)	단축법 (مَجْزُوم)	
3인칭	남성단수	هُوَ	اِخْتَارَ	يَخْتَارُ	يَخْتَارَ	يَخْتَرْ	
	여성단수	هِيَ	اِخْتَارَتْ	تَخْتَارُ	تَخْتَارَ	تَخْتَرْ	
	남성쌍수	هُمَا	اِخْتَارَا	يَخْتَارَانِ	يَخْتَارَا	يَخْتَارَا	
	여성쌍수	هُمَا	اِخْتَارَتَا	تَخْتَارَانِ	تَخْتَارَا	تَخْتَارَا	
	남성복수	هُمْ	اِخْتَارُوا	يَخْتَارُونَ	يَخْتَارُوا	يَخْتَارُوا	
	여성복수	هُنَّ	اِخْتَرْنَ	يَخْتَرْنَ	يَخْتَرْنَ	يَخْتَرْنَ	
2인칭	남성단수	أَنْتَ	اِخْتَرْتَ	تَخْتَارُ	تَخْتَارَ	تَخْتَرْ	اِخْتَرْ
	여성단수	أَنْتِ	اِخْتَرْتِ	تَخْتَارِينَ	تَخْتَارِي	تَخْتَارِي	اِخْتَارِي
	남녀쌍수	أَنْتُمَا	اِخْتَرْتُمَا	تَخْتَارَانِ	تَخْتَارَا	تَخْتَارَا	اِخْتَارَا
	남성복수	أَنْتُمْ	اِخْتَرْتُمْ	تَخْتَارُونَ	تَخْتَارُوا	تَخْتَارُوا	اِخْتَارُوا
	여성복수	أَنْتُنَّ	اِخْتَرْتُنَّ	تَخْتَرْنَ	تَخْتَرْنَ	تَخْتَرْنَ	اِخْتَرْنَ
1인칭	남녀단수	أَنَا	اِخْتَرْتُ	أَخْتَارُ	أَخْتَارَ	أَخْتَرْ	
	남녀쌍수·복수	نَحْنُ	اِخْتَرْنَا	نَخْتَارُ	نَخْتَارَ	نَخْتَرْ	

제31과 약동사 변화

| | | | 완료형 الْفِعْلُ الْمَاضِي | 미완료형 الْفِعْلُ الْمُضَارِعُ ||| 명령형 (فِعْلُ الأَمْرِ) |
				직설법 (مَرْفُوعٌ)	접속법 (مَنْصُوبٌ)	단축법 (مَجْزُومٌ)	
3인칭	남성 단수	هُوَ	انْقَادَ	يَنْقَادُ	يَنْقَادَ	يَنْقَدْ	
	여성 단수	هِيَ	انْقَادَتْ	تَنْقَادُ	تَنْقَادَ	تَنْقَدْ	
	남성 쌍수	هُمَا	انْقَادَا	يَنْقَادَانِ	يَنْقَادَا	يَنْقَادَا	
	여성 쌍수	هُمَا	انْقَادَتَا	تَنْقَادَانِ	تَنْقَادَا	تَنْقَادَا	
	남성 복수	هُمْ	انْقَادُوا	يَنْقَادُونَ	يَنْقَادُوا	يَنْقَادُوا	
	여성 복수	هُنَّ	انْقَدْنَ	يَنْقَدْنَ	يَنْقَدْنَ	يَنْقَدْنَ	
2인칭	남성 단수	أَنْتَ	انْقَدْتَ	تَنْقَادُ	تَنْقَادَ	تَنْقَدْ	اِنْقَدْ
	여성 단수	أَنْتِ	انْقَدْتِ	تَنْقَادِينَ	تَنْقَادِي	تَنْقَادِي	اِنْقَادِي
	남녀 쌍수	أَنْتُمَا	انْقَدْتُمَا	تَنْقَادَانِ	تَنْقَادَا	تَنْقَادَا	اِنْقَادَا
	남성 복수	أَنْتُمْ	انْقَدْتُمْ	تَنْقَادُونَ	تَنْقَادُوا	تَنْقَادُوا	اِنْقَادُوا
	여성 복수	أَنْتُنَّ	انْقَدْتُنَّ	تَنْقَدْنَ	تَنْقَدْنَ	تَنْقَدْنَ	اِنْقَدْنَ
1인칭	남녀 단수	أَنَا	انْقَدْتُ	أَنْقَادُ	أَنْقَادَ	أَنْقَدْ	
	남녀 쌍수·복수	نَحْنُ	انْقَدْنَا	نَنْقَادُ	نَنْقَادَ	نَنْقَدْ	

문장에서 변화의 예들

나는 아직 나의 공부 과목들을 선택하지 않았다. (단축법 1인칭 남녀 단수)	لَمْ أَخْتَرْ مَوَادَّ دِرَاسَتِي حَتَّى الآنَ.
그 테러리스트들은 그 혁명가들을 암살했다. (완료형 3인칭 남성 복수)	الْإِرْهَابِيُّونَ اغْتَالُوا الثُّوَّارَ.
우리는 여행할 도시를 선택하는데 망설였다. (완료형 1인칭 남녀 복수)	احْتَرْنَا فِي اخْتِيَارِ مَدِينَةٍ لِلرِّحْلَةِ.
당신들(f.)은 도움이 필요합니까? (직설법 2인칭 여성 복수)	هَلْ أَنْتُنَّ تَحْتَجْنَ إِلَى مُسَاعَدَةٍ؟
양떼들은 그들의 목자의 목소리에 의해 인도된다. (직설법 3인칭 남성 단수)	يَنْقَادُ قَطِيعُ الْأَغْنَامِ بِصَوْتِ رَاعِيهِمْ.

b. بَاعَ/يَبِيعُ 와 같은 형태로 변화하는 첨가동사

بَاعَ/يَبِيعُ 형태로 변화하는 첨가동사의 예는 아래와 같다. IV형과 X형에서 이러한 예들을 볼 수 있다.

(IV형) 대답하다	أَجَابَ/ يُجِيبُ ه عَلَى	(X형) 이익·유익을 얻다	اسْتَفَادَ/ يَسْتَفِيدُ (مِن)
(IV형) (불행이)..에게 생기다 ; 부상을 입히다 ; 명중하다	أَصَابَ/ يُصِيبُ ه بـ	(X형) (부름에) 대답하다, 호응하다, 반응하다	اسْتَجَابَ/ يَسْتَجِيبُ لـ
(IV형) 되돌리다 ; 다시하다	أَعَادَ/ يُعِيدُ ه إِلَى	(X형) ..에게 ..에 대해 조언·상담을 구하다	اسْتَشَارَ/ يَسْتَشِيرُ ه فِي
(IV형) 일어서게하다 ; 건립·건설·설립하다	أَقَامَ/ يُقِيمُ ه	(X형) ..을 도로찾다, 회복하다	اسْتَعَادَ/ يَسْتَعِيدُ هـ
(IV형) ..을 원하다	أَرَادَ/ يُرِيدُ هـ	(X형) 쉬다, 휴식하다	اسْتَرَاحَ/ يَسْتَرِيحُ

			완료형 الْفِعْلُ الْمَاضِي	미완완료형 الْفِعْلُ الْمُضَارِعُ			
				직설법 (مَرْفُوعٌ)	접속법 (مَنْصُوبٌ)	단축법 (مَجْزُومٌ)	명령형 (فِعْلُ الْأَمْرِ)
3인칭	남성단수	هُوَ	أَجَابَ	يُجِيبُ	يُجِيبَ	يُجِبْ	
	여성단수	هِيَ	أَجَابَتْ	تُجِيبُ	تُجِيبَ	تُجِبْ	
	남성쌍수	هُمَا	أَجَابَا	يُجِيبَانِ	يُجِيبَا	يُجِيبَا	
	여성쌍수	هُمَا	أَجَابَتَا	تُجِيبَانِ	تُجِيبَا	تُجِيبَا	
	남성복수	هُمْ	أَجَابُوا	يُجِيبُونَ	يُجِيبُوا	يُجِيبُوا	
	여성복수	هُنَّ	أَجَبْنَ	يُجِبْنَ	يُجِبْنَ	يُجِبْنَ	
2인칭	남성단수	أَنْتَ	أَجَبْتَ	تُجِيبُ	تُجِيبَ	تُجِبْ	أَجِبْ
	여성단수	أَنْتِ	أَجَبْتِ	تُجِيبِينَ	تُجِيبِي	تُجِيبِي	أَجِيبِي
	남녀쌍수	أَنْتُمَا	أَجَبْتُمَا	تُجِيبَانِ	تُجِيبَا	تُجِيبَا	أَجِيبَا
	남성복수	أَنْتُمْ	أَجَبْتُمْ	تُجِيبُونَ	تُجِيبُوا	تُجِيبُوا	أَجِيبُوا
	여성복수	أَنْتُنَّ	أَجَبْتُنَّ	تُجِبْنَ	تُجِبْنَ	تُجِبْنَ	أَجِبْنَ
1인칭	남녀단수	أَنَا	أَجَبْتُ	أُجِيبُ	أُجِيبَ	أُجِبْ	
	남녀쌍수·복수	نَحْنُ	أَجَبْنَا	نُجِيبُ	نُجِيبَ	نُجِبْ	

→ 위에서 أَجَابَ 의 완료형 2인칭과 1인칭은 بَاعَ/يَبِيعُ 동사와는 달리 각각 أَجَبْتَ 와 أَجَبْتُ 로 변화한다. (بَاعَ 동사는 بِعْتَ 와 بِعْتُ 로 변화한다.)

제31과 약동사 변화

			완료형 الْفِعْلُ الْمَاضِي	الْفِعْلُ الْمُضَارِعُ 미완료형			명령형 (فِعْلُ الأَمْرِ)
				직설법 (مَرْفُوعٌ)	접속법 (مَنْصُوبٌ)	단축법 (مَجْزُومٌ)	
3인칭	남성단수	هُوَ	اِسْتَفَادَ	يَسْتَفِيدُ	يَسْتَفِيدَ	يَسْتَفِدْ	
	여성단수	هِيَ	اِسْتَفَادَتْ	تَسْتَفِيدُ	تَسْتَفِيدَ	تَسْتَفِدْ	
	남성쌍수	هُمَا	اِسْتَفَادَا	يَسْتَفِيدَانِ	يَسْتَفِيدَا	يَسْتَفِيدَا	
	여성쌍수	هُمَا	اِسْتَفَادَتَا	تَسْتَفِيدَانِ	تَسْتَفِيدَا	تَسْتَفِيدَا	
	남성복수	هُمْ	اِسْتَفَادُوا	يَسْتَفِيدُونَ	يَسْتَفِيدُوا	يَسْتَفِيدُوا	
	여성복수	هُنَّ	اِسْتَفَدْنَ	يَسْتَفِدْنَ	يَسْتَفِدْنَ	يَسْتَفِدْنَ	
2인칭	남성단수	أَنْتَ	اِسْتَفَدْتَ	تَسْتَفِيدُ	تَسْتَفِيدَ	تَسْتَفِدْ	اِسْتَفِدْ
	여성단수	أَنْتِ	اِسْتَفَدْتِ	تَسْتَفِيدِينَ	تَسْتَفِيدِي	تَسْتَفِيدِي	اِسْتَفِيدِي
	남녀쌍수	أَنْتُمَا	اِسْتَفَدْتُمَا	تَسْتَفِيدَانِ	تَسْتَفِيدَا	تَسْتَفِيدَا	اِسْتَفِيدَا
	남성복수	أَنْتُمْ	اِسْتَفَدْتُمْ	تَسْتَفِيدُونَ	تَسْتَفِيدُوا	تَسْتَفِيدُوا	اِسْتَفِيدُوا
	여성복수	أَنْتُنَّ	اِسْتَفَدْتُنَّ	تَسْتَفِدْنَ	تَسْتَفِدْنَ	تَسْتَفِدْنَ	اِسْتَفِدْنَ
1인칭	남녀단수	أَنَا	اِسْتَفَدْتُ	أَسْتَفِيدُ	أَسْتَفِيدَ	أَسْتَفِدْ	
	남녀쌍수·복수	نَحْنُ	اِسْتَفَدْنَا	نَسْتَفِيدُ	نَسْتَفِيدَ	نَسْتَفِدْ	

문장에서 변화의 예들

그녀들은 모든 질문들에 답을 할 것이다. (직설법 3인칭 여성 복수)	هُنَّ سَوْفَ يُجِبْنَ عَلَى كُلِّ الأَسْئِلَةِ.
그 총탄은 그 군인에게 부상을 입히지 않았다. (단축법 3인칭 여성 단수)	لَمْ تُصِبِ الرَّصَاصَةُ الْجُنْدِيَّ.
너희 두 사람은 반드시 너희 둘의 신생님의 충고에 호응해야 한다. (접속법 2인칭 남녀 쌍수)	يَجِبُ أَنْ تَسْتَجِيبَا لِنَصِيحَةِ مُدَرِّسِكُمَا.
우리는 아랍어 공부로부터 유익을 얻었다. (완료형 1인칭 남녀 복수)	اِسْتَفَدْنَا مِنْ دِرَاسَةِ اللُّغَةِ الْعَرَبِيَّةِ.
나는 나의 아버지에게 나의 문제에 대해 조언을 구했다. (완료형 1인칭 남녀 단수)	اِسْتَشَرْتُ أَبِي فِي مُشْكِلَتِي.
혁명 이후 우리들은 우리의 자유를 도로찾았다. (완료형 1인칭 남녀 복수)	اِسْتَعَدْنَا حُرِّيَّتَنَا بَعْدَ الثَّوْرَةِ.

3) 끝자음에 약자음이 오는 첨가동사 의 변화

끝자음이 بَنَى/يَبْنِي 동사와 같은 변화를 하는 첨가동사와, 끝자음이 완료형은 بَنَى/يَبْنِي 와 같이 미완료형은 نَسِيَ/يَنْسَى 와 같이 변화하는 첨가동사 두 종류가 있다.

(1) 끝자음이 بَنَى/يَبْنِي 동사와 같은 변화를 하는 경우

끝자음이 بَنَى/يَبْنِي 와 같은 변화를 하는 첨가동사는 Ⅳ형과 Ⅶ형, Ⅷ형, Ⅹ형에 나타난다.

(Ⅳ형) 실행하다, 수행하다	أَجْرَى/يُجْرِي هـ	(Ⅷ형) 구입하다, 사다	اشْتَرَى/يَشْتَرِي هـ
(Ⅳ형) 취소하다	أَلْغَى/يُلْغِي هـ	(Ⅷ형) ...와 만나다, 서로 만나다	الْتَقَى/يَلْتَقِي بـ
(Ⅳ형) 생명을 주다	أَحْيَا/يُحْيِي ه أَوْ هـ	(Ⅹ형) 호출,소환하다 ; 소집하다(예:예비군)	اسْتَدْعَى/يَسْتَدْعِي ه
(Ⅶ형) 구부러지다, 몸을 굽히다	انْحَنَى/يَنْحَنِي	(Ⅹ형) (의사에게)치료를 요구하다, 치료를 받다	اسْتَشْفَى/يَسْتَشْفِي ه

			완료형 الْفِعْلُ الْمَاضِي	미완료형 الْفِعْلُ الْمُضَارِعُ			명령형 (فِعْلُ الأَمْرِ)
				직설법 (مَرْفُوعٌ)	접속법 (مَنْصُوبٌ)	단축법 (مَجْزُومٌ)	
3인칭	남성단수	هُوَ	أَجْرَى	يُجْرِي	يُجْرِيَ	يُجْرِ	
	여성단수	هِيَ	أَجْرَتْ	تُجْرِي	تُجْرِيَ	تُجْرِ	
	남성쌍수	هُمَا	أَجْرَيَا	يُجْرِيَانِ	يُجْرِيَا	يُجْرِيَا	
	여성쌍수	هُمَا	أَجْرَتَا	تُجْرِيَانِ	تُجْرِيَا	تُجْرِيَا	
	남성복수	هُمْ	أَجْرَوْا	يُجْرُونَ	يُجْرُوا	يُجْرُوا	
	여성복수	هُنَّ	أَجْرَيْنَ	يُجْرِينَ	يُجْرِينَ	يُجْرِينَ	
2인칭	남성단수	أَنْتَ	أَجْرَيْتَ	تُجْرِي	تُجْرِيَ*	تُجْرِ	أَجْرِ
	여성단수	أَنْتِ	أَجْرَيْتِ	تُجْرِينَ*	تُجْرِي*	تُجْرِي	أَجْرِي
	남녀쌍수	أَنْتُمَا	أَجْرَيْتُمَا	تُجْرِيَانِ	تُجْرِيَا	تُجْرِيَا	أَجْرِيَا
	남성복수	أَنْتُمْ	أَجْرَيْتُمْ	تُجْرُونَ	تُجْرُوا	تُجْرُوا	أَجْرُوا
	여성복수	أَنْتُنَّ	أَجْرَيْتُنَّ	تُجْرِينَ*	تُجْرِينَ	تُجْرِينَ	أَجْرِينَ
1인칭	남녀단수	أَنَا	أَجْرَيْتُ	أُجْرِي	أُجْرِيَ	أُجْرِ	
	남녀쌍수·복수	نَحْنُ	أَجْرَيْنَا	نُجْرِي	نُجْرِيَ	نُجْرِ	

→ 이 형태의 Ⅶ형 Ⅷ형 Ⅹ형의 예들이 이 책 부록에 나와있다.

문장에서 변화의 예들

그 두 여자 대통령은 중요한 대화를 실시했다. (완료형 3인칭 여성 쌍수)	الرَّئِيسَتَانِ أَجْرَتَا مُبَاحَثَاتٍ مُهِمَّةً.
당신들은(f.) 어제 무엇을 구입했습니까? (완료형 2인칭 여성 복수)	مَاذَا اشْتَرَيْتُنَّ أَمْسِ؟
우리는 그 모임(혹은 인터뷰) 약속을 취소하지 않았다.(단축법 1인칭 남녀 복수)	لَمْ نُلْغِ مَوْعِدَ الْمُقَابَلَةِ.
그 여자 교장은 몇몇 학생들을 불렀다.(소환했다.) (완료형 3인칭 여성 단수)	اسْتَدْعَتِ الْمُدِيرَةُ بَعْضَ الطُّلَّابِ.

(2) 끝자음이 완료형은 بَنَى/يَبْنِي 와 같이 미완료형은 نَسِيَ/يَنْسَى 와 같이 변화하는 경우

이 형태의 완료형은 بَنَى/يَبْنِي 동사처럼 변화하고 미완료형은 نَسِيَ/يَنْسَى 동사와 같이 변화한다. 이와같은 첨가동사는 V형, VI형 가운데에서 나타난다.

(V 형) 자라나다, 교양받다, 육성되다	تَرَبَّى/يَتَرَبَّى	(VI 형) 잊은 체하다	تَتَاسَى/يَتَتَاسَى
(V 형) 산책하다	تَمَشَّى/يَتَمَشَّى	(VI 형) 똑똑한 체하다	تَذَاكَى/يَتَذَاكَى
(V 형) ..로 부터 그만두다, 물러서다, 하야하다	تَنَحَّى/يَتَنَحَّى (عَنْ)	(VI 형) 바보인체하다, 무지한척하다	تَغَابَى/يَتَغَابَى

			완료형 الْفِعْلُ الْمَاضِي	미완료형 الْفِعْلُ الْمُضَارِعُ			
				직설법 (مَرْفُوعٌ)	접속법 (مَنْصُوبٌ)	단축법 (مَجْزُومٌ)	명령형 (فِعْلُ الْأَمْرِ)
3인칭	남성 단수	هُوَ	تَرَبَّى	يَتَرَبَّى	يَتَرَبَّى	يَتَرَبَّ	
	여성 단수	هِيَ	تَرَبَّتْ	تَتَرَبَّى	تَتَرَبَّى	تَتَرَبَّ	
	남성 쌍수	هُمَا	تَرَبَّيَا	يَتَرَبَّيَانِ	يَتَرَبَّيَا	يَتَرَبَّيَا	
	여성 쌍수	هُمَا	تَرَبَّتَا	تَتَرَبَّيَانِ	تَتَرَبَّيَا	تَتَرَبَّيَا	
	남성 복수	هُمْ	تَرَبَّوْا	يَتَرَبَّوْنَ	يَتَرَبَّوْا	يَتَرَبَّوْا	
	여성 복수	هُنَّ	تَرَبَّيْنَ	يَتَرَبَّيْنَ	يَتَرَبَّيْنَ	يَتَرَبَّيْنَ	
2인칭	남성 단수	أَنْتَ	تَرَبَّيْتَ	تَتَرَبَّى	تَتَرَبَّى	تَتَرَبَّ	تَرَبَّ
	여성 단수	أَنْتِ	تَرَبَّيْتِ	تَتَرَبَّيْنَ*	تَتَرَبَّيْ	تَتَرَبَّيْ	تَرَبَّيْ
	남녀 쌍수	أَنْتُمَا	تَرَبَّيْتُمَا	تَتَرَبَّيَانِ	تَتَرَبَّيَا	تَتَرَبَّيَا	تَرَبَّيَا
	남성 복수	أَنْتُمْ	تَرَبَّيْتُمْ	تَتَرَبَّوْنَ	تَتَرَبَّوْا	تَتَرَبَّوْا	تَرَبَّوْا
	여성 복수	أَنْتُنَّ	تَرَبَّيْتُنَّ	تَتَرَبَّيْنَ*	تَتَرَبَّيْنَ	تَتَرَبَّيْنَ	تَرَبَّيْنَ
1인칭	남녀 단수	أَنَا	تَرَبَّيْتُ	أَتَرَبَّى	أَتَرَبَّى	أَتَرَبَّ	
	남녀 쌍수·복수	نَحْنُ	تَرَبَّيْنَا	نَتَرَبَّى	نَتَرَبَّى	نَتَرَبَّ	

→ 위의 완료형 3인칭 남성 복수의 경우 تَرَبَّوْا로 표기되었는데, 여기에서 و에 수쿤이 붙은 것은 이전 자음인 ب 위에 파트하가 왔고 그 뒤에 ا가 와서 و의 발음이 어려워졌기 때문이다. 앞에서 배웠던 بَنَوْا나 دَعَوْا 등과 같은 원리이다. 위의 미완료형 3인칭 남성 복수와 2인칭 남성 복수도 같은 원리로 변화한다.

→ 미완료형 직설법 2인칭 여성단수의 경우 تَتَرَبَّى + يِن 의 배열이 되는데 약자음 두 개 (ى 와 ي)가 오는 것이 불가능하므로 앞에 ى 가 탈락한다. (ي 는 인칭대명사에서 온 것이므로 생략할 수 없다.) 그러면 تَرَبَّ + يِن 이 남는데, ب와 ن의 원활한 발음을 위해 ي에 수쿤이 붙음. 그래서 تَتَرَبَّيْنَ 가 된다.

→ * 표시가 붙은 미완료형 직설법 2인칭 여성단수와 2인칭 여성복수의 형태는 동일하다. 그러나 2인칭 여성 단수의 تَتَرَبَّيْنَ 의 ي 는 주격 접미인칭대명사(ضَمِيرُ الرَّفْعِ الْمُتَّصِل)에서 온 ي 이며 ن 은 주격 기호(عَلَامَةُ الرَّفْعِ)이다. 반면에 2인칭 여성 복수의 تَتَرَبَّيْنَ 의 ي 는 동사의 어근에서 온 ي 로 변형된 것이고, ن 은 نُون النِّسْوَة 로서 주격 접미인칭대명사(ضَمِيرُ الرَّفْعِ الْمُتَّصِل)이다.

문장에서 변화의 예들

당신(f.) 친구와 함께 산책하도록 어서 집밖으로 나와라. (접속법 2인칭 여성 단수)	هَيَّا اخْرُجِي مِنَ الْبَيْتِ لِتَتَمَشَّيْ مَعَ صَدِيقَتِكِ.
그들은 좋은 윤리로 자라났다(양육받았다). (완료형 3인칭 남성 복수)	تَرَبَّوْا عَلَى الْأَخْلَاقِ الْجَيِّدَةِ.
너의 숙제들을 잊은 것 처럼 하지마라. (단축법 2인칭 남성 단수)	لَا تَتَنَاسَ وَاجِبَاتِكَ.
대통령은 국가가 안정되도록 하기 위해 그의 직책에서 물러났다. (완료형 3인칭 남성 단수)	تَنَحَّى الرَّئِيسُ عَنْ مَنْصِبِهِ لِتَسْتَقِرَّ الْبِلَادُ.
(그) 무식한 사람은 (그) 배운 사람들 가운데서 아는채 한다.	يَتَذَاكَى الْجَاهِلُ بَيْنَ الْمُتَعَلِّمِينَ.

** 말약자음 바로 앞 자음이 ﹷ로 끝나는 경우의 모음부호 변화

3인칭 남성 복수 هُمْ 의 완료형과 미완료형 변화에 수쿤이 붙는 경우이다.
말약자음 바로 앞 자음이 ﹷ로 끝나는 경우 그 뒤에 수쿤이 사용된다.
그러나 바로 앞 자음이 카스라인 경우 원래대로 변화한다.

سَعَى/ يَسْعَى ← هُمْ سَعَوْا/ يَسْعَوْنَ

تَعَزَّى/ يَتَعَزَّى ← هُمْ تَعَزَّوْا/ يَتَعَزَّوْنَ

نَسِيَ/ يَنْسَى ← هُمْ نَسُوا/ يَنْسَوْنَ

بَقِيَ/ يَبْقَى ← هُمْ بَقُوا/ يَبْقَوْنَ

بَنَى/ يَبْنِي ← هُمْ بَنَوْا/ يَبْنُونَ

اشْتَرَى/ يَشْتَرِي ← هُمْ اشْتَرَوْا/ يَشْتَرُونَ

제 32 과 수동태(الْمَبْنِيُّ لِلْمَجْهُولِ)에 대해 I

1. 수동형 동사(فِعْلٌ مَبْنِيٌّ لِلْمَجْهُولِ)의 형태
2. 수동태 문장 만들기
3. 수동태 동사들의 예문들

제32과 수동태(الْمَبْنِيُّ لِلْمَجْهُول)에 대해 Ⅰ

아랍어에서 능동태를 الْمَبْنِيُّ لِلْمَعْلُوم이라 하고 수동태를 الْمَبْنِيُّ لِلْمَجْهُول 이라 한다. 여기서 مَعْلُوم 은 '알려진(known)'의 의미이고, مَجْهُول 은 '알려지지 않은(unknown)'의 의미이다. 즉 아랍어의 수동태는 동작의 행위자가 누군지 모르거나(unknown) 그 행위자에 대한 언급을 의도적으로 생략할 때 사용하는 용법이다. 수동태 문장은 동작의 행위자가 기술되지 않고 능동태 문장의 목적어가 수동태 문장의 주어로 전환된다. 이때 수동태 문장의 주어를 'نَائِبُ الْفَاعِل'라고 한다.

능동태 문장 (الْمَبْنِيُّ لِلْمَعْلُوم)	수동태 문장 (الْمَبْنِيُّ لِلْمَجْهُول)
فَتَحَ الْمُدَرِّسُ الْبَابَ. c + b + a 그 교사가 그 문을 열었다.	فُتِحَ الْبَابُ. c + a 그 문이 열려졌다.
a – 동사 b – 주어(الْفَاعِل) c – 목적어	a – 수동형 동사 (الْفِعْلُ الْمَبْنِيُّ لِلْمَجْهُول) c – 수동태 문장의 주어 (نَائِبُ الْفَاعِل)

아랍어의 수동태를 배우기 위해서는 먼저 수동형 동사의 형태를 알아야 하고, 그리고 능동태 문장이 어떻게 수동태 문장으로 바뀌는지와 수동태 문장의 구성 형태에 대해서 알아야 한다. 이 책 제Ⅰ권의 '수동태에 대해 Ⅰ'에서는 수동형 동사의 형태와 기본적인 수동태 문장 만드는 법에 대해 다루고, 이 책 제Ⅱ권의 '수동태에 대해 Ⅱ'에서는 수동태 문장의 의미와 용법에 대해 심도있게 공부하도록 한다.

1. 수동형 동사(فِعْل مَبْنِيٌّ لِلْمَجْهُول)의 형태

수동형 동사의 형태는 3 자음 원형동사의 경우와 첨가동사의 경우로 나눌 수 있다. 다음에서 능동형 동사를 수동형 동사로 바꿀 때 자음과 모음의 변화가 어떤지 주목하여 공부하도록 하자.

1) 3 자음 원형동사일 경우

(1) 3 자음 원형동사의 수동형 형태

완료형은 첫 번째 자음에 담마(u 모음)가 붙고, 두 번째 자음에 카스라(i 모음)가 붙는다. 미완료형은 ي 위에 담마(u 모음)가 붙고 어근의 중간 자음에 파트하(a 모음)가 붙는다.

능동형 동사 (فِعْل مَبْنِيٌّ لِلْمَعْلُوم)	수동형 동사 (فِعْل مَبْنِيٌّ لِلْمَجْهُول)
فَعَلَ / يَفْعَلُ	فُعِلَ / يُفْعَلُ (ـُ ـ ـَ ـ / يُـ ـ ـَ ـ)

능동형 동사 (فِعْل مَبْنِيٌّ لِلْمَعْلُوم)		수동형 동사 (فِعْل مَبْنِيٌّ لِلْمَجْهُول)	
..을 열다	فَتَحَ / يَفْتَحُ	..이 열리다	فُتِحَ / يُفْتَحُ
..을 기록하다	كَتَبَ / يَكْتُبُ	..이 기록되다	كُتِبَ / يُكْتَبُ
..을 공부하다	دَرَسَ / يَدْرُسُ	..이 공부되다	دُرِسَ / يُدْرَسُ

كَتَبَ/يَكْتُبُ 의 수동형 인칭 및 격변화

예문

수동태 문장 (الْمَبْنيُّ لِلْمَجْهُول)	능동태 문장 (الْمَبْنيُّ لِلْمَعْلُوم)
كُتِبَتْ أَسْمَاءُ الشُّهَدَاءِ.	كَتَبْتُ أَسْمَاءَ الشُّهَدَاءِ.
그 순교자들의 이름들이 기록되었다.	나는 그 순교자들의 이름을 기록했다.

→ 위의 예에서 능동태 문장의 목적어가 수동태 문장의 주어(نَائِبُ الْفَاعِل)가 되었다. 이 때 수동태 문장의 주어는 주격을 취한다.

→ 위의 수동태 문장에서 동작의 행위자가 기록되지 않았다.

كَتَبَ/يَكْتُبُ 의 완료형과 미완료형 변화

			완료형 الْفِعْلُ الْمَاضِي	미완료형 الْفِعْلُ الْمُضَارِعُ		
				직설법 (مَرْفُوع)	접속법 (مَنْصُوب)	단축법 (مَجْزُوم)
3인칭	남성단수	هُوَ	كُتِبَ	يُكْتَبُ	يُكْتَبَ	يُكْتَبْ
	여성단수	هِيَ	كُتِبَتْ	تُكْتَبُ	تُكْتَبَ	تُكْتَبْ
	남성쌍수	هُمَا	كُتِبَا	يُكْتَبَانِ	يُكْتَبَا	يُكْتَبَا
	여성쌍수	هُمَا	كُتِبَتَا	تُكْتَبَانِ	تُكْتَبَا	تُكْتَبَا
	남성복수	هُمْ	كُتِبُوا	يُكْتَبُونَ	يُكْتَبُوا	يُكْتَبُوا
	여성복수	هُنَّ	كُتِبْنَ	يُكْتَبْنَ	يُكْتَبْنَ	يُكْتَبْنَ
2인칭	남성단수	أَنْتَ	كُتِبْتَ	تُكْتَبُ	تُكْتَبَ	تُكْتَبْ
	여성단수	أَنْتِ	كُتِبْتِ	تُكْتَبِينَ	تُكْتَبِي	تُكْتَبِي
	남녀쌍수	أَنْتُمَا	كُتِبْتُمَا	تُكْتَبَانِ	تُكْتَبَا	تُكْتَبَا
	남성복수	أَنْتُمْ	كُتِبْتُمْ	تُكْتَبُونَ	تُكْتَبُوا	تُكْتَبُوا
	여성복수	أَنْتُنَّ	كُتِبْتُنَّ	تُكْتَبْنَ	تُكْتَبْنَ	تُكْتَبْنَ
1인칭	남녀단수	أَنَا	كُتِبْتُ	أُكْتَبُ	أُكْتَبَ	أُكْتَبْ
	남녀쌍수·복수	نَحْنُ	كُتِبْنَا	نُكْتَبُ	نُكْتَبَ	نُكْتَبْ

(2) 수동형 동사들의 예

이론적으로 모든 아랍어 동사들은 앞의 예에서와 같이 수동형 동사 형태로 바꿀 수 있다. 그러나 모든 수동형 동사가 실제로 사용되는 것은 아니다. 일반적으로 자동사의 경우 수동형 형태로 사용되지 않는 것이 많고, 첨가동사 가운데는 VI형, VII형, IX형에 대한 수동형 동사가 사용되지 않는다. (VI형 가운데 타동사는 수동형 동사가 사용된다. 예: تَنَاوَلَ / يَتَنَاوَلُ)

또한 함자동사나 중복자음 동사, 혹은 약자음 동사의 경우 음운규칙에 따른 변화가 있을 수 있다. 아래는 수동형 동사 가운데 많이 사용되는 단어들을 동사의 구조에 따른 구분(الْفِعْلُ بِالنَّظَرِ إِلَى بِنْيَتِهِ)에 따라 정리한 것이다. 각각의 수동태 단어의 형태를 확인하고 이 단어들이 문장에서 어떻게 사용되는지 익히도록 하자. 각각의 단어들에 따른 예문들은 이 과 뒷부분에 따로 정리하고 있다.
(** 아래 동사들의 예에서 자동사의 경우는 사용되지 않거나 사용이 많지 않다.)

A. 강동사
① 정상동사 (الْفِعْلُ السَّالِمُ)

뜻	능동	뜻	수동
기록하다, 쓰다	كَتَبَ / يَكْتُبُ هـ	기록되다	كُتِبَ / يُكْتَبُ
죽이다, 살인하다	قَتَلَ / يَقْتُلُ هـ	살해되다	قُتِلَ / يُقْتَلُ
알다 (to know)	عَرَفَ / يَعْرِفُ هـ	알려지다	عُرِفَ / يُعْرَفُ
알다 (to know of)	عَلِمَ / يَعْلَمُ هـ	알게되다	عُلِمَ / يُعْلَمُ
이해하다	فَهِمَ / يَفْهَمُ هـ	이해되다	فُهِمَ / يُفْهَمُ
마시다	شَرِبَ / يَشْرَبُ هـ	마셔지다	شُرِبَ / يُشْرَبُ
열다	فَتَحَ / يَفْتَحُ هـ	열리다, 열려지다	فُتِحَ / يُفْتَحُ
..에 가다 (to go)	ذَهَبَ / يَذْهَبُ إِلَى	(장소가) 방문을 받다	ذُهِبَ / يُذْهَبُ إِلَى
내려오다, 내려가다 ; 머물다	نَزَلَ / يَنْزِلُ مِنْ، إِلَى	내려와지다	نُزِلَ / يُنْزَلُ مِنْ، إِلَى
올라가다	صَعِدَ / يَصْعَدُ	올라가지다, 올라타다	صُعِدَ / يُصْعَدُ
..을 타다 (to ride)	رَكِبَ / يَرْكَبُ هـ	태워지다	رُكِبَ / يُرْكَبُ
공부하다	دَرَسَ / يَدْرُسُ هـ	공부되다, 검토되다	دُرِسَ / يُدْرَسُ
앉다	جَلَسَ / يَجْلِسُ عَلَى، إِلَى، في	앉아지다	جُلِسَ / يُجْلَسُ عَلَى، إِلَى، في
듣다	سَمِعَ / يَسْمَعُ هـ	들려지다	سُمِعَ / يُسْمَعُ
다스리다 ; 판결하다	حَكَمَ / يَحْكُمُ هـ أَوْ هـ	판결되다, 선고되다	حُكِمَ / يُحْكَمُ
행하다, ..을 하다	فَعَلَ / يَفْعَلُ هـ	행해지다	فُعِلَ / يُفْعَلُ

제 32 과 수동태에 대해

뜻	능동	수동 뜻	수동
..을 하다, 일하다, 행하다 ; 만들다	عَمِلَ / يَعْمَلُ هـ	행해지다 ; 만들어지다	عُمِلَ / يُعْمَلُ
..을 만들다, 제작.제조하다	صَنَعَ / يَصْنَعُ هـ	만들어지다, 제조되다	صُنِعَ / يُصْنَعُ
(..에) 살다, 거주하다	سَكَنَ / يَسْكُنُ في	거주되다, 입주하다	سُكِنَ / يُسْكَنُ في
..을 언급하다 ; 기억하다, 회상하다	ذَكَرَ / يَذْكُرُ هـ	언급되다 ; 기억되다	ذُكِرَ / يُذْكَرُ
보다, 주시하다, 관찰하다 ; 심의하다, 검사하다	نَظَرَ / يَنْظُرُ إلَى، هـ	보여지다, 주시되다 ; 심의되다, 검사되다	نُظِرَ / يُنْظَرُ إلَى
..을 지키다, 수호.보호하다 ; 외우다, 암기하다	حَفِظَ / يَحْفَظُ هـ	지켜지다 ; 외워지다	حُفِظَ / يُحْفَظُ
..을 열다, 걷다, 벗기다 ; 폭로하다, 공개하다	كَشَفَ / يَكْشِفُ هـ	열려지다, 벗겨지다 ; 공개되다, 드러나다	كُشِفَ / يُكْشَفُ
..을 숨기다, 감추다 ; (불을) 끄다, 방음하다	كَتَمَ / يَكْتُمُ هـ	숨겨지다, 방음되다	كُتِمَ / يُكْتَمُ
..을 발표하다, 공포하다 ; 출판하다 ; 퍼뜨리다	نَشَرَ / يَنْشُرُ هـ	발표되다, 퍼뜨려지다 ; 출판되다	نُشِرَ / يُنْشَرُ
..을 때리다, 치다	ضَرَبَ / يَضْرِبُ هـ	때려지다	ضُرِبَ / يُضْرَبُ
..을 밀다, 밀고나가다 ; 지불하다	دَفَعَ / يَدْفَعُ هـ	밀쳐지다 ; 지불되다	دُفِعَ / يُدْفَعُ
..을 나누다, 분할하다, 분배하다	قَسَمَ / يَقْسِمُ هـ	나누어지다	قُسِمَ / يُقْسَمُ
..을 잃다, 상실하다	فَقَدَ / يَفْقِدُ هـ	잃게되다, 분실되다	فُقِدَ / يُفْقَدُ
..을 가두다, 감금.투옥하다	سَجَنَ / يَسْجُنُ ه	투옥되다	سُجِنَ / يُسْجَنُ
매다, 연결하다 ; (모임 등을) 열다	عَقَدَ / يَعْقِدُ هـ	매여지다 ; (모임 등이) 열리다	عُقِدَ / يُعْقَدُ
..을 금지하다, 막다	مَنَعَ / يَمْنَعُ هـ	금지되다	مُنِعَ / يُمْنَعُ

② 함자동사 (الْفِعْلُ الْمَهْمُوزُ)

a. 함자가 첫 자음에 오는 동사

뜻	능동	수동 뜻	수동
먹다	أَكَلَ / يَأْكُلُ هـ	먹혀지다	أُكِلَ / يُؤْكَلُ
취하다(to take)	أَخَذَ / يَأْخُذُ هـ، (مِنْ)	취해지다, 빼앗기다	أُخِذَ / يُؤْخَذُ مِنْ
명령하다	أَمَرَ / يَأْمُرُ بِـ	명하여지다, 명을 받다	أُمِرَ / يُؤْمَرُ بِـ
유감스럽게 생각하다, 미안해하다, 후회하다	أَسِفَ / يَأْسَفُ عَلَى	후회되다	أُسِفَ / يُؤْسَفُ عَلَى

b. 함자가 중간 자음에 오는 동사

뜻	능동	수동 뜻	수동
묻다, 질문하다	سَأَلَ / يَسْأَلُ ه هـ	질문을 받다	سُئِلَ / يُسْأَلُ
...에 싫증나다	سَئِمَ / يَسْأَمُ هـ، مِنْ	...에 싫증나다	سُئِمَ / يُسْأَمُ مِنْ

c. 함자가 끝자음에 오는 동사

읽다	قَرَأَ/ يَقْرَأُ هـ	읽혀지다	قُرِئَ/ يُقْرَأُ
시작하다	بَدَأَ/ يَبْدَأُ هـ	시작되다	بُدِئَ/ يُبْدَأُ

③ 중복자음 동사 (الْفِعْلُ الْمُضَعَّفُ)

세다 (to count)	عَدَّ/ يَعُدُّ هـ	세어지다 ; 여겨지다, 간주되다	عُدَّ/ يُعَدُّ
당기다, 끌다	شَدَّ/ يَشُدُّ هـ	당겨지다, 끌리다	شُدَّ/ يُشَدَّ
끌다 (to draw, pull)	جَرَّ/ يَجُرُّ هـ	끌려가다	جُرَّ/ يُجَرُّ
늘이다 (to expend)	مَدَّ/ يَمُدُّ (إِلَى)	늘여지다	مُدَّ/ يُمَدُّ (إِلَى)
막다 (to plug up)	سَدَّ/ يَسُدُّ هـ	막히다 ; 지불되다	سُدَّ/ يُسَدُّ
대답하다	رَدَّ/ يَرُدُّ عَلَى	대답되어지다	رُدَّ/ يُرَدُّ عَلَى
나타내다, 보여주다 ; 증명,실증하다	دَلَّ/ يَدُلُّ عَلَى	증명되어지다	دُلَّ/ يُدَلُّ عَلَى

B. 약동사 (الْفِعْلُ الْمُعْتَلُّ)
① 수약동사 (الْفِعْلُ الْمِثَالُ)

발견하다	وَجَدَ/ يَجِدُ هـ	발견되다	وُجِدَ/ يُوجَدُ
약속하다	وَعَدَ/ يَعِدُ هـ، بِ	약속되다	وُعِدَ/ يُوعَدُ (بِـ)
(선물로) 주다	وَهَبَ/ يَهَبُ هـ، بِ	선물되다 선사되다	وُهِبَ/ يُوهَبُ
(아이를) 낳다	وَلَدَتْ/ تَلِدُ	태어나다	وُلِدَ/ يُولَدُ
놓다 (to put)	وَضَعَ/ يَضَعُ هـ	놓여지다	وُضِعَ/ يُوضَعُ
신뢰하다	وَثِقَ/ يَثِقُ بِ	신뢰받다	وُثِقَ/ يُوثَقُ بِـ
..에게서 상속받다, ..을 상속받다	وَرِثَ/ يَرِثُ هـ أَوْ هـ	상속되어지다	وُرِثَ/ يُورَثُ
절망하다	يَئِسَ/ يَيْأَسُ مِنْ	절망되다	يُئِسَ/ يُيْأَسُ مِنْ

② 간약동사 (الْفِعْلُ الْأَجْوَفُ)

말하다	قَالَ/ يَقُولُ هـ (لِـ)	말해지다, 말들이 되다	قِيلَ/ يُقَالُ
방문하다	زَارَ/ يَزُورُ هـ أَوْ هـ	방문되어지다, 방문을 받다	زِيرَ/ يُزَارُ
운전하다	سَاقَ/ يَسُوقُ هـ	이끌려지다	سِيقَ/ يُسَاقُ

제32과 수동태에 대해

배회하다 ; 빙빙 돌다	طَافَ / يَطُوفُ (بِـ)	빙빙 돌아지다	طِيفَ / يُطَافُ (بِـ)
..을 보존.보관.보호하다	صَانَ / يَصُونُ هـ	보존.보관.보호되다	صِينَ / يُصَانُ
..에 대하여 ...를 비난하다	لَامَ / يَلُومُ ﻩ عَلَى	비난을 받다	لِيمَ / يُلَامُ عَلَى
팔다	بَاعَ / يَبِيعُ هـ	팔려지다	بِيعَ / يُبَاعُ
살다	عَاشَ / يَعِيشُ	살아지다	عِيشَ / يُعَاشُ
(말, 비밀 등이) 널리 알려지다, 퍼지다	شَاعَ / يَشِيعُ	알려지다, 퍼지다	شِيعَ / يُشَاعُ
비난하다 ; 결함을 가지고 있다	عَابَ / يَعِيبُ ﻩ أَوْ هـ	비난받다	عِيبَ / يُعَابُ
두려워하다	خَافَ / يَخَافُ مِنْ	놀라지다	خِيفَ / يُخَافُ مِنْ
얻다, 획득하다	نَالَ / يَنَالُ هـ	얻어지다, 획득되다	نِيلَ / يُنَالُ

③ 말약동사 (الْفِعْلُ النَّاقِصُ)

초청하다	دَعَا / يَدْعُو إِلَى	불리어지다, 초대되다	دُعِيَ / يُدْعَى إِلَى
접근하다, 가까이가다	دَنَا / يَدْنُو مِنْ، إِلَى	접근되다, 가까이지다	دُنِيَ / يُدْنَى مِنْ، إِلَى
불평하다	شَكَا / يَشْكُو مِنْ، إِلَى، لِـ	불평되다	شُكِيَ / يُشْكَى مِنْ، إِلَى، لِـ
용서하다	عَفَا / يَعْفُو عَنْ	용서받다	عُفِيَ / يُعْفَى عَنْ

잊다	نَسِيَ / يَنْسَى هـ	잊혀지다	نُسِيَ / يُنْسَى
짓다, 건축하다	بَنَى / يَبْنِي هـ	지어지다, 건설되다	بُنِيَ / يُبْنَى
안내하다	هَدَى / يَهْدِي ﻩ إِلَى	바른 길로 인도되다	هُدِيَ / يُهْدَى إِلَى
던지다	رَمَى / يَرْمِي هـ	던져지다	رُمِيَ / يُرْمَى
지키다, 보호하다	حَمَى / يَحْمِي ﻩ أَوْ هـ	지켜지다, 보호되다	حُمِيَ / يُحْمَى
..에게 ..을 선고.판결하다	قَضَى / يَقْضِي عَلَى ﻩ بِـ	선고되다	قُضِيَ / يُقْضَى عَلَى ﻩ بِـ
불순종하다	عَصَى / يَعْصِي ﻩ	불순종을 당하다	عُصِيَ / يُعْصَى
이야기하다	حَكَى / يَحْكِي هـ لِـ	이야기 되어지다	حُكِيَ / يُحْكَى لِـ
의미하다 ; 걱정하다	عَنَى / يَعْنِي ﻩ أَوْ هـ	의미를 가지다	عُنِيَ / يُعْنَى

2) 첨가동사(Ⅱ-Ⅹ 형식 동사)의 경우
(1) 첨가동사의 수동형 형태

기본적으로 3 자음 원형동사의 수동형 동사와 같은 방식으로 모음부호가 붙는다. 아래는 Ⅱ형식에서 Ⅹ 형식 까지의 수동형 동사의 패턴을 표시한 도표이다. 아래의 형식 가운데 Ⅴ 형식과 Ⅵ 형식 동사들의 수동태는 드물게 사용되고, Ⅶ 형식과 Ⅸ 형식 동사들의 수동태는 사용되지 않는다. (* Ⅵ형의 경우 타동사에만 수동형 동사가 사용된다. 예: تَناوَلَ/ يَتَناوَلُ)

	능동형 동사 (فِعْلٌ مَبْنِيٌّ لِلْمَعْلُومِ)		수동형 동사 (فِعْلٌ مَبْنِيٌّ لِلْمَجْهُولِ)	
Ⅱ형	فَعَّلَ/ يُفَعِّلُ	ـَ ـَّ ـَ / يُ ـَ ـِّ ـُ	ـُ ـِّ ـَ / يُ ـَ ـَّ ـُ	فُعِّلَ/ يُفَعَّلُ
Ⅲ형	فَاعَلَ/ يُفَاعِلُ	ـَ ا ـَ ـَ / يُ ـَ ا ـِ ـُ	ـُ و ـِ ـَ / يُ ـَ ا ـَ ـُ	فُوعِلَ/ يُفَاعَلُ
Ⅳ형	أَفْعَلَ/ يُفْعِلُ	أَ ـْ ـَ ـَ / يُ ـْ ـِ ـُ	أُ ـْ ـِ ـَ / يُ ـْ ـَ ـُ	أُفْعِلَ/ يُفْعَلُ
Ⅴ형	تَفَعَّلَ/ يَتَفَعَّلُ	ـَ ـَ ـَّ ـَ / يَ ـَ ـَ ـَّ ـُ	ـُ ـُ ـِّ ـَ / يُ ـَ ـَ ـَّ ـُ	تُفُعِّلَ/ يُتَفَعَّلُ
* Ⅵ형	تَفَاعَلَ/ يَتَفَاعَلُ	ـَ ـَ ا ـَ ـَ / يَ ـَ ـَ ا ـَ ـُ	ـُ ـُ و ـِ ـَ / يُ ـَ ـَ ا ـَ ـُ	تُفُوعِلَ/ يُتَفَاعَلُ
Ⅷ형	افْتَعَلَ/ يَفْتَعِلُ	ا ـْ ـَ ـَ ـَ / يَ ـْ ـَ ـِ ـُ	أُ ـْ ـُ ـِ ـَ / يُ ـْ ـَ ـَ ـُ	افْتُعِلَ/ يُفْتَعَلُ
Ⅹ형	اسْتَفْعَلَ/ يَسْتَفْعِلُ	ا ـْ ـَ ـْ ـَ ـَ / يَ ـْ ـَ ـْ ـِ ـُ	أُ ـْ ـْ ـُ ـِ ـَ / يُ ـْ ـَ ـْ ـَ ـُ	اسْتُفْعِلَ/ يُسْتَفْعَلُ

دَرَّسَ/ يُدَرِّسُ 의 수동형 형태

			완료형 الْفِعْلُ الْمَاضِي	미완료형 الْفِعْلُ الْمُضَارِعُ		
				직설법 (مَرْفُوعٌ)	접속법 (مَنْصُوبٌ)	단축법 (مَجْزُومٌ)
3인칭	남성 단수	هُوَ	دُرِّسَ	يُدَرَّسُ	يُدَرَّسَ	يُدَرَّسْ
	여성 단수	هِيَ	دُرِّسَتْ	تُدَرَّسُ	تُدَرَّسَ	تُدَرَّسْ
	남성 쌍수	هُمَا	دُرِّسَا	يُدَرَّسَانِ	يُدَرَّسَا	يُدَرَّسَا
	여성 쌍수	هُمَا	دُرِّسَتَا	تُدَرَّسَانِ	تُدَرَّسَا	تُدَرَّسَا
	남성 복수	هُمْ	دُرِّسُوا	يُدَرَّسُونَ	يُدَرَّسُوا	يُدَرَّسُوا
	여성 복수	هُنَّ	دُرِّسْنَ	يُدَرَّسْنَ	يُدَرَّسْنَ	يُدَرَّسْنَ
2인칭	남성 단수	أَنْتَ	دُرِّسْتَ	تُدَرَّسُ	تُدَرَّسَ	تُدَرَّسْ
	여성 단수	أَنْتِ	دُرِّسْتِ	تُدَرَّسِينَ	تُدَرَّسِي	تُدَرَّسِي

	남녀 쌍수	أَنْتُمَا	دُرِّسْتُمَا	تُدَرَّسَانِ	تُدَرَّسَا	تُدَرَّسَا
	남성 복수	أَنْتُمْ	دُرِّسْتُمْ	تُدَرَّسُونَ	تُدَرَّسُوا	تُدَرَّسُوا
	여성 복수	أَنْتُنَّ	دُرِّسْتُنَّ	تُدَرَّسْنَ	تُدَرَّسْنَ	تُدَرَّسْنَ
1인칭	남녀 단수	أَنَا	دُرِّسْتُ	أُدَرَّسُ	أُدَرَّسَ	أُدَرَّسْ
	남녀 쌍수·복수	نَحْنُ	دُرِّسْنَا	نُدَرَّسُ	نُدَرَّسَ	نُدَرَّسْ

(2) 수동형 동사들의 예

첨가동사 VII형과 IX형은 그 수동형 동사가 사용되지 않는다. 그 이유는 이러한 단어들의 의미가 이미 피동적인 의미를 가지고 있기에 이것들을 수동형으로 사용할 필요가 없기 때문이다.

a. II형 수동형 동사 패턴 - فُعِّلَ / يُفَعَّلُ

뜻	능동형	뜻	수동형
설치하다 ; 조립하다 ; 태우다	رَكَّبَ / يُرَكِّبُ هـ	조립되다	رُكِّبَ / يُرَكَّبُ
가르치다(to teach)	دَرَّسَ / يُدَرِّسُ هـ	가르쳐지다	دُرِّسَ / يُدَرَّسُ
가르치다(to teach)	عَلَّمَ / يُعَلِّمُ هـ	가르쳐지다	عُلِّمَ / يُعَلَّمُ
분쇄하다, 산산이 부수다, 박살내다	كَسَّرَ / يُكَسِّرُ هـ	산산히 부서지다	كُسِّرَ / يُكَسَّرُ
잘게 썰다, 잘게 자르다, 조각내다	قَطَّعَ / يُقَطِّعُ هـ	잘게 썰어지다, 잘게 잘라지다	قُطِّعَ / يُقَطَّعُ
이름을 짓다, 이름을 붙이다	سَمَّى / يُسَمِّي هـ	이름이 지어지다	سُمِّيَ / يُسَمَّى
천막을 치다, 야영을 하다	خَيَّمَ / يُخَيِّمُ	천막이 쳐지다, 야영이 되어지다	خُيِّمَ / يُخَيَّمُ
조직하다	نَظَّمَ / يُنَظِّمُ هـ	조직되다	نُظِّمَ / يُنَظَّمُ
..을 제한·한정하다, 규정·지정하다	حَدَّدَ / يُحَدِّدُ هـ	정해지다, 한정되다	حُدِّدَ / يُحَدَّدُ
결정하다	قَرَّرَ / يُقَرِّرُ هـ	결정되다	قُرِّرَ / يُقَرَّرُ
임명하다, 지명하다, 채용하다	عَيَّنَ / يُعَيِّنُ ه	임명·지명·채용되다	عُيِّنَ / يُعَيَّنُ
..을 ..에 적용하다, 실행하다	طَبَّقَ / يُطَبِّقُ هـ عَلَى	적용되다, 실행되다	طُبِّقَ / يُطَبَّقُ عَلَى
제공하다, 제출하다	قَدَّمَ / يُقَدِّمُ هـ	제공되다, 제출되다	قُدِّمَ / يُقَدَّمُ
..에게 말하다	كَلَّمَ / يُكَلِّمُ ه	이야기 되어지다 (to be spoken to)	كُلِّمَ / يُكَلَّمُ
공로를 인정하다, 영예롭게 하다	كَرَّمَ / يُكَرِّمُ ه	공로를 인정받다(to be honored)	كُرِّمَ / يُكَرَّمُ

..를 추천하다	رَشَّحَ/ يُرَشِّحُ ه	추천되다	رُشِّحَ/ يُرَشَّحُ
..을 쫓아내다 ; 졸업시키다	خَرَّجَ/ يُخَرِّجُ ه	쫓겨나다	خُرِّجَ/ يُخَرَّجُ
갚다, 지불하다 ; 쏘다, (공을) 슈팅하다	سَدَّدَ/ يُسَدِّدُ ه	빚이 지불되다	سُدِّدَ/ يُسَدَّدُ
구성.조성.형성하다	كَوَّنَ/ يُكَوِّنُ ه	구성.조성.형성되다	كُوِّنَ/ يُكَوَّنُ

b. Ⅲ형 수동형 동사 패턴 - فُوعِلَ/ يُفَاعَلَ

시청하다, 관찰하다, 구경하다	شَاهَدَ/ يُشَاهِدُ ه	보여지다	شُوهِدَ/ يُشَاهَدُ
(지속적으로) 요구하다	طَالَبَ/ يُطَالِبُ بـ	요구받다	طُولِبَ/ يُطَالَبُ بـ
...와 만나다	قَابَلَ/ يُقَابِلُ ه	만나지다, 직면되다	قُوبِلَ/ يُقَابَلُ
...와 싸우다, 전투하다	قَاتَلَ/ يُقَاتِلُ ه	싸워지다, 전투가 치루어지다	قُوتِلَ/ يُقَاتَلُ
..를 대하다, 상대하다, 다루다	عَامَلَ/ يُعَامِلُ ه	취급되다, 거래되다	عُومِلَ/ يُعَامَلُ
..를 돕다	سَاعَدَ/ يُسَاعِدُ ه	도움을 받다	سُوعِدَ/ يُسَاعَدُ
서신을 보내다, 서신을 주고 받다	رَاسَلَ/ يُرَاسِلُ ه	서신이 보내지다	رُوسِلَ/ يُرَاسَلُ
..를 놀라게 하다	فَاجَأَ/ يُفَاجِئُ ه	놀라다	فُوجِئَ/ يُفَاجَأُ

c. Ⅳ형 수동형 동사 패턴 - أُفْعِلَ/ يُفْعَلَ

보내다(to send)	أَرْسَلَ/ يُرْسِلُ ه	보냄을 받다	أُرْسِلَ/ يُرْسَلُ
(손님 등을) 잘 대접하다, (부모를) 공경하다	أَكْرَمَ/ يُكْرِمُ ه	공경되다, 공경받다	أُكْرِمَ/ يُكْرَمُ
...을 마음에 들게하다, ...을 기쁘게 하다	أَعْجَبَ/ يُعْجِبُ ه	마음에 들다	أُعْجِبَ/ يُعْجَبُ (بـ)
되돌리다 ; 다시하다	أَعَادَ/ يُعِيدُ ه إِلَى	되돌려지다	أُعِيدَ/ يُعَادُ إِلَى
비난하다, 정죄하다	أَدَانَ/ يُدِينُ ه	비난받다	أُدِينَ/ يُدَانُ
..을 나타내다, 노출시키다	أَظْهَرَ/ يُظْهِرُ ه	보여지다	أُظْهِرَ/ يُظْهَرُ
..을 일어서게 하다 ; 건립, 건설.설립하다; 수행하다	أَقَامَ/ يُقِيمُ ه	세워지다 ; 수행되어지다	أُقِيمَ/ يُقَامُ
(불행이)..에게 생기다 ; 부상을 입히다 ; 명중하다	أَصَابَ/ يُصِيبُ ه، بـ	부상당하다 ; 감염되다	أُصِيبَ/ يُصَابُ بـ
..을 취소시키다	أَلْغَى/ يُلْغِي ه	취소되다	أُلْغِيَ/ يُلْغَى
..에게 ..을 주다	أَعْطَى/ يُعْطِي ه ه	주어지다	أُعْطِيَ/ يُعْطَى

제32과 수동태에 대해

d. V형 수동형 동사 패턴 – تُفُعِّلَ / يُتَفَعَّلُ

신이 ..를 죽게하다	تَوَفَّاهُ الله	사망하다	تُوُفِّيَ / يُتَوَفَّى
깊이 생각하다, 묵상하다	تَأَمَّلَ / يَتَأَمَّلُ في	묵상되다	تُؤُمِّلَ / يُتَأَمَّلُ في

e. VI형 수동형 동사 패턴 – تُفُوعِلَ / يُتَفَاعَلُ

취하다, 처리하다, 다루다 ; 먹다, 들다	تَنَاوَلَ / يَتَنَاوَلُ هـ	취해지다, 처리되다, 다루어지다 ; 먹혀지다	تُنُووِلَ / يُتَنَاوَلُ

f. VIII형 수동형 동사 패턴 – اُفْتُعِلَ / يُفْتَعَلُ

청취하다, 듣다	اِسْتَمَعَ / يَسْتَمِعُ إلى	들려지다	اُسْتُمِعَ / يُسْتَمَعُ إلى
끝내다, 끝마치다, 마감짓다	اِخْتَتَمَ / يَخْتَتِمُ هـ	끝나다	اُخْتُتِمَ / يُخْتَتَمُ
선거하다, 선출하다	اِنْتَخَبَ / يَنْتَخِبُ ه	선출되다	اُنْتُخِبَ / يُنْتَخَبُ
..을 해보다 ; 실험.시험하다	اِخْتَبَرَ / يَخْتَبِرُ ه، هـ	시험 당하다	اُخْتُبِرَ / يُخْتَبَرُ
..을 ..으로 여기다, 간주하다	اِعْتَبَرَ / يَعْتَبِرُ ه هـ	여기다, 간주되다	اُعْتُبِرَ / يُعْتَبَرُ
..에 가입하다, 참가하다	اِشْتَرَكَ / يَشْتَرِكُ في	참가되다, 참석되다	اُشْتُرِكَ / يُشْتَرَكُ في
존경하다, 존중하다	اِحْتَرَمَ / يَحْتَرِمُ ه، هـ	존경받다, 존중되다	اُحْتُرِمَ / يُحْتَرَمُ
..에 기대다 ; 의존하다 ; 신뢰하다 ; ..을 비준하다	اِعْتَمَدَ / يَعْتَمِدُ على	의지되다 ; 비준되다, 공인되다	اُعْتُمِدَ / يُعْتَمَدُ على
단축하다, 축약하다	اِخْتَصَرَ / يَخْتَصِرُ هـ	단축되다	اُخْتُصِرَ / يُخْتَصَرُ
(회의를) 열다, 개장.개막하다	اِفْتَتَحَ / يَفْتَتِحُ هـ	(모임 등이) 열리다	اُفْتُتِحَ / يُفْتَتَحُ
납치하다	اِخْتَطَفَ / يَخْتَطِفُ هـ	납치되다	اُخْتُطِفَ / يُخْتَطَفُ
체포하다	اِعْتَقَلَ / يَعْتَقِلُ ه	체포되다	اُعْتُقِلَ / يُعْتَقَلُ
..을 고발하다, 고소하다 ; 비난하다	اِتَّهَمَ / يَتَّهِمُ ه بـ	비난받다, 고소되다, 혐의를 당하다	اُتُّهِمَ / يُتَّهَمُ بـ
..을 받다, 수령하다	اِسْتَلَمَ / يَسْتَلِمُ هـ	수령되다	اُسْتُلِمَ / يُسْتَلَمُ
암살하다	اِغْتَالَ / يَغْتَالُ ه	암살당하다	اُغْتِيلَ / يُغْتَالُ
어쩔 수 없이 ..하다	اِضْطَرَّ / يَضْطَرُّ إلى	어쩔 수 없이 ..하게 되다	اُضْطُرَّ / يُضْطَرُّ إلى

종합 아랍어 문법 Ⅰ

g. X형 수동형 동사 패턴 - اُسْتُفْعِلَ/ يُسْتَفْعَلُ

뜻 (능동)	능동	뜻 (수동)	수동
..에게 ...에 대해 조언.상담을 구하다	اِسْتَشَارَ/ يَسْتَشِيرُ ه في	상담을 요청받다	اُسْتُشِيرَ/ يُسْتَشَارُ في
...을 사용.이용하다	اِسْتَعْمَلَ/ يَسْتَعْمِلُ هـ	사용되다, 이용되다	اُسْتُعْمِلَ/ يُسْتَعْمَلُ
...을 맞이하다, 영접하다	اِسْتَقْبَلَ/ يَسْتَقْبِلُ ه	영접되다	اُسْتُقْبِلَ/ يُسْتَقْبَلُ
고용하다 ; 사용.이용하다	اِسْتَخْدَمَ/ يَسْتَخْدِمُ ه، هـ	사용되다, 이용되다	اُسْتُخْدِمَ/ يُسْتَخْدَمُ
노예로 삼다	اِسْتَعْبَدَ/ يَسْتَعْبِدُ ه	노예가 되다	اُسْتُعْبِدَ/ يُسْتَعْبَدُ
..에게 ..대하여 알아보다, 문의하다, 정보를 구하다	اِسْتَعْلَمَ/ يَسْتَعْلِمُ ه عَن	질문을 받다, 문의되다, 정보가 얻어지다	اُسْتُعْلِمَ/ يُسْتَعْلَمُ عَن
..의 반환을 요구하다, 도로거두다, 회복.회수하다	اِسْتَرْجَعَ/ يَسْتَرْجِعُ هـ	반환되다, 회복되다	اُسْتُرْجِعَ/ يُسْتَرْجَعُ
설명해 달라고 하다 ; 물어보다, 알아보다	اِسْتَفْسَرَ/ يَسْتَفْسِرُ ه عَن	질문을 받다	اُسْتُفْسِرَ/ يُسْتَفْسَرُ عَن
..을 얻어내다, 채취.축출하다 ; 증류하다	اِسْتَخْرَجَ/ يَسْتَخْرِجُ هـ	꺼내지다, 채취되다	اُسْتُخْرِجَ/ يُسْتَخْرَجُ
호출하다, 소환하다 ; 소집하다(예:예비군)	اِسْتَدْعَى/ يَسْتَدْعِي ه	소환되다, 소집되다	اُسْتُدْعِيَ/ يُسْتَدْعَى

3) 4 자음 원형동사의 경우

뜻 (능동)	능동	뜻 (수동)	수동
번역하다, 통역하다	تَرْجَمَ/ يُتَرْجِمُ هـ	번역되다, 통역되다	تُرْجِمَ/ يُتَرْجَمُ
통제하다, 지배하다	سَيْطَرَ/ يُسَيْطِرُ عَلَى	통제되다, 지배받다	سُيْطِرَ/ يُسَيْطَرُ عَلَى
세차게 흔들다, 흔들다	زَعْزَعَ/ يُزَعْزِعُ هـ	흔들리다	زُعْزِعَ/ يُزَعْزَعُ
안심시키다	طَمْأَنَ/ يُطَمْئِنُ ه	안심이 되다	طُمْئِنَ/ يُطَمْأَنُ
(돌 등을) 굴리다	دَحْرَجَ/ يُدَحْرِجُ هـ	굴려지다	دُحْرِجَ/ يُدَحْرَجُ
흔들다, 진동시키다	زَلْزَلَ/ يُزَلْزِلُ هـ	흔들리다, 진동되다	زُلْزِلَ/ يُزَلْزَلُ
흩어버리다, 뿌리다	بَعْثَرَ/ يُبَعْثِرُ هـ	흩어지다, 뿌려지다	بُعْثِرَ/ يُبَعْثَرُ
증명하다	بَرْهَنَ/ يُبَرْهِنُ هـ، عَلَى	증명되다	بُرْهِنَ/ يُبَرْهَنُ (عَلَى)

2. 수동태 문장 만들기

수동태 문장을 이해하기 위해서는 능동태 문장이 수동태 문장으로 어떻게 전환되는지를 파악해야 한다. 능동태 문장을 수동태로 전환할 경우 먼저는 능동형 동사를 수동형으로 바꾼 뒤, 능동태 문장의 목적어를 수동태 문장의 주어로 위치시킨다. 이 때 수동태 문장의 주어를 'نَائِبُ الْفَاعِلِ' 라 한다. 능동태 문장에서 사용되었던 주어(الْفَاعِلُ)는 수동태 문장에서 표기되지 않는다.

능동태 문장	수동태 문장
كَتَبَ الطَّالِبُ الدَّرْسَ. a + b + c 그 학생이 그 단원을 기록했다.	كُتِبَ الدَّرْسُ. a + c 그 단원이 기록되었다.
a – 동사 b – 주어(الْفَاعِلُ) c – 목적어	a – 수동형 동사 (الْفِعْلُ الْمَبْنِيُّ لِلْمَجْهُولِ) c – 수동태 문장의 주어 (نَائِبُ الْفَاعِلِ)

수동태 문장 만드는 원칙
1. 능동형 동사(الْفِعْلُ الْمَبْنِيُّ لِلْمَعْلُومِ)를 수동형 동사(الْفِعْلُ الْمَبْنِيُّ لِلْمَجْهُولِ)로 바꾼다. 이 때 수동형 동사의 성(性)은 그 뒤에 오는 수동태 문장의 주어(نَائِبُ الْفَاعِلِ)와 일치시켜 준다.   2. 능동태 문장의 목적어를 수동태 문장의 주어(نَائِبُ الْفَاعِلِ) 자리에 놓는다. 이 때 수동태 문장의 주어는 항상 주격을 취하며 수동태 문장의 주어와 그 앞의 동사는 그 성(性)이 일치한다.   3. 능동태 문장의 주어는 수동태 문장에서 표기되지 않고 탈락한다.

예문들

능동태 문장	수동태 문장
رَسَمْتُ الصُّورَةَ. 나는 그 그림(사진)을 그렸다.	رُسِمَتِ الصُّورَةُ. 그 그림(사진)이 그려졌다. (수동태 주어가 여성)
قَتَلَ اللِّصُّ رَبَّةَ الْبَيْتِ. 그 강도는 그 주부를 살해했다.	قُتِلَتْ رَبَّةُ الْبَيْتِ. 그 주부는 살해되었다. (수동태 주어가 여성)
هَزَمَ جَيْشُنَا الْعَدُوَّ. 우리 군대가 적군을 무찔렀다.	هُزِمَ الْعَدُوُّ. 적군이 패배했다.
يَفْتَحُ السَّائِقُ بَابَ الْحَافِلَةِ. 그 운전수는 그 버스의 문을 연다.	يُفْتَحُ بَابُ الْحَافِلَةِ. 그 버스의 문이 열린다.
يَضْرِبُ النَّاسُ الْوَلَدَ بِالْحِذَاءِ. 그 사람들은 그 아이를 신발로 때린다.	يُضْرَبُ الْوَلَدُ بِالْحِذَاءِ. 그 아이는 신발로 맞는다.
وَجَدَ مُحَمَّدٌ حَقِيبَةَ نُقُودٍ. 무함마드는 한 돈가방을 발견했다.	وُجِدَتْ حَقِيبَةُ نُقُودٍ. 한 돈가방이 발견되었다.
أَكَلَ الْأَسَدُ حَيَوَانًا صَغِيرًا. 그 사자는 한 작은 동물을 먹었다.	أُكِلَ حَيَوَانٌ صَغِيرٌ. 한 작은 동물이 잡아 먹혔다.

중복자음동사의 경우

능동태 문장	수동태 문장
يَسُرُّ الزَّهْرُ الْعَيْنَيْنِ. 그 꽃들은 두 눈을 기쁘게 한다.	تُسَرُّ الْعَيْنَانِ. 두 눈(f.)이 기쁘다.

간약동사의 경우

능동태 문장	수동태 문장
قَالَ الشَّاهِدُ الْحَقَّ. 증인들이 진리를 말했다.	قِيلَ الْحَقُّ. 진리가 말해졌다.
يَبِيعُ النَّاسُ الْفَاكِهَةَ فِي الشَّارِعِ. 사람들은 거리에서 과일을 판다.	تُبَاعُ الْفَاكِهَةُ فِي الشَّارِعِ. 거리에서 과일이 팔린다.

말약동사의 경우

능동태 문장	수동태 문장
دَعَا الْخَطِيبُ الْمُؤْمِنَ لِعَمَلِ الْخَيْرِ. 그 설교자는 그 신자에게 선행을 촉구했다.	دُعِيَ الْمُؤْمِنُ لِعَمَلِ الْخَيْرِ. (그) 신자는 선행을 위해 부름받았다
تَحْمِي الشُّرْطَةُ مَيْدَانَ التَّحْرِيرِ جَيِّدًا. 경찰은 타흐리르 광장을 잘 보호한다.	يُحْمَى مَيْدَانُ التَّحْرِيرِ جَيِّدًا. 타흐리르 광장은 잘 보호된다.

첨가동사의 경우

능동태 문장	수동태 문장
يُشَاهِدُ النَّاسُ اللَّاعِبِينَ. 사람들은 그 선수들을 본다.	يُشَاهَدُ اللَّاعِبُونَ. 그 선수들은 보여진다. 보여지고 있다.
سَاعَدَ مُحَمَّدٌ سَمِيرَةَ. 무함마드는 사미라를 도왔다.	سُوعِدَتْ سَمِيرَةُ. 사미라는 도움을 받았다.
أَقَامَ الْأَصْدِقَاءُ حَفْلَةَ زَوَاجِ سَمِيرٍ. 그 친구들은 싸미르의 결혼 잔치를 실행했다.	أُقِيمَتْ حَفْلَةُ زَوَاجِ سَمِيرٍ. 싸미르의 결혼 잔치가 거행되었다.
يُقِيمُ الْمُسْلِمُونَ الصَّلَاةَ فِي الْمَسَاجِدِ. 무슬림들은 모스크들에서 기도를 한다.	تُقَامُ الصَّلَاةُ فِي الْمَسَاجِدِ. 모스크들에서 기도가 행해진다.
يَسْتَخْدِمُ الشَّبَابُ الْفَيْسَ بُوكَ كَثِيرًا. 젊은이들이 페이스 북을 많이 사용한다.	يُسْتَخْدَمُ الْفَيْسَ بُوكَ كَثِيرًا. 페이스 북이 많이 사용된다.

4자음 첨가동사의 경우

능동태 문장	수동태 문장
كَيْفَ سَيْطَرَ عَلَيْهِمْ؟ 어떻게 그가 그들을 지배하였는가?	كَيْفَ سُيْطِرَ عَلَيْهِمْ؟ 그들은 어떻게 지배받았는가?

→ 위의 예들에서 중복자음동사, 간약동사, 말약동사, 첨가동사 등에서 변화의 형태를 확인하라.

3. 수동태 동사들의 예문들

아래는 앞에서 예로 든 수동형 동사들에 대한 예문들이다. 이것들은 초보 학습자가 보기에는 난이도가 있는 내용이다. 쉬운 문장 중심으로 공부하고 어려운 문장은 이 책 제Ⅱ권에 나와 있는 '수동태(الْمَبْنِيُّ لِلْمَجْهُولِ)에 대해 Ⅱ' 부분을 다 공부한 뒤에 살펴보도록 하자.

수동태 문장은 그 해석이 어려울 때가 많다. 그럴 때는 그 문장을 능동태 문장으로 바꾸어서 생각해 보면 그 의미가 통하게 된다. 아래의 예문들 가운데에서도 수동태 그대로는 직역이 어려운 문장이 많다. 그러한 문장들의 경우 능동태로 의역된 부분이 있음을 밝혀둔다.

자동사가 수동태 문장에 사용될 경우 전치사를 동반하게 되는데 이 경우 고려할 사항들이 있다. 이러한 경우를 '비인칭 동사'로 설명하는데 이 책 제Ⅱ권의 '수동태에 대해 Ⅱ'에서 공부하자.

1) 3 자음 원형동사일 경우

A. 강동사

① 정상동사 (الْفِعْلُ السَّالِمُ)

그 순교자들의 이름들이 벽에 기록되었다.	كُتِبَتْ أَسْمَاءُ الشُّهَدَاءِ عَلَى الْحَائِطِ.
그 아이가 그 사고에서 사망했다.	قُتِلَ الطِّفْلُ فِي الْحَادِثَةِ.
공손한 사람은 그의 도덕성에 의해 알려진다.	يُعْرَفُ الْمُؤَدَّبُ مِنْ أَخْلَاقِهِ.
진리는 연구에 의해 알게된다.	تُعْلَمُ الْحَقِيقَةُ بِالدِّرَاسَةِ.
그 단원은 설명 이후에 이해되었다.	فُهِمَ الدَّرْسُ بَعْدَ الشَّرْحِ.
그 우유는 마셔졌다.	شُرِبَ الْحَلِيبُ.
그 문은 바람에 의해 열려졌다.	فُتِحَ الْبَابُ بِسَبَبِ الْهَوَاءِ.
그 대학교에 (누군가가) 갔다.	ذُهِبَ إِلَى الْجَامِعَةِ.
거리에 (누군가가) 내려갔다.	نُزِلَ إِلَى الشَّارِعِ.
낙타에 올라타졌다(어떤 사람이 낙타에 올라탔다).	صُعِدَ عَلَى الْجَمَلِ.
경주에서 말들에 (사람이) 태워진다.	تُرْكَبُ الْخُيُولُ[1] فِي السِّبَاقَاتِ.
그 연구(혹은 조사)는 그 대학에서 검토되었다(연구되었다).	دُرِسَ الْبَحْثُ فِي الْجَامِعَةِ.
학교의 좌석들은 (사람들에 의해) 앉혀진다.	يُجْلَسُ عَلَى الْمَقَاعِدِ فِي الْمَدْرَسَةِ.
그 파티에서 그 노래들이 들려졌다.	سُمِعَتِ الْأَغَانِي فِي الْحَفْلِ.
그 피고인은 교수형을 선고받았다.	حُكِمَ عَلَى الْمُتَّهَمِ بِالْإِعْدَامِ شَنْقًا.
나는 내 아내가 행한 것에 대해 그녀를 비난했다.	أَدَنْتُ زَوْجَتِي عَلَى مَا فُعِلَ مِنْهَا.

---

[1] خَيْلٌ / خُيُولٌ = جَمَاعَةُ الْأَفْرَاسِ 말 떼

عُمِلَتِ الْمَعْكَرُونَةُ بِالصَّلْصَةِ.	그 마카로니는 토마토 소스로 만들어졌다.	
صُنِعَتِ الْفَطَائِرُ[1] بِالزَّبِيبِ.	그 패스트리는 건포도로 만들어졌다.	
سُكِنَتِ الشَّقَّةُ الْخَالِيَةُ أَمْسِ.	어제 그 빈 아파트에 (사람이) 입주했다.	
ذُكِرَ اسْمُ الرَّئِيسِ فِي النَّشْرَةِ الْإِخْبَارِيَّةِ.	뉴스 보도에서 대통령의 이름이 언급되었다.	
يُنْظَرُ إِلَى الْفُقَرَاءِ نَظْرَةً مُتَدَنِّيَةً.	그 가난한 사람들은 저열한 시각으로 보여진다.	
نُظِرَ فِي قَضِيَّتِي مِنَ الْمَحْكَمَةِ.	나의 소송이 법원에서 심의되었다.	
حُفِظَ الْقُرْآنُ فِي الْمَدْرَسَةِ.	꾸란이 학교에서 암송되었다.	
تُكْشَفُ الْحَقَائِقُ بَعْدَ تَقَصِّيهَا.	조사(수사) 이후에 사실들이 드러난다.	
تُكْتَمُ الْأَسْرَارُ بَيْنَ الْأَصْدِقَاءِ.	비밀들은 친구들 사이에 숨겨진다.	
نُشِرَ كِتَابِي السَّنَةَ الْمَاضِيَةَ.	내 책이 지난 해에 출판되었다.	
ضُرِبَ الطَّالِبُ فِي الْمَدْرَسَةِ.	그 학생이 학교에서 맞았다.	
دُفِعَ الطِّفْلُ عَلَى الدَّرَجِ.	그 아이는 계단에서 밀침을 당했다.	
دُفِعَتْ دُيُونِي كَامِلَةً.	내 빚은 완전하게 지불되었다.	
قُسِمَ الرَّغِيفُ إِلَى نِصْفَيْنِ.	빵이 두 조각으로 나누어졌다.	
فُقِدَتْ حَقِيبَتِي فِي الْمُوَاصَلَاتِ.	내 가방이 대중교통에서 분실되었다.	
سُجِنَ الْجَانِي.	그 범인은 감옥에 갇혔다.	
عُقِدَ الِاتِّفَاقُ بَيْنَ الْمُتَعَاقِدِينَ.	그 두 계약 당사자 사이에 합의가 이루어졌다.	
مُنِعْتُ مِنَ الْإِدْلَاءِ[2] بِصَوْتِي فِي الِانْتِخَابَاتِ.	나는 선거에서 투표하는 것이 금지되었다.	

② 함자동사 (الْفِعْلُ الْمَهْمُوزُ)

يُؤْكَلُ الطَّعَامُ بِكَثْرَةٍ فِي الدُّوَلِ النَّامِيَةِ.	개발도상 국가들에서 음식이 많이 먹혀진다.	
أُخِذَتْ مِنِّي مَحْفَظَتِي عَنْوَةً.	내 지갑이 강제로 빼앗겼다.	
أُمِرَ الْمُؤْمِنُونَ بِعَمَلِ الْخَيْرِ.	신자들은 선행을 하도록 명을 받았다.	
الْفُرَصُ الضَّائِعَةُ يُؤْسَفُ عَلَيْهَا.	그 잃어버린 기회들은 후회하게 하는 것이다.	
سُئِلَ الْأُسْتَاذُ عِدَّةَ أَسْئِلَةٍ.	그 교수는 여러 질문들을 받았다.	
الْأَشْخَاصُ الْمُمِلُّونَ يُسْأَمُ مِنْهُمْ سَرِيعًا.	따분한 사람들은 (우리를) 빠르게 싫증나게 한다.	

---

[1] فَطِيرَةٌ / فَطَائِرُ 패스트리(pastry)

[2] أَدْلَى / يُدْلِي (بِصَوْتِهِ) – إِدْلَاءٌ 투표하다

قُرِئَ الدُّسْتُورُ عَلَى مَسْمَعِ¹ الشَّعْبِ.	헌법이 국민들이 듣도록 읽혀졌다.
بُدِئَ دَوْرِيُّ الْكُرَةِ الْكُورِيُّ.	한국 축구 리그가 시작되었다.

③ 중복자음 동사 (الْفِعْلُ الْمُضَعَّفُ)

عُدَّ الْمَالُ بِالْحَاسُوبِ.	그 돈이 컴퓨터를 통해 세어졌다.
يُعَدُّ الطَّالِبُ مَجْنُونًا.	그 학생은 미치광이로 간주된다.
شُدَّتِ الْفَتَاةُ مِنْ شَعْرِهَا.	그 젊은 여자는 머리카락이 잡아 당겨졌다.
جُرَّ الْكَلْبُ بِالسِّلْسِلَةِ.	그 개는 사슬로 끌려갔다.
مُدَّ خَطُّ أَنَابِيبِ الْبِتْرُولِ فِي الصَّحْرَاءِ.	사막에 석유 라인이 늘여졌다.
سُدَّتْ فُوَّهَةُ الْمَدْخَنَةِ.	굴뚝(연통) 입구가 막혀졌다.
بَعَثْتُ خِطَابًا لَكِنْ لَمْ يُرَدَّ عَلَيَّ.	내가 편지를 보냈는데 아직 나에게 답장이 없었다.
يُدَلُّ عَلَى الْإِيمَانِ بِالْأَفْعَالِ.	믿음은 행위로 증명되어진다.

B. 약동사 (الْفِعْلُ الْمُعْتَلُّ)

① 수약동사 (الْفِعْلُ الْمِثَالُ)

وُجِدْتُ مُجْتَهِدًا فَنِلْتُ مُكَافَأَةً.	나는 부지런한 것으로 발견되어서 보상을 획득하였다.
وُعِدَ الطِّفْلُ بِالدَّرَّاجَةِ إِنْ نَجَحَ.	그 아이가 합격하면 자전거가 약속되어져 있다.
وُهِبَ الْعَبْدُ الْقَنَاعَةَ.	그 종(노예)은 만족을 선물받았다.
يُولَدُ الْعَدِيدُ مِنَ الْأَطْفَالِ حَوْلَ الْعَالَمِ يَوْمِيًّا.	매일 세계적으로 많은 아기들이 태어난다.
يُوضَعُ الْمُثَقَّفُ فِي مَكَانَةٍ رَفِيعَةٍ بِالْمُجْتَمَعِ.	교육받은 사람은 사회에서 높은 지위에 놓여진다.
وُثِقَ بِي لِأَنِّي أَمِينٌ.	나는 신실하기 때문에 신뢰를 받았다.
وُرِثَ عَمِّي حِينَ مَاتَ.	나의 삼촌이 죽었을 때 그는 상속되어졌다.
الْفَاشِلُ يُيْأَسُ مِنْهُ.	실패한 자는 절망되어진다.

② 간약동사 (الْفِعْلُ الْأَجْوَفُ)

قِيلَ إِنِّي بَخِيلٌ لَكِنِّي لَسْتُ هَكَذَا.	내가 구두쇠라고 말들이 되었지만 그러나 나는 그렇지 않다.
زِيرَتْ جَدَّتِي فِي الْمُسْتَشْفَى.	나의 할머니는 병원에서 방문을 받았다.

¹ عَلَى مَسْمَعِ ... in the hearing of
عَلَى مَسْمَعٍ وَمَرْأًى مِنْ ...   حُوكِمَ الرَّئِيسُ عَلَى مَسْمَعٍ وَمَرْأًى مِنَ الشَّعْبِ.
그 대통령은 백성들이 지켜보는 상황에서 재판되어졌다.

그 암양이 도살을 위해 이끌려졌다.	سِيقَتِ الشَّاةُ لِلذَّبْحِ.
카아바 주위로 (사람들이) 빙빙 돌았다.	طِيفَ بِالْكَعْبَةِ.
부인은 남편에 의해 보호된다.	تُصَانُ الزَّوْجَةُ مِنْ زَوْجِهَا.
나는 나의 실수들에 대해 비난받는 것을 좋아하지 않는다.	لَا أُحِبُّ أَنْ أُلَامَ عَلَى أَخْطَائِي.
풀(이집트 음식 이름)은 아주 싼 가격에 판매된다.	يُبَاعُ الْفُولُ بِسِعْرٍ بَخْسٍ.
삶은 그것의 달콤함과 씁쓸함과 함께 살아진다.	تُعَاشُ الْحَيَاةُ بِحُلْوِهَا وَمُرِّهَا.
사람들 사이에 거짓 소식들이 퍼진다.	يُشَاعُ بَيْنَ النَّاسِ أَخْبَارٌ كَاذِبَةٌ.
악한 사람은 그의 도덕으로 인해 비난을 받는다.	يُعَابُ الْخَبِيثُ مِنْ أَخْلَاقِهِ.
그 선생님이 학생을 처벌하겠다고 위협하였을 때 (사람들은, 우리는) 무서워했다.	خِيفَ مِنَ الْمُدَرِّسِ حِينَ هَدَّدَ التَّلَامِيذَ بِالْعِقَابِ.
그 상은 정당하게 획득되었다.	نِيلَتِ الْجَائِزَةُ عَنِ اسْتِحْقَاقٍ.

③ 말약동사 (الْفِعْلُ النَّاقِصُ)

신자는 선행을 위해 부름받았다.	دُعِيَ الْمُؤْمِنُ لِعَمَلِ الْخَيْرِ.
그 철조망에 아무도 가까이 하지 않는다.	الْأَسْلَاكُ الشَّائِكَةُ لَا يُدْنَى مِنْهَا.
하나님은 불의에 대해 불평을 들었다.(불의를 당한 사람이 불의에 대해 하나님께 불평했다.)	يُشْكَى إِلَى اللهِ مِنَ الظُّلْمِ.
죄를 지은 그 종이 용서를 받았다.	عُفِيَ عَنِ الْعَبْدِ الْآثِمِ.
기쁜 소식은 잊혀지지 않는다.	الْأَخْبَارُ السَّارَّةُ لَا تُنْسَى.
젖먹이는 그의 어머니로 부터 잊혀지지 않는다.	لَا يُنْسَى الرَّضِيعُ مِنْ أُمِّهِ.
그 집은 한 안전한 기초 위에 지어졌다.	بُنِيَ الْبَيْتُ عَلَى أَسَاسٍ سَلِيمٍ.
길을 잃은 자는 안내표지판에 의해 인도된다.	يُهْدَى التَّائِهُ بِالْإِرْشَادَاتِ[1].
쓰레기가 쓰레기 통에 던져진다.	تُرْمَى الْقُمَامَةُ فِي سَلَّةِ النِّفَايَاتِ.
타흐리르 광장은 잘 보호된다.	يُحْمَى مَيْدَانُ التَّحْرِيرِ جَيِّدًا.
그 피고인의 교수형 처함이 선고되었다.	قُضِيَ بِإِعْدَامِ الْمُتَّهَمِ شَنْقًا.
신은 죄를 짓는 사람들로부터 불순종을 당한다.	يُعْصَى اللهُ مِنَ الْمُذْنِبِينَ.
그 이야기는 대중의 귀에 이야기 되어진다.	حُكِيَتِ الرِّوَايَةُ عَلَى مَسْمَعِ الْجَمَاهِيرِ.
그 말들은 한 개 이상의 의미를 가진다.	يُعْنَى بِالْأَقْوَالِ أَكْثَرُ مِنْ مَعْنًى.

---

[1] إِرْشَادَاتٌ 안내를 위한 표지판이나 지도 등

제32과 수동태에 대해

2) 첨가동사(2~10 형식 동사)의 경우

a. II형

그 제품의 부품들은 중국에서 조립되었다.	رُكِّبَتْ أَجْزَاءُ الْجِهَازِ فِي الصِّينِ.
외국 언어들은 대학들에서 가르쳐진다.	تُدَرَّسُ اللُّغَاتُ الْأَجْنَبِيَّةُ بِالْجَامِعَاتِ.
수학과목은 학교들에서 가르쳐진다.	الرِّيَاضِيَّاتُ تُعَلَّمُ فِي الْمَدَارِسِ.
그 장난감은 그 아기의 손에 의해 산산히 부서졌다.	كُسِّرَتِ اللُّعْبَةُ بِيَدِ الطِّفْلِ.
그 육고기는 정육점의 칼에 잘게 썰어졌다.	قُطِّعَ اللَّحْمُ بِسِكِّينِ الْجَزَّارِ.
내 아들은 그의 할아버지 이름으로 지어졌다.	سُمِّيَ ابْنِي بِاسْمِ جَدِّهِ.
자연경관이 내려다 보이는 곳에 야영을 (많이) 한다.	يُخَيَّمُ فِي مَكَانٍ يُطِلُّ[1] عَلَى مَنَاظِرَ طَبِيعِيَّةٍ.
그 파티는 잘 조직되었다.	نُظِّمَ الْحَفْلُ جَيِّدًا.
나침반을 통해 방향이 정해진다.	يُحَدَّدُ الِاتِّجَاهُ عَنْ طَرِيقِ الْبُوصَلَةِ.
새로운 다리 건축을 실행하기로 결정되었다.	قُرِّرَ أَنْ يَتِمَّ بِنَاءُ جِسْرٍ جَدِيدٍ.
그 회사에서 그 직원이 채용되었다.	عُيِّنَ الْمُوَظَّفُ فِي الشَّرِكَةِ.
그 법이 제정된 이후 적용되었다.	طُبِّقَ الْقَانُونُ بَعْدَ إِصْدَارِهِ.
그 재정보고서가 그 회사의 사장에게 제출되었다.	قُدِّمَتِ التَّقَارِيرُ الْمَالِيَّةُ إِلَى مُدِيرِ الشَّرِكَةِ.
그 잘못을 저지른 사람은 부드럽게 이야기되어졌다(사람들이 잘못을 저지른 그 사람에게 부드럽게 타이르는 모습).	كُلِّمَ الْمُخْطِئُ بِالْحُسْنَى.
그 우승자는 상을 받았다(상으로 공로를 인정받았다).	كُرِّمَ الْفَائِزُ بِجَائِزَةٍ.
그 기술좋은 사람은 사장 직위에 추천되었다.	رُشِّحَ الْبَارِعُ لِمَنْصِبِ الْمُدِيرِ.
그 쓰레기가 집으로 부터 바깥으로 나가졌다.	خُرِّجَتِ الْقُمَامَةُ مِنَ الْمَنْزِلِ.
그 공이 골문으로 향해 슛이 되었다.	سُدِّدَتِ الْكُرَةُ تِجَاهَ الْمَرْمَى.
태아는 자궁에서 형성되었다.	كُوِّنَ الْجَنِينُ دَاخِلَ الرَّحِمِ.

b. III형

그 영화는 영화관에서 보여졌다(상영되었다).	شُوهِدَ الْفِيلْمُ بِالسِّينِمَا.
그 대통령은 세금의 경감을 요구받았다.	طُولِبَ الرَّئِيسُ بِتَخْفِيفِ الضَّرَائِبِ.
그 장관 교체는 국민의 거부에 직면되었다.	قُوبِلَ التَّعْدِيلُ الْوِزَارِيُّ بِرَفْضٍ مِنَ الشَّعْبِ.
그 레슬링 선수는 싸움터에서 싸워졌다.	قُوتِلَ الْمُصَارِعُ فِي الْمَعْرَكَةِ.

---

[1] أَطَلَّ/ يُطِلُّ عَلَى .. (창문이)로 향하다, 내려다보다

노예들은 나쁜 취급을 받는다.	يُعَامَلُ الْعَبِيدُ مُعَامَلَةً سَيِّئَةً.
(그) 사장은 그의 비서(f.)에게서 도움을 받는다.	يُسَاعَدُ الْمُدِيرُ مِنْ قِبَلِ سِكْرِتِيرَتِهِ.
내 형(남동생)은 유럽 사람들로부터 서신을 받는다. (서신교류를 한다)	يُرَاسَلُ أَخِي مِنْ أُورُوبِّيِّينَ.
나는 집에 도착한 뒤에 내 지갑을 잃었음에 대해 놀랐다.	فُوجِئْتُ بِفُقْدَانِ مَحْفَظَتِي بَعْدَ وُصُولِي الْبَيْتَ.

c. Ⅳ형

한 편지가 나에게 보내졌다.	أُرْسِلَ إِلَيَّ خِطَابٌ.
부모는 반드시 공경되어야 한다.	مِنَ اللَّازِمِ أَنْ يُكْرَمَ الْوَالِدَانِ.
남자들은 아름다운 여성들을 좋아한다. (Men like beautiful women.)	يُعْجَبُ الرِّجَالُ بِالنِّسَاءِ الْجَمِيلَاتِ.
도둑당한 권리는 반드시 되돌려져야 한다.	يَجِبُ أَنْ يُعَادَ الْحَقُّ الْمَسْلُوبُ.
그 젊은 여자를 강간한 사람은 사회로 부터 비난을 받았다.	أُدِينَ مُغْتَصِبُ الْفَتَاةِ مِنَ الْمُجْتَمَعِ.
진상조사를 통해 진실들이 드러난다.	تَظْهَرُ الْحَقَائِقُ بَعْدَ تَقَصِّيهَا.[1]
강한 기초 위에 그 집이 세워졌다.	أُقِيمَ الْمَنْزِلُ عَلَى أَسَاسٍ قَوِيٍّ.
기도가 모스크들에서 수행되어진다.	تُقَامُ الصَّلَاةُ فِي الْمَسَاجِدِ.
그 축구 선수가 부상당했다.	أُصِيبَ لَاعِبُ كُرَةِ الْقَدَمِ.
나는 위험한 병에 감염되었다.	أُصِبْتُ بِدَاءٍ خَطِيرٍ.
오늘 모임이 취소되었다.	أُلْغِيَ اجْتِمَاعُ الْيَوْمِ.
한 보상이 그 부지런한 사람에게 주어졌다.	أُعْطِيَتْ مُكَافَأَةٌ لِلْمُجْتَهِدِ.

d. Ⅴ형

내 여동생(누나)은 한 사고로 사망했다.	تُوُفِّيَتْ أُخْتِي فِي حَادِثَةٍ.
자연이 시인들에 의해 묵상된다.	يُتَأَمَّلُ فِي الطَّبِيعَةِ مِنْ قِبَلِ الشُّعَرَاءِ.

e. Ⅵ형

이집트 문학 작가들은 (다른 사람에 의해) 연구되어진다.(다루어진다.)	كُتَّابُ[2] الْأَدَبِ الْمِصْرِيِّ تُنُووِلُوا بِالدِّرَاسَةِ.

f. Ⅷ형

그 노래들이 그 파티에서 들려졌다.	اُسْتُمِعَ إِلَى الْأَغَانِي فِي الْحَفْلِ.

---

[1] تَقَصِّي الْحَقَائِق (fact finding) 진상조사
[2] كَاتِبٌ/ كَتَبَةٌ أَوْ كُتَّابٌ 작가, 저술가

اُخْتُتِمَ الاحْتِفَالُ بِالأَغَانِي.	그 축하예식이 그 노래들로 끝마쳐졌다.
اُنْتُخِبَ الرَّئِيسُ مِنَ الشَّعْبِ.	(그) 대통령은 백성들로부터 선출되었다.
اُخْتُبِرَ ابْنِي فِي الرِّيَاضِيَّاتِ.	내 아들은 수학과목 시험을 치루었다.
يُعْتَبَرُ الْعَذَابُ الْبَدَنِيُّ بِالسُّجُونِ ضِدَّ حُقُوقِ الإِنْسَانِ.	감옥들에서 육체적인 고문을 하는 것은 인권에 반하는 것으로 간주된다.
يُشْتَرَكُ فِي الْمُسَابَقَةِ مِنْ قِبَلِ الْمَاهِرِينَ.	그 대회는 기술이 좋은 자들에 의해 참가되고 있다.
يُحْتَرَمُ الْمُثَقَّفُ مِنَ النَّاسِ.	교양있는 사람은 사람들로 부터 존경을 받는다.
النَّبِيهُ يُعْتَمَدُ عَلَيْهِ.	총명한 사람은 (다른 사람이) 그를 의지한다.(의지를 받는다.)
تَقْصُرُ الطُّرُقُ حِينَ تُخْتَصَرُ.	길들이 단축(지름길이)될 때 길들이(거리)이 준다.
افْتُتِحَ الْمَصْنَعُ الْجَدِيدُ.	그 새로운 공장이 개관되었다.
اُخْتُطِفَ ابْنِي فِي حَادِثَةٍ.	한 사고에서 내 아들이 납치되었다.
اُعْتُقِلَ السِّيَاسِيُّ فِي السِّجْنِ.	그 정치인은 감옥에 구금되었다.
اُتُّهِمْتُ بِسَرِقَةِ أَمْوَالِ شَرِكَتِي.	나는 나의 회사의 재정을 훔친 혐의를 받았다.
اُسْتُلِمَتْ جَائِزَةُ الْفَائِزِ.	그 승리자의 상이 수령되었다.
اُغْتِيلَ رَئِيسُ الْجُمْهُورِيَّةِ مِنَ الإِرْهَابِيِّينَ.	그 공화국 대통령이 테러리스트들에 의해 암살당했다.
اُضْطُرَّتِ الطَّائِرَةُ إِلَى الْهُبُوطِ لِسُوءِ الْجَوِّ.	그 비행기는 기상악화로 어쩔수 없이 착륙해야 했다.

g. X 형

يُسْتَشَارُ الطَّبِيبُ النَّفْسِيُّ.	그 정신과 의사는 (내담자로 부터) 상담을 요청받는다.
يُسْتَعْمَلُ السِّكِّينُ لِتَقْطِيعِ الأَشْيَاءِ.	칼은 사물들을 자르는데 사용되어진다.
اُسْتُقْبِلَ التَّعْدِيلُ الْوِزَارِيُّ بِمُوَافَقَةٍ شَعْبِيَّةٍ.	그 장관의 교체가 국민적 동의로 받아들여졌다.
يُسْتَخْدَمُ الفَيْس بُوك كَثِيرًا.	페이스 북이 많이 사용된다.
يُسْتَعْبَدُ الإِنْسَانُ بِعَادَاتِهِ السَّيِّئَةِ.	인간은 나쁜 습관의 노예가 된다.
اُسْتُعْلِمَ عَنْ بَيَانَاتِ رَاكِبِي الطَّائِرَةِ.	그 비행기의 탑승자들에 대한 정보가 얻어졌다.
تُسْتَرْجَعُ الْمَفْقُودَاتُ مِنْ قِسْمِ الشُّرْطَةِ.	분실된 물건들은 경찰서에 반환된다.
اُسْتُفْسِرَ عَنْ بَيَانَاتِ الْمُسَافِرِينَ.	여행자들에 대한 정보는 설명이 요청된다.
تُسْتَخْرَجُ الْمَعَادِنُ مِنْ بَاطِنِ الأَرْضِ.	금속들은 땅속에서 채취된다.
اُسْتُدْعِيَ الْمُتَّهَمُ أَمَامَ النِّيَابَةِ.	그 피의자(혐의자)는 검찰에 소환되었다.

3) 4자음 원형동사의 경우

그 책은 영어로 번역되었다.	تُرجِمَ الْكِتَابُ إِلَى الْإِنْجِلِيزِيَّةِ.
그 군인들은 그들의 지도자로 부터 통제되었다.	سُيْطِرَ عَلَى الْجُنُودِ مِنْ قَائِدِهِمْ.
그 지진의 순간에 땅이 흔들렸다.	زُعْزِعَتِ الْأَرْضُ وَقْتَ الزِّلْزَالِ.
내 아들이 안전하다는 것을 알았을 때 내 마음이 안심이 되었다.	طُمْئِنَ قَلْبِي حِينَ عَلِمْتُ بِسَلَامَةِ ابْنِي.
그리스도의 무덤의 돌이 굴려졌다.	دُحْرِجَ حَجَرُ قَبْرِ الْمَسِيحِ.
땅이 진동되었을 때 그 건물이 흔들렸다.	زُلْزِلَ الْمَبْنَى وَقْتَ الْهَزَّةِ الْأَرْضِيَّةِ.
그 목걸이의 낱알들이 땅에 흩어졌다.	بُعْثِرَتْ حَبَّاتُ الْعِقْدِ عَلَى الْأَرْضِ.
믿음은 선행에 의해 증명된다.	يُبَرْهَنُ عَلَى الْإِيمَانِ بِالْأَعْمَالِ الْحَسَنَةِ.

제 33 과 동사의 강세형(نُونُ التَّوْكِيد)에 대해

1. 동사의 강세형(نُونُ التَّوْكِيد)에 대해
2. 동사의 강세형의 사용원칙

제 33 과 동사의 강세형 (نُونُ التَّوْكِيدِ)에 대해

동사의 강세형은 동사의 의미를 강조하기 위해서 사용되는 것으로 고전 아랍어나 문학적인 표현에서 많이 볼 수 있는 표현 방법이다.

1. 동사의 강세형의 형태

동사의 강세형은 두 종류가 있는데 미완료형 단축법 어미에 'ـَنَّ'를 붙이거나 'ـَنْ'를 붙이는 것이 그것이다. 'ـَنَّ' 형태의 강세형을 강한 강세형(نُونُ التَّوْكِيدِ الثَّقِيلَةُ)이라 하고, 'ـَنْ' 형태의 강세형을 약한 강세형(نُونُ التَّوْكِيدِ الْخَفِيفَةُ)이라 한다. 두 가지 강세형 모두 불격변화(مَبْنِيٌّ)이다. 고전 아랍어나 문학작품 등에서 강한 강세형이 사용되고 약한 강세형은 거의 사용되지 않는다.

			미완료 직설법	단축법 동사 (الْفِعْلُ الْمَجْزُومُ)	강한 강세형 (نُونُ التَّوْكِيدِ الثَّقِيلَةُ)	약한 강세형 (نُونُ التَّوْكِيدِ الْخَفِيفَةُ)
3인칭	남성단수	هُوَ	يَكْتُبُ	يَكْتُبْ	يَكْتُبَنَّ	يَكْتُبَنْ
	여성단수	هِيَ	تَكْتُبُ	تَكْتُبْ	تَكْتُبَنَّ	تَكْتُبَنْ
	남성쌍수	هُمَا	يَكْتُبَانِ	يَكْتُبَا	يَكْتُبَانِّ	—
	여성쌍수	هُمَا	تَكْتُبَانِ	تَكْتُبَا	تَكْتُبَانِّ	—
	남성복수	هُمْ	يَكْتُبُونَ	يَكْتُبُوا	يَكْتُبُنَّ	يَكْتُبُنْ
	여성복수	هُنَّ	يَكْتُبْنَ	يَكْتُبْنَ	يَكْتُبْنَانِّ	—
2인칭	남성단수	أَنْتَ	تَكْتُبُ	تَكْتُبْ	تَكْتُبَنَّ	تَكْتُبَنْ
	여성단수	أَنْتِ	تَكْتُبِينَ	تَكْتُبِي	تَكْتُبِنَّ	تَكْتُبِنْ
	남녀쌍수	أَنْتُمَا	تَكْتُبَانِ	تَكْتُبَا	تَكْتُبَانِّ	—
	남성복수	أَنْتُمْ	تَكْتُبُونَ	تَكْتُبُوا	تَكْتُبُنَّ	تَكْتُبُنْ
	여성복수	أَنْتُنَّ	تَكْتُبْنَ	تَكْتُبْنَ	تَكْتُبْنَانِّ	—
1인칭	남녀단수	أَنَا	أَكْتُبُ	أَكْتُبْ	أَكْتُبَنَّ	أَكْتُبَنْ
	남녀쌍수·복수	نَحْنُ	نَكْتُبُ	نَكْتُبْ	نَكْتُبَنَّ	نَكْتُبَنْ

→ 위에서 다섯 동사(الْأَفْعَالُ الْخَمْسَةُ)의 인칭에 사용되는 강세형에 문제가 발생한다. 즉 단축법 동사의 어미가 ـِي 또는 ـُوا 로 끝나는 인칭의 경우 نَّ 의 파트하 모음(ـَ)은 없어지고 ـِي 는 ـِ 로, ـُوا 는 ـُ 로 변화한다. 다섯 동사의 경우 음운상의 문제로 인해 많이 사용되지 않는다.

→ 쌍수형에서는 단축법의 어미 ـَا 가 강조어미 نَّ 의 모음 ـَ 를 흡수하여 ـَانِّ 로 변화한다.

→ 2,3 인칭 여성복수의 강세형 어미는 ـنَانِّ 로 변화한다.

→ 약한 강세형에서 — 표시는 사용되지 않는 인칭의 경우이다.

2. 동사의 강세형 사용원칙

동사의 강세형(نُونُ التَّوْكِيدِ)은 명령문, 간접 명령문(لَامُ الأَمْرِ), 부정명령문 등의 요청문(الْجُمْلَةُ الطَّلَبِيَّةُ)이나 맹세문에 주로 사용되어 의미를 강조한다. 그 원칙을 아래에 정리한다.

1) 완료형 동사에는 사용할 수 없다.
동사의 강세형은 완료형 동사에는 사용되지 않고 미완료형 동사에만 사용된다.

2) 요청문(الْجُمْلَةُ الطَّلَبِيَّةُ)의 경우 의미의 강조를 위해 강세형을 사용하곤 한다.
아랍어 문장에 요청문이란 것이 있다. 즉 명령문(الأَمْرُ), 간접명령문(لَامُ الأَمْرِ), 부정명령문(النَّهْيُ), 의문문(الاسْتِفْهَامُ), 실현하기 어려운 소원(التَّمَنِّي), 실현가능한 기대(الرَّجَاءُ), 권고문(التَّخْصِيصُ) 등이 그것이다. 이러한 문장에 강세형이 사용되곤 한다.

내가 당신에게 명령하는대로 하시오. (명령형과 함께 사용)	اِفْعَلَنَّ (/ اِفْعَلْ) كَمَا آمُرُكَ.
선을 행하도록 애쓰시오.	اسْعَيَنَّ (/ اِسْعَ) فِي الْخَيْرِ.
신실한 사람과의 친구관계를 갈망하라.	اِحْرِصَنَّ (/ اِحْرِصْ) عَلَى صَدَاقَةِ الْمُخْلِصِ.
나는 세계의 모든 나라들에 여행을 할 것이다. (간접 명령과 함께 사용)	لَأُسَافِرَنَّ (/ لَأُسَافِرْ) إِلَى كُلِّ بِلَادِ الْعَالَمِ.
당신은 숙제를 해야 한다. (하는 것이 좋다.) (간접 명령과 함께 사용)	لِتَكْتُبَنَّ (/ لِتَكْتُبْ) الْوَاجِبَ.
그 능력이 있는 사람이 알라신의 길을 위해 돈을 쓰게 하라.	لِيُنْفِقَنَّ (/ لِيُنْفِقْ) الْقَادِرُ فِي سَبِيلِ اللهِ.
당신의 장소를 떠나지 마시오. (부정명령과 함께 사용)	لَا تَتْرُكَنَّ (/ لَا تَتْرُكْ) مَكَانَكَ.
악한 자들을 사귀지마라.(부정명령)	لَا تُصَاحِبَنَّ (/ لَا تُصَاحِبْ) الأَشْرَارَ.
당신은 뛰어남을 찾고 있습니까?(의문문)	أَتَبْحَثَنَّ (/ أَتَبْحَثُ) عَنِ التَّفَوُّقِ؟
평화가 세상을 지배하면 좋을텐데... (실현하기 어려운 소원)	لَيْتَ السَّلَامَ يَسُودَنَّ (/ يَسُودُ) الْعَالَمَ.
노력하는 사람이 뛰어나(우수하)길 기대한다. (실현가능한 기대)	لَعَلَّ مُجْتَهِدًا يَتَفَوَّقَنَّ (/ يَتَفَوَّقُ).
너는 필요한 자를 도와주지 않을래.(권고문)	أَلَا تُسَاعِدَنَّ (/ تُسَاعِدُ) الْمُحْتَاجَ.
너는 우리집에 들르지 않을래.(권고문)	هَلَّا تَنْزِلَنَّ (/ تَنْزِلُ) عِنْدَنَا.

→ 권고문(التَّخْصِيصُ)에 관해서는 이 책 제Ⅱ권 '아랍어 절의 종류와 그 격변화에 대해'에서 공부하라.

3) 맹세문의 경우

맹세문에 동사의 강세형이 많이 사용되는데 다음과 같은 조건의 경우 반드시 동사의 강세형을 사용해야 한다. 즉 맹세문이 긍정문이며, 맹세문의 의미가 미래를 나타내고, 맹세의 결과절(جَوَابُ القَسَمِ)이 لَـ 으로 시작될 경우 반드시 동사의 강세형을 사용해야 한다.

우리는 맹세코 시험에 합격할 것이다. (맹세문과 함께 사용)	وَاللهِ لَنَنْجَحَنَّ فِي الاِمْتِحَانِ.
맹세코 부지런한 사람의 소망이 이루어질 것이다.	وَاللهِ لَيَتَحَقَّقَنَّ أَمَلُ الْمُجْتَهِدِ.
당신의 우상들을 파괴할 것이다.	تَاللهِ لَأَكِيدَنَّ أَصْنَامَكُمْ.
아무리 오랜 시간이 걸린다 하더라도 맹세코 나의 권리를 찾을 것이다.	بِاللهِ لَأَنَالَنَّ حَقِّي، وَلَوْ بَعْدَ حِينٍ.

제4부 아랍어 품사 Ⅲ 불변사(اَلْحَرْف)

지금까지 우리는 아랍어의 세가지 품사 가운데 명사와 동사를 공부하였다. 이제 마지막 품사인 '불변사(اَلْحَرْف)'를 공부할 차례이다. '명사'와 '동사'는 우리에게 낯설지 않지만 '불변사(اَلْحَرْف)'는 아주 생소한 것이 사실이다. 여기에서 여러가지 불변사의 개념과 용법을 공부한다. 이 책 제Ⅱ권에서 여러가지 불변사를 자세히 다루고 있기 때문에 중복되는 부분은 여기서 간단히 다룬다.

이집트의 성안토니우스 수도원 전경

제 34 과 불변사(اَلْحَرْف)에 대해

1. 명사와 함께 사용되는 불변사
2. 동사와 함께 사용되는 불변사
3. 명사와도 사용되고 동사와도 사용되는 불변사

제 34 과 불변사(اَلْحَرْفُ)에 대해

불변사(حَرْفٌ)는 명사나 동사와 달리 그 어근(جِذْرٌ)이 없으며, 그 자체만으로는 특정한 의미가 없고 다른 단어들과 함께 사용될 때 의미를 가지게 되는 단어를 말한다. 불변사는 격변화가 따로 없고 그 어미 모음이 고정된 불격변화(مَبْنِي) 단어이기에 우리말 번역에서 '불변사'라 한다. 이와같은 불변사에는 전치사(حَرْفُ الْجَرِّ), 무효화 불변사(اَلْحَرْفُ النَّاسِخُ), 대등접속사(حَرْفُ الْعَطْفِ), 호격사(حَرْفُ النِّدَاءِ), 예외사(حَرْفُ الاِسْتِثْنَاءِ)등이 있다.

이 과에서 불변사를 명사와 함께 사용되는 불변사, 동사와 함께 사용되는 불변사, 그리고 명사와도 사용되고 동사와도 사용되는 불변사로 나누어서 공부한다.

1. 명사와 함께 사용되는 불변사

불변사 뒤에 명사가 오는 불변사는 아래와 같다.

1) 전치사 (حُرُوفُ الْجَرِّ)

전치사는 불변사로서 명사와 함께 사용되어 유사문장을 이룬다. 이때 전치사 뒤에 오는 명사를 소유격 명사(اَلاِسْمُ الْمَجْرُورُ)라 하며 반드시 소유격을 취한다.

	의미	전치사		의미	전치사
①	...으로부터(from)	مِنْ	②	..에게(to)	إِلَى
③	..안에(in)	فِي	④	..에 대해(about)	عَنْ
⑤	..위에(on), 에(at)	عَلَى	⑥	..에(in), ...으로(by)	بِ
⑦	..을위해(for), ..에게(to)	لِ	⑧	..처럼, ...로서(as, like)	كَ
⑨	..할 때 까지(until)	حَتَّى	⑩	..이래로(since)	مُنْذُ (أَوْ مُذْ)

예문

아래의 예문에서 전치사 뒤에 소유격 명사가 왔고 그 격이 소유격(مَجْرُورٌ)임을 확인하라. 각 전치사의 자세한 용법에 대해서는 이 책 II 권 '여러가지 소유격에 대해' 부분에서 공부하도록 하라.

나는 집 밖으로 나갈 것이다.	سَأَخْرُجُ مِنَ الْمَنْزِلِ.
나는 학교에 도착했고 그뒤 집에 돌아왔다.	وَصَلْتُ إِلَى الْمَدْرَسَةِ ثُمَّ عُدْتُ إِلَى الْمَنْزِلِ.
나의 어머니는 집에 있다.	أُمِّي فِي الْبَيْتِ.
나는 사랑에 대해서 기록했다.	كَتَبْتُ عَنِ الْحُبِّ.
그 책들이 그 테이블 위에 있다.	الْكُتُبُ عَلَى الطَّاوِلَةِ.
나는 그것을 그의 펜으로 기록했다.	كَتَبْتُهَا بِقَلَمِهِ.
무함마드는 사자와 같다.	مُحَمَّدٌ كَالأَسَدِ.

2) 무효화 불변사 (الْحُرُوفُ النَّاسِخَةُ) (إِنَّ وَأَخَوَاتُهَا 라 하기도 한다.)

무효화 불변사란 그 뒤에 오는 문장을 명사문으로 만드는 불변사이다. 무효화 불변사의 종류는 아래와 같은데 구체적인 용법은 이 책 Ⅱ권 무효화 불변사 부분에서 공부하도록 하자.

	의미	용법	무효화 불변사
①	참으로(indeed)	문장의 맨 처음에 와서 문장 전체를 강조 (لِلتَّوْكِيدِ)	إِنَّ
	영어의 that 절	→ قَالَ + إِنَّ + 명사문 - (...라고 말하다(to say that...)	
②	영어의 that 절	(لِلرَّبْطِ) → 동사(혹은 명사구) + أَنَّ + 명사문	أَنَّ
③	..와 같다	비유(لِلتَّشْبِيهِ)의 의미 – '..같은(like)'의 의미, 혹은 '마치 ..하는 것 처럼 ..하다(as if 가정법)'의 의미	كَأَنَّ
④	그러나, 하지만 (but, however)	앞의 내용과 반대되는 의미이거나 수정하는 의미. 즉 역접(لِلِاسْتِدْرَاكِ) 접속사. 문장과 문장을 연결	لَكِنَّ
⑤	..하면 좋을텐데(to wish), .. 했으면 좋았을 텐데...	실현이 불가능하거나 실현이 어렵다고 생각하는 것을 소망(لِلتَّمَنِّي) ; 가정법의 의미	لَيْتَ
⑥	아마도(maybe) ; ..하길 바란다(to hope)	부정확한 추측 ; 실현가능한 기대 혹은 소망(لِلرَّجَاءِ)	لَعَلَّ
⑦	..한 사람은 없다, ..한 경우는 없다	종류부정(لَا النَّافِيَةُ لِلْجِنْسِ)	لَا

예문

무효화 불변사 뒤에 오는 명사문은 주어가 목적격이고 술어가 주격임을 주의하라.

(확실히) 그 문이 열려있다	إِنَّ الْبَابَ مَفْتُوحٌ.
나는 그 시험이 쉽다는 것을 안다.	أَعْرِفُ أَنَّ الِامْتِحَانَ سَهْلٌ.
나일강은 바다와 같다.	كَأَنَّ نَهْرَ النِّيلِ بَحْرٌ.
나는 이집트인이지만 무함마드는 리비아 사람이다.	أَنَا مِصْرِيٌّ لَكِنَّ مُحَمَّدًا لِيبِيٌّ.
무함마드가 물고기가 되었으면 좋을텐데...	لَيْتَ مُحَمَّدًا سَمَكَةٌ.
내일 기후가 좋아지길 바란다.	لَعَلَّ الْجَوَّ جَمِيلٌ غَدًا.
부지런한 자 가운데 실패하는 사람은 없다.	لَا مُجْتَهِدَ فَاشِلٌ.

3) 호격사 (حُرُوفُ النِّدَاءِ)

호격사는 호격문에 사용되는 단어이다. 가장 흔하게 사용되는 호격사는 يَا이며, 이것 이외에도 أَ, أَيْ, أَيْ가 있긴 하지만 많이 사용되지는 않는다.

예문

호격문에 대한 자세한 공부는 이 책 제Ⅱ권 호격문 부분에서 하도록 하라.

압달라!	يَا عَبْدَ اللهِ !
간구를 들어시는 분이여, 나의 간구에 응답하소서!	يَا سَمِيعًا لِلدُّعَاءِ، اسْتَجِبْ لِدُعَائِي !
학생이여, 열심히 공부하렴!	يَا طَالِبًا، ذَاكِرْ جَيِّدًا!
하나님!	يَا اللهُ!
학생이여, 열심히 공부하렴! (어떤 특정 학생을 지칭하며)	يَا طَالِبُ، ذَاكِرْ جَيِّدًا!
사람들이여, 당신의 주님께 예배하라!(꾸란)	يَا أَيُّهَا النَّاسُ، اعْبُدُوا رَبَّكُمْ !

4) 예외사 (حَرْفُ الْاِسْتِثْنَاءِ)

예외사는 예외구문에 사용되는 단어이다. 가장 많이 사용되는 예외사는 إِلَّا 이며 이 예외사는 불변사이다.

예외구문의 자세한 내용에 대해서는 이 책 제Ⅱ권에서 공부하도록 하라.

싸미르를 제외하고 모든 가족이 여행을 떠났다.	سَافَرَ أَفْرَادُ الْعَائِلَةِ إِلَّا سَمِيرًا.
나는 무함마드 선생님 외에는 다른 선생님과 이야기 한 적이 없다.	لَمْ أَتَكَلَّمْ مَعَ الْمُدَرِّسِينَ إِلَّا مُحَمَّدًا / مُحَمَّدٍ.
나는 커피만을 좋아한다.	لَا أُحِبُّ إِلَّا الْقَهْوَةَ.

5) 동반목적어에 사용되는 동반의 و (وَاوُ الْمَعِيَّةِ)

동반목적어는 문장에서 주동사가 진행되는 것과 함께 진행되는 다른 것을 표현할 때 사용하는 목적격 단어를 말한다. 동반목적어의 구성에 있어 반드시 동반의 و (وَاوُ الْمَعِيَّةِ)가 있어야 하는데 이 동반의 و가 불변사이다. 자세한 내용은 이 책 제Ⅱ권 '여러가지 목적격에 대해 Ⅵ - 동반목적어' 부분에서 확인하라.

나는 나일강을 따라 걸었다.(내가 걸어가는 것과 나일 강이 흐르는 것이 동시에(같은 방향으로) 진행)	سِرْتُ وَ النِّيلَ.
석양이 질 무렵 무함마드가 왔다.(무함마드가 오는 것과 석양이 지는 것이 동시에 진행)	جَاءَ مُحَمَّدٌ وَ غُرُوبَ الشَّمْسِ.

6) 맹세문에 사용되는 전치사(أَدَاةُ الْقَسَمِ) 혹은 حُرُوفُ الْقَسَمِ)

حُرُوفُ الْقَسَمِ) 맹세문에 사용되는 전치사			
وَ	بِ	لِ	تِ

وَاللهِ/ تَاللهِ/ بِاللهِ/ للهِ هَذَا ثَمَنُهَا الْحَقِيقِيُّ.	신에게 맹세코 이것이 진짜 그것의 가격입니다. (명사문이 옴)
وَاللهِ/ تَاللهِ/ بِاللهِ/ للهِ نَجَحْتُ.	신에게 맹세코 나는 합격했어. (동사문이 옴)

→ 자세한 내용은 이 책 제Ⅱ권 '기타 독특한 아랍어 문장들과 그 격변화' 부분에서 공부하라.

7) 강조의 لَ (لَامُ الِابْتِدَاء 혹은 لَامُ تَوْكِيدٍ)

아래와 같이 명사문을 강조하기 위해 لَ 이 사용되는데 이것을 اللَّامُ الْمُزَحْلَقَةُ 혹은 لَامُ الِابْتِدَاء 라 하며, 이것은 불변사이다.

لَمُحَمَّدٌ ذَكِيٌّ.	참으로 무함마드는 똑똑하다.
لَلْحَيَاةُ أَصْبَحَتْ أَصْعَبَ.	참으로 삶은 더 어렵게 되었다.
إِنَّ مُحَمَّدًا لَذَكِيٌّ.	참으로 무함마드는 똑똑하다.

강조의 لَ 에 대한 자세한 내용은 이 책 제Ⅱ권 '후속어(التَّوَابِعُ) Ⅲ - 강조어(التَّوْكِيدُ)에 대해' 부분의 '심화학습 - 아랍어 문장에서 강조의 의미를 가지는 경우들'을 참고하라.

2. 동사와 함께 사용되는 불변사

동사와 함께 사용되는 불변사는 불변사 뒤에 동사가 온다. 아래의 여러 불변사들의 용도와 의미를 확인하라.

1) 접속법 불변사(حُرُوفُ النَّصْبِ)

아래의 단어들은 그 뒤에 미완료형 접속법 동사를 취하는데 이와같은 단어들을 접속법 불변사라 한다.

	접속법 불변사	의미	용도
①	لَنْ	…하지 않을 것이다	미래 부정
②	أَنْ	영어의 that 절과 같은 의미	풀어쓴 동명사절(that 절)을 이끔 (حَرْفٌ مَصْدَرِيٌّ)
③	لِـ		목적절을 이끔 (التَّعْلِيل)
④	كَيْ	…하기 위해	
⑤	لِكَيْ		
⑥	حَتَّى		목적절을 이끔 (حَتَّى التَّعْلِيلِيَّة)
⑦	فَـ	…하기 위해, …하도록	이유접속사 (فَاء السَّبَبِيَّة)라 부름, 목적절을 이끔
⑧	إِذَنْ	그렇다면, 그러면 (therefore, then)	결과를 이야기 함
⑨	لِـ	절대로 …하지 않는다	강한 부정을 위해 (لَام الْجُحُود)

나는 바다에 가지 않을 것이다.	لَنْ أَذْهَبَ إِلَى الْبَحْرِ.
나는 노래하는 것을 아주 좋아한다.	أُحِبُّ أَنْ أُغَنِّي كَثِيرًا.
카맬은 그가 살기 위해서 한 집을 샀다.	اِشْتَرَى كَمَال بَيْتًا لِيَعِيشَ فِيهِ.
너(f.)는 시험에 합격하기 위해서 열심히 공부한다.	أَنْتِ تُذَاكِرِينَ كَثِيرًا كَيْ تَنْجَحِي فِي الاِمْتِحَانِ.
그들은 행복하게 살기위해 열심히 노력한다.	يَجْتَهِدُونَ لِكَيْ يَعِيشُوا سُعَدَاءَ.
그들 두 사람은 이집트에서 일하기 위해 아랍어를 공부한다.	يَدْرُسَانِ اللُّغَةَ الْعَرَبِيَّةَ حَتَّى يَعْمَلاَ فِي مِصْرَ.
당신이 성공하도록 열심히 공부해. (명령문 뒤에 فَ 가 왔다.)	ذَاكِرْ جَيِّدًا فَتَنْجَحَ.
A : 그는 열심히 노력한다. B : 그러면 그는 성공(합격)할 것이다.	أ : هُوَ مُجْتَهِدٌ. ب : إِذَنْ يَنْجَحَ.
우리 군대는 절대로 패배당하지 않는다.	مَا كَانَ جَيْشُنَا لِيُهْزَمَ.

2) 단축법 불변사 (حُرُوفُ الْجَزْمِ)

아래의 단어들은 그 뒤에 미완료형 단축법 동사를 취하는데 이와같은 단어들을 단축법 불변사라 한다. 각각의 용도와 의미를 확인하라.

	단축법 불변사	의미	용도
①	لَمْ	...하지 않았다.	과거 부정
②	لاَ	부정 명령형의 의미	부정 명령 ("لاَ النَّاهِيَةُ")
③	لِـ	간접적인 명령, 권유, 간구, 탄원	간접 명령 (لاَمُ الأَمْرِ)
④	إِنْ	만일 ..한다면	조건 불변사 (حَرْفُ الشَّرْطِ)

예들

나는 어떤 것도 훔치지 않았다.	لَمْ أَسْرِقْ أَيَّ شَيْءٍ.
너희들은(m.pl) 그것을 기록하지 마라.	لاَ تَكْتُبُوهَا.
당신의 숙제를 지금 하라.	لِتَكْتُبْ وَاجِبَاتِكَ الآنَ.
만일 당신이 공부한다면 당신은 성공할 것이다.	إِنْ تَدْرُسْ تَنْجَحْ.

3) 부정불변사 (حَرْفُ النَّفْيِ)

문장의 의미를 부정하는 아래와 같은 단어는 불변사이다.

لاَ	..하지 않다	미완료 시제를 부정
مَا	..하지 않다	명사문을 부정하거나, 완료시제와 미완료 시제의 동사문 부정

나는 사과를 좋아하지 않는다.	لاَ أُحِبُّ التُّفَّاحَ.
교사가 무식한 사람은 없다.	مَا مُدَرِّسٌ جَاهِلٌ.
나는 이탈리아를 전혀 방문하지 않았다.	مَا زُرْتُ إِيطَالِيَا.
나는 중국어를 이해하지 못한다.	مَا أَفْهَمُ اللُّغَةَ الصِّينِيَّةَ.

** 앞의 부정 불변사와 함께 종류 전체를 부정하는 لا(لَا النَّافِيَةُ لِلْجِنْسِ)와 과거시제를 부정하는 لَمْ, 미래시제를 부정하는 لَنْ, 그리고 لَيْسَ의 역할을 하는 مَا(مَا الْعَامِلَةُ عَمَلَ "لَيْسَ")도 부정불변사이다. لَمْ과 لَنْ은 각각 앞의 단축법 불변사와 접속법 불변사에서 다루었다.

이러한 부정불변사에 대해서는 이 책 제Ⅱ권의 '여러가지 부정어와 부정문에 대해' 부분에서 자세히 공부할 수 있다.

4) 추측의 불변사 قَدْ (حَرْفُ شَكٍّ)

미완료형 동사 혹은 완료형 동사 앞에 사용되는 قَدْ는 불변사이다.

(1) 미완료형 앞에서
추측의 의미로 사용

قَدْ가 미완료형 앞에서 사용되면 رُبَّمَا의 의미인 '아마도, perhaps, maybe'의 의미로 사용된다.

아마도 그 혁명이 성공할 수도 있다.	قَدْ تَنْجَحُ الثَّوْرَةُ.
아마 우리는 내일 아스완으로 여행할 수 있다.	قَدْ نُسَافِرُ غَدًا إِلَى أَسْوَانَ.
아마도 그들은 똑똑할 수도 있다.	قَدْ يَكُونُونَ أَذْكِيَاءَ.

(2) 완료형 앞에서
a. 강조의 의미

قَدْ가 완료형 동사와 함께 사용될 경우 강조의 의미를 가진다. 아래의 두 문장을 비교하자.

①	그들은 아랍어를 잘 공부하였다.	دَرَسُوا اللُّغَةَ الْعَرَبِيَّةَ جَيِّدًا.
②	그들은 아랍어를 확실히(surely) 잘 공부하였다.	قَدْ دَرَسُوا اللُّغَةَ الْعَرَبِيَّةَ جَيِّدًا.
①	تَأَثَّرَتْ حَيَاةُ مِصْرَ الاقْتِصَادِيَّةُ تَأَثُّرًا كَبِيرًا بِقَنَاةِ السُّوَيْسِ.	
	이집트의 경제적 생활은 수에즈 운하에 의해 큰 영향을 받았다.	
②	قَدْ تَأَثَّرَتْ حَيَاةُ مِصْرَ الاقْتِصَادِيَّةُ تَأَثُّرًا كَبِيرًا بِقَنَاةِ السُّوَيْسِ.	
	이집트의 경제적 생활은 수에즈 운하에 의해 확실하게 큰 영향을 받아왔다.	

b. 과거완료를 나타냄

'كَانَ قَدْ' 뒤에 완료형이 와서 과거 완료를 나타낸다.

내가 그를 만났을 때 그는 그 편지를 (이미) 기록했다.	عِنْدَمَا قَابَلْتُهُ كَانَ قَدْ كَتَبَ الرِّسَالَةَ.
그 젊은 여자는 그들의 도착을 나에게 (이미) 알려주었다.	كَانَتِ الْفَتَاةُ قَدْ أَخْبَرَتْنِي بِوُصُولِهِمْ.
내가 도착했을 때 그 방문객들은 커피를 (이미) 다 마셨다.	عِنْدَمَا وَصَلْتُ كَانَ الزُّوَّارُ قَدْ شَرِبُوا الْقَهْوَةَ.

c. 미래완료를 나타냄

سَيَكُونُ قَدْ 뒤에 완료형이 와서 미래완료의 의미를 나타낸다.

내가 일을 끝냈을 때 그녀는 이미 도착했을 것이다.	عِنْدَمَا أُنْهِي الْعَمَلَ سَتَكُونُ قَدْ وَصَلَتْ.
일년 이후 나는 이집트를 이미 떠났을 것이다.	بَعْدَ سَنَةٍ سَأَكُونُ قَدْ غَادَرْتُ مِصْرَ.
당신(f.)은 다음 달 이미 졸업을 했을 것이다.	سَتَكُونِينَ قَدْ تَخَرَّجْتِ الشَّهْرَ الْقَادِمَ.

5) 미래 시제 불변사 (حَرْفُ الْمُسْتَقْبَل)

다음은 미완료형 직설법 동사 앞에서 사용되어 미래의 의미를 나타내는 불변사이다.

سَـ	..할 것이다	미완료형 직설법 앞에 사용되어 미래 시제를 나타냄
سَوْفَ	..할 것이다	미완료형 직설법 앞에 사용되어 미래 시제를 나타냄

싸미라는 일찍 잠을 잘 것이다.	سَوْفَ تَنَامُ (أَوْ سَتَنَامُ) سَمِيرَةُ مُبَكِّرًا.
	سَوْفَ يَدْرُسُ (أَوْ سَيَدْرُسُ) اللُّغَةَ الْعَرَبِيَّةَ فِي الْبَيْتِ غَدًا.
그는 내일 집에서 아랍어를 공부를 할 것이다.	

위의 미래 시제 불변사 이외에도 미래 부정을 표현하는 불변사 لَنْ 이 미래 시제를 표현하는 불변사이다. 이 불변사는 접속법 불변사 부분에서 다루었다.

3. 명사와도 사용되고 동사와도 사용되는 불변사

다음은 명사와도 사용될 수 있고 동사와도 사용될 수 있는 불변사들이다.

1) 대등 접속사(حُرُوفُ الْعَطْفِ)

자세한 내용은 이 책 제Ⅱ권에서 공부하도록 하자.

	의미	용법	접속사
①	'그리고(and)'의 의미	피접속명사(الاسْمُ الْمَعْطُوفُ عَلَيْهِ)가 수행하는 의미에 접속명사(الاسْمُ الْمَعْطُوفُ)가 공동으로 참여하는 의미이다. 단어와 단어, 유사문장과 유사문장, 문장과 문장을 연결한다.	وَ
②	'그리고 그 다음에(then, and then)'의 의미	피접속명사(الاسْمُ الْمَعْطُوفُ عَلَيْهِ)와 접속명사(الاسْمُ الْمَعْطُوفُ) 사이의 동작의 발생순서를 정하며 단어와 단어, 문장과 문장을 연결한다. 유사문장과 유사문장의 연결은 사용되지 않는다.	فَ
③	'그리고 그 이후에(after that)'의 의미	피접속명사(الاسْمُ الْمَعْطُوفُ عَلَيْهِ)와 접속명사(الاسْمُ الْمَعْطُوفُ) 사이의 동작의 발생순서와 함께 얼마동안의 시간 간격이 있음을 나타낸다. 단어와 단어, 유사문장과 유사문장, 문장과 문장을 연결한다.	ثُمَّ
④	'혹은(or)'의 의미	피접속명사(الاسْمُ الْمَعْطُوفُ عَلَيْهِ)와 접속명사(الاسْمُ الْمَعْطُوفُ) 둘 중의 하나를 선택하거나 두 개 중 어떤 것인지 확신이 없을 때 사용한다. 단어와 단어, 유사문장과 유사문장, 문장과 문장을 연결한다.	أَوْ
⑤	'혹은(or)'의 의미	의문문에서 피접속명사(الاسْمُ الْمَعْطُوفُ عَلَيْهِ)와 접속명사(الاسْمُ الْمَعْطُوفُ) 둘 중의 하나를 선택. 단어와 단어, 유사문장과 유사문장, 문장과 문장을 연결한다.	أَمْ
⑥	'..한 것은 아니다'의 의미	لَا 이전의 문장에 대한 부분 부정의 의미이다. 즉 لَا 이전에 온 문장의 의미에 대해 일부를 부정하는 내용이 لَا 이후에 온다. 단어와 단어, 유사문장과 유사문장, 문장과 문장을 연결한다.	لَا
⑦	'but', 'however'의 의미	부정문에 대한 역접의 의미이다. 즉 앞에 온 부정문의 내용을 수정하거나 반대하는 의미이다. 단어와 단어, 유사문장과 유사문장, 문장과 문장을 연결한다.	لَكِنْ
⑧	'but', 'however'의 의미	역접의 의미. 즉 앞의 문장의 내용을 철회하거나 수정하는 의미. 앞에 긍정문과 부정문 모두 가능하다. 문장과 문장으로만 연결된다.	بَلْ
⑨	'...까지도, even'의 의미	단어와 단어로만 연결된다.	حَتَّى

예들

하산과 싸이드가 왔다.	جَاءَ حَسَنٌ وَسَعِيدٌ.
하산이 오고 그 다음 싸이드가 왔다.	جَاءَ حَسَنٌ فَسَعِيدٌ.
라쉬드가 죽고 그 이후에(얼마 이후) 마으문이 죽었다.	مَاتَ الرَّشِيدُ ثُمَّ الْمَأْمُونُ.
무함마드 혹은 알리가 그 소식을 전했다.	نَقَلَ الْخَبَرَ مُحَمَّدٌ أَوْ عَلِيٌّ.
자이드가 당신의 집에 있니 아니면 싸미르 집에 있니?	أَزَيْدٌ عِنْدَكَ أَمْ سَمِيرٌ؟
자이드가 왔지 무함마드 온 것은 아니다.	جَاءَ زَيْدٌ لَا مُحَمَّدٌ.

مَا نَجَحَ عَلِيٌّ لَكِنْ أَخُوهُ.	알리가 성공하지 못했고 그의 형제가 성공했다.
ظَهَرَ عَلَى الْأَمْوَاجِ زَوْرَقٌ بَلْ بَاخِرَةٌ.[1]	파도 사이에서 보트가 나타난 것이 아니라 증기선이 나타났다.
فَرَّ الْأَعْدَاءُ حَتَّى الْقَائِدُ.	그 원수들이 도망갔는데 그 지도자 까지도 도망갔다.

2) 의문불변사 (حَرْفُ الاسْتِفْهَامِ)

아랍어의 의문문 문장은 의문대명사가 이끄는 의문문과 의문불변사가 이끄는 의문문 두가지로 나뉜다. 그 가운데 아래는 의문불변사가 이끄는 의문문을 만들 때 사용되는 것이다.

의문불변사 (حَرْفُ الاسْتِفْهَامِ)	
هَلْ	..입니까? (긍정 의문문에 사용)
أَ	..입니까? (긍정 의문문, 부정 의문문 둘 다 사용)

예문

هَلْ أَنْتَ كُورِيٌّ؟	당신은 한국 사람입니까?
هَلْ تَتَكَلَّمُ اللُّغَةَ الْعَرَبِيَّةَ؟	당신은 아랍어를 말합니까?

أَأَنْتَ جَائِعٌ دَائِمًا؟	당신은 항상 배가 고픕니까?
أَسَافَرُوا؟	그들이 여행을 떠났습니까?
أَلَنْ تَدْرُسَ اللُّغَةَ الْعَرَبِيَّةَ؟	당신은 아랍어를 공부하지 않을 것입니까? (부정 의문문)

→ 의문대명사와 의문문에 대해서는 이 책 제Ⅱ권 '의문문에 대해'에서 공부한다.

---

[1] زَوْرَقٌ/زَوَارِقُ 보트   بَاخِرَةٌ/بَوَاخِرُ 증기선(steamer)

3) 상태접속사 (وَاوُ الْحَالِ)

주절과 상태절(الْحَالُ الْجُمْلَةُ)이 함께 사용되는 상태절 문장에서 상태절을 이끄는 접속사가 상태접속사이다. 상태접속사 وَ 가 그 역할을 하는데, 이것도 불변사이다. 상태접속사 뒤에는 문장이 온다. 자세한 내용은 이 책 제II권 '여러가지 목적격에 대해 II – 상태목적어, 상태구, 상태절' 부분에서 공부하도록 하라.

예문

나는 그 젊은 여자가 뛰어가는 것을 보았다. (I saw the girl while she is running.)	رَأَيْتُ الْفَتَاةَ وَهِيَ تَجْرِي.
그 강도가 여자로 부터 도둑질을 하는 순간 내가 버스를 탔다. (at that moment, while)	رَكِبْتُ الْبَاصَ وَاللِّصُّ يَسْرِقُ امْرَأَةً.

나는 그 젊은 여자가 뛴 것을 보았다. (그 젊은 여자가 뛰어 간 마지막 무렵에 그녀를 봄)	رَأَيْتُ الْفَتَاةَ وَقَدْ جَرَتْ.
나는 그 젊은 여자가 노래하는 것을 들었다. (그 젊은 여자의 노래가 끝날 무렵 내가 그 노래하는 것을 들음)	سَمِعْتُ الْفَتَاةَ وَقَدْ غَنَّتْ.

제 35 과 동사성 명사(اسْمُ الْفِعْلِ)에 대해

제 35과 동사성 명사(اسْمُ الْفِعْلِ)에 대해

지금까지 우리는 아랍어의 세 가지 품사인 명사, 동사, 불변사를 공부하였다. 일반적으로 이 세 가지가 아랍어 품사이다.

그런데 간혹 이 세가지 품사 외에 한 가지를 추가하는 경우가 있는데, 바로 동사성 명사(اسْمُ الْفِعْلِ)라는 것이 그것이다. 동사성 명사란 형태는 명사의 형태를 가지고 있으면서 의미는 동사의 의미를 가지고 있는 단어를 말한다. 즉 형태는 어미모음이 불변하는 불격변화 명사(مَبْنِيٌّ)의 형태이며, 의미는 동사의 의미를 가지고 있고, 문장에 따라 과거 시제나 현재 시제 혹은 명령형의 의미를 가지기도 한다.

아래의 예문들에서 붉은 색으로 표기된 단어들이 동사성 명사이다. 동사성 명사는 불격변화(مَبْنِيٌّ) 단어이기 때문에 변화 형태가 따로 없다. 따라서 아래 예문에서 사용된 형태로만 사용된다고 보면 된다.

음식 먹으러 오시오. (오다(to come)의 의미)	هَيَّا إِلَى الطَّعَامِ.
기도하러 오시오. (오다(to come)의 의미. 모스크에서의 기도로 요청할 때에만 사용됨.)	حَيَّ عَلَى الصَّلَاةِ.
내 뒤를 따라 오시오. (오다(to come)의 의미)	هَلُمَّ وَرَائِي.
아멘! 응답해 주세요! (기도에 대한 대답으로)	آمِينَ.
전쟁으로 내가 고통받는다.(أَنَا أَتَأَلَّمُ 의 의미)	آهِ مِنَ الْحُرُوبِ.
긍정적인 사람과 부정적인 사람은 차이가 많다. (to be far 의 의미. 두 가지 내용을 비교하는 의미로 사용.)	شَتَّانَ الْفَارِقُ مَا بَيْنَ شَخْصٍ مُتَفَائِلٍ وَشَخْصٍ مُتَشَائِمٍ.
조용히 하시오. (اُسْكُتْ 의 의미)	صَهِ.
혁명 이전 이집트와 혁명 이후 이집트는 차이가 많다. (과거의 의미이다.) (شَتَّانَ 과 같은 의미이다. how far!, hor impossible!)	هَيْهَاتِ مِصْرُ قَبْلَ الثَّوْرَةِ وَبَعْدَهَا.
당신 잘 했어요. (أَحْسَنْتَ 의 의미. You did well. 상대방 남여 모두 가능) (과거의 의미)	بَخٍ بَخٍ.
나는 ...이 싫증난다. (I am bored.)	أُفٍّ مِنْ كَلَامِكَ.
천천히 해라. (Be slow.) (كَ는 인칭대명사이다. 2인칭 명령에서만 사용된다.)	رُوَيْدَكَ. (رُوَيْدَكِ، رُوَيْدَكُمْ ...)
Don't do this. (2인칭에서만 명령형으로 사용된다.)	مَهْ.

** 동사성 명사(اسْمُ الْفِعْلِ)와 동명사(الْمَصْدَرُ)를 구분하자. 동명사는 동사와 명사의 성질을 함께 가지고 있는 단어로, 격변화를 하며, 과거시제나 현재시제 혹은 명령형으로는 사용되지 않는다.

** 인칭변화를 하는 동사성 명사

동사성 명사는 불격변화이기 때문에 형태의 변화가 없다. 그런데 아래의 경우는 예외이다. هَاتِ 와 تَعَالَ 는 그 의미가 각각 '오다(to come)'과 '가져오다(to bring)'의 명령형의 의미를 가진 동사성 명사이다. 이 동사성 명사들은 다른 동사성 명사들과 달리 인칭변화를 한다.

	의미		오다 (to come)		가져오다 (to bring)	
2인칭	남성단수	أَنْتَ	네가(m.) 오라	تَعَالَ	네가(m.) 가져와라	هَاتِ
	여성단수	أَنْتِ	네가(f.) 오라	تَعَالَي	네가(f.) 가져와라	هَاتِي
	남녀쌍수	أَنْتُمَا	너희 두 사람이 오라	تَعَالَيَا	너희 두 사람이 가져와라	هَاتِيَا
	남성복수	أَنْتُمْ	너희들(m.)이 오라	تَعَالَوْا	너희들(m.)이 가져와라	هَاتُوا
	여성복수	أَنْتُنَّ	너희들(f.)이 오라	تَعَالَيْنَ	너희들(f.)이 가져와라	هَاتِينَ

→ 위의 동사성 명사는 각각 아랍어 동사 أَتَى/ يَأْتِي 나 جَاءَ/ يَجِيءُ ('오다'의 의미) 혹은 أَحْضَرَ/ يُحْضِرُ ('가져오다'의 의미)의 명령형태와 그 의미가 같다. 이들의 명령형 인칭변화 형태는 각각 اِئْتِ - اِئْتِي - اِئْتِيَا - اِئْتُوا - اِئْتِينَ 와 جِئْ - جِيئِي - جِيئَا - جِيئُوا - جِئْنَ 그리고 أَحْضِرْ - أَحْضِرِي - أَحْضِرَا - أَحْضِرُوا - أَحْضِرْنَ 이다. 그러나 이 단어들을 명령형으로 사용할 때 위의 동사성 명사 형태를 주로 사용한다. 위의 단어들이 인칭변화를 하기 때문에 명령형의 불규칙 변화로 보는 경우도 있다.

** 당위성 혹은 의무(need to, have to)를 나타내는 동사성 명사 عَلَى

일반적으로 عَلَى 는 전치사로 사용되어 '...위에(on)' 등의 여러가지 의미를 가진다. 그런데 عَلَى 가 전치사의 의미가 아니라 동사성 명사의 의미를 가질 때가 있다. 바로 당위성 혹은 의무(need to, have to)의 의미를 가질 경우이다. 이 때 عَلَى 뒤에 접미 인칭대명사 혹은 사람이 오며 그 뒤에 목적어를 취한다.

당신은 집을 청소해야 한다.	عَلَيْكَ تَنْظِيفَ الْمَنْزِلِ.
그녀는 숙제를 해야 한다.	عَلَيْهَا كِتَابَةَ الْوَاجِبِ.
당신이 인내해야 한다.	عَلَيْكَ الصَّبْرَ.
우리는 숙제를 해야 한다.	عَلَيْنَا أَنْ نَكْتُبَ الْوَاجِبَ.
그들은 나의 이야기를 들어야 한다.	عَلَيْهِمْ أَنْ يَسْمَعُونِي.
무함마드는 한국어를 배워야 한다.	عَلَى مُحَمَّدٍ أَنْ يَتَعَلَّمَ اللُّغَةَ الْكُورِيَّةَ.

→ 위의 파란색 표기는 목적어로 사용된 단어들이다. 목적격이 왔다.

→ 위의 마지막 세 문장에는 أَنْ 이후에 목적절이 사용되었다.

시리아 다메섹의 움마야드 모스크 내부 모습

제5부 부록 – 동사변화표

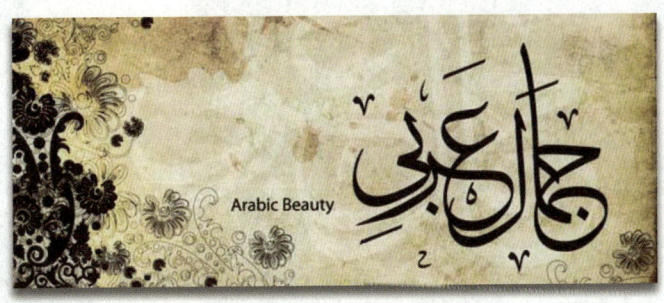

시리아 다메섹의 소년

부록 - 동사 변화표

이 책 동사 부분에서 3자음 원형동사, 첨가동사, 4자음 원형동사의 변화와 약동사의 변화를 공부하였다. 여기서는 그 내용들을 한눈에 볼 수 있도록 정리한 도표를 제공한다. 다음의 표들은 'Elementary Modern Standard Arabic' – University of Michigan -의 내용을 근간으로 발전시킨 것이다. 더 많은 동사 변화의 예들은 이 책 동사 부분에서 제공하고 있다.

명칭	동사	명칭	동사
표1 - 강동사 원형	دَرَسَ/ يَدْرُسُ	표21 - 수약동사 VIII 형	اتَّفَقَ/ يَتَّفِقُ
표2 - 강동사 II형	دَرَّسَ/ يُدَرِّسُ	표22 - 간약동사 원형	قَالَ/ يَقُولُ
표3 - 강동사 III 형	شَاهَدَ/ يُشَاهِدُ	표23 - 간약동사 원형	سَارَ/ يَسِيرُ
표4 - 강동사 IV 형	أَكْرَمَ/ يُكْرِمُ	표24 - 간약동사 원형	خَافَ/ يَخَافُ
표5 - 강동사 V 형	تَقَدَّمَ/ يَتَقَدَّمُ	표25 - 간약동사 IV 형	أَوْقَفَ/ يُوقِفُ
표6 - 강동사 VI 형	تَنَاوَلَ/ يَتَنَاوَلُ	표26 - 간약동사 IV 형	أَيْقَظَ/ يُوقِظُ
표7 - 강동사 VII 형	انْصَرَفَ/ يَنْصَرِفُ	표27 - 간약동사 IV 형	أَجَابَ/ يُجِيبُ
표8 - 강동사 VIII 형	انْتَخَبَ/ يَنْتَخِبُ	표28 - 간약동사 VII 형	انْقَادَ/ يَنْقَادُ
표9 - 강동사 IX형	احْمَرَّ/ يَحْمَرُّ	표29 - 간약동사 VIII 형	اخْتَارَ/ يَخْتَارُ
표10 - 강동사 X 형	اسْتَقْبَلَ/ يَسْتَقْبِلُ	표30 - 간약동사 X 형	اسْتَفَادَ/ يَسْتَفِيدُ
표11 - 사(四)자음 동사	تَرْجَمَ/ يُتَرْجِمُ	표31 - 말약동사 원형	دَعَا/ يَدْعُو
표12 - 함자동사	أَكَلَ/ يَأْكُلُ	표32 - 말약동사 원형	بَنَى/ يَبْنِي
표13 - 함자동사	سَأَلَ/ يَسْأَلُ	표33 - 말약동사 원형	لَقِيَ/ يَلْقَى
표14 - 함자동사	بَدَأَ/ يَبْدَأُ	표34 - 말약동사 IV형	أَجْرَى/ يُجْرِي
표15 - 중복자음동사 원형	عَدَّ/ يَعُدُّ	표35 - 말약동사 V 형	تَرَبَّى/ يَتَرَبَّى
표16 - 중복자음동사 IV형	أَحَبَّ/ يُحِبُّ	표36 - 말약동사 VI 형	تَنَاسَى/ يَتَنَاسَى
표17 - 중복자음동사 VII형	انْضَمَّ/ يَنْضَمُّ	표37 - 말약동사 VII형	انْحَنَى/ يَنْحَنِي
표18 - 중복자음동사 VIII형	احْتَلَّ/ يَحْتَلُّ	표38 - 말약동사 VIII형	اشْتَرَى/ يَشْتَرِي
표19 - 중복자음동사 X 형	اسْتَمَرَّ/ يَسْتَمِرُّ	표39 - 말약동사 X 형	اسْتَدْعَى/ يَسْتَدْعِي
표20 - 수약동사 원형	وَعَدَ/ يَعِدُ		

종합 아랍어 문법 I

<표1> - 강동사 원형 공부하다 دَرَسَ / يَدْرُسُ   ـــَــــُـ/ يَـــــــُ

			능동태(ACTIVE)					수동태(PASSIVE)	
			완료형 الْفِعْلُ الْمَاضِي	미완료형 الْفِعْلُ الْمُضَارِعُ				완료형 الْفِعْلُ الْمَاضِي	미완료형
				직설법 مَرْفُوعٌ	접속법 مَنْصُوبٌ	단축법 مَجْزُومٌ	명령형 فِعْلُ الْأَمْرِ		직설법 مَرْفُوعٌ
3인칭	남성단수	هُوَ	دَرَسَ	يَدْرُسُ	يَدْرُسَ	يَدْرُسْ		دُرِسَ	يُدْرَسُ
	여성단수	هِيَ	دَرَسَتْ	تَدْرُسُ	تَدْرُسَ	تَدْرُسْ		دُرِسَتْ	تُدْرَسُ
	남성쌍수	هُمَا	دَرَسَا	يَدْرُسَانِ	يَدْرُسَا	يَدْرُسَا		دُرِسَا	يُدْرَسَانِ
	여성쌍수	هُمَا	دَرَسَتَا	تَدْرُسَانِ	تَدْرُسَا	تَدْرُسَا		دُرِسَتَا	تُدْرَسَانِ
	남성복수	هُمْ	دَرَسُوا	يَدْرُسُونَ	يَدْرُسُوا	يَدْرُسُوا		دُرِسُوا	يُدْرَسُونَ
	여성복수	هُنَّ	دَرَسْنَ	يَدْرُسْنَ	يَدْرُسْنَ	يَدْرُسْنَ		دُرِسْنَ	يُدْرَسْنَ
2인칭	남성단수	أَنْتَ	دَرَسْتَ	تَدْرُسُ	تَدْرُسَ	تَدْرُسْ	أُدْرُسْ	دُرِسْتَ	تُدْرَسُ
	여성단수	أَنْتِ	دَرَسْتِ	تَدْرُسِينَ	تَدْرُسِي	تَدْرُسِي	أُدْرُسِي	دُرِسْتِ	تُدْرَسِينَ
	남녀쌍수	أَنْتُمَا	دَرَسْتُمَا	تَدْرُسَانِ	تَدْرُسَا	تَدْرُسَا	أُدْرُسَا	دُرِسْتُمَا	تُدْرَسَانِ
	남성복수	أَنْتُمْ	دَرَسْتُمْ	تَدْرُسُونَ	تَدْرُسُوا	تَدْرُسُوا	أُدْرُسُوا	دُرِسْتُمْ	تُدْرَسُونَ
	여성복수	أَنْتُنَّ	دَرَسْتُنَّ	تَدْرُسْنَ	تَدْرُسْنَ	تَدْرُسْنَ	أُدْرُسْنَ	دُرِسْتُنَّ	تُدْرَسْنَ
1인칭	남녀단수	أَنَا	دَرَسْتُ	أَدْرُسُ	أَدْرُسَ	أَدْرُسْ		دُرِسْتُ	أُدْرَسُ
	남녀쌍수·복수	نَحْنُ	دَرَسْنَا	نَدْرُسُ	نَدْرُسَ	نَدْرُسْ		دُرِسْنَا	نُدْرَسُ

능동분사 (اسْمُ الْفَاعِلِ)	수동분사 (اسْمُ الْمَفْعُولِ)	동명사 (الْمَصْدَرُ)
دَارِسٌ	مَدْرُوسٌ	دَرْسٌ، دِرَاسَةٌ

다른 원형 동사의 중간 모음 형태와 능동분사, 수동분사, 동명사의 꼴은 아래와 같다.

형태	동사 (الْفِعْلُ)	의미	능동분사 (اسْمُ الْفَاعِلِ)	수동분사 (اسْمُ الْمَفْعُولِ)	동명사 (الْمَصْدَرُ)
ـــَــــَـ / يَـــــــَـ	ذَهَبَ / يَذْهَبُ	가다	ذَاهِبٌ	مَذْهُوبٌ إِلَيْهِ	ذَهَابٌ
ـــَــــِـ / يَـــــــِـ	رَجَعَ / يَرْجِعُ	돌아오다	رَاجِعٌ	مَرْجُوعٌ مِنْهُ	رُجُوعٌ
ـــَــــِـ / يَـــــــَـ	شَرِبَ / يَشْرَبُ	마시다	شَارِبٌ	مَشْرُوبٌ	شُرْبٌ
ـــَــــُـ / يَـــــــُـ	كَرُمَ / يَكْرُمُ	고상하다	×	×	كَرَمٌ، كَرَامَةٌ

<표2> 강동사 Ⅱ형   가르치다

دَرَّسَ / يُدَرِّسُ هـ

			능동태(ACTIVE)					수동태(PASSIVE)	
			완료형 الْفِعْلُ الْمَاضِي	미완료형 الْفِعْلُ الْمُضَارِعُ				완료형 الْفِعْلُ الْمَاضِي	미완료형
				직설법 مَرْفُوعٌ	접속법 مَنْصُوبٌ	단축법 مَجْزُومٌ	명령형 فِعْلُ الأَمْرِ		직설법 مَرْفُوعٌ
3인칭	남성단수	هُوَ	دَرَّسَ	يُدَرِّسُ	يُدَرِّسَ	يُدَرِّسْ		دُرِّسَ	يُدَرَّسُ
	여성단수	هِيَ	دَرَّسَتْ	تُدَرِّسُ	تُدَرِّسَ	تُدَرِّسْ		دُرِّسَتْ	تُدَرَّسُ
	남성쌍수	هُمَا	دَرَّسَا	يُدَرِّسَانِ	يُدَرِّسَا	يُدَرِّسَا		دُرِّسَا	يُدَرَّسَانِ
	여성쌍수	هُمَا	دَرَّسَتَا	تُدَرِّسَانِ	تُدَرِّسَا	تُدَرِّسَا		دُرِّسَتَا	تُدَرَّسَانِ
	남성복수	هُمْ	دَرَّسُوا	يُدَرِّسُونَ	يُدَرِّسُوا	يُدَرِّسُوا		دُرِّسُوا	يُدَرَّسُونَ
	여성복수	هُنَّ	دَرَّسْنَ	يُدَرِّسْنَ	يُدَرِّسْنَ	يُدَرِّسْنَ		دُرِّسْنَ	يُدَرَّسْنَ
2인칭	남성단수	أَنْتَ	دَرَّسْتَ	تُدَرِّسُ	تُدَرِّسَ	تُدَرِّسْ	دَرِّسْ	دُرِّسْتَ	تُدَرَّسُ
	여성단수	أَنْتِ	دَرَّسْتِ	تُدَرِّسِينَ	تُدَرِّسِي	تُدَرِّسِي	دَرِّسِي	دُرِّسْتِ	تُدَرَّسِينَ
	남녀쌍수	أَنْتُمَا	دَرَّسْتُمَا	تُدَرِّسَانِ	تُدَرِّسَا	تُدَرِّسَا	دَرِّسَا	دُرِّسْتُمَا	تُدَرَّسَانِ
	남성복수	أَنْتُمْ	دَرَّسْتُمْ	تُدَرِّسُونَ	تُدَرِّسُوا	تُدَرِّسُوا	دَرِّسُوا	دُرِّسْتُمْ	تُدَرَّسُونَ
	여성복수	أَنْتُنَّ	دَرَّسْتُنَّ	تُدَرِّسْنَ	تُدَرِّسْنَ	تُدَرِّسْنَ	دَرِّسْنَ	دُرِّسْتُنَّ	تُدَرَّسْنَ
1인칭	남녀단수	أَنَا	دَرَّسْتُ	أُدَرِّسُ	أُدَرِّسَ	أُدَرِّسْ		دُرِّسْتُ	أُدَرَّسُ
	남녀쌍수·복수	نَحْنُ	دَرَّسْنَا	نُدَرِّسُ	نُدَرِّسَ	نُدَرِّسْ		دُرِّسْنَا	نُدَرَّسُ

능동분사 (اسْمُ الْفَاعِلِ)	수동분사 (اسْمُ الْمَفْعُولِ)	동명사 (الْمَصْدَرُ)
مُدَرِّسٌ	مُدَرَّسٌ	تَدْرِيسٌ

<표3> 강동사 Ⅲ 형   목격하다, 보다, 시청하다

شَاهَدَ/يُشَاهِدُ هـ أَوْ هـ

			능동태(ACTIVE)					수동태(PASSIVE)	
			완료형 الْفِعْلُ الْمَاضِي	미완료형 الْفِعْلُ الْمُضَارِعُ				완료형 الْفِعْلُ الْمَاضِي	미완료형
				직설법 مَرْفُوعٌ	접속법 مَنْصُوبٌ	단축법 مَجْزُومٌ	명령형 فِعْلُ الْأَمْرِ		직설법 مَرْفُوعٌ
3인칭	남성단수	هُوَ	شَاهَدَ	يُشَاهِدُ	يُشَاهِدَ	يُشَاهِدْ		شُوهِدَ	يُشَاهَدُ
	여성단수	هِيَ	شَاهَدَتْ	تُشَاهِدُ	تُشَاهِدَ	تُشَاهِدْ		شُوهِدَتْ	تُشَاهَدُ
	남성쌍수	هُمَا	شَاهَدَا	يُشَاهِدَانِ	يُشَاهِدَا	يُشَاهِدَا		شُوهِدَا	يُشَاهَدَانِ
	여성쌍수	هُمَا	شَاهَدَتَا	تُشَاهِدَانِ	تُشَاهِدَا	تُشَاهِدَا		شُوهِدَتَا	تُشَاهَدَانِ
	남성복수	هُمْ	شَاهَدُوا	يُشَاهِدُونَ	يُشَاهِدُوا	يُشَاهِدُوا		شُوهِدُوا	يُشَاهَدُونَ
	여성복수	هُنَّ	شَاهَدْنَ	يُشَاهِدْنَ	يُشَاهِدْنَ	يُشَاهِدْنَ		شُوهِدْنَ	يُشَاهَدْنَ
2인칭	남성단수	أَنْتَ	شَاهَدْتَ	تُشَاهِدُ	تُشَاهِدَ	تُشَاهِدْ	شَاهِدْ	شُوهِدْتَ	تُشَاهَدُ
	여성단수	أَنْتِ	شَاهَدْتِ	تُشَاهِدِينَ	تُشَاهِدِي	تُشَاهِدِي	شَاهِدِي	شُوهِدْتِ	تُشَاهَدِينَ
	남녀쌍수	أَنْتُمَا	شَاهَدْتُمَا	تُشَاهِدَانِ	تُشَاهِدَا	تُشَاهِدَا	شَاهِدَا	شُوهِدْتُمَا	تُشَاهَدَانِ
	남성복수	أَنْتُمْ	شَاهَدْتُمْ	تُشَاهِدُونَ	تُشَاهِدُوا	تُشَاهِدُوا	شَاهِدُوا	شُوهِدْتُمْ	تُشَاهَدُونَ
	여성복수	أَنْتُنَّ	شَاهَدْتُنَّ	تُشَاهِدْنَ	تُشَاهِدْنَ	تُشَاهِدْنَ	شَاهِدْنَ	شُوهِدْتُنَّ	تُشَاهَدْنَ
1인칭	남녀단수	أَنَا	شَاهَدْتُ	أُشَاهِدُ	أُشَاهِدَ	أُشَاهِدْ		شُوهِدْتُ	أُشَاهَدُ
	남녀쌍수·복수	نَحْنُ	شَاهَدْنَا	نُشَاهِدُ	نُشَاهِدَ	نُشَاهِدْ		شُوهِدْنَا	نُشَاهَدُ

능동분사 (اِسْمُ الْفَاعِلِ)	수동분사 (اِسْمُ الْمَفْعُولِ)	동명사 (الْمَصْدَرُ)
مُشَاهِدٌ	مُشَاهَدٌ	مُشَاهَدَةٌ

<표4> 강동사 Ⅳ 형 존경하다

أَكْرَمَ / يُكْرِمُ ه

			능동태(ACTIVE)					수동태(PASSIVE)	
				미완료형 الْفِعْلُ الْمُضَارِعُ				완료형	미완료형
			완료형 الْفِعْلُ الْمَاضِي	직설법 مَرْفُوعٌ	접속법 مَنْصُوبٌ	단축법 مَجْزُومٌ	명령형 فِعْلُ الأَمْرِ	الْفِعْلُ الْمَاضِي	직설법 مَرْفُوعٌ
3인칭	남성단수	هُوَ	أَكْرَمَ	يُكْرِمُ	يُكْرِمَ	يُكْرِمْ		أُكْرِمَ	يُكْرَمُ
	여성단수	هِيَ	أَكْرَمَتْ	تُكْرِمُ	تُكْرِمَ	تُكْرِمْ		أُكْرِمَتْ	تُكْرَمُ
	남성쌍수	هُمَا	أَكْرَمَا	يُكْرِمَانِ	يُكْرِمَا	يُكْرِمَا		أُكْرِمَا	يُكْرَمَانِ
	여성쌍수	هُمَا	أَكْرَمَتَا	تُكْرِمَانِ	تُكْرِمَا	تُكْرِمَا		أُكْرِمَتَا	تُكْرَمَانِ
	남성복수	هُمْ	أَكْرَمُوا	يُكْرِمُونَ	يُكْرِمُوا	يُكْرِمُوا		أُكْرِمُوا	يُكْرَمُونَ
	여성복수	هُنَّ	أَكْرَمْنَ	يُكْرِمْنَ	يُكْرِمْنَ	يُكْرِمْنَ		أُكْرِمْنَ	يُكْرَمْنَ
2인칭	남성단수	أَنْتَ	أَكْرَمْتَ	تُكْرِمُ	تُكْرِمَ	تُكْرِمْ	أَكْرِمْ	أُكْرِمْتَ	تُكْرَمُ
	여성단수	أَنْتِ	أَكْرَمْتِ	تُكْرِمِينَ	تُكْرِمِي	تُكْرِمِي	أَكْرِمِي	أُكْرِمْتِ	تُكْرَمِينَ
	남녀쌍수	أَنْتُمَا	أَكْرَمْتُمَا	تُكْرِمَانِ	تُكْرِمَا	تُكْرِمَا	أَكْرِمَا	أُكْرِمْتُمَا	تُكْرَمَانِ
	남성복수	أَنْتُمْ	أَكْرَمْتُمْ	تُكْرِمُونَ	تُكْرِمُوا	تُكْرِمُوا	أَكْرِمُوا	أُكْرِمْتُمْ	تُكْرَمُونَ
	여성복수	أَنْتُنَّ	أَكْرَمْتُنَّ	تُكْرِمْنَ	تُكْرِمْنَ	تُكْرِمْنَ	أَكْرِمْنَ	أُكْرِمْتُنَّ	تُكْرَمْنَ
1인칭	남녀단수	أَنَا	أَكْرَمْتُ	أُكْرِمُ	أُكْرِمَ	أُكْرِمْ		أُكْرِمْتُ	أُكْرَمُ
	남녀쌍수·복수	نَحْنُ	أَكْرَمْنَا	نُكْرِمُ	نُكْرِمَ	نُكْرِمْ		أُكْرِمْنَا	نُكْرَمُ

능동분사 (اسْمُ الْفَاعِلِ)	수동분사 (اسْمُ الْمَفْعُولِ)	동명사 (الْمَصْدَرُ)
مُكْرِمٌ	مُكْرَمٌ	إِكْرَامٌ

<표5> 강동사 V 형 발달하다, 진보하다

تَقَدَّمَ / يَتَقَدَّمُ إِلَى

			능동태(ACTIVE)					수동태(PASSIVE)	
			완료형 الفِعْلُ المَاضِي	미완료형 الفِعْلُ المُضَارِعُ				완료형 الفِعْلُ المَاضِي	미완료형
				직설법 مَرْفُوعٌ	접속법 مَنْصُوبٌ	단축법 مَجْزُومٌ	명령형 فِعْلُ الأَمْرِ		직설법 مَرْفُوعٌ
3인칭	남성단수	هُوَ	تَقَدَّمَ	يَتَقَدَّمُ	يَتَقَدَّمَ	يَتَقَدَّمْ			
	여성단수	هِيَ	تَقَدَّمَتْ	تَتَقَدَّمُ	تَتَقَدَّمَ	تَتَقَدَّمْ			
	남성쌍수	هُمَا	تَقَدَّمَا	يَتَقَدَّمَانِ	يَتَقَدَّمَا	يَتَقَدَّمَا			
	여성쌍수	هُمَا	تَقَدَّمَتَا	تَتَقَدَّمَانِ	تَتَقَدَّمَا	تَتَقَدَّمَا			
	남성복수	هُمْ	تَقَدَّمُوا	يَتَقَدَّمُونَ	يَتَقَدَّمُوا	يَتَقَدَّمُوا			
	여성복수	هُنَّ	تَقَدَّمْنَ	يَتَقَدَّمْنَ	يَتَقَدَّمْنَ	يَتَقَدَّمْنَ			
2인칭	남성단수	أَنْتَ	تَقَدَّمْتَ	تَتَقَدَّمُ	تَتَقَدَّمَ	تَتَقَدَّمْ	تَقَدَّمْ		
	여성단수	أَنْتِ	تَقَدَّمْتِ	تَتَقَدَّمِينَ	تَتَقَدَّمِي	تَتَقَدَّمِي	تَقَدَّمِي		
	남녀쌍수	أَنْتُمَا	تَقَدَّمْتُمَا	تَتَقَدَّمَانِ	تَتَقَدَّمَا	تَتَقَدَّمَا	تَقَدَّمَا		
	남성복수	أَنْتُمْ	تَقَدَّمْتُمْ	تَتَقَدَّمُونَ	تَتَقَدَّمُوا	تَتَقَدَّمُوا	تَقَدَّمُوا		
	여성복수	أَنْتُنَّ	تَقَدَّمْتُنَّ	تَتَقَدَّمْنَ	تَتَقَدَّمْنَ	تَتَقَدَّمْنَ	تَقَدَّمْنَ		
1인칭	남녀단수	أَنَا	تَقَدَّمْتُ	أَتَقَدَّمُ	أَتَقَدَّمَ	أَتَقَدَّمْ			
	남녀쌍수·복수	نَحْنُ	تَقَدَّمْنَا	نَتَقَدَّمُ	نَتَقَدَّمَ	نَتَقَدَّمْ			

능동분사 (اسْمُ الفَاعِلِ)	수동분사 (اسْمُ المَفْعُولِ)	동명사 (المَصْدَرُ)
مُتَقَدِّمٌ		تَقَدُّمٌ

<표6> 강동사 Ⅵ 형 취하다, 처리하다, 다루다 ; 먹다, 들다

$$\text{تَنَاوَلَ} / \text{يَتَنَاوَلُ ـهـ}$$

			능동태(ACTIVE)					수동태(PASSIVE)	
			완료형 الْفِعْلُ الْمَاضِي	미완료형 الْفِعْلُ الْمُضَارِعُ				완료형 الْفِعْلُ الْمَاضِي	미완료형
				직설법 مَرْفُوعٌ	접속법 مَنْصُوبٌ	단축법 مَجْزُومٌ	명령형 فِعْلُ الأَمْرِ		직설법 مَرْفُوعٌ
3인칭	남성단수	هُوَ	تَنَاوَلَ	يَتَنَاوَلُ	يَتَنَاوَلَ	يَتَنَاوَلْ		تُنُوولَ	يُتَنَاوَلُ
	여성단수	هِيَ	تَنَاوَلَتْ	تَتَنَاوَلُ	تَتَنَاوَلَ	تَتَنَاوَلْ		تُنُوولَتْ	تُتَنَاوَلُ
	남성쌍수	هُمَا	تَنَاوَلَا	يَتَنَاوَلَانِ	يَتَنَاوَلَا	يَتَنَاوَلَا		تُنُوولَا	يُتَنَاوَلَانِ
	여성쌍수	هُمَا	تَنَاوَلَتَا	تَتَنَاوَلَانِ	تَتَنَاوَلَا	تَتَنَاوَلَا		تُنُوولَتَا	تُتَنَاوَلَانِ
	남성복수	هُمْ	تَنَاوَلُوا	يَتَنَاوَلُونَ	يَتَنَاوَلُوا	يَتَنَاوَلُوا		تُنُوولُوا	يُتَنَاوَلُونَ
	여성복수	هُنَّ	تَنَاوَلْنَ	يَتَنَاوَلْنَ	يَتَنَاوَلْنَ	يَتَنَاوَلْنَ		تُنُوولْنَ	يُتَنَاوَلْنَ
2인칭	남성단수	أَنْتَ	تَنَاوَلْتَ	تَتَنَاوَلُ	تَتَنَاوَلَ	تَتَنَاوَلْ	تَنَاوَلْ	تُنُوولْتَ	تُتَنَاوَلُ
	여성단수	أَنْتِ	تَنَاوَلْتِ	تَتَنَاوَلِينَ	تَتَنَاوَلِي	تَتَنَاوَلِي	تَنَاوَلِي	تُنُوولْتِ	تُتَنَاوَلِينَ
	남녀쌍수	أَنْتُمَا	تَنَاوَلْتُمَا	تَتَنَاوَلَانِ	تَتَنَاوَلَا	تَتَنَاوَلَا	تَنَاوَلَا	تُنُوولْتُمَا	تُتَنَاوَلَانِ
	남성복수	أَنْتُمْ	تَنَاوَلْتُمْ	تَتَنَاوَلُونَ	تَتَنَاوَلُوا	تَتَنَاوَلُوا	تَنَاوَلُوا	تُنُوولْتُمْ	تُتَنَاوَلُونَ
	여성복수	أَنْتُنَّ	تَنَاوَلْتُنَّ	تَتَنَاوَلْنَ	تَتَنَاوَلْنَ	تَتَنَاوَلْنَ	تَنَاوَلْنَ	تُنُوولْتُنَّ	تُتَنَاوَلْنَ
1인칭	남녀단수	أَنَا	تَنَاوَلْتُ	أَتَنَاوَلُ	أَتَنَاوَلَ	أَتَنَاوَلْ		تُنُوولْتُ	أُتَنَاوَلُ
	남녀쌍수·복수	نَحْنُ	تَنَاوَلْنَا	نَتَنَاوَلُ	نَتَنَاوَلَ	نَتَنَاوَلْ		تُنُوولْنَا	نُتَنَاوَلُ

능동분사 (اسْمُ الْفَاعِلِ)	수동분사 (اسْمُ الْمَفْعُولِ)	동명사 (الْمَصْدَرُ)
مُتَنَاوِلٌ	مُتَنَاوَلٌ	تَنَاوُلٌ

<표7> 강동사 Ⅶ 형   가버리다

اِنْصَرَفَ / يَنْصَرِفُ (مِنْ أَوْ إِلَى)

			능동태(ACTIVE)					수동태(PASSIVE)	
			완료형 الْفِعْلُ الْمَاضِي	미완료형 الْفِعْلُ الْمُضَارِعُ			명령형 فِعْلُ الْأَمْرِ	완료형 الْفِعْلُ الْمَاضِي	미완료형
				직설법 مَرْفُوعٌ	접속법 مَنْصُوبٌ	단축법 مَجْزُومٌ			직설법 مَرْفُوعٌ
3인칭	남성단수	هُوَ	اِنْصَرَفَ	يَنْصَرِفُ	يَنْصَرِفَ	يَنْصَرِفْ			
	여성단수	هِيَ	اِنْصَرَفَتْ	تَنْصَرِفُ	تَنْصَرِفَ	تَنْصَرِفْ			
	남성쌍수	هُمَا	اِنْصَرَفَا	يَنْصَرِفَانِ	يَنْصَرِفَا	يَنْصَرِفَا			
	여성쌍수	هُمَا	اِنْصَرَفَتَا	تَنْصَرِفَانِ	تَنْصَرِفَا	تَنْصَرِفَا			
	남성복수	هُمْ	اِنْصَرَفُوا	يَنْصَرِفُونَ	يَنْصَرِفُوا	يَنْصَرِفُوا			
	여성복수	هُنَّ	اِنْصَرَفْنَ	يَنْصَرِفْنَ	يَنْصَرِفْنَ	يَنْصَرِفْنَ			
2인칭	남성단수	أَنْتَ	اِنْصَرَفْتَ	تَنْصَرِفُ	تَنْصَرِفَ	تَنْصَرِفْ	اِنْصَرِفْ		
	여성단수	أَنْتِ	اِنْصَرَفْتِ	تَنْصَرِفِينَ	تَنْصَرِفِي	تَنْصَرِفِي	اِنْصَرِفِي		
	남녀쌍수	أَنْتُمَا	اِنْصَرَفْتُمَا	تَنْصَرِفَانِ	تَنْصَرِفَا	تَنْصَرِفَا	اِنْصَرِفَا		
	남성복수	أَنْتُمْ	اِنْصَرَفْتُمْ	تَنْصَرِفُونَ	تَنْصَرِفُوا	تَنْصَرِفُوا	اِنْصَرِفُوا		
	여성복수	أَنْتُنَّ	اِنْصَرَفْتُنَّ	تَنْصَرِفْنَ	تَنْصَرِفْنَ	تَنْصَرِفْنَ	اِنْصَرِفْنَ		
1인칭	남녀단수	أَنَا	اِنْصَرَفْتُ	أَنْصَرِفُ	أَنْصَرِفَ	أَنْصَرِفْ			
	남녀쌍수·복수	نَحْنُ	اِنْصَرَفْنَا	نَنْصَرِفُ	نَنْصَرِفَ	نَنْصَرِفْ			

능동분사 (اِسْمُ الْفَاعِلِ)	수동분사 (اِسْمُ الْمَفْعُولِ)	동명사 (الْمَصْدَرُ)
مُنْصَرِفٌ		اِنْصِرَافٌ

<표8> 강동사 Ⅷ 형 ..을 뽑다, 선출하다

اِنْتَخَبَ / يَنْتَخِبُ هـ

			능동태(ACTIVE)					수동태(PASSIVE)	
			완료형 الْفِعْلُ الْمَاضِي	미완료형 الْفِعْلُ الْمُضَارِعُ				완료형 الْفِعْلُ الْمَاضِي	미완료형
				직설법 مَرْفُوعٌ	접속법 مَنْصُوبٌ	단축법 مَجْزُومٌ	명령형 فِعْلُ الْأَمْرِ		직설법 مَرْفُوعٌ
3인칭	남성단수	هُوَ	اِنْتَخَبَ	يَنْتَخِبُ	يَنْتَخِبَ	يَنْتَخِبْ		اُنْتُخِبَ	يُنْتَخَبُ
	여성단수	هِيَ	اِنْتَخَبَتْ	تَنْتَخِبُ	تَنْتَخِبَ	تَنْتَخِبْ		اُنْتُخِبَتْ	تُنْتَخَبُ
	남성쌍수	هُمَا	اِنْتَخَبَا	يَنْتَخِبَانِ	يَنْتَخِبَا	يَنْتَخِبَا		اُنْتُخِبَا	يُنْتَخَبَانِ
	여성쌍수	هُمَا	اِنْتَخَبَتَا	تَنْتَخِبَانِ	تَنْتَخِبَا	تَنْتَخِبَا		اُنْتُخِبَتَا	تُنْتَخَبَانِ
	남성복수	هُمْ	اِنْتَخَبُوا	يَنْتَخِبُونَ	يَنْتَخِبُوا	يَنْتَخِبُوا		اُنْتُخِبُوا	يُنْتَخَبُونَ
	여성복수	هُنَّ	اِنْتَخَبْنَ	يَنْتَخِبْنَ	يَنْتَخِبْنَ	يَنْتَخِبْنَ		اُنْتُخِبْنَ	يُنْتَخَبْنَ
2인칭	남성단수	أَنْتَ	اِنْتَخَبْتَ	تَنْتَخِبُ	تَنْتَخِبَ	تَنْتَخِبْ	اِنْتَخِبْ	اُنْتُخِبْتَ	تُنْتَخَبُ
	여성단수	أَنْتِ	اِنْتَخَبْتِ	تَنْتَخِبِينَ	تَنْتَخِبِي	تَنْتَخِبِي	اِنْتَخِبِي	اُنْتُخِبْتِ	تُنْتَخَبِينَ
	남녀쌍수	أَنْتُمَا	اِنْتَخَبْتُمَا	تَنْتَخِبَانِ	تَنْتَخِبَا	تَنْتَخِبَا	اِنْتَخِبَا	اُنْتُخِبْتُمَا	تُنْتَخَبَانِ
	남성복수	أَنْتُمْ	اِنْتَخَبْتُمْ	تَنْتَخِبُونَ	تَنْتَخِبُوا	تَنْتَخِبُوا	اِنْتَخِبُوا	اُنْتُخِبْتُمْ	تُنْتَخَبُونَ
	여성복수	أَنْتُنَّ	اِنْتَخَبْتُنَّ	تَنْتَخِبْنَ	تَنْتَخِبْنَ	تَنْتَخِبْنَ	اِنْتَخِبْنَ	اُنْتُخِبْتُنَّ	تُنْتَخَبْنَ
1인칭	남녀단수	أَنَا	اِنْتَخَبْتُ	أَنْتَخِبُ	أَنْتَخِبَ	أَنْتَخِبْ		اُنْتُخِبْتُ	أُنْتَخَبُ
	남녀쌍수·복수	نَحْنُ	اِنْتَخَبْنَا	نَنْتَخِبُ	نَنْتَخِبَ	نَنْتَخِبْ		اُنْتُخِبْنَا	نُنْتَخَبُ

능동분사 (اِسْمُ الْفَاعِلِ)	수동분사 (اِسْمُ الْمَفْعُولِ)	동명사 (الْمَصْدَرُ)
مُنْتَخِبٌ	مُنْتَخَبٌ	اِنْتِخَابٌ

종합 아랍어 문법 I

<표9> 강동사 IX 형   붉어지다

اِحْمَرَّ / يَحْمَرُّ

			능동태(ACTIVE)				수동태(PASSIVE)	
			완료형 الْفِعْلُ الْمَاضِي	미완료형 الْفِعْلُ الْمُضَارِعُ				완료형 الْفِعْلُ الْمَاضِي	미완료형
				직설법 مَرْفُوعٌ	접속법 مَنْصُوبٌ	단축법 مَجْزُومٌ	명령형 فِعْلُ الْأَمْرِ		직설법 مَرْفُوعٌ
3인칭	남성 단수	هُوَ	اِحْمَرَّ	يَحْمَرُّ	يَحْمَرَّ	يَحْمَرَّ، يَحْمَرِرْ			
	여성 단수	هِيَ	اِحْمَرَّتْ	تَحْمَرُّ	تَحْمَرَّ	تَحْمَرَّ، تَحْمَرِرْ			
	남성 쌍수	هُمَا	اِحْمَرَّا	يَحْمَرَّانِ	يَحْمَرَّا	يَحْمَرَّا			
	여성 쌍수	هُمَا	اِحْمَرَّتَا	تَحْمَرَّانِ	تَحْمَرَّا	تَحْمَرَّا			
	남성 복수	هُمْ	اِحْمَرُّوا	يَحْمَرُّونَ	يَحْمَرُّوا	يَحْمَرُّوا			
	여성 복수	هُنَّ	اِحْمَرَرْنَ	يَحْمَرِرْنَ	يَحْمَرِرْنَ	يَحْمَرِرْنَ			
2인칭	남성 단수	أَنْتَ	اِحْمَرَرْتَ	تَحْمَرُّ	تَحْمَرَّ	تَحْمَرَّ، تَحْمَرِرْ	اِحْمَرَّ، اِحْمَرِرْ		
	여성 단수	أَنْتِ	اِحْمَرَرْتِ	تَحْمَرِّينَ	تَحْمَرِّي	تَحْمَرِّي	اِحْمَرِّي		
	남녀 쌍수	أَنْتُمَا	اِحْمَرَرْتُمَا	تَحْمَرَّانِ	تَحْمَرَّا	تَحْمَرَّا	اِحْمَرَّا		
	남성 복수	أَنْتُمْ	اِحْمَرَرْتُمْ	تَحْمَرُّونَ	تَحْمَرُّوا	تَحْمَرُّوا	اِحْمَرُّوا		
	여성 복수	أَنْتُنَّ	اِحْمَرَرْتُنَّ	تَحْمَرِرْنَ	تَحْمَرِرْنَ	تَحْمَرِرْنَ	اِحْمَرِرْنَ		
1인칭	남녀 단수	أَنَا	اِحْمَرَرْتُ	أَحْمَرُّ	أَحْمَرَّ	أَحْمَرَّ، أَحْمَرِرْ			
	남녀 쌍수·복수	نَحْنُ	اِحْمَرَرْنَا	نَحْمَرُّ	نَحْمَرَّ	نَحْمَرَّ، نَحْمَرِرْ			

능동분사 (اسْمُ الْفَاعِلِ)	수동분사 (اسْمُ الْمَفْعُولِ)	동명사 (الْمَصْدَرُ)
مُحْمَرٌّ		اِحْمِرَارٌ

<표10> 강동사 X 형 받아들이다

اِسْتَقْبَلَ / يَسْتَقْبِلُ ه أَوْ هـ

			능동태(ACTIVE)					수동태(PASSIVE)	
			완료형 الْفِعْلُ الْمَاضِي	미완료형 الْفِعْلُ الْمُضَارِعُ				완료형 الْفِعْلُ الْمَاضِي	미완료형
				직설법 مَرْفُوعٌ	접속법 مَنْصُوبٌ	단축법 مَجْزُومٌ	명령형 فِعْلُ الْأَمْرِ		직설법 مَرْفُوعٌ
3인칭	남성단수	هُوَ	اِسْتَقْبَلَ	يَسْتَقْبِلُ	يَسْتَقْبِلَ	يَسْتَقْبِلْ		اُسْتُقْبِلَ	يُسْتَقْبَلُ
	여성단수	هِيَ	اِسْتَقْبَلَتْ	تَسْتَقْبِلُ	تَسْتَقْبِلَ	تَسْتَقْبِلْ		اُسْتُقْبِلَتْ	تُسْتَقْبَلُ
	남성쌍수	هُمَا	اِسْتَقْبَلَا	يَسْتَقْبِلَانِ	يَسْتَقْبِلَا	يَسْتَقْبِلَا		اُسْتُقْبِلَا	يُسْتَقْبَلَانِ
	여성쌍수	هُمَا	اِسْتَقْبَلَتَا	تَسْتَقْبِلَانِ	تَسْتَقْبِلَا	تَسْتَقْبِلَا		اُسْتُقْبِلَتَا	تُسْتَقْبَلَانِ
	남성복수	هُمْ	اِسْتَقْبَلُوا	يَسْتَقْبِلُونَ	يَسْتَقْبِلُوا	يَسْتَقْبِلُوا		اُسْتُقْبِلُوا	يُسْتَقْبَلُونَ
	여성복수	هُنَّ	اِسْتَقْبَلْنَ	يَسْتَقْبِلْنَ	يَسْتَقْبِلْنَ	يَسْتَقْبِلْنَ		اُسْتُقْبِلْنَ	يُسْتَقْبَلْنَ
2인칭	남성단수	أَنْتَ	اِسْتَقْبَلْتَ	تَسْتَقْبِلُ	تَسْتَقْبِلَ	تَسْتَقْبِلْ	اِسْتَقْبِلْ	اُسْتُقْبِلْتَ	تُسْتَقْبَلُ
	여성단수	أَنْتِ	اِسْتَقْبَلْتِ	تَسْتَقْبِلِينَ	تَسْتَقْبِلِي	تَسْتَقْبِلِي	اِسْتَقْبِلِي	اُسْتُقْبِلْتِ	تُسْتَقْبَلِينَ
	남녀쌍수	أَنْتُمَا	اِسْتَقْبَلْتُمَا	تَسْتَقْبِلَانِ	تَسْتَقْبِلَا	تَسْتَقْبِلَا	اِسْتَقْبِلَا	اُسْتُقْبِلْتُمَا	تُسْتَقْبَلَانِ
	남성복수	أَنْتُمْ	اِسْتَقْبَلْتُمْ	تَسْتَقْبِلُونَ	تَسْتَقْبِلُوا	تَسْتَقْبِلُوا	اِسْتَقْبِلُوا	اُسْتُقْبِلْتُمْ	تُسْتَقْبَلُونَ
	여성복수	أَنْتُنَّ	اِسْتَقْبَلْتُنَّ	تَسْتَقْبِلْنَ	تَسْتَقْبِلْنَ	تَسْتَقْبِلْنَ	اِسْتَقْبِلْنَ	اُسْتُقْبِلْتُنَّ	تُسْتَقْبَلْنَ
1인칭	남녀단수	أَنَا	اِسْتَقْبَلْتُ	أَسْتَقْبِلُ	أَسْتَقْبِلَ	أَسْتَقْبِلْ		اُسْتُقْبِلْتُ	أُسْتَقْبَلُ
	남녀쌍수·복수	نَحْنُ	اِسْتَقْبَلْنَا	نَسْتَقْبِلُ	نَسْتَقْبِلَ	نَسْتَقْبِلْ		اُسْتُقْبِلْنَا	نُسْتَقْبَلُ

능동분사 (اِسْمُ الْفَاعِلِ)	수동분사 (اِسْمُ الْمَفْعُولِ)	동명사 (الْمَصْدَرُ)
مُسْتَقْبِلٌ	مُسْتَقْبَلٌ	اِسْتِقْبَالٌ

<표11> 사(四)자음 동사 번역하다

$$\text{تَرْجَمَ} / \text{يُتَرْجِمُ هـ}$$

			능동태(ACTIVE)					수동태(PASSIVE)	
			완료형 الفِعْلُ المَاضِي	미완료형 الفِعْلُ المُضَارِعُ				완료형 الفِعْلُ المَاضِي	미완료형
				직설법 مَرْفُوعٌ	접속법 مَنْصُوبٌ	단축법 مَجْزُومٌ	명령형 فِعْلُ الأَمْرِ		직설법 مَرْفُوعٌ
3인칭	남성단수	هُوَ	تَرْجَمَ	يُتَرْجِمُ	يُتَرْجِمَ	يُتَرْجِمْ		تُرْجِمَ	يُتَرْجَمُ
	여성단수	هِيَ	تَرْجَمَتْ	تُتَرْجِمُ	تُتَرْجِمَ	تُتَرْجِمْ		تُرْجِمَتْ	تُتَرْجَمُ
	남성쌍수	هُمَا	تَرْجَمَا	يُتَرْجِمَانِ	يُتَرْجِمَا	يُتَرْجِمَا		تُرْجِمَا	يُتَرْجَمَانِ
	여성쌍수	هُمَا	تَرْجَمَتَا	تُتَرْجِمَانِ	تُتَرْجِمَا	تُتَرْجِمَا		تُرْجِمَتَا	تُتَرْجَمَانِ
	남성복수	هُمْ	تَرْجَمُوا	يُتَرْجِمُونَ	يُتَرْجِمُوا	يُتَرْجِمُوا			
	여성복수	هُنَّ	تَرْجَمْنَ	يُتَرْجِمْنَ	يُتَرْجِمْنَ	يُتَرْجِمْنَ			
2인칭	남성단수	أَنْتَ	تَرْجَمْتَ	تُتَرْجِمُ	تُتَرْجِمَ	تُتَرْجِمْ	تَرْجِمْ		
	여성단수	أَنْتِ	تَرْجَمْتِ	تُتَرْجِمِينَ	تُتَرْجِمِي	تُتَرْجِمِي	تَرْجِمِي		
	남녀쌍수	أَنْتُمَا	تَرْجَمْتُمَا	تُتَرْجِمَانِ	تُتَرْجِمَا	تُتَرْجِمَا	تَرْجِمَا		
	남성복수	أَنْتُمْ	تَرْجَمْتُمْ	تُتَرْجِمُونَ	تُتَرْجِمُوا	تُتَرْجِمُوا	تَرْجِمُوا		
	여성복수	أَنْتُنَّ	تَرْجَمْتُنَّ	تُتَرْجِمْنَ	تُتَرْجِمْنَ	تُتَرْجِمْنَ	تَرْجِمْنَ		
1인칭	남녀단수	أَنَا	تَرْجَمْتُ	أُتَرْجِمُ	أُتَرْجِمَ	أُتَرْجِمْ			
	남녀쌍수·복수	نَحْنُ	تَرْجَمْنَا	نُتَرْجِمُ	نُتَرْجِمَ	نُتَرْجِمْ			

능동분사 (اسْمُ الفَاعِلِ)	수동분사 (اسْمُ المَفْعُولِ)	동명사 (المَصْدَرُ)
مُتَرْجِمٌ	مُتَرْجَمٌ	تَرْجَمَةٌ

부록 – 동사변화표

<표12> 함자동사　먹다

$$\text{أَكَلَ}/ \text{يَأْكُلُ} \text{ هـ}$$

		능동태(ACTIVE)					수동태(PASSIVE)	
		완료형 الْفِعْلُ الْمَاضِي	미완료형 الْفِعْلُ الْمُضَارِعُ				완료형 الْفِعْلُ الْمَاضِي	미완료형
			직설법 مَرْفُوعٌ	접속법 مَنْصُوبٌ	단축법 مَجْزُومٌ	명령형 فِعْلُ الْأَمْرِ		직설법 مَرْفُوعٌ
3인칭	남성단수 هُوَ	أَكَلَ	يَأْكُلُ	يَأْكُلَ	يَأْكُلْ		أُكِلَ	يُؤْكَلُ
	여성단수 هِيَ	أَكَلَتْ	تَأْكُلُ	تَأْكُلَ	تَأْكُلْ		أُكِلَتْ	تُؤْكَلُ
	남성쌍수 هُمَا	أَكَلَا	يَأْكُلَانِ	يَأْكُلَا	يَأْكُلَا		أُكِلَا	يُؤْكَلَانِ
	여성쌍수 هُمَا	أَكَلَتَا	تَأْكُلَانِ	تَأْكُلَا	تَأْكُلَا		أُكِلَتَا	تُؤْكَلَانِ
	남성복수 هُمْ	أَكَلُوا	يَأْكُلُونَ	يَأْكُلُوا	يَأْكُلُوا		أُكِلُوا	يُؤْكَلُونَ
	여성복수 هُنَّ	أَكَلْنَ	يَأْكُلْنَ	يَأْكُلْنَ	يَأْكُلْنَ		أُكِلْنَ	يُؤْكَلْنَ
2인칭	남성단수 أَنْتَ	أَكَلْتَ	تَأْكُلُ	تَأْكُلَ	تَأْكُلْ	كُلْ	أُكِلْتَ	تُؤْكَلُ
	여성단수 أَنْتِ	أَكَلْتِ	تَأْكُلِينَ	تَأْكُلِي	تَأْكُلِي	كُلِي	أُكِلْتِ	تُؤْكَلِينَ
	남녀쌍수 أَنْتُمَا	أَكَلْتُمَا	تَأْكُلَانِ	تَأْكُلَا	تَأْكُلَا	كُلَا	أُكِلْتُمَا	تُؤْكَلَانِ
	남성복수 أَنْتُمْ	أَكَلْتُمْ	تَأْكُلُونَ	تَأْكُلُوا	تَأْكُلُوا	كُلُوا	أُكِلْتُمْ	تُؤْكَلُونَ
	여성복수 أَنْتُنَّ	أَكَلْتُنَّ	تَأْكُلْنَ	تَأْكُلْنَ	تَأْكُلْنَ	كُلْنَ	أُكِلْتُنَّ	تُؤْكَلْنَ
1인칭	남녀단수 أَنَا	أَكَلْتُ	آكُلُ	آكُلَ	آكُلْ		أُكِلْتُ	أُوكَلُ*
	남녀쌍수·복수 نَحْنُ	أَكَلْنَا	نَأْكُلُ	نَأْكُلَ	نَأْكُلْ		أُكِلْنَا	نُؤْكَلُ

→ * 표가 있는 أُوكَلُ 에서 أ + أ 가 أُو 로 바뀌었다.

능동분사 (اسْمُ الْفَاعِلِ)	수동분사 (اسْمُ الْمَفْعُولِ)	동명사 (الْمَصْدَرُ)
آكِلٌ	مَأْكُولٌ	أَكْلٌ

<표13> 함자동사   질문하다

$$سَأَلَ / يَسْأَلُ \ ه \ هـ$$

			능동태(ACTIVE)					수동태(PASSIVE)	
			완료형 الْفِعْلُ الْمَاضِي	미완료형 الْفِعْلُ الْمُضَارِعُ				완료형 الْفِعْلُ الْمَاضِي	미완료형
				직설법 مَرْفُوعٌ	접속법 مَنْصُوبٌ	단축법 مَجْزُومٌ	명령형 فِعْلُ الْأَمْرِ		직설법 مَرْفُوعٌ
3인칭	남성단수	هُوَ	سَأَلَ	يَسْأَلُ	يَسْأَلَ	يَسْأَلْ		سُئِلَ	يُسْأَلُ
	여성단수	هِيَ	سَأَلَتْ	تَسْأَلُ	تَسْأَلَ	تَسْأَلْ		سُئِلَتْ	تُسْأَلُ
	남성쌍수	هُمَا	سَأَلَا	يَسْأَلَانِ	يَسْأَلَا	يَسْأَلَا		سُئِلَا	يُسْأَلَانِ
	여성쌍수	هُمَا	سَأَلَتَا	تَسْأَلَانِ	تَسْأَلَا	تَسْأَلَا		سُئِلَتَا	تُسْأَلَانِ
	남성복수	هُمْ	سَأَلُوا	يَسْأَلُونَ	يَسْأَلُوا	يَسْأَلُوا		سُئِلُوا	يُسْأَلُونَ
	여성복수	هُنَّ	سَأَلْنَ	يَسْأَلْنَ	يَسْأَلْنَ	يَسْأَلْنَ		سُئِلْنَ	يُسْأَلْنَ
2인칭	남성단수	أَنْتَ	سَأَلْتَ	تَسْأَلُ	تَسْأَلَ	تَسْأَلْ	اِسْأَلْ	سُئِلْتَ	تُسْأَلُ
	여성단수	أَنْتِ	سَأَلْتِ	تَسْأَلِينَ	تَسْأَلِي	تَسْأَلِي	اِسْأَلِي	سُئِلْتِ	تُسْأَلِينَ
	남녀쌍수	أَنْتُمَا	سَأَلْتُمَا	تَسْأَلَانِ	تَسْأَلَا	تَسْأَلَا	اِسْأَلَا	سُئِلْتُمَا	تُسْأَلَانِ
	남성복수	أَنْتُمْ	سَأَلْتُمْ	تَسْأَلُونَ	تَسْأَلُوا	تَسْأَلُوا	اِسْأَلُوا	سُئِلْتُمْ	تُسْأَلُونَ
	여성복수	أَنْتُنَّ	سَأَلْتُنَّ	تَسْأَلْنَ	تَسْأَلْنَ	تَسْأَلْنَ	اِسْأَلْنَ	سُئِلْتُنَّ	تُسْأَلْنَ
1인칭	남녀단수	أَنَا	سَأَلْتُ	أَسْأَلُ	أَسْأَلَ	أَسْأَلْ		سُئِلْتُ	أُسْأَلُ
	남녀쌍수·복수	نَحْنُ	سَأَلْنَا	نَسْأَلُ	نَسْأَلَ	نَسْأَلْ		سُئِلْنَا	نُسْأَلُ

능동분사 (اسْمُ الْفَاعِلِ)	수동분사 (اسْمُ الْمَفْعُولِ)	동명사 (الْمَصْدَرُ)
سَائِلٌ	مَسْؤُولٌ (أَوْ مَسْئُولٌ)	سُؤَالٌ

<표14> 함자동사   시작하다

$$بَدَأَ / يَبْدَأُ \; هـ$$

			능동태(ACTIVE)					수동태(PASSIVE)	
			완료형 الْفِعْلُ الْمَاضِي	미완료형 الْفِعْلُ الْمُضَارِعُ				완료형 الْفِعْلُ الْمَاضِي	미완료형
				직설법 مَرْفُوعٌ	접속법 مَنْصُوبٌ	단축법 مَجْزُومٌ	명령형 فِعْلُ الْأَمْرِ		직설법 مَرْفُوعٌ
3인칭	남성단수	هُوَ	بَدَأَ	يَبْدَأُ	يَبْدَأَ	يَبْدَأْ		بُدِئَ	يُبْدَأُ
	여성단수	هِيَ	بَدَأَتْ	تَبْدَأُ	تَبْدَأَ	تَبْدَأْ		بُدِئَتْ	تُبْدَأُ
	남성쌍수	هُمَا	بَدَآ	يَبْدَآنِ	يَبْدَآ	يَبْدَآ		بُدِآ	يُبْدَآنِ
	여성쌍수	هُمَا	بَدَأَتَا	تَبْدَآنِ	تَبْدَآ	تَبْدَآ		بُدِئَتَا	تُبْدَآنِ
	남성복수	هُمْ	بَدَؤُوا، بَدَأُوا، بَدَءُوا	يَبْدَؤُونَ، يَبْدَأُونَ، يَبْدَءُونَ	يَبْدَؤُوا، يَبْدَأُوا، يَبْدَءُوا	يَبْدَؤُوا، يَبْدَأُوا، يَبْدَءُوا			
	여성복수	هُنَّ	بَدَأْنَ	يَبْدَأْنَ	يَبْدَأْنَ	يَبْدَأْنَ			
2인칭	남성단수	أَنْتَ	بَدَأْتَ	تَبْدَأُ	تَبْدَأَ	تَبْدَأْ	اِبْدَأْ		
	여성단수	أَنْتِ	بَدَأْتِ	تَبْدَئِينَ	تَبْدَئِي	تَبْدَئِي	اِبْدَئِي		
	남녀쌍수	أَنْتُمَا	بَدَأْتُمَا	تَبْدَآنِ	تَبْدَآ	تَبْدَآ	اِبْدَآ		
	남성복수	أَنْتُمْ	بَدَأْتُمْ	تَبْدَؤُونَ، تَبْدَأُونَ، تَبْدَءُونَ	تَبْدَؤُوا، تَبْدَأُوا، تَبْدَءُوا	تَبْدَؤُوا، تَبْدَأُوا، تَبْدَءُوا	اِبْدَؤُوا، اِبْدَأُوا، اِبْدَءُوا		
	여성복수	أَنْتُنَّ	بَدَأْتُنَّ	تَبْدَأْنَ	تَبْدَأْنَ	تَبْدَأْنَ	اِبْدَأْنَ		
1인칭	남녀단수	أَنَا	بَدَأْتُ	أَبْدَأُ	أَبْدَأَ	أَبْدَأْ			
	남녀쌍수·복수	نَحْنُ	بَدَأْنَا	نَبْدَأُ	نَبْدَأَ	نَبْدَأْ			

능동분사 (اسْمُ الْفَاعِلِ)	수동분사 (اسْمُ الْمَفْعُولِ)	동명사 (الْمَصْدَرُ)
بَادِئٌ	مَبْدُوءٌ	بَدْءٌ، بِدَايَةٌ

종합 아랍어 문법 I

<표15> 중복자음동사 원형　　세다(to count)

$$عَدَّ / يَعُدُّ \ هـ \ أَوْ \ ه$$

			능동태(ACTIVE)					수동태(PASSIVE)	
			완료형 الْفِعْلُ الْمَاضِي	미완료형 الْفِعْلُ الْمُضَارِعُ				완료형 الْفِعْلُ الْمَاضِي	미완료형
				직설법 مَرْفُوعٌ	접속법 مَنْصُوبٌ	단축법 مَجْزُومٌ	명령형 فِعْلُ الْأَمْرِ		직설법 مَرْفُوعٌ
3인칭	남성단수	هُوَ	عَدَّ	يَعُدُّ	يَعُدَّ	يَعُدَّ، يَعْدُدْ		عُدَّ	يُعَدُّ
	여성단수	هِيَ	عَدَّتْ	تَعُدُّ	تَعُدَّ	تَعُدَّ، تَعْدُدْ		عُدَّتْ	تُعَدُّ
	남성쌍수	هُمَا	عَدَّا	يَعُدَّانِ	يَعُدَّا	يَعُدَّا		عُدَّا	يُعَدَّانِ
	여성쌍수	هُمَا	عَدَّتَا	تَعُدَّانِ	تَعُدَّا	تَعُدَّا		عُدَّتَا	تُعَدَّانِ
	남성복수	هُمْ	عَدُّوا	يَعُدُّونَ	يَعُدُّوا	يَعُدُّوا		عُدُّوا	يُعَدُّونَ
	여성복수	هُنَّ	عَدَدْنَ	يَعْدُدْنَ	يَعْدُدْنَ	يَعْدُدْنَ		عُدِدْنَ	يُعْدَدْنَ
2인칭	남성단수	أَنْتَ	عَدَدْتَ	تَعُدُّ	تَعُدَّ	تَعُدَّ، تَعْدُدْ	عُدَّ، أُعْدُدْ	عُدِدْتَ	تُعَدُّ
	여성단수	أَنْتِ	عَدَدْتِ	تَعُدِّينَ	تَعُدِّي	تَعُدِّي	عُدِّي	عُدِدْتِ	تُعَدِّينَ
	남녀쌍수	أَنْتُمَا	عَدَدْتُمَا	تَعُدَّانِ	تَعُدَّا	تَعُدَّا	عُدَّا	عُدِدْتُمَا	تُعَدَّانِ
	남성복수	أَنْتُمْ	عَدَدْتُمْ	تَعُدُّونَ	تَعُدُّوا	تَعُدُّوا	عُدُّوا	عُدِدْتُمْ	تُعَدُّونَ
	여성복수	أَنْتُنَّ	عَدَدْتُنَّ	تَعْدُدْنَ	تَعْدُدْنَ	تَعْدُدْنَ	أُعْدُدْنَ	عُدِدْتُنَّ	تُعْدَدْنَ
1인칭	남녀단수	أَنَا	عَدَدْتُ	أَعُدُّ	أَعُدَّ	أَعُدَّ، أَعْدُدْ		عُدِدْتُ	أُعَدُّ
	남녀쌍수·복수	نَحْنُ	عَدَدْنَا	نَعُدُّ	نَعُدَّ	نَعُدَّ، نَعْدُدْ		عُدِدْنَا	نُعَدُّ

능동분사 (اسْمُ الْفَاعِلِ)	수동분사 (اسْمُ الْمَفْعُولِ)	동명사 (الْمَصْدَرُ)
عَادٌّ	مَعْدُودٌ	عَدٌّ

<표16> 중복자음동사 Ⅳ 형   사랑하다, 좋아하다

أَحَبَّ / يُحِبُّ ه أَوْ هـ

			능동태(ACTIVE)					수동태(PASSIVE)	
			완료형 الفِعْلُ المَاضِي	미완료형 الفِعْلُ المُضَارِعُ				완료형 الفِعْلُ المَاضِي	미완료형
				직설법 مَرْفُوعٌ	접속법 مَنْصُوبٌ	단축법 مَجْزُومٌ	명령형 فِعْلُ الأَمْرِ		직설법 مَرْفُوعٌ
3인칭	남성 단수	هُوَ	أَحَبَّ	يُحِبُّ	يُحِبَّ	يُحِبَّ، يُحْبِبْ		أُحِبَّ	يُحَبُّ
	여성 단수	هِيَ	أَحَبَّتْ	تُحِبُّ	تُحِبَّ	تُحِبَّ، تُحْبِبْ		أُحِبَّتْ	تُحَبُّ
	남성 쌍수	هُمَا	أَحَبَّا	يُحِبَّانِ	يُحِبَّا	يُحِبَّا		أُحِبَّا	يُحَبَّانِ
	여성 쌍수	هُمَا	أَحَبَّتَا	تُحِبَّانِ	تُحِبَّا	تُحِبَّا		أُحِبَّتَا	تُحَبَّانِ
	남성 복수	هُمْ	أَحَبُّوا	يُحِبُّونَ	يُحِبُّوا	يُحِبُّوا		أُحِبُّوا	يُحَبُّونَ
	여성 복수	هُنَّ	أَحْبَبْنَ	يُحْبِبْنَ	يُحْبِبْنَ	يُحْبِبْنَ		أُحْبِبْنَ	يُحْبَبْنَ
2인칭	남성 단수	أَنْتَ	أَحْبَبْتَ	تُحِبُّ	تُحِبَّ	تُحِبَّ، تُحْبِبْ	أَحِبَّ، أَحْبِبْ	أُحْبِبْتَ	تُحَبُّ
	여성 단수	أَنْتِ	أَحْبَبْتِ	تُحِبِّينَ	تُحِبِّي	تُحِبِّي	أَحِبِّي	أُحْبِبْتِ	تُحَبِّينَ
	남녀 쌍수	أَنْتُمَا	أَحْبَبْتُمَا	تُحِبَّانِ	تُحِبَّا	تُحِبَّا	أَحِبَّا	أُحْبِبْتُمَا	تُحَبَّانِ
	남성 복수	أَنْتُمْ	أَحْبَبْتُمْ	تُحِبُّونَ	تُحِبُّوا	تُحِبُّوا	أَحِبُّوا	أُحْبِبْتُمْ	تُحَبُّونَ
	여성 복수	أَنْتُنَّ	أَحْبَبْتُنَّ	تُحْبِبْنَ	تُحْبِبْنَ	تُحْبِبْنَ	أَحْبِبْنَ	أُحْبِبْتُنَّ	تُحْبَبْنَ
1인칭	남녀 단수	أَنَا	أَحْبَبْتُ	أُحِبُّ	أُحِبَّ	أُحِبَّ، أُحْبِبْ		أُحْبِبْتُ	أُحَبُّ
	남녀 쌍수·복수	نَحْنُ	أَحْبَبْنَا	نُحِبُّ	نُحِبَّ	نُحِبَّ، نُحْبِبْ		أُحْبِبْنَا	نُحَبُّ

능동분사 (اسْمُ الفَاعِلِ)	수동분사 (اسْمُ المَفْعُولِ)	동명사 (المَصْدَرُ)
مُحِبٌّ	مُحَبٌّ	إِحْبَابٌ

<표17> 중복자음동사 Ⅶ 형 …에 가입하다

اِنْضَمَّ/ يَنْضَمُّ إِلَى

			능동태(ACTIVE)					수동태(PASSIVE)	
			완료형 الْفِعْلُ الْمَاضِي	미완료형 الْفِعْلُ الْمُضَارِعُ				완료형 الْفِعْلُ الْمَاضِي	미완료형
				직설법 مَرْفُوعٌ	접속법 مَنْصُوبٌ	단축법 مَجْزُومٌ	명령형 فِعْلُ الْأَمْرِ		직설법 مَرْفُوعٌ
3인칭	남성단수	هُوَ	اِنْضَمَّ	يَنْضَمُّ	يَنْضَمَّ	يَنْضَمَّ، يَنْضَمِمْ			
	여성단수	هِيَ	اِنْضَمَّتْ	تَنْضَمُّ	تَنْضَمَّ	تَنْضَمَّ، تَنْضَمِمْ			
	남성쌍수	هُمَا	اِنْضَمَّا	يَنْضَمَّانِ	يَنْضَمَّا	يَنْضَمَّا			
	여성쌍수	هُمَا	اِنْضَمَّتَا	تَنْضَمَّانِ	تَنْضَمَّا	تَنْضَمَّا			
	남성복수	هُمْ	اِنْضَمُّوا	يَنْضَمُّونَ	يَنْضَمُّوا	يَنْضَمُّوا			
	여성복수	هُنَّ	اِنْضَمَمْنَ	يَنْضَمِمْنَ	يَنْضَمِمْنَ	يَنْضَمِمْنَ			
2인칭	남성단수	أَنْتَ	اِنْضَمَمْتَ	تَنْضَمُّ	تَنْضَمَّ	تَنْضَمَّ، تَنْضَمِمْ	اِنْضَمَّ، اِنْضَمِمْ		
	여성단수	أَنْتِ	اِنْضَمَمْتِ	تَنْضَمِّينَ	تَنْضَمِّي	تَنْضَمِّي	اِنْضَمِّي		
	남녀쌍수	أَنْتُمَا	اِنْضَمَمْتُمَا	تَنْضَمَّانِ	تَنْضَمَّا	تَنْضَمَّا	اِنْضَمَّا		
	남성복수	أَنْتُمْ	اِنْضَمَمْتُمْ	تَنْضَمُّونَ	تَنْضَمُّوا	تَنْضَمُّوا	اِنْضَمُّوا		
	여성복수	أَنْتُنَّ	اِنْضَمَمْتُنَّ	تَنْضَمِمْنَ	تَنْضَمِمْنَ	تَنْضَمِمْنَ	اِنْضَمِمْنَ		
1인칭	남녀단수	أَنَا	اِنْضَمَمْتُ	أَنْضَمُّ	أَنْضَمَّ	أَنْضَمَّ، أَنْضَمِمْ			
	남녀쌍수·복수	نَحْنُ	اِنْضَمَمْنَا	نَنْضَمُّ	نَنْضَمَّ	نَنْضَمَّ، نَنْضَمِمْ			

능동분사 (اِسْمُ الْفَاعِلِ)	수동분사 (اِسْمُ الْمَفْعُولِ)	동명사 (الْمَصْدَرُ)
مُنْضَمٌّ		اِنْضِمَامٌ

<표18> 중복자음동사 Ⅷ형   점령하다

اِحْتَلَّ / يَحْتَلُّ هـ

			능동태(ACTIVE)					수동태(PASSIVE)	
			완료형 الْفِعْلُ الْمَاضِي	미완료형 الْفِعْلُ الْمُضَارِعُ				완료형 الْفِعْلُ الْمَاضِي	미완료형
				직설법 مَرْفُوعٌ	접속법 مَنْصُوبٌ	단축법 مَجْزُومٌ	명령형 فِعْلُ الْأَمْرِ		직설법 مَرْفُوعٌ
3인칭	남성단수	هُوَ	اِحْتَلَّ	يَحْتَلُّ	يَحْتَلَّ	يَحْتَلَّ، يَحْتَلِلْ		اُحْتُلَّ	يُحْتَلُّ
	여성단수	هِيَ	اِحْتَلَّتْ	تَحْتَلُّ	تَحْتَلَّ	تَحْتَلَّ، تَحْتَلِلْ		اُحْتُلَّتْ	تُحْتَلُّ
	남성쌍수	هُمَا	اِحْتَلَّا	يَحْتَلَّانِ	يَحْتَلَّا	يَحْتَلَّا		اُحْتُلَّا	يُحْتَلَّانِ
	여성쌍수	هُمَا	اِحْتَلَّتَا	تَحْتَلَّانِ	تَحْتَلَّا	تَحْتَلَّا		اُحْتُلَّتَا	تُحْتَلَّانِ
	남성복수	هُمْ	اِحْتَلُّوا	يَحْتَلُّونَ	يَحْتَلُّوا	يَحْتَلُّوا		اُحْتُلُّوا	يُحْتَلُّونَ
	여성복수	هُنَّ	اِحْتَلَلْنَ	يَحْتَلِلْنَ	يَحْتَلِلْنَ	يَحْتَلِلْنَ		اُحْتُلِلْنَ	يُحْتَلَلْنَ
2인칭	남성단수	أَنْتَ	اِحْتَلَلْتَ	تَحْتَلُّ	تَحْتَلَّ	تَحْتَلَّ، تَحْتَلِلْ	اِحْتَلَّ، اِحْتَلِلْ	اُحْتُلِلْتَ	تُحْتَلُّ
	여성단수	أَنْتِ	اِحْتَلَلْتِ	تَحْتَلِّينَ	تَحْتَلِّي	تَحْتَلِّي	اِحْتَلِّي	اُحْتُلِلْتِ	تُحْتَلِّينَ
	남녀쌍수	أَنْتُمَا	اِحْتَلَلْتُمَا	تَحْتَلَّانِ	تَحْتَلَّا	تَحْتَلَّا	اِحْتَلَّا	اُحْتُلِلْتُمَا	تُحْتَلَّانِ
	남성복수	أَنْتُمْ	اِحْتَلَلْتُمْ	تَحْتَلُّونَ	تَحْتَلُّوا	تَحْتَلُّوا	اِحْتَلُّوا	اُحْتُلِلْتُمْ	تُحْتَلُّونَ
	여성복수	أَنْتُنَّ	اِحْتَلَلْتُنَّ	تَحْتَلِلْنَ	تَحْتَلِلْنَ	تَحْتَلِلْنَ	اِحْتَلِلْنَ	اُحْتُلِلْتُنَّ	تُحْتَلَلْنَ
1인칭	남녀단수	أَنَا	اِحْتَلَلْتُ	أَحْتَلُّ	أَحْتَلَّ	أَحْتَلَّ، أَحْتَلِلْ		اُحْتُلِلْتُ	أُحْتَلُّ
	남녀쌍수·복수	نَحْنُ	اِحْتَلَلْنَا	نَحْتَلُّ	نَحْتَلَّ	نَحْتَلَّ، نَحْتَلِلْ		اُحْتُلِلْنَا	نُحْتَلُّ

능동분사 (اسْمُ الْفَاعِلِ)	수동분사 (اسْمُ الْمَفْعُولِ)	동명사 (الْمَصْدَرُ)
مُحْتَلٌّ	مُحْتَلٌّ	اِحْتِلَالٌ

<표19> 중복자음동사 X형 계속되다

$$ اِسْتَمَرَّ / يَسْتَمِرُّ $$

			능동태(ACTIVE)				수동태(PASSIVE)	
			완료형 الْفِعْلُ الْمَاضِي	미완료형 الْفِعْلُ الْمُضَارِعُ				완료형 الْفِعْلُ الْمَاضِي	미완료형
				직설법 مَرْفُوعٌ	접속법 مَنْصُوبٌ	단축법 مَجْزُومٌ	명령형 فِعْلُ الْأَمْرِ		직설법 مَرْفُوعٌ
3인칭	남성단수	هُوَ	اِسْتَمَرَّ	يَسْتَمِرُّ	يَسْتَمِرَّ	يَسْتَمِرَّ, يَسْتَمْرِرْ			
	여성단수	هِيَ	اِسْتَمَرَّتْ	تَسْتَمِرُّ	تَسْتَمِرَّ	تَسْتَمِرَّ, تَسْتَمْرِرْ			
	남성쌍수	هُمَا	اِسْتَمَرَّا	يَسْتَمِرَّانِ	يَسْتَمِرَّا	يَسْتَمِرَّا			
	여성쌍수	هُمَا	اِسْتَمَرَّتَا	تَسْتَمِرَّانِ	تَسْتَمِرَّا	تَسْتَمِرَّا			
	남성복수	هُمْ	اِسْتَمَرُّوا	يَسْتَمِرُّونَ	يَسْتَمِرُّوا	يَسْتَمِرُّوا			
	여성복수	هُنَّ	اِسْتَمْرَرْنَ	يَسْتَمْرِرْنَ	يَسْتَمْرِرْنَ	يَسْتَمْرِرْنَ			
2인칭	남성단수	أَنْتَ	اِسْتَمْرَرْتَ	تَسْتَمِرُّ	تَسْتَمِرَّ	تَسْتَمِرَّ, تَسْتَمْرِرْ	اِسْتَمِرَّ, اِسْتَمْرِرْ		
	여성단수	أَنْتِ	اِسْتَمْرَرْتِ	تَسْتَمِرِّينَ	تَسْتَمِرِّي	تَسْتَمِرِّي	اِسْتَمِرِّي		
	남성쌍수	أَنْتُمَا	اِسْتَمْرَرْتُمَا	تَسْتَمِرَّانِ	تَسْتَمِرَّا	تَسْتَمِرَّا	اِسْتَمِرَّا		
	남성복수	أَنْتُمْ	اِسْتَمْرَرْتُمْ	تَسْتَمِرُّونَ	تَسْتَمِرُّوا	تَسْتَمِرُّوا	اِسْتَمِرُّوا		
	여성복수	أَنْتُنَّ	اِسْتَمْرَرْتُنَّ	تَسْتَمْرِرْنَ	تَسْتَمْرِرْنَ	تَسْتَمْرِرْنَ	اِسْتَمْرِرْنَ		
1인칭	남녀단수	أَنَا	اِسْتَمْرَرْتُ	أَسْتَمِرُّ	أَسْتَمِرَّ	أَسْتَمِرَّ, أَسْتَمْرِرْ			
	남녀쌍수·복수	نَحْنُ	اِسْتَمْرَرْنَا	نَسْتَمِرُّ	نَسْتَمِرَّ	نَسْتَمِرَّ, نَسْتَمْرِرْ			

능동분사 (اِسْمُ الْفَاعِلِ)	수동분사 (اِسْمُ الْمَفْعُولِ)	동명사 (الْمَصْدَرُ)
مُسْتَمِرٌّ		اِسْتِمْرَارٌ

<표20> 수약동사 원형   (아무에게) (…을) 약속하다

وَعَدَ / يَعِدُ بِ

			능동태(ACTIVE)					수동태(PASSIVE)	
			완료형 الْفِعْلُ الْمَاضِي	미완료형 الْفِعْلُ الْمُضَارِعُ				완료형 الْفِعْلُ الْمَاضِي	미완료형
				직설법 مَرْفُوعٌ	접속법 مَنْصُوبٌ	단축법 مَجْزُومٌ	명령형 فِعْلُ الْأَمْرِ		직설법 مَرْفُوعٌ
3인칭	남성단수	هُوَ	وَعَدَ	يَعِدُ	يَعِدَ	يَعِدْ		وُعِدَ	يُوعَدُ
	여성단수	هِيَ	وَعَدَتْ	تَعِدُ	تَعِدَ	تَعِدْ		وُعِدَتْ	تُوعَدُ
	남성쌍수	هُمَا	وَعَدَا	يَعِدَانِ	يَعِدَا	يَعِدَا		وُعِدَا	يُوعَدَانِ
	여성쌍수	هُمَا	وَعَدَتَا	تَعِدَانِ	تَعِدَا	تَعِدَا		وُعِدَتَا	تُوعَدَانِ
	남성복수	هُمْ	وَعَدُوا	يَعِدُونَ	يَعِدُوا	يَعِدُوا		وُعِدُوا	يُوعَدُونَ
	여성복수	هُنَّ	وَعَدْنَ	يَعِدْنَ	يَعِدْنَ	يَعِدْنَ		وُعِدْنَ	يُوعَدْنَ
2인칭	남성단수	أَنْتَ	وَعَدْتَ	تَعِدُ	تَعِدَ	تَعِدْ	عِدْ	وُعِدْتَ	تُوعَدُ
	여성단수	أَنْتِ	وَعَدْتِ	تَعِدِينَ	تَعِدِي	تَعِدِي	عِدِي	وُعِدْتِ	تُوعَدِينَ
	남녀쌍수	أَنْتُمَا	وَعَدْتُمَا	تَعِدَانِ	تَعِدَا	تَعِدَا	عِدَا	وُعِدْتُمَا	تُوعَدَانِ
	남성복수	أَنْتُمْ	وَعَدْتُمْ	تَعِدُونَ	تَعِدُوا	تَعِدُوا	عِدُوا	وُعِدْتُمْ	تُوعَدُونَ
	여성복수	أَنْتُنَّ	وَعَدْتُنَّ	تَعِدْنَ	تَعِدْنَ	تَعِدْنَ	عِدْنَ	وُعِدْتُنَّ	تُوعَدْنَ
1인칭	남녀단수	أَنَا	وَعَدْتُ	أَعِدُ	أَعِدَ	أَعِدْ		وُعِدْتُ	أُوعَدُ
	남녀쌍수·복수	نَحْنُ	وَعَدْنَا	نَعِدُ	نَعِدَ	نَعِدْ		وُعِدْنَا	نُوعَدُ

능동분사 (اسْمُ الْفَاعِلِ)	수동분사 (اسْمُ الْمَفْعُولِ)	동명사 (الْمَصْدَرُ)
وَاعِدٌ	مَوْعُودٌ	وَعْدٌ

<표21> 수약동사 Ⅷ 형   …에 합의하다

اتَّفَقَ / يَتَّفِقُ عَلَى

			능동태(ACTIVE)					수동태(PASSIVE)	
			완료형 الْفِعْلُ الْمَاضِي	미완료형 الْفِعْلُ الْمُضَارِعُ				완료형 الْفِعْلُ الْمَاضِي	미완료형
				직설법 مَرْفُوعٌ	접속법 مَنْصُوبٌ	단축법 مَجْزُومٌ	명령형 فِعْلُ الْأَمْرِ		직설법 مَرْفُوعٌ
3인칭	남성 단수	هُوَ	اتَّفَقَ	يَتَّفِقُ	يَتَّفِقَ	يَتَّفِقْ		اتُّفِقَ	يُتَّفَقُ
	여성 단수	هِيَ	اتَّفَقَتْ	تَتَّفِقُ	تَتَّفِقَ	تَتَّفِقْ			
	남성 쌍수	هُمَا	اتَّفَقَا	يَتَّفِقَانِ	يَتَّفِقَا	يَتَّفِقَا			
	여성 쌍수	هُمَا	اتَّفَقَتَا	تَتَّفِقَانِ	تَتَّفِقَا	تَتَّفِقَا			
	남성 복수	هُمْ	اتَّفَقُوا	يَتَّفِقُونَ	يَتَّفِقُوا	يَتَّفِقُوا			
	여성 복수	هُنَّ	اتَّفَقْنَ	يَتَّفِقْنَ	يَتَّفِقْنَ	يَتَّفِقْنَ			
2인칭	남성 단수	أَنْتَ	اتَّفَقْتَ	تَتَّفِقُ	تَتَّفِقَ	تَتَّفِقْ	اِتَّفِقْ		
	여성 단수	أَنْتِ	اتَّفَقْتِ	تَتَّفِقِينَ	تَتَّفِقِي	تَتَّفِقِي	اِتَّفِقِي		
	남녀 쌍수	أَنْتُمَا	اتَّفَقْتُمَا	تَتَّفِقَانِ	تَتَّفِقَا	تَتَّفِقَا	اِتَّفِقَا		
	남성 복수	أَنْتُمْ	اتَّفَقْتُمْ	تَتَّفِقُونَ	تَتَّفِقُوا	تَتَّفِقُوا	اِتَّفِقُوا		
	여성 복수	أَنْتُنَّ	اتَّفَقْتُنَّ	تَتَّفِقْنَ	تَتَّفِقْنَ	تَتَّفِقْنَ	اِتَّفِقْنَ		
1인칭	남녀 단수	أَنَا	اتَّفَقْتُ	أَتَّفِقُ	أَتَّفِقَ	أَتَّفِقْ			
	남녀 쌍수·복수	نَحْنُ	اتَّفَقْنَا	نَتَّفِقُ	نَتَّفِقَ	نَتَّفِقْ			

능동분사 (اسْمُ الْفَاعِلِ)	수동분사 (اسْمُ الْمَفْعُولِ)	동명사 (الْمَصْدَرُ)
مُتَّفِقٌ	مُتَّفَقٌ عَلَيْهِ	اتِّفَاقٌ

이 동사의 수동태는 3인칭 남성 단수꼴로만 사용된다. 비인칭 동사 용법으로 사용된다.
(الْمُعَاهَدَةُ اتُّفِقَ عَلَيْهَا. 그 협정은 합의되었다.)

<표22> 간약동사 원형   말하다

$$\text{قَالَ} / \text{يَقُولُ ــ}$$

			능동태(ACTIVE)					수동태(PASSIVE)	
			완료형 الْفِعْلُ الْمَاضِي	미완료형 الْفِعْلُ الْمُضَارِعُ				완료형 الْفِعْلُ الْمَاضِي	미완료형
				직설법 مَرْفُوعٌ	접속법 مَنْصُوبٌ	단축법 مَجْزُومٌ	명령형 فِعْلُ الْأَمْرِ		직설법 مَرْفُوعٌ
3인칭	남성단수	هُوَ	قَالَ	يَقُولُ	يَقُولَ	يَقُلْ		قِيلَ	يُقَالُ
	여성단수	هِيَ	قَالَتْ	تَقُولُ	تَقُولَ	تَقُلْ		قِيلَتْ	تُقَالُ
	남성쌍수	هُمَا	قَالَا	يَقُولَانِ	يَقُولَا	يَقُولَا		قِيلَا	يُقَالَانِ
	여성쌍수	هُمَا	قَالَتَا	تَقُولَانِ	تَقُولَا	تَقُولَا		قِيلَتَا	تُقَالَانِ
	남성복수	هُمْ	قَالُوا	يَقُولُونَ	يَقُولُوا	يَقُولُوا			
	여성복수	هُنَّ	قُلْنَ	يَقُلْنَ	يَقُلْنَ	يَقُلْنَ			
2인칭	남성단수	أَنْتَ	قُلْتَ	تَقُولُ	تَقُولَ	تَقُلْ	قُلْ		
	여성단수	أَنْتِ	قُلْتِ	تَقُولِينَ	تَقُولِي	تَقُولِي	قُولِي		
	남녀쌍수	أَنْتُمَا	قُلْتُمَا	تَقُولَانِ	تَقُولَا	تَقُولَا	قُولَا		
	남성복수	أَنْتُمْ	قُلْتُمْ	تَقُولُونَ	تَقُولُوا	تَقُولُوا	قُولُوا		
	여성복수	أَنْتُنَّ	قُلْتُنَّ	تَقُلْنَ	تَقُلْنَ	تَقُلْنَ	قُلْنَ		
1인칭	남녀단수	أَنَا	قُلْتُ	أَقُولُ	أَقُولَ	أَقُلْ			
	남녀쌍수·복수	نَحْنُ	قُلْنَا	نَقُولُ	نَقُولَ	نَقُلْ			

능동분사 (اسْمُ الْفَاعِلِ)	수동분사 (اسْمُ الْمَفْعُولِ)	동명사 (الْمَصْدَرُ)
قَائِلٌ	مَقُولٌ	قَوْلٌ

이 동사가 수동태 문장에 사용될 때 수동형의 주어(نَائِبُ الْفَاعِلِ)로 사물이 사용되기 때문에
3인칭 단수와 3인칭 쌍수 형태만 사용된다.

<표23> 간약동사 원형 걷다

سَارَ/ يَسِيرُ فِي أَوْ إِلَى

		능동태(ACTIVE)					수동태(PASSIVE)	
		완료형	미완료형 الْفِعْلُ الْمُضَارِعُ				완료형	미완료형
		الْفِعْلُ الْمَاضِي	직설법 مَرْفُوعٌ	접속법 مَنْصُوبٌ	단축법 مَجْزُومٌ	명령형 فِعْلُ الْأَمْرِ	الْفِعْلُ الْمَاضِي	직설법 مَرْفُوعٌ
3인칭	남성단수 هُوَ	سَارَ	يَسِيرُ	يَسِيرَ	يَسِرْ			
	여성단수 هِيَ	سَارَتْ	تَسِيرُ	تَسِيرَ	تَسِرْ			
	남성쌍수 هُمَا	سَارَا	يَسِيرَانِ	يَسِيرَا	يَسِيرَا			
	여성쌍수 هُمَا	سَارَتَا	تَسِيرَانِ	تَسِيرَا	تَسِيرَا			
	남성복수 هُمْ	سَارُوا	يَسِيرُونَ	يَسِيرُوا	يَسِيرُوا			
	여성복수 هُنَّ	سِرْنَ	يَسِرْنَ	يَسِرْنَ	يَسِرْنَ			
2인칭	남성단수 أَنْتَ	سِرْتَ	تَسِيرُ	تَسِيرَ	تَسِرْ	سِرْ		
	여성단수 أَنْتِ	سِرْتِ	تَسِيرِينَ	تَسِيرِي	تَسِيرِي	سِيرِي		
	남녀쌍수 أَنْتُمَا	سِرْتُمَا	تَسِيرَانِ	تَسِيرَا	تَسِيرَا	سِيرَا		
	남성복수 أَنْتُمْ	سِرْتُمْ	تَسِيرُونَ	تَسِيرُوا	تَسِيرُوا	سِيرُوا		
	여성복수 أَنْتُنَّ	سِرْتُنَّ	تَسِرْنَ	تَسِرْنَ	تَسِرْنَ	سِرْنَ		
1인칭	남녀단수 أَنَا	سِرْتُ	أَسِيرُ	أَسِيرَ	أَسِرْ			
	남녀쌍수·복수 نَحْنُ	سِرْنَا	نَسِيرُ	نَسِيرَ	نَسِرْ			

능동분사 (اسْمُ الْفَاعِلِ)	수동분사 (اسْمُ الْمَفْعُولِ)	동명사 (الْمَصْدَرُ)
سَائِرٌ		سَيْرٌ

<표24> 간약동사 원형   두려워 하다

$$\text{خَافَ} / \text{يَخَافُ مِنْ}$$

			능동태(ACTIVE)					수동태(PASSIVE)	
			완료형 الْفِعْلُ الْمَاضِي	미완료형 الْفِعْلُ الْمُضَارِعُ				완료형 الْفِعْلُ الْمَاضِي	미완료형
				직설법 مَرْفُوعٌ	접속법 مَنْصُوبٌ	단축법 مَجْزُومٌ	명령형 فِعْلُ الْأَمْرِ		직설법 مَرْفُوعٌ
3인칭	남성단수	هُوَ	خَافَ	يَخَافُ	يَخَافَ	يَخَفْ		خِيفَ	يُخَافُ
	여성단수	هِيَ	خَافَتْ	تَخَافُ	تَخَافَ	تَخَفْ		خِيفَتْ	تُخَافُ
	남성쌍수	هُمَا	خَافَا	يَخَافَانِ	يَخَافَا	يَخَافَا		خِيفَا	يُخَافَانِ
	여성쌍수	هُمَا	خَافَتَا	تَخَافَانِ	تَخَافَا	تَخَافَا		خِيفَتَا	تُخَافَانِ
	남성복수	هُمْ	خَافُوا	يَخَافُونَ	يَخَافُوا	يَخَافُوا			
	여성복수	هُنَّ	خِفْنَ	يَخَفْنَ	يَخَفْنَ	يَخَفْنَ			
2인칭	남성단수	أَنْتَ	خِفْتَ	تَخَافُ	تَخَافَ	تَخَفْ	خَفْ		
	여성단수	أَنْتِ	خِفْتِ	تَخَافِينَ	تَخَافِي	تَخَافِي	خَافِي		
	남녀쌍수	أَنْتُمَا	خِفْتُمَا	تَخَافَانِ	تَخَافَا	تَخَافَا	خَافَا		
	남성복수	أَنْتُمْ	خِفْتُمْ	تَخَافُونَ	تَخَافُوا	تَخَافُوا	خَافُوا		
	여성복수	أَنْتُنَّ	خِفْتُنَّ	تَخَفْنَ	تَخَفْنَ	تَخَفْنَ	خَفْنَ		
1인칭	남녀단수	أَنَا	خِفْتُ	أَخَافُ	أَخَافَ	أَخَفْ			
	남녀쌍수·복수	نَحْنُ	خِفْنَا	نَخَافُ	نَخَافَ	نَخَفْ			

능동분사 (اسْمُ الْفَاعِلِ)	수동분사 (اسْمُ الْمَفْعُولِ)	동명사 (الْمَصْدَرُ)
خَائِفٌ	مَخُوفٌ مِنْهُ	خَوْفٌ

이 동사는 3인칭 단수와 쌍수에서만 수동태가 나타난다.

<표25> 간약동사 Ⅳ 형   ..을 정지시키다, 중단시키다 ; 제지하다, 막다

$$\text{أَوْقَفَ} / \text{يُوقِفُ} \text{ هـ}$$

			능동태(ACTIVE)					수동태(PASSIVE)	
			완료형	미완료형 الْفِعْلُ الْمُضَارِعُ				완료형	미완료형
			الْفِعْلُ الْمَاضِي	직설법 مَرْفُوعٌ	접속법 مَنْصُوبٌ	단축법 مَجْزُومٌ	명령형 فِعْلُ الْأَمْرِ	الْفِعْلُ الْمَاضِي	직설법 مَرْفُوعٌ
3인칭	남성단수	هُوَ	أَوْقَفَ	يُوقِفُ	يُوقِفَ	يُوقِفْ		أُوقِفَ	يُوقَفُ
	여성단수	هِيَ	أَوْقَفَتْ	تُوقِفُ	تُوقِفَ	تُوقِفْ		أُوقِفَتْ	تُوقَفُ
	남성쌍수	هُمَا	أَوْقَفَا	يُوقِفَانِ	يُوقِفَا	يُوقِفَا		أُوقِفَا	يُوقَفَانِ
	여성쌍수	هُمَا	أَوْقَفَتَا	تُوقِفَانِ	تُوقِفَا	تُوقِفَا		أُوقِفَتَا	تُوقَفَانِ
	남성복수	هُمْ	أَوْقَفُوا	يُوقِفُونَ	يُوقِفُوا	يُوقِفُوا		أُوقِفُوا	يُوقَفُونَ
	여성복수	هُنَّ	أَوْقَفْنَ	يُوقِفْنَ	يُوقِفْنَ	يُوقِفْنَ		أُوقِفْنَ	يُوقَفْنَ
2인칭	남성단수	أَنْتَ	أَوْقَفْتَ	تُوقِفُ	تُوقِفَ	تُوقِفْ	أَوْقِفْ	أُوقِفْتَ	تُوقَفُ
	여성단수	أَنْتِ	أَوْقَفْتِ	تُوقِفِينَ	تُوقِفِي	تُوقِفِي	أَوْقِفِي	أُوقِفْتِ	تُوقَفِينَ
	남녀쌍수	أَنْتُمَا	أَوْقَفْتُمَا	تُوقِفَانِ	تُوقِفَا	تُوقِفَا	أَوْقِفَا	أُوقِفْتُمَا	تُوقَفَانِ
	남성복수	أَنْتُمْ	أَوْقَفْتُمْ	تُوقِفُونَ	تُوقِفُوا	تُوقِفُوا	أَوْقِفُوا	أُوقِفْتُمْ	تُوقَفُونَ
	여성복수	أَنْتُنَّ	أَوْقَفْتُنَّ	تُوقِفْنَ	تُوقِفْنَ	تُوقِفْنَ	أَوْقِفْنَ	أُوقِفْتُنَّ	تُوقَفْنَ
1인칭	남녀단수	أَنَا	أَوْقَفْتُ	أُوقِفُ	أُوقِفَ	أُوقِفْ		أُوقِفْتُ	أُوقَفُ
	남녀쌍수·복수	نَحْنُ	أَوْقَفْنَا	نُوقِفُ	نُوقِفَ	نُوقِفْ		أُوقِفْنَا	نُوقَفُ

능동분사 (اسْمُ الْفَاعِلِ)	수동분사 (اسْمُ الْمَفْعُولِ)	동명사 (الْمَصْدَرُ)
مُوقِفٌ	مُوقَفٌ	إِيقَافٌ

<표26> 간약동사 Ⅳ 형   ..를 잠에서 깨우다

أَيْقَظَ/ يُوقِظُ ه

			능동태(ACTIVE)					수동태(PASSIVE)	
			완료형	미완료형 الْفِعْلُ الْمُضَارِعُ				완료형	미완료형
			الْفِعْلُ الْمَاضِي	직설법 مَرْفُوعٌ	접속법 مَنْصُوبٌ	단축법 مَجْزُومٌ	명령형 فِعْلُ الأَمْرِ	الْفِعْلُ الْمَاضِي	직설법 مَرْفُوعٌ
3인칭	남성단수	هُوَ	أَيْقَظَ	يُوقِظُ	يُوقِظَ	يُوقِظْ		أُوقِظَ	يُوقَظُ
	여성단수	هِيَ	أَيْقَظَتْ	تُوقِظُ	تُوقِظَ	تُوقِظْ		أُوقِظَتْ	تُوقَظُ
	남성쌍수	هُمَا	أَيْقَظَا	يُوقِظَانِ	يُوقِظَا	يُوقِظَا		أُوقِظَا	يُوقَظَانِ
	여성쌍수	هُمَا	أَيْقَظَتَا	تُوقِظَانِ	تُوقِظَا	تُوقِظَا		أُوقِظَتَا	تُوقَظَانِ
	남성복수	هُمْ	أَيْقَظُوا	يُوقِظُونَ	يُوقِظُوا	يُوقِظُوا		أُوقِظُوا	يُوقَظُونَ
	여성복수	هُنَّ	أَيْقَظْنَ	يُوقِظْنَ	يُوقِظْنَ	يُوقِظْنَ		أُوقِظْنَ	يُوقَظْنَ
2인칭	남성단수	أَنْتَ	أَيْقَظْتَ	تُوقِظُ	تُوقِظَ	تُوقِظْ	أَيْقِظْ	أُوقِظْتَ	تُوقَظُ
	여성단수	أَنْتِ	أَيْقَظْتِ	تُوقِظِينَ	تُوقِظِي	تُوقِظِي	أَيْقِظِي	أُوقِظْتِ	تُوقَظِينَ
	남녀쌍수	أَنْتُمَا	أَيْقَظْتُمَا	تُوقِظَانِ	تُوقِظَا	تُوقِظَا	أَيْقِظَا	أُوقِظْتُمَا	تُوقَظَانِ
	남성복수	أَنْتُمْ	أَيْقَظْتُمْ	تُوقِظُونَ	تُوقِظُوا	تُوقِظُوا	أَيْقِظُوا	أُوقِظْتُمْ	تُوقَظُونَ
	여성복수	أَنْتُنَّ	أَيْقَظْتُنَّ	تُوقِظْنَ	تُوقِظْنَ	تُوقِظْنَ	أَيْقِظْنَ	أُوقِظْتُنَّ	تُوقَظْنَ
1인칭	남녀단수	أَنَا	أَيْقَظْتُ	أُوقِظُ	أُوقِظَ	أُوقِظْ		أُوقِظْتُ	أُوقَظُ
	남녀쌍수·복수	نَحْنُ	أَيْقَظْنَا	نُوقِظُ	نُوقِظَ	نُوقِظْ		أُوقِظْنَا	نُوقَظُ

능동분사 (اسْمُ الْفَاعِلِ)	수동분사 (اسْمُ الْمَفْعُولِ)	동명사 (الْمَصْدَرُ)
مُوقِظٌ	مُوقَظٌ	إِيقَاظٌ

<표27> 간약동사 Ⅳ 형 대답하다

أَجَابَ/ يُجِيبُ ه (عَنْ)

			능동태(ACTIVE)					수동태(PASSIVE)	
		완료형	미완료형 الْفِعْلُ الْمُضَارِعُ				완료형	미완료형
		الْفِعْلُ الْمَاضِي	직설법 مَرْفُوعُ	접속법 مَنْصُوبٌ	단축법 مَجْزُومٌ	명령형 فِعْلُ الأَمْرِ	الْفِعْلُ الْمَاضِي	직설법 مَرْفُوعُ
3인칭	남성단수 هُوَ	أَجَابَ	يُجِيبُ	يُجِيبَ	يُجِبْ		أُجِيبَ	يُجَابُ
	여성단수 هِيَ	أَجَابَتْ	تُجِيبُ	تُجِيبَ	تُجِبْ		أُجِيبَتْ	تُجَابُ
	남성쌍수 هُمَا	أَجَابَا	يُجِيبَانِ	يُجِيبَا	يُجِيبَا		أُجِيبَا	يُجَابَانِ
	여성쌍수 هُمَا	أَجَابَتَا	تُجِيبَانِ	تُجِيبَا	تُجِيبَا		أُجِيبَتَا	تُجَابَانِ
	남성복수 هُمْ	أَجَابُوا	يُجِيبُونَ	يُجِيبُوا	يُجِيبُوا		أُجِيبُوا	يُجَابُونَ
	여성복수 هُنَّ	أَجَبْنَ	يُجِبْنَ	يُجِبْنَ	يُجِبْنَ		أُجِبْنَ	يُجَبْنَ
2인칭	남성단수 أَنْتَ	أَجَبْتَ	تُجِيبُ	تُجِيبَ	تُجِبْ	أَجِبْ	أُجِبْتَ	تُجَابُ
	여성단수 أَنْتِ	أَجَبْتِ	تُجِيبِينَ	تُجِيبِي	تُجِيبِي	أَجِيبِي	أُجِبْتِ	تُجَابِينَ
	남녀쌍수 أَنْتُمَا	أَجَبْتُمَا	تُجِيبَانِ	تُجِيبَا	تُجِيبَا	أَجِيبَا	أُجِبْتُمَا	تُجَابَانِ
	남성복수 أَنْتُمْ	أَجَبْتُمْ	تُجِيبُونَ	تُجِيبُوا	تُجِيبُوا	أَجِيبُوا	أُجِبْتُمْ	تُجَابُونَ
	여성복수 أَنْتُنَّ	أَجَبْتُنَّ	تُجِبْنَ	تُجِبْنَ	تُجِبْنَ	أَجِبْنَ	أُجِبْتُنَّ	تُجَبْنَ
1인칭	남녀단수 أَنَا	أَجَبْتُ	أُجِيبُ	أُجِيبَ	أُجِبْ		أُجِبْتُ	أُجَابُ
	남녀쌍수·복수 نَحْنُ	أَجَبْنَا	نُجِيبُ	نُجِيبَ	نُجِبْ		أُجِبْنَا	نُجَابُ

능동분사 (اِسْمُ الْفَاعِلِ)	수동분사 (اِسْمُ الْمَفْعُولِ)	동명사 (الْمَصْدَرُ)
مُجِيبٌ	مُجَابٌ	إِجَابَةٌ

<표28> 간약동사 VII 형   이끌어지다

اِنْقَادَ/ يَنْقَادُ إِلَى

			완료형 الْفِعْلُ الْمَاضِي	미완료형 الْفِعْلُ الْمُضَارِعُ				완료형 الْفِعْلُ الْمَاضِي	미완료형
				직설법 مَرْفُوعٌ	접속법 مَنْصُوبٌ	단축법 مَجْزُومٌ	명령형 فِعْلُ الأَمْرِ		직설법 مَرْفُوعٌ
3인칭	남성단수	هُوَ	اِنْقَادَ	يَنْقَادُ	يَنْقَادَ	يَنْقَدْ			
	여성단수	هِيَ	اِنْقَادَتْ	تَنْقَادُ	تَنْقَادَ	تَنْقَدْ			
	남성쌍수	هُمَا	اِنْقَادَا	يَنْقَادَانِ	يَنْقَادَا	يَنْقَادَا			
	여성쌍수	هُمَا	اِنْقَادَتَا	تَنْقَادَانِ	تَنْقَادَا	تَنْقَادَا			
	남성복수	هُمْ	اِنْقَادُوا	يَنْقَادُونَ	يَنْقَادُوا	يَنْقَادُوا			
	여성복수	هُنَّ	اِنْقَدْنَ	يَنْقَدْنَ	يَنْقَدْنَ	يَنْقَدْنَ			
2인칭	남성단수	أَنْتَ	اِنْقَدْتَ	تَنْقَادُ	تَنْقَادَ	تَنْقَدْ	اِنْقَدْ		
	여성단수	أَنْتِ	اِنْقَدْتِ	تَنْقَادِينَ	تَنْقَادِي	تَنْقَادِي	اِنْقَادِي		
	남녀쌍수	أَنْتُمَا	اِنْقَدْتُمَا	تَنْقَادَانِ	تَنْقَادَا	تَنْقَادَا	اِنْقَادَا		
	남성복수	أَنْتُمْ	اِنْقَدْتُمْ	تَنْقَادُونَ	تَنْقَادُوا	تَنْقَادُوا	اِنْقَادُوا		
	여성복수	أَنْتُنَّ	اِنْقَدْتُنَّ	تَنْقَدْنَ	تَنْقَدْنَ	تَنْقَدْنَ	اِنْقَدْنَ		
1인칭	남녀단수	أَنَا	اِنْقَدْتُ	أَنْقَادُ	أَنْقَادَ	أَنْقَدْ			
	남녀쌍수·복수	نَحْنُ	اِنْقَدْنَا	نَنْقَادُ	نَنْقَادَ	نَنْقَدْ			

능동분사 (اِسْمُ الْفَاعِلِ)	수동분사 (اِسْمُ الْمَفْعُولِ)	동명사 (الْمَصْدَرُ)
مُنْقَادٌ		اِنْقِيَادٌ

<표29> 간약동사 Ⅷ 형 선택하다

اخْتَارَ/ يَخْتَارُ هـ أَوْ ه

			능동태(ACTIVE)					수동태(PASSIVE)	
			완료형 الْفِعْلُ الْمَاضِي	미완료형 الْفِعْلُ الْمُضَارِعُ				완료형 الْفِعْلُ الْمَاضِي	미완료형
				직설법 مَرْفُوعٌ	접속법 مَنْصُوبٌ	단축법 مَجْزُومٌ	명령형 فِعْلُ الْأَمْرِ		직설법 مَرْفُوعٌ
3인칭	남성단수	هُوَ	اخْتَارَ	يَخْتَارُ	يَخْتَارَ	يَخْتَرْ		اُخْتِيرَ	يُخْتَارُ
	여성단수	هِيَ	اخْتَارَتْ	تَخْتَارُ	تَخْتَارَ	تَخْتَرْ		اُخْتِيرَتْ	تُخْتَارُ
	남성쌍수	هُمَا	اخْتَارَا	يَخْتَارَانِ	يَخْتَارَا	يَخْتَارَا		اُخْتِيرَا	يُخْتَارَانِ
	여성쌍수	هُمَا	اخْتَارَتَا	تَخْتَارَانِ	تَخْتَارَا	تَخْتَارَا		اُخْتِيرَتَا	تُخْتَارَانِ
	남성복수	هُمْ	اخْتَارُوا	يَخْتَارُونَ	يَخْتَارُوا	يَخْتَارُوا		اُخْتِيرُوا	يُخْتَارُونَ
	여성복수	هُنَّ	اخْتَرْنَ	يَخْتَرْنَ	يَخْتَرْنَ	يَخْتَرْنَ		اُخْتِرْنَ	يُخْتَرْنَ
2인칭	남성단수	أَنْتَ	اخْتَرْتَ	تَخْتَارُ	تَخْتَارَ	تَخْتَرْ	اِخْتَرْ	اُخْتِرْتَ	تُخْتَارُ
	여성단수	أَنْتِ	اخْتَرْتِ	تَخْتَارِينَ	تَخْتَارِي	تَخْتَارِي	اِخْتَارِي	اُخْتِرْتِ	تُخْتَارِينَ
	남녀쌍수	أَنْتُمَا	اخْتَرْتُمَا	تَخْتَارَانِ	تَخْتَارَا	تَخْتَارَا	اِخْتَارَا	اُخْتِرْتُمَا	تُخْتَارَانِ
	남성복수	أَنْتُمْ	اخْتَرْتُمْ	تَخْتَارُونَ	تَخْتَارُوا	تَخْتَارُوا	اِخْتَارُوا	اُخْتِرْتُمْ	تُخْتَارُونَ
	여성복수	أَنْتُنَّ	اخْتَرْتُنَّ	تَخْتَرْنَ	تَخْتَرْنَ	تَخْتَرْنَ	اِخْتَرْنَ	اُخْتِرْتُنَّ	تُخْتَرْنَ
1인칭	남녀단수	أَنَا	اخْتَرْتُ	أَخْتَارُ	أَخْتَارَ	أَخْتَرْ		اُخْتِرْتُ	أُخْتَارُ
	남녀쌍수·복수	نَحْنُ	اخْتَرْنَا	نَخْتَارُ	نَخْتَارَ	نَخْتَرْ		اُخْتِرْنَا	نُخْتَارُ

능동분사 (اسْمُ الْفَاعِلِ)	수동분사 (اسْمُ الْمَفْعُولِ)	동명사 (الْمَصْدَرُ)
مُخْتَارٌ	مُخْتَارٌ	اخْتِيَارٌ

<표30> 간약동사 X 형   (…에서) 이득을 얻다

اِسْتَفَادَ / يَسْتَفِيدُ (مِنْ)

			능동태(ACTIVE)					수동태(PASSIVE)	
			완료형 الْفِعْلُ الْمَاضِي	미완료형 الْفِعْلُ الْمُضَارِعُ				완료형 الْفِعْلُ الْمَاضِي	미완료형
				직설법 مَرْفُوعٌ	접속법 مَنْصُوبٌ	단축법 مَجْزُومٌ	명령형 فِعْلُ الْأَمْرِ		직설법 مَرْفُوعٌ
3인칭	남성단수	هُوَ	اِسْتَفَادَ	يَسْتَفِيدُ	يَسْتَفِيدَ	يَسْتَفِدْ		أُسْتُفِيدَ	يُسْتَفَادُ
	여성단수	هِيَ	اِسْتَفَادَتْ	تَسْتَفِيدُ	تَسْتَفِيدَ	تَسْتَفِدْ		أُسْتُفِيدَتْ	تُسْتَفَادُ
	남성쌍수	هُمَا	اِسْتَفَادَا	يَسْتَفِيدَانِ	يَسْتَفِيدَا	يَسْتَفِيدَا		أُسْتُفِيدَا	يُسْتَفَادَانِ
	여성쌍수	هُمَا	اِسْتَفَادَتَا	تَسْتَفِيدَانِ	تَسْتَفِيدَا	تَسْتَفِيدَا		أُسْتُفِيدَتَا	تُسْتَفَادَانِ
	남성복수	هُمْ	اِسْتَفَادُوا	يَسْتَفِيدُونَ	يَسْتَفِيدُوا	يَسْتَفِيدُوا			
	여성복수	هُنَّ	اِسْتَفَدْنَ	يَسْتَفِدْنَ	يَسْتَفِدْنَ	يَسْتَفِدْنَ			
2인칭	남성단수	أَنْتَ	اِسْتَفَدْتَ	تَسْتَفِيدُ	تَسْتَفِيدَ	تَسْتَفِدْ	اِسْتَفِدْ		
	여성단수	أَنْتِ	اِسْتَفَدْتِ	تَسْتَفِيدِينَ	تَسْتَفِيدِي	تَسْتَفِيدِي	اِسْتَفِيدِي		
	남녀쌍수	أَنْتُمَا	اِسْتَفَدْتُمَا	تَسْتَفِيدَانِ	تَسْتَفِيدَا	تَسْتَفِيدَا	اِسْتَفِيدَا		
	남성복수	أَنْتُمْ	اِسْتَفَدْتُمْ	تَسْتَفِيدُونَ	تَسْتَفِيدُوا	تَسْتَفِيدُوا	اِسْتَفِيدُوا		
	여성복수	أَنْتُنَّ	اِسْتَفَدْتُنَّ	تَسْتَفِدْنَ	تَسْتَفِدْنَ	تَسْتَفِدْنَ	اِسْتَفِدْنَ		
1인칭	남녀단수	أَنَا	اِسْتَفَدْتُ	أَسْتَفِيدُ	أَسْتَفِيدَ	أَسْتَفِدْ			
	남녀쌍수·복수	نَحْنُ	اِسْتَفَدْنَا	نَسْتَفِيدُ	نَسْتَفِيدَ	نَسْتَفِدْ			

능동분사 (اِسْمُ الْفَاعِلِ)	수동분사 (اِسْمُ الْمَفْعُولِ)	동명사 (الْمَصْدَرُ)
مُسْتَفِيدٌ	مُسْتَفَادٌ	اِسْتِفَادَةٌ

이 동사가 수동태 문장에 사용될 때 수동형의 주어(نَائِبُ الْفَاعِلِ)로 사물이 사용되기 때문에 3인칭 단수와 3인칭 쌍수 형태만 사용된다.

<표31> 말약동사 원형 부르다, 초대하다

دَعَا/ يَدْعُو هـ إِلَى

			능동태(ACTIVE)					수동태(PASSIVE)	
			완료형 الْفِعْلُ الْمَاضِي	미완료형 الْفِعْلُ الْمُضَارِعُ				완료형 الْفِعْلُ الْمَاضِي	미완료형
				직설법 مَرْفُوعٌ	접속법 مَنْصُوبٌ	단축법 مَجْزُومٌ	명령형 فِعْلُ الْأَمْرِ		직설법 مَرْفُوعٌ
3인칭	남성단수	هُوَ	دَعَا	يَدْعُو	يَدْعُوَ	يَدْعُ		دُعِيَ	يُدْعَى
	여성단수	هِيَ	دَعَتْ	تَدْعُو	تَدْعُوَ	تَدْعُ		دُعِيَتْ	تُدْعَى
	남성쌍수	هُمَا	دَعَوَا	يَدْعُوَانِ	يَدْعُوَا	يَدْعُوَا		دُعِيَا	يُدْعَوَانِ
	여성쌍수	هُمَا	دَعَتَا	تَدْعُوَانِ	تَدْعُوَا	تَدْعُوَا		دُعِيَتَا	تُدْعَوَانِ
	남성복수	هُمْ	دَعَوْا	يَدْعُونَ	يَدْعُوا	يَدْعُوا		دُعُوا	يُدْعَوْنَ
	여성복수	هُنَّ	دَعَوْنَ	يَدْعُونَ	يَدْعُونَ	يَدْعُونَ		دُعِينَ	يُدْعَوْنَ
2인칭	남성단수	أَنْتَ	دَعَوْتَ	تَدْعُو	تَدْعُوَ	تَدْعُ	أُدْعُ	دُعِيتَ	تُدْعَى
	여성단수	أَنْتِ	دَعَوْتِ	تَدْعِينَ	تَدْعِي	تَدْعِي	أُدْعِي	دُعِيتِ	تُدْعَيْنَ
	남녀쌍수	أَنْتُمَا	دَعَوْتُمَا	تَدْعُوَانِ	تَدْعُوَا	تَدْعُوَا	أُدْعُوَا	دُعِيتُمَا	تُدْعَوَانِ
	남성복수	أَنْتُمْ	دَعَوْتُمْ	تَدْعُونَ	تَدْعُوا	تَدْعُوا	أُدْعُوا	دُعِيتُمْ	تُدْعَوْنَ
	여성복수	أَنْتُنَّ	دَعَوْتُنَّ	تَدْعُونَ	تَدْعُونَ	تَدْعُونَ	أُدْعُونَ	دُعِيتُنَّ	تُدْعَوْنَ
1인칭	남녀단수	أَنَا	دَعَوْتُ	أَدْعُو	أَدْعُوَ	أَدْعُ		دُعِيتُ	أُدْعَى
	남녀쌍수·복수	نَحْنُ	دَعَوْنَا	نَدْعُو	نَدْعُوَ	نَدْعُ		دُعِينَا	نُدْعَى

능동분사 (اسْمُ الْفَاعِلِ)	수동분사 (اسْمُ الْمَفْعُولِ)	동명사 (الْمَصْدَرُ)
دَاعٍ	مَدْعُوٌّ	دُعَاءٌ

<표32> 말약동사 원형　　짓다(to build)

بَنَى/ يَبْنِي هـ

			능동태(ACTIVE)					수동태(PASSIVE)	
			완료형 الْفِعْلُ الْمَاضِي	미완료형 الْفِعْلُ الْمُضَارِعُ				완료형 الْفِعْلُ الْمَاضِي	미완료형
				직설법 مَرْفُوعٌ	접속법 مَنْصُوبٌ	단축법 مَجْزُومٌ	명령형 فِعْلُ الْأَمْرِ		직설법 مَرْفُوعٌ
3인칭	남성단수	هُوَ	بَنَى	يَبْنِي	يَبْنِيَ	يَبْنِ		بُنِيَ	يُبْنَى
	여성단수	هِيَ	بَنَتْ	تَبْنِي	تَبْنِيَ	تَبْنِ		بُنِيَتْ	تُبْنَى
	남성쌍수	هُمَا	بَنَيَا	يَبْنِيَانِ	يَبْنِيَا	يَبْنِيَا		بُنِيَا	يُبْنَيَانِ
	여성쌍수	هُمَا	بَنَتَا	تَبْنِيَانِ	تَبْنِيَا	تَبْنِيَا		بُنِيَتَا	تُبْنَيَانِ
	남성복수	هُمْ	بَنَوْا	يَبْنُونَ	يَبْنُوا	يَبْنُوا		بُنُوا	يُبْنَوْنَ
	여성복수	هُنَّ	بَنَيْنَ	يَبْنِينَ	يَبْنِينَ	يَبْنِينَ		بُنِينَ	يُبْنَيْنَ
2인칭	남성단수	أَنْتَ	بَنَيْتَ	تَبْنِي	تَبْنِيَ	تَبْنِ	اِبْنِ	بُنِيتَ	تُبْنَى
	여성단수	أَنْتِ	بَنَيْتِ	تَبْنِينَ	تَبْنِي	تَبْنِي	اِبْنِي	بُنِيتِ	تُبْنَيْنَ
	남녀쌍수	أَنْتُمَا	بَنَيْتُمَا	تَبْنِيَانِ	تَبْنِيَا	تَبْنِيَا	اِبْنِيَا	بُنِيتُمَا	تُبْنَيَانِ
	남성복수	أَنْتُمْ	بَنَيْتُمْ	تَبْنُونَ	تَبْنُوا	تَبْنُوا	اِبْنُوا	بُنِيتُمْ	تُبْنَوْنَ
	여성복수	أَنْتُنَّ	بَنَيْتُنَّ	تَبْنِينَ	تَبْنِينَ	تَبْنِينَ	اِبْنِينَ	بُنِيتُنَّ	تُبْنَيْنَ
1인칭	남녀단수	أَنَا	بَنَيْتُ	أَبْنِي	أَبْنِيَ	أَبْنِ		بُنِيتُ	أُبْنَى
	남녀쌍수·복수	نَحْنُ	بَنَيْنَا	نَبْنِي	نَبْنِيَ	نَبْنِ		بُنِينَا	نُبْنَى

능동분사 (اسْمُ الْفَاعِلِ)	수동분사 (اسْمُ الْمَفْعُولِ)	동명사 (الْمَصْدَرُ)
بَانٍ	مَبْنِيٌّ	بُنْيَانٌ، بِنَاءٌ

<표33> 말약동사 원형 만나다

لَقِيَ / يَلْقَى هـ

			능동태(ACTIVE)					수동태(PASSIVE)	
			완료형 الْفِعْلُ الْمَاضِي	미완료형 الْفِعْلُ الْمُضَارِعُ				완료형 الْفِعْلُ الْمَاضِي	미완료형
				직설법 مَرْفُوعٌ	접속법 مَنْصُوبٌ	단축법 مَجْزُومٌ	명령형 فِعْلُ الْأَمْرِ		직설법 مَرْفُوعٌ
3인칭	남성단수	هُوَ	لَقِيَ	يَلْقَى	يَلْقَى	يَلْقَ		لُقِيَ	يُلْقَى
	여성단수	هِيَ	لَقِيَتْ	تَلْقَى	تَلْقَى	تَلْقَ		لُقِيَتْ	تُلْقَى
	남성쌍수	هُمَا	لَقِيَا	يَلْقَيَانِ	يَلْقَيَا	يَلْقَيَا		لُقِيَا	يُلْقَيَانِ
	여성쌍수	هُمَا	لَقِيَتَا	تَلْقَيَانِ	تَلْقَيَا	تَلْقَيَا		لُقِيَتَا	تُلْقَيَانِ
	남성복수	هُمْ	لَقُوا	يَلْقَوْنَ	يَلْقَوْا	يَلْقَوْا		لُقُوا	يُلْقَوْنَ
	여성복수	هُنَّ	لَقِينَ	يَلْقَيْنَ	يَلْقَيْنَ	يَلْقَيْنَ		لُقِينَ	يُلْقَيْنَ
2인칭	남성단수	أَنْتَ	لَقِيتَ	تَلْقَى	تَلْقَى	تَلْقَ	اِلْقَ	لُقِيتَ	تُلْقَى
	여성단수	أَنْتِ	لَقِيتِ	تَلْقَيْنَ	تَلْقَيْ	تَلْقَيْ	اِلْقَيْ	لُقِيتِ	تُلْقَيْنَ
	남녀쌍수	أَنْتُمَا	لَقِيتُمَا	تَلْقَيَانِ	تَلْقَيَا	تَلْقَيَا	اِلْقَيَا	لُقِيتُمَا	تُلْقَيَانِ
	남성복수	أَنْتُمْ	لَقِيتُمْ	تَلْقَوْنَ	تَلْقَوْا	تَلْقَوْا	اِلْقَوْا	لُقِيتُمْ	تُلْقَوْنَ
	여성복수	أَنْتُنَّ	لَقِيتُنَّ	تَلْقَيْنَ	تَلْقَيْنَ	تَلْقَيْنَ	اِلْقَيْنَ	لُقِيتُنَّ	تُلْقَيْنَ
1인칭	남녀단수	أَنَا	لَقِيتُ	أَلْقَى	أَلْقَى	أَلْقَ		لُقِيتُ	أُلْقَى
	남녀쌍수·복수	نَحْنُ	لَقِينَا	نَلْقَى	نَلْقَى	نَلْقَ		لُقِينَا	نُلْقَى

능동분사 (اسْمُ الْفَاعِلِ)	수동분사 (اسْمُ الْمَفْعُولِ)	동명사 (الْمَصْدَرُ)
لَاقٍ	مَلْقِيٌّ	لِقَاءٌ

<표34> 말약동사 Ⅳ형   실행하다, 수행하다

$$\text{أَجْرَى} / \text{يُجْرِي هـ}$$

		완료형 الْفِعْلُ الْمَاضِي	능동태(ACTIVE) 미완료형 الْفِعْلُ الْمُضَارِعُ				수동태(PASSIVE) 완료형 الْفِعْلُ الْمَاضِي	미완료형
			직설법 مَرْفُوعٌ	접속법 مَنْصُوبٌ	단축법 مَجْزُومٌ	명령형 فِعْلُ الْأَمْرِ		직설법 مَرْفُوعٌ
3인칭	남성단수 هُوَ	أَجْرَى	يُجْرِي	يُجْرِيَ	يُجْرِ		أُجْرِيَ	يُجْرَى
	여성단수 هِيَ	أَجْرَتْ	تُجْرِي	تُجْرِيَ	تُجْرِ		أُجْرِيَتْ	تُجْرَى
	남성쌍수 هُمَا	أَجْرَيَا	يُجْرِيَانِ	يُجْرِيَا	يُجْرِيَا		أُجْرِيَا	يُجْرَيَانِ
	여성쌍수 هُمَا	أَجْرَتَا	تُجْرِيَانِ	تُجْرِيَا	تُجْرِيَا		أُجْرِيَتَا	تُجْرَيَانِ
	남성복수 هُمْ	أَجْرَوْا	يُجْرُونَ	يُجْرُوا	يُجْرُوا			
	여성복수 هُنَّ	أَجْرَيْنَ	يُجْرِينَ	يُجْرِينَ	يُجْرِينَ			
2인칭	남성단수 أَنْتَ	أَجْرَيْتَ	تُجْرِي	تُجْرِيَ	تُجْرِ	أَجْرِ		
	여성단수 أَنْتِ	أَجْرَيْتِ	تُجْرِينَ	تُجْرِي	تُجْرِي	أَجْرِي		
	남녀쌍수 أَنْتُمَا	أَجْرَيْتُمَا	تُجْرِيَانِ	تُجْرِيَا	تُجْرِيَا	أَجْرِيَا		
	남성복수 أَنْتُمْ	أَجْرَيْتُمْ	تُجْرُونَ	تُجْرُوا	تُجْرُوا	أَجْرُوا		
	여성복수 أَنْتُنَّ	أَجْرَيْتُنَّ	تُجْرِينَ	تُجْرِينَ	تُجْرِينَ	أَجْرِينَ		
1인칭	남녀단수 أَنَا	أَجْرَيْتُ	أُجْرِي	أُجْرِيَ	أُجْرِ			
	남녀쌍수·복수 نَحْنُ	أَجْرَيْنَا	نُجْرِي	نُجْرِيَ	نُجْرِ			

능동분사 (اسْمُ الْفَاعِلِ)	수동분사 (اسْمُ الْمَفْعُولِ)	동명사 (الْمَصْدَرُ)
مُجْرٍ (الْمُجْرِي)	مُجْرًى	إِجْرَاءٌ

종합 아랍어 문법 I

<표35> 말약동사 V형   자라나다, 교양받다, 육성되다

تَرَبَّى / يَتَرَبَّى

			능동태(ACTIVE)					수동태(PASSIVE)	
			완료형 الْفِعْلُ الْمَاضِي	미완료형 الْفِعْلُ الْمُضَارِعُ			명령형 فِعْلُ الْأَمْرِ	완료형 الْفِعْلُ الْمَاضِي	미완료형
				직설법 مَرْفُوعٌ	접속법 مَنْصُوبٌ	단축법 مَجْزُومٌ			직설법 مَرْفُوعٌ
3인칭	남성단수	هُوَ	تَرَبَّى	يَتَرَبَّى	يَتَرَبَّى	يَتَرَبَّ			
	여성단수	هِيَ	تَرَبَّتْ	تَتَرَبَّى	تَتَرَبَّى	تَتَرَبَّ			
	남성쌍수	هُمَا	تَرَبَّيَا	يَتَرَبَّيَانِ	يَتَرَبَّيَا	يَتَرَبَّيَا			
	여성쌍수	هُمَا	تَرَبَّتَا	تَتَرَبَّيَانِ	تَتَرَبَّيَا	تَتَرَبَّيَا			
	남성복수	هُمْ	تَرَبَّوْا	يَتَرَبَّوْنَ	يَتَرَبَّوْا	يَتَرَبَّوْا			
	여성복수	هُنَّ	تَرَبَّيْنَ	يَتَرَبَّيْنَ	يَتَرَبَّيْنَ	يَتَرَبَّيْنَ			
2인칭	남성단수	أَنْتَ	تَرَبَّيْتَ	تَتَرَبَّى	تَتَرَبَّى	تَتَرَبَّ	تَرَبَّ		
	여성단수	أَنْتِ	تَرَبَّيْتِ	تَتَرَبَّيْنَ	تَتَرَبَّيْ	تَتَرَبَّيْ	تَرَبَّيْ		
	남녀쌍수	أَنْتُمَا	تَرَبَّيْتُمَا	تَتَرَبَّيَانِ	تَتَرَبَّيَا	تَتَرَبَّيَا	تَرَبَّيَا		
	남성복수	أَنْتُمْ	تَرَبَّيْتُمْ	تَتَرَبَّوْنَ	تَتَرَبَّوْا	تَتَرَبَّوْا	تَرَبَّوْا		
	여성복수	أَنْتُنَّ	تَرَبَّيْتُنَّ	تَتَرَبَّيْنَ	تَتَرَبَّيْنَ	تَتَرَبَّيْنَ	تَرَبَّيْنَ		
1인칭	남녀단수	أَنَا	تَرَبَّيْتُ	أَتَرَبَّى	أَتَرَبَّى	أَتَرَبَّ			
	남녀쌍수·복수	نَحْنُ	تَرَبَّيْنَا	نَتَرَبَّى	نَتَرَبَّى	نَتَرَبَّ			

능동분사 (اسْمُ الْفَاعِلِ)	수동분사 (اسْمُ الْمَفْعُولِ)	동명사 (الْمَصْدَرُ)
مُتَرَبٍّ (الْمُتَرَبِّي)		تَرَبٍّ (التَّرَبِّي)

<표36> 말약동사 Ⅵ형 잊은체하다

تَنَاسَى / يَتَنَاسَى

			능동태(ACTIVE)					수동태(PASSIVE)	
			완료형 الْفِعْلُ الْمَاضِي	미완료형 الْفِعْلُ الْمُضَارِعُ				완료형 الْفِعْلُ الْمَاضِي	미완료형
				직설법 مَرْفُوعٌ	접속법 مَنْصُوبٌ	단축법 مَجْزُومٌ	명령형 فِعْلُ الْأَمْرِ		직설법 مَرْفُوعٌ
3인칭	남성단수	هُوَ	تَنَاسَى	يَتَنَاسَى	يَتَنَاسَى	يَتَنَاسَ		تُوسِيَ	يُتَنَاسَى
	여성단수	هِيَ	تَنَاسَتْ	تَتَنَاسَى	تَتَنَاسَى	تَتَنَاسَ		تُوسِيَتْ	تَتَنَاسَى
	남성쌍수	هُمَا	تَنَاسَيَا	يَتَنَاسَيَانِ	يَتَنَاسَيَا	يَتَنَاسَيَا		تُوسِيَا	يُتَنَاسَيَانِ
	여성쌍수	هُمَا	تَنَاسَتَا	تَتَنَاسَيَانِ	تَتَنَاسَيَا	تَتَنَاسَيَا		تُوسِيَتَا	تُتَنَاسَيَانِ
	남성복수	هُمْ	تَنَاسَوْا	يَتَنَاسَوْنَ	يَتَنَاسَوْا	يَتَنَاسَوْا		تُوسُوا	يُتَنَاسَوْنَ
	여성복수	هُنَّ	تَنَاسَيْنَ	يَتَنَاسَيْنَ	يَتَنَاسَيْنَ	يَتَنَاسَيْنَ		تُوسِينَ	يُتَنَاسَيْنَ
2인칭	남성단수	أَنْتَ	تَنَاسَيْتَ	تَتَنَاسَى	تَتَنَاسَى	تَتَنَاسَ	تَنَاسَ	تُوسِيتَ	تَتَنَاسَى
	여성단수	أَنْتِ	تَنَاسَيْتِ	تَتَنَاسَيْنَ	تَتَنَاسَيْ	تَتَنَاسَيْ	تَنَاسَيْ	تُوسِيتِ	تَتَنَاسَيْنَ
	남녀쌍수	أَنْتُمَا	تَنَاسَيْتُمَا	تَتَنَاسَيَانِ	تَتَنَاسَيَا	تَتَنَاسَيَا	تَنَاسَيَا	تُوسِيتُمَا	تَتَنَاسَيَانِ
	남성복수	أَنْتُمْ	تَنَاسَيْتُمْ	تَتَنَاسَوْنَ	تَتَنَاسَوْا	تَتَنَاسَوْا	تَنَاسَوْا	تُوسِيتُمْ	تَتَنَاسَوْنَ
	여성복수	أَنْتُنَّ	تَنَاسَيْتُنَّ	تَتَنَاسَيْنَ	تَتَنَاسَيْنَ	تَتَنَاسَيْنَ	تَنَاسَيْنَ	تُوسِيتُنَّ	تَتَنَاسَيْنَ
1인칭	남녀단수	أَنَا	تَنَاسَيْتُ	أَتَنَاسَى	أَتَنَاسَى	أَتَنَاسَ		تُوسِيتُ	أَتَنَاسَى
	남녀쌍수·복수	نَحْنُ	تَنَاسَيْنَا	نَتَنَاسَى	نَتَنَاسَى	نَتَنَاسَ		تُوسِينَا	نَتَنَاسَى

능동분사 (اسْمُ الْفَاعِلِ)	수동분사 (اسْمُ الْمَفْعُولِ)	동명사 (الْمَصْدَرُ)
مُتَنَاسٍ (الْمُتَنَاسِي)	مُتَنَاسَى	تَنَاسٍ (التَّنَاسِي)

<표37> 말약동사 Ⅷ형 구부러지다, 몸을 굽히다

اِنْحَنَى/ يَنْحَنِي

			능동태(ACTIVE)					수동태(PASSIVE)	
			완료형 الْفِعْلُ الْمَاضِي	미완료형 الْفِعْلُ الْمُضَارِعُ				완료형 الْفِعْلُ الْمَاضِي	미완료형
				직설법 مَرْفُوعٌ	접속법 مَنْصُوبٌ	단축법 مَجْزُومٌ	명령형 فِعْلُ الْأَمْرِ		직설법 مَرْفُوعٌ
3인칭	남성단수	هُوَ	اِنْحَنَى	يَنْحَنِي	يَنْحَنِيَ	يَنْحَنِ			
	여성단수	هِيَ	اِنْحَنَتْ	تَنْحَنِي	تَنْحَنِيَ	تَنْحَنِ			
	남성쌍수	هُمَا	اِنْحَنَيَا	يَنْحَنِيَانِ	يَنْحَنِيَا	يَنْحَنِيَا			
	여성쌍수	هُمَا	اِنْحَنَتَا	تَنْحَنِيَانِ	تَنْحَنِيَا	تَنْحَنِيَا			
	남성복수	هُمْ	اِنْحَنَوْا	يَنْحَنُونَ	يَنْحَنُوا	يَنْحَنُوا			
	여성복수	هُنَّ	اِنْحَنَيْنَ	يَنْحَنِينَ	يَنْحَنِينَ	يَنْحَنِينَ			
2인칭	남성단수	أَنْتَ	اِنْحَنَيْتَ	تَنْحَنِي	تَنْحَنِيَ	تَنْحَنِ	اِنْحَنِ		
	여성단수	أَنْتِ	اِنْحَنَيْتِ	تَنْحَنِينَ	تَنْحَنِي	تَنْحَنِي	اِنْحَنِي		
	남녀쌍수	أَنْتُمَا	اِنْحَنَيْتُمَا	تَنْحَنِيَانِ	تَنْحَنِيَا	تَنْحَنِيَا	اِنْحَنِيَا		
	남성복수	أَنْتُمْ	اِنْحَنَيْتُمْ	تَنْحَنُونَ	تَنْحَنُوا	تَنْحَنُوا	اِنْحَنُوا		
	여성복수	أَنْتُنَّ	اِنْحَنَيْتُنَّ	تَنْحَنِينَ	تَنْحَنِينَ	تَنْحَنِينَ	اِنْحَنِينَ		
1인칭	남녀단수	أَنَا	اِنْحَنَيْتُ	أَنْحَنِي	أَنْحَنِيَ	أَنْحَنِ			
	남녀쌍수복수	نَحْنُ	اِنْحَنَيْنَا	نَنْحَنِي	نَنْحَنِيَ	نَنْحَنِ			

능동분사 (اسْمُ الْفَاعِلِ)	수동분사 (اسْمُ الْمَفْعُولِ)	동명사 (الْمَصْدَرُ)
مُنْحَنٍ (الْمُنْحَنِي)		اِنْحِنَاءٌ

<표38> 말약동사 Ⅷ형 구입하다, 사다

اشْتَرَى / يَشْتَرِي هـ

			능동태(ACTIVE)					수동태(PASSIVE)	
			완료형 الْفِعْلُ الْمَاضِي	미완료형 الْفِعْلُ الْمُضَارِعُ				완료형 الْفِعْلُ الْمَاضِي	미완료형
				직설법 مَرْفُوعٌ	접속법 مَنْصُوبٌ	단축법 مَجْزُومٌ	명령형 فِعْلُ الْأَمْرِ		직설법 مَرْفُوعٌ
3인칭	남성단수	هُوَ	اشْتَرَى	يَشْتَرِي	يَشْتَرِيَ	يَشْتَرِ		اشْتُرِيَ	يُشْتَرَى
	여성단수	هِيَ	اشْتَرَتْ	تَشْتَرِي	تَشْتَرِيَ	تَشْتَرِ		اشْتُرِيَتْ	تُشْتَرَى
	남성쌍수	هُمَا	اشْتَرَيَا	يَشْتَرِيَانِ	يَشْتَرِيَا	يَشْتَرِيَا		اشْتُرِيَا	يُشْتَرَيَانِ
	여성쌍수	هُمَا	اشْتَرَتَا	تَشْتَرِيَانِ	تَشْتَرِيَا	تَشْتَرِيَا		اشْتُرِيَتَا	تُشْتَرَيَانِ
	남성복수	هُمْ	اشْتَرَوْا	يَشْتَرُونَ	يَشْتَرُوا	يَشْتَرُوا		اشْتُرُوا	يُشْتَرَوْنَ
	여성복수	هُنَّ	اشْتَرَيْنَ	يَشْتَرِينَ	يَشْتَرِينَ	يَشْتَرِينَ		اشْتُرِينَ	يُشْتَرَيْنَ
2인칭	남성단수	أَنْتَ	اشْتَرَيْتَ	تَشْتَرِي	تَشْتَرِيَ	تَشْتَرِ	اِشْتَرِ	اشْتُرِيتَ	تُشْتَرَى
	여성단수	أَنْتِ	اشْتَرَيْتِ	تَشْتَرِينَ	تَشْتَرِي	تَشْتَرِي	اِشْتَرِي	اشْتُرِيتِ	تُشْتَرَيْنَ
	남녀쌍수	أَنْتُمَا	اشْتَرَيْتُمَا	تَشْتَرِيَانِ	تَشْتَرِيَا	تَشْتَرِيَا	اِشْتَرِيَا	اشْتُرِيتُمَا	تُشْتَرَيَانِ
	남성복수	أَنْتُمْ	اشْتَرَيْتُمْ	تَشْتَرُونَ	تَشْتَرُوا	تَشْتَرُوا	اِشْتَرُوا	اشْتُرِيتُمْ	تُشْتَرَوْنَ
	여성복수	أَنْتُنَّ	اشْتَرَيْتُنَّ	تَشْتَرِينَ	تَشْتَرِينَ	تَشْتَرِينَ	اِشْتَرِينَ	اشْتُرِيتُنَّ	تُشْتَرَيْنَ
1인칭	남녀단수	أَنَا	اشْتَرَيْتُ	أَشْتَرِي	أَشْتَرِيَ	أَشْتَرِ		اشْتُرِيتُ	أُشْتَرَى
	남녀쌍수·복수	نَحْنُ	اشْتَرَيْنَا	نَشْتَرِي	نَشْتَرِيَ	نَشْتَرِ		اشْتُرِينَا	نُشْتَرَى

능동분사 (اسْمُ الْفَاعِلِ)	수동분사 (اسْمُ الْمَفْعُولِ)	동명사 (الْمَصْدَرُ)
مُشْتَرٍ (الْمُشْتَرِي)	مُشْتَرًى	اشْتِرَاءٌ (شِرَاءٌ)

<표39> 말약동사 X형   호출.소환하다 ; 소집하다(예:예비군)

اِسْتَدْعَى/يَسْتَدْعِي ه

			능동태(ACTIVE)					수동태(PASSIVE)	
			완료형	미완료형 الْفِعْلُ الْمُضَارِعُ				완료형	미완료형
			الْفِعْلُ الْمَاضِي	직설법 مَرْفُوعٌ	접속법 مَنْصُوبٌ	단축법 مَجْزُومٌ	명령형 فِعْلُ الْأَمْرِ	الْفِعْلُ الْمَاضِي	직설법 مَرْفُوعٌ
3인칭	남성단수	هُوَ	اِسْتَدْعَى	يَسْتَدْعِي	يَسْتَدْعِيَ	يَسْتَدْعِ		اُسْتُدْعِيَ	يُسْتَدْعَى
	여성단수	هِيَ	اِسْتَدْعَتْ	تَسْتَدْعِي	تَسْتَدْعِيَ	تَسْتَدْعِ		اُسْتُدْعِيَتْ	تُسْتَدْعَى
	남성쌍수	هُمَا	اِسْتَدْعَيَا	يَسْتَدْعِيَانِ	يَسْتَدْعِيَا	يَسْتَدْعِيَا		اُسْتُدْعِيَا	يُسْتَدْعَيَانِ
	여성쌍수	هُمَا	اِسْتَدْعَتَا	تَسْتَدْعِيَانِ	تَسْتَدْعِيَا	تَسْتَدْعِيَا		اُسْتُدْعِيَتَا	تُسْتَدْعَيَانِ
	남성복수	هُمْ	اِسْتَدْعَوْا	يَسْتَدْعُونَ	يَسْتَدْعُوا	يَسْتَدْعُوا		اُسْتُدْعُوا	يُسْتَدْعَوْنَ
	여성복수	هُنَّ	اِسْتَدْعَيْنَ	يَسْتَدْعِينَ	يَسْتَدْعِينَ	يَسْتَدْعِينَ		اُسْتُدْعِينَ	يُسْتَدْعَيْنَ
2인칭	남성단수	أَنْتَ	اِسْتَدْعَيْتَ	تَسْتَدْعِي	تَسْتَدْعِيَ	تَسْتَدْعِ	اِسْتَدْعِ	اُسْتُدْعِيتَ	تُسْتَدْعَى
	여성단수	أَنْتِ	اِسْتَدْعَيْتِ	تَسْتَدْعِينَ	تَسْتَدْعِي	تَسْتَدْعِي	اِسْتَدْعِي	اُسْتُدْعِيتِ	تُسْتَدْعَيْنَ
	남녀쌍수	أَنْتُمَا	اِسْتَدْعَيْتُمَا	تَسْتَدْعِيَانِ	تَسْتَدْعِيَا	تَسْتَدْعِيَا	اِسْتَدْعِيَا	اُسْتُدْعِيتُمَا	تُسْتَدْعَيَانِ
	남성복수	أَنْتُمْ	اِسْتَدْعَيْتُمْ	تَسْتَدْعُونَ	تَسْتَدْعُوا	تَسْتَدْعُوا	اِسْتَدْعُوا	اُسْتُدْعِيتُمْ	تُسْتَدْعَوْنَ
	여성복수	أَنْتُنَّ	اِسْتَدْعَيْتُنَّ	تَسْتَدْعِينَ	تَسْتَدْعِينَ	تَسْتَدْعِينَ	اِسْتَدْعِينَ	اُسْتُدْعِيتُنَّ	تُسْتَدْعَيْنَ
1인칭	남녀단수	أَنَا	اِسْتَدْعَيْتُ	أَسْتَدْعِي	أَسْتَدْعِيَ	أَسْتَدْعِ		اُسْتُدْعِيتُ	أُسْتَدْعَى
	남녀쌍수·복수	نَحْنُ	اِسْتَدْعَيْنَا	نَسْتَدْعِي	نَسْتَدْعِيَ	نَسْتَدْعِ		اُسْتُدْعِينَا	نُسْتَدْعَى

능동분사 (اِسْمُ الْفَاعِلِ)	수동분사 (اِسْمُ الْمَفْعُولِ)	동명사 (الْمَصْدَرُ)
مُسْتَدْعٍ (الْمُسْتَدْعِي)	مُسْتَدْعًى	اِسْتِدْعَاءٌ

الأَفْعَالُ الْمَزِيدَة 한눈에 보는 10형식 변화표

의미	수동분사 اسْمُ الْمَفْعُول	능동분사 اسْمُ الْفَاعِل	동명사 الْمَصْدَرُ	명령형 الْأَمْرُ	미완료형 الْمُضَارِعُ	완료형 الْمَاضِي	الْوَزْنُ
가르치다	مُدَرَّسٌ	مُدَرِّسٌ	تَدْرِيسٌ	دَرِّسْ	يُدَرِّسُ	دَرَّسَ	II فَعَّلَ
가르치다	مُعَلَّمٌ	مُعَلِّمٌ	تَعْلِيمٌ	عَلِّمْ	يُعَلِّمُ	عَلَّمَ	
보다,시청하다	مُشَاهَدٌ	مُشَاهِدٌ	مُشَاهَدَةٌ	شَاهِدْ	يُشَاهِدُ	شَاهَدَ	III فَاعَلَ
..와 싸우다, 전쟁하다	مُقَاتَلٌ	مُقَاتِلٌ	مُقَاتَلَةٌ/قِتَالٌ	قَاتِلْ	يُقَاتِلُ	قَاتَلَ	
공경하다 ; 잘 대접하다	مُكْرَمٌ	مُكْرِمٌ	إِكْرَامٌ	أَكْرِمْ	يُكْرِمُ	أَكْرَمَ	IV أَفْعَلَ
무슬림이되다	مُسْلَمٌ	مُسْلِمٌ	إِسْلَامٌ	أَسْلِمْ	يُسْلِمُ	أَسْلَمَ	
말하다	مُتَكَلَّمٌ	مُتَكَلِّمٌ	تَكَلُّمٌ	تَكَلَّمْ	يَتَكَلَّمُ	تَكَلَّمَ	V تَفَعَّلَ
배우다	مُتَعَلَّمٌ	مُتَعَلِّمٌ	تَعَلُّمٌ	تَعَلَّمْ	يَتَعَلَّمُ	تَعَلَّمَ	
가지다, 먹다	مُتَنَاوَلٌ	مُتَنَاوِلٌ	تَنَاوُلٌ	تَنَاوَلْ	يَتَنَاوَلُ	تَنَاوَلَ	VI تَفَاعَلَ
서로 만나다	مُتَقَابَلٌ	مُتَقَابِلٌ	تَقَابُلٌ	تَقَابَلْ	يَتَقَابَلُ	تَقَابَلَ	
부서지다	×	مُنْكَسِرٌ	اِنْكِسَارٌ	اِنْكَسِرْ	يَنْكَسِرُ	اِنْكَسَرَ	VII اِنْفَعَلَ
뒤집어지다, 전복.전도되다	×	مُنْقَلِبٌ	اِنْقِلَابٌ	اِنْقَلِبْ	يَنْقَلِبُ	اِنْقَلَبَ	
존경하다	مُحْتَرَمٌ	مُحْتَرِمٌ	اِحْتِرَامٌ	اِحْتَرِمْ	يَحْتَرِمُ	اِحْتَرَمَ	VIII اِفْتَعَلَ
참가하다	مُشْتَرَكٌ	مُشْتَرِكٌ	اِشْتِرَاكٌ	اِشْتَرِكْ	يَشْتَرِكُ	اِشْتَرَكَ	
붉게되다	×	مُحْمَرٌّ	اِحْمِرَارٌ	اِحْمَرَّ *	يَحْمَرُّ	اِحْمَرَّ	IX اِفْعَلَّ
노랗게되다	×	مُصْفَرٌّ	اِصْفِرَارٌ	اِصْفَرَّ *	يَصْفَرُّ	اِصْفَرَّ	
영접하다	مُسْتَقْبَلٌ	مُسْتَقْبِلٌ	اِسْتِقْبَالٌ	اِسْتَقْبِلْ	يَسْتَقْبِلُ	اِسْتَقْبَلَ	X اِسْتَفْعَلَ
사용하다	مُسْتَعْمَلٌ	مُسْتَعْمِلٌ	اِسْتِعْمَالٌ	اِسْتَعْمِلْ	يَسْتَعْمِلُ	اِسْتَعْمَلَ	

→위 IV 형태 어떤 동사들은 إِفْعَال 패턴의 동명사 형태를 취하지 않고 إِفَالَة 패턴의 동명사를 취한다. 다음의 동사들이 그 예이다.

أَدَانَ/ يُدِينُ ه - إِدَانَةٌ 비난하다 ; 유죄로 인정하다   أَعَادَ/ يُعِيدُ هـ - إِعَادَةٌ 을 ..으로 되돌리다 ; 회복시키다

→위의 * 표가 된 اِحْمَرَّ 와 اِصْفَرَّ 는 각각 اِحْمَرِرْ 와 اِصْفَرِرْ 형태도 가능하다.

كلمات الشكر

كان هناك مشاركان مهمان في هذا العمل:

الأستاذ مختار سيد (Mukhtar Sayed)، مدرس للغة العربية بالجامعة الأمريكية، وهو صديقي ومعلمي، وقد قام بتقديم الاستشارة اللغوية لهذا المشروع من أوله إلى آخره، وكتب أمثلة كثيرة وتشكيلها، وقد قام أيضًا بالمراجعة اللغوية لكل الكتاب.

الأستاذ بيتر ويصا (Peter Wissa)، وهو صديقي، وقد قام بكتابة أمثلة كثيرة، وعمل مراجعة لغوية جانبية لكل الكتاب.

أعبّر عن شكري العميق لمساهمتهما العظيمة من أجل هذا المشروع.

بيونج هاك لي